Umbruch und Wandel

Herausforderungen zur Jahrhundertwende

Festschrift für Prof. Dr. Carl Zimmerer zum 70. Geburtstag

Gewidmet von seinen Freunden

Carsten P. Claussen
Oswald Hahn
Willy Kraus

R. Oldenbourg Verlag München Wien

Die Deutsche Bibliothek - CIP-Einheitsaufnahme

Umbruch und Wandel : Herausforderungen zur Jahrhundertwende ; Festschrift für Prof. Dr. Carl Zimmerer zum 70. Geburtstag ; gewidmet von seinen Freunden / Carsten P. Claussen ... - München ; Wien : Oldenbourg, 1997
ISBN 3-486-23276-2
NE: Claussen, Carsten Peter; Zimmerer, Carl: Festschrift

Rosenheimer Straße 145, D-81671 München
Telefon: (089) 45051-0, Internet: http://www.oldenbourg.de

Gedruckt auf säure- und chlorfreiem Papier
Gesamtherstellung: R. Oldenbourg Graphische Betriebe GmbH, München

ISBN 3-486-23276-2

Für

Carl Zimmerer

Herausgeber und Autoren dieser Festschrift wollen hiermit Carl Zimmerer Dank abstatten für die geleistete wissenschaftliche Arbeit. Dafür ist eine Festschrift die adäquate Belohnung - wer in seinem Berufsleben so umfassend und erfolgreich zum wissenschaftlichen Schrifttum beigetragen hat, der soll durch das gleiche Medium - eine Sammlung von Schriften - geehrt werden.

Als Sohn eines Bauingenieurs, der sich später als Bauunternehmer selbständig machte, wurde Carl Zimmerer am 4. Dezember 1926 in Bad Berneck bei Bayreuth geboren. Der Kriegsteilnehmer studierte nach Heimkehr 1946 gemäß Neigung und Veranlagung Wirtschaftswissenschaften, zuerst in Erlangen, dann in Frankfurt, wo er bei Heinrich Rittershausen, Erich Gutenberg, Wilhelm Gerloff und Otto Veit diplomierte. Dem schloß sich in Genf die Promotion bei Wilhelm Röpke an. In Mannheim wurde er wissenschaftlicher Assistent bei Heinrich Rittershausen, mit dem er nach Köln und zur Betriebswirtschaftslehre überwechselte. Aus dieser Zeit stammt das "Kompendium der Betriebswirtschaftslehre" und seine "Bankkostenrechnung".

1956 führte ihn sein Berufsweg in die bankwirtschaftliche Praxis. Er wurde persönlicher Referent von Fritz Höfermann, Vorstandsmitglied des Commerzbank-Nachfolgeinstituts in Düsseldorf. 1958 gründete er zusammen mit Walter Scheel und Gerhard Kienbaum die INTERFINANZ. Mit ihr beginnt gleichsam die dritte Berufsperiode, die bis heute anhält.

In die Mannheimer und Kölner Assistentenzeit fallen die ersten weithin beachteten Beiträge von Carl Zimmerer zum Betrieblichen Rechnungswesen, zur Bankbetriebslehre und zur aktuellen wirtschaftspolitischen Diskussion. Diese Arbeiten waren bereits ein gelungenes Produkt subtiler Sachkenntnis, klugen Denkens und deutlich-klarer Formulierung. Eine begabte, liberal eingestellte und brilliant formulierende Persönlichkeit fand eine breite Leserschaft.

Der Berufsweg in die Praxis bedeutete nicht Abschied von der wissenschaftlichen Arbeit und der Teilnahme an der aktuellen wirtschaftspolitischen Diskussion. Carl Zimmerer war zudem stets bereit, sich zu engagieren, wenn die nach seiner Auffassung unverzichtbaren Grundwerte nicht beachtet oder gefährdet wurden.

Die längste Epoche wissenschaftlich-schriftstellerischen Wirkens fällt indessen zusammen mit der unternehmerischen Tätigkeit von Carl Zimmerer als geschäftsführender Gesellschafter der INTERFINANZ. Während dieser Zeit konnte er immer wieder unter Beweis stellen, in welch fruchtbarer Weise Wissenschaft und Praxis zu kooperieren vermögen. Seine bedeutenden Einsichten und Erkenntnisse über die Unternehmensbewertung sind wohl weithin durch seine großen Erfahrungen in seinem Unternehmen angeregt worden, das alsbald in Deutschland Marktführer im Unternehmenshandel wurde. Die Erfolge der INTERFINANZ sind ohne den Unterbau einer vielgestaltigen wie intensiven wissenschaftlichen Arbeit nur schwer vorstellbar. Im beigefügten Schriftenverzeichnis des Jubilars haben wir uns auf seine Bücher, auf seine längeren Zeitschriftenaufsätze und seine Beiträge in Sammelwerken beschränkt. Aber wir halten es für angebracht, darauf hinzuweisen, daß daneben noch eine vierstellige Zahl von Leitartikeln, Glossen, Meinungen zum Tage sowie Leserzuschriften in den verschiedensten Tageszeitungen, Wirtschaftsmagazinen, insbesondere aber in der "Zeitschrift für das gesamte Kreditwesen" veröffentlicht worden ist. Nicht nur eine fugenlose Geschichte des deutschen Bankgewerbes von den 60er bis zu den 90er Jahren läßt sich hieraus ableiten. Darüber hinaus hat Carl Zimmerer nicht geschwiegen, wenn in Politik, Wirtschaft und Wissenschaft Probleme von größerer Bedeutung auftraten, zu deren Lösung er beitragen konnte.

Auch in einem Menschenleben ist der Herbst die Erntezeit. Carl Zimmerer kann eine reiche Ernte einbringen. Er ist zwar ruhiger geworden. Aber er bleibt auch weiterhin Vorkämpfer für ein freiheitliches marktwirtschaftliches System, Verfechter eines bürgernahen Staates und Mahner zur betriebswirtschaftlichen "correctness". Seine Weggefährten sind beglückt, daß jene großen Anliegen, die Carl Zimmerer in Politik, Wirtschaft und Wissenschaft beseelt haben, auch in dieser Festschrift zur Geltung kommen - eine öffentliche Würdigung der Persönlichkeit des Jubilars.

Die Herausgeber danken den Autoren für ihre Beiträge, die aus sehr unterschiedlichen Lebensbereichen stammen, dem Verlag für verständnisvolles, zügiges Mitwirken, vor allem aber dem Jubilar, der durch Leistungen und Überzeugungskraft uns verpflichtete, ihm diese Festschrift zu widmen. Ein herzlicher Dank gebührt auch Frau Dr. Uta Maria Feser für die redaktionelle Betreuung und Frau Doris Hermichen für Organisations- und Koordinationsarbeiten.

Carsten P. Claussen Oswald Hahn Willy Kraus

Inhalt

I.

Politik im Umbruch:

Integration - Kooperation - Besinnung auf Eigenständigkeit

DIETER BALKHAUSEN

Die zersetzende Kraft des Fiskalsozialismus
Wie aus gutem Geld durch schlechte Politik schlechtes Geld wird...

Das einzige, was hinter Papiergeld steht, ist das Vertrauenskapital von Politik und Wirtschaft!

Deutschland hat zwei Währungsreformen (1924 und 1948) mit drastischen Vermögensverlusten erleiden müssen; vorausgegangen waren Wirtschaftskrisen, Superinflationen und Kriege, angezettelt von Diktaturen. Der Jubilar erlebte in Kindesjahren, wie die junge Demokratie die Nachwirkungen von Krieg und Währungsreform nicht lange überlebte; und als junger Mann konnte er nach 1948 die schwierig-erfolgreichen Jahre des Wiederaufbaus genießen. Inzwischen sind es mehr als ein halbes Jahrhundert Friedenszeiten, eine langanhaltende ökonomisch-politische Erfolgsgeschichte der alten Bundesrepublik Deutschland, und als Krönung die verschüttet geglaubte Wiedervereinigung mit der Zerschlagung von Diktatur und Staatswirtschaft im Osten.

Lieb' Vaterland kann ruhig sein! Warum aber mehren sich in einer Periode der großartigen Veränderungen die Krisenzeichen, die Hiobsbotschaften über anhaltende Massenarbeitslosigkeit, Firmenpleiten-Rekorde, Standortschwächen, dauerhafte Leistungsbilanzdefizite, Super-Staatsverschuldung und Erosion der etablierten politischen Parteien? Warum beschwört Bundesbankpräsident Hans Tietmeyer die Regierenden in Bund, Ländern und Gemeinden sowie die Funktionseliten der Interessenorganisationen, endlich die notwendigen Reformen einzuleiten, indem er auf die zwei Währungsreformen von 1924 und 1948 anspielt?: "Ausufernde Kreditfinanzierung von Staatsausgaben hat in diesem Jahrhundert schon zweimal zu einem Zusammenbruch unserer Währung geführt!"

A. Die Gewöhnung an Unseriöses

Friedenszeiten garantieren keine wirtschaftlich-politische Sicherheit, ja sie verführen zu Schlendrian und Populismus. *Volkswirtschaften und Währungen werden nur schleichend krank.* Wenn eine große Krise schnell und scharf ausbräche, wäre die Bewältigung eher möglich, als bei einem langsamen schleichenden Prozeß. Es ist ähnlich wie beim Menschen, wenn schleichende Krankheiten nicht erkannt und nicht bekämpft werden. Auf den Staat gemünzt: *die Bürger gewöhnen sich an wirtschaftlich Unseriöses, zumal es als staatlicher Hoheitsakt zelebriert wird.* Die Gewöhnungs- und Schmerzgrenzen werden langsam erweitert, und dabei nutzen die Staatenlenker und Regelungsbevollmächtigten der Institutionen unausgesprochen die Tatsache, daß es der weit überwiegenden Mehrheit der Firmen und Bürger ökonomisch gut geht, ja sie zielen mit ihrer Politik überwiegend nur auf diese Mehrheiten und begünstigen dadurch die schleichenden Krankheiten.

Erst erkrankt die Volkswirtschaft, dann erkranken die Institutionen, die den Staat tragen. Und was politisch folgt, wenn der Staat erst einmal unheilbar krank ist oder zu sein scheint, erleben die Zeitgenossen etwa in Italien. Auf jeden Fall sind die Folgen von Staatskrisen zu unwägbar und zu gefährlich, als daß man mit ansehen sollte, wie Politik und die allermeisten Interessengruppierungen Wirtschaft und Währung zum Spielball ihrer Machterhaltungs- und Profilierungskämpfe machen. Oder es sei denn, man neigt der meines Erachtens zynischen Meinung zu, erst eine Staatskrise erzwinge die Durchsetzung der aufgestauten Reformen.

B. Eine schleichende Währungsreform?

Pointiert, aber nicht übertrieben gesagt: *Währungsreformen kommen in Friedenszeiten schleichend daher* (solange jedenfalls die seit Jahren horrende Staatsquote von 52 - 53 % des Bruttoinlandprodukts nicht weiter unter 50 % gedrückt wird). Wenn die Parlamente soviel an Steuern und Sozialabgaben (46 bis 47 % des Inlandprodukts) oktroyieren und außerdem trotz der satten Staatseinnahmen auf Kosten der jetzigen wie der nächsten Generation jährlich neue Schuldenberge verordnen, dann muß von *Fiskalsozialismus* gesprochen werden. Da kann der historische Glücksfall der Wiedervereinigung - gepaart mit den finanziellen Folgen der Beendigung des Kalten Krieges, der EU-Integration und der Arbeitslosigkeit - allenfalls als Erklärung herhalten, nicht aber die zersetzende Kraft des Fiskalsozialismus auf den Märkten Deutschlands und der Welt außer Kraft setzen. Die historischen Umbrüche mögen noch so großartig gesehen werden, auf den hart umkämpften Waren- und Dienstleistungsmärkten zählen einzig die hohen Kosten in Gestalt von Steuern, Abgaben und Staatsbürokratie, und das in Kombination mit den Lohnkosten, was die Lage schon vor der Zeitwende prekär machte.

Gutes Geld (durch die 46 - 47 %ige Steuer- und Abgabenlastquote gemindert) und schlechte Politik: wie sehr die staatliche Ethik gelitten hat, soll eine geraffte Schilderung der Negativfolgen des Steuer- Abgaben- und Schuldenstaates begründen. Alle nationalen wie internationelen Langzeituntersuchungen beweisen, *es ist vor allem der Fiskalsozialismus, der Wachstum kostet und Arbeitslosigkeit produziert.* Deutsche Bundesbank, Sachverständigenrat, die Spitzenverbände der Wirtschaft wie der Gewerkschaften und Forschungsinstitute warnen mit wachsender Dringlichkeit, den Bogen nicht weiter zu überspannen, wenn man sich auch über die Wege aus der Krise nur teilweise oder überhaupt nicht einig ist. Daß auf hohem Niveau (im Westen) ständiges Wirtschaftswachstum ohnehin schwieriger zu produzieren ist, daß auch hohe Löhne inclusive kurzer Jahresarbeitszeiten, Innovationsschwächen in Firmen und ganzen Branchen, Genehmigungshemmnisse und Technikskeptizismus *Wachstumsbremsen* sind, darf natürlich nicht den Politikern in Bund, Ländern und Gemeinen und den auf sie einwirkenden Interessengruppen angelastet werden.

C. Steuern, Abgaben und Staatsschulden liegen wie Mehltau auf Wirtschaft und Gesellschaft

Gleichwohl hat sich der Fiskalsozialismus wie Mehltau auf die Gesellschaft gelegt. Was der Volkswirtschaft im allgemeinen und den Firmen, Beschäftigten und Arbeitslosen und Rentiers im besonderen im Übemaß genommen wird, hat inclusive der ins Kraut schießenden Staatsschulden zur Folge, daß die freie Entscheidung des Einzelnen, ob nun für Investitionen, Konsum oder Vermögensbildung, derart stark eingeschränkt wird, daß Risikobereitschaft und Leistungskräfte geschwächt werden. Und das ganze in einer *auf Wirtschaftswachstum programmierten* die viele Ansprüche entwickelt hat, die nur bei üppigem ständigen Mehr und Mehr befriedigt werden können, einschließlich der auf ständig starkes Wirtschaftswachstum geschneiderten Solidarsysteme Renten-, Arbeitslosen- und Krankenversicherung.

Zur Beweislage im einzelnen:

- Seit 5 Jahren ist die Schwächung der Investitions- und der Kauf-Kraft durch hohe Steuern und Abgaben so gravierend, daß Fachleute alleine für die alten Bundesländer mit schätzungsweise mindestens 800.000 bis 850.000 betroffenen Arbeitslosen rechnen. In Ostdeutschland wirkt sich die von der Bundesregierung propagierte kurzfristige Anpassung der Lebensverhältnisse verhältnismäßig stärker negativ auf den Arbeitsmarkt aus, weil dies zu schnell steigenden Löhnen, Steuer- und Abgabenbelastung für Firmen wie für Arbeitnehmer geführt hat.
- Die Investitionen ausländischer Firmen in Deutschland sind dramatisch geschrumpft, während vor allem viele Industrieunternehmen auch dann Produktionen hierzulande zurückfahren oder ganz schließen und im Ausland investieren, wenn sie dies nicht zur Durchdringung der entsprechenden Auslandsmärkte brauchen.
- Deutschland hängt seit 1991/92 am Kapitaltropf: ohne Infusionen aus dem Ausland sind wir finanziell nicht in der Lage, unseren Wirtschaftskreislauf angemessen in Schwung zu halten, denn der Staat absorbiert 70 bis 80 % des jährlichen Sparaufkommens von 220 bis 250 Milliarden Mark. Das bedeutet: die privaten Investitionen werden zu einem großen Teil mit Auslandskapital finanziert. Aus Jahrzehnte andauernden Leistungsbilanzüberschüssen (außer 1980) sind Defizite geworden, eine Tendenz, die anhält.
- Die Leistungsbilanzdefizite sind der Grund, warum die Bundesbank auch in Zeiten der Rezession die Zinsen relativ hochgehalten hat uns so gezwungenermaßen das Wirtschaften verteuerte; die Währungshüter mußten Sorge tragen, daß durch attraktive Zinsen genügend Kapital im Lande gehalten wurde und genügend Anlagegelder zuströmten. Ohne Zurückdrängung der Staatsverschuldung wird die Bundesbank Gefangene der Verhältnisse bleiben. Die relativ hohen Zinse sind übrigens der Hauptgrund für die relativ starke D-Mark (nur gegenüber schwachen Währungen wie Lira und Dollar, der gegen den Marktwert von den USA schwach gehalten wird); die Kehrseite der überteuerten Währung D-Mark sind Umsatz- und Gewinneinbußen der Exportwirtschaft.
- Vom Billionen-Markt der Staatspapiere besitzen ausländische Anleger etwa 30 %. Was passiert, wenn der Vertrauensschwund wuchert und die deutsche Lei-

stungsschwäche anhält? Einem eventuellen Rentencrash kann die Bundesbank nur mit stark steigenden Zinsen wehren, die wiederum die ganze Volkswirtschaft belasten.

- Die Sparquote hat um drei Prozentpunkte abgenommen, was sowohl die Finanzierungsabhängigkeit vom Ausland gesteigert hat als auch Ausdruck der Tatsache ist, daß die Masseneinkommen seit 5 Jahren nicht mehr gestiegen sind, ja nach Abzug der Steuern und Abgaben trotz temporär höherer Lohnabschlüsse gesunken sind.
- Schwarzarbeit und schwarzes Geld boomen.
- Die Zahl der Kirchenaustritte steigt und die Zahl der Gewerkschaftsmitglieder sinkt dramatisch, weil es für insgesamt mehr als zwei Millionen Kirchensteuer- und Beitragszahler galt, Kosten zu vermeiden.
- Die Steuermoral hat enorm gelitten, es ist eine Art Teufelskreis entstanden: je höher die Steuern und Abgaben, desto größer die Neigung, dem Staat ein Schnippchen zu schlagen. Wie stark das Vertrauenskapital des Steuergesetzgebers ramponiert ist, beweist ein einziges Gesetz: die Zinsabschlagssteuer hat mindestens 200 Milliarden Mark nach Luxemburg, Österreich und in die Schweiz getrieben; zwei Folgen: die ehrlichen Steuerzahler sind die Dummen - Dutzende Geldinstitute und Hunderte Filialen sind von Steuerfahndung und Staatsanwälten durchkämmt worden, und daraufhin haben Zehntausende Bundesbürger Selbstanzeige wegen unterlassener Steuerzahlung erstattet.
- Mehr als 4 Millionen Deutsche beziehen Sozialhilfe oder Wohngeld, in den meisten Fällen beides vor allem das Ergebnis grassierender Arbeitslosigkeit.

Die Hauptwirkungen sowie Risiken und Nebenwirkungen des Fiskalsozialismus sei besonders den Lesern geschildert, die optimistisch in die Zukunft blicken, weil es ihnen materiell wohlergeht, oder auch denjenigen, die Realismus für Pessimismus halten.

D. Schmutzschatten auf der politischen Klasse

Wie weit ist es mit der politischen Klasse gekommen, daß sie sich ständig vom Bundesverfassungsgericht zwingen lassen muß, auf den Weg der Ethik einzuschwenken (Familienförderung-steuerliches Existenzminimum-Kohlepfennig-Zinsbesteuerung (den gewählten Weg hat das Verfassungsgericht nicht empfohlen) - Einheitwerte/Vermögens- und Erbschaftssteuer)? Warum versenkt die Bundesregierung so einfach die wohldurchdachten Vorschläge der Steuerreform-Kommission und pflegt damit den von ihr wesentlich mitverursachten Steuerdschungel (der mannigfaltige wirtschaftlich und sozial schädliche Wirkungen bis hin zur Steuerungerechtigkeit hat)? Wie kann es passieren, daß die Parlamentarier der Renten-, Kranken- und Arbeitslosenversicherung 170 Milliarden Mark an jährlichen versicherungsfremden Leistungen aufgezwungen haben? Das alles soll zum Wohle des Volkes sein?

Ja, so hat sich die politische Klasse entwickelt. Viel Lug und Trug, leider nicht strafbar. Die Schmutzschatten sind bereits tiefdunkel: Der Industriestandort Deutschland ist angeschlagen, die Kapitalflucht ins Ausland ist angeschwollen, die Erosion der politischen Parteien vertieft sich, radikalere Gruppierungen haben Zulauf und die gesellschaftsbewahrenden Kräfte wie Unternehmer, Kirchen, Gewerkschaften und überlastete Judikative kämpfen gegen ihre Glaubwürdigkeitslücken.

E. Der sinnliche Blick auf Geldvermögen und historisch ungebrochene Erbschaften

Gemach, werden Sie einwenden, noch ist Deutschland West ein vermögendes Land und besitzt Stärken wie Exportfähigkeit, internationale Verflechtungen, breiten Mittelstand, duales Ausbildungssystem, kooperierende Tarifpartner, Millionen guter Fachkräfte und genügend junge Leute, die zum Unternehmer taugen. Ja, diese Kräfte lassen hoffen. Doch sie können sich eben nicht stabilisieren oder ausreichend entwickeln, wenn der Körper Volkswirtschaft von der schleichenden Krankheit Fiskalsozialismus dauerhaft geschädigt wird, und gleichzeitig die Ansprüche bis hin zur Rente groß bleiben (übrigens sind für das Millionenheer der Beamten keine Pensionsfonds gebildet oder kommende Kosten in den Haushalten passiviert, wie etwa in Holland).

Die Politiker haben längst, wenn sie an Deutschlands finanzpolitische Zukunft denken, einen sinnlichen Blick auf das Geldvermögen der Bundesbürger von etwa 4,5 Billionen DM und auf die historisch ungebrochenen Erbschaften geworfen. Deshalb reden sie im Westen so gerne von einem vermögenden Land, das doch wohl mit den großen Problemen fertig werde. Läßt sich von den 4,5 Billionen Mark und den vielen guten Erbgängen nicht noch eine Menge auf staatliche Mühlen leiten? So wird meist in kleinen Kreisen argumentiert und in einem Atemzug versichert, aber das Drehen an der Steuerschraube werde wirtschaftsverträglich erfolgen, ja die Staatsquote werde auf 46 % zurückgedrängt. Derart positivistisch ist allerdings ständig argumentiert worden. Und nun sind trotz 19 Steuer- und Abgabenerhöhungen die Einsparzwänge übermächtig, die Handlungsohnmacht augenfällig. Inzwischen haben Bund, Länder und Gemeinden wie auch Renten-, Arbeitslosen- und Krankenversicherung zwar mühsame und umstrittene Einsparprozeße eingeleitet; gleichwohl konnten die Folgen einer per saldo schlechten Politik nicht abgefedert werden. Zwei weitere Konsequenzen: die Handlungsfähigkeit des Staates ist stark eingeengt, und die staatlichen Investitionen haben im Westen der Republik stark abgenommen (weil in diesen Etats ohne die Änderung von Gesetzen leicht der Rotstift anzusetzen ist), während gleichzeitig die konsumtiven Ausgaben wachsen und die Subventionen für überkommende Industriestrukturen gepflegt werden. Hierzu ein Beispielpaar, das für viele steht: die Knappschaftsrentenversicherung erhält jährlich etwa 13 Milliarden Mark Zuschüsse aus Steuer- und Schuldenkassen, während die Förderung der Zukunftsindustrien stark reduziert worden ist.

F. Schuldenfalle, deutsche Einheit und Schneider-Syndrom

Die Serie der Steuer- und Abgabenerhöhungen hat nicht verhindern können, daß die Republik in der Staatsschuldenfalle gefangen ist. Die vom Bundesverfassungsgericht erzwungenen Steuererleichterungen sowie temporäre Steuersenkungen (Stichwort Solidarabschlag) wirken sich wirtschaftlich nur dann positiv aus, wenn diesen Milliarden echte Einsparungen und keine neuen Schuldenlasten und Beitragserhöhungen gegenüber stehen. Etwa 2 Billionen Mark Schulden Ende 1996 - was einer guten Verdoppelung seit Anfang 1990 entspricht, erlauben die Feststellung: die öffentlichen Hände sind vom *Schneider-Syndrom* befallen Auch Dr. Jürgen Schneider (Immobilien) kann für sich in Anspruch nehmen, daß 95 % seiner Projekte top waren und er für viel Arbeit gesorgt hat, und dies besonders in Ostdeutschland. Aber leider haben die Ausgaben die Einnahmen zuletzt dramatisch um 6 Milliarden Mark überstiegen. So ist es übrigens mit allen Pleitiers: ihre Firmen haben immer ökonomisch Gutes bewirkt. Aber soll der Staat - also wir - nun alles am Leben erhalten, was guten Zwecken dient, bzw. alles unseriös finanzieren, was wichtig erscheint?! Beim Fiskalsozialismus verhält es sich ähnlich: der jeweils gute Zweck ist selten bestreitbar, aber die Summe der guten Taten schlägt ins Gegenteil um.

So war die politische Vereinigung mit der DDR 1990 seriös und die Erfüllung eines Wunschtraumes fast aller Deutschen. Aber die wirtschaftlichen Weichenstellungen und die auch nach den ersten gesamtdeutschen Wahlen anhaltenden Versprechungen waren unseriös. Der für jede Volkswirtschaft ruinöse Geldumtausch einer ohnehin ruinierten Währung mit 1 : 1 und 1 : 2 in D-Mark; ein Vertrag, der lediglich 115 Mrd. DM an Transferleistungen vorsah; das Sich-Reich-Rechnen mit einer doch abgehalfterten Wirtschaft; ein Schuldenerlaß von nur 50 %; und dies alles gepaart mit der Generalverheißung, die Lebensverhältnisse ließen sich in wenigen Jahren anpassen. Von Anfang an haben führende Mitglieder der Funktionseliten diese Politik als falsche Weichenstellung und Illusionen gesehen, denn sie kannten den Zustand der DDR, die Zwänge der Märkte und die Konsequenzen falscher Weichenstellungen. Leider haben nur ganz wenige ihre Meinung öffentlich kundgetan, wie der Autor aus vielen besorgten Gesprächen beweisen kann.

Zu Klarheit sei betont, daß die seit 1991 folgenden Steuer- und Abgabenerhöhungen nur zum Teil der deutschen Einheit dienten, sogar zum größeren Teil der Finanzierung des Über-die-Verhältnisse-Leben im Westen der Republik sowie der etwa 100 Milliarden DM an Osteuropa und der sozialen Abfederung der Zuwanderung Deutschstämmiger aus Osteuropa (um nur die wesentlichsten Ausgabenblöcke zu nennen). Die Transferszahlungen nach Ostdeutschland - einschließlich nur des größten Teils der Treuhandschulden (270 Milliarden Mark) und ohne andere laufende Verpflichtungen wie für den Erblasten-Tilgungsfond - schlagen bis ins Jahr 2000 mit mindestens *1,3 Billionen Mark (!)* zu Buche, und dies ohne Steuererleichterungen gerechnet. Bis Ende 1996 werden es etwa 800 Milliarden Mark sein, die seit 1990 an direkten Zahlungen in Staats- und Sozialkassen geflossen sind. Aber selbst diese Riesensummen erklären wie gesagt nur zum Teil das *Problem Nr. 1* der Bundesrepubik Deutschland. Das gerne gebrauchte Argument, der Westen habe ja auch Vorteile aus den Transferzahlungen und satten Umtauschkursen gehabt (u.a. in Form zu Beginn gewaltiger und nun andauernder Aufträge an Westfirmen) ist zwar richtig, aber nur die halbe Wahrheit. Alle Ausgaben des Staates bringen ja auch Einkommen, aber es ist im Prinzip wie bei den ruinösen Ausgaben des Dr. Schneider.

G. Die enormen Zinsbelastungen zementieren den Schuldenstaat

Was ist Politik? Vor allem das Geld anderer Leute! Und wenn die verantwortlichen Spitzenpolitiker deklamieren, im nächsten Jahr würden weniger Kredite aufgenommen und damit schreite man auf dem Wege der Etatkonsolidierung voran, dann meinen die gewieften Taktiker der Schönwetterzahlen die lediglich absolute Zahl der Kreditschöpfung und nicht die Gesamtverschuldung, die weiterhin stark zunimmt. Später, wenn dann meist auch diese Etatdefizite ausgedehnt worden sind, spricht man dann gerne mit treuem Augenaufschlag von unvorhersehbaren Ereignissen. Erinnern Sie, wie selbst in den sieben guten Konjunkturjahren 1983 bis 1989, also vor der so gerne ins Feld geführten finanzpolitisch-historischen Herausforderung, die Staatsschulden auf mehr als 900 Milliarden DM gestiegen sind?

Mit den Schulden steigen wie kommunizierende Röhen die Zins- und Zinseszinszahlungen. 1996 waren es für die Staatsschulden ca. 170 Milliarden Mark; alleine der Bund gibt etwa 20 % seiner gesamten Ausgaben für Zinsen aus. Das Fazit: die enormen Zinsbelastungen zementieren den Schuldenstaat.

"Die Politik der öffentlichen Verschuldung hat nach und nach jeden Staat geschwächt, der sich ihrer bedient hat", zitiert 1992 Bundesbankpräsident Prof. Dr. Helmut Schlesinger einen der Urväter der Nationalökonomie, Adam Smith, aus dessen Klassiker "Wohlstand der Nationen". Schlesinger ruft kurz vor einer Pensionierung Smith in Erinnerung, und zwar gezielt zu Beginn seines Buches "Staatsverschuldung - ohne Ende?" (zusammen mit Manfred Weber und Gerhard Ziebarth). Helmut Schlesinger warnt schon damals, wie vorher sein langjähriger Vorgänger Karl Otto Pöhl, vor dem laxen Umgang mit der Bewertung staatlicher Schuldenmoral, weil sie beide in den Zeiten der Wiedervereinigung erleben und auch erdulden, *wie die Regierenden sehr ökonomisch mit der Wahrheit umgehen.* Genauso schlimm: von den Mitgliedern der Funktionseliten haben nur wenige wie die Professoren des Sachverständigenrates den Mut, öffentlich zu warnen.

Schlimmer noch: die stärkere Verschuldung anderer Industrienationen muß bis in die heutige Zeit dafür herhalten, die deutsche Schuldenproblematik zu relativieren. Wahr kann doch nur sein: jede Nation muß mit den Folgen ihrer Schuldenlast selber fertig werden; nur Entwicklungsländer können auf internationale Finanzhilfe rechnen. Wer als Schuldner bei seinen Gläubigern mit den Schulden anderer argumentiert, macht sich etwa als Firmenbesitzer, Manager oder Einzelner lächerlich. Wenn es dagegen um die Schulden des Staates geht, dann hat diese Art Relativierung viele Anhänger. Wie oft hat der Autor seit 1991 in Streitgesprächen die Beschwichtigungen gehört "Alles kein Problem", oder "Das Leben geht weiter", oder die Mutmaßung "Das Schuldenproblem muß mit Hilfe der Staatsinflation gelöst werden". Das sind allzuoft dieselben Zeitgenossen, die über zu hohe Kosten, Steuern, Abgaben und eigene Schulden klagen. Bitte, was ist dies anders als die Inflationierung, die viele Firmen zermürbt?!

H. "Die gröbste Versündigung gegen die Wirtschaftsethik"

Die große Politik hat - Umfragen belegen es - viel an Vertrauenskapital eingebüßt, problematischer noch ist der abnehmende moralische Kredit. Der seit 1993 amtierende Bundesbankpräsident Hans Tietmeyer hatte bereits 1991 große Zweifel in die Seriösität der großen politischen Linie. Der Hauptgrund: nach den Bundestagswahlen im Dezember 1990 *unterblieben die notwendigen Wahrheiten und die erforderlichen finanzpolitischen Weichenstellungen.* Der ehemalige Staatssekretär im Bundesfinanzministerium und seit Karl Schillers Zeiten intime Kenner der Regierungspolitik, 1991 Vizepräsident der Bundesbank, beklagte in einem persönlichen Gespräch die Ignoranz in Bonn, besonders die des Kanzlers und Finanzministers. Tietmeyer konnte sich mit seinen Interventionen ebensowenig durchsetzen wie Karl Otto Pöhl, worauf der zukünftige Bundesbankpräsident - bis zu seiner Ernennung vor allem vom Wohlwollen des Kanzlers abhängig - zumindest den Mut hatte, vor Spezialisten-Zirkeln öffentliche Reden über die "Geißel der Staatsverschuldung" zu halten, Befürchtungen, die er mit fast allen Kollegen im Zentralbankrat und auch mit den geschichtserfahrenen Präsidenten mancher Spitzenverbände und einigen Gewerkschaftsführern, Spitzenunternehmern und Wissenschaftlern teilte.

Leider sorgten sich die allermeisten Funktionsträger nur in kleinen Kreisen oder unter vier Augen, sozusagen in einer *Unter-Uns-Gesagt-Gesellschaft,* weshalb der öffentliche Druck auf die Regelungsbevollmächtigten des Bundes, der Länder und Gemeinden sehr schwach ausfiel; ganz zu schweigen von den Schweige-Spiralen, in denen sich die bitteren Wahrheiten über die Zukunft Ostdeutschlands verfingen. Die Ergbnisse sind bekannt. Hans Tietmeyer zitierte damals in seinen Reden die klassische Formulierung des 1991 verstorbenen Jesuitenpaters und Nationalökonomen Professor Dr. Oswald von Nell-Breuning: "Unkenntnis der Wirtschaftsgesetze ist die erste, Handeln unter bewußter Außerachtlassung der Wirtschaftsgesetze die gröbste Versündigung gegen die Wirtschaftsethik".

I. Fiskalsozialismus und Eurogeld: die Märkte rächen sich

Die Schwächung der Nationen durch die Geißel der Staatsschulden erklärt, warum die Disziplinierung der Parlamente zwingend erforderlich ist, falls das Eurogeld eingeführt werden sollte. Zwei der Maastricht-Kriterien - allesamt eher weich formuliert - betonen die Begrenzung der jährlichen wie der gesamten Staatsschulden, nicht aber die Begrenzung der Steuern und Abgaben, obwohl deren Unmäßigkeit einer gemeinsamen stabilen Eurowährung genauso schaden können. Schulden zu machen ist allerdings für Parlamentarier verführerischer, sind sie doch ein Wechsel auf die Zukunft und ohne umstrittene, fast immer unpopuläre Entscheidungen durchzusetzen. Im Kontext dieses Artikels zum Eurogeld nur soviel: *die Bundesrepublik Deutschland hat im Kern keine gesunde Währung mehr,* und es besteht generell die große Gefahr, daß neben den meist gefährlich defizitären Haushalten der allermeisten EU-Länder ein weiterer gemeinsamer Schuldenmoloch konstruiert wird, eine Art *Staats-Inflations-Maschine.* Andererseits bedarf es der Eurowährung nicht, um einzelne Währungen zu unterhöhlen, wie das Beispiel Deutschlands zeigt.

Die hitzige und kontroverse Eurogeld-Debatte gibt den deutschen Währungshütern die Chance, den Fiskalsozialismus im allgemeinen und die Staatsschulden im besonderen dauerhaft zu problematisieren. Verhindern indes können und konnten sie schlechte Politik nicht, nur korrigieren. Denn die Bundesbank ist die Bank des Bundes und außerdem föderal strukturiert. Sie ist zwar politisch unabhängig, muß aber laut Gesetz die Wirtschaftspolitik der Bundesregierung unterstützen und damit auch Parlamentsbeschlüsse achten. Konkret gesagt: die Bundesbank muß dem Staat das Schuldenbett machen, also für die Finanzierung an den Märkten sorgen. Deshalb hat sie auch den Beschluß von Bundestag und Bundesrat für die Maastricht-Verträge zu vollziehen. Präzise analysiert: *Parlamente können wie im Falle der Umtauschkurse der DDR-Mark Wirtschaftsgesetze auf den Kopf stellen* - und das wäre auch im Falle des Eurogeldes möglich - *unsere Währungshüter können nur warnen und kritisieren und notfalls den Hut nehmen, doch sie müssen die gröbsten Verstöße gegem die Wirtschaftsethik begleiten.*
Und so nähern sich Deutsche Mark und Deutsche Bundesbank mit einem dunklen Rätsel ihrem Ende. Andererseits und einziger ordnungspolitischer Trost: In einer international eng verflochtenen Welt der Wirtschaft und Finanzen *rächen sich die Märkte* schneller als früher, erzeugen erst Bewußtseinsdruck, dann Leidensdruck und Reformdruck. Im günstigen Fall verhindern die *Märkte* auch die Durchsetzung zu ehrgeiziger Pläne, wie es sich im Falle des Eurogeldes erweisen könnte.

J. Der erdrückende Primat der Politik

Zieht man den Politik-Ökonomie-Saldo von 40 Jahren Bundesrepublik Deutschland und 40 Jahren sozialer Marktwirtschaft bis 1990, dann darf behauptet werden: *Die Politik hat die Vorrangstellung der Wirtschaft als Leitziel gehabt,* ohne diesen Primat immer an die große Glocke zu hängen. Die verantwortlichen Politiker haben aus der Katastrophe zweier Weltkriege, zweier Hyperinflationen und zweier Währungsreformen die Botschaft aller Botschaften begriffen: *Die Wirtschaft ist unser Schicksal,* eng verbunden mit einer guten Außenpolitik und den Schicksalsbüchern der Nation, den Staatsfinanzen. - In der Ordnungspolitik wurden die richtigen Weichen gestellt, die Sozialreformen und später die der Ökologie konnten sich sehen lassen, man ließ den Tarifparteien und der Bundesbank die Autonomie, die Einbindung in die EG ewies sich als segensreich. Die Rückschau auf alles in allem glückliche Zeiten überstrahlt zwar, daß nicht alles Gold war und ist, was glänzend dargeboten wird, womit auch die unterbliebenen Reformen, die zu ausgabenfreudigen öffentlichen Hände und die Wucherungen der Staatsbürokratie gemeint sind. Aber es war eine einigermaßen gut disponierte Republik.

Bis 1990 galt im großen und ganzen der Primat der Wirtschaft. Dann begann die erdrückende Rolle des Staates, was noch nirgendwo Segen gestiftet hat. Der *Primat der Politik* läßt sich an einem vielleicht auf Dauer schicksalhaften Datum festmachen: Am 1. Juli 1990 begann nicht nur die Wirtschafts-, Währungs- und Sozialunion der Bundesrepublik Deutschland mit der DDR, sondern auch die erste

Stufe der Wirtschafts- und Währungsunion in der Europäischen Gemeinschaft, die dann im Dezember 1991 als unumkehrbare Endstufe im Jahr 1999 festgelegt wurde. Schicksalhaft ist dieses Datum aus zwei Gründen: die beiden Vereinigungprozeße von Nationen und Währungen sind für sich genommen großartig, sind aber von einer illusionären Wirtschaftsarchitektur begleitet worden.
1990 und 1991 gingen alle Ökonomie-Uhren falsch, und die fälligen Korrekturen sind Jahre lang danach ausgeblieben. Wenn Notenbankiers, Präsidenten von Wirtschaftsverbänden, Gewerkschaftsführer, Industrielle, Bankiers und Chefs großer Handelskonzerne öffentlich bekennen würden, wie wenig sie besonders von der Führungsfähigkeit der Bundesregierung halten - eine abgrundtiefe Vertrauenskrise würde derart öffentlichkeitswirksam, daß besonders das Vertrauen des Auslandes und damit auch der Geldgeber in offenes Mißtrauen umschlagen würde. Deshalb belassen es viele Einflußreiche bei verhaltener Kritik, zumal sie einer Bonner Regierungskoalition mit den Grünen nicht über den Weg trauen.

Die wirklich großen Herausforderungen für die Politiker und Parlamente, für die Funktionseliten und ihre Großorganisationen stehen offenkundig noch bevor. Es geht im Kern darum, eine *verhängnisvolle Politikformel* aus dem Verkehr zu ziehen, die da lautet

Zuviel Geschichtsehrgeiz + Populismus = Machterhalt = Vorherrschaft der Politik über die Leistungskraft der Wirtschaft = Fiskalsozialismus = schlechtes Geld und ökonomisch-politische Instabilität.

Diese Politikformel ist nicht nur wegen des Beharrungsvermögens der mächtigen unter den Interessengruppierungen (vor allem dem Öffentlichen Dienst mit seinen 6,5 Millionen Beschäftigten und Millionen Rentnern) schwer ad absurdum zu führen, sondern besonders wegen der *Kaste der Berufspolitiker,* die die Parlamente des Bundes und der Länder dominieren. Warum ist diese Dominanz für Parlamentarismus und Volkswirtschaft gleichermaßen gefährlich, zumal eine Korrektur durch ein *Mehrheitswahlrecht* nicht absehbar ist? 80 bis 90 % der Parlamentarier üben Politik als Beruf aus. Sie sind ihren erlernten Berufen allenfalls als Lobbyist verpflichtet, falls sie nach dem Studium jemals einen Beruf ausgeübt haben. Ihre gute Bezahlung und vor allem die Altersabsicherung stützt nicht etwa vor allem ihre Unabhänigkeit, meist ist das Gegenteil der Fall: die Vollzeitpolitiker sind ständig am Mandaterhalt interessiert, deshalb nicht unabhänig von ihren Parteien und deren Machtapparaten, obwohl dies das Grundgesetz vorschreibt. Die Meisten sind gerade wegen ihrer passablen Einkommen abhängig, denn bei Verlust des Mandats verdienen sie in ihren angestammten oder neuen Berufen weniger.

Erschwerend kommt hinzu: Etwa 40 % der Bundestags- und Landtagsabgeordneten gehören dem Öffentlichen Dienst an, wo sie wesentlich weniger verdienen, wenn sie dem Parlament entsagen müssen. Auch die Basis der großen Volksparteien - die Grünen sind inzwischen in diese Kategorie aufgerückt - wird von Staatsbediensteten geprägt. Wer auch immer die Schuld daran trägt, daß die Gesellschaft nicht im entferntesten repräsentativ in den Parlamenten vertreten ist - die Herrschaft der Berufspolitiker begünstigt Populismus, Ausgabenfreudigkeit, Filz und mangelnde Reformbereitschaft. Die *große Mehrheit der Abhängigen* verinnerlicht zusammen mit den vielen Lobbyisten-Abgeordneten den *Artikel Null des Grundgesetzes*. Dieser ist ungeschrieben, aber regiert die Köpfe auch der allermeisten Bundesbürger: "Besitzstände müssen erhalten bleiben und wenn möglich, ausgeweitet werden".

K. Der Artikel Null des Grundgesetzes behindert einschneidende Reformen

Zweifellos behindert der Artikel Null des Grundgesetzes das Absatteln der schlimmen Politikformel. Die Konsequenz: das Beharrungsvermögen der Besitzenden und die risikoscheue Kaste der Berufspolitiker belassen es bei Populismus und Geschichtsehrgeiz. *Deshalb lassen sich in Deutschland offenbar keine Mehrheiten mehr organisieren, die durchgreifende Reformen in Szene setzen* anstatt der Politik-Patch-Work-Minireformen (die es in gewissen Bereichen auch geben muß, die aber die Republik nicht von der schiefen Bahn wegbringen).

Welche durchgreifenden Reformen sind angesagt, um den Fiskalsozialismus zu bändigen und neue Wirtschaftskräfte freizusetzen? Es läßt sich ein vierfacher Handlungszwang konstatieren, der zwar in Ansätzen in die Tat umgesetzt wird, aber auch im 50-Punkte-Aktionsprogramm der Bundesregierung (Anfang 1996) zu wenig Berücksichtigung findet.

I. Handlungszwang
Einsparungen in den allermeisten Etats, nicht nur bei den vielzitierten Subventionen, also vom Öffentlichen Dienst bis zu den Hochschulkosten, von den Zusagen für Ostdeutschland bis zur EU, von der Größe der Parlamente bis zur Parteifinanzierung. Es geht nicht ohne Haushalt-Sicherungsgesetze!

II. Handlungszwang
Selbst bei striktem Sparkurs und Milliardeneinnahmen aus Privatisierungen werden weitere Steuer- und Abgabenerhöhungen in bestimmten Bereichen unumgänglich sein.

III. Handlungszwang
I. und II. setzen durchgreifende Reformen voraus. Die wichtigsten: Renten- und Arbeitslosenversicherung wie schon zum drittenmal die Krankenversicherung. - Eine große Steuerreform mit der Kürzung bzw. Streichung vieler Ausnahmeregeln, die eine wesentliche Vereinfachung der Gesetze wie eine per saldo stärkere Steuerentlastung bringen muß. - Reform der Bund-Länder-Gemeindefinanzen, was aus I., II. und III. Handlungszwang ableitet. - Reform des Öffentlichen Dienstrechtes bis hin zum Beamtenstatus.

IV. Handlungszwang
Versprechungen aller Art haben zu unterbleiben, bis auf das außenpolitisch und exportwirtschaftlich erforderliche Minimum.

Die bange Frage: Wie wird besonders *die Gesellschaft des ständigen Mehr und Mehr* im Westen der Republik den vierfachen Handlungszwang verkraften? Auch die Millionen Ostdeutschen, denen es wohl ergeht, haben das Besitzstandsdenken bereits verinnerlicht. Das wohl per saldo gravierendste Hemmnis gegen Reformen ist meines Erachtens die Selbstüberschätzung der Deutschen und ihrer Funktionseliten, wobei die reformerischen Kräfte nicht verschwiegen werden sollten. Die Devise lautet, man könne einfach so weiter machen. Wieviel Realismus braucht das Land? Optimismus hat es genug!

Es will nicht so leicht in Erfolg gewöhnte und auf Beharrung setzende Köpfe - und natürlicherweise nicht in jene, deren eingeschränktes Sein das Bewußtsein dominiert / oder die 40 Jahre lang des warmen Mief des sozialistischen Kollektivs erlebt haben - welche erheblichen Risiken historischen Umbrüchen inne ist. Die zusammengebrochenen Spannungsfelder des geteilten Deutschland, des kalten Krieges sowie die Ausweitung der Europäischen Union haben neue Spannungsfelder und zusätzliche Verteilungskämpfe programmiert, die ins Geld gehen. Hieraus resultiert für das erheblich gewachsene und vom Ausland nach zwei Weltkriegen beargwöhnte Deutschland eine gewaltige Herausforderung, die die Überforderung von Staatsfinanzen und Volkswirtschaft verstärkt. Und so könnte es geschehen, daß historische Fortschritte Magnetkräfte des Negativen entwickeln.

Eine solche Beschreibung suggeriert Pessimismus. Wo bleibt das Positive der deutschen Einheit, der Demokratisierung in Osteuropa einschließlich der Marktchancen, die gute Zukunft einer zusammenwachsenden Europäischen Union? Dies sind die guten Seiten der Zukunftsmedaille. Gleichwohl kommt es mehr noch auf die ökonomisch-sozialen Schwerkräfte an, will man die Zukunft von Nationen beurteilen. Besonders die Ökonomen wissen um die zersetzende Kraft des Fiskalsozialismus. Ohne seine Bändigung wird die Wirtschaftskraft derart geschwächt, daß sie auf die Politik durchschlägt. Bald kommen dann die *Ayathollas* und *Wiedertäufer* mit ihren simplen Politikmustern übers Land. Und wenn die Schwächung lange Jahre anhält, gelangen sie auch an die Hebel des Einflußes und sogar der Macht. Unterschwellig macht sich schon die Devise "Deutschland zuerst" breit. Daß diese bei starker Exportabhänigkeit und Internationalisierung der deutschen Wirtschaft ökonomisch wie außenpolitisch in die Irre führen muß, sollte die politische Klasse schon heute bedenken, wenn sie glaubt, ohne durchgreifende Reformen über die Runden der nächsten Wahlen kommen zu können!

WILLY KRAUS

Rückbesinnung und Zukunftsglaube, Bewahren und Wandeln: Herausforderungen zur Jahrhundertwende

A. Versäumnisse und Fehlentwicklungen

Es besteht wohl kein Zweifel darüber, daß zahlreiche Probleme unseren politischen und wirtschaftlichen Alltag belasten, ohne daß vorerst praktikable, unvoreingenommene wie sachlich gerechtfertigte Lösungen in Sicht zu sein scheinen. Dazu gehören z.B. der im Grunde nicht mehr aufschiebbare Umbau des Sozialsystems, die Eindämmung der Massenarbeitslosigkeit, die Sicherung des industriellen Standortes Deutschland, der Schutz unserer natürlichen Lebensgrundlagen, die Gewährung der inneren Sicherheit, die Rückbildung einer ausufernden Verwaltung und vieles mehr. Aber gleichzeitig ist auch die Rede von der Politikverdrossenheit breiter Bevölkerungsschichten, vom nachlassenden Vertrauen zu den politischen Parteien, von der Innovationsschwäche in Politik und Wirtschaft, vom Fehlen überzeugender Persönlichkeiten mit Kompetenz und Ausstrahlungskraft, vom Mangel an neuen einprägsamen wie motivierenden Leit- und Vorbildern. Zu der Fülle vordringlich zu lösender Aufgaben unter erschwerten Bedingungen tritt dann noch der unerbittlich fordernde Moloch massiver Gruppeninteressen, die sich häufig weit eher durch verfestigte Machtpositionen als durch sachliche Notwendigkeiten Gehör verschaffen. Unter diesen Umständen ist es nicht verwunderlich, daß sich Politiker und Bürokraten vielfach entnervt und abgehetzt durch ein Dickicht von Verpflichtungen bewegen, zudem noch ohne fachliche Kompetenz schwierige Aufgaben übernehmen, hohe Positionen einnehmen oder gar Ämter und Behörden leiten, die im Grunde neben Führungsqualitäten auch ein gehöriges Maß an Fachwissen und Erfahrung voraussetzen sollten.

Es ist daher nicht erstaunlich, daß in einem kaum vertretbaren Umfang unausgegorene Lösungen zustandekommen, die selbst im Zeitalter des "fast food" nur schwer genießbar und verdaulich sind. Unter diesen Umständen muß man sich wohl auch die bange Frage vorlegen, ob und in welchem Umfange die Herausforderungen eines neuen Jahrhunderts überhaupt gehört und ernstgenommen werden. Denn es wird nicht damit getan sein, daß der umfangreiche Katalog teils abgehakter, teils unerledigter Aufgaben auch noch mit zusätzlichen Merkposten unerfüllbar angereichtert wird. Es handelt sich vielmehr darum, sich nunmehr glaubwürdig und besonnen Rechenschaft darüber zu geben, was in den vergangenen Jahren und Jahrzehnten des sich seinem Ende zuneigenden Jahrhunderts versäumt und verdrängt worden ist, welche gravierenden Fehlentscheidungen gefällt worden sind, welche Wege unbeirrt weiter verfolgt werden sollten, aber auch darum, welche Korrekturen oder gar Richtungswechsel nunmehr unumgänglich sind.

In diesem auf wenige Seiten beschränkten Beitrag kann es nur darum gehen, einige besonders markante Prinzipien wie Prinzipienlosigkeiten kritisch unter dem Aspekt zu beleuchten, ob sie den Herausforderungen des kommenden Jahrhunderts weiterhin gewachsen, oder ob sie schleunigst aufzugeben sind. Zur Vermeidung von Mißverständnissen sollte aber betont werden, daß die hier vertretenen Positionen natürlich stark durch eigene persönliche Eindrücke und Erfahrungen, - durch Jugend- und Schulzeit, Kriegserlebnisse, Studienjahre, Lehr- und Forschungstätigkeiten an in- und ausländischen Universitäten sowie durch Forschungs- und Beratungstätigkeiten in weiten Teilen Asiens geprägt worden sind. Gleichwohl handelt es sich hierbei nicht um ein rein subjektiv geprägtes Bild. Vielmehr scheinen selbst breite Schichten von den nicht mehr zu übersehenden Fehlentwicklungen abzurükken, aber gleichzeitig am Bewährten festzuhalten, das ihnen als ein tragfähiges Fundament für ein ersehntes realistisches Zukunftsbild erscheint.

B. Altlasten aus der rechts- wie linksradikalen Aera und des Wohlfahrtsstaates

I. Einprägsame Erlebnisse und Begebenheiten aus der Jugendzeit geraten meist nicht so schnell in Vergessenheit. So entsinne ich mich noch sehr gut daran, daß im Jahre 1932 in meiner Heimatstadt ein SA-Aufmarsch stattfand, der zu ausgedehnten Auseinandersetzungen mit Angehörigen des Rot-Front-Kämpferbundes führte. Auf der abschließenden Kundgebung auf dem Marktplatz verteufelten dann die NS-Propagandaredner unseren Staat, die Weimarer Republik. Im Mittelpunkt ihrer Angriffe standen die "Parteibonzen", die "Parteibuchbeamten", die ohne jedes Fachwissen und ohne Sachkompetenz durch "Parteiklüngel" in die Staatsämter gehievt worden seien. Mit diesem weithin verbreiteten Argument haben die Nationalsozialisten wohl manchen Bürger betört, legten sie doch ihre ganze Hand in eine Wunde, die schon längst auch ohne ihr Zutun Verdruß und Ärger ausgelöst hatte. Die Wiederherstellung des Berufsbeamtentums bildete daher ein vorrangiges, zugkräftiges Ziel der NS-Propaganda, die allerdings skrupellos genug war, um nach 1933 durch das sog. "Gesetz zur Wiederherstellung des Berufsbeamtentums" nunmehr ein Bonzentum und eine Parteibuchbürokratie im Großformat zu inthronisieren. Daran gemessen konnten die Weimarer Entartungen wirklich nur als Bagatellfälle beurteilt werden. Immerhin, man hätte daher auf jeden Fall annehmen sollen, daß beim Aufbau eines demokratischen Deutschlands alles unternommen werde, um der Wiederbelebung des verteufelten Parteibuchbeamtentums und der so anrüchigen Ämterpatronage nunmehr aber Einhalt zu gebieten. Das ist leider nicht geschehen. Im Gegenteil, das Parteibuchbeamtentum breitet sich munter aus, die Ämterpatronage wird zunehmend skrupelloser gehandhabt. Die Schar der Kritiker wächst zwar ständig, stößt aber angesichts des Parteifilzes sowie der Bürgerferne politischer Mandatsträger vielfach auf taube Ohren. Wolfram Engels hat auf den unbestreibaren Sachverhalt verwiesen, daß in unserer repräsentativen Demokratie an die Stelle des Gemeinwohls die Gruppeninteressen getreten sind. "Politik wird zum kleinsten gemeinsamen Nenner der Gruppeninteressen und das Bundeskanzleramt zur Interessen-Clearingstelle" (Wolfram Engels, 1994). Offenbar gilt in diesem Zusammenhang auch der Satz Theodor Eschenburgs: "Was nicht organisiert ist, ist ungeschützt." Es kommt hinzu, daß befähigte Leute mit Sachverstand, die offenbar zuviel wissen, Mühe haben in die oberste Etage der Parteihierarchie zu gelangen. Auch vor Quereinsteigern mit Fachkompetenz schreckt man zurück und verhindert dies durch Wahlverfahren für die Kandidatenaufstellung. Hans Herbert von Arnim schrieb im November 1993: "Die Parteien treffen die Personalentscheidungen häufig ganz unverblümt nach Proporz und machtpolitischem Kalkül. Als Kandidaten scheint allein die kleine Zahl von Leuten mit dem richtigen Parteibuch in Betracht zu kommen" (von Arnim, 1993). Der prüfungsgeplagte Bürger, der nur über Prüfungen und Leistungstests Schritt für Schritt auf der beruflichen Stufenleiter vorzurücken vermag, muß sich indessen die Frage vorlegen, wie es überhaupt möglich ist, daß man in unserem Lande z.B. Wirtschaftsminister, Postminister, Umweltminister, Intendant einer Rundfunkstation, Präsident eines Bundesamtes usw. werden kann, ohne dies jemals gelernt zu haben, geschweige denn, entsprechend geprüft worden zu sein. Das Parteibuch ist zum großen Befähigungsnachweis geworden.

Es ist doch höchst erstaunlich, daß selbst jene politischen Gruppen und Parteien, die sich für ihr soziales Engagement viel zugute halten bzw. sich ausdrücklich zur sozial motivierten Politik bekennen, mitunter auch nicht die geringsten Skrupel zeigen, die völlig unsoziale Ämterpatronage zu praktizieren. Mitarbeitern in den Patronagebetrieben, - diese sind ja weiß Gott keine Einzelerscheinungen - müssen von vorneherein damit rechnen, daß noch so große Leistungen und Führungsqualitäten nicht ausreichen werden, um an die Spitze des Hauses zu gelangen, sondern daß diese Politikern vorbehalten bleibt, wie auch immer ihre Eignung beurteilt werden mag. Man sehe sich einmal die Führungsmannschaften mancher Rundfunk- und Fernsehanstalten, mancher Bundesämter usw. sowie die Delegierungen in großzügig dotierten wie steuerfreien Positionen internationaler Organisationen an. Landeseigene Totto- und Lottogesellschaften gelten in besonderem Maße als Versorgungspfründe für Parteifreunde, - und dies nicht nur in Hessen.
Bereits vor 25 Jahren hat der Präsident des Bundesgerichtshofs in Karlsruhe auf die gefährliche Politisierung der Bundesrichterwahl verwiesen, als erkennbar wurde, daß bei der Wahl von Bundesrichtern politische Erwägungen stärker ins Gewicht fielen als die fachliche Eignung der Kandidaten (FAZ, 23.11.1970). Die politischen Parteien haben es unbekümmert fertiggebracht, für das Bundesverfassungsgericht Personen vorzuschlagen, die nie zuvor irgendein Richteramt ausgeübt haben. Mit Recht ist daher die Frage aufgeworfen worden (Leserzuschrift in der FAZ vom 24.4.1993), ob das Bundesverfassungsgericht eigentlich der richtige Ort sei, an dem der dorthin Berufene seine ersten Prozeßerfahrungen sammelt.

Die Politisierung der Verwaltung hat auch dazu geführt, daß bei der Besetzung öffentlicher Ämter und Institutionen in geradezu kumpelhafter Eintracht der Parteienproporz gewahrt wird. Obliegt die Leitung nur einer Person und gehört der erste Mann der einen Partei an, dann muß der zweite natürlich Mitglied der anderen Partei sein (Scheuch, 1994 und 1992, S. 36ff). Kluge Beamtenanwärter neigen vielfach dazu, in dieser Sphäre der Protektion und des Ämtermißbrauches rechtzeitig der "richtigen" politischen Partei beizutreten, die den Aufstieg erleichtert, - und dies ganz unabhängig von ihrer persönlichen parteipolitischen Einstellung. Indessen stehen alle jene, die sich aus Überzeugung parteipolitisch engagieren oder engagiert haben und durch hervorragende Leistungen und ausgeprägte Fähigkeiten aufgestiegen sind, völlig ungerechtfertigt im Geruch, ebenfalls mit Hilfe des Parteibuches vorgerückt zu sein, - ein Grund mehr, auch aus politischen Gründen, den Klüngel abzustellen.

Prominenz und Kompetenz sind in unserem Lande nach dem Neubeginn im Jahre 1948 nicht mehr deckungsgleich. Fachleute gelten vielfach als weltfremde, "unpolitische Gesellen", als Fachidioten, die höchstens für Lakaiendienste nützlich sind. Dem gutgläubigen Volke, das seit jeher für Sauberkeit in der Verwaltung geschwärmt hat, wird schon allerhand zugemutet. Pfründenwirtschaft, Filz und Sumpf sowie Amigo-Affären mit Traumreisen und Testwagenbenutzung wird das Volk allenthalben als unanständig und schmutzig empfinden, insbesondere dann, wenn die gleichen uneinsichtigen, in die Macht verliebten Politiker sich auch nicht scheuen, Anstand, Ethik und Moral zu predigen und anscheinend rührend bemüht sind, den Menschen in den Mittelpunkt ihrer politischen Arbeit zu stellen. In einem solchen Milieu der Vorteilsnahme wird man nicht erwarten können, daß Bürgersinn und Gemeinsinn gut gedeihen. Aber, wen kümmert dies schon?

Es ist inzwischen wohl hinlänglich erkannt worden, daß die "oft vetternwirtschaftliche und korruptionsträchtige Besetzung von Leitungspositionen im kommunalen, sozialen und öffentlich-wirtschaftlichen Sektor sowie im Bildungs- und Medienbereich vom Zugriff der Parteien" gelöst und durch alternative Gremien vorgenommen werden muß (Leggewie, 1993, S.9; von Beyme, 1992), die in sachverständiger Weise Posten besetzen werden. Aber wann wird diese Selbstbeschränkung der Parteien und damit die Neubestimmung ihres Selbstverständnisses beginnen? Jedenfalls wird man in dem bisherigen beschämenden Klima skrupelloser Selbstherrlichkeit den Herausforderungen des neuen Jahrhunderts nicht gewachsen sein.

II. Als meine Generation aus dem letzten Kriege zurückkehrte und sich in relativ vorgerücktem Alter endlich der praktischen Berufsausbildung unterziehen konnte oder das Universitätsstudium aufnahm, war sie doch von der Hoffnung beseelt, baldmöglich in einem anderen, neuen geistigen Klima zu leben und zu arbeiten. Sie erhoffte, daß neben der Durchsetzung von Rechtsstaatlichkeit auch wieder Toleranz und Fairness, gegenseitige Achtung, Solidarität, Übereinstimmung von Wort und Tat und auf Wahrhaftigkeit fußende Argumente das Zusammenleben der Bürger wie auch den Zusammenhalt von Politik, Wirtschaft und Gesellschaft prägen würden. Lange genug waren die Grundrechte - Freiheit der Person, Glaubens-, Gewissens-, Bekenntnis- und Meinungsfreiheit mißachtet worden. Dialog und Diskussion zu einer vernünftigen wie menschenwürdigen Entscheidungsfindung waren verkümmert, überzeugende Argumente häufig genug der Ideologie und der Indoktrination zum Opfer gefallen. Andersdenkenden, Widersachern, Gegnern, - auch vermeintlichen - war rücksichtslos der Kampf angesagt worden. Bestenfalls wurden deren Argumente mit Spott überhäuft.

Die Hoffnung der Kriegsgeneration auf Wiedergeburt von Toleranz und Fairness ist in den Nachkriegsjahren weitgehend erfüllt worden. Ich denke häufig an unsere ausgedehnten Diskussionen über Fachfragen wie auch über politisch-gesellschaftliche Probleme, die vielfach bis tief in die Nacht hinein fortgesetzt worden sind. Man hörte zu, versuchte mit Argumenten zu überzeugen, würdigte Gegenargumente und ließ sich auch selbst überzeugen. Man suchte nach richtigen Lösungen und nicht nach Möglichkeiten, sich mit allen verfügbaren Mitteln auch gegen alle Vernunft durchzusetzen.

Dieser so wohltuend-erfreuliche Neubeginn ist allzu schnell wieder beendet worden. Unter dem Einfluß neuer Polarisierungen, Radikalisierungen und ideologischer Verkrampfungen hat man sehr schnell das Zuhören und das Verständnis für abweichende Auffassungen gründlich verlernt. Diese Bresche in den so weithin ersehnten Neuanfang hat unstreitig die "Neue Linke" geschlagen, - mit alten Ideen, die zudem oft genug nicht einmal "links" ausgerichtet waren, aber unter Verwendung neuartiger Ausdrucksformen vermittelt wurden (Scheuch, 1969, S.7). Angriffsziel bildet die bürgerliche Welt, die Industriegesellschaft und das angeblich mit ihr fest verbundene Establishment.

Ansatz der Argumentation der "Neuen Linken" ist das subjektive, angeblich falsch geprägte Bewußtsein, deformiert unter der überall lauernden, manipulierenden repressiven Herrschaft des spätkapitalistischen Leistungsprinzips, insbesondere ausgeübt in der Familie, in den Schulen, Universitäten und Betrieben. "Mit Verweis auf Manipulation kann allen Menschen, die anderer Meinung (= "manipuliert") sind, die Teilnahme an Entscheidungen verwehrt werden" (Scheuch, 1968, S. 120).

Die Träger des angeblich fortschrittlichen Bewußtwerdens und Bewußtseins nehmen sich also in reichlich elitärer Arroganz das Recht heraus, die in ihren Augen vorwiegend repressive Toleranz zu bekämpfen, - natürlich mit Intoleranz (Ludz, 1968, S. 34 ff.). Man wendet sich in erster Linie an die Masse des Publikums, "vor deren Augen der aufgebaute Feind zunächst gezeigt, dann beschimpft, beleidigt und lächerlich gemacht" wird. Durch "Provokationen mit Agitationscharakter" soll dann der "kollektive Lernprozeß" in Gang gesetzt werden (Ludz, 1968, S. 35). Eng verbunden mit diesem Konzept war die illusionäre Schaffung des "Neuen Menschen", der durch den "Marsch durch die Institutionen" zum richtigen Bewußtsein findet.

Dieser Ungeist hat sich bald in Schulen und Universitäten breitgemacht, der Marsch durch die Institutionen konnte beginnen. Die Ziele der Urheber sind schließlich auch erreicht worden. Es ist wohl nicht von der Hand zu weisen, daß die chinesische Kulturrevolution unseren jungen Revoluzzern und Revoluzzerinnen manchen Anschauungsunterricht geboten hat. Die Chinesen selbst haben allerdings genügend Kraft gezeigt, um diesem Spuk baldmöglich ein Ende zu bereiten. Nun wurde erst recht die Industriegesellschaft aufgebaut, und dies ohne wenn und aber.

Die Intoleranz der spießigen Besserwisserei und Selbstgerechtigkeit hat also in Deutschland durch die "Achtundsechziger" und ihre Epigonen Einzug gehalten, häufig genug verbunden mit haßerfüllten tätlichen Angriffen, Ausschreitungen und mit Terror. Der Respekt vor anderen Meinungen, Haltungen und Einstellungen und schließlich auch vor der individuellen Würde des Menschen hat jedenfalls schweren Schaden genommen. Man kann nur wünschen und hoffen, daß die heranwachsende Generation wieder zur Toleranz, zum gegenseitigen Verständnis und zur Fairneß zurückfinden möge. Vieles spricht dafür, daß ein erneuter Wertewandel in diese Richtung bereits eingesetzt hat. Indessen wird noch viel zu tun sein.

III. Während der Herrschaft der autoritär-diktatorischen Systeme in Deutschland sind immer wieder beherzte Männer und Frauen aufgetreten, die todesmutig für die Freiheit eingetreten sind. Um so mehr konnte nach dem Zusammenbruch dieser

Systeme erwartet werden, daß die wiedergewonnene Freiheit mit allen verfügbaren Mitteln gegenüber allen Widersachern und Feinden der Freiheit verteidigt werden würde. Es muß natürlich hervorgehoben werden, daß mit dem Grundgesetz für die Bundesrepublik Deutschland vom 23. Mai 1949 und im Rahmen der mit dem Namen Ludwig Erhard so fest verbundenen "Sozialen Marktwirtschaft" eine Ausweitung des Freiheitsraumes erreicht werden konnte, wie dies in der deutschen Geschichte bisher noch nicht der Fall gewesen ist. Es entstanden souveräne, selbstbewußte Konsumenten, die sich allerdings nicht nur auf hochwertige, wohlfeile Lebensmittel stürzten, sondern sich auch in vielfältiger Weise mit Literatur, Musik und Kunst befaßten. Die Motorisierung schuf eine bisher nie gekannte Mobilität. Presse, Rundfunk und Fernsehen führten zu einer wohlinformierten Gesellschaft, die bald auch ihre Reiselust entdeckte und sie über die eigenen Landesgrenzen hinaus weltweit auskostete. Dennoch sind die Hoffnungen auf strikte Wahrung und Verteidigung der neuen großartigen Freiheiten nicht erfüllt worden. Insbesondere die "Neue Linke" hat es fertiggebracht, Freiheitsvorstellungen zu relativieren, zu verwirren und sie als bürgerliche Vorurteile beiseite zu schieben. Angriffsziel bildete unverblümt die freiheitliche Gesellschaft mit ihren bindenden rechtsstaatlichen Spielregeln, die einfach als "formal" und "inhaltslos" abgetan wurden. An ihre Stelle sollte die volle "Demokratisierung" aller Lebensbereiche treten. So begann es jedenfalls. Ungeniert wurde vom "existentiellen Ekel vor einer Gesellschaft, die von der Freiheit schwätzt" (Dutschke, 1968, S.91) gesprochen, Konsumenten- und Produzentenfreiheit wurden als Ergebnis kapitalistischer Manipulation an den Pranger gestellt. Die massiven Angriffe richteten sich also gegen den "Kapitalismus", gegen seinen angeblich repressiven Zwangscharakter, gegen seine Manipulationen und vor allen Dingen gegen das Leistungsprinzip als Vollstrecker der Herrschaftsbedürfnisse der kapitalistischen Gesellschaft. Diese Argumentation wurde detailliert anklagend weitergeführt bis hin zu Angriffen auf Schule und Familie, ohne aber den massiven eigenen linken Herrschaftsanspruch verhüllen zu können. Recht vage wurde auf die "Herrschaftsfreiheit", auf den "herrschaftsfreien Raum" und auf die "herrschaftsfreie Gesellschaft" verwiesen. Genaueres haben wir hierüber nie erfahren. So wird die allenthalben anzutreffende Konzeptionslosigkeit mit einem Überangebot an robusten Aktionen verdeckt (Reblin, 1968, S. 180), die schließlich im handfesten Anarchismus enden müssen. Die Jünger dieser linken Heilslehre beanspruchen natürlich für sich die volle, uneingeschränkte Gewährung aller Freiheiten. Die aber stets mit der Idee der Freiheit eng verbundene Beachtung der Freiheit des Nächsten ging schließlich im programmatischen wie faktischen "totalen Protest" und in der "totalen Opposition" vollends unter, meist sogar handgreiflich. Man wird kaum behaupten können, daß all dies nur eine kurzfristige Episode war, die bereits der Vergangenheit angehöre. Es ist vielmehr nicht von der Hand zu weisen, daß sich bereits weitere höchst brisante Entwicklungen zur Einschränkung der persönlichen Freiheit längst machtvoll angekündigt haben.

Wir wissen, - die Fülle der inzwischen gesammelten Erfahrungen hat dies wohl hinlänglich bestätigt - daß die Freiheit durch den Rechtsstaat, durch den demokratischen Verfassungsstaat gewährleistet wird. Wir haben aber inzwischen häufig genug erleben können, daß der Rechtsbruch schlankweg als "politisches Recht" beansprucht wird. Selbst Vertreter der christlichen Kirchen waren nicht gerade zimperlich um die Durchsetzung dieser Forderung bemüht. Wird aber der Geltungsanspruch des Rechts nicht mehr akzeptiert, dann werden Rechtsgüter einfach vogelfrei (Matz, 1988, S. 54; Isensee, 1988, S. 19 ff.). Das Prinzip der "Verhältnismäßigkeit" kann gegebenenfalls je nach Anwendung auch noch eine angemessene Ahndung mancher Rechtsbrüche unterbinden, so daß der noch verbliebene Respekt vor der rechtsstaatlichen Ordnung zunehmend schwinden muß. Wir können weiterhin feststellen, daß nicht nur mit abnehmendem Gemeinsinn und nachlassender Verantwortlichkeit, sondern auch mit bewußter Kollektivierung der individuellen Leistungsbereitschaft sich der Bevormundungsstaat breitmacht und sich nicht scheut, selbst in der privaten Sphäre die Freiheit der persönlichen Entscheidung einzuschränken oder gar aufzuheben. Auf dem Symposium der Hanns Martin Schleyer-Stiftung in Köln am 17./18. Dezember 1987 über "Der Preis der Freiheit. Grundlagen, aktuelle Gefährdungen und Chancen der offenen Gesellschaft" sagte Hans Willgerodt: "Der Staat läßt uns zwar noch zu den Parlamenten wählen, traut uns aber nicht mehr zu, ohne seine Anleitung unsere eigenen Angelegenheiten zu regeln. Er traut vor allem der Privatrechtsgesellschaft und dem Markt nicht zu, Mechanismen zur Entwicklung und Erschließung von Kenntnissen hervorzubringen, die uns besser vor Schaden bewahren als die wohlfahrtsstaatlichen Einrichtungen. Privatversicherungen erscheinen in diesem Licht, zumal bei solchen Risiken, die jedermann betreffen, gegenüber staatlichen Zwangsversicherungen weniger sinnvoll. Private Kapitalbildung für Zwecke der Alterssicherung wird gegenüber Umlagen diskriminiert. Private Vorsorge in der Familie erhält gegenüber dem kollektiven Familienlastenausgleich ein Vorzeichen antiquierter Rückständigkeit. Berufsausbildung gilt als Staatsaufgabe" (Willgerodt, 1988, S. 79). Es scheint kaum noch etwas zu geben, was man nicht vom Staat erwarten kann. Staatlich privilegierte Medien unterhalten uns und statten uns mit Meinungen aus (Willgerodt, 1988, S. 81). Bereits im vorigen Jahrhundert hat Alexis de Tocqueville ahnungsvoll die Frage aufgeworfen, wie die bevormundende Macht mit den egalisierten Menschen verfahren wird: "... könnte sie ihnen nicht auch die Sorge des Nachdenkens und die Mühe des Lebens ganz abnehmen?" (de Tocqueville, 1840/1962, S. 342)

Es liegt auf der Hand, daß der Wohlfahrtsstaat ein gerütteltes Maß dazu beiträgt, die Selbstverwantwortung und staatsfreie Solidarität abzubauen. Der Wunsch nach "Vergesellschaftung möglichst vieler Risiken unterminiert Eigenverwantwortung und Freiheitsgefühl" (Jeske, 1994, S.42 f.). Die Menschen verlernen, mit ihrer Freiheit vernünftig umzugehen. Aber innovatives Handeln zum Überleben im kommenden Jahrhundert braucht freie Luft.

C. Staatsversagen und Autoritätsverlust

I. Wir waren Zeitzeugen der auf nationalistischen und marxistischen Wahnideen beruhenden diktatorischen Systemen, die den Einzelnen und seine private Sphäre vollauf ihrem Totalitätsanspruch untergeordnet haben. Das nationalsozialistische Regime hatte nichts Eiligeres zu tun als die tragenden Prinzipien der Weimarer Verfassung wie Rechtsstaatlichkeit und Demokratie, Gewaltenteilung und individuelle Freiheitsrechte radikal zu beseitigen. "Die Führergewalt - so hieß es - ist umfassend und total; sie vereinigt in sich alle Mittel der politischen Gestaltung; sie erstreckt sich auf alle Sachgebiete des völkischen Lebens, sie erfaßt alle Volksgenossen, die dem Führer zu Treue und Gehorsam verpflichtet sind" (Zentner, 1965,

S. 185). Dem Volke wurde sogar eingeredet: "Recht und Wille des Führers sind eines" (Völkischer Beobachter, 14.7.1934).

Das Prinzip der Einparteiendiktatur fand nach 1945 seine Fortsetzung im kommunistischen Regime der sowjetischen Besatzungszone und der auf dieser Grundlage geschaffenen ehemaligen DDR. "Die mitteldeutsche Bevölkerung -. so hieß es wiederum, inhaltlich vollauf übereinstimmend mit der nationalsozialistischen Parteidoktrin - wird durch die Partei beherrscht; in der Partei herrscht der durch die hauptamtlichen Funktionäre gebildete Apparat und zwingt den Mitgliedern den Willen der Parteiführung auf" (Weber, 1964, S. 427). Auf der II. Parteikonferenz der SED im Jahre 1952 wurde verlautbart: "Das Hauptinstrument bei der Schaffung der Grundlagen des Sozialismus ist die Staatsmacht... Weiter muß es Sache aller fortgeschrittenen Kräfte sein, vom 'großen Stalin' zu lernen, wie der Sozialismus aufgebaut wird" (Weber, 1964, S. 448).

Mit der Abwendung vom Totalitarismus mußten notwendig gegenüber Staat und Gesellschaft völlig neue Positionen bezogen werden. So folgt der Vergötzung des Staates und seiner Machtmittel nunmehr genau so übersteigert die totale Verdammung, - Wurzel allen Übels ist der Staat. Konrad Adam hat in einem bemerkenswerten Beitrag über die "Auseinandersetzung zwischen Individualisten und Kommunitaristen" Ronald Reagan und Margaret Thatcher jener Richtung zugeordnet, die den Einzelnen glorifiziert, aber all das abwertet, was die Gemeinschaft vom Bürger fordern darf. Gleichwohl verweist er auch auf den nicht zu übersehenden Sachverhalt, daß beide Politiker nationalen Interessen gegenüber keineswegs gleichgültig waren. "Denn weder ihr ausgeprägter Individualismus noch ihr demonstratives Mißtrauen gegen die Allzuständigkeit des Staates haben den amerikanischen Präsidenten oder die britische Premierministerin daran gehindert, die nationalen Interessen ihrer Länder zu erkennen, und mit aller Energie zu verteidigen. Vor allem nach außen hin, bei ihren militärischen Einsätzen und im Streit mit der machthungrigen europäischen Bürokratie haben beide der ganzen Welt ihren wachen Sinn für das bewiesen, was die Gemeinschaft fordern darf und muß" (Adam, 1994). Es blieb deutschen Politikern, Literaten, Intellektuellen und Repräsentanten der "Linken" vorbehalten, auf dem Felde der politischen und gesellschaftlichen Auseinandersetzungen wiederum die allerextremste Position zu beziehen. Der Einzelne erscheint nur noch als Opfer der Gesellschaft, die ihn deformiert und ruiniert, - natürlich durch die Eltern, durch die Lehrer, durch die Vorgesetzten und alle jene, die irgendwie auf ihn Einfluß zu nehmen vermögen. "Autonome" kennen - wahrlich autonom - nur noch sich selbst, ihre höchst persönlichen Wünsche, ihre "Launen und Idiosynkrasien" (Adam, 1994). Die persönliche Freiheit wird bis zum Äußersten extrem genutzt und genossen. Gegenüber den Grundfragen unseres Volkes oder Staates zeigt man indessen Gleichgültigkeit. An der Wiedervereinigung der beiden deutschen Staaten ist man nicht interessiert. Die Einnahme eines "Ständigen Sitzes" im Weltsicherheitsrat wird abgelehnt. Man fordert den Austritt aus der Nato und die Auflösung der Bundeswehr. Es besteht offenbar ein hohes Maß an Selbsthaß, die Lust an der Selbsterniedrigung ist nicht zu übersehen.

Wenn man solche Positionen einnimmt, dann verkümmert der Staat zu einem großen Gemischtwarenladen, der dem auf persönliche Besitzstandswahrung bedachten Einzelnen jeweils zur Selbstbedienung offenstehen soll. Das Sozialwesen hat großzügig materielle Gaben darzubieten. "Die Politik beschränkt sich darauf, alle möglichen Gruppen zu hofieren und zu bedienen; danach zu fragen, ob und wie sich aus der Vielfalt der Interessen irgendeine Harmonie ergibt, betrachtet sie nicht mehr als ihre Aufgabe" (Adam, 1994).

In einem solchen Milieu findet der Gemeinsinn bzw. die Pflege des Gemeinwohls als verpflichtende Aufgabe des Einzelnen keinen Widerhall, - kein Wunder, daß unter diesen Umständen auch die tradierten strengen Maßstäbe an die Verwaltung öffentlicher Ämter verkommen müssen. Ohne Zweifel hat mit den wachsenden Ansprüchen an den Staat, die weithin auch erfüllt worden sind, der gesamte Umfang der Staatstätigkeit geradezu maßlos zugenommen, - und dies trotz zunehmender Distanzierung vom Staat und seinen Institutionen. Ämterpatronage und bürokratische Expansionslust haben in die gleiche Richtung gewirkt. Haushaltskrisen und beständig ansteigene Steuerlasten bei abnehmender Handbarkeit des Steuerrechts machen deutlich, daß der liberale Grundsatz einer Beschränkung der Staatsmacht schon längst aufgegeben worden ist. In dieser Situation genügen nun nicht mehr Reformvorschläge, Modernisierungsempfehlungen, Änderungen des Beamtenrechts wie z.B. Einführung von Experimentierklauseln, von neuen Beurteilungs- und Beförderungsrichtlinien, von Leistungsanreizen, so begrüßenswert diese auch sein mögen. Die gesamte Staatstätigkeit gehört vielmehr auf den Prüfstand. Sie bedarf eines radikalen Umbaues, der dem Subsidiaritätsprinzip Rechnung trägt, die mögliche Privatisierung öffentlicher Leistungen ernsthaft vorantreibt und ohne faule Kompromisse endlich zur ordnungsmäßigen Wahrnehmung der klassischen Hoheitsaufgaben zurückkehrt.

Diese Begrenzung und Konzentration auf die ureigenen Hoheitsbereiche bildet eine wesentliche Voraussetzung dafür, daß Staatsaufgaben wieder qualifiziert wie gründlich wahrgenommen werden und daß damit auch das heruntergekommene Ansehen des Staates steigt. Der von den Vätern der Sozialen Marktwirtschaft geforderte starke Staat sollte keineswegs auf eine ausufernde Staatstätigkeit ausgerichtet sein. Er sollte seine Stärke durch die pflichtgemäße Erfüllung der ureigenen hoheitlichen Aufgaben erhalten, die es dem Bürger auch ermöglicht, sich ohne Einschränkung mit diesem Staat zu identifizieren.

II. Inzwischen ist die Wiederherstellung der "Inneren Sicherheit" zum Gebot der Stunde geworden. Der Bürger kann es einfach nicht verstehen, daß der Staat zwar mit allen Finessen seine "Daten" schützt, aber ihm persönlich längst nicht mehr den erforderlichen Schutz vor Verbrechen in unserem zunehmend gewaltfreudiger werdenden Klima gewährt. Dabei bilden die Gewährleistung der Sicherheit des Bürgers, der Schutz vor Verbrechen und die Vermittlung eines Sicherheitsgefühls schließlich ureigene Aufgaben des Staates. Rudolf Wassermann, einer der Vorkämpfer für die Wiederherstellung der "Inneren Sicherheit", der Beachtung der Rechtsordnung und der Stärkung des Rechtsbewußtseins schrieb im Oktober 1994: "Um die innere Sicherheit in Deutschland ist es nicht gut bestellt. Ein erschreckend hoher Stand von Kriminalität prägt das Bild. Die Polizei wirkt oft hilflos, die Justiz verwirrt. Mit dem im September beschlossenen Verbrechensbekämpfungsgesetz hat der Gesetzgeber nur einen ersten Schritt getan, dem weitere folgen müssen, wenn es besser werden soll. Die Aussichten, daß es dazu kommt, sind wenig günstig. Die FDP, die bereits in der Vergangenheit Initiativen des Bundesinnenministers Kanther abgeblockt hat, aber das Justizministerium behalten soll, scheint offenbar fest entschlossen, die innere Sicherheit ihren Profilierungsbedürfnissen zum Opfer zu bringen" (Wassermann, 1994, S. 1). Das Befürchtete ist inzwischen auch eingetreten. Gleichwohl wird es allen weltfremden ideologischen Richtungen und utopischen Vorstellungen zum Trotz unerläßlich sein, daß endlich das Strafrecht den Bürger wirksam vor dem Verbrechen schützt. Es handelt sich hierbei auch um eine soziale Aufgabe. Denn der Schwache ist der Kriminalität weitaus stärker ausgesetzt als der Starke, der mit einem gepanzerten Fahrzeug ausgestattet ist, sich raffinierter Alarmanlagen bedienen kann und sich gegebenenfalls auch noch mit "body guards" umgibt.

Man wird dem modernen Staat, der sich auf seine ureigenen Aufgaben konzentrieren sollte, nicht die zur wirksamen Verbrechensbekämpfung notwendigen Mittel weiterhin verwehren können, insbesondere auch unter dem Aspekt, daß sich inzwischen die grenzüberschreitende gewaltbereite internationale Kriminalität breitgemacht hat. Dazu gehört auch die "richterlich kontrollierte Mikrofonüberwachung", die bei uns zum "großen Lauschangriff" hochstilisiert worden ist. Dagobert Lindlau hat auf die hierüber geführte absurde Diskussion verwiesen: "Längst erlauben die Polizeigesetze der Länder Wanzen, und zwar ohne richterliche Kontrolle, wenn zum Beispiel ein Mord verhindert, eine Geisel befreit oder ein Plutoniumdeal gestoppt werden muß. Aber der Gesetzgeber kann sich nicht entschließen, das legal Gehörte auch als gerichtsverwertbaren Beweis gegen Mörder, Geiselnehmer und Plutoniumschieber zuzulassen. Die anwaltschaftlichen Interessenvertreter der Unterwelt haben sich durchgesetzt" (Lindlau, 1994, S. 9). Aber selbst modern ausgerüstete und personell hinlänglich ausgestattete Institutionen zur Verbrechensbekämpfung werden nicht ausreichen. Es ist doch nicht zu übersehen, daß sich im deutschen Kriminal- und Justizwesen - und gerade dort - jener verhängnisvolle Zug zur Einnahme extremer Positionen und maßloser Übertreibungen besonders breit gemacht hat. Die unaufschiebbaren Strafrechtsreformen der sechziger und siebziger Jahre haben der Resozialisierung erhebliche Bedeutung beigemessen. Sie sollte "nicht den Strafvollzug zur Farce machen, etwa im Sinne des 'alles verstehen heißt alles verzeihen', sondern künftige Verbrechen verhüten, indem sie die Täter befähigen sollte, in Zukunft ein straffreies Leben zu führen" (Wassermann, 1994, S. 1). Aber abweichend von diesen begrüßenswerten Reformen hat indessen eine Entwicklung eingesetzt, die dem Täter als dem beklagenswerten Opfer der Gesellschaft möglichst jedweden Schutz gewährt, während der Schutz des Opfers weniger bedeutsam erscheint. Dieser Täterschutz ohne Opferschutz geht teilweise auch soweit, daß schlankweg die Abschaffung von Gefängnissen gefordert wird, die für "Opfer der Gesellschaft" unzumutbar seien. Die Beachtung von Gesetz und Ordnung erscheint bereits als rechtsextreme Entartung und sei der modernen Demokratie unwürdig. Gesetze sollen in einem repressionsfreien Klima nur dann beachtet werden, wenn sie persönlich auch akzeptierbar seien. Das Strafrecht habe daher auch keine präventive Aufgabe zu erfüllen, der Täter keine Schuld zu sühnen (Scholz, 1994). Schließlich seien alle Menschen potentielle Verbrecher. So finden selbst Wiederholungstäter und Berufskriminelle milde Richter, die sich auch nicht scheuen, die Strafvollstreckung zur Bewährung auszusetzen. Zu nennen ist ferner der offene Strafvollzug mit Tagesausflügen von Mördern, begleitet von unbewaffneten Sozialhelfern. Schwerverbrechern gelingt es zum wiederholten Male, aus deutschen Haftanstalten auszubrechen. Auf einer Veranstaltung des Evangelischen

Kirchentages in München im Juni 1993 teilte die bayerische Justizministerin mit, daß nur sechs Prozent aller Straftäter in Haft kämen, eine Quote, die offenbar ihren Gesprächspartnern viel zu hoch erschien. Aufsehen erregten jüngst die Gaunereien über eine Million DM eines zu lebenslanger Haft verurteilten Mörders, der sich als Freigänger im offenen Strafvollzug zum Studium der Sozialpädagogik eingeschrieben hatte, DM 26.000.- BAföG kassierte und sogar das Arbeitsamt zur Ader ließ. Über seinen Verein "Anthropologische Land- und Bodenfrucht" konnte er für Fortbildungskurse, die nie stattfanden, weitere Gelder erhalten.

Inzwischen handelt es sich nicht mehr darum, den Bürger vor dem großen oder kleinen Gauner zu schützen, sondern zu verhindern, daß Deutschland zum Tummelplatz brutaler, wohlorganisierter Gewaltverbrecher wird und daß es zu einer Koexistenz der organisierten Verbrechensmacht mit den staatlichen Machtorganen kommt. Die Befürworter unserer angeblich liberalen aber in Wahrheit extrem abwegigen Rechtspolitik sind auch der Auffassung, daß ihre Progressivität besonders im Ausland Anerkennung und Bewunderung findet. Genau das Gegenteil ist der Fall. Während meiner Tätigkeiten in Asien habe ich immer wieder feststellen können, daß unsere bisher verfolgte Rechtspolitik zunehmend beunruhigt und Mißtrauen wie Ängste hervorbringt, teilweise sogar Entsetzen auslöst. Reminiszenzen an vergangene Zeiten werden wach, die ebenfalls durch Negierung von weltweit erprobten und akzeptierten Normen des menschlichen Zusammenlebens gekennzeichnet waren. Deutschland gilt mehr und mehr als das Land, das auch weiterhin immer wieder dazu neigt, extreme Positionen zu beziehen anstatt zu Maß und Mitte zurückzufinden. Die Sicherheit der Bürger sollte nach Auffassung unserer ausländischen Freunde wichtiger sein als das Beharren auf ideologischen Positionen, die sowieso im Ausland auf völliges Unverständnis stoßen.

III. Seit der Ausrufung der "Bildungskatastrophe" durch Georg Picht im Jahre 1964 sind die Lerninhalte und Bewertungsmaßstäbe an unseren Schulen wie auch an den übrigen Bildungseinrichtungen gewaltig verändert worden. Die gesamte Bildungslandschaft ist einem grundlegenden Wandlungsprozeß unterzogen worden, in deren Verlauf die Nachfrage nach Ausbildungsleistungen der höheren Schulen und Hochschulen in unerwartetem Ausmaß angestiegen ist. Bis zu diesen Umwälzungen hatten 80 Prozent der Bevölkerung ihre Schulbildung mit der Volksschule abgeschlossen. Nur vier Prozent legten die Reifeprüfung (Abitur) ab. Heute beenden indessen im Bundesdurchschnitt nur noch 32 Prozent der Bevölkerung ihre Schulbildung mit der Hauptschule. 39 Prozent schaffen die mittlere Reife, 29 Prozent das Abitur (Piel, 1995. S. 5). Das ist sicherlich ein großer Erfolg, der kaum unterschätzt werden kann. Trotz dieses Fortschritts sind große Teile der Bevölkerung ungehalten über Schulen und andere Bildungseinrichtungen. Sie kritisieren natürlich auch die Bildungspolitik in Deutschland. "Was fehlt ist nur - wie in den sechziger Jahren - eine durchdringende Stimme, die das Stichwort von einer erneuten Bildungskatastrophe aufs politische Tagesprogramm setzen könnte" (Ebenda). Folgt man den Umfrageergebnissen des Institutes für Demoskopie Allensbach im Herbst 1993 zum Thema "Bildungssystem", so beklagen sich die Eltern vorwiegend darüber, daß in unserem Schulsystem die "Erziehung" abhanden gekommen ist. "74 Prozent sind der Auffassung, daß es unbedingt auch heute noch zu den Aufgaben der Schule gehört, Werte zu vermitteln und die Entwicklung der Persönlichkeit zu fördern" (Ebenda). Auch wird stark in Zweifel gezogen - durch 2 von 3

Befragten - ob die heutige Schule überhaupt noch in der Lage ist, das in der modernen Gesellschaft unbedingt erforderliche Wissen zu vermitteln. Solche Befürchtungen stammen keineswegs von Eltern, die verschroben und rückständig sind und den Problemen unserer Zeit fernstehen. "Von den jungen Befragten, die selbst noch in der Schule sind oder kürzlich erst die Schule hinter sich gebracht haben, plagen sich sogar 71 Prozent mit dem Gefühl, daß sie in der Schule längst nicht mit dem richtigen, den heutigen Forderungen entsprechenden Wissen versorgt werden oder wurden" (Reimann, 1995). Schüler sind häufig vernünftiger und zukunftsorientierter als manche ihrer Lehrer.

Sprecher der Eltern führen darüber Klage, daß in den Grundschulen die Fertigkeit im Lesen und Rechnen oft nicht erreicht wird und daß die Rechtschreibung viel zu wünschen übrig läßt. Man denkt unwillkürlich an die vielbelachte Zwergschule unserer Dörfer zurück, die sich sicherlich überlebt hat. Manche Mängel konnte man ihr vorwerfen. Aber sie hat es jedenfalls fertiggebracht, den Schulkindern gründlich Lesen, Schreiben und Rechnen beizubringen.

Den vorliegenden Umfragen ist zu entnehmen, daß die Hauptschule besonders schlecht beurteilt wird. Sie wird sicherlich nicht dadurch besser, daß Politiker weiterhin munter darüber streiten, ob die Gesamtschule "zukunftsweisend" und "flächendeckend" einzuführen sei oder ob sie das dreigliedrige Schulsystem lediglich ergänzen soll. Man sollte sich doch vor Augen halten, wie pragmatisch in den angelsächsischen Ländern wichtige Entscheidungen gefällt werden, während bei uns genüßlich wie hartnäckig ideologische Positionen aufgebaut und verteidigt werden. Und dies insbesondere im Bereich der Bildungspolitik.
Nicht weniger problematisch erscheint uns heute das Gymnasium

- durch den Hang, möglichst fächerübergreifende Themen zu diskutieren, ohne daß die Voraussetzungen aus den betreffenden Unterrichtsfächern vorhanden sind,
- durch laxe Versetzungsbestimmungen,
- durch Ausbildungslücken, die während des Hochschulstudiums nachgeholt werden müssen,
- durch Aufweichung des Abiturs, insbesondere durch das Kurssystem der differenzierten Oberstufe, die inzwischen kläglich gescheitert ist.

Ein weithin anerkannter Fachmann hat hierzu jüngst wie folgt Stellung bezogen: "Was die Reform der gymnasialen Oberstufe von 1972 anrichtete, zeigte sich auch alsbald und nicht erst vor einem oder zwei Jahren. Von einem bundesweiten Standard des Abiturs konnte nach 1972 nicht länger gesprochen werden. Der eine Abiturient hatte sich in diesem Fach, der andere in jenem Fach spezialisiert - manche gar nur in Sport oder Musik. Eine breitangelegte Grundbildung besaß fast keiner, der mit seinem fragwürdigen Abiturzeugnis die Immatrikulation an einer Hochschule begehrte. Dennoch sollte dieses Zeugnis weiterhin die 'allgemeine Hochschulreife' attestieren" (Glaser, 1995, S. 66).

Auch den Universitäten werden mit Recht viele Mängel und Unterlassungen vorgeworfen, u.a.

- überfüllte Hörsäle,
- unzulängliche personelle und sachliche Ausstattung,

- Zulassung von jungen Leuten zum Hochschulstudium, die den Anforderungen nicht gewachsen sind, daher hohe Abbrechquoten bzw. extrem niedrige Absolventenquoten,
- im internationalen Vergleich allzu lange durchschnittliche Studienzeiten, die zudem auch noch laufend ansteigen,
- unzureichende Abstimmung mit den Arbeitsmärkten (Donges, 1993).

Auch ist nicht zu übersehen, daß die international bedeutenden Universitäten wie z.B. Stanford, Harvard, Princeton, MIT usw. in einem scharfen Wettbewerb untereinander stehen, zudem aber auch mit Oxford und Cambridge, mit Tokyo und Kyoto usw. heftig konkurrieren. Einen annähernd ähnlichen Wettbewerb unter deutschen Universitäten gibt es bisher nicht, der Anschluß an die Weltspitze ist verlorengegangen.

Wir erleben natürlich seit mehr als zwanzig Jahren eine Fülle von Entwürfen und Konzepten zur Hochschul- und Studienreform, hochschulpolitische Regulierungen sowie immer umfangreicher werdende Hochschulgesetze und -verordnungen, - meist ausgedacht in Amtsstuben und Parteizentralen, die offenbar insgesamt eher zur Verschärfung denn zur Lösung der Krise beigetragen haben (Ebenda). Die anhaltende und sich sogar verschärfende Hochschulmisere wird nur dann bewältigt werden können, wenn das "Hochschulangebot" stärker und schneller als bisher an die Nachfrage, soweit sie wohlbegründet ist, angepaßt und "die Hochschulnachfrage auf eine neue, ordnungskonforme Grundlage gestellt wird" (Ebenda, S. 47 ff.). Dazu gehören u.a. die Stärkung der Eigenverantwortlichkeit der Hochschulen, die Motivierung der Anbieter von Ausbildungsleistungen, die Ingangsetzung eines funktionsfähigen, leistungsfördernden Wettbewerbs in und zwischen den Hochschulen, der verstärkte Abbau des staatlichen Hochschulmonopols durch Förderung von privaten Hochschulen sowie die Einführung von Studiengebühren bei gleichzeitigem Ausbau des Stipendienwesens.

Unverkennbar haben bei uns über viele Jahre hinweg Mißtrauen und Abneigung gegenüber allen jenen bestanden, die durch Lerneifer, Fleiß und Intelligenz, Verantwortungsbewußtsein und Beherzigung von Lebenserfahrungen den Rahmen eines selbstgefälligen Durchschnitts zu überschreiten wagten. Offenbar hat aber inzwischen bei uns die junge Generation eine ganz andere Einstellung gewonnen und bekennt sich zu Leistung und Erfolg. Sicherlich wird noch viel zu tun sein, um all das zu überwinden, was so nachhaltig den Leistungswillen beeinträchtigt hat. Wesentlich wird unsere Einstellung zur technologischen Entwicklung und zum technologischen Wettbewerb sein. Ohne Zweifel sind in den Vereinigten Staaten die heranwachsenden Eliten zukunftsorientiert. In Japan sind nicht nur die Eliten sondern auch breiteste Schichten der Bevölkerung zukunftsorientiert und betonen bei allen passenden Gelegenheiten den Willen zum Fortschritt. In Deutschland, aber auch in anderen europäischen Ländern machen große Teile der Eliten und der Bevölkerung noch immer erhebliche Vorbehalte gegenüber technologischen Entwicklungen, zeigen Technikdistanz und Angst vor der Zukunft. Einzelne Gruppen fühlen sich sogar - ideologisch fixiert und durch romantische Sehnsucht angetrieben - dazu veranlaßt, der modernen Technologie ganz zu entsagen. Das bedeutet natürlich "Verabschiedung von der modernen Industriegesellschaft" und letztlich Verelendung breiter Bevölkerungsschichten.

Wir werden also in nicht geringem Maße weiterhin gefordert werden, um den wirtschaftlich-technologischen wie auch den humanitären Aufgaben unserer Zeit durch Förderung der Spitzenforschung gewachsen zu sein. Wir haben unsere ganze Einstellung zur Arbeit, zum technischen Fortschritt, zur strukturellen Anpassung, zur individuellen und allgemeinen Wohlfahrt grundlegend zu überprüfen. Hier Wandel zu schaffen, gehört auch zu einer "sinnvollen Bildungspolitik", die unumgänglich sein wird, um die Zukunft zu meistern.

D. Erneuerung aus der Mitte: Rückbesinnung auf angestammte Werte und Stärkung des Fortschrittsglaubens

Die Väter und Vertreter der "Sozialen Marktwirtschaft" haben immer wieder auf die historisch-kulturelle Gebundenheit wirtschaftlicher, gesellschaftlicher und politischer Erscheinungen sowie auf ihre starke Verhaftung in manche traditionellen Formen verwiesen. Nach ihrer Auffassung sind historisch gewachsene Wirtschafts- und Gesellschaftsordnungen nur in längeren Zeiträumen abzuändern, selbst dann, wenn man sie ohne Verzug zu ändern wünscht. Überall dort, wo völlig neue Wege beschritten werden oder der Versuch unternommen wird, Althergebrachtes radikal zu beseitigen, muß mit ernsten Problemen gerechnet werden. Zahlreiche anstehende Aufgaben werden in aller Regel erst mit Blickrichtung auf das Überkommene bzw. nur mit Hilfe der auch in der Vergangenheit bewährten Mittel lösbar sein. Anhand vieler Erfahrungen ist uns daher inzwischen deutlich geworden, wie fragwürdig es ist, Tradition und Fortschritt, geistig-kulturelle Kontinuität und Wandel als Alternativen oder gar als Antagonismus zu sehen. Das mag in konkreten selektiven Fällen oder bei einseitigen Bindungen an die Vergangenheit möglich sein. Aber nur dort, wo die historische Substanz "Vergangenheit" absolut gesetzt wird, kommt es zum Polarisierungsschema Tradition gegen Modernität (Theodor Leuenberger). Entscheidend wird sein, daß die Traditionsmasse zukunftsorientiert auf einen Weg gebracht wird. Das besagt aber nichts anderes, als daß Bewahren und Wandeln, Aufrechterhalten kultureller Eigenständigkeit und Beachten politischer, wirtschaftlicher und gesellschaftlicher Grundnormen so aufeinander abzustimmen sind, daß optimale Voraussetzungen für die Weiterentwicklung geschaffen werden.

Bewahren kann aber nicht bedeuten, daß längst antiquierte Vorstellungen weiter wachgehalten, überlebte Privilegien zementiert und überflüssige Bevormundungen (Ladenschlußgesetz), rückständige Genehmigungsverfahren sowie unverständliche staatliche Zuständigkeiten wie bisher mitgeschleppt werden. Andererseits wird die Fortschrittlichkeit auch nicht bereits dadurch zum Ausdruck gebracht, daß man ständig bei allen möglichen Gelegenheiten - nicht nur für eine gute Sache - Protest anmeldet und stets bereit ist, den Chor der Neinsager anschwellen zu lassen, insbesondere dann, wenn es sich um neue technologische Entwicklungen handelt. Mit Fortschritt hat auch nichts zu tun, wenn man sich seinem eigenen Land entfremdet und den Verlust an Selbstwertgefühl mit entrüsteten Klageliedern über die angeblich verkommene Gesellschaft zu kaschieren sucht.

In engem Zusammenhang damit muß endlich einmal der Erfahrungssatz beachtet werden, daß extremen Positionen, die doch meist mit Erstarrung, Gängelung und einer Portion Ungerechtigkeit verbunden sind, kein langes Leben beschieden ist.

Extreme zeigen in aller Regel wie alle Übertreibungen keinen Respekt vor dem wirklich Dauerhaften, dem Bewährten und dem Bewahrenswerten (Röpke, 1959, S. 9). Sie bedienen sich der Simplifikation der Schwarzweißtechnik, die alles auf den ersten Blick so einfach und plausibel erscheinen läßt. Der Zugriff des Demagogen ist so vorprogrammiert. Führen wir uns auch vor Augen, daß in großen Teilen der Welt noch manches Mißtrauen gegen uns Deutsche besteht und daß dieses durch die sture Vertretung erneuter Extrempositionen sowie durch die Verkennung gewachsener Ordnungen nur gesteigert wird. So sehr man auch deutsche Gründlichkeit im technisch-organisatorischen Bereiche schätzt, so besteht aber für die sich in politische und ideologische Extrempositionen verwandelnde Gründlichkeit auch nicht das geringste Verständnis.

Wilhelm Röpke hat bereits 1959 in der stürmischen Wiederaufbauzeit mit großem Erfolg verdienstvoll immer wieder aufgerüttelt, die gesellschaftliche und politische Freiheit als Stück einer bürgerlichen Gesamtordnung zu begreifen, in der bestimmte Dinge ohne Klugrederei zu respektieren sind: "individuelle Anstrengung und Verantwortung, unantastbare Normen und Werte, im Eigentum verankerte Unabhängigkeit, Wägen und Wagen, Rechnen und Sparen, selbstverantwortliche Lebensplanung, rechte Einbettung in die Gemeinschaft, Familiensinn und Familienfestigkeit, Sinn für Überlieferung und die Verbundenheit der Generationen bei offenem Blick für die Gegenwart und Zukunft, rechte Spannung zwischen Individuum und Gemeinschaft, feste moralische Bindungen, Respekt vor der Unantastbarkeit des Geldes, der Mut, es mit dem Leben und seinen Wagnissen und Unsicherheiten auf eigene Hand aufzunehmen, der Sinn für die natürliche Ordnung der Dinge und eine unerschütterliche Rangordnung der Dinge" (Röpke, 1959, S. 14 f.). Angesichts der neuen Herausforderungen besteht aller Anlaß zur Rückbesinnung auf solche Werte und Tugenden, deren Beachtung beim Wiederaufbau Deutschlands eine leistungsfähige, freiheitliche und humane Gesellschaft geschaffen haben.

Literatur

Adam, Konrad: Was von den Richtungskämpfen bleibt. Die Ausseinandersetzung zwischen Individualisten und Kommunitaristen überholt den Gegensatz von links und rechts. In: FAZ, 12. März 1994.

Arnim, Hans Herbert von: Der Staat als Beute. Wie Politiker in eigener Sache Gesetze machen. München 1993.

Arnim, Hans Herbert von: Hat die Demokratie Zukunft? Die Parteien sind nicht mehr fürs Ganze da, sondern nur noch für sich selbst. In: FAZ, 27. November 1993.

Beyme, Klaus von: Die politische Klasse im Parteienstaat. Frankfurt a.M., 1993.

Donges, Jürgen B. / Engels Wolfram / Hamm Walter / Möschel Wernhard / Neumann Manfred J.M. / Sievert Olaf (Kronberger Kreis): Zur Reform der Hochschulen. Frankfurter Institut, Sept. 1995.

Dutschke, Rudi: Die Widersprüche des Spätkapitalismus, die antiautoritären Studenten und ihr Verhältnis zur Dritten Welt. In: Bergmann, Dutschke, Lefèvre, Rabehl, Die Rebellion der Studenten oder Die neue Opposition. Reinbeck bei Hamburg, 1968.

Engels, Wolfram: Über Politik und Sachverstand. In: Die Wirtschaftswoche, Nr. 50, 1994.

Glaser, Horst Albert, Notoperation am Abitur. Ein Reformvorschlag des Deutschen Philologenverbandes. In: Forschung und Lehre. Mitteilungen des Deutschen Hochschulverbandes 2/1995.

Habermas, Jürgen: Strukturwandel der Öffentlichkeit. Neuwied 1962.

Heckhausen, Heinz / Krockow, Christian Graf von, Schlaffke Winfried: Das Leistungsprinzip in der Industriegesellschaft. Köln 1974.

Hofmann, Gunter / Perger, Werner A. (Hrsg.), Die Kontroverse. Weizsäckers Parteienkritik in der Diskussion. Frankfurt a.M. 1992.

Isensee, Josef: Bürgerfreiheit und Bürgertugend - Der Lebensbedarf des freiheitlichen Gemeinwesens. In: Der Preis der Freiheit. Grundlagen, aktuelle Gefährdungen und Chancen der offenen Gesellschaft. Symposium der Hanns Martin Schleyer-Stiftung. Köln 1988.

Jeske, J. Jürgen: Freiheit. Ein Schönes Wort, wer's recht verstände. Vortrag anläßlich der Verleihung des Ludwig-Erhard-Preises für Wirtschaftspublizistik 1994. Bonn 1994.

Leersch, Hans-Jürgen: Der liberale Staat als Beute Krimineller? In: Das Parlament, 11/18. November 1994.

Leggewie, Claus: Die Kritik der politischen Klasse und die Bürgergesellschaft. In: Aus Politik und Zeitgeschichte. Beilage zur Wochenzeitung Das Parlament, 30. Juli 1993.

Lindlau, Dagobert: Der Kampf ist verloren. In: Politik, 18. November 1994.

Ludz, Peter Christian: Zur politischen Ideologie der "Neuen Linken". In: Scheuch, Erwin (Hrsg.), Die Wiedertäufer der Wohlstandsgesellschaft. Eine kritische Untersuchung der "Neuen Linken" und ihrer Dogmen. Köln 1968.

Matz, Ulrich: Herrschaft durch Widerstand? - Über die Anmaßung neuer Eliten. In: Der Preis der Freiheit. Grundlagen, aktuelle Gefährdungen und Chancen der offenen Gesellschaft. Symposium der Hanns Martin Schleyer-Stiftung. Köln 1988.

Piel, Edgar: Über das Unbehagen an unserem Bildungssystem. Ergebnisse einer Umfrage des Instituts für Demoskopie Allensbach. In: Forschung und Lehre. Mitteilungen des Deutschen Hochschulverbandes, 1/1995.

Radnitzky, Gerhard / Bouillon Hardy (Ed.): Government - Servant or Master? Amsterdam/Atlanta 1994.

Reblin, Klaus: Der Voluntarismus der "Neuen Linken" - eine Analyse ihres Geschichtsverständnisses. In: Scheuch, Erwin (Hrsg.), Die Wiedertäufer der Wohlstandsgesellschaft. Eine kritische Untersuchung der "Neuen Linken" und ihrer Dogmen. Köln 1968.

Reimann: Bildungstempel mit Giebel, aber ohne Säulen. Die Qualität hessischer Schulen und Lehrer. In: FAZ, 4. Februar 1995.

Rüttgers, Jürgen: Erneuerung aus der Mitte. In: Aus Politik und Zeitgeschehen. Beilage zur Wochenzeitung Das Parlament, 15. April 1994.

Scheuch, Erwin und Ute: Inner- und zwischenstaatliche Interessenverflechungen. In: Aus Politik und Zeitgeschehen. Beilage zur Wochenzeitung Das Parlament, 14. August 1992.

Scheuch, Erwin K. und Ute: Cliquen, Klüngel und Karrieren. Über den Verfall der politischen Parteien - eine Studie. Reinbeck bei Hamburg 1992.

Scheuch, Erwin und Ute: Noch ist es keine Rückkehr zu Weimarer Verhältnissen. In: Das Parlament, Nr. 1, 7. Januar 1994.

Scheuch, Erwin K. (Hrsg.): Die Wiedertäufer der Wohlstandsgesellschaft. Eine kritische Untersuchung der "Neuen Linken" und ihrer Dogmen. Köln 1968.

Scholz, Ruppert: Fall Deckert: Zuviel Verständnis für den Täter, zuwenig Abschreckung. In: Die Welt am Sonntag, 14. August 1994.

Schwilk, Heino / Schacht, Ulrich (Hrsg.): Die selbstbewußte Nation. "Anschwellender Bocksgesang" und weitere Beiträge zu einer deutschen Debatte. Berlin-Frankfurt a.M. 1994.

Tocqueville, Alexis de: De la Démocratie en Amérique, 1840. Deutsche Übersetzung: Über die Demokratie in Amerika. Zweiter Band. Stuttgart 1962.

Wassermann, Rudolf: Rechtsstaat ohne Rechtsbewußtsein? Hannover 1988.

Wassermann, Rudolf: Sorge um die Täter. In: Die Welt, 25. März 1994.

Wassermann, Rudolf: Die FDP läuft Gefahr, zum Risiko für die innere Sicherheit zu werden. In: Welt am Sonntag, 30. Oktober 1994.

Wassermann, Rudolf: Kriminalität und Sicherheitsbedürfnis. Zur Bedrohung durch Gewalt und Kriminalität in Deutschland. In: Aus Politik und Zeitgeschehen. Beilage zur Wochenzeitung das Parlament, 2. Juni 1995.

Weber, Hermann (Hrsg.): Der deutsche Kommunismus. Dokumente. Köln-Berlin 1964.

Willgerodt, Hans: Der Bürger zwischen Selbstverantwortung und sozialer Entmündigung. In: Der Preis der Freiheit. Grundlagen, aktuelle Gefährdungen und Chancen der offenen Gesellschaft. Symposium der Hanns Martin Schleyer-Stiftung. Köln 1988.

Zachert, Hans Ludwig: Die Entwicklung der Organisierten Kriminalität in Deutschland. Ursachen, Bilanz, Perspektiven. In: aus Politik und Zeitgeschehen. Beilage zur Wochenzeitung Das Parlament, 2. Juni 1995.

Zentner, Kurt: Illustrierte Geschichte des Dritten Reiches. München 1965.

JOSI J. MEIER

Schweizer Demokratie: Ein Modell für andere Staaten?

A. Plebiszit im Trend

I. Repräsentative Demokratie als Legitimation der Regierungssysteme

Im europäischen Osten schien man vor 1989 nicht zu wissen, daß Demokratie Volksherrschaft bedeutet. Man fand es für nötig, von der Volks-Demokratie, also von der Volks-Volksherrschaft zu sprechen. Allerdings führte der Begriff nicht zu einer Verdoppelung der Volksrechte. Vielmehr verdeckte das Wort die Wirklichkeit der Parteidiktatur über das Volk.

Den schlechten Beispielen gelang es allerdings nicht, vom richtigen Grundsatz abzulenken, wonach ein Regierungssystem einer Legitimation durch jene bedarf, die ihm unterstellt sind. Diese Bedingung gilt im allgemeinen als hinlänglich erfüllt, wenn die Bürger eines Staates regelmässig Vertreter in die gesetzgebende Behörde (Parlament) wählen können. Teilweise wird auch die ausdrückliche Zustimmung der Wähler zur Annahme und Änderung des Grundgesetzes gefordert.

Die Demokratie sei die schlechteste aller Staatsformen - mit Ausnahme aller andern, soll Winston Churchill gesagt haben. In der Tat weist die repräsentative und konstitutionelle Demokratie, soweit sie sich in der westlichen Industriewelt im obigen Sinne durchgesetzt hat, einige wichtige Pluspunkte auf. In ihr erreichte der Schutz der individuellen Grundfreiheiten gegenüber dem Staat, aber auch der Minderheitenschutz ein relativ hohes Maß. Zahlreiche geschichts- und politikwissenschaftliche Untersuchungen der letzten Jahre haben das belegt (z.B. Kühnhardt, 1991, S. 277 ff.).

II. Aktuelle Tendenzen zu vermehrten Volksbefragungen

In einigen Staaten begnügt man sich nicht mit der repräsentativen Form der Demokratie. Da geht der Einfluß des Volkes weiter. Teils finden sich plebiszitäre Elemente. Sie werden nicht ungern von Staatsoberhäuptern verwendet, die mit einer direkten Anrufung des Volkes das gewählte Parlament bewußt überspielen wollen. Man denke etwa an die Volksbefragungen der französischen Präsidenten. Verschiedentlich unterstellen Parlamente ihre Entscheide freiwillig einer Volksbefragung. Man denke nur etwa an die Plebiszite über Beitritte zur europäischen Union in verschiedenen Staaten. Die Ergebnisse wurden selbst dort beachtet, wo das nicht zwingend gewesen wäre.

III. Stimmen aus der Bundesrepublik

In der deutschen Bundesrepublik sind in letzter Zeit mehrere Tendenzen in Richtung vermehrter Volksbeteiligung bei der staatlichen Willensbildung auszumachen. Einen wichtigen Anstoß hat die Wiedervereinigung von West und Ost geliefert. Artikel 5 des Einigungsvertrages schrieb der Bundesregierung vor, Bundestag und Bundesrat zu empfehlen, sich mit der Durchführung einer Volksabstimmung im Rahmen des Artikel 146 zu befassen. Seither kamen auch Zweifel auf an der früher fast einheitlichen Auffassung der deutschen Staatslehre, wonach die Staatswillensbildung im Bund grundsätzlich nur repräsentativ ausgestaltet werden dürfe. (Karsten Bugiel, 1991). Wie weit die Erfahrungen mit der Weimarer Republik diese Diskussion belasten, mag hier offen bleiben.

Nicht bloß die deutsche Wiedervereinigung gab der Idee der Volksbeteiligung Auftrieb. Auch der europäische Integrationsprozeß fördert die Tendenz der Mitgliedstaaten der EU, ihre jeweiligen Besonderheiten und Identitäten neu zu definieren und sie durch plebiszitäre Beschlüsse zu legitimieren. Oft wird auch die Möglichkeit eines Volksvetos zu grundsätzlich neuen Integrationsschritten (z.B. Maastricht) verlangt. Das hängt damit zusammen, dass die nationalen Parlamente kein Mitspracherecht bei der Ausgestaltung von EU -"Verfassungs"recht haben und auch die Mitsprache des EU-Parlamentes nur rudimentär ausgestaltet ist.

Am auffallendsten ist aber der Ruf deutscher Unternehmer nach mehr Mitspracherecht der Bevölkerung an Sachentscheiden im Staate. Die Zielsetzung ist unverkennbar. Hier wird ein Gegengewicht gegen den vereinnahmenden Staat (gegen zu hohe Staatsquoten) gesucht. Berufspolitiker sollen offenbar stärker kontrolliert werden. Neben der wirtschaftlichen Freiheit soll dem Bürger auch mehr politische Freiheit eingeräumt werden. Man verspricht sich ein Gegengewicht zu organisierten Interessengruppen.

Kein Zweifel, diesen Überlegungen haben direkt-demokratische Modelle Pate gestanden, wie sie in den Vereinigten Staaten oder in der Schweiz üblich sind. Der Hinweis auf einige Hintergründe und Erfahrungen mit der schweizerischen direkten Demokratie und auf einige ihrer gegenwärtigen Probleme sei daher im Folgenden erlaubt.

B. Die direkte Demokratie in der Schweiz

I. Historische Hintergründe

a) Die Landsgemeinden im alten Staatenbund

In der alten Eidgenossenschaft, einem seit dem 13. Jahrhundert gewachsenen, recht heterogenen Staatenbund, kannte man in einem Teil der Staaten ("Orte" oder "Stände", später Kantone genannt) die Einrichtung der "Landsgemeinde", einer Versammlung aller (männlichen) Bürger. Sie beschloß ihre autonomen Ordnungen, wählte ihre Organe und hieß auch Verträge mit den andern Ständen gut. Eine regelmässige Tagsatzung von beauftragten Vertretern der alten Orte beschloß über gemeinsame, hauptsächlich "außenpolitische" Anliegen, Waffengänge, Beuteteilungen, Erweiterung des Bundes und dergleichen. Miteinander herrschte man auch über gemeinsame Vogteien, deren Bewohner als Untertanen behandelt wurden. Die französische Revolution zerschlug diesen Staatenbund 1898. Der befohlene Einheitsstaat hatte kein langes Leben.

b) Die repräsentative Demokratie im neuen Bundesstaat

Nach einem wechselhaften Geschick, restaurativen Zwischenphasen und einem Krieg zwischen föderalistischen und zentralistischen Ständen mutierte die Schweiz 1848 zu einem Bundesstaat mit einer Volks- und einer Ständekammer sowie einer siebenköpfigen Regierung, dem Bundesrat. Dieses, vor bald 150 Jahren eingeführte System ist seither im Grundsatz unverändert beibehalten worden. Das spricht für die Stabilität der Verhältnisse.

In den Dreißiger Jahren des 19. Jahrhunderts hatte die repräsentative liberale Demokratie stark an Einfluß gewonnen. Den ehemaligen Untertanen hatte sie die politische Freiheit gebracht. Die konservativen (katholischen) Landkantone waren im Bürgerkrieg unterlegen. Deshalb kämpften sie im Bundesstaat um möglichst große Selbständigkeit der Kantone und gleichzeitig für Volksrechte in Form des obligatorischen Verfassungs- und des fakultativen Gesetzesreferendums. Sie sahen die Volksrechte neben den föderativen Elementen der Staatsstruktur als weitere Chance, Terrain gegen die Zentralisten im Bundesparlament zurückzugewinnen. Aber fürs Erste war der Bundesstaat von 1848 eine rein repräsentative Demokratie. Die 20-jährigen Männer bekamen das Recht, alle 3 Jahre den Nationalrat zu wählen, die Volkskammer. Der Ständerat (dem US- Senat nachgebildet) wurde nach kantonalen Vorschriften gewählt, sei es an den alten Landsgemeiden oder, wo es keine solchen gab, von den kantonalen Parlamenten. Einzig eine Verfassungsrevision konnte mit 50'000 Stimmen beantragt werden. Das Verfahren war aber so kompliziert, daß es sich im Grunde nur für Verfassungs-Totalrevisionen lohnte.

II. Die Entwicklung der direkten Demokratie zwischen 1874 und 1891

a) Referendum und Initiative

Erst anläßlich der ersten großen Revision von 1874 entwickelten sich die Volksrechte. 30'000 (männliche) Bürger konnten fürderhin gegen Gesetze oder allgemein verbindliche Bundesbeschlüsse das Referendum ergreifen. Bei der Abstimmung über die Referendumsvorlage genügte ein Volksmehr. 1891 kam dann ein echtes Initiativrecht dazu. Mit ihm konnten Partialrevisionen nicht nur in Form der allgemeinen Anregung, sondern auch als formulierte Entwürfe vorgeschlagen werden. Dieser Vorschlag war im Ständerat entstanden. 50'000 Unterschriften reichten für eine Initiative. Das war revolutionär. Konservative und Sozialisten hatten damit die Radikalen besiegt. Bundesrat Numa Droz sprach damals von drei Perioden der Demokratie-Geschichte: "Diejenige des Parlamentarismus dauerte von 1848 bis 1874, jene der Demokratie von 74 - 1891 mit der Einführung des fakultativen Referendums, schließlich .. die Periode der Demagogie mit der Einführung der Volksinitiative für eine Partialrevision der Bundesverfassung." Allerdings ist zu beachten, dass es für die Annahme einer solchen Partialrevision ein Volks- und ein Ständemehr (pro Kanton 1 Stimme, pro Halbkanton eine halbe Stimme) brauchte.

Jean-François Aubert, Staatsrechtslehrer an der Universität Neuenburg mit langjähriger Parlamentserfahrung beurteilt die ersten Gehversuche mit der Initiative in seinem Kommentar zum Bundesstaatsrecht extrem sarkastisch. "Erbärmlich", "propagandistisch", "Beutezug der Kantone", "minderwertiges Verständnis von Föderalismus", sind die Umschreibungen, die er für die ersten Initiativen über das Schächtverbot, zum Recht auf Arbeit oder über Aufteilung der Zolleinnahmen wählt. (Jean-François Aubert, 1990, N. 164) Von Anfang an zeigt sich jedenfalls das Charakteristikum der Initiativen: Sie werden extrem selten vom Volk angenommen, sie bewirken aber immer wieder interessante Diskussionen und ab und zu indirekte Gesetzesvorschläge des Parlamentes.

Nicht minder unfreundlich beurteilt Aubert übrigens die anfängliche Anwendung des Gesetzesreferendums. "Dank linker Kreise kam es in die Bundesverfassung, rechte Kreise benützten es, ja spielten damit wie ein Kind mit der neuen Pistole. Im letzten Viertel des 19. Jahrhunderts griff die Rechte fünfundzwanzigmal darauf zurück, davon vierzehnmal allein zwischen 1875 und 1884. Nichts entging ihrer zerstörerischen Wut, alles wurde erfaßt, von kleinen Beschlüssen bis zu den größten Gesetzen, die 10'000 Franken für die Gesandtschaft in Washington ebenso wie die Staatsbank. Von fünfundzwanzig Vorlagen wurden siebzehn verworfen." (Aubert, 1990, N. 165).

b) Ausdehnung des Referendums auf dringliche Bundesbeschlüsse

Im 20. Jahrhundert sank die Zahl der Referenden vorerst. Zwischen 1900 und 1925 wurde das Referendum zehnmal (die Hälfte davon erfolgreich) und von 1926 bis 1950 achtzehnmal (11 verworfene Vorlagen) ergriffen. Allerdings wurden viele unpopuläre Maßnahmen auf dem Verordnungsweg durch den Bundesrat oder vom Parlament auf dem Dringlichkeitsweg verfügt, wogegen es kein Referendum gab. Das löste zu Beginn der Fünfziger Jahre eine Initiative aus. Sie bewirkte, daß dringliche Bundesbeschlüsse zwar seither sofort in Kraft treten, aber im Falle eines dagegen ergriffenen und erfolgreichen Referendums nach einem Jahr wieder außer Kraft gesetzt werden. (Ab 1950 nahmen vorerst die Initiativen zu. Mit ihnen wurden neue politische Bewegungen und Stoßrichtungen wie Umweltschutz und Energieanliegen, "Überfremdung" oder Asylfragen aufgenommen. Erst in neuerer Zeit häuften sich die Referenden wieder.)

III. Ausdehnung der Volksrechte im 20. Jahrhundert

a) Das Staatsvertragsreferendum

1921 brachte die Ausdehnung des Referendums auf langfristige Staatsverträge. Da die Dauer sich in der Folge als wenig brauchbares Kriterium für die Wichtigkeit eines Abkommens erwies, kam es 1977 zu einer Neuformulierung. Seither unterstehen nicht nur die unbefristeten und unkündbaren völkerrechtlichen Verträge, sondern auch solche, die den Beitritt zu internationalen Organisiationen vorsehen oder eine multilaterale Rechtsvereinheitlichung herbeiführen, unter dem fakultativen Staatsvertragsreferendum. Ferner können durch Beschluß beider Räte auch weitere völkerrechtliche Verträge dem Referendum unterstellt werden. Schließlich fallen Beitritte zu Organisationen für kollektive Sicherheit oder zu supranationalen Gemeinschaften unter die obligatorische Abstimmung von Volk und Ständen (Artikel 89 Absatz 3-5 der Bundesverfassung). Ein UNO-Beitritt wurde in der Folge 1986 mit 3/4 der Stimmen und von sämtlichen Ständen abgelehnt. Sogar im internationalen Genf überwogen die Nein. Das Neutralitätsargument gab den Ausschlag.

b) Das Erwachsenenstimmrecht

Zwischenzeitlich - 1971 - war es nach wiederholten Anläufen auf kantonaler und Bundesebene noch zu einem weitern Durchbruch bei den Volksrechten gekommen: Das Erwachsenenstimmrecht fand Gnade vor dem "Souverän". Zwei Drittel und eine solide Ständemehrheit stimmten der Ausweitung des Wahlkörpers zu. Noch 1959 hatten zwei Drittel der stimmberechtigten Männer und praktisch alle Stände (3 französischsprachige wiesen Ja-Mehrheiten auf) die Beteiligung der Frauen an Wahlen und Abstimmungen auf Bundesebene entschieden abgelehnt. Es dauerte übrigens noch zwei Jahrzehnte länger, bis dieses Gleichheitspostulat auch in allen Kantonen verwirklicht wurde. Appenzell-Innerrhoden mußte sich schließlich einem Bundesgerichtsurteil beugen, nachdem das Anliegen mit inzwischen eher verstaubt wirkenden Argumenten an der Landsgemeinde ein letztes Mal genüßlich "gebodigt" worden war.

Erst kürzlich wurde dann noch das Stimmrechtsalter in Bundessachen auf 18 Jahre reduziert. Da der Altersdurchschnitt laufend zunimmt - derzeit sind 15% der Bevölkerung über 65 Jahre alt - wollte man mehr Jungen Gelegenheit zur Mitwirkung geben. Ihre Zukunft wird von neuen Regelungen stärker und länger betroffen als jene der Rentnergeneration. Inzwischen wurde allerdings das Mündigkeitsalter auch auf 18 Jahre reduziert.

c) Andere Erweiterungen des Wahlkörpers

Schließlich wurde auch noch den Auslandschweizern der Weg zum Wahl- und Stimmrecht geöffnet. An den Nationalratswahlen 1995 nahmen sie zum ersten Mal teil. In vereinzelten Kantonen kandidierten sie für den Nationalrat, allerdings ohne Erfolg. Bei Abstimmungen fallen bisher diese Stimmen aus dem Ausland wenig ins Gewicht.

Versuche, auch ausländischen Bürgern Mitspracherechte zu erteilen, hatten bisher auf Bundesebene keine Chance. Vielmehr hat der hohe Anteil (gegen 18%) der ausländischen Wohnbevölkerung, die allerdings mitgezählt wird bei der Zuteilung der Nationalratssitze, eher zum Referendum gegen und zur Ablehnung von Vorlagen geführt, hinter denen eine verbesserte Rechtsstellung von Ausländern vermutet wurde. Als Beispiele wären etwa die Ratifikation des EWR-Vertrages mit seiner Freizügigkeit für Personen, die sogenannte Lex Friedrich (Aufhebung der Diskriminierung von Personen mit Wohnsitz im Ausland beim Erwerb von schweizerischen Grundstücken) oder die erleichterte Einbürgerung von hier aufgewachsenen jugendlichen Ausländern genannt.

d) Vielfältige Volksrechte auf Kantons- und Gemeindeebene

Es darf überdies nicht vergessen werden, dass diese vielfältigen Mitwirkungsrechte in Sachfragen noch ergänzt werden von ähnlichen Rechten auf kantonaler und kommunaler Ebene. Die Systeme weisen zahlreiche Varianten von einem Kanton zum andern auf. So kennt etwa der Kanton Zürich das obligatorische (!) Gesetzesreferendum. Sehr viele Kantone und Gemeinden haben obligatorische oder fakultative Finanzreferenden. Im Kanton Neuenburg etwa sind die Ausländer in Gemeindefragen seit langem stimmberechtigt.

C. Probleme der Mitbestimmung in Sachfragen

I. Willensbildung

a) Stimmabstinenz

Seit geraumer Zeit wird immer lauter über eine stetige Abnahme der Beteiligung an Abstimmungen und Wahlen geklagt. Es mag sein, daß die enorme Zahl von Abstimmungen auf drei Ebenen eine gewisse Inflation des Rechts bewirkt und das Interesse nicht dasselbe bleibt wie da, wo sich Bürger nur alle paar Jahre zu ihrer Vertretung und überhaupt nicht oder fast nie zu Sachfragen äußern können. Politiker beklagen sich regelmäßig über diesen Zustand. Es gibt zwar dagegen keine Medizin. Allerdings, sobald ein brisantes Thema zur Diskussion steht, steigt die Beteiligung sprungartig an. Dazu gehören etwa verbesserte Rechte für Ausländer oder eine Einschränkung der Volksrechte. Für viele drohte beides im EWR-Vertrag.

Wer nicht mitstimmt, ist stillschweigend mit jener Lösung einverstanden, welche Oberhand bekommt. Die Stimmabstinenz wird - abgesehen von einer total abstinenten Minderheit - übrigens sehr unregelmäßig geübt. Vieles deutet auf die Zunahme der "Betroffenheitsdemokratie". Man geht stimmen, wenn einen das Thema direkt betrifft, sonst fügt man sich dem, was andere mehrheitlich für richtig befinden. Neinstimmen sind dabei leichter zu mobilisieren als Jastimmen. Allerdings erleichtert das die Vorhersehbarkeit der Bevölkerungsreaktion nicht sehr. Wenn - was immer häufiger vorkommt - mehrere Vorlagen gleichzeitig zur Abstimmung kommen, können die verschiedenen Teilnehmerkreise das Schicksal der Vorlagen anders beeinflussen, als dies bei getrennten Abstimmungen zuträfe.

b) Form der Information, Medien

Die direkte Demokratie setzt informierte Stimmende voraus. Früher reichte das Vertrauensprinzip. Man gehörte einer politischen Gruppe an und verließ sich auf die Empfehlungen der betreffenden Parolen der Delegiertenversammlungen und der Parteipresse. Seit einiger Zeit haben sich die Informationswege der Stimmbürgerschaft stark gewandelt. Das Monopol der Parteien mit ihren Parteizeitungen ist weitgehend gefallen. Verkehr und Kommunikation haben vormals geschlossene Gesellschaften für alle Einflüsse geöffnet. Das große Zeitungssterben der letzten Jahrzehnte, parallel zur Entwicklung der elektronischen Medien, hat die Macht der Parteien vermindert. Die Vertretung von Partikularinteressen nahm mit wachsendem Wohlstand zu. Parallel hielt die Werbewirtschaft massiv Einzug in die Politik. Personen traten anstelle von Programmen. Mit all dem wächst der Anteil der Emotionen am politischen Entscheid. Die Vorstellung des rational entscheidenden Bürgers idealisiert diesen wohl zu sehr. Eher dürften grundsätzlich die Emotionen für Ja oder Nein verantwortlich sein, wobei dann die Vernunft die Argumente zur Verteidigung des emotional gefällten Entscheides liefern muß. Das jedenfalls lehrt die Praxis. Wer in einer Demokratie schweizerischer Prägung lebt, lernt mit dieser Wirklichkeit leben.

II. Abnehmende Gemeinsamkeiten

a) Stabile Grundvorstellungen

Es gibt einen Fundus von Grundvorstellungen, an dem sich die verschiedenen Entscheide - vorläufig noch - zu orientieren vermögen. Zu ihnen gehört die Vorstellung des Zusammenlebens von Bürgern verschiedener Sprache und Religion in einem direktdemokratischen, aber auch sozialen Rechtsstaat mit föderalistischer Prägung. Freiheit und Unabhängigkeit bedeuten vor allem Selbstbestimmung der inneren Ordnung, weit mehr noch als individuelle Grundrechte, unter denen der Wirtschaftsfreiheit eine spezielle Bedeutung zukommt (alle anderen Freiheitsrechte können auch auf Gesetzesstufe eingeschränkt werden, die Handels- und Gewerbefreiheit nur auf Verfassungsstufe; Änderungen brauchen also die Zustimmung von Volk und Ständen!). Die Neutralität, ein Mittel zur Wahrung der Unabhängikeit, orientiert sich noch an der Situation zur Zeit der verfeindeten europäischen Nationalstaaten, sicher jedenfalls an der Zeit vor 1989. Die Mehrheit ist überzeugt, daß sie nur die wehrhafte Neutralität vor zwei Weltkriegen bewahrt hat.

b) Zentrifugale Kräfte

Die Medienentwicklung trägt naturgemäß zu einer stärkeren Anlehnung der Sprachgemeinschaften an ausländische sprachverwandte Vorbilder bei. Die Welschen wissen Bescheid über die französische Innenpolitik und wollen Elemente daraus übernehmen, die Tessiner imitieren die Protestbewegung der Lega der Italiener und die Deutschschweizer beginnen, sich an den rüden Gesprächsformen des deutschen Bundestages zu orientieren. Noch ist der Fundus der Gemeinsamkeiten da, aber besonders zwischen den Sprachgruppen scheint er am Abnehmen begriffen. Es werden nicht selten unterschiedliche Resultate in

Voksabstimmungen zwischen dem Welschland und der deutschen Schweiz registriert. Das gab es zwar schon immer, aber es wird gereizter darauf reagiert als früher. Bei Angehörigen der Minderheit nimmt die Empfindung zu, man werde von der Mehrheit regiert, wahlweise auch einfach vom wirtschaftsmächtigen Zürich. Besonders auffallend war der Unterschied bei der Abstimmung über den EWR am 6. Dezember 1992, bei dem zwei fast gleich grosse Volkshälften einander gegenüber standen, wobei aber das Welschland eindeutig für, die deutsche Schweiz und das Tessin eindeutig dagegen votierten. Von Interesse mag sein, daß seinerzeit der Beitritt zum Völkerbund der zustimmenden Romandie (bei hauchdünnem Ständemehr) zu verdanken war.

Die erhöhte Empfindlichkeit der Minderheiten mag mit der Zunahme der Abstimmungen zusammenhängen. Die Abweichungen erscheinen dadurch größer, obwohl sie nur häufiger in Erscheinung treten.

III. Bremswirkung der Volksrechte

a) Hemmnis gegen neue Steuern

Von einiger Bedeutung ist, daß der Bundesstaat nur über jene Kompetenzen verfügt, die ihm in der Verfassung ausdrücklich eingeräumt sind. Für alles übrige sind die Kantone originär zuständig. Für jede neue Kompetenz braucht es also eine Verfassungsänderung. Da die Finanzhoheit noch bei den Kantonen liegt, braucht es auch für jede neue Steuerart eine Verfassungsänderung. Zölle wurden dem Zentralstaat schon 1848 zugestanden zur Erledigung seiner Aufgaben. Aber Elemente von direkten Steuern für den Bund kamen erst im 2. Weltkrieg ("Wehrsteuer") dazu. Sie galt als Provisorium, wurde dann allerdings zum "Providurium", das in den Übergangsbestimmungen der Verfassung bis hin zu den Steuersätzen und -abzügen näher geregelt wurde. Bis heute gelang es noch nie, die zeitliche Beschränkung des Bezuges von direkten Bundessteuern aufzuheben. Die gegenwärtige Regelung ist in der Bundesverfassung (Art. 41) bis Ende 2006 befristet. Konservative Kräfte schätzen diese institutionellen Hindernisse, die jeder neuen Steuer im Wege stehen, besonders. Ein Volk, das Ja sagen muß zu seinen Steuerlasten, muß wirklich überzeugt werden von der Notwendigkeit vermehrter Ausgaben.

b) Förderung konservativer Strukturen

Bevölkerungen neigen nicht zu progressivem Verhalten, besonders wenn die Altersstruktur immer weniger Anteile junger Bevölkerung aufzeigt. Auch die Kantone zählen auf diese Zurückhaltung des Stimmvolkes, wenn sie sich gegen die Übertragung ihrer angestammten Kompetenzen an den Bund wehren. Sie hängen daher besonders am Ständemehr, mit dem allerdings die kleinen konservativen Bergkantone viel mehr Gewicht erhalten als die industriereicheren Gegenden mit den urbanen Zentren. Ein Appenzell- Innerrhoder wiegt über die Standesstimme rund 90 Zürcher auf! Der Vorteil des Systems liegt eben nur darin, daß bundesweit Volksmehrheiten nicht vergewaltigt werden können. Neue Ordnungen greifen erst, wenn eine Volksmehrheit dafür gewonnen ist.

IV. Glaubwürdigkeitsverlust der Regierung in der Außenpolitik

a) Langsame Anpassung an veränderte Verhältnisse

Die Bürger gehen aus langer Erfahrung davon aus, daß sie bei einem Nein zu einer Abstimmungsvorlage höchstens Zeit verlieren. Denn wenn das Anliegen wichtig genug ist, werden neue Vorlagen den abgewiesenen folgen. Die Alters- und Hinterbliebenen-Versicherung AHV wurde mehrmals abgelehnt, ebenso das Stimmrecht der Frauen oder die Mehrwertsteuer, bevor sie endlich durchdrangen. Was zur Feststellung führt: Der Schweizer sagt nicht Nein, weil er gegen etwas ist, sondern weil er noch nicht dafür ist. Es liegt auf der Hand, daß dieses System jedoch Schwächen zeigt, wenn Gefahr im Verzug ist. Es stellt sich schnellen Anpassungen an geänderte Verhältnisse entgegen. Es ist nicht gerade zukunftsfreundlich.

b) Gefahr der Nicht-Ratifikation von internationalen Abkommen

Im Innenverhältnis sind abgelehnte Vorlagen risikoarm. Schwieriger wird es, wenn das Staatsvertragsreferendum auf dem Spiele steht, ganz besonders bei multilateralen völkerrechtlichen Verträgen. Wo andernorts eine Ratifikation durch das Parlament genügt, ist in der Schweiz oft noch die Zustimmung des Volkes und der Kantone nötig über das Staatvertragsreferendum. Noch problematischer sind Initiativen, die gegen bestehendes Konventionsrecht ergriffen werden. Bekannt ist der letzte Problemfall. Nach dem Abschluß von Verkehrsabkommen mit der Europäischen Union kam die sogenannte "Alpeninitiative" zustande (und wurde auch angenommen), welche das erwähnte Abkommen teilweise in Frage stellt.

Sicher verweist die Regierung ab und zu gerne auf die Volksrechte, wenn sie in einer Verhandlungsklemme steckt. Aber es ist auch nicht verwunderlich, wenn ausländische Verhandlungspartner den Bundesrat heimschicken mit der Hausaufgabe, sich beim Schweizer Volk zuerst einen klaren Verhandlungsauftrag zu holen. So scheint es gegenwärtig in Brüssel zu sein. Die seinerzeitigen EWR-Gegner haben zum voraus ihr Referendum angekündigt, für den Fall, dass die Schweizer Verhandlungsdelegation im Hinblick auf ein bilaterales Abkommen Konzessionen hinsichtlich der Personenfreizügigkeit offeriere. Die Union anderseits will nicht mit einer Schweiz weiter verhandeln, die keine Konzessionen macht.

Bei multilateralen Verträgen kann die Schweiz nach einer verlorenen Abstimmung (wie etwa beim EWR) nicht einfach allein neu anfangen. Die andern Vertragspartner sind über sie verärgert, weil sie den Vertrag nach dem Ausstieg der Schweiz unter sich völlig neu aushandeln mußten. Um weiterzukommen, braucht die Schweiz heute gerade die verärgerten ehemaligen Partner wieder. Das erschwert ihre Verhandlungssituation beträchtlich.

D. Versuche von Neuorientierungen

I. Letzte Entwicklungen

Gegenwärtig feiern die Volksrechte in der Schweiz Urständ. In den Siebziger- und Achtzigerjahren wurde das Referendum in bisher nie gesehenem Umfang ergriffen. Zunehmend machten nicht nur konservative Kräfte, sondern auch fortschrittlich gesinnte Gruppierungen davon Gebrauch, wenn es um - nach ihrer Meinung - undemokratische Vorlagen ging (etwa gegen eine Zulassungsbeschränkung an das Bundesgericht):

Ebenso schossen die Initiativen ins Kraut. 18 Volksinitiativen sind gegenwärtig hängig, 14 weitere sind angemeldet. Die Unsicherheit, welche die wirtschaftliche Strukturänderung mit sich bringt, drückt sich in vermehrten Verwerfungen von Vorlagen aus. Dazu kommt noch eine neue Tendenz des Parlamentes, nämlich Initiativen ungültig zu erklären. Währenddem früher "in dubio pro popolo" entschieden wurde, schritt das Parlament im ablaufenden Jahr gleich zweimal zur Ungültigerklärung. (Einmal, bei der sogenannten Armee-Halbierungsinitiative, wurde die von der Verfassung geforderte Einheit der Materie verneint. Im zweiten Fall, wo es um die Frage des verbotenen Refoulement von Flüchtlingen ging, wurde die Unvereinbarkeit mit zwingendem Völkerrecht angerufen.) Trotz der einwandfreien rechtlichen Begründungen wurden die Parlamentsentscheide stark kritisiert. Man solle mehr Vertrauen in die Vernunft des Volkes zeigen, wurde lauthals gefordert.

II. Revisionsvorschläge

Unbestreitbar sind die Volksrechte heute in einem Maße ausgebaut, das von den ursprünglichen Absichten der seinerzeitigen Verfassungsgeber weit entfernt ist. Vor allem ist es heute unvergleichlich leichter, die Rechte geltend zu machen. Zwar wurden die Zahlen für Referendum und Initiative 1977 einmal beträchtlich erhöht (von 30'000 auf 50'000 beim Referendum und von 50'000 auf 100'000 Unterschriften bei der Initiative). Angesichts der gewachsenen Bevölkerung und der Ausweitung des Stimmvolkes auf mehr als das Doppelte (Einbezug der Frauen und Jugendlichen), angesichts aller Möglichkeiten von Verkehr und Kommunikation, fällt diese Erhöhung nicht ins Gewicht.

Es wird daher in verschiedenen parlamentarischen Vorstössen, aber auch im Rahmen der für 1998 vorgesehenen "Nachführungsrevision der Bundesverfassung" versucht, das Verfahren etwas zu klären und zu straffen. Unter anderem soll die Unterschriftenzahl für Initiative, Gesetzes- und Staatsvertragsreferendum erneut verdoppelt werden. Gerade diesen Vorschlägen wird aber auch die schärfste Kritik entgegengebracht. Man wolle die Volksrechte aushöhlen! Egal ob Referendum oder Initiative, die Unterschriftenzahl scheint für viele tabu zu sein. Hingegen stoßen Vorschläge, die auch auf Bundesebene ein fakultatives Verwaltungs- und Gesetzesreferendum (durch Parlamentsbeschluß) einführen wollen, auf ein positiveres Echo.

E. Schlußfolgerung

Der geraffte Bericht über die schweizerischen Verhältnisse zeigt, daß die Volksrechte teils tief in der Geschichte verwurzelt, jedenfalls fest im kollektiven Bewußtsein als wohlerworbene Rechte verankert sind. Sie werden seit langem geübt und sind auch Bestandteil einer gewollten Vielfalt. Die Bürger, die Parteien und die Interessengruppen verstehen mit diesen Möglichkeiten in einem an sich kleinen, übersichtlichen Raum umzugehen. Das Parlament wird durch sie in Schranken gehalten. Minderheiten haben Chancen, neue Ideen zu lancieren. Die Sachabstimmungen sind ein gutes Ventil für politische Spannungen. Es ist oft erstaunlich, wie nach passionierten Abstimmungskämpfen am Montag nach der Abstimmung alle Beteiligten zur Tagesordnung übergehen. Die Sachabstimmungen nehmen Druck von den Wahlen. Es ist durchaus möglich, jemanden zu wählen, mit dem man in einer Sachfrage nicht übereinstimmte.

Das System bietet allerdings keine guten Voraussetzungen für die institutionelle Vernetzung mit andern Staaten. Es fördert eine wünschbare internationale Rechtsharmonisierung nicht sonderlich. Schnellen Anpassungen an neue Gegebenheiten steht es im Wege.

Ob allerdings ein solch kompliziertes System auf andere, besonders auf größere Staaten übertragen werden könnte, ist eine ganz andere Frage. Jedes Volk muß aus seinen Verhältnissen heraus selbst abwägen und entscheiden, welche Elemente der direkten Demokratie in seine Verfassung passen.

Literaturverzeichnis

Aubert Jean-François, Bundesstaatsrecht der Schweiz, Fassung 1967, neubearbeiteter Nachtrag bis 1990, Band 1, N. 164 und N. 165

Bugiel Karsten, Volkswille und repräsentative Entscheidung. Zulässigkeit und Zweckmässigkeit von Volksabstimmungen nach dem Grundgesetz. Baden-Baden, 1991

Kühnhardt, "Menschenrechtsidee und Demokratiekonzeption" in: Die Universalität der Menschenrechte, 2. Auflage, Bonn, 1991, S. 277-286

GÜNTER REIMANN

Zur Krise des Internationalen Währungssystems

A.

Das System der internationalen Liquidität, das nationale Währungen für monetäre Reserven anderer Länder benutzt, leidet an einem Widerspruch, der bereits in der Zeit der Aufgabe der monetären Rolle des Goldes in den Jahren 1971/72 von den besten Währungsexperten jener Zeit, Prof. Robert Triffin und Jaques Rueff, aufgezeigt worden war. Robert Triffin war der beste Währungsexperte in den USA. Jacques Rueff war der führende Experte in Frankreich und Berater von de Gaulle. Triffin war der geistige Vater der Europäischen Währungsgemeinschaft. Beide hatten zu gleicher Zeit und unabhängig voneinanderaufgezeigt, daß eine nationale Währung nicht eine monetäre Reservewährung für andere Länder sein kann, ohne den Inflationismus zu begünstigen. Offensichtlich sind die Devisenreserven anderer Länder, die in Dollar oder DM gehalten werden, Auslandsschulden der monetären Reserveländer. Sie besitzen Dollar- oder DM-Devisenreserven, die gleichzeitig Auslandsschulden der monetären Reserveländer, also von den USA und Deutschland, darstellen. Daraus ergibt sich, daß diese Länder, deren Währung als internationale Liquidität andere Länder benutzt wird, Auslandsschulden für die monetären Reserveländer, also der USA und entsprechend auch von Deutschland darstellen. Eine Vermehrung der darauf beruhenden internationalen Liquidität muß die Auslandsverschuldung der Reservewährungsländer ausweiten. Sie werden inflationsträchtig werden, wenn die einfließende Liquidität anderer Länder das zirkulierende Geld erweitert und wenn die Zentralbank sich weigern sollte, die eigene Währungsstabilität durch deflationistische Politik zu verteidigen.

Als Prof. Robert Triffin und Jacques Rueff diesen fatalen Zusammenhang von internationaler Liquidität und Ausweitung der kurzfristigen Verschuldung der Reserveländer aufzeigten, wurden sie von den professionellen Exekutiven des IWF und der EU ignoriert. Sie konnten später mit Recht behaupten, daß die von Triffin und Rueff vorrausgesagte Krise des Weltwährungssystems und eine deflationistische Weltwirtschaftskrise nicht eingetreten war. Stattdessen gab es eine Ära des Inflationismus und eine inflationistische Ausweitung monetärer Reserven. Bekanntlich begann das Bretton Woods-System mit einem Mangel an internationaler Liquidität, besonders der am Krieg beteiligten Länder, außer den USA. Die internationale Liquidität beruhte auf den Devisen- oder Dollarreserven und den monetären Goldreserven. Die USA waren der Besitzer des monetären Goldes Europas geworden. Der Dollar war die stärkste Währung der Welt. Er hatte unter dem Bretton Woods-System einen Doppelstatus als nationale und internationale Reservewährung.

Etwa 25 Jahre später hatte die Krise der internationalen Liquidität der USA begonnen. Die Goldreserven schrumpften. Der Dollar war inflationsträchtig geworden. Eine drohende Entwertung der internationalen Reservewährung erzeugte eine Flucht aus dem Dollar in Gold und in die Währungen, die dem Inflationismus besser widerstehen konnten als die USA, vor allem die DM.

Die USA war unter dem Bretton Woods-System verpflichtet, die Dollarguthaben von Zentralbanken und Regierungen anderer Länder gegen Hergabe von Gold zum offiziellen Preis von $35 per Unze aufzunehmen. Die kumulativen Goldverluste bedrohten die internationale Liquidität der USA. Die amerikanische Regierung verteidigte die eigene internationale Liquidität, indem sie die Dollarreserven, welche die internationale Liquidität anderer Länder darstellten, illiquidisierte. Dieser Vorgang, der das Bretton Woods-System der Dollar/Goldkonvertibilität beendete, ist in der monetären Nachkriegsgeschichte des internationalen Währungssystems gut bekannt, wurde jedoch vom IWF verschleiert. Er verkündete die "Demonetarisierung" des Goldes als Fortschritt der Gesellschaft.

Die Ära amerikanischer budgetärer Defizitfinanzierungen und weltweiter Schuldeninflation hatte begonnen. Wir wissen nicht, wie hoch die internationalen Liquiditätsreserven sind, die in Dollar und später auch in DM gehalten und in langfristigen Staatspapieren oder anderen Kapitalmarktanlagen angelegt worden sind. Auf jeden Fall hat die Ausweitung der Geldmärkte in den USA und in Deutschland die Finanzierung von staatlichen Defiziten oder von Staatsanleihen erleichtert. Die damit erfolgende Illiquidisierung monetärer Reserven kann verdeckt werden durch inflationistische Geldschöpfung in den Schlüsselwährungsländern. Dann aber wird die Stabilität der Schlüsselwährung untergraben. Die von Triffin und Rueff vorausgesagte internationale Stabilitäts- und Liquiditätskrise wird drohen.

Unter dem Bretton Woods-System erwarteten seine Gründer, dem von Triffin und Rueff aufgezeigten Dilemma zu entgehen, indem sie die Rolle von Gold als Basis internationaler Liquidität durch von ihm geschaffenes "weißes Gold" oder durch Kontogeld ersetzten. Die internationale Liquidität sollte erweitert werden durch Devisenreserven, die im IWF gegen Ausgabe von SZR (Sonderziehungs- oder Internationalen Zahlungsrechte) deponiert werden sollten. Damit wäre die internationale Liquidität verdoppelt worden. Der Prozeß ist aber nur in relativ geringem Ausmaß erfolgt. Die nicht-amerikanischen Mitgliedsländer tauschten nur in geringem Maße ihre Dollardevisen in SZR ein.
Einen ähnlichen Vorgang erlebte die Europäische Währungsgemeinschaft, später das EMS. Die Mitgliedsländer weigerten sich, den Großteil ihrer Devisenreserven der internationalen monetären Institution gegen Erhalt von SZRs respektive ECUs zu übergeben.

Für die Mitgliedsländer des IWF war das "weiße Gold" weniger attraktiv als die Dollardevisen. Sie hatten den Vorteil von höheren Zinsen und waren verfügbar ohne Überwachung durch die internationale monetäre Behörde.

B.

Der Schatten einer Ära des Dollarinflationismus war in den siebziger Jahren erschienen. Die Flucht in die DM wird als eine Bewegung vom Regen in die Traufe erscheinen. Die DM wird als internationale Reservenwährung die Krankheit des Dollars übernehmen.

Die Ära des Inflationismus ist ausgelaufen. Die internationale Scheinliquidität, die durch die Ausweitung aller Papiergelder erfolgt war, kann nicht erneut durch Inflationismus erweitert werden. Die Kapitalflucht in das monetäre "Niemandsland" (non-residential) hat eine übertriebene Ausweitung der Geldkapitale ermöglicht. Gleichzeitig leidet die Zirkulation von Geld und Industriekapital und der Glaube an die unbedingte Liquidität der Währungen.

Der Aufbau der Schuldendecke weltweit und international hatte eine Scheinliquidität des Weltwährungssystems geschaffen. Eine tiefe Abwertung der Verschuldung tritt ihm entgegen. Bekanntlich ist die Auslandsverschuldung der meisten Entwicklungsländer zum großen Teil abgeschrieben worden. Dieser Prozeß ist noch nicht beendet worden. Aber die Inlandsverschuldung (und die Auslandverschuldung, die in Dollar oder DM gehalten wird) hat sich nicht in ähnlicher Weise vermindert. Sie ist größer und gewichtiger als die reine Auslandsverschuldung. Das Gewicht der Schulddienstleistungen drückt auf die gesellschaftliche Profitrate. Die großen neuen Investitionen in fortgeschrittenen Technologien benötigen staatliche Protektionismus oder werden durch die Bildung von Oligopolen angeregt. Sie erreichen in kurzer Zeit Grenzen, die kapitalzerstörend wirken. Teilkonjunkturen sind kurzlebig und gehen Hand in Hand mit Kapitalzerstörung. Es mag versucht werden, Kriege auszulösen, die konjunkturbelebend sind, wenn sie lokal begrenzt werden können.

Mit dieser Entwicklung spiegelt sich ein gesellschaftlicher Vorgang im Spätkapitalismus wieder, der die Gläubiger im Finanzkapitalismus gegenüber den Schuldnern unterlegen macht. Die Schuldner beherrschen die Geldkapitale und die Bedingungen der Rückzahlung von Schulden. Das Prinzip, daß der Gläubiger der Herr des Systems sein muß, das herkömmlich Gültigkeit hatte, unterliegt einem Prozeß der Umwertung im 20. Jahrhundert. Er hat geendet mit dem Triumpf des Schuldners über den Gläubiger.

Der größte und politisch stärkste Schuldner ist der Staat. Er kann nicht bankrottieren und vom Schuldner übernommen werden, wie ein privatkapitalistisches Unternehmen. Aber dieses ist ebenfalls imstande, sich gegenüber den Ansprüchen des Schuldners zu wehren, wenn es vom Staat für "überlebenswichtig" gehalten wird.

Der Triumph des Schuldners über den Gläubiger muß demoralisierend für den Kapitalismus sein. Tatsächlich erleben wir einen tiefen Niedergang der Moral und des Selbstvertrauens unter den Kapitalisten, die keine politische Macht besitzen. Sie können sich wehren mit Hilfe mafiotischer Strukturen. Das ist eine neue Erscheinung, die im Ausgang des 20. Jahrhunderts ihren Schatten auf das 21. Jahrhundert wirft.

Die großen Verluste, die bei einer internationalen Währungsreform für die Mittelklassensparer, Pensionäre usw. eintreten werden, werden sich als Gewinn für die Schuldner, breite Kreise der Unternehmerklasse und zum Teil auch der Arbeiterklasse erweisen.

C.

Es ist nie erklärt worden, warum die Regierungen und Zentralbanken der führenden Industrieländer an Goldreserven als wesentliche Stütze ihrer internationalen Liquidität festgehalten haben und warum der vielfach angesagte Tod des monetären Goldes nicht eingetreten war. Offensichtlich reichen die Fazilitäten des IWF und der EU nicht aus für die Sicherung der internationalen Liquidität.

Die Zentralbanken und Regierungen der Industrieländer wollen sich nicht verlassen auf die Sicherung der internationalen Liquidität durch die Fazilitäten des IWF oder der "G 7"-Zentralbanken. Sie haben sich zusätzliche internationale Liquidität zugesichert im Falle von internationaler Liquiditätsnot eines einzelnen Landes. Aber wenn alle von ihnen zugleich darunter leiden, kann keiner von ihnen sich auf die Kreditzusagen verlassen. In diesem Falle werden monetäre Goldreserven benötigt werden. Deswegen versuchen die führenden Reservewährungsländer der Welt, die internationale Liquidtät aufgenommen haben, ihre eigene internationale Liquidität durch Goldreserven sichern. Sie befürchten, daß die Devisenreserven nicht ausreichen werden zur Verteidigung der internationalen Liquidität des eigenen Landes.

In dieser Hinsicht ist Deutschland als internationales Reservewährungsland in einer Lage, die der der USA ähnlich ist. Beide haben ihren Geldmarkt erweitert durch die Aufnahme der internationalen Liquidität anderer Länder. Beide sind zugleich Besitzer der größten monetären Goldreserven unter den Zentralbanken der Welt. Die Goldreserven werden zur Verteidigung der internationalen Liquidität des eigenen Landes eingesetzt werden, wenn nötig, für die Verteidigung der internationalen Liquidität des eigenen Landes, nicht der von Fremdländern. Das Verhalten der USA in den Jahren 1971/72 ist beispielgebend.

Theoretisch ist es möglich, daß die Bundesrepublik Deutschland den Besitz von monetären Reserven, Gold und Devisen, aufgeben wird im Falle der Einführung einer europäischen Einheitswährung. Deutschland würde dann den größten Beitrag zur internationalen Liquidität der Europa-Union leisten. Deutschland und Frankreich haben in Europa den größten Anteil an Goldreserven, aber auch Italien, Holland, Österreich und Norwegen können ihre eigene internationale Liquidität mit beträchtlichen Goldreserven verteidigen. Sie sind in dieser Hinsicht in einer besseren Lage bei der Verteidigung ihrer Internationalen Liquidität als Deutschland und die USA, weil sie nur in geringem Maße die internationalen Liquiditätsreserven anderer Länder aufgenommen haben. Die Lösung des Problems ist ungewiß. Das Mysteriums des Festhaltens von Zentralbanken und Regierungen an Goldreserven von über 345 Milliarden Dollar hat keine Erklärung gefunden.

Die relative Stärke der internationalen Liquidität der USA liegt im Gold, nicht in Devisen. Bei Deutschland ist es umgekehrt. Trotz relativ beträchtlicher Goldreserven wird die internationale Liquidität mit Devisen erhalten. Dahinter verbirgt sich ein Unterschied, der ahnen läßt, daß die USA besser als Deutschland auf eine Nachfolge für das gegenwärtige internationale Nicht-Währungssystem vorbereitet sind als die Bundesrepublik. In beiden Ländern hat in den letzten zwanzig Jahren die innere Verschuldung (staatlich und privat) enorm zugenommen. Die Bedienung der staatlichen Schulden erfordert etwa ein Drittel der budgetären Einnahmen. Eine weitere Zunahme dieser Verpflichtung wird für das Überleben des Kapitalismus gefährlich werden. Der Versuch eines budgetären Ausgleichs wird scheitern, wenn die Schulddienstverpflichtungen zunehmen.

Die Regierung der USA war nach 1971 führend in einer internationalen Bewegung der "Demonetarisierung" des Goldes, aber gleichzeitig verteidigte sie ihre eigene internationale Liquidität durch das Festhalten an monetären Goldreserven. Sie hat jetzt noch den größten Anteil an den monetären Goldreserven der Welt (16,3 %). Es folgt Deutschland mit 15,1 %, in weitem Abstand die Schweiz mit 4,7 % und Frankreich mit 4,2 %.

Es kann nicht reiner Zufall sein, daß die Weltgoldproduktion in den letzten dreißig Jahren ständig gestiegen ist und daß die USA bzw. ein "Dollarblock" (USA, Kanada und Australien) die größten Goldproduzenten der Welt geworden sind. Der Dollarblock produziert gegenwärtig mehr Gold als Südafrika. Man braucht die Bedeutung dieser Bewegung nicht zu überschätzen, aber die Tendenz ist wichtig. Sie bekräftigt die Erwartung, daß von den USA eine Währungsreform ausgehen wird, die der internationalen Liquidität der USA dienen und gleichzeitig zur Lösung der Verschuldungskrise beitragen wird.

Der Versuch der USA und des IWF nach Preisgabe des Bretton Woods-Systems dem Gold eine monetäre Rolle abzusprechen, muß als mißlungen gelten, auch wenn eine Rückkehr zu einer Goldwährung des 19. Jahrhunderts nicht aktuell wird. Es wird nicht möglich sein, die internationale Schuldenkrise zu lösen oder ihr zu entgehen, ohne eine radikale Währungsreform. Die Initiative wird wahrscheinlich erneut von den USA ausgehen.

D.

In den vergangenen Jahrzehnten konnte der amerikanische Staat budgetäre Defizite mit Hilfe von Anleihen auf den inneren Geld- und Kapitalmärkten finanzieren. Die Aufnahmefähigkeit der Kapitalmärkte konnte durch das Einströmen von Auslandsgeldern und die Konzentration internationaler Liquidität anderer Länder in den USA erweitert werden. Der Zustrom von Auslandsgeldern ist mit der Verunsicherung der Stabilität des amerikanischen Papierdollars ins Wanken geraten. Gleichzeitig ist der Staat mit zuviel Schulden und Schulddienstleistungen belastet. Es wird Aufgabe einer Währungsreform sein, sie zu verringern.

Das Weltwährungssystem leidet unter zu viel und zu wenig international Liquidität als Folge von gehemmter Zirkulation des Geldkapitals in Industriekapital und zurück ins Geld, wo es stecken bleibt und das Währungssystem destabilisiert. Rueff und Triffin hatten sich nicht mit dem Problem der vagabundierenden Geldkapitale, die nicht produktiv investiert werden, befaßt. Es war zu ihrer Zeit nicht aktuell. Es hat in unserer Zeit das Weltwährungssystem zusätzlich verunsichert und wesentlich dazu beigetragen, die Zinswaffe der Zentralbanken unwirksam zu machen.

Die offiziellen weltmonetären Institutionen schweigen über die Lösung des Problems. Das System, das sie reformieren wollten, hat sich von ihnen abgewendet. Die Schuldenkrise wird eine Lösung erzwingen mit den Mitteln einer Währungsreform. Mexiko ist nicht das letzte Beispiel. Der größte Schuldner der Welt, international und auch im eigenen Land, ist die USA. Sie ist auch der größte Gläubiger.

Deflationistische Politik ist notwendig, um dem Inflationismus wirksam zu widerstehen. Aber Deflationismus verstärkt das Gewicht der Schuldenlast. Er wird eventuell für das Überleben der kapitalistischen Gesellschaft unerträglich werden. Eine Entschuldung ist notwendig für den Staat und den privaten Sektor. Aber die Verschuldung tendiert zuzunehmen und kann nicht durch deflationistische Politik vermindert werden. Die Schuldentlastung durch Abwertung der Währungen ist notwendig. Aber der Dollar und die DM sind Schlüsselwährungen, die nicht gegen sich selber abgewertet werden können. Das ist nur möglich, wenn eine neue goldwertige Währung gebildet und wenn der monetäre Goldpreis hoch genug angesetzt wird.

Washington hat sich bisher über die eventuellen Folgen der Bildung einer europäischen Währung ausgeschwiegen. Die USA haben die Bildung eines europäischen Geld- und Kapitalmarktes, der zum ersten Mal nach dem Zweiten Weltkrieg internationale Liquidität aufnehmen und mit dem amerikanischen Geld- und Kapitalmarkt rivalisieren konnte, ignoriert. Sie haben aufgehört, als Führungsland der Welt die Gestaltung des Weltwährungssystems zu kontrollieren. Sie müssen durch eine Politik hoher Zinsen die Anreicherung ihrer Geld- und Kapitalmärkte begünstigen. Es ist nicht möglich, budgetäre Defizite zu finanzieren ohne relativ hohe Zinssätze, die dem Abzug der Gelder aus den amerikanischen Geld- und Kapitalmärkten entgegentreten.

Die Stille, die von Washington ausgeht über die Bildung und Terminierung einer europäischen Währung und die Folgen für die USA, verdient Beachtung. Aus amerikanischer Sicht wird eine Weltwährungsreform dringlich, wenn die Schuldenkrise die Regierung verhindert, mit einer Politik niedriger Zinsen eine Konjunkturbelebung zu begünstigen und wenn der Versuch des budgetären Ausgleichs eine politisch unerträgliche Sparpolitik und erhöhte Steuern erfordert und wenn die Kapitalakkummulation durch Steuerabbau nicht ausreichend belebt werden kann. In diesem Falle ist zu erwarten, daß die Regierung bzw. die Währungsbehörden die bisher nicht in der Öffentlichkeit diskutierten Pläne einer radikalen Währungsreform aufnehmen werden. Sie werden die Pläne der europäischen Währungsreform gewissermaßen überrollen.

Die Ende der achtziger und Anfang der neunziger Jahre erfolgten internationalen Geld- und Kapitalbewegungen hatten das internationale Währungssystem einer Zerreißprobe ausgesetzt. Kaufkraftparitäten sind ohne Bedeutung geworden, obwohl sie letztlich die Grundlage für den materiellen Wert der Währungen sind. Die Euro-, Geld- und Kapitalmärkte müssen als Verteidiger der globalen Freizügigkeit für Geldkapitale angesehen werden. Aber sie werden nicht genügend im industriellen Sektor angefordert. Diese Erscheinung mag als gehemmte Zirkulation des Geldkapitals angesehen werden.

Die USA werden das attraktivste Anlagegebiet für das internationale Finanzkapital bleiben, wenn der Staat die inflationistische Aushöhlung des Wertes des Dollars wirksam beschränken kann. Wenn das nicht geschieht, droht für die USA eine neue internationale Liquiditätskrise. Aber die Verlagerung der privaten internationalen Liquidität von den USA auf Deutschland und Frankreich und Japan wird sich als irreführend erweisen, wenn geglaubt wird, daß die Stärke des amerikanischen internationalen Kapitalmarktes übertragen werden kann.

Es wird keinen regionalen Kapitalmarkt in Europa oder Asien geben, der die Führungsstellung der USA weltfinanziell einnehmen wird. Die amerikanische Führungsstellung hate fast zwei Jahrzehnte gedauert. Sie ist danach erschüttert worden. Die internationale Bankenstatistik hat den Niedergang der internationalen Position der USA auf Kapitalmärkten übertrieben. Investment Trusts und Mutual Funds haben die Statistik der internationalen Kapitalbewegungen verfälscht. Die internationale Bankenstatistik kann nur einen Teil der internationalen Kapitalbewegungen einschließen.

Die Versuche, durch Einführung staatlicher Intervention, die vagabundierenden Geldkapitale einzufangen, mußten aufgegeben werden. Regionale Blockbildungen widersprechen der internationalen Freizügigkeit der Bewegungen des Geldkapitals. Aber es ist unwahrscheinlich, daß das japanische Finanzkapital sich ausreichend in Südostasien niederlassen wird statt in der westlichen Hemisphäre, einschließlich den USA, wo das politische Risiko geringer ist.

Die USA werden das attraktivste Anlagegebiet für das internationale Finanzkapital bleiben, wenn der Staat imstande sein wird, die inflationistische Aushöhlung des Wertes des Dollars zu beenden. Dann wird eine Währungsreform, die die Goldwertigkeit des Dollars wieder herstellt, fällig werden. Ein neuer, relativ hoher monetärer Goldpreis wird offiziell eingeführt werden müssen.
Die Last der Schulddienstzahlungen wird wesentlich erleichtert werden, wenn der Goldpreis auf einem hohen Stand festgesetzt wird - wahrscheinlich das zwei- bis dreifache des Preises von 1995.Er würde für Käufer und Verkäufer und für Zentralbanken und Regierungen gelten. Damit würde erneut ein Doppelmarkt für offizielle und private Freimarkttransaktionen entstehen mit unterschiedlichen Preisen. Es ist aber wahrscheinlich, daß alle Zentralbanken und Regierungen sich der amerikanischen Inititaive anschließen werden. Die amerikanische Initiative wird den Zufluß von Gold in die USA begünstigen, wenn sich die anderen Länder der amerikanischen Initiatiave nicht anschließen. Sie können ihre eigene Schuldenlast erleichtern, indem sie sich der amerikanischen Initiative anschließen. Auf jeden Fall wird diese Initiative die Dollarverschuldung entlasten. Was geschehen wird, bleibt ungewiß. Die Details sind wichtig, aber ist zu früh, sich damit zu befassen.

E.

Die Flucht der internationalen Liquidität der Welt aus dem Dollar tendiert, - wie vorher ausgeführt - alle Währungen zu destabilisieren. Den zu starken Währungen allen droht die "Dollarisierung". Wer diese Bewegung aufhalten will, muß eine deflationistische Liquiditätskrise riskieren. Sie droht, tiefer und bedrohlicher zu sein als die deflationistischen Krisen der frühen dreißiger Jahre. Die Drohung wird den Zwang der Verhältnisse herstellen, der den politischen Widerstand gegen eine internationale Währungsreform überwinden wird. Die Fluchtbewegungen der flüssigen Geldkapitale von einer Währung in die andere und aus Schlüsselwährungen wird Entscheidungen erzwingen, die nicht vorbereitet werden können.

Der Zusammenbruch des internationalen Währungssystems und der Weltwirtschaft war nicht so eingetroffen, wie von den beiden Währungsexperten vorausgesagt. Statt dessen gab es die internationale Liquiditätskrise der USA, den Zusammenbruch des Bretton Woods-Systems oder der Dollar/Goldkonvertibilität, den Vietnam-Krieg, eine weltweite Ära des Inflationismus, die explosive Zunahme der Schuldenansprüche, die Flucht in die Rente und die kumulative Finanzierung staatlicher Schulden mit Schulden.

Die prophetischen Worte von Rueff und Triffin haben an Aktualität gewonnen, trotz der neuen Vereinbarungen internationaler Expansion des Kreditgeldes im Falle einer internationalen Liquiditätskrise. Wahrscheinlich wird sie erneut anders enden, als vorausgesagt werden kann.

Es ist möglich, ich glaube sorgar wahrscheinlich, daß der amerikanische Präsident, der Wahlen gewinnen will, versuchen wird, dem Rueff/Triffin Szenario durch die Bildung eines neuen goldwertigen Dollars und die tiefe Abwertung der Schuldenansprüche zuvorzukommen.

Die Leidtragenden werden die amerikanischen Sparer und Auslandsgläubiger sein. Sie haben aber weniger politisches Gewicht als die anderen sozialen Klassen, einschließlich der Unternehmer / Kapitalisten, die Arbeiter, die aktiv tätigen Mittelklassen und vor allem die staatlichen Bürokratien, die mehr Menschen beschäftigen als die produktiven sozialen Klassen.

Die USA ist nicht mehr die globale Führungsmacht, die es zur Zeit der Einführung des Dollar/Gold-Devisenstandards (Bretton Woods-System) gewesen war. Damals erschien die USA als der Begründer einer neuen internationalen Ordnung, die durch das weltmonetäre System gefestigt werden sollte. Die Geld- und Kapitalflüsse der Welt sollten beeinflußbar und kontrollierbar werden durch eine weltmonetäre Organisation, welche die internationale Liquidität aller Zentralbanken und Regierungen aufnehmen und regulieren sollte. Das System der SDRs und ECUs, das feierlich beschlossen worden war, ist nie realisiert worden. Die Praxis hat ein anderes nicht kontrollierbares System geschaffen. Die Supermächte haben aufgehört, das weltmonetäre System und die internationale Liquidität anderer Länder zu beherrschen.

F.

Eine neue Weltordnung ist im Entstehen, die alte ist in Auflösung. Eine neue ist gegenwärtig noch nicht sichtbar, aber es wird nicht erneut eine Supermacht geben, welche die weltpolitischen Verhältnisse gestalten kann mit einer internationalen monetären Ordnung, die die internationale Liquidität der Supermacht bereichert. Es fehlt der "Regulator", der die neue Weltwährungsordnung vorschreiben kann. Er wird nicht benötigt, wenn die USA die Initiative ergreift zur Einführung eines goldwertigen Dollars. Dann werden andere Länder, besonders auch das monetäre Führungsland Europas unter dem Zwang des Handelns stehen und sich der amerikanischen Initiative anschließen müssen.

Es ist möglich, daß mehrere internationale monetäre Systeme im Übergang und vielleicht auch von Dauer entstehen werden, neben dem Gold, mit anderen internationalen Reservewährungen. Inzwischen wird der Zerfall des alten weltmonetären Systems anhalten, ohne daß ein fixiertes Nachfolgesystem erkennbar ist.

Das Überleben des Kapitalismus ist unmöglich geworden, wenn Geldwertstabilität verteidigt werden würde. Der Bruch mit der Goldwährung war eine Notwendigkeit für den Kapitalismus. Er muß mit Geld- und Währungskrisen leben und gleichzeitig streben, die Anarchie des internationalen Geld- und Währungssystems und den Mangel an echter internationaler Liquidität durch das Neubeleben der Rolle von Währungsgold anzustreben. Es ist aber nicht möglich, sich an Inflationismus und an anarchische internationale Währungsverhältnisse zu gewöhnen, wie an eine Krankheit, die als Dauerzustand mit Medikamenten besänftigt, aber nicht heilen, sondern vergiften.

Es ist relativ einfach, die inneren Widersprüche des Dollar-Devisen-Systems auszuführen und die Argumente von Rueff und Triffin zu wiederholen und eine entsprechende Reform des Weltwährungssystems zu empfehlen. Dann aber bleibt das Argument, daß das kapitalistische System die Nachkriegskrise nicht hättte überleben können, ohne Inflationismus und die Schuldeninflation. Rueff und Triffin wären als Währungsautoritäten anerkannt worden, wenn sie heute leben würden. Aber ihr Rat würde erneut ignoriert werden.

Es kann nicht mehr ein einheitliches Weltwährungssystem geben wie einstmals unter dem Gold/Devisen Standard, der nicht ersetzt werden kann durch Papier/Index"währungen". Der Aufbau des interen und äußeren Schuldenberges kann nicht endlos in die Höhe steigen wie der Turmbau von Babel. Das Ende wird kommen mit der Einführung von neuen goldwertigen Währungen, im Gefolge einer entsprechenden amerikanischen Initiative.

GÜNTER ROHRMOSER

Erziehung zur Demokratie und das Problem der Werte[1]

Ich möchte vorausschicken, daß es zwei Prämissen gibt, von denen wir bei der Erörterung des Themas ausgehen sollten. Das eine ist, daß es zur Demokratie keine Alternative gibt und es auch keine Alternative geben sollte. Tocquevilles Prognose, daß sich der Prozeß der Demokratisierung mit schicksalhafter, providentieller Gewalt vollziehen und durchsetzen werde, gehört zu den wichtigsten Prognosen aus dem 19. Jahrhundert, die das 20. Jahrhundert tatsächlich eingelöst hat. Was ist denn so großartig an der Demokratie, daß sie sich als derart geschichtsmächtig erweist? Die Demokratie ist natürlich die einzige, der Würde eines vernünftigen, freien Wesens - wie es der Mensch ja sein soll - angemessene politische Form. Wenn man bedenkt, daß zum Begriff der Demokratie die Freiheit gehört und die Demokratie eine Gestalt sein soll, in der die Bürger aus ihrer Freiheit und ihrer Verantwortung für das Ganze das politische Leben gestalten und damit der Demokratie zu ihrer Lebendigkeit verhelfen sollen, dann ist die Verwirklichung der Demokratie eine der faszinierendsten Aufgaben, die die Menschheit sich bisher vorgenommen hat.

Auch wenn wir - bei näherer Betrachtung - nicht mehr ganz so idealistisch von der Demokratie denken können, so kann man dennoch sagen, daß es objektiv zur Demokratie keine Alternative gibt! Der Grund hierfür liegt auf der Hand: Das Überleben einer modernen wissenschaftlich-technischen Zivilisation ist auf die Organisationsform der Demokratie vital angewiesen, weil die moderne Industriegesellschaft eine ständige Veränderungs- und Reformfähigkeit abverlangt. Es gibt bisher eben nur ein friedliches Mittel, welches unter Umständen auch revolutionäre Veränderungen in der Gesellschaft ohne Gewalt herbeizuführen in der Lage ist: die parlamentarische Mehrparteiendemokratie. Nur in einer Demokratie haben die Bürger die Chance, ja die Pflicht, einen Machtwechsel herbeizuführen, wenn sie mit den Früchten der Tätigkeit der Machthaber nicht einverstanden sind. In der Demokratie muß es daher unbedingt eine wirklich konstruktive, Alternativen präsentierende Opposition geben. In der Demokratie ist die Opposition aufs Ganze gesehen noch wichtiger als die Parteien, die jeweils die Regierung stellen.

Demokratie ist aber auch ein anspruchsvolles Projekt, ist doch die politische Beteiligung des Bürgers geradezu konstitutiv. Die Überlebenschancen der Demokratie hängen davon ab, daß wir uns die Freiheit des Denkens und die Freiheit der öffentlichen Meinungsäußerung bewahren und erhalten. Da sich die äußeren Umstände

[1] Modifizierter und teilweise ergänzter Vortrag, den Prof. Dr. Günter Rohrmoser am 10.9.95 in Feldkirch auf dem Kongreß "Mut zur Ethik" gehalten hat.

ständig wandeln und die Veränderungen dieser Welt ständig neue Konzeptionen und neue Ideen erzwingen, brauchen wir die freie Meinungsäußerung der Bürger. In einer Situation, in der das Überleben der Industriegesellschaft an die intellektuelle Produktivität gebunden ist, würde die Demokratie die Axt an die eigene Wurzel anlegen, wenn die Freiheit des Denkens und die Freiheit der öffentlichen Meinungsäußerung nicht mehr gewährleistet und als ein hohes, schätzenswertes Gut anerkannt würde. Eine lebendige Demokratie gibt es nur, wenn die Bürger ein Problem erkennen und sich frei zum gemeinsamen Handeln entschließen, um die erkannten Notstände im Gemeinwesen zu beseitigen. Es ist darum auf die Dauer tödlich für eine Demokratie, wenn durch Formen der indirekten Unterdrückung diejenigen Aktivitäten, die aus dem freien Zusammenschluß von Bürgern hervorgehen, unterbunden werden.

Wir müssen aber auch erkennen, daß die Demokratie zu den schwierigsten, sicher auch verantwortungsvollsten und damit auch zu den seltensten Projekten zählt, die man sich in der politischen Geschichte der Menschheit bisher zugemutet hat. Wenn wir uns heute die Vereinten Nationen anschauen, dann dürften nach meiner Schätzung dort nicht viel mehr als 10 Prozent den Namen einer wahren Demokratie verdienen. Trotz der optimistischen Prognose von Tocqueville können wir derzeit noch nicht von einem Sieg der Demokratie im Weltmaßstab ausgehen, wie dies zum Beispiel Martin Kriele noch vor einigen Jahren in seinem Buch über "Die demokratische Revolution" gemeint hat. Wenn wir die Geschichte ansehen, dann stellen wir fest, daß die Demokratie etwas außerordentlich Seltenes gewesen und nur in ganz wenigen Fällen wenigstens relativ gelungen ist. Das muß einen Grund haben. Ganz offensichtlich hängen die Gründe der Gefährdung der Demokratie mit der Schwierigkeit der Aufgabe zusammen, die sie lösen will.

A. Die Selbstgefährdung der Demokratie durch ein falsches Freiheitsverständnis

Die größten Gefahren für die Demokratie sind immer aus ihr selbst hervorgegangen. Meine These lautet, daß die politischen Katastrophen, die die Rede vom totalitären Zeitalter im 20. Jahrhundert erst möglich gemacht haben, letztlich Folgen des Zusammenbruchs der politischen Urteilskraft der Bürger gewesen sind! Wenn die Urteilskraft der Bürger nicht mehr ausreicht, um zu einem realitätsgerechten politischen Urteil zu gelangen, dann ist die Manipulation der Bürger eine beinahe logische Konsequenz.

Zur Bildung von Urteilskraft gehören immer zwei Faktoren: Erfahrung und Intelligenz. Das, was man Klugheit nennt, ist eigentlich nichts anderes als Urteilskraft. Wir wissen, daß die Klugheit im Sinne der Urteilsfähigkeit mit das seltenste Gut auf unserer Welt ist. Wer etwas zur Förderung der Ausbildung der Urteilskraft tun möchte, muß wissen, daß die Urteilskraft, die nicht lehrmäßig vermittelbar ist, immer auch eine Frucht der Reflexion auf die persönliche und gesellschaftliche Erfahrung ist. Weil wir uns alle wünschen, daß wir jene schlimme Erfahrung, die wir mit dem Nationalsozialismus wie mit dem Kommunismus gemacht haben, nicht noch einmal machen, ist die Rekonstruktion dieser historischen Erfahrung unab-

dingbar. Eine solche Rekonstruktion fällt umso leichter, wenn historische Vergleiche mit anderen Demokratien, die in eine Krise geraten sind, angestellt werden. Ich will dies anhand von drei Beispielen tun:
Der erste große Fall für eine sich aus sich selbst heraus gefährdende Demokratie ist natürlich das Modell, das Platon in der "Politeia" gezeichnet hat. Was ist dort das Entscheidende? Das Entscheidende ist die Einsicht Platons, daß die Demokratie an dem zugrunde gehen kann, was für sie das höchste Gut ist. Und dieses höchste Gut der Demokratie ist natürlich die Freiheit. Für die Demokratie und ihre Bestandsfähigkeit hängt darum alles von der Frage ab, wie die Bürger die ihnen durch die Demokratie gewährte und eingeräumte Freiheit verstehen. Welcher Begriff von Freiheit liegt der Demokratie zugrunde? Das ist die für das Überleben der Demokratie entscheidende Frage. Platon sieht den Verfall der athenischen Demokratie aus einem falschen Verständnis, einem falschen Begriff von Freiheit hervorgehen. Dieser falsche Begriff von Freiheit versteht unter Freiheit nichts anderes als Willkür und Beliebigkeit der Bürger. Ist das nicht der Freiheitsbegriff, der auch in unserer Demokratie zugrundegelegt wird? Und warum ist dieses Verständnis des Freiheitsbegriffes für die Demokratie denn so ruinös? Weil die Degeneration des Begriffs der Freiheit hin zur Beliebigkeit unvereinbar ist mit jeder denkbaren Verfaßtheit der menschlichen Person, der Gesellschaft und des Staates. Freiheit im Sinne von Beliebigkeit ist mit keiner Verfassung, mit keiner Verfaßtheit auch des Menschen mit und durch sich selbst zu vereinbaren. Darum lebt eine Demokratie von der Antwort auf die Frage, ob sie zur Selbstbeschränkung ihres willkürlichen Freiheitsgebrauches im Horizont eines gemeinsam geteilten Ethos fähig und imstande ist oder nicht. Gelingt diese Selbstlimitation der zur Beliebigkeit degenerierten Freiheit im Sinne einer Rück- und Einbindung in ein gemeinsam getragenes Ethos nicht, dann ist die anarchische Selbstauflösung des Staates eine zwangsläufige Folge, aus der heraus dann sehr schnell der Ruf nach dem Rettenden, d.h. konkret nach dem starken Mann laut werden wird. Befragungen unter der jungen Generation in Deutschland haben erst jüngst gezeigt, daß in einem doch erstaunlichen Umfang die Sehnsucht und das Verlangen nach einem starken Mann wächst, der - wie die jungen Leute sich auszudrücken belieben -, mit dem "Sauladen" endlich Schluß machen und wieder Ordnung herstellen sollte. Für diesen Ruf nach dem starken Mann sind jedoch nicht die Jugendlichen, sondern die Erwachsenen, die unsere Demokratie gestalten, verantwortlich. Es hat keinen Sinn, die Verantwortung dafür irgendwelchen Institutionen und Instanzen zuzuschieben. In einer Demokratie ist jeder einzelne mitverantwortlich für das Schicksal des Gemeinwesens, in dem er lebt. Anarchie, d.h. die Selbstauflösung der tragenden Fundamente eines Staatswesens, ist also die der Demokratie inhärente Gefahr. Diese Anarchisierung kann dann zum Umschlag in das führen, was Platon "Tyrannei" genannt hat! Es wäre nicht schwer, in der Geschichte genügend Fälle zu zeigen, in denen sich diese These vom Umschlag der falsch verstandenen Demokratie in Tyrannei verifiziert hat. Ganz sicher ist dies auch ein wichtiges Moment gewesen, das beim Untergang der Weimarer Republik eine Rolle gespielt hat. Wenn mich nicht alles täuscht, verdichten sich die Anzeichen, daß sich dies auch unter den Bedingungen einer libertär organisierten Gesellschaft wiederholen könnte. Da dies zumindest denkbar ist, ist Platons "Politeia" heute so aktuell. Die praktische Konsequenz, die man aus dieser Erkenntnis ziehen muß, ist die, daß die Erziehung zu einem Ethos, zu kontrollierter Selbstbeherrschung mit der wichtigste Beitrag ist, den beispiels-

weise die Schule zur Ermöglichung der Demokratie leisten kann. Damit müßte die Schule freilich ziemlich genau das Gegenteil von dem wollen und tun, was die Schule seit 1968 getan hat.
Der zweite große Fall ist die Französische Revolution. Im Zusammenhang mit der Französischen Revolution steht seit 200 Jahren die Frage auf der Tagesordnung, was eigentlich in Wahrheit unter einer Demokratie zu verstehen ist. Seit der Französischen Revolution gibt es zwei Modelle und Vorstellungen von Demokratie: Einerseits die angelsächsische, sogenannte repräsentative Demokratie und andererseits die von Rousseau und von den radikalen Republikanern der Französischen Revolution stammende Konzeption einer identitären Demokratie. Die identitäre Demokratie ist diejenige, bei der ihre Verwirklichung mit der Verwirklichung der sogenannten politischen Tugend einhergeht. Das Damoklesschwert, das den Weg der identitären Demokratie seit der Französischen Revolution begleitet hat, ist die Erfahrung der Tugendherrschaft von Robbespiere! Hegel hat in der "Phänomenologie des Geistes" geschrieben, daß eine Herrschaft, die mit dem Ziel antritt, einen bestimmten Tugendbegriff zu verwirklichen, zu einer Art terroristischen Schreckensregime führen muß, in der das Töten soviel bedeutet wie "das Austrinken eines Glases Wasser oder das Abschlagen eines Kohlhauptes". In einer derartigen Tugenddemokratie kommt es immer nur darauf an, in der rechten Gesinnung zu sein. Wenn die rechte Gesinnung für die identitäre Demokratie das Entscheidende ist, und wenn nur diejenigen Demokraten genannt werden dürfen, die für sich das Privileg des Besitzes der rechten Gesinnung beanspruchen können, sagt Hegel, dann ist keiner seines Lebens mehr sicher, weil jeder gegen jeden das Mißtrauen und den Verdacht richten kann. Und derjenige, gegen den sich der Verdacht und das Mißtrauen richtet oder erfolgreich richten läßt, ist damit auch schon gerichtet! Auch hier brauche ich die Aktualität nicht weiter zu erläutern.

Wir müssen sehr genau bedenken, welch eine grauenhafte, aber gleichwohl historische Erfahrung hinter dieser Aussage Hegels steht: Wenn gegen jemand auch nur der Verdacht gerichtet werden kann, daß er nicht in der rechten Gesinnung sei, ist er unter diesen Bedingungen schon gerichtet! Hier liegt die Wurzel, aus der heraus dann selbst eine - der Intention nach - liberale Demokratie entstehen kann, die sich de facto totalitärer Mittel bedient, um die geforderte Gesinnung zu kontrollieren und durchzusetzen. Es ist für eine Demokratie tödlich, wenn wir unterscheiden zwischen den Guten und den Schlechten, also zwischen denen, die die geforderte Gesinnung haben und denjenigen, die sie nicht haben. Es kann - nach dieser Betrachtungsweise - also nicht nur den faktischen, vielleicht militärisch ausgetragenen Bürgerkrieg geben, es kann auch geistig-kulturelle Situationen geben, in denen die Gesellschaft in ebensolcher Weise gespalten ist, wie das im Blick auf die soziale Verelendung in 19. und 20. Jahrhundert immer wieder der Fall war.

Die dritte große Erfahrung ist natürlich der Untergang der Weimarer Republik. Der ehemalige Bundespräsident Richard v.Weizsäcker hat einmal gesagt, das Verhängnis des Untergangs der Demokratie hätte im Jahr 1933 begonnen. Nein, das Verhängnis hat nicht im Jahr 1933 begonnen, sondern es begann schon vorher. Die totalitäre Machtergreifung im Jahre 1933 war erst die Frucht eines inneren Zerfalls der liberalen Demokratie! Ohne die Krise und den Zerfall des Liberalismus in den zwanziger Jahren hätte es keine faschistische Epoche in Europa geben können. Der

Faschismus ist deshalb auch keine deutsche Erfindung. Große Teile Europas waren als eine Konsequenz des Ersten Weltkrieges und der Unfähigkeit der europäischen Mächte, Frieden zu schaffen, in faschistische Hände geraten.

B. Gibt es präpolitische und kulturelle Voraussetzungen der Demokratie?

Welches Prinzip ist für den Zusammenbruch der Weimarer liberalen Demokratie verantwortlich zu machen? Es ist die Vorstellung, als müsse in einer liberalen Demokratie der Staat agnostisch und neutral sein. Man glaubte damals, die Wertbildung, den Kampf um die Werte und ihre Durchsetzung den Kräften der Gesellschaft und den sich aus der Gesellschaft heraus politisch formierenden Parteien überlassen zu können. In Weimar war die Demokratie zuletzt so neutral, daß sie sich auch hinsichtlich ihrer Grundlagen und ihrer eigenen inneren politischen Ermöglichung neutral verhielt.

Das Geschichtszeichen, das in dem Kruzifix-Urteil des höchsten deutschen Gerichtes sichtbar wird, besteht darin, daß dieses Gericht aus der Erfahrung des Untergangs der liberalen Weimarer Demokratie offenbar nichts gelernt hat. Man kann das mit dieser Deutlichkeit sagen, nachdem der Fraktionsvorsitzende der CDU-Bundestagsfraktion, Wolfgang Schäuble, erklärt hat, das Kruzifix-Urteil sei deshalb falsch, weil es die Grundlagen der Demokratie zerstöre und die Freiheit gefährde. Ein Staat, der, wie die Urteilsbegründung aus Karlsruhe noch einmal deutlich gemacht hat, neutral ist, schafft den Freiraum, in den auch die freiheitsfeindlichen Kräfte einströmen und sich dieses Staates zur Durchsetzung von Werten und Zwecken bemächtigen können, die nicht die Werte und die Zwecke unserer Verfassung sind. Eben das haben wir in Weimar erlebt! Wir brauchen nicht über die Möglichkeit der Erziehung zur Demokratie rätseln, wenn selbst die Richter des höchsten deutschen Gerichts offenbar die Gründe vergessen haben oder nicht mehr zur Kenntnis nehmen wollen, die zu dieser Katastrophe in unserem Jahrhundert geführt haben.

Wir müssen endlich wieder begreifen, daß kein Staat ohne ein die Politik transzendierendes, geschichtliches und sittliches Fundament existieren kann. Zerstöre ich das sittliche Fundament des Zusammenlebens der Menschen in einem Staat, dann zerstöre ich auf die Dauer den demokratischen Staat selber! Ich wäre der CDU sehr dankbar gewesen, wenn sie auch bei der Durchsetzung und Neuregelung des Abtreibungsparagraphen zu einer solch entschlossenen Verteidigung des christlichen Ethos und der abendländischen Tradition bereit gewesen wäre, wie das jetzt im Falle des Kruzifix-Urteiles der Fall ist. Dazu hätte sie allerdings die geistige Kraft finden müssen, auch gegen den überwältigenden Meinungstrend zu kämpfen. Wir müssen die Werte und Prinzipien unserer Verfassung endlich wieder ernst nehmen und nötigenfalls auch bereit sein, diese Prinzipien kompromißlos zu verteidigen. In diesem Sinne muß jeder in einer rechtsstaatlich verfaßten Demokratie ein Fundamentalist sein. Ohne Fundamentalisten kann man keine Demokratie verteidigen! Wo waren denn im Jahr 1933 die Liberalen. Wo sind denn die Liberalen immer dann, wenn es ernst wird? Sieht man sich die Geschichte an, so wird man feststellen, wer gegen die fürchterlichen Wahnvorstellungen und Verführungen des Dritten Reiches immun geblieben ist. Es waren nicht die Intellektuellen, es waren auch nicht die Vorreiter des Liberalismus, sondern es waren einfache westfälische Bauern, denen man keinen Lehrvortrag über Demokratie zu halten brauchte, die aber dennoch wußten, daß man Menschen keinen gelben Stern um den Arm binden darf und daß man sich dagegen wehren muß. Eben diese Leute haben sich auch jetzt wieder gewehrt, als das Kruzifix aus den Schulen genommen werden sollte. Es ist doch sehr die Frage, ob noch soviel Aufklärung und Mut in unserer Demokratie anzutreffen ist, wie sie von vielen sogenannten einfachen Leuten während des Dritten Reiches aufgebracht wurden.

Damit bin ich bei der Analyse der Gegenwart angelangt. Nun könnte man eine umfassende Bestandsaufnahme der Krisenphänomene unserer gegenwärtigen Demokratie leisten. Diese Krisenphänomene sind jedoch weitgehend bekannt und es ist daher nicht nötig, das im einzelnen zu tun. Dennoch gibt es einige Essentials einer funktionierenden Demokratie, die von fundamentaler Wichtigkeit sind und die deshalb nicht unerwähnt bleiben dürfen:

Hier ist als erstes zu nennen, daß der repräsentative Charakter der Demokratie immer gewahrt bleiben muß, d. h. es müssen sich alle in einer Gesellschaft vertretenen Gruppierungen und alle wichtigen sogenannten weltanschaulichen Positionen in der politischen Repräsentanz der Demokratie wiedererkennen können. Wenn wachsende Teile der Gesellschaft sich nicht in den Repräsentanten der Demokratie wiedererkennen können, dann entsteht eine potentiell bedrohliche Situation. Zur modernen Demokratie gehört damit im Prinzip noch immer das politische Spektrum, das wir seit der Französischen Revolution in allen klassischen Demokratien antreffen können: Es braucht eine Linke und eine Rechte, und es gehört zu jeder Demokratie auch eine sogenannte Position der Mitte hinzu. Wenn man genauer differenzieren wollte, so ist die Funktionsfähigkeit der Demokratie auch heute noch daran gebunden, daß es eine linke Mitte und daß es eine rechte Mitte gibt! Wenn es nur eine linke, aber keine rechte Mitte mehr gibt, dann muß derjenige, der um das Schicksal der Demokratie besorgt ist, sich zuerst dafür einsetzen, daß dieses Gleichgewicht wiederhergestellt wird. Jede Partei macht sich am Untergang der Demokratie mitschuldig, die eine solche vernünftige Ausbalancierung der aus dem Gleichgewicht geratenen politischen Kräfte nicht zuläßt.

Zweitens sollten die Parteien ihrer wichtigsten, ja einzigen Funtkion gerecht werden, nämlich Transmissionsriemen des Willens des Volkes zu sein. Wenn aber die Parteien stattdessen die politische Meinungs- und Bewußtseinsbildung monopolisieren und den Bürgern regelrecht aufoktroyieren, dann hat das mit einer repräsentativen Demokratie nichts zu tun. Die Folgen dieser beiden eben geschilderten Phänomene werden nun immer deutlicher: In Amerika gehen bereits 50 Prozent der Wahlberechtigten nicht mehr zur Wahl, in Mitteleuropa sind es um die 30 Prozent Nichtwähler - bei steigender Tendenz. Diese Entwicklung ist besorgniserregend, weil Teile des Volkes, deren politischen Willen die Parteien aufnehmen sollten, beginnen, sich innerlich von der Demokratie zu verabschieden.

Damit sind wir beim Kern dessen angelangt, was wir unter Erziehung zur Demokratie und unter der Bildung der politischen Urteilskraft der Bürger verstehen können: Demokratie ist umso lebendiger und besser, je stärker das politische mit- und das eigenbestimmte Handeln der Bürger ausgeprägt ist. Wenn dagegen die Bürger den Eindruck gewinnen, daß sie nichts mehr verändern können und überdies den Prozessen der Manipulation ohnmächtig ausgeliefert sind, wenn sie meinen, es sei sinnlos, sich aktiv einzubringen, dann existiert die Demokratie nur noch der Form und dem Namen nach, aber das Leben und der Geist sind aus ihrem Gehäuse gewichen.

Darum ist es im Blick auf die Erziehung zur Demokratie sehr wichtig, daß bereits in der Schule praktisch eingeübt wird, wie man mitbestimmtes Handeln organisiert und was es bedeutet, die Verantwortung für gemachte Entscheidungen zu übernehmen. Leider haben die Anwälte der Emanzipation, die sich seit gut 25 Jahren in den Schulen etabliert haben, unter Demokratie nichts anderes verstanden als die ins Unendliche tendierende und weisende Bewegung einer verantwortungsfreien totalen Selbstbefreiung des Menschen. Dies führte zu den Exzessen der Verantwortungsscheu und des Zynismus, die wir tagtäglich beobachten können.

Die Menschen müssen wieder lernen, daß in den Demokratien die Völker für ihr eigenes Schicksal verantwortlich sind. Wer also in Freiheit eigenbestimmte Entscheidungen trifft, der muß auch wieder bereit sein, die entsprechenden Konsequenzen tragen. Freiheit zur selbstbestimmten Entscheidung ist eben nicht nur ein Geschenk, das man anderen Menschen machen kann. Nein, man kann ihnen dieses Geschenk überhaupt nicht machen, da eine Freiheit, die nicht selbst gewollt und nicht selbst verantwortet wird und die nicht bereit ist, auch die Risiken der freien Entscheidung zu tragen, überhaupt keine Freiheit ist. Es ist ja das Großartige an der Demokratie, daß sie eben dies ermöglicht, daß dies ihr großes Angebot ist.

Der dritte Punkt, den ich wenigstens noch erwähnen will, spricht ebenfalls ein ungelöstes Problem an, nämlich die Frage, ob Demokratie überhaupt einer Machbarkeit unterliegt. Wenn im strengen Sinne unter einer Demokratie die Selbstherrschaft des Volkes verstanden wird, dann würde diese Demokratie einem reinen Mythos erliegen. Und in der Tat: Die Demokratie zieht seit jeher ihre Kraft aus dem mythischen Verheißungsgehalt des Wortes Demokratie, die deshalb seit der Französischen Revolution eine Art politischer Religion verkörpert, indem sie die Herstellung der Einheit von Freiheit und Gleichheit verspricht. Das ist die Leitidee. In der Wirklichkeit haben wir es allerdings mit einer anderen Gestalt von Demokratie zu tun: mit der Mehrheitsdemokratie. Demokratie praktizieren heißt: Arme heben, Stimmen abzählen. Was eine mehr oder weniger knappe Mehrheit entscheidet, das wird getan. Das Problem besteht freilich darin, daß der Wille von potentiell 49 Prozent der Menschen nicht berücksichtigt wird.

Wie muß eine Demokratie innerlich geformt und gestaltet sein, daß auch die in einer Wahl Unterlegenen den Mehrheitswillen als legitim ansehen. Das ist die wieder dringlicher werdende Kernfrage der Demokratie, denn von der Antwort auf diese Frage hängt die Antwort auf die Legitimität der Demokratie überhaupt ab. Rousseau, der sich diesem Problem zum ersten Mal gestellt hat, hat klar gesehen, welches die Voraussetzung für diese Akzeptanz der unterlegenen Minderheit ist. Dieser große radikaldemokratische Theoretiker war nämlich der Meinung, daß eine Demokratie nur unter der Voraussetzung eines Mindestmaßes an gesellschaftlicher Homogenität existieren kann, d. h. die Bürger müssen noch auf eine andere Weise vereint sein als durch die bloß gemeinsame Teilhabe an einem politischen Prozeß. Es muß präpolitische, dem politischen Prozess der Demokratie vorausgehende Gemeinsamkeiten in einer Gesellschaft geben, wenn eine Demokratie funktionieren soll. Rousseau meinte, daß dieses gemeinsame, die Demokratie erst ermöglichende Band nichts anderes als die Nationalkulturen sind, die sich seit der Französischen Revolution herausgebildet haben. Voraussetzung einer Demokratie ist eine gemeinsam geteilte Kultur, die über die Interessengegensätze der Gesellschaftsmitglieder hinweg die Menschen miteinander verbinden. Nach der Meinung Rousseaus gehört diese Homogenität zu den entscheidenden Voraussetzungen einer jeden funktionierenden Demokratie.

Bisher weiß noch keiner eine Antwort auf die Frage, wie die Demokratie in einer multikulturellen Gesellschaft funktionieren soll, in der es keine gemeinsam geteilten Lebensformen und Werte mehr gibt. Wenn wir mit der Zerstörung unserer geistigen, kulturellen und ethischen Gemeinsamkeiten fortfahren, werden wir unsere Demokratie verspielen und sie durch eine manipulierende Fernsehdemokratie ersetzen, die uns bisher nicht gekannte Manipulationsmechanismen bescheren wird. Wer also diese Gemeinsamkeiten, das gemeinsam ethisch, kulturell und vielleicht sogar religiös geteilte Leben zerstört, der zerstört die Demokratie!

Damit haben wir die Frage beantwortet, was denn Erziehung zur Demokratie heißt. Erziehung zur Demokratie kann nicht bloß heißen: Erziehung zur Akzeptanz eines bestimmten Verfahrens der politischen Willensbildung. Nein, Erziehung zur Demokratie meint auch die Erziehung zu den Gemeinsamkeiten des Ethos und der Kultur, aus denen heraus eine Demokratie überhaupt erst gelingen kann. Erziehen wir die heranwachsende Generation zu tüchtigen Bürgern, dann erziehen wir sie auch zum Gebrauch des eigenen Verstandes. Bilden wir sie so, daß sie urteilsfähig werden! Das ist der einzige und der beste Beitrag, den die Erziehung beispielsweise in der Schule für die Demokratie leisten könnte. Eine auf die Akzeptanz bestimmter demokratischer Verfahren eingeschränkte Erziehung wird dagegen dem Anspruch einer Erziehung zur Demokratie nicht gerecht. Was die emanzipatorische Bewegung an Demokratieerziehung hervorgebracht hat, ist in der Sache kaum von einer ideologisch-politischen Indoktrination zu unterscheiden.

Nein, was den Menschen in der Betätigung seiner Urteilskraft allein leiten und orientieren kann, ist die Antwort auf die Frage, was wahrhaft gut ist. An der Bedeutung der vor 2500 Jahren gestellten Frage Platons, nämlich der Frage nach dem Guten selbst, hat sich bis heute überhaupt nichts geändert. Platon gilt für viele als ein Phantast, weil er die Herrschaft der Philosophen oder das Philosophieren der Herrschenden als Voraussetzung für eine aufgeklärte Demokratie gefordert hat, aber das ist ein Irrtum. Denn der wahre Souverän in der Demokratie ist das Volk, das Volk aber bedarf der philosophischen Beratung und vielleicht gar der philosophischen Belehrung. Es geht heute mehr denn je um die Bildung der Urteilskraft der Bürger. Die Bildung der Urteilskraft setzt aber selber eine Antwort auf die

Frage voraus: Was ist in Wahrheit und an sich das "Gute". Die Antwort auf diese Frage ist die einzige Basis der politischen Erziehung, unter deren Voraussetzung die Demokratie auf Dauer bestehen kann.

C. Die Beschwörung der "Werte" - ein ungeeignetes Mittel zur Stabilisierung der Demokratie

Die bloße Berufung auf die westlichen Werte kann das Überleben der Demokratie dagegen nicht gewährleisten. Und das hat Gründe, die aus der interessanten Wendung ersichtlich werden, die die Wertediskussion neuerdings genommen hat. Sprach man bisher eher optimistisch vom Wertewandel, so überwiegt nun allenthalben die Rede vom Werteverfall. Was gestern noch fast euphorisch gefeiert wurde, nämlich das Aufkommen neuer Werte, die eine neue Zukunftsperspektive eröffnen sollten, wird heute mit pessimistischem Zungenschlag als Erosion und Verfall beklagt.

Der Begriff des Wertes als solcher ist in der Philosophie ein durchaus umstrittener Begriff. Eindeutig ist er nur in der Nationalökonomie. Die Rede von den Werten, die erst durch Adam Smith, den Gründer der klassischen bürgerlichen Nationalökonomie aufgekommen war, hatte bei ihm einen eindeutigen Sinn, weil der Wert einer Sache so viel wert war wie der Preis, den man zu zahlen bereit war. Die Rede von den Werten ist dagegen auf dem Feld der Kultur ein ambivalentes, zweideutiges Phänomen. Wir wissen nämlich nicht, was die zur Disposition gestellten oder neu gesetzten Werte selber wert sind. Es fehlt der Maßstab. Wahr oder falsch werden dann durch die Etiketten progressiv oder konservativ ersetzt. Die Fronten im Wertekampf formieren sich dann entlang der linken bzw. konservativen Interpretation der Werte.

Die Linken stellen beispielsweise fest, daß die Republik nach rechts rücke und daß eine Renationalisierung Deutschlands zu befürchten sei. Diese Renationalisierung Deutschlands sei begleitet von einem progressiven Prozeß der Entsolidarisierung der Gesellschaft. Die Linken berufen sich infolgedessen auf den Wert der "Solidarität". Die Konservativen dagegen verfolgen die fortschreitende Erosion der kulturellen Substanz einschließlich des Christentums mit Schrecken und fordern eine Rückkehr zu den alten durch Tradition und Erfahrung bewährten Werten. Für die Konservativen stellt die neuerliche Erosion der kulturellen Gemeinsamkeiten eine Bestätigung dessen dar, was sie immer schon geglaubt haben und sie fordern daher dazu auf, daß man zu den alten Werten, sprich Tugenden zurückkehre.

Die Voraussetzung für diese beiderseitige Berufung auf den Wertbegriff ist der geschichtliche Zusammenhang, den Nietzsche als Nihilismus interpretiert hat. Entscheidend für den heutigen Kampf um die Werte ist die Tatsache, daß wir über keinen objektiven Maßstab mehr verfügen, an dem man noch den Wert der Werte messen könnte. Es gibt für uns keine "objektive Wahrheit" mehr. Wir diskutieren demzufolge die Frage der Interpretation etwa der uns von der Verfassung auferlegten Werte ohne zu wissen, was die Wahrheit ist. An uns erfüllt sich damit der Satz Nietzsches, daß wir das erste Geschlecht sind, das keine Antwort auf die Frage nach der Wahrheit hat. Der Zusammenbruch des Sozialismus sollte uns gelehrt haben, daß die Verkündigung von sozialen Gerechtigkeitsidealen und Werten allein überhaupt nichts nutzt, wenn die Menschen nicht selber sozial gerecht handeln. Die Quelle des sozialen Handelns war bisher das Christentum. Eigentlich müßten wir hier über den Stellenwert des christlichen Erbes und seiner ethischen Tradition nachdenken, sind doch die Ausbrüche von Gewalt, Aggressivität und Grausamkeit Symptome eines erbarmungslosen Umgangs, der in unserer Gesellschaft sich immer mehr ausbreitet.

Dieses Phänomen ist von Nietzsche her sehr gut zu verstehen: Nietzsche meinte nämlich, daß in den Prozessen der wissenschaftlichen Vergegenständlichung der Welt dasjenige zum Opfer fällt, was in 2000 Jahren die europäische Kultur eben der Notwendigkeit enthoben hat, vom Wertbegriff zu reden. In dieser europäischen Tradition war das Äquivalent für den Wertbegriff der Begriff der Tugend. Tugend meinte in dieser Tradition nichts anderes als die Tauglichkeit und Tüchtigkeit eines Menschen zur Verwirklichung seines Menschseins. Seine höchste Möglichkeit erreicht der Mensch nach Aristoteles, wenn er sich in Übereinstimmung mit der Vernunft bestimmt. Nietzsche hat nun aufgrund seines Ansatzes gesehen, daß die Zukunft der modernen Welt durch einen ständigen Wandel der Werte, der Wertordnungen und der Prinzipien des Setzens von Werten bestimmt sein wird. Warum wird dieser Wertewandel zu einer permanenten Erscheinung werden? Es liegt in der Logik des industriellen Prozesses, daß er die konkreten Bedingungen, unter denen die Menschen leben, permanent verändert. Jede neue technologische Erfindung hat in letzter Konsequenz einen revolutionären Wandel der Lebensverhältnisse der Menschen zur Folge und der Wertewandel ist ein Symptom für die durch diese Situation geforderte Anpassung. Nietzsche hat nun erkannt, daß auch das Wesen der Politik und der politischen Macht sich unter den Bedingungen des Endes der Metaphysik selber fundamental verändern werden und daß unter den Bedingungen des progressiv fortschreitenden Nihilismus der Kampf um die Werte die Substanz der Politik ausmachen wird. Die Formierung von sozialen Verhältnissen, von gesellschaftlichen Zuständen werde das Resultat eines Kampfes um Wertsetzung, Wertinterpretation und Wertdurchsetzung sein. Wer die Werte setzt und durchsetzt, der werde in der zukünftigen Gesellschaft der eigentlich Mächtige sein. Nicht die Deklaration von Werten ist dann das Entscheidende, sondern entscheidend ist die Frage: Wer interpretiert die Werte ? Das ist unsere heutige Lage: Der politische Kampf ist ein ständiger Kampf um die Interpretation der Werte.

Als der wichtigste Wert erscheint uns heute die Selbstbestimmung, also die Autonomie. Wir verstehen unter Autonomie den Akt bloßer Selbstverwirklichung. Selbstverwirklichung wird verstanden als formale Selbstbestimmung - ohne Bindung an einen zu verwirklichenden Inhalt. Gehen wir dagegen auf die Wurzel des Autonomiebegriffs in der deutschen Aufklärung bei Kant zurück, so entdecken wir dort einen anderen Begriff von Autonomie. Autonomie meint bei Kant nicht ungehinderte Selbstentfaltung im Sinne formaler Selbstbestimmung, Autonomie impliziert keineswegs Gleichgültigkeit gegen alle Inhalte, sondern bei Kant bedeutet Autonomie Gehorsam gegenüber dem Gesetz der intellegiblen Vernunft und dem Sittengesetz. In der Sicht Kants ist es ein durch die Vernunft selbst gegebenes Gesetz, dem der Mensch gehorchen soll. Autonomie im Sinne der heute gängigen Emanzipation vom Vernunftgesetz wäre von Kant aus gesehen nicht der Weg in die Freiheit, sondern der Weg in die Selbstversklavung.

Brisanz gewinnt dieses unterschiedliche Verständnis von Autonomie in der Erziehung und in unserem Verhältnis zur Autorität. Wir mußten in den letzten 25 Jahren die Erfahrung machen, daß eine autoritätslose Erziehung "wilde", aber nicht emanzipatorisch befreite Individuen hervorgebracht hat. Insofern erfahren die "alten Werte" durch die Ergebnisse der antiautoritären Erziehung mit Recht eine Rehabilitierung. Das muß übrigens nicht bedeuten, daß wir voremanzipatorische Verhältnisse wiederherstellen sollten, wir sollten vielmehr - durch diese Erfahrung genötigt - zu einem besseren Verständnis z.B. von Autorität und den Sekundärtugenden gelangen. Wir wären heute froh, wenn man in den Schulen noch etwas von diesen Sekundärtugenden wie z.B. der Disziplin antreffen könnte.

Ohne die Wiederentdeckung dieser Sekundärtugenden und der Vernunft, die auch in der Autorität liegen kann, wird die Bundesrepublik Deutschland auf die Dauer als erfolgreiche Industriegesellschaft nicht bestehen können. Die als unkonventionell empfundene Konsequenz, die sich daraus ergibt, ist folgende: Schulen und Universitäten müssen wieder vom Geist der philosophischen Vernunft erfüllt und durchdrungen sein. Dort sollte nicht nur - wie bisher üblich - zur Kritik erzogen werden, sondern vor allen Dingen auch zur Selbstkritik. Demokratie gibt es nur, wenn die Bürger selbstkritisch bleiben. Toleranz, Kompromißfähigkeit, diese im engeren Sinne demokratischen Tugenden sind alle wichtig. Wichtiger aber ist, daß wir in unserer Kultur und Gesellschaft das Bild des Menschen aufrecht erhalten, wie es 2000 Jahre lang gelehrt und uns überliefert worden ist. Dieses Bild des Menschen enthält auch den Anspruch an den einzelnen Menschen, sich selbst und seine eigenen Interessen auf das politisch kulturelle Ganze hin zu transzendieren. Ansonsten kann eine demokratische Gesellschaft nicht auf Dauer überleben.

Literatur

Rohrmoser, Günter: Der Ernstfall. Die Krise unserer liberalen Republik, Berlin 1994

Rohrmoser, Günter: Die Wiederkehr der Geschichte, Bietigheim, 1995

JOACHIM STARBATTY

Wirtschaftliche Probleme bei der Bildung der Europäischen Union

A. Die Wahl der Integrationsmethode

I. Das Paradoxon der Europäischen Union: Sogwirkung und Unbehagen

Die Sogwirkung der Europäischen Union (EU) ist stark und anhaltend. Sie hat sich nach dem Zusammenbruch des Sozialismus noch verstärkt. Mehr oder weniger alle europäischen Länder wollen der Europäischen Union angehören.

Die Europäische Wirtschaftsgemeinschaft (EWG) startete mit sechs Mitgliedstaaten: Belgien, Niederlande, Luxemburg, Frankreich, Italien und Deutschland. In den siebziger Jahren stießen Großbritannien, Irland und Dänemark zur Europäischen Gemeinschaft (EG). Damit waren es neun Mitgliedsländer. Mitte der achtziger Jahre kamen Spanien, Portugal und Griechenland hinzu. Die EG bestand nun aus 12 Mitgliedstaaten. Im Jahre 1994 haben Österreich, Finnland und Schweden - jeweils nach Volksabstimmungen - ihren Beitritt vollzogen. Die Bevölkerungen in der Schweiz und in Norwegen haben einen Beitritt abgelehnt. Damit besteht die Europäische Union mittlerweile aus 15 Mitgliedstaaten.

Großes Interesse an einer Mitgliedschaft haben ferner Ungarn, Polen, die Tschechische Republik und die Slowakische Republik bekundet. Auch die baltischen Staaten Litauen, Lettland und Estland wollen zur EU gehören sowie Slowenien und Kroatien. Seit langem hat sogar die Türkei ihr Interesse an einer Mitgliedschaft angemeldet. Damit würde schließlich die Europäische Union ganz Europa umfassen außer Norwegen, Schweiz, Rußland und anderen Staaten der "Gemeinschaft unabhängiger Staaten". Wir sehen also, daß das Interesse, Mitgliedstaat der EU zu sein, außerordentlich groß ist.

Umso überraschender ist dann, daß die EU bei den Bürgern der Länder, die bereits seit langem Mitglieder der EU sind, keineswegs beliebt ist. Die Menschen interessieren sich nicht für die EU. Die Beteiligung der Bevölkerung an Wahlen zum Europäischen Parlament ist weit geringer als bei nationalen Wahlen. Das Desinteresse ist bei vielen Bürgern in Unbehagen, teilweise sogar in Ablehnung umgeschlagen. Die Entscheidungen aus Brüssel - die belgische Hauptstadt ist mittlerweile das Symbol für politische Entscheidungen der EU geworden - greifen immer stärker in das Leben der Bürger ein - "leider nicht allzu häufig zur Freude der Menschen, im Gegenteil, mit weithin unverständlichen Ergebnissen eines vermeintlich internationalen Interessenausgleiches" (Reimut Jochimsen, Präsident der

Landeszentralbank in Nordrhein-Westfalen). Sogar der deutsche Außenminister, Klaus Kinkel, gibt den Bürgern recht, die Unbehagen gegenüber den Entscheidungen aus Brüssel empfinden. Er hat im **Deutschen Bundestag** gesagt: "Die Bürger mögen diesen Blödsinn und diese Regelungswut aus Brüssel nicht mehr. Deshalb müssen wir Abhilfe schaffen".

II. Die beiden Integrationsmethoden: "Integration von unten" oder "Integration von oben"

Dieses Unbehagen ist nicht zufällig. Es hängt mit der Wahl der Integrationsmethode zusammen. Man kann es auch mit der Wahl zwischen zwei Spielregeln vergleichen. Die erste Spielregel lautet: Wir wollen uns zusammentun und zu diesem Zweck unsere Grenzen öffnen, so daß Güter, Dienstleistungen, Kapital und Personen frei wandern können. In der wissenschaftlichen Terminologie nennen wir diese Spielregel die funktionalistische Integrationsmethode. Die zweite Spielregel lautet: Wir wollen uns zusammentun und dann entscheiden, was wir gemeinsam tun wollen. In der wissenschaftlichen Terminologie nennen wir diese Spielregel die institutionalistische Methode.

Die Konsequenzen dieser unterschiedlichen Spielregeln sind erheblich. Die erste Spielregel löst über die Öffnung der Grenzen Arbitragebewegungen aus: Waren werden exportiert, wenn die Profite im Ausland höher sind, ähnliches gilt für Dienstleistungen und für Kapital; für Personen gilt das bloß eingeschränkt. Solche Arbitragebewegungen gibt es solange, wie die Nutzendifferentiale in den einzelnen Ländern unterschiedlich sind. Es wird sich dann eine Preisstruktur herauskristallisieren, die für alle Mitgliedstaaten ähnlich ist. Das gilt auch für die Qualität der Produkte und für die nationalen Zinsen, soweit die Risiken in den einzelnen Ländern vergleichbar sind. Ein Land, das sich dieser Gruppe später anschließt und seine Grenzen öffnet, wird die Preis- und Zinsstruktur importieren, die in dieser Gruppe vorherrschend ist. Über solche Wanderungsbewegungen konkurrieren auch Systeme miteinander, die in den einzelnen Mitgliedstaaten realisiert worden sind; so konkurrieren die Sozialsysteme über die Wanderungen von Waren und Kapital miteinander. Anlagebereites Kapital wandert aus, wenn die nationalen Lohn- und Sozialsysteme eine ertragreiche Investition im eigenen Lande immer weniger wahrscheinlich machen. Damit stehen auch institutionelle Systeme unter Innovationsdruck. Manfred Streit, ein maßgeblicher Integrationstheoretiker, nennt dies "Integration von unten". Bei dieser Spielregel sind es die Entscheidungen an der Basis, die Entscheidungen der Konsumenten, der Unternehmer, der Kapitalanleger und schließlich der Arbeitskräfte, die mit ihren Wanderungsbewegungen die Integration voranbringen und schließlich auch die Politik zu Anpassungsprozessen zwingen. **Integration von unten** führt also dazu, daß über den Wettbewerb Preise, Zinsen, Löhne und schließlich auch Institutionen allmählich angeglichen werden.

Wird die zweite Spielregel gewählt, dann heißt das, daß sich Politiker aus den Staaten, die eine Gemeinschaft bilden wollen, in Gremien, die zu diesem Zwecke gebildet werden, zusammenfinden und beschließen, etwas gemeinsam zu tun und diese Beschlüsse in ihren Ländern umzusetzen; oder sie wollen auch die institutionellen Voraussetzungen schaffen, damit ein Austausch von Waren, Dienstleistungen, Kapital und Personen stattfinden kann. Dieser Ansatz setzt aber nicht darauf, daß durch Wettbewerb Preise, Zinsen, Produktqualitäten und schließlich auch Normen und Institutionen einander angeglichen werden - **Harmonisierung durch Wettbewerb** -, sondern die Politiker wollen zunächst durch gezielte Entscheidungen die institutionellen Gegebenheiten sowie die wirtschaftlichen und sozialen Voraussetzungen einander angleichen, bevor es zu einem, in ihren Augen, fairen Wettbewerb kommen kann - **Wettbewerb durch Harmonisierung**. Das der zweiten Spielregel gemäße Verfahren der Integration können wir mit Manfred Streit als "Integration von oben" bezeichnen.

III. Vom Rom-Vertrag zum Maastricht-Vertrag - Integration von oben dominiert

Im Rom-Vertrag zur Europäischen Wirtschaftsgemeinschaft sind beide Integrationsmethoden vertreten. Für die Methode "Integration von oben" stehen die Einrichtung der Europäischen Kommission, die den institutionellen Rahmen für den Europäischen Integrationsprozeß schaffen und diesen durch eigene politische Initiativen vorantreiben soll, sowie einige Vorschriften, die nicht auf Wettbewerb, sondern auf Harmonisierung als Voraussetzung für Wettbewerb sorgen, wie der Bereich der Landwirtschaft. Für die Methode "Integration von unten" steht die Vereinbarung auf freien Austausch von Waren, Dienstleistungen, Kapital und Personen. Ferner stehen für diese Methode die Artikel 92 (Beihilfeverbot) und die strikten Wettbewerbsartikel 85 und 86. Es erscheint zunächst paradox, daß einzelne Länder, die selbst stark durch Interventionen auf die Entwicklung einzelner Branchen einwirkten und auch die Grundsätze der Wettbewerbspolitik nicht so streng beachteten, einem Vertragswerk zustimmten, dem Alfred Müller-Armack, einer der entscheidenden Verhandler des Rom-Vertrages, einen antiinterventionistischen Charakter zugesprochen hat.

Dieses Paradoxon läßt sich mit Hilfe der modernen Institutionenökonomik gut erklären: Werden allgemein Interventionen und nationale Verstöße gegen das Wettbewerbsprinzip zugelassen, so wird der Wettbewerb verfälscht. Die einzelnen nationalen Regierungen müssen bei freiem Waren- und Dienstleistungsaustausch befürchten, daß womöglich die eigene nationale Industrie geschädigt wird. Natürlich kann man versuchen, die eigene Industrie ebenfalls durch Subventionen oder durch andere Formen der Protektion zu begünstigen; doch ist nie endgültig geklärt, ob nicht doch die eigene Industrie geschädigt wird. Allgemein formuliert: Sind Interventionen und Verstöße gegen die Wettbewerbsgrundsätze generell zugelassen, so weiß keine Regierung mit hinreichender Sicherheit, wo die Nettovorteile solcher Interventionen liegen. Weiter müssen sie mit Interventionsspiralen (Ludwig von Mises) rechnen. Bei allgemeiner Zulässigkeit von Interventionen zugunsten nationaler Industrien entstehen für alle Regierungen hohe Informations- und Transaktionskosten, wenn sie Nachteile für die eigene nationale Industrie abwehren wollen. Daher ist es aus nationalem Interesse rational, sich auf ein allgemeines Beihilfeverbot und die Einhaltung strikter Wettbewerbsregeln zu einigen.

Es zeigte sich nun im Verlaufe des Integrationsprozesses, daß die Europäische Kommission durch ihre politischen Initiativen dem Integrationsprozeß eine bestimmte Richtung geben und auch zunehmend Kompetenzen nach Brüssel ziehen konnte. Beispiele hierfür sind die gemeinsame Forschungs- und Technologiepolitik sowie die Kohäsionspolitik. Auch die Direktwahl der Abgeordneten des Europäischen Parlaments spricht für die Deutung, daß im Zuge des Integrationsprozesses die "Integration von unten" durch die "Integration von oben" in den Hintergrund gedrängt wurde. Bei "Integration von unten" entscheiden Konsumenten, Unternehmer, Kapitalanleger, Arbeitskräfte über Richtung und Ergebnis des Integrationsprozesses; wird hierüber aber politisch abgestimmt, dann bedürfen diese Entscheidungen konsequenterweise der parlamentarischen Billigung. Dieser Prozeß der Zentralisierung politischer Kompetenzen als Voraussetzung für "Integration von oben" hat im Maastricht-Vertrag seine Fortsetzung erfahren. Wir können sagen, daß nun das Verfahren "Integration von oben", also Integration durch bewußte politische Entscheidung, dominiert. Im folgenden Teil werden einige wirtschaftliche Probleme aufgezeigt, die mit diesem Integrationsverfahren verbunden sind.

B. Ökonomische Auswirkungen der "Integration von oben"

I. Die institutionellen Konsequenzen

Die moderne Institutionenökonomik hat gezeigt, daß die Wahl der Spielregel einen ganz bestimmten institutionellen Aufbau bedingt. Bei der "Integration von unten" ergeben sich bestimmte institutionelle Auswirkungen bei den Bürgern selbst, die diesen Integrationsprozeß tragen und von ihm selbst betroffen sind. Wie die Bürger im einzelnen darauf reagieren, kann nicht prognostiziert werden, da diese vor Ort nach institutionellen Lösungen suchen werden, die ihnen jeweils zweckmäßig erscheinen. Dies können beispielsweise Informationsstellen bei Industrie- und Handelskammern sein oder Kooperationen mittelständisch orientierter Betriebe, um Auslandsmärkte in Abstimmung zu bedienen z.B. bei Marketing oder Service. Wir können aber sagen, daß diese Institutionen darauf aus sind, den Integrationsprozeß zu erleichtern und überschaubar zu gestalten. Auf jeden Fall werden diese Institutionen effizient arbeiten, da die Bürger, meist Unternehmer, diese selbst zu finanzieren haben. Länderübergreifende Institutionen werden gegründet, wenn dies dem Integrationsprozeß als ganzem dienlich ist wie z.B. eine Institution, die im Benehmen mit entsprechenden nationalen Institutionen Vorschläge für gemeinschaftliche Normen festlegt, eine Institution, die die Rentenansprüche von Arbeitnehmern gegenüber nationalen Renten- und Pensionskassen regelt, oder ein Europäischer Gerichtshof.

Wenn dagegen die Spielregel "Integration von oben" dominiert, dann wird eine Stadt als ein ständiger Versammlungsort ausgewählt (Brüssel), muß dort eine ständige Geschäftsstelle eingerichtet werden (Europäische Kommission), nationale Repräsentanten werden die Interessen der Mitgliedstaaten einbringen wollen und in Brüssel die Entscheidungen des "Ministerrates" vorbereiten ("Ausschuß der ständigen Vertreter"); dieser Ministerrat entscheidet letztlich, welche Initiativen der

Europäischen Kommission umgesetzt werden . Schließlich muß der administrative Unterbau zur Vorbereitung und Umsetzung der politischen Beschlüsse geschaffen werden (Generaldirektionen); soweit die politischen Beschlüsse einschneidend das Leben der Bürger verändern können, bedürfen sie letztlich auch der parlamentarischen Kontrolle durch bestellte oder gewählte Abgeordnete (Europäisches Parlament); dazu braucht man ein Parlamentsgebäude und eine dazugehörige Administration. Schließlich müssen Instrumente geschaffen werden (Richtlinien, Verordnungen), um die Entscheidungen wirksam werden zu lassen. Schließlich aber und ganz dringlich sind Finanzmittel erforderlich, wenn beispielsweise Industrie- und Agrarstrukturen nach politischen Vorstellungen gesteuert werden sollen. Dies wiederum erfordert einen Kontrolleur, der die Verwendung der Finanzmittel nach den politischen Zweckbestimmungen prüft: Ein Europäischer Rechnungshof. Wir sehen also ganz klar, daß die institutionellen Konsequenzen je nach Wahl der Spielregel völlig unterschiedlich sind.

Im folgenden werden sowohl die institutionellen Konsequenzen als auch die wirtschaftlichen Probleme beleuchtet, die mit der "Integration von oben" in zentralen Bereichen verbunden sind. Drei Bereiche werden ausgewählt, die für die weltwirtschaftliche Arbeitsteilung von zentraler Bedeutung sind: Agrarpolitik, Währungspolitik und Industriepolitik.

II. "Gemeinsame Agrarpolitik": Ständiges Ärgernis

Im Rom-Vertrag zur Gründung der Europäischen Wirtschaftsgemeinschaft im Jahre 1957 waren für den Europäischen Agrarmarkt folgende Regelungen vorgesehen:

a) gemeinsame Wettbewerbsregeln,
b) bindende Koordinierung der verschiedenen einzelstaatlichen Marktordnungen,
c) eine Europäische Marktordnung.

Die "gemeinsamen Wettbewerbsregeln" hätten der "Integration von unten" - also Harmonisierung über Wettbewerb - entsprochen. Dieses Verfahren wurde nicht gewählt. Stattdessen entschloß man sich zu einer "Integration von oben". Da eine bindende Koordinierung der traditionellen einzelstaatlichen Marktordnungen politisch und technisch nicht machbar war, blieb bloß der Aufbau einer Europäischen Marktordnung. Hierzu war es notwendig, daß Politiker und Experten die Konstruktion einer solchen Marktordnung entwarfen und dann Punkt für Punkt aushandelten. Politisches Ziel war letztlich, der Landwirtschaft ein der Industrie vergleichbares Einkommen zu verschaffen. Dieses Einkommen sollte über staatlich fixierte Preise garantiert werden.

Die "Europäische Agrarmarktordnung" soll aber nicht den Agrarmarkt ordnen oder funktionsfähig machen, sondern die marktwirtschaftliche Koordination ersetzen. Gehen bei marktwirtschaftlicher Koordination die Impulse auf die Produktionssteuerung durch die von Konsumentenwünschen gesteuerten Preise aus (was wir "Konsumentensouveränität" nennen), richten im Rahmen der politisch konzipierten "Marktordnung" die Preis- und Mengenentscheidungen der Politiker die Produktionsstruktur aus. Insofern könnte man von "Politikersouveränität" sprechen.

Politiker handeln zunächst die Grundpreise, z.B. für Getreide aus, die dann maßgeblich für die Agrarpreisstruktur insgesamt sind. Es wird eine Marge festgelegt, innerhalb derer sich die Preise bewegen sollen: Der Richtpreis und der Interventionspreis. Zum Interventionspreis kaufen die Interventionsstellen Getreide an, zum Richtpreis verkaufen sie Getreide. Bewegen sich Richt- und Interventionspreis um den tatsächlichen Marktpreis, so gleichen sich An- und Verkäufe auf mittlere und längere Frist aus. Liegen sie über dem Marktpreis, so kommt es zu ständigen Überschüssen - wie es tatsächlich geschehen ist und immer noch geschieht. Die Überschüsse müssen angekauft und verwaltet werden; schließlich müssen sie mittels Subventionen exportiert oder sie werden denaturiert bzw. vernichtet. Und dies gilt nicht nur für Getreide, sondern für alle landwirtschaftlichen Basisprodukte. Schließlich können die Überschußmengen nicht mehr abgenommen und finanziert werden, sodaß sich die politischen Instanzen zur unmittelbaren Mengensteuerung gezwungen sehen, wozu wiederum Institutionen aufgebaut werden müssen.

Eine solche politisch gesteuerte Produktionsstruktur muß gegen die weltwirtschaftliche Konkurrenz wasserdicht abgeschottet werden - durch variable Zölle, die jeweils die Differenz zwischen Weltmarktpreis und inländischem Preisniveau "abschöpfen" (sog. Abschöpfung), und durch Erstattungen, die bei Überschußmengen in der Europäischen Union die Differenz zwischen inländischem Preisniveau und Weltmarktpreis "erstatten", so daß Agrarproduzenten in der EU zu jedem Weltmarktpreis konkurrenzfähig sind und jede Konkurrenz aus anderen Staaten, die nicht wie die EU über die hierzu notwendigen Finanzmittel verfügen, ausschalten können.

Man kann jetzt noch zeigen, daß mit den Finanzmitteln der EU relativ verschwenderisch umgegangen wird - der Europäische Rechnungshof geht davon aus, daß mindestens 10% der Mittel in betrügerische Kanäle fließt und daß meist dem Verbleib dieser betrügerisch angeeigneten Gelder strafrechtlich nicht nachgegangen wird. Die einzelnen Mitgliedstaaten haben daran kein großes Interesse, weil diese Gelder ja zum Großteil von anderen Mitgliedstaaten aufgebracht wurden und weil ein Rückfluß dieser Gelder dann der eigenen Bevölkerung verloren ginge. Diese agrarpolitische "Integration von oben" ist weiterhin außerordentlich teuer (ca. 60% der europäischen Finanzmittel werden für die Finanzierung der Agrarwirtschaft beansprucht); sie ist im internationalen Handel ein ständiger Stein des Anstoßes.

Von Jahr zu Jahr wird eine Agrarstruktur finanziert, die nicht durch Konsumentenpräferenzen, sondern durch politische Entscheidungen determiniert wird, und trotz allem scheiden immer mehr Landwirte aus dem Produktionsprozeß aus. Warum: Hauptnutznießer der Gemeinsamen Agrarpolitik sind nicht die von selbständigen Bauern geführten mittelständischen Betriebe, sondern die nach industriellen Methoden geführten Großbetriebe. Wissenschaftliche Berechnungen haben ergeben, daß 80% aller Finanzmittel bloß 20% der Betriebe erreichen; anders gewendet: 80% aller Betriebe erhalten eine nur sehr geringe oder überhaupt keine Förderung.

III. Europäische Währungsunion: Fundament oder Sprengsatz der EU?

War die "Europäische Agrarmarktordnung" der Einstieg in die "Integration von oben", so soll die geplante Europäische Währungsunion das Herzstück der "Integration von oben" werden; dies ist auch deswegen eine politische "Integration von oben", weil die Bürger selbst nicht gefragt wurden, ob sie damit einverstanden sind. Ein einheitliches Europäisches Geld wird von der Mehrheit der Bürger abgelehnt; in Deutschland - so haben die jüngsten Umfragen ergeben - wollen 70% der Bevölkerung die Deutsche Mark behalten.

Die "Europäische Währungsunion" ist dadurch charakterisiert, daß in den Mitgliedstaaten der EU nur noch eine einzige, eben eine "europäische Währung" umläuft. Es wurde diskutiert, wie das zukünftige europäische Einheitsgeld heißen sollte. Der "Arbeitstitel" dieses Geldes lautete ECU. Dieses Kunstwort ist eine englische Abkürzung und steht für European Currency Unit, wird aber französich ausgesprochen und erinnert dann an eine französische Goldmünze aus dem Mittelalter. Dieses Kunstwort wurde aber von vielen Politikern - besonders von deutschen Politikern - abgelehnt. Inzwischen hat sich auf deutsches Drängen ein anderes Kürzel - EURO - durchgesetzt. Es ist klar, daß der Wahl des Namens für das europäische Einheitsgeld starke symbolische Bedeutung zukommt und damit auch nationale Empfindlichkeiten getroffen werden. Nach dem Fahrplan des Maastricht-Vertrages soll die **Europäische Währungsunion** spätestens am 1. Januar 1999 mit den Ländern begonnen werden, die die sogenannten Konvergenzkriterien erfüllen. Sie löst damit das Europäische Währungssystem ab, das einer anderen Integrationsmethode folgt.

Wir kennen prinzipiell zwei Wechselkursregime - flexible und stabile Wechselkurse. Bei flexiblen Wechselkursen wird die Kursfeststellung den Märkten überlassen; die nationalen Geld- und Finanzpolitiken bleiben autonom; die Beurteilung dieser Politiken durch die internationalen Kapitalanleger drückt sich in entsprechenden Wechselkursbewegungen aus. Zutrauen in eine Politik oder in ein Land bewirkt einen Kapitalzustrom, der die jeweilige Währung aufwertet; Mißtrauen drückt sich durch Kapitalabfluß und Abwertung aus. Bewegliche Wechselkurse sind das Ventil für ungleiche Politiken. Werden dagegen stabile Wechselkurse vereinbart, so müssen auch Vereinbarungen über die jeweiligen Geld- und Finanzpolitiken getroffen werden; es muß entweder eine automatische oder eine politische Abstimmung geben; dies kann sich unter Umständen als sehr schwierig herausstellen, weil unterschiedliche nationale Geld- und Finanzpolitiken Ausdruck unterschiedlicher politischer Prioritäten oder unterschiedlicher nationaler Problemlagen sind. Wie ist bzw. war der Abstimmungsprozeß im Europäischen Währungssystem (EWS) geregelt?

Ich greife zur Erläuterung die wichtigsten Elemente des EWS heraus: Stabile Wechselkurse mit einer Bandbreite von ± 2,25%, bilaterale Interventionspflichten sowie ein prinzipiell unbegrenzt kurzfristiger finanzieller Beistand; jedoch haben die Schuldnerländer, also die Schwachwährungsländer, ihre bei den Gläubigerbanken aufgenommenen Kredite zu verzinsen und nach drei, spätestens nach sechs Monaten zurückzuzahlen. Es läßt sich theoretisch und empirisch nachweisen (Bernhard Herz), daß diese Elemente letztlich die Schuldnerländer zu einer Anpassung ihrer jeweiligen Geld- und Finanzpolitiken zwingen, wenn sie an der Vereinbarung stabiler Wechselkurse festhalten wollen. Es läßt sich weiter zeigen, daß es im EWS einen Wettbewerb um die sogenannte Ankerposition gibt und daß diese Ankerposition von denjenigem Land eingenommen wird, dem die internationalen Kapitalanleger das höchste Vertrauen entgegenbringen. Dieses Land kann seine Geldpolitik unabhängig gestalten, die andern Mitgliedstaaten müssen sich anpassen. Im Gegensatz zum Bretton Woods-System, wo das Leitwährungsland institutionell bestimmt wurde und die einseitige Interventionspflicht der Mitgliedstaaten diese zur Übernahme der Politik des Leitwährungslandes, gleichgültig um welche Politik es sich handelte, zwangen, bewirkt das EWS über den Wettbewerb um die Ankerposition, daß das Land die Unabhängigkeitsposition einnimmt, dessen Politik von den internationalen Kapitalanlegern als die vertrauenswürdigste eingeschätzt wird. Die Spielregeln des EWS, die über den Wettbewerb eine Integration der Geld- und Finanzpolitiken bewirken, sind im August 1993 außer Kraft gesetzt worden. Es zeigte sich, daß bis auf die Niederlande kein anderer Mitgliedstaat der EU die Geldpolitik der Bundesbank akzeptieren mochte. Die Vereinbarung auf eine Bandbreite von ±15% bedeutet, daß man in der Europäischen Union faktisch wieder zu flexiblen Wechselkursen übergegangen ist.

Die Ablösung des faktisch außer Kraft gesetzten EWS durch eine "Europäische Währungsunion" bedeutet aus systematischer Sicht die Ablösung des Wettbewerbs um die Ankerposition durch eine Monopollösung; denn der Maastricht-Vertrag sieht vor, daß die nationalen Notenbanken ihre geldpolitischen Kompetenzen an die Europäische Zentralbank abgeben und nur noch die Rolle einnehmen, die heute die Landeszentralbanken in den deutschen Bundesländern spielen: Sie wirken über den Zentralbankrat an der Willensbildung der Europäischen Zentralbank mit und setzen deren Entscheidungen in den jeweiligen Ländern um. Gab vorher die Notenbank mit dem höchsten Vertrauenszuschuß den geldpolitischen Kurs vor, so wird er nach Einrichtung der Europäischen Währungsunion gemeinschaftlich bestimmt. Das heißt konkret: Die Deutsche Bundesbank, die bisher über den Wettbewerb die Ankerposition eingenommen hat, gibt ihre Kompetenzen an eine Europäische Zentralbank ab, in deren Direktorium und Zentralbankrat auch diejenigen Länder über den Kurs mitbestimmen und zwar mehrheitlich, die zuvor die Abhängigkeitsposition eingenommen haben. Aus politischer Sicht bedeutet die Europäische Währungsunion für die Deutsche Bundesbank einen Souveränitätsverzicht, während er für die anderen an der Währungsunion beteiligten Mitgliedstaaten einen Souveränitätsgewinn bedeutet.
Da die Deutsche Bundesbank als eine der zuverlässigsten Zentralbanken der Welt gilt und deren stabilitätspolitischer Kurs aber von den anderen Mitgliedstaaten in der EU oft angegriffen wurde, befürchtet der Großteil der Bürger in Deutschland und auch die überwiegende Zahl der Wirtschaftswissenschaftler, daß das europäische Einheitsgeld weniger stabil ist. Sie nehmen an, daß einige Regierungen in den anderen Mitgliedsländern bloß deswegen für ein europäisches Einheitsgeld plädie-

ren, weil sie nicht länger dem geldpolitischen Kurs der Notenbank folgen wollen. Die Befürworter des europäischen Einheitsgeldes verweisen auf ersparte Transaktions- und Informationskosten. Auch sei das Statut der Europäischen Währungsunion dem der Deutschen Bundesbank nachgebildet. Das ist richtig. Doch läßt sich auch sagen, daß identische institutionelle Arrangements in unterschiedlichen Umgebungen unterschiedliche geldpolitische Resultate produzieren können.

Als weitere Sicherung ist eingebaut, daß die Mitgliedstaaten die wirtschaftlichen Voraussetzungen für die Europäische Währungsunion erfüllen - die sogenannten **Konvergenzkriterien**:

- Schuldenstand: laufende Verschuldung nicht höher als 3% des BIP, Gesamtschuldenstand nicht höher als 60% des BIP,

- Geldentwertung: die Inflationsrate darf nicht um mehr als 1 1/2 Prozentpunkte über jener - höchstens drei - Mitgliedstaaten liegen, die auf dem Gebiet der Preisstabilität das beste Ergebnis erzielt haben,

- Einhaltung der normalen Bandbreite des Wechselkursmechanismus seit mindestens zwei Jahren,

- Konvergenz der Zinssätze: Der durchschnittliche langfristige Nominalzinssatz darf nicht um mehr als 2 Prozentpunkte über dem entsprechenden Satz in jenen - höchstens drei - Mitgliedstaaten liegen, die auf dem Gebiet der Preisstabilität das beste Ergebnis erzielt haben.

Nach den Konvergenzkriterien ist bisher lediglich Luxemburg für eine solche Mitgliedschaft in der Europäischen Währungsunion gerüstet. In allen anderen Mitgliedstaaten ist in aller Regel die Schuldenentwicklung unbefriedigend. Wenn dieses Konvergenzkriterium strikt angewandt wird, werden bei Beginn der Europäischen Währungsunion wahrscheinlich Belgien und Italien, zwei Gründungsstaaten der Europäischen Wirtschaftsgemeinschaft, fehlen. Dies gilt vielen kundigen Beobachtern politisch als undenkbar. Freilich lassen die Konvergenzkriterien politischen Interpretationsspielraum: Wenn das Verhältnis des Schuldenstands hinreichend rückläufig ist und sich rasch genug dem Referenzwert nähert, kann der Rat der europäischen Regierungschefs das Kriterium als erfüllt ansehen. Sollte dies für Belgien vom Ministerrat festgestellt werden, wird es schwer sein, anderen Mitgliedstaaten zu erklären, warum ihre Politik und ihre Wirtschaftsentwicklung nicht den Konvergenzkriterien genügt. Insofern ist es politisch schwierig, den Kreis der Teilnehmer von vornherein zu begrenzen.

Auch die Vorschriften zur Koordinierung der nationalen Finanzpolitiken sind relativ weich. Werden inflationistische Geld- und Finanzpolitik bei den stabilen Wechselkursen des EWS durch Kapitalabwanderung bestraft und bei flexiblen Wechselkursen durch Abwertung, so gibt es bei Einheitswährung keinen automatischen Sanktionsmechanismus mehr. Bei unsolider Finanzpolitik wird nicht das verursachende Land, sondern die Partnerstaaten werden bestraft, weil sie die Kosten für unsolide Politik in Form höherer Zinsen und Kapitalabwanderung in Drittstaaten mittragen müssen. Die Vorschriften zur nationalen Finanzpolitik sind im Maastricht-Vertrag so weich formuliert (in der Regel "Kann-Bestimmungen"), daß nicht zu erkennen ist, wie die unsolide Haushaltspolitik eines Mitgliedsstaates unterbunden werden kann.

Damit steht folgendes fest: Der Beschluß, eine Europäische Währungsunion zu bilden, hat weitreichende politische Konsequenzen. Sie setzt letztlich sogar eine einheitliche politische Willensbildung voraus. Wir sehen aber jetzt, daß eine solche Bereitschaft in den meisten Mitgliedstaaten nicht gegeben ist und im Maastricht-Vertrag auch nicht gefordert ist. Das Junktim von Bundeskanzler Kohl aus dem Frühjahr 1990, es gibt keine Europäische Währungsunion ohne weitgehende politische Union, ist im Maastricht-Vertrag bis zur Unkenntlichkeit aufgelöst worden - so Michael Stürmer, einer der einflußreichsten Publizisten und politischen Berater in Deutschland. Auch die Deutsche Bundesbank wird nicht müde, auf das hohe Risiko einer Europäischen Währungsunion ohne politisches Fundament hinzuweisen. Wenn aber die stabilitätspolitische Zukunft des europäischen Einheitsgeldes ungewiß ist und mangelnde politische, insbesondere finanzpolitische Abstimmung gewiß ist, dann birgt die Europäische Währungsunion hohe Risiken: Es drohen Streit um die Ausrichtung der Geldpolitik, und - schlimmer noch - es droht ein Scheitern der Europäischen Währungsunion.

Zur Zeit werden in Deutschland die Konsequenzen eines solchen Szenarios für die langfristige Kapitalanlage diskutiert. Die Konsequenzen sind auch für den US-Dollar und den japanischen Yen von fundamentaler Bedeutung. Für die internationalen Kapitalanleger gibt es als Alternative zum US-Dollar nur den japanischen Yen und die deutsche Mark, in begrenztem Umfange auch den Schweizer Franken. Wenn das oben geschilderte Szenario einigermaßen realistisch eingeschätzt wurde - es wird inzwischen auch von den deutschen Großbanken, die für die Schaffung eines europäischen Einheitsgeldes plädieren, immer stärker als Möglichkeit betrachtet -, dann werden besonders aus Deutschland große Geldvermögen in ausländische Anlagen transferiert, und ausländische Anleger werden die Deutsche Mark nicht mehr als "sicheren Hafen" (safe haven) betrachten. Dann gibt es also für internationale Anleger nur noch zwei interessante Währungen - US-Dollar und japanische Yen; oder anders formuliert: Es gibt als Alternative zum US-Dollar nur noch den japanischen Yen. Ich denke, daß es wichtig ist, die Prämissen und den Aufbau des hier vorgestellten Szenarios kritisch zu prüfen und sich auf mögliche politische Konsequenzen einzustellen.

IV. Industriepolitik der EU: Allmählicher Rückzug aus der internationalen Arbeitsteilung?

Im Maastricht-Vertrag ist ein neuer Artikel 130 zur Industriepolitik verankert worden. Er gibt den Mitgliedstaaten und vor allem der EU den Auftrag, für die Wettbewerbsfähigkeit der Industrie zu sorgen. In der Marktwirtschaft gilt freilich eine andere Arbeitsteilung: Die Politik sorgt durch allgemeine investitionsfreundliche Finanz- und Wirtschaftspolitik für geeignete Rahmenbedingungen, die Unternehmungen sorgen dann über geeignete Aktivitäten für unternehmerischen

Erfolg. Daher ist es nicht erstaunlich, daß der Art. 130 zwischen den nationalen Regierungen und auch in der wissenschaftlichen Diskussion umstritten ist. Es verdient Erwähnung, daß die Befürworter industriepolitischer Aktionen sich ausdrücklich auf das japanische Vorbild und insbesonders auf die Tätigkeit des "Ministry of International Trade and Industry" (MITI) beziehen. Ich werde zeigen, daß daß diese Industriepolitik der Methode "Integration von oben" zuzuordnen ist.

Für die "Integration von unten" und damit für die Ablehnung industriepolitischer Aktivität steht besonders ein weltweit geschätzter Wissenschaftler: F. A. von Hayek. Er betrachtet die Auffassung, der Staat könne und müsse über finanzielle Hebel auf unternehmerische Entscheidungen und damit auf die sektorale Verteilung wirtschaftlicher Aktivitäten einwirken, als "Anmaßung von Wissen". Er setzt vielmehr auf den "Wettbewerb als Entdeckungsverfahren": Über den Wettbewerb werde dezentrales Wissen gesamtwirtschaftlich genutzt, indem überlegene Produkt- und Prozeßinnovationen über Nachahmungs- oder Adaptionsprozesse in gesamtwirtschaftliche Standards transformiert würden. Weiter gelte, daß sich sowohl Nachfrageverschiebungen als auch Produkt- und Prozeßinnovationen in einer Änderung der Profitstruktur niederschlügen; aktive Anpassung (Änderung der Produktpaletten und der Produktionsverfahren) oder passive Anpassung (Konkurse) wandelten Strukturen und steigerten die gesamtwirtschaftliche Produktivität. Daher ließen sich Innovationen nicht am grünen Tisch bestimmen und voraussagen, sondern kristallierten sich erst über einen wettbewerblichen Entdeckungs- und Anpassungsprozeß als erfolgreich heraus. Damit ist zugleich eine kooperative Interpretation der internationalen Arbeitsteilung impliziert: Jede Vergrößerung des Wirtschaftsraumes erhöht die weltwirtschaftliche Produktivität und auch die jedes in die internationale Arbeitsteilung integrierten Landes. Also gilt die Annahme, Öffnung der nationalen Märkte und Import der internationalen Preisstruktur seien notwendig und hinreichend für eine erfolgreiche Integration.

Für die Vertreter der Industriepolitik in der EU-Kommission ist diese Auffassung nicht falsch, aber einseitig: Es gehe nicht darum, die Industrie zu bevormunden, sondern ihr bei ihrem Kampf gegen die industriepolitischen Giganten USA und Japan zu helfen. Das für Industriepolitik zuständige Mitglied der Europäischen Kommission, Martin Bangemann, will daher die europäische Industrie nicht aus der weltwirtschaftlichen Arbeitsteilung herauslösen, sondern sie im Gegenteil darauf vorbereiten: "Europäische Industriepolitik muß den strukturellen Wandel beschleunigen und neuen Technologien zum Durchbruch verhelfen.... Die Aufnahme des Kapitels 'Industriepolitik' in den Maastrichter Vertrag macht dies jetzt auch nach außen sichtbar."

Damit sind Prognosen über zukünftige Schlüsselindustrien und die Richtung des strukturellen Wandels sowie finanzielle Mittel zur entsprechenden Steuerung erforderlich. Dabei geht es der Kommission vornehmlich um die Behauptung und Schaffung einer wettbewerbsfähigen europäischen Industrie im weltpolitischen Kräftemessen; es gelte den Kampf gegen die Technologiegiganten Amerika und Japan aufzunehmen und zu bestehen. Nach Ansicht der Kommission konkurrierten auf den globalen Märkten nicht Unternehmen, sondern von nationalen Regierungen organisierte Systeme gegeneinander, wobei über die wirtschaftliche und schließlich auch politische Vorherrschaft in der Welt entschieden werde. Auch hielten sich die konkurrierenden Systeme nicht an die marktwirtschaftlichen Spielregeln.

Daraus folgt, daß die Integration der europäischen Industrie in die weltwirtschaftliche Arbeitsteilung nicht von vornherein als vorteilhaft anzusehen ist, sondern bloß dann, wenn die europäischen Schlüsselindustrien sich weltwirtschaftlich zu behaupten vermögen. Da nicht jede Industrie gefördert werden kann, müssen sich die Mitglieder der EU auf die förderungswürdigen Industrien verständigen. Dies erfordert einen umfangreichen und höchst komplexen politischen Entscheidungsprozeß. An diesem Entscheidungsprozeß sind beteiligt: Experten aus der Wirtschaft und aus den Unternehmungen selbst, die verantwortlichen Mitglieder der Europäischen Kommission und deren Kabinette, die verantwortlichen Minister aus den Mitgliedstaaten und die jeweiligen Administrationen, der Wirtschafts- und Sozialausschuß der Europäischen Union (in ihm sind die großen Industrieverbände und die Gewerkschaften vertreten) und schließlich das Europäische Parlament selbst. Da die EU inzwischen 15 Mitglieder hat, kann man sich leicht vorstellen, daß die unterschiedliche Interessenslage - welche nationale Industrie soll unterstützt werden? - und die Fülle der Instanzen, die mit Industriepolitik befaßt sind, den Entscheidungsprozeß bremsen und mit sachfremden politischen Auflagen belasten können. Zur Abwicklung dieses Willensbildungsprozesses und zur Finanzierung dieser Politik ist eine umfangreiche Bürokratie entstanden; dieser Prozeß ist vor allem sehr zeitaufwendig.

Empirische Analysen der von der EU betriebenen Forschungs- und Technologiepolitik, die als Teil einer umfassend angelegten Industriepolitik betrachtet werden kann, haben ergeben,

- daß sich die industriepolitischen Aktionsfelder immer stärker ausweiten,
- daß der finanzielle Rahmen der einzelnen Programme aufgestockt wird,
- daß die Europäische Kommission erfolgreich Handlungskompetenzen an sich zieht.

Wir wissen aus vielfältiger Erfahrung, daß finanzielle Unterstützung von strukturschwachen Industrien diese international nicht wettbewerbsfähiger macht, sondern eher zur Herauslösung dieser Sektoren aus der internationalen Arbeitsteilung führt - wie wir es bereits bei der Europäischen Agrarpolitik feststellen konnten. Es bleibt zu prüfen, ob auch die finanzielle Unterstützung von Industrien, die allgemein als Schlüsselindustrien zu gelten haben, ebenfalls zu einer Herauslösung aus der internationalen Arbeitsteilung führt. Dies hätte für alle am Welthandel beteiligten Nationen, besonders aber für Deutschland und Japan, höchst nachhaltige Folgen. Die Auswertung der bisherigen Erfahrungen bei ähnlichen Verhandlungen in der EU ergibt, daß folgende Hypothese zumindest als nicht unwahrscheinlich zu betrachten ist: Bei Konfliktfällen zwischen Festhalten an weltwirtschaftlicher Offenheit oder Schutz einzelner Sektoren innerhalb der EU kann oder will sich die deutsche Bundesregierung gegenüber den anderen Mitgliedstaaten nicht durchsetzen. Eine solche Annahme ist natürlich spekulativ; aber es wäre fahrlässig, sie zu vernachlässigen. Die Handelspartner der EU, allen voran Japan, müßten daher alles vermeiden, was die protektionistische Neigung innerhalb der EU stärken könnte.

C. Überlegungen zur Entwicklung der Europäischen Union

I. Was wird die Regierungskonferenz von 1996 bewirken?

Entsprechend der in der Europäischen Union inzwischen dominierenden Methode "Integration von oben" - Was wollen wir (die Regierungen der Mitgliedstaaten und die Kommission der EU) gemeinsam tun, welche Institutionen, Instrumente und wieviel Geld brauchen wir dazu? - war der Maastricht-Vertrag auf folgendes Ziel ausgerichtet: Wie können wir den Prozeß des gemeinschaftlichen Handelns vorantreiben und welche Kompetenzen müssen dazu auf die Europäische Union, also nach Brüssel, verlagert werden. Doch wird der Willensbildungsprozeß der EU immer komplizierter und langwieriger, je mehr Mitglieder die EU hat. Obwohl die Verhandlungen erst Ende 1991 materiell abgeschlossen wurden - also immerhin zwei Jahre nach dem Fall des Eisernen Vorhangs - , nimmt der Maastricht-Vertrag weder direkt noch indirekt zur Frage der Erweiterung Stellung. Man könnte fast den Eindruck haben, als ob diese Problematik bewußt ausgeklammert wurde.

Es ist für 1996 eine Regierungskonferenz vorgesehen, die den Maastricht-Vertrag einer Revision unterziehen soll. Eine solche Revision ist sowohl aus grundsätzlichen Erwägungen als auch aus Gründen der punktuellen Nachbesserung erforderlich, um Übersehenes nachzutragen und um Mißverständliches zu klären. Der Vertrag ist in einer solchen Eile verhandelt, konzipiert, niedergeschrieben und redigiert worden, daß schon deshalb eine redaktionelle Nachbesserung erforderlich wäre.

Wenn der Erweiterung der EU politische Priorität zukäme, dann müßten zentrale Teile des Europäischen Vertragswerks und der gemeinsamen Politiken - vor allem die Agrarpolitik, aber auch die Kohäsionspolitik - neu konzipiert werden. Da damit auch die finanziellen Interessen einzelner Länder in der Weise betroffen wären, daß die an sie fließenden finanziellen Leistungen geringer ausfielen, ist mit einer einvernehmlichen grundsätzlichen Neufassung dieser Politikbereiche nicht zu rechnen.

Auch bei der Neufassung der Bestimmungen zur Europäischen Währungsunion stehen die Mitgliedstaaten vor einer ähnlichen Problematik. Bei diesen Bestimmungen geht es um den Spielraum der nationalen Finanzpolitik. Die "weichen" Budgetrestriktionen des Maastricht-Vertrages (Artikel 104c) sind durch "harte Budgetrestriktionen" zu ersetzen. Doch dann könnten sich Mitgliedstaaten zu Verhaltensweisen gezwungen sehen, die sie aus Gründen nationaler Interessen nicht glauben akzeptieren zu können; sie könnten ihrerseits auf solchen Revisionen des Maastricht-Vertrags bestehen, die für andere Mitgliedstaaten unannehmbar wären.

Daraus ziehen viele Beobachter den Schluß, daß es keine grundlegende Änderung oder Neuerung im Maastricht-Vertrag auf der Regierungskonferenz geben werde. Die meisten von ihnen stimmen darin überein, daß es zu Änderungen bei der Beschlußfassung des Ministerates kommen müsse, um die recht schwerfällige Entscheidungsfindung zu beschleunigen, indem das einfache Mehrheitsverfahren öfter praktiziert werden solle. Aber auch das könnte umstritten sein, weil einige Mitgliedstaaten, wie Großbritannien oder Frankreich, in Fragen von bedeutendem nationalen Interesse sich nicht einfach überstimmen lassen wollen.

II. Das labile Gleichgewicht der Europäischen Union

Die Entwicklung innerhalb der Europäischen Union erweckt den Anschein, als ob Politiker die Entwicklung noch kontrollierten. Die hier vorgelegte Analyse hat jedoch ergeben, daß dieses Gleichgewicht labil ist. Anstöße von außen, aber auch Entwicklungen im Inneren könnten die EU aus ihrem labilen Gleichgewicht bringen. Eine solche Annahme ist naheliegend, weil bestimmte Politiken nicht länger durchgehalten werden können - wie die Agrarpolitik bei Erweiterung der EU. Dies gilt auch für die Kohäsionspolitik, die die unterschiedlichen Wohlstandsniveaus in Europa über finanzielle Zuweisungen ausgleichen will. Daher muß man damit rechnen, daß einige Mitgliedstaaten gegen eine Erweiterung votieren werden oder auf Absicherung ihrer finanziellen Zuweisungen bestehen. Das aber ist - nach Meinung der Finanzexperten - von den reicheren Mitgliedstaaten nicht zu finanzieren.

Die größte Unsicherheit wird aber von der Europäischen Währungsunion ausgehen, vor allem wenn man Korrekturen an diesen Vorschriften vermeiden will, um nicht wieder eine grundsätzliche Auseinandersetzung zu entfachen. In diesem Sinne sagte der Präsident der EU-Kommission, Jacques Santer: "Es wäre nicht gut, das Thema Wirtschafts- und Währungsunion auf der großen Regierungskonferenz im nächsten Jahr zu behandeln. Wir würden damit die Büchse der Pandora öffnen. Alle Streitfragen lägen erneut auf dem Tisch." Die "Büchse der Pandora" ist ein europäischer Mythos: Die verführerische Pandora war von den Göttern geschaffen und auf die Erde geschickt worden, um die Menschen mit ihrer Büchse zu verderben; die Götter vermuteten, daß die Menschen die Büchse aus der ihnen innewohnenden Neugier öffnen wollten; dann aber würden daraus alle nur denkbaren Übel und Krankheiten entfliehen.

Wenn nun aber die "Europäische Währungsunion" wirklich so gefährlich wie die mythische Büchse der Pandora ist, dann sollte man sich besser darauf gar nicht einlassen bzw. es wäre besser, sie zu öffnen, bevor man sich darauf eingelassen hat. Politische Klugheit gebietet es, sich gegen mögliche Gefahren zu wappnen und Vorsorge zu treffen. Oder noch besser: Die Währungsunion so zu konzipieren, daß sich mögliche Risiken eindämmen oder sogar beseitigen ließen. Es sieht zur Zeit nicht danach aus, als ob die Politiker diese Klugheit aufbrächten.

CHRISTIAN WATRIN

Europa der Einheit oder der Vielfalt?

Fragen der europäischen Integration gehören zu den Gegenständen, mit denen sich Carl Zimmerer erste wissenschaftliche Sporen verdient hat. Seine Schrift „ Zwischenbilanz der Liberalisierung“ (Frankfurt am Main 1953), die durch ein Vorwort Ludwigs Erhards ausgezeichnet wurde, macht in der Tradition Wilhelm Röpkes darauf aufmerksam, daß weder weltweiter noch regionaler Freihandel möglich sind, solange das Währungsproblem keine Lösung erfahren hat, d.h. die Devisen- und Kapitalmärkte grenzüberschreitend von allen Arten staatlicher Interventionen in die Preisbildung befreit sind. Zimmerer zeigt als liberaler Ökonom, daß die OEEC (Organisation für wirtschaftliche Zusammenarbeit), - ein auf die damals freien Länder Westeuropas ausgerichteter Zusammenschluß - nur unvollständig der Röpkeschen Idee einer Preis-und Marktgemeinschaft entsprach.

In der Zeit des Entstehens der Zimmererschen Studie liefen die Integrationsprozesse in Europa noch zweispurig. Die OEEC, die neben den späteren sechs Gründungsmitgliedern der EWG noch Großbritannien, Irland, Dänemark, Schweden, Norwegen, Irland, Österreich, die Schweiz, Portugal, Griechenland und die Türkei umfaßte, konzentrierte sich - den historischen Bedingungen Rechnung tragend - in ihrer ordnungspolitischen Ausrichtung zunächst auf die Schaffung eines europäischen Großraumes und in der Fernperspektive auf die Wiederherstellung der Weltwirtschaft, so wie man sie vor dem ersten Weltkrieg gekannt hatte. Die kleineuropäische Lösung des Europas der Sechs, die später für sich den Namen „Europa“ monopolisierte, steckte beim Erscheinen von Zimmerers Schrift noch in den Kinderschuhen, denn der Vorläufer der Europäischen Wirtschaftsgemeinschaft (EWG), die Europäische Gemeinschaft für Kohle und Stahl (EGKS), nahm ihre Tätigkeit erst 1953 auf. Die gesamteuropäischen Überlegungen traten jedoch in den folgenden Dekaden zu Gunsten der engeren EG mehr und mehr in den Hintergrund.

Diese Situation hat sich durch den Zerfall des Ostblocks von Grund auf geändert. Heute stehen erneut und unter völlig gewandelten Bedingungen wieder gesamteuropäische Fragen auf der Tagesordnung. Sie werden in der europapolitischen Diskussion meist am Rande behandelt. Die mit den mittel- und osteuropäischen Staaten geschlossenen Europa-Abkommen rangieren eher auf der Ebene der Assoziierungsverträge, die Ausfluß der ehemaligen europäischen Kolonialreichspolitik sind. Sie tragen kaum zur Überwindung der Spaltung Europas oder der „Rückkehr nach Europa“, wie es die politischen Vertreter jener Länder gerne formulieren, bei.

Das gegenwärtige Europa der Fünfzehn steht vor schwierigen ordnungspolitischen Fragen. Röpke würde sie wahrscheinlich im Sinne der Öffnung und Erweiterung für mindestens weitere zehn beitrittswillige Staaten beantworten. Ein Europa der Fünfundzwanzig aber macht ein Überdenken der Integrationsformen, wie sie zunächst für nur sechs Teilnehmerländer geschaffen wurden, erforderlich. Von der sachlich zuständigen Konferenz zur Überprüfung des Maastrichter Vertrages ist hierzu in der Öffentlichkeit wenig zu hören, obwohl die traditionelle Einheitsphilosophie der Europäischen Union in Frage steht. Im Folgenden soll gezeigt werden, daß ein Europa der Vielfalt eine Antwort auf die anstehenden Ordnungsfragen sein könnte.

A. Welches Europa?

Solange die bipolare Welt bestand, lautete die Standardantwort auf die Frage, welchen Zweck das europäische Einigungswerk verfolge, daß es ökonomisch gesehen um die Verbesserung des Lebensstandards der in Europa lebenden Menschen und politisch um die Vermeidung von Kriegen gehe. Wohlstandsmehrungen und Friedenswahrung in Europa waren jahrzehntelang eine tragfähige und viele begeisternde Vision. Ihre Schwäche lag jedoch darin, daß der europäische Zusammenhalt wesentlich durch den Druck bestimmt war, den das sowjetische Riesenreich mit seinen Satelliten auf die Ostgrenze des freien Europas - entlang der Elbe und quer durch Mitteleuropa - ausübte. Der Zerfall des Ostblocks und die erfolgreiche Befreiung vieler Völker im eurasischen Raum von der sowjetischen Oberherrschaft haben nicht nur die Kriegsgefahr nach dem Urteil der Militärexperten stark vermindert, sondern auch das Feindbild verschwimmen lassen. Soweit sich europäische Idee und westeuropäischer Zusammenhalt durch die gemeinsame Bedrohung definierten, bedeutete die Schwächung des Gegners im Osten, daß gleichzeitig ein Antrieb für gemeinsames Handeln schwindet.

Diese Entwicklung hat zu der Frage geführt, ob die Europäische Gemeinschaft (EG) als Organisationsform nicht überhaupt ihren Zenit überschritten habe (NZZ Nr. 132 vom 10./11.6.95, S. 15). Es wird vorgebracht, daß weltweit seit dem Jahrhundertbeginn sich die Zahl der selbständigen Staaten von damals vierzig auf mittlerweile fast zweihundert vermehrt habe und daß vorerst noch kein Ende der territorialen Aufspaltungen - auch in Europa - abzusehen sei. Einer solchen Deutung läßt sich jedoch aus der Einigungsperspektive die große Zahl von Beitrittsgesuchen zur EG entgegenhalten. Neben die mittel- und osteuropäischen Staaten treten noch zwei mediterrane Länder (Zypern und Malta); ferner hat Slowenien die Vollmitgliedschaft beantragt. Denselben Schritt beabsichtigen voraussichtlich einige aus dem jugoslawischen Bürgerkrieg hervorgehende Länder. Eine Erweiterung der Zahl der EG-Mitgliedsländer von ursprünglich sechs auf dreißig oder mehr dürfte kaum als ein Zeichen mangelnder Attraktivität zu deuten sein. Aber ist die jetzt schon kaum noch passende organisatorische Struktur der EU überhaupt geeignet, ein Problem dieser Größenordnung effizient zu bewältigen? Organisations- oder ordnungstheoretisch gesprochen: Droht der EU vielleicht am Ende das gleiche Schicksal wie den zahlreichen Großreichen und internationalen Zusammenschlüssen, die in diesem Jahrhundert zerfallen sind, angefangen von Österreich-Ungarn über das britische Empire, das französische Kolonialreich bis hin zur Sowjetunion mit ihren Satelliten und Kolonien, um nur einige bekannte Fälle zu nennen.

Es gibt somit gute Gründe - im weiten Sinne - über die Verfassung Europas nachzudenken. Durch die Öffnung nach Osten und Südosten wird - neben den ökonomischen und politischen Aspekten - ein weiteres Mal die bewundernswerte Vielfalt Europas deutlich. Sie schlägt sich in faszinierenden Unterschieden auf fast allen Gebieten des gesellschaftlichen Zusammenlebens nieder. In sozialwissenschaftlicher Sicht werden in neuerer Zeit diese Unterschiede zunehmend stärker beachtet. Der Zusammenbruch der gesellschaftsplanerischen Konzeption, nach der Hunderte von Millionen Menschen sich an zentralen Plänen orientieren und gleichzeitig lenken lassen, hat erneut deutlich gemacht, daß Menschen nicht nur voneinander verschieden sind, sondern daß sie ihre Kooperation, aber auch die Austragung ihrer Konflikte, in höchst verschiedener Weise organisieren.

Wie neuere historische Untersuchungen belegen, ist die Vielfalt der europäischen Institutionen - angefangen vom Recht und den Sprachen bis hin zu den Regeln des täglichen Zusammenlebens, der Politik und der Wirtschaft - die eigentliche Quelle des „Wunders Europa" (Eric L. Jones). Damit wird jene im fünfzehnten Jahrhundert aufkommende Entwicklung der „westlichen Welt" umschrieben, die auf zahlreichen Gebieten, so der Wissenschaft, der Technik, der Wirtschaft, der Kriegsführung und der Kultur, nicht nur den vorher bestehenden Rückstand gegenüber den asiatischen Großreichen aufholte, sondern diese im weiteren Verlauf auch weit überflügelte. Dies geschah in einem Halbkontinent, der politisch auf vielfachen Herrschaftsgebilden beruhte: den freien Städten, den zahlreichen Königreichen, Herzogtümern und Grafschaften und den kirchlich dominierten Fürstentümern. Ein Hauptvorteil waren die verhältnismäßig niedrigen Wanderungskosten zwischen den einzelnen Herrschaftsgebieten. Diese zwangen die jeweils Herrschenden, wollten sie nicht die besten Köpfe verlieren, eine moderate und - im Vergleich zu den asiatischen Großreichen - weniger auf Ausbeutung der Bevölkerung ausgerichtete Politik zu betreiben. In den so entstehenden Freiräumen entfaltete sich allgemeiner Wohlstand und sowohl wirtschaftliche als auch politische Freiheit. Selbst der moderne Totalitarismus erwies sich gegenüber diesem Erbe letztlich als erfolglos. Diese Vielfalt Europas gilt es nicht nur aus kulturellen Gründen zu erhalten. Sie ist auch aus politischen und ökonomischen Überlegungen von elementarer Bedeutung, wenn es das Ziel ist, den allgemeinen Wohlstand zu fördern und den Frieden zu bewahren.

B. Zur künftigen Gestalt der Europäischen Union

Der Ort, an dem die künftige Verfassung der EU - quasi von amtswegen - gegenwärtig erörtert wird, ist die Revisionskonferenz zum Vertrag von Maastricht (1992), die im April 1996 in Turin eröffnet wurde und die sich voraussichtlich bis in die Mitte des Jahres 1997 erstrecken wird. Allerdings hat es den Anschein, daß auch dieses Mal der gleiche Fehler wiederholt wird, der auch den Maastrichter-Vertrag politisch gefährdete. Erst in der Schlußrunde wurden damals die Pläne und Vertragsentwürfe einer größeren Öffentlichkeit bekannt. Sie fanden, wie besonders die in einigen Ländern abgehaltenen Referenden (Frankreich, Dänemark, Irland) zeigten, nur knappe Mehrheiten. Ländern, in denen - wie in der Bundesrepublik - nur Befragungen durch Meinungsforschungsinstitute zulässig waren, zeigten vielfach ein hohes Maß an Ablehnung in der Bevölkerung bei gleichzeitig oft hoher Zustimmung im zuständigen politischen Organ. Die damaligen Schwüre der Politiker, für ein größeres Maß an Öffentlichkeit in Zukunft Sorge zu tragen, sind offenbar vergessen. Statt dessen werden Werbefirmen beauftragt, für die geplante Währungsunion Reklame zu machen. Von republikanischer Gesinnung zeugt dies nicht. Fragen wir trotzdem, wie sich politische Repräsentanten zur Frage der künftigen Gestalt Europas äußern.

Anfang 1996 hielt der deutsche Bundespräsident eine Rede (Bulletin des Presse- und Informationsamtes der Bundesregierung Nr. 9/S. 105 vom 1. Februar 1996), für deren Überschrift er die berühmte Formulierung Winston Churchills anläßlich seiner Zürcher Rede von 1946 wählte. Der Satz bzw. die Überschrift lautet in deutscher Übersetzung: „Wir müssen eine Art Vereinigter Staaten von Europa bauen". („We must build a kind of United States of Europe"). Diese Forderung machte sich Präsident Herzog zu eigen und stellte sie seinen Zuhörern als ein Ziel vor, das zu verfolgen, er für geboten hält. Aber was heißt konkret „eine Art von Vereinigten Staaten von Europa"? Handelt es sich hier um einen europäischen Bundesstaat mit föderaler oder - wie viele Briten fürchten - zentralistisch-unitarischer Verfassung? Oder verwirklicht bereits die jetzt bestehende Staatengemeinschaft, - mit im wesentlichen intergouvernmentalen Charakter - das Angestrebte?

Die Lektüre der präsidialen Rede ist nicht sehr ergiebig. Es wird zwar ausgeführt, was unter den „Vereinigten Staaten von Europa" nicht zu verstehen sei, nämlich ein „bürokratischer Superstaat" oder eine „gehobene Freihandelszone". Wann aber ein Staatengebilde eine „Art von Vereinigten Staaten von Europa" verkörpert, bleibt in der Sache offen.

Deswegen sei ein Blick in die Historie zulässig. Das bekannteste Beispiel für „Vereinigte Staaten" in Form eines freiwilligen Zusammenschlusses souveräner Staaten sind die USA. Aus dem lockeren Staatenbund von ursprünglich dreizehn souveränen Staaten (zuzüglich Texas), die sich nach dem Unabhängigkeitskrieg zum Zwecke der Abwehr äußerer Feinde und der Bildung einer Wirtschaftsgemeinschaft zusammenschlossen, sind bis heute durch die Aufnahme in die Union fünfzig „Staaten" geworden. Die Beitrittsländer waren allerdings keine souveränen Staaten, sondern Geschöpfe des Kongresses.

Die USA zeichnen sich heute dadurch aus, daß sie ein großer Markt mit einer Währung sind und über viele ökonomische Vorteile verfügen. Neunzehntel der produzierten Güter werden auf dem inneren Markt abgesetzt, nur ein Zehntel fließt in den internationalen Wirtschaftsverkehr. Trotzdem ist das Land gleichzeitig die größte Welthandelsnation. Die USA unterscheiden sich ferner vorteilhaft vom Normalmodell des staatlichen Zusammenschlusses, der politischen Einigung im Wege der Anwendung militärischer Gewalt. Die Geschichte der USA verdient also aus europäischer Sicht besondere Aufmerksamkeit. Allerdings ist sogleich anzufügen, daß die USA faktisch - nicht unbedingt auch rechtlich - längst kein nur schwach zentralisierter Staat mehr sind. Heute sind sie ein ganz und gar von Washington aus gelenkter Zentralstaat. Für deutsche Augen haben die einzelnen Bundesstaaten zwar noch eine überraschend große Zahl von Zuständigkeiten, über die - vergleichsweise - deutsche Bundesstaaten im Zuge des „kooperativen Föderalismus" längst nicht mehr verfügen. Die USA sind also viel stärker föderalisiert als die Bundesrepublik, die sich ihren europäischen Nachbarn gern als föderalistischer Musterknabe präsentiert. Die eigentliche Frage, die sich jedoch hier stellt, lautet: Wollen die Bürger der derzeit fünfzehn EU-Staaten den gleichen Weg wie die USA einschlagen, also von einer Staatengemeinschaft zu einem mehr oder minder zentralistisch verfaßten Bundesstaat übergehen, oder wollen sie stattdessen ihre Vielfalt betonen und weitgehend als selbständige Einzelstaaten bestehen bleiben?

Diese Frage wurde im März 1996 intensiv im französischen Parlament erörtert. Präsident J. Chirac legte dort ein Dokument vor, in dem die Marschroute für die bevorstehende Nachfolgekonferenz zum Maastrichter Vertrag festgelegt wurde. Die generelle Aussage dieses Dokuments lautete, daß keine weiteren nationalen Kompetenzen auf die EU übertragen werden sollten. Auf ähnliche Ablehnung stößt die Idee einer bundesstaatlich verfaßten politischen Union auch in andern Ländern. In die gleiche Richtung äußerte sich überraschenderweise auch Bundeskanzler Kohl im Maastrichter Prozeß vor dem Bundesverfassungsgericht. Dort versicherte er, daß die Auflösung der staatlichen Einheit der Bundesrepublik Deutschland im Rahmen von „Vereinigten Staaten von Europa" nicht geplant sei.

Das läßt eine gewisse Ratlosigkeit zurück. Deswegen sei noch einmal auf das US-amerikanische Beispiel zurückgegriffen. Die USA wurden in den ersten Jahrhunderten ihrer Geschichte von der englisch sprechenden Welt besiedelt. Bei der heiklen Sprachenfrage gab es praktisch keine Alternative; das Englische war die unbestrittene Landessprache. Das Recht wurde durch die angelsächsische Tradition bestimmt und die gesamte intellektuelle Struktur des Landes ist bis heute durch das Herkommen aus der angelsächsischen Welt geprägt. Ganz anders ist die europäische Situation. Weit über ein Dutzend Sprachen werden gesprochen. Neun Sprachen sind offizielle EU-Sprachen. Das Recht der Mitgliedstaaten divergiert erheblich entgegen allen Versuchen zur Harmonisierung, die sich in mancher Hinsicht als Fehlschlag erwiesen hat. Trotz des gemeinsamen griechisch-römischen Erbes sind die politischen, kulturellen und wirtschaftlichen Unterschiede zwischen den europäischen Ländern groß und die europäische Geschichte ist - anders als die Geschichte der USA - eine Historie der Rivalitäten und Auseinandersetzungen, manchmal allerdings auch des Zusammenstehens in Phasen großer Bedrohung, sei es aus dem asiatischen und dem arabischen Raum oder sei es seitens einzelner Staaten, die die Vorherrschaft in Europa anstrebten. Vor allem aber ist Europa ein Halbkontinent auf dem die Einzelstaaten, wie zahlreiche Umfragen ergeben, ein wesentlicher Bezugsrahmen für die Identität ihrer Bürger sind. Es gibt kleine und mittelgroße Staaten, aber keine dominierende Macht. Zwar wird Deutschland mitunter vorgeworfen, eine „hidden agenda" für ein deutsch oder zumindest französisch-deutsch dominiertes Europa zu verfolgen. Aber dies ist weit hergeholt. Wäre eine solche „hidden agenda" tatsächlich gegeben, so wäre sie sicher der Spaltpilz des europäischen Einigungswerks. Schon die der Deutschen Bundesbank zugefallene Rolle einer Ankerwährung im Europäischen Währungssystem gilt vielen als untragbar und war mit ein Antrieb für das Projekt der Währungseinheit. Wieviel mehr an Widerstand müßte ein deutsches Dominanzstreben in Europa wecken? Auch wenn gerne gesagt wird, daß hinter der Bühne oft das wahre Stück gespielt werde, verdient eine Aussage des deutschen Außenministers mehr Vertrauen. Er sagte in einer Rede mit dem anspruchsvollen Titel „Die Europäische Union im 21. Jahrhundert" (Bulletin der Bundesregierung Nr. 7, S. 53 vom 26. Januar 1996) vor der Universität Oxford:

„*Wir wollen nicht die Vereinigten Staaten von Europa nach dem Modell Nordamerikas. Wir wollen keinen europäischen Superstaat. Die Europäische Union darf und wird den spezifischen Charakter jedes einzelnen Mitgliedsstaates nicht in Frage stellen. Europa schöpft seine Kraft aus der Vielfalt seiner Kulturen, seiner Sprachen und Traditionen. Dieses reiche Potential muß erhalten und gefördert werden*".

Das erlaubt eine Zwischenbilanz. Es ist, wenn man den offiziellen Verlautbarungen folgt, nicht beabsichtigt, die Politische Union im Sinne eines großen, fünfzehn verschiedene Staaten umfassende übernationalen Bundesstaat aufzubauen. Ein solcher supranationaler Staat hätte umfassende Kompetenzen, die angesichts der heute vorherrschenden staatlichen Interventionen weit über die Erfüllung klassischer Staatsaufgaben (Landesverteidigung, Rechtsschutzstaat und Infrastruktur) hinausgingen. Ein übernationaler Staat würde gleichzeitig die bestehenden Nationalstaaten ins zweite Glied verweisen. Sie würden zu Gliedstaaten oder nachgeordneten Einheiten in einem hierarchisch verfaßten Staatsaufbau, deren Kompetenzen auf längere Sicht im Bereich derjenigen liegen könnten, die die amerikanischen Bundesstaaten heute haben, oder wenn ein zweiter föderalisierter Staat, die Schweiz, zum Vergleich herangezogen wird, die der Selbständigkeit ihrer Kantone entsprechen würde.

Falls es nicht zu einem europäischen Zentralstaat kommt, so werden dies gewiß die Zentralisten unter den Europäern bedauern. Aber sie müßten, wenn sie ihr Wunschbild präsentieren, zeigen, wie es innert nützlicher Frist - wie die Schweizer zu sagen pflegen - in die Tat umgesetzt werden sollte. Wenn es zu den „Vereinigten Staaten von Europa" in Analogie zu den USA oder der Schweiz kommen sollte, dann wäre zunächst die Zustimmung der Völker Europas einzuholen, denn ein europäischer Vielvölkerstaat kann nur auf der weit überwiegenden Zustimmung aller seiner Bürger gegründet werden. Es wäre also ein Konsens erforderlich, von dem mit guten Gründen gesagt werden könnte, daß er über den Tag der Abstimmung hinaus in künftige Generationen hineinreichen wird.

Ferner würde ein übernationaler Bundesstaat die bestehende europäische Ordnung aufheben müssen. Die jetzige Rechtslage und der gesamte innere Aufbau der Gemeinschaft beruht auf völkerrechtlicher Basis, d. h. die EU ist - entgegen allen staatlichen Elementen, die in sie hineingelesen werden - im Kern immer noch ein internationaler Vertrag. Sie entspricht - vereinfacht gesprochen - weit mehr dem de Gaulleschen „Europa der Vaterländer" als der Leitidee „Vereinigter Staaten" mit starker zentraler Bundeszuständigkeit. Für die de Gaullesche Sicht spricht auch, daß der Trend im europäischen Staatensystem nicht in die zentralistische, sondern in die dezentralistische Richtung geht. Abgesehen vom ehemaligen Jugoslawien und der Tschecheslowakei sind auch in einigen der straff zentralisierten europäischen Staaten wie Spanien, Italien, Frankreich und Großbritannien nicht unerhebliche Zentrifugalkräfte am Werke, die man vorerst mit dem Einräumen von Autonomierechten einzufangen gedenkt, ohne daß schon deutlich wäre, ob die sezessionistischen Entwicklungen so zu bremsen sind. Die Zentrifugalkräfte selbst aber sind zum Teil die Folge von Verteilungskämpfen, die sich in modernen Interventionsstaaten heutigen Zuschnitts entwickeln. Mit dem Aufgeben der klassischen Staatsfunktionen und dem Wandel vieler demokratischer Staaten zur Allzuständigkeit haben die zahlreichen Interventionen für eine Unzahl staatlicher Zwecke die Folge, daß tatsächliche oder bloß vermeintliche Gewinner bzw. Verlierer aus den Verteilungskämpfen hervorgehen. Organisieren sich diese auf territorialer Basis, wie in mehreren europäischen Ländern, so wird das Begehren nach Sezession oder zumindest Autonomie virulent. Sinken überdies die Sezessionskosten, dann kommt es, wie im Fall der ehemals sozialistischen Staaten zur Auflösung bestehender Strukturen.

Der Begriff „Sezession“ hat im Deutschen einen schlechten Klang. Aber es sollte nicht übersehen werden, daß eine Welt kleiner Staaten wahrscheinlich friedfertiger sein wird als eine Welt mit wenigen Großmächten, die miteinander rivalisieren. Außerdem haben in einer Welt mit transnationalen Unternehmen, mit auf einzelne Aufgaben spezialisierten Weltwirtschaftsorganisationen und zunehmend sich überlappenden Jurisdiktionen kleinere Staaten ökonomische Vorteile. Schon heute rangieren sie in Westeuropa an der Spitze der Wohlstandsskala. Genannt seien nur Luxemburg, Belgien, Dänemark, Österreich und die Schweiz. Und in einer Umgebung der Rechtsstaatlichkeit und der freiheitlichen Demokratie müssen kleine Länder auch nicht länger fürchten, Opfer nachbarschaftlicher Aggressionsgelüste zu werden.

Aber wie soll die Europäische Welt weiterentwickelt werden? Die ordnungspolitische Aufgabe wird bei einer Vielzahl selbständiger Staaten nicht leichter, die Kosten der Konsensfindung werden nicht geringer und die Gefahr einer schleichenden Zentralisierung ist weder in einem Staatenbund noch in einer Staatengemeinschaft gebannt, wie das USA-Beispiel zeigt.

C. Die Europäische Währungsunion (EWU) - Schritt in Richtung eines supranationalen Staates?

Mit der im Vertrag von Maastricht getroffenen Regelung am 1.1.1999 eine europäische Währungsunion zu begründen, erhält die Diskussion über europäische Einheit oder Vielfalt neuen Auftrieb. In diesem Zusammenhang geht es nicht um die Frage, ob das geplante EURO-Geld eine stabile Währung sein wird oder nicht. Vielmehr ist das Augenmerk auf die zugrundeliegende Verfassung und deren Regeln zu richten. Historisch gesehen spielt die Einheit von Währungs-, Wirtschafts- und politischem Raum eine große Rolle. Die deutsche Geschichte im 19. Jahrhundert läßt sich so skizzieren, daß das Entstehen eines größeren Wirtschaftsraumes durch den Norddeutschen Zollverein 1833/34 der politischen Einigung im Bismarck-Reich im Rahmen der kleindeutschen Lösung voranging (1871). Erst nach dem politischen Zusammenschluß folgte jedoch in einigem zeitlichen Abstand die monetäre Einheit.

Die gegenteilige Konzeption liegt der in Maastricht beschlossenen Einheitswährung zugrunde. Sie baut auf derselben Idee auf, der auch die Gemeinschaftspolitiken der EU ausgehen. Danach soll die Überführung einzelner, bisher in nationaler Zuständigkeit befindlicher Politiken in die überstaatliche Zuständigkeit den Zusammenhalt zwischen den Mitgliedstaaten stärken. Beispiele sind die gemeinsame Handelspolitik oder die gemeinsame Agrarpolitik. Letztere wurde bei ihrer Einführung als eine Klammer Europas gefeiert. Sie drohte in den achtziger Jahren zum Sprengsatz zu werden.

Eine gemeinsame Geld- und Währungspolitik wäre der vorerst weiteste Schritt im Rahmen des Programms, die europäische Einheit durch die Übertragung von Teilsouveränitäten auf die Brüsseler Kommission zu fördern. Dieser Schritt könnte auf der Ebene öffentlicher Güter nur noch durch die Schaffung einer vollintegrierten europäischen Armee - sie ist nicht zu verwechseln mit den jetzt bestehenden militärischen Allianzen - übertroffen werden.

Das besondere der vergemeinschafteten Geld- und Währungspolitik soll nun darin bestehen, daß alle übrigen für die Geldwertstabilität relevanten Politiken in nationaler Obhut verbleiben. Zu nennen sind hier besonders die Finanz- und die Lohnpolitik. Allerdings sind auch andere Politikbereiche des modernen Interventionsstaates von großer Bedeutung, so die Sozialpolitik einschließlich der Umverteilungspolitik, aber auch die Regionalpolitik. Dieses Auseinanderfallen der Zuständigkeiten - vergemeinschaftete Währungspolitik auf der einen und (verkürzt gesprochen) nationale Wirtschaftspolitik auf der anderen Seite - stellt ordnungspolitisch gesehen ein Novum dar. Im Hinblick auf die Regeln des währungs- und wirtschaftspolitischen Geschehens aber gilt wie für jede Ordnung, daß ihre Regeln miteinander kompatibel sein müssen, wenn große Schäden, erhebliche Koordinationsmängel und hohe volkswirtschaftliche Kosten vermieden werden sollen.

Es ist also zu fragen, ob die für makroökonomische Politik avisierte Rollenverteilung zwischen übernationaler und nationaler Ebene auf Dauer tragfähig ist? In heutigen Interventionsstaaten rangieren beide Politikbereiche auf der gleichen staatlichen Ebene. Auch bei Unabhängigkeit der Notenbank von politischen Weisungen schwebt diese keineswegs über den Wassern der Politik, sondern sie ist - im deutschen Fall ebenso wie die EZB nach dem Maastrichter-Vertrag - verpflichtet, die Politik der Bundesregierung bzw. der Europäischen Gemeinschaft zu unterstützen. Von besonderer Bedeutung sind dabei die Beziehungen zwischen Geld- und Finanzpolitik sowie Geld- und Lohnpolitik. Sie sind oft spannungsreich und konfliktgeladen. Die auftretenden Konflikte müssen beigelegt werden. Fraglich ist nun, inwieweit dies in einer institutionellen Struktur gelingen kann, in der sich nicht länger nationale Gruppierungen, sondern europäische Staaten gegenüberstehen, in denen zu nationalen Parlamenten gewählt wird, in denen weiterhin das politische Gewicht auf der einzelstaatlichen Ebene liegt und in denen die Wirtschaftslage häufig divergiert. Denn der europäische Binnenmarkt ist noch längst nicht so stark integriert, wie es die Rede von seiner „Vollendung" glauben machen will.

Die sich hier abzeichnende Problematik berührt in einer meist unbeachteten Weise das Verhältnis von Einheit oder Vielfalt Europas. Hier gibt es zwei Positionen. Die erste wird von der Deutschen Bundesbank vertreten und besagt, daß die europäische Währungseinheit über kurz oder lang eine Politische Union erforderlich macht. Andernfalls würden die Konflikte zwischen nationalstaatlichen Wünschen und zentraler Geld- und Währungspolitik zu groß und gefährdeten die Währungsunion. Die zweite Position widerspricht dieser Auffassung und stellt die These auf, daß eine einheitliche Währung ihre geldwertstabilisierenden Vorteile nur dann entfalten könne, wenn es nicht zur Politischen Union, d. h. zur gleichzeitigen Konzentration der wirtschaftspolitischen Kompetenzen auf der europäischen Ebene käme. Denn eine supranationale Zuständigkeit würde über kurz oder lang zu den gleichen Problemen führen, die auf nationaler Ebene bekannt wären, nämlich dem Mißbrauch des Geldemissionsmonopols zum Zwecke staatlicher Schuldenfinanzierung, so daß statt eines neutralen Maßstabsgeld nur ein „politisches Geld" zur Verfügung gestellt werde.

Ließe sich der zweite Weg begehen, so läge eine perfekte Lösung vor: eine europäische Notenbank, die in strenger Verfolgung der Geldwertstabilität die nationalen Finanzminister zu seriösem Ausgabenverhalten verurteilte und gleichzeitig überhöhte Lohnabschlüsse durch Arbeitslosigkeit sanktionierte. Realistischerweise ist jedoch davon auszugehen, daß es den europäischen Finanzministern gelingt, ein Kartell der Ausgabefreudigen zustande zubringen und daß die Gewerkschaften durchaus in der Lage sind, sich europaweit zu organisieren. Deswegen ist nur der zuerst genannte Weg, das weitere Fortschreiten in Richtung Zentralisierung und Politischer Union, realistisch. Allerdings dürfte, da nur wenige Staaten die Eintrittskriterien des Maastrichter Vertrages passieren werden, die Verfolgung dieses Pfades nur zu Lasten einer Zweiteilung innerhalb der westeuropäischen Integration zustande kommen, d. h. es wird - nach neuerem Sprachgebrauch - „Ins" und „Outs" geben, und damit die europäische Einheit selbst zum Problem werden. Gäbe es eine Alternative?

D. Zur gesamteuropäischen Integration

Fünfzehn und erst recht dreißig Staaten dem Regime einer übernationalen politischen Instanz zu unterwerfen, mag zwar für Außenpolitiker, die gerne von einer neuen „Weltmacht Europa" sprechen, attraktiv sein. Aus ökonomischer Perspektive hingegen muß der Gedanke der Vielfalt oder - anders ausgedrückt - des Wettbewerbs ins Spiel gebracht werden. Die Vorstellung, daß es, um gegen die vermeintliche Macht des Dollars oder des Yen ankämpfen zu können, eines bundesstaatlichen Europas mit Einheitswährung bedürfe, entspringt nicht ökonomischem, sondern militärisch-strategischem Denken. Ökonomisch ist die Vielfalt relevant, bedeutet sie doch Chancen zur Ausdehnung der gesellschaftlichen Arbeitsteilung und damit zur Wohlstandsmehrung. Gleichzeitig fördert sie die Kreativität, denn Vielfalt befruchtet den Wettbewerb, der wiederum den Schlendrian bekämpft.

Wirtschaftliche Interaktion selbst aber ist ein Spiel mit positiver Summe, also anders als im militärischen Konfliktdenken, ein Vorgang, in dem jeder gewinnt. Deswegen verwundert es auch nicht, daß auf dem Felde der Wirtschaft die kleineren und nicht die großen Staaten eher erfolgreich sind. Gerade die Geschichte des eurasischen Kontinents belegt das. Hier waren die zahlreichen Großstaaten der Antike, des Mittelalters und der Neuzeit zwar militärisch zeitweilig erfolgreich, wirtschaftlich aber - ausgenommen ihre Oberschichten - wenig wohlhabend, was letztlich zu ihrem Verfall beitrug. Die europäische Kultur entfaltete sich vor allem in den relativ kleinen Stadtstaaten, im Wettbewerb der einzelnen Staaten um kluge Köpfe und bessere Ideen. Dies war kein Zufall, sondern strukturell bedingt, denn dort wo niemand übermächtig ist, gedeihen viele. Was folgt daraus?

Ein supranationaler oder Bundesstaat für ganz Europa, für ein Europa der Fünfundzwanzig oder mehr, ist eine Utopie. Folglich gilt es Organisationsformen zu finden, die flexibel und offen sind. Staatenbund und Marktwirtschaft sind hier die erprobten Instrumente. Märkte sind nicht nur ein Mittel zur Integration von Binnenmärkten, sondern - wie die ständig wachsende Weltmarktwirtschaft zeigt - ein institutionelles Arrangement, mit dessen Hilfe die Vorteile der gesellschaftlichen Arbeitsteilung *global* genutzt werden können. Zweckmäßig ist deswegen die Schaffung eines gesamteuropäischen - nicht bloß westeuropäischen - Wirtschaftsraumes. Zu fragen ist, wieweit die wirtschaftliche Integration eines solchen Wirtschaftsraumes gehen kann? Es sind verschiedene Integrationsgrade denkbar. Der EWG-Vertrag hat hier die richtige Richtung eingeschlagen, in dem er als Leitidee die vier Freiheiten wählte, den freien Handel und Dienstleistungsverkehr, die Niederlassungsfreiheit, den freien Kapitalverkehr und die freie Arbeitskräftewanderung.

Das ordnungspolitische Grundprinzip eines gesamteuropäischen Raumes müßte der wettbewerbliche Föderalismus sein. Darunter ist sowohl der Wettbewerb der Unternehmen als auch der Regierungen zu verstehen. Der Wettbewerb im politischen Bereich kann ebenso wie auf gewöhnlichen Märkten wohlstandmehrende Wirkungen entfalten. Der Wettbewerb im Markt zwingt die Konkurrenten gegenüber den Wünschen der Konsumenten aufmerksam zu sein. Wettbewerb zwischen Regierungen um Bürger und Steuerzahler zwingt die Träger öffentlicher Ämter auf die Präferenzen der Bürger zu achten. Geringer Wettbewerb im Markt bedeutet höhere Preise, schlechteres Angebot und unzulängliche Produkte. Geringer Wettbewerb zwischen Regierungen hat höhere Steuern, schlechtere staatliche Leistungen und größere Ineffizienz im öffentlichen Sektor im Gefolge. Sowohl die Regierungen als auch die Produzenten am Markt aber stellen Güter und Dienstleistungen für die Bürger/ Konsumenten zur Verfügung.

Die freie Bewegung der Menschen in einem großen europäischen Wirtschaftsraum und die transnationale Beweglichkeit von Unternehmen, Kapital und Arbeit grenzt die Macht der einzelnen Staaten und Regierungen wirksam ein. Deswegen sind - so schreibt Hayek - *„viele Eingriffe in das Wirtschaftsleben, an die wir gewöhnt sind, in einer föderativen Organisation völlig undurchführbar"*.

Wettbewerb zwischen Regierungen darf nicht als ein schrankenloser Wettbewerb verstanden werden. Er bedarf ebensowie der Wettbewerb am Markt einer Verfassung. Er kann wohlstandsmehrend nur unter solchen Regeln ablaufen, die auf allgemeiner Zustimmung beruhen. In den letzten fünfzig Jahren hat es hier international erhebliche Fortschritte gegeben. Die heutige Europäische Union ist als ein großangelgter und in manchen Punkten erfolgreich verlaufener Versuch anzusehen, in einer engeren Völkergemeinschaft eine allgemeine Rechtsordnung herzustellen. Die Vorteile eines wettbewerblichen Föderalismus aber können sich nur entfalten, wenn die Schaffung eines vereinten Europas nicht in dem Sinne verstanden wird, daß jede Übertragung einer staatlichen Teilsouveränität auf die Brüsseler Behörden schon einen europapolitischen Fortschritt darstellt. Wettbewerblicher Föderalismus bedeutet im Gegensatz dazu, daß die nationalen Regierungen in den verschiedenen Politikbereichen weitgehend selbstverantwortlich sind, sich aber gleichzeitig bestimmten, vertraglich abgesprochenen Regeln unterwerfen, durch die sie auf gegenseitige Schädigung verzichten und in vielen für notwendig erachteten Gebieten, besonders der uneingeschränkten Mobilität von Gütern und Produktionsfaktoren, miteinander kooperieren.

Politisch könnte ein solcher Raum abgestützt werden durch einen Staatenbund, in dem Verteidigungsziele niedergelegt sind. Ohne die Unterstützung eines solchen Staatenbundes durch die USA wäre ein solcher Zusammenschluß aber - wie eindrucksvoll die Bosnienfrage zeigt - wohl kaum funktionsfähig. Die Vorstellung einer autonomen Verteidigungsmacht Europa, die gleichwertig und vielleicht auch rivalisierend neben die USA träte, beschwört eher internationale Verwicklungen herauf, als sie zu mindern.

Ein Staatenbund und ein dazugehöriger Wirtschaftsraum bedarf des Prinzips der Einstimmigkeit. Nur wenn gerade die kleineren Staaten in Mehrheitsabstimmungen ausdrücklich einwilligen, sollte die Majoritätsregel zum Zuge kommen. Die ständige Forderung der großen Staaten, daß ihnen mehr Einfluß gewährt werden müsse, müssen die kleineren Länder fürchten. Im übrigen gilt auch für die großen Länder, daß das Mehrheitsprinzip immer Gewinner und Verlierer kennt. Um zusätzlich eine Sicherung gegen das Überstimmtwerden auf Dauer zu haben, wäre eine Austrittsregel von Nöten. Die Sezessionsalternative würde sowohl den Übermut der Großen als auch mehrheitlicher Länderkoalitionen mäßigen und spaltend wirkenden Reden vom Imperialismus der Mächtigen gleichzeitig den Boden entziehen. Die Mitgliedschaft in der Gemeinschaft würde zum nüchternen ökonomischen Kalkül.

In einem großen europäischen Wirtschaftsraum hätte die EU-Kommission eine zentrale Aufgabe. Sie müßte die Einhaltung der vier Freiheiten überwachen, also eine Art von Polizist sein. Hinzu käme ein Europäischer Gerichtshof, der als rechtsprechende, nicht als ein die Zentralinstanz stärkendes Organ unabdingbar ist. Aufzugeben wären seitens der Kommission allerdings die Gemeinschaftspolitiken. Sie haben sich weder im Falle der gemeinsamen Agrarpolitik noch der Montanunion bewährt, noch versprechen sie Gutes auf anderen Gebieten.

Ist ein solcher großer europäischer Wirtschaftsraum machbar? Aus ökonomischer Sicht gibt es wenig Zweifel. Er wäre gleichzeitig von Vorteil für alle Teilnehmer.

Im übrigen sollte man sich an die jüngere europäische Wirtschaftsgeschichte zurückerinnern. Im letzten Viertel des neunzehnten Jahrhunderts bis hin zum verhängnisvollen ersten Weltkrieg bestand ein solcher Wirtschaftsraum, denn es war möglich von Madrid bis St. Petersburg ohne Paß- und Zollkontrollen zu reisen. Warum sollte ähnliches nicht künftig auch gelten können für die Strecken Madrid-Warschau-Kiew oder Dublin-Sofia?

HANS-LUDWIG ZACHERT

Korruption - Gefahr für Wirtschaft und Verwaltung

Die Leiter der Bauabteilungen in den großen Industrie-, Handels- und Dienstleistungsfirmen verfügen im allgemeinen über besonders schöne private Häuser. In der Regel werden ihnen diese von den Bauunternehmen gebaut, die auch die Firmenbauten durchführen.
Carl Zimmerer (1990, S. 59)

Unsere vermeintlich heile Welt hat Risse bekommen. Wir waren gewöhnt, mit einer gehörigen Portion an Selbstgefälligkeit, ja Überheblichkeit auf die von uns so bezeichnete "Bakschisch-Mentalität" in anderen Ländern herabzublicken. Korruption - das war ein Phänomen, das in erster Linie mit anderen Kulturkreisen in Verbindung gebracht wurde. "Über die nützlichen Abgaben an die Mafia spricht man in Italien und New York", so schrieb vor einiger Zeit der Jubilar (Zimmerer, 1981, S. 168) . Doch eine Fülle von Medienberichten über Bestechungsaffären und die polizeilich bzw. staatsanwaltschaftlich registrierten Fälle belegen, daß keine Veranlassung zu Selbstgefälligkeit oder auch nur Gelassenheit besteht. "Es ist sicherlich richtig, daß die Zahl der bestechlichen Abgeordneten und öffentlich Bediensteten bei uns weit kleiner ist als in Italien und Spanien. Aber daß die Korruption steigt, ohne daß ihr entgegengetreten wird, kann nicht abgestritten werden." (Zimmerer, 1990, S. 145) "Diese balkanischen Sitten" (Zimmerer, 1990, S. 59) sind offensichtlich auch in Deutschland erheblich weiter verbreitet, als viele das bisher wahrhaben wollten.

A. Terminologische und quantitative Unschärfen

Korruption ist ein ausgesprochen unscharfes Phänomen, das gilt quantitativ wie qualitativ. Umfassende empirische Erkenntnisse bzw. Rechtstatsachen über das Phänomen Korruption sind derzeit nicht vorhanden. Das ist nicht nur auf das vorhandene Dunkelfeld, sondern auch auf das Fehlen geeigneter, differenzierter Erfassungsmodalitäten zurückzuführen.

Korruption ist kein strafrechtlicher Tatbestand, sondern ein in der Kriminologie, aber auch in der Alltagssprache benutzter Terminus. Im strafrechtlichen Sinne geht es um die Tatbestände der §§ 331 bis 334 StGB (Vorteilsannahme, Bestechlichkeit, Vorteilsgewährung, Bestechung) und des § 12 UWG (Angestelltenbestechung). Eine allein auf diese Straftatbestände eingeengte Betrachtung ist allerdings eher dazu angetan, den Blick zu verstellen. Denn in fast allen Bereichen des Wirtschafts- und Gesellschaftslebens werden Gefälligkeiten erwiesen. Die Grenzen der Strafbarkeit werden nicht immer überschritten, oder der Nachweis läßt sich im Einzelfall nicht führen.

I. Daten aus dem Hellfeld

Empirische Daten über Korruption sind nicht gerade reichlich vorhanden, zudem weit verstreut. Auf den ersten Blick sprechen die nackten Zahlen keine allzu deutliche Sprache. Erst eine Zusammenführung aller Daten und Indikatoren ermöglicht eine Bewertung der Lage.

Die Strafverfolgungsstatistik bietet keine Hilfe bei der Quantifizierung des Phänomens. Zum einen ist sie nicht aktuell: Bundesweite Zahlen liegen in aller Regel erst mit einer Verzögerung von mehreren Jahren vor. Zum anderen ist die Aussagekraft der Zahlen stark eingeschränkt, da bei mehreren Tatvorwürfen nur die jeweils schwerste Straftat (gemessen am angedrohten Strafmaß) in die statistische Erfassung eingeht. In der Polizeilichen Kriminalstatistik für die Bundesrepublik Deutschland wurden Verstöße gegen die §§ 331 bis 334 StGB bis zum Erfassungsjahr 1993 nicht gesondert ausgewiesen, sondern lediglich in der Gruppe der "Straftaten im Amt" erfaßt, so daß detaillierte Angaben über die einzelnen Erscheinungsformen nicht möglich waren. In der Statistik für das Jahr 1994 werden nunmehr genauere Aufschlüsselungen vorgenommen. Damit liegen erstmals Angaben zum Mengengerüst der polizeilich registrierten Korruptionskriminalität vor. Von den im vergangenen Jahr registrierten über 7.100 Straftaten im Amt waren (Bundeskriminalamt, 1995, Tabellenanhang, Tabelle 01, Blatt 14, Teil 1):

- 291 Fälle von Vorteilsannahme
- 851 Fälle von Bestechlichkeit
- 194 Fälle von Vorteilsgewährung und
- 1.906 Fälle von Bestechung

In Hessen haben sich in den letzten Jahren Ermittlungsverfahren wegen Korruption gehäuft. Sie sind nach den Erfahrungen des Hessischen Landeskriminalamts häufig die Folge von Zufallsfunden und Erkenntnissen aus anderen Verfahren. Das legt den Schluß nahe, daß nur ein - möglicherweise kleiner - Teil des Dunkelfeldes im Rahmen von strafrechtlichen Ermittlungen aufgehellt wird. Dennoch wurden in Hessen seit 1988 insgesamt über 2.000 Korruptionsverfahren gezählt. Vor dem Hintergrund der bekanntgewordenen Korruptionsfälle hat der Hessische Rechnungshof seine Prüfungen intensiviert; bei Revisionsmaßnahmen in 11 Landkreisen in den Jahren 1991 und 1992 wurden rund 70 korruptionsbelastete Baumaßnahmen festgestellt (Müller, 1993, S. 510, 516). Aufgrund verdichteter weiterer Prüfungen sind im Anschluß bereits weitaus mehr Fälle aufgegriffen worden.

Einen weiteren Indikator für die Korrputionsanfälligkeit öffentlich Bediensteter bilden die Ermittlungsverfahren wegen Spionagetätigkeit. Auch in diesen Straftaten geht es in aller Regel darum, Dritten gegen Geld- oder ähnliche Leistungen

Vorteile - hier vor allem schutzwürdige Informationen - zu verschaffen. Seit der Wende hat die Bundesanwaltschaft über 2.000 Ermittlungsverfahren eingeleitet. Eine Auswertung der beim Bundeskriminalamt bis Mitte 1994 geführten Verfahren hat ergeben, daß 18,7 % aller Tatverdächtigen dem öffentlichen Dienst angehörten. Nur wenige handelten allein aus ideologischen Beweggründen, bei den meisten spielten auch materielle Anreize eine bedeutende Rolle.

II. Erhebliches Dunkelfeld

Das bei Prüfungen und Ermittlungsverfahren zutage geförderte Hellfeld ist sicherlich nicht repräsentativ für das Gesamtausmaß der Korruption. Weder findet Korruption überwiegend in Hessen statt, noch ist sie ein neuartiges Phänomen. Das Hellfeld ist allenfalls Indikator dafür, daß es Korruption gibt, daß sie - deutlicher formuliert - zumindest als Gefahr allgegenwärtig ist, wenn auch meist latent.

Ermittlungsverfahren, wie sie in Hessen geführt worden sind und werden, Erkenntnisse, die aus Verfahren der Organisierten Kriminalität gewonnen wurden, sowie die in jüngster Zeit gewachsene Sensibilisierung für Korruptionsphänomene weisen alle in die gleiche Richtung: wo immer nachgebohrt wird, wo Hinweisen konsequent nachgegangen wird, wo Ermittlungsverfahren eingeleitet werden, stößt man regelmäßig auf eine ganze Kette von Korruptionsdelikten, einen Sumpf von Gefälligkeiten, Vergünstigungen, Ermessensüberschreitungen, Pflichtwidrigkeiten, Rechtsbrüchen, die für mehr oder weniger bedeutende Gegenleistungen erbracht worden sind. Offensichtlich sind wir in Deutschland wohl nie so immun gegen Korruption gewesen, wie wir uns das eingeredet haben. Auch haben wir es offensichtlich nicht allein mit einzelnen "schwarzen Schafen" zu tun haben. Die Welle von Ermittlungsverfahren im Rhein-Main-Gebiet, bei der eine Vielzahl von Fällen Hinweise auf weitere mit sich brachte, legt eher den Verdacht nahe, daß wir es mit einem Virus, einer Epidemie zu tun haben. Der Präsident des Hessischen Rechnungshofs kommt angesichts der Prüfungsergebnisse seiner Behörde zu dem Schluß, "daß Korruption kein Einzelphänomen oder eine Häufung von zu bedauernden Einzelfällen ist, sondern System" (Müller, 1993, S. 510).

III. Konspirative Strukturen

Kriminalpolizeiliche Erkenntnisse zeigen, daß sich die Beeinflussung von öffentlich Bediensteten meist über lange Zeiträume erstreckt, gelegentlich über Jahrzehnte. Wir müssen deshalb von verfestigten Manipulationsstrukturen in diesen Bereichen ausgehen. Sie fußen - wie es der französische Politologe Yves Mény formuliert hat - "auf Mechanismen, Werten und Regeln, welche das politische System völlig integriert und legitimiert hat" (Zitiert nach Siegele, 1994). Deshalb genügt es nicht, die strafrechtlich relevanten Korruptionsdelikte zu betrachten. Der rechtsfreie oder nicht justitiable Raum des *do ut des* zu Lasten Dritter oder der Allgemeinheit ist es, der das Klima schafft, in dem auch Korruption im engen strafrechtlichen Sinne gedeihen kann.

Die Tatbeteiligten legen ein hohes Maß von Konspiration an den Tag, und es fehlt an einem personifizierten Opfer. Schon diese in der Natur der Straftaten begründeten Besonderheiten, aber auch das geringe Aufdeckungs- und Überführungsrisiko legen nahe, daß ein großer, vielleicht sogar der größte Teil der Fälle im Dunkelfeld bleibt. Gelegentlich zeigt sich in Behörden wie in Unternehmen die Neigung, interne Mißstände herunterzuspielen, erkannte Verfehlungen von Mitarbeitern jedenfalls nicht an die Öffentlichkeit gelangen zu lassen. Das Bestreben, dem Ansehen der Behörde bzw. des Unternehmens nicht zu schaden, ist häufig Auslöser für ein solches Verhalten. Eine Verharmlosung von bekannten oder erkennbaren Mißständen schadet allerdings mehr als das offene Bekenntnis dazu. Sie wirkt sogar regelrecht kontraproduktiv. Denn mangelhafte Aufdeckung und geringe Überführungswahrscheinlichkeit wirken ausgesprochen korruptionsfördernd. Sie verstärken zudem das Mißtrauen der Öffentlichkeit. Unter solchen Umständen sind aber bereits wenige bekanntwerdende Fälle ein Grund zu ernsthafter Beunruhigung, weil möglicherweise nur die Spitze eines Eisbergs sichtbar wird.

Korruptionsdelikte sind typische Beispiele der sog. Kontrollkriminalität. Derartige Straftaten werden nur im Ausnahmefall durch offen erkennbare Indizien oder durch Strafanzeigen bekannt. Ihr Bekanntwerden ist vielmehr weitgehend von der Intensität der Überwachung abhängig. Je mehr Ressourcen der Kontrolle und der Strafverfolgung in ein solches Feld eingebracht werden, desto mehr Kriminalität wird "produziert", weil ein Teil des Dunkelfeldes aufgehellt wird.

B. Verschärfung des Bedrohungspotentials

I. Korruption und Organisierte Kriminalität

Die Rolle, die die Korruption bei der Organisierten Kriminalität spielt, ist als Problemverschärfung zu werten. Wir wissen, daß die Einflußnahme durch Korruption zu den typischen Verhaltensmustern des Organisierten Verbrechens zählt. Einzelfälle belegen das auch in Deutschland. Ist aber gleichsam der Boden für die Korruption durch bereits praktizierte und möglicherweise weitverbreitete Praktiken bereitet, fällt es der Organisierten Kriminalität umso leichter, dort mit ihren Mitteln ebenfalls anzusetzen. Sie wird sich bestimmt nicht abstinent verhalten und das Feld Bauunternehmern oder gemeinen Kriminellen überlassen. Organisierte Kriminalität ist zu einem beachtlichen Teil "Importware" ist. Der Ausländeranteil bei der Organisierten Kriminalität liegt deutlich über dem der Gesamtkriminalität. Kriminelle Gruppierungen aus dem Ausland, die in Deutschland aktiv sind oder nach hier hineinwirken, sind nicht frei von heimatlichen Verhaltensmustern, zu denen häufig die Korruption zählt. Die Ergebnisse einer vom BKA vorgenommenen Auswertung von Ermittlungsverfahren haben bestätigt, daß osteuropäische OK-Gruppierungen in erheblichem Umfang Einfluß auf Polizei, Justiz und Verwaltung zu nehmen versuchen. Das gilt etwa für den Deliktsbereich der internationalen Kfz-Verschiebung. Die Organisatoren besitzen in ihren Heimatländern (wirtschaftlichen und gelegentlich auch politischen) Einfluß. Kontakte bis in höchste Kreise von Justiz und Politik werden zur Absicherung der kriminellen Geschäfte vor Maßnahmen der Strafverfolgung genutzt. Ermittlungskomplexe mit Bezügen nach Polen, Rumänien und der Ukraine haben uns Belege dafür geliefert. Noch findet der Großteil der festgestellten Korruptionsdelikte in den Herkunftsländern der Straftäter statt. Doch mit dem immer weiteren Vordringen von kriminellen Organisationen, vor allem aus Süd- und Osteuropa sowie aus Südamerika, wächst das Korruptionspotential in Deutschland. In Einzelfällen ist es nachweisbar. So gelang es beispielweise OK-Gruppierungen, die gestohlene Kraftfahrzeuge nach Osteuropa verschoben haben, Bedienstete von Kfz-Zulassungsstellen durch Zuwendungen dazu zu bewegen, amtliche Dokumente für die Fahrzeuge auszustellen.

Untersuchungen der kriminalistisch-kriminologische Forschungsgruppe des BKA (Rebscher/Vahlenkamp, 1988; Dörmann u.a., 1990) haben schon vor einigen Jahren die Gefährdung staatlicher Einrichtungen durch Korruptionsstrategien des Organisierten Verbrechens aufgezeigt. Die befragten Experten haben mehrheitlich zum Ausdruck gebracht, daß mit einem Anwachsen des Bedrohungspotentials zu rechnen ist, obwohl viele von ihnen bei ihren Einschätzungen davon ausgegangen sind, daß sich der öffentliche Dienst in Deutschland als besonders korruptionsresistent erweisen wird. In einer weiteren vom BKA initiierten Untersuchung (Sieber/Bögel, 1993) ist deutlich geworden, daß Korruption eines der zentralen Logistikelemente der Organisierten Kriminalität darstellt. Ohne wirksame Gegenmaßnahmen besteht die Gefahr, daß organisierte Straftätergruppierungen mit Hilfe ihrer großen Finanzmittel und bereits bestehender Beziehungen versuchen, ihren Einfluß auf Verwaltung, Polizei und Justiz zu vergrößern.

II. Geringes Tataufdeckungsrisiko

Die Aufdeckung und die strafrechtliche Ahndung von Korruptionsdelikten bereiten noch immer erhebliche Schwierigkeiten. Erkenntnisse aus Ermittlungsverfahren legen nahe, daß Defizite in der Dienst- und Fachaufsicht sowie organisatorische Mängel dazu beitragen, daß die Bediensteten Kontrollen nicht fürchten. Das Dunkelfeld bei Korruptionsdelikten verstärkt diese Einschätzung. Das Entdeckungsrisiko muß deshalb als gering bezeichnet werden. Selbst wenn Verdachtsmomente aufkommen, entstehen regelmäßig Beweisprobleme. Sie betreffen vor allem die Kausalität von Diensthandlung und Gegenleistung sowie den Schadens- bzw. Vorteilsnachweis. Nicht immer kommt es deshalb zu straf- und/oder dienstrechtlichen Konsequenzen. Die Strafverfolgungsstatistik legt davon Zeugnis ab.

Wer zuwarten will, bis sich die Zahlen in Tausender- oder Zehntausenderbereichen bewegen, um die Ernsthaftigkeit der Bedrohung anzuerkennen, der geht nach meiner Einschätzung ein unvertretbares Risiko ein. Denn wenn die Korruption dieses Maß der Wahrnehmbarkeit erst erreicht hat, dann ist es wahrscheinlich zu spät, um ihrer noch Herr zu werden. Diese Einsicht sollten wir aus ausländischen Erfahrungen ziehen. Ich denke dabei vor allem an die Entwicklungen in Italien. Aber auch Berichte aus den Staaten des früheren Ostblocks, insbesondere aus den Nachfolgestaaten der Sowjetunion, machen deutlich, daß die Korruption dort zu den gängigen Verhaltensmustern zählt. Angesichts der politischen Veränderungen, der immer engeren Beziehungen und eines wachsenden grenzüberschreitenden Personen- und Warenverkehrs sind das keine fernen Länder mehr, sondern Nachbarstaaten im zusammenwachsenden Europa. Gerade bei der Kriminalitätsbekämpfung müssen wir in europäischen Zusammenhängen denken und handeln.

C. Tat und Täter

I. Korruptionsgefährdete Bereiche und Personen

Korruptionsgefährdet sind alle Bereiche der öffentlichen Verwaltung, die Informationen besitzen oder Entscheidungen treffen, die für Dritte einen materiellen oder immateriellen Wert darstellen. Als Ziele der Einflußnahme lassen sich vor allem drei Formen feststellen:
- die Gewinnung von behördeninternen Informationen
- die Steuerung des Verwaltungshandelns
- der Aufbau einer Machtposition durch Schaffung von Abhängigkeiten

Bei den tatverdächtigen Amtsträgern gibt es keine schichtspezifischen Unterschiede. Das Spektrum reicht vom Bürosachbearbeiter bis zum Bürgermeister, auch Polizeibehörden und in Einzelfällen die Justiz sind betroffen. In Polizei und Justiz müssen besondere Maßstäbe angelegt werden, denn sie sind staatliche Kontrollinstanzen. In den Augen der Bürger sind sie Garanten unseres Rechtssystems. Korruption in diesen Bereichen wird deshalb zwangsläufig besonders kritisch gewertet. In einer niederländischen Polizeizeitschrift hieß es dazu (o.V., 1995): Eine erfolgreiche Korruptionsbekämpfung durch die Strafverfolgungsbehörden verlange, in den eigenen Reihen zu beginnen; man dürfe nicht warten, daß Fälle innerhalb der Polizei bekanntwerden, sondern müsse präventiv tätig werden. Wenn der Staat selbst Regeln übertritt, spornt das den Bürger nicht dazu an, sich an Regeln zu halten. Jeder Korruptionsfall in der öffentlichen Verwaltung, vor allem aber Verfehlungen bei Polizei und Justiz fördern die allenthalben beklagte Staatsverdrossenheit und die Erosion des Rechtsbewußtseins. Das können wir nicht hinnehmen, und deshalb dürfen wir auch nicht über einen einzelnen Fall hinwegsehen.

II. Die unterschätzte Rolle der Korrumpierer

Wenn man die Diskussion über Korruption verfolgt, drängt sich der Eindruck auf, als sei dieses Phänomen allein ein Problem des öffentlichen Dienstes. Denn die Rede ist fast ausschließlich von den Bestochenen und den Vorteilsnehmern. Auch *Carl Zimmerer* formulierte in diesem Zusammenhang: "Die Bestechung wird fast immer von Bestochenen initiiert" (Zimmerer, 1990, S. 61). Selbst in empirischen Untersuchungen zur Korruption finden sich fast ausschließlich Angaben über die beteiligten Amtsträger. Doch Korruption setzt immer zwei Seiten voraus: neben der "nehmenden" auch eine "gebende". Hinter jedem Korrumpierten steht ein Korrumpierender - das darf nicht übersehen werden. In der Strafverfolgungsstatistik liegt die Zahl der wegen aktiver Korruptionsdelikte Verurteilten seit langem deutlich höher als die der Bestochenen bzw. Vorteilsannehmenden. In den meisten Jahren war sie mehr als doppelt so hoch. Bei allen Grenzen der Aussagekraft dieser Statistik sind diese Zahlen zumindest ein wichtiger Indikator.

Eine Auswertung von Korruptionsverfahren aus Nordrhein-Westfalen bestätigt den Befund. Für den 18-Monats-Zeitraum von Anfang 1993 bis Mitte 1994 wurden dort insgesamt 30 Verfahrenskomplexe festgestellt. Bei den Ermittlungen wurde 644 Fälle der Vorteilsannahme und der Bestechlichkeit auf der einen Seite, 732 Fälle der Vorteilsgewährung und der Bestechung auf der anderen registriert. Die oben wiedergegebenen Zahlen der Polizeilichen Kriminalstatistik für das Jahr 1994 zeigen ein ähnliches Bild.

Die Rolle der Bestecher und Vorteilsgewährer sollte deshalb keinesfalls unterbewertet werden. Häufig, vielleicht meistens geht - anders als der Jubilar vermutete - die erste Aktivität von dieser Seite aus. Die Vorgehensweise ist nicht selten ausgesprochen professionell. Relevante Personen werden sorgfältig, aber behutsam angegangen; von "Anfüttern" ist in jüngster Zeit die Rede. Zunächst wird die Bereitschaft überprüft, gegen angebotene Vorteile an Manipulationen mitzuwirken. Im nächsten Schritt werden die familiären und finanziellen Verhältnisse sowie persönliche Bedürfnisse, Hobbys, Vorlieben und Schwächen gezielt ausgeforscht. Daraus ergibt sich die Strategie der Anbahnung. Die Manipulationspraktiken werden eingebettet in berufliche oder private Kontakte. Anfänglichen kleinen Aufmerksamkeiten folgen stufenweise Anhebungen der Zuwendungen, die den Betroffenen mit der Zeit dauerhaft binden. Ziel ist es in jedem Fall, Abhängigkeitsverhältnisse zu schaffen, aus denen sich der Betroffene später kaum mehr selbst befreien kann. Anfänglich ist das Entstehen dieser Abhängigkeit für den Betroffenen häufig nicht wahrnehmbar. Parallel zur wachsenden und nun auch wahrnehmbaren Abhängigkeit schwindet allerdings im Laufe der Zeit häufig das Unrechtsbewußtsein. Die Zwangslage des Korrumpierten begründet u.a. auch die immer wieder festzustellende Langfristigkeit der korrupten Beziehung. Darin liegt das große Bedrohungspotential der Korruption. Die Verstrickung wirkt wie ein Teufelskreis, aus dem sich der Korrumpierte kaum noch befreien kann.

D. Gesellschaftliche Bewertung von Korruption

Als problematisch erweist sich in diesem Zusammenhang die Einstellung, mit der Korruptionsphänomene im Wirtschaftsleben behandelt werden. In einem jüngst abgeschlossenen Forschungsprojekt des BKA zur Prävention von Korruptionsdelikten (Vahlenkamp/Knauß, 1995) wurden u.a Vertreter verschiedener Unternehmen und Fachverbände befragt. Dabei wurde deutlich, daß Unternehmen nicht selten in einem ausgeprägten Spannungsverhältnis stehen. Schmiergelder Dritter an Angehörige des eigenen Unternehmens stoßen auf Ablehnung und sollen verhindert werden. Erscheinen derartige Zahlungen an Dritte aber als unver-zichtbar, um Aufträge zu sichern, werden sie als notwendiges Übel, als Mittel zum Zweck betrachtet. "In vielen Bilanzgewinnen mittelständischer Unternehmen stecken erhebliche Bargeldzahlungen ohne Quittungen an Konzerneinkäufer und Politiker. ... Es gibt Gästehäuser, in denen ausschließlich korrupte Angestellte von Kundenfirmen bewirtet werden." (Zimmerer, 1981, S. 168)

Bei der Bewertung der Rolle, die die Wirtschaft spielt, gehen einige Experten noch weiter. So wird der Vorsitzende einer Wirtschaftsstrafkammer mit der Aussage zitiert: "Ohne Schmiergeld scheint in manchen Bereichen der Wirtschaft fast nichts mehr zu gehen" (Zitiert nach Schaupensteiner, 1994, S. 524). Der Frankfurter Staatsanwalt Schaupensteiner meint: "Die aggressive Beeinflussung von Angehörigen des öffentlichen Dienstes durch Bestechung erfährt eine zunehmende Professionalisierung. ... Bestechung und Betrug werden in weiten Bereichen der freien Wirtschaft ohne ausgeprägtes Unrechtsbewußtsein als Teil der Geschäftspolitik zur Steigerung der Umsätze akzeptiert. ... Selbst bei dem BDI gelten Schmiergelder als 'Marketingkosten'" (Schaupensteiner, 1994, S. 516). Für ihn sind das "Formen organisierter, geschäftsmäßig betriebener Korruption", die "auf Dauer angelegt und ... planmäßig zum Nutzen des jeweiligen Vorteilsgebers eingesetzt" werden (Schaupensteiner, 1994, S. 516).

Eines will ich an dieser Stelle nachdrücklich unterstreichen. Das Handeln des einen rechtfertigt nicht das des anderen, das Tun des einen mindert nicht die Schuld des anderen. Wenn ich dennoch den Blick stärker auf die Korrumpierer lenken will, so will ich damit nicht von den Korrumpierten ablenken, sondern angesichts der Einseitigkeit der laufenden Debatte für Gleichgewichtigkeit plädieren. Es müssen immer beide Seiten betrachtet werden - auch mit Blick auf wirksame Bekämpfungsmaßnahmen.

Es steht außer Frage, daß mit Korruptionsdelikten gegen bestehendes Recht verstoßen wird. Aber wie sieht es mit den gesellschaftlichen Werthaltungen aus? Zählen solche Verhaltensweisen nicht schon zu den gesellschaftlich tolerierten? Sind sie nicht einfach Ausdruck einer vorherrschenden Bereicherungsmentalität, des Zeitgeistes? Ein Indikator dafür ist das bei der weit überwiegenden Mehrheit der Beschuldigten geringe oder fehlende Unrechtsbewußtsein bei Korruptionsdelikten, wie es in Ermittlungsverfahren immer wieder festzustellen ist. Darin äußert sich eine beunruhigende Erosion des Rechtsbewußtseins. Gesellschaftliche Strukturen und allgemein akzeptierte Werte unterliegen stets Wandlungsprozessen. Gegenwärtig besitzt das Streben nach größtmöglicher individueller Freiheit einen hohen Stellenwert, materielle Werte stehen im Vordergrund. Das technisch Machbare und das ökonomisch Ergiebige sind die Maßstäbe, ethische und moralische Aspekte treten in den Hintergrund. Bewundert wird, wer sich nimmt, was er braucht. Die Gesellschaft zerfällt in egoistische Gruppen und Grüppchen. Begriffe wie Gemeinwohl oder Bürgersinn verkommen zu Leerformeln. Die Einsicht, daß auch geringfügige Straftaten Unrecht sind, scheint verlorenzugehen. "Kleindiebstähle, Kleinbetrug und Kleinunterschlagung werden rechtlich längst nicht mehr verfolgt." (Zimmerer, 1990, S. 119) Die individuelle Bereicherung zu Lasten der Gemeinschaft in Form von Korruption reflektiert möglicherweise nur diese allgemeine gesellschaftliche Entwicklung und trägt selbst zur Verstärkung des allgemeinen Trends bei.

Noch mangelt es an einer von Politik, Verwaltung, Wirtschaft und Bürgern getragenen Gesamtstrategie, die dem Unrechtsgehalt und dem Bedrohungspotential der Korruption gerecht wird. Die ambivalente Einstellung der Wirtschaft habe ich bereits skizziert. Die politisch Verantwortlichen verhalten sich zögerlich. Das geltende Steuerrecht ist bei der Abzugsfähigkeit von nützlichen Aufwendungen, zu denen auch Bestechungsgelder zählen, noch immer von dieser Haltung geprägt. Erst jüngst hat sich ein Einstellungswandel abzuzeichnen begonnen.

An Schätzungen über das Ausmaß der entstehenden materiellen Schäden will ich mich mangels fundierter Grundlagen nicht beteiligen. Hochrechnungen auf der Basis von Erkenntnissen aus bekanntgewordenen Fällen weisen immer das Manko auf, daß sie letztlich Hypothesen über das Dunkelfeld, das aber gerade durch das Nichtwissen definiert ist, implizit enthalten. Eines aber sollte nie aus den Augen verloren werden. Nicht nur die öffentlichen Haushalte werden in zahlreichen Fällen erheblich geschädigt. Mindestens ebenso bedeutsam, wahrscheinlich aber viel schwerer wiegen die Auswirkungen auf das allgemeine Rechtsbewußtsein. Auf der einen Seite droht der Verlust des Vertrauens in die Integrität, die Unabhängigkeit und Unparteilichkeit, eben die Unbestechlichkeit der öffentlichen Verwaltung. Die Staatsverdrossenheit wächst. Auf der anderen Seite ist die allgemeine Rechtstreue in Gefahr. Faktisch sanktionsfreie Räume tragen zur weiteren Erosion der Normgeltung im Generellen bei, der Rechtsstaat droht zum "Rechtshüllenstaat" zu verkommen (Zimmerer, 1990, S. 119).

E. Bekämpfung von Korruption

I. Intensivierung erforderlich

"Man kann diesen Übelstand in unserer demoralisierten Zeit nicht vollständig beseitigen" (Zimmerer, 1990, S. 61), diese Einschätzung von *Zimmerer* hat nach wie vor Bestand. Die Intensität der Gegenmaßnahmen läßt sich allerdings noch erheblich steigern. Experten weisen immer wieder darauf hin, daß gerade die "Sensibilisierung" für das Phänomen als einer der wichtigsten Aspekte im Kampf gegen die Korruption anzusehen ist. Deshalb muß der Finger in die Wunde gelegt werden. Schweigen oder Hinwegsehen fördert nur die Ausweitung des Phänomens, dessen Symptome wir vereinzelt wahrnehmen. Das Thema sollte weder tabuisiert noch ideologisiert werden. Sonst könnte es soweit kommen, daß niemand mehr einen Korrupten korrupt nennt.

Vor allem darf die Aufdeckung von Korruptionsdelikten nicht eine Sache des Zufalls sein. Es muß das Bewußtsein vorhanden sein, daß Korruption überall und jederzeit entstehen und daß die Organisierte Kriminalität das Bedrohungspotential verstärken kann. Wir müssen deshalb den Blick für derartige Phänomene schärfen, um sie mit geeigneten Mitteln und dem nötigen Sachverstand frühzeitiger und zuverlässiger wahrnehmen zu können. Dann wird in Zukunft vielleicht häufiger bewußt: "Achtung, hier droht Korruption".

Noch stehen wir am Anfang eines solchen Bewußtseinswechsels, müssen die notwendigen Voraussetzungen erst schaffen. Der Sachverstand bei Prüfungsinstanzen wie den Rechnungshöfen und bei den Strafverfolgungsbehörden muß weiter ausgebaut werden, um den besonderen Erfordernissen von Korruptionsermittlungen gerecht zu werden. Spezifische Zuständigkeiten müssen geschaffen werden. Bestehende Gesetzeslücken wie etwa bei der Strafbarkeit des Ausschreibungsbetrugs oder der Haushaltsuntreue sind zu schließen. Weitere Vorschläge zur Korruptionsbekämpfung befinden sich in der Diskussion.

II. Ein Maßnahmenkatalog

Das Bundeskriminalamt hat die Ergebnisse einer Untersuchung veröffentlicht, bei der ein umfangreicher Katalog von von Anti-Korruptions-Maßnahmen zusammengestellt worden ist (Vahlenkamp/Knauß, 1995). Im Mittelpunkt der umfangreichen Studie steht eine empirische Untersuchung zu Präventionsmaßnahmen gegen Korruption vor allem in der öffentlichen Verwaltung und der Kommunalpolitik. Ziele der Untersuchung waren die Beschreibung des Phänomens, eine Analyse der Schwachstellen einschließlich des Aufzeigens gefährdeter Bereiche sowie die Darlegung von Möglichkeiten des Erkennens und der Aufdeckung von Korruption. Darüber hinaus wurden Anregungen und Empfehlungen zur Korruptionsbekämpfung und -verhütung eingeholt, bewertet und in einen umfassenden Empfehlungskatalog umgesetzt.

Mit schriftlichen und mündlichen Befragungen wurden praxisorientierte Erkenntnisse und Einschätzungen zu diesem Kriminalitätsphänomen erhoben. An der Befragung wirkten 165 kommunale Mandatsträger aus zwei Bundesländern (Rheinland-Pfalz und Thüringen) sowie 282 Bedienstete der öffentlichen Verwaltung aus über 50 Städten und aus verschiedenen Bundes- und Landesbehörden mit. Zusätzlich wurden "Tiefeninterviews" mit 22 Experten aus der gewerblichen Wirtschaft, der Politik, der allgemeinen öffentlichen Verwaltung und von Polizei und Staatsanwaltschaft geführt.

Der in der BKA-Studie enthaltene Katalog von Empfehlungen enthält eine Vielzahl von speziellen, auf einzelne Bereiche zugeschnittenen Maßnahmen. Er ist nicht als Patentrezept, sondern als eine Orientierungshilfe bei der Korruptionsvorsorge zu verstehen. Die Präventionsvorschläge werden daher als eine Art "Bausatz" angeboten, aus dem sich das auf die jeweiligen Aufgabenfelder zugeschnittene Konzept herausarbeiten läßt. Der Katalog ist somit eine Zusammenführung und Systematisierung der Empfehlungen aus der Praxis für die Praxis.

Zur verwaltungsinternen Korruptionsprävention empfehlen die Befragten eine Vielzahl von möglichen Vorbeugungs- bzw. Gegenmaßnahmen, wie etwa:

- Sensibilisierung durch persönliche Ansprache der öffentlich Bediensteten und Mandatsträger, insbesondere der potentiell Gefährdeten
- Intensivierung der Aus- und Fortbildung
- strengere Personalauswahl in korruptionsanfälligen Bereichen
- Stärkung der Vorbildfunktion der Führungskräfte; Ausübung der Fürsorgepflicht
- Stärkung der Dienst- und Fachaufsicht; Intensivierung von Kontrollen
- Absicherung öffentlicher Auftragsvergaben
- Verwaltungshandeln unter Wahrung des "4-Augen-Prinzips"
- Personalrotation (im beschränkten Rahmen)
- Aufsplittung komplexer Vorgangsabläufe (z.B. Aufsplitten von Vergabeverfahren in Planung, Vergabe, Ausführung, Abrechnung mit unterschiedlicher Sachbearbeitung)
- Einrichtung von Innenrevisionen

- Stärkung der Stellung der Rechnungshöfe (Einbeziehung in die Korruptionsbekämpfung; Sanktionsmittel)
- Einrichtung von Anti-Korruptions-Referaten bzw. -Dienststellen, Benennung von Korruptionsbeauftragten in den Behörden.

Korruptionsprävention sollte nicht wie eine vorgegebene Gußform oktroyiert werden. Wegen spezifischer Besonderheiten der öffentlichen Funktionen und Aufgabenbereiche muß sie in ihren Feinheiten eigenständig und anwendergerecht entwickelt werden. Nicht alle Gegenmaßnahmen sind universell einsetzbar. Das Forschungsprojekt hat gezeigt, daß es für eine erfolgreiche Korruptionsprävention kein Allheilmittel gibt, sondern daß differenziert auf die höchst unterschiedlichen staatlichen bzw. kommunalen Aufgabenfelder, auf die dort bestehenden Usancen und Gegebenheiten und auf die jeweiligen Täterprofile abzustellen ist. Jede Maßnahme zur Korruptionsprävention muß diesem Umstand in geeigneter Weise Rechnung tragen.

F. Ausblick

Die vor allem in Hessen gewonnen Erfahrungen machen deutlich, daß solche Maßnahmen Wirkungen zeigen. "Man kann mit den Antikorruptions-Kampagnen manchen labilen Mitarbeiter abschrecken." (Zimmerer, 1990, S. 61) Sie haben zwangsläufig auch Folgen, die nicht von allen gerne gesehen werden. Die Zahl der Ermittlungsverfahren wird weiter steigen, weil Teilbereiche des Dunkelfelds aufgehellt werden. Als Folge davon wird vor allem die öffentliche Verwaltung weiter angeprangert. Das sollte aber nicht davon abhalten, diesen Weg zu beschreiten.

Korruption - das ist gleichsam die Korrosion in der Berufs und Arbeitswelt. Wie Rost tritt sie zunächst nur an einzelnen Stellen auf, wirkt häufig und gelegentlich lange Zeit unerkannt unter der Oberfläche. Wenn nicht rechtzeitig Gegenmaßnahmen eingeleitet werden, breitet sie sich flächendeckend aus und greift auch die tragenden Bestandteile des Systems an. Das gilt es zu verhindern. Darauf hat auch *Carl Zimmerer* immer wieder hingewiesen.

Literatur

Bundeskriminalamt (Hrsg.): Polizeiliche Kriminalstatistik Bundesrepublik Deutschland - Berichtsjahr 1994, Wiesbaden 1995.

Dörmann, Uwe/Karl-Friedrich Koch/Hedwig Risch/Werner Vahlenkamp: Organisierte Kriminalität - wie groß ist die Gefahr? - Expertenbefragung zur Entwicklung der Organisierten Kriminalität in der Bundesrepublik Deutschland vor dem Hintergrund des zusammenwachsenden Europa, BKA-Forschungsreihe, Sonderband, Wiesbaden 1990.

Müller, Udo: Korruption in der öffentlichen Verwaltung - Typologie und Schaden im Baubereich, in: Kriminalistik, 47. Jg. (1993), S. 509 - 516.

o.V.: De strijd tegen fraude en corruptie, in: Het Tijdschrift voor de Politie, Nr. 1/2 - 1995, S. 1.

Rebscher, Erich/Werner Vahlenkamp: Organisierte Kriminalität in Deutschland - Bestandsaufnahme, Entwicklungstendenzen und Bekämpfung aus der Sicht der Polizeipraxis, BKA-Forschungsreihe, Sonderband, Wiesbaden 1988.

Schaupensteiner, Wolfgang: Bekämpfung von Korruptionsdelinquenz - Vom Unwesen des Bestechens und Bestochenwerdens, in: Kriminalistik, 48. Jg. (1994), S. 514 - 524.

Sieber, Ulrich/Marion Bögel: Logistik der Organisierten Kriminalität, BKA-Forschungsreihe, Band 28, Wiesbaden 1993.

Siegele, Ludwig: Patrons am Pranger, in: Die Zeit, Nr. 29, vom 15.07.94, S. 22.
Vahlenkamp, Werner/Ina Knauß: Korruption - hinnehmen oder handeln?, BKA-Forschungsreihe, Band 33, Wiesbaden 1995.

Zimmerer, Carl: Die Bilanzwahrheit und die Bilanzlüge, 2. Aufl., Wiesbaden 1981.

Zimmerer, Carl: Anmerkungen eines liberal Gebliebenen, Herford 1990.

II.

Erneuerung und Festigung marktwirtschatlicher Rahmenbedingungen

GOTTFRIED HELLER

Deutschland im globalen Wettbewerb: Wege zu einer neuen Wirtschaftsdynamik

"Was wird aus dem Volk, wenn sich die Wirtschaft in großen Teilen von ihm löst?" fragte kürzlich der ehemalige Bundespräsident Richard von Weizsäcker zum Thema 'Standort Deutschland'. Es hat lange gedauert, bis angesichts des Massenexodus der deutschen Industrie bei Gewerkschaftsfunktionären und Politikern endlich die Alarmglocken zu schrillen begannen. Besonders alarmierend ist, daß der größte Teil der deutschen Auslandsinvestitionen nicht in die Entwicklungsländer, sondern in die Industrieländer geht, allen voran in die USA, gefolgt von England und Frankreich! So baut Daimler-Benz ein Automobilwerk in Frankreich und Siemens eine neue Chipfabrik in England.

Der Chef eines deutschen Maschinenbaukonzerns kündigte einen weiteren Personalabbau mit den Worten an: "Wir stehen vor der Frage, welche Fertigung wir uns hierzulande noch erlauben können." Zu gleicher Zeit fordert die IG-Metall in einem Papier aus Anlaß der Einführung der 35-Stunden-Woche in der Metallbranche, die Betriebsräte sollen verhindern, daß im Zusammenhang mit der Arbeitszeitverkürzung die Maschinen in den Betrieben länger laufen. Den Versuchen, die dadurch entstehenden Produktionsausfälle durch rollierende Systeme von längeren Tagesarbeitszeiten und freien Tagen zu kompensieren, solle der Betriebsrat entgegentreten. Man sehe keine Notwendigkeit zu längeren Maschinenlaufzeiten.

Man fragt sich, ob die Autoren dieses Pamphlets auf einem anderen Stern leben. Deutschland liegt bei den Maschinenlaufzeiten in der EU bereits auf einem hinteren Rang und weit unter dem EU-Durchschnitt. Deutschland ist das Land mit der kürzesten Arbeitswoche, dem längsten Urlaub, den höchsten Löhnen und den höchsten Steuern. Kurz: In den Disziplinen, in denen wir vorne liegen sollten, liegen wir hinten und dort, wo wir hinten liegen sollten, liegen wir vorne. Vor diesem Hintergrund verwundert es deshalb nicht, daß die Flucht der deutschen Unternehmen ins Ausland dramatische Ausmaße annimmt. Deutsche Unternehmen haben im Jahr 1995 48 Mrd. DM im Ausland investiert - mehr als das doppelte als im Jahr 1994. Dieser Zahl stehen nur 10,5 Mrd. DM an Direktinvestitionen von ausländischen Unternehmen in Deutschland gegenüber.

Im internationalen Vergleich der Direktinvestitionen im Zeitraum von 1986-1994 belegt Deutschland mit 18 Milliarden Dollar einen der letzten Plätze. Den ersten Platz belegen die USA mit 389 Milliarden Dollar, gefolgt von Großbritannien mit

161 Milliarden Dollar. Die USA erhielten also in diesem Zeitraum von ausländischen Unternehmen 22 mal mehr und Großbritannien 9 mal mehr ausländisches Kapital als Deutschland. Direktinvestitionen sind mit spitzem Bleistift gerechnete Investitionsentscheidungen von Unternehmen wie Siemens, Daimler, Bayer oder BMW. Amerika ist seit Präsident Reagan zum Mekka von Investitionskapital ausländischer Unternehmen geworden, gefolgt von Großbritannien, wo Margaret Thatcher das Steuer herumgerissen und eine Wende vollzogen hat. In diesen beiden Ländern sind die Arbeitskosten etwa nur halb so hoch, die Arbeitszeiten bis zu 30 Prozent länger und die Unternehmenssteuern bis zu 30 Prozentpunkte niedriger als in Deutschland.

Deutschland, das unter Helmut Kohl keine Wende erfahren hat, wird von ausländischem Kapital gemieden. Es gibt kein objektiveres Urteil über die Standortqualitäten eines Landes als die Investitionsentscheidungen von in- und ausländischen Unternehmen. Eine Investition muß sich rentieren. In den USA betrug die Nettoumsatzrendite (nach Steuern) im Jahr 1993 knapp 3%, in Großbritannien fast 5%, in Deutschland gerade mal 0,3%. Auf den Punkt gebracht: Deutschland rechnet sich nicht, weder für in- noch ausländische Unternehmen. Sind wir bald ein 'Volk ohne Wirtschaft', wie von Weizsäcker besorgt fragt? Was ist zu tun?

A. Die Welt inmitten von drei Revolutionen

Im Gegensatz zu den ewig Gestrigen, z.B. in der IG-Metall, müssen wir uns zunächst einmal vor Augen führen, in welcher Welt wir leben. Wir müssen uns klarmachen, daß wir mitten in einer Revolution stehen. "Revolution" definiert Brockhaus mit: "Die Umwälzung von Bestehendem, z.B. der totale Bruch mit wirtschaftlichen Organisationsmustern oder kulturellen Wertesystemen, im Gegensatz zu allen Begriffen, die das Element der Kontinuität betonen, besonders zu Evolution und Reform ...".

Nicht genug damit, daß also eine Revolution eine abrupte, bruchartige Veränderung bedeutet, haben wir es nicht nur mit **einer** Revolution, sondern gleich mit **drei** Revolutionen zu tun!

- Die Sowjetunion als Supermacht ist fast über Nacht verschwunden, und mit dem Bankrott des Sozialismus hat sich ein ganzes Werte-und Wirtschaftssystem aufgelöst. Jetzt wird praktisch in der ganzen Welt das erfolgreiche Wirtschaftsmodell der **Marktwirtschaft** praktiziert.

- Mit dem Fall des Sozialismus und der rasanten Entwicklung der Informationstechnologie sind auch alle Grenzen gefallen. Wir leben jetzt buchstäblich in einer grenzenlosen Welt mit einem **globalen Markt**. Diese Welt bietet großartige Chancen, aber sie bringt auch einen bisher nicht gekannten, mörderischen Wettbewerb. In der ganzen Welt von Buenos Aires bis Schanghai, von Bombay bis Warschau nehmen sich die hungrigen Tiger immer größere Stücke vom Kuchen aus dem globalen Markt. Die Arbeitskräfte in diesen

Tigerländern kosten aber nur 1/10, ja teilweise sogar nur 1/20 der deutschen. Wir leben also jetzt in einer Welt, in der harte Konkurrenz herrscht in allen Bereichen, einer Welt, in der täglich ein Kampf stattfindet um Arbeitsplätze, um Marktanteile und um Kapital.

- Gleichzeitig machen wir den Sprung vom **Industrie- ins Informationszeitalter**. Dies ist ein globaler, politischer Jahrhundertumbruch, der ähnlich einschneidend ist wie die industrielle Revolution, der Umbruch vom Agrar- zum Industriezeitalter vor gut 200 Jahren. Das Informationszeitalter mit allen Konsequenzen für Staat und Gesellschaft wird erstaunlicherweise von der Politik bisher noch weitgehend ignoriert.

Diese drei großen Veränderungen sorgen in der ganzen Welt für mehr Dynamik, mehr Mobilität. Diese Mobilität von Menschen, Kapital, Informationen, Gütern und Dienstleistungen zwingt nun jeden Staat, die wirtschaftlichen Rahmenbedingungen so günstig wie möglich zu gestalten, um gegenüber anderen Staaten konkurrenzfähig zu bleiben. Denn die ganze Welt ist wie ein Netzwerk miteinander verknüpft, das zudem immer dichter wird. So können beispielsweise mit einem einzigen Knopfdruck Milliardenbeträge in Sekundenschnelle um den Erdball geschickt werden, und ein weltumspannendes Netz von Datenbanken und Satelliten sorgt für ständige Kommunikation. Ein Anruf bei Swissair, um einen Flug zu buchen, wird automatisch nach Indien umgeleitet, weil der Auftrag dort billiger als in der Schweiz bearbeitet werden kann.

Im Bereich der Forschung und Entwicklung sowie im Design wird heute bereits internationales Job-sharing praktiziert. Wenn ein deutscher Ingenieur Feierabend macht, lädt er seine Tagesarbeit in die Mailbox seines amerikanischen Kollegen, der gerade anfängt. Und wenn der fertig ist, gibt er seine Arbeit an die indischen Kollegen weiter.

"Global sourcing" ist ein fester Begriff in unserer heutigen vernetzten, arbeitsteiligen Welt geworden. In dieser Welt bestimmen immer mehr wirtschaftliche und immer weniger physische oder geographische Faktoren die Wahl des Standorts. Kein Land kann sich ungestraft den strengen Gesetzen des globalen Marktes entziehen. Ein Land wie Deutschland, mit einer der teuersten Währungen und den höchsten Löhnen und Steuern, bekommt die Quittung: Deutsches Kapital und deutsche Arbeitsplätze wandern aus ins Ausland, ausländisches Kapital macht einen Bogen um Deutschland, wie die eingangs zitierte internationale Bilanz der Direktinvestitionen deutlich zeigt. Deutschland als offenes Wirtschaftssystem ist eingebunden in eine Welt, in der praktisch jeder mit jedem konkurriert. Wer mit wem auf welchem Gebiet was an welchem Ort macht, wird bald nur noch mit detektivischen Fähigkeiten auszumachen sein.

B. Die wachsende Macht des Marktes, die schwindende Macht des Staates

Es bildet sich eine Macht heraus, die immer größer wird, gewissermaßen ein Staat im Staat: die **Multinationalen**. Sie verstärken die Lobby des internationalen Freihandels, denn bei ihren weitverbreiteten, vielfältigen Aktivitäten als Produzent, Importeur, Exporteur - mal als Kunde, mal als Lieferant - gebietet ihre Interessenlage, einen ungehinderten Zugang zu allen Märkten zu haben.
Es findet eine lautlose Machtverschiebung statt: Die Staatsmacht schrumpft, die Wirtschaftsmacht der 'Multis' wächst. Schon jetzt kann man nur noch begrenzt von einer Nationalökonomie bzw. einer Volkswirtschaft reden.

Die Welt ist schon heute untereinander verknüpft - wie bei einem Spinnennetz. Es gibt zwei dichte Finanznetze: das der internationalen Geschäftsbanken und das der staatlichen Notenbanken. Des weiteren gibt es ein leistungsfähiges Transportnetz, ein engmaschiges Telekommunikationsnetz und ein fein verästeltes Handelsnetz. Und schließlich gibt es ein immer dichter werdendes Netz von multinationalen oder auch transnationalen Unternehmen. Die Verknüpfung und Vernetzung nimmt alle Formen der Kooperation an, von Ko-Forschung, Ko-Produktion, Ko-Marketing über Allianzen bis hin zu kapitalmäßigen Firmenbeteiligungen. Der globale Markt mit den multinationalen Unternehmen und den internationalen Investoren bildet ein neues Machtkartell, dessen Bedingungen sich die nationalen Regierungen und politischen Blöcke stellen müssen, wenn sie ihre Staatseinnahmen nicht gefährden wollen. Die Multis können natürlich die größten Vorteile aus den tausendfachen Möglichkeiten ziehen, die eine globale Wirtschaft bietet, u.a. bei der Besteuerung. So ist beispielsweise bei BMW trotz hervorragender Ertragsentwicklung der Steuerbetrag ständig zurückgegangen. Der Finanzchef ließ unverblümt wissen: "Wir versuchen, die Aufwendungen dort entstehen zu lassen, wo die Steuern am höchsten sind, und das ist im Inland." Daraus folgt: Der globale Markt zwingt zu einer totalen Umschichtung und Schwerpunktverlagerung im Steuersystem, d.h. zur Senkung der direkten Steuern und zur Erhöhung der indirekten Steuern. Die verbandelte und verschachtelte Weltindustrie und der globale Markt sind die aufsteigenden eigentlichen Weltmächte. Mit dem Staat wird sich in Zukunft immer weniger 'Staat machen' lassen.

Unsere Welt begann laut Bibel mit Adam und Eva. Heute steht die Welt unter der Regentschaft von zwei 'jüngeren Adams'.
Der eine heißt **Adam Riese**. Er wurde 1492 im Erzgebirge geboren und gilt als **der** Rechenmeister, weil er mehrere Lehrbücher des praktischen Rechnens und eine Einführung in die Algebra geschrieben hat.
Der andere heißt **Adam Smith**. Er wurde 1723 in Edinburgh geboren. Als Professor für Logik und Moralphilosophie hat er vor mehr als 200 Jahren das berühmte Buch 'Wohlstand der Nationen' geschrieben. Er erkannte, daß menschliches Verhalten immer vom Eigennutz (in seinen Worten: self-interest) bestimmt sei. Er nannte es "die unsichtbare Hand", die in Verfolgung des Eigeninteresses den Markt reguliert. So wurde der Schotte zum Urvater der Marktwirtschaft. Nach dem Tod der sozialistischen Heilslehre wird die Weltwirtschaft und der globale Markt heute

von dem 'unsichtbaren Rechenstift' (heute: Computer und Datenbanken) des Adam Riese und von der 'unsichtbaren Hand' des Adam Smith regiert. Das sind zwei völlig emotionslose Charaktere, ohne soziales Gewissen. Man mag diese Entwicklung begrüßen oder verfluchen, aber es ist die Macht des Faktischen - die Übermacht des Faktischen -, die heute die Welt regiert.

C. Deutschland eine Großbaustelle: Im Osten ein 'Neubau', im Westen eine 'Altbausanierung'

Vor dem Hintergrund von drei weltweiten Revolutionen:
- der Ausbreitung der Marktwirtschaft in der ganzen Welt,
- der Globalisierung der Märkte und
- der Wissensexplosion im neuen Informationszeitalter

läuft die gegenüber solchen Mega-Dimensionen fast bescheiden anmutende Integration der neuen Bundesländer. Die friedliche Revolution, die im Herbst 1989 begann, hat ein herunter-gewirtschaftetes Land ans Licht befördert. Die Zustände waren weit schlimmer als sich auch nur irgendjemand hatte vorstellen können. In dieser Zeit sonnte sich Westdeutschland im Glanz wirtschaftlicher Macht als Exportweltmeister mit einer begehrten, harten Mark, mit der besten sozialen Absicherung für die Bürger und mit dem größten Wohlstand. Der Kontrast zwischen den alten und neuen Bundesländern hätte größer nicht sein können. Entsprechend traten die Wessis im Osten auf. Sie fühlten sich als Superstars, nicht nur gegenüber ganz Europa, sondern auch gegenüber dem Rest der Welt, sogar gegenüber Japan. Von Amerika sprachen die Deutschen - besonders die Medien - nur in herablassendem, ja verächtlichem Ton. Man brauchte ja nur ihren Schuldenberg und ihren maroden Dollar anzuschauen, dann wußte man, daß es mit dem Land bergab ging. Selbst in 'Hintertupfingen' wußte jeder, daß die Amis ein chronisches Budgetdefizit hatten - ein hoffnungsloser Fall.

Um diese Zeit erschien eine Artikelserie im 'Spiegel', in der es hieß: "Das Weltreich Amerika kann nicht mehr bezahlen, was es unternimmt, kann nicht mehr entwikkeln, was für die Zukunft nötig wäre, kann nicht mehr produzieren, was es müßte." Kürzlich ist das neue Software-Programm 'Windows 95' auf den Markt gekommen. Die Menschen standen in der ganzen Welt um Mitternacht Schlange, um als erste ein Programm zu ergattern. Die Herstellerfirma, die Firma Microsoft, wurde 1975 gegründet. Ihr Börsenwert beträgt 55 Mrd. Dollar. Der Börsenwert des größten deutschen Unternehmens, der Allianz Holding, beträgt 40 Mrd. Dollar, weniger als drei Viertel.

Von 1991 bis 1994 sind in Amerika etwa 6 Millionen neue Arbeitsplätze entstanden, und die Arbeitslosenquote betrug Anfang 1996 5,6%. In Deutschland sind in der gleichen Zeit etwa 1,5 Millionen Arbeitsplätze verloren gegangen. Die Arbeitslosenquote lag Anfang 1996 bei über 9%, mit steigender Tendenz. In der EU sieht es noch trister aus: Im selben Zeitraum gingen 11 Millionen Arbeitsplätze verloren, die Arbeitslosenquote beträgt 11%. Wie man sieht, müssen wir für Uncle Sam noch nicht sammeln gehen. Die Euphorie nach der deutschen Einheit 1990 ist verflogen. Die Ansicht, die Eingliederung der neuen Bundesländer sei eine

Lappalie, die man aus der Portokasse finanzieren könne, hat sich als Trugschluß erwiesen. Die anfängliche Aufbruchstimmung ist eher einer Abbruchstimmung gewichen. Die heutige Situation kann folgendermaßen charakterisiert werden:

- In den öffentlichen Kassen herrscht Ebbe.
- Die Staatsschulden nehmen rasant zu.
- Das Sozialsystem ist dem Bankrott nahe und fast nicht mehr beherrschbar.
- Die Arbeitnehmer stöhnen unter einer Abgabenlast, die das Maß des Erträglichen überschritten hat. Die Belastung eines Durchschnittsverdieners mit Steuern und Abgaben ist auf über 46% gestiegen. Die Sozialabgabenquote hat die 40%-Marke überschritten.
- Die Staatsquote beträgt über 50%, d.h. jede zweite Mark wird vom Staat verbraucht.
- Die Bürger haben bereits etwa 300 Mrd. DM ins Ausland geschafft. Sie haben quasi mit den Füssen abgestimmt und gegen die bürgerliche Regierung einen Mißtrauensantrag gestellt und sie tun es weiterhin.

Die Besser-Wessis, wie sie von den Ossis genannt werden, beginnen kleinlaut zu werden. Es wird jetzt jedem in unserem Lande täglich klarer, daß die Caterpillars zum Einreißen und Niederwalzen baufälliger Strukturen in den nächsten Jahren nicht nur im Osten, sondern - im übertragenen Sinn - auch im Westen gebraucht werden. Die ehemalige DDR ist eine Großbaustelle, wo ein schöner Neubau entsteht. Westdeutschland ist ebenfalls eine Großbaustelle, auf der eine gigantische 'Altbausanierung' abläuft, angefangen bei der Industrie bis zum ganzen Sozialsystem, der Tarifautonomie, der Subventionswirtschaft und dem Beamtenstaat. Ganz Deutschland, ganz Europa, allen Industriestaaten, steht in den nächsten Jahren ein einschneidender, schmerzhafter Umbruch größten Ausmaßes bevor. Der bedeutende Nationalökonom Joseph Schumpeter sah Perioden des Wachstums und der Investitionen als einen Prozeß der schöpferischen Zerstörung an, bei dem Altes durch Neues verdrängt wird. Wir befinden uns in ganz Deutschland in einem gewaltigen, aber sehr schmerzhaften Prozeß der schöpferischen Zerstörung.

D. In Amerika hat die konservative Wende begonnen

Die USA haben diesen radikalen, einschneidenden Erneuerungsprozeß in den 80er Jahren durchlaufen. Präsident Reagan hat mit seiner Steuerreform die wirtschaftlichen Rahmenbedingungen so stark verbessert, daß Amerika auch ausländisches Kapital wie ein Magnet anzieht. Die Spitzensätze der Einkommen- und Körperschaftsteuer betragen in den USA nur jeweils etwa drei Viertel von denen in Deutschland. In der Rangfolge der 30 konkurrenzfähigsten Länder liegen die USA im Jahr 1995 an erster Stelle, während Deutschland auf Rang 6 abgerutscht ist. Mit einer runderneuerten, technologisch führenden Wirtschaft liegt Amerika heute besser im Rennen als Europa oder Japan.

Amerika hat zudem für einen Umbau des Sozialstaates auch politisch weit bessere Voraussetzungen als Deutschland und alle übrigen Länder Europas. Bei den Wahlen im Herbst 1994 haben die konservativen Republikaner einen erdrutschartigen Sieg errungen. Erstmals in 42 Jahren gewannen die Republikaner die Mehrheit in beiden Häusern des Kongresses. Sie errangen auch die Mehrheit der Gouverneurssitze und regieren jetzt in 31 Bundesstaaten. Was hat den Zorn der amerikanischen Wähler so angefacht, daß sie die Wahllokale stürmten und die herrschende Mehrheit der Demokraten aus dem Amt jagten? Es war ein wütender Denkzettel für alles, was im argen liegt in Amerika, eine Revolte der Mittelklasse, der WASPs (White Anglo-Saxon Protestants). Der Republikaner Newt Gingrich, 52 Jahre alt, aus Atlanta, Georgia, seit Anfang 1995 der Präsident des Repräsentantenhauses, ist der Kopf der "Revolution der Mitte", wie er es nennt. Der Machtpolitiker Gingrich bezeichnet sich selbst als "transformierende Kraft" und der Geschichtsprofessor Gingrich ordnet die Wahl vom 8. November 1994 als "Ende einer Ära" ein, zu dem er den entscheidenden Beitrag geleistet hat. Während des Wahlkampfs hatte Gingrich die republikanischen Kandidaten für das Repräsentantenhaus auf den Stufen des Capitols versammelt und ließ sie ein Zehn-Punkte-Programm unterschreiben, das er "Contract with America" (Vertrag mit Amerika) nannte. Der politische Sturm hat zu einem fast kompletten Machtwechsel im Kongress geführt. Die Republikaner führen in allen Ausschüssen den Vorsitz. Gingrich und die republikanische Mehrheit in beiden Häusern haben erstmals seit 40 Jahren die Chance, das Ruder herumzureißen und den radikalsten Richtungswechsel seit Roosevelt im Jahre 1933 zu vollziehen. Der politische Erdrutsch ging zwar im November 1994 klar in Richtung Konservatismus. War dies eine Wählerlaune, die in zwei Jahren schon verflogen sein und sich dann bereits wieder ins Gegenteil umkehren könnte? Dieser überwältigende Wahlerfolg hatte nicht nur einen herausragenden Kopf, sondern auch einen soliden Unterbau von attraktiven republikanischen Kandidaten im ganzen Land, die diesmal buchstäblich den Demokraten die Show gestohlen haben. Seit Jahrzehnten waren ehrgeizige und smarte Leute, die in die Politik gehen wollten, vorwiegend bei den Demokraten zu finden. Dagegen waren talentierte Republikaner weniger an Politik interessiert und suchten eher Karrieren im Banking und in der Wirtschaft. Kurz, die Demokraten hatten die fähigen Politiker, die Republikaner die fähigen Unternehmer. So kam es, daß die amerikanischen Wähler in der ganzen Nachkriegszeit mehrheitlich die Demokraten wählten. Bei der Wahl im November 1994 boten die Republikaner erstmals seit dem 2. Weltkrieg hervorragende, attraktive, meist junge Kandidaten in großer Zahl auf. Ihre Vorbilder sind liberal-konservative, marktorientierte Philosophen wie Adam Smith, Friedrich von Hayek, Milton Friedman, bis hin zu konservativen Politikern wie Margaret Thatcher und Ronald Reagan.

"Der amerikanische Konservatismus ist nicht nur in einer bestimmten Partei beheimatet, sondern er ist eine Bewegung. Der Impuls hinter dieser Bewegung war immer ideologisch, aber man hat dieses Wort als zu europäisch und daher unpassend für das pragmatische Temperament der Amerikaner betrachtet," schrieb Irving Kristol in einer Kolumne mit dem Titel "Amerikas außergewöhnlicher Konservatismus". Die konservative Bewegung nahm in Amerika ihren bescheidenen Anfang in den 60er Jahren als William Buckley sein Magazin "National Review" gründete.

Eine weitere politische Strömung waren die "Neokonservativen", ehemalige Liberale, angeführt von Irving Kristol. Sie lieferten den Konservativen wertvolle intellektuelle Munition. Ihnen ist es beispielsweise zu verdanken, daß die Debatte über die Sozialhilfe (amerikanisch "welfare") von der bloß materiellen Betrachtungsweise - daß sie nämlich zuviel Geld koste und zu oft mißbraucht werde - auf ein philosophisches Niveau angehoben wurde, daß sie auch zur Korrumpierung von Körper und Geist des Wohlfahrtsempfängers führe, damit also nicht nur für den Geber lästig, sondern für den Empfänger letztlich schädlich sei. Dadurch bekamen konservative Argumente eine moralische Dimension, die ihnen Gewicht verliehen.

Schon Jahrzehnte vorher war Ludwig Erhard zum selben Ergebnis gelangt, als er sagte, "Nichts ist in der Regel unsozialer als der sogenannte 'Wohlfahrtsstaat', der die menschliche Verantwortung erschlaffen und die individuelle Leistung absinken läßt." Es würde ihn schaudern, würde er sehen, wie auch seine Partei, die CDU, den Wohlfahrtsstaat zu seiner heutigen Überdimension krebsartig hat wuchern und - nach seiner Definition - hat "unsozial" werden lassen.

Newt Gingrich führt die Gegenreformation der amerikanischen Politik an. In seinem Habitus erinnert er an den Reformator Martin Luther. Er hat allerdings Luthers Thesenvielfalt von 95 auf 10 reduziert. Dafür gab er ihnen einen legalen Anstrich, indem er sie "Vertrag mit Amerika" nannte. Seine republikanischen Kollegen teilt er in zwei Kategorien ein: In Prä-Reaganisten und Post-Reaganisten. Er selbst ist ein glühender Anhänger Reagans. Als Post-Reaganist sieht Gingrich seine große Aufgabe darin, die geistige Auseinandersetzung mit der von ihm so genannten "Gegenkultur" (counterculture) in Washington zu führen, mit dem Ziel, ihren Einfluß zu brechen. Zu dieser "Gegenkultur" gehören für ihn alle, die er zu den ihm verhaßten "68ern" zählt und alles, was 'grün' ist.

Ende September 1995 hat der amerikanische Senat mit einer klaren Mehrheit von 87 zu 12 Stimmen eine historische Sozialreform verabschiedet, die nicht nur Leistungskürzungen vorsieht, sondern die wichtigsten Kompetenzen vom Bund auf die 50 Staaten überträgt. Der republikanische Mehrheitsführer im Senat, Robert Dole, sprach von einer "Revolution in unserem Wohlfahrtssystem" und der demokratische Präsident, Bill Clinton, erklärte, daß er das Gesetz, wie vom Senat verabschiedet, unterschreiben werde. Neben der sozialpolitischen Revolution ist auch eine heiße politische Debatte über eine weitere drastische Steuersenkung und eine radikale Steuervereinfachung im Gang. Der Mehrheitsführer im Repräsentantenhaus, Richard Armey, will eine Einkommensteuer-Reform mit einem einheitlichen Steuersatz von 17% ohne jegliche Sonderregelungen und so einfach, daß eine Steuererklärung auf eine Postkarte paßt. Auch der republikanische Präsidentschaftskandidat Steve Forbes setzt sich für diesen Vorschlag ein, um "das Potential der amerikanischen Wirtschaft zu entfesseln"!

E. Maastricht: ein untaugliches Deflationsmodell

Doch wie steht es um die 'alte' Welt?
Mit dem Wegfall vieler europäischer Grenzen ist ab dem 1.1.1993 die Bewegungsfreiheit für rund 400 Millionen Bürger der EU hergestellt worden. Damit ist ein wichtiger Schritt auf dem Weg zu einer wirklichen europäischen Union

vollzogen worden. Jetzt können sich Menschen in ganz Europa frei von Land zu Land bewegen und das gilt auch für Arbeitnehmer und Unternehmer, für Güter und Kapital. Doch im Vertrag von Maastricht hat man sich damit nicht zufrieden gegeben. Er sieht vor, daß eine europäische Währungsunion und eine gemeinsame europäische Währung als Mittel dienen soll, um den losen Staatenbund schneller zusammenwachsen zu lassen.

"Bonn liefert die D-Mark aus", so lautete die Überschrift des Kommentars in der Financial Times vom 12. Dezember 1991 über das Gipfeltreffen in Maastricht. "Frankreich und Italien haben mit der unumkehrbaren Zustimmung Deutschlands für eine einzige Währung einen geschichtlichen Sieg errungen".

Warum hat Kanzler Kohl quasi die Abschaffung der Bundesbank und der D-Mark unterschrieben? Er hatte zwei gewichtige Motive, die ihn zu diesem Schritt bewogen haben dürften: Eine stärkere Einbindung und Verankerung Deutschlands in Europa dämpft die alten Ängste vor einem wiedervereinigten größeren Deutschland und bietet überdies Schutz gegenüber den politisch, wirtschaftlich und militärisch labilen osteuropäischen Staaten. Kohl hat wohl in letzter Minute einem Zeitplan zugestimmt, den der französische Staatspräsident Mitterand und der italienische Ministerpräsident Andreotti ausgeheckt hatten, nämlich der Bildung einer "Europäischen Wirtschafts- und Währungsunion" (EWWU), die spätestens im Jahr 1999 ihre Arbeit aufnehmen soll. Eine verbindliche vertragliche Regelung über eine politische Union fehlt aber in dem Maastrichter Vertrag. Haben die beiden raffinierten Romanen den biederen Germanen über den Tisch gezogen? Von den Befürwortern der Währungsunion werden Bedenken, daß Europa zu einer Inflationsgemeinschaft werden könnte, mit den Argumenten abgetan, daß die Europäische Zentralbank praktisch der Deutschen Bundesbank nachgebildet sei, also genauso unabhängig funktionieren werde. Außerdem würden zunächst nur die Länder in den Währungsklub aufgenommen werden, die die strengen Eintrittsbedingungen erfüllten. Gemäß diesen sogenannten Konvergenzkriterien darf die gesamte Staatsverschuldung eines Landes 60% des BIP nicht überschreiten, und das Haushaltsdefizit darf nicht mehr als drei Prozent des Bruttoinlandsprodukts ausmachen. Die Inflation und die langfristigen Zinssätze dürfen von denen der 'stabilen' Länder nur geringfügig abweichen und die Kandidaten dürfen zwei Jahre lang ihre Währung nicht von sich aus abgewertet haben. Bei strenger Anwendung aller Kriterien hätte sich im Jahr 1995 nur Luxemburg (ein Land mit etwa 400 000 Einwohnern, das pikanterweise nicht einmal über eine eigene Währung verfügt) für die Währungsunion qualifiziert.

Deutschland ist bei der Gesamtverschuldung jedoch sehr nahe der Obergrenze von 60%. Die Konvergenzkriterien wären nur zu erfüllen, wenn in allen EU-Staaten drastische Einschnitte ins soziale Netz gemacht würden. Die riesigen Staatsverschuldungen sind hauptsächlich durch den Wohlfahrtsstaat entstanden, der nirgends in der Welt mehr ins Kraut geschossen ist als in Westeuropa. Maastricht spielt beim erforderlichen Abbau des Wohlfahrtsstaats eine Doppelrolle: als Zielvorgabe zur Qualifizierung und als politisches Alibi. Letzteres ist in einer Demokratie bei unpopulären Maßnahmen nicht nur nützlich, ja es ist geradezu essentiell. Schon die Stadträte von Athen wußten damit umzugehen. Sie waren einstimmig dafür, daß in Athen ein Freudenhaus errichtet werden sollte, beschlossen aber, daß in der geheimen Abstimmung einer dagegen stimmen müsse. Damit hatte jeder ein Alibi und konnte bei seiner Frau behaupten, er sei dagegen gewesen. Die Währungsunion also in einer Doppelfunktion als Alibi für den Abbau des Wohlfahrtsstaats und als Mittel zur forcierten Integration der EU? Die Antwort: Sie taugt weder für das eine noch das andere. Die gigantischen Staatsschulden und die hohen Haushaltsdefizite im Verhältnis zum BIP könnten auf folgende Arten reduziert werden: zum einen durch Senkung der Staatsausgaben, d.h. durch eine drakonische Haushaltspolitik, zum anderen durch eine erhebliche Steigerung der Wirtschaftsdynamik. Dies ist jedoch nur durch eine deutliche Verbesserung der wirtschaftlichen Rahmenbedingungen möglich, d.h. durch drastische Senkung der Steuern, Abgaben und Lohnnebenkosten, der Beseitigung des Gesetzesdschungels, einem Abbau der Bürokratie etc..

Eine starke Reduzierung der Ausgaben würde dagegen - selbst wenn es politisch durchsetzbar wäre - einen Teufelskreis in Gang setzen: schwächeres Wachstum, steigende Arbeitslosigkeit, zunehmende soziale Spannungen, geringere Steuereinnahmen, größeres Haushaltsdefizit, erneute Steueranhebungen, weitere Verlagerung von Arbeitsplätzen ins Ausland durch die Unternehmen, weitere Abschwächung der Konjunktur etc..

Fast alle EU-Staaten müßten nicht nur ihre Haushaltsdefizite beseitigen, sondern die meisten müßten Überschüsse erzielen, um die Staatsverschuldung auf das geforderte Maß zurückzuführen. Maastricht ist ganz eindeutig deflatorisch. Eine Deflationspolitik von diesem Ausmaß kommt dem mittelalterlichen Brauch gleich, bei einem Schwerkranken einen Aderlaß vorzunehmen, eine Maßnahme, die nicht selten zum Tod führte. Der Vertrag von Maastricht ist auch politisch nicht durchsetzbar, wie sich am Beispiel Frankreichs und Italiens zeigt. Der Grund: Die große Zahl der Nutznießer des Wohlfahrtsstaats wird schon zaghafte Versuche der Beschneidung von Besitzständen an der Wahlurne mit Abwahl quittieren. Im übrigen: Was für ein kleinmütiges Europa offenbart sich mit der Idee einer mehrjährigen Sparpolitik - einer Entfettungsdiät, - an dessen Ende für einige Länder eine gemeinsame Währung, für die meisten aber das Los eines Ausgestoßenen winkt?

Für die Deutschen hat die Währungsunion und die Abschaffung der D-Mark, an deren Stelle ein 'Ecu' oder 'Euro' treten soll, etwa die gleiche Faszination, wie die Ankündigung einer Mutter, die ihrem kleinen Jungen offenbart, daß es ab jetzt nur noch Spinat gibt und daß die Eiskreme gestrichen ist. Und wenn er einige Jahre brav den Spinat gegessen hat, nimmt man ihm seinen heißgeliebten Teddybären weg und gibt ihm dafür einen Wolperdinger.

Es ist eine paradoxe Situation entstanden: Vor allem die Weichwährungsländer im Süden möchten die Währungsunion. Sie sind aber aufgrund der Konvergenzkriterien nicht qualifiziert, während einige Länder im Norden qualifiziert wären, aber nicht beitreten wollen. Solange es keine politische Union mit einem Staatsoberhaupt gibt, sondern 15 Regierungen mit 15 verschiedenen Wahlkalendern, wird es keine einheitliche Fiskal- und Wirtschaftspolitik geben.

Eine europäische Währung ist für die Europäer kein erstrebenswertes Ziel, und die Währungsunion ist kein Weg zu diesem Ziel. Die gemeinsame Sicherheit, ein weltpolitisch mächtigeres Europa, eine größere Wirtschaftsdynamik mit neuen Arbeitsplätzen: Das sind Ziele, die man schmackhaft machen kann. Aber eine Währungsunion mit Eurowährung kann nur krönender Abschluß eines langen Prozesses des Zusammenwachsens und nicht ein Mittel zu diesem Zweck sein.

Die Tatsache, daß sich Big Business und Big Banking so sehr für die Eurowährung ins Zeug legen, ist nicht dazu angetan, das Vertrauen in das Vorhaben zu stärken. Im Gegenteil, erhöhtes Mißtrauen ist angebracht.

Das Argument der Großbanken, die Wechselkursschwankungen seien störend für die Planungen der Wirtschaft, und die jährlich 30 Milliarden D-Mark Umtauschkosten bei Währungstransaktionen könnten bei einer einheitlichen Währung eingespart werden, bedeuten 'Peanuts' verglichen mit dem Schaden, die eine weichere Eurowährung anrichten wird. Würde auch nur ein Prozent mehr Inflation entstehen, so würden allein in Deutschland jährlich rund 45 Milliarden D-Mark an Kaufkraft vernichtet. In der Summe überwiegen die Nachteile einer Eurowährung. Die Argumente der Großbanken laufen auf das gleiche hinaus, als würde man ein Haus anzünden, um zwei Eier zu kochen. Denn die Abschaffung der D-Mark ist ein Spiel mit dem Feuer. Die Deutschen haben schon die höchste Steuerbelastung. Die Einführung der Zinsabschlagsteuer haben sie mit einer Flucht ins Ausland von mehreren hundert Milliarden D-Mark quittiert. Dieses Geld floh wegen der Steuer, blieb aber im wesentlichen in der D-Mark. Aber nun hat eine neue Fluchtwelle begonnen, geschürt von der Angst um den Wert der D-Mark und der D-Mark Anleihen. Dieses Geld bleibt daher nicht in der D-Mark, sondern geht in den Schweizer Franken oder den US-Dollar.
Der frühere britische Premierminister William Gladstone hat einmal gesagt: "Zwei Dinge pflegen die Menschen um den Verstand zu bringen: die Liebe und die Sorge ums Geld".

Zweimal innerhalb einer Generation wurden die Ersparnisse der Deutschen wertlos. Erstmals in der Geschichte haben sie es zu beträchtlichem Vermögen gebracht. Wehe, wenn die deutschen Bürger den Verstand verlieren. Eine europäische Währung zur beschleunigten Integration Europas ist sachlich falsch, wirtschaftlich für Deutschland unkalkulierbar und psychologisch in höchstem Grade gefährlich.

Der jetzige Zustand der EU ist wie eine Verlobung. Wenn wirtschaftliche Aspekte und menschliche Faszination sich paaren, wird Europa sich zu einer Ehe vereinen. Es gibt zwar die Zweckehe, aber die zeichnet sich nicht durch Dauerhaftigkeit aus. Der globale Markt diktiert heute die Bedingungen, auch die Europas. Er schlägt weltfremden Politikern, Gewerkschaftlern und Unternehmern unbarmherzig ihre Fehlentscheidungen um die Ohren. Nichts könnte dies stärker untermauern als die turbulenten Ereignisse an den Devisenmärkten, die im Herbst 1992 praktisch zur Zerschlagung des EWS führten.

F. Wege zu einer neuen Wirtschaftsdynamik

Was wäre eine zündende Idee für Europa, die eine Aufbruchstimmung erzeugen würde?
Die Antwort ist einfach: Neue Arbeitsplätze! Wie entstehen die? Durch eine drastische Verbesserung der wirtschaftlichen Rahmenbedingungen! Je mehr Raum wir für privates Unternehmertum schaffen und je attraktiver wir die Rahmenbedingungen für Risikokapital gestalten, desto schneller werden wir die heutige strukturelle Krise meistern. Selbständigen und mittelständischen Unternehmern fällt eine führende Rolle zu. Notwendig sind Investitionen in Know-how, in Innovationen, in neue Produkte und neue Verfahren - in Menschen, in Maschinen und in Märkte. Das Investieren kommt vor dem Konsumieren und Verteilen. Unternehmer sind gefordert.

Die freien Marktkräfte müssen sich entfalten können. Die Aktivitäten der Unternehmer müssen gefördert werden. Der Staat mit seinen Bürokraten und Funktionären muß ins zweite Glied. Je mehr Entfaltungsmöglichkeit der freie Markt hat, desto mehr steht zur Verteilung im sozialen Bereich zur Verfügung. Ludwig Erhards Erfolgsmodell der sozialen Marktwirtschaft kann nur funktionieren, wenn das Mischungsverhältnis von Staat und Markt stimmt. Ist der Anteil des Staates zu groß, legt er die Marktkräfte lahm. Das ist heute der Fall. Der Gradmesser für dieses Mischungsverhältnis ist die Staatsquote. Diese liegt in Deutschland über 50%, d.h. über die Häfte des Bruttoinlandsprodukts wird vom Staat verbraucht. Wir haben also zu mehr als der Hälfte Sozialismus, ein System, das bekanntlich überall versagt hat und das in Konkurs gegangen ist. Dies gilt für fast alle EU-Staaten mit Ausnahme von Großbritannien und Irland, die mit etwa 40% besser dastehen. Die USA haben nur eine Staatsquote von 33%. Die Rückführung der Staatsquote und die Erhöhung der privatwirtschaftlichen Quote läßt nicht nur eine neue Wirtschaftsdynamik entstehen, sondern schafft auch neue Arbeitsplätze.

Diese Strategie würde den Zukunftspessimismus beseitigen, der heute vorherrscht, bei Erwachsenen, die um ihre Arbeitsplätze bangen und bei Jugendlichen, die ohne Perspektive aufwachsen. Ein Schüler, der eine Sechs in einer Klassenarbeit geschrieben hat, sagt zum frustrierten Lehrer: "Wozu sollen wir das denn alles wissen, wir kriegen ja sowieso keinen Job!"

Was ist zu tun, damit private Investoren aus dem In- und Ausland wieder in Deutschland investieren?

1. Die Entstaatlichung - die Privatisierung von Staatsunternehmen und, soweit es geht, des öffentlichen Dienstes - muß forciert werden.
2. Eine Senkung der Einkommen- und Körperschaftsteuer, damit Deutschland - ähnlich wie die USA und Großbritannien - für ausländische Direktinvestitionen wieder attraktiver wird. Niedrige Steuern reduzieren zudem die Schwarzarbeit, fördern die Steuerehrlichkeit und steigern die Leistung. Daraus resultiert die frappierende Tatsache, die der amerikanische Professor Laffer mit der berühmt gewordenen Laffer-Kurve aufgezeigt hat, daß die Steuereinnahmen des Staats

bei niedrigen Steuersätzen nicht geringer sein müssen als bei hohen. Diese Erkenntnisse waren das Herzstück für Präsident Reagans Steuerreform, die wirtschaftlich so durchschlagende Erfolge brachte und das Land aus dem Teufelskreis der Stagflation der 70er Jahre herausführte.

3. Die Rückkehr zu einem gesunden Mischungsverhältnis in der sozialen Marktwirtschaft nach dem Grundsatz: soviel Markt wie möglich und nur soviel Staat wie nötig. Das bedeutet eine drastische Rückführung der Staatsquote, die heute bei über 50% liegt.
4. Eine Deregulierung und Entbürokratisierung in allen Bereichen, ob öffentlicher Dienst, Handwerk oder Industrie. Carl Zimmerer schreibt hierzu in seinem Buch "Anmerkungen eines liberal Gebliebenen" so treffend: "Es dürfte sicher sein, daß unser Staat seine Aufgaben mit der Hälfte des Personals erfüllen könnte, d.h. auch mit der Hälfte der Staatsausgaben". Also, auch beim Staat ist 'lean production' angesagt: Eine auf die Hälfte reduzierte Bürokratie würde nur die Hälfte kosten und die Produktivität steigern.
5. Eine Beteiligung der Arbeitnehmer am Produktivvermögen. Eine breite Verteilung des Produktivkapitals läßt aus Arbeitnehmern Miteigentümer, Aktionäre werden. Damit ändert sich schlagartig der Blickwinkel: Die Ertragssteigerung tritt an die Stelle des Verteilungskonflikts. Das Modell der deutschen Tarifautonomie ist überholt und museumsreif. Nur die beteiligten Akteure scheinen es noch nicht gemerkt zu haben. Während die Tarifparteien in orientalischer Teppichhändlermanier um Bruchteile von Prozenten feilschen, fliegen die Subjekte der Feilscherei, die Arbeitnehmer, zu Tausenden auf die Straße. Es heißt, daß Kanzler Kohl den privaten Besitz von Wohneigentum vor allem deshalb besonders fördern wolle, weil ein Eigentümer eher CDU/CSU als Rot/Grün wählt. Er sollte aber auch einen in Deutschland völlig unterentwickelten Bereich in gleicher Weise fördern: den privaten Besitz von Aktien. Nur gut 5% des deutschen Geldvermögens sind in Aktien angelegt. Im Vergleich zu anderen Industriestaaten ist Deutschland in dieser Hinsicht ein zurückgebliebenes Entwicklungsland. Mit der Verbreitung der Aktie in Arbeitnehmerhand würde nicht nur eine gesündere Vermögensstruktur geschaffen. Unternehmensgründer und die gesamte deutsche Volkswirtschaft würden auf diese Weise mit einem ständigen Strom neuen Kapitals - dringend benötigten Risikokapitals - versorgt, werden. Die Unternehmen stünden auf einer solideren Kapitalbasis und wären damit auch wettbewerbsfähiger.
6. Eine Verbesserung des Ausbildungssystems, um die bestmöglich qualifizierten Arbeitskräfte heranzuziehen, die in der Lage sind, hochwertige Produkte mit hoher Wertschöpfung herzustellen.
7. Die Akzeptanz ökologischen Gedankenguts - Erhaltung und Schutz der Natur - sollte immer mehr zum Bestandteil unseres Wirtschaftens und zum Wachstumszweig unserer Wirtschaft werden. Damit verlieren die Grünen - diese Blockierer des Fortschritts - gleichzeitig ihre politische Daseinsberechtigung.
8. Der aufgeblähte und nur noch durch Schulden finanzierbare Wohlfahrtsstaat ist auf "schlanke Linie" zu trimmen. Es muß einen deutlichen Unterschied machen, ob jemand arbeitet oder auf Staatskosten lebt.
9. Die Förderung - steuerlich und finanziell - von Forschung, Entwicklung und Erfindertum. Dies ist fast gleichzusetzen mit einem Programm zur Mittelstandsförderung, denn die kleinen und mittleren Unternehmen weisen die

meisten Innovationen und Erfindungen auf - und nicht die großen Betriebe und Konzerne. Wir müssen gerade diese fördern, denn wir brauchen einen gewaltigen Innovationsschub.

10. Besonders wichtig ist daher die Förderung mittelständischer Unternehmen, vorhandener wie neu zu gründender. Der Mittelstand ist anpassungsfähiger, beweglicher, kreativer und unternehmungsfreudiger als die Wirtschaftsriesen. Nur die Dynamik des Mittelstands kann die neuen Jobs schaffen, die von der Großindustrie jetzt und auf längere Sicht abgebaut werden.

G. Bayern als Modell für Deutschland bei der Renaissance der sozialen Marktwirtschaft

Deutschland könnte mit einer Rückkehr zur wirklichen sozialen Marktwirtschaft - mit mehr Betonung auf Markt - eine für alle EU-Staaten beispielhafte Führungsrolle übernehmen. Erhard hat es stets abgelehnt, den rasanten wirtschaftlichen Aufstieg der Bundesrepublik in den 50er und 60er Jahren als Wirtschaftswunder zu bezeichnen. Er sagte, diese Dynamik sei in dem Wirtschaftsmodell angelegt, und daher sei das erfreuliche Ergebnis kein Wunder, sondern ganz normal!!

Hat die bürgerlich/liberale Regierung die Einsicht, den Willen und den Mut, der Marktwirtschaft mehr Freiraum zu verschaffen? Da sind größte Zweifel angebracht. Die CDU als Massenpartei ist heute fast mit der SPD verwechselbar. Solange einem auf die Frage nach profilierten Sozialpolitikern auf Anhieb gleich mehrere Namen bei der CDU einfallen, aber auf die Frage nach profilierten Wirtschaftspolitikern, nur bei angestrengtem Nachdenken, einige Namen in den Sinn kommen, ist klar, daß diese Partei bei der Erneuerung der Markwirtschaft keine Führungsrolle übernehmen kann. Die einzige Partei, die eine Führungsrolle übernehmen könnte, wäre die CSU in Bayern. Sie hat ein breites, konservatives Fundament, und Bayern hat wohl die in Deutschland homogenste Gesellschaft. John Naisbitt hat in seinem Buch "Megatrends" die Vorreiterfunktion von einigen Staaten in den USA, - wie beispielsweise Kalifornien - und deren Wirkung auf die Wirtschafts- und Steuerpolitik von Präsident Reagan aufgezeigt. Bayern könnte unter der Führung eines Mannes, wie Edmund Stoiber, diese Vorreiterrolle für Deutschland spielen.

Im Informationszeitalter verändern der Computer und die Telekommunikation auch radikal die Organisationsstrukturen, sowohl auf der politischen wie auf der wirtschaftlichen bis hinunter zur betrieblichen Ebene:

- Dezentralisierung über Zentralisierung,
- Föderalismus über Zentralismus,
- Staatenbund über Bundestaat.

Frankreich hat eine zentralistische Tradition. Unter Frankreichs Einfluß hat sich auch Brüssel und die EU bisher zentralistisch konstituiert. Diese Entwicklung hat keine Zukunft. Im Zeitalter der Dezentralisierung und Regionalisierung einen europäischen Bundesstaat bilden zu wollen, wäre ein riesiger Fehler und ein politischer Rückschritt. Europas Stärke liegt gerade in der Vielfalt seiner Traditionen, seiner

Kulturen, seiner Talente und Temperamente. Es kommt darauf an, die Stärken zu bündeln. Das kann am besten durch einen arbeitsteiligen, freien Markt geschehen, in dem jedes Land seine Fähigkeiten und Talente bestmöglich zum Einsatz bringen kann. Ich bin ein glühender Anhänger eines multikulturellen, föderalistischen Europas. Bayern hat sich als Verfechter des Föderalismus einen Namen gemacht. Es hat sogar dem mächtigen Druck aller anderen Länder standgehalten und 1949 gegen das Grundgesetz gestimmt mit der Begründung des damaligen Ministerpräsidenten Ehard, "damit Bayern im kommenden Bunde die Sache des Föderalismus mit freien Händen vertreten kann,(aber) ... daß wir trotz dieses Neins uns zugehörig zu dem Ganzen betrachten." Ich glaube, daß fast 50 Jahre später der Moment gekommen ist, an dem Bayern sein ganzes Gewicht in die Waagschale des Föderalismus zum Wohle des Ganzen legen muß.

Die Frage "Was wird aus dem Volk, wenn sich die Wirtschaft in großen Teilen von ihm löst?" ist mit den Worten des italienischen Schriftstellers Tomaso di Lampedusa wohl am besten zu beantworten: "Wenn wir wollen, daß alles so bleibt wie es ist, dann ist es nötig, daß sich alles ändert".

Bayern ist gefordert, damit sich in Deutschland schneller etwas zum Besseren ändert. Anstelle des Deflationsmodells von Maastricht: Bayern als Wachstumsmodell für Deutschland, Deutschland als Wachstumsmodell für Europa!

WALTER HIRT

Stabilität des Finanz-Systems

Das bestgehütete Geheimnis
ist die Wahrheit.
(Dieter Weinmann)

Zum Verständnis für wirtschaftliche Zusammenhänge und Abläufe sowie deren Einbettung in die Gesellschaft gehört auch das Bewusstsein um den jeweils herrschenden Zeitgeist - mit dem Bedürfnis nach Wahrheit, ohne Tanz um Geheimnisse, Beschönigungen, Verdrehungen und Trostpflaster. Das Viereck **Politik - Wirtschaft - Mensch - Information** ist ein ausserordentlich vielschichtiges Gebilde mit komplexen Vernetzungen, die sich im dynamischen Prozess der Wirtschaftsentwicklung verändern. Da wir häufig einen viel zu engen Zeithorizont betrachten, fehlen unseren Ueberlegungen die im Zeitverlauf gewachsenen politischen, ökonomischen und gesellschaftlichen Strukturen, an die wir uns allmählich gewöhnt haben und die wir als gegeben hinnehmen. Und weil viele massgebende Spitzenpolitiker kurzsichtig sind, fehlt ihnen die Kraft für mutige Schritte in Richtung strategischer und korrektiver Massnahmen. Sie haben vielmehr alles getan, die Bürger in der Meinung zu unterstützen, es könne "nur immer aufwärts und nie wieder schlechter" gehen; mehr noch, sie haben diese Haltung zum Credo für das eigene Ueberleben gemacht! Die Furcht vor Einbussen im Besitzstand macht blind - eine Schwäche, die von skrupellosen Politikern weidlich ausgenützt wird. Diese Blindheit fördert, zusammen mit der enormen Liquidität im Finanz-System, die **Elastizität des Kartenhauses**. Wir erleben derzeit die **gigantischste Ekstase in der Geschichte der Menschheit** am nahenden Ende des auf die Spitze getriebenen **Kredit-Zeitalters** mit grandiosen Problemen im Finanz-System. Die von der hohen Politik kräftig geschürte Ignoranz der Bürger über die wirklichen Probleme in dieser Welt stützt das erkrankte System und verlängert dessen Agonie bis dereinst das Kleine Einmaleins die Illusionen zerstört und die raffinierten Bluffs überholt. Der auf Pump hochgezüchtete Wohlstand ist für alle brüchig geworden, weil nun die Abrechnung für den Wahn der 70er und 80er Jahre präsentiert wird.

Es wäre fatal, wollten wir unseren Blick auf die Stabilität des Finanz-Systems (und damit auf die Gesundheit der Wirtschaft) nur auf nackten Zahlen abstützen, schliesslich wird die Wirtschaft von Menschen gemacht. Deshalb sollten wir nicht von einer "Wirtschaftskrise", einer "Bankenkrise" oder etwa einer "Konjunkturschwäche" sprechen, sondern von der **"Grossen Gesellschaftskrise der 90er Jahre"**, die nun sichtbar geworden ist und sich etappenweise formiert. Wie ähnlich die Abläufe zur Entstehung von Gesellschaftskrisen sind, zeigen beispielsweise die Schriften von Wilhelm Röpke (Röpke, 1979).

Es ist wie in der Psychologie: Wer Probleme ungelöst verdrängt, den plagen sie später aus dem unbewussten Bereich. Werden also politische Schwächen und ökonomische Schwierigkeiten statt bewältigt nur übertüncht, beschönigt oder versteckt, so setzen sie sich im Fundus für Gesellschaft und Wirtschaft fest und bilden ein weitverzweigtes Wurzelwerk, aus dem immer mehr negative Einflüsse spriessen; und dabei schwinden auch die Kräfte der vielen positiven Entwicklungen. Statt sich der mühsamen Analyse des Wurzelgeflechts zu stellen und im Humus des aktuellen Geschehens zu stochern, umgibt sich die grosse Mehrzahl der Menschen, blind für quälende Tatsachen, mit einem dichten Schleier falscher Hoffnungen, die vorerst durchaus tragfähig sein können. Das Finanz-System hat die stürmischen Entwicklungen der letzten fünfzig Jahre mit Bravour überstanden, woraus mit fahrlässigem Euphemismus gefolgert wird, dies werde auch in der Zukunft so sein. Der Leim für das wacklige Kartenhaus ist das **Vertrauen**; so lange die Menschen daran glauben, dass der Wert ihres Geldes und ihrer Güter intakt ist und bleibt, gehören Borgen und Ausleihen zu den Grundpfeilern dynamischen Wirtschaftens. Nun haben wir verschiedene Anzeichen für einen Bruch in diesem Vertrauen - die Konsumunlust (oder gar Konsumverweigerung) sowie die partiell zu beobachtende Investitionsschwäche sind nur die auffälligsten Anzeichen für einen grundsätzlichen Trendwechsel.

A. Eskalationen

Im August 1982, mit der ersten Zahlungsunfähigkeit Mexicos, begann ein neuer Zeitabschnitt unter dem Motto: **"too big to fail"** (zu gross, um zu scheitern). Banken in Schieflagen, daniederliegende Industrieunternehmen und bankrotte Länder können seither mit hoheitlich verordneter Hilfe rechnen, wenn sie als Brocken für das Finanz-System gross und gefährlich genug sind. Erste Höhepunkte in der während der 80er Jahre sich verschärfenden Krise unter den US-Banken waren die Zusammenbrüche der "Continental Illinois" und der "First Republic". Entsetzt schrieb damals "The Wall Street Journal" über das neue Problem der tbtf-Banken: "Ein System, in dem sämtliche Verluste durch die Regierung übernommen werden, während die Gewinne den Besitzenden zufliessen, reizt zu Korruption und Missmanagement" (Hirt, 1989, S. 66). Eine klare Bestätigung für diese Befürchtung lieferte alsobald die tiefe Krise bei den amerikanischen Spar- und Leihkassen, deren Sanierung die Steuerzahler (bisher) zwischen 190 und 270 Milliarden Dollar gekostet hat (je nach Berechnung verschiedener Gremien).

Eskalationen im Verlauf der "Goldenen Achtziger" haben mittlerweile als ausgewachsene Geschwüre zu Exzessen geführt, die bisherige Dimensionen bei weitem sprengen. **Mexico** musste zu Beginn dieses Jahres - unter dem Diktat der amerikanischen Regierung als Nafta-Partner - mit rund 50 Milliarden Dollar aus der dritten Pleite gerettet werden. Und die hochgefährliche **Banken-Krise in Nippon** dürfte, wenn sie denn überhaupt beizulegen sein wird, die japanischen Steuerzahler viele hundert Milliarden Dollar kosten; die gefährdeten Kredite im

Banken-System sollen 120 Billionen Yen (rund 1200 Milliarden Dollar) betragen und zu einem grösseren Teil uneinbringlich sein. Die Research-Direktorin des Wertpapierhauses Salomon Brothers in Tokyo, Alicia Ogawa, die als die beste Kennerin japanischer Bankbilanzen ausserhalb des Finanzministeriums gilt, mahnt klipp und klar: **"Drei oder vier der grössten Banken der Welt sind heute technisch bankrott!"** (aus "Die Zeit", 1995). Unter den weltweit zehn grössten Banken rangieren sieben japanische Institute. Der Umstand, dass bisher die grossen "Unfälle" mit sehr viel Geld von einem oder mehreren "lender(s) of last resort" (letzte rettende Instanz) vor dem endgültigen Exitus bewahrt worden sind, verleitet viele Beobachter zur fahrlässigen Annahme, die sich mehrenden Problemfälle seien dank Erfahrung und Zusammenarbeit sowie mit genügend Kapital jederzeit im Griff zu halten. Je öfter eine Rettung glückt und je massiver der dazu notwendige Mitteleinsatz ist, desto mehr wächst im Treibhaus der falschen Hoffnungen und Verführungskünste seitens der Verantwortlichen der Grad der **Illusionierbarkeit**. Die Stabilität des Finanz-Systems steht auf vier Hauptsäulen: der Qualität der Geldhäuser, der Bonität der Schuldner, der Güte umlaufender Instrumente und dem Vertrauen des Publikums. Die **Globalisierung der Märkte** hat zu einer weiteren Vernetzung der Abhängigkeiten geführt, die der Peristaltik der Finanz-Märkte eine hohe Sensibilität verleiht; dadurch steigen die **Volatilität der Preisbildung** und damit die Risiken. Das heisst nun auch, dass die Strukturprobleme in den Volkswirtschaften direkt und indirekt fast immer auf das Finanz-System durchschlagen.

B. Strukturprobleme

Ganz am Anfang steht die **Verschuldungslawine**, die schon Mitte der 60er Jahre ins Rollen gekommen ist, die dann - parallel zur Erdölkrise - an Tempo aufgenommen und in den 80er Jahren alle historischen Massstäbe gesprengt hat. Mit Folgen, die heute als **"ökonomische Altlasten"** zu Spielverderbern für eine wirklich stabile Wirtschaftsentwicklung geworden sind; am Schluss stehen **deflationäre Korrekturen** mit enormen Wertverlusten und "unerwarteten" Zusammenbrüchen. Dazwischen ist das auf vielen Schienen gelaufene Expansionsstreben vielstimmig bejubelt worden, auch wenn man hätte erkennen müssen, dass die traditionellen Regeln einer wohlüberlegten und verantwortbaren Finanzierung längst und massiv gesprengt worden sind. Dabei haben die grotesken Aufblähungen in den japanischen Aktien- und Immobilienmärkten eine einsame Spitze erreicht, weshalb hier die deflationären Strafen schwerwiegender als sonstwo sind.

Noch immer wird die **Macht der Deflation** weitherum verkannt oder zumindest verdrängt, weil damit unangenehme Erinnerungen an die Grosse Depression der 1930er Jahre verbunden sind. Wir haben heute die Arbeitslosen der 30er Jahre, ohne dass die Produktion von Gütern und Dienstleistungen spürbar gesunken wäre. An eine andere, mit den heutigen Verhältnissen viel eher korrespondierende Periode der Deflation von 1873 bis gegen 1900, denkt kaum jemand. Zur Erinnerung: Von 1850 bis 1871 verzeichnete Deutschland einen ununterbrochenen Konjunkturaufschwung mit wachsendem Sozialprodukt und steigenden Preisen.

Der gewaltige technische Fortschritt (wie etwa heute in der Informationstechnologie) und fast unbeschränkter Freihandel (wie heute) waren die Basis für einen Wachstumsrausch, der in den Geschichtsbüchern als "Boom der Gründer-Zeit" in Erinnerung geblieben ist; mit dem forschen Vorgehen stiegen die Schulden und sanken die Eigenkapital-Quoten (wie heute). Der Sieg von 1871 über Frankreich steigerte die Erwartungen in extremer Weise, und das Reich tilgte mit den hohen französischen Reparationszahlungen schlagartig einen Teil seiner Schulden, so dass Kapital billig wurde, was die Verschuldung in der Wirtschaft weiter anheizte - das Finanzierungsfundament wurde immer unsolider (wie heute). Die brutale Reaktion setzte 1873 mit dem Börsenkrach in Wien ein; auch damals waren die Finanz-Märkte (wegen der Goldwährungen) vernetzt, so dass sich die Schockwellen von einem Land auf das andere übertrugen. Anfangs trug die einsetzende Korrektur die Merkmale einer typischen Spekulationskrise, aber dahinter kam eine schwerwiegende Strukturkrise zum Vorschein: ihre Merkmale waren **Arbeitslosigkeit und Preisverfall**. Zwischen 1873 und 1879 sanken die Grosshandelspreise um ein Drittel; der Preis für eine Tonne Kohle fiel von 14/15 Mark auf nur noch 4,15 bis 5,20 Mark (seit den Preisspitzen in den Jahren 1982 und 1990 bei 35 Dollar je Fass, ist das Erdöl bis auf ein Niveau von 14 Dollar zurückgefallen). Der Preisverfall damals war so nachhaltig, dass die Preise für Industrierohstoffe erst 1908, die Lebensmittelpreise sogar erst 1910 wieder den Stand von 1872 erreichten. Da es damals keine garantierten Mindestlöhne gab, diese vielmehr den Gesetzen von Angebot und Nachfrage unterworfen waren, sanken die Einkommen nominell. Ausserdem wirkten die Unternehmer dem Preisverfall auf der Kostenseite durch entschiedene Rationalisierung und Entwicklung kostengünstiger Produktionsverfahren entgegen, was zu noch mehr Arbeitslosigkeit führte (wie heute - und nun kommt noch das globale Zusammenwachsen der Arbeitsmärkte mit den unterschiedlichsten Lohnstrukturen hinzu, was den Konkurrenzdruck zusätzlich verstärkt). Ferner erhöhten die gestressten Unternehmer die Stückzahlen, um die fixen Kosten besser verteilen zu können, wodurch sie den mörderischen Preiskampf zusätzlich schürten. Das typische Bild einer **Mengenkonjunktur mit Preiszerfall bei starker Verschuldung** (man denke an die Unterhaltungselektronik von heute und an die Informationstechnologie von morgen) wird traditionellerweise von Arbeitslosigkeit und Unternehmenszusammenbrüchen verdüstert. In dieser Phase machten sich konjunktur-zyklische Einflüsse kaum bemerkbar, weshalb die verschiedenen "Ankurbelungen" ziemlich wirkungslos versanden mussten. Bestimmend waren vielmehr die völlige Umkrempelung der Angebotsseite infolge rascher Ausbreitung der Industrialisierung, die Einführung neuer Produkte und Technologien sowie moderner Organisationsmethoden, eine bessere Nahrungsmittelversorgung und das Vordringen neuer Konkurrenten. Bei fallenden nominalen Löhnen kam es damals in den neuen.Industrieländern, vor allem in den USA und in Deutschland, zu einer markanten Erhöhung der gesamtwirtschaftlichen Produktion und Produktivität.

Wer sich Mühe nimmt, Geschichtsbücher kritisch zu lesen (Rosenberg, 1967), erkennt Abläufe, die so etwas aufweisen wie eine "ewige Gültigkeit" bei durchaus unterschiedlichen Randbedingungen, weil die Wirtschaft letztlich auch dem Kleinen Einmaleins gehorchen muss: Das machtvolle Expansionsstreben in Phasen sich wiederholender Inflations-Schübe führt unter starker **Verschuldung** zu teuren Überkapazitäten und letztlich zu **Preisdruck**. Bei sinkenden Preisen lasten die Schulden tonnenschwer auf den Unternehmen, zumal die Realzinsen in dieser Phase extrem hoch sind. Mit sinkenden Preisen (sinkenden Erträgen also) steigende Schulden zu bedienen, ist ein Kunststück, das niemandem gelingen kann. Nur der Staat macht eine Ausnahme, weil er seine Schulden über jedes vernünftige Mass aufstocken kann. Der durch den **Schuldendruck** zusätzlich angeheizte **Konkurrenzkampf** zwingt zu Leistungssteigerungen, welche bei ähnlicher Qualität nur über den **Preis** möglich sind; die Preisanpassung nach unten ist dann eben ein Schritt in Richtung Deflation. Die entstandenen **Überkapazitäten** zu redimensionieren, heisst mehr **Arbeitslosigkeit** und **Unsicherheit**, die beiden unangenehmen Pfeiler für eine um sich greifende **Konsumschwäche**, zumal in dieser Phase meistens auch noch die **Steuerlast** steigt.

Nach inflationären Schüben mit den klassischen Aufblähungen kann es niemals die vielbeschworene **Stabilität** geben, weil zuviel inflationärer Schrott den Weg versperrt (was ein Blick auf die lädierten Immobilien-Märkte des Jahres 1996 bestens dokumentiert). Nur mit **Wachstum** sind die inflationär aufgetürmten Schulden überhaupt bedienbar. Wirtschaftswachstum kann es aber nur bei weiterer **Verschuldungsbereitschaft** für Investitionen und Konsum geben. Wenn nun in fortgeschrittenen Stadien die Wirtschaftssubjekte ihre Beleihungsgrenzen erreichen, wird jede weitere Kreditierung fragwürdig, und die rundum gewünschte **Ankurbelung** wird schwieriger, Verweigerung macht sich breit. Allmählich werden die **ökonomischen Zwänge übermächtig!**

Vielfach wird damit argumentiert, dass die Arbeitnehmer heute viel besser abgesichert seien, dass die soziale Not also nicht frühere Dimensionen annehmen könne, weshalb die konsumbedingten Einbrüche vorangegangener Phasen passé seien. Sicher, die **Elastizität** ist grösser geworden, Engpässe entstehen weniger schnell, die Kettenreaktion läuft relativ gemächlich ab. Nur, die Sozialwerke sind kaum noch finanzierbar; die Erhöhung des Obolus aus den Taschen der Unternehmer und Lohnempfänger ist an Grenzen gestossen. Die weit durchhängenden **sozialen Hängematten** können die Wirtschaft nicht vor sehr schmerzvollen Strukturanpassungen bewahren, sie haben aber den Prozess der Genesung verzögert, verlängert und letztlich vertieft. Die vor allem in Europa weitverbreitete **Wohlfahrts-Mentalität** hat die Sicht auf die wirklichen Probleme und die notwendigen Vorkehrungen vernebelt. Die weltumgreifende Konkurrenz nach dem Fall der Mauer zwischen beiden Teilen Deutschlands und der Wende im Kalten Krieg sowie den verbesserten Positionen der "aufstrebenden Länder" erschüttert bisherige Gewohnheiten des wirtschaftlichen Zusammenseins. Die globale Vernetzung der Märkte für Waren, Kapital und eben auch für Arbeit seit Beginn der 90er Jahre verschärft die strukturellen Schwächen - die Volkswirtschaften in Europa sind besonders stark betroffen.

C. Verschuldungs-Exzesse

Wir wissen um die zentrale Bedeutung der Verschuldung für die aufgebrochenen Strukturprobleme in den Volkswirtschaften, insbesondere in den westlichen Demokratien. Ein Blick auf die Wirtschaftsentwicklung der letzten vier Jahrzehnte offenbart uns im langfristigen Trend eine kontinuierliche Abflachung der Konjunkturspitzen; der Dampf in der Wirtschaft hat sich unter dem Druck der ökonomischen Altlasten verzogen, die Dynamik kränkelt. Immerhin, so schmerzvoll die (erzwungenen) Korrekturen für die Betroffenen auch sein mögen, Teile der Wirtschaft befinden sich in einer erfreulich kompetitiven Lage. Schuldendruck und Zwangsvollstreckung bilden in der privaten Wirtschaft ein Regulativ zur Erneuerung und Erstarkung. Der seit Jahren laufende "Reinigungsprozess" ist trotz aller bisherigen Opfer noch längst nicht abgeschlossen!

Die Staaten sind in einer bevorzugten Position; sie haben selbst dann noch "Luft", wenn die Grenzen eines gesunden Staatshaushalts weit überschritten sind. Was deshalb besonders brisant ist, weil die Industriestaaten heute den Grossteil der eingegangen Schulden nicht mehr sozialprodukt-aktiv einsetzen, sondern damit die gewaltige Umverteilungsmaschinerie für die Wohlfahrt schmieren sowie die bürokratischen Blasen und immer mehr auch den Schuldendienst finanzieren - ein weiterer Beitrag für das sich stauende deflationäre Potential. Solange das Publikum die Politiker gewähren lässt, finden sie genügend Ausreden und Tricks, um das Rad der öffentlichen Haushalte mit Schulden weiterdrehen zu können. Selten nur wird das Tun als das entlarvt, was es für Wirtschaft und Gesellschaft bedeutet: eine Katastrophe mit Langzeitcharakter! Einer, der nicht mehr zusehen konnte, war David Stockman, früherer Budget-Direktor in der Regierung von Ronald Reagan. Noch während seiner Amtszeit klagte Stockman vor dem erlauchten Kreis mit Direktoren der New York Stock Exchange: "Reagans Administration und der Kongress verwend**en Buchhaltungs-Tricks, Umgehungen, Halbwahrheiten und Unredlichkeiten** in Budget-Plänen und Debatten. Könnte beispielsweise die Börsenaufsicht über die Legislative und die Exekutive eine wünschbare Gerichtsbarkeit ausüben, dann wären zahlreiche Regierungsmitglieder im Gefängnis." Kurz danach quittierte Stockman seinen Job als Budget-Direktor und wiederholte seine niederschmetternde Kritik ausführlich in seinem Buch (Stockmann, 1986).

Staatsschulden haben also eine ganz besondere "Qualität"; sie sind prolongierbar und müssen nicht nach den Regeln des ordentlichen Kaufmanns bedient werden; sie können selbst dann noch weiter aufgetürmt werden, wenn der Turm bereits bedenkliche Schieflage aufweist. Aufgrund des besonderen Charakters der Staatsverschuldung konzentrieren wir uns hier auf diese und lassen die private Verschuldung erst einmal beiseite, zumal in der Diskussion um d**ie Europäische Währungsunion** (EWU) die Verschuldung der Staaten zum eigentlichen Kernthema geworden ist. Zu den Konvergenz-Kriterien der Maastricht-Verträge gehören bekanntlich die Limiten von 3% für das maximale jährliche Haushaltsdefizit und von 60% für die aufgelaufene Schuld der öffentlichen Hände. Pausenlos wird behauptet, nur Luxemburg und Deutschland würden derzeit diese

Bedingungen erfüllen, andere Länder wie Frankreich, Oesterreich und die Niederlande ständen knapp davor. Das ist blanker Unsinn, denn mit Ausnahme von Luxemburg sind alle anderen **14 EU-Länder meilenweit davon entfernt**, das Kriterium der Staatsschuld zu erfüllen, weil beim Deklarieren dieser Altlast (bewusst) tüchtig gemogelt wird. Die **effektiven Verbindlichkeiten der Staaten sprengen alle vernünftigen Dimensionen, weil Nebenhaushalte "vergessen" werden und die ungedeckten staatlichen Rentenverpflichtungen ausgeklammert bleiben.**

Die Wahrheit gelangt sehr selten auf die Tische der Finanz-Welt. In einem Leitartikel über die Hintergründe im Währungs-Chaos hat "The Wall Street Journal Europe" ("WstJ", 1995) ein unmissverständliches Diagramm veröffentlicht: Bei Berücksichtigung der nichtbilanzierten Verbindlichkeiten steigt die effektive Schuld der Staaten auf 200 bis 360 Prozent des Bruttoinlandprodukts (BIP); an der Spitze steht Italien mit 360%, gefolgt von Canada (340%), Belgien (310%), Frankreich (275%), Japan (270%) und Deutschland (210%) - verhältnismässig gut positioniert sind die USA mit rund 110% (diese Tatsache wird von den Währungsmärkten weitgehend ignoriert). Noch verheerendere Zahlen stammen von der schweizerischen Bankentochter UBS London (aus "Neue Zürcher Zeitung", 1995), die aufgrund der OECD-Zahlen errechnet hat, dass die Pensionsverpflichtungen, für die kein Sondervermögen gebildet worden ist (die also nur vom guten Glauben an die ewige Zahlungsfähigkeit der Staaten gedeckt sind), in den USA 158% des BIP ausmachen, in Japan schon 217% und in Deutschland 355%; das "Umlageverfahren" für die staatlichen Renten (Generationenvertrag) wird früher oder später zum äusserst schmerzlichen Bumerang.

Diese Schreckenszahlen sind keineswegs so neu, wie es scheinen mag. **Professor Dr. Carl Zimmerer** hat als erster kritischer Geist und als Doyen für Industriebilanzierungen auf das Dilemma hingewiesen: "Wäre die Bundesrepublik eine Aktiengesellschaft, so würde niemand ihre Anteile kaufen, denn er kennt weder ihre Aktiva noch ihre Passiva... Wir zahlen blinden Auges, und wir gerieren uns in aller Welt wie eine finanzielle Grossmacht, obwohl unsere internen **Schulden wahrscheinlich höher sind als zwei oder drei Sozialprodukte.** Ich meine damit die alten Verpflichtungen aus der Sozialversicherung und den Beamtenversorgungen" (Zimmerer, 1990). Drei Jahre später hakte hier auch **Professor Dr. Wolfram Engels** ein, einer der wenigen wirklich liberalen Köpfe Europas und leider viel zu früh verstummte Stimme mit Gewicht für unsere Zeit: "Der grösste Brocken des Privatvermögens ist in der Rechnung der Bundesbank ohnehin nicht enthalten: der Wert der Rentenanwartschaften in der gesetzlichen Rentenversicherung und auf Beamtenruhegehalt. Kapitalisiert man die bereits erworbenen Ansprüche, so käme man auf eine **Summe zwischen acht und neun Billionen Mark**, mehr wahrscheinlich als Geldvermögen, Grundbesitz und Gebrauchsvermögen zusammen" (Engels, 1993).

Professor Dr. James M. Buchanan, führender "Schulden-Theoretiker", Dozent an der George Mason University und Nobelpreisträger 1986 für Wirtschaftswissenschaften, äusserte anlässlich des 50. Alpbach-Forums im vergangenen Jahr deutliche, in der Oeffentlichkeit kaum bekannt gewordene Ermahnungen: "Weil letztlich private Steuerzahler auch für die ausser Kontrolle geratenen Schuldenberge der öffentlichen Hände geradestehen müssen, würden gelegentliche **Staatspleiten als Disziplinierungsfaktor** für die internationalen Finanz-Märkte - einschliesslich der kreditgebenden Regierungen und internationalen Finanzinstitutionen - eine gesunde Entwicklung sein... Am Beispiel der Schuldenkrise Lateinamerikas hat sich gezeigt, wie undisziplinierte Gläubigerbanken, westliche Gläubigerregierungen und internationale Finanzinstitutionen durch Manipulierung der Bilanzen zu Lasten der Steuerzahler gemeinsame Sache machten... In Wirklichkeit wäre die Masse der kleinen Steuerzahler in den Gläubiger- wie auch in den Schuldnerländern mit einem 'default' sofort beim Ausbruch der Schuldenkrise 1982 (Mexico) besser gefahren" (aus "Handelsblatt", 1994). Ob Fritz Leutwiler, damaliger Präsident des Direktoriums der Schweizerischen Nationalbank und zugleich Chef der BIZ (Bank für Internationalen Zahlungsausgleich), diese kritische Botschaft vernommen hat, ist ungewiss, es wäre aber zu wünschen. Denn damals nahm die **Gratwanderung,** die uns heute schroffe Abgründe erkennen lässt, ihren als harmlos empfundenen Anfang.

In einem, von den meisten Zeitgenossen wohl als "reisserisch" beurteilten Artikel schrieb Werner Vontobel eine harsche Kritik über die internationale Verschulderei, deren Untertitel provokanter (und richtiger) nicht sein könnte: **"Das Schuldenproblem kann nur gelöst werden, wenn Staaten in Konkurs gehen"** (Vontobel, 1995). Bis es so weit sein wird, können wir auf den Schuldenuhren am Times Square in New York und am Sitz des Bundes der Steuerzahler Deutschlands in Wiesbaden (Adolfsallee 22) den aktuellen Stand der öffentlichen Verschuldung sekündlich ablesen. In New York steht der Zeiger kurz vor 5 Billionen Dollar, und in Wiesbaden dürfte die Grenze von 2 Billionen Mark inzwischen überschritten sein. Jede Sekunde erhöhen sich die öffentlichen US-Schulden um rund 10'000 Dollar, der deutsche Staat rutscht in derselben Zeiteinheit um 6'175 Mark tiefer in die roten Zahlen. Ab und zu tauchen Artikel auf, die darauf schliessen lassen, dass das wirkliche Problem erkannt ist: "Staatsverschuldung hemmt das Wirtschaftswachstum" (Frankfurter Allgemeine Zeitung, 10. Oktober 1995), "Debt has become a theatre of the absurd" (Financial Times, 15. Mai 1995), "Gefangen in der Schuldenfalle" (Tages-Anzeiger, 18. April 1995), "Die Handlungsfähigkeit des Staates ist bedroht" (Welt am Sonntag, 30. Juli 1995), "Höhere Realzinsen als Folge der Staatsdefizite" (Neue Zürcher Zeitung, 3. Oktober 1994), "Auf das Staatsdefizit folgt der Strafzins" (Finanz und Wirtschaft, 22. Oktober 1994).

Regierungen rund um die Welt stochern hilflos im Morast ihrer selbstverschuldeten Probleme, weil sie den Bürgern nicht reinen Wein einschenken möchten. In der Anfangsphase des verhängnisvollen Prozesses verschleiern Finanzierungslücken die wahren Kosten der keimenden Staatstätigkeit, weil sie nur zum Teil zeitkongruent inform von Steuerzahlungen eingefordert werden. Das weckt natürlich Begehrlichkeiten nach zusätzlichen öffentlichen Leistungen und begünstigt die kontinuierliche Aufblähung des Staatshaushalts. Die Höhe der Staatsverschuldung signalisiert das Ausmass der Krankheit, die fast überall zur Seuche geworden ist. Deshalb ist die Entscheidung für höhere Steuern und Abgaben oder eben für noch mehr Schulden wie die Wahl zwischen Pest und Cholera! **Professor Walter Wittmann** schreibt dazu: "Wir wissen aus der Geschichte, dass Regierungen und Parlamente vor nichts zurückschrecken, um am Steuerwiderstand vorbei populäre Ausgaben zu finanzieren. Sie setzen sich über Verfassung, Gesetze und Verordnungen hinweg, um ihre bankrotte Politik fortsetzen zu können. Um das künftig zu vereiteln, sind **radikale Reformen** unverzichtbar" (Wittmann, 1995, S.176). Das Wirtschaftswachstum, vorab in den Industrieländern, kann aufgrund der verwobenen Altlasten niemals so stark sein, wie es für eine echte Gesundung der Volkswirtschaften sein müsste, zumal die Bemühungen um die überfällige **Revitalisierung** teilweise an den Egoismen der Interessengruppen zerschellen. Das ist ganz schlechte Post für jene darbenden 820 Millionen Menschen, die nach Angaben der "Internationalen Arbeitsorganisationen" arbeitslos oder unterbeschäftigt sind, immerhin rund 30% der arbeitsfähigen Weltbevölkerung.

Den Pfad der Tugend einschlagen zu wollen, würde wegen des Berges von Altlasten Einschnitte im überzogenen Wohlfahrtsstaat und konjunkturelle Schwäche bedeuten, die ja alle verhüten wollen. Deshalb sind die Maastricht-Kriterien, so sie überhaupt eingehalten werden wollen, das **grösste Deflations-Programm aller Zeiten**. Das soll nicht heissen, die Konvergenz-Vereinbarungen seien falsch, sie kommen nur viel zu spät! Entweder wird die EWU im Stadium der frühen Pubertät mit Scham begraben, oder dann werden die Bedingungen für die Aufnahme tüchtig aufgeweicht - mit allen Konsequenzen für die Bonität der Mitglieder und der gemeinsamen Währung.

Es ist sicher richtig, wenn wir den Staatsschulden besondere Aufmerksamkeit angedeihen lassen, weil sie - prolongiert, verdrängt und missverstanden - letztlich die gefährlichsten aller Schulden sind. In der volkswirtschaftlichen Betrachtung interessiert uns hingegen die Summe **aller Schulden** (Staat, öffentlich-rechtliche Körperschaften, Unternehmen, Konsumenten), weil deren Zinsaktivität im Verlauf der Aufschuldung ein immer grösseres Gewicht erhält. In den USA beispielsweise ist eine **zins-aktive Gesamtschuld von 17 Billionen Dollar** festzustellen, was auch für die potenteste Volkswirtschaft ein Riesenbrocken ist. Bei einem amerikanischen BIP von etwas über 7 Billionen Dollar beträgt die Quote rund 240% des BIP; sie ist also etwa gleich oder sogar weniger gross als die Quote der Staatsverschuldungen in Europa allein. In den USA bedeutet ein Zinsunterschied von 1% ein Mehr oder Weniger von 170 Milliarden Dollar.

D. Der epochale Schwindel mit dem Zins

Wir kennen die Geschichte vom Schachbrett und den Weizenkörnern, die sich von Feld zu Feld verdoppelnd zu einem riesigen Haufen vereinen. Gehen wir nun etwas weiter und nehmen wir an, es hätte im Jahre Null in Rom einen US-Cent gegeben und Kaiser Augustus (der frühere Octavian) sei so clever gewesen, mit diesem einen Fonds zu eröffnen. Dann hätte **die Macht von Zins und Zinseszins,** der Kurve einer Exponentialgleichung folgend, eine ungeheure Wirkung entfaltet und unsere auf kurze Sicht getrimmten Denkmechanismen bei weitem gesprengt. Wären nämlich dieser US-Cent während 2000 Jahren zu (bloss) 3% angelegt und die Erträge reinvestiert worden, gäbe es heute ein "Guthaben" von **473 Trilliarden Dollar** (473 x ^{1}021). Das entspricht dem US-Sozialprodukt für nicht weniger als 69 Milliarden Jahre! Jede Zinsanlage, die man stehen lässt, und sei sie auch noch so klein, führt **nach einer gewissen Zeit ins Absurde.** Dasselbe gilt natürlich auch für eine Schuld, die nicht abgetragen und für die der fällige Zins dazugeschlagen statt bezahlt wird (Hirt, 1993, S.3ff). Allein diese eine Rechnung zeigt uns den Irrsinn, der dem Wesen von Zins und Zinseszins zugrunde liegt.

Die **Geldvermehrung** basiert auf dem Ausstoss der Notenpressen, den neuen Kredit-Akten der Wirtschaftssubjekte und in zunehmendem Mass auf den Zinserträgen für bestehende Guthaben; Zins und Zinseszins tragen immer mehr zur massiven Liquiditätsausweitung unserer Tage bei. Dabei wird kaum bedacht, dass diese Erträge irgendwo mit Sozialprodukt verdient werden müssen. Auch wenn ein Teil der Zinserträge in den Wirtschaftskreislauf gelangt und nicht thesauriert wird, nähert sich die Entwicklung mit der entsprechenden Verzögerung der Exponentialkurve, die allmählich wie ein Turbolader zu wirken beginnt. Wer wegen der Wucht von Zins und Zinseszins irritiert ist, kann sich damit trösten, dass auch John Maynard Keynes, einer der berühmtesten Oekonomen dieses Jahrhunderts, die wahre Bedeutung nicht erkannt hatte. In seinem ausführlichen Artikel "Economic Possibilities for our Grandchildren" (Wirtschaftliche Möglichkeiten für unsere Grosskinder), geschrieben im Oktober 1930, also ein Jahr nach dem schweren Börsen-Crash und zu Beginn der Grossen Depression, kommt er nach vielerlei Schwärmereien auf den Punkt: "Der Zuwachs des Kapitals seit dem 16. Jahrhundert war um weit mehr als das Hundertfache grösser als zu allen früheren vergleichbaren Zeitperioden. Wenn nun dieses Kapital um beispielsweise 2% pro Jahr steigt, wird sich die Kapitalausstattung der Welt in zwanzig Jahren um 50% und in hundert Jahren um das Siebeneinhalbfache vergrössert haben. Stellen Sie sich diese Entwicklung nun einmal inform von materiellen Dingen vor, als Häuser, Autos und dergleichen." - - - Es ist unverzeihlich, dass Keynes beim Terminus "Kapital" nur an Sachkapital und **Guthaben** gedacht, die Kehrseite der Medaille aber, die gegenüberstehenden **Forderungen,** weitgehend vernachlässigt hat. Deshalb hat er die Zwänge von Angebot und Nachfrage sowie die Bonitätsverschlechterung im andauernden Aufschuldungsprozess nicht erkannt oder mindestens arg unterschätzt.

Denken wir nun nicht an Guthaben, sondern an Schulden in derselben Höhe (weil Gläubiger und Schuldner gleichgewichtig gegenüberstehen), stellen wir fest, dass das Stehenlassen privater Schulden und das Aufschulden die Grenzen in den gesetzlichen Schranken finden; irgendwann muss jeder Schuldner für das geborgte Kapital geradestehen. Nicht so bei öffentlichen Schulden: Staaten haben sich Sonderrechte zugelegt, sie können die fälligen Zinszahlungen zur bestehenden Schuld schlagen, auch wenn das ökonomisch schlecht und verwerflich dazu ist. Solange die Bürger nicht dagegen rebellieren, werden die Staaten diese lockere Handhabung der eingegangenen Verpflichtungen bestmöglich nutzen. In den westlichen Industriestaaten können die Schuldzinsen längst nicht mehr aus sozialprodukt-abhängigen Einnahmen (allein) bestritten werden, weshalb sie teilweise oder vollständig mittels Neuverschuldung "beglichen" werden. Und so nähert man sich der vertrackten Zinseszinskurve, die zuerst flach, kaum spürbar, ansteigt und erst später allmählich steiler wird, bis sie dann zum Schluss auf der Senkrechten fast ins Unendliche entschwindet. Auch deshalb muss jeder wirtschaftliche Zyklus irgendwann ein Ende finden; danach führen entsprechende Korrektive zu einem Neuanfang. Anhand klassischer Beispiele müssten wir diese Abfolge kennen. Je massiver die Uebertreibungen forciert werden, desto einschneidender sind die erforderlichen Korrekturen. Diese Erkenntnis kann uns für die bevorstehenden Entwicklungen in der Weltwirtschaft nicht sonderlich positiv stimmen: **Noch nie in der Geschichte der Menschheit hat es derart exzessive Verschuldungs-Orgien gegeben!**

Das Volumen der Schulden in der Weltwirtschaft entspricht in etwa der "Liquidität" im System, die teilweise gar nicht wirklich liquide ist. Es liegt also auf der Hand, dass beim Durchbrechen ökonomischer Altlasten die vielfältigen Zwänge die **Bonität der Schulden sinken lassen.** Dieser Prozess, der 1982 begonnen haben dürfte, ist heute im Alltag verankert, ohne dass dies ins Bewusstsein vieler Marktteilnehmer gedrungen wäre. Was Gläubiger entzückt, hohe Zinserträge nämlich, ist für die Schuldner in einer Zeit rückläufiger Wachstumsraten zum Damokles-Schwert geworden. Der Ausfall privater Schuldner nimmt deshalb zu, und die Bonität noch existenter Schulden sinkt weiterhin. Die Staaten können sich noch halten oder werden mit enormen Kapitalspritzen gehalten, d.h. die "Gesundung" wird vertagt.

E. Eine Fülle von Liquidität

Wir befinden uns also mitten in einer Phase hartnäckiger deflationärer Auswüchse, was ein verlässliches Zeichen für ein Ueberangebot an Gütern und Dienstleistungen bei mangelnder Liquidität ist. Was auf den ersten Blick als Paradoxon daherkommt, klärt sich beim zweiten: Ein grosser Teil der Liquidität hat sich in die Sach- und Kapitalmärkte ergossen und nur zu einem kleineren Teil in die sozialprodukt-aktiven Segmente; Rentner geniessen die aufgehobenen Pfründe, die Unternehmer müssen strampeln und sich nach der Decke strecken. Unter der Zins-Fuchtel wird die Erarbeitung der Zinsen auf den ausstehenden Schulden immer schwieriger. Zudem sind in den vergangenen vier Jahren erhebliche "Werte" verschwunden, weil die Kurskorrekturen bei Aktien (Japan), Anleihen (1994) und Immobilien (weltweit) Billionen-Verluste haben auflaufen lassen. Um dem deflationären Druck entgegenzuwirken, müssten nun diese "Liquiditäts-Lücken" mit neuem Geld gestopft werden. Die USA haben 1991-1993 mit einer lockeren Geldpolitik u.a. ihr Banken-System gerettet; die Japaner haben in diesem Sommer begonnen, Liquidität in die Wirtschaft zu pumpen; die Europäer haben noch immer eine Inflation im Visier, die es (mindestens vorläufig) nicht gibt.

In Ermangelung genauer und vollständiger Statistiken müssen Zahlen und verlässliche Schätzungen aus seriösen Quellen zusammengefügt werden. Die weltweiten Schuldverpflichtungen (und die entsprechenden "Guthaben") betragen klar mehr **als 45 Billionen Dollar** - man erinnere sich an den US-Cent des Kaisers Augustus! McKinsey erwartet bis zum Jahr 2000 eine Steigerung auf 83 Billionen

Dollar. Am Euromarkt rotieren für 4'600 Mrd.$ internationale Kredite, internationale Anleihen im Wert von 2'200 Mrd.$ sowie europäische Anleihen in der Grössenordnung von 500 Mrd.$ - allein in der ersten Hälfte 1995 wurden 1'268 Eurobonds mit einem Wert von 214 Mrd.$ aufgelegt. Die weltweite Schuldaufnahme stieg 1994 erstmals über die 800-Milliarden-Dollar-Grenze. "Euroclear" meldete für 1994 von den angeschlossenen Gesellschaften einen Umsatz mit Euro-Papieren im Betrag von 21'300 Mrd.$, wobei an Spitzentagen bis gegen 110 Mrd.$ bewegt wurden.

Parallel zur Liquidisierung unserer Welt hat die **Fonds-Industrie** eine unglaubliche Expansion erlebt. In den USA konnte man vor zehn Jahren unter 1'500 Fonds auswählen, heute hat man die Qual der Wahl unter 5'720 Fonds, die gut 2'600 Mrd.$ unter Management haben (weitere 4'400 Mrd.$ werden konventionell betreut). In Europa existierten per Ende 1994 total 8'730 Anlagefonds, die von 1'150 Management-Gesellschaften in 22 Ländern verwaltet werden. Das weltweit von Anlagefonds verwaltete Vermögen belief sich Ende 1994 laut einer Studie von "Lipper Analytical Services" auf einen **Gesamtwert von rund 4'100 Mrd.$.** In den USA sind US-Treasury-Bonds und -Bills im Betrag von rund 6'000 Mrd.$ im Umlauf, dazu kommen Unternehmensanleihen für 2'400 Mrd.$ und Hypotheken für 4'450 Mrd.$ (ein Teil davon mittels Securitisation umlauffähig gemacht). Entsprechend explodiert ist das weltweite Volumen für Direktinvestitionen und Portfolioanlagen: "The Wall Street Journal" schätzt den jährlichen **globalen Kapitalverkehr auf 280 Billionen Dollar.**

Die Schulden/Guthaben übertreffen die **Welt-Wirtschaftsleistung von rund 23 Bio.$** um das Zweifache - einmal mehr: Die Dynamik der Finanz-Märkte löst sich immer mehr von der realen Wirtschaft, weshalb sie zum Problem für die Notenbanken geworden ist. Die angebliche Allmacht der Notenbanken entpuppt sich als bequeme Chaiselongue für psychologische Behandlungen, die sie allerdings fast perfekt beherrschen. Der gut informierte Journalist Arnd Hildebrandt geht noch etwas weiter: "Politik wird inzwischen in einem nie zuvor beobachteten Mass an den Finanzmärkten 'gemacht'. Hier ballt sich, wie der Fall Mexico gezeigt hat, eine **quasihoheitliche Macht** zusammen, die weitreichende Grundsatzentscheidungen fällt. Der Realpolitik bleibt häufig nichts anderes mehr übrig, als diese auszuführen!" (Hildebrandt, 1995).

F. Banken im Kreuzfeuer

An der Allmacht der Finanz-Märkte könnten die Banken ihre helle Freude haben, hätten nicht viele von ihnen schwerwiegende Fehler bei der Einschätzung von Chancen und Risiken produziert. Einmal haben sie die Wucht der deflationären Einbrüche unterschätzt und sind vor allem auf angefaulten Immobilien-Krediten sitzen geblieben - in einem Ausmass, das gar manches Haus erschüttert hat. Darüber hinaus haben sie auch die Volatilität mit den üblichen Ueberraschungen in den Finanz-Märkten klar unterschätzt. Niemand weiss, wieviele Leichen in den tiefen Kellern des globalen Banken-Systems still vor sich hinriechen; es muss ein Massengrab sein. Wie zu Beginn der 90er Jahre in den USA, so haben nun die

Banken in Japan und Europa die einmalige Möglichkeit, mit den von den Notenbanken und den Märkten ermöglichten Zinsdifferenzen die schlimmsten Löcher zu stopfen. Wieviele Löcher offen bleiben werden, ist noch das Geheimnis der Zukunft.

Die Kredit-Krise in Lateinamerika, die insbesondere die US-Geschäftsbanken gebeutelt hatte, ist noch in bester Erinnerung und ein wesentlicher Grund für die in den letzten Jahren zu beobachtende Zurückhaltung der Banken im Geschäft mit der Dritten Welt. In die Bresche gesprungen sind vermehrt Regierungen, der Internationale Währungsfonds (IWF), die Weltbank und die anderen "Entwicklungsbanken"; staatliche und halbstaatliche Kredite haben Bank-Ausleihungen zu einem erheblichen Anteil abgelöst. Man darf annehmen, dass die Bonitätsfrage dabei ziemlich "pragmatisch" und nicht zu laut gestellt wird. **Asien** hat im vergangen Jahr Lateinamerika als wichtigsten Kreditnehmer der internationalen Geschäftsbanken abgelöst. Die konsolidierten Bank-Kredite im Auslandgeschäft betrugen Ende 1994 rund 750 Mrd.\$, ein Jahresplus von gut 60 Mrd.\$. Davon lagen 238 Mrd.\$ in Asien, 198 Mrd.\$ in Lateinamerika, 79 Mrd.\$ in Osteuropa.

Die Rating-Agenturen, die von den betroffenen Banken nicht sehr geliebt werden, sind wachen Auges, denn **seit Jahren verschlechtert sich die Qualität der Banken** in den Büchern von "Moody's Investors Service" und "Standard & Poor's" wie auch bei den auf Banken spezialisierten Agenturen. Exemplarisch ist die Liste von S&P für die **Triple-A-Banken,** die sich innert einer Dekade von 22 auf 4 Institute verkürzt hat (Deutsche Bank, Schweizerische Bankgesellschaft, Rabobank, J.P. Morgan). Der gestiegene Konkurrenzdruck, die damit verbundene Margenverengung und die rapide Verschlechterung der Bonität eines ansehnlichen Teils der Aktiva sind die schwersten Hindernisse auf dem Weg zur Verbesserung. Nun hat Moody's die Hürden noch etwas höher gelegt; mit dem "Bank Financial Strength Rating" (BFSR) wird die Finanzkraft der Institute beurteilt. Zusammen mit der bisherigen Bewertung der kurz- und langfristigen Bank-Verbindlichkeiten wird das Bild nun vollständiger und verlässlicher. Zum Wohl auch für die einzelnen, im Interbankenmarkt verketteten Geldhäuser, die sich vor dem Domino-Effekt beim Fall einer Problembank hüten müssen. - - - Der enorme Anstieg der Liquidität in den Finanz-Märkten, die hauptsächlich von den Banken zu "verarbeiten" ist, hat - ohne dass das explizit gesagt wird - zu einem **schweren Anlagenotstand** geführt, weil für das viele Geld bei weitem **nicht genügend gute Investitionsmöglichkeiten** existieren; die Verwässerung der Bonitäten nimmt systemimmanent zu.

G. Wolken am Derivate-Himmel?

Die Kontroverse um die Gefährlichkeit der Derivate für das internationale Banken-System spitzt sich zu. Namhafte Kritiker warnen unmissverständlich - involvierte Institute sind "optimistisch" und bekräftigen, sie hätten die Risiken im Griff, die bisherigen "Unfälle" (Baring Brothers, Orange County, Magellan-Fund, Metallgesellschaft u.v.a.) seien erklärbare Ausnahmen und Einzelfälle. Ueber das

Volumen mit Derivaten (Futures/Terminkontrakte, Optionen, Swaps und kombinierte, massgeschneiderte Instrumente) existieren sehr unterschiedliche Angaben. Die BIZ erklärt, Ende 1994 habe der Nominalwert der Derivate die 20-Billionen-Dollar-Grenze überschritten. "The Wall Street Journal" hat diese Grössenordnung schon für Ende 1992 errechnet und mittlerweile auf satte **35 Billionen Dollar** erhöht, wobei die ausserbörslichen Positionen etwa drei Viertel der Derivate-Lawine beanspruchen; die börsengehandelten Derivate verzeichnen zwar auch eine steigende Nachfrage, aber gegenüber der vielen "Spezialitäten" aus den Banken geraten sie anteilig immer mehr ins Hintertreffen.

In einer Studie der New Yorker "Swaps Monitor Publications" wird von einem Volumen mit ausserbörslichen Derivaten allein im Betrage von 25,5 Bio.$ per Ende 1993 berichtet (aus "Finanz und Wirtschaft", 1995). Innert Jahresfrist soll diese Zahl auf 32 Bio.$ gestiegen sein. Das Derivativgeschäft der drei Schweizer Grossbanken basiert Ende 1994 auf emittierten Instrumenten im Nominalwert von rund 7 Billionen Franken (aus "Finanz und Wirtschaft", 1995), und die Deutsche Bundesbank beziffert die bilanzunwirksamen Geschäfte der deutschen Kreditwirtschaft auf über 8,2 Billionen Mark - 132% des bilanzwirksamen Geschäftsvolumens der Banken! (aus "Handelsblatt", 1994).

Das vieldiskutierte Risiko hat natürlich nicht den Wert der involvierten Nominalbeträge. Ernsthafte Schätzungen aus Risiko-Modellen gehen davon aus, dass das Risikopotential durchaus auf 5% steigen könnte; bei kritischer Befragung geben selbst die Banken zu, es könnten 2-3% sein. Auch diese Risikoeinschätzung würde zu höchst unangenehmen Resultaten führen, denn ein Schaden in dieser Grössenordnung würde die Eigenmittel fast aller Banken klar übersteigen.

Es ist den Banken zu gönnen, dass sie auf dem weiten Feld der Derivate lukrative Jagdgründe gefunden haben, die das Kommissionsgeschäft massgeblich steigern und ein Polster für die Ausfälle im traditionellen Bankgeschäft bilden. In Anbetracht der exzessiven Volumina, der globalen Marktvernetzung und der gesteigerten Rasanz im Informationswesen tun die Verantwortlichen aber gut daran, die Risiken nicht unter den Tisch mit der grossen Kasse zu wischen. Sie sollten vielmehr die Worte eines ihrer angesehensten Kollegen nicht vergessen - Felix Rohatyn aus dem Hause "Lazard Frères" mahnte geschockt: "Da gibt es doch 26jährige Lümmel mit Computers, die ohne es zu wissen **finanzielle Wasserstoffbomben** konzipieren". Zu den schärfsten Kritikern gehört auch Gerald Corrigan, der frühere Präsident der New Yorker Federal Reserve Bank und danach Chefanalytiker und Geschäftspartner von "Goldman Sachs". Er wird nicht müde zu warnen, das Welt-Finanz-System sei durch die innovativen derivaten Instrumente **"in einer neuen Qualität bedroht".**

H. Währungsfonds und Weltbank

Die Bedeutung der Bretton-Woods-Institute als Glieder im Welt-Finanz-System nimmt unaufhaltsam zu. Weil sie sich "für das kommende Jahrhundert rüsten", wollen sie dringend weitere Mittel zur Verfügung gestellt bekommen. Der IWF hat unbescheiden vorgeschlagen, 50 Milliarden Sonderziehungsrechte (SZR) zu emittieren, die wohl **papierenste Geldschöpfung,** die man sich vorstellen kann (immerhin im Wert von rund 110 Mrd. Mark). Im Vordergrund steht nun allerdings ein Vorschlag, die "Allgemeinen Kreditvereinbarungen" (General Arrangements to Borrow - GAB) mit einem Fundus von 17 Mrd. SZR zu verdoppeln. Es bestehen sogar Pläne (von Harvard-Oekonom Jeffrey Sachs), den IWF zu einem "Konkursverwalter" zu machen, der ähnlich wie ein privater Nachlassverwalter agieren könnte. Nach dem Vorbild des "Chapter 11" aus dem amerikanischen Konkursrecht soll der IWF die Schulden eines bankrotten Staates einfrieren können ("debt freeze"). Sachs und seine Glaubensgenossen erwarten offenbar turbulente Entwicklungen; er scheint mit seiner Initiative allerdings nicht mehr Erfolg einheimsen zu können als mit seinen Flops in Moskau.

Auch die Weltbank will verstärkt alimentiert werden; insbesondere will sie die Tätigkeit ihrer Töchter "International Finance Corporation" (IFC) für Engagements im Privatsektor der Dritten Welt und "Multilateral Investment Guarantee Agency" (Miga) zur Absicherung nichtkommerzieller Risiken bei Direktinvestitionen in Entwicklungsländern fördern.

Weltbank und IWF beobachten mit wachsender Besorgnis die immer spärlicher fliessenden Entwicklungsgelder und die zunehmende Hilfsmüdigkeit in den Geberländern. Diese durchaus logische Entwicklung kann nur Träumer erstaunen, denn die internationalen Banken sind nach den eingefahrenen Schlappen und mit den übelriechenden Leichen im Keller vorsichtiger geworden. Und die einst spendablen Regierungen der Industriestaaten haben unisono leere Kassen. Die Hemmungen sind umso mehr zu verstehen, wenn die Schuldenlast der 40 hochverschuldeten ärmsten Länder ins Blickfeld rückt: fast 200 Milliarden Dollar, ein "Guthaben", das mehrheitlich aus Nonvaleurs zusammengesetzt ist.

Bei dieser Gelegenheit lohnt sich ein Blick auf den finanziellen Status der Weltbank und der übrigen Entwicklungsbanken (Inter-Amerikanische, Asiatische, Afrikanische). Diese Institute sind **haarsträubend finanziert.** Stellvertretend für alle diese Häuser mit ähnlicher Finanzierungsstruktur die Zahlen für die "Inter-American Development Bank": Die ordentlichen Kapitalmittel der Bank betragen 60,987 Mrd.$, wovon aber bloss 3,342 Mrd.$ wirklich einbezahlt sind - die restlichen 57,645 Mrd.$ können jederzeit (?) eingefordert werden (Stand 30. Juni 1995). Dabei unangenehm ist der Gedanke, dass alle garantierenden Regierungen hochverschuldet sind und über leere Kassen stöhnen. Und mit diesen morschen Zahlungsversprechen hat die Bank derzeit eine Fremdverschuldung (internationale Anleihen mit Rating AAA!) von 27,950 Mrd.$. (Eine ähnliche Struktur weist auch die EU-Bank, die "Europäische Investitionsbank" - EIB, auf, die über ein Kapital von 62,0 Mrd. Ecu "verfügt", wovon allerdings nur 4,65 Mrd. Ecu einbezahlt oder noch einzuzahlen sind. Die ausstehenden Darlehen der EIB auf eigene Rechnung betragen 104,3 Mrd. Ecu - ein wahrlich happiger Hebel!) - - - Der Clou: diese Institute sind beliebte AAA-Schuldner, deren Papiere den Euromarkt seit Jahren zieren und die bevorzugt in die Portefeuilles gelegt werden, weil an der Bonität der Garanten, den Staaten, nicht gezweifelt wird. Man verhält sich so, als wäre die Zahlungsfähigkeit der Staaten ohne den geringsten Zweifel behaftet, obschon sie seit geraumer Zeit in der Nähe der unschönen Exponentialkurve sitzen. Wenn dereinst die Illusionen fallen und Ernüchterung die Träumereien aus den Köpfen trommelt, dürften die Folgen für Wirtschaft und Gesellschaft betrüblich sein.

Im Falle Mexicos hat der IWF implizit die Rolle eines "lender of last resort" gespielt, spielen müssen, weil die Bankenwelt extrem zurückhaltend war und der amerikanische Kongress die Regierungshilfe vom Einschreiten des IWF abgängig machte. Der geschäftsführende IWF-Direktor, Michel Camdessus, prognostizierte mit Blick auf die global integrierten Kapitalmärkte gleich noch künftige Krisenmuster, die den IWF als "letzten Helfer" mobilisieren müssten. Aehnlich denken die Amerikaner, die am liebsten jede aufkommende Krise mit (vorderhand) noch nicht existierenden Mitteln des IWF ersticken möchten. Aber damit würde das Pferd am Schwanz aufgezäumt: Der IWF kann als multilaterale Institution kein "lender of last resort" sein; schliesslich strotzt die Geschichte des IWF vor Episoden, in denen es zu politisch motivierten Kreditzusagen kam, die ökonomisch in keiner Weise zu vertreten waren. Die "Neue Zürcher Zeitung" zitiert dazu Walter Bagehot, den berühmten Herausgeber des "Economist" aus dem letzen Jahrhundert: "Die Rolle des 'lender of last resort' kann es nicht sein, unbegrenzte Mittel auf den Markt zu werfen; seine Aufgabe dürfte bestenfalls darin bestehen, unverschuldet in Not geratenen Kreditnehmern mit hart konditionierten Geldern zeitlich limitiert über die Runde zu helfen."

Wer gut hinhört, stellt beim Gerangel um mehr Mittel (und Macht) für IWF und Weltbank unschwer fest, dass die Furcht vor nächsten, noch viel grösseren Zusammenbrüchen nicht mehr zu verstecken ist.

I. Realität und Rache

Der kritische Blick ins Welt-Finanz-System vermag keine Freude zu wecken. Die absurde Aufschuldung mit allen Folgen und Zwängen ist auf ein Niveau getrieben worden, das Dimensionen früherer Epochen bei weitem sprengt. Die in diesem Beitrag angesprochenen Probleme (viele weitere gehörten dazu) offenbaren uns in ihrer Verkettung erschreckende Abgründe. Ohne jeden Zweifel erleben wir die **spekulativste Blase aller Zeiten,** die den Kapitalismus bis in die Grundfesten erschüttern wird. Wer sich anschickt die **Stabilität** im Finanz-System kritisch, objektiv und vorsichtig zu überprüfen, erkennt **Fiktionen** ohne Grenzen.

Die **Schuldigen** für das nun sichtbar werdende Desaster, vor allem Spitzenpolitiker, Vertreter der Hochfinanz und Promoters der **Casino-Wirtschaft,** sowie die nicht zu beneidenden Verantwortlichen für die Finanz-Ordnung, also die Notenbanken und die Bankiers der internationalen Geschäftsbanken, unternehmen alles, damit das tolle Spiel nicht zusammenbricht. Der bisherige Erfolg ihrer herkulanischen Bemühungen verleitet die Menschen zur Annahme, diesmal sei alles ganz anders als früher und das System "irgendwie" zu retten. Solches Denken basiert auf der Verachtung des gesunden Menschenverstandes und der mathematischen Grundgesetze.

Der **Zeitgeist** sagt uns viel über die Seriosität, die Moral und den Willen zur Meisterung schwieriger Probleme. Da die grosse Mehrheit der Menschen in wichtigen Teilen der Welt ihre Seele längst dem steigenden Lebensstandard verkauft hat, ist sie freiwillige Mitspielerin und damit mitschuldig am unerfreulichen Geschehen. Auch Verdi's Falstaff kann nicht helfen. Des britischen Ritters eindringliches Sinnieren über sein Missgeschick und die Schlechtigkeit der Welt wandelt sich über eine groteske Posse bis zum fanatischen Finale mit der Arie "Tutto nel mondo è burla" (Alles ist Spass auf Erden). Unsere Realität freilich ist eine ganz andere, sie ist mehr als nur eine Posse. Die säubernde Rache ist nicht aufzuhalten! Harte Worte von **Roland Baader**, der das liberale Denken tapfer hochhält, sollen auf diese Rache einstimmen und zum Nachdenken anregen:

"Es ist unerbittliche Wahrheit, dass ein schrecklich grosser Teil der möglichen (und notwendigen) Einnahmen von morgen bereits heute und gestern verbraucht worden ist. Wir haben nicht nur die reichen Ernten in hemmungslosen Fressorgien verschlungen, sondern auch das Saatgut, das wir unseren Kindern und Enkeln hätten übergeben sollen. Was wir getrieben haben - und nach wie vor treiben - ist makaber und zynisch, denn ein Leben auf Pump setzt - soll es nicht zusammenfallen wie ein Kartenhaus - voraus, dass sich auch künftig immer neue Gläubiger für immer neue Kredite finden. Diese neu- und noch-mehr-Verschuldeten können nur unsere Nachfahren sein. Wenn sie sich dem Wahn verweigern sollten, ist der Spuk zu Ende - und ihre Welt ein Trümmerhaufen" (Baader, 1991, S.285).

Ein Ratschlag von Blaise Pascal sei angefügt:

"Wenn alle ins Verderben gehen,
scheint keiner zu gehen.
Nur wer etwa anhält,
macht wie ein fester Punkt
das Abirren der anderen bemerkbar."

LiteraturBaader Roland: KREIDE FÜR DEN WOLF - Die tödliche Illusion vom besiegten Sozialismus, Böblingen 1991Die Zeit: Die Last der faulen Kredite, 1. Septemer 1995Engels Wolfram: Die Besitzfrage, in "WirtschaftsWoche", 5. November 1993Finanz und Wirtschaft: 25 Billionen $ schwerer OTC-Markt, 8. April 1995 /Wie gross sind die Ueberkapazitäten im Dervativgeschäft?, 25. März 1995Handelsblatt: Nobelpreisträger Buchanan provoziert Ost-Experten, 5. September 1994/ Derivate stellen bis heute für Geldpolitik keine Gefahr dar, 17. November 1994Hildebrandt Arnd: Die Macht der Finanzmärkte, in "Blick durch die Wirtschaft", 16. Februar 1995Hirt Walter: LEBEN MIT DEM DOLLAR?, Ebmatingen/Zürich, 2. Auflge 1989Hirt Walter: Der epochale Schwindel mit dem Zins, in WIRTSCHAFTaktuell, Ausgabe 13. Jahrgang/Nummer 1 - 1993Neue Zürcher Zeitung: Eine Welt der Haushaltdefizite, 3. April 1995Röpke Wilhelm: DIE GESELLSCHAFTSKRISIS DER GEGENWART, Bern/Stuttgart, 6. Auflage 1979Rosenberg Hans: GROSSE DEPRESSION UND BISMARCKZEIT, Berlin 1967Stockman David: DER TRIUMPH DER POLITIK, München 1986The Wall Street Journal: Behind the Currency Chaos, 7. März 1995Vontobel Werner: Lasst die Pleitegeier kreisen! in "Die Weltwoche", 16. Februar 1995Wittmann Walter: DAS GLOBALE DESASTER - Politik und Finanzen im Bankrott, München 1995Zimmerer Carl: Kassensturz machen, in "WirtschaftsWoche", 2.November 1990

HANS OTTO LENEL

Carl Zeiss - Ein Beispiel für die Problematik der Industriepolitik

A. Bis zum Eintritt von Späth

Als die amerikanische Armee Thüringen der sowjetischen überließ, nahm sie einen Teil des qualifizierten Personals der Carl Zeiss-Stiftung mit in den Westen, wo zwei neue Unternehmen, Carl Zeiss und Schott, aufgebaut wurden. Der eiserne Vorhang trennte sie von den in Jena weiterbestehenden und bald verstaatlichten Unternehmen Carl Zeiss und Jenaer Glaswerke. Nach der Öffnung dieses Vorhangs begannen Überlegungen und Verhandlungen darüber, ob und wie die vier Unternehmen wieder vereinigt werden sollten. Die westdeutschen Stiftungsunternehmen zögerten, weil sie die Risiken aus der Übernahme der beiden östlichen Unternehmen und Sozialplanforderungen (FAZ 7.6.90) scheuten.[1] Man wollte eher abwarten, andererseits aber wohl auch verhindern, daß nach Übernahme der östlichen durch ein ausländisches Unternehmen für die Westdeutschen unliebsame Konkurrenz und eine Wiederaufnahme des früheren Streits über die Verwendung des Namens Zeiss entsteht. Die Risikofurcht der leitenden Herren der westdeutschen Zeiss-Stiftung ist zwar ex post, nach den Erfahrungen in den seitdem verflossenen Jahren, verständlich. Fraglich aber bleibt, ob und inwieweit sie sie vorausgesehen und später dagegen mögliche Vorkehrungen getroffen haben, und ob es dann gerechtfertigt war, daß die westliche Stiftung auf ihre Restitutionsansprüche nicht verzichten und damit im Ergebnis andere Interessenten nicht zum Zuge kommen lassen wollte. Gegen die Voraussicht spricht, daß *Skoludek*, der damalige Chef der westdeutschen Carl Zeiss, 1990 auf die Frage nach dem Potential einer Vereinigung der vier Unternehmen antwortete: „Eins plus eins ist drei“ (FAZ 14.2.90), und daß er sich vom „Stand der Technik und der maschinellen Ausrüstung“ in Jena beeindruckt zeigte (nach Süddeutsche Zeitung, kurz: Südd., 31.8.90).
Eine Entscheidung wurde dringend, als eine Übernahme der beiden ostdeutschen Unternehmen durch das Land Thüringen über eine ostdeutsche Zeiss-Stiftung drohte. Diese von der westdeutschen nicht anerkannte Stiftung hatte von der Treuhandanstalt bereits je 20 % der beiden ostdeutschen Unternehmen erhalten (nach CH-D Wirtschaft 12/1990). Der damalige thüringische Ministerpräsident *Duchac* hatte dem Erwerb des Rests der Anteile schon zugestimmt,[2] aber bald darauf kamen ihm wegen der Risiken doch Bedenken (vgl. hierzu FAZ, 22.3.91).

[1] Vgl. das Interview mit Horst Skoludek, Witschaftswoche (kurz Wiwo) 29.6.90.
[2] Einzelheiten dazu Wiwo, 15.3.91, Hbl., 8.3.91

Er berief *Lothar Späth* zum Berater (Handelsblatt, kurz: Hbl., 11.4.91). *Späth* hatte kurz zuvor sein Amt als Ministerpräsident des Landes Baden-Württemberg wegen privater Reisen verloren, die Unternehmen finanziert hatten (vgl. Zeit, 6.3.92). Beraten sollte er bei der Frage, ob das Land Thüringen die ostdeutsche Zeiss-Stiftung ganz übernehmen sollte (Hbl., 11.4.91). Er wollte nicht als „Sanierer" kommen, sondern unentgeltlich beraten (FAZ, 11.4.91). Er war und ist zwar wohl nicht für solche Beratungsaufgaben oder gar für die Sanierung von Unternehmen vorgebildet, aber er versteht das Verhandeln und hat gute Beziehungen nicht nur zu Politikern, sondern auch zu leitenden Herren von Unternehmen. Die Süddeutsche Zeitung bezeichnete ihn am 24.10.94 als einen Großmeister der Kungelei zwischen Wirtschaft und Politik.

B. Späths Eintritt und die Erhöhung der Subventionen

Späth fand schon Entwürfe für eine strukturelle Neuordnung der Zeiss-Unternehmen und eine Zusage der Treuhandanstalt vor, die Altschulden der beiden Unternehmen von 1,3 Milliarden DM zu übernehmen (Börsen Zeitung, kurz: Börsenz., 7.3.91). Aber diese Zusage genügte ihm nicht. Er wünschte darüber hinaus ein „Finanzpolster" von mehreren Milliarden DM (Spiegel, 6.5.91). Eine gewisse Stütze für einen Teil seiner Forderung fand er durch die Meinung der westdeutschen Zeiss-Stiftung, es seien in der nächsten Zeit Investitionen von 100 Millionen DM nötig, um die ostdeutschen Unternehmen wettbewerbsfähig zu machen. Diese Stiftung wollte selbst nach Übernahme „sehr viel Geld" in Jena investieren (FAZ, 14.6.91). Zu dem Lob des technischen Stands der Jenenser Werke durch *Skoludek* (vgl. oben) paßte das allerdings schlecht, und es ist auch zweifelhaft, ob die westdeutsche Zeiss-Stiftung in Jena bisher wirklich „sehr viel Geld" investiert hat. Jedenfalls aber erreichte *Späth* in wenigen Monaten (bis Mitte 1991, Börsenz., 13.6.91), daß die finanziellen Zusagen der Treuhandanstalt auf mehr als das Doppelte erhöht wurden (auf 2,7 Milliarden DM), und daß außerdem die thüringische Landesregierung weitere 860 Millionen DM zusagte (Hbl., 14.6.91). Wie konnte die Treuhandanstalt in der kurzen Zeit die Notwendigkeit dieser Erhöhung prüfen, und wie hat die thüringische Regierung die Berechtigung von *Späths* Forderungen geprüft? Diese Prüfung hätte doch jedenfalls nach den Erfahrungen mit *Späths* Einstellung zur Subventionierung als Ministerpräsident nahegelegen (vgl. hierzu Lenel 1987 und NZZ, 29.7.87, S. 26). Noch im April 1991 hatte die Treuhandanstalt die Gewährung von 3 Milliarden DM als „völlig unrealistisch" bezeichnet (Südd., 25.4.91):

Im Zusammenhang mit der Erhöhung der Subventionen wurde der schon vor *Späths* Heranziehung geplante Umbau der Strukturen (vgl. Wirtschaftswoche, kurz: Wiwo, 15.3.91) um eine Verbindung mit der westdeutschen Zeiss-Stiftung variiert. Ihre beiden Unternehmen Schott und Zeiss übernahmen je 51 % der Anteile der Jenaer Glaswerke und der Anteile an einem Teil von Zeiss Jena, in dem die für die westdeutsche Zeiss interessanten Produkte zusammengefaßt wurden. Dessen Firma hieß nun Carl Zeiss Jena GmbH. Der von den westdeutschen Unternehmen für diese Anteile zu entrichtende Kaufpreis betrug je 1 DM. Der Rest konnte für eine weitere DM erworben werden, was inzwischen geschehen ist. Die westdeutsche Zeiss unterstellte allerdings mit anderen Worten, durch die Bereitstellung ihrer Vertriebs- und Serviceorganisation sowie ihrer Datenverarbeitung eine Sacheinlage geleistet zu haben. *Skoludek* bewertete diese Einlage mit 250 Millionen DM (FAZ, 12.11.91). Eine Spezifikation und Begründung dieser Bewertung habe ich nicht gefunden. Die Bewertung scheint mir zweifelhaft zu sein. 49 % der Anteile der Carl Zeiss Jena GmbH erhielt die neu gegründete Jenoptik GmbH (Hbl., 14.6.91) und damit mittelbar das Land Thüringen. Bei den Jenaer Glaswerken gingen die 49 % unmittelbar an das Land.

Die von Carl Zeiss Jena GmbH nicht übernommenen Produkte und den wertvollen Grundbesitz erhielt die Jenoptik GmbH, deren alleiniger Anteilseigner das Land Thüringen wurde. Von den erwähnten Subventionen erhielten die Jenoptik 3 Milliarden DM (FAZ, 7.12.92), die Carl Zeiss Jena GmbH 587 Millionen DM (FAZ, 12.11.91) und die Jenaer Glaswerke 300 Millionen DM (Hbl., 14.6.91). Von den 587 Millionen waren 110 Millionen für die Kapitalausstattung von Zeiss Jena und 477 Millionen DM für die Deckung künftiger Verluste bestimmt (Bohn, 1993, S. 177).

Es scheint mir interessant zu sein, daß die Jenoptik, deren Geschäftsführer nun doch *Späth* wurde, den Löwenanteil der Subventionen, nämlich drei Milliarden DM, erhielt. Die Vergütung für seine Geschäftsführung wurde auf 600.000 DM jährlich geschätzt (Südd., 23.1.92, ähnlich schon Wiwo, 11.10.91). *Späths* Vertrag wurde inzwischen bis 1999 verlängert (Hbl., 6.10.94). Mit den Subventionen sollten bei Jenoptik nur 1.800 Arbeitsplätze erhalten werden. Allerdings wollte *Späth* nach seinen Äußerungen 1991 im ganzen bei der oder über die Jenoptik 6.700 Arbeitsplätze schaffen oder erhalten. Jenoptik gab inzwischen den größten Teil der ihr verbliebenen Zeiss-Produkte auf oder verkaufte die dafür vorhandenen Betriebe. Der Umsatz mit neu entwickelten Produkten blieb bisher relativ gering. Zwar waren von den drei eine Milliarde DM für die Tilgung der Altkredite, 0,8 Milliarden für Sozialpläne und 0,1 Milliarden DM für die Umweltsanierung bestimmt, aber es blieben 1,1 Milliarden DM „als Kapitalausstattung und zur Deckung künftiger Verluste" (FAZ, 14.6.91) oder - wie es ein halbes Jahr später hieß (FAZ, 2.1.92) - „für die Sanierung bis 1995". Eine Erhöhung der Subventionen um weitere 0,3 Milliarden DM war für den Fall vorgesehen, daß die bereitgestellten Mittel für die Sanierung nicht ausreichen sollten (Hbl. 14./15.6.91). Überdies erhielt Jenoptik aus den Subventionen für die Jenenser Zeiss 117 Millionen DM für übertragene Grundstücke, „Anlagen und eine Kristallzuchtfabrik" (FAZ, 8.11.94). Zu bedenken ist in diesem Zusammenhang auch der wertvolle, inzwischen teilweise verkaufte Grundbesitz, der bei Jenoptik blieb (600.000 qm, Blick durch die Wirtschaft, 26.4.91).

C. Jenoptik unter Späth

Im Frühjahr 1994 berichtete Späth von außerordentlichen Immobilienerträgen der Jenoptik und von deren liquiden Mitteln „in dreistelligem Millionenbereich", die er „hochertragreich" angelegt habe (Hbl., 15.4.94) sowie von „gut 100 Millionen Mark in der Kriegskasse" (Frankfurter Rundschau, kurz: FR., 16.4.94). 1994 wurde das gezeichnete Kapital auf diesen Betrag erhöht und damit verzehnfacht. Die der Jenoptik zugesagten Subventionen wurden im voraus, also nicht erst zur Deckung bereits fälliger Ausgaben, ausbezahlt Hier stellt sich die Frage nach dem Grund hierfür, zumal angesichts der angespannten Lage der deutschen öffentlichen Haushalte. Ein Teil der „Kriegskasse" dürfte auch aus dem Verkauf von Grundstücken und Betrieben stammen.

Maßgebend für die Subventionierung dürfte gewesen sein, daß *Späth* in seinem Konzept die Erhaltung von 10.000 der ungefähr 27.000 Arbeitsplätze der „eigentlichen Zeiss-Werke" (FAZ, 7.12.92) vorgesehen hatte. Den thüringischen Politikern war das damals insbesondere wegen des Verlusts der Arbeitsplätze für die Fertigung der Wartburg-Automobile wichtig, die nicht lange zuvor aufgegeben worden war. Man meinte, die Bereitstellung der hohen Subventionen sei besser als der sonst „drohende Untergang" der beiden Unternehmen durch deren Liquidation, mit der man „Standortvorteile verschenkt" hätte, „die Jena *womöglich* eine Zukunft geben" (FAZ, 14.6.91; Hervorhebung von mir). *Späth* bemerkte 1991, „betriebswirtschaftlich" sei „Zeiss am Ende, aber strukturpolitisch haben wir eine Riesenchance". Er habe, schrieb am 14.6.91 die FAZ, mit dem Herbeischaffen der erwähnten hohen Beträge „wichtige Voraussetzungen für eine Sanierungsstrategie geschaffen, die trotz aller Ausgangsbelastungen zu einer am Ende erfolgreichen Umstrukturierung des Industriestandorts Jena führen *könnte*" (Hervorhebung von mir).

Hier stellen sich mehrere Fragen: Sollten die Unternehmen Zeiss Jena und Jenoptik saniert werden - das wären einzelwirtschaftliche Aufgaben für die Leiter dieser Unternehmen - oder sollten durch die Ansiedlung neuer oder auch die Erhaltung anderer Unternehmen an den betreffenden Standorten industrielle Arbeitsplätze geschaffen oder erhalten werden? Dies wäre eine volkswirtschaftliche oder regionalpolitische Aufgabe.

Zumindest die regionalpolitische Aufgabe scheint *Späth* für sein Unternehmen zu bejahen. Denn Jenoptik hat eine Tochtergesellschaft, die Aufbaugesellschaft Ostthüringen, gegründet und *Späth* hat als ihre Aufgabe bezeichnet, „die in der Region vorhandenen wissenschaftlichen und industriellen Komponenten zusammenzuführen." Die dadurch entstehenden „Kompetenzkerne" sollen „die Umsetzung wissenschaftlicher Ergebnisse in neue innovative Produkte, Systeme und Verfahren" beschleunigen (Späth 1995, ohne Seitenzahl).

Sowohl für die regionalpolitische als auch für die weitergehende volkswirtschaftliche Aufgabe stellt sich die Frage, ob es in einer Marktwirtschaft angebracht ist, dafür einem Unternehmen hohe öffentliche Mittel anzuvertrauen. Genügt für eine bejahende Antwort, daß die Anteile dieses Unternehmens dem Staat gehören? Wie hat dieser auf die Investitionsentscheidungen eingewirkt?[3]

---

[3] Nach dem mir vorliegenden Gesellschaftsvertrag hat der Gesellschafter nur "Geschäfte und Maßnahmen" zu genehmigen, "deren finanzielle Auswirkungen auf die Gesellschaft DM 10 Mio *im Einzelfall* überschreiten" (§ 9, Abs. 3, Hervorhebung von mir). Im übrigen kann er nur über die Bestellung der Hälfte der 16 Aufsichtsratsmitglieder begrenzten

Späth soll bei seinen Subventionsforderungen vorgetragen haben, die Marktwirtschaft müsse „aus politischen Gründen ... außer Kraft gesetzt" werden (Thüringer Landeszeitung, 11.7.92, zitiert nach Büttner, S. 36). Einige Monate später soll er gesagt haben: Wir müssen „hier eine gezielte Industrie- und Strukturpolitik betreiben" (nach Südd., 27.4.93). Dabei blieb offen, ob „wir" auch oder nur die Jenoptik sein sollte.

Die von *Büttner* (S. 34) vorgetragene These, der „Ordnungsrahmen der Marktwirtschaft" sei hier nicht gesprengt worden, weil „die Ausübung der Eigentumsrechte mit der Befugnis selbständiger Zielwahl dezentralisiert" sei, halte ich nicht für zutreffend. Diese Art der Ausübung der Eigentumsrechte des Staats scheint mir vielmehr problematisch zu sein, und zwar desto problematischer, je weniger sich die zuständigen staatlichen Instanzen um jene Ausübung kümmerten und kümmern. Zur Debatte steht ja die Ausübung unter Verausgabung nicht privater, sondern öffentlicher Mittel erheblicher Größe. Es fand und findet auch wohl kaum, wie *Büttner* (S. 34) fortfährt, „eine effiziente Allokation der Ressourcen über den Markt" statt. Dafür fehlten vermutlich schon die nötigen Preissignale, und außerdem war die Allokation durch die verfügbaren Subventionen verzerrt. Eine effiziente Allokation kann auch nicht dadurch nachgewiesen werden, daß die Jenoptik Grundstücke bebaute oder für Bauvorhaben verkaufte oder Beteiligungen an Unternehmen erwarb oder dadurch versuchte, „die Mittelstandsstruktur im Jenenser Raum" zu „verbessern sowie durch Verwertung der Vorzüge des Jenenser Humankapitals zu einem innovativen Unternehmen" zu „avancieren"[4] Es bestand kein Anlaß, solcher Erwägungen wegen „die Marktwirtschaft außer Kraft zu setzen" (vgl. oben). Der richtige Weg wären vielmehr Ausschreibungen und Versteigerungen der nicht betriebsnotwendigen Grundstücke. Ob dafür ein Unternehmen im Staatsbesitz die geeignete Institution war, scheint mir zumindest zweifelhaft zu sein.

Globale Subventionen der gegebenen Größenordnung waren jedenfalls nicht am Platze. Wenn überhaupt unter den gegebenen Umständen subventioniert werden sollte, dann nur für sorgfältig geprüfte Einzelobjekte mit Vergleich der verfügbaren Alternativen durch Sachverständige und andere, z. B. Banken, die möglichst auch am Risiko beteiligt werden sollten. Durch fortgesetzte Kontrolle der ausgewählten Objekte sollten grundsätzliche Fehlentscheidungen möglichst frühzeitig erkannt und für die Zukunft vermieden werden. Ausschreibungen hätten z. B. ergeben, ob ein Arbeitsplatz nicht auch günstiger erhalten oder geschaffen werden konnte, als *Späth* bei seiner Subventionsforderung unterstellte.

Einfluß nehmen. Die andere Hälfte wird von der Belegschaft gewählt. Der Genehmigung durch den Aufsichtsrat bedürfen außer dem Beteiligungserwerb nur Investitionen von mehr als 1 Million DM im Einzelfall und 10 Millionen DM im Geschäftsjahr (§ 9, Abs. 4, mit der Möglichkeit einer Ausdehnung nach Abs. 5). Entscheidungen des Aufsichtsrats werden mit einfacher Mehrheit der abgegebenen Stimmen getroffen (§ 15, Abs. 4). Bei Stimmengleichheit verfügt der Aufsichtsratvorsitzende (der Stuttgarter Anwalt Dr. Schelling) über eine zweite Stimme.

4 Büttner, S. 36. Sie übernimmt das Zitierte allerdings nicht kritiklos, sondern trägt anderes dagegen vor.

Die mir bisher bekannte Tätigkeit der Jenoptik ist ein mixtum compositum aus den beiden von mir oben genannten Aufgaben (einzelwirtschaftliche und volkswirtschaftliche bzw. regionale Sanierung), mit dem Schwergewicht bei der zweiten. Sie hat (FAZ, 7.12.92) „Jena in eine große Baustelle verwandelt". Man investierte rund 250 Millionen „in den Umbau und Wiederaufbau der Stadt. Späth läßt abreißen, schafft Büros, Ladengalerien und Eisdielen".(!) „Während das Stadtbild bestes Zeugnis von Späth als Kommunalplaner ablegt, beginnt das eigentliche Hochtechnik-Unternehmen Jenoptik nur zögerlich Konturen zu gewinnen" (FAZ, 7.12.92). Nach dem bisherigen Lebenslauf von *Späth* scheint mir das nicht erstaunlich zu sein. Für das Bauen hatte er in seiner früheren Tätigkeit bei dem Wohnungsbauunternehmen „Neue Heimat" Erfahrungen sammeln können, für den Aufbau oder die Sanierung eines „Hochtechnik"-Unternehmens nicht.

Nach meinen Kenntnissen sind die im vorigen Absatz erwähnten Äußerungen in der FAZ von Ende 1992 bisher nicht überholt. Noch am 24.10.94 berichtete die Süddeutsche Zeitung, bei Jenoptik würden die Erträge nach wie vor „vor allem aus Immobiliengeschäften und Finanzanlagen" erzielt.

D. Industriepolitik durch Beteiligungserwerb und Neugründungen?

Schon frühere Akquisitionen ließen zweifeln, ob das wichtigste Ziel der Geschäftspolitik der Jenoptik sei, eigene Fertigungen aufzubauen und eigene, neue Produkte auf den Markt zu bringen. Der Erwerb der Stuttgarter Firma Meissner & Wurst mit einem Umsatz 1994 von 354 Millionen DM für eine „zweistellige Millionensumme" verstärkte die Zweifel (über den Erwerb Geschäftsbericht S. 26-30, FAZ und Hbl., 7.10.94), zumal immer wieder von anderen Akquisitionen berichtet wird. Eines der vielen Beispiele ist die Gründung der Jenoptik-Laserdiode GmbH, welche „die Halbleiter-Laser-Produktion ... der Wiesbadener Firma Heimann Optoelectronics übernahm (nach Neue Zeit, 21.5.92).
Schon im Oktober 1993 war Jenoptik an über 30 Unternehmen beteiligt (Hbl., 7.10.93). Ende 1994 waren es schon 40, trotz Liquidationen und Weiterveräußerungen. 17 Beteiligungen werden als wesentlich bezeichnet (Geschäftsbericht S. 51). *Späth* nannte den Kauf von Meissner & Wurst, eines Unternehmens ohne Beziehungen zum Raum um Jena, „einen großen Schritt nach vorne" (Geschäftsbericht S. 5). Er soll ihn damit begründet haben, daß die guten Auslandsbeziehungen der schwäbischen Firma den Zugang von Jenenser Firmen zum Weltmarkt begünstigen werde (Wirtschaftswoche 27.10.94). Bei der auf ein Spezialgebiet (Reinraumtechnik) ausgerichteten Firma Meissner & Wurst dürften wohl Zweifel erlaubt sein, ob sich solche Hoffnungen erfüllen werden. Nur soweit sie sich erfüllen, könnten über Exportsteigerungen Arbeitsplätze im Jenenser Raum erhalten oder geschaffen werden. In Bayern wurden 1994 zwei weitere Unternehmen aus dem Technologiebereich erworben (Geschäftsbericht S. 48), für die Ähnliches gilt. Im ganzen wurden allein 1994 wohl um die 100 Millionen DM (oder gar mehr) für Beteiligungen ausgegeben.[5]

---

[5] Nach dem Geschäftsbericht (S. 65) sind 1994 für Sachanlagen und Beteiligungen 280 Millionen DM ausgegeben worden. Die Sachanlagen nahmen im Jahre 1994 um 70 Millionen DM ab. Da weder die Abschreibungen auf Sachanlagen noch die sonstigen

Eine andere Erklärung der zahlreichen Akquisitionen wie auch der noch zu besprechenden Errichtung von Gemeinschaftsunternehmen könnte neben den immer wieder hervorgehobenen Synergieeffekten der Wunsch sein, den überdimensionierten Entwicklungsbereich der Jenoptik nicht abzubauen, sondern durch Umsatzsteigerung zu beschäftigen (vgl. hierzu Südd., 8.7.94). Ob dieser Weg erfolgversprechend ist, kann nur beurteilen, wer - anders als ich - einen Überblick über die Kenntnisse der im Entwicklungsbereich Tätigen und damit auch deren Möglichkeiten hat, Produkte und Produktionsverfahren für die doch recht verschiedenen Fertigungskapazitäten der Beteiligungsgesellschaften zu entwickeln. So - aber auch durch den Wunsch nach einem größeren Unternehmensbereich als solchen könnte auch das Ziel *Späths* verstanden werden, den Konzernumsatz der Jenoptik schon 1995 auf 1 Milliarde DM zu erhöhen (Hbl., 12.5.95). Ungefähr ein Jahr zuvor wollte er dieses Ziel erst 1997 erreichen. (Manager Magazin 2/1994).

Aus den Berichten über die wichtigsten Betätigungen der Forschung und Entwicklung der Jenoptik ist mir nicht recht klar geworden, was bei ihr auch gefertigt werden soll oder allein für Beteiligungen entwickelt wird. Der letzte mir zugängliche Bericht (Union 4/94, S. 58) zählt zu den von der Jenoptik Technologie GmbH entwickelten „modernste(n) Technologien und High-tech-Spitzenprodukten" „vor allem die Lasertechnik und die Elektronenstrahllithographie, Automatisierungstechnik, Medizintechnik sowie Mikrofertigungstechnik". Seit 1992 scheinen sich hier die Gewichte verschoben zu haben (vgl. z. B. FAZ, 7.12.92).

Der Erhaltung und Schaffung von Arbeitsplätzen im Raum von Jena und der Nutzung des human capital von Jenoptik können wohl eher als Beteiligungserwerb an bestehenden Gesellschaften einige neu errichtete Gemeinschaftsunternehmen dienen. Jenoptiks Anteil daran betrug nach meiner Kenntnis meist 49 %, die Beteiligung des Partners 51 %. Die Zahl der Arbeitsplätze war zumindest zunächst in der Regel gering. Das erste dieser Gemeinschaftsunternehmen war wohl die Neff Jena GmbH mit der schwäbischen Karl Neff KG als Partner, die 40 Zeiss-Mitarbeiter übernahm (Ende 1994 nicht mehr im Konzern), das zweite die Jena-Optronik GmbH (Partner die Deutsche Aerospace AG, Tochter von Daimler-Benz, 80 Arbeitsplätze, Hbl. und NZZ, 13.11.91, „mittelfristig" war ungefähr eine Verdoppelung geplant). Es folgten Jena Umwelttechnik GmbH (Partner der schweizerische Chemiekonzern Sandoz, 100 Mitarbeiter), Rheinmetall Jenoptik optical metrology GmbH; 34 Mitarbeiter (Mitarbeiterzahl dieser Drei nach Manuskript Büttner, S. 7) und Promera Feinschneidtechnik GmbH (Partner die schweizerische Feintool International Holding, Hbl., 31.8.92). Auch mit zwei Betriebsverkäufen (45 Läden mit 500 Mitarbeitern an Apollo Optik GmbH schon im Juli 1991; Werke Eisfeld und Schleiz und ein Teil des Werks Saalfeld von Zeiss an Docter Optik Wetzlar GmbH) sollten Arbeitsplätze erhalten werden. Durch das an Docter Verkaufte sollen 1.000 Arbeitsplätze gesichert sein (Hbl., 8.5.93).

Bewegungen des Anlagevermögens und die eigenen Mittel der Tochtergesellschaften angegeben werden, kann der Außenstehende nur raten, wieviel von den obigen 280 Millionen DM auf die Anschaffungskosten der Beteiligungen entfielen. Eine klarere Darstellung dürfte angebracht sein - zumal unter den gegebenen Umständen (staatliches Unternehmen, dem hohe Subventionen gewährt wurden).

Zur Erhaltung oder Schaffung von Arbeitsplätzen für freigesetzte Zeiss-Mitarbeiter können auch die Neugründung oder der Umzug von Unternehmen beitragen, die sich in Jena und Umgebung ansiedeln. *Späth* wollte schon 1991 Arbeitsplätze schaffen oder erhalten, „wenn im Sturmschritt" Investoren gefunden werden, die Produkte mitbringen (nach Hbl., 14.6.91). Das sollte ein Teil des Aufbaus eines „Technologie- und Innovationszentrums" sein (FR, 14.6.91). Etwa ein halbes Jahr nach dieser Ankündigung berichtete *Späth* von 2.424 Arbeitsplätzen in 40 neu gegründeten, 926 Arbeitsplätzen in 15 noch zu gründenden Unternehmen und schließlich von 2.300 Arbeitsplätzen, über die noch Verhandlungen mit Investoren laufen (Die Welt, 28.11.91). Ungefähr 16 Monate später erklärte er: „In eineinhalb Jahren wurden 140 kleine und mittelständische Firmen gegründet bzw. geschaffen". Die meisten davon seien innovativ (Südd., 27.4.93). Im November 1994 erfahren wir von ihm, bis Ende 1995 würden sich im Jenaer Raum etwa 80 kleine und „mittelständische" Firmen angesiedelt haben. Die Erschließungsarbeiten für diese Ansiedlung seien abgeschlossen (Südd., 3.11.94). Anfang 1995 berichtet *Späth*, durch die Initiative von Jenoptik und ihrer Regionalentwicklungstochter seien in Jena 200 Unternehmen entstanden, in denen rund 7.000 Menschen „einen neuen, zukunftssicheren Arbeitsplatz" gefunden haben (Späth 1995). Für den Außenstehenden bleiben sowohl die Beziehungen zwischen den Berichten zu verschiedenen Zeitpunkten als auch die Zahl der heute verfügbaren neuen Arbeitsplätze und deren Bezug zu der immer wieder erwähnten Hochtechnologie unklar.

E. Arbeitsplätze bei der oder über die Jenoptik und deren Ergebnisse

Dieser Bezug scheint mir noch wichtiger zu sein als jene Zahl; denn gerade mit dem zu erhaltenden human capital wurden die hohen öffentlichen Mittel begründet, die für die Jenoptik beansprucht wurden. Mit Arbeitsplätzen in Eisdielen und Ladenstraßen oder im Baugewerbe ist insoweit nichts gewonnen. Über diesen Bezug habe ich aber nur die im vorigen Absatz wiedergegebene Bemerkung gefunden, die meisten in den genannten 140 Firmen geschaffenen Arbeitsplätze seien innovativ.

Diese wie auch andere Arbeitsplätze waren jedenfalls recht teuer, und trotz der hohen Subventionen hat die Jenoptik (wie auch ein Teil ihrer Tochtergesellschaften) bisher nur hohe betriebliche Verluste erwirtschaftet, zunächst 1,1 Milliarden DM. 1993 war dann nach einem Bericht im Handelsblatt (15.4.94) das Gesamtergebnis zwar ausgeglichen. Im operativen Geschäft habe sich aber ein Verlust von 100 Millionen DM ergeben. Das „eigentliche Flaggschiff" der seit Anfang 1994 als Konzern organisierten Jenoptik, die Jenoptik Technologie GmbH schloß 1993 mit einem Verlust von DM 40 Millionen ab, der die Hälfte des Umsatzes ausmachte. Die im Frühjahr 1992 für einen Merkposten und mit einer weiteren Subvention der Treuhandgesellschaft (genannt Anschubfinanzierung) von 200 Millionen DM (Hbl., 22.5.92) erworbene Keramikproduzentin Tridelta GmbH, von der Treuhandanstalt als nicht sanierungsfähig eingestuft (Geschäftsbericht S. 22), hatte denselben Verlust, aber einen um 20 Millionen höheren Umsatz als das „Flaggschiff".

In ihrem Konzernabschluß 1994 wies die Jenoptik einen Jahresüberschuß von 1,2 Millionen DM aus, der zum Teil ähnlich zu erklären ist wie das ausgeglichene Ergebnis 1993 (vgl. Ende des Abschnitts ICI), überdies aber auch durch Auflösung von Rückstellungen und wohl auch dadurch, daß der gesamte Jahresgewinn der im Oktober 1994 erworbenen Meißner & Wurst GmbH & Co (vgl. oben, Teil ID) als Ertrag des Konzerns ausgewiesen wird. Dennoch fielen im „operativen Geschäft", in das diese neu erworbene Gesellschaft eingegliedert ist, im ganzen wieder hohe Verluste an, bei Jenoptik Technologie GmbH und Tridelta GmbH je „zweistellige Millionenverluste" (DPA Bericht vom 11.5.95). Im Frühjahr 1994 beschäftigte die Technologie GmbH 1.250, davon 400 in Kurzarbeit (Südd., 24.10.94), die Tridelta 1.650 Personen (Hbl., 15.4.94).

Die Zahl der Jahre, nach deren Ablauf wieder ein ausgeglichenes Ergebnis aus der betrieblichen Tätigkeit oder gar Gewinne zu erwarten sind, wurde mit der Zeit größer. Noch am 5. Juli 1993 wurde im Handelsblatt berichtet, 1995 werde die „Gewinnzone" erreicht werden können. Nach Berichten aus 1994 und 1995 werden wir darauf bis 1996 oder gar bis 1997 oder 1998 warten müssen (Hbl., 7.10.93, 15.4.94, FAZ, 8.10.93, 10.11.94, Geschäftsbericht 1994, S. 9, FAZ, 12.5.95).

Die Verluste begründete *Späth* vor allem mit seiner Strategie „Erhaltung des human capital". Bis 1995 arbeiteten bei der Jenoptik 400 Personen in Forschung und Entwicklung „über den eigenen Bedarf hinaus" (Geschäftsbericht, S. 44). „Wir haben", bemerkte *Späth*, „bei Jenoptik seit 1991 100 Millionen Mark in Innovationen gesteckt, was maßgeblich für unsere Verluste verantwortlich war. Doch die Mühe hat sich gelohnt, nun legen auch die Umsätze wieder zu" (FR, 3.11.94). Er habe, fügt er hinzu, mehr als die versprochenen Arbeitsplätze geschaffen. Mit den Innovationen als solchen ist es aber ebensowenig getan wie mit dem Umsatz als solchem. Der Umsatz muß rentabel sein, und die Innovationen muß der Markt akzeptieren. Die Süddeutsche Zeitung schreibt dazu am 24.10.94, es seien zwar viele neue Produkte entwickelt, aber zu wenige verkauft worden. In „Die Zeit" heißt es ungefähr zwei Monate zuvor (12.8.94): „Die Markterfolge halten - zumindest bislang - nicht annähernd mit dem Späthschen Enthusiasmus Schritt".

Ob das Angebot marktgängiger Produkte in einem Umfang gelingen wird, der mindestens ein ausgeglichenes Ergebnis erlaubt, muß die Zukunft zeigen.

F. Die Entwicklung bei der Carl Zeiss Jena GmbH

Während es bei der Jenoptik an Aktivitäten mit dem Ziel der Anpassung an die veränderten Verhältnisse nicht gefehlt hat (vgl. das zuvor Berichtete), ist das bei der Carl Zeiss Jena GmbH nicht so sicher (vgl. den Bericht in Die Zeit, 28.10.94). Das dritte aus Zeiss Jena hervorgegangene ostdeutsche Unternehmen, die Jenaer Glaswerke GmbH, die ich hier vernachlässigen muß, ist offenbar - wie bei Zeiss Jena ohne die Mitwirkung von *Späth* - besser gefahren. Bei der Carl Zeiss Jena GmbH waren die Verluste hoch, und immer wieder mußten Arbeitsplätze abgebaut werden. Der Zusammenbruch des Exports nach Osteuropa und die Höherbewertung der DM dürften keine hinreichende Erklärung dieser Mißerfolge sein. Nach *Späths* Konzeption sollten bei dieser GmbH 3.000 Arbeitsplätze erhalten werden (Die Welt, 28.11.91). Im Herbst 1993 waren es faktisch noch 2.800, von denen auf 1.000 kurzgearbeitet wurde (Die Welt, 28.9.93). Im Frühjahr 1994 war ein Sozialplan zur Verminderung der Belegschaft auf 2.000 Personen, also auf zwei Drittel des in der *Späthschen* Konzeption Geplanten vorgesehen (FAZ, 25.3.94). Im Herbst 1994 wurde nur noch mit der Erhaltung von 1.450 Arbeitsplätzen gerechnet (Südd., 22.10.94). Dabei blieb es (Die Zeit, 17.3.95). Schon im Februar 1993 wurde bekannt, daß mit der Gewährung der Subventionen keine feste Zusage für die Arbeitsplatzerhaltung verbunden war (FAZ, 4.2.93). Bei einer wesentlichen Verschlechterung der wirtschaftlichen Verhältnisse war Personalabbau zulässig (FAZ, 4.2.93). Aber über den Arbeitsplatzabbau bei Zeiss ergaben sich zunächst schwerwiegende Auseinandersetzungen mit der Belegschaft (vgl. z. B. Südd., 25.10.94).

Die Ergebnisse waren bei Zeiss Jena noch schlechter als bei Jenoptik. Der damalige, inzwischen ausgewechselte Chef der Zeiss-Unternehmem in West- und Ostdeutschland wollte noch Ende 1992 Zeiss Jena bis 1995 zu einem profitablen Unternehmen machen (FAZ, 26.10.92). Im Geschäftsbericht der Zeiss Stiftung 1991/92 (S. 175) äußerte man sich ähnlich. Weiter hieß es dort, die „Neuorganisation" in Jena sei „dank des hohen Engagement der ungefähr 3.000 Mitarbeiter nach Plan" verlaufen. Die „Anpassung an internationale Marktanforderungen sowie der Einstieg in neue Geschäftsfelder" solle mit „neuen und überarbeiteten Produkten" gelingen (S. 17). Der Finanzchef der Stiftung rechnete noch Anfang 1994 ab 1996 mit positiven Ergebnissen (Die Welt, 25.2.94). Beides war wohl schon damals wenig wahrscheinlich. Im Geschäftsjahr 1991/92 lag der Verlust bei mehr als 100 Millionen DM (Börsenz., 17.2.93). Für das Geschäftsjahr 1993/94 ergab sich wiederum ein Verlust von 100 Millionen DM (Südd., 24.10.94). Im Geschäftsbericht der Stiftung für dieses Geschäftsjahr wurde die Kostenstruktur in Jena als „absolut unbefriedigend" bezeichnet (S. 16).

G. Folgerungen

Was läßt sich aus dem bisher Geschehenen über die Begründung der hohen Subventionen und die Brauchbarkeit der von *Späth* empfohlenen Industriepolitik sagen? Für *Carl Zeiss Jena* ist die Frage nach der Industriepolitik nicht relevant, denn dort wurde sie nicht betrieben. Für dieses Unternehmen ist nur zu fragen, ob es richtig war, 587 Millionen DM öffentliche Mittel bereitzustellen, durch die letztlich nur 1.450 Arbeitsplätze erhalten wurden, und mit deren Hilfe vermutlich auch nach einem halben Jahrzehnt noch nicht kostendeckend gewirtschaftet werden kann. Auch diese Arbeitsplätze waren also sehr kostspielig, und es stellt sich die Frage, ob einem Unternehmen wie der westdeutschen Zeiss-Stiftung mit hohen eigenen Mitteln nicht zugemutet werden konnte, die Verluste der Carl Zeiss Jena GmbH zumindest zu einem erheblichen Teil selbst zu tragen, notfalls unterstützt durch ein rückzahlbares öffentliches Darlehen.

Die Fähigkeit der westdeutschen Stiftung, das heruntergewirtschaftete ostdeutsche Unternehmen wieder auf die Beine zu bringen, mußte von Kennern dieser Stiftung schon ex ante skeptisch beurteilt werden. *Michael Heller* bezeichnet das westdeutsche Unternehmen als ein "Paradebeispiel für ein Unternehmen, ... dessen Produkte sich mehr an den technischen Fähigkeiten als an den Bedürfnissen der Kunden orientieren (FAZ, 25.10.94). Wird ein solches Unternehmen in der Lage sein, die nötigen Anpassungsmaßnahmen im Osten durchzuführen? Mußte nicht auch diese Frage bei den einschlägigen Entscheidungen der Treuhandanstalt berücksichtigt werden? Wenn die westdeutsche Stiftung die ostdeutsche Zeiss nicht ohne erhebliche Subventionen übernehmen wollte, wäre ernstlich an einen anderen Erwerber zu denken gewesen. Hätte ihn nicht unser Jubilar gefunden, bei einem Kaufpreis von 2 DM und ohne Übernahme von Schulden? Zumindest aber bestand Anlaß, auf einer festen Zusage für die Erhaltung von Arbeitsplätzen zu bestehen, wenn erhebliche Subventionen gezahlt werden sollten.

Bein *Jenoptik* scheint mir - wie bereits angedeutet - schon das Verfahren der Auszahlung der Subventionen vor entsprechenden Ausgaben problematisch zu sein. Aber auch unabhängig davon sehe ich keinen überzeugenden Grund, öffentliche Mittel für den Erwerb von Unternehmen wie Meissner & Wurst mit einer „zweistelligen Millionensumme“ und den Aufbau eines Konzerns mit 40 Töchtern einzusetzen. *Späth* wird bisweilen als „umtriebig“ bezeichnet. Die Vielzahl der Käufe, insbesondere von Beteiligungen, könnte dafür sprechen. Aber derartige Aktivitäten sind nicht uneingeschränkt positiv zu bewerten; sie können auch erhebliche Nachteile mit sich bringen. Rasche Käufe, zumal mehrere hintereinander, bringen die Gefahr mit sich, daß das zu Erwerbende vor dem Kauf nicht gründlich genug untersucht wird. Überdies können schwerwiegende Koordinierungs- und Anpassungsprobleme entstehen. Wird *Späth* und werden seine Nachfolger in der Lage sein, eine solch große Zahl von Beteiligungen an überwiegend (wenn nicht ausschließlich) kleinen und mittelgroßen, in einem relativ kurzen Zeitraum erworbenen Unternehmen mit verschiedenartigen Produktionsprogrammen in zweckmäßiger Weise zusammenzuführen? Die Erfahrungen mit anderen Unternehmen, z. B. ITT, sprechen eher dagegen (vgl. Adam & Brock 1989, S. 97 f., dort auch andere Beispiele).

Birgit Breuel hat im Sommer 1994 gemeint, es sei „klug und richtig“ gewesen, Jenoptik Geld und Grundstücke mitzugeben (Hbl., 8.7.94). Dieses Urteil scheint mir verfrüht zu sein. Die Zukunft mag zeigen, ob *Späths Ziel*, einen Technologiekonzern in Jena aufzubauen, auf seinem Weg nachhaltig erreichbar ist. Ein positives Urteil ist nach meiner Meinung nicht möglich, bevor nicht mehrere Jahre lang zumindest die Kostendeckung erreicht worden ist - zumal nach mehreren Jahren mit hohen Verlusten. Optimistische Prognosen für die Zukunft des Unternehmensleiters oder seiner Mitarbeiter genügen dafür nicht. Ich sehe bisher Anlaß zur Skepsis und keinen überzeugenden Grund, mit *Späths* Konzeption gegen die bewährten Grundsätze der marktwirtschaftlichen Ordnung zu verstoßen. Bisher waren andernorts die Erfolge der Industriepolitiker sehr bescheiden - um es vorsichtig auszudrücken (vgl. hierzu u. a. Streit 1992).

Auch unabhängig davon, ob bei Jenoptik schließlich ein Erfolg erzielt werden wird, scheint mir das für die Industriepolitik angewandte Verfahren problematisch zu sein. Das Betreiben von Industrie- oder Regionalpolitik ist nicht die Aufgabe von Unternehmen, sondern der dafür zuständigen staatlichen Instanzen im Rahmen einer brauchbaren Staatsverfassung. Zu hoffen ist, daß Zeiss bezüglich des Verfahrens und der eingesetzten Mittel ein Einzelfall ist, und daß die hohen von der Treuhandanstalt hinterlassenen und letztlich von den Steuerzahlern zu begleichenden Schulden nicht durch ähnliche andere Fälle erheblich beeinflußt sind.

Literatur

Der Aufsatz stützt sich neben Auskünften und Material der Jenoptik, für die ich ihr zu danken habe, überwiegend auf Artikel in Zeitungen und Zeitschriften, bei denen oft der Verfasser nicht oder nur durch eine Abkürzung angegeben ist. Sie sind durch einen Klammerzusatz im Text gekennzeichnet. Dabei werden häufig verwandte Zeitungen abgekürzt: Börsenz. = Börsen Zeitung; FAZ = Frankfurter Allgemeine Zeitung; FR = Frankfurter Rundschau; Hbl. = Handelsblatt; NZZ = Neue Zürcher Zeitung, Fernausgabe, Südd. = Süddeutsche Zeitung; Wiwo = Wirtschaftswoche; Zeit = Die Zeit.

Adams, Walter, und James W. Brock. Dangerous Pursuits. Mergers and Acquisitions in the Age of Wall Street, New York 1989.

Bohn, Wolfgang, Das erste High-Tech-Valley der Geschichte, in: Kombinate: Was aus ihnen geworden ist. Reportage aus den neuen Ländern, Berlin und München 1993.

Büttner, Sabine, Carl Zeiss Jena: Teilrettung auf Staatskosten, Orientierungen zur Wirtschafts- und Gesellschaftspolitik, Heft 64 (1995), S. 31-37.

Heller, Michael, Der Schock bei Zeiss, FAZ 25. Oktober 1994.

Jenoptik GmbH, Geschäftsbericht 1994 (kurz: Geschäftsbericht).

Lenel, Hans Otto, Rastatt: Ein schlimmer Fall, Orientierungen zur Wirtschafts- und Gesellschaftspolitik, Heft 31 (1987), S. 45-48.

Müller, Claus Peter, Lothar Späth hat die Stadt Jena in eine große Baustelle verwandelt, FAZ 7. Dezember 1992, S. 20.

Späth, Lothar, Wir fangen immer wieder bei Null an, aber wir schaffen es, Union, 4. Quartal 1994, S. 58 f.

Späth, Lothar, Jena auf dem Weg zur Technologieregion, Union, 1. Quartal 1995, Sonderbeilage Ostthüringen.

Streit, Manfred E., Krücken für die Champions, FAZ 20. Juni 1992.

WERNHARD MÖSCHEL

Tarifautonomie - ein überholtes Ordnungsmodell?

Unverhüllte Wettbewerbsbeschränkungen wie Preis- und Gebietskartelle oder Absprachen zu kollektivem Boykott gelten in entwickelten Rechtsordnungen als besonders sozialschädlich.[1] Regelmäßig werden sie umfassend bekämpft, nämlich mit zivilrechtlichen, administrativen und strafrechtlichen Mitteln zugleich. Eine völlig andere Bewertung greift dagegen für die Vereinbarungen der Tarifvertragsparteien auf den Arbeitsmärkten ein. In Deutschland steht das dort herrschende Ordnungsmodell der sog. Tarifautonomie gar unter dem Schutz der Verfassung, jedenfalls in einem Kernbereich. Die hier zu entwickelnde These ist eine zweifache:

- Die traditionellen Tarifvereinbarungen auf den Arbeitsmärkten gehören in die Kategorie besonders schädlicher Kartellabsprachen.
- Änderungen des Ordnungssystems sind erst dann durchsetzbar, wenn das noch herrschende positive Vorverständnis in der Gesellschaft erschüttert ist. Allenfalls dann wird es zu nachhaltiger Reaktion in Gesetzgebung und/oder Rechtsprechung kommen.

A. Zu den Kartellwirkungen

Kartelle sind durch die einverständliche Gleichschaltung von Aktionsparametern unter Konkurrenten gekennzeichnet. Tarifverträge stellen sich in diesem Sinne als marktumspannende Mindestpreis- und Konditionenkartelle dar. Positivrechtlich unterfallen sie nicht dem Kartellverbot des § 1 GWB. Dieser legislative Entscheid läßt ihre tatsächlichen Wirkungen auf den Wettbewerb freilich unberührt. Diese sind seit Generationen theoretisch untersucht, empirisch vielfach belegt und im Ergebnis nicht wirklich strittig. Kontrovers wird nur die Frage beantwortet, welche normativen Schlußfolgerungen daraus zu ziehen sind. Mindestpreiskartelle haben eine der drei folgenden Wirkungen (*Möschel*, ZRP 1988, S. 48 ff.):

- Die Kartellvereinbarung ist identisch mit dem markträumenden Preis. Dann ist sie überflüssig bzw. unschädlich. Doch ist eine Feststellung darüber prinzipiell nicht möglich. Es ist gerade der Sinn des Wettbewerbs als Such-, Lern- und Anpassungsprozeß, das bei allen Marktteilnehmern verstreute Wissen zu sammeln und nach Lohnhöhe und Lohnstruktur ein wenigstens temporäres Gleichgewicht innerhalb einer dynamischen Entwicklung zu finden. Die

[1] Der Beitrag lehnt sich an Gedankengänge der Monopolkommission an, deren Mitglied der Verfasser ist; siehe Monopolkomission, 1994, Tz. 873 ff.

genannte Identität wäre nicht nur nicht überprüfbar, ihr Erreichen wäre rein zufällig.

- Die Kartellvereinbarung bleibt unterhalb des markträumenden Preises. Dann entsteht Übernachfrage nach der angebotenen Arbeitsleistung. Es kommt, soweit der Wettbewerb im übrigen nicht zusätzlich beschränkt ist, zur Korrektur der Vereinbarung mittels räumlicher, branchenmäßiger oder betrieblicher Differenzierung. Auf den Arbeitsmärkten wird dies an der sog. Lohndrift erkennbar, also an der Differenz zwischen den Wachstumsraten der Effektivverdienste von denjenigen der Tarifverdienste. Das Phänomen war namentlich in den 50er und 60er Jahren verbreitet. In den 80er Jahren schwankte die Lohndrift eher um einen Wert leicht über null.

- Die Kartellvereinbarung liegt oberhalb des markträumenden Preises. Die Nachfrage nach der angebotenen Arbeit geht, verglichen mit einem kartellosen Zustand, zurück. Arbeitsplätze, die ihre Kosten nicht mehr erwirtschaften, werden abgebaut, ggf. in kostengünstigere Regionen verlagert. Man nennt dies neuerdings Standortinnovation. Die Preisrelation von Arbeitskosten und Kapitalnutzungskosten verschlechtert sich zu Lasten des Produktionsfaktors Arbeit. Arbeit wird, wiederum verglichen mit einem kartellosen Zustand, in höherem Maße durch Kapital substituiert. Beide Effekte, die verringerte Nachfrage nach Arbeit wie die Substitution von Arbeit, tragen zur Entstehung oder Nichtverringerung von Arbeitslosigkeit bei. Ein normatives Vollbeschäftigungsziel wird dann verfehlt. Gelingt es den Unternehmen, Kostensteigerungen aus den vorgelagerten Arbeitsmärkten in die Güterpreise weiterzuwälzen, steigen die Löhne nur nominal, nicht real. Eine inflatorische Entwicklung wird befördert. Dies verstößt gegen ein anderes überragendes Gemeinwohlinteresse, wie es sowohl in Deutschland wie innerhalb der Europäischen Währungsunion definiert wird, nämlich die Erhaltung der Preisstabilität.

In das deutsche Ordnungsmodell ist ein bias für die dritte Variante - Tariflohn oberhalb des markträumenden Preises - eingebaut. Eine Fülle von Faktoren wirkt in diese Richtung. Dies beginnt mit dem Organisationsinteresse der Gewerkschaftsmitglieder, die für die von ihnen gezahlten Beiträge eine Gegenleistung erwarten, die sie ansonsten, d.h. kostenlos im Markt, nicht erhalten würden. Organisiert sind dabei in aller Regel nicht die Arbeitslosen, sondern die Beschäftigten. Dies fällt zusammen mit dem Existenzsicherungsinteresse von Gewerkschaftsführungen, die aus den Beiträgen der Mitglieder ihren Lebensunterhalt beziehen. Die Dominanz des Flächentarifvertrages führt dazu, daß auf die individuelle Situation von Unternehmen weniger Rücksicht genommen werden kann. Dem entspricht die Tarifführerschaft gut verdienender Branchen oder von Branchen ohne Arbeitsplatzrisiko wie dem Öffentlichen Dienst. Der Effekt wird ggf. verstärkt durch eine Orientierung an Tarifbezirken mit besonders prosperierenden Unternehmen. Innerhalb der Arbeitgeberverbände wirkt in diese Richtung eine verbreitete Dominanz von Großunternehmen. Bei ihnen pflegt der Lohnkostenanteil geringer zu sein als bei mittelständischen oder kleinen Unternehmen. Ein Anreiz zu in diesem Sinne überhöhten Tarifabschlüssen ergibt sich auch daraus, daß die Verantwortung für Vollbeschäftigung von den Tarifvertragsparteien weg-

und zum Staat hingeschoben wird. Das Sicherungssystem der im Anschluß an das Arbeitslosengeld gezahlten Arbeitslosenhilfe wird nicht aus der beitragsfinanzierten Arbeitslosenversicherung, sondern tatsächlich aus dem Steueraufkommen finanziert. Mit der begrenzenden Wirkung von Außenseiterkonkurrenz, namentlich des Ausscheidens von Unternehmen aus den Arbeitgeberverbänden, ist es außerhalb von Sonderumständen wie beim wirtschaftlichen Umbruch in den fünf neuen Bundesländern nicht weit her. Haustarifverträge bringen für Unternehmen enorme Risiken mit sich: Gewinne aus Vorsprüngen im Wettbewerb auf den Gütermärkten können auf dem Arbeitsmarkt abgeschöpft werden. Bei Tarifauseinandersetzungen bis hin zum Streik ist das Unternehmen völlig vereinzelt und riskiert, angesichts im übrigen unbeeinträchtigter Anbieterkonkurrenz im Markt nachhaltigen Schaden zu erleiden. Ähnliches gilt auf der Ebene der Arbeitnehmer: Wer diese unter Tarif bezahlt, treibt sie letztlich nur in die Arme einer Gewerkschaft. Wird die Außenseiterkonkurrenz wirklich spürbar, steht zur Gleichschaltung das hoheitliche Instrument der Allgemeinverbindlichkeitserklärung von Tarifverträgen zur Verfügung. Ihr jüngstes Anwendungsfeld soll sie nach dem Scheitern der sog. Entsenderichtlinie auf EU-Ebene innerhalb eines deutschen Entsendegesetzes finden. Auf "deutschen Baustellen" sollen "deutsche Löhne" gezahlt werden müssen (Frankfurter Allgemeine Zeitung Nr. 226 vom 28.9.1995, S. 19 [Bau und Handwerk verlangen ein Mindestlohngesetz]).

Die Kartellstruktur auf den Märkten für abhängige Arbeit könnte gelassener betrachtet werden, wenn in das System Sicherungsfaktoren in Richtung Vollbeschäftigungsziel eingebaut wären. Man mag mit dem Gewerkschaftstheoretiker *Viktor Agartz* darauf setzen, daß marktwidrig überhöhte Löhne in einer Art Peitschenschlageffekt Produktivitätssteigerungen erzwingen und in stetem Wirtschaftswachstum zum Vollbeschäftigungsziel führen. In letzter Analyse setzt solche These voraus, dieses Land werde in all seinen Branchen dauerhaft an der Spitze des technischen wie des institutionellen Fortschritts marschieren. Solche Position erscheint unter heutigen Bedingungen eines globalen Wettbewerbs in zahlreichen Produktmärkten nicht nur riskant, sondern schon verantwortungslos. Insbesondere ist in dieser Perspektive den Problemgruppen des Arbeitsmarktes, Erwerbslosen ohne abgeschlossene Berufsausbildung, Behinderten und älteren Mitbürgern - sie stellen einen wesentlichen Teil der Langzeitarbeitslosen -, nicht zu helfen. Auch ihnen sollte eine reale Beschäftigungschance verbleiben. Man mag auf eine primär gemeinwohlorientierte Vernunft der Tarifvertragsparteien vertrauen. Doch haben institutionelle Vorkehrungen gerade den Sinn, auch beim Risiko menschlicher Unvernunft Erträgliches sicherzustellen. Die historischen Erfahrungen mit der Tarifautonomie in Deutschland sprechen nicht für diese Vertrauensoption. Selbst in den als golden beschworenen 50er Jahren trifft sie nicht zu. Die Lohnanhebungen blieben damals nur deshalb regelmäßig hinter dem Produktivitätsfortschritt zurück, weil der prognostizierte Zuwachs sich stets als niedriger erwiesen hatte als der tatsächliche. Letzterer war weitgehend von einem exportorientierten Wachstum beeinflußt. Auch die moderaten Tarifabschlüsse des Jahres 1994 waren in dieser Form erst durchsetzbar, nachdem die Krise ihren Höhepunkt erreicht hatte. Noch im Jahre 1992 war bei erkennbarer Abschwächung der Weltkonjunktur das Tariflohnniveau um 6% gestiegen. Im Jahre 1993 waren trotz der schwersten Rezession der Nachkriegszeit noch einmal zusätzliche 4% vereinbart worden.

Lohnzurückhaltung, um Arbeitsplätze zu sichern, müßte Gewerkschaften tendenziell funktionslos machen. Auch von den Mitgliedern her scheint in dieser Richtung kein Druck zu entstehen. Die Ursachenzusammenhänge werden als überaus komplex wahrgenommen. Ich verweise auf die Akzeptanz der Kaufkrafttheorie des Lohnes in einer breiteren Öffentlichkeit. Gleiches gilt für die irrige These, wonach Arbeitszeitverkürzung ein wichtiges Instrument zur Schaffung von Arbeitsplätzen sei. Im übrigen wird beim potentiellen Zielkonflikt zwischen Lohnhöhe und Sicherheit des Arbeitsplatzes eine Abwägung zwischen kurzfristigem und langfristigem Interesse erforderlich. Wie auch sonst in vielen Bereichen dominiert eher die kurzfristige Perspektive.

Tarifvertragskartelle unterscheiden sich von sonstigen Kartellen dadurch, daß in den Abschlußmechanismus ein vertikales Gegenmachtelement eingebaut ist: Der Gewerkschaft steht ein Arbeitgeberverband gegenüber. Dies berührt freilich nicht die typische Kartellfolge, nämlich soweit das Kartell als Vertrag zu Lasten Dritter wirkt. Eine verbreitete Diskussion im arbeitsrechtlichen Schrifttum über eine materielle Parität der Tarifvertragsparteien vollzieht sich deshalb von vornherein in einer sachwidrig verkürzten Perspektive. Auch ein Arbeitgeberverband ist keineswegs ein Sachwalter des öffentlichen Interesses an Vollbeschäftigung oder am Vermeiden einer inflationären Entwicklung.

Die Tarifautonomie ist an die Gemeinwohlmaßstäbe des Rechts gebunden (BVerfGE 38, 281, 307; aus dem Schrifttum siehe mit Nachweisen *Zöllner/Loritz*, 1992, § 38 V). Eine spürbar steuernde Wirkung auf das Verhalten der Tarifvertragsparteien geht davon bislang nicht aus. Auf diese Weise werden eher theoretische Grenzfälle ausgeschlossen.

Ähnliches gilt für eine Kontrollfunktion seitens der öffentlichen Meinung. Angesichts dessen, was hier gesamtgesellschaftlich auf dem Spiele steht, kann dies nur eine willkommene Hilfe sein, aber nicht die Kollektivmacht der Tarifvertragsparteien zureichend in Schranken halten.

Dabei ist eine eher selbstverständliche Einräumung auszusprechen: Die Kartellstruktur auf den Märkten für abhängige Arbeitsleistungen ist keine monokausale Erklärung für Arbeitslosigkeit. Hierfür sind zahlreiche nachfrage- und angebotsorientierte Einflußgrößen von Bedeutung. Dies reicht von der Inlands- und/oder Auslandsnachfrage über den Wechselkurs, die Produktpalette und die Produktionstechnologie, die Infrastruktur im weitesten Sinne, nämlich einschließlich der institutionellen, die Erwerbsneigung bis hin zur demographischen Entwicklung, der Anzahl der Zuwanderer und Grenzgänger.

Doch sind zahlreiche der eben genannten Faktoren nicht oder kaum beherrschbar. Sie scheiden damit als Anknüpfungspunkt, um dem Ziel einer tendenziellen Vollbeschäftigung näherzukommen, notwendig aus. Dies gilt etwa für kulturelle oder sonstige mentalitätsmäßige Traditionen, für die Höhe der Wechselkurse innerhalb eines floatenden Systems, für Managementversagen, für verbreitete Risikoscheu, für fehlende unternehmerische Phantasie und vieles andere mehr.

Teilweise sind steuernde Einflußnahmen möglich. Man nimmt aus guten Gründen freilich davon Abstand. Das wichtigste Beispiel in Deutschland ist die Primärverpflichtung der Bundesbank, für die Stabilität des Geldwertes zu sorgen. Für die Ordnungsstruktur Tarifvertragssystem ist dies ein Datum.
In wiederum anderen Tätigkeitsfeldern sind zwar steuernde Einflußnahmen möglich. Ihre Wirkungen bleiben aber recht ungewiß und sind allenfalls langfristig zu erwarten. Dies gilt etwa für die staatlichen Infrastrukturbereiche der Bildungspolitik und der Forschungspolitik.
Schließlich können Zielkonflikte bestehen, welche ggf. nicht einseitig in Richtung eines Beitrags zu vermehrter Beschäftigung aufgelöst werden können. Ein Beispiel ist eine nachhaltige Reduzierung der Unternehmensbesteuerung in ihrem Verhältnis zur Notwendigkeit einer Haushaltskonsolidierung.

Man mag endlos darüber streiten, welcher Stellenwert in diesem komplexen Gefüge der institutionellen Ausgestaltung des Arbeitsmarktes und einem zu beobachtenden tatsächlichen Verhalten der Tarifvertragsparteien zukommt. Ich halte diesen Streit nur für begrenzt sinnvoll. Ausschlaggebend sollte eine normative Überlegung sein: Korrekturbedarf an anderer Stelle beseitigt nicht einen Korrekturbedarf am institutionellen Rahmen der Arbeitsmärkte, falls solche Korrektur sich als sinnvoll erweisen sollte. Die gebotene Strategie wäre, Fehlentwicklungen zu bekämpfen, wo immer sie auftreten.

Zieht man ein Zwischenresümee, so ist festzuhalten: Das Ordnungsmodell Tarifautonomie verstößt gegen sämtliche Prinzipien, welche eine marktwirtschaftliche Rechts- und Gesellschaftsordnung konstituieren. Ich habe sie einmal in den Bezeichnungen Freiheits-, Effizienz-, Demokratie- und Rechtsstaatsargument systematisiert (*Möschel*, Oligopolmißbrauch, 1974, S.9 ff.; ausführlicher *ders.*, Rechtsordnung zwischen Plan und Markt, 1975, S. 13 ff.): Tarifverträge können gravierende negative externe Effekte haben und greifen in diesem Ausmaß in die Freiheitsrechte unbeteiligter Dritter ein. Soweit sie allokationsverzerrend wirken, beeinträchtigen sie die Effizienz einer Wirtschaftsordnung insgesamt. Ein Demokratieprinzip, was hier eine horizontale Gewaltenteilung im Verhältnis Staat und Gesellschaft meint, wird ebenfalls tangiert. Arbeitnehmer- und Arbeitgeberverbände definieren in hohem Maße das Gemeinwohl in diesem Lande mit. Mehr als die Hälfte aller Abgeordneten des Deutschen Bundestages z.B. sind Mitglieder einer Gewerkschaft. An der Kollektivmacht dieser Verbände vorbei läßt sich selten etwas durchsetzen. Rechtsstaatsprinzip in einem wirtschaftsordnungsrechtlichen Kontext meint dezentrale Zuordnung von Handlungsrechten und Entscheidung nach abstrakt-generellen Kriterien im Konfliktsfall, nicht nach diskretionären. Tarifverträge sind unausweichlich diskretionär. Bei einem bilateralen Monopol lassen sich Ergebnisse schon aus theoretischen Gründen nicht determinieren. Schließlich fügt sich das Konzept einer Arbeitskampfordnung nicht dem Ideal einer vom konsentierten Tausch ausgehenden Friedensordnung ein. Wenn diese Sonderordnung der Arbeitsmärkte auch heute noch voll überzeugen soll, dann bedarf es schon Rechtfertigungsgründen von Gewicht.

B. Zu den Rechtfertigungsgründen für eine Sonderordnung

Dabei ist zu präzisieren: Es geht um eine Rechtfertigung für die ebenso undifferenzierte wie umfassende Kartellösung des geltenden Rechts. Es wird nicht a priori in Frage gestellt, daß auf den Märkten für Arbeitsleistungen gesetzliche Schutzvorschriften, ein Betriebsverfassungssystem, u.U. auch Mitbestimmungsregelungen nützlich sein *können* (hierzu Deregulierungskommission, 1991, Tz. 556 ff.). Gleiches trifft für flankierende Regelungen zu wie eine aktive Arbeitsmarktpolitik, welche eine Umqualifizierung von Arbeitnehmern im Strukturwandel erleichtern mag, und vieles andere mehr. Wer eine Kartelloption durch eine Wettbewerbsoption ersetzen will, plädiert nicht notwendig für ein laissez-faire. Nur bedarf dann eine spezielle Regulierung der je eigenen Rechtfertigung unter Abwägung der damit verbundenen Vor- und Nachteile. So wie unter regulativem Aspekt der Kauf einer Bockwurst anders behandelt wird als der Abschluß eines Versicherungsvertrages und dieser wiederum anders als das Eingehen eines Gesellschaftsverhältnisses, so sehr gilt solcher methodische Zugriff für Arbeitsverträge.

I. Genossenschaftliches Gedankengut

Historisch ist die Herausbildung des deutschen Tarifvertragswesens stark von genossenschaftlichem Gedankengut beeinflußt worden. Kathedersozialisten wie *Lujo Brentano* und *Gustav Schmoller* werden im arbeitsrechtlichen Schrifttum denn immer noch gerne als Kronzeugen bemüht, (exemplarisch Picker, 1986, S. 199, 302 ff.) wonach "die richtige Kartellierung mehr oder weniger ein System der Gerechtigkeit und Billigkeit" schaffe. "Das Kartellsystem ist, wie Genossenschaft und kaufmännische Gesellschaft, ein wichtiges Glied in der Erziehung kaufmännischer und technischer Beamten, welche wohl verdienen wollen, aber daneben gelernt haben, sich in den Dienst allgemeiner Interessen, fremder Vermögensverwaltung treu und ehrlich zu stellen." (*Schmoller*, 1906, S. 237, 267/68.) Ähnlich werden Verbandsvertreter aus der Zeit nach dem Zweiten Weltkrieg bemüht, deren Lebenswerk im Kampf gegen das Kartellgesetz von 1958 bestand (vgl. den Hinweis bei *Konzen*, 1991, S. 379, 397 in Fn. 140). Was auch immer man von den Wertvorstellungen halten mag, die hinter solcher Position stecken, so sollte doch zweierlei deutlich sein: Dies sind keine spezifischen Erklärungen für Sonderverhältnisse auf den Arbeitsmärkten; darin drückt sich generell eine Präferenz für zunftähnliche Wirtschaftsstrukturen aus. Mit den individualistischen Grundlagen einer marktwirtschaftlichen Gesellschaftsordnung sind sie nicht zu vereinbaren. Sie wirken von daher eher genant.

II. Marktversagen in der Form ruinöser Konkurrenz

Ein theoretisch schlüssiger Erklärungsansatz liegt in der These vom Marktversagen in der Form ruinöser Konkurrenz bzw. von der anomalen Reaktion der Angebotskurve von Arbeitsleistungen. *Karl Marx* meinte mit seiner Verelendungstheorie genau dieses. Solcher Erklärungsansatz wird unverändert vom Vorverständnis deutscher Arbeitsrechtsprechung umfaßt. Erkennbar wird dies etwa aus

Formulierungen des Bundesarbeitsgerichts, wonach ohne Gegenmachtbildung und Streik Arbeitnehmer auf "kollektives Betteln" (BAG, Urteil vom 10.6.1980, NJW 1980, S. 1642, 1643 r.Sp.unten) verwiesen seien.

Zahlreiche empirische Untersuchungen über die Reallohnentwicklung im 19. Jahrhundert zeigen, daß mit dieser Theorie schon die damalige Wirklichkeit nicht zutreffend erfaßt wurde (*Desai*, 1968; *Phelps Brown/Hopkins*, 1950, S. 226-296; *Zöllner*, 1994, S. 423, 432 ff.). Die realen Phänomene der Lohnspanne und der Lohndrift könnte es gar nicht geben. Erfahrungen in Sektoren, in denen die Arbeitsangebots-Kartelle nicht existieren, in Deutschland z.B. bei abhängig Beschäftigten im außertariflichen Bereich, im Ausland bei Arbeitnehmern in Unternehmen ohne gewerkschaftliche oder gewerkschaftsähnliche Vertretung, belegen, daß es im Wettbewerb auf den Arbeitsmärkten durchaus zu einem Gleichgewicht kommen kann und nicht notwendig eine unaufhaltsame Unterbietungsspirale zu drehen beginnt.

Das Defizit der Theorie liegt in ihren realitätsfernen Bedingungsannahmen. Insbesondere geht sie von einer Arbeitnehmerschaft als homogener Gruppe aus, läßt die Vielzahl qualitativer Differenzierungen ebenso außer acht wie die Dimension, daß die mit einer Lohnunterbietung in Aussicht gestellten Vorteile vielfach die Umstellungskosten gar nicht ausgleichen. Diese hängen mit verbreiteten beziehungsspezifischen Investitionen in das Humankapital von Beschäftigten zusammen. Auch makroökonomisch ist das traditionelle Argument der ruinösen Konkurrenz nicht haltbar. Würden die Löhne tatsächlich immer weiter nach unten gehen, so käme dies einem Prozeß der Deflationierung gleich. Seit dem Zweiten Weltkrieg ist aber in keinem Land der Welt die Deflation ein Problem gewesen.

III. Asymmetrische Information

Ohne Überzeugungskraft bleibt ein Verständnis von Gewerkschaften als Informationsagenturen, um eine Informationsasymmetrie zwischen Arbeitnehmern und Arbeitgebern abzubauen. Solches Konzept erklärt gerade nicht, weshalb der Wettbewerbsprozeß hier alle relevanten Informationen nicht soll erschließen können. Einem Verhältnismäßigkeitsprinzip folgend könnte solches Argument auch nur Informationsansprüche, ggf. Mitbestimmungsregeln begründen. An eine Verbesserung der gesetzlichen Bilanzierungsvorschriften wäre zu denken. Kollektive überbetriebliche Verhandlungsmuster und Pilotabschlüsse, wie sie deutscher Tarifvertragstradition entsprechen, liefern im übrigen gerade nicht Informationen über die wirtschaftliche Lage des einzelnen Betriebes oder der spezifischen Branche.

IV. Effizienzlohnhypothese

Auf ein Marktversagen rekurriert des weiteren die Effizienzlohnhypothese. Ein Lohn könne nicht zugleich markträumend wirken und einen optimalen Leistungsanreiz bieten. Die These mag hier unerörtert bleiben. Sie legitimiert jedenfalls keine kollektive Regelung des Arbeitsmarktes. Wenn Unternehmen Löhne zahlen, die über dem marktausgleichenden Niveau liegen, benötigen Arbeitnehmer keine kollektiven Droh- und Zwangsmittel.

V. Transaktionskosten-Argument

Auch mit Argumenten aus der Theorie der Transaktionskosten läßt sich eine Kartelloption auf den Arbeitsmärkten nicht zureichend begründen (Überblick bei *Donges*, 1992, S. 9 ff.). Im engsten Sinne geht es dabei um die Minimierung von Kosten, die sich aus dem Anbahnen, Abschluß, der Überwachung und Anpassung von Arbeitsverträgen ergeben. Die typische Antwort auf ein hier impliziertes Massenproblem ist indes die Standardisierung. Soweit sie kostensenkend wirkt, bringt sie der Marktprozeß nach aller Erfahrung aus sich heraus hervor. Eine weitere Facette des Arguments ist ein Bemühen um eine optimale Allokation der Konflikte. Es zielt dann nicht auf das Verhältnis von Individualvertrag und Kollektivvertrag, sondern innerhalb letzterem auf das Verhältnis von Haustarif- und Verbandstarifvertrag. Die hier interessierende vorgreifliche Frage nach der Kartellrechtfertigung selbst wird dadurch nicht beantwortet. Eine dritte Facette des Arguments bezieht sich auf die typische Unvollständigkeit von Arbeitsverträgen, die sich aus deren Langfristigkeit ergibt. Hier kann wechselseitig für Arbeitnehmer wie Arbeitgeber Spielraum zu opportunistischem Verhalten entstehen. Letzteres kann auch aus weiteren Ursachen erwachsen, wie etwa Mobilitätshemmnissen für einen Arbeitnehmer aus der Notwendigkeit eines Wohnortwechsels heraus u.ä. Das verhältnismäßigere Instrument sind hier freilich gesetzliche Schutzvorschriften, über deren Reichweite an dieser Stelle nicht zu handeln ist.

VI. Rabatz-Theorie

Rabatz-Theorie meint die These, die Kartellordnung auf den Arbeitsmärkten gewährleiste den sozialen Frieden als positiven Faktor für den Wirtschaftsstandort Deutschland. Die These unterstellt, daß ohne das Disziplinierungsinstrument Gewerkschaft der weitaus größte Teil der deutschen Bevölkerung zu einer Art Gewalttätigkeit neige. Möglicherweise spiegeln sich in solcher Einschätzung Restspuren bourgeoisen Hochmuts wider in der Nachbarschaft einer sozialen Ausgrenzung von Arbeitnehmern, wie sie im 19. Jahrhundert vorkam. Wahrscheinlicher als die genannte These ist die umgekehrte Annahme, es sei die Organisation, welche eine Unfriedlichkeit von Gewicht erst ermöglicht und aufrechterhält. Insoweit aufschlußreich geht die sog. Verelendungstheorie von einem kampflosen Hinunterkonkurrieren der Arbeitnehmer untereinander aus. Wie dem auch sei, normativ kann dies keine Perspektive sein. Am 7. August 1995 ist es 500 Jahre her, daß auf dem Reichstag zu Worms unter Kaiser *Maximilian I.* der ewige Landfriede verkündet wurde. Dabei sollte es noch heute für jedermann verbleiben.

C. Reformen und verfassungsrechtliche Grenzen

Sinnt man angesichts dieses Befundes über Reformen nach, stößt man auf Art. 9 Abs. 3 GG mit seiner verfassungsrechtlichen Gewährleistung des Ordnungsmodells Tarifautomomie. Die Regelung ist beeinflußt vom Erfahrungshintergrund der NS-

Zeit mit ihrer völligen Pervertierung der Staatsgewalt. Mittlerweile scheint das umgekehrte Problem dringlicher, nämlich daß übermäßige Verbandsmacht ihr Partikularinteresse als Gemeinwohlinteresse durchsetzen kann und in diesem Ausmaß die Hoheitsgewalt des Staates für sich instrumentalisiert. Einzelne Entscheidungen der Verfassungsväter sind inzwischen aufgrund pathologischen Lernens korrigiert worden. Die Reform des undifferenziert gewährleisteten Asylrechts ist ein Beispiel. In anderen Fällen hat sich der Deregulierungsdruck des europäischen Gemeinschaftsrechts, das auch dem Grundgesetz gegenüber Vorrang hat, durchgesetzt. Die Änderung des Art. 87 GG im Zuge der sog. Postreform II, wonach Post- und Fernmeldewesen nicht mehr in Form einer bundeseigenen Verwaltung vorgehalten werden müssen, ist hier zu nennen. Was eine Änderung des Art. 9 Abs. 3 GG anbelangt, bleibt Skepsis. Der große Einfluß der Arbeitsmarktverbände auf die öffentliche Diskussion und ihre unmittelbare Präsenz innerhalb der Gesetzgebungsorgane wirken in Richtung status quo. Auf der anderen Seite könnte der dramatisch ansteigende Konkurrenzdruck von außen in unserem Lande pathologisches Lernen befördern. Billigere Arbeit und effizientere Ordnungsstrukturen mögen in Form von wettbewerblich überlegenen Produkten nach Deutschland strömen. Umgekehrt mögen inländische Unternehmen zunehmend ihre Produktion zu solchen Standorten hin verlegen. Weiterwursteln ist freilich auch eine mögliche Antwort auf solche Entwicklungen. Das Land könnte an wirtschaftlicher Leistungskraft verlieren, ähnlich wie dies für Großbritannien in den ersten Jahrzehnten nach dem Zweiten Weltkrieg zutraf. Doch bleiben solche Szenarien spekulativ.

Worauf man eher setzen sollte, ist, daß der Spielraum, den die Gewährleistung der Tarifautonomie in Art. 9 Abs. 3 GG beläßt, in einem allmählichen Prozeß bis zur Neige ausgeschöpft wird. Dieser Spielraum ist sehr viel größer, als es in der breiten Öffentlichkeit wahrgenommen wird. So war der Gesetzgeber verfassungsrechtlich nicht gehindert, innerhalb der Rentenreformgesetzgebung des Jahres 1992 den Tarifvertragsparteien bestimmte Vereinbarungen über die Beendigung von Arbeitsverhältnissen bei Erreichen des Rentenalters zu verbieten (BAG, Urteil vom 20.10.1993, NJW 1994, S. 538). Denn Art. 9 Abs. 3 GG schützt, wie eingangs schon erwähnt, die Tarifautonomie nur in einem Kernbereich. Dieser liegt nach der Rechtsprechung des Bundesverfassungsgerichts auch nicht für ewige Zeiten fest, sondern steht in einer Abhängigkeit von den tatsächlichen Umständen (z.B. BVerfGE 84, 212, 225 und 231; vertiefend *Isensee*, 1986, S. 159, 166 ff.). Der einfache Gesetzgeber ist überdies aufgefordert, das Grundrecht der Koalitionsfreiheit auszugestalten, nicht nur im hier weniger interessierenden Binnenverhältnis der Tarifvertragsparteien zueinander, sondern auch unter dem Aspekt der negativen externen Effekte auf die Allgemeinheit. In der an dieser Stelle etwas unscharfen Sprache von Juristen: Die Einbettung des Freiheitsrechts in die verfassungsrechtliche Ordnung muß gewahrt bleiben. Hier besteht ein Regelungsspielraum, der bis heute nicht wirklich ausgelotet ist. Die grobe Orientierung geht dahin, daß die der Tarifautonomie insoweit auferlegten Schranken "zum Schutz anderer Rechtsgüter von der Sache her geboten" (zusammenfassend BAG, S. 540 ff.) sein müssen. Bei solchen Grenzziehungen spielen ineinander verwobene Vorverständnisse in der Öffentlichkeit, beim Gesetzgeber und in der Justiz eine kaum zu überschätzende Rolle. So ist die Einsicht noch keineswegs verbreitet, daß die Wirkungen einer Tarifvertragsordnung sozusagen strukturell auf die Verringerung von Beschäftigungschancen Außenstehender gerichtet sind, die nicht zu den beati possidentes der Arbeitsplatzinhaber gehören. Gleiches gilt für die Erkenntnis, daß mit Lohntarifverträgen oberhalb eines markträumenden Preises eine intendierte Umverteilung im Verhältnis Gesamtgruppe Arbeitnehmer und Arbeitgeber sich bei langfristiger Betrachtungsweise gar nicht erreichen läßt. Gewiß ist die Lohnquote nicht unveränderlich. Auf sie wirken viele Faktoren ein. Letztlich ist sie Reflex der Produktionsbedingungen, der Faktorausstattung und der Nachfrage nach arbeitsintensiv produzierten Gütern. Sie kann nur nicht auf Dauer durch die Lohnpolitik verschoben werden (hierzu *Siebert*, 1994, S. 96 ff.). Dazu sind die den Unternehmen in einer im übrigen freien Wirtschaftsordnung verbleibenden Ausweichmöglichkeiten zu groß. Unter dem Aspekt mangelnder Geeignetheit des eingesetzten Mittels kann diesem Zusammenhang verfassungsrechtliche Relevanz zukommen.

Auf dieser Linie hat sich die Monopolkommission in ihrem Hauptgutachten von 1994 um Auflockerungen des Kartellsystems auf den Arbeitsmärkten bemüht (Monopolkommission, 1994, Tz. 936 ff.). So schlägt sie Änderungen von Tarifvertragsgesetz und Betriebsverfassungsgesetz dahin vor, daß von tarifvertraglichen Regelungen generell im Wege von Betriebsvereinbarungen abgewichen werden kann. Die wohl überwiegende Meinung hält solche durch Gesetz erzwungene Öffnungsklausel für verfassungswidrig (z.B. *Hanau,* 1993, S. 1 ff.). Meines Erachtens trifft dies mindestens dann nicht zu, falls für eine Abweichung auf Betriebsebene auch eine Zustimmung der dort gewerkschaftlich gebundenen Arbeitnehmer vorausgesetzt ist. Das bedingt wiederum eine Abänderung des § 4 Abs. 4 Tarifvertragsgesetz. Danach ist ein Verzicht auf entstandene tarifliche Rechte im Grundsatz unzulässig. Abschwächungen dieser Öffnungswirkung verbinden sich mit sog. Korridor-, Options- und Menülösungen. Die stärkste Abschwächung ist gegeben, wenn eine Abweichung vom Tarifvertrag auf das Vorliegen einer konkret festzustellenden Notsituation begrenzt ist. Man spricht von Ausnahmeklauseln. Es wird vertreten, letzteres entspreche mit Rücksicht auf den das gesamte Recht beherrschenden Grundsatz von Treu und Glauben bereits dem geltenden Recht (so *Reuter,* 1995, S. 1, 68 ff.). Bei einigen dieser Vorschläge sind flankierende Verfahrensregelungen erforderlich (im einzelnen Monopolkommission, 1994, Tz. 945). Die Kartellwirkung von Tarifverträgen lockert sich weiter, wenn das in § 4 Abs. 3 Tarifvertragsgesetz enthaltene individuelle Günstigkeitsprinzip modifiziert wird (Auflockerung bei Langzeitarbeitslosen in Regionen oder in Branchen mit hoher Arbeitslosigkeit, inhaltliche Flexibilisierungen wie befristete Einstiegstarife u.ä.). Die Tarifgebundenheit trotz Austritts aus einem Verband nach § 3 Abs. 3 Tarifvertragsgesetz und die Nachwirkung einer Tarifnorm gemäß § 4 Abs. 5 Tarifvertragsgesetz ließen sich einschränken oder völlig beseitigen. Ähnliches kommt für das Instrument der Allgemeinverbindlichkeitserklärung von Tarifverträgen in Betracht. Die Monopolkommission hält diesen angeordneten externen Kartellzwang nur in Randbereichen für akzeptabel, wo den Tarifvertragsparteien ausnahmsweise ein konkretisierender Regelungsauftrag überantwortet ist, etwa im Zusammenhang des Vermögensbildungsgesetzes, des Vorruhestandsgesetzes, des Bundesurlaubsgesetzes u.ä. Auch in Branchen, in denen gemeinsame Einrichtungen wie Betriebsrentenkassen angesichts hoher Arbeitnehmerfluktuation sonst nicht effizient zu organisieren sind, mag man daran festhalten (Monopolkommission, 1994, Tz. 949 ff.).

Solche Vorschläge eliminieren nicht die Kartelle selbst, setzen damit nicht an der Wurzel an. Insoweit bleibt ihre Reichweite begrenzt. So entsteht bei gesetzlichen Öffnungsklauseln das Risiko, daß auf tarifvertraglicher Ebene umso ungenierter zugelangt wird. Überbetrieblich könnte beim Lohnniveau verloren gehen, was auf betrieblicher Ebene an Flexibilität gewonnen wird. Realistisch ist weiter zu sehen: Rund 80% der Betriebsräte sind auf Gewerkschaftslisten in ihr Amt gekommen. Sie könnten als verlängerter Arm ihres Verbandes Abweichungen auf Betriebsebene unterbinden. Dies wird als wesentlicher Grund genannt, weshalb Arbeitszeitflexibilisierungen, welche die gegenwärtigen Metall-Tarifverträge ermöglichen, in der Betriebspraxis so wenig ausgeschöpft werden. Solche Risiken und Grenzen bilden dann den Preis, dessen Entrichtung die Kernbereichslehre zu Art. 9 Abs. 3 GG einfordert. Auf der anderen Seite lassen sich Vereinbarungen auf Betriebsebene beobachten, welche bestehende Tarifverträge umgehen oder sich jedenfalls in einer Grauzone dazu bewegen. Dies trifft eher für kleinere Unternehmen zu als für Großunternehmen in ihrer stärkeren personellen Anonymität und mehr für bestandsgefährdete Unternehmen in den neuen Bundesländern als für solche in den alten. Solche Entwicklungen gilt es als Chance zu nutzen.

Abschließend sei präzisiert: Hier wurde nicht eine Theorie zur Erklärung von Arbeitslosigkeit nachgezeichnet. Das Erkenntnisinteresse war bescheidener, nämlich ob das überkommene Ordnungsmodell der Tarifautonomie zur Entstehung und Nichtverringerung von Arbeitslosigkeit beiträgt. Dies ist zu bejahen. Gleichwohl ist nicht zu verkennen: Der hier entwickelte Gedankengang bewegt sich in der Nachbarschaft des sog. insider-outsider-Modells (siehe etwa *Lindbeck/Snower*, 1988). In Kiel spricht man auf etwas hohen Kothurn von "Neuer Beschäftigungstheorie" (*Lehment*, 1995, S. 13 [Arbeitslose in der Teufelsspirale]). In Wirklichkeit ist der Kartellansatz der älteste aller Hüte. Aber er sitzt.

Literatur

Deregulierungskommission, *Marktöffnung und Wettbewerb*, Stuttgart 1991.

Desai, Asholz Valji, *Real Wages in Germany*, 1871 - 1913, Oxford 1968.

Donges, Juergen B., *Deregulierung am Arbeitsmarkt und Beschäftigung*, Tübingen 1992.

Hanau, Peter, "Die Deregulierung von Tarifverträgen durch Betriebsvereinbarungen als Problem der Koalitionsfreiheit (Art. 9 Abs. 3 GG)", *Recht der Arbeit, Zeitschrift für die Wissenschaft und Praxis des gesamten Arbeitsrechts* 1993, S. 1 - 11.

Isensee, Josef, "Die verfassungsrechtliche Verankerung der Tarifautonomie", in: *Die Zukunft der sozialen Partnerschaft*, Veröffentlichungen der Walter-Raymond-Stiftung, Köln 1986, S. 159 - 193.

Konzen, Horst, "Vom 'Neuen Kurs' zur sozialen Marktwirtschaft", *Zeitschrift für Arbeitsrecht* 1991, S. 379 - 400.

Lehment, Harmen, "Arbeitslose in der Teufelsspirale", *Frankfurter Allgemeine Zeitung* Nr. 24 vom 28.1.1995, S. 13.

Lindbeck, Assar, und Dennis Snower, *The Insider-Outsider Theory of Employment and Unemployment*, Cambridge, MA und London 1988.

Monopolkommission, *Hauptgutachten 1992/1993, Mehr Wettbewerb auf allen Märkten*, Baden-Baden 1994.

Möschel, Wernhard, *Der Oligopolmißbrauch im Recht der Wettbewerbsbeschränkungen*, Tübingen 1974.

Möschel, Wernhard, *Rechtsordnung zwischen Plan und Markt*, Tübingen 1975.

Möschel, Wernhard, "Arbeitsmarkt und Arbeitsrecht", *Zeitschrift für Rechtspolitik* 1988, S. 48 - 51.

Phelps Brown, Ernest Henry, und Sheila V. Hopkins, "The Course of Wage Rates in Five Countries, 1860 - 1939", *Oxford Economic Papers*, New Series, Vol 2 (1950), S. 226 - 296.

Picker, Eduard, "Die Regelung der 'Arbeits- und Wirtschaftsbedingungen' - Vertragsprinzip oder Kampfprinzip?", *Zeitschrift für Arbeitsrecht* 1986, S. 199-339, 469 f.

Reuter, Dieter, "Möglichkeiten und Grenzen einer Auflockerung des Tarifkartells", *Zeitschrift für Arbeitsrecht* 1995, S. 1 - 94.

Schmoller, Gustav, "Das Verhältnis der Kartelle zum Staate", *Schriften des Vereins für Socialpolitik*, Bd. 116, Berlin-Leipzig 1906, S. 237 - 271.

Siebert, Horst, *Geht den Deutschen die Arbeit aus?*, München 1994.

Zöllner, Wolfgang, "Arbeitsrecht und Marktwirtschaft", *Zeitschrift für Arbeitsrecht* 1994, S. 423 - 438.

Zöllner, Wolfgang, und Karl Georg Loritz, *Arbeitsrecht*, 4. Aufl. München 1992.

PETER OBERENDER / STEFAN OKRUCH

Handlung und Haftung: Ordnungspolitische Bemerkungen zur Neubestimmung ihres Verhältnisses durch die Insolvenzordnung*

A. Einführung

Zu den fundamentalen Prinzipien einer marktwirtschaftlichen Ordnung gehört die Verkoppelung von individueller Freiheit und Verantwortung (v. Hayek, 1983, S. 89ff.), also jene "Einheit von Handlung und Haftung", auf die Walter Eucken (1990, S. 279ff.) so nachdrücklich hingewiesen hat.

Da im Wirtschaftssystem einer offenen Gesellschaft wirtschaftliches Geschehen keinem übergeordneten Ziel zustrebt (Popper, 1980, S. 127ff.) und insoweit die Koordination dezentraler Pläne über Märkte im Ergebnis offen und nicht mit letzter Gewißheit vorhersehbar ist (v. Hayek, 1969b, S. 251), fragt sich, ob die Einheit von Handlung und Haftung wirklich ausnahmslos gelten kann. Wenn die selbstinteressierten Handlungen somit von Irrtümern betroffen werden (Menger, 1969, S. 80), wird unklar, ob dem Wirtschaftssubjekt tatsächlich alle Konsequenzen seines Handelns zuzurechnen sind. Angesicht der "konstitutionellen Unwissenheit" (v. Hayek, 1969a, S. 171) besteht also ein mögliches Spannungsverhältnis zwischen Freiheit und Sicherheit, und die Überbetonung der sicheren Haftung kann unter Umständen die Antriebskräfte einer dynamischen Wirtschaftsentwicklung erlahmen lassen (Fricke, 1994, S. 202ff.; Witt, 1993).

Die Entwicklung von wirtschaftlichen Kooperationsformen mit beschränkter Haftung (oder, mit anderen Worten, die Verweisung auf einen korporativen Akteur durch die Konstruktion juristischer Personen) war von diesem Spannungsverhältnis ebenso bestimmt wie die Diskussion um die Insolvenzproblematik und ihre rechtliche Handhabung[1].

Wenn bei steigender Anzahl der Insolvenzen ein zunehmend kleinerer Anteil dem gesetzlich vorgesehenen Vergleichs- oder Konkursverfahren unterfällt, weil etwa

* Für zahlreiche inhaltliche Anregungen sei Herrn Diplom-Kaufmann Oliver Hammes gedankt; Dank gebührt auch Herrn cand. rer. pol. Jan Götz für seine Mithilfe bei der Fertigstellung des Manuskripts.

1 Vgl. die Ausführungen zur Entwicklung des Rechts der Aktiengesellschaft bei Zöllner, 1984, S. 222ff. und der GmbH bei Schubert, 1992 sowie zur Geschichte der Konkursordnung bei Uhlenbruck, 1977.

im Konkursverfahren nach Befriedigung bevorrechtigter Gläubiger und Verwertung konkursfester Sicherungsrechte nur noch die Masselosigkeit festgestellt werden kann, und wenn ungesicherte Gläubiger nur mit einer enttäuschend geringen Quote befriedigt werden, so besteht Anlaß, nach der Funktionsfähigkeit der rechtlichen Rahmenbedingungen zu fragen (Uhlenbruck, 1977, S. 31). Derartige Entwicklungen fordern, so kann die Schlußfolgerung lauten, eine Neubestimmung im Verhältnis von Handlung und Haftung.

Über annähernd zwei Jahrzehnte wurde eine solche Reform der geltenden Vergleichs- und Konkursordnung wissenschaftlich diskutiert, von Kommissionen und Expertengremien begutachtet und in wechselhafte politische Debatten verwickelt[2]. Als Frucht dieser Bemühungen wurde schließlich am 5. Oktober 1994 die Insolvenzordnung verabschiedet[3]. Gleichsam um das Gesetz als Jahrhundertwerk auszuweisen, bestimmte der Bundesgesetzgeber aber sein Inkrafttreten erst für den 1.1.1999[4].

Im folgenden soll der Versuch einer kritischen Würdigung der Insolvenzordnung unternommen werden. Zunächst müssen dazu die Ziele der Reform herausgearbeitet werden, um beurteilen zu können, ob diese Vorgaben mit der Novelle erfüllt werden. Dabei kann verständlicherweise nicht auf einzelne Änderungen detailliert eingegangen werden. Entscheidend ist vielmehr, ob und wie sich das neue Regelwerk in eine marktwirtschaftliche Ordnung einpaßt, was bedeutet, abschließend die ordnungspolitische Dimension der Reform zu eruieren.

B. Ziele und Zielkonformität der Insolvenzrechtsreform

I. Allgemeines

Die Begründung zur Insolvenzordnung[5] fällt durch eingehende ordnungspolitische Erwägungen auf, die, weit entfernt von laisser faire, die Dynamik des Marktgeschehens in zutreffender Weise berücksichtigen und nicht von vornherein der paternalistischen Wahnidee staatlicher "Verbesserung" der Marktergebnisse verfallen. In einer Zeit, in der die Idee der spontanen Ordnung des Marktes offen-

---

2 Den Ausgangspunkt der Diskussion markieren zwei Beiträge aus dem Jahr 1975 von Kilger und Uhlenbruck. 1978 wurde durch den damaligen Bundesjustizminister, Hans-Jochen Vogel, die "Kommission für Insolvenzrecht" ins Leben gerufen, die 1985 und 1986 ihre Berichte vorlegte und damit das Gesetzgebungsverfahren anstieß. Zu Einzelheiten und zum Verlauf des Gesetzgebungs-verfahrens vgl. Hofmann, 1994, S. 412ff.

3 BGBl I 1994, 2866.

4 Zu den tatsächlichen Beweggründen für den Aufschub des Inkrafttretens vgl. Hofmann, 1994, S. 416f. und Pick, 1995, S. 997. Die "Schonfrist" soll demnach der Suche nach Entlastungsmöglichkeiten für die Justiz dienen, die durch das neugeregelte Insolvenzverfahren spürbar stärker belastet wird.

5 Bundesministerium der Justiz, Allgemeine Begründung des Regierungsentwurfs, BT-Drucksache 12/2443 vom 15.4.1992, S. 71ff., wiederabgedruckt in: Kübler/Prütting, 1994, S. 89-137; im folgenden nach dem Wiederabdruck zitiert als "Begründung".

sichtlich mit großem Mißtrauen beäugt oder gleich als ungerecht inkriminiert wird, kann man hier Ungewöhnliches und Bemerkenswertes lesen: So warnt der Gesetzgeber davor, die Insolvenz lediglich als Verteilungskonflikt zu sehen (Begründung, S. 94), es wird die Absicht bekundet, das Insolvenzrecht in die geltende Wirtschaftsverfassung einzuordnen, ja, sogar die Wirtschaftsverfassung stärker zur Entfaltung zu bringen (Begründung, S. 95). Der Gesetzgeber stellt klar, wie die Tatsache von Unternehmenskrisen und -zusammenbrüchen in einer dynamischen Wirtschaft zu interpretieren sei (trotz der möglichen Härte für den einzelnen Betroffenen): "Nicht der Markt hat versagt, wenn es zur Insolvenz kommt". Und weiter: "Der Insolvenzeintritt ist deshalb kein Anlaß, die Marktmechanismen durch hoheitliche Wirtschaftsregulierung zu verdrängen. (...) Insolvenz ist nicht der Anlaß für eine gesamtwirtschaftlich orientierte Investitionslenkung" (Begründung, S. 95). Somit wurde den Tendenzen zu verstärkten hoheitlichen Interventionen im Insolvenzverfahren nicht nachgegeben und eine sozial- und strukturpolitisch motivierte Überfrachtung des Insolvenzsrechts abgelehnt[6]. Entgegen gängiger politischer Praxis wird die Vorstellung einer "Unsterblichkeit" von (Groß-) Unternehmen abgelehnt (Begründung, S. 95) und die freiere Entfaltung der Privatautonomie der Insolvenzbeteiligten durch Deregulierung und Wettbewerb um die beste Verwertungsart gefordert (Begründung, S. 98).

Nach einer wechselvollen Geschichte wurde in der Begründung nun als zentrale Forderung an die Neuregelung die "marktkonforme Insolvenzbewältigung" gestellt (Engelhard, 1988, S. 75). Als weitere Ziele der Reform werden angesichts der unbefriedigenden Situation bei der rechtlichen Aufarbeitung von Insolvenzfällen genannt: "erleichterte und rechtzeitige Eröffnung des Insolvenzverfahrens", "mehr Verteilungsgerechtigkeit" sowie "bessere Bekämpfung gläubigerschädigender Manipulationen". Daneben soll dem "redlichen Schuldner" eine definitive Restschuldbefreiung ermöglicht werden, also auch die natürliche Person mit dem Privatkonkurs endgültig aus der (vollen) Haftung entlassen werden können (vgl. Begründung, S. 97ff.).

Die Zielkonformität wirtschaftspolitischer Maßnahmen oder wirtschaftsrechtlicher Neuregelungen bemißt sich bekanntlich daran, ob "... sie – in einem wirkungstechnischen Sinne verstanden – zur Realisierung gesetzter Ziele geeignet sind" (Gutmann, 1986, S. 49). Da sich die Marktkonformität kategorial von den anderen Zielen unterscheidet, sollen einzelne, vom Gesetzgeber darunter gefaßte Maßnahmen den anderen (Unter-)Zielen zugeordnet werden. Die Prüfung der Markt- und Ordnungskonformität erfolgt dann gesondert.

---

6 Zu Beginn der Reformdiskussion hatten derartige Vorstellungen noch die Diskussion beherrscht, vgl. Kilger, 1975, S. 155f. Kritisch hierzu Gröner, 1984, S. 261ff.; Binz/Hess, 1987, S. 6ff.; Balz, 1988, S.274ff.; Engelhard, 1988, S. 74ff. oder Stürner, 1989, S. 45.

II. Zum Ziel "Erleichterte und rechtzeitige Eröffnung des Verfahrens"

Die mangelnde Funktionsfähigkeit des geltenden Rechts zeigt sich drastisch an den 75% mangels Masse abgewiesener Konkursverfahren oder einer Quote von 4-6% für nicht bevorrechtigte Gläubiger und 18% für bevorrechtigte. Die Zahl von Einzelzwangsvollstreckungen (1993 rund 6,5 Millionen) relativiert die Bedeutung des Konkursverfahrens (1993: 17000) nachhaltig; das Vergleichsverfahren ist – mit etwa 40 Fällen pro Jahr – vollends zur Bedeutungslosigkeit herabgesunken (vgl. Pick, 1995, S. 993). Diesen Mißständen tritt die Insolvenzordnung entgegen, indem eine rechtzeitige Eröffnung des (einheitlichen) Insolvenzverfahrens erleichtert wird sowie zahlreiche Maßnahmen zur Masseanreicherung vorgesehen wurden.

Im Interesse verbesserter Sanierungschancen strebt die Reform eine frühere Möglichkeit geregelter Krisenbewältigung an und führt neben den bekannten Eröffnungsgründen nun die "drohende Zahlungsunfähigkeit" (§ 18 InsO[7]) für Eröffnungsanträge des Schuldners ein (Burger, 1992, S. 2149ff.). Daneben wirkt eine Vielzahl von Vorschriften als Anreiz zur frühen Beantragung des Verfahrens durch den Schuldner: So etwa die Aussicht auf gesetzliche Restschuldbefreiung (§§ 286ff., beachte insbesondere § 287 I 2), das Initiativrecht des Schuldners für den Insolvenzplan (§§ 217ff., insbesondere § 218 I 2) oder die Möglichkeit der Eigenverwaltung unter Aufsicht eines Sachwalters (§§ 270ff.). Auch die persönliche Haftung von Vertretern einer Gesellschaft für den Fall, daß sie die Eröffnung schuldhaft und pflichtwidrig verzögert haben und Dritte Vorschußzahlungen auf die Verfahrenskosten geleistet haben, wirkt in diese Richtung (§ 26 III sowie § 130a HGB, § 92 II AktG usw.).

Voraussetzung für die Eröffnung des Verfahrens ist nach neuem Recht, daß das Vermögen des Schuldners mindestens die Verfahrenskosten deckt (arg. § 26 I 1). Andernfalls können die Kosten von dritter Seite vorgeschossen werden (ebenda, Abs. 2). Dies stellt schon an sich eine Verringerung der Massevoraussetzung dar, andererseits werden die Verfahrenskosten entlastet (§ 54) und die Masse in vielfältiger Weise angereichert. Neben den erweiterten Anfechtungsrechten und dem Wegfall der Konkursvorrechte (s.u.) trägt dazu die Einbeziehung des während des Verfahrens erlangten Vermögens in die Insolvenzmasse bei (§ 35).

Insgesamt kann festgestellt werden, daß ein differenziertes und in sich stimmiges Instrumentarium eingesetzt wird, um dem gesteckten Ziel der erleichterten und vor allem früheren Eröffnung von Insolvenzverfahren näher zu kommen. Die getroffenen Regelungen sind insoweit zielkonform.

III. Zum Ziel "Mehr Verteilungsgerechtigkeit im Insolvenzverfahren"

Im engeren Sinne umfassen die zu diesem Ziel gehörenden Maßnahmen die Abschaffung der Konkursvorrechte (§ 61 I KO), in einem weiteren Sinne sollen

---

7 Paragraphen der Insolvenzordnung werden im folgenden ohne Angabe des Gesetzes zitiert.

aber im folgenden auch verschiedene andere Reformschritte dazu gerechnet werden, die der Gesetzgeber als Beitrag zur Marktkonformität des Insolvenzverfahrens wertet. Es muß nochmals betont werden, daß im Rahmen des Insolvenzverfahrens kein bestimmtes Verteilungsziel verfolgt werden soll, das mit hoheitlichem Zwang durchzusetzen wäre. Gleichwohl müssen Verfahrensregeln gefunden werden, um den möglicherweise sogar vergrößerten Interessengegensatz zwischen den verschiedenen Parteien rechtlich bewältigen zu können (vgl. Begründung, S. 125).

Die Beseitigung der alten Konkursprivilegien, einschließlich desjenigen des Fiskus (!), bedeutet unstreitig einen großen Erfolg bei der Verfolgung des Ziels. Die Masseanreicherung durch diese Regelung führt – über die erhöhte Quote – auch zu einer größeren Kooperationsbereitschaft der Gläubiger[8].

Die Mitwirkung der Gläubiger aber ist in der InsO der entscheidende Hebel zur Bewältigung des Interessengegensatzes zwischen den unterschiedlichen Gruppierungen (vgl. Begründung, S. 125f.). Ausgehend vom Grundsatz, daß "privatautonome Entscheidungen ein höheres Maß an wirtschaftlicher Effizienz verbürgen als die hoheitliche Regulierung wirtschaftlicher Abläufe" (Begründung, S. 98), sollen Verhandlungen zwar angeregt und moderiert werden, nicht aber ihre Ergebnisse einem Präjudiz unterliegen (vgl. Begründung, S. 96f.).

Mit dem Prinzip der Gläubigerautonomie sollen sich "die Gesetzmäßigkeiten des Marktes" (vgl. Begründung, S. 97) entfalten, indem ein wettbewerblicher Suchprozeß nach der besten Verwertungsart beginnen kann. Die Einheitlichkeit des Verfahrens sichert dabei eine Vielzahl von Optionen für diese Entscheidung, die im Rahmen des Insolvenzplans zu treffen ist. Der Plan kann dabei auch vom Gesetz abweichende Regelungen zur Befriedigung der Gläubiger und Haftung des Schuldners vorsehen (§ 217). Die Gläubiger können in der Gläubigerversammlung grundsätzlich autonom über die Annahme des Insolvenzplans entscheiden (§ 244 i. V. m. § 222). Allerdings kann das Insolvenzgericht einen vom Schuldner vorgelegten Plan auch von Amts wegen zurückweisen, wenn er "offensichtlich keine Aussicht auf Annahme durch die Gläubiger... hat" (§231 I Nr. 2) – wie auch immer die "Offensichtlichkeit" festgestellt werden soll. Wenn dagegen bei einer Minderheit der Gruppen nicht die erforderlichen Mehrheiten erreicht werden, wird die Zustimmung fingiert, wenn durch den Plan keine Benachteiligung dieser Gruppen eintritt und sie eine angemessene Beteiligung am wirtschaftlichen Wert erhalten (Obstruktionsverbot gemäß § 245 I). Mit dieser Regelung soll, bei grundsätzlicher Gleichberechtigung der Gläubiger, verhindert werden, daß Vetorechte ein insgesamt vorteilhaftes Insolvenzverfahren blockieren. Es geht also, anders gewendet, um die Balance zwischen Mehrheitsprinzip und Minderheitsrechten[9], die etwa auch

---

8 Allerdings wird dieser Effekt möglicherweise dadurch überkompensiert, daß die Sozialplanansprüche der Arbeitnehmer in den Rang von Masseverbindlichkeiten erhoben werden. Vgl. § 123 II und Kübler/Prütting, 1994, S. 10.

9 Vgl. Begründung, S. 99: "In wirtschaftlichen Angelegenheiten hat die Mehrheit prinzipiell nicht mehr recht als die Minderheit. Mehrheitsentscheidungen garantieren nicht das wirtschaftliche Optimum. Im Insolvenzverfahren ist das Mehrheitsprinzip nicht ein Ele-

in der Prüfungskompetenz des Insolvenzgerichts (§ 78) aufscheint. Im Regierungsentwurf (§ 89 RegE[10]) noch als expliziter Minderheitenschutz konzipiert (Engelhard, 1988, S. 75), kann das Gericht nun Beschlüsse der Gläubigerversammlung aufheben, wenn sie "dem gemeinsamen Interesse der Insolvenzgläubiger" widersprechen. Diese Regelung ist, bei allen voraussichtlichen Schwierigkeiten der Justitiabilität, sicherlich allgemeiner und wird dem Deregulierungsanspruch in höherem Maße gerecht. Andererseits ist das ursprünglich vorgesehene Initiativrecht einer Gruppe von absonderungsberechtigten oder nicht nachrangigen Gläubigern zur Vorlage eines eigenen Insolvenzplans (§ 255 RegE) bedauerlicherweise im Interesse größerer Praktikabilität entfallen.

Die Vielzahl von Optionen ist natürlich nur dann für die Gesamtheit der Gläubiger wertvoll, wenn sie auch tatsächlich realisierbar sind. Die mögliche Fortführung eines Unternehmens könnte aber z. B. gefährdet werden, wenn Sicherungsgläubiger ihre Ressourcen dem Unternehmen frühzeitig entziehen und damit die wirtschaftliche Einheit des schuldnerischen Unternehmens zerstören (vgl. Begründung, S. 99 und S. 108ff. sowie Hax, 1989, S. 33f.). Auch die Autonomie der absonderungsberechtigten Gläubiger kann insoweit nicht unbeschränkt sein. Die Insolvenzordnung antwortet auf die mögliche Gefahr einer verfrühten, meist unumkehrbaren Zerschlagung insolventer Unternehmen auf zweierlei Weise: Erstens wird die Befugnis des Insolvenzverwalters zur Verwertung beweglicher Sachen, die mit einem Absonderungsrecht belastet sind, erweitert (§ 166), zweitens wird nach erfolgter Verwertung ein Kostenbeitrag für die Feststellung und Verwertung des Sicherungsgutes für die Insolvenzmasse entnommen (§ 170). Als Pauschalsätze für diese Beiträge sind 4% für die Feststellung, 5% für die Verwertung vorgesehen (§ 171).

Unter das Ziel der größeren Verteilungsgerechtigkeit kann man also neben der Abschaffung der Konkursvorrechte auch jene Regelungen subsumieren, die eine größere Verfahrensbeteiligung der Gläubiger anstreben. Von der Prämisse grundsätzlich größerer Effizienz privatautonomer Entscheidungen ausgehend rückt folglich die Beteiligtenautonomie in den Mittelpunkt der anzustrebenden Veränderungen. Dieser Vorgabe werden die getroffenen Regelungen insgesamt gerecht, auch wenn die Gläubigerautonomie an entscheidenden Stellen durch eine gerichtliche Prüfungskompetenz relativiert wird (Drukarczyk, 1992, S. 178ff. und Kübler, 1989, S 73f.).

IV. Zum Ziel "Erleichterung der Restschuldbefreiung"

Die Restschuldbefreiung (§§ 286ff.) als Abschluß eines Insolvenzverfahrens ist ein bedeutendes Novum der Insolvenzordnung (Pick, 1995, S. 996). Eine natürliche Person kann sich demnach der im Verfahren nicht erfüllten Verbindlichkeiten

ment politischer oder verbandsrechtlicher Demokratie, sondern ein technischer Behelf zur Erleichterung der Entscheidungsfindung einer unkoordinierten Vielzahl Beteiligter".

10 Bundesministerium der Justiz, Entwurf einer Insolvenzordnung, BT-Drucksache 12/2443 vom 15.4.1992, S. 1ff., wiederabgedruckt in: Kübler/Prütting, 1994, S. 43ff.

entledigen und nach einer "Wohlverhaltensperiode" (Begründung, S. 127) einen unbelasteten wirtschaftlichen Neubeginn versuchen. Um der gestiegenen Bedeutung des notleidenden Verbraucherkredits ("Überschuldung der privaten Haushalte" oder plakativ: "moderner Schuldturm") Rechnung zu tragen, wurde die Möglichkeit der Restschuldbefreiung für den Kreis der Arbeitnehmer und Kleingewerbetreibenden in einem eigenen Abschnitt der Insolvenzordnung geregelt (s. u.). Für den fraglichen Personenkreis ist jetzt ein vereinfachtes Verfahren vorgesehen, das ebenfalls die außergerichtliche Schuldenbereinigung forcieren will – nicht zuletzt, um eine weitere Belastung der Gerichte zu vermeiden (Pick, 1995, S. 996).

Die Restschuldbefreiung wird nur auf Antrag gewährt und setzt voraus, daß der Schuldner für einen Zeitraum von sieben Jahren die pfändbaren Teile seiner Bezüge an einen Treuhänder abtritt (§ 287). Die Aufgabe des Treuhänders besteht im wesentlichen darin, die abgetretenen Gelder einmal jährlich zu verteilen (§ 292 I). Das Insolvenzgericht stellt die Restschuldbefreiung durch Beschluß fest, sofern nicht schon anfänglich Versagungsgründe vorliegen (§ 290 I) und sich der Schuldner auch ansonsten "redlich" verhalten hat (vgl. §§ 295ff.).

Im Verbraucherinsolvenzverfahren (§§ 304ff.) soll die gerichtliche Restschuldbefreiung nur als ultima ratio Anwendung finden; sie ist nur letzter möglicher Schritt nach einem dreistufigen Verfahren, das wiederum wesentlich auf die Beteiligtenautonomie abstellt (Schmidt-Räntsch, 1994, S. 321ff.).

Primär sollen Gläubiger und Schuldner versuchen, ohne gerichtliche Moderation eine Lösung für die private Schuldenkrise zu erreichen (§ 305 I Nr. 1). Andere Institutionen, wie etwa Schuldnerberatungsstellen, können diese Kooperation vermitteln und beim Scheitern der Verhandlungen auch eine Bescheinigung über die Erfolglosigkeit der außergerichtlichen Einigung ausstellen. Erst wenn auf dieser ersten Stufe des Verfahrens die Verhandlungen nachweislich gescheitert sind, kann das Verbraucherinsolvenzverfahren überhaupt eingeleitet werden. Mit dem Antrag auf Eröffnung des Verfahrens ist dann ein Schuldenbereinigungsplan vorzulegen, also ein Vorschlag des Schuldners, wie eine angemessene Regulierung der Verbindlichkeiten zu erreichen sei (§ 305 I Nr. 4). Diesen Vorschlag können die Gläubiger gegebenenfalls modifizieren, bevor er durch sie einstimmig genehmigt werden muß, damit das Insolvenzgericht durch Beschluß die Annahme des Schuldenbereinigungsplans feststellen kann (§ 309). Unter Umständen wird das Prinzip der Einstimmigkeit wiederum durchbrochen: Analog zur Regelung für die Annahme des Insolvenzplans kann die einhellige Zustimmung durch das Gericht ersetzt werden, wenn wenigstens die Hälfte der Gläubiger mit dem Vorschlag einverstanden war (§ 309). Falls auch auf dieser zweiten Stufe keine Einigung zu erzielen ist, schließt sich das (vereinfachte und gestraffte) Insolvenzverfahren mit nachfolgender Restschuldbefreiung an.

Unter dem Gesichtspunkt der Zielkonformität, also der rein technischen Eignung der getroffenen Maßnahmen zur Erreichung der Ziele, ist sicherlich eine definitive Befreiung von nicht erfüllten (und wohl auch nicht erfüllbaren) Verbindlichkeiten ermöglicht worden. Inwieweit sich die recht differenzierten Regelungen der Insolvenzordnung in den Rahmen einer marktwirtschaftlichen Ordnung einpassen, ob also das Ziel als solches überhaupt akzeptiert werden kann, ist damit freilich noch völlig offen.

V. Zum Ziel "Bessere Bekämpfung gläubigerschädigender Manipulationen"

Die Maßnahmen zur verbesserten Bekämpfung von Manipulationen, die die Insolvenzmasse schmälern und somit die Insolvenzgläubiger schädigen, umfassen eine Ausweitung von Anfechtungsrechten in mehrere Richtungen. So wird etwa der Katalog anfechtbarer Tatbestände erweitert, der Nachweis subjektiver Tatbestandsvoraussetzungen erleichtert und der Personenkreis der "Insider" erweitert; schließlich werden Anfechtungsfristen teilweise verlängert (Pick, 1995, S. 995).

Im einzelnen bestimmt die Insolvenzordnung für den Fall der kongruenten Deckung (§ 130), daß der Insolvenzverwalter solche Rechtshandlungen anfechten kann, die nach dem Eröffnungsantrag oder während eines Zeitraums von drei Monaten davor einem Gläubiger Befriedigung oder Sicherung gewährt oder ermöglicht haben und der Gläubiger von der Zahlungsunfähigkeit seines Geschäftspartners wußte oder wissen mußte. Für dem Schuldner nahestehende Personen wird vermutet, daß sie von seiner mißlichen Lage Kenntnis hatten.

Analog bestimmt das Gesetz (§ 131) für den Fall inkongruenter (und damit besonders "verdächtiger") Deckung ein unbedingtes Anfechtungsrecht für Rechtsgeschäfte nach oder im letzten Monat vor dem Antrag auf Eröffnung des Insolvenzverfahrens. Für den zweiten und dritten Monat vor dem Eröffnungsantrag wird das Anfechtungsrecht entweder an die objektive Voraussetzung der Zahlungsunfähigkeit oder in analoger Weise an die Kenntnis des Gläubigers geknüpft. Das "Insiderwissen" nahestehender Personen wird wiederum vermutet.

Was für die beschriebenen Tatbestände gilt, muß erst Recht für unmittelbar nachteilige Rechtshandlungen (§132) oder gar vorsätzliche Benachteiligungen (§ 133) gelten. Auch hierbei wird durch Vermutungen die häufig schwierige Beweisführung des Insolvenzverwalters erleichtert.

Durch die widerleglichen oder unwiderleglichen Vermutungen über die Kenntnis der Zahlungsunfähigkeit, die Beweislastumkehr für Insider und die Erweiterung der anfechtbaren Rechtshandlungen wird die Möglichkeit gläubigerschädigender Manipulationen insgesamt wohl deutlich eingeschränkt. Inwieweit die Neuregelungen bei der insolvenzrechtlichen Bewältigung solch spektakulärer Manipulationen wie im Fall der Firmengruppe Dr. Jürgen Schneider hilfreich sein können, muß selbstverständlich offen bleiben. Bemerkenswert genug, daß dieser Bankrott, unter dessen direkten Eindruck das Gesetzgebungsverfahren zeitweilig stand (Hofmann, 1994, S. 416), keine Spuren in der Insolvenzordnung hinterlassen hat.

C. Ordnungskonformität der Insolvenzordnung

Zur Beurteilung der Ordnungskonformität bedarf es eines Referenzmaßstabs, einer "Ordnung der Wirtschaft", anhand derer die realisierte "Wirtschaftsordnung" gewürdigt werden kann (vgl. Eucken, 1990, S. 250). In diesem Sinne sind solche Maßnahmen und Regelungen als ordnungsinkonform abzulehnen, "... die die tatsächliche bestehende Ordnung weiter von ihrem Leitbild abrücken" (Gutmann, 1986, S. 52).

Im Sinne einer "Interdependenz der Ordnungen" ist die Marktwirtschaft Reflex einer freiheitlichen Gesellschaftsordnung (Eucken, 1990, S. 180ff.). Gemeinsames Zentrum beider Teilordnungen ist die individuelle Freiheit. Für die Wirtschaftsordnung gilt in einer Marktwirtschaft das Primat des Wettbewerbs – als ein grundsätzliches Votum für die Koordination individueller Pläne über Märkte.

Als konstituierende Prinzipien der Wettbewerbsordnung betrachtete Walter Eucken (1990, S. 254ff.), neben der bereits einleitend erwähnten Haftung, unter anderem das Privateigentum und die Vertragsfreiheit. Diese drei Prinzipien können als Fokus zur Beurteilung der Neuregelung des Insolvenzrechts dienen. Wenn außerdem Eigentum nicht in einem engen rechtlichen Sinne verstanden wird, sondern im Sinne eines "property right" auch das (freivertragliche) Verfügungsrecht umfaßt (Demsetz, 1974, S. 31ff.), so bleiben folglich zwei Dimensionen zur Prüfung der Konformität. Es ist mithin zu prüfen, inwieweit einerseits die Eingriffe in die mit dem *Eigentum* verbundenen Handlungs- und Verfügungsrechte der Insolvenzbeteiligten und andererseits die Beschränkung der *Haftung* durch die Restschuldbefreiung gerechtfertigt sind.

I. Eigentum

Es gehört zur Logik eines Insolvenzverfahrens, daß Eingriffe in die Eigentumsrechte des Schuldners vorgenommen werden, indem die Verfügungsgewalt des Gemeinschuldners auf die Gläubiger übertragen wird. Es kann, mit anderen Worten, bei der ultima ratio der Risikoallokation nur um den Grad der Eingriffsintensität gehen, nicht um den Grundsatz der Garantie privaten Eigentums (Hax, 1989, S. 23). Gleichwohl müssen die Argumente und die ökonomischen Implikationen, die mit diesen Eingriffen verbunden sind, kritisch beleuchtet werden.

In dieser Perspektive beinhaltet bereits der Zeitpunkt der Verfahrenseröffnung eine Entscheidung über die Eingriffsintensität. Die Frage, wann das Insolvenzverfahren zu eröffnen ist, impliziert, mit anderen Worten, ein Werturteil darüber, wessen Interessen besonders zu schützen sind (Schwieters, 1989, S. 145). Eine verfrühte Verfahrenseröffnung verletzt unter Umständen die Rechte des Schuldners unverhältnismäßig, wogegen ein zu spät eingeleitetes Verfahren das berechtigte Interesse der Gläubiger an der Befriedigung ihrer Forderungen tangieren kann. Auch innerhalb der Gruppe der Gläubiger hat die Eröffnung des Insolvenzverfahrens weitreichende Konsequenzen: So werden etwa Einzelvollstreckungsmaßnahmen, die möglicherweise aufgrund eines Informationsvorsprungs eines Gläubigers betrieben wurden, eingestellt oder ihre Ergebnisse unwirksam (§§ 87ff.; Schmidt, 1980, S. 42). Unterschiede zwischen den Gläubigern werden durch derartige Vorschriften künstlich eingeebnet. Werden diese Leistungsdifferentiale bei Information oder – ganz allgemein gesprochen – beim Wissen der Gläubiger egalisiert, so ist damit auch eine Veränderung des Verteilungsergebnisses nach materiellen Gerechtigkeitskriterien verbunden (zur *par condicio creditorum* vgl. Hax, 1989, 33f.). Dies ist grundsätzlich nicht mit einer marktwirtschaftlichen Wettbewerbsordnung vereinbar und nur insoweit legitimierbar, wie man zugesteht, daß bei Eröffnung des Insolvenzverfahrens die marktliche Koordination offensichtlich schon versagt hat (Oberender/Daumann, 1992, S. 260f.). In der krisenhaften Situation einer Insolvenz geht es im Kern um das Austarieren von formaler Gleichheit (par condicio creditorum) und (aus der Logik einer freiheitlich-marktwirtschaftlichen Ordnung) begründeter Ungleichheit[11], zweier Größen also, die untrennbar verbunden sind und deren Gewicht mit den angeführten Argumenten nicht exakt und nicht ohne normative Wertung bestimmt werden kann[12].

Mit Blick auf die Zukunft des insolventen Schuldners wird von der Fortdauer des Marktversagens ausgegangen. So muß etwa unterstellt werden, daß die Kapitalmärkte auch solche Sanierungen nicht finanzieren, die gesamtwirtschaftlich effizient wären. Gläubiger müßten demnach die Chancen einer Sanierung systematisch falsch einschätzen und alternative Investitionen präferieren (Gröner, 1984, S. 260ff.; Hax, 1989, S. 21ff.). Um nun ein effizientes Sanierungsergebnis realisieren zu können, muß das Insolvenzverfahren ein gleichsam gesamtwirtschaftliches Entscheidungskalkül simulieren (Balz, 1988, S. 276f.). Die Mehrheitsentscheidungen der Gläubigerversammlung bei gleichzeitigem Minderheitenschutz und Obstruktionsverbot versucht diesen schwierigen Balanceakt zwischen einzelwirtschaftlicher Autonomie und kollektiver Verantwortung. Der gleichen Rationalität gehorchen auch die Regelungen zum Verfahrensbeitrag absonderungsberechtigter Gläubiger und zur Einbeziehung Dritter in Form der erweiterten Anfechtungsrechte. Auch hier sind folglich teilweise einschneidende Eingriffe in die Eigentumsrechte und nachhaltige Einschränkungen in die Vertragsfreiheit der Beteiligten festzuhalten, die ohne weitere Begründung nicht mit einer marktwirtschaftlichen Ordnung vereinbar sind.

Unter dem Gesichtspunkt der Garantie von Eigentumsrechten und des Schutzes der Vertragsfreiheit sind somit die getroffenen Regelungen durchaus fragwürdig.

---

11 So Stürner, 1989, S. 56: "Formale Gleichheit und begründete Ungleichheit sind Zwillingsschwestern – im Verfassungsrecht so gut wie im Insolvenzrecht. So sehr also der Ruf nach einer vollen par condicio creditorum... haltlos erscheinen muß: fest steht auch, daß u.a. die übertriebene Privilegienseeligkeit des gemeinen Rechts dem gemeinen Konkurs den Todesstoß versetzt hat".

12 Vgl. zum Spannungsverhältnis von Freiheit und Gleichheit in einer marktwirtschaftlichen Wirtschaftsordnung und einer liberalen Gesellschaftsordnung Watrin, 1979, S. 159ff.

II. Haftung

Im Sinne einer "Vergangenheitsorientierung" muß das Insolvenzverfahren auch die Haftung für zurückliegende Handlungen verwirklichen (Gröner, 1984, S. 258). Die Herstellung einer weitestgehenden Einheit von Handlung und Haftung obliegt natürlich nicht nur dem Insolvenzrecht, das als letztes Mittel eines Interessenausgleichs damit auch überfordert wäre. Von einem ordnungstheoretischen Standpunkt aus muß es aber bedenklich stimmen, daß die Durchbrechung der besagten Einheit durch das Gesellschaftsrecht (Eucken, 1990, S. 282ff.) als Begründung dafür herangezogen wird, daß nun auch die Verantwortung der natürlichen Person für ihre Handlungen wesentlich eingeschränkt wird. Konnten Divergenzen zwischen Handlung und Haftung bei den juristischen Personen bisher noch kompensiert werden, so ist diese Möglichkeit nach dem Willen des Gesetzgebers zukünftig deutlich erschwert.

Als Begründung für derartige Entschuldungsmöglichkeiten kann in der realtypischen sozialen Marktwirtschaft der Bundesrepublik (gerade im Hinblick auf den "modernen Schuldturm") natürlich die soziale Verantwortung des Staates (Art. 20 I GG) herangezogen werden, also der Gedanke der "sozialen Irenik", die die Marktwirtschaft ergänzen müsse (Müller-Armack, 1981, S. 559ff.). Das Dilemma dieses Gedankens liegt nun aber gerade darin, daß sich damit praktisch jede ordnungsinkonforme Maßnahme letztlich begründen ließe. Es muß im Grunde aber fraglich bleiben, ob der Weg in den vielbeschworenen Schuldturm wirklich für die Mehrzahl der Haushalte völlig unabsehbar war. Grundsätzlich kann wohl davon ausgegangen werden, daß die Konsequenzen von freiwillig (!) eingegangenen Verpflichtungen durchaus antizipierbar sind. Von daher bleibt somit die Ordnungskonformität der generellen Restschuldbefreiung unklar und die weitere Inanspruchnahme dieser Regelung nach Inkrafttreten der Insolvenzordnung wird zeigen müssen, ob vielleicht auch die vorteilhaften Wirkungen der Entschuldungsoption von den Schuldnern antizipiert werden.

Auch wenn man dem Euckenschen Diktum, demzufolge "jede Beschränkung der Haftung... eine Tendenz zur Zentralverwaltungswirtschaft (auslöst)" (Eucken, 1990, S. 285) nicht uneingeschränkt oder ohne weitergehende Analyse folgen will (Wegner, 1995), so kann doch abschließend festgehalten werden, daß die zusätzliche Haftungsbeschränkung ein Fremdkörper innerhalb der marktwirtschaftlichen Ordnung bleiben muß – ein Ausnahmebereich, dessen Legitimation durchaus vage bleibt.

D. Fazit

Die einzelnen Regelungen der Insolvenzordnung lassen deutlich jene Ambivalenz bei der Beurteilung von Markt- und Wettbewerbsprozessen erkennen, die bereits den Grundansatz der Reform kennzeichnet: Wird nämlich in der Begründung des Gesetzgebungsvorhabens einerseits apodiktisch die Überlegenheit marktlicher Koordination im Sinne der paretianischen Wohlfahrtsökonomie behauptet (vgl. Begründung, S. 98), so scheint immer wieder auch jenes tiefgehende Mißtrauen gegenüber der Fähigkeit des Marktes auf, "wirtschaftlich richtige Ergebnisse" (vgl. Begründung, S. 96) zu erbringen. Wird, mit anderen Worten, die Marktwirtschaft derart als "Effizienzmaschine" (Heuß, 1980, S. 695) konzeptualisiert, so folgt das Schreckgespenst allfälligen "Marktversagens" auf dem Fuße. Gegen einen derartigen Vergleich von wirtschaftlicher Realität und hypothetischer Idealnorm stehen die sattsam bekannten Argumente, die hier nicht nochmals in extenso dargelegt werden sollen (Demsetz, 1969, S. 1ff. oder v. Hayek, 1975, S. 11ff.). Eine konsequentere Beachtung der Interdependenz der Ordnungen und damit eine deutlichere Betonung von Freiheitsspielräumen auch im Insolvenzverfahren wären der Reform zu wünschen gewesen. Umso höher müssen allerdings auch die Erfolge bei der Abwehr von Versuchen, das Insolvenzrecht noch weitergehend "konstruktivistisch" (im Sinne von v. Hayek) zu instrumentalisieren, gewertet werden.

Literatur

Balz, Manfred (1988): Aufgaben und Struktur des künftigen einheitlichen Insolvenzverfahrens,in Zeitschrift für Wirtschaftsrecht und Insolvenzpraxis, 9. Jg., S. 273-294.

Binz, Fritz/Hess, Harald (1987): Der Konkurs der Insolvenzrechtsreform, Neuwied/Darmstadt.

Bundesministerium der Justiz: Allgemeine Begründung des Regierungsentwurfs, in: BT-Drucksache 12/2443 vom 15.4.1992, S. 71ff., abgedruckt in: Kübler, Bruno M./Prütting, Hanns (Hrsg.): Das neue Insovenzrecht, Bd. I, Köln 1994, S. 89-137.

Bundesministerium der Justiz: Entwurf einer Insolvenzordnung, in: BT-Drucksache 12/2443 vom 15.4.1992, S. 1ff., abgedruckt in: Kübler, Bruno M./Prütting, Hanns (Hrsg.): Das neue Insovenzrecht, Bd. I, Köln 1994, S. 43-88.

Burger, Anton (1992): Zahlungsunfähigkeit und drohende Zahlungsunfähigkeit nach der geplanten Insolvenzordnung (InsO), in: Der Betrieb, 45. Jg., S. 2149-2152.

Demsetz, Harold (1969): Information and Efficiency: Another Viewpoint, in: The Journal of Law and Economics, Vol. XII, S. 1-22.

Demsetz, Harold (1974): Toward a Theory of Property Rights, in: Furubotn, Eirik G./Pejovich, Svetozar (Hrsg.): The Economics of Property Rights, Cambridge, S. 31-42.

Drukarczyk, Jochen (1992): Insolvenzrechtsreform: Reformkonzeptionen und aktueller Stand, in: Die Betriebswirtschaft, 52. Jg., S. 161-183.

Engelhard, Hans A. (1988): Ein modernes, einheitliches Verfahren soll eine marktkonforme Insolvenzbewältigung sichern, in: recht: Informationen des Bundesministers der Justiz, S. 74-77.

Eucken, Walter (1990): Grundsätze der Wirtschaftspolitik, 6. Auflage, Tübingen.

Fricke, Frank-Ulrich (1994): Wirtschaftliche Entwicklung und individuelles Verhalten, Bayreuth.

Gröner, Helmut (1984): Marktsystem, Unternehmenskontrollen und Insolvenzen: Volkswirtschaftliche Überlegungen zur Reform des Insolvenzrechts, in: ORDO: Jahrbuch für die Ordnung von Wirtschaft und Gesellschaft, Bd. 35, S. 247-267.

Gutmann, Gernot (1986): Ordnungskonformität von Wirtschaftpolitik in Marktwirtschaften und Zentralverwaltungswirtschaften, in: Hamburger Jahrbuch für Wirtschafts- und Gesellschaftspolitik, 31. Jg., S 49-62.

Hax, Herbert (1989): Die ökonomischen Aspekte der neuen Insolvenzordnung, in: Kübler, Bruno M. (Hrsg.): Neuordnung des Insolvenzrechts, Köln, S. 21-39.

Hayek, Friedrich A. von (1969a): Rechtsordnung und Handelnsordnung, in: Ders.: Freiburger Studien, Tübingen, S. 161-198.

Hayek, Friedrich A. von (1969b): Der Wettbewerb als Entdeckungsverfahren, in: Ders.: Freiburger Studien, Tübingen, S. 249-265.

Hayek, Friedrich A. von (1975): Die Anmaßung von Wissen, in: ORDO: Jahrbuch für die Ordnung von Wirtschaft und Gesellschaft, Bd. 26, S. 11-21.

Hayek, Friedrich A. von (1983): Die Verfassung der Freiheit, 2. Aufl., Tübingen.

Heuß, Ernst (1980): Lemma "Wettbewerb"; in: Handwörterbuch der Wirtschaftswissenschaft, hrsg. von Albers, Willi et al.; 8. Bd., Stuttgart u. a., S. 679-697.

Hofmann, Werner (1994): Zur Geschichte der Reform des Insolvenzrechts, in: Deutsche Richterzeitung, 72. Jg., S. 411-417.

Kilger, Joachim (1975): Der Konkurs des Konkurses, in: Konkurs-, Treuhand- und Schiedsgerichtswesen, 36. Jg., S. 142-166.

Kommission für Insolvenzrecht (1985): Erster Bericht der Kommission für Insolvenzrecht, Köln.

Kommission für Insolvenzrecht (1986): Zweiter Bericht der Kommission für Insolvenzrecht, Köln.

Kübler, Bruno M. (1989): Die Stellung der Verfahrensorgane im Lichte der Gläubigerautonomie, in: Ders. (Hrsg.): Neuordnung des Insolvenzrechts, Köln, S. 61-78.

Kübler, Bruno M./Prütting, Hanns (1994): Entwicklungslinien des neuen Insolvenzrechts, in: Dies. (Hrsg.): Das neue Insovenzrecht, Bd. I, Köln, S. 1-13.

Menger, Carl: (1969): Untersuchungen über die Methode der Socialwissenschaften und der Politischen Oekonomie insbesondere, 2. Aufl., in: Ders.: Gesammelte Werke, hrsg. von Hayek, Friedrich A. von, Bd. II, Tübingen.

Müller-Armack, Alfred (1981): Religion und Wirtschaft: Geistesgeschichtliche Hintergründe unserer europäischen Lebensform, 3. Aufl., Bern/Stuttgart.

Oberender, Peter/Daumann, Frank (1992): Verbot von Insidergeschäften im Börsenhandel?: Eine ordnungstheoretische Analyse, in: ORDO: Jahrbuch für die Ordnung von Wirtschaft und Gesellschaft, Bd. 43, S. 255-265.

Pick, Eckhart (1995): Die (neue) Insolvenzrechtsordnung - ein Überblick, in: Neue Juristische Wochenschrift, 38. Jg., S. 992-997.

Popper, Karl R. (1980): Die offene Gesellschaft und ihre Feinde II: Falsche Propheten, 6. Auflage, Tübingen.

Schmidt, Reinhard H. (1980): Ökonomische Analyse des Insolvenzrechts, Wiesbaden.

Schmidt-Räntsch, Ruth (1994): Das neue Verbraucherinsolvenzverfahren, in: Monatsschrift für Deutsches Recht, 48. Jg., S. 321-326.

Schubert, Werner (1992): Das GmbH-Gesetz von 1892 - "eine Zierde unserer Reichsgesetzsammlung": Das historische Geschehen um die GmbH von 1888 bis 1902, in: Lutter, Marcus/Ulmer, Peter/Zöllner, Wolfgang (Hrsg.): Festschrift 100 Jahre GmbH-Gesetz, Köln, S. 1-47.

Schwieters, Norbert (1989): Gläubigerschutz durch Insolvenzrecht als Problem der Wettbewerbsordnung, Bergisch Gladbach/Köln.

Stürner, Rolf (1989): Einfachheit und Funktionsfähigkeit des einheitlichen Insolvenzverfahrens, in: Kübler, Bruno M. (Hrsg.): Neuordnung des Insolvenzrechts, Köln, S. 41-60.

Uhlenbruck, Wilhelm (1975): Die Krise des Insolvenzrechts, in: Neue Juristische Wochenschrift, 28. Jg., S. 897-903.

Uhlenbruck, Wilhelm (1977): Einhundert Jahre Konkursordnung, in: Ders./Klasmeyer, Bernd/Kübler, Bruno M. (Hrsg.): Einhundert Jahre Konkursordnung 1877-1977, Köln u.a., S. 3-34.

Watrin, Christian (1979): Grenzen der Gleichhheit in einer freiheitlichen Ordnung, in: ORDO: Jahrbuch für die Ordnung von Wirtschaft und Gesellschaft, Bd. 30, S. 159-175.

Wegner, Gerhard (1995): Wirtschaftspolitik zwischen Selbst- und Fremdsteuerung – Ein neuer Ansatz zur Theorie der Wirtschaftspolitik, Habilitationsschrift.

Witt, Ulrich (1993): Wann kommt es eigentlich zu wirtschaftlichem Fortschritt?, in: Wagner, Adolf (Hrsg.): Dezentrale Entscheidungsfindung bei externen Effekten, Tübingen, S. 19-35.

Zöllner, Wolfgang (1984): Einleitung, in: Ders. (Hrsg.): Kölner Kommentar zum AktG, Einleitungs-Bd., Köln u.a., S. 201-289.

OTTO SCHLECHT

Marktwirtschaftliche Rahmenbedingungen für den Weg in die Informationsgesellschaft

A. Begriffsbestimmung

Zu allen Zeiten waren Informationen notwendig, um zwischen Handlungsalternativen auswählen und so Unsicherheit reduzieren zu können. Stets auch war das Informationsangebot zu groß, als daß es vom einzelnen allein hätte verarbeitet werden können. Deshalb wird nicht erst in der Gegenwart von Informationsflut bzw. von Informationsüberflutung gesprochen. Für die Zukunft muß mit einer weiteren Zunahme der zur Verfügung stehenden Menge an Informationen gerechnet werden.

Im Gegensatz zu früheren Zeiten hat sich die Dimension der Informationen erheblich verändert (Schlecht, 1995). Die zunehmende Globalisierung der Märkte mit intensiverer Arbeitsteilung, sinkende Transport- und Kommunikationskosten, internationale Finanzmärkte mit fast unendlicher Transaktionsgeschwindigkeit, die Digitalisierung, die schnelle Verbreitung von Know-how sowie der ungehinderte Zugriff auf externe Informationsquellen haben der Ressource Information eine andere Qualität gegeben: Informationen sind zum wichtigsten Rohstoff und zum vierten Produktionsfaktor geworden. Informationen unterliegen einer Kosten-Nutzen-Analyse und erhalten dementsprechend einen Marktpreis. Sowohl die Informationsbeschaffung als auch die Informationsverarbeitung mit Auswahl und Bewertung der Informationen sind bereits zu wichtigen Wirtschaftsbereichen geworden: Damit entscheidet nicht mehr der industrielle Sektor über das Wohlstandsniveau einer Gesellschaft, sondern die Fähigkeiten des Einsatzes der Ressource Information: die Industrie- wandelt sich zur Informationsgesellschaft.

Die Begriffsabgrenzung in diesem Bereich ist noch vage, deshalb wird für diesen Beitrag nur eine annähernde Begriffsbestimmung vorgenommen: So läßt sich "Multimedia" als kombinierten Einsatz verschiedener Medien wie Text, Grafik, Daten, Sprache, Video und Audio und als Zusammenführung unterschiedlicher Technikbereiche wie der Satelliten- oder Kabelübertragung, der Rechner- sowie der Vernetzungstechnik verstehen. Damit wachsen Informations-, Unterhaltungs- und Kommunikationstechnik zusammen und durchdringen alle gesellschaftlichen Bereiche: es wird von der "Informationsgesellschaft" gesprochen. Und in der Tat: Der gesellschaftlichen Anwendung sind keine Grenzen gesetzt. Die Zusammenfassung unterschiedlicher Geräte zu einem information center ermöglicht - zu Hause, im Büro oder auf Reisen - Telearbeit, Telemedizin, Telelearning, Telebanking, services on demand, virtueller Supermarkt und Homeshopping, interaktives Fernsehen, Verkehrstelematik, electronic cash und electronic mail oder anderes mehr. Der Anschluß an internationale Datennetze und Onlinedienste - im Volksmund als Datenautobahn bezeichnet - sichert die ständige Kommunikation mit anderen Teilnehmern. Jede beliebige Information läßt sich jederzeit am heimischen Computer abrufen, bearbeiten, speichern und weiterleiten.

Der Weg in die Informationsgesellschaft wird bereits beschritten. Sie wird den einzelnen wie die Gesellschaft vor neue Herausforderungen stellen, wird aber gleichzeitig neue Chancen eröffnen. Carl Zimmerer hat stets ein eindrucksvolles Plädoyer für die Chancenvielfalt einer freien Gesellschaft gehalten und ist für ihre Grundwerte eingetreten. Er schreibt: "Nur ein Baum, der starke Wurzeln hat, kann eine große Krone tragen" (Zimmerer, 1985). Durch die feste Verwurzelung in den freiheitlichen Prinzipien der Sozialen Marktwirtschaft kann es gelingen, auch in der Informationsgesellschaft "Wohlstand für alle" (Erhard, 1957) entstehen zu lassen.

B. Soziale Marktwirtschaft: Offen für Neu- und Weiterentwicklungen

Soziale Marktwirtschaft ist in ihrem Kern eine Wettbewerbsordnung. Wettbewerb bewirkt eine optimale Koordinierung der individuellen Wirtschaft, schafft volkswirtschaftliche Effizienz und ist Motor des wirtschaftlichen und technischen Fortschritts. Darüber hinaus verhindert Wettbewerb private und öffentliche Monopolstellungen und garantiert somit die Freiheitsrechte der Bürger. Franz Böhm bezeichnete deshalb den Wettbewerb auch als "das großartigste und genialste Entmachtungsinstrument der Geschichte" (Böhm, 1963).

Gleichwohl ist Soziale Marktwirtschaft mehr als nur eine Wettbewerbsordnung. Soziale Marktwirtschaft will "das Prinzip der Freiheit auf dem Markte mit dem des sozialen Ausgleichs" verbinden (Müller-Armack, 1956). Durch die staatliche Rahmenordnung wird individuelles und unternehmerisches, auf Eigennutz und Selbstinteresse basierendes Handeln in gesellschaftliche, auf Gemeinwohlzielen basierende Erfordernisse umgeleitet. Der reinen Marktwirtschaft wird so die Sozialethik eingeimpft, damit sie das Attribut "sozial" verdient.

Spezielle soziale Sicherung und Hilfen für Bedürftige sind in der Sozialen Marktwirtschaft konstitutive, wenngleich subsidiäre Elemente. Damit gelingt es, der wirtschaftlichen Effizienz die notwendige gesellschaftliche Akzeptanz entgegenzubringen. Das "Soziale" der Sozialen Marktwirtschaft hat mehrere Dimensionen: Das Bekenntnis zur Marktwirtschaft mit ihren konstituierenden Prinzipien: Privateigentum, Gewerbe- und Vertragsfreiheit, Haftungsregeln, offene Grenzen, Konvertibilität, Geldwertstabilität und freie Marktpreisbildung ist Grundvoraussetzung für allgemeine Wohlfahrt und menschliche Freiheit. Die allgemeine Rahmenordnung bewirkt, daß der Markt seine wohlstandssteigernden Funktionen erfüllen kann und das individuelle Handeln im Markt nicht in Widerspruch gerät zu sozialen Zwecken und zur Freiheit des anderen. Ergänzend zu den Rahmenbedingungen gehören zur Sozialen Marktwirtschaft eine marktkonforme Wachstums-, Stabilitäts-, Regional- und Strukturpolitik sowie ein Regelwerk für den Umweltschutz. Soziale und arbeitsrechtliche Sicherungssysteme und -regeln sind subsidiäre, aber gleichwohl integrale Elemente der Sozialen Marktwirtschaft.

Das Konzept der Sozialen Marktwirtschaft basiert auf der Freiheit des Individuums. Mit dieser Freiheit ist neben der Freiheit der Gestaltung des eigenen Lebens auch die Eigenverantwortung des einzelnen Menschen verbunden. In der Sozialen Marktwirtschaft hat ein starker Staat die Aufgabe, die Rahmenbedingungen für wirtschaftliches und politisches Handeln so zu gestalten, daß freiheitliche Entfaltung des Menschen gewährleistet bleibt und Machtkonzentration verhindert wird. Nicht die Stärke des Staates steht prinzipiell zur Diskussion, wohl aber die Ausweitung der staatlichen Aufgaben und Ausgaben.

Die Soziale Marktwirtschaft ist eine offene Ordnung für gesellschaftliche, politische, wirtschaftliche und technologische Weiterentwicklungen. Somit wird die marktwirtschaftliche Ordnung auch auf dem Weg in die Informationsgesellschaft effizient und dynamisch auf Herausforderungen reagieren können.

C. Offenkundige Chancen der Informationsgesellschaft

Um die Chancen und das Entwicklungspotential in der Informationsgesellschaft aufzuzeigen, soll ein Blick auf entsprechende Prognosen (u.a. Wissenschaftlicher Beirat beim BMWi, 1995) gerichtet werden: Der Weltmarkt für Telekommunikationsgeräte, -dienste und Informationstechnik weist bereits heute ein Volumen von rund 1,5 Billionen DM jährlich auf, das Marktvolumen für Westeuropa beläuft sich auf über 500 Milliarden DM. Allein für Europa werden etwa zehn Millionen neue Arbeitsplätze erwartet. In den USA haben die information worker bereits die 50-Prozent-Marke bei der Beschäftigung überschritten. Die Europäische Kommission nimmt an, daß gegen Ende des Jahrhunderts sieben Prozent des EU-Sozialprodukts direkt vom Telekommunikationssektor abhängig sein wird. Auch für Deutschland wird von enormen Auswirkungen ausgegangen: Laut Prognos AG werden in 15 Jahren 80 Prozent der deutschen Haushalte einen PC und 60 Prozent einen Multimedia-Computer besitzen. Die Deutsche Telekom prognostiziert einen Anstieg der Ausgaben für geschäftliche Multimedia-Anwendungen von derzeit 440 Millionen DM auf 13 Milliarden DM im Jahre 2000.

Der Weg zur Informationsgesellschaft bedeutet gleichzeitig auch die Entwicklung zur Dienstleistungsgesellschaft. Der Anteil der Dienstleistungsunternehmen am deutschen BIP liegt bei deutlich einem Drittel und hat damit gleichgezogen mit dem Anteil des Produzierenden Gewerbes, die Erwerbstätigkeit im Dienstleistungsbereich ist ansteigend. Multimedia wird die arbeitsteilige Welt umkrempeln: bis zur Jahrtausendwende werden allein in Deutschland fast fünf Millionen zusätzliche Arbeitsplätze entstehen, und fast eine Million Erwerbstätige werden bis dahin an Telearbeitsplätzen beschäftigt sein.

Um der zunehmenden Bedeutung der Informationstechnologie gerecht zu werden, müssen die Rahmenbedingungen so gestellt werden, daß Deutschland auch weiterhin seinen Standard als Hoch-Lohn- und Hoch-Sozialniveauland erhalten kann.

Dies gelingt nur, wenn die Bevölkerung die neuen Medien annimmt und wenn die staatliche Ordnungspolitik unternehmerische Initiativen nicht behindert.

D. Gesellschaftspolitische Grundlagen der Informationsgesellschaft

Die Informationsgesellschaft bedarf der gesellschaftlichen Akzeptanz, weil sie umfassende Verwerfungen und insgesamt einen "neuen Menschentyp" (Peter Glotz) hervorbringen wird. Dieser wird bereits in der Werbung für das Datennetz "Internet" beschrieben: "Internet hat einen ganz neuen Menschentyp geschaffen: den globalen Daten-Surfer! Besondere Kennzeichen: weit aufgerissene Augen, permanent unbefriedigtes Informationsbedürfnis ..."

Die gesellschaftliche Akzeptanz setzt eine Informationskultur voraus, in der Informationspotential, Informationsbereitschaft sowie Informationsfähigkeit zusammenfallen. Es heißt: Wissen ist Macht. Resigniert der Mensch vor der unüberschaubaren Datenmenge, wird Wissen jedoch sehr schnell zur Ohnmacht. Deshalb muß bereits in der Grundschule den Kindern vermittelt werden, wie sie aus der Flut der Informationen die für sie notwendigen herausfiltern und mit welchen Qualitätsmerkmalen sie die Spreu vom Weizen trennen können.

Um einer "Individualisierung" der Informationsgesellschaft vorzubeugen, muß neben der Werbung für die marktwirtschaftliche Botschaft immer auch auf die ethischen Grundlagen unserer Wirtschafts- und Gesellschaftsordnung, auf ihre freiheits- und persönlichkeitsbildenden sowie gemeinwohlorientierten Kräfte, also auf Werte "jenseits von Angebot und Nachfrage" (Röpke, 1958), hingewiesen werden.

Diese Aufgabe kann ein regelmäßiger und substantieller Dialog zwischen Wissenschaft, Wirtschaft, Politik und gesellschaftlichen Gruppen - bei Wahrung und Ausweisung der jeweiligen Verantwortungszuständigkeit - erfüllen und gleichzeitig die Akzeptanz für moderne Technologien erhöhen. Der gesellschaftlich notwendige Konsens gegenüber technologischen Veränderungen darf sich nicht in der Betonung von Risiken ergeben, sondern muß gleichfalls auch die Chancen aufzeigen. Wie schnell Multimedia von der breiten Masse der Bevölkerung akzeptiert wird, hängt letztlich davon ab, ob es Forschung und Industrie gelingt, die Nutzung bedienerfreundlich auszustatten.

E. Die Ordnungspolitik in der Informationsgesellschaft

I. Allgemeine Rahmenbedingungen

Die Entwicklung zur Informationsgesellschaft bietet für den Standort Deutschland Herausforderung und Chance zugleich. Ziel einer umfassenden Neugestaltung der staatlichen Rahmenordnung muß die Stärkung der Wettbewerbsfähigkeit der deutschen Wirtschaft sein.

Der rechtliche Rahmen muß den Datenschutz gewährleisten, Urheberrechte und geistiges Eigentum schützen und das Recht auf freien Informationszugang sichern.

Aus den Datennetzen müssen kriminelle, jugendgefährdende und gewaltverherrlichende Darstellungen ausgefiltert werden. Jedoch: Eine vollständige Überwachung der Datennetze ist praktisch ausgeschlossen. "Freiheit genießen heißt auch Verantwortung zu übernehmen" (Günter Rexrodt). Deshalb werden Prinzipien wie Subsidiarität und Eigenverantwortlichkeit im Informationszeitalter wichtiger denn je: Der eigenverantwortliche Umgang mit den neuen Techniken, die Erziehungsarbeit von Eltern und Schule, subsidiär organisierte Selbsthilfevereine und Verbraucherzentralen sowie die freiwillige Selbstkontrolle von Netzbetreibern sind der Sozialen Marktwirtschaft adäquate Vorkehrungen gegen Mißbrauch.

Die Informationsgesellschaft wird eine Neuabgrenzung des Verhältnisses zwischen den staatlichen Institutionen und den Individuen erzwingen: Die heute "konfiszierte Freiheit" (Otto Graf Lambsdorff) muß wieder zugunsten individuellen privaten und unternehmerischen Freiheiten und Verantwortungen erweitert werden. Einerseits wird die Bekämpfung von Steuer- und Transfermißbrauch mit moderner Technik und geringem Aufwand möglich. Andererseits muß der Aufbau eines lückenlosen Kontrollsystems verhindert werden. Allerdings: Wer zuvörderst in den Kategorien von Betrug und Kontrolle denkt, wird zwangsläufig beim Überwachungsstaat landen. Vielmehr muß die marktwirtschaftliche Ordnungspolitik notwendige Anreize für unternehmerische Dynamik und privatwirtschaftliche Flexibilität geben. Im einzelnen heißt dies:

Der Anstieg der Staatsausgaben und die öffentliche Verschuldung müssen konsequent begrenzt und zurückgeführt werden, will die öffentliche Hand haushaltspolitischen Handlungsspielraum bewahren. Der Rückzug des Staates aus unternehmerischer Verantwortung durch die Privatisierung öffentlicher Aktivitäten ermöglicht es dem Staat, sich auf seine eigentlichen Aufgaben zu konzentrieren und eröffnet privaten Unternehmen zusätzliche Handlungsfelder. Der für 1996 vorgesehene Börsengang der Deutschen Telekom AG sichert die Leistungsfähigkeit des Unternehmens im globalen Wettbewerb.

Der Weg in die Informationsgesellschaft wird dramatische Änderungen auf dem Arbeitsmarkt mit sich bringen: Der Arbeitsmarkt wird noch stärker unter globaler Konkurrenz stehen, Telearbeit wird die Trennung von Arbeits- und Freizeitwelt aufheben, ganz neue Berufsbilder werden entstehen und die Grenzen zwischen Arbeitnehmer- und Selbständigenstatus verwischen. In der Informationsgesellschaft mit weitgehend individuellen Arbeitsverträgen läßt sich der Flächentarifvertrag nur in der Form eines Rahmens für Mindestbedingungen oder Korridore erhalten. Die grundsätzlich ordnungspolitisch legitimen institutionellen Regelungen haben in ihrer Kumulation den Arbeitsmarkt weitgehend erstarren lassen und sind im globalen Wettbewerb nicht haltbar. Mit der Forderung nach Überprüfung beispielsweise der Allgemeinverbindlichkeit oder des Günstigkeitsprinzips ist aber kein Rückzug des Staates aus seiner Verantwortung verbunden: Durch die zunehmende Einrichtung von Telearbeitsplätzen in der eigenen Wohnung sind unter anderem arbeitsrechtliche Vorgaben anzupassen.

Auf der Grundlage eines ständig gewachsenen Wohlstandes der Bevölkerung sowie vor dem Hintergrund der neuen Arbeitsformen im Informationszeitalter wird ein Umbau der Sozialsysteme möglich - und gleichfalls unerläßlich: Die Stärkung von Subsidiarität, Eigenvorsorge und Selbstverantwortung sichert die bisherigen Sozialsysteme und konzentriert die Leistungen auf wirklich Bedürftige.

Damit wird eine Entlastung der privaten Haushalte von Steuern und Abgaben möglich. Weiterhin ist eine Nettoentlastung der Unternehmen dringend geboten: Ist sie vor dem Hintergrund der Finanzierungsleistungen der deutschen Einheit momentan nicht durchführbar, darf diese Reform jedoch nicht auf die lange Bank geschoben werden. Attraktivere Rahmenbedingungen für Unternehmen sind dringend notwendig, um den "Unternehmermangel", auf den Carl Zimmerer häufig hingewiesen hat, zu beseitigen.

In der Informationsgesellschaft besteht die Chance, das öffentlich von Politikern häufig formulierte Ziel einer "Gesellschaft von Teilhabern" (Erhard/Müller-Armack, 1972) zu realisieren, die - auf der Grundlage von Freiwilligkeit und Vielfalt der Anlagemöglichkeiten - Arbeitgeber und Beschäftigte in einer Kapitalpartnerschaft verbindet. Dazu müssen verbesserte Förderpräferenzen für den Erwerb von Produktivvermögen und die Abschaffung der steuerpolitischen Diskriminierung des haftenden Eigenkapitals durchgesetzt werden.

Die ordnungspolitische Erneuerung wird den Unternehmern mehr "Bewegungsfreiheit" für die unerläßlichen Veränderungen auf betrieblicher Ebene geben: Kürzere Produktlebenszyklen, wachsende Qualitätsanforderungen, größere Marktabhängigkeit und sich schnell ändernde Wettbewerbsbedingungen kennzeichnen den unternehmerischen Alltag. In den Unternehmen werden interne wie externe Beziehungen mit Mitteln der Informationstechnik schnell und umfassend gestaltet, innerbetriebliche langwierige Entwicklungs- und Abstimmungsprozeduren werden zugunsten von Kreativität, Dezentralität, Gruppenarbeit, Vielfalt, Partizipation, persönlicher Leistungs- und Verantwortungsbereitschaft verändert, koordinierende und motivierende Maßnahmen lösen strenge Hierarchien ab und das lebenslange Lernen wird für den Beschäftigten notwendiger denn je. Und ein weiteres: Im Dienstleistungsbereich der Multimedia stecken noch erhebliche Chancen für selbständige Unternehmen. Dadurch kann eine "Kultur der neuen Selbständigkeit" (Helmut Kohl) entstehen, die Carl Zimmerer einforderte: "Unvorhersehbar wird immer ein Teil unserer Zukunft sein. Aber die Intransparenz gibt auch dem, der an seinen Stern glaubt, die Chance, heller zu sehen als andere".

Die Unternehmer benötigen neben einem innovationsfreundlichen Umfeld auch eine markt- und wettbewerbskonforme staatliche Förder- und Entwicklungspolitik. Damit wird nicht Subventionen für einzelne Branchen, Unternehmen oder Produkten das Wort geredet: sie würden den Wettbewerb verzerren. Auch soll die künftige Entwicklung nicht durch "Runde Tische" vorgeplant werden: dies bedeutete "Anmaßung von Wissen" (von Hayek, 1975). Eine branchenübergreifende und vorwettbewerbliche Förderpolitik jedoch bietet gerade technologieintensiven Bereichen wie der Telekommunikation und der Informationsverarbeitung notwendige marktwirtschaftliche Anreizmechanismen bei der Grundlagenforschung oder der Gemeinschaftsforschung insbesondere kleiner und mittlerer Unternehmen. Außerdem lassen sich damit ein schnellerer Wissens- und Technologietransfer, eine verbesserte technologische Aus- und Weiterbildung sowie ein erleichterter Zugang von innovativen Unternehmern zum Markt für Risikokapital fördern.

II. Spezifische Ordnung des Informationsmarktes

Zusätzliche Anreize für unternehmerische Aktivitäten verspricht der Abbau staatlicher Genehmigungen und Regulierungen. So gehört es zur überholten Auffassung, daß ein staatliches Unternehmen mit flächendeckender Versorgungspflicht notwendig sei, um die Infrastrukturverantwortung bei Telekommunikation und Informationstechnologie zu gewährleisten.

In der Sozialen Marktwirtschaft gehört es sicherlich zur Aufgabe des Staates, die Bereitstellung von Infrastrukturen auch in diesem Bereich zu garantieren. So sehen sowohl die Pläne des Bundesministers für Post und Telekommunikation (BMPT, 1995) wie auch die Europäische Union (Europäische Kommission, 1995) die Erhaltung und Gewährleistung eines Universaldienstes bzw. einer Grundversorgung für alle Benutzer vor - mit festgelegtem Minimaldienst, spezifizierter Qualität und erschwinglichem Preis. Begründet wird dies regional- und sozialpolitisch. Die Forderung bedeutet jedoch keinesfalls, daß staatliche oder quasistaatliche Anbieter diese Leistungen erbringen müssen. Denn dabei bestünde die Gefahr, daß staatliche Eingriffe die Effizienzvorteile des Wettbewerbs aufwiegen würden. Die ordnungspolitische first-best-Konzeption besteht in einer auf freier Gewerbe- und Wettbewerbsordnung fußenden Grundversorgung. Jedenfalls für Deutschland spricht alles dafür, daß der Markt das Problem des Universaldienstangebots aus eigenen Kräften zu lösen vermag (Wissenschaftlicher Beirat beim BMWi, 1995) - ganz abgesehen davon, daß staatliche Reglementierungen durch schnelle Änderungen im Kommunikationsmarkt obsolet werden. Erst wenn sich die Vermutung zugunsten der Marktkräfte nicht realisiert, sind staatliche Eingriffe vonnöten: Als second-best-Lösung bietet sich dabei die Durchführung von Ausschreibungen oder Auktionen an, bei denen das Unternehmen mit der geringsten Subventionsforderung den Auftrag zur Gewährleistung der Grundversorgung erhält. Dagegen führt eine Verpflichtung zum Universaldienst für Unternehmen mit einem bestimmten Marktanteil zur Verzerrung des Verhaltens.

Eine Beschränkung der Anzahl von Wettbewerbern im Kommunikations- und Informationsmarkt ist nur in Bereichen mit begrenzten Ressourcen erforderlich, wie beispielsweise bei Funkfrequenzen. Die Vielfalt der Anbieter sichert auch kleinen und mittleren Unternehmen Betätigungsmöglichkeiten bei Lokal-, Regional- und Nischenangeboten. Im Rahmen der staatlichen Regulierung ist die strikte personelle und organisatorische Trennung der Aufgabenbereiche von Lizenzierung sowie technischer und gebührenrechtlicher Aufsicht auf der einen und der Wettbewerbskontrolle auf der anderen Seite unerläßlich. Die im Vergleich zu ausländischen Märkten zu hohen deutschen Übertragungskosten, die die Marktentwicklung der Informations- und Medienbranche behindern, bedürfen der Revision. Zusätzlich sind die Wege- und Kabelverlegungsrechte auf öffentlichen Wegen allen Wettbewerbern unentgeltlich zur Verfügung zu stellen. Schließlich fallen neue Angebote, wie beispielsweise Teleshopping, nicht in den Rundfunk-

Hoheitsbereich der Länder, weshalb für sie gilt: "Rundfunkrechtlich gibt es da absolut nichts mehr zu regeln" (Wernhard Möschel).

III. Europäische Rahmenordnung

Die Europäische Union hat gerade im Bereich der Telekommunikation wichtige Impulse für eine europaweite Liberalisierung gegeben. So wird der auf den 1. Januar 1998 ausgerichtete Liberalisierungsbeschluß des EU-Rates nicht nur den gesamten nationalen Sprachtelefondienst, sondern auch die Telekommunikationsnetze dem Wettbewerb öffnen.

Im Bereich des Wettbewerbs liegt eine weitere Herausforderung für die Europäische Union: Weil sich europäisch tätige Unternehmen nationalem Wettbewerbsrecht entziehen, müssen einheitliche europäische Wettbewerbsregeln installiert werden. Wesentlich für eine über nationale Grenzen sich entwickelnde Informationsgesellschaft wird die europaweite Harmonisierung der Zugangserlaubnis in Datennetze, der juristischen Kontrolle sowie der technischen Standards sein. Aber bereits abzusehen ist, daß auf global players auch europäische Vorgaben nicht mehr anzuwenden sind: Deshalb muß die Weiterentwicklung des GATT zur Welthandelsorganisation WTO genutzt werden, um einheitliche Regelungen für alle Dienstleistungen zu vereinbaren und geistiges Eigentum besser zu schützen. Nach dem Maastrichter Vertrag gehört es zur Aufgabe der EU, durch transeuropäische Netze eine Telekommunikationsinfrastruktur sicherzustellen.

Die Informationsgesellschaft wird sich auch zur bargeldlosen Gesellschaft entwikkeln, in der digitales Geld den Zahlungsverkehr erobern wird. Für die Europäische Währungsunion wird damit die währungspolitische Stabilität erschwert: Die elektronische Geldbörse kann den Bargeldbedarf drastisch reduzieren und die Steuerungsfähigkeit der Zentralbank deutlich einschränken. Das Europäische Währungsinstitut in Frankfurt hat sich des Themas angenommen und als weitreichendste Option die Möglichkeit durchgespielt, daß die Notenbanken selbst das Monopol für die Ausgabe des digitalen Geldes erhalten.

F. Die Wettbewerbsordnung in der Informationsgesellschaft

Vielfach besteht die Befürchtung, daß der Wettbewerb im Informationszeitalter bedroht sei. So wird einerseits befürchtet, daß ein Informationsgefälle zwischen Informations-Armen und -Reichen entstehen könnte, daß "diskrepante Informationsstände" (Ulrich Fehl) drohten. Andererseits wird beispielhaft auf die USA verwiesen, wo sich Konzerne des Medienbereiches durch Fusionen in der Größenordnung von "Megadeals" zusammenschließen, um sich eine möglichst gute Ausgangsbasis für den Bereich der interaktiven Multimediadienste zu verschaffen. Es drohe, so die Sorge, ein Informationsmonopol.

Den Befürchtungen ist entgegenzuhalten: Im Informationszeitalter wird sich der Wettbewerb eher noch verstärken. Bedingung dafür sind offene Grenzen, was freier Zugang zu den Märkten für Informationsanbieter und -verarbeiter bedeutet.

Damit wird Wettbewerb zwischen weltweit agierenden Informationsdiensten sowie zwischen Hardware-Anbietern herrschen. Dabei kann es zwar - aus nationaler Sicht - zu "Großfusionen" kommen, insgesamt werden jedoch eine Monopolisierung und damit einhergehende Monopolpreise verhindert, so daß niemand aus finanziellen Gründen von notwendigen Informationen ausgeschlossen wird.

Besonderer wettbewerbspolitischer Beachtung bedürfen die Unternehmen, die auf ihren angestammten Märkten über gesetzlich geschützte Monopole verfügen und sich gleichzeitig mit den dort erzielten Gewinnen auf dem neuen Markt für Telekommunikation engagieren. Die ordnungspolitische Lösung lautet in diesen Fällen: Einführung von Leistungswettbewerb auf den Stammärkten.

Die weltweit vorliegenden Informationen intensivieren den Wettbewerb auf den Produktionsmärkten, die den Informationsmärkten nachgelagert sind. Durch den gleichen Zugang zu den Informationen auch für Klein- und mittelständische Unternehmen wird die Tendenz zur Zentralisierung durch die Chancen für kleinere Einheiten begrenzt: Großunternehmen können sich zwar aufgrund finanzieller und personeller Ressourcen zum Beispiel in mehrere Datennetze einkaufen, um über zusätzliche Informationen verfügen zu können. Klein- und mittlere Unternehmen sind jedoch flexibler und anpassungsfähiger, wenn es darum geht, neue Informationen über Kundenwünsche in der Produktion einzusetzen. Darüber hinaus unterliegen auch Fusionen unternehmerischen Risiken.

Den Informationstechnologien kommt somit eine strategische Doppelfunktion zu: Einmal sind sie im globalen Wettbewerb Initialzündung für flexiblere Marktstrukturen und eine schnellere Umsetzung von Forschungsergebnissen in marktreife Produkte und Dienste. Zum anderen sind sie selbst ein maßgeblicher Zukunftsmarkt mit hoher Wertschöpfung. Sie schaffen auch neue Märkte durch Kombinationen zwischen alten und neuen Informationsträgern.

G. Ausblick

Carl Zimmerer hat immer wieder dafür geworben, Chancen zu ergreifen, um neue Herausforderungen zu meistern. Dazu gehört, daß er stets für den Mut zum Wagnis plädierte, sich selbständig zu machen. Gerade in der Informationsgesellschaft der Zukunft werden beide Verhaltensweisen notwendiger denn je. Im Rahmen der Sozialen Marktwirtschaft besteht jedenfalls die Chance, durch neue Informationsdienstleistungen und Kommunikationstechnologien eine Wachstums- und Beschäftigungsdynamik auszulösen, die Arbeitslosigkeit dezimiert und "Wohlstand für alle" schafft. Voraussetzung dafür ist jedoch, daß eine ordnungspolitische Erneuerung der staatlichen Rahmenbedingungen den Individuen und den Unternehmern ein innovationsfreundliches Umfeld sichert und mehr Raum für freiheitliches, eigenverantwortliches und risikobereites Handeln läßt.

Literatur

Böhm 1963: Franz Böhm, Die Bedrohung der Freiheit durch private und ökonomische Macht in der heutigen Gesellschaft, in: Universitas.

BMPT, 1995: Bundesministerium für Post und Telekommunikation, Eckpunkte eines künftigen Regulierungsrahmens im Telekommunikationsbereich, Entwurf vom 27. März 1995.

Erhard 1957: Ludwig Erhard, Wohlstand für alle, 1. Auflage, Düsseldorf/Wien.

Erhard/Müller-Armack 1972: Ludwig Erhard/Alfred Müller-Armack, Soziale Marktwirtschaft. Ordnung der Zukunft, Frankfurt a.M./Berlin/Wien.

Europäische Kommission 1995: Kommission der Europäischen Union, Grünbuch über die Liberalisierung der Telekommunikationsinfrastruktur und der Kabelfernsehnetze, Brüssel.

von Hayek 1975: Friedrich August von Hayek, Die Anmaßung von Wissen, in: ORDO, Jg. 26.

Müller-Armack 1956: Alfred Müller-Armack, Soziale Marktwirtschaft, in: Handwörterbuch der Sozialwissenschaften, Band 9, Tübingen.

Röpke 1979: Wilhelm Röpke, Jenseits von Angebot und Nachfrage, Bern.

Schlecht 1995: Otto Schlecht, Wohlstand für ganz Europa, Bonn.

Wissenschaftlicher Beirat beim BMWi 1995: Der Wissenschaftliche Beirat beim Bundesministerium für Wirtschaft, Orientierungen für eine Postreform III, Stellungnahme, Tübingen.

Zimmerer 1985: Carl Zimmerer, Hammer sein - nicht Amboß. Nachdenkenswertes und Heiteres über Manager und Unternehmer, Stuttgart/Herford.

III.

Finanzmärkte im Zeichen der Internationalisierung

KLAUS G. ADAM

Kreditwirtschaft im Wandel - Herausforderungen für die Landesbanken

Seit Beginn der achtziger Jahre hat sich das Umfeld für die Kreditwirtschaft weltweit verändert. Deregulierungen nationaler Finanzmärkte, die Schaffung eines europäischen Finanzraums mit dem - nunmehr in greifbare zeitliche Nähe gerückten - Endziel einer Europäischen Währungsunion, Veränderungen im Kundenverhalten: All dies stellte und stellt die Banken vor Anpassungszwänge, um sich im schärfer werdenden Wettbewerb zu behaupten und die Weichen für den Weg in das nächste Jahrhundert richtig zu stellen. Die Landesbanken als Zentralinstitute der jeweiligen Sparkassen, als Staats- und Geschäftsbanken, haben die hiermit verbundenen Herausforderungen angenommen.

A. Veränderungen der kreditwirtschaftlichen Rahmenbedingungen

Die Ursachen für die Veränderungen im bankwirtschaftlichen Umfeld sind vielschichtig. Hinter diesem Wandlungsprozeß, der gemeinhin durch die Begriffe Globalisierung, finanzielle Innovationen und Verbriefung (Securitisation) charakterisiert wird, stehen u. a. die Deregulierungsmaßnahmen an den Finanzmärkten wichtiger Länder. Zum einen waren dies der Abbau von Regulierungen im Bereich der Zinsfestsetzung, wie z. B. in den USA, zum anderen der Abbau von Kapitalverkehrsbeschränkungen, wie beispielsweise in Italien. Die Folge war ein zunehmender Wettbewerb zwischen den internationalen Finanzplätzen sowie eine Ausweitung der internationalen Finanzoperationen weltweit tätiger Kreditinstitute. Auch wenn in Deutschland der Deregulierungsbedarf vergleichsweise gering war, ergab sich aus der neuen Wettbewerbssituation die Notwendigkeit einer "Restliberalisierung": 1985 wurden sogenannte Floater - also Anleihen mit variabler Verzinsung - und Nullkupon-Anleihen zugelassen, 1986 wurden die rechtlichen Voraussetzungen für den geregelten Markt als neues Marktsegment, sowie mit der Novellierung des Börsengesetzes 1989 für den elektronischen Börsenhandel und eine Terminbörse geschaffen, 1991 wurde das Verfahren für Emissionsgenehmigungen für inländische Inhaber- und Orderschuldverschreibungen aufgehoben, 1991 wurden mit dem ersten Finanzmarktförderungsgesetz die Börsenumsatzsteuer, die Gesellschaftssteuer und Wechselsteuer abgeschafft.

Bei der Anpassung an den veränderten Datenkranz beschleunigte der Einsatz neuer Technologien katalysatorgleich die Reaktionsgeschwindigkeit der Finanzmärkte. Es entstand ein "Handel rund um die Uhr und rund um die Welt". Die neuen Möglichkeiten der Nachrichtenübermittlung sowie der Datenverarbeitung wurden eine Schlüsseltechnologie für Finanzdienstleistungen, die die Einführung innovativer Produkte erleichterten und durch Verminderung der Transaktionskosten deren Einsatz erst unter wirtschaftlichen Gesichtspunkten sinnvoll machte. Die Entwicklung ist hier unaufhaltsam: Der Börsenhandel vollzieht sich zunehmend über Computerbörsen, und die seit einigen Jahren etablierten Terminbörsen sind ohne den Großeinsatz neuer Technologien nicht denkbar gewesen. Innovative Finanzprodukte sind in Deutschland zunächst zögerlich eingesetzt worden, weisen aber seit 1986 eine sehr dynamische Entwicklung auf. Zumeist handelt es sich um Termingeschäfte, insbesondere aber um abgeleitete, sogenannte derivative Geschäfte, wie beispielsweise Finanzswaps, Futures und Optionen. Aufgrund der beliebigen Kombinierbarkeit dieser Grundinstrumente und der Möglichkeit, hieraus wiederum neue Produkte abzuleiten - z. B. Optionen auf Optionen - besteht eine fast unüberschaubare Produktvielfalt. Ihrem ursprünglichen Ziel entsprechend, Risikopositionen zwischen den Marktteilnehmern je nach Markteinschätzung anders zu verteilen, was zu einer Verwischung der Grenzen zwischen Geld- und Kapitalmarkt geführt hat, werden die derivativen Produkte zu Absicherungszwecken von Risikopositionen eingesetzt. Dies ermöglicht eine verbesserte Aktiv- und Passivsteuerung, wenngleich die Instrumente auch spekulativ eingesetzt werden. Denn diesen Geschäften ist gemeinsam, daß sie mit nur einem geringen Kapitaleinsatz abgeschlossen werden können. Insgesamt ergibt sich aus dieser Entwicklung die Notwendigkeit, daß unter Einbeziehung der Finanzinnovationen neue Risikosteuerungssysteme entwickelt wurden und auch weiterhin entwickelt werden müssen.

Gekennzeichnet wird die Entwicklung an den Finanzmärkten weiterhin durch den gravierenden Wandel der Finanzierungsgewohnheiten und des Verhaltens der Anleger. Im internationalen Zusammenhang wurde der Trend zur Verbriefung bei der Aufnahme von Finanzierungsmitteln begünstigt durch die Verschiebungen im internationalen Zahlungsbilanzgefüge. Waren in den siebziger Jahren die OPEC-Staaten als Überschußländer an der Anlage ihrer Mittel als kurzfristige Bankeinlagen interessiert, so verschoben sich in den 80er Jahren bei den - neuen - industriellen Überschußländern - vornehmlich Japan und Deutschland - die Präferenzen hin zu verbrieften Anlagen. Aus Sicht der Finanzierungsseite heißt dies: Beschaffung von Finanzmitteln verstärkt durch Wertpapieremissionen. Die Dynamik der Verbriefung zeigt sich im Wachstum der Anleiheemissionen in den OECD-Ländern und an den Euromärkten: Von Ende 1980 bis Ende 1993 hat sich der Nominalbetrag ausstehender Schuldverschreibungen in den OECD-Ländern auf umgerechnet 36,7 Bill. DM fast versechsfacht; die zunehmende Bedeutung der Verbriefung zeigt sich auch in der Relation von Anleiheverschuldung und Sozialprodukt, die im gleichen Zeitraum von unter 50 vH auf über 100 vH gestiegen ist. Besondere Dynamik kennzeichnet den angelsächsischen Raum, wo mit dem Wachstum der Wertpapiermärkte die Finanzierung über Banken an Bedeutung verloren hat. Auch wenn in Deutschland die Entwicklung diese Dimension noch nicht erreicht hat, ist der Trend zur Verbriefung dennoch unverkennbar. Großunternehmen sind in der Lage, ihre Finanzmittel weltweit durch Wertpapieremissionen zu beschaffen, obwohl am heimischen Markt Industrieobligationen mit einem Umlauf von 3,1 Mrd. DM Ende 1994 nur eine untergeordnete Rolle spielen. Allerdings sind ausländische Tochtergesellschaften deutscher Unternehmen an den

Euromärkten aktiver: 1994 erreicht ihr Bruttoabsatz am Euromarkt 2,5 Mrd. DM. Deutlicher kommt der Verbrie-fungstrend im Verschuldungsverhalten des öffentlichen Sektors zum Ausdruck. Dies gilt insbesondere für den Bund, der 1980 bei einem Verschuldungsstand von 232 Mrd. DM etwas weniger als die Hälfte über verbriefte Finanzierungsinstrumente aufgenommen hatte, während Ende 1994 bei einem Stand von 713 Mrd. DM 97 vH verbriefte Schulden waren.

Charakteristisch für den Wandel der Rahmenbedingungen für die Kreditwirtschaft ist auch der enorme Anstieg der Geldvermögen der privaten Haushalte in der Nachkriegszeit und die damit verbundenen Verschiebungen in deren Anlagepräferenzen. Im Zeitraum seit 1980 hat sich das Geldvermögen der privaten Haushalte in Deutschland auf 4,3 Bill. DM Ende 1994 fast verdreifacht. Die mit dem Wachstum des Geldvermögens einhergehende Strukturverschiebung bei den verschiedenen Anlageformen dieser Mittel ging zu Lasten der Kreditwirtschaft. Hatten die privaten Haushalte 1980 noch 52,4 vH ihres Geldvermögens bei Banken angelegt, so lag dieser Anteil Ende 1994 nur noch bei 41,2 vH. Betroffen waren insbesondere Spareinlagen, deren Anteil in diesem Zeitraum von genau einem Drittel auf 21,6 vH 1994 zurückging. Dagegen wurden verstärkt Rentenwerte erworben, deren Anteil sich von 11,5 vH auf 21,3 vH - darin sind 7,5 vH Investmentzertifikate enthalten - erhöhte. Stark ausgeweitet haben die privaten Haushalte auch ihre Anlagen bei Versicherungen, so daß hier der Anteil von 14,5 vH auf 21,0 vH des gesamten privaten Geldvermögens anstieg.

B. Konsequenzen für die Kreditwirtschaft

Diese Daten und Fakten, die die Marktveränderungen widerspiegeln, bedingen einen enormen Anpassungsbedarf für die Kreditwirtschaft. Im Aktivgeschäft schlägt sich die Verbriefung nieder: Die Wertpapierbestände der Banken nehmen kontinuierlich zu. Wurden 1980 noch 3,7 vH der Kredite an Nichtbanken über den Ankauf von Wertpapieren bereitgestellt, so waren es 1994 11,4 vH, das entspricht einem Volumen von 500 Mrd. DM. Ungeachtet der Tatsache, daß im deutschen Universalbanksystem der Vorteil besteht, durch die verschiedenen Geschäftssparten einen Risikoausgleich herbeizuführen und dadurch die zeitweiligen Probleme von reinen Investmentbanken im Ausland gemildert werden, bedeutet ein Anstieg der Nostrowertpapierbestände bei den Banken die Erhöhung von Kurs- bzw. Zinsänderungsrisiken. Bei volatileren Märkten wird damit ein erhöhter Absicherungsbedarf durch den Einsatz derivativer Finanzinstrumente begründet. Dabei wirken sich die Verlagerungen bei den Anlageformen der privaten Geldvermögensbildung in mehrfacher Hinsicht aus. Wenn der Anteil der Banken zugunsten von Anlagen bei Versicherungen und Wertpapieren abnimmt, bedeutet dies zum einen eine tendenzielle Verteuerung der Passivseite der Banken, zum anderen aber auch strukturell eine höhere Marktvolatilität. Dies gilt zum Teil für die 597,7 Mrd. DM (Ende 1994), die Private direkt in Wertpapieren investieren, aber insbesondere für Anlagen bei institutionellen Anlegern, wie Investmentfonds und Versicherungen (rund 1.231,6 Mrd. DM), deren performance-orientierte Verhaltensweise aufgrund der hohen Fungibilität der Wertpapiertitel Marktschwankungen verstärkt und Marktpreisrisiken erhöht.

Das Vordringen der Versicherungen und Fonds im Ersparnisbildungsprozeß kennzeichnet die sich verändernde Wettbewerbslage durch den "Markteintritt" von sogenannten "non-banks" und "near-banks". Kreditkartenorganisationen haben sich im Zahlungsverkehr ebenso etabliert wie Leasinggesellschaften bei der Investitionsfinanzierung.

Infolge dieser Entwicklungstrends reduziert sich die Rolle der Kreditinstitute als Finanzintermediäre, die im Finanzierungsprozeß die Interessen zwischen Sparen und Investieren koordinieren. Zwar hält sich in Deutschland die "Disintermediation" in Grenzen - was die "bilanzwirksame" Verbriefung und die zunehmende Refinanzierung von Leasinggesellschaften belegen -, gleichwohl wächst die Bedeutung spezialisierter Institutionen, wie z. B. Makler oder Rating-Agenturen, die ehemals von Banken wahrgenommene Funktionen übernehmen.

C. Strategische Anpassung an die veränderten Wettbewerbsbedingungen

Den gewandelten Marktbedingungen entsprechend sind die Kreditinstitute gefordert, sich neu zu positionieren, um im Wettbewerb bestehen zu können. Je nach Größe und Marktposition eines einzelnen Institutes liegen die Gewichte zwar unterschiedlich, generell richtet sich jedoch die strategische Anpassung darauf, zukunftsträchtige Geschäfte auszuloten, den Anstieg der Kosten zu begrenzen mit dem gleichzeitigen Ziel, den Ressourceneinsatz zu optimieren sowie durch die Ausschöpfung von Synergieeffekten die Kräfte zu bündeln.

Entsprechend den Kundenbedürfnissen verliert das traditionelle Kreditgeschäft an Gewicht. Vielmehr sind maßgeschneiderte Finanzierungen gefragt, die als "sophisticated products" die Möglichkeiten innovativer Finanzierungsinstrumente ebenso beinhalten wie die Beratung ihrer Kunden über beispielsweise Branchenentwicklungen und Marktchancen oder Fördermittel. Im Bereich der Kommunalfinanzierung erstreckt sich die Entwicklung auf die Ausarbeitung und Beratung bei Konzeptionen für bestimmte Sonderfinanzierungsformen, die den Gebietskörperschaften trotz anhaltend knapper Mittel die Möglichkeit eröffnen, ihre Investitionsaufgaben zu erfüllen. Erhöhter Beratungsbedarf ist auch im Privatkundengeschäft entstanden.

Der relative Bedeutungsrückgang der Spareinlagen im Geldbildungsprozeß spiegelt auch das gestiegene Renditebewußtsein der privaten Anleger wider, die damit auch erhöhte Anforderungen an die Anlageberatung der Banken stellen. Der Ausbau zukunftsträchtiger Geschäftsbereiche, die als know-how-intensiv charakterisiert werden können, und das damit verbundene Ziel der Steigerung der Provisionserträge bedürfen erheblicher Investitionen, insbesondere in die EDV-mäßige Unterstützung der Produktentwicklung, der Beratung und damit einhergehend in die ständige Verbesserung der Qualifikation der Bankmitarbeiter. In diesem Zusammenhang sind auch die Bestrebungen zu bewerten, durch Allfinanzkonzepte, insbesondere in Form von Banken- und Versicherungskonglomeraten, bestehende Produktangebote auszuweiten und die Geschäftstätigkeit zu diversifizieren.

Wichtiges Ziel der dauerhaften Stabilisierung der Ertragslage ist und bleibt die Eindämmung der Kostenbelastung. Hierbei spielt nicht allein die erwähnte Notwendigkeit von Investitionen in neue Techniken sowie die Aus- und Fortbildung der Mitarbeiter und die damit einhergehend in höheren Tarifen eingestuften Arbeitnehmer eine Rolle. Auch die generelle Entwicklung der Lohn- und Lohnnebenkosten sowie die Belastungen, die die Kreditwirtschaft im Rahmen administrativer und politischer Vorgaben, wie z. B. die Einführung der Zinsabschlagssteuer und künftig die Vorbereitung auf die Europäische Wirtschafts- und Währungsunion brachten und bringen erhebliche Kostenbelastungen mit sich, die betriebswirtschaftlich verkraftet werden müssen. Ein straffes Kostenmanagement bedeutet, die betrieblichen Abläufe im Sinne eines "lean-banking" effizient zu strukturieren und den Einsatz des teuren Humankapitals zu optimieren. Damit zeichnet sich ab, daß die Kreditwirtschaft als Arbeitskräfte absorbierender Bereich der Volkswirtschaft ihren Höhepunkt überschritten hat.

Der Einsatz der modernen Technik hat eine Vielzahl von Anwendungsbereichen eröffnet, um insbesondere routinemäßige Bankgeschäfte zu automatisieren. Beispielhaft sei auf die Entwicklung des beleglosen Zahlungsverkehrs oder den personalreduzierenden Einsatz von Geldausgabeautomaten und Kontoauszugsdruckern verwiesen. Auch die Vertriebswege verändern sich. Durch die Gründung von Direktbanken werden standardisierte Produkte angeboten und die Möglichkeit, verstärkt die Kundschaft für das PC-gestützte "Home-banking" zu interessieren, mögen als Beispiele genügen.

Im Rahmen der Globalisierung der Märkte ist international auch die Anpassung der Kreditwirtschaft durch einen Trend zu größeren Einheiten festzustellen. Hierbei ist auf die "Megabankenfusionen" in Japan ebenso hinzuweisen wie auf die Fusionswelle in den USA. Aber auch in Europa positionieren sich die großen Banken durch die Übernahme ausländischer Institute. Dabei spielt gerade in jüngster Zeit eine Rolle, sich am Finanzplatz London durch entsprechende Engagements im Investmentbankingsektor zu etablieren. Damit deutet sich für die deutsche Kreditwirtschaft eine Tendenz an, die umschrieben werden kann als die Verbindung von Universalbank und fokussiertem Spezialistentum auf ausgewählten Finanzplätzen und Märkten. Das gilt auch für Kreditinstitute, die nicht diese Größenordnung erreichen. Sie versuchen, durch Fusionen und insbesondere strategische Allianzen mit anderen Banken Synergieeffekte auszunutzen.

D. Bedeutung des Wandels für die Landesbanken

Die Landesbanken haben die geschäftspolitischen Herausforderungen an den Märkten erkannt und angenommen. Schon in der Vergangenheit war die Notwendigkeit, die Kräfte im Landesbankenbereich zu bündeln, durchaus im Bewußtsein, jedoch fehlte wohl der zwingende Druck, politisch die notwendigen Veränderungen herbeizuführen. Dies hat sich geändert. 1989 fusionierten die beiden im baden-württembergischen Raum tätigen Landesbanken zur Südwestdeutschen Landesbank. Innerhalb verschiedener Gruppierungen werden, weil Fusionen nicht möglich sind, strategische Allianzen etabliert und durch

Kapitalunterlegung gefestigt. Die Norddeutsche Landesbank, deren Geschäftsgebiet sich seit der deutschen Vereinigung auch auf Sachsen-Anhalt und Mecklenburg-Vorpommern erstreckt, hat eine Beteiligung an der Berliner Bankgesellschaft - in der das Land Berlin seine Bankbeteiligungen und damit auch die Landesbank Berlin gebündelt hat - erworben. Im Südwesten besteht eine strategische Allianz zwischen der WestLB, der SüdwestLB und der Landesbank Rheinland-Pfalz. Einbezogen in diese Allianz ist auch die Landesbank Schleswig-Holstein, wo die Eigentümer Anteile an die WestLB und SüdwestLB abgegeben haben.

Anders als bei den Anpassungsstrategien privater Geschäftsbanken unterliegen die Landesbanken einer Reihe von Nebenbedingungen, die aus ihren Aufgaben als öffentliche Banken und dem damit verbundenen öffentlichen Auftrag und ihrer Funktion als Sparkassenzentralbanken und der sich daraus ergebenden Einbindung in die "Sparkassen-Finanzgruppe" resultieren. Die Anpassung an das veränderte bankwirtschaftliche Umfeld muß darauf ausgerichtet sein, die Wettbewerbsfunktion der Sparkassenorganisation innerhalb des historisch gewachsenen Bankensystems in Deutschland mit seinen wichtigen drei Gruppen private, genossenschaftliche und öffentlich-rechtliche Institute aufrechtzuerhalten. In diesem Spannungsfeld gilt es auch künftig, die Sparkassen bei ihrer Aufgabenerfüllung zu unterstützen. Denn wenn Fusionen, wie sie die internationale Bankenlandschaft prägen, als der Königsweg empfunden werden, um im Kostenwettbewerb zu bestehen, bedeutet dies auf der anderen Seite eine zunehmende Konzentration und Verlagerung der Banktätigkeit weg aus der Region, hin zu einigen wenigen Finanzzentren. Hierzu ein Gegengewicht zu bilden, ist auch künftig die ordnungspolitische Aufgabe der Sparkassen und Landesbanken: Die Institute der öffentlich-rechtlichen Kreditwirtschaft müssen sich als Teil der "regionalen Problemlösungskapazität" sehen, ihre grundsätzliche wirtschaftspolitische Aufgabe besteht darin, regionale Entwicklungspotentiale zu mobilisieren, um einer wirtschaftlichen und sozialen Entleerung von Regionen entgegenzuwirken. Gerade dies ist das Hauptargument gegen die - zum Teil mit Blick auf knappe öffentliche Mittel - vielfach erhobene Forderung, die Institute des Sparkassensektors zu privatisieren. Die institutionalisierte Dezentralität ist und bleibt ungeachtet der Veränderungen an den Finanzmärkten wesentlicher ordnungspolitischer Rahmen, der dem föderativen Aufbau des Staates und der Gesellschaft entspricht.

Gleichwohl kommen die Sparkassen und Landesbanken als Unternehmen im Wettbewerb trotz einer Gemeinwohlorientierung nicht umhin, ihre betriebliche Effizienz zu sichern. Sie bedürfen gerade wegen ihrer Gemeinwohlorientierung einer soliden Ertragskraft. In diesem Sinne sind die sich in jüngster Zeit vollziehenden Sparkassenzusammenschlüsse zu verstehen, die auf regionaler Basis ihre Betriebsgröße optimieren. Denn so kann gewährleistet werden, daß sie verläßliche Partner in Krisenzeiten für ihre Kunden - insbesondere die mittelständischen Kunden und die Kommunen - sind, für die sie Hausbankfunktion übernehmen und ein Scharnier zwischen Realwirtschaft und Finanzmärkten darstellen. Gerade wenn es darum geht, den Strukturwandel in der Wirtschaft aktiv in der Region zu unterstützen, bedarf es der kreditwirtschaftlichen Begleitung von Existenzgründungen sowie der kreditwirtschaftlichen Begleitung technologieorientierter mittelständischer Unternehmen vor Ort. Hinzu kommt der Beitrag zur Lösung kommunaler Probleme, d. h. der Kooperation bezüglich kommunaler Investitionen, dem Management der Finanzierungen sowie das Engagement bei Wirtschafts- und Strukturförderungsprojekten bei kommunalen Entwicklungsprojekten, wie Innovationszentren usw. Um dem zentralen Nutzen möglichst nahezukommen, nämlich dem Erhalt und der Weiterentwicklung der Finanz- und Wirtschaftskraft der Regionen, bedarf es gerade bei den Sparkassen einer Bündelung des vorhandenen Know-hows sowie der weiteren Erhöhung ihrer Technologiekompetenz.

Diesem Anforderungsprofil müssen auch die Anpassungsstrategien der Landesbanken an die veränderten Wettbewerbsbedingungen gerecht werden. Es geht darum, innerhalb des Sparkassenverbundes arbeitsteilig einen "full service" zu gewährleisten und ständig auszubauen. Dies gilt insbesondere im Bereich der Datenverarbeitung und der Entwicklung von EDV-Lösungen zur Unterstützung der Sparkassen in den verschiedenen Geschäftsbereichen, so daß die Sparkassenfinanzgruppe in allen Geschäftssparten voll im Wettbewerb bestehen kann. Schwerpunkte sind im Rahmen der zunehmenden Verbriefung das Wertpapiergeschäft und angesichts der hohen weltwirtschaftlichen Verflechtung der deutschen Wirtschaft das Auslandsgeschäft. Zusammenarbeit ist auch gefragt im Bereich der Auflegung von Fonds, bei den öffentlich-rechtlichen Versicherungen und hat sich bewährt im traditionellen Bauspargeschäft. All dies bedeutet, daß die Landesbanken im eigenen sowie im Interesse der Sparkassen ihre Leistungskraft steigern müssen. Es kommt darauf an, vorhandene Synergieeffekte auszuloten und zu nutzen. Hierbei sind Unterschiede in der geschäftspolitischen Ausrichtung zu berücksichtigen. Die Neuausrichtung der Südwestdeutschen Landesbank, die sich von bestimmten gemeinsamen Beteiligungen mit der WestLB gelöst hat, zeigt, daß die Orientierungsphase noch keineswegs abgeschlossen ist.

E. Die Herausforderungen annehmen - das Beispiel der Landesbank Rheinland-Pfalz

Wegen der Unterschiede zwischen den einzelnen Landesbanken, den jeweils vorzufindenden Eignerverhältnissen, den Geschäftsgebieten und Größenordnungen ergeben sich Strukturunterschiede, die sich im Marktauftritt widerspiegeln. Die Anpassung an die veränderten Marktbedingungen sind damit unterschiedlich. Die geschäftspolitischen Überlegungen und Anpassungsstrategien der Landesbank Rheinland-Pfalz können daher nur exemplarisch betrachtet werden, sie sind in der Tendenz übertragbar, aber keineswegs repräsentativ für die Umsetzung in den einzelnen Häusern.

Mit dem Gründungsdatum 1958 war die Landesbank Rheinland-Pfalz bis zur deutsch-deutschen Vereinigung die jüngste unter den Landesbanken. Als öffentlich-rechtliches Kreditinstitut mit den Gewährträgern und Eigentümern Sparkassenverband und Land Rheinland-Pfalz entwickelte sich die Bank rasch zum größten Kreditinstitut des Landes, das auf den regionalen und überregionalen Märkten präsent und international orientiert ist. Mit Wirkung vom 1. Januar 1993 wurden die Eigentümerverhältnisse neu geordnet. An die Stelle des Landes sind die

Westdeutsche Landesbank mit 37,5 vH und die Südwestdeutsche Landesbank mit 12,5 vH des gezeichneten Kapitals der Bank getreten, sie übernahmen damit auch die Gewährträgerhaftung. Innerhalb dieser Gruppe und unter Einbeziehung der Landesbank Schleswig-Holstein ist die Landesbank Rheinland-Pfalz eingebunden in eine strategische Allianz, bei der sich die Partner angesichts der verschärften Wettbewerbssituation darauf verständigt haben, in ausgewählten Feldern die Kräfte zu bündeln, um bei allen Partnern die Kompetenz in den Märkten zu verbessern, die Leistungsangebote für die eigenen Kunden, die Sparkassen und deren Kundschaft auszubauen und Synergiepotentiale auszuschöpfen.

Mit dieser Zielsetzung erfolgte eine Straffung des Auslandsstützpunktnetzes, bei dem die Landesbank Rheinland-Pfalz ihre Schweizer Tochter mit der Westdeutschen Landesbank (Schweiz) AG fusioniert hat. Besonderes Schwergewicht der Kooperation stellt der Bereich Immobilien dar. Mit der Gründung der Westdeutschen Immobilienbank in Mainz, die Mitte 1995 ihre operative Tätigkeit aufgenommen hatte, wurde ein gemeinsames Institut für die Finanzierungs- und Serviceleistung rund um die Immobilie geschaffen. In Vorbereitung befindet sich derzeit - Ende 1995 - eine Wertpapierservicegesellschaft mit Sitz in Frankfurt am Main. Damit soll in einem wichtigen strategischen Geschäftsfeld der institutionelle Rahmen dafür geschaffen werden, daß die Wertpapierabwicklung und die damit in Zusammenhang stehenden Dienstleistungen für die Verbundpartner Sparkassen bei hohem Qualitätsstandard kostengünstiger angeboten werden können.

Da die Übertragung der Anteile des Landes auf die beiden Partnerbanken WestLB und SüdwestLB unter der Maßgabe erfolgten, die rechtliche Selbständigkeit und damit die originäre Ergebnisverantwortung der Landesbank Rheinland-Pfalz zu bewahren, besteht naturgemäß nach wie vor die geschäftspolitische Notwendigkeit, die Allianzstrategie durch hausspezifische Anpassungsmaßnahmen zu ergänzen. Hierbei gilt es insbesondere, die zusätzlichen Chancen zu nutzen, die sich durch die internationale Marktentwicklung ergeben haben. Wichtiger Ansatzpunkt hierfür ist die Refinanzierungspolitik der Bank. Traditionell, unserer Marktposition als Emissionshaus entsprechend, dominiert die Refinanzierung über die Begebung eigener Emissionen. Der Absatz unserer Pfandbriefe, Kommunalschuldverschreibungen, Inhaberschuldverschreibungen und Kassenobligationen erfolgt überwiegend direkt an unsere inländische institutionelle Kundschaft, wie Versicherungen, Fonds, Banken und insbesondere die rheinland-pfälzischen Sparkassen.

Angesichts des sich verschärfenden Wettbewerbs und der Globalisierung der Märkte wurde die traditionelle Refinanzierung durch die Mittelaufnahme am internationalen Kapitalmarkt komplettiert. Um den Marktzutritt zu erreichen, waren einige Hürden zu überwinden. Vielen potentiellen internationalen Anlegern ist der Sektor der öffentlich-rechtlichen Kreditinstitute und die dahinterstehenden Haftungssysteme ebenso fremd wie die Wirkungsweise des in Deutschland vorherrschenden Universalbankensystems. Den vom amerikanischen Investment-banking geprägten internationalen Usancen folgend, hat sich die Landesbank Rheinland-Pfalz entschlossen, sich einem Ratingverfahren zu unterziehen. Geratet wurde die Bank nicht nur von den amerikanischen Ratingfirmen Standard & Poor's und Moody's, sondern auch von der englischen IBCA und der japanischen Japan Credit Rating Agency (JCA). Von IBCA und JCA erhielt die Bank die besten Ratingnoten (Triple A), von den amerikanischen Agenturen wurden wir im Langfrist-Rating mit dem zweitbesten Ergebnis AA+ bzw. AA1 bewertet. Dies war eine hervorragende Ausgangslage, um unser Refinanzierungsinstrumentarium um die notwendige internationale Dimension zu erweitern und uns einen schnellen Zutritt auf den internationalen Emissionsmärkten zu verschaffen.

F. Ausblick

Die Trends, die sich in den vergangenen 15 Jahren herausgebildet haben, werden sich weiter festigen und die Strukturen der Kreditwirtschaft bestimmen. Geschäftspolitische Anpassungen an den sich weiter verschärfenden Wettbewerb werden eine permanente Aufgabe bleiben. Dabei ist die nächste größere Herausforderung die strategische Umsetzung der geplanten Währungsunion in Europa. Selbst wer den offiziellen Starttermin - 1.1.1999 - noch in Frage stellt, kommt nicht umhin, schon heute die potentiellen Auswirkungen in den einzelnen Geschäftsbereichen zu bewerten und entsprechende Maßnahmen einzuleiten.

HANS A. BERNECKER

Die Aktie als zwingende Alternative!

Die drittgrößte Industrienation der Welt hat es seit ihrem Bestehen nicht fertiggebracht, ihre Bürger zur Finanzierung der deutschen Wirtschaft unmittelbar anzuregen. So weist Deutschland als eines der reichsten Länder die geringste Zahl an Aktionären auf, sowohl absolut als auch relativ. Wird sich dies je ändern? Muß es sich ändern? Wie sehen, ganz realistisch, die Perspektiven für das nächste Jahrzehnt aus?

Die Aktie ist das einzige Wertpapier, das einen unmittelbaren Anteil am industriellen Vermögen verbirgt. Der Aktionär hat nicht nur ein Recht am Vermögen, sondern darüber hinaus auch das Recht, über den Stand seines Vermögens Auskunft zu erhalten. Hierzu bietet das Aktienrecht hinlänglich Gelegenheit.

Dieses Aktiengesetz ist aber auch teilweise Schuld daran, daß es den Deutschen an Risikobereitschaft mangelt und die Sicherheit eines Kapitalbetrages einen so ungewöhnlich hohen Stellenwert hat. Dieses mangelnde Risikobewußtsein wird jedoch nicht nur durch das Aktiengesetz, sondern auch durch die allgemeine Auffassung des Wirtschaftslebens unterstrichen: Der Schutz des Gläubigers rangiert stets vor dem des Eigners. Im angelsächsischen Rechtsraum gilt eher das Gegenteil: Der Eigner hat zumindest so viele Rechte wie der Gläubiger, häufig eher mehr. Dieses typisch deutsche Denken ist in allen Konstruktionen für Kapitalanlagen verankert und von der Rechtssprechung abgesegnet. Damit bleibt der Aktie als Unternehmerkapital trotz gegenteiliger Behauptungen nur ein kleiner Raum.

Folge: Während das disponible Geldvermögen der privaten Haushalte in Deutschland die 4-Billionen-Grenze bereits überschritten hat, ist der gesamte Marktwert der deutschen Börse nur mit etwa 1,3 Billionen D-Mark anzusetzen, wovon jedoch lediglich 25 % als flotantes Material an der Börse gehandelt werden. Der überwiegende Rest liegt in den festen Händen der Kapitalsammelstellen oder der Banken. Kein Industrieland vergleichbarer Größe zeigt eine so nachhaltige Verkrustung. Was nun?

Die große Hoffnung ist der größte Erbvorgang in der deutschen Geschichte. Mit heimlicher oder offener Freude kämpfen Banken, Berater und Verwalter mit größten Bemühungen um dieses "Erb-Geld". Denn das lohnt sich: Die Summe wird auf 2,5 bis 2,9 Billionen D-Mark bis zum Jahr 2000 geschätzt.

Indes: Ein sehr großer Teil dieser Erbmasse aus dem Nachlaß der "Gründergeneration" betrifft Immobilien. Es gibt zwar noch keine exakten Zahlen, aber immerhin existieren schon glaubwürdige repräsentative Erhebungen. Sie signalisieren, daß höchstens 20 % aller Immobilien Stück für Stück am Markt erscheinen werden, um für Substanz Liquidität zu erhalten. Der Rest dürfte auf die Erbengeneration übergehen und mehr oder weniger dort verbleiben.

Eine Dunkelziffer stellen die vererbten Firmenvermögen dar, gelegentlich auch dann als "Generationenwechsel" bezeichnet, wenn die Firmen im Angebot stehen. Doch auf immerhin 12 bis 18 % addiert sich auch dieses Vermögen, das letztlich entweder in anderer Unternehmerhand oder im Portfolio eines Konzerns verschwindet. Eine den Markt belebende Verkaufstätigkeit ist die Ausnahme.

Die Wertpapierfolios werden auf einen Anteil von über 50 % taxiert. Der Löwenanteil davon wiederum entfällt auf Anleihen, wobei man von einer Relation 70 : 30 ausgeht. Setzt man jedoch diese 30 % (vom Mittelwert 2,7 Billionen DM = 810 Mrd.), ins Verhältnis zum deutschen Börsenwert, leitet sich allein daraus ab, daß derartige Umfrageresultate höhst fragwürdig erscheinen. Tatsächlich vermuten gut informierte Banker auch nur, daß der zur Disposition stehende Betrag an Aktien keine 100 Mrd. D-Mark umfassen würde.

Warum setzt die Branche der Wertpapierberater dennoch auf den großen Erbvorgang mit Vorteilen für die Aktien und zugunsten einer größeren Mobilität der persönlichen Vermögen der Deutschen im Laufe der nächsten Jahre? Einen Denkansatz gibt es, der in den kommenden zwei Jahren sichtbar werden dürfte:

Soweit es liquide Anlagen betrifft, kann es sich nur um Wertpapiere handeln. Bleibt dann die Vorliebe der Deutschen für das "Zinsergebnis", also den "Schuldschein" bestehen?

Jedes Sparbuch, jeder Sparbrief und jede Anleihe ist stets ein Schuldschein, mit dem Kapitalbeträge hergegeben und Zinsen vereinnahmt werden. Dieser Schuldschein ist immer so gut, wie die Bonität des Schuldners eingeschätzt wird. Das Kapital ist so wertvoll, wie es mit Zinsen bedient wird. Wird es das nicht, droht teilweiser oder totaler Verlust.

Die deutsche Wirtschaft benötigt jedoch dringend Risikokapital. In der Endkonsequenz also Aktienkapital, das nur über die Börse in ausreichendem Umfang und nötiger Liquidität zur Verfügung gestellt werden kann.

Tatsächlich erbringt Risiko- oder Unternehmerkapital auch stets einen größeren Ertrag als jede Anleihe. Alle Zahlenvergleiche über verschiedene längere Zeiträume belegen das. Nur in ganz kurzen Zeitabschnitten kann es vorkommen, daß Aktien schlechter abschneiden als Anleihen. Je länger Kapital in einem Unternehmen investiert ist, desto größer der Endbetrag. Man kann sogar so weit gehen und sagen: Ab dem 10. Jahr potenziert sich der Betrag aus Aktien im Verhältnis zu anderen Formen, selbst Immobilien, die der Deutschen zweitliebstes Kind sind.

Die Amerikaner präferieren die Aktie. Wer dynamisch denkt, dürfte auch dynamisch investieren, was für Amerika eher typisch und nicht die Ausnahme ist. Entsprechend fallen die Ergebnisse aus, wie eine Bilanz der letzten 15 Jahre zeigt:

1. In den dreißig größten Industrietiteln (Dow Jones) errechnet sich ein Gesamtgewinn von rund 700 %.
2. In den breiteren Indizes ein Gewinn von rund 1000 %.
3. Die 100 erfolgreichsten Investmentfonds, die ausschließlich in US-Aktien investieren, erwirtschaften einen Betrag, der um etwa 2200 % über dem des Jahres 1980 liegt.

Drei Zahlen, die für viele andere stehen und die beliebig verifiziert werden können. Die Aussage bleibt die gleiche:

Die Aktie ist nicht nur eine direkte Beteiligung am Vermögen, sondern profitiert unmittelbar vom Können der Menschen. Je größer die Kreativität und die unternehmerische Beweglichkeit, desto größer der Ertrag des Unternehmens. Die zwei signifikantesten Beispiele:

COMPAQ war 1980 ein kleines Unternehmen mit weniger als 2 Mio. Dollar Umsatz. Heute ist es die Nr. 1 im weltweiten PC-Markt mit über 15 Mrd. Dollar Umsatz. Wer, wenn auch nicht von Anfang an, so doch in der Anfangsphase COMPAQ-Aktien erwarb, wurde buchstäblich vom Schuputzer zum Millionär.

MICROSOFT startete 1982 unter Bill Gates und wurde innerhalb der letzten 14 Jahre zum weltgrößten Software-Unternehmen mit einem Marktanteil von annähernd 80 %, Bill Gates selbst zum vermutlich reichsten Amerikaner.

In Deutschland gibt es dafür ebenfalls ein Beispiel: SAP, gestartet von zwei ehemaligen IBM-Mitgliedern, ist heute mit einer Börsenkapitalisierung von über 20 Mrd. D-Mark bei nur 2,5 Mrd. D-Mark Umsatz eines der Schwergewichte im DAX (gewichtet mit 4,9 %).

Die Liste solcher Erfolgsstories läßt sich im New Yorker Markt in die Hunderte fortschreiben. Selbst für klassische Blue Chips gilt das gleiche: Der zweitgrößte Autohersteller Amerikas kostete 1981 rund 2 Dollar, zwischenzeitlich 100 Dollar, jeweils gereinigt um Aktiensplits. Endlich:

Als die Welt darüber rätselte, ob Amerikas Banken nun restlos pleite seien, weil sie die Südamerika-Kredite nicht verkraften könnten, war es höchste Zeit, Aktionär von US-Banken zu werden. Der Einsatz hat sich gelohnt: Bis Ende 1995 hat sich kein Engagement in einer der ersten Adressen mit weniger als 500 % innerhalb der letzten 10 Jahre verzinst. Alles zusammen klassische Fälle sinnvoller Investments in Aktien von erfolgreich geführten Unternehmen in einer freien Wirtschaft.

Deutschland leistet sich den Luxus, Geld zu sparen, auf Konten zu legen, jedoch nicht unternehmerisch arbeiten zu lassen. Darin liegt das eigentliche oder eines der wichtigsten Standortprobleme, wie es selten akzentuiert, aber zur tragenden Säule wird.

Dem deutschen Markt fehlt exakt 1 Billion D-Mark als Unternehmerkapital, um den Standard zu erreichen, der für andere Industrienationen gilt. Denn die Faustregel lautet: Eine Industrienation benötigt einen Eigenkapitalmarkt in der Größenordnung von etwa 50 % ihres Bruttosozialproduktes. Diese Zahlen erreichen die USA, Großbritannien und Japan. Interessanterweise auch annähernd Frankreich, wenn auch in etwas bescheidenerem Umfang. Der deutsche Anteil liegt bei etwa 25 %. Die fehlenden 25 % sind jene 1 Billion Anteil am Bruttosozialprodukt, was nicht unrealistisch ist:

Eine erfolgreiche Finanzierung eines Industrieunternehmens unterstellt eine Mindest-Eigenkapital-Quote von 50 %, besser mehr. Die Bilanzen der großen internationalen Konzerne entsprechen dieser Erfordernis durchweg. Eine Volkswirtschaft, die solcherart finanziert ist, kann eine Rezession oder eine politische Krise stets besser abfangen als eine, die auf kleinem Eigenkapital beruht. Weiter gedacht:

Unternehmen, die eine schmale Kapitalbasis aufweisen, werden tendenziell dazu neigen, Aufwendungen für Entwicklungen neuer Produkte sparsamer zu kalkulieren. Unternehmen mit breiter Kapitalbasis werden dagegen bemüht sein, schnell zu entwickeln und die Produkte auch dann im Markt zu präsentieren, wenn sie noch nicht völlig ausgereift sind, aber einen Marktvorteil gewähren, der sich im Gewinn niederschlägt. Das demonstrierten die amerikanischen Unternehmen in den letzten Jahren mit Nachdruck.

Resümee: Eine moderne Volkswirtschaft kann sich ohne ausreichende Kapitalversorgung nicht mehr dynamisch entwickeln, sondern sie stagniert. Die Deutschen müssen nolens volens mit diesem Gedanken fertig werden, wenn sie die Grundlagen für eine expansive Industriepolitik in den nächsten Jahren zu legen beabsichtigen.

War die Aktie in der Zeit des Kalten Krieges oder des gravierenden Ost-/Westkonfliktes ein wirkliches Risiko-Kapital, so ist sie es spätestens ab 1991/92 (dem Zusammenbruch der Sowjetunion) nicht mehr. Unzweifelhaft galt bis dahin:

Eine Staatsanleihe, auch wenn das betreffende Land unter politischen Repressalien stehen könnte, war in ihrer Werthaltigkeit immer noch ein bonitätsmäßig erstklassiges Wertpapier. Viel spricht dafür, daß dieses Denken zugunsten der Anleihe auch in Deutschland eine große Rolle gespielt hat. Die Aktie stand dagegen weitaus mehr unter dem Eindruck politischer Gefahren bis zu extremen Befürchtungen einer denkbaren Enteignung, wie dies vor allem für die sogenannten "Berlin-Aktien" galt.

Beabsichtigt Deutschland jedoch ernsthaft, das Standortproblem zu lösen, wie es jetzt in der Diskussion steht, so rückt Schritt für Schritt die Aktie in ihrer Bedeutung in den Mittelpunkt aller Betrachtungen für die kommenden Jahre. Dafür spricht der Ertragscharakter der Aktie, gegen die Anleihe die feste Verzinsung, die zu einem Kapitalverzehr führt. Denn:

Eine Rendite von 6 % in einer D-Mark-Anleihe bedeutet für einen Privatanleger eine Netto-Rendite nach Abzug der Kapitalertragsteuer (Zinsausgleichsteuer) von rund 4,8 %. Bei einer Inflationsrate von rund 2 % verbleiben 2,8 % als reale Verzinsung des eingesetzten Kapitals. In diesem Fall ist von einem Kapitalverzehr dann auszugehen, wenn unterstellt werden muß, daß mit den Zinsschwankungen erhebliche Veränderungen der Kurse einhergehen und keineswegs sicher ist, daß bei einem Zinssatz von 6 % zum Zeitpunkt des Erwerbes einer Anleihe auch der gleiche Betrag bei Verkauf ausbezahlt wird. Steigt die Rendite nur auf 6,6 bis 6,8 % im Markt, ist der Kursverlust schon größer als der reale Zinsertrag. Die letzten Jahre haben dies mit großem Nachdruck für alle D-Mark-Anleihen gezeigt.

Anders die Aktie. Sie unterliegt zwar noch heftigeren Kurschwankungen, wie jeder weiß, doch dahinter steht eine permament wachsende Etrags- oder Vermögenssubstanz. Wer erspartes Geld permanent investiert, gleichgültig ob in einer oder in mehreren Aktien, kann mit einer Akkumulation des Kapitals rechnen. Folgerichtig gedacht:

Wer in Aktien investiert, kommt um das permanente Investieren nicht herum. Insoweit handelt er stets als "Unternehmer", indem er erworbenes oder verdientes oder im Investment geschaffenes Geld permanent neu einsetzt. Denn selbstverständlich verlaufen die Entwicklungen bei den einzelnen Unternehmen nicht gleichförmig und selten bei allen Unternehmen parallel. Es zeichnet sich sogar ab:

Je freier die Märkte, desto unterschiedlicher die Ergebnisse der Unternehmen. Dies ist die voraussichtlich herausragendste Erscheinung in der Bewertung von Aktien in den kommenden Jahren. Keineswegs kann davon ausgegangen werden, daß alle Unternehmen der gleichen Branche den gleichen Gewinn - also die gleichen Kursentwicklungen - erwarten lassen.

Der Sicherheitsgedanke in der Anleihe dürfte infolgedessen in der nächsten Generation dem Dynamik-Denken weichen. Und zwar im gleichen Umfang, wie sich der amerikanische Volksgedanke in Europa durchsetzen wird. Das Schlüsselwort heißt Shareholder Value. Was ist darunter zu verstehen?

Unter dem Begriff Shareholder-Value-Management versteht man die Ausrichtung der Unternehmenspolitik auf die Erhöhung des Marktwertes und damit die Konzentration auf die Interessen der Anteilseigner. Der betriebswirtschftliche Ansatz zu dieser neuen Unternehmer-Philosophie ist an sich längst bekannt. Jeder Betriebswirt hat ihn im Studium kennengelernt, für Wirtschaftsprüfer und Banken ist er längst eine feststehende Größe. Doch ganz anders ist die Bedeutung des Shareholder-Value für den Kapitalmarkt. Er besagt in Kurzform:

Ein Management, das dem Gedanken des Shareholder-Value folgt, erfährt eine höhere Bewertung der Aktien "seines" Unternehmens in der Form, daß dem hohen

Börsenkurs stets die weitere Finanzierung im Markt und mithin die Beschaffung neuen Eigenkapitals gelingt:

Das Provokative und Vorantreibende des Shareholder-Value-Ansatzes ist nämlich der Bruch mit der Tradition, sich bei der Betriebssteuerung allein durch klassische Kennzahlen leiten zu lassen. Diese waren für lange Zeit durch das Aktiengesetz von 1937 geprägt, dem die Neufassungen der Nachkriegszeit keinen neuen Akzent zu geben vermochten. So stellt die Beachtung von Wettbewerbszahlen ein wesentliches Element des Shareholder-Value-Denkansatzes dar, also die unmittelbare und ständige Vergleichbarkeit des eigenen Unternehmens mit den Wettbewerbern.

Der Shareholder-Value führt fernerhin zu einer neuen Sicht in der Beurteilung des Managements selbst. Vorreiter sind auch hier die USA. Denn: 51 % aller Aktien in den USA befinden sich in den Händen von Privatpersonen, 43 % in denen der um äußersten Erfolg bemühten Investmentfonds. Der Druck von 94 %, vertreten in den jeweiligen Aktionärsversammlungen, ist die Triebfeder für das Management, höchstmögliche Wertsteigerungen für die Aktien zu erreichen.

Im Gegensatz dazu Deutschland: Die Industrie kontrolliert sich mit 39 % selbst. Banken und Versicherungen sind mit 15 % dabei. Beide sind keine Aktionäre, die zu den wirklichen Kritikern des Managements gehören. Nur 14 % aller Aktien entfallen auf Privatpersonen, 8 % auf Fonds, 4 % bringt schließlich der Staat auf die Waage und 20 % liegen im Ausland. Das verhindert freilich noch für einige Zeit eine kritische Analyse der Qualität des Managements und ermöglicht eine nur zögerliche Durchsetzung des Shareholder-Value-Ansatzes. Dennoch gilt die Prognose:

Als Vorreiter-Modell wird voraussichtlich die Entwicklung des deutschen Chemiekonzerns HOECHST gelten dürfen. Erstmals entrümpelte ein Management die bisherigen Geschäftsbereiche und entschloß sich bislang zum Auswechseln "von rund 20 %" des bisherigen Konzernumsatzes. Erklärtes Ziel: "Optimierung des Portfolios", also Konzentration auf die Geschäftsbilder, die schlicht und einfach den höchsten und nachhaltig besten Ertrag in Zukunft gewährleisten.
Der Shareholder-Value dürfte mithin zum entscheidenden Anstoß werden, die Deutschen an dynamisches Unternehmerdenken heranzuführen. Dann jedoch "schlägt" die Aktie jede Anleihe.

Die Fehlleitung von Kapital

Wie im vorhergehenden Kapitel schon erwähnt, erweist sich die Fehlleitung von Kapital als ein gravierender "Strickfehler" für den deutschen Kapitalmarkt. Das hat freilich auch historische Gründe, die wiederum eine Folge des verlorenen Krieges und des Wiederaufbaus sind:

Die Lebensversicherung ist als "Kapitallebensversicherung" weltweit einmalig. Während die Risiko-Lebensversicherung dem Gedanken der Versicherung am nächsten kommt, sparen die Deutschen über die Lebensversicherung Kapital an. Eine ineffektivere Anlage ist schlichtweg nicht denkbar. Der Kapitalisierungszins, der den Policen unterliegt, beträgt 4,5 bis 5 %. Diese deutsche Art der Lebensversicherung konnte nur deshalb so erfolgreich sein, weil sie die steuerliche Förderung genießt, wonach a) die Prämie steuerlich absetzbar ist und b) der Kapitalbetrag bei Fälligkeit steuerfrei blieb. Eine klassische Fehlleitung von Kapital.

Das Bausparwesen diente der forcierten Aufbauleistung nach dem Krieg. Tatsächlich erweist es sich als eine bemerkenswerte Stütze des deutschen Immobilienmarktes. Obschon auch hier steuerlich gefördert, ist das Endergebnis steuerlich vertretbar, weil daraus eine unmittelbare Investition des Bausparers folgt, nämlich Eigentum an Immobilien zu erwerben oder selbst von vornherein Bauherr zu werden.

Der Kapitalmarkt für Steuervorteile ist hingegen die gravierendste Fehlentwicklung der letzten 25 Jahre. In der richtig gedachten Förderung von Investitionen in Märkten, die einer Unterstützung bedürfen (z.B. Seeschiffahrt) entstand ein dubioser Graumarkt für Investitionsobjekte, die ohne diese steuerliche Förderung nie eine Rentabilität erreichen würden. Doch Rentabilität ist die Voraussetzung für sinnvolle Investitionen. Auf die gigantische Summe von annähernd 250 Mrd. D-Mark belaufen sich die nach Schätzungen fehlgeleiteten Kapitalien, die dem tatsächlichen Kapitalmarkt damit entgangen sind. Auch die inzwischen eingeschränkten Steuervorteile haben diesen Graumarkt noch nicht ganz ausgetrocknet.

Das Gegenstück der fehlgeleiteten Kapitalien ist die dürftige Ausstattung der Unternehmen mit Eigenkapital. Auf die magere Zahl von 30 bis 32 % Eigenkapital an der Bilanzsumme stellt sich der statistische Durchschnitt in Deutschland. Den tiefsten Wert erreichten die deutschen Unternehmen 1980, am Ende der sozialliberalen Koalition. In den 80er Jahren hat sich diese Eigenkapitalquote verbessert, doch rangiert sie noch weit hinter den vergleichbaren Quoten der angelsächsischen Länder.

Die Vergleiche sind freilich nicht ganz einfach. Denn die deutsche Bilanzpraxis führt angesichts hoher Steuern zwangsläufig zur Neigung, "Gewinnverstecke" zu suchen oder zu bilden, die über die Ertragsrechnung letztlich zu irreführenden Ansätzen in der Bilanz führen. Alles zusammen gilt dann als "stille Reserve", sei es im Anlagevermögen wie Grundstücken, Gebäuden und Maschinen oder im Umlaufvermögen, also in den Vorräten und gelegentlich auch Forderungen. In den deutschen Bilanzen stecken also in der Regel höhere Vermögenswerte, als die Zahlen ausdrücken.

Die deutsche Steuergesetzgebung begünstigt Invesitionen und die Bildung solcher stillen Vermögenswerte. Man kann sagen, das ist der einzige Vorteil, den die hohen Steuern bieten. In aller Regel werden deshalb bei Verkauf von Anlagegütern solche außerordentlichen Gewinne sichtbar.

Die Angelsachsen rechnen völlig anders. Keine stillen Reserven, wenn sie nicht zufällig entstanden sind. Es gibt kaum eine Beteiligung in einer amerikanischen Industriebilanz, die wesentlich über dem Bilanzsatz einzuordnen ist. Im Interesse der Bilanzwahrheit sind die Unternehmen sogar gezwungen, die Bilanzansätze möglichst nahe an die tatsächlichen WErte heranzuführen. Das erklärt die zum Teil sehr stark schwankenden Gewinnausweise dieser Unternehmen, hat aber den Vorzug:

Ein Management, das sich nicht auf stillen Reserven ausruhen kann, steht unter dem permanenten Druck, Höchstleistungen zu bringen, um den Anforderungen des Marktes gerecht zu werden. jede kleinste Fehlleistung schlägt auf diese Weise sofort auf die zu veröffentlichenden Zahlen durch, und eine Kaschierung ist nur im Ausnahmefall möglich.

Folge: Die Praxis der angelsächsischen Bilanzierung verhindert, daß Kapital längerfristig fehlgeleitet werden kann. Jeder Kapitalanleger ist zu jeder Zeit mit glaubwürdigen Zahlen versorgt, um die Rentabilität des Unternehmens prüfen zu können, dem er sein Kapital zur Verfügung stellt. Die unmittelbare Orientierung am Geschäftserfolg sichert auf diese Weise eine strenge Auswahl für alternative Formen der Kapitalanlage.

Das schwerste Handikap für die zur Verfügungstellung von Unternehmerkapital sind freilich die Gewerkschaften. Ihr jahrzehntelanger Kampf um den sogenannten "Investivlohn" ist hinreichend bekannt. Tatsächlich berührt eine Beteiligung von Arbeitnehmern am Firmenkapital auch die Existenz dieser Organisation. Ebenfalls am Beispiel der USA nachvollziehbar:

Arbeitnehmer, die am Kapital ihres oder eines Unternehmens beteiligt sind, interessieren sich für die Wertentwicklung ihres Anteils mindestens im gleichen Umfang wie für ihre Lohntüte. Im Mindestfall sind sie nicht bereit, ihr Unternehmen dadurch zu schädigen, daß durch unverantwortliche Streiks der Firmenwert empfindlich geschmälert wird.

In der postindustriellen Gesellschaft verschärft sich dieses Thema noch. Intelligente Mitarbeiter der Hochtechnologie sind Individualisten mit eigener Meinung und Wertschätzung, aber weniger Gefühl für die Organisation des Arbeits-Umfeldes. Aus diesen Kreisen rekrutiert sich heute aber die Mehrzahl des mit einem Anteil von 53 % am Kapitalvermögen beteiligten Personenkreises.

Die Prognose ist erlaubt: Die rückläufige Organisationstiefe in Deutschland (zurzeit 34 % gegen nur 12 % in den USA) wird die Beteiligung von Arbeitnehmern an Firmenkapital letztlich fördern. Aktionäre sind dann Tarifpartner im Sinne der Gewerkschaften aus den 60er und 70er Jahren. Denn die Erkenntnis ist relativ simpel: Ein 10%iger Kursverlust in einem durchschnittlichen Aktienportfolio in Höhe von 50.000 DM (westdeutscher Durchschnitt) wiegt schwerer als eine Tarifveränderung um 2 oder 2,5 %. Bei einem Durchschnittsgehalt von 50.000 DM pro Jahr liegt dieser Vorteil bei 1.250 DM, oder nach Steuern bei 600 DM. Ein Grund mehr, den Kapital-Gedanken demjenigen des Gehaltes vorzuziehen.

Eigenkapital hat aber auch noch eine andere Bedeutung, denn nicht nur die stillen Reserven sind eine Sicherheit für schlechte Zeiten, sondern das tatsächlich verfügbare Eigenkapital ist dasjenige, welches eine Firma in die Lage versetzt, es auch als echtes Risiko-Kapital einzusetzen. Auch wie das geht, zeigt die amerikanische Praxis schon fast überdeutlich.

62 % der Unternehmen, die in den letzten Jahren ihre Aktien an der Börse eingefahren oder angeboten haben, arbeiten mit einem Eigenkapitalanteil von mehr als 75 %. Nur 25 % des innerbetrieblichen investierten Geldes ist "Bankengeld". Davon wiederum liegt der überwiegende Teil in der kurzfristigen Finanzierung der Betriebsmittel, also dem Saldo aus Forderungen und Verpflichtungen des täglichen Geschäftes. Nicht wenige Unternehmen arbeiten mit 100 % Eigenkapital, obwohl sie in so intensiven Forschungssektoren tätig sind wie z.B. der Biotechnologie oder der Medizintechnik. Ein Großteil der sehr erfolgreichen Software-Firmen operiert gleichfalls mit sehr hohen Eigenkapitalien.

Risikofinanzierung ist damit stets eigenkapitalbezogen, was freilich auch ein anderes Verständnis für "Kapitalanlagen" voraussetzt. Denn selbstverständlich ist die Aktie nie "sicher", sondern ein Anteil am Unternehmen, das sich im Markt bewegt.

Die Fehlleitung von Kapital ist in Deutschland nunmehr über 35, wahrscheinlich 40 Jahre alt, es gibt sie also seit Beginn des deutschen Wirtschaftswunders Anfang der fünfziger Jahre.

Wieviel Risiko-Kapital dieser Art fehlt?

Die Rechnung ist relativ einfach zu machen. Die Marktkapitalisierung der amerikanischen Börsen (New York, ANEX und NASDAQ) beträgt zurzeit knapp 5,8 Billionen Dollar. Das entspricht ziemlich genau dem Bruttosozialprodukt der Amerikaner. Auf einen ähnlich hohen Satz kommt nur noch Großbritannien, weit vor Japan mit etwa 56 %. Deutschland kommt in dieser Rechnung auf rund 26 %. Umgekehrt gerechnet: Deutschland benötigt mindestens 25 % vom Bruttosozialprodukt mehr, um mit den anderen Industriestaaten einigermassen gleichzuziehen oder wenigstens den Anschluß zu finden. Das sind ziemlich genau 1 Billion D-Mark oder der Aufwand, den die Wiedervereinigung bislang gekostet hat. Ist das zuviel?

Geldvermögen in Deutschland erreicht zum Jahresende rund 4,2 Billionen D-Mark. Es erbringt einen Kapitalertrag, der annähernd 400 Mrd. D-Mark erreicht oder sogar überschreitet. Darin stecken in der Mehrzahl Sparguthaben, Kapitallebensversicherungen etc., die zwar als äußerst sicher angesehen werden, aber nicht den Kriterien des Risikokapitals entsprechen.

Klar formuliert: Diese fehlgeleiteten Kapitalien sind jene Summe, die in den nächsten Jahren als Unternehmerkapital zur Verfügung gestellt werden muß. Andernfalls droht den Industrien, die die Zukunft Deutschlands sichern sollen, ein signifikanter Kapitalmangel. Das aber sind keine Kapitalerhöhungen für Kraftwerke, Anlagen-Depot-Chemie oder neue Autowerke, sondern Anteile an äußerst dynamischen, jedoch stets sehr jungen Firmen.

Die amerikanische Wirtschaftsentwicklung wird 1996 ein Lehrbeispiel für erfolgreiches Steuern der Konjunktur mit monetären Instrumenten. Der Versuch ist erlaubt, das Ergebnis noch nicht erprobt oder bestätigt. Aber der Denkansatz ist offensichtlich richtig:

Allan Greenspan kurbelte die amerikanische Wirtschaft unmittelbar nach der Golfkrise in sehr stringenter monetärer Form an: Sukzessive wurden die kurzen Zinsen zurückgenommen, die mit leichtem Vorlauf bzw. parallel die langen Bond-Zinsen reduzierten.

Die Amerikaner schafften damit eine deutliche Beschleunigung des Wirtschaftswachstums ohne jede andere Stimulans. Weder mit Steuergesetzen noch mit einer Haushaltsgestaltung wurde direkt oder indirekt ein Wachstum in einer Branche oder in einer Region besonders forciert.

FED-Chef Greenspan orientierte sich hierbei vor allem an der Inflationsrate und teilweise an der Geldmenge. Verliefen beide in einem angemessenen, jedoch nicht fest fixierten Rahmen, so wurden die Zinsen Schritt für Schritt zurückgenommen, um die Wahstumsgröße auf real plus 3 % oder mehr zu heben.

Spätestens Anfang 1994 drohte aber das amerikanische Wirtschaftstempo zu eskalieren. Extrem früh nahm folgerichtig das FED die Zinszügel in die Hand, um innerhalb von sieben Monaten den Diskontsatz von 2,75 auf 5 % zu verteuern. Mit einem relativ exaktem Timelag erreichte das Wirtschaftswachstum im 4. Quartal 1994 real plus 5,7 %, um anschließend von Quartal zu Quartal auf 2,6 % das "soft-landing" zu versuchen. Zum Jahreswechsel 1995/96 dürfte dieses "soft-landing" geglückt sein.

Wie im Kapitel über die New Yorker Börse beschrieben, ist die amerikanische Wirtschaftspolitik somit die einzige, die mit einer sehr klaren Konzeption der weiteren monetären Steuerung ins Jahr 1996 gehen dürfte. Weder die japanische noch die deutsche Politik zeigt eine ähnliche Gleichmäßigkeit in der Verwendung der Instrumente. Japan operiert über Haushalte, Deutschland mit dem guten Willen.

Die Ausgangslage der Amerikaner ist freilich um einiges günstiger, was für den Aufwand in 1996 von ausschlaggebender Bedeutung sein dürfte.

Die Arbeitskosten haben seit 14 Jahren den tiefsten Stand in ihrer Veränderungsrate erreicht. Sie liegen jetzt bei rund 3,1 %. Kein Industriestaat kann für diesen Zeitraum eine solch interessante Entwicklung vorweisen.

Die Produktivität in der Industrie nahm in den letzten vier Jahren von 2,7 bis 4,1 % zu. Eher negativ verlief sie im Sektor Dienstleistung.

Die Zahl der Beschäftigten hat einen einmaligen Rekordstand erreicht. In den letzten 20 Jahren erhöhte sich die Beschäftigtenzahl in den USA um beeindruckende 56 %. Über 132 Millionen Amerikaner sind ganztägig beschäftigt.

Die Organisationstiefe der Gewerkschaften hat sich auf 10 bis 12 % reduziert. Nur in einigen alten Industrien beträgt sie noch 20 % und mehr. Einen Flächentarifvertrag gibt es nicht und der Arbeitsmarkt ist äußerst mobil.

Die Gewinne der Unternehmen sind absolut und relativ gestiegen. Im Gegensatz zu früher werden sie aber nicht weitgehend oder gar voll ausgeschüttet, sondern in großem Umfang reinvestiert. Die Investitionen überschritten 1995 erstmals 600 Mrd. D-Mark, ohne die Bauwirtschaft.

Der Hochtechnologie gelang der Durchbruch zu internationaler Dominanz. Was vor 10 Jahren fast schon voll im Besitz der Japaner schien, wird nun von US-Unternehmen kontrolliert: Hardware und Software in fast allen Sektoren der Computertechnik.

Ergänzt um: Die Telekommunikation (passiv und interaktiv) wird zur Zeit von den Amerikanern fast weltweit beherrscht, was Technologie, Marketing und Präsenz angeht.

Die Konsequenzen aus dieser Marktgeltung werden erst in Jahrzehnten wirklich sichtbar werden.

OSKAR BETSCH

Total Quality Banking und DIN ISO 9000 ff. - Modeerscheinung und Widerspruch zugleich ?

A. Ausgangslage

B. Qualität als strategischer Erfolgsfaktor

C. Grundelement der Qualitätsdiskussion

D. Besondere Probleme eines Qualitätsmanagements bei Banken

I. Qualitätsansätze in der wissenschaftlichen Diskussion

a) Der absolute Qualitätsbegriff

b) Der produktorientierte Ansatz

c) Der kundenorientierte Ansatz

d) Der herstellungsorientierte Ansatz

e) Der wertorientierte Ansatz

II. Besonderheiten von Bankdienstleistungen

III. Integration des Kunden in die Leistungserstellung

IV. Dreidimensionaler Qualitätsbegriff für die Bankwirtschaft

E. Total Quality Banking als Herausforderung für die Kreditwirtschaft

F. Qualitätssicherungssysteme und DIN ISO 9000 ff.

G. Qualitätsmerkmale, Qualitätssicherungssystem und Zertifizierung

H. Fazit: Genormte Philosophie ?

A. Ausgangslage

Wie einfach vollzog sich die Kundenklassifizierung in den 60er und 70er Jahren. Die Kreditinstitute bildeten i.d.R. zwei Marktsegmente, die Kunden des sog. Mengengeschäfts auf der einen Seite und die gehobenen Privatkunden und Firmenkunden andererseits. In dieser Aufteilung kam auch die Wertschätzung der Kreditinstitute ihren Kunden gegenüber zum Ausdruck. Erstere fragten die Standardgeschäfte nach und verursachten scheinbar die Kosten, und die anderen bildeten Vermögen und finanzierten und brachten nach herrschender Meinung die Rendite. Die einen wurden eher geduldet als geliebt und die anderen wurden meist hofiert.

Dieses Konzept funktionierte bis in die 80er Jahre. Der Verkäufermarkt bestimmte die Nachfrage solange bis sich auf der Angebotsseite nichts Gravierendes änderte und solange der Massenmarktkunde glaubte, daß er beim Kauf von Bankprodukten etwas Edles, Elitäres erwarb - solange er sich zum Beispiel als Bittsteller fühlte, wenn er den Antrag auf einen Ratenkredit ausfüllte.

Die Zeiten haben sich geändert und mit ihnen der Bankkunde. Er hat sich emanzipiert. Zwar ist er sich seiner Macht noch immer nicht voll bewußt, doch er begreift, daß er es ist, der mit seinem Verhalten das Wohl einer Bank und damit auch deren Ergebnis bestimmt (Höhler, 1994, S. 105ff).

Was hat sich auf diesem Markt getan, der das Mystische fast ganz verloren hat? Der Umgang mit Geld ist auch bei der Abwicklung durchaus qualifizierter Bankdienstleistungen zu einer ganz normalen Angelegenheit geworden. Der Markt ist in Bewegung geraten.

Verantwortlich sind hierfür neben den bekannten und unmittelbar nachvollziehbaren Veränderungen auf der Angebotsseite vor allem die strukturellen Veränderungen auf der Kundenseite. Die traditionellen Strukturen innerhalb der verschiedenen Gruppen der Kreditwirtschaft haben sich verwischt. Die Produkte und Leistungen der einzelnen Kreditinstitute sind zunehmend austauschbar, die Imageprofile der Institute haben an Schärfe verloren, die preispolitischen Spielräume haben sich verengt (Hahn, 1986, S. 431ff.) Gravierend sind vor allem die Veränderungen auf der Bankkundenseite, wobei es vier Hauptfaktoren sind, die den neuen Bankkunden charakterisieren (Szallies, 1993, S. 46; ders., 1995, S. 8ff.):

> Der Kunde ist besser informiert, hat eine höhere Kritikfähigkeit und verfolgt Dauerbrenner wie Kontoführungsgebühren und Wertstellungspraxis sensibel und wachsam.

> Die Einkommens- und Vermögenssituation der privaten Haushalte schafft die Voraussetzung dafür, daß der Regelkonsum nicht mehr als 50 % des laufenden Einkommens absorbiert. Die andere Hälfte des Einkommens ist frei disponibel.

> Im Kunden selbst hat sich eine selbstbewußte Attitüde aufgebaut. Der wohlhabende, gut situierte Kunde ist mäkelig, nicht so leicht zufriedenzustellen,

sprunghaft und mit einer ausgeprägten Neigung zu spontanen Entscheidungen. Bessere Ausbildungsqualifikation, höhere Einkommen, wachsende Anteile einkommensunabhängiger Kaufkraft, aber auch Veränderungen im generativen Verhalten schaffen die Voraussetzungen für Trendgruppen, die selbstbewußter und finanzkompetenter den Service von Kreditinstituten abfordern.

> Generell ist die Erfahrung im Umgang mit Geld und der Übung, dieses Geld auf der Aktiv- und Passivseite der Kreditinstitute zu handeln, gewachsen.

Betrachtet man den aktuellen Ausstattungsgrad mit Finanzdienstleistungen der bundesdeutschen Haushalte, wird die rasante Entwicklung vom Sparstrumpf (Ende der 40er Jahre) über das Sparkonto (50er Jahre), Girokonto (60er Jahre), Ratenkredit (70er Jahre), qualifiziertes Passivgeschäft (80er Jahre) zur Kreditkarte (90er Jahre) deutlich, wie sich bestimmte Produktgruppen geradezu demokratisierten. Es ist deshalb nahezu zwangsläufig, daß das immer breitere Angebotsspektrum auch die Finanzkompetenz der Kunden förderte und kontinuierlich weiterentwickelte. Das heißt, der heutige Kunde ist nicht mehr gleichzusetzen mit dem Kunden der früheren Jahre, der sich geduldig passiv mit dem begnügt, was man ihm gerade anbietet (Höhler, 1994, S. 104). Er übernimmt zunehmend eine aktive Rolle und prägt in eigenständiger Weise Vielfalt, Flexibilität und Qualität des Dienstleistungsangebotes.

B. Qualität als strategischer Erfolgsfaktor

Ist Qualität nur ein neues Schlagwort, eine neue Definition von kundenorientierter Unternehmenspolitik oder der Schlüssel zum Erfolg im neuen Wettbewerb?

Kaum eine Branche kann sich der Frage der Qualität entziehen - der Qualität von Produkten, der Dienstleistungsqualität, der Lebensqualität im weitesten Sinne. Total Quality Management (TQM) ist ein allfälliger Begriff und die Zertifizierungswelle nach ISO-Normen ist angelaufen und scheint auch auf die Kreditwirtschaft überzuschwappen. Qualitätssicherung, das Ziel gehört zu den dominierenden Managementthemen dieser Zeit. Aber was soll eigentlich erreicht werden?

Eine in jüngerer Zeit zu beobachtende sprunghafte Zunahme bankwirtschaftlicher Publikationen zum Thema Qualitätsmanagement sowie entsprechender Signalbegriffe aus diesem Themenkreis (Servicequalität, Beratungsqualität, Kundenzufriedenheit) lassen erkennen, daß man sich nunmehr auch in der Kreditwirtschaft - besonders vor dem Hintergrund sich wandelnder Markt- und Wettbewerbsbedingungen - zunehmend mit jenen Qualitäts-Konzeptionen befaßt, welche in Industrie und Handel zu einer als Qualitätsrevolution bezeichneten Entwicklung geführt haben. Es ist kein Zufall, daß die Bemühungen der Kreditinstitute um eine dienstleistungsspezifische Adaption dieser Führungskonzeption in eine Zeit fallen, da die Unzufriedenheit der Medien-Öffentlichkeit mit der Geschäftspolitik der Kreditinstitute sich besonders heftig artikuliert und man deren Leistungsqualität öffentlich und zwischenzeitlich vergleichend zu analysieren versucht (o.V., 1993, S. 3; Henry, 1993, S. 148ff.; Wessel, 1994, S. 23).

Welche Bank würde von sich nicht behaupten, kundenorientiert zu planen und zu handeln? Überall ist der Kunde König und in jedem Institut steht er im Zentrum marktstrategischer Weichenstellung (Hahn, 1976, S.14ff.; Bühler, 1993b, S. 511). Trotzdem werden nur wenige Institute von sich sagen können, daß sie die Gesamtheit ihrer Kunden in sämtlichen Geschäftssparten auch tatsächlich in vollem Umfange zufriedenstellen. Daß die deutschen Kreditinstitute erhebliche Qualitätsdefizite haben, zeigt eine vergleichende Studie amerikanischer und deutscher Banken anhand der Kriterien (1) Engagement, (2) Kommunikation, (3) Erreichbarkeit, (4) Kompetenz und (5) Abwicklung. In allen Bereichen schneiden die deutschen Kreditinstitute signifikant schlechter ab als die amerikanischen Banken.

Sicherlich wird es künftig und unter den Bedingungen eines Qualitätswettbewerbs von existentieller Bedeutung sein, wie gut - oder wie schlecht - es dem jeweiligen Institut gelingt, den Gegensatz von Anspruch und Wirklichkeit kundenorientierter Geschäftspolitik aufzuheben. Hierzu ist ein neuer, erweiterter Denkansatz erforderlich. Die Begründung liegt darin, daß seit den achtziger Jahren eine erhebliche inhaltliche Veränderung des Qualitätsbegriffs zu sehen ist (Burchard/Hagen, 1995, S. 48ff.).

C. Grundelement der Qualitätsdikussion

War Qualität bislang auf das Produkt und seine technischen Eigenschaften bezogen, so bestimmen heute weniger die Vorstellungen des Produzenten als vielmehr die Erwartungen des Kunden die Qualität einer Leistung (Engelhardt/Schütz, 1991, S. 395; Stauss/Hentschel, 1991, S.238f.; Volk,1993, S. 1). Qualität ist daher als das Anspruchsniveau zu definieren, welches ein Unternehmen erreichen möchte, um seine Zielkundschaft zufriedenzustellen. Damit ist Qualität zugleich jene meßbare Größe, an deren Erfüllungsgrad die Fähigkeit eines Kreditinstitutes gemessen wird, sich den wandelnden Bedürfnissen seiner Kunden anzupassen (Meyer/-Dornbach, 1993, S. 6ff.). Ein solches grundlegend verändertes, im gesellschaftlichen Wandel begründetes Verständnis von Qualität wird auch für die Kreditwirtschaft Konsequenzen haben (Bühler, 1993a, S. 13).

D. Besondere Probleme eines Qualitätsmanagements bei Banken

Speziell bei Kreditinstituten ist die ständige Befriedigung der Kundenbedürfnisse besonders schwierig. Die Problematik ist hauptsächlich in der Natur von Dienstleistungen zu suchen, wobei in der Betriebswirtschaftslehre Einigkeit darüber besteht, daß jede Leistung aus differenzierten Eigenschaften besteht, die als Teilqualitäten betrachtet werden können (Engelhardt, 1974, Sp. 1800). Dabei sind jedoch nicht alle Attribute von gleicher Relevanz.

I. Qualitätsansätze in der wissenschaftlichen Diskussion

Generell lassen sich fünf divergierende Qualitätsansätze unterscheiden (Garvin, 1984a, S. 40f.; ders., 1984b, S. 25f.):

a) Der absolute Qualitätsbegriff

Qualität wird hier gleichgesetzt mit "innate excellence" (Garvin, 1984a, S. 25), um den Grad der Vortrefflichkeit einer Leistung im Sinne von überragend, hervorragend auszudrücken.

b) Der produktorientierte Ansatz

Im Gegensatz zu dem oben beschriebenen Ansatz stellt Qualität hier eine präzise und genau meßbare Variable dar. Jede Leistung besteht aus definierten Eigenschaftsbündeln. Unterschiede in der Qualität spiegeln dabei Unterschiede im Vorhandensein eines bestimmten Attributs oder einer spezifischen Eigenschaft wieder (z.B. wird die Qualität von Teppichen nach der Anzahl der Knoten je Quadratzentimeter beurteilt) (Garvin, 1984a, S. 26), was einer technischen Orientierung entspricht.

c) Der kundenorientierte Ansatz

Ausgehend von der Kundensicht werden diejenigen Leistungen, welche die individuellen Nachfragerbedürfnisse am besten befriedigen, als die von höchster Qualität angesehen. Dieser Ansatz ist im höchsten Grade subjektiv (Stauss/Hentschel, 1991, S. 238).

d) Der herstellungsorientierte Ansatz

Er entspricht einer internen Qualitätssicht (Meyer, 1988, S. 75). Qualität wird definiert als Einhaltung vorgegebener Standards. Die entsprechenden Sollvorgaben werden entweder objektiv auf der Basis des produktorientierten Ansatzes oder subjektiv aufgrund von Einstellungs- und Zufriedenheitswerten (kundenorientierter Ansatz) vorgegeben.

e) Der wertorientierte Ansatz

Die Qualität der Leistung wird hier im Sinne eines Preis-Leistungs-Verhältnisses beurteilt. Das Individuum muß, um die Leistung zu erhalten, Opfer bringen, die monetärer oder nichtmonetärer Natur (z.B. Zeit, psychischer Aufwand) sein können. Qualität wird damit zu einer relativen Größe.

II. Besonderheiten von Bankdienstleistungen

Bankdienstleistungen lassen sich durch vier Aspekte charakterisieren: (1) Immaterialität, (2) Integration, (3) Zeitelement und (4) Grundkomplexität (Nader, 1993, S. 455). Durch ihre Immaterialität wird eine - ceteris paribus - wiederholbare und somit objektivierbare Qualitätsmessung erschwert und z.T. gänzlich verhindert.

Generell ist bei Bankdienstleistungen der Anteil der sog. *Search Quality* nahezu null. Dies erschwert dem Kunden, die Bankdienstleistung zu beurteilen. Deswegen werden von den Kunden zur Messung und Bewertung von Dienstleistungen oft subjektive Empfindungen (empfundene Dauer der Wartezeit, Zufriedenheit, etc.) und Erlebnisse (Freundlichkeit des Personals, etc.) herangezogen (Nader, 1993, S. 455). Jedoch erweist sich die Trennschärfe des Kriteriums Immaterialität in verschiedenen Bereichen als unzureichend, wenn in Betracht gezogen wird, daß ein Teil der Dienstleistungen ein durchaus materielles Ergebnis aufweist (Engelhardt, 1990, S. 279).

III. Integration des Kunden in die Leistungserstellung

Aufgrund des Primats der Kundenorientierung werden Bankdienstleistungen in einem Interaktionsprozeß zwischen den Mitarbeitern und den Kunden eines Kreditinstitutes produziert. Die Integration eines externen Faktors wird von der Wissenschaft auch einhellig als konstitutiv aufgeführt (Corsten, 1989, S. 24; Engelhardt, 1990, S. 279). Die Integration des externen Faktors bewirkt, daß weder Prozeß noch Ergebnis einer Dienstleistung gänzlich vom Anbieter gesteuert werden können. Folglich wird das Ergebnis der Bankdienstleistungen sehr variabel ausfallen, so daß eine objektive Qualitätsmessung mittels Qualitätsstandards und Richtwerten nur bedingt möglich ist.

Der Erfolg und daraus resultierend die Qualität von Anlage- respektive Kreditberatungsgesprächen ist z.B. nicht zuletzt davon abhängig, inwieweit die Bankkunden gewillt und in der Lage sind, Informationen über ihre finanzielle Situation zur Verfügung zu stellen. Dies schränkt die Genauigkeit einer Qualitätsmessung und die Möglichkeiten einer Qualitätssteuerung bei Bankdienstleistungen beträchtlich ein. Diese Tatsachen führen dazu, daß eine subjektive Qualitätssicht bevorzugt wird und die Qualitätsmessungen basieren weitgehend auf dem kunden- bzw. wertorientierten Qualitätsbegriff (*Soll-Ist-Vergleich / Qualitätswahrnehmung / Penalty-Reward-Faktoren / Vignette-Methode / Critical-Incident-Methode / Willingness-to-Pay-Ansatz)* (Parasuraman/Zeithaml/Berry, 1985, S. 41-50).

IV. Dreidimensionaler Qualitätsbegriff für die Bankwirtschaft

Betrachtet man die unterschiedlichen definitorischen Ausgestaltungen des Qualitätsbegriffs einerseits und die Besonderheiten des Bankbetriebs andererseits, so bietet sich für die Kreditwirtschaft ein dreidimensionaler Qualitätsbegriff an.

Qualitätsforderungen können sowohl das Bankprodukt, den Erstellungsprozeß und das Prozeßergebnis, also die Bankdienstleistung und die Kontaktsphäre betreffen (Bokranz/Kasten, 1994, S. 16f.). Folglich muß der Begriff Qualität für das Verhältnis von realisierter Beschaffenheit zu Qualitätsforderungen bzw. für das Ausmaß der Erfüllung vorliegender Qualitätsforderungen stehen, und er muß sich auf das Bankprodukt, die Bankdienstleistung und die Kontaktsphäre beziehen.

Folgt man diesen Überlegungen, so wird man zwischen drei Qualitätsdimensionen unterscheiden:

- bankproduktbezogene Dimension
- bankdienstleistungsbezogene Dimension und
- ergebnisbezogene Dimension.

Letztere betrifft die "Sphäre Gesamtbank".

Qualitätsmerkmale zu allen drei Dimensionen werden formuliert, indem man

- an sich selbst gestellte Erwartungen berücksichtigt
- sich an dem orientiert, was die Wettbewerber bieten
- sich an bekannten oder vermuteten Kundenwünschen und -erwartungen ausrichtet.

Kunden können in Banken Qualität aus jeder der drei Dimensionen erleben. Deshalb besteht die Aufgabe des Qualitätsmanagements darin, ihnen positive Erfahrungen in allen drei Bereichen zu vermitteln. Die im Zusammenhang mit Qualitätsmanagementsystemen im Bankbetrieb zu installierenden Qualitätssicherungssysteme sollten daran ausgerichtet sein.

E. Total Quality Banking als Herausforderung für die Kreditwirtschaft

Aus dem veränderten Nachfrageverhalten der Bankkunden, den unterschiedlichen Auffassungen über den Qualitätsbegriff und der differenzierten Qualitätsempfindung der Kunden wird deutlich, daß es sich bei der Qualitätsdiskussion in der Kreditwirtschaft um einen komplexen Sachverhalt handelt. Diesem Gesamtkomplex versucht das Total Quality Management oder Total Quality Banking gerecht zu werden.

Unter Total Quality Banking versteht man die konsequente Ausrichtung sowohl der gesamten Organisation als auch aller Einzelprozesse an der fehlerfreien Befriedigung der Zielkundenbedürfnisse (Kommer, 1993, S. 140). Es handelt sich um eine Führungsphilosophie und ein System von Prinzipien und praktischen Instrumenten, mit deren Hilfe die Effizienz der internen Prozesse und die Qualität der Produkte und Dienstleistungen kontinuierlich verbessert werden sollen, um eine optimale Bedürfnisbefriedigung der Kunden zu erreichen (Oess, 1991, S. 89). Dabei ist anzumerken, daß entgegen verbreiteter Meinung TQM kein ausschließliches Qualitätsmanagement-Konzept, sondern ein pragmatisches, umfassendes Management-Konzept ist, bei dem die Qualität ihrer überragenden strategischen Bedeutung wegen im Mittelpunkt steht, bei dem aber die Produktivität und andere Erfolgseinflußgrößen keinesfalls vernachlässigt werden.

Durch die Komplexität des Ansatzes soll versucht werden, anhand von Systemelementen die Konsequenzen des Total Quality Banking für die Kreditwirtschaft mit Hilfe von zehn Bausteinen darzustellen (Engelhardt/Schütz, 1991, S. 394ff.; Bühler, 1993a, S. 13f.):

> konsequente Ausrichtung des Kreditinstitutes auf die Kundenanforderungen (Bedarfsansatz)
> Kundenzufriedenheit als überragende Maßgröße im Zielsystem eines Kreditinstitutes, wobei die unternehmerischen Ziele der Bank mit jenen der Kunden und Mitarbeiter in Einklang zu bringen sind
> produkt- *und* prozeßorientierte Qualitätsbetrachtung, da die Qualität der erbrachten Dienstleistungen wesentlich von der Qualität innerbetrieblicher Prozesse abhängig ist
> Anwendung der kundenorientierten Maxime auch im internen Bereich, so daß innerbetriebliche Aktivitäten als interne Kunden-Lieferanten-Beziehungen interpretiert werden
> Qualitätsbereitstellung und -sicherung als gesamtunternehmerische Aufgabe, wobei sämtliche Mitarbeiter auf allen Unternehmensebenen Qualitätsverantwortung tragen
> Einleitung eines Prozesses der ständigen Verbesserung, um nach neuen, kundenorientierten Lösungen zu suchen
> starke Mitarbeiterorientierung durch konsequente Beteiligung der Mitarbeiter an qualitätsbezogenen Entscheidungen, daß sich die Mitarbeiter zur Erbringung hoher Qualität verpflichtet fühlen und ihre Verantwortung selbständig wahrnehmen
> Erweiterung der Marketingperspektive um das Nachkaufmarketing, (Starkl, 1983, S. 67) da Qualität aus Kundensicht nicht zeitpunktuell gesehen wird, sondern vielmehr über die gesamte Dauer des Leistungsinanspruchnahmeprozesses hin beurteilt wird
> persönliche Einbeziehung der Kunden in die Markt- und Bedarfsforschung. Dies nicht lediglich im Wege gelegentlicher Kundenbefragungen oder fallweisen Mysterie-shoppings, sondern durch systematische Auswertung von Kundenbeschwerden bis hin zur Einrichtung von Kundenbeiräten
> all diese Bausteine sind nur zu realisieren, wenn das Bankmanagement einsieht, daß Qualitätsmanagement eine Führungsaufgabe ist und dieser Aufgabe auch gerecht wird.

Betrachtet man die einzelnen Bausteine eines TQM-Konzeptes, dann wird ersichtlich, daß es sich weder um ein einmaliges Großprojekt handelt noch um eine Art Strategiewechsel oder strategische Akzentverschiebung. TQM ist vielmehr eine auf kontinuierliche Verbesserung ausgerichtete Politik der kleinen Schritte - und zwar auf allen Unternehmensebenen (Imai, 1992, S. 67). Hierzu ist wiederum ein umfassendes unternehmerisches Qualitätsverständnis erforderlich, eine Sichtweise, die sich nicht auf die Güte und Breite des Produktangebots, sondern auf die gesamte unternehmerische Leistung bezieht.

Daraus lassen sich auch die wesentlichen Gründe für Hemmnisse bei der Einführung von TQM ableiten (Bokranz/Kasten, 1994, S. 94):

- > Beim TQM geht man nicht vom gewohnten "wirtschaftlichen Optimum" aus. Deshalb sind Denkbarrieren zu überwinden.
- > Bei Vorgesetzten bestehen Ängste, Macht zu verlieren oder gar entbehrlich zu werden.
- > TQM basiert auf der Bereitschaft zu spontanen, nicht von formalisierten Regelungen begründeten Aktionen und dem Nutzen von Freiräumen. In zahlreichen Banken dürfte es derzeit sowohl an der Bereitschaft als auch an Freiräumen mangeln.
- > Viele Mitarbeiter sind trotz jahrelanger Versuche mit Workshops nicht teamfähig geworden.

Somit gibt es in deutschen Banken, anders als in den USA, Japan, Frankreich und der Schweiz bislang nur wenig Ansätze zu einem Total Quality Management. Dabei ist in den USA die Diskussion über TQM bereits neu entflammt und es wird die Frage aufgeworfen, ob diese Philosophie wirklich eine gute ist (Solomon, 1993, S. 34ff.). Peters und Watermann (Peters/Waterman, 1991, S. 44) haben u.a. ausgerechnet auch diejenigen Unternehmen als solche mit Spitzenleistungen bezeichnet, die nur wenige Jahre später mit großen wirtschaftlichen Schwierigkeiten kämpften. Zu nennen sind IBM, Delta Airlines, Westinghouse, Wang Labs, u.a. Diese Unternehmen wurden an acht Merkmalen gemessen, unter denen sich auch die "Kundennähe" befand (Peters/Waterman, 1991,S. 36ff.). Die der neuerlichen Diskussion zugrundeliegende Fragestellung ist u.E. jedoch falsch. Niemand wird behaupten, daß durch TQM allein Erfolg herbeigeführt werden kann. Wenn die anderen strategischen Ausrichtungen nicht stimmen, kann auch das beste TQM kaum Wirkung zeigen. Diese Erkenntnis ist auch für das deutsche Kreditgewerbe bedeutsam, um bei der anstehenden Restrukturierung im härteren Wettbewerb die Weichen richtig zu stellen. Total Quality Banking allein wird nicht zum Erfolg führen.

F. Qualitätssicherungssysteme und DIN ISO 9000 ff.

Wenn sich ein Unternehmen Qualitätsziele setzt, ist es im Sinne eines kybernetischen Regelkreises zum einen unabdingbar, die Zielerreichung zu kontrollieren und zum anderen zu sichern. Die Industrie wird seit langem mit konkreten Qualitätsforderungen ihrer Kunden konfrontiert. Auf der Kundenseite stehen ihr fachlich qualifizierte Geschäftspartner gegenüber. Deshalb wurden in der Industrie Qualitätssicherungssysteme eingerichtet und durch jährliche Revision, sog. Qualitätsaudits, geprüft (Jaschinski/Dorner, 1992, S. 7). Im Gegensatz zur internen Revision, wie man sie im Bankgewerbe kennt, geht es dabei ausschließlich darum, die organisatorische Gestaltung und Leistungsfähigkeit des Qualitätssicherungssystems zu prüfen.

Ein derartiger interner Qualitätsaudit wäre auch im Bankbetrieb zweckmäßig. Akzeptiert man, daß nur das Sichern guter Bankleistungen die Gewähr für künftige Wettbewerbsfähigkeit bietet, wird man auch akzeptieren, daß dafür die strategischen und operativen Voraussetzungen getroffen werden müssen. Eine alleinige Willensbekundung in den Unternehmensleitlinien reicht nicht aus. Die dafür erforderlichen Gestaltungselemente sollten zu einem Organisationskonzept, einem Qualitätssicherungssystem, zusammengefaßt werden.

Für die Arbeit an der Qualität im Bankbetrieb ergeben sich somit drei grundlegende Aufgabenstellungen (Bokranz/Kasten, 1994, S. 24; Sobotka-Hirnthaler, 1994, S. 99; Stauss, 1995, S. 12):

> Es sind operationale Qualitätsanforderungen zu fomulieren.
> Es sind Instrumente zur Beschaffenheitsbeurteilung zu entwickeln.
> Die Qualitätssicherung ist organisatorisch zu regeln.

Das Formulieren von Qualitätsanforderungen und das Prüfen der Beschaffenheit erfolgt im Rahmen von Qualitätssicherungssystemen, also organisatorischen Regelungen für die bankinterne Qualitätsarbeit. Das Qualitätssicherungssystem einer Bank hat damit eine entscheidende Bedeutung für die Effizienz der Qualitätsbemühungen im Rahmen eines TQM-Konzeptes (Drewes, 1992, S. 945).

Nachdem Qualität angesichts der verflochtenen internationalen Handels- und Finanzströme eine zentrale Bedeutung erlangt hat, lag es nahe, dazu internationale Normen zu entwickeln. Der Vorteil dieser Normung ist, daß man über grundlegende Begriffe nicht mehr streiten muß und die Wirtschaft sich tatsächlich an diesen Festlegungen orientiert. Mit der DIN ISO 9000 (EN 29 000) liegt ein "Leitfaden zur Auswahl und Anwendung von Qualitätsmanagement- und Qualitätssicherungsnormen" vor. In den DIN ISO 9000 bis 9004 werden Modelle von Qualitätssicherungssystemen vorgestellt, wobei für das Bankgewerbe ISO 9004 anzuwenden ist, da hier Qualitätssicherung in "nichtvertraglichen Situationen" stattfindet.

DIN ISO 9004 enthält Empfehlungen zur Gestaltung von Qualitätssicherungssystemen, also zur Qualitätsorganisation sowohl für Produkt- als auch für Dienstleistungsersteller. Im Jahr 1992 erschien die DIN ISO 9004, Teil 2, Leitfaden für Dienstleistungen (Döttinger/Spägele, 1992, S. 141-143; Schickert/Beemelmann/-Kargl, 1995, S. 208f.). Sie enthält einige dienstleistungsspezifische Ergänzungen zur Grundnorm. Dort werden auch konkrete Anforderungen an die Ausgestaltung des Qualitätssicherungssystems erhoben, die sich insbesondere auf die drei Aspekte (1) Aufgaben des Managements (2) Aufgaben der Personalpolitik sowie (3) Personal und Ablauforganisation beziehen.

Grundlage eines Qualitätssicherungssystems ist die Qualitätsplanung, bei der festzulegen ist, woran man Qualität erkennen will (Bokranz/Kasten, 1994, S. 38; Drewes, 1992, S. 945). Deshalb sind z.B.:

> Qualitätskataloge zu entwickeln, in denen Qualitätsmerkmale beschrieben sind
> Prüfpläne zu erstellen, in denen genau festgelegt ist, "wer", "was", "wie" zu prüfen hat
> Festlegungen vorzunehmen, wie Prüfergebnisse auszuwerten und zu verwenden sind
> Schulungskonzepte und Qualitätsförderprogramme zu konzipieren.

Nach herrschender Meinung weist das Vorhandensein eines Qualitätshandbuchs auf eine zumindest in ihren Grundzügen existierende Qualitätsplanung hin. Eine Qualitätsplanung gilt wiederum als die Mindestvoraussetzung für die erfolgreiche Anwendung des Quality Assurance Systems.

Bei der Qualitätsprüfung geht es um die eigentliche Datenerhebung, so wie es bei der Qualitätsplanung festgelegt wurde. Dagegen kommt es bei der Qualitätslenkung im wesentlichen darauf an, nicht nur über die Prozeßergebnisse, sondern auch durch die organisatorische Verbesserung der Prozesse auf die Qualität und die Qualitätskosten Einfluß zu nehmen.

G. Qualitätsmerkmale, Qualitätssicherungssystem und Zertifizierung

Das Festlegen von Qualitätsmerkmalen stellt den Kern der Qualitätsplanung dar. Damit werden Qualitätsanforderungen konkretisiert bzw. Qualitätsstandards formuliert (Sobotka-Hirnthaler, 1994, S. 99). Deshalb müssen für jede der drei angeführten Dimensionen einer Bankleistung Qualitätsmerkmale festgelegt werden, wobei Qualitätsmerkmale für Bankprodukte brancheneinheitlich bestimmt werden könnten. Qualitätsmerkmale für Bankdienstleistungen und die Kontaktsphäre können nur beispielhaft festgelegt werden. Die konkrete Formulierung muß unter Berücksichtigung institutsspezifischer Aspekte erfolgen.

Wurde ein Qualitätsmanagement-System eingerichtet und im Kreditinstitut etabliert, kann sich das Unternehmen von einer unabhängigen Stelle zertifizieren lassen. Hierbei prüfen die Auditoren, ob die detailliert dokumentierten Abläufe und Verfahren die Anforderungen der ISO-Normen erfüllen. Dabei werden die Prozeßabläufe mit der Dokumentation verglichen und bei entsprechender Übereinstimmung wird das Kreditinstitut zertifiziert (Schwickert/Beemelmann/Kargl, 1995, S. 130; Paal, 1995, S. 9). Die so vorgenommene Zertifizierung sagt jedoch lediglich aus, daß die Erfüllung der selbst gesteckten Qualitätsziele - auf welchem Niveau auch immer diese festgelegt wurden - gegeben ist. Eine Aussage über die Qualität der angebotenen Produkte und Dienstleistungen ist aus diesem rein formalen Prozeß jedoch nicht ableitbar.

H. Fazit: Genormte Philosophie ?

Bankdienstleistungen stehen unter dem Diktat des Marktes. Sie müssen als kundengerecht, zuverlässig, dauerhaft und möglichst auch noch preiswert bekannt sein, um ihre Kunden zu finden und die zuverlässige, dauerhafte und gewinnträchtige Existenz ihrer Anbieter zu sichern. Wenn in der globalen ökonomischen Vernetzung zahlreiche Kreditinstitute ihre dominante Stellung zwischenzeitlich mit anderen Mitwettbewerbern teilen müssen oder insbesondere innovationsgesteuerte Produkte und Dienstleistungen gänzlich an neue Marktteilnehmer abgeben mußten, dann wurde Kundenakzeptanz verloren. Beim Preisniveau oder bei den Qualitätsanforderungen.

Es stellt sich somit immer wieder die Frage, wie erzeugt und sichert man "Qualität" für heutige Märkte? An die Antwort kommt man nicht ohne Erkenntnisse über globale Trends heran. Die wesentlichen Trendsegmente liegen in der Globalisierung der Märkte, in den von Computern generierten Veränderungen in Automation und Kommunikation, im Wachsen der Industrie für Kommunikationstechnologie mit ihrer Sogwirkung auf Kapital und Kreativität und im Management-Wandel durch Veränderung von Koordinationssystematiken und Arbeitsverfahren.

In der Praxis der Unternehmensführung wirken sich die Wandlungsprozesse einerseits in neuen Formen des Kostenmanagements und Controlling aus, andererseits ändern sich Führungs- und Organisations-Doktrinen innerhalb eines umfassenden Evolutionsprozesses der Unternehmenskultur. Dessen Hauptmerkmal ist, daß die Mitarbeiterpotentiale als integraler Teil der Wertschöpfungskette und zugleich dynamisierender Faktor der Unternehmensentwicklung begriffen werden.

Der Mensch, nicht die eingesetzte Technologie und nicht das Organisationsschema als entscheidender Faktor auf der Anbieter-Seite (Hahn, 1982, S. 56ff.), dies korrespondiert mit den Gegebenheiten auf der Marktseite. Auch die sogenannten Marktkräfte sind keine anonym-mystischen Mächte, sondern beruhen auf Entscheidungen von Menschen; gewiß beeinflußbar, kurzfristig manipulierbar, aber letztlich autonom. Diese Entscheidungsfreiheit erstreckt sich unter anderem auch auf die Einstufung von "Qualität". Menschen erbringen Dienstleistungen für andere Menschen. Die Bank-Kunden-Beziehung ist als Kern des Geschäftsprozesses somit ins Blickfeld gerückt (Ernst, 1992, S. 8ff.; Höhler, 1994, S. 109ff.). Die Trends zur Qualitätssicherung passen sich in dieses Globalschema ein.

In methodischer Hinsicht jedoch resultieren Total-Quality-Philosophie und das ISO-Normengerüst aus diametral entgegengesetzten Denkhaltungen. Überspitzt könnte man sagen: ISO 9004 etabliert formalisierte Regelmechanismen - TQM dagegen will durch Mentalitätswandel möglichst viele Vorschriftenzwänge abbauen helfen und durch eigenverantwortliches flexibles Handeln ersetzen. Beide Ansätze zeigen zur Zeit einen hohen Beliebtheitsgrad, wohl als Managementreaktionen auf die gegenwärtigen Wandlungsprozesse.

Total Quality Banking zielt auf Herz und Hirn der schaffenden Menschen, auf ein verändertes Bewußtsein über die Rolle der eigenen Person im Arbeitsprozeß und im Verhältnis zum Kunden; auf einen permanenten Anpassungsprozeß von Produkten und Produktion an die Marktbedingungen, genährt aus kontinuierlicher Kommunikation zwischen den Kunden, Mitarbeitern und Prozeßbeobachtung (Stauss, 1995, S. 13). Ohne Organisationsinstrumentarium ist die Verwandlung von Herz und Hirn - und Hand - sicherlich nicht möglich. Seminare, Übungen und Transferverfahren müssen den mentalen Prozeß in Gang setzen, Qualifikationen für den neuen Handlungsrahmen hervorbringen. Verfahren zur Messung der Produktivitätsentwicklung und zur Kostenkontrolle sind zu installieren. Die dafür notwendige Administration bildet sich allerdings in dem TQM-immanenten Bewußtsein, sich selbst mit dem angestrebten Erfolg wieder weitgehend überflüssig zu machen.

Nun aber erheischt der Markt den Nachweis der intendierten Qualitätsverbesserungen. Mit den Normierungen nach ISO 9000 ff. beginnt eine umfangreiche Administration. Denn es sind alle Geschäftsprozesse nach dem Kunden-Lieferanten-Prinzip zu beschreiben, für Geschäftsleitung, Führungsebenen und Operative Ebene jeweils die Verantwortlichkeiten, Tätigkeiten und funktionales Wissen darzustellen, als Dokumente ein Qualitätssicherungs-Handbuch, Qualitätssicherungs-Richtlinien, Arbeits- und Prüfanweisungen zu erstellen, die Überprüfung der Qualitätsfähigkeit des gesamten Unternehmens in Systemaudits und des Qualitätsverhaltens der Mitarbeiter in Verfahrensaudits vorzubereiten und durchzuführen. Bei Erfolg winkt ein Zertifikat einer Qualitätszertifizierungsstelle. Der Unterschied in den Philosophien und im erzielbaren Ergebnis wird offenkundig.

Total Quality Banking will größtmögliche Flexibilisierung des Individual- und Systemhandelns und Verabschiedung vom Handeln nach Vorschrift. ISO manifestiert Regelungsmechanismen und stellt die periodische Zuerkennung des Qualitätszertifikats unter den Vorbehalt der auditierbaren Einhaltung von Vorschriften. Zudem ist die Qualität des Endprodukts nur bedingt ein Thema der ISO-Norm. Nur indirekt, indem ein ISO-zertifiziertes Unternehmen seine qualitätssichernde Organisation und die entsprechende Schulung seiner Mitarbeiter nachweist.

Pädagogische Erkenntnisse lehren uns, daß Methoden und Erziehungsziele aufeinander abgestimmt sein müssen. Total Quality Banking hilft uns, unsere jeweiligen Qualitäts-, Innovations- und Produktivitäts-Probleme auf unternehmensspezifische Weise zu lösen. In der bereits angebrochenen Zukunft scheinen allein dynamische, systemflexible, virtuelle Dienstleistungsprozesse den Erfolg im Markt zu garantieren. Dazu bedarf es auf allen Ebenen der Hinführung zu neuer Arbeitsmentalität, die z.B. auch das Aufheben von hierarchischen Ebenen zugunsten von Projektarbeit einschließen kann, auf jeden Fall aber größere individuelle Verantwortungsspielräume in der Qualitätsarbeit für ein Qualitätsprodukt.

Eine Qualitätsorganisation und betriebliche Qualitäts-Sicherungs-Methoden sind unerläßlich. Insofern könnten die ISO-Normen helfen, die neuen Handlungsmuster zu implantieren. Sensible Handhabung ist jedoch geboten. Denn je mehr bürokratischer Aufwand betrieben, je mehr die Einhaltung dokumentierter Regeln eingefordert und ihre periodische Fremdüberprüfung zur Faszination würde, desto weniger könnte bei den Mitarbeitern die Einsicht zu mehr Selbstverantwortung am Arbeitsplatz oder situationsgesteuertem regelflexiblem Verhalten wachsen.

Eine Qualitätsorganisation ist Voraussetzung, nicht Maßstab für die Erstellung marktabsatzfähiger Bankleistungen. Maßstab ist der Markterfolg, der sich mit der kundengerechten, zuverlässigen, dauerhaften Bankleistung, dem Qualitätsprodukt einstellt - und nicht das Zertifikat.

Literatur

Bokranz, Rainer/Kasten, Lars: Qualitätssicherung im Bankbetrieb, Wiesbaden 1994

Bühler, Wilhelm (1993a): Kundenzufriedenheit im Privatkundengeschäft, in: Die Bank, 9/1993, S. 511-519

Bühler, Wilhelm (1993b): Total Quality Management, in: Kreditwesen 3/1993, S. 13-14

Burchard, Ulrich/Hagen, Jan K.: Der Service entscheidet, in: Bank Magazin, 3/1995, S. 48-51

Corsten, Hans: Dienstleistungsmarketing - Elemente und Strategien, in: Jahrbuch der Absatz- und Verbrauchsforschung, 1/1989, S. 23-39

Döttinger, K../Spägele,J.: Produkt Dienstleistung - Der Leitfaden für Dienstleistungsunternehmen: DIN ISO 9004, Teil 2, in: Qualität und Zuverlässigkeit, 1992, S. 141-143

Drewes, Winfried: Qualitätsmanagement in Kreditinstituten, in: Zeitschrift für Betriebswirtschaft, 9/1992, S. 937-956

Engelhardt, Werner H. / Schütz, Peter: Total Quality Management, in: Wirtschaftswissenschaftliches Studium, 8/1991, S. 394-399

Engelhardt, Werner H.: Dienstleistungsorientiertes Marketing - Antwort auf die Herausforderungen auf die neuen Technologien, in: Adam, Dietrich/Backhaus, Klaus/Meffert, Heribert/Wagner, Helmut (Hrsg.): Integration und Flexibilität, Wiesbaden 1990, S. 503-515

Engelhardt, Werner H.: Qualitätspolitik, in: Tietz, Bruno (Hrsg.): Handwörterbuch der Absatzwirtschaft, Stuttgart 1974, Sp. 1799-1816

Ernst, Klaus-Werner: Der Kunde im Mittelpunkt, in: absatzwirtschaft, 11/1992, S. 8-18

Garvin, David A.(1984a): Product Quality: An Important Strategie Weapon, in: Business Horizons, 3/1984, S. 40-43

Garvin, David A.(1984b): What does "Product Quality" Realy Mean?, in: Sloan Management Review, 1984, Fall, S. 25-43

Hahn, Oswald: Mißverstandenes Marketing oder Kunden als Könige ohne Land, in: Kreditwesen, 6/1976, S. 14-18

Hahn, Oswald: Die Bedeutung der menschlichen Qualität innerhalb der Bankleistung, in: Die Bank, 3/1982, S. 56-61

Hahn, Oswald: Strukturwandlungen im Bankwesen der Bundesrepublik Deutschland, in: Bank-Archiv, 10/1986, S. 431-442

Henry, Andreas: Club der Milliardäre, in: Wirtschaftswoche, 48/1993, S. 148-154

Höhler, Gertrud: Wettspiele der Macht, Düsseldorf u.a. 1994

Imai, Masaaki: Kaizen. Der Schlüssel zum Erfolg der Japaner im Wettbewerb, 6. A. München 1992

Jaschinski, Christoph M./Dorner, Fritz: Die Lehren aus der industriellen Produktion, in: Blick durch die Wirtschaft v. 21.10.1992, S. 7

Kommer, Gerd: Total Quality Management bei Banken, in: Die Bank, 3/1993, S. 140-143

Meyer, Anton/Dornbach, Frank: Zufriedener Kunde - Guter Kunde. Das "Deutsche Kundenbarometer" liefert Steuerdaten für Finanzdienstleister, in: Banking & Finance, 5-6/1993, S. 6-13

Meyer, Jürgen: Qualität als strategische Wettbewerbswaffe, in: Simon, Hermann (Hrsg.): Wettbewerbsvorteile und Wettbewerbsfähigkeit, Stuttgart 1988, S. 73-78

Nader, Georg: Die Qualität von Bankdienstleistungen, in: Bank-Archiv, 6/1993, S. 454-463

o.V.: "Sittenleere - Über die Geschäfte der Banken", in: Wirtschaftswoche, 13/1992, S. 3

Oess, Attila: Total Quality Management, Die ganzheitliche Qualitätsstrategie, 3.A. Wiesbaden 1993

Paal, Ulrich: Ein Dokument für "gelebte" Qualität, in: Bankinformation, 5/1995, S. 7-10

Parasuraman, A./Zeithaml, V./Berry, L.L.: A Conceptual Model of Service Quality and its Implication for Future Research, in: Journal of marketing, 1985, S. 41-50

Peters, Thomas J./Waterman, Robert H. jun.: Auf der Suche nach Spitzenleistungen, 14. A. Landsberg 1991

Schwickert, Axel C./Beemelmann, Thomas/Kargl, Herbert: ISO 9000 - Normierung für Qualitätssicherungssysteme (I) und (II) in: Wirtschaftswissenschaftliches Studium, 2/1995, S. 127-132 bzw. 3/1994, S. 207-313

Sobotka-Hirnthaler, Gertrude: Qualitätssicherung und Qualitätsmanagement im Finanzdienstleistungsbereich, in: Bank-Archiv, 2/1994, S. 97-101

Solomon, J.: The Fall of the Dinosours, in: Newsweek v. 8.2.1993, S. 34-40

Starkl, Fritz: Nachkaufmarketing in Kreditinstituten, Wien 1983

Stauss, Bernd: Qualität ist Chefsache, in: Bankinformation, 5/1995, S. 11-14

Stauss, Bernd/Hentschel, Axel: Dienstleistungsqualität, in: Wirtschaftswissenschaftliches Studium, 5/1991, S. 238-244

Szallies, Rüdiger: Vagabundierendes Finanzverhalten, in: geldinstitute, 4/1993, S. 46-51

Szallies, Rüdiger: Anlagemotive im Wandel: Abschied von den klassischen Zielgruppen, in: bank und markt, 6/1995, S. 8-15

Volk, Hartmut: Was Qualität ist bestimmt der Markt und damit der Kunde, in: Blick durch die Wirtschaft v. 28.7.1993, S. 1

Wessel, Karl-Heinz: Banken müssen sich der Diskussion mit der Öffentlichkeit stellen, in: Handelsblatt v. 25.7.1994, S. 23

HANS E. BÜSCHGEN

Internationale Positionierung als bankstrategische Herausforderung

A. Strukturpolitik als Managementaufgabe

Banken sind offene, dynamische Systeme, die in vielfältiger Weise durch monetäre und informationelle Beziehungen mit ihrem Umfeld verbunden sind. Es gehört zu den zentralen Aufgaben von Bankunternehmungsleitungen, für die zielgemäße und leistungsfördernde Struktur der Elemente des Systems „Bank" nach innen und nach außen vor allem hinsichtlich des marktlichen Beziehungsgeflechts - Sorge zu tragen. Denn es kann als akzeptierte Hypothese gelten, daß der Erfolg einer Bank wesentlich auch davon bestimmt wird, wie gut oder wie schlecht die Abstimmung ihrer innerbetrieblichen und marktlichen Strukturen auf die des Umsystems gelingt. Wenn diese - zumeist nur plausibilisierte - Annahme richtig ist und die wirksamen Verknüpfungen zumindest in Ansätzen erkannt werden können, resultiert hieraus auch die Notwendigkeit, die Strukturen der Bank an die relevanten Strukturwandlungen im Umfeld anzupassen. Die Bankunternehmungsleitungen sieht sich dabei einem Entscheidungsfeld gegenüber, das durch verschiedene Problemstellungen zu charakterisieren ist:

I. Die Einstellung der Bank auf Strukturänderungen des Umfeldes muß rechtzeitig erfolgen. Zumeist erfolgen Diskontinuitäten und Trendbrüche im Entwicklungsprozeß nicht abrupt bzw. in ganzem Ausmaß. Es wird vielmehr ihr Eintritt nicht selten durch sog. schwache Signale angezeigt, wenngleich die indizierten Entwicklungslinien sich noch als ein Spektrum verschiedener Möglichkeiten darbieten und sich erst im Zeitablauf konkretisieren. Wichtig ist jedoch, sie schon zu einem möglichst frühen Zeitpunkt wahrzunehmen, richtig zu interpretieren und in eigenes Handeln umzusetzen. Im Einzelfall kann die Entwicklung des Umfeldes jedoch auch in erheblichem Maße diskontinuierlich verlaufen: Solchermaßen exogene Schocks können in keiner bankbetrieblichen Planung antizipiert werden; für sie kann allenfalls personelle und kapitalmäßige Vorsorge getroffen werden.

II. Bankbetriebliche Strukturänderungen als Anwort auf erkannte Wandlungen im Umfeld verursachen Aufwendungen an personellen und monetären Ressourcen und erfordern Zeit für Planung und Durchführung der Umstrukturierung sowie für die notwendigen Lernprozesse im Management und bei den Mitarbeitern. Als Schlußfolgerung ergibt sich: Änderungen wichtiger bankbetrieblicher Strukturen können nicht tagtäglich erfolgen. Die innerbetrieblichen und marktlichen Beziehungen können auch nicht ständig im Fluß sein, sie wären dann unstrukturiert, mit negativen Wirkungen für den Erfolg. Ein gewisses Maß an Dauerhaftigkeit der Strukturen ist für die in der Bank Tätigen und auch in Hinblick auf die Kunden erforderlich. Die Struktur des Leistungsprogramms, der Distribution, der Kundeninformationswege usw. ist nicht beliebig oft merklich änderbar, ohne negative Reaktionen der Kunden befürchten zu müssen.

III. Andererseits wird seit einiger Zeit verbreitet angenommen, Strukturwandlungen im Bankenumfeld nähmen an Häufigkeit, Intensität und Geschwindigkeit des zeitlichen Ablaufs zu. Als Indizien für eine Zunahme der Dynamik des Bankenumfeldes ist auf die Beschleunigung des technischen Fortschritts, Wandlungen der gesellschaftlichen Wertesysteme, Änderungen der Anbieterstrukturen im finanziellen Sektor und erhöhte Volatilität wichtiger gesamtwirtschaftlicher Variablen wie Zinssätze, Wechselkurse, Preise bedeutsamer Weltwirtschaftsgüter u.a.m. zu verweisen.

IV. Zum Teil wird der Möglichkeitsbereich dieser Wandlungen durch Maßnahmen des staatlichen Ordnungsgebers bewußt erweitert, wenn er bisher strukturstabilisierende Konstanten des bankwirtschaftlichen Bedingungsrahmens aufhebt, ein Prozeß, der als „Deregulierung" bezeichnet wird.

V. Schließlich hat sich für die Banken die Ausdehnung das relevante, d.h. auf den Bankerfolg Einfluß nehmende Umsystem praktisch auf die Volkswirtschaften der gesamten Welt ausgedehnt, ein Vorgang, der in bezug auf die Märkte als „Globalisierung" bezeichnet wird.

Vor dem Hintergrund dieser Problemfelder haben Banken die zur Existenzsicherung und erfolgreichen marktlichen Ausrichtung geforderten strukturgebenden Managemententscheidungen zu treffen. Als zentrale Aufgabe enthält die Strukturierung der Aktivitäten der Bank die Zuteilung von knappen Ressourcen, d.h. insbesondere die Zuteilung von Eigenkapitalnutzungen, von Personal- und Managementkapazitäten auf Marktpotentiale. Im letzten der genannten Problembereiche bereits als Rahmenbedingung genannt, erfordert die weltweite Verflechtung der den Erfolg von Banken determinierenden Einflußfaktoren insbesondere auch die Entscheidung darüber, wie eine Bank international zu „positionieren" ist. Diese Positionierung wird beschrieben durch die drei - nicht gänzlich von einander unabhängigen - Dimensionen Region, Kundengruppe und Leistungsprogramm, wobei insbesondere die Variation der letztgenannten Dimensionen in Abhängigkeit von der geographischen Strategie im Mittelpunkt der folgenden Überlegungen stehen soll.

B. Strukturmodelle für die Internationalisierung deutscher Banken

I. Historischer Überblick

Nach dem nationalsozialistischen Regime und den Verheerungen des Zweiten Weltkriegs - der die deutschen Banken nicht nur zum zweiten Mal in diesem Jahrhundert ihres eigenen Auslandsnetzes beraubte, sondern auch zur zeitweiligen Zerschlagung der vormals besonders leistungsfähigen Großbanken in institutioneller Hinsicht führte - war die Frage der Internationaliserung deutscher Banken in

den unmittelbaren Nachkriegsjahren obsolet. Erst im Zuge der Neugründung der Großbanken, forciert durch die einsetzende Exporttätigkeit der deutschen Industrie, wurden durch wenige Repräsentanzen und insbesondere durch den Ausbau eines Netzes an Korrespondenzbanken internationale Beziehungen rekonstruiert. Nach der wettbewerblichen Herausforderung durch die Banken der USA an den europäischen und den anderen internationalen Märkten versuchten die größeren deutschen Banken - wie ihre europäischen Pendants -, durch kooperative Lösungen auf ausländischen und internationalen Märkten zu reagieren. Diese Phase des „club banking" blieb indes eine Zeiterscheinung; daß sie insgesamt als wenig erfolgreich zu bewerten ist, mag in zweierlei Hinsicht erklärt werden. Zum einen spielten exogene Entwicklungen eine Rolle, die wie im Falle der Schuldenkrise die als joint ventures konstituierten Konsortiumsbanken häufig in Schieflagen brachten. Zum anderen erwies sich die innere Struktur der Konsortiumsbanken als wenig geeignet, geschäfts- und vor allem auch risikopolitisch einen gleichzeitig kooperativen wie auch steuernden Zugriff auf diese Banken zu gewährleisten. Der allmähliche Niedergang der Bankenclubs überlagerte sich zeitlich mit der anschließenden Phase des „going it alone", in der die großen europäischen Banken an den wichtigsten Finanzplätzen der Welt Filialen oder Tochtergesellschaften unter eigenem Namen, um weltweit „wholesale banking" zu betreiben.
Ein wesentliches Datum für die Internationalisierung der deutschen Banken war der Entschluß der Staaten der EG zur Realisierung eines europäischen Binnenmarktes bis Ende 1992. Im Vorfeld der Schaffung dieses bis zur Konstitutierung der Nordamerikanischen Freihandelszone größten Binnenmarktes der Welt stellte sich für viele Banken besonders dringlich die Frage nach ihrer Internationalisierung. Der breite Raum, den die Formulierung und Diskussion von Europa-Strategien einnahm, darf jedoch nicht übersehen machen, daß sich in anderen Teilen der Welt das Geschehen an den Banken- und Finanzmärkten zusehends dynamischer weiterentwickelte und mithin die Formulierung globaler Strategien erforderte, innerhalb derer europäische Perspektiven nur ein - allerdings wichtiges - Element ausmachen. Zudem zeigte sich, daß die Schaffung des Europäischen Finanzdienstleistungsmarktes kein stichtagsbezogenen Ereignis war, sondern daß - teilweise mit Ernüchterung - registriert werden mußte, daß die antizipierten Veränderungen erst allmählich begannen.

II. Positionierung deutscher Banken in Europa

Angesichts des sich zwar kontinuierlich vollziehenden, aber doch langfristigen wirtschaftlichen Integrationsprozesses in Europa haben sich Banken insbesondere auf Veränderungen in der Leistungsnachfrage ihrer Unternehmenskundschaft einzustellen. Wegen des weitgehenden weltweiten Wettbewerbs für Geschäfte mit multinationalen Unternehmen sowie im internationalen Emissionsgeschäft stellen sich die Folgen der - nunmehr auch hinsichtlich neuer Mitgliedsstaaten an Relevanz gewinnenden - europäischen Integration vornehmlich im Geschäft mit größeren Mittelstandsunternehmen, im Portfoliomanagement für institutionelle Anleger, Unternehmen und vermögende Privatpersonen, auf Märkten für Finanzdienstleistungen der Spezialinstitute sowie in speziellen Fällen im retail banking ein, also generell in Marktsegmenten, in denen die internationale Verflechtung noch gering ist.

Im zunächst dominierenden Firmenkundenbereich sind als wesentliche Leistungsarten zu nennen:

a) die finanzielle Alimentierung der Investitions- und Produktionspläne der Unternehmen zur Ausschöpfung neuer Marktchancen in West- und vor allem auch in Osteuropa;
b) die finanztechnische und finanzielle Begleitung von Unternehmensakquisitions- und Fusionsvorgängen (mergers und acquisitions) sowie von Gemeinschaftsunternehmen (Joint ventures) insbesondere im osteuropäischen Raum im Rahmen eines nationalen und europaweiten Konzentrationsprozesses und
c) die Durchführung von Anlagegeschäften für nunmehr (verstärkt) möglich gewordene grenzenüberschreitende Geld- und Kapitalanlagefazilitäten;
d) im Aufgabenfeld Beratung die Bereitstellung von Informationen zur Abschätzung und risikopolitischen Behandlung von Währungs- und Zinsrisiken sowie für die Einschätzung von Investitionsrisiken im europäischen Ausland.

Die Fokussierung neuer, größerer europäischer Dimensionen des Bankgeschäfts darf nicht darüber hinwegtäuschen, daß die Vielzahl kleinerer Banken in Deutschland weiterhin national - d.h. in europäischer Perspektive: regional - orientiert ist. Bei ihnen stehen defensiv-strategische Überlegungen im Vordergrund, die darauf abzielen, wie auf den sich tendenziell verstärkenden Wettbewerb von außen reagiert werden kann. Das gilt insbesondere für Spezialinstitute, da sie in erster Linie mit verstärkten wettbewerblichen Anstrengungen der ausländischen Konkurrenten rechnen, weil im von den lokal orientierten Sparkassen und Primärgenossenschaften vornehmlich betriebenen Geschäft - dem Mengengeschäft - Markteintritte für ausländische Wettbewerber, von Ausnahmen abgesehen, wenig erfolgversprechend sind. Eine Verstärkung des Wettbewerbs von außen wird somit vor allem im wholesale banking und bei speziellen Finanzdienstleistungen zu erwarten sein, im retail banking allenfalls durch Aufkäufe ganzer Filialbanken von außen.

Betrachtet man dagegen offensiv-strategische Strategieansätze, die mit der Ausdehnung der eigenen Geschäftstätigkeit über Staatsgrenzen hinweg verbunden sind, so ist - für Europa wie für die Welt - im Rahmen der Internationalisierung die Beantwortung folgender Fragestellungen erforderlich:

a) die Positionierung in geographischer, kundengruppen- und leistungsspezifischer Hinsicht und
b) die Wahl der institutionellen Internationalisierungsformen, wie z.B. Angebote von Bankstellen des Herkunftslandes aus, Distribution durch Bankstellen oder Tochtergesellschaften im Ausland oder grenzenüberschreitende Kooperation.

Als strategische Prototypen für die Geschäftstätigkeit in Europa lassen sich dann modellhaft abgrenzen:

a) „Megabanken" oder „Euro-Super-Banken" als Universalbanken oder Allfinanzinstitute mit Aktivitäten im wholesale und retail banking außerhalb der heimischen Grenzen; Ziel ist die flächendeckende europäische (Filial-) Bank. Die Positionierung als Megabank ist eher eine Vision, denn die Beschreibung realiter bestehender Bankstrukturen, weil derzeit weder eine Bank ein homogenes Filialnetz über die gesamte europäische Union betreibt noch ein solches zum Ziel hat.

b) „Europabanken" („european players"), als Universalbanken oder Allfinanzinstitute im Herkunftsland, die in verschiedenen europäischen Ländern über Stützpunktfilialen, Niederlassungen oder spezialisierte Tochtergesellschaften Bank- und Spezialfinanzdienstleistungen anbieten; sie sind als stützpunktorientierte, nicht flächendeckende Banken in Europa zu charakterisieren. Dieser Banktypus entspricht dem Status quo der größeren deutschen Banken, die in Europa Stützpunkte haben, wobei die Abgrenzung zur Megabank nur über die Intensität des retail banking zu ziehen ist.
c) Als dritte Alternative sind Banken denkbar, die neben ihren wholesale-Aktivitäten in Europa für Leistungen im retail banking Kooperationen mit ausländischen Partnern eingehen.
d) Europäische Spezialinstitute, die entweder vom Herkunftsland aus, durch Bankstellen oder Tochtergesellschaften in Europa oder über Kooperationen mit ausländischen Anbietern Spezialfinanzdienstleistungen europaweit anbieten.

Für die Europäisierung deutscher Banken erscheint somit ihre Strategie im retail banking als charakteristisches Beschreibungsmerkmal, weil das Angebot von zumindest einigen wholesale-Leistungen zumindest an den wichtigsten Finanzplätzen bei jeder größeren Banken ein Kernpunkt der internationalen Strategie ist.

Eine retail banking-Strategie verbindet im Ausland das wholesale banking mit einem über ein flächendeckendes Bankstellennetz in verschiedenen europäischen Ländern durchgeführten Privatkunden- und Mittelstandsgeschäft. Da indessen die Neuerrichtung eines eigenen flächendeckenden Bankstellennetzes als institutionelle Basis wegen der schon gegebenen hohen Bankstellendichte in vielen europäischen Ländern und wegen des erforderlichen Zeitbedarfs als realistische Alternative ausscheidet, bleibt als alleinige Möglichkeit zur Umsetzung dieser Positionierung der Erwerb ausländischer Filialbanken mit zulänglichem Bankstellennetz und Geschäftsvolumen im retail banking. Hier sind Ansatzpunkte für die Binnenmarktstrategie nicht die geänderte Leistungsnachfrage der heimischen Kunden - wie oben ausgeführt, sind solche Nachfragewirkungen kurzfristig nicht zu erwarten -, sondern die auf ausländischen Märkten selbst erkannten geschäftlichen Potentiale. Die Expansion wird zwar auf der Grundlage des heimischen Universal- oder Allfinanzgeschäfts initiiert; mit großem Selbstbewußtsein hinsichtlich eigener Managementqualität und operativer Leistungsfähigkeit wird jedoch versucht, Ertragspotentiale und Wachstumschancen im Ausland aufzuspüren. Die Strategie führt im Modell zu einer übernationalen, nicht mehr deutlich im Sitzland verwurzelten europäischen Bank mit multinationalem Image.

Obwohl bisher nur Ansätze für die Umsetzung einer solchen Strategie zu erkennen sind, können Probleme einer auch nur in diese Richtung gedachten Europa-Strategie jedoch angesprochen werden. Wenngleich es sich im Kern bei Finanzdienstleistungen um sehr homogene Leistungen handelt, wird das Nachfrageverhalten von Privaten und eines Teils der Unternehmenskunden doch in starkem Maße durch national geprägte ökonomische, gesellschaftliche und kulturelle Einstellungen und Wertungen geprägt. Tradierte Verhaltensmuster und affektive

Komponenten der Institutswahl werden für die cross-border-Expansion des Finanzdienstleistungeschäfts sowie für eine Übertragung des eigenen Leistungsprogramms auf ein im Ausland erworbenes Bankstellennetz noch lange deutliche Barrieren sein.

Bei aller Notwendigkeit der Integration des akquirierten Geschäfts in das Gesamtinstitut ist deshalb darauf zu achten, daß die Nationalgefühl, Tradition, regionale Kultur und das Gemüt berührenden Elemente gewachsener Kunde-Bank-Beziehungen nicht beschädigt, sondern allenfalls um die positiv besetzten Eigenschaftsstellen des erwerbenden Unternehmens ergänzt werden. Manchmal wird es dabei notwendig sein, die neue Konzernzugehörigkeit marketing-orientiert deutlich herauszustellen, um aus Image-Merkmalen wie Sicherheit, Leistungsfähigkeit, Diskretion u.ä. des erwerbenden Unternehmens eine Erhöhung der Wettbewerbsstärke des erworbenen Instituts in seinem Markt zu erzielen. In anderen Fällen wird statt dessen das Logo des Konzerns zunächst für eine unter Umständen längere Anpassungsphase mit den tradierten Kennzeichen des erworbenen Unternehmens zu verdecken sein. Die Marketingantwort auf die hier angedeutete Problematik wird abhängen vom Grad der Fremdartigkeit und der Distanz der in Berührung geratenen kulturellen Räume, dem Eigenbewußtsein und dem Streben nach Bewahrung der Eigenart und deren Bedeutung im Wertesystem der Menschen des Zielmarktes.

Somit erscheint es auch auf lange Zeit nicht wahrscheinlich, daß sich ein standardisiertes Europa-Leistungsprogramm im retail banking entwickelt, wenngleich eine Konzernstrategie ermöglicht, die relativen Vorteile der einzelnen Leistungsarten der in den Konzern eingehenden nationalen Leistungsprogramme zu prüfen und - mit obiger Einschränkung - zu neuen Leistungsbündeln zu kombinieren. Wenn auch die marktliche Eingliederung der erworbenen ausländischen Konzernteile mit Behutsamkeit vorgenommen werden muß, so ist die technisch-organisatorische, insbesondere die Integration in das Steuerungs-, Controlling- und Kommunikationssystem möglichst schnell und konsequent zu leisten. Gelingt dies nicht zulänglich, ergeben sich statt Synergieeffekten verlustreiche Friktionen.

Ein weiteres Problem in der Aufbauphase eines Bank-Europakonzerns liegt im Aufspüren, Analysieren und erfolgreichem Akquirieren geeigneter Kaufobjekte. Sie müssen nach Größe, Filialnetz, Geschäftsstruktur für den Erwerber integrationsfähig und zu einem Kaufpreis zu erhalten sein, der die Investition auf Dauer unter Berücksichtigung der Risiken als ausreichend rentabel beurteilen läßt. Heute dürfte die Zahl geeigneter Objekte nicht sehr groß sein; die Möglichkeit, sie zu einem angemessenen Preis erwerben zu können, ist zudem gering. Erschwert wird dies durch Sachverhalte wie u.a. nationale Widerstände („Überfremdung"), öffentlich-rechtliche Rechtsform oder staatliche Beteiligungen.

Obwohl die durch Kauf zu erwerbende Bankstellenzahl bzw. zu erreichende Stellendichte im Ausland geringer sein, als dies gegenwärtig in Deutschland noch der Fall ist, verlangt diese Strategie außerordentliche Finanzkraft, selbst dann, wenn zunächst nicht - wie zu erkennen - programmatisch in sämtlichen EU-Staaten ein flächendeckendes retail banking-Netz erworben werden soll, sondern ressourcenorientiert und selektiv vorgegangen wird. In Deutschland kommen, wie den übrigen großen EU-Ländern - als potentielle Kandidaten für diese Strategie nur eine bis zwei Banken, in Europa vielleicht fünf bis sieben Banken in Frage. Es werden allerdings einige Banken mehr in ausgesuchten Regionen neben dem europaweiten wholesale banking ein räumlich begrenztes retail banking versuchen.

III. Positionierung deutscher Banken im außereuropäischen Raum

Wenn bisher Leistungs- und institutionelle Strukturen der Banken im europäischen Marktbereich erörtert wurden, so ist darüber hinaus die schon weit entwickelte globale Präsenz der deutschen/europäischen, japanischen und US-amerikanischen Banken zu beachten. Die auf Europafragen fokussierten Überlegungen der Banken stellen im Internationalisierungsprozeß deutscher Banken zwar einen Schwerpunkt dar - im Sinne einer konzentrischen, vom Heimatmarkt ausgehenden Betrachtung und hinsichtlich des Schwerpunkts der Ressourcenbindung können sie als Basis der außereuropäischen Aktivitäten verstanden werden -, dürfen aber nicht übersehen machen, daß die Integration der weltweiten Finanzmärkte - endogen vom Verhalten der Finanzmarktteilnehmer selbst ausgehend - sicherlich als weitergehend zu bewerten ist als die - erst durch den Wegfall exogener Barrieren ermöglichte - Integration der Gütermärkte Europas. Nachdem einer „Binnenmarkt-Euphorie" in den letzten Jahren aber eine Ernüchterung - zumindest jedoch eine realistischere Einschätzung - gefolgt ist, werden durch Europastrategien nicht mehr Kreativitäts-, Problemlösungs- und Entscheidungskapazitäten des Managements in einem Maße absorbiert, daß wesentliche Entwicklungen, Chancen und Risiken an den übrigen bedeutenden Finanzmärkten der Welt vernachlässigt werden. So kann gewährleistet werden, daß die außereuropäischen Finanzplätze entsprechend ihrer Bedeutung bei der Planung der Geschäftsstrukturen der Zukunft beachtet werden.

Das internationale Bankwesen und die internationale Bankgeschäftstätigkeit haben heute einen Entwicklungsstand erreicht, der gekennzeichnet ist durch eine Vielzahl neuer Instrumente und individueller, kundenadäquater sog. Problemlösungsangebote und der sich - verglichen mit nationalen Bankaktivitäten - durch ein erhöhtes Maß an Kreativität und Fähigkeit zur Anpassung an veränderte Rahmenbedingungen und Kundenbedürfnisse auszeichnet. Die Internationalisierung der Bankgeschäftstätigkeit hat sich hierbei nicht nur auf die Geschäftspolitik der einzelnen Banken ausgewirkt, sondern hat - bei Gesamtbetrachtung dieses Phänomens - ebenso zu tiefgreifenden Veränderungen der Wettbewerbsstrukturen an den internationalen Bankenmärkten geführt.

Obwohl die Internationalisierung des Bankgeschäfts einen zuvor nicht gekannten Entwicklungsstand erreicht hat, kann dieser Prozeß nicht als abgeschlossen angesehen werden. Es ist also das Management der einzelnen Bank aufgefordert, im internationalen Wettbewerb stets erneut über die strategische Positionierung zu entscheiden. Vom Grundsatz her entsprechen diese Entscheidungen in ihren Dimensionen den oben für den europäischen Raum vorgestellten Aspekten; diese sind deshalb hier nicht zu wiederholen, sondern gedanklich mutatis mutandis zu übertragen. Bei einer solchen Übertragung sind indes einige Besonderheiten zu beachten. So ist z.B. anzunehmen, daß für eine weltweit agierende Bank ein globales retail banking schon aus Gründen beschränkter Ressourcen als strategische Alternative ausscheidet. Weiterhin ist denkbar, daß einzelne Leistungen bzw. Kundengruppen, die in Europa einer wholesale-Strategie zuzuordnen sind, bei einer globalen Strategie fehlen. Es ist mithin eine feinere Abstufung bei der Betrachtung der Geschäftsaktivitäten erforderlich. Zu denken ist hier an ein Spektrum, das beim reinen Wertpapierhandel beginnt, von dort über das volle Spektrum des investment banking bis hin zu einem universalisierten wholesale-Leistungsspektrum unter Einschluß verschiedenster bilanzwirksamer Geschäfte führt. Der im Zusammenhang mit Internationalisierungsstrategien häufig bemühte Terminus der Positionierung als „global player" - zumeist interpretiert als Typus einer im erweiterten Heimatmarkt retail banking, weltweit wholesale banking betreibenden Bank - ist vor dem Hintergrund solcher Überlegungen wenig aussagefähig.

Über die Intensität des globalen Geschäfts ist in diesem Zusammenhang insofern zu entscheiden, als zu planen ist, wie dicht das außereuropäische Stützpunktnetz sein soll. Kann es zur Mitwirkung am Devisen-, Wertpapier- und Derivate-Handel „around the world and around the clock" ausreichend sein, in den Weltfinanzzentren der „Triade" - neben dem für deutsche Banken angemessenen europäischen Standort Frankfurt a.M. die Standorte New York und Tokyo, eventuell noch Hongkong oder Singapur - präsent zu sein, erfordert z.B. die umfassende Betreuung multinationaler Unternehmen oder deutscher Unternehmen eine deutlich differenziertere Präsenz - z.B. in Asien bzw. in „Schwellenländern".

Der internationalen Positionierung ist auch die Fragestellung zu subsumieren, ob und wie eine deutsche Bank ihre Geschäftstätigkeit in die postkommunistischen Staaten Europas und Asiens ausdehnen will. Kann diese Fragestellung hinsichtlich der im Reformprozeß weiter fortgeschrittenen, von jeher selbstverwalteten osteuropäischen Staaten der Formulierung bzw. Modifikation einer Europastrategie zugeordnet werden - was sich auch in dem Wunsch der entsprechenden Staaten auf eine baldige Mitgliedschaft in der EU widerspiegelt und auf eine vergleichsweise intensive Positionierung hindeutet -, so ist hinsichtlich der „neuen" Nachfolgestaaten der Sowjetunion eine wesentlich differenziertere Betrachtungsweise gefordert: Es wird in der Anfangsphase - deren Ende nicht abzusehen ist - im Mittelpunkt stehen, vor Ort Geschäftsmöglichkeiten für deutsche Unternehmen zu eruieren, diese dort zu unterstützen sowie den politischen und wirtschaftlichen Entscheidungsträgern im Transformationsprozeß zur Seite zu stehen. Originäres Bankgeschäft wird hingegen auf mittlere Sicht eine untergeordnete Rolle spielen. Insofern liegt es nahe, eine extensive Positionierung - etwa durch Repräsentanzen nur in den wichtigsten Republiken - anzustreben.

Die Tatsache, daß sich die Entwicklung von nationalen zu internationalen Banken weltweit historisch nicht als kontinuierlicher und einheitlicher Prozeß darstellt, sondern entsprechend den unterschiedlichen Umgebungsbedingungen der Banken von diversen Friktionen und Diskontinuitäten gekennzeichnet ist, zeigt, daß die angesprochene Fragestellungen nicht allgemeingültig, sondern nur unter Berücksichtigung der Besonderheiten der einzelnen Banken bzw. der besonderen Rahmenbedingungen homogener Gruppen von Banken beantwortbar sind.

Begreift man die Internationalisierung von Banken demnach als historischen Prozeß, so erklären sich häufig auch bankspezifische Unterschiede bei den Schwerpunkten der Standortwahl. Solche sind häufig entstanden durch die Akquisition von Banken vor Ort - mitunter unter Aufgreifen von „traditionellen" Geschäftsbeziehungen, die bis in die Vorkriegszeit zurückgehen - oder durch die vollständige Übernahme von im Zuge des club banking gegründeten Konsortiumsbanken. Im internationalen Geschäft werden Standorte zwar durchaus auch wieder aufgegeben, aber es ist sinnvoll, in das Planungkalkül auch die Werthaltigkeit einmal bestehender Strukturen - z.B. in bezug auf erworbene, spezielle Kompetenz, den Erfahrungsschatz der Mitarbeiter und gewonnene Geschäftsbeziehungen - einzubeziehen.

C. Alleingang oder Allianz?

I. Ausgestaltung und Ziele strategischer Allianzen von Banken

Die bisherigen Ausführungen sind zwar insbesondere auf „going-it-alone-Strategien" abgestellt worden, weil engere, über Erfahrungsaustausch und „Freundschaft" hinaus gehende Kooperationen im Sinne des club banking durch historische Erfahrungen weitgehend diskreditiert sind. Gleichwohl bleibt im folgenden zu fragen, ob es nicht andere, neuere Kooperationsformen gibt, die dem Internationalisierungsprozeß einer Bank dienlich sein können. Angeregt wird diese Frage zum einen durch die im Sachgüterbereich weltweit betriebene Diskussion von „strategischen Allianzen" sowie zum anderen durch konkrete Beispiele für jüngere Kooperationsvereinbarungen im internationalen Bankgeschäft.

Versteht man strategische Allianzen allgemein als langfristig ausgerichtete Kooperationsvereinbarung auf horizontaler Ebene, so wäre auch das club banking eine Form strategischer Allianzen. In den neueren Kooperationsvereinbarungen bildet sich indessen eine andere Interessenlage ab. So werden Kooperationen heute nicht mehr als Defensivmaßnahmen zur Abwehr von Wettbewerbern, sondern als Maßnahme einer offensiven, intensiven Positionierung verstanden. Ferner - und wesentlicher - wird kein „Club" gegründet, statt dessen wird die Zusammenarbeit weniger - z.B. zwei oder drei - Banken verabredet. Des weiteren ist die Kooperation insofern enger ausgelegt, als nicht die Gründung von Konsortiumsbanken, sondern die Abstimmung des Stützpunktnetzes und seine Integration in ein gemeinsames Standortsystem im Vordergrund steht. Hierbei wird zwar mitunter die Gründung eines joint ventures, das die Stützpunkte übernimmt, durchaus angestrebt, dies beinhaltet dann aber deren vollständige Übernahme durch die gemeinsame Tochter. Zu konzedieren ist, daß hierbei regionale, kundengruppen- oder leistungsspezifische Abreden getroffen und Einschränkungen formuliert werden können.

Die Vorzüge der Konzernstrategie - also des „going-it-alone" - in integrierten Finanzdienstleistungsmärkten sind Einheitlichkeit und Schnelligkeit marktpolitischer Willensbildung, strategische Handlungsfreiheit, Möglichkeiten zum Erkennen und konsequenten Ausloten von Synergie und Vereinnahmung des gesamten

Erfolgsbeitrags der neuen Leistungen. Vorteilhaft scheint bei der Konzernlösung insbesondere die autonome Weisungskompetenz der Konzernleitung bei Entwurf und Durchsetzung von Marketingstrategien für neue Marktleistungen und ihrer Integration in das bisherige Programm.

Als Vorteile kooperativen Vorgehens werden zumeist eine geringere Ressourcenbindung - mitunter auch eine verbesserte Ressourcenauslastung -, eine schnellere Umsetzung bzw. frühere Erfolge von Internationalisierungsstrategien sowie die leichtere Reversibilität genannt. Ferner ist davon auszugehen, daß in Teilbereichen Konzernlösungen von vornherein ausscheiden, weil geeignete Akquisitionsobjekte fehlen.

Aus bankpraktischer Sicht verfolgen strategische Allianzen das Ziel, durch langfristige Zusammenarbeit die individuellen Potentiale der Partner zur Realisierung von Wettbewerbsvorteilen sowie zur Erschließung und Sicherung von Erfolgspotentialen zu bündeln. Sinnvoll erscheinen strategische Allianzen demnach vor dem Hintergrund der Gültigkeit einer oder mehrerer der folgenden Prämissen:

a) Durch strategische Allianzen können die Kooperateure höhere individuelle Erfolge erzielen als mit der going-it-alone-Strategie.
b) Durch strategische Allianzen können die strategischen und geschäftspolitischen Risiken der Internationalisierung beherrscht bzw. reduziert werden („Angst vor dem Alleingang").
c) Nur durch strategische Allianzen können die produktionstechnischen, informationswirtschaftlichen und marktlichen Aufgabenstellungen einer nachhaltig erfolgreichen Tätigkeit im internationalen Finanzdienstleistungsmarkt erfüllt werden, die die Leistungsfähigkeit einzelner Banken übersteigen.

Die für das Zustandekommen einer strategischen Allianz und ihre Dauerhaftigkeit erforderlichen motivationalen Bedingungen leiten sich aus den damit verfolgten Zielen der Kooperateure ab; die konkreten Zielsetzungen strategischer Allianzen von Banken am internationalen Finanzdienstleistungsmarkt lassen sich nach den Begründungen der Praxis bei aller beobachtbarer Vielfalt auf folgende Grundmotive zurückführen:

a) Verschaffung des wechselseitigen Zugangs zu wettbewewerbsrelevanten Potentialen durch
    1. Vereinigung komplementärer Marktanteile und Wettbewerbsstärken der Kooperateure,
    2. Ergänzung der Leistungsprogramme der kooperierenden Banken durch Leistungsarten des Kooperationspartners,
    3. wechselseitigen Austausch von sich ergänzenden Produkt- und Marktkenntnissen sowie Markterfahrung für komplizierte Produkte oder schwierige Märkte,
    4. Zusammenarbeit im Vertrieb, d.h. z.B. durch die Aggregation von Bankstellen oder sogar Bankstellennetzen der Kooperateure auf wesentlichen geographischen Finanzdienstleistungsmärkten bei Eigenständigkeit auf dem heimischen Markt. Für ein solchermaßen weltweites und leistungsmäßig

umfassendes Kooperationsfeld wird ein großes Ausmaß institutioneller und geschäftspolitischer Integration verlangt, daß eine Lösung aus dieser Kooperation durch Vertragsauflösung und Separierung des Kooperationsbereichs auf die Kooperateure nicht mehr möglich. Eine Lösung liegt dann nur noch in der rechtlichen Verselbständigung des Kooperationsbereichs in einem dritten Unternehmen, an dem dann die Kooperateure beteiligt sind. Insofern scheint eine auf weiten Marktfeldern vereinbarte totale Kooperation in die Richtung einer späteren Fusion der Kooperateure zu tendieren.

5. Koordination des Marktverhaltens im kooperativen Geschäftsfeld mittels der Aufteilung von Marktgebieten nach produkt- und geographischen Merkmalen unter den Kooperateuren sowie der Minderung des Wettbewerbsdrucks einerseits und der Verstärkung der gemeinsamen Marktmacht andererseits unter Aufgabe eigener Wettbewerbsvorsprünge gegen die Partizipation an denen des Kooperationspartners.

b) Kooperative grenzenüberschreitende Abwicklung von Finanzdienstleistungen durch die Schaffung eines Verbundnetzes zwischen den Kooperateuren z.B. für die Abwicklung des grenzenüberschreitenden Massenzahlungsverkehrs.

c) Informationsaustausch über gesamtwirtschaftliche, politische, gesellschaftliche Entwicklungen, die für den Finanzdienstleistungsmarkt relevant sind, über Entwicklungen der Finanzmärkte und ihre Bewertung, Aufbau und gemeinsame Nutzung weltweiter Informationsnetzwerke zur Informationsanbindung aller Bankstellen, Zusammenarbeit in Aus- und Weiterbildung des Personals.

d) Wunsch nach Zeitgewinn: Die Zusammenarbeit mit einem Kooperationspartner soll bei der Eroberung neuer Märkte, der Entwicklung neuer Produkte oder der Implementierung neuer Leistungserstellungsverfahren Zeitvorteile gegenüber dem Alleingang bringen.

II. Aspekte zur Bewertung von Allianzen als strategische Option für internationale Banken

Die aufgezeigten möglichen Zielsetzungen einer strategischen Allianz zeigen, daß es sich bei der Kooperationsentscheidung um eine sehr komplexe, schlecht strukturierte Entscheidung handelt. Die Frage „Wird sich das Eingehen einer strategischen Allianz lohnen?“ ist wohl nur zu einem - geringen - Teil per rechnerischem Kalkül beantwortbar. Ihr Bedeutungsgewicht erhält die Kooperationsentscheidung durch die strategische Bedeutung des Kooperationsfeldes, die nur partiell unmittelbar in monetären Größen meßbar ist. Bei einer umfassenden strategischen Allianz für den Großteil der Geschäftsfelder werden diese Entscheidungen mit intensiver Vorbereitung getroffen; sie sind jedoch nach einiger Zeit kaum noch umkehrbar.

Die zentrale Problematik der Gestaltung der strategischen Allianz liegt darin, den Kooperationsvertrag einerseits so detailliert und präzise zu formulieren, daß der spätere kollektive Entscheidungsprozeß nicht ständig durch Dissens der Partner und als Folge dessen durch erhebliche Reibungsverluste erschwert wird. Andererseits sind Konstellationen der Zukunft nicht vollständig zu prognostizieren, d.h., die Allianz muß hohe Adaptionsfähigkeit an Veränderungen der für sie relevanten Umgebungsbedingungen aufweisen.

Die Kooperation wird vornehmlich gestaltet durch die handelnden Personen der Unternehmensleitungen der Kooperateure. Sie beruht in der Anbahnungs- und Anlaufphase sehr stark auf dem wechselseitigen Vertrauen der mit der Gestaltung der Kooperationsvereinbarung befaßten leitenden Personen. Für die Dauerhaftigkeit der Allianz muß es gelingen, in der Konfiguration Voraussetzungen zu schaffen, durch die es gelingt, die Diffusion der Einsicht in die Vorteilhaftigkeit der Kooperation und damit der Kooperationsbereitschaft auf allen handelnden Ebenen der kooperierenden Banken zu fördern und damit auf Dauer Akzeptanz und Verwirklichung der Zusammenarbeit unabhängig zu machen von den bei ihrer Begründung handelnden Personen.

Die Bewertung der strategischen Allianz als institutionelle Alternative für Internationalisierungsbestrebungen von Banken muß selbstverständlich im Einzelfall aus den spezifischen Bedingungen und gemäß den Wertesystemen der handelnden Personen erfolgen. Es lassen sich jedoch einige generelle Aspekte aufzeigen und vor dem Hintergrund der Alternative der Expansion der geschäftlichen Aktivitäten mittels Akquisition - aus der Sicht des Übernehmers - bewerten.

a) Ein Vorteil der Kooperationslösung liegt in der geringeren Kapitalbindung. Das notwendig hohe finanzielle Engagement bei der Akquisition von ausländischen Banken induziert entsprechend hohe Vermögensrisiken für den Fall der Fehlentscheidung; mit dem Kauf von Unternehmen werden auch alle Schwächen des Kaufobjekts mit erworben. Allerdings können sich bei umfassenden Kooperationen Fehlhandlungen des Kooperationspartners außer auf den Kooperationsbereich auch auf das Gesamtgeschäft des anderen Partners auswirken.
b) Ein geeigneter Kooperationspartner mag leichter zu finden sein als ein preiswürdiges, qualitativ geeignetes Unternehmen.
c) Eine strategische Allianz kann auf bestimmte Bereiche, insbesondere wettbewerbsrelevante Bereiche, bechränkt werden. Bei Akquisitionen sind dagegen häufig auch nicht benötigte Kapazitäten zu übernehmen, die restrukturiert, verkauft oder stillgelegt werden müssen. Es ist aber zu beachten, daß bei stark eingeengtem Kooperationsfeld der Nutzen begrenzt, die strategische Bedeutung gering sein wird. Bei umfassenden strategischen Allianzen aber ergeben sich starke Abhängigkeiten, die sich auch für die kooperierenden Banken insgesamt auswirken, also auch im nicht kooperativen Bereich.
d) Prima vista scheinen die Koordinationskosten bei der Kooperation geringer, da nur eine partielle Verbindung besteht und bei der Akquisition eine vollständige Integration des Kaufobjekts in den bestehenden Konzernverbund erforderlich ist. Dies verlangt Verzahnung der Marktbereiche, der organisatorischen Sturkturen und des Controllingsystems, Angleichung im Personalbereich und in Abwicklungsstandards mit wohl erheblichen Koordinationskosten in der Zeit unmittelbar nach der Akquisition. In der Folgezeit ergeben sich Koordinationskosten als Organisations- und Controllingkosten des Konzerns. Wegen des partiellen Charakters der Kooperation dürften die Kosten der Anpassung in der Anfangsphase verglichen mit der Akquisition geringer sein. Im Verlauf der Kooperation entstehen bei Allianzen Koordinationskosten zwar nur für den Kooperationsbereich, bei umfassenden strategischen Allianzen ist der laufende

Koordinationsbedarf, sind die Kosten für das Kooperationsmanagement ebenfalls sehr erheblich. Ausschlaggebend ist: Das Fehlen eines übergeordneten Entscheidungszentrums, die Notwendigkeit ständiger Abstimmung der Kooperateure, ein notwendig geringeres Maß an Kontrollmöglichkeiten und damit der Gefahr opportunistischen Verhaltens des Kooperationspartners lassen die Koordinationskosten umfassender strategischer Allianzen eher größer scheinen als die bei vergleichbarer Akquisition.

e) Beim Wachstum der Unternehmensgröße wird als begrenzender Faktor auch die Integrations- und Koordinationskapazität des Management gesehen. Kooperation in strategischen Allianzen könnte hier die optimalen Unternehmensgrößen erweitern. Durch Beschränkung der Zusammenarbeit auf bestimmte Bereiche, bei Selbständigkeit der kooperierenden Unternehmensleitungen für den Restbereich sowie durch Verbindung des know how und der Managementkapazität der Kooperateure könnte die Überforderung des Management bei Wachstumsprozessen vermindert werden.

f) Risiken der strategischen Allianz liegen in der bewußten Aufgabe von Wettbewerbsvorsprüngen durch Übertragung von produkt-, verfahrens- und marktbezogenem Wissen auf den Partner, ohne daß die Verklammerung dauerhaft gesichert ist. Es besteht Gefahr, daß der Partner nach Ausnutzen oder Übernahme des Know-how und Umsetzung in Markterfolg die Kooperation auflöst. Dies gilt insbesondere bei stark eingeschränktem Kooperationsbereich; die Gefahr ist geringer bei umfassenden strategischen Allianzen, da hier die Bindungsenergie aus den vielfältigen Abhängigkeiten größer ist.

g) Der Grad der Bindung bei strategischen Allianzen ist trotz partieller Zusammenarbeit nicht notwendig wesentlich geringer, die Reservibilität der Entscheidung nicht notwendig höher als bei Akquisitionen, weil bei umfassender Kooperation in strategischen Allianzen auch Abhängigkeiten entstehen, die die Kooperationspartner dauerhaft „auf Gedeih und Verderb" aneinander binden. Sie lassen die Kosten einer Lösung aus der Kooperation als sehr hoch erscheinen. Das ist zunächst von Vorteil zum Vermeiden selbstsüchtigen Handels der Partner, erschwert aber die Auflösung, wenn triftige Gründe sie schließlich doch nahelegen. - Das Problem der Reversibilität wird dann bedeutsam, wenn die anfängliche Interessenharmonie der Kooperationspartner im Lauf der Entwicklung der strategischen Allianz abnimmt oder in eine Konfliktsituation umschlägt. Gründe können in nicht vorhersehbaren Umfeldentwicklungen liegen, die die Kooperation für einen Partner nicht mehr als wünschenswert erscheinen lassen oder eine Allianz mit anderen Partnern vorziehenswürdig machen; weiter können sich Änderungen in der Zielkonzeption der Kooperationspartner einstellen, und schließlich können eine Verschiebung in der ursprünglich ausgewogenen Kosten-Nutzen-Relationen für die Partner sowie opportunistisches Fehlverhalten eines Partners die Auflösung nahelegen. Ein Rückzug aus einer umfassenden Kooperation ist aber nicht ohne größeren Schaden möglich., weil die Bindungen um so stärker sind, je umfänglicher und strategisch bedeutsamer die kooperative Aufgabenerfüllung in der Allianz ist.

h) Das wesentliche Bewertungskriterium zur Beurteilung der Kooperationslösung liegt in der Einschränkung der Entscheidungsautonomie der kooperierenden Bankunternehmensleitungen. Abgesehen von hier bedeutsamen psychologischen Hemmnissen resultieren hieraus Restriktionen für schnelles, flexibles

Handeln zur Anpassung der Unternehmen entsprechend der Umfelddynamik. Der Willensbildungsprozeß und seine Umsetzung erfolgen nicht durch Anordnung einer Konzernleitung, sondern durch Verhandlungen im Rahmen des Kooperationsvertrages. Verlangt ist die Konsensfindung selbständiger, auf eigene Interessen ausgerichteter Entscheidungsinstanzen, und das bedeutet Zeitbedarf und Reibungsverluste.

Die häufig propagierten institutionellen Vorteile von Kooperationen scheinen bei strategischen Allianzen von Banken im internationalen Bereich nur bei einer starken Einengung des Modells zu greifen. Eine solche Einengung hat jedoch zur Folge, daß die Vorteile der Kooperation notwendig sehr begrenzt sind. Die geringe Kooperationsbasis und der begrenzte Anreiz der Zusammenarbeit lassen - abgesehen von der technischen Zusammenarbeit im Zahlungsverkehr - moral-hazard-Risiken befürchten und insbesondere die Gefahr des sehr schnellen Abbruchs der Kooperation bei widrigen Umständen; der wettbewerbsstrategische Akzent strategischer Allianzen verkümmert hierbei zur im wesentlichen technischen Zusammenarbeit.

Insgesamt erscheinen Kooperationen von Banken an internationalen Finanzmärkten in loser Form, auf eng begrenztem Bereichen wenig problematisch, aber damit auch wettbewerbsstrategisch wenig nutzenstiftend. Umfassende Kooperationen mit wettbewerbsstrategischer Zielsetzung in strategischen Allianzen erfordern die Aufgabe von Souveränität und beachtlichen Koordinationsaufwand, sie induzieren Abhängigkeiten und Kosten bei einer Auflösung der Kooperation, die es nahelegen, sie als Vorstufe zur Fusion anzusehen. Überspitzt: Es stellt sich die Frage, warum nicht gleich die Fusion der Banken erfolgt, wenn denn überhaupt Unternehmensverbindungen zwischen annähernd gleichgewichtigen Banken als Lösung für die strategischen Herausforderungen des internationalen Finanzmarkts angesehen werden sollen.

SIEGFRIED C. CASSIER

Wirkungen des Wechselkursregimes auf Investitionsentscheidungen und Beschäftigungsangebot deutscher Unternehmen

A. Einleitung und Beschreibung des Problems

Spätestens seit der ersten DM-Aufwertung vom 6. März 1961 bewegt die im Thema enthaltene Frage in unregelmäßigen, aber immer kürzer werdenden Abständen die Unternehmenswelt und die Wirtschaftspolitik. Ludwig Erhards 5-Prozent-Aufwertung von 1961 war damals heiß umstritten. Kein Geringerer als Hermann Josef Abs hatte sich im Interesse der deutschen Unternehmen mit einer publizistischen „Breitseite" in der FAZ gegen ein Abgehen vom festen Wechselkurs gewehrt, doch nach erfolgter Aufwertung erklärte der Siemens-Finanzchef Adolf Lohse, sicher nicht zur Freude von Abs, die Kosten der Aufwertung hielten sich für Siemens in den Grenzen von etwa 100 Mill. DM, und man werde sie „aus Staatsräson" tragen: „Ich bin mit Herrn Adenauer absolut der Meinung, daß wir das auch schaffen" (FAZ v. 10.6.1961, S. 30). Auch die nächste, am 24. Oktober 1969 gleich nach der Bildung der sozialliberalen Regierung Brandt/Scheel von Karl Schiller durchgesetzte Aufwertung von immerhin 9,3 Prozent, die eine Sturzflut von Spekulationsgeld eindämmen sollte, war von heftigsten Diskussionen begleitet. Sie war ein zentrales Thema des Bundestagswahlkampfes gewesen. Nach späteren Erfahrungen mit viel größeren Kursausschlägen kommen einem die Debatten der sechziger und frühen siebziger Jahre etwas theatralisch vor. Doch genügt ein Blick in den Wirtschaftsteil einer beliebigen überregionalen Tageszeitung, um sich zu vergewissern, daß die Thematik seit 1961 an Aktualität nichts eingebüßt hat. Das eigentliche Problem begann erst mit der Einführung flexibler Wechselkurse nach 1973 eine Rolle zu spielen - das Problem nämlich, daß die Kursbildung an den Devisenmärkten sozusagen institutionell von kurzfristigen Geldbewegungen abhängig wurde und damit letztlich den Kontakt zur realen Welt des Waren- und Dienstleistungsaustausches sowie des langfristigen Kapitaltransfers verlieren konnte. Denn schätzungsweise dienen inzwischen ca. 93 Prozent des täglichen Devisenumsatzes reinen Finanzmarkt-Transaktionen,[1] also neben der unumgänglichen Kurssicherung vor allem der häufigen Vermögensumschichtung, der Zinsarbitrage und der Vorwegnahme von erwarteten Wechselkursänderungen.

---

1 Abgeleitet aus einem Vergleich der Transaktionswerte im Außenhandel sowie im Dienstleistungs- und Kapitalverkehr mit dem Ausland einerseits und hochgerechneten Devisenhandelsumsätzen andererseits, vgl. zu letzteren: Deutsche Bundesbank (Auszüge aus Presseartikeln 19.9.95, S. 9)

Es ist naheliegend zu befürchten, daß dies zu Wechselkursen führen muß, die sich von den Kaufkraftparitäten längere Zeit weit entfernen können. Es sind aber die Kaufkraftparitäten, die für die Gleichgewichtsbildung im Außenhandel und damit für eine marktgerechte Produktion, für entsprechende Einkommen, Anlageinvestitionen und Beschäftigung ausschlaggebend sind. Wenn die Wechselkurse auf Dauer davon abweichen, ergeben sich daraus Ungleichgewichte nicht nur in den Leistungsbilanzen, sondern auch Fehlallokationen bei der Standortwahl für langlebige Sachanlageinvestitionen und daraus folgend sozial bedenkliche Verzerrungen auf den Arbeitsmärkten. Im Falle Deutschlands dürfte der Dollarkurs der D-Mark seit vielen Jahren über der Kaufkraftparität liegen, die mit 2 D-Mark je US-Dollar plus/minus einer Fehlermarge von 10 Prozent angesetzt werden darf.[2] Tatsächlich sind für aktuelle Bewertungen einer Währung zwar nur die Kurse der Devisenbörsen maßgebend, doch erscheint die Aussage, die D-Mark sei seit Jahren überbewertet, trotz aller Meßprobleme zulässig. Eine nachhaltige Überbewertung der D-Mark läuft aber auf eine nachhaltige Gefährdung der deutschen Wettbewerbsposition hinaus - mit der naheliegenden Möglichkeit von Investitionskürzungen und Beschäftigungseinschränkungen zu Lasten des Standorts Deutschland.

Im folgenden wird zuerst erörtert, inwiefern der ins Auge springende jüngste Beschäftigtenabbau in der deutschen verarbeitenden Industrie mit der Überbewertung der D-Mark zusammenhängt. Danach soll geprüft werden, inwiefern die DM-Aufwertungen die deutsche Wettbewerbsposition unterhöhlt haben. Nach maßgeblicher Auffassung (Deutsche Bundesbank, Monatsbericht August 1995, S. 19 ff.) ist dies nur partiell und vorübergehend der Fall, aber nicht langfristig. Der „reale" Außenwert der D-Mark gegenüber 18 Industrieländern, gemessen an den Verbraucherpreisen, liegt heute nämlich sogar unter dem Indexstand von 1973. Die statistischen Indizien sind zwar unzulänglich (mehr darüber weiter unten), müssen aber für die Beschreibung der Ausgangsposition ausreichen. Dabei ist allerdings zu berücksichtigen, daß der reale Außenwert der D-Mark von 1973 bis 1985 im Trend um fast 20 Prozent gesunken, von 1985 bis heute dagegen im Trend wieder um 20 Prozent angestiegen ist. So gesehen, ist die deutsche Wettbewerbssituation also seit dem Übergang zu flexiblen Wechselkursen mittelfristig zumindest erheblich destabilisiert worden. Dies spricht dafür, die anstehenden Fragen im

---

2 Laut IKB Deutsche Industriebank (IKB-Mitteilungen Nr. 1/1995, S. 2 und 35): 1,93 D-Mark je US-Dollar. Der Schweizerische Bankverein kommt nach traditioneller Schätzmethode zu einer PPP (purchasing power parity) von gut 120 Yen : 1 US-Dollar (Ende 1994), was fast genau wie bei der IKB einer cross-rate von 1,90 D-Mark entspricht. In einer weniger traditionellen Korrekturrechnung, die die kumulativen Differenzen der japanischen und amerikanischen Leistungsbilanzen einbezieht, nähert der SBV die Ergebnisse seiner Paritätsberechnung ziemlich genau dem Verlauf der aktuellen Yen/Dollarkurse von 1973-94 an. Für Ende 1994 ergibt sich dann eine „neue" PPP von 100 Yen : 1 US-Dollar mit einer cross-rate von 1,57 D-Mark (Swiss Bank Corporation: Economic and Financial Prospects, No.2/1995, S.1-4). Als ex-post-Prognose von Ergebnissen des Devisenhandels ist die Arbeit erstklassig. Aber unter dem Aspekt der Aufgabe, eine wirkliche „PPP" zu ermitteln, kann man sich fragen, ob es sich dabei nicht im Grunde um einen ökonometrischen Kotau vor den Ergebnissen des Devisenmarktes handelt.

Kontext des jeweils geltenden Wechselkursregimes zu beantworten. Darüber hinaus gibt es beachtliche Schwankungen der tatsächlichen Indexwerte um den Trend: z.B. hat der „reale“ Wert der D-Mark sich allein von Mitte 1994 bis Mitte 1995 um 6,8 Prozent aufgewertet.

Wir stellen daher schließlich die Frage in den Mittelpunkt, wie sich die Trendbrüche und kurzfristigen Schwankungen um den Trend der Wechselkursentwicklung in den Investitionen des deutschen Unternehmenssektors widerspiegeln. Dahinter steht die Überlegung, daß Investitionen nach dem letzten Stand der Technik auf lange Sicht darüber mitentscheiden, ob die gegebene Wettbewerbsposition an den Weltmärkten behauptet werden kann. Zur Debatte stehen dabei nicht nur die Inlandsinvestitionen, sondern ebenso die Direktinvestitionen im Ausland, sei es als Ergänzung oder als Alternative für Investitionen im Inland.

B. Die indirekte Abhängigkeit der Beschäftigung von den Wechselkursen

Zunächst aber zur Frage des Beschäftigungsangebots. Läßt sich ein Zusammenhang des Beschäftigungsabbaus in der Industrie mit dem Wechselkursregime nachweisen? Ein anderer Zusammenhang ist naheliegender: es ist offensichtlich, daß das Beschäftigungsangebot, von Konjunkturschwankungen abgesehen - primär von der Produktivitätsentwicklung abhängig ist, die ihrerseits in erster Linie von Investitionen und ferner von den Lohnsätzen abhängt. Ein markantes Indiz dafür ist die Entwicklung der Kapitalintensität in den letzten 2 ½ Jahrzehnten. Der Kapitalstock je Erwerbstätigen hat sich jahresdurchschnittlich (in konstanten Preisen gemessen) 1970-80 um 3,9 Prozent, 1980-90 um 2,1 Prozent, 1990-92 um 1,5 Prozent erhöht (Institut der deutschen Wirtschaft: Zahlen zur wirtschaftlichen Entwicklung der Bundesrepublik Deutschland, 1994, S. 36). Ungeachtet der bemerkenswerten Abnahme des Expansionstempos deutet die regelmäßige Vergrößerung der Kapitalintensität auf starke, außerhalb der Außenwertentwicklung zu suchende Antriebskräfte für eine relative Verminderung des Arbeitskrafteinsatzes im Vergleich zum Kapitaleinsatz.
Die Schlußfolgerung für unser Thema lautet jedoch keineswegs, daß Wechselkurse für die Beschäftigung bedeutungslos sind. Der epochale Rückgang der Industriebeschäftigung von 1992 bis 1994 - allein in Westdeutschland um über 1 Million auf nur noch gut 6 Millionen - hatte mit Sicherheit nicht nur konjunkturelle Gründe, sondern war auch eine Reaktion auf direkte Produktivitätsvergleiche mit konkurrierenden Industrien im Ausland, insbesondere in Japan, und das sogar vor dem Hintergrund einer beachtlichen DM-Abwertung gegenüber dem japanischen Yen, während der DM-Außenwert insgesamt, nominell wie real, in dieser Zeit zunahm. Allein mit Devisenkurs-Messungen, das wird schon hier deutlich, lassen sich die Einflüsse aus den außenwirtschaftlichen Beziehungen auf Beschäftigung (und Investitionen) nicht darstellen. Insoweit wie Investitionsentscheidungen auch vom Außenwert abhängen, übertragen sie sich allerdings mit einer Multiplikatorwirkung auf das Beschäftigungsangebot.

C. Die Kursentwicklung in Phasen unterschiedlicher Wechselkurs-Regime

Bevor der Zusammenhang von Wechselkursen und Investitionen geprüft wird, ist es zweckmäßig, hierfür Perioden abzugrenzen, die sich durch klare Unterschiede im Wechselkursregime kennzeichnen lassen. Der Einfachheit halber sei es erlaubt, die Zeit seit 1950 in vier Phasen einzuteilen, deren Wechselkursentwicklung mit einigen zusammenfassenden statistischen Angaben in der folgenden Tabelle 1 wiedergegeben wird.

I. Einteilung in vier Phasen

In der *ersten Phase von 1950-1969* herrscht noch, zunächst ganz unangefochten, das System fester, aber bei Bedarf in Stufen anpaßbarer Wechselkurse gemäß dem Abkommen von Bretton Woods; der nominelle Außenwert der DM erhöht sich zweimal durch einseitige Aufwertungen im März 1961 und Oktober 1969.

Die *zweite Phase von 1969-1973* ist durch ein Höchstmaß von Destabilisierung mit umfangreichen spekulativen Devisenbewegungen wegen plötzlicher Änderungen des internationalen Zinsgefälles und in Erwartung von Wechselkursbereinigungen gekennzeichnet; im Frühjahr 1971 mußte die Bundesbank 18 Mrd. US-Dollar ankaufen, davon allein 8 Mrd. in zwei Tagen; daraufhin löst sich die Bundesrepublik im Mai 1971 vorübergehend von festen Wechselkursen, fügt sich aber als Ergebnis der internationalen Währungskonferenz von Washington (Smithsonian Agreement) im Dezember in einen Verbund mit neuen Währungsparitäten ein, bis im März 1973 eine weltweite Vertrauenskrise um den US-Dollar den Übergang zu einem Regime zunächst frei floatender flexibler Wechselkurse markiert.

In einer *dritten Phase von 1973-1979* dominiert die Wechselkursfreigabe gegenüber dem US-Dollar die Devisenmärkte; in der EWG wird ein „Gruppenfloating" gegenüber dem Dollar praktiziert, aber auch zwischen den Währungen innerhalb der EWG-"Schlange" wird das angestrebte Festkurssystem durch zahlreiche Leitkurs-Anpassungen durchbrochen.

In der *vierten Phase seit 1979* bildet sich mit der Einrichtung des Europäischen Währungssystems EWS innerhalb eines weltweiten Regimes frei schwankender Wechselkurse ein Währungsverbund, der seinen Teilnehmern zwar Kursanpassungen erlaubt, aber zunehmend als zukünftiger Festkursblock Gestalt gewinnt - zuletzt in Gestalt des Vertrags von Maastricht. Die vierte Phase kann man in Teil-Zeiträume unterteilen: das Jahr 1985 markiert mit dem „Plaza-Accord" vom 22. September das Ende einer durch die Reagan-Administration inszenierten Dollarhausse, 1989/90 ereignen sich der Ostblock-Kollaps und die deutsche Wiedervereinigung (beides mit hoher Relevanz für die Einschätzung der D-Mark durch die Devisenmärkte).

II. Beurteilung der Kursentwicklungen je nach dem herrschenden Wechselkurssystem

Aus Tabelle 1 lassen sich, wenn man die im statistischen Quellenmaterial enthaltenen Mängel, dem üblichen Vorgehen entsprechend, zunächst unberücksichtigt läßt, die folgenden Schlußfolgerungen ableiten:

a) Zwar hat sich in gut vier Jahrzehnten von 1950-1995 der Außenwert der D-Mark nominell gegenüber den maßgebenden Industrieländern nahezu verdreifacht. Doch wurde die D-Mark in der gleichen Zeit - abgesehen von der wichtigen Ausnahme der zweiten Phase 1969 bis 1973, gemessen an den Verbraucherpreisen - real abgewertet.

Tabelle 1

Außenwert der D-Mark gegenüber verschiedenen Währungen

in vier Entwicklungsphasen 1950-1995

(Prozentuale Veränderungen der Jahresdurchschnitte von Beginn bis Ende einer Phase)

Phasen	Nominell ggb. Industrieländern	Real ggb. Industrieländern	Nominell ggb. EG/15	EWS [a]	US-Dollar
1. 1950-1969	+ 17,1	- 0,5[b]			+ 6,6
2. 1969-1973	+ 26,3	+ 21,1			+ 47,6
3. 1973-1979[c]	+ 36,0	- 3,0	+ 44,0		+ 45,1
4. 1979-1995	+ 35,7	- 3,5	+ 64,2	+ 34,5	+ 30,8
dar. 1979-1985	+ 2,3	- 19,4	+ 22,7	+ 21,8	- 37,3
1985-1989	+ 14,1	+ 4,2	+ 11,0	+ 6,5	+ 55,6
1989-1995[d]	+ 16,3	+ 14,9	+ 20,5	+ 3,7	+ 34,1

Danach ist die deutsche Wettbewerbsfähigkeit also durch die Aufwertungen kaum beeinträchtigt worden. Sie haben im wesentlichen nur die Inflationsraten-Differenzen ausgeglichen.

a) Es sind für den gesamten ausgewiesenen Zeitraum die Währungen derjenigen Länder einbezogen, die seit dem 1. Januar 1995 Mitglieder der EG sind (EG/15) bzw. am Wechselkursmechanismus des EWS teilnehmen.

b) Zahlen nur für 1958-1969 verfügbar

c) Zeitreihe ab 1973 auf Basis Ende 1972=100 (18 Länder) verknüpft mit Zeitreihe auf Basis der Jahresdurchschnitte 1980=100 (14 Industrieländer)

d) Bis Juni 1995

b) Nur in dem kurzen Zeitraum der zweiten Phase hat sich die D-Mark nominell und real in einem annähernd gleich großen Ausmaß aufgewertet. Unterstellt man, daß die DM-Aufwertungen von 1961 und 1969 sowie die zwischenzeitlichen unabhängigen Abwertungen anderer Länder über den Ausgleich der Inflationsraten nicht hinausgegangen sind, daß also 1969 kein entsprechender Nachholbedarf bestand, so läßt sich eine allerdings gravierende, durch spätere reale Abwertungen nicht wiedergutgemachte Schwächung der deutschen Wettbewerbsposition nur für die vier Jahre von 1969 bis 1973 ausmachen, als orientierungslose spekulative Devisenbewegungen den endgültigen Zusammenbruch des Bretton Woods-Systems einläuteten.[3] Die gleiche Konstellation - gleichgerichtete, ungefähr gleichgroße nominelle und reale Aufwertung - wiederholt sich seit 1989, wenn auch in geringerem Ausmaß als im Zeitraum 1969 bis 1973.

c) Die Durchschnittszahlen für die großen Industrieländer insgesamt überdecken größere, z.T. stark entgegengerichtete Ausschläge gegenüber dem US-Dollar, der Gruppe der EG-Mitgliedsländer und der EWS-Teilnehmergruppe. Im Verhältnis der D-Mark gegenüber dem US-Dollar gilt dies insbesondere in der Unruhephase 1969 bis 1973 (ohne Veranlassung durch das Inflationsgefälle!), aber auch in allen drei Teilphasen seit 1979. Ebenso markant sind die Unterschiede zwischen den EWS-Teilnehmerstaaten und den übrigen EG-Ländern. Hierbei fällt besonders auf, daß der Umfang der DM-Aufwertungen gegenüber den EWS-Ländern kontinuerlich abnimmt - ein Indiz für die auch durch andere Indikatoren feststellbare zunehmende Konvergenz dieser Länder in Vorbereitung auf die geplante europäische Einheitswährung.

d) Je weiter sich das Währungssystem von der Goldbindung und von vorgegebenen festen Paritäten entfernt hat, desto stärker die nominellen DM-Aufwertungen - abzulesen an den Zahlen in den Phasen 3 und 4 im Vergleich zu Phase 1. Die Devisenmärkte, denen der hauptsächliche Teil der Kursfindung überlassen bleibt, werden dabei umso mehr verunsichert, je weiter die Währungszonen durch divergierende Wachstums- und Stabilitätsentwicklungen auseinanderdriften - siehe die Unterschiede zwischen EG insgesamt und der Teilmenge EWS. Daß sich das sogenannte „Überschießen" manchmal durch eine Extrembewegung in Gegenrichtung wieder ausgleicht (siehe US-Dollar/D-Mark nach 1979), ist unbefriedigend, wenn der Ausgleich erst nach längeren Zeiträumen des Ungleichgewichts zustandekommt. Beunruhigend an diesen Feststellungen ist, daß es gerade die - von volkswirtschaftlich ausgerichteten Statistiken oft verdeckten, aber offenbar besonders „volatilen" - Veränderungen von Währungsrelationen binnen relativ kurzer Zeiträume und gegenüber einzelnen

---

3 Das war einer der Gründe für das Minderheitsvotum von Claus Köhler im Sachverständigengutachten 1971. Darin führte er aus: „Die De-facto-Aufwertung der D-Mark nach dem 9.Mai 1971 geht weit über das hinaus, was vom Weltinflationstrend her gerechtfertigt ist, und löst dadurch einen binnenwirtschaftlich unerwünschten Restriktionseffekt aus" (Ziffer 313). Er war der Auffassung, daß eine größere Wechselkursflexibilität nicht geeignet war, die internationalen Währungsprobleme zu lösen, sondern daß ein System fester Wechselkurse mit engem Band hierfür zweckmäßiger gewesen wäre (Ziffer 312).

Ländern und Ländergruppen sind, an denen sich die Investitions-Entscheidungen von Unternehmen ausrichten müssen. Mit Kurssicherungsgeschäften läßt sich den daraus hervorgehenden Risiken nicht beikommen. Auch für die Erwartungsbildung können die Devisenterminmärkte nur eine sehr unzureichende Orientierungshilfe geben. Denn Investitionsentscheidungen binden Ressourcen für Zeiträume, die über den Zeithorizont der Terminmärkte hinausgehen. Dies ist besonders aktuell z.B. im Hinblick auf diejenigen EG-Länder, die nicht am EWS teilnehmen, auch innerhalb des EWS im Hinblick auf diejenigen Teilnehmerländer, denen ohne letzte Paritätsänderung keine ernsthafte Chance zusteht, 1999 der vom Maastrichter Vertrag vorgesehenen Einheitswährung beizutreten, ferner im Blick auf die zahlreichen mit dem US-Dollar verkoppelten Entwicklungsländer in Asien und Amerika, die mit deutschen Unternehmen auf heimischen oder überseeischen Warenmärkten in Konkurrenz stehen oder als Anlaß für Übersee-Investitionen in Frage kommen.

D. Vorbehalte gegenüber den Meßkonzepten

Vorbehalte sind angebracht in Bezug auf den Erkenntniswert der - wenngleich mit aller Raffinesse der statistischen Kunst dargestellten - nominellen und realen Außenwerte einer Währung. Die Deutsche Bundesbank definiert den realen Außenwert der D-Mark über die Verbraucherpreise für den Gesamtabsatz handelbarer und nicht handelbarer Güter in 18 Industrieländern. Andere für die Berechnung naheliegende Deflatoren sind die Terms of Trade oder die Lohnstückkosten des verarbeitenden Gewerbes. Sie führen zu höheren realen Aufwertungseffekten: z.B. steht der Index des realen Außenwerts auf Basis der Deflatoren des Gesamtabsatzes im 2. Vierteljahr 1995 bei 105 (1975=100), auf Basis der Terms of Trade bei 112, auf Basis der Lohnstückkosten bei 138. Die Ergebnisse aufgrund der breiten Abgrenzung der Deflatoren spiegelt die Entwicklung der deutschen Wettbewerbsposition nach Auffassung der Bundesbank jedoch zuverlässiger wider als das Maß des Außenwertes aufgrund der enger gefaßten Abgrenzung mit Hilfe der Lohnstückkosten (Monatsbericht August 1995, S. 21).

Dem ist die Frage entgegenzuhalten, ob die Indizes der Verbraucherpreise in der Lage sind, den hohen Anteil von Vorleistungs- und Investitionsgütern einzufangen, die den deutschen Außenhandel auf der Exportseite prägen. Zudem kann eine Bereinigung um Preisveränderungen, die stets von den Verhältnissen in einem nicht mehr hinterfragbaren Basiszeitraum ausgehen muß, nichts über die eigentlichen Kaufkraftverhältnisse aussagen, also nichts zu der Bestimmung wahrhaft realer Wechselkurse beitragen. Diese müßten den Kaufkraftparitäten entsprechen, und um sie zu ermitteln, müßte die Gesamtmenge der mit „Preisschildern" versehenen wirklich gehandelten Güter eines Landes Jahr für Jahr mit einer genauso zusammengesetzten und bewerteten Gesamtmenge handelbarer Güter in den vergleichbaren Ländern verglichen werden. Die Quotienten aus diesem Vergleich wären die maßgebenden Realgrößen, aus denen kaufkraftgerechte Wechselkurse abgeleitet werden könnten. Daß die hierfür erforderlichen Statistiken, noch dazu international abgestimmt, eine höchst kostspielige, monumentale Aufgabe stellen würden, steht außer Frage. Verbraucherpreisindizes lassen sich dagegen von Land zu Land unproblematisch ermitteln. Die Kaufkraftparitäten bleiben daher Utopie. Mit der

Unzulänglicheit aller leicht zu verwirklichenden Meßkonzepte muß man also leben. Damit bleiben aber auch große Vorbehalte zur Brauchbarkeit ihrer Ergebnisse bestehen.

E. Auswirkung auf Investitionsentscheidungen

Sucht man nach Antwort auf die Frage, ob und wie die Entwicklung der DM-Wechselkurse auf die Investitionsentscheidungen in Deutschland gewirkt hat, so führt die resignierende Erkenntnis, daß die Meßergebnisse der realen Aufwertungen nur mit großen Vorbehalten genutzt werden können, in ein Dilemma. Für den größten Block von außenhandelsabhängigen Investitionen, d.h. für die inländischen Investitionen des Unternehmenssektors, fehlt es dann nämlich an einem zuverlässigen Maß für die tatsächliche Wettbewerbsposition. Es ist anzunehmen, daß die Unternehmen erst auf die nachhaltigen betriebswirtschaftlich meßbaren Folgen einer Veränderung ihrer Wettbewerbsposition mit einer Einschränkung, Expansion oder Umstrukturierung ihrer inländischen Investitionspläne reagieren.[4] Ersatzweise bleiben sie angewiesen auf eigene oder von Ratgebern übernommene Einschätzungen und Prognosen der nominellen Wechselkurse und der Wettbewerbslage. Daß damit kostspielige Irrtümer verbunden sein können, liegt auf der Hand. So konnte man in Deutschland noch kurz bevor der US-Dollar seinen Höhenflug im Jahre 1985 beendete und binnen 2 ½ Jahren auf etwa 1,60 D-Mark je Dollar zurückfiel, von kompetenter Seite hören, ein Austauschverhältnis von über 3 D-Mark je Dollar sei angemessen. Unternehmen, die ihre Investitionspläne für eine auf den Export zugeschnittene Produktion darauf abgestützt haben, müssen in beachtliche Kapazitätsüberhänge hineingeraten sein. Auch bei Entscheidungen über Direktinvestitionen im Ausland spielen neben anderen Faktoren die realen wie die nominellen, die aktuellen wie die erwarteten Wechselkurse eine Rolle. Ein aktuelles Beispiel: der Daimler-Benz-Konzern kündigte für den Jahresabschluß 1995 wegen drohender Wechselkurs-Verluste aus seinem Auftragsbestand im Luftfahrt-Geschäft Rückstellungen von 1,2 Mrd. DM an; dem lag - bei aktuellen Dollarkursen zwischen 1,45 und 1,50 DM - eine Kurserwartung von 1,35 DM je US-Dollar zugrunde.[5] Das konnte von Produzenten mit nicht subventionierten Exporten, die üblicherweise ebenso wie Flugzeuge in Dollar abgerechnet werden müssen, als Signal für eine Option auf einen

---

4 Eine für das deutsche Unternehmerverhalten typische Wirkungskette ergibt sich daraus, daß bei DM-Aufwertungen eher nachträglich auf eingeplante Gewinnmargen als auf neue Exportabschlüsse verzichtet wird. Preisnachlässe führen dann via Gewinneinbußen zu ungeplanten Investitionseinschränkungen.

5 FAZ 12.9.1995, S. 17. Tags darauf fand der interessierte Leser in der gleichen Zeitung im Teil „Finanzmärkte" eine weitergehende Einschätzung des Chefvolkswirts der Citibank London, wonach noch vor Ablauf dieser Dekade ein Dollar einer D-Mark entsprechen werde. Er begründete das mit den Defiziten im amerikanischen Haushalt und der Leistungsbilanz. Gleichzeitig sagte er ein Scheitern der geplanten Einheitswährung in Europa voraus. „Während die Volkswirtschaften in Fernost zunehmend die Vorteile flexibler Wechselkurse ausnutzten, machten die Europäer einen Schritt zurück. Die Einheitswährung in Europa - egal ob sie Ecu oder Taler heiße - werde in Tränen enden."

Kapazitätsaufbau im Dollar-Raum aufgefaßt werden. In der Tat werden rechtzeitige Investitionen in maßgebenden Abnehmerländern lebenswichtig, wenn für den Export vom Standort Deutschland aus mit einer nachhaltigen Schwächung der Wettbewerbschancen zu rechnen ist.

Das Wechselkursregime ist demnach für Investitionsentscheidungen in einem Land, das so sehr wie die Bundesrepublik Deutschland mit der Weltwirtschaft verflochten ist, eines der heikelsten Kriterien. Nachdem nur in einem Teil Europas (bei den fünf bis sechs Kandidaten für die Begründung einer Einheitswährung nach dem Maastrichter Vertrag) noch annähernd feste Wechselkurse beobachtet und erwartet werden können, läuft dies auf die Vorherrschaft von Vorgaben durch den internationalen Devisenhandel hinaus.

Untersuchen wir nun, wie sich die Investitionen des Unternehmenssektors - möglicherweise in Abhängigkeit von den unterschiedlichen Vorgaben der Wechselkursbestimmung in den definierten vier Phasen - tatsächlich entwickelt haben. Wir beschränken uns dabei auf die Sachinvestitionen des westdeutschen Unternehmenssektors und die deutschen Direktinvestitionen im Ausland. Reine Wertpapierinvestitionen bleiben unberücksichtigt.

I. Inländische Unternehmensinvestitionen

In Tabelle 2 werden die jährlichen Trendzuwachsraten der Bruttoinvestitionen des Unternehmenssektors den Wechselkursveränderungen in den vier Phasen unterschiedlicher Wechselkursregime gegenübergestellt. Daraus geht hervor:

a) Im Trend sind die Inlandsinvestitionen von Anfang bis Ende des Beobachtungs-Zeitraums kontinuierlich gestiegen. Auch innerhalb der vier Phasen gab es keinen Trendknick, der so weit ging, daß er einen Wechsel des Vorzeichens mit sich gebracht hätte. Demnach scheint die Wechselhaftigkeit auf seiten des Außenwertes die deutschen Investoren nicht darin beirrt zu haben, die Kapazitäten am Standort Deutschland auszubauen („Erweiterungsinvestitionen") - auch für den Export - und sie regelmäßig dem neuesten Stand der Technik anzupassen („Rationalisierungsinvestitionen").

Tabelle 2

Unternehmensinvestitionen[a] *und Außenwert der D-Mark*

Phasen	Jährliche Zuwachsraten der linearen Trends der Bruttoinvestitionen in vH	Veränderung der realen Außenwerte der D-Mark gemäß Tabelle 1	Veränderung des nominellen Außenwertes gemäß Tabelle 1
1950-1969	+ 11,1	- 0,5[b]	+ 17,1
1951-1970	**+ 13,3**		
1969-1973	+ 8,1	+ 21,1	+ 26,3
1970-1974	**+ 1,9**		
1973-1979	+ 10,6	- 3,0	+ 36,0
1974-1980	**+ 14,3**		
1979-1992	+ 7,8	- 3,5	+ 35,7
1980-1993	**+ 7,3**		
1979-1985	+ 2,7	- 19,4	+ 2,3
1980-1986	**+ 5,2**		
1985-1989	+ 11,1	+ 4,2	+ 14,1
1986-1990	**+ 13,9**		
1989-1993	+ 0,8	+ 8,2	+ 16,3

b) Trotz der Vorbehalte gegen die Aussagekraft der Wechselkurs-Indizes sei jedoch auch festgehalten, daß die Gegenüberstellung eine negative Korrelation zwischen den Investitions-Zuwachsraten und den realen Außenwerten der D-Mark erkennen läßt. Dies kommt besonders deutlich zum Ausdruck, wenn man der Berechnung der Investitionswerte jeweils eine Verzögerung von einem Jahr zugrunde legt. Dies ist angebracht, weil die Verwirklichung von Investitionen sich gegenüber den Planungen naturgemäß immer verzögert und weil auch der größere Teil der Investitionsplanungen mit einer gewissen Bedenkzeit auf Signale vom Markt reagiert, statt autonom zu agieren. Die zeitversetzte (in fetten Zahlen ausgedruckte) Zuwachsrate des Investitionstrends war am niedrigsten in denjenigen Phasen, in denen der reale Außenwert kräftig nach oben (1969-73, 1989-93) oder nach unten (1979-85) ausschlug, die

---

a) Nominelle Werte der Ausrüstungen, Bauten und Vorratsveränderungen des gesamten Unternehmenssektors in der Abgrenzung der volkswirtschaftlichen Gesamtrechnung, ohne Wohnungsbau, einschl. privater Organisationen ohne Erwerbszweck.

b) 1958-69

Quelle für Berechnungen: Jahresgutachten 1994/95 des Sachverständigenrats und Bundesbank

Wettbewerbsposition in der Preiskonkurrenz mit dem Ausland sich also heftig veränderte. Umgekehrt fällt auf, daß in den Phasen mit besonders hohen Investitions-Zuwachsraten (1951-70, 1974-80, 1986-90) relativ ruhige Außenwert-Verhältnisse gegeben waren.

Die Schlußfolgerung könnte lauten, daß ein heftiges Auf und Ab des realen Außenwertes, gleich in welcher Richtung, die Investoren verunsichert, während ein relativ gleichmäßiger, eher abwärts gerichteter Verlauf der realen Außenwerte zu Investitionen im Inland - auch für den Export - ermutigt. Das würde allerdings noch nicht für ein Wechselkursregime mit möglichst festen Kursen sprechen, weil reale Wechselkursschwankungen sowohl bei festen als auch bei flexiblen nominellen Wechselkursen zustande kommen können. Fragwürdig bleibt darüber hinaus, daß die der Beurteilung zugrunde gelegten Gesamtindizes auf seiten der Investitionen sektorale und auf seiten der Wechselkurse starke regionale Unterschiede überdecken (siehe z.B. die Zahlen der Tabelle 1 in den drei Teilphasen nach 1979). Ferner spielen ganz gewöhnliche Basiseffekte in die Beurteilung hinein, z.B. der konjunkturbedingte Wiederanstieg der Investitionen nach der Rezession von 1974/75, der den Anstiegswinkel des Investitionstrends mitgeprägt hat. Hinzu kommt schließlich, daß das heftige Auf und Ab der realen Außenwerte, von denen vordergründig auf eine Abschwächung der Investitionstätigkeit geschlossen werden kann, sich innerhalb relativ kurzer Zeiträume abspielt und in den nominellen Wechselkurs-Veränderungen ebenso stark (1969-73, 1989-95) oder noch stärker und dazu widersprüchlicher (1979-85) zum Ausdruck kommt. Naheliegend bleibt daher die Annahme, daß die Investitionsplanung, und dabei insbesondere die Standortwahl sich auf irrtumsgefährdete Prognosen der nominellen Wechselkurse stützt.

II. Deutsche Direktinvestitionen im Ausland

Dies gilt in verstärktem Maße für Entscheidungen über Direktinvestitionen im Ausland. Tabelle 3 gibt einen Überblick über ihre Entwicklung seit 1981. Die Aufschlüsselung nach den beiden Hauptzielgebieten USA und EG und ein Vergleich mit den Indizes der nominellen Außenwerte gegenüber beiden Regionen zeigt einen sehr auffälligen Anstieg der Investitionen in den USA auf mehr als 50 Prozent der gesamten Direktinvestitionen. Er begann gerade in dem Zeitraum, in dem der Dollarkurs seinen Gipfel erreichte und hatte seinen Höhepunkt unmittelbar danach. Die Pläne hierfür stammen demnach aus einem Zeitraum, in dem die Aufbringung des Investitionskapitals, in DM gerechnet, sich zunächst noch enorm verteuerte. Daß die Investitionen in den USA sich einige Jahre auf dem erhöhten Niveau hielten, deutet darauf hin, daß man mit einer so weit gehenden DM-Aufwertung, wie sie danach tatsächlich eintrat, nicht rechnete.
Demgegenüber war der sehr starke Anstieg der Direktinvestitionen im EG-Raum seit 1989 wahrscheinlich in erster Linie durch das Programm der EG-Kommission zur Verwirklichung des Europäischen Binnenmarktes bis 1993 mitverursacht. Nur indirekt ergibt sich eine Beziehung zu den Wechselkursen innerhalb Europas: sie waren, wie Tabelle 3 zeigt, in diesem Zeitraum insgesamt fast stabil, und es eröffnete sich durch das EWS und die Diskussion, die schließlich zum Vertrag von

Maastricht führte, eine weitergehende Perspektive, wonach sich auf lange Sicht mit Verwirklichung einer Europa-Währung das Wechselkurs-Problem innerhalb des Kerns von Europa überhaupt erledigen würde (wie trügerisch diese Perspektive angesichts der EWS-Zerreißprobe im September 1992 und der offenen Fragen im Vorfeld von „Maastricht II" nachträglich auch anmuten mag).

Tabelle 3

Deutsche Direktinvestitionen im Ausland und Wechselkurse 1981-1993

	Investitionen	dar.: in USA	dar.: in EG/12	Nom. Außenwert[a)]	
Jahr	Mrd. DM	Mrd. DM	Mrd. DM	DM ggb. US-$	DM ggb. EG/15
1981	8,5			143,1	159,5
1982	6,0	2,2	2,1	132,9	173,7
1983	8,1	3,1	2,5	126,5	188,1
1984	12,5	4,2	4,8	113,6	192,0
1985	14,1	7,8	4,1	110,3	194,3
1986	20,9	11,5	7,8	149,0	207,7
1987	16,4	8,8	4,5	179,5	216,6
1988	20,1	10,0	7,1	183,8	216,2
1989	27,4	7,3	16,3	171,6	215,7
1990	37,4	6,7	24,8	199,9	219,1
1991	37,1	5,4	24,9	194,9	219,5
1992	25,7*			206,8	225,2
1993	17,9*			195,0	243,4

Der entscheidende Grund für den Zuwachs an deutschen Direktinvestitionen im EG-Raum war jedoch zweifellos der große Nachholbedarf am Aufbau von Produktions- und Vertriebsstätten in den Hauptabsatzgebieten des deutschen Exports. Dies mag - unabhängig von allen Wechselkurserwägungen - entsprechend auch für den US-Markt gegolten haben, wie es für die Beziehungen Deutschlands zum Weltmarkt überhaupt gilt. Diesen Sachverhalt macht die folgende Tabelle 4 deutlich. Die deutschen Auslandsinvestitionen sind notorisch unterentwickelt. Das gilt angesichts der großen Diskrepanzen zu den Vergleichsländern auch dann noch, wenn man berücksichtigt, daß die Statistik den Umfang der deutschen Direktinvestitionen wahrscheinlich deutlich zu gering ausweist.[6] Man kann es ge-

a) Jahresdurchschnitte, Ende 1972=100

* teilweise geschätzt

Quellen: OECD und Bundesbank

6 Nachweisbar sind nur genehmigungs- bzw. anmeldepflichtige Erstinvestitionen. Die Wiederanlage nicht ausgeschütteter Gewinne kann nur lückenhaft erfaßt werden. Die

radezu als die Achillesferse der deutschen Industrie ansehen, daß sie ihre Exportmärkte immer noch in so hohem Maße von unserem Hochlohnland aus bedient. Wenn man vom Europa einer künftigen Währungsunion absieht, sind die deutschen Exportmärkte, abgesehen von anderen Standortnachteilen, allesamt durch hohe Wechselkurs-Risiken gefährdet, denen man nur durch Produktion am ausländischen Standort ausweichen kann.

Tabelle 4

Deutsche Direktinvestitionen im Ausland (1990)

Land	Bestand an Direktinvestitionen in vH des Ausfuhrvolumens	Direktinvestitionen des Jahres in vH des Bruttoinlandprodukts
Schweden	384	6,2
Großbritannien	132	1,7[a)]
Vereinigte Staaten	108	0,6
Schweiz	103	2,8
Niederlande	82	4,7
Japan	70	1,6
Deutschland	37	1,1

Der gleiche Eindruck, den Tabelle 4 vermittelt, stellt sich ein, wenn man die Relation der deutschen Direktinvestitionen mit den Investitionen des deutschen Unternehmenssektors insgesamt vergleicht. Zwischen 1981 und 1985 hielten sich die Auslandsinvestitionen in einem Rahmen von 4 bis 7 Prozent der Inlandsinvestitionen; von 1986 bis 1991 bewegten sie sich zwischen 7 und 11 Prozent (und zwar trotz der deutschen Wiedervereinigungs-Investitionen mit aufsteigender Tendenz!), um 1992 auf 7,4 Prozent und 1993 - offenbar infolge des Konjunktureinbruchs - auf 6,1 Prozent zurückzufallen. Diese Relationen wirken geradezu provinziell. Sie deuten darauf hin, daß die deutsche Industrie von der vielzitierten Internationalisierung noch weit entfernt ist.

Allerdings sind sie ganz im Einklang mit der oft zu hörenden Behauptung, die deutsche Wirtschaft sei vergleichsweise risikoscheu. Zu einer solchen Risikoaversion auch und gerade bei Auslandsengagements dürfte beitragen, daß die

Zurechnung der Reinvestitionen bei Joint Ventures ist problematisch, ebenso die Bewertung des investierten Kapitalbestandes. Unbeachtet bleiben naturgemäß die u.U. sehr hohen durch deutsche Direktinvestitionen ausgelösten Sekundärinvestitionen Dritter.

a) Im Durchschnitt der Jahre 1987-1989 über 4 Prozent

Quelle für Berechnungen: Institut der deutschen Wirtschaft (Ausfuhren) und OECD .

deutschen Unternehmer, vor allem die eher mittelständischen, weil sie zu den spätberufenen Auslandsinvestoren gehören, erst relativ wenig eigene Erfahrungen im Ausland sammeln konnten und von den spektakulären „schiefgelaufenen" Auslandsengagements Dritter abgeschreckt sind (Beispiele sind der Rückzug des VW-Konzerns aus der USA-Produktion und die verlustreiche SEAT-Tochter in Spanien; ihnen ist allerdings u.a. der beispielhaft erfolgreiche Aufbau des VW-Joint-Ventures in Shanghai gegenüberzustellen).

Daß Direktinvestitionen im Ausland durch kleine und mittlere Unternehmen besondere Probleme in sich bergen, liegt auf der Hand. Ihr Durchhaltevermögen wird bei verlängerten Anlaufperioden auf eine harte Probe gestellt. Gemessen an den direkten Erträgen galten ihre Auslandsinvestitionen bisher nicht als besonders erfolgreich.[7] Die offensichtlichen Risiken einer Auslandsinvestition - z.B. Mängel der Infrastruktur, Einengungen durch unvorhergesehene Regulierungen, Überschätzung von Lohnkostenvorteilen, Fehleinschätzungen der Produktivitätsentwicklung und der Mitarbeitermentalität - werden in der Regel durch die meist unvermeidlichen Anlaufverluste sofort sichtbar. Weniger offensichtlich sind die langfristigen Risiken in Gestalt von Opportunitätskosten einer zu lange aufgeschobenen Auslandsinvestition, immer vorausgesetzt, daß es sich um hohe Abhängigkeiten von Exportabsatzmärkten handelt. Diese Risiken werden erst nach und nach in Kapazitätsüberhängen, Belegschaftsabbau und Umstrukturierungsbedarf sichtbar und damit in einer akuten Gefährdung der Existenzbasis.

Die kurz- und langfristigen Risiken von Auslandsinvestitionen müssen also rechtzeitig gegeneinander abgewogen und durch sorgfältige Vorbereitungen auf ausländische Investitionen verringert werden. Per Saldo wird dies Vorgehen viel öfter als bisher die Entscheidung fördern, den Schritt ins Ausland zu wagen. Hinter dieser Schlußfolgerung steht letztlich die Erkenntnis, daß anhaltende Fehlbewertungen der D-Mark über die wirklichen Wettbewerbsverhältnisse lange Zeit hinwegtäuschen können.

---

[7] Einzelheiten aus einer Umfrage mit Antworten von über 800 Firmen im Geschäftsbericht der IKB Deutsche Industriebank AG für 1991/92, S. 30

F. Alternative Wechselkurskonzepte

I. Fehlleistungen des geltenden Wechselkursregimes

Die Weisheit der Devisenmärkte[8] steht heute bei hochangesehenen Volkswirten hoch im Kurs. Sie gilt als optimale Gleichgewichts-Produzentin zwischen den Währungsgebieten der Weltwirtschaft. Zweifel daran müssen jedoch erlaubt sein, wenn man bedenkt, daß die D-Mark z.B. seit 1990

- trotz der Tendenzumkehr zu anhaltenden Leistungsbilanzdefiziten
- trotz einer niedrigen Position im internationalen Zinsgefälle[9]
- trotz eklatanter Konjunktur- und Wachstumsprobleme
- trotz hoher fiskalischer Belastungen durch die Wiedervereinigung und
- trotz einer penetranten „Standort-Diskussion“ zu Lasten der Bundesrepublik

gemessen an den frei beweglichen Devisenkursen (mit Ausnahme des japanischen Yen und des Schweizerfranken) kräftig aufgewertet worden ist - etwa nur nach dem Motto, daß im Lande der Blinden der Einäugige König ist? Auch in anderen Zeiträumen hat zumindest das Overshooting der D-Mark so lange angehalten, daß Fehlentwicklungen bei unternehmerischen Dispositionen sehr wahrscheinlich dadurch mitverursacht worden sind. Ebenso fragwürdig ist angesichts der geplatzten japanischen Aktienkurs- und Immobilienpreis-Seifenblasen die spektakuläre Yen-Aufwertung nach 1992, zumal bei der hartnäckigen Konjunkturschwäche, die dreimaligen staatlichen Ausgabenprogrammen in dreistelliger Milliardenhöhe (in DM gerechnet!) widerstanden hat. Die Erwartungen, die auch von der deutschen Nationalökonomie Anfang der 70er Jahre an die Einführung flexibler Wechselkurse geknüpft worden sind,[10] haben sich nur teilweise erfüllt. Was auf der Makroebene stabilisierungspolitisch gewonnen wurde, ging mikroökonomisch durch Verunsicherung orientierungsuchender Unternehmer beim Investieren wieder verloren. Vorschläge zu Verbesserungen im System der Wechselkursbestimmung finden in

---

8 Hierzu Bundesbank-Präsident Dr. Hans Tietmeyer (Auszüge aus Presseartikeln 25.8.95; *kursive Hervorhebungen durch Verf.*): „I think the question of the instability of financial markets is related to two points. One is the exchange markets. Of course the rates are sometimes over- or undershooting, because they are reflecting the expectations of the markets as well as the situation of today. And the expectations are based on an assessment as to what extent a country will be able to deal with its problems. In the short term this can bring about some misalignments. But, *in the long run, the markets have proved more right than any other.* Reintroducing controls would not solve the problem in a world which is linked together by world-wide information and technological development. We are living in a world where the credibility of a country's policy is playing a crucial role. *Every country should be aware of being tested minute by minute, hour by hour by the international markets.*

9 Von 17 Ländern hatten lt. IWF-Ermittlungen 1990 nur fünf, 1991 und 1992 vier, 1993 drei Länder noch niedrigere Nominalzinsen; der Realzins war 1990 in neun, 1991 in sieben, 1992 in drei und 1993 nur in einem Land noch niedriger als in der Bundesrepublik (Vergleichsmaßstab: government bond yields).

10 Ausführlich dargestellt in den Ziffern 249-311 des Jahresgutachtens 1971 des Sachverständigenrats zur Begutachtung der gesamtwirtschaftlichen Entwicklung (die Sachverständigen waren damals Wilhelm Bauer, Armin Gutowski, Claus Köhler, Norbert Kloten und Olaf Sievert). Zum Minderheitsvotum von Claus Köhler siehe Fußnote 3.

Deutschland nur wenig Widerhall; so z.B die „Tobin-Steuer“, benannt nach dem US-amerikanischen Nobelpreisträger für Wirtschaftswissenschaften, Professor James Tobin; und die Verständigung auf Wechselkurs-Zielzonen als Konsequenz aus den Reformvorschlägen, die unter dem Vorsitz des ehemaligen US-Notenbankpräsidenten Paul Volcker von der „Bretton-Woods-Kommission“ ausgearbeitet worden sind (Schäfer, 1995).

II. Die Tobin-Steuer

Die Tobin-Steuer, eine minimale Abgabe auf internationale Finanztransaktionen, versucht solche Kursschwankungen und -verzerrungen zurückzudrängen, die durch häufiges Wechseln von einer Währung in die andere entstehen, wie es für reine Arbitragegeschäfte typisch ist. Diese würden sich durch die Steuer fühlbar verteuern. Der Waren- und Dienstleistungsaustausch sowie der zur langfristigen Anlage bestimmte grenzüberschreitende Kapitalverkehr würden davon - trotz des Kurssicherungsbedarfs (der überdies zurückgehen würde) - nur wenig berührt. Einige Gegenargumente drängen sich auf, aber einer kritischen Überprüfung halten durchaus nicht alle stand (Menkhoff/Michaelis, 1993). Allerdings wäre eine Tobin-Steuer als welfaretheoretischer Fremdkörper im Steuersystem genauso angreifbar wie das vom DIW für Greenpeace entworfene Modell einer „Ökosteuer“, und überdies stellen sich einer wasserdichten internationalen Lösung handfeste, schwer auszuräumende Hindernisse entgegen (Luxemburg, die Bahamas, Jersey und andere Inseln lassen grüßen).

III. Wechselkurs-Zielzonen

Wechselkurs-Zielzonen sollen die Wechselkurs-Stabilität fördern und Orientierung geben, würden aber stufenweise Anpassungen an Inflationsraten-, Wachstums- und Produktivitätsdifferenzen nicht ausschließen. Gedacht ist dabei in erster Linie an die drei gewichtigsten Währungen US-Dollar, D-Mark und japanischer Yen. Solche Zielzonen ließen sich durch die annäherungsweise Ermittlung von Kaufkraftparitäten und Einführung angemessener, nicht zu weiter Bandbreiten definieren.

Dabei würden die Notenbanken in unerwünschten Zugzwang kommen, weil sie gegebenenfalls am Devisenmarkt zugunsten der eigenen oder fremder Währungen intervenieren müßten. Zur Bereinigung grober Fehlentwicklungen, z.B. der Dollar-Überbewertung durch den Plaza-Accord von 1985, haben Notenbank-Interventionen sich als durchaus wirksam erwiesen. Allerdings würde auf die Dauer der geldpolitische Spielraum der Notenbanken unnötig eingeengt. Denn die Spekulation ist in der Lage, mit immer umfangreicheren liquiden Mitteln die Notenbankbereitschaft und -fähigkeit zur Verteidigung bestimmter Kurse nicht nur zu testen, sondern zu überfordern. Darüber hinaus ist mit Pressionen aus dem politischen Raum zu Interventionen gegen den Markt zu rechnen. Will oder kann die Notenbank dem Druck der Spekulation oder den Erwartungen der Politik nicht standhalten, sind Inflationsimport oder Abwertungsfolgen zu befürchten - also alle Nachteile von Fixkursen mit Stufenflexibilität wie in der Interimsperiode 1971-73 - mit den bekannten negativen Konsequenzen für Konjunktur, Investitionen und Beschäftigung.

G. Fazit

Übrig bleibt ein volkswirtschaftliches und ein betriebswirtschaftliches Credo. Volkswirtschaftlich gilt, daß Wechselkurs-Stabilität, soweit überhaupt erreichbar, am besten durch binnenwirtschaftliche Gleichgewichtsbildung mit Mitteln der Geld-, Fiskal- und Lohnpolitik angestrebt wird. Spekulativ verursachte Wechselkurs-Destabilisierungen sowie hartnäckige Über- oder Unterbewertungen der eigenen Währung müssen in dem weithin akzeptierten geltenden Szenario als Signale zu binnenwirtschaftlich wirksamen, möglicherweise schädlichen wirtschaftspolitischen Gegenmaßnahmen verstanden werden, auch wenn hierzu sonst kein Anlaß gesehen wird. Im übrigen steht hierfür nur das Instrumentarium der „Open Mouth Policy" zur Verfügung, wie es in meisterhafter Diplomatie von den Spitzen der Notenbanken angewendet wird. Das läuft darauf hinaus, daß die Politik sich notfalls dem Diktat der Devisenmärkte zu beugen hat oder eine vorübergehende Koalition mit anderen Notenbanken zur Verteidigung gegen übermächtige Lemminge des Devisenhandels bilden muß, falls diese gegen Wechselkurse vorgehen, die als vernünftig und „sustainable" gelten.

Betriebswirtschaftlich ist der Wechselkurs selbstverständlich ohnehin ein Datum - aber nach dem Vorstehenden ein solches Datum, auf das man nicht vertrauen, das man auch nicht mit einiger Treffsicherheit auf längere Sicht vorausberechnen kann. Über Investitionen und Beschäftigung muß, was den Wechselkurs angeht, sozusagen im Blindflug entschieden werden. Punktlandungen sind Glücks- und allenfalls Erfahrungssache. Insgesamt haben die deutschen Unternehmen insofern wenig Glück gehabt, als sie zu sehr auf den Standort Deutschland gesetzt haben mit der Spätfolge eines starken Beschäftigungsabbaus von 1991-95 und mit dem Manko zu geringer Investitionen im Ausland.

Daß viele deutsche Unternehmen sich im weltweiten Wettbewerb dennoch gut behauptet haben, ist darauf zurückzuführen, daß der Preis - und ein Wechselkurs ist in gewissem Sinne auch nur ein Preis - nicht der einzige Wettbewerbsfaktor ist. Hoch zu gewichtende Wettbewerbsfaktoren sind außerdem

- Präferenzen der Auslandsnachfrage zugunsten deutscher Erzeugnisse,
- die Qualität der zu bedienenden Inlandsnachfrage, die Technologievorsprünge im Investitions- und Produktionsprozeß zur Folge haben kann,
- Innovationen und Qualitätssprünge, die zu monopoloiden Wettbewerbspositionen auch im Auslandswettbewerb führen können,
- die Verfügbarkeit spezialisierten Humankapitals, das seinerseits beruht auf
- räumlichen Konzentrationen branchenverwandter und -unterstützender Unternehmen mit entsprechenden
- Transport- und Transaktionskostenvorteilen (Meckl/Rosenberg, 1995).

Der Wechselkurs, der in diesem Beitrag als besonders auffälliges und volatiles fremdbestimmtes Datum für Investitionsentscheidungen isoliert behandelt wurde, ist somit nur im Gesamtzusammenhang mit den anderen Bestimmungsfaktoren zu beurteilen. Er behält allerdings auch in diesem Kontext sein volles Gewicht. In einem von Aufwertungen geprägten Umfeld wird er immer dann der bestimmende Faktor sein, wenn sich aus den übrigen Bestimmungsfaktoren keine kompensierenden Wettbewerbsvorteile ableiten lassen. Ob dies der Fall ist, kann nicht im Rahmen volkswirtschaftlicher Analysen, sondern muß von Fall zu Fall auf Branchen- oder Unternehmensebene entschieden werden.

Literatur

Deutsche Bundesbank: 40 Jahre Deutsche Mark, Monetäre Statistiken 1948-1987, Frankfurt a.M. 1988, S. 3 und S. 7; Auszüge aus Presseartikeln; Monatsberichte

Frankfurter Allgemeine Zeitung (FAZ): 10.6.1961, 12.9. und 13.9.1995

IKB Deutsche Industriebank AG: IKB-Mitteilungen Nr. 1/1995; Geschäftsbericht 1991/92

Institut der deutschen Wirtschaft (iw): Zahlen zur wirtschaftlichen Entwicklung der Bundesrepublik Deutschland 1994, S. 36; Internationale Wirtschaftszahlen 1995, S. 29

Köhler, C.: Minderheitsvotum im Jahresgutachten des Sachverständigenrats für 1971, Z. 312-316

Meckl, R. und Rosenberg, C.: Neue Ansätze zur Erklärung internationaler Wettbewerbsfähigkeit - Versuch einer Synthese zwischen volks- und betriebswirtschaftlicher Sichtweise, in: Zeitschrift für Wirtschafts- und Sozialwissenschaften, 115. Jahrgang 1995, Heft 2, S. 211-230

Menkhoff, L. und Michaelis, J.: Exzessive Markteffizienz und Tobin-Steuer, unveröffentlichter Beitrag in der "Offenen Tagung" auf der Jahrestagung 1993 des Vereins für Socialpolitik in Münster

OECD: International Direct Investments Statistics Yearbook 1994

Sachverständigenrat zur Begutachtung der gesamtwirtschaftlichen Entwicklung: Jahresgutachten 1971, Ziffern 249-316; Jahresgutachten 1994/95, Tab. 36*

Schäfer, W.: Zurück zu festen Wechselkursen?, Volkswirtschaftliche Korrespondenz der Adolf-Weber-Stiftung, Nr. 3/1995

Schweizerischer Bankverein: When is a currency fundamentally correct?, Economic and Financial Prospects, Nr. 2/1995, S. 1-4

Tietmeyer, H.: Exklusiv-Interview (Nikkei) zur Problematik des Wechselkursregimes am 21.8.1995, in: Auszüge aus Presseartikeln 25.8.1995

PETER HOMMELHOFF / MARTIN SCHWAB

Leistungsstörungen beim Unternehmenskauf - systematische Folgerichtigkeit contra interessengerechte Ergebnisse?

Trotz jahrzehntelanger Kontroversen ist es der rechtswissenschaftlichen Diskussion bis heute nicht gelungen, bei dem Versuch, das Phänomen des Unternehmenskaufs mit den Mitteln der vom geltenden Recht zur Verfügung gestellten Instrumentarien dogmatisch zu bewältigen, auch nur in den zentralen Punkten konsensfähige Ergebnisse zu erzielen. Zu unsicher erscheint die Subsumtion unter die Tatbestandsvoraussetzungen der einzelnen Rechsinstitute, zu fragwürdig die von diesen eröffneten Rechtsfolgen. Der folgende Beitrag soll der Frage nachgehen, ob die Unstimmigkeiten wirklich so gravierend sind, wie es in der Diskussion bisher weithin angenommen wird.

A. Die Interessenlage

Das Unternehmen ist ein ganz eigenartiger Kaufgegenstand. Es wird - insoweit ein auch aus anderen Bereichen (etwa Erbschaftskauf) vertrautes Phänomen - ein Inbegriff von Sachen und Rechten verkauft. Diese stehen aber - insoweit eine Eigenart des Unternehmenskaufs - nicht beziehungslos nebeneinander, sondern sollen dadurch, daß sie planmäßig in organisierten Abläufen eingesetzt werden, sozusagen "im Zusammenwirken" das Funktionieren eines lebenden Organismus, eben des "Unternehmens", sicherstellen. Damit allein ist es aber noch nicht getan - das Unternehmen "funktioniert" nur, wenn zudem - nicht zuletzt kraft des persönlichen Einsatzes seines Inhabers - auch *Außenkontakte* (insbesondere zur Kundschaft) aufgebaut werden. Kaufgegenstand ist also ein lebender Organismus mit all' seinen Außenbeziehungen[1].

Dieser Organismus soll nach den Vorstellungen der Parteien des Unternehmenskaufs in den Händen des Käufers "weiterleben"; statt des Verkäufers soll nun der Käufer in den Genuß der Erträge dieses Unternehmens gelangen. Der Käufer erwartet daher, daß die *Voraussetzungen* für die Hervorbringung solcher Erträge gegeben sind: Er möchte die Betriebsmittel ungehindert ihrem Zweck entsprechend einsetzen und von den vom Verkäufer geknüpften Außenkontakten profitieren können. Zusammenfassend läßt sich festhalten: Der Käufer hat aufgrund der Angaben des Verkäufers eine bestimmte Erwartung von der *Ertragskraft* des Unternehmens.

---

1 Diese Besonderheit des Unternehmenskauf ist im Ausgangspunkt allgemein anerkannt, vgl. nur Soergel-Huber, BGB, 12. Aufl. 1991, § 459 Rn.240

Diese Erwartungen können sich auf vielfältige Weise zerschlagen. Es mögen einzelne zum Unternehmen gehörende Sachen und Rechte fehlerhaft oder mit Rechten Dritter belastet sein - eine Maschine hat einen technischen Fehler, das dem Käufer überlassene Warenlager ist in Wahrheit vom Verkäufer an dessen Hausbank sicherungsübereignet und wird von dieser verwertet. Es mag aber auch bei den Vertragsverhandlungen - etwa anhand unzutreffend aufgestellter Bilanzen - ein falsches Bild von dem Unternehmen als Gesamtkomplex vermittelt worden sein, wodurch dann der Käufer bei der Beurteilung der Ertragskraft insgesamt von falschen tatsächlichen Voraussetzungen ausgegangen ist. Es mögen ferner die Außenkontakte des Unternehmens nicht im angegebenen Umfang bestehen oder sich alsbald zerschlagen.

In all' diesen Fällen wird der Käufer zu dem Schluß gelangen, das gekaufte Unternehmen sei seinen Preis nicht wert gewesen (Störung des *Äquivalenzinteresses*), und an mehrere Möglichkeiten denken: Er wird den Kaufpreis herabsetzen, u.U. den Kauf gänzlich rückgängig machen wollen; ist nur ein einzelner Gegenstand mangelhaft, so wird er diese Rechtsbehelfe auf diesen beschränken wollen. Zudem wird er für seine enttäuschten Umsatzerwartungen Schadenersatz in Gestalt der Differenz zwischen den erwarteten und den tatsächlich erzielten Erträgen fordern. Die Enttäuschung seiner Erwartungen über die Ertragskraft des Unternehmens stellt sich - insbesondere dann, wenn hierfür die Bilanzen herangezogen wurden - häufig erst spät heraus. Er möchte also auch nach längerer Zeit noch gegen den Verkäufer vorgehen können.

Aus der Sicht des Verkäufers erscheint insbesondere die Rückabwicklung problematisch: Würde der Kauf nur in bezug auf einen einzelnen Gegenstand (etwa eine Maschine) rückabgewickelt, so bekäme der Verkäufer nicht das zurück, was er dem Käufer gegeben hatte - der aus der Sach- und Rechtsgesamtheit herausgelöste Gegenstand hat nicht die Bedeutung und den Wert wie der in diese Gesamtheit eingebundene. Würde der Kauf bezüglich des gesamten Unternehmens abgewickelt, so wäre auch das nunmehr dem Verkäufer zurückgegebene Unternehmen ein anderes als dasjenige, das er ursprünglich dem Käufer übertragen hatte[2]: Der Käufer hat mit dem Unternehmen weitergewirtschaftet und dadurch dessen Zustand verändert[3], und dies möglicherweise schon in sehr kurzer Zeit[4]. Möglicherweise hat er damit die Ertragskraft verschlechtert, und je länger die Übertragung des Unternehmens an der Käufer zurückliegt, umso schwieriger wird es sein zu analysieren, welche Defizite an Ertragskraft schon bei der Übertragung vorhanden waren und welche auf der Verwirklichung von nach diesem Zeitpunkt begründeten unternehmerischen Risiken oder gar auf Mißwirtschaft des Käufers beruhen. Aus dem letztgenannten Grund hat der Verkäufer auch bezüglich Herabsetzung des Kaufpreises und evtl. Schadensersatzansprüchen ein Interesse daran, daß er nach der Übertragung des Unternehmens nicht mehr allzu lange mit Ansprüchen des Käufers konfrontiert werden kann. Dieses Interesse wird umso handgreiflicher, wenn man bedenkt, daß der Kaufpreis für ein Unternehmen häufig

2 Willemsen AcP 182 (1982), 515, 565
3 Vgl. Lieb, FS Gernhuber, 1992, S.259ff., 269
4 Hommelhoff, Die Sachmängelhaftung beim Unternehmenskauf, 1975, S.25

eine beträchtliche Summe ausmacht, über die der Verkäufer alsbald möchte weiterdisponieren können.[5]

Vor diesem Hintergrund sind nunmehr die einzelnen in Betracht kommenden Lösungsansätze zu beleuchten:

B. Die Sachmängelhaftung nach §§ 459ff. BGB

I. Fehlerhafte Inventarstücke

a) Der Kaufgegenstand als Bezugspunkt der Mangelhaftigkeit

Geht es bei der Enttäuschung der Erwartungen des Unternehmenskäufers in der Sache um das Äquivalenzinteresse, so liegt es nahe, auf dasjenige Instrumentarium zurückzugreifen, das dessen Störung kompensieren soll - die §§ 459ff. BGB[6]. Die Subsumtion unter dessen Tatbestandsvoraussetzungen bereitet indes Schwierigkeiten, denn das Unternehmen ist keine "Sache" i.S. dieser Vorschriften[7], auch nicht einfach eine Mehrheit von Sachen, sondern ein lebender Organismus im oben beschriebenen Sinne. Die Anwendung der §§ 459ff. BGB kann also keine direkte, sondern nur eine analoge sein[8].

Dies gilt insbesondere auch dann, wenn ein einzelner zum Unternehmen gehöriger Gegenstand einen Sachmangel aufweist (Beispiel: einer der LKWs aus dem Fuhrpark des verkauften Unternehmens hat ein zerbeultes Führerhaus). Die - von Teilen der Literatur gebilligte[9] - Rspr.[10], wonach in diesem Fall die §§ 459ff. - allerdings beschränkt auf den mangelhaften Einzelgegenstand - *unmittelbar* anzuwenden sein sollen, geht an der Tatsache vorbei, daß nicht dieser, sondern das Unternehmen als Ganzes Kaufgegenstand ist[11]. Die Einbindung des einzelnen Inventarstücks in das Gesamtgefüge "Unternehmen" schließt es aus, es auch nur als "Teil" der Kaufsache anzusehen. Das spiegelt sich in den Rechtsfolgen wider: Könnte in unserem Beispiel bezüglich des defekten LKW Wandlung verlangt werden, so wäre der dann dem Verkäufer zurückzugebende LKW in dessen Vermögen nicht das wert, was er wert war, als er ihn noch im Rahmen seines Unternehmens nutzen konnte. Der Verkäufer könnte allerdings in diesem Fall verlangen, daß die

5 Hommelhoff, Die Sachmängelhaftung beim Unternehmenskauf, S.123f.; ders. ZHR 140 (1976), 271, 300

6 Für Anwendung der Sachmängelhaftung aus der Literatur insbesondere Flume, Eigenschaftsirrtum und Kauf, 1948, S.189f.; Lieb, FS Gernhuber, S.259ff.; aus der Rspr. etwa: RGZ 63, 57; 67,86; 98,289; BGH NJW 1959, 1584; BGHZ 65, 246, 250f. Die Rspr. versieht diese Anwendung aber mit erheblichen Einschränkungen, vgl. nachfolgend im Text

7 Soergel-Huber, § 459 Rn.240

8 Lieb, FS Gernhuber, S.259ff., 260; Mössle BB 83, 2146, 2147f.; MK-BGB-Westermann § 459 Rn.45a

9 Soergel-Huber § 459 Rn.260

10 RGZ 129, 280, 283

11 So mit Recht Lieb, FS Gernhuber, S.259ff., 272f.

Wandlung auf das gesamte Unternehmen erstreckt wird (§ 469 BGB)[12]. Doch damit wäre ihm im Zweifel noch weniger gedient.

Vielmehr ist das Tatbestandsmerkmal "Fehler" des § 459 BGB ausschließlich auf den Kaufgegenstand, das Unternehmen als Organismus, zu beziehen[13]. Der Mangel einer einzelnen Sache, etwa unseres LKW, eröffnet dem Käufer nur dann die Gewährleistungsrechte, wenn hierdurch das Unternehmen als Ganzes mangelhaft ist[14].

b) Der "Mangel" des Unternehmens als solchen

Das führt zu der nächsten schwierigen Frage: Wann ist ein Unternehmen als Ganzes "mangelhaft"? Ein Unternehmen wird deshalb erworben, weil der Käufer mit ihm Ertrag erzielen will - und zwar nicht irgendeinen, sondern einen solchen, der den in ihm bei den Vertragsverhandlungen aufgrund der Angaben des Verkäufers geweckten Erwartungen entspricht. Ein Fehler ist mithin die *negative Abweichung der Ist- von der Soll-Ertragskraft*; die Ertragskraft konstituiert m.a.W. die *Sollbeschaffenheit*[15].

Doch kann die Bestimmung des "Fehlers", der "Gebrauchstauglichkeit", allein bei einem abstrakten Vergleich der Ertragserwartungen des Käufers mit einem wie auch immer betriebswirtschaftlich ermittelten Ertragspotential nicht stehenbleiben. Das Ertragspotential hängt nämlich nicht nur von der Unternehmens*substanz*, sondern auch von den Qualitäten des Unternehmens*trägers* ab, der mit seiner Führungspolitik dem Unternehmen seinen Stempel aufdrückt[16]. Die Erwartungen des Käufers an das Ertragspotential bedürfen daher, sollen sie von § 459 I BGB geschützt werden, einer im Unternehmen selbst angelegten *tatsächlichen Grundlage*; die Sollbeschaffenheit wird daher außer durch die Ertragskraft weiterhin konstituiert durch Vereinbarungen der Parteien über die *konkrete Gestalt des Unternehmens*[17] (Beispiel: örtliche Lage und Klasse eines gekauften Hotels). Ein so verstandener Fehlerbegriff entspricht auch den Interessen des Käufers: Er will

12 Aus diesem Grund bietet § 469 BGB dem Verkäufer nicht, wie z.T. angenommen (Soergel-Huber § 459 Rn.261), Schutz gegen die angeblich zu harten Folgen der Wandlung bezüglich des ganzen Unternehmens. Meist werden zwar einzelne Sachen ohne Nachteil für den *Käufer* vom Unternehmen getrennt werden können, nicht jedoch ohne Nachteil für den *Verkäufer*. Dieser steht vielmehr zwischen Skylla und Charybdis: Entweder er nimmt den einzelnen Gegenstand zurück, mit dem er für sich gesehen nichts anfangen kann, oder er macht von seinem Recht nach § 469 S.2 BGB Gebrauch mit der Folge der Wandlung betreffend des gesamten Unternehmens.

13 Zutreffend Lieb, FS Gernhuber, S.259ff., 272ff.; auf denkbare Ausnahmen - etwa isolierte Gewährleistungsrechte für mangelhafte Fertigprodukte - soll hier nicht eingegangen werden (dazu Hommelhoff, Die Sachmängelhaftung beim Unternehmeskauf, S.42f.; ders., ZHR 140 (1976), 271, 293f.)

14 Eingehend Hommelhoff, Die Sachmängelhaftung beim Unternehmenskauf, S.38ff.

15 Lieb, FS Gernhuber, S.256ff., 265; ähnlich schon Willemsen AcP 182 (1982), 515, 548f.

16 Vgl. Hommelhoff, Die Sachmängelhaftung beim Unternehmenskauf, S.35

17 Hommelhoff, Die Sachmängelhaftung beim Unternehmenskauf, S.35f.

nicht *irgendwie* Gewinn erwirtschaften, sondern hat sich für die Tätigkeit auf einem *ganz bestimmten Markt* entschieden.

c) Die Erheblichkeit des Mangels bei Fehlern von Inventarstücken

Der defekte LKW in unserem Beispielsfall muß daher die Ertragskraft des gekauften Unternehmens beeinträchtigen. Dies zu bejahen, liegt auf den ersten Blick nahe: Es fallen Reparaturkosten an, der LKW kann für die Zeit der Reparatur nicht gewinnbringend eingesetzt werden. Doch fragt sich, ob hierdurch die Ertragskraft nicht nur "unerheblich" i.S. von § 459 I 2 BGB gemindert wird. Zum einen machen möglicherweise Reparaturkosten und Nutzungsausfall einen im Vergleich zum Gesamtertrag nur marginalen Betrag aus[18]. Zum anderen wird die Ertragskraft nicht auf Dauer gemindert, sondern nur auf (überschaubare) Zeit. Die besseren Gründe sprechen dafür, die Erheblichkeit des Mangels zu verneinen - dies umso mehr, als auch außerhalb des Unternehmenskaufs angenommen wird, ein Mangel sei unerheblich, wenn er in Kürze von selbst verschwinde[19]. Bei einzelnen defekten technischen Arbeitsmitteln wird man häufig sogar noch einen Schritt weiter gehen und einen Fehler überhaupt verneinen können: Ausfälle und Abnutzungserscheinungen sind bei ihnen an der Tagesordnung, für ihre Behebung ist nicht selten in der Betriebsorganisation bereits Vorsorge getroffen. Mangels besonderer Garantien durch den Verkäufer kann der Käufer lediglich eine durchschnittliche Funktionsfähigkeit erwarten, der das Risiko technischer Defekte immanent ist[20].

Ist die Intaktheit der einzelnen Betriebsmittel nur von sekundärer Bedeutung[21], so folgt hieraus weiterhin, daß Mängel an einzelnen von ihnen durch andere die Ertragskraft konstituierende Faktoren, die sich *günstiger* darstellen als es den Vorstellungen der Parteien bei Vertragsschluß entsprach - *kompensiert* werden können. Entscheidend ist lediglich, daß "unter dem Strich" genau das Ertragspotential in dem Unternehmen ruht, das der beiderseitigen Parteivorstellung entspricht. Ein unerwarteter Vorteil kann daher - insoweit in Abweichung von dem, was sonst zum Kaufrecht gelehrt wird[22] - einen erheblichen Mangel zu einem unerheblichen machen oder gar ganz beseitigen (vorausgesetzt, er ruhte schon vor Gefahrübergang in dem verkauften Unternehmen). In unserem Beispielsfall würde es daher an einem Mangel fehlen, wenn zwar für den LKW Reparaturkosten in Höhe von 20000 DM anfallen, dafür aber eine Forderung in gleicher Höhe, die vom Verkäufer wegen drohender Insolvenz des Schuldners bereits auf Null abgeschrieben worden war, unerwartet doch noch liquide wird.

---

18 Was nicht notwendig so sein muß: Ist ein Walzenmotor defekt, so ist die gesamte Walzstraße unbrauchbar, die Produktion kommt zum Erliegen. Hier ist die Grenze der Erheblichkeit überschritten; vgl. Hommelhoff, Die Sachmängelhaftung beim Unternehmenskauf, S.40

19 Palandt-Putzo § 459 Rn.13; KG NJW-RR 89, 972

20 Hommelhoff, Die Sachmängelhaftung beim Unternehmenskauf, S.40; ders., ZHR 140 (1976), 271, 293f.

21 Lieb, FS Gernhuber, S.259ff., 273

22 Vgl. MK-BGB-Westermann § 459 Rn.27; OLG Hamburg MDR 54, 551

d) Rückbindung des Ergebnisses an die Interessenlage

Die §§ 459ff. BGB ergeben somit, wenn sie konsequent und systemgerecht angewendet werden, folgendes Bild: Führt der Fehler einer einzigen zum Unternehmen gehörenden Sache dazu, daß das Unternehmen als Ganzes mit einem erheblichen Mangel behaftet ist, so kann der Käufer Wandlung oder Minderung verlangen; ist dies nicht der Fall, so stehen dem Käufer keinerlei Rechte zu. Das erscheint vor dem Hintergrund der Interessenlage fragwürdig: Soll der Käufer im ersteren Fall nur wegen des einen Inventarstücks den Kauf des Unternehmens insgesamt rückgängig machen dürfen? Und kann es nicht umgekehrt im letzteren Fall sein, daß der Kaufpreis auch mit Rücksicht auf die Intaktheit des gesamten Inventars gerade so bemessen wurde und nicht anders? Wäre es nicht in beiden Fällen interessengerechter, dem Käufer das Recht auf Minderung zu gewähren, die Wandlung jedoch zu verwehren, und d.h., da die §§ 459ff. BGB diese Rechtsfolge nicht eröffnen: Sollte man mangels Angemessenheit der Rechtsfolgen nicht die §§ 459ff. BGB gänzlich außer Betracht lassen und sich um einen anderen Lösungsansatz bemühen?

1. Erhebliche Mängel

Zumindest für den ersteren Fall läßt sich ein unangemessenes Ergebnis nicht feststellen. Vielmehr ist das uneingeschränkte Wandlungsrecht eine im System der §§ 459ff. BGB bedingte Härte für den Verkäufer. Denn auch für den Verkäufer anderer Gegenstände als eines Unternehmens gilt: Liegt ein erheblicher Mangel vor, so mag er noch so behebbar sein und, wenn er nur einen Teil der Kaufsache infiziert, diese im übrigen noch so unberührt lassen - das Recht auf Wandlung greift durch. Warum es gerade einem Unternehmensverkäufer besser gehen soll, ist nicht ersichtlich[23]. Man kann allenfalls darüber diskutieren, ob man nicht das Wandlungsrecht bereits de lege lata - etwa unter dem Gesichtspunkt von Treu und Glauben - *generell* durch den Grundsatz der Verhältnismäßigkeit begrenzen will: Wandlung nur, wenn sie durch ein besonderes Interesse des Käufers gerechtfertigt wird, dem mit der Minderung nicht Genüge getan werden kann. Diese Möglichkeit ist dem BGB als solche nicht fremd, sie hat Vorbilder bei der Teilunmöglichkeit und beim Teilverzug (§§ 325 I 2, 326 I 3 BGB); in das Sachmängelrecht selbst hat sie in Gestalt von § 468 S.2 BGB Eingang gefunden, dessen analoge Anwendung auf den Unternehmenskauf denn auch zum Teil befürwortet worden ist[24]. Die Diskussion einer solchen Einschränkung dürfte sich dann aber nicht auf den Unternehmenskauf beschränken, sondern müßte für den gesamten Anwendungsbereich der §§ 459, 462 BGB geführt werden.

Allerdings weist der Unternehmenskauf die Besonderheit auf, daß durch den Wechsel des Unternehmensträgers auch Interessen Dritter berührt werden: Der Käufer muß sich erst einarbeiten und sich gleichzeitig am Markt behaupten, das Unternehmen ist in der Überleitungsphase somit stark geschwächt. Diese Schwächung wird durch eine evtl. Rückübertragung im Vollzuge der Wandlung noch verschärft. Ein denkbarer Niedergang des Unternehmens wäre aber nicht nur

23 Insoweit richtig Soergel-Huber § 459 Rn.261
24 Willemsen AcP 182 (1982), 515, 562ff.

volkswirtschaftlich unerwünscht, er würde auch Arbeitnehmer um Lohn und Altersversorgung bringen und Kreditgeber in ihrer Erwartung der künftigen Leistungsfähigkeit des Unternehmens enttäuschen[25]. Soll aus diesem Grund das Wandlungsrecht des Käufers beschränkt werden, nämlich auf solche Fälle, in denen ihm nach Abwägung mit den Interessen des Verkäufers und der genannten Dritten ein Festhalten am Vertrag nicht mehr zugemutet werden kann[26]?

Werden in die Anwendung vertragsrechtlicher Vorschriften die Interessen vertragsexterner Dritter einbezogen, so werden diese Vorschriften zum Anknüpfungspunkt für einen komplexen Interessenausgleich im polygonalen Rechtsverhältnis erkoren. Während eine solche Koordination diffuser Interessen im öffentlichen Recht an zahlreichen Stellen bekannt ist - man denke etwa an die Regelungen für raumbedeutsame Vorhaben wie Atomkraftwerke, Fernstraßen o.ä. sowie an die kommunale Bauleitplanung - sind die Vorschriften des bürgerlichen Vertragsrechts und so auch die §§ 459ff. BGB[27] auf den Ausgleich nur im Verhältnis der am Vertrag Beteiligten angelegt. Das schließt es nicht aus, externe Interessen mitzuberücksichtigen, zumal diese Möglichkeit dem historischen Gesetzgeber selbst nicht fremd war; so hatten die Väter des BGB bei der Fassung des § 468 S.2 BGB auch öffentliche Interessen im Auge[28]. Will man jedoch für den Unternehmenskauf generell eine Fülle externer Interessen für die Fixierung der Rechtsposition des Käufers heranziehen, so handelt es sich hierbei um einen Akt der Rechtsfortbildung, für den zunächst eine hierfür erforderliche *Lücke* in der Rechtsordnung dargetan werden muß:

- Besteht in einer vom Grundsatz der Privatautonomie geprägten Wirtschaftsordnung ein Anlaß, dem Käufer für die Interessen externer Dritter (Gläubiger, Arbeitnehmer) Opfer aufzuerlegen, ohne daß diese Dritten überhaupt gefragt werden, ob sie dem Käufer ein solches Opfer abverlangen wollen?

- Bietet nicht das individuelle Rechtsverhältnis der externen Dritten zum jeweiligen Unternehmensträger dem Dritten die Möglichkeit, seine Interessen selbst zu schützen? Ein Kreditgläubiger etwa hat die Möglichkeit, bei Vermögensverschlechterung seines Schuldners zusätzliche Sicherheiten zu verlangen (Gedanke des § 321 BGB), wenn er die konkrete Gefährdung seines Anspruchs belegt. Soll ihm neben diesem *individuellen* Schutz noch ein *institutioneller* gewährt werden, indem das Recht des Käufers auf Wandlung wegen lediglich *abstrakter* Gefährdung der Liquidität des Unternehmens beschränkt wird? Was die Arbeitnehmer anbelangt, so wäre zu klären, ob nicht das Gesetz in Gestalt des § 613a BGB auf ihre Interessen hinreichend Rücksicht nimmt[29].

---

25 Hommelhoff, Die Sachmängelhaftung beim Unternehmenskauf, S.24f.
26 Dafür Hommelhoff, Die Sachmängelhaftung beim Unternehmenskauf, S.115f.
27 Hommelhoff, Die Sachmängelhaftung beim Unternehmenskauf, S.21
28 Näher Hommelhoff, Die Sachmängelhaftung beim Unternehmenskauf, S.26, unter Hinweis auf die Materialien
29 Vgl. Willemsen AcP 182 (1982), 515, 566

- Muß nicht ein etwa mit zu berücksichtigendes *öffentliches* Interesse Eingang in ein rechtsstaatlichen Bestimmtheitsanforderungen genügendes *Gesetz* gefunden haben? Darf man mit Rücksicht auf ein solches Interesse dem Käufer Beschränkungen (sc.: des Wandlungsrechts) auferlegen, von denen letztlich ein anderes Privatrechtssubjekt profitiert, nämlich der Verkäufer?

- Entstehen Probleme in der Unternehmensführung, die zur Schwächung der Marktposition führen können, nicht auch in anderen Bereichen, ohne daß auf externe Interessen Rücksicht genommen würde? Zu denken wäre an Personalentscheidungen in Kapitalgesellschaften: Wird der komplette Vorstand einer AG ausgewechselt oder der Geschäftsführer einer GmbH abberufen, so haben die Nachfolger ähnliche Probleme bei der Einarbeitung wie ein Unternehmenskäufer, ohne daß hieraus bislang die Konsequenz gezogen worden wäre, die Organisationsautonomie des Aufsichtsrats bzw. der Gesellschafterversammlung (die für die Wahl der Geschäftsführungsorgane zuständig sind) einzuschränken?

Diese Fragen zu beantworten, ist hier nicht der Raum[30]. Die These, das Wandlungsrecht des Käufers sei im Interesse Dritter und der Allgemeinheit beschränkt, wird daher nicht aufgegeben - sie wird lediglich unter den Vorbehalt besserer Erkenntnis gestellt, die es erst noch zu gewinnen gilt.

2. Unerhebliche Mängel

Um eine systembedingte Härte handelt es sich auch im zweiten Fall. Die Situation, daß de lege lata bei unerheblichen Mängeln ein Minderungsrecht wünschenswert wäre, ein Wandlungsrecht dagegen unangemessen, entsteht ebenfalls nicht allein bei Unternehmenskäufen. Für das Werkvertragsrecht hat der Gesetzgeber das Problem gesehen und in § 634 III BGB bei unerheblichen Mängeln die Wandlung ausgeschlossen. Wenn er für das Kaufrecht eine andere Lösung gewählt und auch die Minderung ausgeschlossen hat, so hat er dies offensichtlich nicht anders gewollt. Eine Korrektur der gesetzlichen Regelung durch Rechtsfortbildung verbietet sich daher im Rahmen des § 459 I 2 BGB.

II. Falsche Umsatzangaben, unzutreffende Bilanzen

a) Der "Mangel" des Unternehmens

Ist es die Ertragskraft des gekauften Unternehmens, nach der sich die Übereinstimmung von Ist- und Sollbeschaffenheit beurteilt, so gewinnen diejenigen Angaben des Verkäufers erhebliche Bedeutung, an denen diese Ertragskraft gemessen wird - nämlich die Bilanzen, aus denen der Betriebswirt nach der Ertragswertmethode die Bewertung des Unternehmens vornimmt. Auf dieser Prämisse begründet es einen Fehler, wenn dem Vertragsschluß unzutreffend aufgestellte Bilanzen des Verkäufers zugrundegelegt wurden und diese beim Käufer ein

30 Aus z.T. ähnlichen Gründen wie den im Text genannten stark zweifelnd, aber letztlich ebenfalls unentschlossen Willemsen AcP 182 (1982), 515, 566

falsches Bild von der Ertragskraft hervorgerufen haben[31] - und zwar auch dann, wenn sie sich nicht auf einen längeren Zeitraum beziehen[32].

Doch haben wir gesehen (oben I. b), daß die Sollbeschaffenheit sich nicht allein anhand der bilanzmäßig ermittelten Ertragskraft des Unternehmens beurteilt, sondern besondere Parteivereinbarungen über die Gestalt des Unternehmens hinzukommen müssen. Zudem ist nicht jede einzelne Bilanzangabe für den Entschluß, das Unternehmen zu eben dem vereinbarten Preis zu kaufen, ausschlaggebend, und es ist schwer ermittelbar, welche Angaben mit beeinflußt haben, da der Käufer seine Motivation beim Unternehmenskauf aus verhandlungstaktischen Gründen[33] nicht offenlegt. Andererseits können aber nur solche Falschangaben zur Anwendung des § 459 I BGB führen, die für den Käufer von Bedeutung gewesen sind, denn nur in solchen Angaben manifestiert sich eine Störung des Äquivalenzinteresses[34].

Um zu vermeiden, daß der Verkäufer ohne weiteres für jede fehlerhafte Einzelangabe in der Bilanz einstehen muß, ist daher vorgeschlagen worden, bilanzielle Angaben generell aus dem Anwendungsbereich des § 459 I BGB zu verbannen[35] und den Käufer darauf zu verweisen, sich die Erträge und die Richtigkeit sonstiger Abschlußangaben, auf die er Wert legt, *zusichern* zu lassen mit der Folge einer Haftung des Verkäufers nach § 459 II BGB[36]. Die Rspr. verfolgt dieselbe Linie, schränkt sie aber dadurch noch weiter ein, daß sie Ertragsangaben nur dann als zusicherungsfähige Eigenschaft ansieht, wenn sie sich auf einen längeren Zeitraum beziehen[37].

Wenn aber die bisherigen Erträge eine zusicherungsfähige "Eigenschaft" darstellen, so ist nicht einzusehen, weshalb sie nicht auch Gegenstand einer für den subjektiven Fehlerbegriff maßgeblichen Beschaffenheitsvereinbarung sein können: Die "Beschaffenheit" ist die Summe aller Eigenschaften des Kaufgegenstands[38]. Die Gefahr, daß der Verkäufer für jede u.U. unerhebliche Bilanzangabe einstehen muß, läßt sich auf andere Weise ausschalten: Die Bilanzangaben sind, auch wenn sie vom Verkäufer dem Käufer vorgelegt werden, noch nicht für die "Sollbeschaffenheit" konstitutiv, sie werden es erst dadurch, daß der Käufer im Laufe der Verhandlungen dokumentiert, daß es ihm auf die Richtigkeit gerade eines bestimmten Bilanzpostens ankommt. Hat der Käufer seine Präferenzen in diesem Punkt nicht offengelegt, sondern lediglich vom Verkäufer globale Ertragszahlen aus der Vergangenheit verlangt, so sind nur diese für die Sollbeschaffenheit maßgeblich,

31 So auch Mössle BB 83, 2146, 2151; Lieb, FS Gernhuber, S.259ff., 265f.

32 Zutreffend Lieb, FS Gernhuber, S.259ff., 265f. Anders die Rspr., siehe sogleich im Text

33 Vgl. Hommelhoff, ZHR 140 (1976), 271, 296

34 Hommelhoff, Die Sachmängelhaftung beim Unternehmenskauf, S.74, 81

35 Hommelhoff, Die Sachmängelhaftung beim Unternehmenskauf, S.82; ders., ZHR 140 (1976), 271. 297f.; dem folgend Hiddemann ZGR 82,435,445

36 Hommelhoff, Die Sachmängelhaftung beim Unternehmenskauf, S.83ff.

37 RGZ 63,57; 98,289; BGH NJW 70, 653, 655; WM 90, 1344. Gegen diese Beschränkung Hommelhoff, Die Sachmängelhaftung beim Unternehmenskauf, S.93ff.; ders., ZHR 140 (1976), 271, 298

38 Ähnlich schon Willemsen AcP 182 (1982), 515, 542

weil lediglich in bezug auf sie eine Beschaffenheitsvereinbarung zustande kommt. Hat aber der Käufer einmal auf solche Angaben erkennbar besonderen Wert gelegt und sie vom Verkäufer erhalten, so ist nicht einzusehen, weshalb der Verkäufer nur unter den qualifizierten Voraussetzungen einer Zusicherung an seinen Angaben festgehalten werden soll. Der Schutz des Verkäufers vor einer Haftung für jeden noch so unwichtigen Bilanzposten ist daher in qualifizierten Anforderungen an das Vorliegen einer Beschaffenheitsvereinbarung zu suchen: Die Angabe muß nicht nur in der dem Käufer vorgelegten Bilanz enthalten[39], sondern muß darüber hinaus zum Gegenstand der Verhandlungen gemacht worden sein. Die restriktive Interpretation des Fehlerbegriffs beim Unternehmenskauf sollte nach alledem von der Rspr. aufgegeben werden[40].

b) Rückbindung des Ergebnisses an die Interessenlage

Danach ist der Käufer zur Wandlung oder zur Minderung berechtigt, wenn dem Vertragsschluß Bilanzen zugrundegelegt wurden, die der Verkäufer in unzutreffender Weise aufgestellt hat. Auch hier fragt sich: Muß dem Käufer hier in jedem Fall das Wandlungsrecht zugestanden werden? Die Antwort ist dieselbe wie unter I. d): Das uneingeschränkte Wandlungsrecht ist im System der §§ 459ff. BGB angelegt und trifft den Verkäufer eines Unternehmens nicht härter als den Verkäufer anderer Sachen.

III. Das Problem der Verjährung

a) Verjährung in einem Jahr oder in sechs Monaten?

1. Der Meinungsstand und seine Würdigung

Wickelt man Leistungsstörungen beim Unternehmenskauf über die §§ 459ff. BGB ab, so hat dies - so muß man auf den ersten Blick folgern - auch die Anwendung von § 477 BGB zur Folge. Diese Vorschrift ordnet beim Verkauf von beweglichen Sachen eine Verjährungsfrist von 6 Monaten nach Ablieferung, bei Grundstücken von 1 Jahr nach Übergabe an. Das Unternehmen ist weder eine bewegliche Sache noch ein Grundstück. Es fragt sich daher, welche von beiden Fristen anzuwenden ist.

Soweit der BGH Leistungsstörungen beim Unternehmenskauf über § 459 BGB abwickelt, geht er einheitlich von 6 Monaten aus, und zwar auch dann, wenn die Störung in einem Mangel des Betriebsgrundstücks begründet ist[41].

---

39 Das scheint aber Prölss ZIP 81, 337, 344 ausreichen zu lassen

40 Ebenso MK-BGB-Westermann § 459 Rn.46a, 47, 50; für Einbeziehung falscher Bilanzangaben in den Anwendungsbereich von § 459 I BGB im Grundsatz auch Prölss ZIP 81, 337,343f.; Wiedemann, FS Nipperdey I, 1965, S.815, 827f.

41 RGZ 63,57,61; 98,289,293; BGH NJW 77, 1536, 1537 Der Rspr, zustimmend Hommelhoff, Die Sachmängelhaftung beim Unternehmenskauf, S.124f.; ders., ZHR 140 (1976), 271, 300; ders., BB 1976, 155f.

In der Literatur wird diese Rspr. damit erklärt, daß die einjährige Verjährungsfrist als Ausnahme angesehen werde, die man nicht erweiternd auf den Unternehmenskauf anwenden könne[42]. Indes hat die Rspr. ihre Ansicht nie auf diese Weise begründet, und eine solche Begründung wäre auch nicht haltbar: Die beiden Verjährungsfristen des § 477 I 1 BGB stehen zueinander nicht im Regel-Ausnahme-Verhältnis, vielmehr hat der Gesetzgeber zwei Gruppen von Kaufsachen einer je eigenständigen Regelung unterworfen. Zu Recht hat sich die Rspr. andernorts durch den angeblichen Ausnahmecharakter der einjährigen Verjährungsfrist nicht daran gehindert gesehen, diese analog auf grundstücksgleiche Rechte und mitverkauftes Grundstückszubehör auszudehnen[43]. Überhaupt gehört es heute zum gesicherten Bestand juristischer Methodenlehre, daß der Ausnahmecharakter einer Vorschrift deren erweiternder Auslegung oder Analogiefähigkeit nicht prinzipiell entgegensteht[44].

Indes hat die Rspr. die Anwendung der einjährigen Verjährungsfrist überhaupt nicht als mögliche Alternative in Betracht gezogen. Sie hat vielmehr konstatiert, die Härte, daß ein Mangel erst nach Ablauf der Verjährungsfrist offenbar werde, entstehe auch außerhalb des Unternehmenskaufs, eine besondere Schutzwürdigkeit gerade des Unternehmenskäufers könne nicht festgestellt werden, zumal es den Parteien anheimstehe, eine abweichende Regelung zu treffen (vgl. § 477 I 2 BGB)[45]. Mit diesen Argumenten hat sie sich dafür ausgesprochen, daß § 477 BGB *überhaupt anwendbar* ist und nicht etwa § 195 BGB oder irgendeine andere Lösung vorzuziehen sind.

Das Argument, die Parteien könnten die Verjährung individuell regeln, könnte man indes zugunsten jeder denkbaren Lösung anführen; man könnte mit dem gleichen Recht argumentieren, die 30jährige Verjährungsfrist des § 195 BGB sei nicht zu beanstanden, da die Parteien sie vertraglich verkürzen könnten. Mit dem Hinweis auf die Möglichkeit abweichender Parteivereinbarung wird man zudem der Funktion dispositiver gesetzlicher Regelungen für die Bewältigung von Störungen in schuldrechtlichen Verträgen nicht gerecht. Dispositives Vertragsrecht soll für den Fall, daß besondere Parteivereinbarungen fehlen, eine den auftretenden Konflikten *typischerweise angemessene* Regelung bereitstellen. Es müßte somit der Nachweis geführt werden, daß § 477 BGB auch dem Interessenkonflikt bei Leistungsstörungen im Rahmen eines Unternehmenskaufs typischerweise gerecht wird bzw. genauer: ebenso gerecht wird wie für alle anderen Fälle kaufrechtlicher Mängelgewährleistung. Auf diese Frage, die die Rspr. ohne weiteres bejaht, wird sub c) zurückzukommen sein.

Ein Teil der Literatur wendet demgegenüber bei Vorhandensein eines Grundstücks die einjährige Verjährungsfrist an, im übrigen die 6-monatige[46]. Indes ist jede

42 Soergel-Huber § 459 Rn.242
43 OLG Hamburg Recht 1921 Nr.1134; MK-BGB-Westermann § 477 Rn.15
44 Larenz, Methodenlehre der Rechtswissenschaft, 6.Aufl.1991, S.355
45 Vgl. die in Fn.20 zitierte Rspr.; dem folgend Hommelhoff ZHR 140 (1976), 271, 300; Mössle BB 83, 2146, 2153
46 Soergel-Huber § 459 Rn.261

Betrachtungsweise, die es für ausschlaggebend hält, von welchem zum Unternehmen gehörigen Einzelgegenstand der Mangel des Unternehmens als Ganzes herrührt, zu vordergründig; für die Fälle, in denen der Mangel auf falschen Bilanzen beruht (vgl. o. II.), paßt eine solche Differenzierung ohnehin nicht, denn *dieser* Mangel der Ertragskraft rührt von keinem speziellen Gegenstand her. Nochmals ist festzuhalten: Nicht der Einzelgegenstand ist Gegenstand des Kaufs, sondern das Unternehmen als Organismus. Die Lösung für die Verjährungsfrage muß in den Eigenheiten *gerade dieses* Kaufgegenstandes gesucht werden und nicht in den Eigenheiten einzelner Bestandteile.

Teilweise ist nach Lösungen gesucht worden, wonach an die Stelle der starren Frist des § 477 I 1 BGB eine Obliegenheit des Käufers gesetzt werden soll, den Mangel innerhalb einer nach den Umständen des Einzelfalls zu bemessenden Frist geltend zu machen[47]; teilweise wird die Anwendung von § 477 BGB zwar im Grundsatz befürwortet, aber für besondere Fälle im Wege der ergänzenden Vertragsauslegung eine stillschweigende Verlängerung der Frist konstruiert[48]. Doch sollte man derartige Verwässerungen eines der Rechtssicherheit dienenden Rechtsinstituts wie der Verjährung erst in Erwägung ziehen, wenn die Unangemessenheit der vom Gesetz bereitgestellten Lösung belegt ist. Vgl. unten c).

2. Der Grundstückskauf als analogiefähiger Parallelfall?

Um zu entscheiden, welche Frist für das Unternehmen gelten soll, ist zu fragen, ob dieses wertungsmäßig eher einer beweglichen Sache oder eher einem Grundstück gleichgesetzt werden kann, anders gewendet: ob es eher die Vorstellungen des Gesetzgebers bei Anordnung der Frist für bewegliche Sachen oder der für Grundstücke trifft. Warum hat nun der Gesetzgeber die Abwägung zwischen dem Interesse des Verkäufers an Rechtssicherheit einerseits und dem Interesse des Käufers an der Wiederherstellung des gestörten Äquivalenzinteresses bei Grundstücken anders ausfallen lassen als für bewegliche Sachen? Da die gesetzliche Differenzierung allein daran anknüpft, ob es sich um ein Grundstück oder um eine bewegliche Sache handelt, und weitere Umstände (insbesondere des Einzelfalles) nicht maßgeblich sind, hat der Gesetzgeber hier offensichtlich eine *Typisierung* vorgenommen. Wodurch also unterscheidet sich der Grundstückskauf *typischerweise* vom Kauf einer beweglichen Sache? Daß die Mängel bei Grundstücken typischerweise später zutage treten, läßt sich nicht behaupten[49]. Vielmehr ist die gesetzliche Differenzierung im Zusammenhang mit anderen Vorschriften zu sehen, die dem Grundstückskauf eine herausgehobene Funktion zuweisen. Bei einem Grunstück handelt es sich um einen Gegenstand, zu dessen Verkauf oder Erwerb nach gesetzlicher Anordnung (§ 313 S.1 BGB) niemand sich verpflichten soll, ohne sich im Verfahren der notariellen Beurkundung die Folgen

47 So Huber ZGR 72,395,420f.; Erman-Weitnauer (5.Aufl.) Anm. 1a vor § 459; mittlerweile (9.Aufl.) wird aber auch dort die Anwendung von § 477 BGB befürwortet. Ablehnend zu einer an § 242 BGB ausgerichteten flexiblen Lösung schon Hommelhoff ZHR 140 (1976), 271, 300

48 Mössle BB 83, 2146, 2153

49 Anders Mössle BB 83, 2146, 2153; Prölss ZIP 81.337,345

dieses Geschäfts eindringlich vor Augen geführt zu haben. Dies deshalb, weil der Grundstückskaufvertrag für einen oder beide Vertragsteile regelmäßig zu den wichtigsten vermögensrechtlichen Geschäften gehört[50]. Für den Verkäufer bedeutet die Veräußerung des Grundstücks die Aufgabe eigenen Bodens, der nicht zuletzt geeignet war, zu seiner materiellen Existenzbasis einen wesentlichen Beitrag zu leisten[51]; für den Erwerber erfordert häufig der Kauf den Einsatz eines wesentlichen Teils seines Vermögens[52]. Diese Besonderheiten, die die Beurkundungspflicht des Grundstückskaufvertrags rechtfertigen, legitimieren zugleich die längere Verjährungsfrist für die Sachmängelgewährleistung nach § 477 I 1 BGB: Der Käufer ist in seinem Äquivalenzinteresse typischerweise besonders schutzwürdig, weil er unter Einsatz erheblichen Vermögens einen Gegenstand von häufig existentieller Bedeutung erwirbt.

Diese typisierende Betrachtung trifft aber auch auf den Unternehmenskauf zu[53] Der Erwerber setzt in den allermeisten Fällen ein beträchtliches Vermögen ein, um einen Gegenstand zu erwerben, in den er fortan seine ganze Arbeitskraft investieren muß und der somit allein seine künftige Existenz sicherstellen soll. Handelt es sich bei dem Erwerber um eine Kapitalgesellschaft, die das Unternehmen dem eigenen Betriebsvermögen einverleiben will, so ist die Interessenlage keine andere: Der Erwerb hat stark an den Kapitalressourcen der Gesellschaft gezehrt; amortisiert sich der Aufwand nicht, so droht eine drastische Verschlechterung der Ertragslage, die nicht selten den Bestand der Gesellschaft gefährden wird. Das Interesse des Unternehmenskäufers an der Beseitigung von Störungen der Gleichwertigkeit von Leistung und Gegenleistung - ggf. auch nach längerer Zeit - ist somit *typischerweise* ebenso schutzwürdig wie dasjenige des Grundstückskäufers. Es ist daher beim Unternehmenskauf *immer* die *einjährige* Verjährungsfrist anzuwenden, und zwar - das ist die Konsequenz aus der hier nunmehr befürworteten strikten Orientierung am Kaufgegenstand Unternehmen als Gesamtkomplex - *selbst dann, wenn zum Unternehmen kein Grundstück gehört*[54].

---

50 MK-BGB-Kanzleiter § 313 Rn.2

51 MK-BGB-Kanzleiter § 313 Rn.2

52 MK-BGB-Kanzleiter § 313 Rn.2

53 Im Ergebnis ebenso, d.h. für Gleichsetzung von Grundstücks- und Unternehmenskauf in § 477 BGB, Mössle BB 83, 2146, 2153; Westermann ZGR 82, 45, 61; Willemsen AcP 182 (1982), 515, 568; Prölss ZIP 81, 337, 345. Mit dem im Text Ausgeführten soll nicht behauptet werden, daß der Unternehmenskauf der notariellen Beurkundung nach § 313 S.1 BGB bedarf. Dies würde den zusätzlichen Nachweis voraussetzen, daß die Schutzzwecke dieser Vorschrift sämtlich auf den Unternehmenskauf zutreffen. Hinsichtlich des Übereilungsschutzes und der Beweisfunktion (vgl. MK-BGB-Kanzleiter § 313 Rn.1) könnte man dies in der Tat bejahen; weshalb die Gewährleistungeiner notariellen Belehrung bedürfen soll, ist demgegenüber nicht ersichtlich. Zudem gäbe es für die Heilungsmöglichkeit des § 313 S.2 BGB beim Unternehmenskauf keinen tauglichen Anknüpfungspunkt.

54 So mit Recht Mössle BB 83, 2146, 2153. - In der Kautelarpraxis wird denn auch eine Frist von 1 - 2 Jahren für angemessen erachtet, vgl. Hommelhoff ZHR 150 (1986), 254, 265f.

b) Verjährungsbeginn

1. Überleitung plus Einweisung

Die Verjährung beginnt nach § 477 I 1 BGB bei beweglichen Sachen mit der Ablieferung, bei Grundstücken mit der Übergabe. Beiden Zeitpunkten ist - vom Gesetzgeber beabsichtigt - gemeinsam, daß der Käufer die Sache so in seine Herrschaftsgewalt bekommt, daß er die effektive Möglichkeit hat, sie auf Mängel hin zu überprüfen. Die sachgerechte Übertragung dieses gesetzlichen Grundgedankens führt beim Unternehmenskauf dazu, daß allein die Verschaffung des Besitzes an den Betriebsmitteln noch nicht ausreicht. Der Käufer kann das Unternehmen erst dann auf Mängel überprüfen, wenn er weiß, wie dieses "funktioniert". Zusätzlich für den Verjährungsbeginn ist daher erforderlich, daß der Verkäufer den Käufer in das Unternehmen *eingewiesen* hat[55]. Wenn demgegenüber in der Rspr. auf die Übergabe (sc. der einzelnen zum Unternehmen gehörenden Gegenstände) abgestellt wird[56], so wird hierbei erneut verkannt, daß nicht die einzelnen Gegenstände, sondern das Unternehmen als lebender Organismus Kaufgegenstand ist[57].

Mit diesen Überlegungen wird die Konsequenz aus der Tatsache gezogen, daß die Erfüllung des Unternehmenskaufvertrags durch den Verkäufer nicht allein dadurch gekennzeichnet ist, daß die Ware in einem Zug aus der Hand des Verkäufers in die des Käufers gelangt; vielmehr tritt ein Moment der *Zusammenarbeit* beider Parteien in den Vordergrund[58]. Die Verjährung kann erst dann beginnen, wenn die Phase dieser Zusammenarbeit beendet ist und an ihre Stelle das eigenständige Wirtschaften durch den Käufer tritt. Dies ist der Fall, wenn der Käufer dem Verkäufer zu erkennen gegeben hat, daß er - unbeschadet seines Rechts, bei später auftauchenden Unklarheiten ergänzende Rückfragen zu stellen - dem Verkäufer zu erkennen gegeben hat, daß seine Informationsgrundlage ausreicht, um jedenfalls mit der Arbeit im Unternehmen beginnen zu können; das ist insbesondere dann der Fall, wenn der Käufer, sobald der Verkäufer ihm die Funktionsbedingungen des Unternehmens gezeigt hat, keine weiteren Fragen stellt, sondern alsbald die Arbeit aufnimmt. Eine solche Anknüpfung des Verjährungsbeginns an eine subjektive Erklärung des Käufers ist im BGB-Vertragsrecht nichts Ungewöhnliches: Beim *Werkvertrag* beginnt die Verjährung mit der *Abnahme* (§ 638 BGB). Diese wird verstanden als die körperliche Hinnahme des Werkes verbunden mit der *Anerkennung als in der Hauptsache vertragsmäßige Erfüllung*[59]. Beim Unternehmenskauf wäre der Gefahrübergang etwas anders zu definieren, nämlich als *Überleitung der Betriebsmittel auf den Käufer plus dessen Erklärung, daß er sich aufgrund der ihm vom Verkäufer gegebenen Einweisung in der Lage sehe, eigenständig das Unternehmen fortzuführen.*

55 Ebenso Willemsen AcP 82,515,568

56 Vgl. die zur Verjährungsfrist zitierte Rspr.

57 Allerdings steht es den Parteien frei, den Zeitpunkt des Gefahrübergangs privatautonom zu definieren; in der Kautelarpraxis geschieht dies durch das sog. "Closing", vgl. Hommelhoff ZHR 150 (1986), 254, 265f.

58 Siehe dazu schon Hommelhoff, Die Sachmängelhaftung beim Unternehmenskauf, S.27

59 Statt aller Jauernig-Schlechtriem, BGB, 7.Aufl. 1994, § 640 Anm.1a

Man wird einwenden wollen, daß auf diese Weise der Verjährungsbeginn der für die Rechtssicherheit notwendigen eindeutigen Fixierung entbehre: Der Gefahrübergang werde von einem Verhalten des Käufers abhängig gemacht und könne von diesem daher beliebig weit hinausgeschoben werden. Doch erscheint selbst dies Problem nicht unlösbar: Die Verjährung beginnt spätestens dann, wenn - ohne Rücksicht darauf, inwieweit der Käufer sich subjektiv mit dem Unternehmen hinreichend vertraut "fühlt", spätestens dann, wenn seit der Überleitung der Betriebsmittel eine Frist verstrichen ist, innerhalb derer *typischerweise erwartet werden kann*, daß der Käufer sich hinreichend einarbeitet. Die starre Festsetzung einer solchen Frist, die für alle Unternehmen einheiltlich und betont kurz bemessen werden sollte, findet zugegebenermaßen keine Grundlage im Sachmängelrecht, sondern müßte letztlich auf § 242 BGB gestützt werden. Doch ist die Fortbildung der Gewährleistungsvorschriften in *diesem* Punkt aus den Besonderheiten des Unternehmenskaufs gerechtfertigt und geboten.

2. Analogie zur Verjährung von Ersatzansprüchen gegen einen Steuerberater?

In Anlehnung an eine Entscheidung des BGH zur Verjährung von Schadensersatzansprüchen gegen einen Steuerberater (§ 68 StBG)[60] ist demgegenüber erwogen worden, die Verjährungsfrist erst beginnen zu lassen, wenn der Mangel offenbar geworden ist[61]. Damit sollen die aus der kurzen Verjährungsfrist resultierenden Härten abgemildert werden.

In der besagten Entscheidung des BGH war der Kläger (ein Gewerbetreibender), der die beklagte Steuerberatungsgesellschaft bei der Buchführung konsultiert hatte, zur Einkommensteuer veranlagt worden. Bei einer Außenprüfung nach §§ 193ff. AO wurden Fehler bei der Buchführung festgestellt und Steuern nacherhoben. Der Kläger verlangte von der Beklagten Schadensersatz; die Beklagte wandte Verjährung ein, da der Schaden und damit der Ersatzanspruch vor über 3 Jahren entstanden und somit die Frist des § 68 StBG abgelaufen sei. Der BGH ist dem nicht gefolgt: Ein Schaden sei dem Kläger erst entstanden, als die unrichtige Buchführung bei der Außenprüfung offenbar geworden sei. Erst durch die dabei erfolgte Ermittlung der zutreffenden Besteuerungsgrundlagen sei das Finanzamt zur Nacherhebung von Steuern veranlaßt worden. Die Verjährung beginne daher erst in dem Moment, in dem der Mangel der Buchführung und damit die Fehlleistung des Steuerberaters offenbar werde, nämlich mit der Schlußbesprechung nach § 201 AO.

Gegenstand der Entscheidung war mithin die Frage, wann dem Kläger ein *Schaden* entstanden war; ein Schaden war erst dadurch entstanden, daß die Defizite in der Leistung des Steuerberaters nach außen zutage traten, denn erst an diesen Umstand knüpften sich für den Mandanten spürbare Vermögenseinbußen. Um Schadensersatz geht es indes in unserem Fall nicht. Wertungsrelevant ist allein, daß der Käufer ein Unternehmen erhalten hat, das seinen Preis nicht wert ist. Und dies ist entweder bereits bei Gefahrübergang der Fall oder überhaupt nicht. Würde beim

60 BGHZ 73,363,366
61 Lieb, FS Gernhuber, S.259ff., 271

Unternehmenskauf die Verjährung zu dem Zeitpunkt beginnen, zu dem der Mangel offenbar wird, so könnte es im Einzelfall zu unabsehbaren Verjährungsfristen kommen - eine Befürchtung, die der BGH in seinem Fall nicht zu hegen brauchte, weil Steuernachforderungen aufgrund einer Außenprüfung ihrerseits nur befristet möglich sind[62]. Dem bereits erwähnten Umstand, daß mit zunehmendem Zeitablauf die Ursache für die Enttäuschung der Ertragserwartungen des Käufers nicht mehr feststellbar ist, wird eine an die Rspr. zu § 68 StBG angelehnte Lösung des Verjährungsproblems jedenfalls nicht gerecht. Im übrigen könnte für den Bereich des § 477 BGB ein derartiger Ansatz nicht vertreten werden, ohne die Rspr. des BGH, wonach Ansprüche aus positiver Vertragsverletzung auf Ersatz von Mangelfolgeschäden analog § 477 BGB verjähren[63], neu zu überdenken.

c) Rückbindung des Ergebnisses an die Interessenlage

Von diesem Standpunkt aus ist die Diskussion, ob die Anwendung von § 477 BGB der Interessenlage inadäquat ist, neu aufzugreifen. Bisher war argumentiert worden, die kurze Verjährung von 6 Monaten stelle den Käufer in der Regel schutzlos, denn etwaige Mängel stellten sich meistens erst später heraus[64]. Aber gilt dies auch bei einer Frist von einem Jahr? Bis dahin hat der Käufer seine erste Jahresbilanz aufgestellt und kann aus ihr schon deutliche Hinweise darauf entnehmen, inwieweit die beiderseitigen Vorstellungen von der Ertragskraft des Unternehmens zum Zeitpunkt des Kaufabschlusses zutreffend waren[65]. Und nicht zu übersehen ist, daß, wie sub I. gezeigt, das Interesse des Verkäufers an baldiger Klarheit stark ins Gewicht fällt: Je mehr Zeit zwischen Übertragung des Unternehmens und der Geltendmachung von Mängelrechten vergeht, umso schwieriger ist es festzustellen, ob die Ursachen für die unzureichende Ertragskraft bereits bei Gefahrübergang angelegt waren oder nicht. Beim Unternehmenskauf sind zudem typischerweise erhebliche Summen im Spiel, über die der Verkäufer alsbald ohne das Risiko von Gewährleistungsansprüchen muß disponieren können[66]. Die einjährige Verjährung kann unter Berücksichtigung dieser Aspekte nicht als eklatant unangemessen angesehen werden.

IV. Ausschluß der Wandlung nach §§ 467 S. 1, 352 BGB?

Um dem Argument zu begegnen, die Folgen der Wandlung träfen des Verkäufer übermäßig hart und daran zeige sich die Interessenwidrigkeit der Anwendung der

---

62 BGHZ 73,363,368

63 BGHZ 88,130

64 Soergel-Huber § 459 Rn.263; J.F. Baur BB 79, 381, 384f.

65 Zuzugeben ist allerdings, daß zwischen Einweisung in das Unternehmen und Aufstellung der ersten Jahresbilanz im Einzelfall genau ein Jahr liegen kann (Mössle BB 83, 2146, 2153 will deshalb für Mängel, die sich typischerweise erst bei der Bilanzerstellung offenbaren, eine stillschweigende Verlängerung der Verjährungsfrist annehmen). Doch bedarf auch die Aufstellung der Jahresbilanz einiger Vorbereitungsmaßnahmen, die daher noch innerhalb der Frist erfolgen müssen und bereits den Blick des Käufers auf mögliche Mängel hinlenken.

66 Hommelhoff, Die Sachmängelhaftung beim Unternehmenskauf, S.124, ders., ZHR 140 (1975), 271, 300; ders., BB 76,155f.

§§ 459ff. BGB auf den Unternehmenskauf, hat man ins Feld geführt, in der Regel sei die Wandlung ohnehin ausgeschlossen, nämlich nach §§ 467 S.1, 352 BGB[67]. In dem Moment, in dem der Käufer mit dem Unternehmen zu wirtschaften beginne, drücke er diesem seinen Stempel auf. Das Unternehmen werde somit "umgestaltet"; das Unternehmen, das der Käufer bei der Durchführung der Wandlung dem Verkäufer zurückübertragen würde, sei nicht dasselbe, das der Verkäufer einst dem Käufer übertragen habe[68].

Das Postulat eines solchen Ausschlusses der Wandlung ist zum einen nicht erforderlich, um interessengerechte Ergebnisse zu gewährleisten - wie gezeigt, betreffen die mit dem uneingeschränkten Wandlungsrecht verbundenen Härten nicht spezifisch den Unternehmenskauf -; es stößt auch rechtlich in dieser Allgemeinheit auf Bedenken: Hat sich der Mangel erst bei der "Umgestaltung", d.h. erst beim Weiterführen des Unternehmens durch den Käufer gezeigt (was in aller Regel der Fall sein wird), so bleibt das Wandlungsrecht nach § 467 S.1 2. Halbsatz BGB bestehen. § 352 BGB steht in der Vorschriften über das vertragliche Rücktrittsrecht. Im unmittelbaren Anwendungsbereich dieser Norm weiß der Rücktrittsberechtigte von Anfang an, daß er den Vertrag wieder rückgängig machen kann. Will er sich diese Möglichkeit offenhalten, so ist er gehalten, die Sache in ihrem bisherigen Zustand zu erhalten; § 352 BGB ist mithin ist ein Sonderfall des Verbots widersprüchlichen Verhaltens[69]. Im Bereich der Sachmängelhaftung darf der Käufer, solange er den Mangel nicht kennt, darauf vertrauen, nach Belieben mit der Kaufsache verfahren und sie auch umgestalten zu können. Entdeckt er erst hierbei den Mangel, so ist das Wandlungsbegehren kein widersprüchliches Verhalten.

C. Andere Lösungsansätze

Die vorstehenden Überlegungen haben ergeben, daß man die §§ 459ff. BGB durchaus systemgerecht anwenden kann, ohne zu der Interessenlage beim Unternehmenskauf widersprechenden Ergebnissen zu gelangen. Wie steht es aber mit den anderen Konzepten, die - als Alternative und/oder Ergänzung zu den §§ 459ff. BGB - vorgeschlagen werden?

I. Culpa in contrahendo (c.i.c.)

Zum Teil ist vorgeschlagen worden, Mängel des verkauften Unternehmens allein über die c.i.c. abzuwickeln[70]. Die Rspr. wendet demgegenüber zwar die §§ 459ff. BGB im Grundsatz an, schränkt dies aber durch eine restriktive Interpretation der Begriffe "Fehler" und "Eigenschaft" erheblich ein und eröffnet damit für die c.i.c. ein weites Feld. Der Verkäufer soll verpflichtet sein, den Käufer über alle "sonstigen Umstände" aufzuklären, die einerseits nicht als "Fehler" angesehen wer-

67 Zur Frage, inwieweit ein Ausschluß der Wandlung nach §§ 467 S.1, 351 BGB in Betracht kommt, siehe Hommelhoff, Die Sachmängelhaftung beim Unternehmenskauf, S.113f.

68 Lieb, FS Gernhuber, S.259ff., 269f.

69 MK-BGB-Janßen § 352 Rn.1

70 J.F.Baur BB 79, 381ff.

den können, andererseits aber für den Käufer von Bedeutung für den Vertragsschluß sind[71]. Insbesondere sollen falsche Angaben über Umsatzzahlen oder die Vorlage unzutreffend aufgestellter Bilanzen allein ein Fall der c.i.c. sein[72].

a) Die Ergebnisse und ihre Übereinstimmung mit der Interessenlage

Die c.i.c. ist indes als Ausgleichsinstrument für die Abwicklung von Leistungsstörungen beim Unternehmenskauf ungeeignet. Ist die Interessenlage durch eine Störung des *Äquivalenzinteresses* geprägt, so darf ein Anspruch des Käufers auf deren Beseitigung nicht (wie dies bei der c.i.c. aber der Fall ist) vom *Verschulden* des Verkäufers abhängen[73]. Weiterhin eröffnet die c.i.c. nur einen Anspruch auf Ersatz des Vertrauensschadens, nicht auf Ersatz des Erfüllungs-interesses[74]. Die Sanktionierung falscher Angaben über Umsatz- und Ertragsangaben allein über die c.i.c. ist daher unbefriedigend, wenn der Verkäufer hierbei *vorsätzlich* gehandelt hat und damit den Käufer arglistig getäuscht hat. Soll es hier dem Käufer verwehrt sein, statt seines Anfechtungsrechts nach § 123 I BGB Ersatz des *Erfüllungsinteresses* zu verlangen (was er mit den Sachmängelvorschriften erreichen könnte, vgl. § 463 S.2 BGB)? Die 30jährige Verjährung der Ansprüche aus c.i.c. wird zudem den bereits beschriebenen berechtigten Interessen des Verkäufers nicht gerecht[75].

Eine solche Argumentation vom Ergebnis her mag im allgemeinen methodisch problematisch sein; in unserem Zusammenhang ist sie geboten, weil die Befürworter des c.i.c.-Lösungswegs die Ablehnung der §§ 459ff. BGB und die Vorzugswürdigkeit der c.i.c. gerade damit begründen, hiermit ließen sich angemessenere Ergebnisse erzielen.

71 BGH NJW 70, 653; BGHZ 65,246,253

72 Soergel-Huber § 459 Rn.263

73 Lieb, FS Gernhuber, S.266 mit Fn.26; Hommelhoff ZHR 150 (1986), 254, 274; Willemsen AcP 182 (1982), 515, 555

74 Ausdrücklich für den Unternehmenskauf Soergel-Huber § 459 Rn.245

75 Hommelhoff ZHR 150 (1986), 254, 274; Hiddemann ZGR 82, 435, 449; Willemsen AcP 182 (1982), 515, 567f.; Lieb, FS Gernhuber, S.259ff., 261, 268; ähnlich G.Müller BB 80, 1393, 1396 ("enorme Belastung" für den Verkäufer). Allerdings ist zweifelhaft, ob insbesondere der Anspruch auf *Vertragsaufhebung* wegen fahrlässiger Falschinformation innerhalb von 30 Jahren geltend gemacht werden kann, wenn doch die Anfechtung wegen *arglistiger Täuschung* auf 1 Jahr nach Kenntnis der Täuschung begrenzt ist. Zum Teil wird zur Vermeidung von Wertungswidersprüchen befürwortet, die Frist des § 124 BGB analog auf den aus c.i.c hergeleiteten Aufhebungsanspruch anzuwenden (Soergel-Wiede-mann Rn.199 vor § 275; dagegen BGH WM 88, 124, 125). Auch dann kann es aber sein, daß der Verkäufer nach vielen Jahren noch mit Ansprüchen konfrontiert wird; wann der Käufer von der Fehlinformation Kenntnis erlangt, steht im vorhinein nicht fest. Demgegenüber ist festzuhalten, daß die mit den starr an die Einräumung der effektiven Überprüfungsmöglichkeit (Ablieferung bzw. Übergabe) anknüpfenden Fristen des § 477 BGB getroffene Erwägung, daß ohne Rücksicht auf jede Kenntnis des Käufers alsbald die Gewährleistung ein Ende haben muß, aus dem genannten Grund der Interessenlage beim Unternehmenskauf in besonderer Weise angemessen ist.

b) Herabsetzung des Kaufpreises als denkbare Rechtsfolge eines Anspruchs aus c.i.c.?

Doch befriedigt der Ansatz über die c.i.c auch in dogmatischer Hinsicht nicht. Zu ihr gelangt man erst, wenn man die Anwendbarkeit der spezielleren Sachmängelvorschriften verneint hat[76]. Hier befremdet insbesondere die restriktive Linie der Rspr. bei der Annahme zusicherungsfähiger Eigenschaften: Sie schränkt die Verpflichtungsmacht des Verkäufers und damit dessen Privatautonomie ohne sachlichen Grund ein[77]. Unbefriedigend ist ferner die Art und Weise, wie über die c.i.c. ein Anspruch des Käufers auf Herabsetzung des Kaufpreises begründet wird:

1. Ausgangspunkt: Ermittlung des hypothetischen Verhandlungsverlaufs

Ausgangspunkt ist, daß der Käufer bei der c.i.c. so gestellt werden muß, wie er stünde, wenn der Verkäufer die vorvertragliche Pflicht zur Information über vertragswesentliche Umstände nicht verletzt hätte. In diesem Fall hätte er entweder den Vertrag nicht geschlossen - dann kann er, wie auch zutreffend gelehrt wird, Aufhebung des Vertrags fordern. Oder er wäre zwar nach wie vor zum Kauf bereit gewesen, jedoch nur zu einem geringeren Preis. Dann hätte der Verkäufer seinerseits zwei Möglichkeiten gehabt: Entweder er hätte das niedrigere Angebot angenommen, oder er hätte auf dem geforderten Preis bestanden. Der Käufer hätte dann seinerseits entweder eingelenkt, oder der Vertrag wäre mangels Einigung nicht zustande gekommen.

2. Preisherabsetzung ohne hypothetisches Einverständnis des Verkäufers?

Angesichts dieser Fülle von denkbaren hypothetischen Abläufen müßte von einem Käufer, der sub specie c.i.c. Herabsetzung des Kaufpreises fordert, der Nachweis verlangt werden, daß es zu einer Einigung mit dem Verkäufer über den angemessenen niedrigeren Kaufpreis gekommen wäre[78]. Eben dies tut die Rspr.[79] und ihr folgend ein Teil der Literatur[80] aber nicht: Der Käufer könne ohne weiteres eine angemessene Herabsetzung des Kaufpreises fordern. Der Verkäufer habe sich im Kaufvertrag darauf eingelassen, daß der Kaufpreis anhand einer bestimmten Berechnungsgrundlage (Bilanzen, Inventarlisten usw.) bemessen werde. Hieran müsse er sich festhalten lassen; sei diese Berechnungsgrundlage mit falschen Tatsachen ausgefüllt worden, so verhalte er sich widersprüchlich, wenn er der Berichtigung durch zutreffende Tatsachen nicht zustimme[81].

---

76 Willemsen AcP 182 (1982), 515, 527 und 538; G.Müller BB 80, 1393, 1396

77 Hommelhoff, Die Sachmängelhaftung beim Unternehmenskauf, S.91ff.; ders., ZHR 140 (1976), 271, 298

78 Diese Schwäche der c.i.c.-Lösung ist in der Literatur mehrfach beschrieben worden, vgl. Hommelhoff ZHR 150 (1986), 254, 273; Willemsen AcP 182 (1982), 515, 553

79 BGHZ 69,53,57; BGH WM 80, 1006, 1007

80 Etwa Soergel-Huber § 459 Rn.244, 267

81 Soergel-Huber § 459 Rn.267

3. Vertragliche Bindung an die Kalkulationsgrundlage?

Diese Argumentation fußt auf der Prämisse, daß die Kalkulationsgrundlage für den Kaufpreis Bestandteil der vertraglichen Vereinbarung - und damit Bestandteil der zu ihr führenden Willenserklärungen - geworden ist. Nun ist Bezugspunkt der vertraglichen Einigung *in erster Linie der Kaufpreis selbst*. Der Verkäufer hat sich zur Übertragung des Unternehmens verpflichtet, um *diesen so bezifferten Kaufpreis* zu erlangen. Allerdings kann die Kalkulationsgrundlage u.U. für die Auslegung dieser Erklärung herangezogen werden. Dies hat die Diskussion in der Literatur zur rechtlichen Behandlung von *offenen Kalkulationsirrtümern* gezeigt: Hat etwa der Erklärende bei der Bezifferung seines Angebotspreises die Kalkulationsgrundlagen offengelegt *und* hat der Erklärungsgegner Anlaß, sich mit diesen zu beschäftigen (etwa weil er um Offenlegung gebeten hat), so sind die Kalkulationsgrundlagen für die Auslegung erheblich[82]. Ist sodann auf deren Grundlage der Angebotspreis falsch ermittelt worden und der Fehler dem Erklärungsgegner erkennbar, so ist nach dem Grundsatz "falsa demonstratio non nocet" das Angebot zu dem Preis erklärt, das sich aus der richtigen Anwendung der Berechnungsgrundlage ergibt[83].

Die Kalkulationsgrundlage kann also dazu dienen, den vom Erklärenden *tatsächlich gewollten* Inhalt einer Erklärung zu ermitteln. *Nicht* aber erzeugt sie einen *eigenständigen Erklärungsinhalt*, eine von der Rechtsbeständigkeit der Vereinbarung über den Kaufpreis *losgelöste* Bindung der Vertragsparteien. Könnte der Käufer unter dem Gesichtspunkt der c.i.c. ohne weiteres Herabsetzung des Kaufpreises verlangen, so würde der Verkäufer an einen Vertrag gebunden, den er so nicht abgeschlossen hat. Das steht nicht im Einklang mit der Rechtsgeschäftslehre des BGB. Vielmehr liegt es grundsätzlich im Rahmen der dem Verkäufer gewährleisteten Privatautonomie zu entscheiden, daß er sein Unternehmen, egal wieviel es tatsächlich wert ist, nicht unter einem ganz bestimmten Preis verkauft.

4. Zur Rolle von Treu und Glauben als Vertragsersatz

Die oben referierte Argumentation läßt sich daher nur halten, wenn man eine eigenständige Bindung des Verkäufers an die Grundlagen der Bemessung des Kaufpreises - die, wie gezeigt, auf *vertraglichem* Wege unmöglich ist - unter dem Gesichtspunkt von *Treu und Glauben*, etwa in der Ausformung des Verbots widersprüchlichen Verhaltens, begründen kann. Versuche, nach dem Scheitern rechtsgeschäftlichen Handelns dessen von den Parteien beabsichtigte Wirkungen über § 242 BGB zu "retten", sind uns aus der Diskussion um die Frage bekannt, ob und unter welchen Voraussetzungen die Berufung auf die *Formnichtigkeit von Verträgen treuwidrig* sein kann.

Die Rspr. hat sich - nach diskontinuierlicher Entwicklung im einzelnen - auf die Formel eingespielt, die Berufung auf die Formnichtigkeit sei treuwidrig, wenn sie zu "schlechthin untragbaren Ergebnissen" führe; dies sei der Fall, wenn entweder

82 Medicus, Allgemeiner Teil des BGB, 6. Aufl. 1994, Rn.758
83 Medicus, Allgemeiner Teil des BGB, Rn.758

der sich auf den Formmangel berufenden Partei ein schwerer Treueverstoß zur Last falle oder die andere Partei bei Nichterfüllung des Vertrags in ihrer Existenz gefährdet sei[84]. Die Literatur, die die reine Betrachtung des Ergebnisses mit Recht kritisiert, differenziert demgegenüber nach den Umständen, unter denen der Formmangel zustande kam:

Haben beide Parteien das Formerfordernis gekannt und eine von ihnen den Vertragsschluß in der vorgeschriebenen Form verweigert, so scheidet eine Korrektur der Formvorschrift aus[85]: Der anderen Partei ist es dann eben nicht gelungen, mit Erfolg auf einen wirksamen Vertragsschluß hinzuwirken[86]. Teilweise wird dies jedoch anders gesehen, wo der die Einhaltung der Form verweigernde Teil eine Übermachtstellung ausnutzt[87], doch kann dies nur dort überzeugen, wo die Übermachtstellung so geartet ist, daß sie zu einem Kontrahierungszwang führt[88].

Hatte eine der Parteien die vorvertragliche Pflicht, die andere über das Formerfordernis aufzuklären, und hatte sie diese verletzt, so bewendet es bei der Unwirksamkeit des Vertrags; die andere Partei kann aber aus c.i.c. Ersatz des Vertrauensschadens verlangen[89].

Lediglich dann, wenn die eine Partei die andere arglistig über das Formerfordernis getäuscht hat, wird der anderen Partei über § 242 BGB zugestanden, wahlweise Vertragserfüllung zu verlangen oder es bei der Formnichtigkeit bewenden zu lassen[90].

Die Wirkungen eines unwirksamen Vertrags können also nur in äußerst beschränktem Umfang über Treu und Glauben herbeigeführt werden, nämlich bei Arglist einer Partei, und lediglich in diesem Fall wird auch der Partei, die für den Formmangel verantwortlich ist, der Einwand abgeschnitten, sie hätte keinesfalls einen formgültigen Vertrag geschlossen. Nur in diesem einen Fall ist also der Nachweis des hypothetischen Verhandlungsverlaufs entbehrlich.

5. Folgerungen

Die Ergebnisse dieser Diskussion lassen sich für unser Problem fruchtbar machen. Insbesondere wende man nicht ein, die Argumentation sei spezifisch von dem Bestreben geleitet, den Schutzzweck der Formvorschriften nicht über § 242 BGB auszuhöhlen und biete für unser Problem keine analogiefähigen Kriterien. Vielmehr

84 BGHZ 85,315,319

85 Medicus, Allgemeiner Teil des BGB, Rn.632; Flume, Allgemeiner Teil des bürgerlichen Rechts, Teil II: Das Rechtsgeschäft, 3. Aufl. 1979, § 15 III 4 c bb S.279f.; Reinicke NJW 68, 39ff.

86 Medicus, Allgemeiner Teil des BGB, Rn.632

87 Larenz, Schuldrecht AT, 14. Aufl. 1987, § 10 III S.148f.

88 Zutreffend Medicus, Allgemeiner Teil des BGB, Rn.632

89 Flume, Allgemeiner Teil des bürgerlichen Rechts, Teil II: Das Rechtsgeschäft, § 15 III 4 c dd; Larenz, FS Ballerstedt, 1975, S.397ff., 405. Einschränkend Medicus, Bürgerliches Recht, 16. Aufl. 1993, Rn.185

90 Medicus, Bürgerliches Recht, Rn.182; ders., Allgemeiner Teil des BGB, Rn.631

liegt unser Fall noch extremer: Wird dem Verkäufer eine Herabsetzung des Kaufpreises aufgezwungen, so wird er nicht an den Folgen einer von ihm tatsächlich abgegebenen (wenn auch nichtigen) Willenserklärung festgehalten, sondern an einer von ihm *überhaupt nicht* abgegebenen. Nach alledem könnte dem Käufer eines Unternehmens über die c.i.c. allenfalls bei arglistigen Falschangaben des Verkäufers ein Anspruch auf Herabsetzung des Kaufpreises gegeben werden, ohne daß der Nachweis geführt werden müßte, daß der Verkäufer sich mit einem angemessenen niedrigeren Preis einverstanden erklärt hätte.

Damit bleibt für die c.i.c. als Regelfolge ein Anspruch des Käufers auf Befreiung vom Kaufvertrag, mithin dessen Rückabwicklung[91]. Wird der Lösungsansatz über die c.i.c. konsequent durchgeführt, so erreicht er mithin genau das Gegenteil dessen, was seine Befürworter anstreben[92]: Die Rückabwicklung wird nicht, wie beabsichtigt, zur Ausnahme, sondern zur Regel.

II. Wegfall (Fehlen) der Geschäftsgrundlage

Von den Befürwortern der c.i.c.-Lösung wird ergänzend das Rechtsinstitut des Wegfalls der Geschäftsgrundlage herangezogen, nämlich bei unverschuldeten Falschangaben zur Ertragskraft: In diesen Fällen handle es sich um einen nach der Geschäftsgrundlagenlehre zu behandelnden beiderseitigen Motiv- (nämlich Kalkulations-) irrtum[93]. Auf diese Weise wird eines der oben 1a) skizzierten Defizite der c.i.c.-Lösung beseitigt: Es wird auch eine ohne Verschulden des Verkäufers entstandene Störung des Leistungsgleichgewichts ausgeglichen[94]. Und der Wegfall der Geschäftsgrundlage hält auch gleich die von vielen als angemessen empfundene Rechtsfolge bereit: In erster Linie Vertragsanpassung, erst in zweiter Linie Vertragsaufhebung[95]. Nicht zuletzt deshalb wird noch weitergehend vertreten, bei Mängeln des verkauften Unternehmens sei die Lösung nicht nur ergänzend, sondern in erster Linie im Wegfall der Geschäftsgrundlage zu suchen[96].

Immer noch vermißt man aber einen Anspruch des Käufers auf das Erfüllungsinteresse bei Arglist des Verkäufers, und ebenso bleibt die zu lange Verjährung von 30 Jahren bestehen. Eine systemgerechte Anwendung der Geschäftsgrundlagenlehre erfordert außerdem eine strikte Orientierung an deren *Voraussetzungen*. Der Wegfall der Geschäftsgrundlage steht nicht für jedwede Äquivalenzstörung bereit, sondern nur für eine besonders schwerwiegende[97].

---

91 BGHZ 65,246,253; Soergel-Huber § 459 Rn.244 und 266; dagegen Canaris ZGR 82, 391, 416ff.

92 Vgl. etwa Soergel-Huber, § 459 Rn.244

93 Soergel-Huber § 459 Rn.268

94 Canaris ZGR 82, 391, 403

95 Canaris ZGR 82, 391, 402

96 Canaris ZGR 82, 391, 401ff.

97 So mit Recht Lieb, FS Gernhuber, S.259ff., 267; Willemsen AcP 182 (1982), 515, 558. Dagegen will Canaris ZGR 82, 391, 406ff. eine "schwere" Äquivalenzstörung bereits dann annehmen, wenn der Wert des Unternehmens "nicht nur unerheblich gemindert" wird, also ähnlich wie in § 459 I 2 BGB.

D. Zusammenfassung

Im Jahre 1982 hat *Willemsen* angesichts eines drastischen Zuwachses an literarischen Stellungnahmen zu den vorstehend aufgeworfenen Problemen am Schluß einer eingehenden Analyse der vielfältigen Ansichten für die Rückkehr zu den §§ 459ff. BGB plädiert[98]. Man muß ihm hierin folgen: Die Sachmängelvorschriften sind zur Bewältigung von Leistungsstörungen beim Unternehmenskauf nicht so unangemessen, wie viele meinen; die als Alternativen in die Diskussion gebrachten Lösungskonzepte lassen sich demgegenüber, wenn man mit ihnen die von ihren Vertretern gewünschten Ergebnisse erreichen will, nicht konsequent durchführen.

98 Willemsen AcP 182 (1982), 515, 560ff.

OLIVIER LAVÉDRINE

Paris - Francfort: coopération ou concurrence des deux places financières?

Die europäische Börsenlandschaft ist im Umbruch. In den kommenden Jahren geht es darum, welche Rolle die einzelnen Finanzplätze in einer Wirtschafts- und Währungsunion spielen werden. Was an dem Platz London geschehen wird, hängt davon ab, ob Großbritannien in der Währungsunion dabei sein wird oder nicht.

Auf dem Kontinent ist es anders. Im Mai dieses Jahres ist die Kooperation der Börsen Frankfurt und Paris an dem Wettbewerb zwischen den Finanzplätzen gescheitert. Welcher von den beiden Plätzen kann sich die besten Chancen ausrechnen? Denn schon drohen private Handelsnetze als neue Konkurrenten.

Es folgen einige Bemerkungen über ein hochaktuelles Thema der internationalen Finanzmärkte.

Le Traité de Maastricht a été adopté par les gouvernements européens le 10 décembre 1991. Il est entré en vigueur le 1er novembre 1993 après avoir été ratifié dans les différents états membres. Le 1er janvier 1999 les Européens auront une monnaie unique: L'Euro.

Auront-ils un jour une Bourse unique? Où sera-t-elle située? A Francfort, à Londres, à Paris, ou, ... sur Internet?

Aujourd'hui les thèses s'affrontent, les enjeux financiers aussi. Ils sont énormes.

La concurrence à laquelle se livrent les marchés des capitaux, les autorités de tutelles, les banques centrales, les „outsiders" comme Reuters, et tous les autres, est à son comble.

Il n'est pas facile de prédire qui l'emportera. Les quelques idées qui suivent n'ont pas la prétention de le faire. Elles sont le produit de la réflexion d'un Européen, praticien de la finance et observateur de l'Allemagne et de la France au cours des vingtcinq dernières années.

Notre réflexion s'articule autour de trois thèmes:

A) Les places financières européennes sont entrées dans une phase de compétition sans précédent.
B) La coopération va échouer.
C) Francfort? Paris? Que le meilleur gagne!

Puis, comme le citait déjà notre ami Professor Carl Zimmerer dans l'"Annual report 1990" d'Interfinanz:

„There will come a morning when you will awake to clear, sunny skies - richer, wiser and not a grizzly in sight".

A. Les places financières européennes sont entrées dans une phase de compétition sans précédent

Le formidable développement des marchés financiers dans les années quatre-vingt sous l'effort combiné de:

- l'accumulation de la richesse dans le monde développé,
- la mondialisation des échanges,
- la libération des règlementations nationales,
- le vieillissement de la population et son besoin de protection,
- le formidable essor de la micro-informatique et des capacités de calcul,
- l'explosion des moyens de communication à prix compétitifs,
- les besoins énormes de financement des Etats,

a bouleversé la donne. En moins d'une dizaine d'années, toute l'organisation des marchés financiers a explosé, qui avait si bien fonctionné auparavant. Il n'y pas si longtemps, on pouvait encore utilement dire au jeune candidat Agent de Change français sur le point d'être intronisé:

- „Mon jeune Ami, vous qui rejoignez cette noble profession dont le statut d'officier ministériel remonte à l'Ancien Régime, n'oubliez jamais que, dans notre métier, il ne suffit pas d'être idiot, il faut également être bien habillé".

Il a existé jusqu'à ces dernières années des Bourses régionales en France. Elles ont disparu. Elles sont en train de disparaître en Allemagne. Les bourses de Francfort, Berlin, Munich et Düsseldorf fusionnent en 1996.

Le Big-Bang Londonien a sonné en 1987 le glas de l'ancienne organisation des marchés financiers.

Les Marchés à Terme, MATIF, DTB, et tous les autres, se sont développés à la vitesse de l'éclair. Avec la spirale des profits rapides, des désastres à la Baring, et des difficultés de contrôle d'opérateurs trop jeunes, souvent mieux rémunérés que les dirigeants des établissements financiers qui les emploient.

En termes de cycle de vie de produits, les marchés financiers européens ont connu dans les années quatre-vingt leur phase de démarrage. Ils sont entrés dans une phase de maturité où le nombre d'acteurs compétents est devenu important et les marges serrées.

Les marchés financiers comportent trois grands secteurs:

- les changes,
- les taux,
- les valeurs mobilières à revenu variable, les actions.

Chacun de ces secteurs a également créé ses produits dérivés: contrats à terme, futures, options, et autres composites.

Et toutes les places financières européennes se sont hardiment engagées dans une course dont le but est d'attirer les capitaux en quête d'un couple risque-rentabilité aussi agréable que possible. Les grands investisseurs institutionnels, et en particulier ceux des Etats-Unis, ont été courtisés par tous les acteurs des marchés européens.

Il s'en est suivi une prolifération de places financières plus ou moins bien organisées. Il existe aujourd'hui trente-deux bourses et vingt-trois marchés á terme ou marchés d'options organisés en Europe.

Cette explosion s'est souvent faite aux dépens de la sécurité. Et il a alors fallu équiper dans la hâte des systèmes informatiques conçus indépendamment les uns des autres et ne pouvant pas communiquer.

Un thème abondamment développé par le Dr. R. Breuer, Président du Conseil de Surveillance de la Deutsche Börse AG, retient que les places européennes sont fragmentées, peu innovantes en comparaison avec leurs homologues américaines et qu'elles souffrent de problèmes de structure tant au plan comptable, fiscal que règlementaire. Elles souffrent donc d'un handicap concurrentiel sérieux.

Déjà les investisseurs internationaux ne raisonnent plus en termes nationaux. L'industrie automobile offre une petite dizaine de possibilités d'investissements en Europe, deux seulement en France. L'investisseur américain s'intéressant au secteur fera son choix entre les différents émetteurs européens en ignorant les frontières nationales et ce d'autant plus que, dès 1999, il pourra régler ses achats d'actions en Euro.

Pour attirer les flux d'investissements nécessaires à leur survie les places financières développent des efforts fébriles:

- élargissement de l'offre de produits financiers,
- transparence et intégrité du marché par l'adoption de règles assouplies mais d'un contrôle strict, dans le cadre de la mise en place de la Directive sur les Services en Investissements,
- encouragement à la coopération, voire à la fusion de certains opérateurs de marchés. Ainsi les trente sociétés de bourse basées à Amsterdam ne sont plus que sept et devraient terminer à quatre,
- diffusion de systèmes de trading électronique modernes,
- etc.,...

Tout cela risque de ne pas suffire, d'autres concurrents menacent: les bourses électroniques indépendantes, c'est á dire développées par des réseaux de communication en dehors du cadre institutionel actuel.

Déjà TRADEPOINT a commencé. BLOOMBERG travaille activement à un système de passation d'ordres de bourse ouvert sur l'ensemble de son réseau, etc....Internet permet „virtuellement" de relier émetteurs et investisseurs du monde entier, en temps réel, et à un coût très faible. Ce pourrait être une „bourse virtuelle mondiale" d'ici à quelques années.

Ces systèmes inquiètent les autorités de tutelles qui craignent pour la sécurité des transactions, songent à la protection des petits investisseurs et, ... cherchent à conserver les privilèges hérités du passé.

Alors, devant la menace, une voix nouvelle? „Bourses de tous les pays, unissez-vous"?

B. La coopération va échouer

Les bourses de Paris et Francfort ont engagé des efforts de coopération depuis plusieurs années.

Le point d'application le plus concret de cette coopération est celui des systèmes de trading électronique que chacune des deux places met à disposition de ses membres afin de réduire le coût des transactions. Il est en effet inutilement coûteux de développer chacun de son côté des systèmes sophistiqués de plusieurs dizaines de millions de Dollars.

La Bourse de Paris a quant à elle, developpé depuis plusieurs années une expertise électronique qui lui a permis de vendre ses systèmes á Madrid, Luxembourg, Bilbao, Tunis, et d'autres places financières.

En avril 1996 la coopération des deux places financières rencontrait un premier obstacle lorsque le système NSC proposé par Paris était refusé par Francfort qui lui préférait le système EHS (Elektronisches Handelssystem) développé par Arthur Andersen. Ainsi la coopération et le projet de fusion de Matif SA avec son homologue la Deutsche TerminBörse étaient abandonnés.

Au delà des raisons techniques invoquées:

- Francfort veut un système tout-électronique et,
- Paris reste attaché à son marché des futures à la criée qui lui donne satisfaction,

c'est la stratégie de coopération qui est remise en cause!

Les marchés en phase de maturité subissent inévitablement la loi de la concurrence. Il faut prendre des parts de marché à ses concurrents. Toute coopération est alors difficile. La prédation est, en fait, la règle.

Francfort a pris conscience de son retard et cherche, à marche forcée, à le rattraper.

Paris, dominé par les considérations politiques, ne s'est pas vraiment remis d'avoir perdu le combat pour la Banque Centrale Européenne, d'où le raidissement des positions.

Sur le front prometteur des introductions en bourse d'entreprise de croissance, une nouvelle brèche dans la coopération vient d'apparaître dans le cadre de la compétition qui se prépare entre le Nouveau Marché de Paris et le Neuer Markt de Francfort.

A l'origine les bourses de Francfort, Paris et Bruxelles devaient coopérer afin de créer et développer un marché européen décentralisé spécialement conçu pour les entreprises européennes présentant un fort potentiel de croissance. D'où le concept d'EURO.NM. destiné à leur faciliter l'acces à un large nombre d'intermédiaires financiers en harmonisant les règlementations nationales.

Aujourd'hui on peut s'attendre au contraire, c'est à dire à une concurrence féroce entre les places, qui a déjà commencé avant même que le Neuer Markt ne soit lui même en fonctionnement. Les commentaires sur la „débacle" (probable) d'Infonie et les „Licht und Schatten über dem Nouveau Marché" dans la presse de langue allemande en sont un signe tangible, et „de bonne guerre".

C. Francfort, Paris, que le meilleur gagne!

Il existe une grande différence entre le marché des actions et celui des taux et des changes.

Pour le marché des actions les trois facteurs-clé de succès sont:

- les systèmes technologiques,
- les ressources humaines et
- les fonds.

Concernant les systèmes, Paris dispose d'une certaine avance par rapport à Francfort, dont l'informatisation ne sera complète qu'en 1998.

En ce qui concerne les hommes, une bourse moderne est un réseau informatisé avec une architecture ouverte pour qu'on puisse passer un ordre sur cette bourse de n'importe où dans le monde. Il faut des professionnels qui puissent analyser et communiquer de manière convaincante le résultat de leurs analyses à leur clientèle mondiale. Il n'est pas certain que l'ouverture des professionnels de Paris soit un avantage par rapport à ceux de Francfort. Il est clair que Paris souffre d'un grave handicap par rapport à Londres qui a su attirer les meilleurs professionnels en leur offrant une rémunération et une fiscalité de ladite rémunération beaucoup plus avantageuses qu'à Paris.

Par ailleurs, le nerf de la guerre d'une place financière, c'est le montant total des fonds à gérer.

Parmi les 5000 milliards de Dollars d'actifs nets du marché mondial des placements collectifs, selon les statistiques établies fin 1995 par la Fédération européenne des fonds et sociétés d'investissement (FEFSI) 1500 milliards de Dollars (soit 30 %) proviennent de fonds domiciliés en Europe et un petit 3000 milliards de Dollars aux Etats-Unis.

Les banques allemandes, Deutsche Bank en tête, ont réalisé en 1995 un effort sans précédent pour s'emparer des capitaux européens placés en organismes de placement de valeurs mobilières (OPCVM). Il faut dire que l'enjeu des réserves de retraites des entreprises allemandes n'est pas mince: 200 milliards de Dollars dont la gestion pourrait bien changer de mains dans de brefs délais.

Enfin, depuis le milieu des années quatre-vingt, la capitalisation boursière s'est accrue nettement plus vite à Paris qu'à Francfort. En même temps, le volume du marché obligataire est passé, en l'espace de 10 ans de 590 milliards de FF à 4200 milliards de FF. Il a été multiplié par sept. Dans le même temps, Francfort a quintuplé son volume d'opérations obligataires, à un niveau toutefois supérieur.

Plus de 40 banques et établissements financiers étrangers sont installés dans la capitale française. Après New York, Londres et Tokyo, Paris serait le quatrième centre financier du monde. Pour combien de temps?

On pourrait multiplier les examples à l'infini sans parvenir à une conclusion claire.

Espérons seulement que le défi que se lancent aujourd'hui les deux places financières se déroulera „à la loyale".

L'Europe en sortira alors grandie, et les Européens, plus riches et plus sages.

PAUL-ROBERT WAGNER / HEINZ CORNELIUS PÜTZ

Private Exportkreditversicherung in Deutschland

Im Unterschied zur staatlichen Exportkreditversicherung konzentriert sich die private Exportkreditversicherung in Deutschland auf die Absicherung des wirtschaftlich begründeten Ausfalls von Forderungen aus Warenlieferungen oder Dienstleistungen (Insolvenzrisiko). Erfaßt werden daher fast ausschließlich Lieferungen an Abnehmer in den OECD-Staaten und weiteren Ländern, in denen die Risiken durch politisch bedingte Forderungsausfälle keine oder nur eine geringe Rolle spielen.

Die private Exportkreditversicherung wird in Deutschland betrieben von der

Allgemeine Kreditversicherung AG, Mainz
Gerling-Konzern Speziale Kreditversicherungs-AG, Köln
Gothaer Kreditversicherungs-AG, Köln
Hermes Kreditversicherungs-AG, Hamburg
Zürich Kredit- und Kautionsversicherungs-AG, Frankfurt

Der folgende Beitrag befaßt sich nach einer einführenden Darstellung der Aufgaben und Bedeutung der privaten Exportkreditversicherung mit deren Grundlagen, den vertraglichen Gestaltungsmöglichkeiten sowie der Zusammenarbeit zwischen versichertem Exporteur und Kreditversicherer in der Praxis.

A. Bedeutung der Kreditversicherung für Exporteure

I. Erheblicher Sicherungsbedarf

a) Hohes Insolvenzniveau

Vor dem Hintergrund des hohen Insolvenzniveaus in allen westlichen Industriestaaten ist das Interesse der Exportwirtschaft an einer wirksamen Absicherung der Lieferantenkredite gegen Insolvenzverluste deutlich gestiegen. Die Anzahl der Insolvenzen weltweit - zum größten Teil konjunkturbedingt - unterliegt ständigen Schwankungen. Es ist jedoch festzustellen, daß seit 1990 wesentlich mehr Unternehmen zahlungsunfähig wurden als in den Jahrzehnten davor. Die entscheidenden Gründe hierfür liegen in der zunehmenden Brisanz zahlreicher Risikofaktoren.

Hierzu gehören u.a.:

- Der ständig härter werdende Wettbewerb und Internationalisierung in allen Branchen bedeutet eine permanente Herausforderung und Auslese für die Unternehmen.

- nicht ausreichende Eigenmittel, so daß kaum noch Reserven vorhanden sind, um Unternehmenskrisen unterschiedlicher Art zu bewältigen

- hohe Belastungen der eigenen Liquidität und Rendite durch die Finanzierung der vom Markt verlangten Lieferantenkredite

- Forderungsverluste durch zahlungsunfähige Kunden. Nicht selten werden Unternehmen selbst insolvent, weil sie hohe Ausfälle im Debitorenbereich finanziell nicht mehr ausgleichen können.

Das Risiko von Forderungsausfällen im Ausland durch Zahlungsunfähigkeit einzelner Schuldner ist meist schwieriger als im Inland einzuschätzen. Die Gründe hierfür liegen in einem oft sehr schwer zu erhaltenden Überblick über die Bonität des Abnehmers, aber auch in Sprachschwierigkeiten, rechtlich unterschiedlichen Gegebenheiten, fehlenden intensiven Kontakten zu Kunden und z.B. Banken sowie einer im Vergleich zum Inland unterschiedlichen Geschäftsmoral der Vertragspartner.

b) Zwang zur Kreditgewährung

Lieferungen ohne Risiko - z.B. durch Vorauskasse oder Zahlung gegen Akkreditiv - sind aufgrund des verstärkten Wettbewerbs von Unternehmen in den westlichen Industrieländern kaum noch üblich. Wünsche nach großzügig bemessenen Kreditzielen treten immer mehr in den Vordergrund, so daß neben Preis und Qualität der Ware die Gewährung von Krediten von seiten des Lieferanten als wichtiges Instrument im Wettbewerb gilt. Der zunehmende Zwang zur Kreditgewährung ruft neben den damit verbundenen erhöhten Finanzierungskosten einen Anstieg von Ausfallrisiken beim Exporteur hervor, die dieser selbst bei einer vorsichtigen und sicherheitsbewußten Unternehmenspolitik nicht mehr allein tragen sollte, um seine eigene Liquidität und den Ertrag nicht zu gefährden.

Da zunehmend die Vereinbarung von wirksamen Sicherheiten in den Hintergrund tritt, um die Geschäftsverbindung nicht zu gefährden, zudem auch die Rechtsbeständigkeit von Sicherheiten oft zweifelhaft ist, muß sich der Exporteur um andere Alternativen der Absicherung bemühen.

Die private Exportkreditversicherung erhält hierbei eine in den letzten Jahrzehnten ständig gestiegene Bedeutung.

II. Schadenverhütung und Entschädigung im Mittelpunkt

Die wichtigsten Aufgaben und Funktionen der privaten Exportversicherung liegen in der Schadenverhütung und -minderung und letztlich Entschädigung von Forde-

rungsausfällen. Die intensive Prüfung und ständige Überwachung und Kontrolle der Abnehmer des Vertragspartners im Hinblick auf Bonität und Insolvenzgefährdung hat das Ziel, Ausfälle nach Möglichkeit zu vermeiden oder zumindest einzugrenzen. Durch die enge Zusammenarbeit zwischen Kreditversicherer und Exporteur kann sich dieser risikogerecht verhalten und vermeidet empfindliche Ausfälle und damit Verluste an Liquidität und Vermögen.
Auch bei laufender Überwachung der Abnehmer sind Forderungsausfälle wegen der vielfältigen Insolvenzursachen nicht auszuschließen. Im Rahmen der Vertragskonditionen erfolgt durch den Kreditversicherer ein Ersatz des Ausfalles, wenn ein Schuldner zahlungsunfähig geworden ist. Darüber hinaus steht der Kreditversicherer der exportierenden Wirtschaft mit seinen Erfahrungen und entsprechenden Hinweisen für geeignete Maßnahmen zur Verringerung des Ausfalls (z.B. Inkasso, Sicherheitenverwertung) zur Verfügung.

Für die nachfolgend genannten Länder übernehmen die privaten Kreditversicherer zur Zeit Versicherungsschutz. Je nach Bonität des jeweiligen Landes können für die Absicherung unterschiedliche Voraussetzungen gelten.

Andorra
Argentinien
Australien
Bahrain
Belgien
Brasilien
Chile
Dänemark
Deutschland
Estland
Finnland
Frankreich
Gibraltar
Griechenland
Großbritannien
Hongkong
Indien
Indonesien
Irland
Island
Israel
Italien
Japan
Kanada
Katar
Kuwait
Lettland
Liechtenstein
Litauen
Luxemburg
Malaysia
Malta
Marokko
Mexiko
Monaco
Neuseeland
Niederlande
Norwegen
Österreich
Oman
Polen
Portugal
Puerto Rico
San Marino
Saudi Arabien
Schweden
Schweiz
Singapur
Slowakische Republik
Slowenien
Spanien
Südafrika
Südkorea
Taiwan
Thailand
Tschechische Republik
Türkei
Tunesien
Ungarn
USA
Ver. Arab. Emirate
Zypern

(Die Aufstellung berücksichtigt das Deckungsspektrum der Gerling-Konzern Speziale Kreditversicherungs-AG - Stand März 1996)

III. Vorteile für versicherte Exporteure

Die Exportkreditversicherung bietet für exportierende Unternehmen insbesondere folgende Vorteile:

a) Forderungsausfallrisiken durch Insolvenzen ausländischer Kunden bedeuten eine ständige Bedrohung für den Ertrag und die Liquidität, insbesondere in schwierigen Konjunkturphasen. Eine Kreditversicherung ersetzt die unkalkulierbaren Risiken durch eine in der Höhe bekannte Versicherungsprämie. Damit deckt sie das Bedürfnis jedes Exporteurs, Entscheidungen auf möglichst gesicherter und kalkulierbarer Basis zu treffen.

b) Um hinsichtlich der Insolvenzrisiken in einzelnen Märkten oder zu einzelnen Kunden ein nur annähernd vergleichbares Beurteilungsmaterial wie ein Kreditversicherer zur Verfügung zu haben, müßten bei einem Unternehmen erhebliche Sach- und Personalaufwendungen vorgenommen werden. Erwähnt seien z.B. die erheblichen Kosten für laufend aktuelle und qualifizierte Informationen über Unternehmen, Branchen und Länder sowie für ausreichend qualifizierte Mitarbeiter. Bei einer Zusammenarbeit mit einem Kreditversicherer wird der Aufwand für die eigene Debitorenüberwachung erheblich reduziert. Somit ergibt sich durch eine Kreditversicherung ein günstiges Kosten-Nutzen-Verhältnis.

Nicht unerwähnt bleiben darf in diesem Zusammenhang auch die Tatsache, daß viele wichtige Informationan ausschließlich dem Kreditversicherer zur Verfügung stehen und im Krediturteil zum Ausdruck kommen.

c) Liquiditätsprobleme und Ertragseinbrüche infolge von Insolvenzen werden weitgehend vermieden, da Ausfälle entweder verhütet, gemindert oder ersetzt werden. Ebenfalls ist die Gefahr ausgeschlossen, daß möglicherweise größere Forderungsverluste, verbunden mit Umsatzausfällen und eventuell zusätzlichen betrieblichen Problemen, die Bonität und sogar die Existenz des eigenen Unternehmens in Frage stellen.

d) Eine Kreditversicherung hilft bei der Auswahl bonitätsmäßig zufriedenstellender Abnehmer, mit denen sich eine Geschäftsverbindung lohnt. Sie führt mithin zu einer besseren Qualität und Kontinuität des Kundenstammes sowie einer Erweiterung des Geschäftsumfanges und Umsatzes.

e) In vielen Unternehmen besteht ein Interessengegensatz zwischen Umsatz- und Sicherheitsdenken. Während die Vertriebsleitung den Umsatz ausweiten möchte, wünscht sich die Finanzleitung vor allem sicheren Umsatz ohne Ausfälle. Der Kreditversicherer ist der neutrale Partner, der objektiv berät, welche Kreditlinien und Zahlungsziele bei den Abnehmern unter Risikoaspekten angemessen und vertretbar sind.

f) Durch die Kreditversicherung kann ein zusätzlicher Liquiditätseffekt erreicht werden. Sie verbessert durch gesicherte Debitoren die Kreditwürdigkeit des Versicherten. Er kann die Auszahlungsansprüche aus der Versicherung seiner Bank abtreten und hierdurch eine Erweiterung seines Kreditrahmens erreichen. Aber auch ohne Abtretung wird ein Kreditinstitut erfahrungsgemäß die größere Sicherheit im Debitorenbereich positiv bewerten, da der Unsicherheitsfaktor Forderungsausfälle wirksam ausgeschaltet werden kann.

g) Von ganz besonderem Wert ist die Kreditversicherung bei neuen Kunden im Ausland. Die fast immer bestehende Unsicherheit über die Bonität von bisher unbekannten Kunden muß unter Berücksichtigung des Sicherheitsdenkens zunächst zu einer vorsichtigen Verhaltensweise und Einräumung von Warenkrediten führen. Ganz anders sieht die Situation bei Bestehen einer Kreditversicherung aus. Da der Kreditversicherer das bestehende Unternehmen aus anderen Lieferantenbeziehungen bereits kennt, kann ein angemessenes KredRurteil erfolgen. Bei neuen Kunden schafft dies mithin Transparenz und ermöglicht somit wettbewerbsfähige Zahlungskonditionen, um eine Geschäftsbeziehung erfolgreich anlaufen zu lassen.

B. Allgemeine Grundlagen

I. Versicherte Risiken

Die private Ausfuhrkreditversicherung deckt das wirtschaftliche Risiko, d.h. sie ersetzt dem Exporteur den Ausfall von Forderungen aus Warenlieferungen und Dienstleistungen, der infolge Zahlungsunfähigkeit eines Kunden entsteht.

Ersetzt wird der endgültige Ausfall, der nach etwaigen Erlösen aus Vergleichs- oder Konkursquoten oder Sicherheiten und nach Abzug der vertraglich vereinbarten Selbstbeteiligung verbleibt. Die Entschädigungsleistung bewegt sich im Rahmen des für jeden einzelnen Abnehmer dokumentierten Kreditlimits.

Innerhalb der Ausfuhrkreditversicherung sind kurzfristige Forderungen in der Regel mit einer Laufzeit bis zu 6 Monaten eingeschlossen. Investitionsgüterlieferungen sind ebenfalls versicherbar, wobei wegen der mittelfristigen Laufzeiten und des erhöhten Risikos besondere Vertragsvereinbarungen gegeben sein müssen.

Unberücksichtigt bleiben - neben allen politisch bedingten Forderungsausfällen - folgende mögliche Forderungen:

- Forderungen auf Reugeld, Vertragsstrafen, Schadenersatz, Verzugszinsen
- Kosten der Rechtsverfolgung und andere nicht im fakturierten Rechnungsbetrag enthaltene Kosten
- Währungsverluste
- sonstige mittelbare Vermögensschäden

II. Eintritt des Versicherungsfalls

Der Versicherungsfall ist gegeben, wenn während der Dauer des Versicherungsschutzes - also in der Regel der Vertragslaufzeit - der Abnehmer zahlungsunfähig wird. Dies ist der Fall, wenn über das Vermögen oder den Nachlaß eines Kunden

- das Konkursverfahren eröffnet oder mangels Masse abgelehnt worden ist
  oder
- das amtliche Vergleichsverfahren eröffnet wurde
  oder
- ein außergerichtlicher Vergleich (Stundungs-Quoten- oder Liquidationsvergleich) abgeschlossen ist
  oder
- eine Zwangsvollstreckung nicht zur vollen Befriedigung des Lieferanten geführt hat.

Darüber hinaus kann eine Entschädigungspflicht des Versicherer gegeben sein, wenn infolge nachgewiesener ungünstiger Umstände ein Ausgleich der Forderungen vom Abnehmer aussichtslos erscheint, weil eine Zwangsvollstreckung, ein Konkursantrag oder eine andere Maßnahme des Versicherungsnehmers keinen Erfolg verspricht.

Bei dem vertraglich gesondert zu vereinbarenden Zahlungsverzugstatbestand (sog. protracted default) erfolgt eine Entschädigung in der Regel 6 Monate nach Fälligkeit der Lieferantenforderung, wenn ein Kunde nicht zahlt, ohne insolvent zu sein.

Der Versicherungsschutz für das Ausfallrisiko der Warenforderungen (Delkredererisiko) beginnt im Rahmen des vom Versicherer eingeräumten Kreditlimits mit dem Versand der Ware und endet mit der den Importeur entlastenden Zahlung an den Versicherungsnehmer.

Im Investitionsgütergeschäft kann der Beginn des Deckungsschutzes auf den Termin des Liefervertragsabschlusses vorverlegt werden (Fabrikationsrisikodeckung). Auch im kurzfristigen Geschäft ist in einigen Branchen eine Deckung des Fabrikationsrisikos möglich. Damit wird das bei Spezialanfertigung besonders hohe Risiko, daß der Käufer schon während der Fabrikationszeit insolvent wird, versichert. Der Deckungsschutz umfaßt alle während der Fabrikationszeit anfallenden Selbstkosten. Dieses Risiko kann nur in Verbindung mit dem sich anschließenden Delkredererisiko versichert werden, es sei denn, dieses entfällt aufgrund entsprechender Zahlungsvereinbarungen (z. B. Barzahlung) mit dem Kunden.

III. Gegenseitiger Informationsaustausch

Neben den üblichen Vereinbarungen in jedem Versicherungsvertrag ist der Versicherungsnehmer gehalten, alle bei Abschluß und während der Dauer der Versicherung bekanntwerdenden Tatsachen mitzuteilen, die für die Übernahme und Einhaltung des Versicherungsschutzes von Bedeutung sind. Eine Zustimmung des Versicherers ist insbesondere erforderlich, wenn zunächst vereinbarte Liefer- und Zahlungsbedingungen mit einem Abnehmer zuungunsten des Exporteurs verändert werden. Das gegenseitige Vertrauensverhältnis zwischen versichertem Unternehmen und Versicherer bedingt, daß im Rahmen der Möglichkeiten alle zur Vermeidung eines Forderungsausfalles geeignete Maßnahmen vorgenommen werden. Dies schließt auch ein, daß der Versicherer sofort informiert wird, wenn ein Forderungsausfall droht. Bei vorsätzlichem oder grob fahrlässigem Unterlassen dieser Obliegenheiten ist der Versicherungsschutz nicht mehr gegeben. Der Versicherer ist entweder von der Verpflichtung zur Leistung frei oder kann vom Vertrag zurücktreten oder den Vertrag kündigen. Diese Sanktionen sind insbesondere erforderlich, um die Funktion des Kreditversicherers als Evidenzzentrale für Bonitätsrisiken der Versichertengemeinschaft zu gewährleisten.

C. Vertragsbedingungen

Grundlage für die vertragliche Zusammenarbeit sind die Allgemeinen Versicherungsbedingungen (AVB), die sich mit den grundlegenden Konditionen befassen sowie individuell vereinbarten Klauseln, die die unterschiedlichen Absicherungsbedürfnisse einelner Unternehmen weitgehend berücksichtigen. Damit ist ein auf die konkrete Risikosituation des einzelnen Versicherungsnehmers zugeschnittenen Versicherungskonzept möglich.

I. Anmeldepflicht

Innerhalb eines Vertrages verpflichtet sich der Exporteur, sämtliche gewerblichen Abnehmer in den versicherbaren Ländern - zumindest ab einer festgelegten Größenordnung - zur Versicherung anzumelden. Dies bedeutet, daß keine negative Auslese vorgenommen werden darf, die z.B. nur kritische Risiken einschließt; eine wesentliche Voraussetzung, damit das Risiko für den Kreditversicherer kalkulierbar wird.

Die anzumeldenden Forderungsbeträge schließen ebenfalls Wechselforderungen ein.

II. Anbietungsgrenze

In den meisten Versicherungsverträgen bleiben Schuldner, deren Verbindlichkeiten einen zwischen dem Lieferanten und dem Versicherer festgelegten Betrag (Anbietungsgrenze) üblicherweise nicht überschreiten, unversichert. Sie stellen wegen der möglichen kleineren Ausfallbeträge in der Regel kein Risikoproblem für ein Unternehmen dar. Überwiegend wird eine Anbietungsgrenze von TDM 10 oder TDM 20 vereinbart. Möglich ist aber auch ein höherer Betrag, der sich nach der Forderungsstruktur und dem Absicherungsbedürfnis des Versicherungsnehmers richtet.

III. Selbstbeteiligung

An jedem Schaden ist der Versicherungsnehmer im Normalfall mit einem Eigenanteil von in der Regel 25 % beteiligt. Auf Wunsch des Versicherungsnehmers kann auch eine höhere Selbstbeteiligung (z. B. 50 %) oder eine Reduzierung um 5 %-Punkte vereinbart werden. Dies wirkt sich entsprechend auf die Konditionen aus. Bei einzelnen Kreditentscheidungen ist aufgrund eingeschränkter Bonität des Abnehmers eine abweichende höhere Selbstbeteiligung möglich.

IV. Kreditziel

Das im Vertrag vereinbarte Kreditziel richtet sich im wesentlichen nach den Zahlungszielen die der Exporteur seinen Kunden üblicherweise einräumt. Zahlt der Kunde nicht innerhalb dieses Zeitraumes, ist der Versicherer hierüber zu informieren. Es wird dann überprüft, ob die Bonität des Kunden für zukünftige Lieferungen das bisherige Versicherungsvolumen noch rechtfertigt und soweit beibehalten werden kann.

V. Höchsthaftung

Die vom Versicherer zu leistende höchstmögliche Entschädigung innerhalb eines Versicherungsjahres ist auf das 20-fache der Jahresnettoprämie begrenzt. Diese reicht erfahrungsgemäß aus, so daß die einschränkende Festlegung keinen Nachteil für den Versicherungsnehmer bedeutet. Eine höhere Höchsthaftung ist in Einzelfällen gegen Mehrprämie möglich.

VI. Besondere Deckungsformen

a) Pauschaldeckung

Legt der Lieferant auch Wert auf die Absicherung seiner Warenforderungen unterhalb der Anbietungsgrenze, ist eine sog. Pauschaldeckung möglich. Bei einer derartigen Vereinbarung werden die Kunden mit kleineren Forderungsbeträgen nicht namentlich zur Prüfung angemeldet. Der Versicherungsschutz wird wirksam, wenn dem Versicherungsnehmer - bevor er seine Ware ausliefert - eine positive Büro- oder Bankauskunft vorliegt, die eine Kreditvergabe rechtfertigt. Diese darf nicht älter als 12 Monate sein.

Die Selbstbeteiligung ist im Rahmen der Pauschaldeckung höher als im übrigen Bereich.

b) Einschluß bestehender Forderungen

Bei Vertragsbeginn können die Forderungen, die sich auf Lieferungen vor diesem Zeitpunkt beziehen, in die Versicherung im Rahmen der bestätigten Versicherungssummen einbezogen werden, sofern sie nicht älter als in der Regel 3 Monate sind. Die Prämie wird gesondert kalkuliert.

c) Kosten

Die Kalkulation der Prämie wird für jeden Versicherungsnehmer gesondert errechnet; sie richtet sich im wesentlichen nach:

- Umsatzgröße
- Länderstreuung und -bonität
- Bonität, Streuung und Anzahl der Kunden
- Branche
- durchschnittlicher Kreditlaufzeit
- früheren Schäden

Basis für die Berechnung der Prämie ist entweder der Umsatz oder der Forderungssaldo am Ende eines jeden Monats, einschließlich Wechselforderungen. Prüfungs- und Überwachungsgebühren dienen zur teilweisen Abdeckung der Kosten, die bei Erstprüfung der Risiken und beim laufenden Überprüfungsservice anfallen. Sie betragen z.Z. DM 125,-- je Abnehmer oberhalb der vereinbarten Andienungsgrenze und werden jährlich erhoben. Den Kosten hinzugerechnet wird die jeweils aktuelle Versicherungssteuer.

D. Zusammenarbeit in der Praxis

I. Kreditlimitbeantragung und Bonitätsüberwachung

Der versicherte Exporteur ist gehalten, für jeden Abnehmer, der Warenkredite oberhalb der festgelegten Andienungsgrenze in Anspruch nimmt, einen Antrag auf Versicherungsschutz zu stellen. In diesem wird das benötigte Kreditlimit genannt, das sich nach den bisherigen oder erwarteten maximalen Außenständen richtet. Der Kreditversicherer überprüft dann auf der Grundlage einer aktuellen Bonitätsanalyse des Abnehmers, ob dieses Limit gewährt werden kann. Als Ergebnis der Prüfung wird ein Kreditlimit festgesetzt, das einzeln dokumentiert wird. Dieses entspricht - ausreichende Bonität vorausgesetzt - im Normalfall dem beantragten Kreditlimit. Führen die zur Beurteilung vorliegenden Informationen jedoch zu dem Schluß, daß die beantragte Versicherungssumme aufgrund der Bonität nicht vertretbar ist, wird nur ein Teilbetrag oder im äußersten Fall kein Limit gezeichnet.

Die ausländischen Abnehmer werden ständig auf ihre finanzielle Situation hin überwacht. Ergibt sich eine Verschlechterung der Bonität, kann das bestehende Kreditlimit herabgesetzt oder sogar annulliert werden. Die Wirkung setzt jedoch dann nur für zukünftige und nicht für die bereits ausgeführten, noch nicht bezahlten Lieferungen ein. Der Versicherungsnehmer kann bei Bedarf ohne besondere Kosten eine Erhöhung oder Ermäßigung der bisherigen Limite beantragen. Bei Beendigung der Geschäftsbeziehung mit dem Kunden können die bisherigen Limite - im gegenseitigen Einvernehmen - aufgehoben werden, so daß weitere Prüfungskosten entfallen.

II. Prämienberechnung

Am Ende eines jeden Monats ist zur Prämienberechnung eine Aufstellung der Forderungssalden oder - wie meist üblich - der Umsätze einzureichen.

III. Schadenfall

Bei Eintritt eines Schadenfalles muß unverzüglich eine Information erfolgen, die vor allem die einzelnen noch offenstehenden Forderungen (anhand von Rechnungskopien oder Kontoauszügen) aufzeigt und den Eintritt des Schadenfalles entsprechend den Allgemeinen Versicherungsbedingungen nachweist. Der Kreditversicherer erstellt daraufhin für die kurzfristig erfolgende Entschädigung eine vorläufige Schadenabrechnung, die auf die voraussichtliche Schadenhöhe zugeschnitten ist. Die Endabrechnung erfolgt verständlicherweise erst nach Ablauf des Insolvenzverfahrens oder nachdem die endgültige Ausfallsumme feststeht.

E. Zusammenfassung

Das hohe Insolvenzniveau in allen für die deutsche Exportwirtschaft bedeutenden Ländern erfordert von den Exporteuren wirksame Maßnahmen, um Forderungsverluste zu vermeiden oder zumindest einzugrenzen und hierdurch Ertrag und Liquidität zu sichern. Die private Exportkreditversicherung hat sich bei Unternehmen in allen Branchen als wirksame Barriere gegen finanzielle Verluste durch zahlungsunfähige Kunden vor allem in OECD-Ländern bewährt. Sie ist wegen ihres intensiven und umfassenden Einblicks in die aktuelle Situation von Ländern, Branchen und Unternehmen den Exporteuren ein verläßlicher Partner für ertragsorientierte Exportumsätze. Im Falle eines Forderungsausfalles zahlt der Kreditversicherer - schnell und unbürokratisch.

MAXIMILIAN ZIMMERER

Die Bilanzierung von Zinsswaps bei Versicherungsunternehmen

A. Problemstellung

Der Jubilar hat sich zeit seines Lebens mit Fragen der Bilanzierung und der Bilanzanalyse beschäftigt. Im Vorwort seines Lehrbuchs "Industriebilanzen lesen und beurteilen" (C. Zimmerer, 1991, Seite 9) stellte er fest, daß geschriebenes Bilanzrecht und Bilanzwahrheit immer stärker auseinanderfallen: "Bisweilen hat man den Eindruck, als ob Bilanziers bei den Friseuren in die Lehre gegangen sind. Da wird eine Locke abgeschnitten, dort ein falsches Haarteil aufgesetzt, hier wird gefärbt, da rasiert."

Der Aussagewert von Jahresabschlüssen ist nach wie vor sehr unterschiedlich. Der Gesetzgeber erweitert den Gestaltungsspielraum der Bilanzierenden über die Einführung von Wahlrechten - insbesondere bei Erstellung der Konzernbilanz - und über den fleißigen Gebrauch unbestimmter Rechtsbegriffe, zu deren Auslegung häufig höchstrichterliche Urteile fehlen. Um die Arbeit des Buchhalters zu unterstützen, werden inzwischen Volkshochschulkurse über "Kreative Buchführung" angeboten. Das Berufsbild des Buchhalters wird hierdurch zwar aufgewertet und die Findigkeit der Analysten herausgefordert, dem Informationsgehalt eines Jahresabschlusses ist dies jedoch nicht immer dienlich.

Bei aller Kritik muß konzediert werden, daß es in Anbetracht der gesetzlichen Lücken schon eines gewissen Einfallsreichtums bedarf, will man die Fragen der Bilanzierung nur mit Hilfe der Grundsätze ordnungsgemäßer Buchführung lösen. Dies gilt insbesondere für die Bilanzierung derivativer Finanzinstrumente. Die steigende Bedeutung der Finanzinnovationen steht im umgekehrten Verhältnis zur Anzahl der gesetzlichen Regelungen in diesem Bereich. Externe Rechnungslegungsvorschriften zu derivativen Finanzinstrumenten sind Mangelware.

Dies ist umso erstaunlicher, als das Nominalvolumen der Mitte 1994 offenen Derivate-Positionen bei deutschen Kreditinstituten 8,2 Billionen DM betrug und damit im Durchschnitt 132 % der Bilanzsumme der Banken (Deutsche Bundesbank, 1994, S. 43 f). Hieran haben Zinsswaps den größten Anteil, die insbesondere im Rahmen der Aktiv-Passiv-Steuerung zum Einsatz kommen. Auch bei Versicherungsunternehmen gewinnt der Einsatz von Zinsswaps als Instrument der Kapitalanlagepolitik zunehmend an Bedeutung.

Das Bundesaufsichtsamt für das Versicherungswesen hat erst vor kurzem die Grundsätze für den Einsatz von Derivaten für Versicherungsunternehmen überarbeitet (Bundesaufsichtsamt für das Versicherungswesen, 1996, S. 5 ff; Angermayer/Dietz/Scharpf VW 1996, 107 ff). Danach kommt der Abschluß eines Zinsswaps insbesondere zur Absicherung gegen Kurs- oder Zinsänderungsrisiken bei festverzinslichen Wertpapieren und Darlehen in Betracht. Bei einem Zinsswap vereinbart ein Versicherungsunternehmen mit einer Bank (Swap-Partner), auf der Basis eines bestimmten Nominalbetrages Zinszahlungen für einen festgelegten Zeitraum zu tauschen, und zwar grundsätzlich einen festen Zins wie die 10-Jahres-Pfandbriefrendite gegen einen variablen, zum Beispiel 6-Monats-LIBOR (oder vice versa). Der Zinsswap erstreckt sich ausschließlich auf den Austausch von

Zinszahlungen; der dem Swap-Geschäft zugrunde liegende Kapitalbetrag bleibt hiervon unberührt.

Zu untersuchen ist, welche Auswirkungen der Abschluß eines Zinsswaps auf die Bilanzierung hat. Die Diskussion darüber, wie Zinsswaps zu bilanzieren sind, ist noch nicht abgeschlossen, insbesondere ob bei Absicherung festverzinslicher Wertpapiere oder Darlehen durch einen Zinsswap die Bildung von Bewertungseinheiten zulässig oder gar notwendig ist.

B. Isolierte Betrachtung von Zinsswaps

Bei einem schwebenden Geschäft werden die daraus resultierenden Ansprüche und Verpflichtungen entsprechend dem Realisations- und Vorsichtsprinzip nach § 252 Abs. 1 Nr. 4, 5 HGB am Bilanzstichtag grundsätzlich nicht erfaßt. Als schwebende Geschäfte bezeichnet man Vereinbarungen, die zum Bilanzstichtag für die Vertragspartner rechtlich entstanden, aber noch von keiner Seite erfüllt worden sind. Soweit bei einem Zinsswap am Bilanzstichtag nicht alle Ansprüche und Verpflichtungen erfüllt wurden, der Tauschzeitraum also noch nicht abgeschlossen ist, handelt es sich um ein schwebendes und damit grundsätzlich nicht bilanzwirksames Geschäft (Husch, 1993, S. 281). Die bis zum Bilanzstichtag aus dem Swap erfolgten oder noch ausstehenden Zahlungen sind jedoch erfolgswirksam zu verbuchen und entsprechend der Laufzeit abzugrenzen.

Gemäß § 246 Abs. 2 HGB müßten die aus einem Swap resultierenden Zinserträge und -aufwendungen brutto erfaßt werden. Dagegen spricht jedoch, daß der Bruttoausweis die Gewinn- und Verlustrechnung aufblühen und damit deren Aussagefähigkeit eher beeinträchtigen würde. Daher ist der Nettoausweis zu präferieren (Husch, 1993, S. 282). Fallen Festzinszahlung und Leistung der variablen Zinsen durch den Swap-Partner auf den gleichen Tag, ist die Vereinbarung eines sog. Netting üblich.

Die noch nicht fälligen, aber bereits feststehenden Zinszahlungen - fest wie variabel - sind zum Bilanzstichtag durch Bildung von Rechnungsabgrenzungsposten zu erfassen. Bei einer "normalen" Zinsstruktur, d.h. die variablen Zinssätze sind niedriger als der vereinbarte Festzins, führt dies für den Festzinszahler zu einem Verlust in der ersten Bilanzperiode.

Fraglich ist, ob darüber hinaus nach dem Imparitätsprinzip die Bildung einer Drohverlustrückstellung in Betracht kommt. Voraussetzung hierfür ist gemäß § 249 HGB, daß zum Bilanzstichtag vorhersehbare Risiken und Verluste aus dem Zinsswap resultieren.

Ob ein Swap-Partner in der Gesamtschau aus einem Swap-Geschäft einen Verlust erzielen wird, läßtt sich erst am Ende des Vertragszeitraums sagen, wenn die Höhe aller variablen Zinszahlungen feststeht. Bei Bewertung eines Swaps zu einem früheren Zeitpunkt kann nicht davon ausgegangen werden, daß die Höhe der variablen Zinszahlungen unverändert bleibt. Es kann also nicht unterstellt werden, daß sich der LIBOR-Satz über die gesamte Laufzeit nicht ändert und dementsprechend ein Verlust in Höhe des Barwertes der Differenz zwischen dem vereinbarten Festzinssatz und dem aktuellen LIBOR-Satz entsteht (Dreissig BB 1989, 326; Sieber VW 1995, 1697; a.A.: Clemm/Nonnenmacher, 1988, S. 65 ff).

Auch ohne daß die variablen Zahlungen bis zum Ende des vereinbarten Zeitraums bekannt sind, läßt sich jedoch feststellen, ob zum Bilanzstichtag mit Verlusten aus einem Swap-Kontrakt zu rechnen ist. Hierzu ist der in dem Swap vereinbarte Festzinssatz mit dem aktuellen Marktzinssatz für die gleiche Laufzeit zu vergleichen. Ist der Marktzins für den Tauschzeitraum gegenüber dem bei Abschluß des Swaps berücksichtigten Festzinssatz gesunken, muß also der Festsatz-Zahler mehr leisten, als er bei gleicher Zinsbindung auf aktueller Basis erhalten würde, ist eine Drohverlustrückstellung zu bilden.

Für die genaue Berechnung ist zum Vergleich ein fiktiver laufzeitkongruenter Gegenswap zu aktuellen Marktwerten heranzuziehen. Die aus den Swaps resultierenden Zahlungsströme sind in ihre Komponenten zu zerlegen. Hierbei ist jede zu einem bestimmten Termin zu leistende Zahlung mit der aktuellen Zerobondrendite, die für diesen Zeitraum zu ermitteln ist, abzuzinsen. Ergibt sich aus der Differenz der diskontierten Zahlungen der beiden Swaps ein negativer Saldo zu Lasten des abgeschlossenen Swaps (sog. Marktbewertungsmethode: vgl. Rittinghaus, 1993, S. 151 ff; Husch, 1993, S 284), ist in entsprechender Höhe eine Drohverlustrückstellung zu bilden (Sieber VW 1995, 1698; a.A.: Dreissig BB 1989, 326).

C. Bildung einer Bewertungseinheit

Fraglich ist, ob dies auch dann gilt, wenn der Swap zur Absicherung von bestehenden Kapitalanlagen eingesetzt wird. Hierzu folgendes Beispiel:

Ein Versicherer hat ein festverzinsliches Wertpapier mit einer 10-jährigen Laufzeit im Bestand. In Erwartung steigender Zinsen schließt er zur Absicherung gegen Kursrisiken des Wertpapiers einen entsprechenden Zinsswap ab, d.h. er tauscht fest gegen variabel. Der Versicherer hat dann 10 Jahre lang den vereinbarten Festzins (10-Jahres-Pfandbriefrendite) an den Swap-Partner zu zahlen und erhält hierfür zweimal im Jahr den jeweils gültigen 6-Monats-LIBOR. Wertpapieremittent und Swap-Partner werden in der Regel auseinanderfallen. Durch die Absicherung des Wertpapiers mit dem Swap wird wirtschaftlich ein Floater generiert, da der vereinbarte Festzins in einen variablen getauscht wird.

Bei einer strengen Einzelbewertung von Grund- und Sicherungsgeschäft bleiben einerseits zum Bilanzstichtag entstehende, aber noch unrealisierte Gewinne aus dem einen Geschäft unberücksichtigt, andererseits wirken sich die damit korrelierenden Verluste aus dem anderen Geschäft über eine Abschreibung bzw. Bildung einer Drohverlustrückstellung ergebnismindernd aus. Eine solche Auslegung des Grundsatzes der Einzelbewertung gemäß § 252 Abs. 1 Nr. 3 HGB würde dazu führen, daß sich die wirtschaftlich beabsichtigte und auch tatsächlich erreichte Absicherung durch einen Swap nicht im Jahresabschluß niederschlägt.

Nach dem in § 264 Abs. 2 HGB verankerten Grundsatz des "true-and-fair-view" (Benne DB 1991, 2610; Finne BB 1991, 1300 f) dürfen Bilanzierungsregeln wie der Grundsatz der Einzelbewertung nicht allein formalrechtlich ausgelegt werden; vielmehr ist eine wirtschaftliche Betrachtungsweise zu berücksichtigen. Daraus läßt sich ableiten, daß bei Vorliegen besonderer Voraussetzungen der Abschluß eines Sicherungsgeschäfts auch die Bilanzierung des Grundgeschäfts beeinflussen kann und vice versa. Dies wird durch die Bildung einer Bewertungseinheit zwischen Grund- und Sicherungsgeschäft ermöglicht (Husch, 1993, S. 294)[1] ; Verluste, die bei einer isolierten Betrachtung eines Bewertungsobjektes entstehen, werden bei einer entsprechenden Absicherung innerhalb einer Bewertungseinheit ausgeglichen (Schneider BB 1995, 1231; Grünewald, 1993, S. 187).

Offen ist, ob die Bildung von Bewertungseinheiten eine nach § 252 Abs. 2 HGB zulässige Ausnahme des Grundsatzes der Einzelbewertung ist - dann bestünde diesbezüglich ein Wahlrecht - oder ob aus § 252 Abs. 1 Nr. 3 HGB die Pflicht zur kompensatorischen Bewertung abgeleitet werden kann. Folgt man der neueren Literatur und der Stellungnahme des BFA 2/1995 zur Bilanzierung von Optionen, scheint es eine Tendenz für eine aus § 252 Abs. 1 Nr. 3 HGB resultierende Pflicht zur Bildung von Bewertungseinheiten zu geben, soweit Grund- und Sicherungsgeschäft bestimmte Voraussetzungen erfüllen (Finne BB 1991, 1300; vgl. § 340h HGB (für Banken) und Benne DB 1991, 2605). Bei Zinsswaps ist dies jedenfalls dann zu bejahen, wenn über den gleichzeitigen Abschluß von Grund- und Sicherungsgeschäft - z.B. Kauf eines 10-jährigen Pfandbriefs und Swap in variabel - ein synthetischer Floater generiert wird, um im Falle von Zinsänderungen zum Bilanzstichtag das Jahresergebnis via Abschreibungen auf das festverzinsliche Wertpapier (im Falle steigender Zinsen) oder die Bildung einer Drohverlustrückstellung bzgl. des Zinsswaps (bei fallenden Zinsen) willkürlich niedriger erscheinen zu lassen. Eine isolierte Einzelbewertung von Grund- und Sicherungsgeschäft würde in einem solchen Fall dem Grundsatz des "true-and-fair-view" widersprechen.

I. Voraussetzungen

Zu untersuchen ist, unter welchen Voraussetzungen die Bildung von Bewertungseinheiten in Betracht kommt. Grenzen ergeben sich aus dem Vorsichtsprinzip und dem Grundsatz der Willkürfreiheit.

a) Dokumentation

Gemäß § 238 Abs. 1 HGB sind Swap-Kontrakte in einer Nebenbuchhaltung zu erfassen. Hierbei sind anzugeben der Name des Geschäftspartners, das Abschlußdatum, der Basisbetrag, die Laufzeit (Beginn, Ende), die Zinssätze (Festzins, variabler Zins mit jeweils aktuellen Anpassungen), der Berechnungsmodus der Zinsen (z.B. 30/360), die Fälligkeitsdaten der Zinszahlungen und das

---

[1] Auch das Bundesaufsichtsamt für das Versicherungswesen geht inzidenter davon aus, daß bei Swaps zu Absicherungszwecken eine Bewertungseinheit mit dem Grundgeschäft gebildet wird, vgl. Bundesaufsichtsamt für das Versicherungswesen VerBAV 1996, S. 19.

Anlagemotiv (Bundesaufsichtsamt für das Versicherungswesen, 1996, S. 8 f, Angermayer/Dietz/Scharpf VW 1996, 107, 110). Wurde der Zinsswap zur Absicherung vorhandener Vermögenswerte abgeschlossen, ist zusätzlich die Zugehörigkeit zu den jeweiligen Grundgeschäften (und vice versa) zu dokumentieren. Die Saldierung der jeweiligen Ertragsströme erfolgt im Wege der Nebenbuchhaltung (s.u.).

b) Zins- oder Kursrisiko

Die Bildung von Bewertungseinheiten ist nur bei Absicherungsgeschäften zulässig. Daher muß das Grundgeschäft einem Zinsänderungs- oder Kursrisiko unterliegen, das abgesichert werden soll. Voraussetzung für eine kompensatorische Bewertung ist hierbei, daß die nicht realisierten Gewinne oder Verluste über eine Marktbewertung bestimmt werden können. Als abzusichernde Grundgeschäfte kommen neben festverzinslichen Wertpapieren auch Darlehen in Betracht. Bei Namensschuldverschreibungen, Schuldscheindarlehen und Darlehen besteht zwar im Falle einer Zinssteigerung nach dem gemilderten Niederstwertprinzip kein Abschreibungsrisiko[2] wie bei Inhabertiteln, aber ein Kursänderungsrisiko, das bei einer Veräußerung zu einem entsprechenden Verlust führt. Insofern besteht auch bei Darlehen ein Sicherungsbedarf.

Auch bei Abschluß eines Forward swaps kommt die Bildung einer Bewertungseinheit in Betracht, wenn hierdurch die Zinsfestschreibung eines vorhandenen festverzinslichen Wertpapiers oder Darlehens verlängert werden soll, das Zinsänderungsrisiko bei der Wiederanlage also ausgeschlossen wird. Diese Strategie läßt sich alternativ durch die Kombination von zwei Zinsswaps mit unterschiedlicher Laufzeit (Tausch fest in variabel für die Darlehenslaufzeit und Tausch variabel in fest für die gewünschte Zinsfestschreibungszeit) erreichen, die mit dem bestehenden Underlying zu einer Bewertungseinheit zusammengefaßt werden können (Bundesaufsichtsamt für das Versicherungswesen, 1996, S. 7).

c) Sicherungszusammenhang

Voraussetzung für die Bildung einer Bewertungseinheit ist, daß ein Sicherungszusammenhang zwischen dem Zinsswap und dem zugrunde liegenden Kassageschäft besteht. Anhaltspunkte hierfür sind

- o eine Übereinstimmung der Basiswerte (Underlying) (Husch, 1993, S. 295) und
- o ein Zusammenhang zwischen den Fälligkeiten und den Zahlungsterminen (Husch, 1993, S. 295)

Es ist nicht erforderlich, daß ein zur Absicherung bestimmter Zinsswap die selben Fälligkeits- und Zahlungstermine aufweist wie das Grundgeschäft. Wesentlich ist, daß bei abweichenden Terminen der Absicherungszweck erfüllt werden kann.

---

2 Namensschuldverschreibungen, Schuldscheindarlehen und Darlehen werden bei Versicherungsunternehmen regelmäßig nach § 341c HGB mit ihrem Nennwert (Rückzahlungskurs) bilanziert. Der Wertansatz wird auch im Falle von zwischenzeitlichen Zinssteigerungen beibehalten.

In der Literatur wird der Sicherungszusammenhang zum Teil nur bejaht, wenn bei Abschluß des Zinsswaps Durchhalteabsicht bezüglich des Grund- und des Sicherungsgeschäfts besteht. Eine zwischenzeitliche Auflösung des Swaps (Close-out) oder Neutralisierung über ein Gegengeschäft soll jedoch in Ausnahmefällen bei einer geänderten Anlagestrategie zulässig sein (Husch, 1993, S. 295).

Ob eine Durchhalteabsicht für Grund- und Sicherungsgeschäft über den Bilanzstichtag hinaus notwendig ist, erscheint eher zweifelhaft (Benne DB 1991, 2605). Warum sollte die Bildung einer Bewertungseinheit unzulässig sein, wenn bei Einsatz eines Zinsswaps (Tausch fest in variabel) nicht eine dauerhafte Absicherung einer bestehenden festverzinslichen Anlage bis zum Ende ihrer Laufzeit angestrebt wird, sondern nur eine zeitweise Absicherung bis zum nächsten Zinshoch? Zu diesem Zeitpunkt wird dann ein Wechsel von einer variablen in eine feste Verzinsung vorgenommen. Um die mißbräuchliche Bildung von Bewertungseinheiten zu verhindern, erscheint es ausreichend zu verlangen, daß die Bewertungseinheit nur für den Fall, daß das zu sichernde Underlying veräußert oder der Zinsswap glattgestellt wird, aufgehoben werden darf.

d) Korrelation zwischen Gewinnchance und Verlustrisiko

Um eine Bewertungseinheit bilden zu können, muß die Wertentwicklung von Grund- und Sicherungsgeschäft den gleichen Einflußfaktoren unterliegen. Bei einem Zinsswap zur Absicherung einer festverzinslichen Anlage ist dies zu bejahen, wenn

- Grund- und Swap-Geschäft sich auf Festzinssätze gleicher Märkte beziehen (z.B. jeweils DM-Sätze),
- die Risikoeinwirkung auf Grund- und Sicherungsgeschäft gegenläufig ist und
- ein zeitlicher Zusammenhang zwischen Grund- und Sicherungsgeschäft in Abhängigkeit zum verfolgten Sicherungszweck besteht.

Eine 100%ige Übereinstimmung ist nicht erforderlich. Beispielsweise müssen die vereinbarten Festzinssätze beim Grund- und Sicherungsgeschäft nicht identisch sein. Swaps werden üblicherweise auf Basis der aktuellen Marktzinssätze abgeschlossen. Dient der Swap der Absicherung eines Darlehens, das zu einem früheren Zeitpunkt begeben wurde, wird der Kupon des Darlehens regelmäßig von dem nach dem Swap-Vertrag zu liefernden Festzinssatz abweichen. Es ist in solchen Fällen nicht notwendig, den Swap-Festsatz analog dem Darlehenszinssatz festzulegen und die Differenz zum aktuellen Marktzinssatz über entsprechende Ab- oder Zuschläge beim variablen Zinssatz (z.B. 6-Monats-LIBOR - 0,5 % oder + 1,0 %) auszugleichen.

e) Restrisiken

Die bei Grund- und Sicherungsgeschäft bestehenden übrigen Risiken - als solche sind z.B. das Adreß- bzw. Bonitätsrisiko zu nennen - sind gesondert zu betrachten. Die Bildung einer Bewertungseinheit kommt nur in Betracht, wenn kein Ausfall- bzw. Erfüllungsrisiko bezüglich des Grundgeschäfts oder des Swap-Kontraktes besteht, das bei einer isolierten Betrachtung eine Abschreibung oder die Bildung einer Drohverlustrückstellung erfordern würde.

In welchem Umfang der zur Absicherung eingesetzte Zinsswap das Marktzinsrisiko des zugrunde liegenden Grundgeschäfts ausschließen muß, ist umstritten (Schneider BB 1995, 1231 ff; Grünewald, 1993, S. 223 ff (bzgl. Bewertungseinheiten mit Finanzterminkontrakten)) und hängt u.a. von der geforderten Laufzeitkongruenz ab.

II. Bilanzierung von Bewertungseinheiten

Die Bilanzierung einer Bewertungseinheit richtet sich nach dem durch den Swap abgesicherten Grundgeschäft. Wird eine Namensschuldverschreibung, ein Schuldscheindarlehen oder ein Darlehen durch einen Swap abgesichert, erfolgt die Bilanzierung der Bewertungseinheit gemäß § 341c HGB nach dem gemilderten Niederstwertprinzip. Zwischenzeitliche Zinsänderungen haben damit keine Auswirkung auf die Bilanzierung.

Im Unterschied hierzu sind Bewertungseinheiten mit einem Wertpapier als Underlying nach dem strengen Niederstwertprinzip gemäß § 56 Abs. 1 VAG i.V.m. § 253 Abs. 3 HGB zu bilanzieren. Ausgangspunkt ist der Buchwert des Wertpapiers. Liegt der Marktwert des durch den Abschluß des Swaps generierten Floaters zum Bilanzstichtag unter dem Buchwert, ist eine entsprechende Abschreibung vorzunehmen (Sieber VW 1995, 1698). Eine Abschreibung kommt grundsätzlich nur in Betracht, wenn der Marktwert des Wertpapiers bereits zum Absicherungszeitpunkt infolge gestiegener Zinsen unter seinen Buchwert gesunken ist. Der Zinsswap schließt Kursrisiken nur für den Zeitraum aus, in dem die Festzinsen gegen einen variablen Satz getauscht werden. Dies bedeutet gleichzeitig, daß eine Änderung der Marktzinsen zwischen dem Abschluß des Swaps und dem Bilanztichtag keinen Einfluß auf die Bilanzierung haben können, wenn der Swap seine Sicherungsfunktion erfüllt.

Die aus dem Swap resultierenden Zinserträge und -aufwendungen sind mit den Zinserträgen aus der abgesicherten Festzinsanlage - gleichgültig, ob es sich hierbei um ein Wertpapier oder Darlehen handelt - in einer Nettoposition zusammenzufassen. Ein Bruttoausweis würde die Aussagefähigkeit der Gewinn- und Verlustrechnung beeinträchtigen und dem Gedanken der Bewertungseinheit widersprechen (Sieber VW 1995, 1697; vgl. auch Benne DB 1991, 2603). Das Nettoergebnis ist entsprechend der Bilanzposition des Grundgeschäfts unter "Zinsen und ähnliche Erträge" auszuweisen.

Die noch nicht fälligen Zinsen aus Grundgeschäft und Swap-Kontrakt sind zum Bilanzstichtag entsprechend abzugrenzen und als Rechnungsabgrenzungsposten zu buchen. Eine Saldierung kommt nur bezüglich der gegenseitigen Forderungen aus dem Swap in Betracht, soweit ein Netting vereinbart wurde und eine Aufrechnungslage besteht.

Die am Bilanzstichtag fälligen Zinsen aus Grund- und Sicherungsgeschäft sind als Forderungen bzw. Verbindlichkeiten auszuweisen (§ 20 RechVersVO n.F.).

D. Close-out bei Zinsswaps

In Absprache mit dem Swap-Partner kann ein Swap vorzeitig aufgelöst werden. Wirtschaftlich entspricht dies der Veräußerung eines Swaps an einen Dritten. Liegt der vereinbarte Festzinssatz über dem aktuellen Marktzins, hat der Festzinszahler an den Swap-Partner einen Ausgleich in Höhe des Barwerts der Zinsdifferenz zu leisten. Wurde der Swap nicht zur Absicherung einer bestehenden Kapitalanlage eingesetzt, führt die Auflösung zu einem entsprechenden ergebniswirksamen Verlust bzw. im umgekehrten Fall zu einem entsprechenden Gewinn.

Anders sieht es aus bei einem Swap, der zur Absicherung einer festverzinslichen Anlage abgeschlossen wurde und der Bestandteil einer Bewertungseinheit ist. Die aus der Auflösung des Swap-Kontraktes resultierende Ausgleichszahlung läßt sich wirtschaftlich als Entgelt für die Absicherung des Grundgeschäfts und damit nach § 250 Abs. 1 HGB als Ausgabe vor dem Abschlußstichtag interpretieren, die als Aufwand über die Laufzeit des Grundgeschäfts entsprechend zu verteilen ist. In Höhe der Ausgleichszahlung ist also - je nach dem, ob man Leistender oder Empfänger ist - ein aktivischer oder passivischer Rechnungsabgrenzungsposten zu bilden, der ratierlich über die Laufzeit des Grundgeschäfts aufzulösen ist.

Wird bei Auflösung des Swaps gleichzeitig das Underlying verkauft, kann die Ausgleichszahlung erfolgswirksam mit dem bei der Veräußerung entstehenden Gewinn oder Verlust verrechnet werden. Das Ergebnis ist als "Gewinn bzw. Verlust aus dem Abgang von Kapitalanlagen" auszuweisen.

Rechnungsabgrenzungsposten, die für eine Ausgleichszahlung aus der Glattstellung eines Swaps gebildet wurden, sind im Falle der Veräußerung des Underlyings in einer nachfolgenden Rechnungsperiode sofort erfolgswirksam aufzulösen.

E. Resümee

Für die Kapitalanlagepolitik der Versicherungsunternehmen wird der Einsatz derivativer Finanzinstrumente immer wichtiger, auch wenn die Bedürfnisse andere sind als die der Banken (Förterer, 1995). Das Bundesaufsichtsamt für das Versicherungswesen hat die Risiken, die aus dem Gebrauch der Finanzinnovationen herrühren, durch den Erlaß neuer Derivateregeln begrenzt (Bundesaufsichtsamt für das Versicherungswesen VerBAV 1996, 5ff). Über die Statuierung von Meldepflichten wurde eine wirksame Beaufsichtigung sichergestellt.

Was noch fehlt, sind einheitliche Regeln für eine Bilanzierung derivativer Finanzinstrumente. Die Grundsätze ordnungsgemäßer Buchführung liefern nur das Gerüst; die Literatur hat zwar schon einige Aufbauarbeit geleistet, es fehlen aber noch wichtige Bausteine. Detailfragen sind umstritten, nicht jede Konstruktion trägt.

Carl Zimmerer (C. Zimmerer, 1981, S. 5): "Vielleicht ist das Bilanzwesen nicht, wie Goethe einen verknöcherten Buchhalter sagen läßt, eine der großartigsten Erfindungen des menschlichen Geistes. Aber mit Geist hat es trotzdem zu tun und leider auch mit Erfindungskunst." - Es wäre erfreulich, wenn es gelingen würde, einen Teil dieser Kreativität auf die Schaffung von Bilanzregeln für Derivate zu verwenden.

Literatur

Angermayer/Dietz/Scharpf: Zulässigkeit derivativer Finanzinstrumente bei Versicherungsunternehmen, VW 1996, 107 ff

Benne, Jürgen: Einzelbewertung und Bewertungseinheit, DB 1991, 2601 ff

Bundesaufsichtsamt für das Versicherungswesen: Rundschreiben R 7 /95, VerBAV 1996, 5 ff

Clemm/Nonnenmacher:Überlegungen zur Bilanzierung von Swap-Geschäften, in: Knobbe-Keuk/Klein/Moxter, Handelsrecht und Steuerrecht, Düsseldorf 1988, S. 65 ff

Deutsche Bundesbank: Geldpolitische Implikationen der zunehmenden Verwendung derivativer Finanzinstrumente, in: Monatsbericht November 1994, S. 41ff

Dreissig, Hildegard: Swap-Geschäfte aus bilanzsteuerlicher Sicht, BB 1989, 322 ff

Finne, Thomas: Bilanzielle Berücksichtigung von Kurssicherungen, BB 1991, 1295 ff

Förterer, Jürgen: Derivateregeln für Versicherer, in: Börsenzeitung vom 29.12.1995

Grünewald, Andreas: Finanzterminkontrakte im handelsrechtlichen Jahresabschluß, Düsseldorf 1993

Husch, Rainer: Bilanzierung derivativer Finanzinstrumente, in: Schwebler/-Knauth/Simmert, Einsatz von Finanzinnovationen in der Versicherungswirtschaft, Karlsruhe 1993, S. 265 ff

Rittinghaus, Hans-Rudolf: Einsatz von Swaps für Versicherungsunternehmen, in: Schwebler/Knauth/Simmert, Einsatz von Finanzinnovationen in der Versicherungswirtschaft, Karlsruhe 1993, S. 117 ff

Schneider, Wilhelm: Bilanzierung von festverzinslichen Wertpapieren und Zinsfutures durch Kreditinstitute bei gemeinsamer Bewertung, BB 1995, 1231 ff

Schumacher, Andreas: Kompensatorische Bewertung bei der Sicherung von Bilanzpositionen durch Finanztermingeschäfte in Handels- und Steuerbilanz, DB 1995, 1473 ff

Sieber, Sebastian: Derivate: Ein Ende des Versteckspiels, VW 1995, 1694 ff

Zimmerer, Carl: Die Bilanzwahrheit und die Bilanzlüge, 2. Auflage, Wiesbaden, 1981

Zimmerer, Carl: Industriebilanzen lesen und beurteilen, 7. Auflage, Landsberg/Lech, 1991

IV.

Unternehmensführung und -organisation im Wandel

HORST ALBACH

Flexible und lernende Organisation
Vom strategischen Management zum Chancenmanagement

A. Einleitung

Drei Faktoren sind es nach verbreiteter Ansicht, die den Markterfolg von morgen sichern: Innovation, Delegation, Organisation. Diese drei Faktoren sind natürlich nicht unabhängig voneinander; sie können daher auch nicht unabhängig voneinander behandelt werden. Hinter diesen drei Faktoren steht nämlich die Zeit als strategische Wettbewerbsdeterminante. Wer als Erster mit einer fehlerfreien Innovation beim Kunden ist, hat den erwünschten Markterfolg. Der Schnellste zu sein, erfordert aber eine Organisation des Unternehmens, die auf dem Prinzip der Delegation aufbaut.

Im folgenden wird der Faktor *Organisation* behandelt. Dabei lassen sich Bezugnahmen auf die beiden anderen Faktoren jedoch nicht ganz vermeiden. Die Frage lautet: Welche sind die Organisationsstrukturen, die die Zukunft der Unternehmen sichern?

Diese Frage haben Herbert Henzler und Horst Albach in einem kleinen Arbeitskreis von Personen aus der Praxis gestellt, die man mit Karl Günter Simon "*Kronprinzen*" nennen könnte (Simon, 1969): Personen "auf dem Wege zur Macht" und mit der Aussicht, zukünftige Organisationen verantwortlich führen und sichern zu müssen. Die Antwort lautete: Wir wissen es nicht. Auch in der Diskussion ist die Unwissenheit der Gruppe nicht in kollektive Erkenntnis umgeschlagen. Auch in diesem Beitrag wird nicht der Versuch gemacht vorzutäuschen, die Antwort sei inzwischen gefunden. Ich hoffe vielmehr, daß Carl Zimmerer, dem ich diesen Aufsatz zu seinem 70. Geburtstag mit herzlichen Glück- und Gesundheitswünschen widme, mir die Antwort dank seiner großen Erfahrung und seiner kritischen Begleitung des Zeitgeists in seinem Dankesbrief für die hier angestellten Überlegungen gibt.

Ich werde drei einfacher zu beantwortende Fragen stellen und es offen lassen, ob meine Antworten auf diese drei Fragen Schlüsse auf diejenigen Organisationsstrukturen zulassen, die die Zukunft sichern.

Die Fragen lauten:
1. Welche Lehren können wir aus den organisatorischen Entwicklungen der letzten zwanzig Jahre ziehen?

2. Welche Lehren können wir aus der Beobachtung von Unternehmen ziehen, die erfolgreich auf globalen Märkten tätig sind?
3. Welche Lehren können wir aus der Beobachtung von ehemals volkseigenen Betrieben ziehen, die ihre Überlebensfähigkeit in der Marktwirtschaft gesichert haben?

B. Lehren aus den Überlebensstragegien deutscher Unternehmen nach der ersten Ölkrise

I. Die Folgen der Weltwirtschaftskrise von 1973

Mit der Freigabe der Wechselkurse und dem ersten Ölpreisschock im Jahre 1973 ging in Deutschland eine Ära der wirtschaftlichen Entwicklung zu Ende, die durch stetiges Wachstum, durch Integration Deutschlands in die Weltwirtschaft und durch divisionale Organisationsstrukturen (zumindest in den deutschen Großunternehmen) gekennzeichnet war. Es begann eine Zeit großer weltwirtschaftlicher Unsicherheit. Damals wurde die Frage gestellt, mit welchen Strategien die Unternehmen die Zukunft sichern könnten. Die Frage nach den Organisationsstrukturen, die die Zukunft sichern, schloß sich daran an, nach dem bekannten Dictum von Chandler: Structure follows Strategy.
Drei Organisationskonzepte bildeten die Antwort auf die Frage nach dem Überleben der Unternehmen in einer "turbulenten Umwelt", wie es Igor Ansoff nannte:

1. Die strategische Organisation
2. Die hybride Organisation
3. Die Holding-Organisation

II. Die strategische Organisation

In der strategischen Planung wurden Strategische Planungseinheiten unterschieden. Als solche wurden Geschäftsbereiche, Produktgruppen oder auch einzelne Produkte bezeichnet, die der planerischen Aufmerksamkeit der Unternehmensleitung bedurften.

Um die Umsetzung der strategischen Planung zu sichern, wurden die Strategischen Planungseinheiten organisatorischen Einheiten zugeordnet, die man "Strategische Geschäftseinheiten" oder auch "business units" nannte. Diese wurden entweder neben der Grundorganisation des Unternehmens geschaffen oder traten an die Stelle der Grundorganisation. Die Idee der "strategic business units" wurde zuerst von General Electric entwickelt und fand rasch Verbreitung in deutschen Unternehmen.

Einige Firmen gingen in dem Versuch, die Eigenverantwortung ihrer Mitarbeiter für das Überleben des Unternehmens zu mobilisieren, organisatorisch noch weiter. Sie entwickelten das Konzept der "kleinen Firma". Diese bestand aus einem einzigen Produkt, für das jeweils ein Team aus drei Personen, Spezialisten für Produktion, Absatz und Rechnungswesen, verantwortlich war. Diese "kleine

Firma" wurde zum Beispiel bei Dynamit Nobel geschaffen und bewirkte einen enormen Motivationsschub. Allerdings erwiesen sich die Reibungsverluste mit der Grundorganisation, die aufrechterhalten wurde, als so groß, daß die kleinen Firmen nach zwei Jahren wieder aufgelöst wurden.
Aus der strategischen Organisation der 70er Jahre lassen sich die folgenden Lehren ziehen:

1. Intensiver Wettbewerb erzwingt Denken in Strategischen Marktsegmenten. Die Portfoliotechnik unterstützt dieses Denken.
2. Die Bearbeitung strategischer Marktsegmente verlangt nach einer Organisation des Unternehmens in strategischen Geschäftseinheiten.
3. Je kleiner diese Strategischen Geschäftseinheiten sind, desto schwerer ist es jedoch für die Unternehmensleitung, sie strategisch zu planen und zu führen.
4. Je wichtiger für das Überleben des Unternehmens die Nähe zum Markt ist, desto mehr muß die Unternehmensleitung die Verantwortung für die einzelnen Geschäftseinheiten delegieren. Das Ergebnis ist eine flache Organisation.
5. Je mehr delegiert wird, umso wichtiger wird die Koordination über das strategische Gespräch. Diese Form der Führung wurde "Strategisches Management" genannt.

Mit dieser Form der Organisation haben praktisch alle deutschen Großunternehmen Erfahrungen gesammelt.

III. Die hybride Organisation

Der verschärfte internationale Wettbewerb nach 1973 hatte zwei für die Unternehmen entscheidende Wirkungen. Flexible Wechselkurse erlaubten es den Staaten, nationale Wirtschaftspolitik zu betreiben, ohne sofort in Form von Leistungsbilanzdefiziten oder Leistungsbilanzüberschüssen dafür die Quittung zu bekommen. Gegebenenfalls konnte Wirtschaftspolitik im nationalen Interesse durch Protektionismus flankiert werden. Zum anderen sahen sich die Unternehmen verstärkt Wettbewerbern aus anderen Ländern, vor allem aus ostasiatischen, gegenüber, die auf den internationalen Märkten aggressiv vordrangen.

Dies erforderte eine Unternehmensorganisation, die einerseits global, zugleich aber auch "multi-domestic", um ein Wort von Michael Porter zu benutzen, orientiert war. Global waren die weltweit tätigen Geschäftsbereiche organisiert. Die Summe der verschiedenen Landesgesellschaften kann man als "multi-domestic-organisation" bezeichnen. Besonders die deutschen Großunternehmen, vorneweg die Unternehmen der chemischen Industrie, verbanden die beiden Prinzipien zu einer sogenannten "Hybrid-Organisation".

Aus der Hybrid-Organisation der 80er Jahre lassen sich die folgenden Lehren ziehen:

1. Wettbewerb auf globalen Märkten erfordert globale Wettbewerbsstrategien.
2. Globale Wettbewerbsstrategien werden in weltweit verantwortlichen Geschäftsbereichen organisatorisch umgesetzt.

3. Der Gefahr, daß weltweit tätige Geschäftsbereiche die Kundennähe auf einzelnen nationalen Märkten verlieren, wird durch starke Landesgesellschaften und regionale Betreuung im Vorstand begegnet.
4. Je stärker die globale Verantwortung der Geschäftsbereiche ist, umso weniger selbständig können die Landesgesellschaften operieren. Die Koordination im Vorstand reicht nicht aus, die Kundennähe einer "multi-domestic-organisation" herzustellen.
5. Je stärker die Delegation auf die Landesgesellschaften (vor allem in der Triade) ist, umso stärker entwickelt sich die Unternehmensorganisation zu einer multizentrischen Organisation. Das ist insbesondere dann der Fall, wenn die Geschäftsbereichsleitung in dem Land angesiedelt wird, das für diesen Geschäftsbereich den bedeutendsten Markt darstellt.

Mit dieser Organisationsform haben vor allem die Automobilunternehmen und die chemische Industrie Erfahrungen gesammelt (Rall, 1989, S. 1074; Albach, 1994, S. VII-IX).

IV. Die Holding-Organisation

Im globalen Wettbewerb kann nicht jedes international tätige Unternehmen ein "globaler Mitspieler" werden. Das erfordert von den Unternehmen die Entscheidung, ob sie sich im Schatten der global players gegebenenfalls in Marktnischen etablieren wollen und können oder ob sie sich auf diejenigen Kernbereiche konzentrieren, auf denen sie zu den global players gehören oder in Zukunft gehören wollen.

Diese strategischen Überlegungen erfordern Flexibilität in der Unternehmensorganisation. Die Unternehmen müssen sich rasch und ohne große rechtliche und steuerliche Probleme von Geschäftsbereichen trennen können. Sie müssen aber auch Geschäftsbereiche anderer Unternehmen, die den eigenen Geschäftsbereich sinnvoll ergänzen und verstärken, schnell aufnehmen und integrieren können. Das ist nur dann der Fall, wenn die Geschäftsbereiche rechtlich selbständig werden und wirtschaftlich selbständig abrechnen. Die Holding-Organisation entspricht diesen Anforderungen.

Die Holding-Organisation führt aber auch zu einer Trennung von Leitung und Kontrolle. Die Leitung wird den dafür berufenen gesetzlichen Vertretern der Tochtergesellschaften übertragen. Die Holding selbst übt die Kontrolle über die gesetzlichen Aufsichtsorgane aus. Natürlich kann über die zustimmungspflichtigen Geschäfte faktisch eine Rückdelegation von Leitungsmacht erfolgen, wie das ja auch bei den großen Landesgesellschaften vielfach sehr zum Ärger ihrer Leitungsebene der Fall ist.
Die Lehren aus der Holding-Organisation der 90er Jahre lassen sich wie folgt zusammenfassen:

1. Der globale Wettbewerb führt zu ständig sich ändernden Marktstrukturen.
2. Sich ändernde Marktstrukturen zwingen dazu, die Organisationsstrukturen der Unternehmen laufend durch Reorganisation der Geschäftsbereiche anzupassen.

3. Die Reorganisation der Geschäftsbereiche wird durch Holding-Strukturen wesentlich erleichtert. Die steuerlichen Hemmnisse für derartige Reorganisationen sind durch das neue Umwandlungssteuerrecht weitgehend weggefallen.
4. Die Holding-Struktur ist mit einer Delegation von Verantwortung auf die rechtlich selbständigen Tochtergesellschaften verbunden.
5. Den Tochtergesellschaften einer Holding kann auch die Finanzierungshoheit übertragen werden, und zwar einschließlich der Ausgabe von Gesellschaftsanteilen an Dritte über den Kapitalmarkt oder an andere Unternehmen. Dadurch werden auch fließende Übergänge in der industriellen Führung durch Holding-Gesellschaften möglich.
6. In der Holding-Organisation legt die Holding weniger Gewicht auf die linke Seite der Bilanz, die Steuerung der Mittelverwendung, als auf die rechte Seite der Bilanz, auf die Quellen der Wertschöpfung, also auf Humankapital, Know-How-Kapital, Good-Will und Infrastruktur. Quantität und Qualität dieser Ressourcen zu steuern, ist die Aufgabe der Zentrale (Henzler, ZfB 1994, S. 51-59).

C. Lehren aus dem globalen Wettbewerb: die Ichiban-Organisation

I. Globale Strategien

Globaler Wettbewerb ist zwar auch Preiswettbewerb, sonst gäbe es nicht die Diskussion um die Kosten der Arbeit am Standort Deutschland, er ist vor allem aber Innovationswettbewerb.

Die Wettbewerbsstrategien im globalen Innovationswettbewerb lassen sich durch vier Merkmale beschreiben:

1. first mover Vorteile
2. weltweiter Vertrieb
3. weltweite Standards und Normen
4. weltweite Reputation

Wer als erster mit einem fehlerfreien Produkt und mit Kapazitäten auf dem Markt ist, die für den gewünschten Weltmarktanteil ausreichen, hat erhebliche strategische Vorteile. Er nutzt überlegene Erfahrungseffekte in der Produktion.

Die weltweit gehandelten Produkte besitzen einen hohen Software- bzw. Know-How-Anteil. Sie sind häufig durch Miniaturisierung gekennzeichnet. Ihr Frachtkostenanteil ist, bezogen auf ihren Wert, relativ unbedeutend. Daher ist ein weltweiter Vertrieb unabhängig von der Standortwahl für die Produktion möglich.

Auf das Problem weltweit gültiger Standards und Normen für globale Produkte soll hier nicht näher eingegangen werden.

Eine globale Strategie legt Wert auf langfristige Kunden- und Lieferantenbeziehungen. Langfristig können sie natürlich nur sein, wenn die Kosten stimmen.

Aufrechterhaltung der Wettbewerbsfähigkeit von Lieferanten und Kunden ist daher Teil der eigenen Wettbewerbsstrategie. Intensiver Informationsaustausch stabilisiert die Geschäftsbeziehungen und führt zu beträchtlichen Skalen- und Lerneffekten in der Beschaffung und im Absatz. Diese Effekte einer globalen Strategie können als Reputationseffekte bezeichnet werden.

Die Umsetzung einer solchen Wettbewerbsstrategie erfordert eine entsprechende Organisationsform im Unternehmen. Diese Organisationsform wird hier als Ichiban-Organisation bezeichnet. Sie besteht aus vier Elementen:

1. Innovationsorientierung
2. Wissensbasierung
3. Netzwerkorganisation
4. Projektorganisation

II. Die Innovationsorientierung

Die ganze Organisation ist auf Innovationen ausgerichtet. In dem berühmten Honda-Krieg gegen Yamaha brachte Honda innerhalb von anderthalb Jahren 81 verschiedene Motorrad-Modelle hervor. Damit eine Produktentwicklung eine Innovation wird, muß das Produkt als erstes am Markt sein. Damit es ein Erfolg wird, muß es das führende Produkt bleiben. Damit das Unternehmen ein global player bleibt, muß es immer der Erste sein. Das ist das Ichiban-Prinzip: immer der Erste sein wollen, koste es, was es wolle! Die Erfahrung lehrt, daß es weniger kostet, als es einbringt.

Eine innovationsorientierte Organisation zeichnet sich durch eine Reihe von Merkmalen aus:

1. Die Forschungs- und Entwicklungsabteilung bzw. die Konstruktionsabteilung ist groß. Die Forschungs- und Entwicklungskosten machen 15 bis 25% vom Umsatz aus.
2. Die Organisation achtet vor allem darauf, daß an den Schnittstellen zwischen Forschung und Entwicklung und Produktion und Vertrieb keine Verzögerungen auftreten. Schnittstellen- Management hat hohe Priorität.
3. Nicht mehr so sehr die Strategischen Geschäftseinheiten als vielmehr die F&E-Projekte haben die Aufmerksamkeit der Unternehmensspitze. Man kann von "Strategischen Forschungs- bzw. Entwicklungseinheiten" sprechen.
4. Das F&E-Controlling betreibt keine Pfennigfuchserei. Es achtet darauf, daß die Entwicklungszeiten kurz, die Anzahl der Produktänderungen (in Konstruktion und Design) nach Produkteinführung gleich Null sind und die Targetkosten eingehalten werden.

III. Die Wissensorientierung

Das zweite Merkmal einer Ichiban-Organisation ist die Wissensbasierung. Global erfolgreiche japanische Unternehmen zeichnen sich durch ein hervorragendes Infor-

mationsmanagement aus. Bei Deutschen und Schweizer Unternehmen der Pharmaindustrie ist das nur unwesentlich anders.
Die Forschungs- und Entwicklungsabteilungen im Unternehmen achten darauf, daß ihr Wissen stets auf dem neuesten Stand ist. Der Transfer neuen Wissens in das Unternehmen wird auch über eine wissensorientierte Einstellungspolitik herbeigeführt. Der NIH-Effekt ist in solchen Unternehmen unbekannt. Die Forschungsabteilung unterhält Informationsbeziehungen mit allen relevanten wissenschaftlichen Forschungszentren der Welt.

Besonders intensiv ist der Wissensaustausch mit Kunden und Lieferanten. Von Hippel hat dieses "Know-How-Trading" als ein Merkmal besonders wettbewerbsfähiger Unternehmen analysiert. Kirchmann hat jüngst gezeigt, daß die Forschungsabteilungen nicht nur untereinander engen Kontakt halten, sondern auch intensiven Informationsaustausch mit den Marketingabteilungen ihrer Kunden pflegen.

Wissensbasierte Unternehmen sammeln sehr intensiv Wissen über ihre Märkte, aber auch über ihre Konkurrenten, was sich nicht völlig zu decken braucht. Dieses Marktwissen wird zwischen Marketingabteilung und Forschungsabteilung ausgetauscht. Das führt in vielen Fällen zur Verbesserung von Innovationen, die von Konkurrenzunternehmen getätigt wurden. Die erfolgreichsten deutschen mittelständischen Unternehmen weisen eine sehr gesunde Mischung von internen und externen Innovationen, von Innovationen und Imitationen auf.

IV. Netzwerkorientierung

Die Ichiban-Organisation pflegt, das wurde bereits deutlich, intensive Beziehungen mit ihren Lieferanten und mit ihren Kunden. Sie weiß, daß sie so schnell ist wie das langsamste Glied in der Kette. Um der Erste zu sein, muß das langsamste Glied schnell genug sein. Die Ichiban-Organisation erstreckt sich daher über das eigene Unternehmen hinaus in die gesamte Wertschöpfungskette hinein. Die On-Line-Verbindungen zwischen Automobilherstellern und ihren Lieferanten sind ein Teilaspekt dieser Netzwerkorganisation (Okamuro, 1992). Dabei wenden einige Unternehmen das Prinzip der "firm to firm specific interaction" an, was besagt, daß immer nur Firmen zweier benachbarter Hierarchiestufen miteinander agieren (Kolatek, 1995,S. 39). So unterhält zum Beispiel das Mutterunternehmen Toyota Beziehungen zu 170 verbundenen Unternehmen, diese pflegen Beziehungen zu ihren 5400 Zulieferern, und diese wiederum unterhalten Beziehungen zu insgesamt 42000 Lieferanten. Dabei nimmt, wie man erkennt, die durchschnittliche Zahl von Lieferantenbeziehungen von Stufe zu Stufe ab.

In diesem Netzwerk wandeln sich die Beziehungen zu Lieferanten und Kunden von vertraglichen Marktbeziehungen zu eher genossenschaftlichen Kooperationsbeziehungen. Seit der Vize-Präsident von Toyota seine Lieferanten als "Brüder und Schwestern" und die Beziehungen zu ihnen als "Beziehungen mit Herz" bezeichnete, spreche ich von einer "Strategischen Familie". Bei ihnen kommt es nicht auf das kurzfristige cost squeezing an, als das der Lopez-Effekt vielfach mißverstanden worden ist, sondern auf die langfristige Stärkung der gemeinsamen Wettbewerbsfähigkeit. Die Japaner sprechen vielfach von Keiretsu, wenn sie von solchen Strategischen Familien reden. Zu diesen Keiretsu gehört stets auch eine Bank. Stefan Georg (Georg, 1995) hat nachgewiesen, daß die Unternehmen in einer Strategischen Familie, zu der eine "Main Bank" gehört, erfolgreicher im globalen Wettbewerb sind als andere (Moerke, 1995). Zu der Strategischen Familie gehört im allgemeinen aber auch ein großes Handelshaus, die sogenannte *Sogo Shosha*. Die *Sogo Shosha* ist ein Service-Unternehmen im weitesten Sinne. Es liefert wettbewerbsrelevante Marktinformationen und fungiert als Logistikunternehmen mit eigenen Transporteinrichtungen. Vielfach werden auch Beratungsleistungen erbracht.

V. Die Projektorganisation

Innovationen sind Projekte. Projektorganisation bedeutet in diesem Sinne, daß die Organisationsstruktur am gesamten Lebenszyklus eines Produkts orientiert ist, und zwar von der Produktidee über die Entwicklung bis zum Ende der Fertigung, ja sogar bis zum Ende der Lagerung von Ersatzteilen für das Produkt. Projektorganisation wird zum Product-Life-Cycle-Management. Das Rechnungswesen hat sich inzwischen auf diese Organisationsform eingestellt. Es werden die sogenannten Life-Cycle-Costs ermittelt, und zwar unterschieden nach festgelegten und entstandenen Life-Cycle-Costs.

Untersuchungen am Beispiel der Flugzeugindustrie zeigen, daß sich die Projektorganisation im globalen Wettbewerb zwischen global players auch dort durchgesetzt hat, wo überkommene Organisationsprinzipien noch das Denken beherrschen und historisch bedingte Organisationsstrukturen die Organigramme bestimmen (Schmidt, 1995). Die Projektorganisation ist offenbar die dem globalen Wettbewerb mit innovativen Produkten, vor allem mit Systemprodukten, angemessene Organisationsform.

Die Ichiban-Organisation, so scheint mir, ist eine Organisationsform, die die Zukunft der Unternehmen sichert. Folgende Lehren lassen sich ziehen:

1. Die Organisation gewährleistet, daß das Unternehmen stets der Erste (und der Beste) am Weltmarkt ist. Dabei kann der Markt durchaus klein sein. Die "geheimen Weltmarktführer" wie sie Biallo (Biallo, 1993) nennt, sind alle auf kleinen Märkten tätig.
2. Das Unternehmen organisiert Informationen und Wissen sehr effizient. Seine Informationsnetze sind reich und dicht.
3. Die Organisation hat offene Grenzen. Das Unternehmen versteht sich als Teil in einer Netzwerkorganisation, auf die es Einfluß, über die es aber nicht vollständige Kontrolle hat. Das bedeutet Abbau von Hierarchie und Aufbau partnerschaftlicher Beziehungen. Die strategische Familie weist genossenschaftliche Organisationsformen auf. Sie ist durch Selbständigkeit der Partner und vertrauensvolle Bindungen untereinander gekennzeichnet.
4. Die Organisationsstruktur wird durch Projekte gebildet. Das führt zu flachen Organisationsstrukturen und Delegation von Verantwortung auf die Projektleiter.

5. Die Zentrale managt die strategischen Ressourcen, die die Ichiban-Organisation sichert. Das sind vorrangig die Wissensbasis im Unternehmen und die Wissensinfrastruktur für den Know-How-Transfer. Im globalen Wettbewerb muß sie darüber entscheiden, ob die Wettbewerbsfähigkeit in der strategischen Familie gewährleistet ist oder durch Kauf und Verkauf von Projekten gestärkt werden muß. Notfalls wird sie Strategische Allianzen eingehen, um die Wettbewerbsfähigkeit der Gruppe zu sichern.

D. Lehren aus dem Transformationsprozeß: die amorphe Organisation

I. Die Transformation der ehemals volkseigenen Betriebe

In diesem Jahrzehnt setzt sich nicht nur der Globalisierungsprozeß der Wirtschaft fort. Es vollzieht sich auch ein gewaltiger Transformationsprozeß in der Wirtschaft: die ehemals sozialistischen Staaten und ihre Unternehmen versuchen, sich in die marktwirtschaftliche Ordnung in der Welt zu integrieren. Der Transformationsprozeß in Ostdeutschland ist, nimmt man das Ende der Treuhandanstalt zum Kriterium, abgeschlossen; der Transformationsprozeß in den osteuropäischen Staaten hält an.

Versucht man, den Transformationsprozeß in den Betrieben Ostdeutschlands zu verstehen, so drängt sich nicht das Bild vom "Kaltstart" auf, das Sinn verwendet hat (Sinn und Sinn, 1993). Vielmehr ist es das Bild vom Kick-Down, vom Umschalten aus einem gemütlichen dritten Gang in den Overdrive, das den Transformationsprozeß in den Unternehmen zutreffend beschreibt. Während die Geschwindigkeit des Lernens in den volkseigenen Betrieben außerordentlich gemächlich und für den technologischen und wirtschaftlichen Rückstand der sozialistischen Wirtschaft in der DDR verantwortlich war, bewirkte der 01. Juli 1990 einen plötzlichen Kick-Down mit einem Umschalten auf eine sehr hohe Lernrate, höher jedenfalls, als sie von den westlichen Unternehmen selbst nach dem ersten Ölschock und der Freigabe der Wechselkurse verlangt wurde.

Hier interessiert nicht der Transformationsprozeß selbst. Hier interessiert, ob aus ihm Lehren hinsichtlich der Organisationsformen gezogen werden können, die die Zukunft von Unternehmen sichern. Hier wird die Ansicht vertreten, daß das der Fall ist. Die Organisationsform, die sich im Transformationsprozeß als überlebensfähig erwiesen hat, soll als amorphe Organisation bezeichnet werden (Flik, 1990, S. 91-135).

Die amorphe Organisation läßt sich durch vier Merkmale kennzeichnen:

1. Die lernende Organisation
2. Die know-how-orientierte Organisation
3. Die flache Organisation
4. Die chancenorientierte Organisation

II. Die lernende Organisation

Die Wende forderte von den Unternehmen in Ostdeutschland ein Erlernen der gesetzlichen Rahmenbedingungen einer Marktwirtschaft, das Erlernen von Abläufen von Wettbewerbsbedingungen und das Erlernen von Verhalten unter Wettbewerbsdruck. Die Unternehmen mußten all dies schnell lernen, wenn sie überleben wollten. Das erforderte hohe Lernbereitschaft bei den Mitarbeitern, hohe Bereitschaft zum Wandel und die Schaffung organisatorischer Voraussetzungen für Lernprozesse im Unternehmen.

Der Aufbau neuer Informationsnetzwerke ist für die Lernprozesse im Transformationsprozeß von entscheidender Wichtigkeit gewesen. Abbildung 1. zeigt ein Informationsnetzwerk eines Werkes zur Herstellung von Farben im Jahre 1988. Abbildung 2 zeigt das Informationsnetzwerk nach der Wende im Jahre 1991 unmittelbar vor der Privatisierung. Folgende Merkmale erscheinen wichtig:

Die Anzahl der Kontaktpartner ist von 18 auf 24 gestiegen. Die Intensität der Informationsbeziehungen, gemessen auf einer Skala von 1-10, ist jedoch je Kontaktpartner etwa gleich groß geblieben. Sie liegt bei rund 8. Auch die Anzahl der Kontakte ist bemerkenswerterweise vor und nach der Wende mit 10 Kontakten pro Jahr etwa gleich groß. Vor der Wende war der Informationsaustausch aber stark auf das eigene Kombinat konzentriert. Lernen von Lieferanten und Abnehmern im nichtsozialistischen Ausland war durch die staatliche Außenhandelsorganisation gefiltert. Das Informationsnetzwerk zu westlichen Informationsquellen wurde nach der Wende innerhalb von zwei Jahren aufgebaut. Es war bereits im Jahre 1991 außerordentlich reich und wurde intensiv genutzt, wie Abbildung 2 zeigt.

Lieferanten und Kunden sind bedeutende Partner der lernenden Organisation. Das zeigen die Abbildungen 3 und 4 noch deutlicher als die Abbildungen 1 und 2. Das Lieferantennetzwerk des volkseigenen Betriebes war vorwiegend auf die Betriebe des eigenen Kombinats konzentriert (Abb. 3). Das Lieferantennetzwerk der Warnow-Werft weist nur drei Jahre später eine Fülle von Lieferanten aus dem In- und Ausland auf. Das deutet auf einen enormen Lernprozeß hinsichtlich der Netzwerke in der Marktwirtschaft hin.

III. Die know-how-orientierte Organisation

Im Transformationsprozeß spielte der Erwerb von Know-how eine entscheidende Rolle. Die Treuhandunternehmen besaßen keinerlei Know-how, das ihr Überleben in der marktwirtschaftlichen Ordnung hätte sichern können. Ihnen fehlten das Produkt-Know-How, das Produktions-Know-How und das VertriebsKnow-How, deren es in einer Marktwirtschaft bedarf. Dieses Know-How war auch nicht leicht zu erlangen. Es war nämlich nur bei den Konkurrenten im Westen vorhanden, die verständlicherweise nicht bereit waren, es kostenlos an die ostdeutschen Betriebe abzugeben. Konnte aber dieses Know-How nicht schnell genug erworben werden, konnten die Betriebe nicht überleben.

Um an das erforderliche Know-how heranzukommen, mußten die Unternehmen an das Know-How ihrer Konkurrenten herankommen. Das gelang, wenn ich recht sehe, in den meisten Fällen nur dadurch, daß die Treuhandanstalt sie an diese Konkurrenten verkaufte. Abbildung 5 zeigt, daß das Kombinat Lacke und Farben in Berlin praktisch über kein marktwirtschaftliches Know-How verfügte. Einmal liefen alle Beziehungen in das westliche Ausland über die staatliche Chemie-Außenhandelsorganisation, zum anderen machten die Lieferungen in diesem Bereich nur 5% des gesamten Umsatzes aus. Nach der Wende gelang es aus den verschiedensten Gründen nicht, das erforderliche Know-How schnell genug selbst aufzubauen. Die deutschen Amphibolin-Werke verschafften der Lacufa auch nach der Privatisierung nicht den Zugang zu den Kunden im Westen und sicherten sich das Know-How der östlichen Kunden über die 50%ige Beteiligung an der Caparol-Vertriebsgesellschaft für Lacke und Farben (Abb. 6).

IV. Die flache Organisation

Der Lernprozeß während des Transformationsprozesses konnte nicht auf breiter Front erfolgen. Die Unternehmen versuchten, sich auf bestimmte erfolgversprechende Aktivitäten zu konzentrieren und diese Aktivitäten intensiv und schnell beherrschen zu lernen. Dies war mit erheblichen Entlassungen von Mitarbeitern verbunden. Dies machte einen permanenten Umbau der Organisation des Unternehmens erforderlich. Die tiefgegliederte Organisation der volkseigenen Betriebe wurde in diesem Prozeß aufgelöst. Sie wich einer flachen Organisation mit sehr viel weniger hierarchischen Ebenen. In Betrieben wie LEW Hennigsdorf, Warnow-Werft oder Thüringer Teppichfabriken konnte man das sehr gut studieren.

In diesen Unternehmen wird vielfach davon gesprochen, daß die flache Organisationsstruktur auch auf die Projektorganisation zurückzuführen sei, die sich als eine Organisationsform erwiesen hat, die den enormen Anpassungs- und Lernprozessen im Transformationsprozeß angemessen sei.
Die Untersuchungen der Transformationsprozesse in ostdeutschen Betrieben haben aber Zweifel daran aufkommen lassen, ob die Ausdrücke "flache Organisation" und "Projektorganisation" tatsächlich die Organisationsentwicklung in diesen Unternehmen zutreffend beschreiben. Die Lernrate in den ostdeutschen Unternehmen war so hoch, daß es zur Ausprägung stabiler Organisationsstrukturen überhaupt nicht kam. Die Organisation der Unternehmen ließ sich nicht mehr zutreffend durch Organisationsstrukturen beschreiben, innerhalb deren die Menschen den Transformationsprozeß verarbeiten konnten. Es waren die Menschen selbst, die miteinander das anpackten, was zu tun möglich war, um das Überleben des Betriebs zu sichern, und die Gelegenheiten beim Schopf ergriffen, die sich gerade boten. Das aber ist das Kennzeichen der chancenorientierten Organisation.

V. Die chancenorientierte Organisation

Die chancenorientierte Organisation ist eine geordnete, aber strukturlose Organisation. Sie setzt auf drei Elemente:

1. Die Mitarbeiter
2. Die Gelegenheiten oder Chancen
3. Die Zeit

Die Mitarbeiter müssen Chancen erkennen und sofort ergreifen können, wenn sie überzeugt sind, daß es sich lohnt. Das setzt die Fähigkeit voraus, zwischen wichtigen und unwichtigen Chancen unterscheiden zu können. Die Mitarbeiter müssen kreativ und zugleich besessen von der Aufgabe sein (sie müssen commitment haben). Ihnen muß in dem Bewußtsein, daß sie keine Fehler machen, die das ganze Unternehmen gefährden, große unternehmerische Freiheit gegeben werden. Intrapreneurship ist ein wichtiges Merkmal dieser Organisation.

Kein Mitarbeiter kann alleine eine Chance ergreifen und zum Erfolg führen. Er bedarf der Mitarbeit vieler Talente. Diese bilden ein "winning team". Das in seiner Zusammensetzung flexible Team ist die organisatorische Einheit der chancenorientierten Organisation.

Um Chancen nutzen zu können, müssen die Teams die Freiheit haben, selbst ohne lange Genehmigungsprozesse in einer hierarchischen Organisation Chancen zu ergreifen. Das Unternehmen wird als ein offenes System gestaltet, das prozeßorientiert und nicht strukturorientiert arbeitet.

Die Zeit spielt im Transformationsprozeß der ostdeutschen Unternehmen eine besondere Rolle. Die Menschen in den Unternehmen lernten schnell, aber in vielen Fällen nicht schnell genug. Zum Aufbau von Informationsnetzen, zum Erwerb von Know-how, zum Erlernen der Prozesse des Zusammenarbeitens im Unternehmen und in der strategischen Familie bedarf es einer gewissen Zeit. Rom wurde nicht an einem Tag erbaut, und Vertrauen zwischen den Menschen, die in einer marktwirtschaftlich organisierten Wirtschaft zusammenarbeiten sollen, entsteht nicht von heute auf morgen. Die Lernrate im Transformationsprozeß hat die Menschen und die Organisationen vielfach überfordert.

Die amorphe Organisation kann als ein Erklärungsmuster für die Unternehmen im Transformationsprozeß Ostdeutschlands dienen. Sie vermittelt aber auch die folgenden allgemeinen Erkenntnisse:

1. Die Organisation der Zukunft gibt genügend Freiraum für unternehmerisches Verhalten, für die sogenannte Intrapreneurship.
2. Die Organisation vertraut auf Selbstorganisation von Teams. Das setzt hohes Vertrauen der Mitarbeiter in die Fähigkeiten und Verhaltensweisen der anderen Mitarbeiter voraus.

3. Die Organisation ist prozeßorientiert. Prozesse bestimmen die Organisation, nicht hierarchische Strukturen. Leadership ist etwas anderes als Hierarchie. Die Organisation ist flach.
4. Die Organisation weiß, daß nur überlegenes Know-how den Erfolg sichert. Jedes Mitglied des Teams hat Zugang zu jedem Know-how, das in der Unternehmung vorhanden ist. Eine ausreichend hohe Lernrate sichert, daß das Know-How-Kapital nicht veraltet.
5. Die Reaktionszeiten auf sich bietende Chancen sind kurz genug, um der Ichiban-Strategie zu entsprechen. Sie sind ausreichend lang, um stabile, auf Vertrauen basierende Beziehungen zwischen den Mitarbeitern, aber auch zwischen den Mitgliedern einer Strategischen Familie entstehen zu lassen und um sie pflegen zu können.

E. Schlußbemerkung

Mit der Ichiban-Organisation und der amorphen Organisation wurden zwei Muster von Organisationen vorgestellt, deren Elemente Bestandteile einer Organisation der Zukunft sein könnten. Beide Organisationsformen decken sich nicht. Die Ichiban-Organisation konzentriert sich auf Geschäftsfelder, in denen das Unternehmen auch langfristig der Erste sein kann. Dadurch entsteht Reputationskapital. Die amorphe Organisation wächst organisch von Chance zu Chance, von Geschäftsgelegenheit zu Geschäftsgelegenheit. Das bedeutet noch kein Reputationskapital, sondern nur ein Signal für hohe Lernfähigkeit im Aufbau und in der Weiterentwicklung von Kompetenz. Die Ichiban-Organisation verlangt von der Organisation hohes Innovationstempo, damit Stabilität im Netzwerk gewahrt werden kann. Die amorphe Organisation betont auch das Element der Muße: Kreativität setzt Muße, also Zeit voraus.

Es ist nicht undenkbar, daß die Ichiban-Organisation die Organisationsform von Industrieunternehmen ist, die die Zukunft sichert, und daß die amorphe Organisation diejenige Organisationsform ist, die ein überlegenes Dienstleistungsunternehmen kennzeichnet. Vielleicht aber schält sich auch eine Kombination der Elemente beider Organisationsformen im Wettbewerb als die überlegene Organisation heraus.
Ein Unternehmen wie das, welches der Jubilar erfolgreich geführt hat und führt, als amorph zu bezeichnen, wird sicher nicht als falsch empfunden. Carl Zimmerer hat seine Mitarbeiter stets zu selbständigem Handeln motiviert, und wer wenn nicht Carl Zimmerer, hätte nicht stets Chancen-Management betrieben? Und wer wollte bezweifeln, daß er Ichiban ist - weit über seinen Beruf hinaus?

Literatur

Biallo, H.: Die geheimen deutschen Weltmeister. Mittelständische Erfolgsunternehmen und ihre Strategien, Wien 1993.

Flik, H.: The ameba-concept... organizing around opportunity within the GORE Culture, in: Simon, H. (Hrsg.): Herausforderung Unternehmenskultur, USW-Schriften für Führungskräfte, Band 17, Stuttgart 1990.

Georg, St.: Die Leistungsfähigkeit japanischer Banken. Qualität oder Quantität?, Dissertation, Berlin 1995.

Henzler, H.: Integration: Die Aufgabe der Zentrale, in: ZfB-Ergänzungsheft 1/94.

Kolatek, C.: Der Einfluß japanischer Direktinvestitionen auf die Marktstrukturen in Europa: Strategien, Organisationen und Reaktionen der Wettbewerber, Manuskript, Koblenz (WHU) 1995.

Moerke, A.: Der Einfluß von formellen und informellen Verflechtungen auf den Erfolg japanischer Unternehmen unter besonderer Berücksichtigung der *Keiretsu*, Wissenschaftszentrum Berlin, Berlin 1995.

Okamuro, H.: Entwicklung des Abhängigkeitsverhältnisses im Zulieferer-Abnehmernetzwerk mit besonderer Berücksichtigung der Auswirkungen der neuen Kommunikationstechnologie in der deutschen Automobilbranche, Dissertation, Bonn 1992.

Rall, W.: Organisation für den Weltmarkt, ZfB 1989; ferner Albach, Horst: Die Rolle der Zentrale, in: ZfB-Ergänzungsheft 1/94.

Schmidt, A.: Organisation und Wettbewerb der Hersteller von Verkehrsflugzeugen, Dissertation, Berlin 1995.

Simon, K. G.: Die Kronprinzen. Eine Generation auf dem Wege zur Macht, Frankfurt am Main 1969. Die Kronprinzen waren Peter Neckermann, Guido Sandler, Hellmuth Buddenberg, Dieter Spethmann.

Sinn, G., Sinn, H.-W.: Kaltstart, München 1993.

FRITZ WERNER GRÜBER

Übertragung von Unternehmen und Beteiligungen im Wandel

Im Rückblick auf die Jahrzehnte der Berufsarbeit und die zahlreichen Veröffentlichungen von Carl Zimmerer zum Generalthema Bilanzen und Wechsel in der Trägerschaft von Unternehmen und Beteiligungen wird bewußt, daß in der Praxis der Übertragung von Unternehmen und Beteiligungen ein kontinuierlicher Wandel zu verzeichnen ist.

Die Rezentralisierung der nach Ende des zweiten Weltkrieges in Ländereinheiten zerteilten deutschen Großbanken war gerade abgeschlossen und der Weg der deutschen Banken in das Ausland steckte noch in den Anfängen, als Carl Zimmerer 1958 mit seinen damaligen Partnern Scheel und Kienbaum in der Interfinanz seine Tätigkeit als Unternehmensmakler begann.

Die Übertragung von Unternehmen und Beteiligungen betraf in den 50er Jahren ganz überwiegend Transaktionen im Inland und weitete sich dann zunehmend auf die Beteiligungsnahme von Inländern im Ausland und auf das Engagement von Ausländern in der Bundesrepublik Deutschland aus. Die zunehmenden grenzüberschreitenden Transaktionen gingen einher mit dem allgemeinen Wiederaufstieg der deutschen Wirtschaft. Sie werden bis heute gefördert durch unterschiedliche steuerliche Standortbedingungen, das internationale Kostengefälle beim Produktionsfaktor Arbeit, die unterschiedliche Reglementierung der Forschung und Entwicklung, der Umwelt- und Bauvorschriften, der Mitbestimmung und Sozialgesetzgebung und durch die zunehmende Bedeutung kundennaher Fertigungsstätten.

Die Betreuung des Übergangs von großen Unternehmen und Beteiligungen fällt vornehmlich den Großbanken zu. Mitbewerber auf dem Markt der Vermittlung kleinerer und mittlerer Unternehmen waren neben der Interfinanz zunächst wenige andere Makler und auf diese Aufgabe ausgerichtete Bankabteilungen. Nachfrager und Anbieter verfolgten ihre Kauf- und Verkaufsabsichten auch weitgehend eigenständig und unprofessionell oder unter Mitwirkung von örtlichen Filialleitern der Großbanken, der Privatbankiers und einiger Wirtschaftsanwälte und Wirtschaftsprüfer.
Die Vorgehensweisen, die Vertragsgestaltungen, die wechselseitigen Absicherungen und die Verfahren der Kaufpreisermittlung wichen in den 50er Jahren noch stark voneinander ab. Heute kann eine zunehmende Vereinheitlichung festgestellt werden.

Allgemein üblich im Rahmen der Übertragung von Unternehmen und Beteiligungen war die Heranziehung der letzten drei Jahresabschlüsse (WP-

Berichte), des letzten Betriebsprüfungsberichtes, eines aktuellen Grundbuch- und Handelsregisterauszuges, des Gesellschaftsvertrages und der Informationsunterlagen über Produkte und Markt. Auch Grundstücks- und Mobilientaxen waren Preisfindungsgrundlagen. Die bereits sehr fortentwickelten und vielfältigen Theorien der betriebswirtschaftlichen Unternehmensbewertung fanden begrenzt Eingang in den durch Angebot und Nachfrage und Verhandlungsgeschick bestimmten Preis.

Die Unternehmenskaufverträge der 50er Jahre zeigten in zwei heute fortentwickelten Teilbereichen überwiegend nur sehr allgemeine Regelungen über

- Gewährleistungen und Garantien des Verkäufers und die damit verbundenen Verjährungsfristen. Die Garantielisten waren kurz.

- Vereinbarungen zum Ausgleich der Folgewirkungen steuerlicher Betriebsprüfungen. Diese Vereinbarungen garantierten vielfach keinen exakten Vorteils- und Nachteilsausgleich zwischen Verkäufer und Käufer bei Mehr- und Minderbelastungen. Heute wird ganz überwiegend genau geregelt, in welcher Größenordnung und in welcher Zeitachse Betriebsprüfungsmehrsteuern über eine mögliche Amortisation von nachaktivierten Mehrwerten im Anschlußzeitraum vom Erwerber wieder hereingeholt werden können und ob und wie sich das Volumen und die Fristigkeit von Abschreibungen beim Käufer ändern. Es wird untersucht, wie unterschiedlich die wirtschaftlichen Auswirkungen beim Kauf von GmbH-Anteilen und Aktien einerseits und Beteiligungen an Personengesellschaften oder einer Einzelfirma anderseits sind.

Ein Wandel zu einer Verbesserung der Wertfindung, der abgesicherten Bestimmung von Zukunftsrisiken und Chancen von Unternehmen und Beteiligungen verbindet sich zeitgleich mit den kontinuierlichen Veröffentlichungen von Betriebswirtschaftlern, die mit dem Fragengebiet theoretisch oder praktisch befaßt waren. Unter ihnen nimmt Carl Zimmerer von Anfang an durch seine praxisbezogenen eindringlichen Beiträge und Beispiele und seine zum Teil aggressiven Formulierungen, mit denen er entscheidende Denkanstöße gegeben hat, eine herausragende Stellung ein.

Er hat von Anbeginn seiner Veröffentlichungen im Schrifttum immer wieder bewußt gemacht, daß an den für eine Wertermittlung herranzuziehenden Jahresabschlüssen vornehmlich das interessiert, was nicht in ihnen steht und/oder durch Ausübung von Wahlrechten schwer erkennbar oder sogar unkenntlich gemacht ist.

Der vom Unternehmensverkäufer wie Käufer gleichermaßen bezahlte und auf einen Abschluß bedachte Makler muß im schlichten Eigeninteresse seiner beruflichen Anerkennung und erfolgreichen Zukunftsentwicklung im Durchgriff durch die Jahresabschlüsse und die üblichen Informationsmaterialien die wertbildenden Tatsachen ergründen und den Vertragsparteien bewußt machen. Mit dem Aufspüren und Quantifizieren wertbildender Faktoren und einer laufenden Fortentwicklung der Risikobeurteilung und damit einer angemessenen Preisfestsetzung hat sich Carl Zimmerer über Jahrzehnte befaßt.

Seit einigen Jahren, beginnend bei Transaktionen mit US-amerikanischen Käufern von Unternehmen und Beteiligungen und der Einschaltung US-amerikanischer Wirtschaftsanwälte und zunehmend übergreifend auf Fusionen und Unternehmensverkäufe überhaupt, breitet sich unter dem Begriff "Due Diligence" ein Verfahren einer ergänzenden Unternehmensprüfung im Zusammenhang mit Fusionen oder Unternehmenskäufen aus. "Due Diligence" im Sinne einer sorgsamen Enthüllung und der Beachtung der im Verkehr erforderlichen Sorgfalt ist eine vor Vertragsabschluß durchgeführte rechtliche und wirtschaftliche Überprüfung einer vorgesehenen Transaktion, die über die übliche Jahresabschlußprüfung und überschlägige Unternehmensbewertung hinausgeht. Die "Due Diligence" soll Problempunkte der Unternehmensbewertung vor allem im Bereich der Risikobestimmung und der Gewährleistungen aufspüren und über die Jahresabschlüsse und die üblichen Informationsunterlagen hinaus alle für die Wertfindung relevanten rechtlichen und wirtschaftlichen Bedingungen aufdecken. Due Diligence-Prüfer arbeiten nach einer sorgfältig vorbereiteten und ganz auf das Transaktionsobjekt abgestellten Fragenliste im Auftrag und Interesse des Käufers. Die Fragen umfassen das Know-how der Due Diligence-Prüfer und werden mit den Anleitungen als höchstpersönliches Praxiseigentum gehütet. Dabei wird von den nach US-amerikanischem Vorbild arbeitenden Anwälten und Wirtschaftsprüfern durchaus der Eindruck begrüßt, die Unternehmensanalyse des Due Diligence sei in der Bundesrepublik Deutschland ein ganz neues und geradezu revolutionierendes Verfahren, um die Wahrheit über den rechtlichen und wirtschaftlichen Zustand von Unternehmen und Beteiligungen vor Zusammenschlüssen und Eigentümerwechseln an das Licht zu bringen. Es besteht die Einschätzung, Due Diligence sei die optimale Möglichkeit des Erwerbers, das Zielunternehmen besser kennenzulernen und die Risiken des geplanten Unternehmenskaufs realistisch zu beurteilen. Die Durchführungsvorstellungen einer Due Diligence entsprechen dem amerikanischen Rechtsverständnis, alles umfassend vertraglich zu regeln, weil man vor Vertragsabschluß die Schwachstellen hat ausfindig machen können. Wirtschaftliches Ziel der Due Diligence ist es, den endgültigen Preis für das Transaktionsobjekt durch Risikoanalyse herabzusetzen.

Dabei hat eine durchgeführte Due Diligence-Prüfung des unbestreitbaren Vorteil, eine Transaktion rechtlich sicherer zu gestalten, weil nach dem Ziel dieser Prüfung die Fälle des "Wegfalls der Geschäftsgrundlage" und einer "Inanspruchnahme wegen culpa in contrahendo" so gut wie ausgeschlossen werden sollen. Die Untersuchung des Transaktionsobjektes geht dem Kaufabschluß voraus, so daß sich auch das Bedürfnis nach Garantieverträgen und Garantielisten im Zusammenhang mit dem Vertragsabschluß vermindert.

Wenn ein Übernehmer alle rechtlichen und wirtschaftlichen Sachverhalte kennt oder kennen mußte, verringert sich das Garantierisiko des Verkäufers. Zeitliche wird eine Due Diligence-Prüfung vielfach erst eingeleitet, wenn eine Unternehmensbewertung auf der Basis der klassischen Informationen und eine Grundsatzeinigung der Vertragspartner (letter of intent, Vorvertrag) vorliegen.

Die mit der Prüfung verbundenen Enthüllungen wirken in der Spannweite zwischen Angebot und Nachfrage preisreduzierend, sie führen zur Risikominderung bei Übernehmer und zur Minderung der Prozeßrisiken und der Riskien aus Garantien beim Verkäufer. Die Rechtssicherheit wird verbessert.

Im Rahmen der Due Diligence-Prüfung werden im Ergebnis die Motive für eine Transaktion, die Möglichkeiten der Erfüllung der Käufererwartungen und wirtschafts-, steuer- und auch öffentlichrechtliche Rahmenbedingungen hinterfragt.

Die Zustimmung eines Verkäufers zur Vornahme einer im Käuferauftrag durchzuführenden Due Diligence kann als Gütesiegel für die Qualität der gegebenen Informationen und des Transaktionsobjektes gelten.

Eine sorgfältige Due Diligence-Prüfung setzt die Ausarbeitung einer objektbezogenen Checkliste voraus, die dann von fachlich qualifizierten, auf der Ebene der Verhandlungspartner stehenden Prüfern abgearbeitet werden muß.

Die Prüfer (Wirtschaftsanwälte und/oder Wirtschaftsprüfer) fassen das Ergebnis in einem Due Diligence Memorandum zusammen, das eine Auflistung der Faktoren mit Auswirkung auf eine Wertänderung des Kaufobjektes enthält. Dabei stützt sich das Memorandum auf das Ergebnis aus mehreren Prüfungsfeldern, für die Checklisten unter Berücksichtigung des jeweiligen Prüfungsobjektes erstellt werden.

Zu den Prüfungsfeldern zählt das Marketing audit mit der Auskunft und Beurteilung zu folgenden Punkten:

Branchenzugehörigkeit, Wachstums- und Wettbewerbsprognose, Marke, Werbung und Aufwand im Prozent der Leistung im laufenden Jahr und in den letzten Jahren, Marktanteil einzelner Geschäftsfelder aufgeteilt auf BRD, EU und übriges Ausland.

Ferner pro Geschäftsfeld, getrennt für die letzten drei Jahre:

- Inlandsumsatz,
- Auslandsumsatz EU, übriges Europa, Nordamerika, Mittelamerika, Südamerika, Asien, übrige,

Konkurrenten in der BRD, Marktanteil,
Konkurrenten in der EU,
Konkurrenten in Weichwährungs- und Billiglohnländern
Trends, technisches standing, Schutzrechte, Fertigungstiefe, Zulieferer, verlängerte Werkbank
wichtige Kunden, Umsatzanteile und Existenzaussichten,
technische Zukunftsentwicklung der Produkte, Substitutionsrisiken,
Vertrieb Inland, Vertrieb Ausland (Vertriebsgesellschaften, Vertretungen),
Kundendienst, Montagen vor Ort.

Ein weiteres Prüfungsfeld betrifft das Management audit mit Aussagen zu folgenden Punkten:

Personelle Besetzung der Führungsebene, Beurteilung, Kosten,
Organigramm mit Stellenbesetzungsplan

- Alter, Betriebszugehörigkeit, vermutete Restarbeitszeit, Vergütung einschließlich Altersversorgung und Nebenleistungen, Kurzbeurteilung, Nachfolger je Führungskraft,

Alterspyramide,
Personalplanung, Fluktuation,
Aufsichtsrat, Beirat, Betriebsrat, (Kosten),
Verbände, Tarife,
Krankenkasse, Krankenstand,
Vergütungssystem für Leitende und übrige,
Betriebsklima,
Beraterverträge.

Ergänzt werden die Feststellungen durch das Financial audit mit Aussagen zu folgenden Punkten:

Ergänzungsfeststellungen zum letzten Jahresabschluß

- nicht notwendige Sach- und Finanzanlagen, Verkehrswerte - Buchwerte,
- notwendige Sach- und Finanzanlagen, Verkehrswerte - Buchwerte,
- Anlagevermögen mit negativem Wert, wie kontaminiertes Grundvermögen, Zuschußbeteiligungen, insbesondere Auslandsbeteiligungen, Buchwert - negativer Verkehrswert,
- Liste der angemeldeten Rechte, genutzt und ungenutzt,
- jährliche Patentkosten,
- kritische Würdigung des aktivierten Goodwill und der immateriellen Wirtschaftsgüter,
- Grundbuchauszüge, Valutierung von Grundpfandrechten,
- Kredite, Besicherung, Zubehörhaftung,
- Vorratsbewertung, kritische Würdigung, Lagerreichweiten, Ersatzteilhaltung,
- Forderungen an verbundene Unternehmen und Beteiligungsunternehmen mit Aufteilung auf kurzfristig fällige Forderungen und Forderungen mit Anlagecharakter (festgefrorene Salden),
- Zinssätze und Laufzeiten von Forderungen, Verbindlichkeiten und insbesondere Bankkrediten,
- Auftragsbestand, Veränderung gegenüber Vorjahr, Erfüllungsmonat, Reichweite, Verluste im Auftragsbestand zu Vollkosten, davon bilanziert,

Beschäftigungsgarantien gegenüber Verlagerungsbetrieben,
Strategische Planung - lang- und mittelfristig -,
Absatz- und Umsatzplanung,
Investitions- und Entwicklungsplanung,
Ertragsplanung,
Finanzplanung,
EDV-Planung.

Abgerundet wird die Due Diligence durch das besonders gewichtete Legal audit mit der Aussage zu den Punkten:

Gesellschaftsverträge, Joint-ventures, Geheimhaltungsvereinbarungen,
Bürgschaften, Patronatserklärungen, Garantien,

Aktiv- und Passivlizenzen,
Gewährleistungen,
Rechtsstreitigkeiten, Risiken, Rückstellungen,
Patentlage,
Steuerrisiken, Betriebsprüfung, nicht rechtskräftige Steuerveranlagungen,
Währungsrisiken, Absicherungen,
Altersversorgung Mitarbeiter, Zinssatz Pensionsrückstellung, unterlassene Rückstellungen, unterlassene Anpassung der Versorgungsleistungen, nicht passivierte Verpflichtungen gegenüber tätigen und ehemals tätigen Gesellschaftern von Personengesellschaften,
nicht durch Vermögen gedeckte Verpflichtungen von Pensions- und Unterstützungskassen, für die nach Betriebsrentengesetz das Trägerunternehmen aufkommen muß,
Sicherheitsleistungen,
Verträge mit Kunden und Lieferanten und Dienstleistern von wirtschaftlicher Bedeutung,
Verträge mit Genehmigungserfordernis bei Übergang des Unternehmens und/oder der Beteiligung,
Gehaltsvereinbarungen, Gewinnbeteiligungen,
Verträge mit Gesellschaftern, Altgesellschaftern und ehemaligen Organen,
Wettbewerbsabreden, Absprachen,
Musterverträge mit Angestellten und Arbeitern,
Vertreterverträge, Ausgleichsverpflichtungen gemäß § 89 b HGB,
Mitgliedschaften aller Art, spezifiziert
- jährlicher Aufwand je Mitgliedschaft,
Versicherungen,
Kontaminierung, Beschränkungen wegen Emissionen (Wasser/Luft/Lärm),
Abdruck aller Pressemitteilungen der Gesellschaft und aller Veröffentlichungen über die Gesellschaft innerhalb der letzten drei Jahre.

Gleichwertige Angaben sind zu allen wirtschaftlich wesentlichen Tochtergesellschaften und Beteiligungen erforderlich.

Die aufgezeigten beispielhaften Positionen und Fragen einer Due Diligence Checkliste werden durch die klassischen Unternehmensdaten, wie sie den Jahresabschlüssen und Geschäftsberichten zu entnehmen sind, nicht beantwortet. Ihre Kenntnis ist aber für den Entscheidungsprozeß anläßlich der Übertragung eines Unternehmens oder einer Beteiligung notwendig.

Es ist davon auszugehen, daß heute bei allen Transaktionen von größerer Bedeutung - das sind solche mit relativ hohem Erwerberrisiko im Verhältnis zur Finanzkraft des Erwerbers -entweder eine Risikoanalyse und Beurteilung vor Vertragsabschluß erfolgt und/oder umfangreiche Garantien im Unternehmenskaufvertrag festgelegt werden. Insoweit ist in der Praxis der Übertragung von Unternehmen und Beteiligungen in den zurückliegenden Jahren eine kontinuierliche Verfeinerung in der Risikobeurteilung und damit ein Wandel zu verzeichnen.

Mit der aus den Vereinigten Staaten übernommenen Due Diligence-Prüfung ist allerdings in Deutschland kein grundsätzliches Neuland betreten, sondern allenfalls eine gewisse Systematisierung von Ermittlungen unter einem Oberbegriff in englischer Sprache erfolgt. Wer die publizistische Arbeit von Carl Zimmerer im Fachschrifttum und viele Passagen der Interfinanz-Geschäftsberichte verfolgt hat, wird sofort erkennen, daß Zimmerer die Denkansätze des sogenannten Due Diligence von Anbeginn seiner Berufsarbeit entwickelt und verbreitet hat, ohne selbst den Begriff je zu gebrauchen. Er betrieb die "sorgsame Enthüllung" der hinter den Bilanzen verborgenen oder verschleierten Sachverhalte im Interesse einer erforderlichen Sorgfalt bei der Wertfindung zu übertragender Unternehmen und Beteiligungen.

Ihm verdanken wir unter vielem anderen die Hinweise auf

- die Verschleierungswirkung des "sale and lease back",
- die Umgruppierung von Wertpapieren ins Finanzanlagevermögen zum Zwecke der Aushöhlung des Niederstwertprinzips,
- den notwendigen Ausweis kontaminierter Grundstücke und Verlustbeteiligungen - vor allem im Ausland - auf der "Passivseite!" der Bilanz und
- die notwendige Aufteilung in genutzte und überflüssige Anlagen

und viele Warnungen vor Praktiken einer irreführenden Vorratsbewertung. Zimmerer untersuchte - über die übliche Aufteilung der Aufwendungen in ordentliche und außerordentliche hinausgehend - die Auswirkungen unterdrückter Forschung und Entwicklung, eingeschränkter Werbung, Reparaturunterlassung, Fortführung veralteter EDV-Organisationen und unterlassener Personalvorsorge und Schulung auf den Wert des Unternehmens. Er forderte die Bewertung von originären Vorleistungen in Markt, Vertrieb, Erzeugnis, Personal und Organisation im Rahmen der Wertfindung. Gnadenlos ist er mit dem Erkenntniswert der Bilanzen, mit den Verschleierungspraktiken und den herbeigezauberten Gewinnen umgegangen und hat seine Wegbegleiter in Beruf und Praxis, die Käufer und Verkäufer von Unternehmen sensibilisiert, sich bei Transaktionen um einen durch zusätzliche Tatsachenermittlung abgesicherten Weg zu bemühen.

Sein vollendeter an Jahren runder Lebensabschnitt ist Anlaß genug, dies deutlich zu machen und ihm zu danken.

JOSEF MOHREN

Hauptstadt im Aufbau, Hauptstadtbank im Werden

Unternehmensführung und -organisation im Wandel am Beispiel der jüngsten Deutschen Geschichte in Berlin.

A. Einführung

Berlin als Hauptstadt Deutschlands ist das Sinnbild deutscher Geschichte. In keiner anderen Stadt spiegeln sich Schicksal und Veränderung so vollständig, intensiv und spannungsreich wider wie hier. Nach dem Ende des Zweiten Weltkrieges stand die Stadt häufig im Brennpunkt der Weltöffentlichkeit. Die Blockade 1948/49, der Arbeiteraufstand am 17. Juni 1953 in Ostberlin, der Bau der Mauer inmitten der Stadt am 13. August 1961 und ihr Fall am 9. November 1989, die Verabschiedung der Schutzmächte im Sommer 1994 und der Staatsakt zum 50. Jahrestag des Kriegsendes am 8. Mai 1995, nur wenige Augenblicke der Geschichte. Sie sind es, die von Tragik und Hoffnung berichten, die hier erlebt und gelebt werden. An der Schwelle zum 21. Jahrhundert steht Deutschland insgesamt und Berlin im Besonderen vor den Herausforderungen eines tiefgreifenden gesellschaftlichen und wirtschaftlichen Wandels. Die Vollendung der Deutschen Einheit

die Stärkung der Wettbewerbsfähigkeit Deutschlands angesichts einer fortschreitenden Interna-tionalisierung der Märkte, Millionenarbeitslosigkeit, Konjunktur- und Strukturpro-bleme sind die Aufgaben, die gemeinsam bewältigt werden müssen. Die Fähigkeit, die notwendigen Veränderungen vorzunehmen, ist der Schlüssel zum Erfolg. Gerade hier ist eine moderne und flexible Unternehmensführung gefragt. Angesichts einer zunehmenden Ratlosigkeit in der Gesellschaft, was die Reaktion auf die mannigfaltigen Probleme betrifft, wird die Wirtschaft gefordert, Initiative und Verantwortung zu übernehmen. Das aktive Gestalten steht dabei im Vor-dergrund: Aktion, nicht Reaktion lautet das Gebot der Stunde. Der Standort Berlin entwickelt sich zunehmend zur Drehscheibe für das Ost-West-Geschäft. Doch nicht nur für die traditionellen Wirtschaftszweige ist Berlin von großer Bedeutung. Der Aufbau des Technologieparks Adlershof im Bezirk Treptow mit der Ansiedlung innovativer Einrichtungen und Unternehmen kann richtungsweisend sein. Bei kon-sequenter Fortsetzung der ersten Schritte kann Deutschland die Umstrukturierung seiner Wirtschaft so fortsetzen, daß ihre Wettbewerbsfähigkeit entscheidend verbessert wird. Bei entsprechendem Handeln können von der Hauptstadt wie schon oft in der Vergangenheit Impulse ausgehen, die unsere Gesamtwirtschaft in ihrer konjunkturell schwierigen Lage benötigt. Auch dadurch werden an hier ansässige Kreditinstitute erhöhte Anforderungen gestellt. Finanzkraft und professionelles Risikomanagement seien beispielhaft genannt.

B. Überblick über die Entwicklungen nach 1945

Die aktuelle politische und wirtschaftliche Situation der Bundesrepublik Deutschland wird noch heute stark von der kriegsbedingten Teilung beeinflußt. Fünf Jahren gemeinsamer, wiedervereinigter Entwicklung steht noch immer ein größerer Zeitraum der in unterschiedliche Lager getrennten Geschichte gegenüber.

I. Die Teilung

Die politische Neuordnung Europas infolge des 2. Weltkrieges wurde in Berlin besonders deutlich und schmerzlich vollzogen. Der 13. August 1961 war für die Berliner insgesamt ein Schock. Die Teilung der Sparkasse in der Stadt hingegen war schon 1948 durch die Währungsreform vollzogen worden. Auf Befehl der Stadtkommandanten wurde am 30. Dezember 1948 in den drei Westsektoren die Sparkasse der Stadt Berlin-West gegründet, die sich Schritt für Schritt zu einem bedeutenden Regionalkreditinstitut mit zuletzt knapp DM 23 Mrd. Bilanzsumme in 1989 entwickelte. In den Anfangsjahren galten alle Anstrengungen der Beseitigung der Kriegsfolgen. Obwohl das Unternehmen in jenen Jahren von Not und Zwängen geleitet wurde, konnte durch das umsichtige Handeln des ersten Direktoriums schon bald erfolgsorientiert gewirtschaftet werden. Nach und nach wurden die wesentlichen, ertragreichen Geschäftsfelder betreten. Am Wiederaufbau der Stadt beteiligte sich das Unternehmen engagiert durch die umfangreiche Finanzierung öffentlicher wie privater Investitionen in der Stadt.

Das Inseldasein hatte für die hier ansässigen Kreditinstitute eine stark benachteiligende Wirkung: Abwanderungsbewegungen aus dem alten Handels- und Dienstleistungszentrum führten zu einer Kundenstruktur, in der echte Großkunden rar waren. Fachkräfte verließen die Stadt, ein Trend, der auch durch die gezahlte Berlinzulage nur unzureichend aufgefangen werden konnte. Zusätzlich beeinflußt wurde das Geschäft durch die Ansiedlung von Spezialkreditinstituten. Trotzdem konnte erstmals für 1953 ein Bilanzgewinn von DM 5 Mio. ausgewiesen werden. Den zunehmenden Kundenansprüchen an Beratungsqualität und Komfort wurde durch umfangreiche Qualifizierungsmaßnahmen, besonders in enger Zusammenarbeit mit dem Deutschen Sparkassen- und Giroverband, erhebliche Investitionen in moderne Technik sowie ein umfangreiches, attraktives Filial- und Selbstbedienungsnetz Rechnung getragen. Heute verfügt die Berliner Sparkasse über 170 Filialen und ein Netz von Selbstbedienungsmedien in der ganzen Stadt.

In Ostberlin blieb die Sparkasse der Stadt Berlin ein Eigenbetrieb des Magistrats. Die Unternehmenspolitik wurde über die Staatsbank der DDR von der Zentralregierung diktiert. Geschäftspolitische Freiräume waren nicht vorhanden. Sogar die Zahl der zu beschäftigenden Mitarbeiterinnen und Mitarbeiter und der zu erwirtschaftende Ertrag wurden vorgegeben. Die Zentralverwaltungswirtschaft führte nicht nur zu verdeckter Arbeitslosigkeit und der Verschwendung von

Ressourcen, sondern auch zu einer extremen Benachteiligung bestimmter Wirtschaftszweige. Bei der Personalzuteilung wurden die Schlüsselindustrien bevorzugt. Dies führte unter anderem zu einer chronischen personellen Unterbesetzung und den schon fast typischen Warteschlangen in den Filialen. Es gelang trotzdem, die Menschen zum Sparen zu motivieren, um die notwendigen Mittel für Auf- und Neubauvorhaben zu erlangen. Die Sparkasse hat damit auch in Ostberlin zum Wiederaufbau beigetragen. Zuletzt wurden 80 % der Löhne und Gehälter in der ehemaligen Hauptstadt der DDR über das Institut abgewickelt, das zu diesem Zwecke ein hohes Maß an Automation erreicht hatte. Die Marktführerschaft konnte in vielen Teilbereichen wegen des hohen persönlichen Engagements der überwiegend weiblichen Beschäftigten auch nach der Wiedervereinigung bewahrt werden.

II. Die Wiedervereinigung

In den 70er und 80er Jahren kam es durch deutsch-deutsche Treffen, die Unterzeichnung des Grundlagenvertrages und die Einrichtung "Ständiger Vertretungen" zu einer schrittweisen Annäherung, der große Durchbruch gelang jedoch erst durch den Fall der Mauer am 9. November 1989 als Folge der friedlichen Revolution im Osten Deutschlands. Die Ereignisse trafen alle Beteiligten unerwartet. Zu Beginn der Ost-West-Zusammenarbeit standen vor den strategischen Überlegungen die alltäglichen Probleme. Um den erheblichen Kundenandrang während des Währungsumtausches und der Währungsumstellung zu bewältigen, halfen Mitarbeiterinnen und Mitarbeiter der Sparkasse der Stadt Berlin (West) ihren Kolleginnen und Kollegen im Ostteil der Stadt auch an den Wochenenden aus. Danach erst konnten die richtungsweisenden Maßnahmen ergriffen werden. Es erfolgte eine Vereinheitlichung der eingesetzten Technologie, was schnell zu einer Vereinfachung der Arbeitsabläufe führte. Der Zugriff der Kunden auf ihr Girokonto wurde durch die zügige Installation von zusätzlichen Geldausgabeautomaten und Kontoauszugdruckern wesentlich erleichtert. Die Produktpalette wurde ebenfalls stark erweitert, was wegen des angestrebten einheitlichen Servicestandards zu einem erheblichen Qualifizierungsbedarf führte. Neben den Anforderungen, die die Palette von Bankprodukten stellt, mußten die Grundlagen der sozialen Marktwirtschaft vermittelt werden. Von größter Bedeutung war die Schulung des Personals hinsichtlich eines verantwortungsbewußten, aktiven Verkaufs von Bankdienstleistungen. Kundendienst in des Wortes engstem Sinn und Kundenbetreuung stehen im Vordergrund. Inzwischen hat der erfolgreiche Abschluß dieser Maßnahmen dazu geführt, daß ein einheitliches Qualifizierungsniveau besteht und den Kunden überall der gewohnte "Full-Service" geboten werden kann.

Die intensiven politischen Konsultationen des Jahres 1990 führten über den Abschluß des "2+4-Vertrages" im September zum Vollzug der Deutschen Einheit am 3. Oktober 1990. Die Landesbank Berlin - Girozentrale - (LBB) wurde zeitgleich gegründet. Sie stellt den Rechtsmantel für die im Wege der Gesamtrechtsnachfolge überführte Sparkasse der Stadt Berlin (West) und die integrierte Sparkasse der Stadt Berlin aus dem ehemaligen Ostteil der Stadt. Durch einen frühzeitigen Personaltransfer und die Zusammenarbeit in Projektteams kam es zwischen beiden Häusern zu einem konstruktiven Erfahrungsaustausch, der das Zusammenwachsen wesentlich erleichtert hat. Die Vergütungsstruktur in der LBB wurde so gestaltet, daß bereits seit Beginn des Jahres 1992 ein einheitliches Gehaltsniveau Bestand hat.

III. Die Gegenwart

Bei der Betrachtung der gegenwärtigen Situation in Berlin verdienen die Aspekte der alltäglichen Probleme, der Hauptstadtfrage und der Entwicklungen des Finanzwesens besondere Aufmerksamkeit.

a) Das nationale Bewußtsein

Die guten Erfahrungen, die unser Haus bei oben genannter Zusammenführung sammeln konnte, sind nicht repräsentativ für alle Wirtschafts- und Verwaltungszweige. Noch immer herrscht mancherorten nicht der Grundsatz "gleicher Lohn für gleiche Arbeit". Diese Tatsache und andere negative Aspekte der Wiedervereinigung bedingen vermehrt soziale Spannungen und Existenzängste. Kostenaspekte dürfen sicherlich nicht vernachlässigt werden, doch schafft man so nur eine erneute, ungewollte Teilung. In großem Umfange war und ist die Umstrukturierung und Integration von ehemaligen Ost- und Westbetrieben mit hohem Personalüberhang notwendig. Folge waren die zunehmende Arbeitslosigkeit und die angespannte Finanzlage der öffentlichen Hand infolge sinkender Steuereinnahmen und steigender Staatsausgaben. Nach einer Bundesbankstatistik hat per Ende 1994, also in nur vier Jahren, die Pro-Kopf-Verschuldung der neuen Länder mit DM 3900,-- pro Einwohner zwei Drittel jenes Wertes (DM 5600,--) erreicht, die in den Flächenländern der Bundesrepublik seit der Währungsreform 1949 angesammelt wurde. Zwar sind erhebliche Mittel für den Aufbau verwendet worden, eine echte Vereinigung ist nach Meinung vieler Bürger bislang trotzdem unerreicht geblieben. Der erforderliche Strukturwandel führt in Berlin zu einem scheinbar verkehrten Bild: einem erfreulich stabilen Aufwärtstrend im Osten (Zunahme des BIP von 7,3 % in 1994) steht eine "Talfahrt" im Westen gegenüber (Rückgang des BIP für 1994 von 1 %). Hauptgrund hierfür ist der Wegfall des Standortvorteils Subvention. Eine Entwicklung, die sich auf gewerbliche wie private Kunden auswirkt. Gerade deshalb ist die Wiedervereinigung an dieser Schnittstelle nicht einfach.

Zur Kompensation ist die Entwicklung des Bewußtseins für einen gemeinsamen Wirtschaftsraum Berlin-Brandenburg geboten. Eine Notwendigkeit, die leider noch nicht überall erkannt wurde. Neben einer Einbeziehung des Westteils von Berlin in die Gemeinschaftsaufgabe zur Förderung der regionalen Wirtschaftsstruktur soll durch die Schaffung eines gemeinsamen Bundeslandes die Vereinigung beschleunigt und der Wirtschaft zusätzliche Dynamik verschafft werden. Auch hier ist eine Hauptstadtbank mit ihrem Know-how und ihrer Finanzkraft gefordert. Die Landesbank Berlin berät die Kommunen und unterstützt deren Infrastrukturmaßnahmen aktiv durch Projektfinanzierungen. Die Tätigkeit der Mitarbeiterinnen und Mitarbeiter der speziellen Abteilungen und Tochterunternehmen unseres Hauses kommt so wiederum einer ganzen Region zugute.

Die persönliche Identifikation mit der gemeinsamen Nationalität ist mit Geld allein nicht zu erreichen. Die Bürger der Fünf Neuen Länder werden mit vielen neuen Problemen konfrontiert. Steigende Lebenshaltungskosten bei scheinbar abnehmenden Sozialleistungen traten ohne eine längere Zeit des Übergangs auf. Teilweise wird beklagt, daß viele in der DDR bewährte Einrichtungen in der Bundesrepublik nicht übernommen wurden. Hinsichtlich der Kinderbetreuung, der sozialen Absicherung und der Beschäftigungssituation spricht man von einer Verschlechterung. Die negativen Erinnerungen und Aspekte, die das Leben in der DDR den meisten ihrer Bürger bot, geraten angesichts dieser neuen und akuten Probleme in Vergessenheit. Es gibt deshalb immer noch Bürger, die sich manche Verhältnisse aus der DDR zurückwünschen. Einige Westdeutsche traten zudem im Osten der Republik besonders "geschäftstüchtig" und forsch auf. An sie wurde der Begriff "Besserwessi" vergeben. Auf der anderen Seite wurde das Konsumverhalten der Bürger im Beitrittsgebiet häufig kritisiert. Die Zusammenarbeit alter "Seilschaften" aus DDR-Zeiten und der angeblich mangelhafte Arbeitswille wurden und werden noch heute als Vorwurf erhoben. Zudem sind die rechtlichen Rahmenbedingungen des Einigungsvertrages oftmals unzureichend. Die Regelungen zur Restitution von Grundeigentum beispielsweise werden die Gerichte wohl noch über die Jahrtausendwende hinaus beschäftigen. Notwendige Investitionsvorhaben werden so unnötig verzögert, alle Beteiligten verunsichert. Auch diese, die Wiedervereinigung so erschwerenden Faktoren, müssen beseitigt werden. Die sogenannte "Mauer in den Köpfen" wird solange bestehen, wie nicht zumindest die Aussicht auf die abschließende Lösung dieser Probleme besteht. Diese Tatsache ist um so schlimmer, da sozialer Ausgleich und Frieden die Fundamente unserer Gesellschaftsordnung sind. Die Kluft zwischen Ost und West ist also wesentlich größer, als in der ersten Euphorie zunächst angenommen wurde. Der Verlust der gemeinsamen Identität verbunden mit den Wiedervereinigungsproblemen schafft ein destruktives Klima.

b) Berlin als Hauptstadt und Regierungssitz

Zu Zeiten des Kalten Krieges erfolgte von den Politikern der Bundesrepublik regelmäßig die Bestätigung Berlins als Hauptstadt Deutschlands. Auch der Einigungsvertrag vom 31. August 1990 bekräftigt dies ausdrücklich. In Artikel zwei des Vertrages heißt es, daß die Frage des Sitzes von Parlament und Regierung nach der Herstellung der Einheit zu entscheiden sei. In der Hauptstadtdebatte des Deutschen Bundestages vom 20. Juni 1991 traten dann jene Meinungen und Ansichten zutage, die Berlins Position erschweren. Die Gegner Berlins als Regierungs- und Parlamentssitz versuchen mit Hinweisen auf das republikanische Gewicht und die Standards in Bonn, den Umzug an die Spree zu verhindern, oder zumindest zu verzögern. Obwohl nach kontroverser Debatte mit knapper Mehrheit für Berlin votiert wurde, rückte die Umsetzung dieses Beschlusses in den folgenden Monaten in weite Ferne. Es gelang mit Hinweisen auf die immensen Kosten und die notwendige Besitzstandswahrung den Umzug zu verzögern. Er wird wohl erst in der ersten Dekade des kommenden Jahrtausends abgeschlossen sein. Selbstverständlich müssen zunächst die baulichen Gegebenheiten für Arbeitsplätze und Wohnorte geschaffen werden. Für die Dienststellen des Bundes muß Büroraum in einer Größenordnung von 725.000

Quadratmetern Bruttogeschoßfläche errichtet oder zumindest hergerichtet werden. Vorsichtige Schätzungen haben zudem einen Bedarf von ca. 8000 Wohnungen für die Bundesbediensteten und deren Angehörige ermittelt. Er soll zwar aus dem Bestand an Wohnraum der ehemaligen Alliierten gedeckt werden, der ohnehin schwierigen Situation am Berliner Wohnungsmarkt verhilft dies aber keinesfalls zu Stabilität. Diese Vorhaben benötigen einige Zeit, ihre Auswirkungen jedoch bleiben ungewiß. Solange Staatsbesuche in Bonn beginnen, solange die geplante Verlagerung der dreizehn für Berlin als ersten Dienstsitz vorgesehenen Bundesressorts nach Berlin nicht intensiv und mit vereinten Kräften in Angriff genommen wird, ist Berlin nicht mehr als eine Metropole auf dem Papier. Eine Hauptstadt wird nicht nur durch den Titel allein zu Regierungs- und Parlamentssitz. Großartige Veranstaltungen wie die Verpackung des Reichstages durch die Künstler Christo und Jeanne-Claude können darüber nicht hinwegtäuschen. Nach solchen "Highlights" fällt die Stadt zurück in die Mittelmäßigkeit. Das Unverständnis hierüber ist nicht nur in der Bevölkerung groß, es irritiert auch Investoren.

Gerade ausländische Unternehmungen, die schon kurz nach der Maueröffnung nach Berlin kamen und mehr als ein verbales Bekenntnis zur Stadt leisteten, haben sich auch angesichts dieser Schwierigkeiten schon wieder zurückgezogen. Beispielhaft seien hier nur die großen europäischen Medienmärkte Virgin und FNAC genannt. Die Realisierung von Anlagen privaten wie öffentlichen Kapitals in Milliardenhöhe ist ins Stocken geraten. Die Landesbank Berlin hat schon jetzt mit Aufwendungen im dreistelligen Millionenbereich die marode Substanz des Großteils ihrer Geschäftsräume im ehemaligen Ostteil der Stadt erheblich verbessern können. Zusätzlich werden die drei großen Entwicklungsgebiete der Stadt Rummelsburger Bucht, Wasserstadt Oberhavel und Eldenaer Straße durch Rat und Tat spezieller Entwicklungsträger- und Grundstücksentwicklungsgesellschaften des Hauses betreut. In der alten Stadtmitte unterstützt die LBB eine Reihe von Bauvorhaben mit einem Volumen von mehreren Milliarden DM, die das Gesicht der Stadt bis weit in das nächste Jahrtausend hinein prägen werden. Sie hat damit als das öffentlich-rechtliche Institut der Hauptstadt ihren Verpflichtungen den Bürgern und Mitarbeitern gegenüber entsprochen. Doch sind die Anstrengungen der ohnehin in Berlin ansässigen Unternehmen allein nicht ausreichend. Gerade Investitionen sind als Qualitätsmaßstab für einen Standort entscheidend. In der hartnäckigen Diskussion über den geplanten Großflughafen Berlin-Brandenburg International treten staatliche Hemmnisse am deutlichsten zutage. In provinziellem Gezänk droht eine Großinvestition unterzugehen. Wo, wann und ob überhaupt der Luftverkehr in der Region eine Hauptrolle spielen wird, ist ungewiß. Unkontrollierte Bebauung ist ohne Zweifel abzulehnen, die Geduld der arbeitsplätzeschaffenden Investoren ist aber nicht unerschöpflich. Zum jetzigen Zeitpunkt, an dem die Planung scheinbar in einer Sackgasse steckt, bedarf es eines entscheidenden Machtwortes von politisch einflußreicher Stelle.

Dabei gibt es Beispiele für zügige, wenig bürokratische Umsetzung. Die Stadt selbst hat bei ihrem "Regierungsumzug" ein hohes Tempo vorgelegt: binnen acht Monaten nach der Wahl zum ersten Gesamtberliner Senat konnte eine einheitliche Verwaltungsstruktur verwirklicht werden. Vom Roten Rathaus im alten Stadtzentrum aus wird Berlin nunmehr regiert. Ins Stocken gekommen ist aber auch die Rückkehr oder Ankunft von Institutionen und Verbänden zum Beispiel dem Bundesverband der Deutschen Industrie oder dem Deutschen Sparkassen- und Giroverband. Doch hat man hier wenigstens die Planungsphase schon abgeschlossen. Insgesamt sollte es für die Verbände, Institutionen, Handel und Industrie von der Beschlußfassung her einfacher sein, den Schritt in die Hauptstadt zu wagen, als es für die politischen Gremien offensichtlich ist. Selbst dann bleiben noch lange behördliche Instanzenwege zu überwinden. Für die Stadt ist neben der Verlagerung der Geschäftssitze von Deutscher Bahn AG, IBM-Holding, Debis und ABB, die Neugründung von Unternehmen wie der Bankgesellschaft Berlin AG von besonderer Bedeutung. Einerseits dienen diese Unternehmen als Impulsgeber für die Entwicklung der Stadt, andererseits als Vorreiter, die andere Firmen animieren können, denselben Schritt zu wagen. Firmen, die ohnehin hier präsent sind, kommt also eine doppelte Verantwortung zu. Eine Verantwortung, der wir uns gerne stellen. Nur durch die Präsenz in der Stadt kann man ihre Entwicklung positiv beeinflussen. Ohne jeden Zweifel ist die Etablierung einer Hauptstadt schwieriger als die Gründung eines Unternehmens. Von unlösbaren Problemen zu sprechen, scheint jedoch trotz der offensichtlichen Schwierigkeiten unangemessen. Es hängt vom Willen aller Beteiligten ab, die Lösung gemeinsam anzugehen.

c) Entwicklung des Finanzwesens

Die Deutsche Wiedervereinigung hat von einem Tag auf den anderen eine neue Konkurrenzsituation entstehen lassen. Insbesondere für die Kreditwirtschaft hat sich seit 1990 der Wettbewerb erheblich verschärft. Finanz- und Bankwesen sind keine geschützten Geschäfte mehr. In Berlin hat sich die Zahl der Kreditinstitute zwischen 1989 und 1994 von 101 auf 145 erhöht. Doch der Blick muß jetzt vermehrt Gesamteuropa gelten. Die zum 1. November 1993 begonnene Verwirklichung der Europäischen Union und die verbesserten Beziehungen zu unseren osteuropäischen Nachbarn bieten Chancen, die genutzt werden müssen. Europa hört nicht mehr an der Grenze zu Polen auf. Die sogenannte Osterweiterung der EU und die politisch-militärische Zusammenarbeit von NATO und WEU mit den osteuropäischen Reformstaaten stimmen hoffnungsfroh und fordern gleichzeitig heraus. Gerade Berlin kommt eine besondere Bedeutung bei der Erschließung der Märkte zu. Obwohl die anfängliche, große Euphorie auch hier einer realistischen Alltagsbetrachtung gewichen ist, darf man die schon rein geographisch exponierte Lage nicht verkennen. Vom scheinbar letzten sicheren Hafen vor oder besser schon kurz hinter dem Eisernen Vorhang wurde Berlin zu einem Tor zu den sich öffnenden Märkten im Osten.

Ein Unternehmen alleine kann nicht mehr all den hohen Erfordernissen des Marktes zu wirtschaftlich akzeptablen Kosten genügen. Eine Allianz schlagkräftiger und kompetenter Partner bietet sich deshalb an. Dieser Notwendigkeit zum einen und dem Wunsch des Landes Berlin entsprechend, als Eigentümer die Struktur seiner drei Banken zu ordnen, wurde durch die Gründung der Bankgesellschaft Berlin AG zum 1. Januar 1994 Rechnung getragen. Die umgesetzte Konstruktion einer Holding unter Einbeziehung der drei Teilbanken Landesbank Berlin, Berliner Hypotheken- und Pfandbriefbank AG und Berliner Bank AG ermöglicht es der Hauptstadtbank, Wirtschaft und Bevölkerung gebündelte Kompetenz am

Bankplatz Berlin durch einen finanzkräftigen Partner zur Verfügung zu stellen. Unter einem Dach sind jetzt erstmals eine öffentlich-rechtliche Landesbank und privatrechtlich organisierte Kreditinstitute vereint. Mehr als 16.000 Beschäftigte stehen national wie international im Dienst ihrer Kunden. Mit der Norddeutschen Landesbank, Hannover, konnte zusätzlich ein bedeutender Kooperationspartner gewonnen werden. Die Weiterentwicklung zu einem modernen öffentlichen Bankwesen wird durch den planmäßigen strategischen Ausbau des Konzerns fortgesetzt. Die Ressourcen der Institute werden über die steuernde Holding einer optimierten Nutzung zugeführt. Auf dem Wege hin zu Kostensenkung und Produktivitätssteigerung hat man flache Hierarchien und den organisatorischen Wandel ebenfalls berücksichtigt. Die Ertragssituation wird sukzessive durch die Realisierung von Synergie-Potentialen weiter verbessert. Bei gleichartigen Dienstleistungen bietet sich eine Zusammenführung oder gemeinsame Neugründung von Tochterunternehmen an. Die Gründung der Bildungsakademie Berlin Brandenburg GmbH schafft die Voraussetzungen für ein attraktives und innovatives Aus- und Weiterbildungssystem im Institut, um stets über die notwendige Anzahl qualifizierter Mitarbeiterinnen und Mitarbeiter zu verfügen. Die Akademie steht mit ihren Dienstleistungen aber auch anderen Unternehmen aus Berlin, Brandenburg und Osteuropa offen. Unter erheblichem finanziellen Aufwand wurde die alte Sparkassenzentrale für DM 315 Mio. zum repräsentativen Sitz des Konzerns ausgebaut. In nur 13-monatiger Umbauzeit entstand auf dem ehemaligen AEG-Gelände in Berlin-Wedding das modernste Dienstleistungszentrum Europas mit 2000 zukunftsorientierten Arbeitsplätzen.

Das Retail-Geschäft wird unter Wahrung eines eigenständigen Auftritts betrieben. Jedes der Institute hat sich durch große Anstrengungen in dem jeweils bevorzugten Kundensegment eine gefestigte Marktposition erarbeitet. Die erreichte Bindung darf nicht gefährdet werden, zu subtil sind die den Kunden beeinflussenden Faktoren. Entgegen der landläufigen Meinung kann auch das Mengengeschäft ab einer bestimmten Stückzahl profitabel sein. Die bei der Landesbank Berlin eingesetzte Technik hat die personellen Kapazitäten für die intensivere Kundenberatung geschaffen. So können auch die vorhandenen Möglichkeiten für einen hohen Produktabsatz im Rahmen des Cross-Selling genutzt werden. Die Betrugsfälle des Jahres 1994 und die Verletzlichkeit unangreifbar geglaubter Unternehmen wie AEG, IBM, VW oder der Baring Brothers machen die Notwendigkeit effizienter Risikosteuerung und -kontrolle deutlich. Gerade Finanzinnovationen müssen umsichtig behandelt werden. Gleichzeitig müssen Kapitalspielräume optimiert werden, um die Finanzierungskraft für Aufgaben und Investitionen in Berlin und in allen anderen Regionen aufzubringen. Insgesamt wurden Schritte gegangen, die zu gehen sich lohnt.

Noch steht die Steigerung der Attraktivität der Hauptstadt mit umfangreichen Baumaßnahmen im Vordergrund. Der Rückstand im Baugeschehen der östlichen Stadtbezirke ist aufzuholen, private und öffentliche Investitionen in erheblichen Größenordnungen unterstützen die laufende Umstrukturierung Berlins zu einem Dienstleistungszentrum. Auch die Verlegung von Regierung und Parlament mit dem begleitenden Ausbau der Infrastruktur muß erhebliche Impulse schaffen. Diese Maßnahmen sollten bei einem für 1995 geschätzten Bauvolumen von insgesamt

DM 37 Mrd. dazu führen, daß Bauhaupt- und Baunebengewerbe hier die konjunkturellen Antriebskräfte werden. Durch die zu bebauenden Großflächen bietet sich die Möglichkeit, ganze Viertel modern und zukunftsweisend entstehen zu lassen. Doch gerade infrastrukturelle Großvorhaben, die langfristig mit über die Konkurrenzfähigkeit eines Standortes entscheiden, drohen zunehmend den notwendigen Sparmaßnahmen zum Opfer zu fallen. Wiederum sind die Investoren gefordert. Hat ihre Tätigkeit den gewünschten Erfolg, könnte eine Modellrechnung der Bankgesellschaft Berlin umgesetzt werden, die im gemeinsamen Wirtschaftsraum Berlin-Brandenburg unter günstigen Umständen Investitionen in Höhe von DM 208 Mrd. und bis zu 700.000 neue Arbeitsplätze prognostiziert. Und sie handeln: die umfangreichen Arbeiten von Daimler-Benz, Sony, ABB und Hertie auf Europas größter Baustelle am Potsdamer Platz haben die Errichtung eines eigenen Logistikzentrums zur Koordinierung der Arbeiten notwendig gemacht. Doch nicht nur die Großunternehmen, sondern gerade kleine und mittlere Unternehmen tragen mit ihren Investitionen zum Aufbau bei. Ihnen gilt die besondere Aufmerksamkeit unseres Hauses.

C. Aussichten

Dem gemeinsamen Wirtschaftsraum Berlin-Brandenburg gehört die wirtschaftliche und politische Zukunft. Er bietet Perspektiven, die zu den notwendigen Wettbewerbsvorteilen führen. Nach dem Niedergang der Industrie setzen die Ostdeutschen ihre Hoffnungen auf die Entwicklung des Dienstleistungssektors. Wenige Jahre nach der Wiedervereinigung sind vier von fünf Industriearbeitsplätzen verloren gegangen. Die ohnehin schwierige Situation Deutschlands als Produktionsstandort erfordert die Schaffung neuer Arbeitsplätze im tertiären Sektor. Durch den Wegfall wesentlicher Mobilitätshemmnisse innerhalb der Europäischen Union kommt es auch zu einer verstärkten Konkurrenz unter den europäischen Dientsleistungsstandorten. Dem Großraum Berlin-Brandenburg kommt ob seiner Nähe zu den großen Wachstumsmärkten im Osten vermehrt die Funktion eines Standortes zum Austausch von Waren und Dienstleistungen zu. Diese Entwicklung wird durch unser Institut auch durch die Beratung potentieller Existenzgründer stark gefördert. Gelingt es, die verkrusteten Strukturen in der Region zügig aufzubrechen, kann aus der Region heraus Wesentliches für den Wohlstand Deutschlands geleistet werden. So wird eine Hauptstadt ihrer Funktion gerecht. So kann ihre Entwicklung hin zu einer europäischen Metropole wesentlich beschleunigt werden. Der erwartete wirtschaftliche Aufschwung käme so durch die Bündelungsfunktion einer größeren Zahl von Menschen zugute. Die Unterzeichnung des Staatsvertrages zwischen den noch eigenständigen Bundesländern Berlin und Brandenburg durch ihre Repräsentanten erfolgte am 27.April 1995 wohl nicht zufällig 75 Jahre nach einer anderen wegweisenden Entscheidung für eine Vereinigung. Damals beschloß die Preußische Landesversammlung die Schaffung der Großgemeinde Berlin. Wie heute auch bestanden Vereinigungsängste. Die angrenzenden eingemeindeten Städte hatten augenscheinlich nur zu verlieren und gewannen doch. Heute spricht keiner mehr über die Ängste von damals; handfeste und teilweise begründete Zweifel an der jetzt anstehenden Länderehe müssen noch ausgeräumt werden. Ob aus alten Zeiten der

Kleinstaaterei stammend oder als Verhandlungsobjekt geplant: die Neugründung einer eigenen Landesbank für Brandenburg zum Beispiel macht unter rationalen Gesichtspunkten keinen Sinn. Das entscheidende Votum bleibt jedoch den Bürgern in Form einer Volksbefragung vorbehalten. Wie immer auch die Entscheidung aussehen wird, Berlin, die Deutsche Hauptstadt, befindet sich im Aufbau und wird sichüber kurz oder lang wieder zu einer Weltmetropole entwickeln. Die Landesbank Berlin ist als ein Unternehmen der Bankgesellschaft Berlin AG schon heute Hauptstadtbank.

HEINER MÜLLER-MERBACH

Die "Intelligenz" der Unternehmung: Betriebliches Gestalten und Lenken aus einer neuen Sicht

Carl Zimmerer schreibt im Jahresbericht 1993 der *Interfinanz* (S.34): "Der römische Kaiser Caligula ernannte einen Esel zum Senator. Wer hat nachgezählt, wie viele Esel der deutsche Bundespräsident schon zu Ministern ernannt hat?" Dieser Beitrag zielt in die entgegengesetzte Richtung: die praktische Intelligenz.

In Japan wird seit über zwölf Jahren an der neuen Führungslehre *"Organizational Intelligence"* gearbeitet, deren Begründer Takehiko Matsuda ist. Sie zielt auf die *Entwicklung* und *Nutzung* der *"Intelligenz"* der Unternehmung. Auch in den USA und in Europa gibt es neuerdings Ansatzpunkte in dieser Richtung. Gleichwohl scheinen uns die Japaner in der Entwicklung dieser Führungslehre um Jahre voraus zu sein.

A. Intelligenz der Unternehmung

Was macht eine Unternehmung wettbewerbsfähig, was macht sie den Wettbewerbern überlegen, was macht sie stark im Vergleich zu den Konkurrenten? Welches ist der entscheidende *"kritische Erfolgsfaktor"* einer Unternehmung?

Je nach persönlicher Auffassung von der Unternehmung sind andere Antworten auf diese Frage zu erwarten. *Eine* Antwort lautet: die *"Intelligenz"* der Unternehmung. Dieser Beitrag ist ein Plädoyer dafür, in der Intelligenz der Unternehmung den kritischen Erfolgsfaktor zu sehen.

Auf den kritischen Erfolgsfaktor sollten sich die Aktivitäten der Unternehmungsleitung konzentrieren. Je nach persönlicher Sichtweise, d.h. je nach persönlicher Entscheidung für einen kritischen Erfolgsfaktor werden sich die Schwerpunkte der Leitung verändern. Das betrifft sowohl die Aufgaben des *Gestaltens* als auch die des *Lenkens*.

Intelligenz - und verwandte Begriffe wie "Wissen" und "Kompetenz" - finden eine zunehmende Verwendung in der betriebswirtschaftlichen Fachliteratur, insbesondere auch in den Titeln. Es gibt Grund zu der Vermutung, daß die Intelligenz der Unternehmung zu einem zentralen Begriff der künftigen Führungslehren aufsteigen wird. Dieser Beitrag zeichnet diesen Weg ein wenig vor.

- Was soll hier unter Intelligenz der Unternehmung verstanden werden, lautet die Frage im Kapitel B.

- Welchen Einfluß die Wahl der Intelligenz als kritischen Erfolgsfaktor auf die Leitung der Unternehmung, d.h. auf die Aufgaben des *Gestaltens* und *Lenkens* hat, ist das Thema des Kapitels C.

- Im Kapitel D werden Beispiele skizziert. Sie zielen auf die besonderen Aspekte der an der Intelligenz der Unternehmung orientierten Leitung.

B. "Intelligenz" der Unternehmung: Was soll das sein?

Intelligenz wird gewöhnlich als Attribut des *einzelnen Menschen,* d.h. als *individuelle* Intelligenz verstanden. Gleichwohl sind die Auffassungen vom Wesentlichen des Intelligenzsbegriffs variantenreich (Abschnitt I). Um so vielfältiger könnte der Begriff der Intelligenz der Unternehmung (oder sonstiger Organisationen) sein, würde er nicht durch eine *operationale* Begriffsklärung auf seine unmittelbare Nutzbarkeit ausgerichtet, hier durch begriffliche Untergliederung in *Information, Wissen* und *Meinung* (Abschnitt II).

I. Individuelle Intelligenz

Was ist *"Intelligenz"* der Unternehmung, was ist überhaupt *"Intelligenz"*?

Nützlich ist dazu die Unterscheidung zwischen "Dingen" und "Konzepten", womit Eysenck (1980, S. 11ff.) seine Auseinandersetzung mit dem Intelligenzbegriff beginnt. Ein Schreibtisch sei z.B. ein Ding und habe wahrnehmbare Merkmale wie eine Oberfläche, vier Beine und Schubladen. *"Intelligenz"* sei dagegen ein Konzept: "Ein Konzept aber hat keine solchen wahrnehmbaren Merkmale, es ist eine Abstraktion! Konzepte werden geschaffen, nicht entdeckt. ... Man hat den Ausdruck geschaffen, um eine große Anzahl Fakten zu klassifizieren und zu koordinieren. Das Konzept existiert nicht außerhalb dieser großen Anzahl von Fakten" (Eysenck, 1980, S. 12).

Ist die Vielfalt von Auffassungen von Intelligenz nicht überraschend (vgl. zwölf Zitate bei Müller-Merbach, 1995), beispielsweise: *"Die Intelligenz ist die Magd des Willens"* (Schopenhauer), oder: *"Der Grad der Furchtsamkeit ist ein Gradmesser der Intelligenz"* (Nietzsche), oder: *"Intelligenz ist die Fähigkeit, seine Umgebung zu akzeptieren"* (Faulkner), oder: *"Intelligenz, behaupten die Intelligenten, ist die Fähigkeit, sich der Situation anzupassen. Wenn du ein Buch verkehrt in die Hand genommen hast, lerne es verkehrt zu lesen"* (Brudzinski).
Die Vielfalt ist so groß, daß manche "das Klischee hinnehmen, daß 'Intelligenz das ist, was die Intelligenztests messen'" (Kail, Pellegrino, 1988). Das ist keineswegs befriedigend, aber: "Intelligenz als das zu definieren, was Intelligenztests messen, ist nicht so unsinnig, wie es auf den ersten Blick erscheinen mag" (Eysenck, 1980, S. 13).

Schon Platon (427 bis 347 v.Chr.) und Aristoteles (384 bis 322 v.Chr.) haben sich mit dem Intelligenzbegriff befaßt. Für Platon gehörte Intelligenz zu den angeborenen Persönlichkeitsmerkmalen. Für Aristoteles ist Intelligenz eine Fähigkeit, die sich im tatsächlichen Handeln zeigen kann, aber nicht zeigen muß, die man aber aus dem beobachteten Verhalten beurteilen müsse - ein früher Hinweis auf die Problematik von Intelligenztests (Eysenck, 1980, S. 10).

Was Intelligenz wirklich ist, darüber gibt es bis heute keine Einigkeit - und sie wird es auch nicht geben können. Das liegt in der Natur solcher *"Konzepte"*, insbesondere solcher komplexen Konzepte. Daher empfiehlt Eysenck (1980, S. 12) die Beschränkung auf "operationale Definitionen", also auf pragmatische Begriffsklärungen. Diese können niemals *richtig* oder *falsch* sein, wohl aber *zweckmäßig* bzw. *unzweckmäßig* - und zwar variabel je nach Zweck.

Intelligenz unterstützt, so wird wohl gemeinhin gedacht, die Fähigkeit des einzelnen, sein Leben zu bewältigen. Das gilt für ein an der *Praxis* orientiertes Intelligenzverständnis. Zimmerer (1985) nennt dagegen vier Beispiele, in denen die individuelle Intelligenz den beruflichen Aufstieg behinderte. Es sind Beispiele für eine einseitige, gleichsam *"isoliert-intellektuelle"* Intelligenz, keine *praktische* Intelligenz. Gerade diese Beispiele zeigen wieder die Vielfalt der Auffassungen von Intelligenz.

Eine neue Dimension ist in die Intelligenzdiskussion durch die Forschungsrichtung *"Artificial Intelligence"* (in unglücklicher deutscher Übersetzung: *"Künstliche Intelligenz"*, KI) eingezogen. Intelligenz wird hier auch als Attribut von *Rechenmaschinen* bzw. *KI-Software* verstanden, und man versucht in KI-Kreisen, menschliche Gehirntätigkeiten durch maschinelle Informationsverarbeitung zu ersetzen, ein zwiespältiges Unterfangen. Ob Maschinen jemals intelligent sein können, ist allein eine Frage des Begriffsverständnisses von Intelligenz. Wer den Intelligenzbegriff an *Bewußtsein* koppelt, wird der KI-Software jegliche Intelligenz absprechen. Unabhängig davon, ob KI als Intelligenz verstanden wird oder nicht, drängt sich die Frage auf, ob sich die menschliche Intelligenz durch die Informations- und Kommunikationstechnologien (IKT) erhöhen läßt, etwa in den sog. *"Mensch-Computer-Tandems"* (Müller-Merbach, 1986a). Dort sind Beispiele genannt, wie sich die intellektuelle Leistungsfähigkeit eines Menschen durch IKT vergrößern läßt, aber es bleibt eine Definitionssache, ob man solchen Mensch-Computer-Tandems eine höhere Intelligenz zusprechen soll als den jeweiligen Menschen allein.

So ist es auch mit der Frage, ob Sozialsysteme, Organisationen, Unternehmungen etc. intelligent sein können.

II. Intelligenz von Organisationen

"Intelligenz von Organisationen" bzw. *"Intelligenz der Unternehmung"* ist ähnlich wie die Intelligenz des einzelnen ein *"Konzept"*.

Unternehmungen sind ein besonderer Typ von Organisationen oder Sozialsystemen. Die Intelligenz der Unternehmung ist demgemäß ein Sonderfall der Intelligenz von Organisationen bzw. der organisatorischen Intelligenz.

Es gibt bereits Bemühungen, die Intelligenz von Organisationen quantitativ zu messen bzw. zu berechnen. Sumita (1992) schlägt vor, die *Wertschöpfung* einer Organisation auf die beiden Produktionsfaktoren *Arbeit* und *Kapital* zu beziehen und eine gemeinsame Kennzahl zu bilden. Diese Idee wurde in Deutschland übernommen und zur Kennzahl des *"Totalen Wertschöpfungsquotienten"* (TWQ) ausgebaut: Lebesmühlbacher (1993) hat mit dieser Kennzahl ausgewählte Unternehmungen innerhalb einzelner Branchen verglichen: Banken, Kaufhäuser, Kfz-Hersteller, die IG-Farben-Nachfolger, Werkzeugmaschinenhersteller, Energieversorger, Unternehmungen der Elektrotechnik, Kaufhäuser und Brauereien. Müller-Merbach (1993) hat auf gleiche Weise die Intelligenz industrieller Wirtschaftszweige zu bewerten versucht. Die Ergebnisse zeigen signifikante TWQ-Unterschiede zwischen den Unternehmungen bzw. zwischen den Branchen.

Die Begriffspaarung von Intelligenz einerseits und Organisation, Unternehmung, Wirtschaft etc. andererseits taucht in der betriebswirtschaftlichen Fachliteratur international in zunehmendem Maße auf, und die Häufung kann durchaus ein Anzeichen dafür sein, daß die Intelligenz in das Zentrum künftiger Führungslehren rükken wird.

- *"Organizational Intelligence"* ist wohl das am meisten verwendete Begriffspaar, so der Buchtitel von Wilensky (1967), so auch der Name der einflußreichen und von Matsuda vor zwölf Jahren begründeten japanischen Führungslehre (Matsuda, 1993; Momm, 1993), ferner - wenn auch ohne Bezug auf die Japaner - der Titel der Dissertation *"Organisatorische Intelligenz"* von Oberschulte (1994).

- *"Intelligent Enterprise"* heißt ein Buch von Quinn (1992), vgl. auch das Interview mit Quinn (Kantrow, 1994). Momm (1996) knüpft mit seiner *"Intelligenten Unternehmung"* daran an, auch Jacobsen (1996).

- *"Wissensmanagement"* ist der Arbeitstitel eines geplanten Sammelbandes von Schreyögg und Conrad (1996). In eine ähnliche Richtung zielt auch Albrecht (1993) mit der Dissertation *"Unternehmensressource Wissen"*.

- *"Intelligentes Wirtschaften"* ist das Ziel eines französischen Regierungsberichtes (Commissariat général du Plan, 1994).

- In *"Intelligenz der Unternehmung"* gibt Müller-Merbach (1995) einen Überblick über die bisherige Entwicklung und zeigt den Weg zu einer Symbiose der japanischen Führungslehre *"Organizational Intelligence"* mit der deutschen Betriebswirtschaftslehre.

Dort wird auch eine operationale Definition (im Sinne von Eysenck, 1980, S. 12) von der Intelligenz der Unternehmung gegeben: "Die Gesamtheit von *Information, Wissen* und *Meinung* und deren *Zusammenspiel* seien hier als die Essenz der *Intel-*

ligenz der Unternehmung verstanden. Auf ihre Gestaltung und Lenkung zielt das IWM-Management" (Müller-Merbach, 1995, S. 4; "IWM" für Information, Wissen und Meinung; s.u.).

Diese Definition sei hier beibehalten. Sie umfaßt sowohl die Statik der Tatbestände als auch die *Dynamik* der Prozesse:

- *Statik:* Information, Wissen und Meinung können einerseits als Tatbestände gesehen werden, als Zustände, als Substanz, als Vermögen. Matsuda (1993) spricht von *„Organizational Intelligence"* als *Produkt.*

- *Dynamik:* Information, Wissen und Meinung sind laufenden Änderungsprozessen unterworfen: Vorhandenes veraltet, Neues tritt neben das Alte oder an dessen Stelle. Information, Wissen und Meinung beeinflussen sich gegenseitig. Neben die Veränderungen von Information, Wissen und Meinung tritt deren zielgerichtete Nutzung. Matsuda (1993) spricht von *"Organizational Intelligence"* als *Prozeß*.

Die Konzentration auf Information, Wissen und Meinung hat eine rationale Begründung:

- Berühren Führungskräfte normalerweise die Produkte, die zu ihrer Fertigung eingesetzten Maschinen, das in die Produkte eingehende Material, die verbrauchte Energie, Geld oder Kapital? Nein, sie haben mit *Information, Wissen* und *Meinung* über Produkte, Maschinen, Material, Energie, Geld und Kapital zu tun.

- Berühren Führungskräfte die anderen Menschen, d.h. haben sie im physischen Sinne mit anderen Menschen zu tun? Nein, sondern sie beeinflussen die den anderen Menschen verfügbare *Information,* deren Wissen und deren *Meinung.*

Ähnlich hatte sich der Autor schon vor über zehn Jahren geäußert: "Der Betriebswirt hat gewöhnlich nicht im physischen Sinne mit den Gegenständen der Realität selbst zu tun, sondern mit *Informationen über* die Gegenstände" (Müller-Merbach, 1985a, S. 15). Er hat sich damals für eine *"Informationsorientierung"* der Betriebswirtschaftslehre ausgesprochen (vgl. auch Müller-Merbach, 1985b). Diese Sicht erfuhr unter dem Einfluß der Veröffentlichungen zur organisatorischen Intelligenz die hier dargestellte Erweiterung um *Wissen* und *Meinung.*

Die Schlüsselbegriffe *Information, Wissen* und *Meinung* bedürfen einer genaueren Betrachtung:

- *Information* wird hier in Anlehnung an Matsuda (1993) als *"zweckbezogene Daten"* verstanden, also als diejenige Teilmenge der weltweit verfügbaren Daten, die für die Zwecke der eigenen Organisation nützlich sein können. Information wird gewöhnlich auf Papier oder auf elektronischen und optischen Datenträgern aufbewahrt und verfügbar gemacht, ist also insofern unabhängig von

Menschen, selbst wenn die Gestaltung von Informationssystemen und die Veranlassung zur Speicherung von bestimmter Information durch Menschen geschieht.

- Demgegenüber wird *Wissen* hier als von Menschen *verstandene* Information angesehen, ebenfalls in Übereinstimmung mit Matsuda (1993). Insofern ist Wissen an Personen gebunden. Wissen setzt Bewußtsein voraus.

- Ebenfalls an die Personen und an ihr Bewußtsein gebunden ist *Meinung*. Ein Computer kann keine Meinung haben. Meinung ist *subjektiv* und unterscheidet sich von Wissen als *objektivem* Verstehen. Meinung ist der Inbegriff für Überzeugung, Glaube, Fürwahrhalten, Fürrichtighalten, Fürguthalten.

Information (und *Daten* als deren Rohstoff) kann unabhängig vom Menschen gespeichert, transportiert und verarbeitet werden. Im Gegensatz dazu sind *Wissen* und *Meinung* an den Menschen gebunden. Das Verhältnis verschiebt sich: Mit zunehmender Entwicklung der Informations- und Kommunikationstechnologien wachsen die Zugriffsmöglichkeiten auf immer mehr Information, ohne daß damit Wissen zunimmt und Meinung reift. Mittelstraß (1988) warnt schon seit einiger Zeit davor, daß wir alle zu *"Informationsriesen"* und gleichzeitig zu *"Wissenszwergen"* werden. Dem entgegenzusteuern ist auch eine Leitungsaufgabe. Information, Wissen und Meinung müssen in ausgeglichenem Maße gemeinsam entwickelt werden, nicht das eine zu Lasten des anderen.

An einem Beispiel seien die Unterschiede erläutert: Ein Kfz-Hersteller preist in seinen Prospekten die eigenen Fahrzeuge an. Die Prospekte enthalten lediglich *Information*. Diese Information baut auf dem *Wissen* in der Unternehmung über das Fahrzeug auf; ferner können in dem Prospekt Beurteilungen des Fahrzeugs zitiert sein, also *Meinungen*. Die Prospekte sollen die potentiellen Käufer erreichen. Diese können mit ihrem Vorwissen die Prospektinformation mehr oder weniger vollständig verstehen und vervollkommnen damit ihr *Wissen* über Autos. Das Wissen ist aber nicht entscheidend für die Kaufentscheidung, sondern die ist das Ergebnis der *Meinung*. Erst wenn man *subjektiv* der Meinung ist, dieses Auto erfülle die eigenen Erwartungen am besten, wird man sich für den Kauf entscheiden.

Meinung ist häufig für die *Motivation* des Handelns entscheidend, Information und Wissen dagegen für die *Qualität* des Handelns. Die Differenzierung zwischen Wissen und Meinung kommt in der japanischen Führungslehre der *"Organizational Intelligence"* nicht vor. Der Unterschied ist jedoch bedeutungsvoll, selbst wenn in der Praxis nicht immer strikt zwischen beiden Begriffen getrennt werden kann. Mit dem Unterschied haben sich schon Platon und Aristoteles befaßt (vgl. Popper, 1945; 1995, S. 70). Auch Kant (1724 bis 1804) hat auf diesen Unterschied deutlich hingewiesen, wobei er *Meinung* teilweise mit *Glaube* gleichsetzte: "Aller *Glaube* ist nun ein subjektiv zureichendes, objektiv aber mit *Bewußtsein* unzureichendes Fürwahrhalten; also wird er dem *Wissen* entgegengesetzt" (Kant, 1786; 1969, S. 19). Mittelstraß (1992) unterscheidet noch schärfer: "Wissen bezeichnet einen *objektiven* Tatbestand, einschließlich seiner Begründungsstruktur. ... Wissen heißt lehren können" (S. 228). Demgegenüber ist Meinung für ihn "eine *subjektive* Orientierungsweise, ein subjektiver Zustand ohne Begründungsstruktur", und von "Meinungen wird erwartet, daß sie *plausibel* sind, nicht daß sie begründet sind" (S. 228). Schließlich ist für ihn Information "nicht eigentlich eine Wissensform, sondern eine *Kommunikationsform*" (S. 229). Darüber hinaus grenzt Mittelstraß noch *Gewißheit* von Wissen und Meinung ab, worauf hier jedoch verzichtet werden soll.

Jedenfalls haben der Unterschied zwischen Information, Wissen und Meinung und deren Zusammenspiel in der abendländischen Philosophiekultur eine feste Verwurzelung.

C. Management von Intelligenz: Gestalten und Lenken von Information, Wissen und Meinung

Die Intelligenz als kritischer Erfolgsfaktor der Unternehmung bedarf einer spezifischen Leitung, eines Managements.

Die Leitungsaufgaben lassen sich generell in Aufgaben des *Gestaltens* und des *Lenkens* gliedern, vgl. dazu die Übersicht von Müller-Merbach (1994) und die dort genannten weiteren Quellen. Dort sind die beiden operationalen Definitionen gegeben: "Gestalten bedeutet, Sozialsystemen eine lenkbare Struktur zu geben. Lenken bedeutet Ansteuern der gewählten, sich wandelnden Ziele in einer sich wandelnden Umgebung" (S. 181). Ferner wird dort die gegenseitige Abhängigkeit betont: *"Gestalten* ohne *Lenken* ist *wirkungslos. Lenken* ohne *Gestalten* ist *orientierungslos"* (S. 181).

Das gilt auch für Leitung im Sinne der Intelligenz der Unternehmung, d.h. für die Statik und Dynamik von Information, Wissen und Meinung.

- Damit Information verfügbar wird, bedarf es des *Gestaltens eines Informationssystems.* Damit laufend Wissen entsteht und sich erneuert, bedarf es der *Organisation der Wissensentwicklung.* Damit systematisch Meinung beeinflußt werden kann, bedarf es der *Organisation der Meinungsbildung.* Alle drei Gestaltungsaufgaben berühren sich gegenseitig und bilden eine Einheit.

- Auf der Stufe des *Lenkens* geht es um den aktuellen Einsatz der durch das Gestalten geschaffenen Strukturen, und zwar einerseits um die Aktualisierung von Information, Wissen und Meinung, andererseits um deren zweckbezogene Nutzung. Information muß zum einen laufend ergänzt werden, zum anderen aufbereitet und in anschaulicher Weise verfügbar gemacht werden. Wissen muß systematisch und bewußt gesammelt und kommuniziert werden. Meinung muß zielbezogen erneuert und vertieft werden.

Alle diese Aufgaben richten sich sowohl nach *innen* als auch nach *außen,* d.h. sowohl auf die eigenen Mitarbeiter als auch auf die Kunden, die Lieferanten, die Geldgeber und die Gesellschafter etc.

An einigen Testfragen zum Gestalten und Lenken von Information, Wissen und Meinung sollen Schwachstellen der Leitung angesprochen werden. Diese Fragen richten sich an Mitglieder der Unternehmungsleitung:

- *Forschung und Entwicklung:* Welche Verbindungen bestehen zwischen Ihrem Informationssystem und den Informationssystemen der Patentämter? Welche Information fließt von den Patentdatenbanken in Ihr Informationssystem, wie wird diese Information ausgewertet, wie entsteht daraus Wissen, und wie entsteht daraus Meinung in Ihrer Unternehmung (z.B. über die Bedeutung einzelner Entwicklungsrichtungen)? Sind diese Prozesse in Ihrer Unternehmung bewußt gestaltet worden und, wenn ja, werden diese Prozesse auch ausgeführt?

- *Marketing,* z.B. in einem Selbstbedienungsladen: Welche Information haben Sie über Ihre Kunden und deren Bedürfnisse? Welche Kundentypen kommen charakteristischerweise während des Tagesabschnitts X, welche Produktkombinationen kaufen sie, welche Regalwege gehen sie, welche Kaufwünsche haben sie, und was würde ihre Aufmerksamkeit wecken? Wird die potentiell an den Scannerkassen verfügbare Information über die gekauften Produktkombinationen systematisch ausgewertet und strategisch genutzt? Werden die Kassenzettel benutzt, um die Kunden auf gegenwärtige und künftige Sonderangebote aufmerksam zu machen? Man könnte die Kassenzettel auch um kleine Rätsel, Fernsehprogramme, Kinoprogramme etc. verlängern und sie dadurch zu einem nützlichen Informationsträger machen, der die Kundenbindung intensiviert.
- *Konkurrenzanalyse:* Wie systematisch verarbeitet man in Ihrer Unternehmung die verfügbare Information über die Wettbewerber? Gibt es ein Konkurrenzinformationssystem? Was geschieht mit der Information aus den Jahresabschlüssen Ihrer Wettbewerber, aus deren Prospekten, aus deren Pressemitteilungen und Presseberichten, aus deren Patentanmeldungen sowie mit Information über personelle Veränderungen bei Ihren Wettbewerbern?

Stets geht es hier um die Verfügbarkeit von Information, Wissen und Meinung einerseits sowie um die Prozesse der Aktualisierung und Nutzung andererseits. Ein großes Potential ungenutzter Möglichkeiten öffnet sich.

D. Beispiele zum Management von Intelligenz

Leitung, von der die Intelligenz der Unternehmung als kritischer Erfolgsfaktor verstanden wird, hat andere Schwerpunkte als eine Leitung, die sich an sonstigen kritischen Erfolgsfaktoren orientiert.

Eine an der Intelligenz der Unternehmung orientierte Leitung wird ständig durch drei Fragengruppen gekennzeichnet sein:

- Welche *Information* haben wir (und andere) über den Sachverhalt xyz? Wie können wir unseren eigenen Informationsstand darüber vervollkommnen bzw. den Informationsstand unserer Kunden entsprechend erweitern?

- Was *wissen* wir (und andere) von dem Sachverhalt xyz? Wie können wir unser eigenes Wissen verbessern bzw. das Wissen unserer Geschäftspartner ergänzen?

- Welche *Meinung* haben wir (und andere) über den Sachverhalt xyz? In welcher Richtung sollten wir unsere eigene Meinung weiterentwickeln bzw. die Meinung anderer korrigieren und beeinflussen?

An Beispielen aus drei Gebieten sei ein Blick in die Zukunft geworfen, quasi als eine Verlängerung von "Rechnungswesen im Jahr 2000" (Müller-Merbach 1986b) aus der Festschrift für Carl Zimmerer zum 60. Geburtstag.

I. Intelligenz der Unternehmung im Dienste der Bilanzierung

Die Möglichkeiten des Rechnungswesens sind beileibe nicht genutzt. Zimmerer (1979, S. 5) schreibt: "Eine Bilanz ist nichts, was ist, sondern etwas, was gemacht wird."

Je höher die Intelligenz der Unternehmung ist, eine Bilanz zu *machen*, desto besser lassen sich die Wahlmöglichkeiten und Bewertungsspielräume nutzen. Die Zahlen des Rechnungswesens sind gewöhnlich in dem betrieblichen Informationssystem verfügbar. Aber sind es auch die gesetzlichen Regelungen und die höchstrichterlichen Entscheidungen? Sind diese Regeln operationalisiert und in das Informationssystem integriert? Lassen sich mit dem Bilanzierungsprogramm Bestgestaltungen im Sinne der *mathematischen Optimierung* durchführen? Hat das Bilanzierungsprogramm einen Simulationsmodus, in dem sich die Vor- und Nachteile ausgewählter Bewertungsstrategien beurteilen lassen?

Diese angedeuteten Möglichkeiten dienen der Entlastung der Bilanzstrategen vom Rechnen und ermöglichen ihnen das Sammeln von Erfahrung durch eine große Vielfalt an Alternativrechnungen. Bei der mathematischen Bilanzoptimierung ließen sich die Interessen verschiedener Gruppen (Gesellschafter, Gläubiger, Finanzamt, Mitarbeiter etc.) mit unterschiedlichem Gewicht berücksichtigen, eine Basis für das Meinungsmanagement in Richtung auf diese Gruppen.

Befinden sich die Bilanzen der Wettbewerber im eigenen Informationssystem, so daß u.a. bilanzstrategische Unterschiede erkennbar werden?

Einige Unternehmungen veröffentlichen ihren Jahresabschluß auch auf CD-ROMs. Dadurch läßt sich der Stoff multimedial auflockern, und es bieten sich zahlreiche Animationsmöglichkeiten. Zur Veröffentlichung des Jahresabschlusses könnte sich das *World Wide Web* (WWW) künftig als noch geeigneter als CD-ROMs erweisen.

Sowohl auf CD-ROMs als auch auf dem WWW läßt sich die Bilanzdarstellung auch in eine umfassende Präsentation der gesamten Unternehmung integrieren.

Man kann die neuen Medien (CD-ROM und WWW) nutzen, um sowohl bei den eigenen Mitarbeitern als auch bei Außenstehenden das Wissen über die eigene Unternehmung zu erhöhen und die Meinung positiv zu beeinflussen.

II. Intelligenz der Unternehmung im Dienste der individuellen Kundenbedienung

Das Marketing aus der Sicht der Intelligenz der Unternehmung unterscheidet sich ebenfalls vom herkömmlichen Marketing, denn es konzentriert sich auf Information, Wissen und Meinung, und zwar in beiden Richtungen: die Nutzung von Information, Wissen und Meinung der Kunden und die Versorgung der Kunden mit Information, Wissen und Meinung.

Eine große Chance bietet das *"Customerizing"*, d.h. der Vertrieb individueller, "maßgeschneidert" gefertigter Produkte. Das gilt insbesondere für Bekleidung aller Art, aber auch für Möbel, für Fahrzeuge, Reisen, Nahrungszubereitung, Hotelservice etc., zunehmend auch für Informationsdienste aller Art. Viele Beispiele des individuellen Kundenmarketings nennen Peppers und Rogers (1994).

Besonders anspruchsvoll ist die maßgeschneiderte Fertigung in der Bekleidungsindustrie. Statt "Kleidung von der Stange" wird man künftig ohne wesentliche Mehrkosten maßgeschneiderte Kleidungsstücke kaufen können. Eine Voraussetzung dafür ist die standardisierte "Vermessung" der einzelnen Kunden. Die Basis sind Computermodelle des Menschen, etwa vom Typ RAMSIS (vgl. Krüger und Speyer, 1990). Mit solchen Computermodellen des Menschen lassen sich viel genauere und vielseitigere Maße nehmen als bei herkömmlicher Maßbekleidung, und die Maße lassen sich direkt in die Zuschneideautomaten übermitteln.

Unabhängig vom Customerizing läßt sich Information aus den Kundendateien für zahlreiche kleine Aufmerksamkeiten nutzen, beispielsweise das Geburtsdatum. Man kann Kunden mit originellen Glückwünschen zu besonderen Geburtstagen - etwa bei 1.000 Wochen (gut 19 Jahre), bei 10.000 Tagen (gut 27 Jahre), einer halben Million Stunden (gut 57 Jahre) - überraschen, sie durch diese besondere Aufmerksamkeit binden und ihnen gleichzeitig spezielle altersgemäße Produkte oder Dienstleistungen anbieten. Nationale Adreßdateien sind eine weitere Quelle für kundenbindende Aufmerksamkeiten: So könnten in Weinbaugebieten Banken den Weingütern gesamtdeutsche Listen von gleichnamigen Personen zur Verfügung stellen, etwa einem Weingut *Bonnet* (Friedelsheim) alle deutschen Haushalte mit Namen Bonnet oder einem Weingut *Helmut Kohl* (Bobenhausen) alle in Deutschland gemeldeten Personen mit Namen Helmut Kohl, verbunden mit der Anregung, die Namensgleichheit zur Akquisition neuer Kunden zu nutzen. Eine solche Auswertung von Adreßdateien erfordert eine Medienkompetenz, die in den Banken vorhanden sein mag, aber kaum bei den einzelnen Weingütern.

Die Möglichkeiten, durch zusätzliche - und nicht teure - pfiffige Informationsdienstleistungen sich von den Mitbewerbern abzuheben, scheinen fast unbegrenzt zu sein.

III. Intelligenz der Unternehmung im Dienste von Forschung und Entwicklung

Einen besonders großen Nutzen dürfte der Funktionsbereich *Forschung und Entwicklung* (FuE) von der Fokussierung der Leitung auf die Intelligenz der Unternehmung haben.

Das beginnt mit integrierten nationalen Informationssystemen, wie sie etwa von Becker (1993) für die FuE-Unterstützung vorgeschlagen wurden. Becker berichtet auch über vergleichbare Systeme in Japan und in den USA, wo man Deutschland in der Entwicklung um einige Jahre voraus ist.

Auf Unternehmungsebene schließen sich betriebliche FuE-Informationssysteme an, wie sie u.a. von Möhrle (1991) konzipiert wurden.

Jacobsen (1996) knüpft an Möhrle (1991) und Momm (1996) an und behandelt FuE aus der Sicht der Intelligenz der Unternehmung. Zusätzlich zum FuE-Informationssystem entwirft er Ideen zur Entwicklung und Nutzung von FuE-Wissen sowie zu charakteristischen Aspekten von Meinung im FuE-Bezug.

E. Globaler Wettstreit um die höchste Intelligenz

Es könnte sein, daß der weltweite Wettbewerb zwischen den Unternehmungen, auch der Wettkampf zwischen den Nationen bzw. Wirtschaftsregionen, schließlich das Wetteifern zwischen den Kulturkreisen zunehmend als Wettstreit um die höchste Intelligenz gesehen wird.

Um im Wettstreit um die höchste Intelligenz bestehen zu können, bedarf es des professionellen Managements von Information, Wissen und Meinung und von deren Zusammenspiel.

Literatur

Albrecht, Frank: Strategisches Management der Unternehmensressource Wissen. Frankfurt/Main et al., 1993.

Becker, Thomas: Integriertes Technologie-Informationssystem - Beitrag zur Wettbewerbsfähigkeit Deutschlands. Wiesbaden, 1993.

Commissariat géneral du Plan (Hrsg.): Rapport du Groupe "Intelligence économique et stratégie des entreprises". Paris, 1994.

Eysenck, Hans J.: Intelligenz - Struktur und Messung (Übersetzung aus dem Amerikanischen). Berlin et al., 1980.

Jacobsen, Andreas: Technologische Kompetenz - Nutzung der Unternehmensintelligenz für die betriebliche Forschung und Entwicklung (Dissertation). Kaiserslautern 1996.

Kail, Robert; Pellegrino, James P.: Menschliche Intelligenz (Übersetzung aus dem Amerikanischen). Heidelberg, 1988.

Kant, Immanuel: Was heißt: sich im Denken orientieren? In: Berlinische Monatsschrift, Oktober 1786, S. 304-330 (nachgedruckt in: Kant, Immanuel: Ausgewählte kleine Schriften. Hamburg, 1969, S. 10-26).

Kantrow, Alan M.: Intelligent enterprise and public markets (an interview with Professor James Brian Quinn), in: The McKinsey Quarterly, 1994, no. 2, pp. 83-95.

Krüger, Wilhelm; Speyer, Hartmut: Körpergerechte Sitz- und Arbeitsplatzgestaltung - Das CAD-Werkzeug RAMSIS, in: technologie & management, 39. Jg., 1990, Heft 1, S. 23-29.

Lebesmühlbacher, Peter: Vierteilige Serie "Unternehmungsanalyse", in: technologie & management, 42. Jg., 1993, Heft 1, S. 35-37; Heft 2, S. 86-88; Heft 3, S. 124-126; Heft 4, S. 173-176.

Matsuda, Takehiko: "Organizational Intelligence" als Prozeß und als Produkt - Ein neuer Orientierungspunkt der japanischen Managementlehre, in: technologie & management, 42. Jg., 1993, Heft 1, S. 12-17.

Mittelstraß, Jürgen: Das ethische Maß der Wissenschaft, in: Rechtshistorisches Journal, 7. Jg., 1988, S. 193-210.

Mittelstraß, Jürgen: Der Verlust des Wissens, in: Leonardo-Welt - Über Wissenschaft, Forschung und Verantwortung. Frankfurt/Main, 1992, S. 221-244.

Möhrle, Martin G.: Informationssysteme in der betrieblichen Forschung und Entwicklung. Bad Homburg, 1991.

Momm, Christian: Organizational Intelligence: Das japanische Managementkonzept der Zukunft? In: technologie & management, 42. Jg., 1993, Heft 1, S. 45-46.

Momm, Christian: Die "Intelligente" Unternehmung - Modell, Konzept und Methodik der Erneuerung von Unternehmungen (Dissertation). Kaiserslautern 1996.

Müller-Merbach, Heiner: Eine informationsorientierte Betriebswirtschaftslehre, in: Angewandte Betriebswirtschaftslehre und Unternehmensführung, hrsg. von Lutz J. Heinrich und Klaus Lüder. Herne, Berlin, 1985(a), S. 13-34.

Müller-Merbach, Heiner: Ansätze zu einer informationsorientierten Betriebswirtschaftslehre, in: Information und Wirtschaftlichkeit, hrsg. von Wolfgang Ballwieser und Karl-Heinz Berger. Wiesbaden, 1985(b), S. 117-144.

Müller-Merbach, Heiner: Gestaltungsaufgabe und Intelligenzunterstützung - Vor einer Neuorientierung der Anwendungswissenschaften, in: Der Technologie-Manager (technologie & management), 35. Jg., 1986(a), Heft 2, S. 2-3.

Müller-Merbach, Heiner: Rechnungswesen im Jahr 2000 - Integration von Abrechnung, Statistik, Prognose, Planung und Optimierung in umfassenden Informationssystemen, in: Wirtschaft und Wissenschaft im Wandel. Frankfurt/Main, 1986(b), S. 247-262.

Müller-Merbach, Heiner: Der "Totale Wertschöpfungsquotient" - Ein Maß für die wirtschaftliche Leistungskraft, in: technologie & management, 42. Jg., 1993, Heft 1, S. 31-34.

Müller-Merbach, Heiner: Kybernetik als methodischer Rahmen ganzheitlicher Leitung: Gestalten und Lenken von Sozialsystemen, in: Interaktion - Modellierung, Kommunikation und Lenkung in komplexen Organisationen, hrsg. von Bernd Schiemenz. Berlin, 1994, S. 181-203.

Müller-Merbach, Heiner: Die Intelligenz der Unternehmung: Management von Information, Wissen und Meinung, in: technologie & management, 44. Jg., 1995, Heft 1, S. 3-8.

Oberschulte, Hans: Organisatorische Intelligenz - Ein integrativer Ansatz des organisatorischen Lernens. München, Mering, 1994.

Quinn, James B.: Intelligent Enterprise - A Knowledge and Service Based Paradigm for Industry. New York, 1992.

Peppers, Don; Rogers, Martha: Die 1:1 Zukunft - Strategien für ein individuelles Kundenmarketing (Übersetzung aus dem Amerikanischen). Freiburg i.Br., 1994.

Popper, Karl: Zwei Arten von Definitionen (1945), nachgedruckt in: Karl Popper Lesebuch. Tübingen, 1995, S. 70-84.

Schreyögg, Georg; Conrad, Peter (Hrsg.): Wissensmanagement - Management organisatorischen Wissens. Managementforschung, Band 6. Berlin, New York, 1996.

Sumita, Tomofumi: A Study on the Measurement of Organizational Intelligence, in: Proceedings of the International Conference on Economics, Management and Information Technology 92. Tokyo: The Japan Society for Management Information 1992, pp. 207-210.

Wilensky, Harold L.: Organisational Intelligence - Knowledge and Policy in Government and Industry. New York, London, 1967.

Zimmerer, Carl: Die Bilanzwahrheit und die Bilanzlüge. Wiesbaden, 1979.

Zimmerer, Carl: Hindernis Intelligenz, in: Hammer sein - nicht Amboß. Stuttgart, Herford, 1985, S. 124-125.

EHRENFRIED PAUSENBERGER

Über den Nutzen und Schaden von Unternehmensakquisitionen

A. Fragestellung

Die Vorteile und Gefahren von Unternehmensakquisitionen scheinen sich zu einem Dauerthema entwickelt zu haben. Kaum mehr überschaubar sind die zahlreichen empirischen Untersuchungen über Erfolg und Mißerfolg von Unternehmensaufkäufen, über die Veränderung von Rendite und Aktienkurs im Gefolge von Unternehmensvereinigungen, über die erfolgsrelevanten Kontextfaktoren und dergleichen. Fast ebenso reichhaltig ist die theoretische Literatur, die mit immer neuen Erklärungen für die häufig widersprüchlichen empirischen Befunde aufwartet. Die Skala der Erklärungsansätze reicht von den neoklassischen Theorien, die eine Effizienzsteigerung als Folge von Unternehmenszusammenschlüssen behaupten, über agency-theoretische Muster einschließlich der Free-cash-flow-These bis hin zu "Elementen einer Optimismus-Spekulationstheorie der Fusion" (Tichy, 1990).

Im folgenden wird der Versuch unternommen, einen kurzen Überblick über die Vielfalt der gegenwärtigen Erklärungsansätze zu geben, die offenen Fragen sichtbar zu machen und Perspektiven für die zukünftige Forschung aufzuzeigen.

B. Effizienzorientierte Erklärungsansätze

In einer Welt rascher und fundamentaler Veränderungen sehen sich Unternehmensleitungen häufig genötigt, die verfolgte Strategie neu auszurichten, sich aus stagnierenden Märkten zurückzuziehen und in neue, erfolgversprechende Märkte vorzustoßen. Will man dies durch Marktanalyse, Forschung, Produktentwicklung, Aufbau neuer Produktionsstätten und Maßnahmen der Produkteinführung erreichen (internes Unternehmenswachstum), so wird dazu viel Zeit benötigt. Rascher gelingt die strategische Neuausrichtung durch den Aufkauf einer bereits etablierten Unternehmung (externes Wachstum). Die aufkaufende Unternehmung erweitert sprunghaft ihr Betätigungsfeld, erwirbt zusätzliche Kapazität, übernimmt neues Know-how und neue Fähigkeiten und dringt in neue Märkte ein. Die Zeitersparnis bei der strategischen Neuausrichtung dürfte heute auch das Hauptmotiv für Unternehmensakquisitionen sein.[1]

Daneben spielen nach wie vor Kostenüberlegungen eine große Rolle. Schon für den Aufbau einer eigenen Produktmarke muß im allgemeinen mehr Kapital eingesetzt werden als beim Zukauf von Dritten. Die wesentlichen Kostenvorteile erwartet man sich jedoch von den sogenannten Synergien: Durch die (akquisitionsbedingte) Erhöhung der Ausbringungsmenge ist eine Kostendegression erreichbar, die auf das Gesetz der Massenproduktion, auf Erfahrungskurveneffekte oder die Annäherung an die optimale Betriebsgröße zurückgeführt werden kann. Derartige economies of scale stellen das Hauptargument für die große Einprodukt-Unternehmung dar und liefern eine plausible Begründung für horizontale Unternehmensvereinigungen. Bei vertikalen Unternehmensvereinigungen sind es die Transaktionskosten zwischen den bisher selbständigen Unternehmungen, die reduziert werden können, indem die bisher marktbezogenen, kaufvertraglichen Koordinationsformen durch eine unternehmensinterne hierarchische Abstimmung abgelöst werden (economies of vertical integration). Diese Internalisierung der Koordination erscheint insbesondere dort vorzugswürdig, wo sehr spezifische, unsichere und komplexe Austauschbeziehungen vorliegen (Picot, 1991, S. 348 ff.).

Schließlich bietet das Konzept der economies of scope einen Erklärungsansatz für die Vorteilhaftigkeit von konglomeraten Unternehmensvereinigungen (Teece, 1980): Die gemeinsame Nutzung von Ressourcen wie Kraftwerken, F&E-Abteilungen, Abfallentsorgungsanlagen etc. (sharable inputs) stiftet zum Teil beachtliche Kostenvorteile.

Eine Effizienzsteigerung mag man von einem Unternehmensaufkauf auch dann erwarten, wenn eine schwach rentierliche, offensichtlich schlecht geführte Unternehmung von einer überdurchschnittlich erfolgreichen Unternehmung übernommen und reorganisiert wird (Deficient-performance-Hypothese). Hier ist es die Leistungsfähigkeit des Managements, die eine Marktwertsteigerung der aufgekauften Unternehmung bewirkt. Ein schwacher Börsenkurs macht auf den Übernahmekandidaten aufmerksam und stellt das entscheidende Signal auf dem "market for corporate control" dar.

C. Empirisch belegte Zweifel an der Effizienztheorie

In den Sozialwissenschaften verlangt man von Theorien, daß sie sich bei empirischer Überprüfung bewähren. Diese Bewährung hat die effizienzorientierte Theorie der Unternehmensvereinigung nicht bestanden. Zu häufig wurde sie falsifiziert; zu häufig konnten die prognostizierten Synergievorteile nicht realisiert werden. Im Gegenteil: Vielfach stellten sich hohe Kapitalverluste ein, die nicht selten die wirtschaftliche Existenz der aufkaufenden Unternehmung bedrohten.

Daimler-Benz, eine bis vor wenigen Jahren hochrenommierte, in ihrer finanziellen Ertragskraft über jeden Zweifel erhabene Unternehmung, ist durch eine Kette von Aufkäufen in die Nähe eines Sanierungsfalles geraten. Keine der erworbenen Gesellschaften wie AEG, MTU, MBB, Dornier und Fokker haben bisher aus privatwirtschaftlicher Sicht die Investitionen gerechtfertigt.[2] In den letzten neun Jahren hat sich der Marktwert der Unternehmung um mehr als 20 Mrd. DM vermindert (Linden/Wilhelm, 1995, S. 32); für das erste Halbjahr 1995 mußte der Vorstand einen Verlust in Höhe von 1,567 Mrd. DM bekanntgeben (Konzern-Zwischenbericht, September 1995), obwohl im Automobilgeschäft gut verdient wird.

Zugegeben, es gibt auch eindrucksvolle Gegenbeispiele. Das kontinuierliche Wachstum von Nestlé und die erfolgreiche Diversifikation von Mannesmann sind wesentlich durch Unternehmensakquisitionen erreicht worden (Lenel, 1993). Aber aufs Ganze gesehen sind die Mißerfolgsquoten von Unternehmensaufkäufen außerordentlich hoch.

Der Erfolg einer Akquisition wird üblicherweise aus Sicht der Eigentümer der aufkaufenden Unternehmung beurteilt. Für empirische Messungen werden insbesondere Kapitalmarktstudien eingesetzt, sogenannte event studies. Sie analysieren ereignisbezogene Aktienkursreaktionen der beteiligten Unternehmungen in Abhängigkeit von den am Markt verfügbaren Informationen.[3] Unterstellt man die Gültigkeit des effizienzorientierten Erklärungsansatzes, so müßte die Ankündigung einer Übernahme zu einer Kurssteigerung führen, die über die normale Kursschwankung bzw. Rendite hinausgeht. Die Aktionäre der aufkaufenden Unternehmung müßten eine positive abnormale Rendite erzielen.

Event studies erfreuen sich insbesondere in den USA großer Beliebtheit: Das theoretische Grundprinzip ist relativ unkompliziert; die erforderlichen Daten stehen für Untersuchungen am US-Kapitalmarkt in Datenbanken bereits in aufbereiteter Form zur Verfügung (Scherer, 1988, S. 70). So ist es auch nicht verwunderlich, daß bei weitem die Mehrzahl der Kapitalmarktstudien zum Erfolg von Unternehmensvereinigungen sich mit nationalen Übernahmen am US-Kapitalmarkt beschäftigt.

Einen Überblick über die Studien für den amerikanischen Markt geben Jensen und Ruback (1983, S. 11 ff.) sowie Jarrel, Brickley und Netter (1988, S. 51 ff.). Kurz zusammengefaßt gelangen die Untersuchungen zu folgenden Erkenntnissen (Kirchner, 1991, S. 104-106): Gewinner sind im allgemeinen die Gesellschafter der aufgekauften Unternehmung; im Durchschnitt werden hier positive abnormale Renditen in Höhe von ca. 30 % beobachtet. Die Wirkung auf den Aktienkurs des Akquisiteurs ist bislang nicht eindeutig bestimmt, insbesondere längerfristige Untersuchungen lassen jedoch den Schluß zu, daß die Aktienkurse der Übernehmerin tendenziell sinken (Tichy, 1990, S. 442 und die dort angegebene Literatur). Die Eigentümer der übernehmenden Firma verlieren tendenziell Vermögen, das den Eigentümern der übernommenen Firma in Form eines überhöhten Verkaufspreises zufließt.

Zu ähnlichen Ergebnissen kommen auch die wenigen Ereignisstudien für den deutschen Kapitalmarkt. Bühner analysierte 90 Unternehmensvereinigungen, die von deutschen Unternehmungen des Verarbeitenden Gewerbes zwischen 1973 und 1985 durchgeführt wurden. Im Untersuchungszeitraum von 24 Monaten vor bis 24 Monaten nach der Anzeige beim Bundeskartellamt erzielten die Eigner der Akquisitionsobjekte eine kumulierte abnormale Rendite von + 27,09 %, die Aktionäre der akquirierenden Unternehmung jedoch einen Verlust in Höhe von 9,38 %. Die Einzelbetrachtung ergab, daß lediglich 39 der insgesamt 90 untersuchten Unternehmensvereinigungen (= 43,3 %) erfolgreich waren (Bühner, 1990a, S. 41-51 und 63-74).

Auch in der Studie von Gerke, Garz und Oerke werden die Reaktionen des Aktienmarktes auf die Ankündigung von Unternehmensübernahmen mit Beteiligung börsenorientierter deutscher Unternehmungen untersucht. Der Untersuchungszeitraum erstreckt sich auf die Zeit von 1987 bis 1992, umfaßt also auch Akquisitionen ostdeutscher Unternehmungen. Als relevantes Ereignis wurde die erstmalige Veröffentlichung der Übernahmeabsicht, als Ereigniszeitraum 40 Tage vor bis 40 Tage nach dem Ereignis gewählt. Eindeutig bestätigt wird die Vermutung, daß die Aktionäre der Zielunternehmung vom Bekanntwerden der Übernahmeabsicht deutlich profitieren. "Sie erzielten innerhalb weniger Tage abnormale Renditen von bis zu 9,7 %" (a.a.O., S. 819). Eindeutig fällt auch die Beobachtung aus, daß konglomerate Übernahmen von den Börsenteilnehmern deutlich negativ bewertet werden. Im übrigen konnte für die Bieterunternehmungen insgesamt keine einheitliche Tendenz ausgemacht werden. Aus diesem Grund wurden die Bieterunternehmungen in 2 Gruppen aufgeteilt, nach Maßgabe des Vorzeichens der abnormalen Rendite am Ereignistag. Dies führte zu dem Ergebnis, daß Bieterunternehmungen, die am Ereignistag eine positive (negative) abnormale Rendite aufwiesen, über den gesamten Ereigniszeitraum eine positive (negative) kumulierte abnormale Rendite zeigten.

Neben Kapitalmarktstudien werden auch Jahresabschlußanalysen zur Beurteilung von Unternehmensakquisitionen verwendet: Der Erfolg wird hier gemessen an der Veränderung von Kennzahlen des externen Rechnungswesens (Umsatz, Gewinn, Rentabilitäten). Unabhängig von der aus theoretischer Sicht angreifbaren Erfolgsdefinition und den damit verbundenen methodischen Schwierigkeiten zeigen auch Jahresabschlußanalysen ein relativ einheitliches Ergebnis: Akquisitionen führen tendenziell zu einer Minderung der Rendite der übernehmenden Unternehmung (Tichy, 1990, S. 446-448, Kirchner, 1991, S. 101-103). In der oben genannten Untersuchung von Bühner lag der Anteil negativer Ergebnisse, bezogen auf die Änderung der Gesamtkapitalrentabilität, bei über 60 % (Bühner, 1990a, S. 58).

Nach einer McKinsey-Studie von 1988, die den ROI als Erfolgsmaßstab gewählt hatte, konnten von den 116 untersuchten Akquisitionen in den USA und Großbritannien nur 23 % als eindeutig erfolgreich eingestuft werden; 61 % waren dagegen klare Mißerfolge, bei 16 % konnte noch kein endgültiges Urteil gefällt werden Coley/Reinton, 1988, S. 29).

Eine weitere Möglichkeit, den Erfolg von Unternehmensakquisitionen zu beurteilen, stellt die Befragung der beteiligten Manager dar. Dabei werden natürlich subjektive Einschätzungen abgegeben, die auch durch die menschliche Neigung verzerrt sein können, die negativen Folgen des eigenen Handelns abzumildern. Dennoch offenbart auch diese Analysemethode erstaunlich hohe Mißerfolgsquoten: In der Befragung durch Bühner wurden zwischen 31,9 % und 47,1 % der betrachteten Akquisitionen von den Verantwortlichen selbst als Fehlschlag eingestuft (Übersicht in Bühner, 1990b, S. 100).

Coopers & Lybrand haben 1992 im Kreise der 100 größten Unternehmungen Großbritanniens 50 Akquisitionen untersucht und dabei festgestellt, daß auch nach Meinung der Beteiligten in 50 % der Fälle das erwartete finanzielle Ziel nicht erreicht wurde, und zwar unabhängig von der Konjunktursituation zum Zeitpunkt des Erwerbs (Coopers & Lybrand, 1993).

D. Managertheorien

Angesichts der hohen Mißerfolgsquoten, wie sie die zahlreichen empirischen Untersuchungen von Unternehmensaufkäufen zutage gefördert haben, scheinen die ökonomisch-rationalen, also effizienzorientierten Erklärungsansätze nur eingeschränkte Gültigkeit und Überzeugungskraft zu haben. Das Mißvergnügen an der fehlenden Leistungsfähigkeit der Theorie führte in der wissenschaftlichen Diskussion dazu, daß man nunmehr auf agency-theoretische Ansätze übergeschwenkt ist.

Bei diesen Ansätzen wird die Prämisse aufgegeben, daß die Akquisitionsentscheidungen selbstverständlich an den Interessen der Eigentümer ausgerichtet sind, also der Erhöhung des shareholder value dienen. Stattdessen werden die eigenständigen Interessen der Entscheidungsträger (der Manager) in den Vordergrund gerückt. Das Management verfolgt demnach mit seinen Entscheidungen das Ziel, den eigenen Einflußbereich und das gesellschaftliche Ansehen zu vergrößern. Die amerikanische Literatur spricht von einem Empirebuilding-Syndrom (Montgomery, 1994, S. 166). Durch die Herrschaft über mehr Mitarbeiter und die Entscheidungsgewalt über größere Investitionssummen wird dieses Bedürfnis gestillt. Nebenbei zielt das Streben nach Umsatz- und Unternehmenswachstum auch auf höheres Einkommen, denn das Managereinkommen korreliert im Durchschnitt positiv mit der Unternehmensgröße.

Eng verknüpft mit der These vom Macht- und Prestigestreben des Managements ist die Free-cash-flow-These, die 1986 von dem amerikanischen Finanzwirtschaftler Michael C. Jensen in die theoretische Diskussion eingeführt wurde. Unter Free-cash-flow wird jener Finanzüberschuß verstanden, der nach der Bedienung aller Investitionsprojekte mit positivem Kapitalwert übrigbleibt (Jensen, 1986, S. 323). Häufig wird das Vorhalten derartiger Liquiditätsreserven mit der Vorsorge für günstige Akquisitionsmöglichkeiten begründet ("Kriegskasse"), was freilich die Interessenkonflikte zwischen Aktionären und Management nicht auflöst.

Durch die Einbehaltung der freien liquiden Mittel behält das Management die Verfügungsgewalt über einen größeren Bestand an finanziellen Ressourcen, der zudem nicht der Kontrolle des externen Kapitalmarkts unterworfen ist. Dies verschafft dem Management einen größeren Entscheidungsspielraum, der allerdings nicht notwendigerweise im Interesse der Aktionäre genutzt wird: Die Rendite aus marktfinanzierten Investitionsprojekten liegt nach empirischen Untersuchungen über der Rendite aus selbstfinanzierten (Spremann, 1990, S. 312). Unternehmugen mit hohem Free-cash-flow neigen dazu, Akquisitionen durchzuführen, die den Kapitalkostensatz nicht einspielen (Franke/Hax, 1994, S.546).

Einen weiteren agency-theoretischen Erklärungsansatz von Unternehmensakquisitionen entwickelte der amerikanische Ökonom Richard Roll (1986). Er argumentiert, daß die Manager des Akquisiteurs von Hybris befallen sind: Sie überschätzen ihre eigenen Fähigkeiten zur erfolgreichen Führung der übernommenen Unternehmung und setzen folglich die Erwartungen bezüglich möglicher Synergiepotentiale zu hoch an. Entsprechend sind sie bereit, für das Akquisitionsobjekt einen höheren Preis zu zahlen als eigentlich gerechtfertigt wäre. Dies schädigt die Eigentümer der akquirierenden Unternehmung und nutzt den Gesellschaftern der übernommenen Unternehmung (Umverteilungseffekt). Im Unterschied zu den beiden vorher genannten Ansätzen verstoßen die Manager in diesem Fall demnach nicht bewußt gegen die Interessen der Eigentümer (Tichy, 1990, S. 455 f., bezeichnet diesen Erklärungsansatz daher als Manager-Irrtums-These).

Eine empirische Bestätigung findet Rolls Hybris-These durch die oben angeführte Beobachtung, daß der Marktwert des Akquisiteurs häufig sinkt, wohingegen der Marktwert der übernommenen Unternehmung steigt. Auf dem Kapitalmarkt spiegelt sich also die nach dieser These zu erwartende Umverteilung vom Käufer zum Verkäufer wider.

E. Optimismus als Akquisitionsimpuls

Auch die agency-theoretischen Erklärungsansätze vermögen zumindest längerfristig nicht zu befriedigen. Tichy fragt mit Recht, warum die Aktionäre akzeptieren, daß die Manager eigene Ziele zu Lasten der Aktionäre durchsetzen; warum sie nicht zumindest die Aktien der häufig akquirierenden Unternehmungen verkaufen. Die Zweifel an der Tragfähigkeit der bisher diskutierten Erklärungsansätze haben Tichy dazu veranlaßt, einen neuen Ansatz vorzustellen, nämlich "Elemente einer Optimismus-Spekulationstheorie der Fusion". Ausgangspunkt war dabei die Überzeugung, daß der von der Agency-Theorie behauptete grundlegende Interessengegensatz zwischen Eigentümern und Management als generelles Erklärungsmuster nicht geeignet ist. Ein Beleg dafür sei die Beobachtung, daß "die Fusionserfolge von Firmen mit starken Eigentümern nicht nennenswert besser sind als der Durchschnitt" (Tichy, 1990, S. 456 mit Quellenhinweis). Es sei also nicht ohne weiteres davon auszugehen, "daß die Fusionen gegen den ausdrücklichen Willen der Aktionäre der aufnehmenden Firma erfolgten" (a.a.O.).

Zur Stützung dieser Auffassung verweist Tichy unter anderem auf die Beobachtung, daß in einer Boomphase nicht nur das Management, sondern auch die Aktionäre von einer überoptimistischen Grundeinstellung erfaßt werden; daß Unternehmungen, die sich als Aufkäufer betätigen, von der Fachpresse positiv beurteilt werden und als innovativ und dynamisch gelten und dergleichen. Auf oligopolistischen Märkten steht das ehrgeizige Management einer Unternehmung unter dem Handlungsdruck, gegenüber akquisitionsaktiven Wettbewerbern, die ihre Marktanteile ausdehnen, nicht zurückzustehen (beispielhaft kann hier auf die Expansionsstrategien der drei großen deutschen Chemieunternehmungen BASF, Bayer und Hoechst hingewiesen werden). Schließlich werden im Szenario einer Fusionswelle die Preise für Übernahmekandidaten über die angemessenen Ertragswerte hinaus steigen, was sich im nachhinein als kostspielige Fehleinschätzung erweisen dürfte.

F. Ausblick

Die Ausführungen haben gezeigt, daß es der Theorie bislang noch nicht gelungen ist, einen allumfassenden Ansatz zur Erklärung von Unternehmensvereinigungen zu entwickeln. Der effizienzorientierte Erklärungsansatz und der agency-theoretische Ansatz stellen wesentliche Komponenten einer solchen Theorie dar. Der eklektische Ansatz von Tichy ist ein erster Versuch, beide Ansätze zu verbinden; insofern geht er über monokausale Erklärungsmuster hinaus. Kritisch anzumerken ist jedoch, daß Tichy als Ausgangspunkt seiner Betrachtung eine Boomphase wählt, die zu einer optimistischen Grundeinstellung bei Aktionären und Managern führt, während sich "das dicke Ende" dann erst nach dem Ende der Hochkonjunktur zeigt (Tichy, 1990, S. 457-461). Die Theorie vermag folglich nicht solche Unternehmensakquisitionen zu erklären, die auch in Zeiten einer schwächeren Konjunktur durchgeführt werden. Darüber hinaus entzieht sich der Ansatz von Tichy weitgehend einer empirischen Überprüfbarkeit.

Tichy stellt zurecht heraus, daß sich Unternehmensvereinigungen nicht mit monokausalen Ansätzen erklären lassen. Für die weitere Beschäftigung mit dem Thema scheint dennoch eine Anknüpfung an die effizienztheoretischen Überlegungen sinnvoll. Auch wenn der effizienzorientierte Ansatz nicht in der Lage ist, alle in der Realität beobachteten Unternehmensvereinigungen zu erklären, so hilft er doch, die entscheidende Frage zu stellen: Stehen sich die Eigentümer der beteiligten Unternehmungen nach einer Akquisition besser? Mit anderen Worten: Hat sich das Vermögen der Eigentümer erhöht?

Angesichts der empirisch belegten Mißerfolge von Unternehmensvereinigungen ist eine stärkere Einflußnahme der Aktionäre auf Akquisitionsentscheidungen angezeigt. In großen Publikumsaktiengesellschaften ist ein direkter Einfluß nur schwer möglich; diese beruhen ja gerade auf dem Prinzip der Delegation der Unternehmensführung an professionelle Manager. Zur Lösung der sich hieraus ergebenden Agency-Probleme werden verschiedene Instrumente diskutiert: Zum einen lassen sich Anreize, z.B. Vergütungssysteme für Manager so gestalten, daß sie (weitgehend) im Interesse der Eigentümer handeln. Darüber hinaus sollte den Aktionären in den Aufsichtsgremien eine stärkere Stellung eingeräumt werden, um eine bessere Kontrolle des Managements zu ermöglichen. In diesem Zusammenhang steht auch die Forderung nach einer besseren Information der Aktionäre im Vorfeld eines Akquisitionsvorhabens. Damit würde die Ursache der Agency-Problematik, nämlich die Informationsasymmetrie zwischen Eigentümer und Management zwar nicht beseitigt, aber reduziert. Eine weitere Folge wäre, daß die Funktionsfähigkeit des market for corporate control als Disziplinierungsinstrument der Manager erhöht würde (Bühner, 1993, S. 39). Erste Schritte in diese Richtung lassen sich bereits erkennen: Im Bereich des externen Rechnungswesen wird eine Annäherung an die US-amerikanischen Rechnungslegungsvorschriften diskutiert bzw. gefordert. Dies würde eine stärkere Orientierung an den Interessen der Aktionäre im Vergleich zur gläubigerorientierten Sichtweise der deutschen Rechnungslegung implizieren.

Anmerkungen

1 Porter (1987) konnte in seiner Untersuchung des Diversifikationsverhaltens von 33 führenden US-Unternehmungen 2644 Fälle des Eintritts in neue Branchen erfassen. Davon wurden 70,3 % auf dem Weg über eine Akquisition vollzogen, 7,9 % durch Joint Ventures und lediglich 21,8 % durch Neugründungen.

2 Unbestritten ist im Fall der AEG der positive Effekt auf die Erhaltung von Arbeitsplätzen seit Anfang der 80er Jahre.

3 Einen Überblick über die Methodik solcher Ereignisstudien gibt May, 1991.

Literatur

Bühner, R. (1990a): Erfolg von Unternehmenszusammenschlüssen in der Bundesrepublik Deutschland, Stuttgart.

Bühner, R. (1990b): Unternehmenszusammenschlüsse: Ergebnisse empirischer Analysen, Stuttgart.

Bühner, R. (1993): Erfolge und Mißerfolge von Unternehmenszusammenschlüssen. In: Neumann, M. (Hrsg.): Unternehmensstrategie und Wettbewerb auf globalen Märkten und Thünen-Vorlesung. Schriften des Vereins für Socialpolitik, Bd. 233, S. 23-40.

Coopers & Lybrand (Hrsg.) (1993): A review of the acquisitions experience of major UK companies, London.

Coley, S.C./Reinton, S.E. (1988): The hunt for value. In: McKinsey Quarterly, Spring, S. 29-34.

Frank, G.-M. (1993): Probleme und Erfolgsfaktoren bei der Übernahme von Unternehmen. In: Frank, G.-M./Stein, I. (Hrsg.): Management von Unternehmensakquisitionen, Stuttgart, S. 133-144.

Franke, G./Hax (1994): Finanzwirtschaft des Unternehmens und Kapitalmarkt, 3. Auflage, Berlin/Heidelberg/New York.

Gerke, W./Garz, H./Oerke, M. (1995): Die Bewertung von Unternehmensübernahmen auf dem deutschen Aktienmarkt. In: ZfbF, Nr. 9, S. 805-820.

Jarrel, G.A./Brickley, J.A./Netter, J.M. (1988): The market for corporate control: the empirical evidence since 1980. In: Journal of Economic Perspectives, Vol. 2, No. 1, S. 49-68.

Jensen, M.C. (1986): Agency costs of free cash flow, corporate finance, and takeovers. In: American Economic Review, Papers and Proceedings, Vol. 76, No. 2, S. 323-329.

Jensen, M.C./Ruback, R. (1983): The market for corporate control. The scientific evidence. In: Journal of Financial Economics, Vol. 11, S. 5-50.

Kirchner, M. (1991): Strategisches Akquisitionsmanagement im Konzern, Wiesbaden.

Lenel, H.O. (1993): L'appetit vient en mangeant. In: Ordo. Jahrbuch für die Ordnung von Wirtschaft und Gesellschaft, Bd. 44, Stuttgart u.a., S. 223-244.

Linden, F.A./Wilhelm, W. (1995): Die Akte Reuter. In: Manager Magazin, 25. Jg., Nr. 8, S. 30-54.

May, A. (1991): Zum Stand der empirischen Forschung über Informationsverarbeitung am Aktienmarkt: Ein Überblick. In: ZfbF, 43. Jg., Nr. 4, S. 313-335.

Montgomery, C.A. (1994): Corporate diversification. In: Journal of Economic Perspectives, Vol. 8, No. 3, S. 163-178.

Pausenberger, E. (1989): Akquisitionsplanung. In: Szyperski, N. (Hrsg.): Handwörterbuch der Planung, Stuttgart, Sp. 18-26.

Pausenberger, E. (1993): Unternehmenszusammenschlüsse. In: Wittmann, W. u.a. (Hrsg.): Handwörterbuch der Betriebswirtschaft, Teilbd. 3, 5. Aufl., Stuttgart, Sp. 4436-4448.

Picot, A. (1991): Ein neuer Ansatz zur Gestaltung der Leistungstiefe. In: ZfbF, 43. Jg., Nr. 4, S. 336-357.

Porter, M.E. (1987): From competitive advantage to corporate strategy. In: Harvard Business Review, Vol. 65, No. 3, S. 43-59.

Roll, R. (1986): The hubris hypothesis of corporate takeovers. In: Journal of Business, Vol. 59, No. 2, S. 197-216.

Scherer, F.M. (1988): Corporate takeovers: the efficiency arguments. In: Journal of Economic Perspectives, Vol. 2, No. 1, S. 69-82.

Spremann, K. (1990): Investition und Finanzierung, 3. Auflage, München/Wien.

Teece, D.J. (1980): Economies of scope and the scope of the enterprise. In: Journal of Economic Behavior and Organization, Vol. 1, S. 223-247.

Tichy, G. (1990): Die wissenschaftliche Aufarbeitung der Merger-Mania. Neue Erkenntnisse für die Wettbewerbspolitik? In: Kyklos, Vol. 43, Nr. 3, S. 437-471.

Zimmerer, C. (1993): Unternehmensakquisition. In: Wittmann, W. u.a. (Hrsg.): Handwörterbuch der Betriebswirtschaft, Teilbd. 3, 5. Aufl., Stuttgart, Sp. 4294-4306.

MARTIN PELTZER

Die Vergütung des Aufsichtsrates - im Gesellschafts- und Steuerrecht

A. Die Aufsichtsratsvergütung im Gesellschaftsrecht

I. Die Praxis der Aufsichtsratsvergütung in Deutschland

II. Das gedankliche System der §§ 113, 114 und 93 Abs. 3 Ziffer 7 AktG und seine Schutzgüter

III. Einzelfragen

B. Die Aufsichtsratsvergütung im Steuerrecht

I. Steuerliche Behandlung der Aufsichtsratsvergütung bei der Gesellschaft

a) Im allgemeinen: nur zur Hälfte als Betriebsausgabe abzugsfähig (§ 10 Abs. 4 KStG)

b) Bei gültigen Verträgen nach § 114 AktG: voll abzugsfähig

c) Die Geschichte der Versagung der Abzugsfähigkeit

d) Die Aufsichtsratssteuer bei beschränkt steuerpflichtigen Aufsichtsratsmitgliedern

II. Steuerliche Behandlung der Aufsichtsratsvergütung beim Empfänger (§ 18 EStG)

III. Umsatzsteuerliche Behandlung der Aufsichtsratsvergütung

A. Die Aufsichtsratsvergütung im Gesellschaftsrecht

I. Die Praxis der Aufsichtsratsvergütung in Deutschland

Nach § 113 Abs. 1 Satz 3 AktG sollen die Aufsichtsratsbezüge "in einem angemessenen Verhältnis zu den Aufgaben der Aufsichtsratsmitglieder und zur Lage der Gesellschaft stehen". Damit ist auch, und vor allem, eine Begrenzung nach oben gemeint (BVerfG E 34/103 ff. (118) "Das Aktienrecht .... läßt erkennen, daß der Gesetzgeber nur eine angemessene Vergütung zulassen will"), aber vernünftigerweise müßte auch eine angemessene, der verlangten Leistung entsprechende Minimalvergütung angesprochen sein (so versteht die Studie der Kienbaum-Vergü-tungsberatung, 18. Ausgabe, Vergütung 93 und 94, die Vorschrift. Ich bin deren Leiter, Dr. Heinz Evers, dafür dankbar, daß er mir die Studie zum Zweck dieser Arbeit unentgeltlich zur Verfügung gestellt hat.).

Die Vergütung ist zu niedrig.
Das Gesetz schreibt den Aufsichtsrat als notwendiges Organ der Aktiengesellschaft vor. Eine Vergütung ist nicht zwingend vorgeschrieben, aber - ohne daß hier auf den Rechtsgrund der Vergütung eingegangen werden muß (ausführlich zum Rechtsgrund Natzel aaO) - kaufmännisch-administrative oder auch kaufmännisch-kreative Arbeiten werden nirgendwo unentgeltlich geleistet (vgl. etwa BFH in Bundessteuerblatt 87/42 II/ff. (43 rechte Spalte)). Dabei ist die Vergütung des Aufsichtsrates nach allgemeinen Vergleichsmaßstäben - etwa im Vergleich zu wirtschaftlich beratenden Freiberuflern - ungenügend (Hoffmann-Kirchhoff aa0 S. 597 ff.). Der historische Vergleich zeigt, daß die Vergütung in realer Kaufkraft trotz gestiegener Anforderungen dramatisch abgesunken ist und es an jeder Vergleichbarkeit und Ordnung, an jedem "Markt" fehlt; die unsichtbare Hand, von der Adam Smith sprach, hat die Aufsichtsratsvergütungen in Deutschland noch nicht erreicht (Kienbaum-Studie S. 58).

Im einzelnen:

- **Historisch**
  Eine Untersuchung, die für das Geschäftsjahr 1993 über 1.700 Gesellschaften, meist Aktiengesellschaften und GmbHs, und ca. 16.000 Aufsichtsratsmitglieder einbezieht, kommt zu dem Ergebnis, daß der durchschnittliche Pro-Kopf-Bezug aller erfaßten Aufsichtsratsmitglieder im Jahre 1993 DM 16.900 p. a. betrug gegenüber DM 12.700 p. a. im Jahre 1963. Im selben 30-Jahreszeitraum stiegen die Lebenshaltungskosten um das Dreifache, die Bezüge der beaufsichtigten Vorstandsmitglieder um das Vierfache und die Vergütungen im Tarifbereich um das ca. Fünffache (Kienbaum-Studie S. 56).Die reale Kaufkraft der durchschnittlichen Pro-Kopf-Aufsichtsratsvergütung beträgt heute also weniger als die Hälfte des Versichtsratsvergütungen betrugen 1906 über 100 Mio., 1964 64,5 Mio. und 1961 82,4 Mio. An Kaufkraft müssen die Vergütungen des Jahres 1906 diejenigen der Jahre 1960 und 1961 damit über ein Vielfaches überstiegen haben) !

- Vergleicht man die Aufsichtsratsvergütung mit finanziellen Abgeltungen für vergleichbare Dienste, so wäre es nicht fernliegend, bei jeder Gesellschaft das Verhältnis zwischen dem durchschnittlichen Bezug eines Vorstandsmitgliedes und eines Aufsichtsratsmitgliedes in etwa immer gleich zu lassen oder, anders ausgedrückt, die Aufsichtsratsbezüge sich wie die Vorstandsbezüge entwickeln zu lassen. Dies läge umso näher als für die Bemessung beider Bezüge ähnliche Angemessenheitsvorschriften bestehen (§§ 87 Abs. 1 und 86 AktG für den Vorstand und 113 Abs. 1 Satz 3 und Abs. 3 AktG für den Aufsichtsrat).

  In Wirklichkeit haben sich die Bezüge indessen - wie gezeigt - sehr unterschiedlich entwickelt.

  Auch der Vergleich mit den Honoraren eines wirtschaftsberatenden Freiberuflers zeigt, daß die Aufsichtsratsvergütung in Deutschland ungenügend ist. Mit DM 16.900 würde man bei einem erfolgreichen Freiberufler nicht den Zeitaufwand abdecken können, den ein Aufsichtsratsmandat mindestens erfordert (3 - 4 Sitzungen zuzüglich Vorbereitung und Anreisezeit, Teilnahme an der Hauptversammlung, also mehrere Tage - mit steigender Tendenz).

- **Es fehlt jede Regelhaftigkeit**
  Die Höhe der Aufsichtsratsvergütungen folgt im übrigen auch keiner erkennbaren Regelhaftigkeit. Tendenziell liegen die Bezüge bei großen Gesellschaften höher als bei kleinen, aber diese Tendenz wird in zahlreichen Einzelfällen durchbrochen (Kienbaum-Studie S. 58). Der durchschnittliche Pro-Kopf-Bezug eines Aufsichtsratsmitgliedes bei der Tucher Bräu AG in Nürnberg, einer bayerischen Lokalbrauerei, betrug 1993 mit ca. DM 44.000 erheblich mehr als der entsprechende Wert bei Fried. Krupp AG Hoesch-Krupp mit DM 31.300, obwohl der Umsatz bei Fried. Krupp AG Hoesch-Krupp weit mehr als das Hundertfache desjenigen der Tucher Bräu AG betrug (Kienbaum-Studie S. 69 und 75). Die Pro-Kopf-Bezüge des Aufsichtsrates der Oldenburgischen Landesbank lagen 1993 mit DM 96.400 fast dreimal so hoch wie die Pro-Kopf-Bezüge der über 30x so großen Westdeutschen Landesbank und ebenfalls höher als die entsprechenden Ziffern bei den drei Großbanken und den beiden großen bayerischen Banken (Kienbaum-Studie S. 65). Die Rangliste der Unternehmen nach Pro-Kopf-Bezügen des Aufsichtsrates 1993 wird angeführt von zwei großen Mittelständlern, bei denen der durchschnittliche Pro-Kopf-Bezug des Aufsichtsratsmitgliedes ein Mehrfaches beträgt wie bei Großunternehmen (Kienbaum-Studie S. 104)

Die Gründe für die zu niedrigen Bezüge
Die Gründe für diese schwer verständliche Entwicklung sind vielfältig:

- Ein Teil der Aufsichtsratsmitglieder hat an einer Erhöhung der Bezüge kein Interesse, weil höhere Bezüge abgeliefert werden müssen. Dies gilt für die Arbeitnehmervertreter, die einen großen Teil der Bezüge (bei DGB-Kandidaten für mitbestimmte Aufsichtsräte alles über DM 6.000 p. a. für das einfache Mitglied bzw. DM 12.000 p. a. für den Vorsitzenden) an die Hans-Böckler-

Stiftung abführen oder abführen müssen (Hoffmann aa0 RZ 460). Beamte in Aufsichtsräten müssen nach dem Beamtenrecht des Bundes oder der Länder Beträge abliefern, die eine gewisse Schwelle überschreiten. Vertreter der Muttergesellschaft im Konzern müssen häufig Bezüge aus den Aufsichtsratsmandaten in Tochtergesellschaften abliefern (Kienbaum-Studie S. 57) oder, was auf das gleiche hinausläuft, sich auf ihre anderweitigen Bezüge anrechnen lassen.

- Die Bezüge des Vorstandes setzt der Aufsichtsrat fest; die Bezüge des Aufsichtsrates demgegenüber die Hauptversammlung entweder durch Beschluß oder in der Satzung. Wer Hauptversammlungen großer Gesellschaften in den letzten Jahren miterlebt hat, wird die Scheu verstehen, diesen Punkt auf die Tagesordnung setzen zu lassen (vgl. Lutter-Kremer aa0 S. 95). Je nach Eigentümerstruktur ist ein derartiger Hauptversammlungsbeschluß einfach oder sehr schwierig und nur unter langen peinlichen Debatten durchzusetzen. Die Aktionärsstruktur ist dementsprechend auch von Bedeutung für die Höhe der Aufsichtsratsvergütung (Kienbaum-Studie S. 57).

- Vorstands- und Aufsichtsratsbezüge sind beides Betriebsausgaben (BVerfG E 34/103 ff. (110)), aber bei den Aufsichtsratsbezügen hat der Gesetzgeber die Abzugsfähigkeit auf die Hälfte beschränkt (§ 10 Ziffer 4 KStG, s. unten B.I.c)).

Die Gesellschaften sollten darüber nachdenken, künftig in die Satzung Bestimmungen aufzunehmen, die den Aufsichtsräten neben der Festvergütung eine nach § 113 Abs. 3 AktG zu berechnende gewinnabhängige Vergütung zuspricht (also keine an einen Dividendenprozentsatz gekoppelte gewinnabhängige Vergütung, da sich ja die Kapitalbasen tendenziell verbreitern und sich so die Dividenden**prozentsätze** nicht so stark verändern).

Auf diese Weise wäre die Chance einer Dynamisierung gegeben, wobei allerdings die Gefahr besteht, daß in besonders guten Jahren die Aufsichtsratsvergütung "aus dem Ruder" läuft; dann würde allerdings § 113 Abs. 1 Satz 3 AktG eingreifen.

Freilich ist mit einer angemessenen Vergütung des Aufsichtsrates - und das würde in sehr vielen Fällen eine Erhöhung bedeuten - nicht automatisch das Problem der Besetzung der Anteilseignerbank des Aufsichtsrates gelöst. Bei höheren Diensten gibt es keine meßbare Korrelativität von Leistung und Vergütung. Das Motiv von vielen, die sich für Aufsichtsratsmandate zur Verfügung stellen, ist u.a. die Möglichkeit, ein Blick in neue Unternehmen und Branchen zu bekommen und sich ein zusätzliches Beziehungsnetz aufzubauen. Hinzu kommt, daß die weitaus überwiegende Zahl der Anteilseignervertreter einen anderweitigen bürgerlichen Beruf ausüben und somit ein Hauptamt haben, in dem sie normalerweise ihr reichliches Auskommen finden.

II. Das gedankliche System der §§ 113, 114 und 93 Abs. 3 Ziffer 7 AktG und seine Schutzgüter

Das gedankliche System

Man kann die §§ 113, 114 und 93 Abs. 3 Ziffer 7 AktG nicht isoliert lesen und verstehen. Die neuere Literatur und Rechtsprechung hat herausgearbeitet, daß die Vorschriften ein in sich geschlossenes System darstellen (BGHZ in NJW 94/2484 ff. (2486 linke Spalte oben); Mertens aa0 S. 173 (177); Lutter-Kremer aa0 S. 92), das die Gesellschaft dadurch schützt, daß der Vorstand den Aufsichtsrat oder einzelne seiner Mitglieder nicht durch Geldzuwendungen korrumpiert, der Aufsichtsrat sich nicht selbst bedient und die Inhaberversammlung die Vergütung des Aufsichtsrates in der Hand behält.

Die Vergütung des Aufsichtsrates "kann in der Satzung festgesetzt oder von der Hauptversammlung bewilligt werden" (§ 113 Abs. 1 Satz 2 AktG). Jede andere Art der Festsetzung, also insbesondere durch den Vorstand oder durch den Aufsichtsrat selbst, führt zur Nichtigkeit nach § 134 BGB (Mertens aa0 S. 179; Lutter-Kremer aa0 S. 92).

In Mustersatzungen für Aktiengesellschaften, die nach dem Inkrafttreten des Aktiengesetzes 65 erschienen, wurde vorgeschlagen, eine Bestimmung aufzunehmen, wonach der Aufsichtsrat selbst einzelnen Mitgliedern bei besonderer Beanspruchung eine Zusatzvergütung bewilligen könne (Möhring-Schwartz-Rowedder-Haberlandt "Die Aktiengesellschaft und ihre Satzung" 2. Aufl. S. 136). Dieser Vorschlag entsprach einer weitverbreiteten Handhabung nach dem Aktiengesetz 1937 (Lehmann aa0 S. 1757), wurde aber dann alsbald nach Inkrafttreten des Aktiengesetzes 65 in der Literatur (Robert Fischer aa0 S. 859; Wolfgang Bernhardt aa0 -S. 863; unentschieden wohl Mertens aa0 S. 183 - 185) und später auch von der Rechtsprechung (BGH in NJW 91/1830 ff. (1831)) abgelehnt. Inzwischen dürfte es allgemeiner Überzeugung entsprechen, daß ein solches Verfahren unzulässig ist (Mertens aa0 S. 177 ff.; immerhin findet sich eine derartige Bestimmung z. B. noch in der Satzung der Aachener und Münchener Versicherung AG; vgl. Kienbaum-Studie S. 61).

Die Tätigkeit des Aufsichtsrates wird - unabhängig vom Zeitaufwand - durch die nach § 113 Abs. 1 Satz 2 AktG festzulegende Vergütung abgegolten (Robert Fischer aa0 S. 860). Das Aufsichtsratsmitglied und nicht die Gesellschaft trägt das Risiko hoher zeitlicher Inanspruchnahme aus dem Amt und der daraus möglicherweise resultierenden Folge, daß sich die Vergütung im Vergleich zum Zeitaufwand als unzulänglich herausstellt (Mertens aa0 S. 178 ff.; BGH vom 25. 3. 1991 in NJW 91/1830 ff. (1831 rechte Spalte)). Im übrigen dürfte dies ein für die Aufsichtsratstätigkeit typisches Risiko sein. Abhilfe ist nur in den Formen des § 113 Abs. 1 Satz 2 AktG möglich (BGHZ in NJW 94/2484 ff. (2486 linke Spalte oben); Mertens aa0 S. 173 (177); Lutter-Kremer aa0 S. 92) oder aber eben durch Niederlegung des Amtes, wobei eine Niederlegung zum Zeitpunkt hoher zeitlicher Inanspruchnahme - also im allgemeinen wohl in der Krise und damit zur Unzeit - bedenklich wäre.

Eine Abweichung von der Form der Festsetzung der Vergütung nach § 113 Abs. 1 Satz 2 AktG ist bei diesem gedanklichen System nicht möglich. Würde die Entscheidung beim Vorstand liegen, könnte der Kontrollierte die Vergütung des Kontrolleurs bestimmen (Mertens aa0 S. 174; Lutter-Kremer aa0 S. 92). Es liegt auf der Hand, welche bedenklichen Einflußmöglichkeiten des Vorstandes sich damit eröffnen würden (Mertens aa0 S. 174). Läge die Entscheidung beim Aufsichtsrat selbst, wäre es ein "Selbstbedienungsladen" (so Lutter-Kremer aa0 S. 92; Mertens aa0 S. 174). Um diese Gefahr zu vermeiden, kommt nur eine Kompetenz der Hauptversammlung infrage, sei es in der Form eines *ad hoc* Beschlusses (mit einfacher Mehrheit) oder sei es in der Form des schon in der Satzung festgelegten Hauptversammlungswillens (Lutter-Kremer aa0 S. 92; vgl. auch OLG Stuttgart in WM 91/1301).

Die Unterschiede zwischen § 113 und § 114 AktG
§ 113 AktG unterscheidet sich dabei von § 114 AktG u. a. dadurch, daß die Vergütung des § 113 AktG "für **ihre** Tätigkeit" (gemeint für die Tätigkeit des Aufsichtsrates) gewährt wird und die Vergütung des § 114 AktG für eine Leistung "**außerhalb** seiner Tätigkeit als Aufsichtsrat" zu zahlen ist. Abgrenzungsmerkmal ist also die (Soll-)Tätigkeit des Aufsichtsrates (BGH vom 25. 3. 1991 in NJW 91/1830 ff. (1831 rechte Spalte); Lutter-Kremer aa0 S. 92). Alles, was der Aufsichtsrat als solcher zu tun hat, also insbesondere die Überwachung und Beratung im Rahmen der §§ 90 und 111 AktG und die Ausübung der Personalhoheit im Rahmen des § 84 AktG fällt ausschließlich unter § 113 AktG und die Vergütung hierfür darf nur nach § 113 Abs. 1 Satz 2 AktG festgelegt werden.

Der Anwendungsbereich des § 114 AktG umfaßt demgegenüber ausschließlich Spezialaufgaben, mit denen sich der Aufsichtsrat, etwa weil ihrer Natur nach für den Geschäftsverlauf nicht erheblich genug, im allgemeinen nicht befaßt und vor allem auch nicht befassen soll (BGH vom 25. 3. 1991 in NJW 91/1830 ff. (1831 rechte Spalte); Mertens aa0 S. 175; Mertens in KK § 114 RZ 4 - 6; Lutter-Kremer aa0 S. 95 ff. (108); Hoffmann-Kirchhoff aa0 S. 594). Ist etwa ein Mitglied des Aufsichtsrates Fachanwalt für Arbeitsrecht, so darf er sicherlich einen Arbeitsrechtsprozeß für die Gesellschaft führen; bei der Beratung eines Sozialplanes wird es auf dessen Umfang ankommen, ob der entsprechende Beratungsvertrag noch unter § 114 AktG fällt. Ein allgemeiner Beratungsauftrag des Inhaltes, den Vorstand auf dem Gebiet der "human resources" zu unterstützen, wird sicherlich unzulässig sein, weil eben die Mitarbeiterschaft (Nachwuchs, Schulung, Auswahl, Personalplanung) auch im Zwiegespräch zwischen Aufsichtsrat und Vorstand, vor allem wenn der Arbeitsdirektor über sein Fachgebiet berichtet, Thema ist und Thema sein muß, und dies somit in die Tätigkeit des Aufsichtsrates fällt (vgl. auch die Beispiele bei Lutter-Kremer aa0 S. 96 ff.).

Diese Abgrenzung zwischen den von § 113 AktG einerseits und § 114 AktG andererseits erfaßten Aufgaben ist durchaus sinnvoll. Es muß zunächst einmal vermieden werden, daß § 113 Abs. 1 Satz 2 AktG umgangen wird, indem einzelnen Aufsichtsratsmitgliedern Vergütungen nach § 114 AktG gezahlt werden für Tätigkeiten, deren Entlohnung zwingend § 113 Abs. 1 Satz 2 AktG unterfällt (BGH vom 4. 7. 1994 in NJW 94/2484 ff. (2485)). Im übrigen ergäbe sich - wäre es anders - eine in der Sache begründete Inkonsistenz. Wenn ein Mitglied des Aufsichtsrates aufgrund eines Vertrages nach § 114 AktG eine Angelegenheit berät oder vorbereitet, die schließlich in die Zustimmungskompetenz des gesamten Aufsichtsrates fällt, hat er selbst bestimmt nicht mehr die nötige Distanz, um unvoreingenommen abzustimmen; dies kann sich bei Mehrheitsentscheidungen auswirken. Im übrigen würden bei ihm die Kategorien "Geschäftsführung" einerseits und "beratende Überwachung" andererseits verwischt.

Die Unterscheidung zwischen der Art der Tätigkeit nach § 113 und § 114 AktG wird also ausschließlich durch den **Gegenstand** der Tätigkeit und nicht durch die Intensität oder den erforderlichen Zeitaufwand und auch nicht dadurch, wer den Auftrag erteilt, bestimmt (BGH vom 25. 3. 1991 in NJW 91/1830 ff. (1831 rechte Spalte); Lutter-Kremer aa0 S. 93 ff.).

Unter § 114 AktG fallen Dienstverträge oder Werksverträge, die zu einer Tätigkeit höherer Art verpflichten (Lutter-Kremer aa0 S. 93 ff.; Geßler in Geßler, Hefermehl, Eckardt, Kropff § 114 RZ 25 ff.). Arbeitsverhältnisse sind mit Rücksicht auf die Arbeitnehmervertreter im Aufsichtsrat ausdrücklich ausgeklammert (Schlaus aa0 S. 376 rechte Spalte).

Bei einem vor Eintritt in den Aufsichtsrat abgeschlossenen "Dienst- oder Werkvertrag .... über (eine) Tätigkeit höherer Art" zwischen der Gesellschaft und dem (späteren) Aufsichtsratsmitglied kommt es darauf an, ob der Vertragsgegenstand in das eigentliche Aufgabengebiet des Aufsichtsrates (dann gilt § 113 AktG) oder nicht (dann nach § 114 AktG zulässiger Vertragsinhalt) fällt. Letzterenfalls ist der Vertrag nach Eintritt des Vertragspartners der Zustimmung des Aufsichtsrates nach § 114 AktG zu unterwerfen. Wird diese erteilt, so läuft der Vertrag weiter. Wird sie verweigert oder wird die Zustimmung gar nicht eingeholt, soll der Vertrag für die Dauer des Aufsichtsratsmandats suspendiert sein und erst nach dessen Beendigung wieder aufleben (BGH vom 4. 7. 94 in NJW 94/2484 ff. (2486 linke Spalte)). Das gleiche soll für einen vor Beginn der Aufsichtsratstätigkeit abgeschlossenen Vertrag gelten, der vom Aufsichtsrat nicht genehmigt werden darf, weil Beratungsgegenstand gleichzeitig Aufsichtsratstätigkeit ist (§ 113 AktG)(BGH vom 25. 3. 91 in NJW 91/1830. Dies wird im Leitsatz 3 ausgesprochen und ergibt sich auch aus den Gründen; Semler aa0 S. 526 geht m. E. richtiger von unheilbarer Nichtigkeit in diesem Fall aus; vgl. auch Hoffmann-Kirchhoff aa0 S. 595).

Inwieweit die vom BGH angenommene Rechtsfigur der Suspendierung für die Dauer der Aufsichtsratstätigkeit dogmatisch begründbar ist, muß dahinstehen (vgl. Wolf aa0 S. 316 rechte Spalte). Vor allem aber ist diese Lösung teleologisch bedenklich. In aller Regel - und so war es auch in den beiden vom BGH entschiedenen Fällen (BGH vom 25. 3. 91 und 4. 7. 94 aa0) - wird ein Beratungsvertrag abgeschlossen, bei dem der Berater sich so bewährt, daß er in den Aufsichtsrat berufen wird. Dann kommt es zu Störungen im Vertrauensverhältnis, die zur Beendigung des Aufsichtsratsmandates führen, und dann will die Gesellschaft auch den Vertrag nicht weiterführen. Das Aufsichtsratsmitglied ist insoweit nicht schutz-würdig, denn es kann ja zwischen Vertrag und Aufsichtsratsmandat wählen.

Sachgerechter wäre es deswegen, keinen Unterschied zu machen, ob der Vertrag vor oder nach Eintritt in den Aufsichtsrat abgeschlossen worden ist und lediglich solche Verträge aufrecht zu erhalten, die der Aufsichtsrat regelgetreu nach § 114 AktG genehmigt (so wohl auch Wolf und Semler aa0, sowie Mertens aa0 S. 183; anderer Meinung Lutter-Kremer aa0 S. 99 ff.).

Die Zustimmung des Aufsichtsrates zu einem Geschäftsbesorgungsvertrag zwischen Gesellschaft und Aufsichtsratsmitglied

Wirksamkeitserfordernis für einen Vertrag nach § 114 AktG ist die Zustimmung des Aufsichtsrates. Der Auftrag wird ja von der Gesellschaft, vertreten durch den Vorstand, erteilt und das gesetzliche Erfordernis der Zustimmungsbedürftigkeit soll Mißbräuchen entgegenwirken (Lutter-Kremer aa0 S. 92 ff.). Ein Vertrag nach § 114 AktG, auch wenn vom Gegenstand her zulässig, trägt ja die Gefahr des Mißbrauches in hohem Maß in sich. Der Aufsichtsrat sollte sich die Zustimmung nach § 114 Abs. 1 AktG - schon zur Vermeidung eigener Haftungsrisiken (§ 93 Abs. 3 Ziffer 7 i. V. mit § 116 AktG) - nicht zu leicht machen (§ 93 Abs. 3 AktG begründet keine Haftung eigener Art, sondern weist auf § 93 Abs. 1 und 2 zurück; Mertens in KK 2. Aufl. RZ 87; nicht ganz vereinbar damit Mertens in FS Steindorf S. 174, wonach es sich um einen qualifizierten Haftungstatbestand handele und die Ersatzpflicht bereits an die Zahlung anknüpfe; in der Zahlung braucht aber noch kein Schaden zu liegen, z. B. bei solventem und rückzahlungswilligem Empfänger), kritisch prüfen und auf jeden Fall auf der Vorlage eines schriftlichen Vertrages bestehen aus Beweisgründen, um die volle Abzugsfähigkeit der Vergütung als Betriebsausgaben zu gewährleisten, vgl. unten B.I.b), und weil anders Leistungsgegenstand und Angemessenheit des Leistungsentgeltes gar nicht sachgerecht überprüft werden können (Mertens aa0 S. 182; Hoffmann-Kirchhoff aa0 S. 597; Schlaus aa0 S. 378 linke Spalte unten). Die Entscheidung bedarf eines ausdrücklichen Beschlusses (OLG Köln in ZIP 94/1774).

Im übrigen sollte er dabei folgende Punkte beachten:

- fällt der Vertragsgegenstand auch nicht in die Tätigkeit des Aufsichtsrates und damit unter § 113 AktG (Schlaus aa0 S. 376 rechte Spalte) ?

- ist die Vergütung at arm's length wie zwischen unabhängigen Dritten oder könnte die Gesellschaft eine gleichwertige Dienstleistung am Markt günstiger bekommen ?

Anders gewendet, wird dem zu beauftragenden Aufsichtsratsmitglied wegen dieser, seiner Eigenschaft eine über dem Markt liegende Vergütung versprochen? Dies wäre pflichtwidrig und unzulässig (BGH vom 4. 7. 94 in NJW 94 S. 2484 hier S. 2485 rechte Spalte oben und S. 2486 linke Spalte) und möglicherweise Untreue; eine vergleichbare Marktvergütung wird freilich nicht immer leicht zu ermitteln sein.

- Schließlich sollte auch eine juristisch nicht präzise faßbare Erwägung in die Entscheidung des Aufsichtsrates einfließen. Die Entscheidung berührt die psychologische Hygiene im Gremium und im Verhältnis zwischen dem betreffenden Aufsichtsratsmitglied und dem Vorstand. Die Stellung eines beratenden Aufsichtführenden und eines Auftragnehmers ist sehr unterschiedlich und mag manchmal schwer vereinbar sein. Wird die Unbefangenheit, insbesondere die Unbefangenheit "nein" zu sagen, berührt oder entsteht gegenüber dem Vorstand oder den Aufsichtsratskollegen ein derartiger Anschein? Wird die Kollegialität im Aufsichtsrat - ein u. U. für die Effizienz des Gremiums wichtiger psychologischer Faktor - berührt (vgl. BGHZ vom 4. 7. 94 in NJW 94 S. 2484 (2486 linke Spalte)) ?

III. Einzelfragen

Nach § 113 Abs. 1 Satz 4 AktG kann eine Satzungsbestimmung, mit der die Vergütung festgelegt wird, durch Hauptversammlungsbeschluß mit **einfacher** Mehrheit abgeändert werden. Diese Durchbrechung des § 119 Abs. 2 Satz 1 AktG ist zwingend - die Satzung kann also keine größeren Mehrheitserfordernisse vorsehen (Mertens in KK § 113 RZ 29). Auch hierin äußert sich das Mißtrauen des Gesetzgebers gegenüber einer von ihm tendenziell als zu hoch empfundenen Vergütung des Aufsichtsrates.

Die Vergütung des Aufsichtsrates ist überwiegend eine feste Vergütung (Geßler in Geßler, Hefermehl, Eckardt, Kropff § 113 RZ 11 - 13), gegebenenfalls ergänzt um einen variablen Teil, der meist an die ausgeschüttete Dividende anknüpft (Kienbaum-Studie S. 60; Hoffmann aa0 RZ 445). Häufig wird ein Teil der Vergütung auch in Form von Sitzungsgeldern gezahlt, was natürlich Anwesenheit bei der Sitzung voraussetzt (Kienbaum-Studie S. 60; Hoffmann aa0 RZ 452; Sitzungsgelder sind im übrigen ein beliebter Gegenstand finanzamtlicher Kontrollmitteilungen).

Eine gewinnabhängige Vergütung, die sich entsprechend § 113 Abs. 3 AktG nach dem Bilanzgewinn (§ 170 Abs. 2, § 174 Abs. 1 und 2 AktG) richtet, ist nicht eben häufig. Diesenfalls sind vom Bilanzgewinn abzuziehen 4 Prozent auf den Nennbetrag der Aktien, während eine Aufsichtsratsvergütung, die bereits im Aufwand enthalten ist, hinzugerechnet werden muß (Geßler in Geßler, Hefermehl, Eckardt, Kropff § 113 RZ 45 - 49. Im einzelnen ist vieles streitig, vgl. WP Handbuch 92 Q RZ 39 - 50).

Sachbezüge, wie etwa private Nutzung eines Kraftfahrzeuges, dürften selten sein und sich auf die Fälle beschränken, bei denen Aufsichtsratsmitglieder früher dem Vorstand angehörten und/oder quasi hauptamtlich als Aufsichtsratsvorsitzende tätig sind. Keine Sachbezüge sind Dienstleistungen, die dem Aufsichtsrat zur Durchführung seiner Arbeit zur Verfügung gestellt werden wie ein Büro, Sekretärin etc.

Wird eine Aufsichtsratsvergütung zu Unrecht gezahlt - etwa weil eine nach § 114 AktG gezahlte Vergütung in Wirklichkeit eine Tätigkeit betraf, die § 113 AktG unterfiel oder weil der Aufsichtsrat seine Zustimmung zu einem Geschäftsbesorgungsvertrag nach § 114 AktG verweigert - ist die Vergütung zurückzuzahlen. Der Rückzahlungsanspruch der Gesellschaft ist ein selbständiger aktienrechtlicher Anspruch, für den Bereicherungsrecht nicht gilt (OLG Köln in ZIP 1994/1773 (1775 rechte Spalte); Mertens in KK § 114 RZ 1). Er tritt neben den Anspruch gegen den Vorstand bzw. Aufsichtsrat aus § 93 Abs. 3 Ziffer 7 AktG (beim Aufsichtsrat i. V. mit § 116 AktG). Die Nichtgeltendmachung des Anspruches ist ihrerseits eine zum Schadensersatz verpflichtende Pflichtwidrigkeit.

Umgekehrt hat das Aufsichtsratmitglied, das Dienste bereits geleistet hat, gegen die Gesellschaft nur einen Bereicherungsanspruch (§ 114 Abs. 2 Satz 2 AktG) (Hüffer, Aktiengesetz 2. Aufl. § 114 RZ 7). Hierbei kann es leicht zu einem Zusammentreffen der Voraussetzungen von §§ 814 und 819 Abs. 1 BGB kommen - Aufsichtsratsmitglied und Gesellschaft kennen den Mangel des rechtlichen Grundes und der Empfänger der Leistung, die Gesellschaft weiß, daß der Leistende (das Aufsichtsratsmitglied) ihn auch kennt mit der Folge, daß § 819 BGB nicht zur Anwendung kommt (RGZ 137/171 ff. (179); Westermann-Ermann 9. Aufl. § 819 RZ 1; Lieb in MK 2. Aufl. § 819 RZ 9); § 814 BGB kann also einem Rückforderungsanspruch des Aufsichtsratsmitgliedes entgegenstehen (Mertens in KK § 114 RZ 10).

Ausweispflicht
Nach § 285 Ziffer 9 HGB sind im Anhang anzugeben "für die Mitglieder eines Aufsichtsrates .... die für die Tätigkeit im Geschäftsjahr gewährten Gesamtbezüge" (Gehälter, Gewinnbeteiligung, Aufwandsentschädigung, Versicherungsentgelte, Provisionen und Nebenleistungen jeder Art). Nach § 286 Abs. 4 HGB können die Angaben unterbleiben, wenn anhand dieser Angaben die Bezüge eines Mitgliedes des Aufsichtsrates feststellbar sind, was regelmäßig nicht der Fall sein dürfte. Nach § 285 Ziffer 9c HGB sind zusätzlich die an Aufsichtsratsmitglieder gewährten Kredite sowie die zugunsten von Aufsichtsratsmitgliedern gewährten Haftungsverhältnisse anzugeben.

Es sind immer nur anzugeben die Leistungen der Kapitalgesellschaft an das Organmitglied (vgl. Clemm-Ellrott in Beck'scher Bilanzkommentar 2. Aufl. § 285 RZ 169). § 160 Abs. 3 Ziffer 8 Satz 4 alter Fassung AktG, wonach u. U. bei Vorstandsmitgliedern auch Bezüge von verbundenen Unternehmen anzugeben waren, ist weggefallen.

Diese Frage der Ausweispflicht beantwortet indessen noch nicht die materielle Frage, ob Beratungsverträge zwischen Aufsichtsratsmitglied und einem mit der Gesellschaft verbundenen Unternehmen nicht auch nach den §§ 113 und 114 AktG zu beurteilen sind. Das Gleiche gilt für Beraterverträge mit vom Aufsichtsratsmitglied abhängigen Gesellschaften oder die Übernahme von Aufsichtsratsmandate in Tochtergesellschaften durch Aufsichtsratsmitglieder der Mutter (dafür mit beachtlichen Gründen Lutter-Kremer aa0 S. 105 ff. (108); abzulehnen ist die rein formale Betrachtung von Schlaus aa0 S. 377 linke Spalte oben).

B. Die Aufsichtsratsvergütung im Steuerrecht

I. Steuerliche Behandlung der Aufsichtsratsvergütung bei der Gesellschaft

a) Im allgemeinen: nur zur Hälfte als Betriebsausgabe abzugsfähig (§ 10 Abs. 4 KStG)

§ 10 Abs. 4 KStG bestimmt, daß

"die Hälfte der Vergütung jeder Art, die an Mitglieder des Aufsichtsrates, Verwaltungsrates, Grubenvorstands oder andere mit der Überwachung der Geschäftsführung beauftragte Personen gewährt werden"

nicht abzugsfähig ist. Unbestritten ist dabei, daß es sich um Betriebsausgaben handelt (BVerfG E 34/103 ff. (110); BFH in Bundessteuerblatt 68/II/392 ff. (394)), denen eben kraft Sonderbestimmung des § 10 Abs. 4 KStG die Abzugsfähigkeit zur Hälfte versagt wird. Gegen diese Bestimmung, die nur aus ihrer langen und wirren Geschichte verständlich ist (s. dazu unten B.I.c)), ist die Wissenschaft - auch mit Argumenten, die die Verfassungsmäßigkeit in Zweifel zogen - geschlossen Sturm gelaufen (Rose aa0 S. 31 ff.; vgl. auch die rechtsvergleichende Übersicht S. 38 FN 31; Reuter aa0 S. 84; Lau aa0 S. 1207; Eingabe der "Zentrale für GmbH" in GmbHRundschau 64/111; Lüder Meyer-Arndt aa0 S. 995 ff.; Risse aa0 S. 913; Rose aa0 S. 31 ff.; vgl. auch die rechtsvergleichende Übersicht S. 38 FN 31; Reuter aa0 S. 84; Lau aa0 S. 1207; Eingabe der "Zentrale für GmbH" in GmbHRundschau 64/111; Lüder Meyer-Arndt aa0 S. 995 ff.; Risse aa0 S. 913). Der Bundesfinanzhof hat die Bestimmung jedoch *incidenter* (BFH in Bundessteuerblatt 67/III/540 (541)) und ausdrücklich (BFH in Bundessteuerblatt 68/II/392) für verfassungsgemäß erklärt, und das Bundesverfassungsgericht hat sich dem angeschlossen im wesentlichen mit der Begründung, daß das sogenannte "Nettoprinzip", nach dem die Einkommensteuer nur nach Maßgabe der perönlichen Verhältnisse und der wirtschaftlichen Leistungsfähigkeit erhoben wird, und daß deshalb nur die nach Abzug - u. a. der Betriebsausgaben - verbleibenden Reineinkünfte die Bemessungsgrundlage bilden sollten, nicht lückenlos durchgeführt und der Gesetzgeber deswegen nicht gehindert sei, bei der Anerkennung der Betriebsausgaben als abzugsfähige Ausgaben zu differenzieren (Bundesverfassungsgericht E 34/103 ff. (115 ff.)).

Wenn der Gesetzgeber somit auch verfassungsrechtlich nicht gehindert sein mag, die Abzugsfähigkeit zu versagen und einzuschränken, so ist die Vorschrift doch im hohen Maße von historischen Zufällen und überholten Anschauungen geprägt und der Gesetzgeber befindet sich in einem offenkundigen Zielkonflikt: Einerseits will er kompetente Aufsichtsratsmitglieder mit höherer Professionalität - teilweise werden sogar hauptamtliche Aufsichtsratsmitglieder gefordert - und für eine ordentliche fachmännische Arbeit muß eben auch ein ordentliches Entgelt gewährt werden. Andererseits versprach sich der historische Gesetzgeber und ihm folgend der Bundesfinanzhof und das Bundesverfassungsgericht (durch die teilweise, bis 1977 noch vollständige Versagung der Abzugsfähigkeit) eine dämpfende Wirkung auf die von ihm sachirrtümlich angenommene Tendenz der Gesellschaften, die

Aufsichtsratsvergütung zu hoch anzusetzen. Umgekehrt wird ein Schuh daraus: Die Versagung der Abzugsfähigkeit zur Hälfte erschwert es den Gesellschaften erheblich, angemessene Aufsichtsratsvergütungen zu bezahlen.

Betroffen von § 10 Abs. 4 KStG sind nur körperschaftssteuerpflichtige juristische Personen, also insbesondere Aktiengesellschaften und GmbHs. Nicht betroffen sind Personengesellschaften. Dies hat unmittelbare Auswirkungen auf hybride Gesellschaftsformen, wie die GmbH & Co KG. Hier sollte ein Beirat o. ä. nur bei der KG errichtet werden und nicht bei der Komplementär-Körperschaft (Sudhoff "Der Gesellschaftsvertrag der GmbH & Co." 4. Aufl. S. 229).

b) Die Rechtsprechung zur Abzugsfähigkeit bzw. zu deren (hälftiger) Versagung nach § 10 Ziffer 4 KStG weist eine erstaunliche Parallelität zu der gesellschaftsrechtlichen Abgrenzung nach § 113 AktG einerseits und § 114 AktG andererseits aus. Der Begriff der Überwachungstätigkeit ist nach der Rechtsprechung des BFH weit auszulegen (BFH in Bundessteuerblatt 66/III/688 ff. (689); BFH in Bundessteuerblatt 79/II/193 ff. (194); BFH in Bundessteuerblatt 85/II/340 ff. (341); gleicher Meinung Lutter-Kremer aa0 S. 88). Die Vergütung für Aufsichtsräte und Beiräte, die (auch) mit Überwachungsaufgaben befaßt sind, unterfällt § 10 Ziffer 4 KStG, auch wenn gleichzeitig Geschäftsführungs- oder Beratungsaufgaben wahrgenommen werden (BFH in Bundessteuerblatt 73/II/872 ff. (873); BFH in Bundessteuerblatt 85/II/ 340 ff. (341)). Derartige Tätigkeiten ließen sich grundsätzlich nicht in ihre verschiedenen Bestandteile zerlegen mit der Folge, daß die von der Gesellschaft geschuldete Vergütung auch zerlegbar wäre und die Abzugsfähigkeit der verschiedenen Bestandteile unterschiedlich beurteilt werden könnte (BFH in Bundessteuerblatt 66/III/688 ff. (689); BFH in Bundessteuerblatt 79/II/193 ff. (195)).

Voll abzugsfähig sind dementsprechend nur Vergütungen, wenn die hierfür geleistete Tätigkeit des Aufsichtsratsmitgliedes einwandfrei nicht zu seinen Überwachungspflichten gehört (BFH in Bundessteuerblatt 66/III/688 ff. (690)). Die Beispiele aus der Rechtsprechung sind die Vergütung, die ein Bauunternehmer, der dem Aufsichtsrat angehört, für ein Bauvorhaben bekommt, oder aber die Vergütung eines dem Aufsichtsrat angehörenden Rechtsanwalts für die Führung eines Prozesses (BFH in Bundessteuerblatt 66/III/688 ff. (689, 690), wobei freilich der Vertrag mit dem Bauunternehmer, weil nicht Dienste höherer Art umfassend, nicht § 114 AktG unterfiele und vom Vorstand ohne Genehmigung des Aufsichtsrates wirksam abgeschlossen werden könnte. Vgl. auch Geßler in Geßler, Hefermehl, Eckhardt, Kropff § 114 RZ 5 - 7).

Voll abzugsfähig sind weiterhin reine Auslagenerstattungen, soweit sie gesondert erfolgen (Körperschaftsteuerrichtlinien Abschnitt 45 Abs. 1).

c) Wirft man einen Blick auf die Geschichte des § 10 Ziffer 4 KStG und die Behandlung der Vorgängervorschriften in der Rechtsprechung, fällt es einem wie Schuppen von den Augen, warum diese unsinnige (zunächst volle, seit 1977 hälftige) Versagung der Abzugsfähigkeit eingeführt wurde (mit der Geschichte der Vorschrift befassen sich u. a. Rose aa0 S. 34; Lau aa0 S. 1207; Lüder Meyer-

Arndt aa0 S. 994; BVerfG E 34/103 ff. (109 ff.); BFH in Bundessteuerblatt 68/II/392 ff. (393)).

Die Steuerhoheit des Reiches am Anfang des Jahrhunderts beschränkte sich auf die indirekten Steuern. Die direkten Steuern waren Sache der Einzelstaaten. Das Reich brauchte 1906 Geld, nicht zuletzt für die Flotten- und Kolonialpolitik. Es erhob eine Stempelabgabe auf die von breiten Schichten in Anspruch genommenen Beförderungsleistungen ("Fahrkartenstempel"), die sich dadurch verteuerten. Gewissermaßen aus sozialer Symmetrie sollte auch eine Stempelabgabe auf die Aufsichtsratsvergütungen erhoben werden. Um dem Charakter einer Verkehrssteuer gesetzestechnisch gerecht zu werden, wurde die Stempelabgabe erhoben auf den Vorgang einer alljährlich von den Gesellschaften abzugebenden Erklärung über die Höhe der von ihnen gezahlten Aufsichtsratsvergütungen (Rose aa0 S. 35 linke Spalte; Lau aa0 S. 1207). Der Stempel wurde auf 8 Prozent der Vergütungen festgelegt (zu einer Zeit, als der höchste Satz der Einkommensteuer in Preußen 5 Prozent betrug).

In den Gesetzesmaterialien (Reichstag, Aktenstück Nr. 359 (Bericht der sechsten Kommission)) findet sich eine geradezu verächtliche Einschätzung der Arbeit der damaligen Aufsichtsräte

(Seite 3943)
"Es handele sich bei der Finanzreform im wesentlichen mit darum, die Reichsbedürfnisse möglichst den starken Schultern aufzubürden. Das geschehe gerade durch eine Tantiemesteuer, bei der es sich um einen leichten Verdienst und um leistungsfähige Persönlichkeiten handle. Die Tantiemesteuer bilde eine Ausgleichung gegenüber der Belastung der Massen durch den Fahrkartenstempel usw. Übrigens sei die derzeitige Art der Tantiemegewährung geradezu ein Unfug. Je größer die Tantieme sei, umso kleiner sei in der Regel die Verantwortung, denn die ganz großen Unternehmen seien meist derartig gut fundiert, daß von einer Verantwortung oder Regreßpflicht der Aufsichtsratsmitglieder kaum die Rede sein könne.

(Seite 3944)
.... daß aber die Arbeit der Mitglieder der Aufsichtsräte denn doch keine zu übermäßige sei, gehe wohl zur Genüge daraus hervor, daß nicht selten ein und derselbe Herr 20 - 30 Aufsichtsräten angehöre.

Häufig würden sogar Leute in Aufsichtsräte gewählt, die von dem Geschäft absolut nichts verständen, oder die als Söhne von Aufsichtsratsmitgliedern in die Aufsichtsratsstellungen geradezu hineingeboren würden. ....

Im übrigen stellten die Tantiemen der Aufsichtsratsmitglieder gewissermaßen Schenkungen unter Lebenden dar, freilich mit dem Unterschied, daß die Schenkung unter Le-benden aus dem eigenen Vermögen erfolge, die Tantiemebewilligung aber eine Schenkung aus dem Vermögen anderer, der Aktionäre, bedeute. .... Die Aufsichtsratsmitglieder der großen Unternehmungen gehörten übrigens meist zu denjenigen Leuten, welche die Flotten- und Kolonialpolitik am lautesten unterstützen, weil diese Politik nicht zuletzt auch ihren Werken zugute komme ...."

Es wurden aber auch Bedenken laut:

(Seite 3948)
"Ein drittes Bedenken betreffe die Besteuerung in Mecklenburg. Dort hätten im Gegensatz zu Preußen die Gesellschaften den Gewinn einschließlich der gezahlten Tantieme usw. zu versteuern. Es trete also mit der beantragten Tantiemesteuer eine dreifache Versteuerung dieser Tantieme ein, einmal seitens der Gesellschaften als Reingewinn aus ihrem Betrieb, zum anderen seitens der Aufsichtsratsmitglieder als ihr Einkommen und zum dritten durch die Tantiemesteuer des Reiches. Nun betrage die Einkommensteuer einschließlich des Kommunalzuschlages in Mecklenburg ungefähr 6,5 Prozent. Die Tantiemen würden also als Einkommen der Aktiengesellschaften mit 6,5 Prozent, als Einkommen der Aufsichtsratsmitglieder mit weiteren 6,5 Prozent und durch die Reichstantiemesteuer nochmals mit 10 Prozent (*Anm.: Der nachher beschlossene Satz lag bei 8 Prozent*), zusammen also mit 23 Prozent, besteuert. Das sei doch keine Steuer mehr, sondern käme schon einer Konfiskation nahe."

Durch das Gesetz über Änderungen im Finanzwesen vom 8. April 1922, Anlage 4, Kapitalverkehrssteuergesetz (Reichsgesetzblatt I Jahrgang 1922 S. 354 ff.), wurden die Vorschriften des Reichsstempelgesetzes über die Besteuerung der Aufsichtsratsvergütung außer Kraft gesetzt und durch die §§ 63 - 67 Kapitalverkehrssteuergesetz ersetzt. Nach § 63 unterlag "die Gewährung von Vergütungen durch Kapitalgesellschaften an die zur Überwachung ihrer Geschäftsführung verfassungsmäßig bestellten Personen" einer Aufsichtsratssteuer. Steuerschuldner waren nach § 66 "die Personen, denen die Ansprüche auf Vergütung zustehen. Für ihre Rechnung ist die Steuer von der Gesellschaft zu entrichten." Die Steuer wurde nach § 67 auf 20 Prozent der Vergütung festgesetzt.

Geändert wurde das System durch das Körperschaftssteuergesetz 1925. Die Vorschriften des Kapitalverkehrssteuergesetzes über die Aufsichtsratssteuer entfielen. Statt dessen wurden die Vergütungen an die zu Überwachung ihrer Geschäftsführung verfassungsmäßig bestellten Personen als nicht abzugsfähig erklärt. Im Jahre 1934 (Reichssteuerblatt 1935 S. 81 ff. (85)) wurde dann § 17 Nr. 4 KStG 1925 als § 12 Nr. 3 in das Körperschaftssteuergesetz 1934 übernommen und der Anwendungsbereich der Vorschrift auf alle körperschaftssteuerpflichtigen juristischen Personen erweitert.

Die Körperschaftssteuerreform 1977, die mit der Doppelbesteuerung der Gewinne aufräumte, hatte auch zum Ziel, die Doppelbesteuerung der Aufsichtsratsvergütungen zu beenden (vgl. Jünger in DB 76/1122 ff.). Dies blieb aber buchstäblich auf halber Strecke stecken und zwar mit der ausdrücklichen Begründung, daß die Beibehaltung des mindestens hälftigen Abzugsverbotes dazu beitrage, die Höhe der Aufsichtsratsvergütung in angemessener Weise zu begrenzen (Jurkat in Wirtschaftsprüfung 76/517 ff. (518)).

Schon zuvor war dies eine Argumentation der Rechtsprechung, die sich mit der Verfassungsmäßigkeit des (damals noch vollständigen) Abzugsverbots befaßt hatte:

In der Grundsatzentscheidung zu dieser Frage aus dem Jahre 1968 führte der BFH aus, daß das Abzugsverbot auch darauf beruhe

"daß nach Erfahrungen der Vergangenheit die Gefahr überhöhter Aufwendungen der Gesellschaft für den Aufsichtsrat besteht (BFH in Bundessteuerblatt 1968 II/S. 392 ff. (394))."

Das wenig später angerufene Bundesverfassungsgericht bejahte im Jahre 1972 die Verfassungsmäßigkeit des Abzugsverbotes u. a. mit der Zusatzerwägung, daß der Gesetzgeber

"nur eine angemessene Vergütung für die Aufsichtsräte zulassen und aus wirtschafts- und gesellschaftspolitischen Gründen überhöhte Aufsichtsratsvergütungen im Interesse der Aktionäre der Gläubiger und der Allgemeinheit vermeiden (wolle)" (Bundesverfassungsgericht E 34/103 ff. (118)).

und sich das Abzugsverbot in diese Zielsetzung einfüge. Es lasse sich nicht ausschließen, daß leichter "unangemessene Vergütungen gewährt werden, wenn sie nicht aus dem Gewinn zu entnehmen sind" (Bundesverfassungsgericht E 34/103 ff. (118)).

d) Bei beschränkt steuerpflichtigen Aufsichtsratsmitgliedern, also solchen, die im Inland weder ihren Wohnsitz noch ihren gewöhnlichen Aufenthalt haben (§§ 8 und 9 AO), wird nach § 50a EStG ein Einbehalt von 30 Prozent vorgenommen. Die Schuldnerin der Vergütung, also die Gesellschaft, muß die 30 Prozent bei der Zahlung einbehalten und an das Finanzamt abführen. Die Bezeichnung "Aufsichtsratsteuer" ist insoweit mißverständlich, als § 50a EStG keinen Steuertatbestand schafft, sondern einen solchen voraussetzt; der Steuertatbestand für das beschränkt steuerpflichtige Aufsichtsratsmitglied ist dabei § 49a Abs. 1 Ziffer 3 i. V. mit § 18 Abs. 1 Ziffer 3 EStG. Der 30-prozentige Abzug erfolgt aus Gründen der Verwaltungsvereinfachung, da eine Veranlagung eines beschränkt Steuerpflichtigen naturgemäß verwaltungsaufwendig wäre (Hermann/Heuer/Raupach EStG § 50a RZ 3). Mit den einbehaltenen 30 Prozent ist die Einkommensteuer für den beschränkt Steuerpflichtigen nach § 50 Abs. 5 EStG abgegolten. Die DBAs haben im allgemeinen auf das Verfahren und die Höhe des Quellensteuersatzes keinen Einfluß (Einzelheiten bei Herrmann/ Heuer/Raupach § 50a Einkommensteuergesetz RZ 15 und 149 ff.).

Dem Abzug nach § 50a EStG unterliegt nur die Vergütung der Aufsichtsratsmitglieder, die im Zusammenhang mit der "Über-wachung der Geschäftsführung" steht. Eine Vergütung, die rechtens für einen Geschäftsbesorgungsvertrag nach § 114 AktG oder als Ersatz für entstandene Auslagen des Aufsichtsrates (soweit dieser Aufwand von der Körperschaft gesondert erstattet wird) gezahlt wird, unterliegt nicht dem Abzug (Körperschaftssteuerrichtlinien Abschnitt 45). Insoweit entsteht eine Parallelsituation zu der Rechtslage bei der (hälftigen) Versagung des Abzuges nach § 10 Abs. 4 KStG (Schmidt, Einkommensteuergesetz 13. Aufl. 1994 § 50a RZ 2).

II. Steuerliche Behandlung der Aufsichtsratsvergütung beim Empfänger (§ 18 EStG)

Die Vergütung des Aufsichtsrates ist "Einkünfte aus selbständiger Arbeit" i. S. des § 18 Abs. 1 Ziffer 3 EStG. Dies gilt aber wiederum nur für die Vergütung für die eigentliche Aufsichtsratstätigkeit, wobei die Abgrenzung wiederum wie bei § 10 Abs. 4 KStG verläuft. Übernimmt ein Aufsichtsratsmitglied, das Bauunternehmer ist (vgl. Beispiel BFH in Bundessteuerblatt 1966/III/688 ff. (689 und 690)) - dieser Vertrag unterfällt aber nicht § 114 AktG, weil er keine höheren Dienste zum Gegenstand hat - für die Gesellschaft einen Bauauftrag, so ist die Vergütung im Zweifelsfall "Einkünfte aus Gewerbebetrieb" i. S. des § 15 EStG; wird ein Aufsichtsratsmitglied als Rechtsanwalt tätig, ist das Honorar Einkünfte aus § 18 Abs. 1 Ziffer 1 EStG.

Auch die Aufsichtsratsvergütung für Arbeitnehmervertreter ist "Einkünfte aus selbständiger Tätigkeit" und die Abgaben für betriebliche oder gewerkschaftliche Einrichtungen sind Betriebsausgaben (BFH in Bundessteuerblatt 81/II/29 ff. (nach einer langen, entgegengesetzten Rechtsprechung vgl. Herrmann/Heuer/Raupach § 18 Einkommensteuergesetz Anm. 137)).

III. Umsatzsteuerliche Behandlung der Aufsichtsratsvergütung

Das Aufsichtsratsmitglied ist durch seine selbständige berufliche Tätigkeit Unternehmer i. S. des § 2 UStG und zwar unbeschadet ob als Anteilseigner oder als Arbeitnehmervertreter (BFH in Bundessteuerblatt 72/II/810 und in II/87/42; Hoffmann aa0 RZ 454). Damit unterliegen seine Umsätze aus Leistungen nach § 1 UStG der Umsatzsteuer.

Eine Befreiung von der Umsatzsteuer tritt aber für den sogenannten "Kleinunternehmer" nach § 19 UStG ein, also für denjenigen, der (kumulativ) im abgelaufenen Jahr TDM 25 oder weniger umgesetzt hat und dessen Umsatz im laufenden Kalenderjahr TDM 100 voraussichtlich nicht übersteigen wird. Daraus ergibt sich bei vielen Aufsichtsratsmitgliedern mit wenigen Mandaten oder gar nur einem Mandat Umsatzsteuerfreiheit (Raab aa0 S. 291).

Der sogenannte Kleinunternehmer kann nach § 19 Abs. 2 UStG für die Umsatzsteuerpflicht optieren. Dies mag in Einzelfällen auch für ein Aufsichtsratsmitglied zweckmäßig sein (Hoffmann aa0 RZ 458 und 459).

Das Aufsichtsratsmitglied kann auch ohne besondere Regelung die Erstattung der von ihm geschuldeten Umsatzsteuer verlangen (umstritten, vgl. Mertens in KK § 113 RZ 45; wie hier Hoffmann-Becking in Handbuch des Gesellschaftsrechts Band 4, Aktiengesellschaft § 33 Anm. 23 und FN 26 mit weiteren Nachweisen), die wiederum bei der Gesellschaft - je nachdem - zur Hälfte oder voll abzugsfähig ist (vgl. Abschnitt 45 der Körperschaftsteuerrichtlinien Abs. 2).

Literatur

Wolfgang Bernhardt "Sondervergütung an Aufsichtsratsmitglieder" in BB 67/863 ff.

Robert Fischer "Sondervergütungen an Aufsichtsratsmitglieder" in BB 67/859

Hoffmann "Der Aufsichtsrat" 3. Auflage; Hoffmann-Kirchhoff, Anm. zu BGH vom 25. 3. 91 in Wirtschaftsprüfung 91/592 ff.

Otto Lau "Aufsichtsratsvergütungen im Körperschaftssteuerrecht" in BB 64/1207 ff.

Karl-Heinz Lehmann "Zulässigkeit von Satzungsbestimmungen über die Gewährung von Sondervergütungen an Aufsichtsratsmitglieder" in DB 66/1757 ff.

Lutter-Kremer "Anmerkung zur Entscheidung des BGH vom 25. 3. 1991“ (BGHZ 114/127 ff.) in ZGR 92/87 ff.

Hans-Joachim Mertens in "Festschrift Steindorf" S. 173 ff.

Lüder Meyer-Arndt "Ist § 12 N° 3 KStG rechtsgültig, wonach Zahlungen an Aufsichtsratsmitglieder bei der Ermittlung des steuerpflichtigen Einkommens nicht abgezogen werden dürfen?" in DB 66 S. 994 ff.

Benno Natzel "Die Vergütung der Aufsichtsratsmitglieder" in DB 65, S. 1388 ff. und S. 1429 ff.

Peltzer "Schlecht bezahlter Aufsichtsrat" in Börsen-Zeitung vom 31. 5. 1995

Elke Raab "Besteuerung ausländischer Aufsichtsratsmitglieder" in RiW 86 S. 290 ff.

Reuter "Aufsichtsratsvergütung und Körperschaftssteuer" in GmbH Rundschau 64/84

Risse "Aufsichtsratsvergütungen bei der Körperschaftssteuer“ in BB 67/913 ff.

Gerd Rose "Aufsichtsratsvergütung und Körperschaftsteuer" in GmbHRundschau 64/31 ff.

Wilhelm Schlaus "Verträge mit Aufsichtsratsmitglieder gem. § 114 AktG" in Aktiengesellschaft 68/376 ff.

Hans Theodor Schubert "Zur Behandlung der Aufsichtsratsvergütung im Jahresabschluß der AG" in Wirtschaftsprüfung 71/106 ff.

Semler "Anmerkung zum BFGH vom 25. 3. 1991" in EWiR § 114 AktG I/91 S. 525

Manuel R. Theisen "Anmerkung zum BGH vom 25. 3. 1991" in DB 91/1215 ff.

Wolf "Anmerkung zum BGH vom 25. 3. 1991" in AG 91/315 ff.

HARALD RINKE / WERNER AVERKAMP

Externes Controlling in kleineren Unternehmen des Mittelstandes

A. Controlling als Führungsinstrument

In fast allen Großunternehmen ist das Führungsinstrument Controlling seit Jahren installiert.

Viele Mißverständnisse, die im Zusammenhang mit dem Controllingbegriff im Mittelstand auftauchen, sind dafür verantwortlich, daß Controlling und damit auch der Controller in diesen Unternehmen vielfach mit Skepsis beäugt werden. Zudem neigt man aufgrund der Uneinheitlichkeit der Definitionen dazu, etwas als Controlling zu verkaufen, was eigentlich kein solches ist. Auch versucht man, den Begriff Controlling für unpopuläre Einsparmaßnahmen zu mißbrauchen. Hieraus resultiert, daß die Rolle des Controllers als Kontrolleur oder „Sparkommissar" häufig fehlinterpretiert wird. Es erwachen Widerstände, die einer optimalen Controllingqualität im Wege stehen.

Sagt doch ein bergischer Fabrikant:

> **„Controller - dummes Zeug, Controller bin ich selbst. Ich sehe jede Eingangsrechnung, und ich pass` schon auf, daß nicht zuviel ausgegeben wird."**

Das Wort „Controlling" stammt aus dem Angelsächsischen und leitet sich von dem Verb „to control" ab. Darunter ist das Regeln, Beherrschen oder Steuern von Vorgängen zu verstehen. Controlling ist folglich ein Instrument zur erfolgsorientierten Steuerung des Unternehmens und unterstützt die Unternehmensleitung bei ihren Führungsaufgaben.
Eine konsequente Steuerung des Unternehmens beginnt mit einer Planung und setzt sich fort in einer laufenden Kontrolle; aus dieser Konstellation läßt sich der Aufgabenbereich von Controlling ableiten. Controlling kann demnach als Koordination der Führungsfunktionen Planung, Steuerung und Kontrolle betrachtet werden und ist somit als „funktionsübergreifendes Führungsinstrument" (Vollmuth, 1989, S. 11) zu bezeichnen.

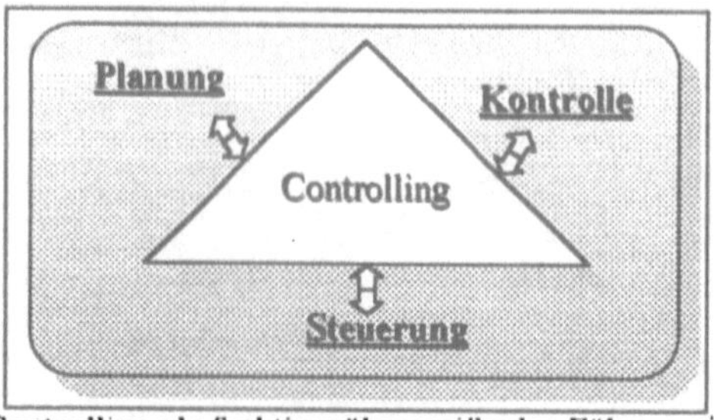

Abb. 1: Controlling als funktionsübergreifendes Führungsinstrument

Das Ziel von Controlling ist danach die zeitnahe, ziel- und ergebnisorientierte Aufbereitung von Informationen, die der Unternehmensführung zur Verfügung gestellt werden, um ziel- und ergebnisorientierte Entscheidungen zu ermöglichen.

Häufig wird Controlling auf EDV-gestützte Instrumente reduziert. Hierzu ist anzumerken, daß EDV-gestützte Ertrags-, Bilanz-, und Liquiditätsrechnungen etc. mit aussagefähigem Berichtswesen zum Handwerkszeug eines Controllers gehören. Controlling ist allerdings erst dann in einem Unternehmen verwirklicht, wenn

1. die Planungs-, Steuerungs- und Kontrollprozesse als Regelkreis ineinandergreifen und aufeinander abgestimmt sind und

2. Controlling als Führungsinstrument verstanden wird und sich als solches in eine daraufhin ausgerichtete Unternehmens- und Führungskultur eingliedert.

Werden diese Steuerungs- und Koordinationsprozesse nicht durch die Führungskräfte initiiert und getragen, dann kann das Controlling-System nicht funktionieren. Gleichzeitig ist die Bereitschaft und Fähigkeit des Managements gefordert, sich auf systematische, zielorientierte und i.d.R. auf Zahlen basierende Entscheidungsvorbereitungen einzulassen.

B. Ein Instrument auch für den Mittelstand?

Als wichtigste Gründe für die Entstehung und schnelle Verbreitung von Controlling in größeren Unternehmen sind neben der wachsenden Dynamik des unternehmerischen Umfeldes vor allem die innere Komplexität und die damit verbundene Gefahr der Unübersichtlichkeit sowie erheblicher Koordinierungsbedarf innerhalb der Führung zu nennen.

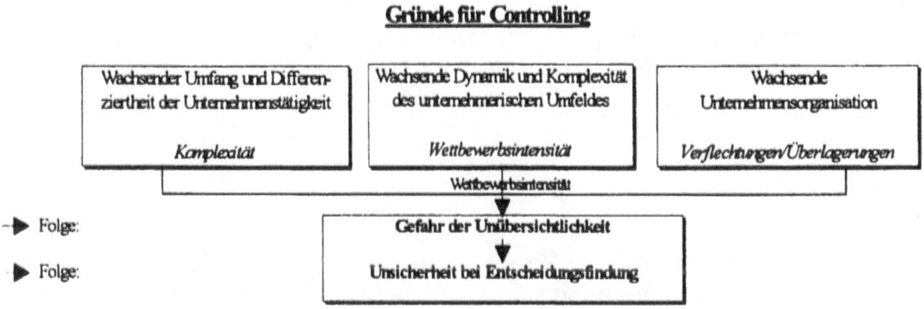

Abb. 2: Gründe für Controlling bei Großunternehmen

Diese Begründung ist für Großunternehmen zu akzeptieren. Es stellt sich die Frage, inwieweit die Bedingungen in Großunternehmen mit denen des Mittelstandes vergleichbar sind.
Bei dieser Frage muß zunächst berücksichtigt werden, daß der Mittelstand durch spezifische Merkmale geprägt ist. Dazu gehören u.a.:

- eine individuelle, stark vom Inhaberunternehmer geprägte Führung
- eine Entscheidungsfindung, die weniger auf systematischer Informationsverarbeitung und zielorientierten Kennzahlen basiert als vielmehr auf Erfahrung und Intuition sowie auf dem Glauben, alle wesentlichen Daten zu kennen
- ein überschaubarer Markt und daraus resultierende spezifische Kenntnisse über Kunden und Wettbewerber
- fehlende objektive Fremdbeurteilungen des eigenen Unternehmens, z.B. über Börsenkurse oder öffentlich zugängliche Jahresabschlußanalysen.

Diesen Problembereich und die vorher aufgezeigten Besonderheiten des Mittelstands gilt es, bei der Frage der Anwendbarkeit von Controlling im Mittelstand zu berücksichtigen.
Überprüft man, inwieweit die allgemeinen Aussagen über Controlling auch auf den Mittelstand zutreffen, so gilt folgendes:

1. Die Komplexität der Unternehmenstätigkeit hat sich auch im Mittelstand nicht verringert, sondern in den meisten Fällen erhöht.
2. Die Dynamik des Marktgeschehens -gerade in den Branchen der typischen mittelständischen Unternehmen- hat sehr stark zugenommen, und die verfügbaren Reaktionszeiten zur Anpassung haben sich entsprechend verringert.
3. In mittelständischen Unternehmen ist die Organisationsstruktur nach wie vor überschaubar.

Als Beispiele gelten der Maschinenbau, der zunehmend vom Dollarkurs bedrängt wird und die Textilindustrie, die von immer schnellerem Modewandel und Veränderungen in den weltweiten Produktionsstandorten abhängt. Auch andere Branchen, wie Automobil und Dienstleistung (Stichwort: Multimedia, Datenautobahn) werden immer drastischeren Veränderungen unterworfen. Hiervon ist der Mittelstand meist direkt oder indirekt als Zulieferer betroffen.

Fazit:
Der Bedarf von Controlling im Mittelstand unterscheidet sich zwar von dem größerer Unternehmen, allerdings dürfte die Notwendigkeit von Controlling primär durch die Dynamik des unternehmerischen Umfeldes gegeben sein.

I. Nutzen

Erfahrungsgemäß werden in vielen mittelständischen Unternehmen Entscheidungen „nach Gefühl" oder aufgrund situativer Sachzwänge getroffen. Mit den Instrumenten Kostenrechnung, Gewinn- und Verlustrechnung und Bilanz werden die Ergebnisse des Betriebsprozesses ermittelt. Diese Instrumente zeigen das Ergebnis allerdings erst, nachdem es eingetroffen ist. Sie sind häufig nicht geeignet, die Verlustursachen zu lokalisieren. Bedingt durch die sehr späte Reaktion auf **Marktveränderungen** sind viele mittelständische Unternehmen in die Verlustzone bzw. einige sogar in Existenzschwierigkeiten geraten, obwohl dies -nach Erfahrung der Verfasser- bei Existenz eines effizienten Controlling und durch entschlossenes Handeln vielfach vermeidbar gewesen wäre.

> **Eine Szene folgender Art dürfte hoffentlich der Vergangenheit angehören:**
> **Mitte September, Besprechung der Bilanz zum 31.12. des Vorjahres (Ende des Monats müssen die Steuererklärungen `raus).**
> **Fragt der Fabrikant in breitem bergischen Platt:**
> **„Wat hab` ich eigentlich letztes Jahr verdient? Ja, wenn dat so viel iss, dann kann ich ja `n paar neue Maschinen kaufen!"**

Der zentrale **Nutzen** von Controlling besteht

1. in der Schaffung von möglichst objektiver Transparenz über
   - die aktuelle Unternehmenssituation
   - Ursachen für positive und negative Entwicklungen
   - erforderliche Gegensteuerungsmaßnahmen mit ihren Auswirkungen
   - zukünftige Anpassungserfordernisse (Frühwarnsystem)

2. im Aufbau eines planungs- und kontrollorientierten Führungsinstrumentariums als „zweite Säule" (Henning, 1992, S. 1558) neben den typischen mittelständischen Führungsqualitäten.

Und als Zusatznutzen:

- Leistungs- und Motivationsverbesserung durch meßbare Zielvereinbarungen (Management by objektives)
- Entlastung der Führungskräfte bei der Informationsbeschaffung und -bewertung
- Verbesserung der Entscheidungsqualität durch methodische Entscheidungsvorbereitung
- Versachlichung von Entscheidungen bei unterschiedlichen Auffassungen
- verbesserte Informationsversorgung von Beirat und Gesellschafterversammlung insbesondere bei Fremdgeschäftsführung

- Schaffung einer Voraussetzung für eine geordnete Führungsnachfolge. Zu bedenken ist hier, daß dem Nachfolger Erfahrungswerte und Intuition niemals methodisch übergeben werden können.

II. Grenzen

Controlling bedingt als planungs- und kontrollorientiertes Führungsinstrument einen bestimmten und konsequenten Umgang mit Zieldefinition/-setzung, Informationsaufbereitung, Verantwortung und last not least Vertrauen in die Funktionsfähigkeit von Controlling.
Die Funktionsfähigkeit von Controlling im Mittelstand ist abhängig von der jeweiligen Führungsstruktur und Führungskultur. Ein extrem patriarchalischer Führungsstil im Unternehmen kann den Einsatz von Controlling als zukunftsorientiertes Führungsinstrument erschweren, wenn nicht gar verhindern.

Darüber hinaus können Grenzen beim Einsatz von Controlling darin bestehen, daß
- der Aufbau eines effizienten Planungs-, Informations- und Kontrollsystems aufgrund eines fehlenden Planungsverständnisses mittelständischer Führungskräfte nicht möglich ist
- der Controllingbedarf häufig erst in der Krise und damit zu spät entdeckt wird
- ein vorhandenes Instrumentarium auf verschiedenen Ebenen nicht genutzt wird, weil man von seiner Wirksamkeit nicht überzeugt ist.

Wenn allerdings die Einsicht besteht, daß Controlling eine sinnvolle Unterstützung für die Problemlage im eigenen Unternehmen sein kann, wird in vielen Fällen auf die Erstellung einer individuellen Controlling-Konzeption verzichtet, was erneut Schwierigkeiten verursachen kann:

- die Einführung von EDV-gestützten Controlling-Instrumenten ist -je nach Ausgangssituation- unverhältnismäßig kostenintensiv
- bestehende Basisdaten besitzen oft nicht die gewünschte Struktur bzw. Detaillierung oder können nur mit einem -im Vergleich zum Nutzen- sehr hohen Aufwand zur Verfügung gestellt werden
- ein qualifizierter Controller ist schwer zu finden, da ihm die Aufgaben im Mittelstand nicht interessant genug erscheinen, seine Gehaltsvorstellungen für ein mittelständisches Unternehmen nicht erfüllbar sind, oder weil die Einbindung in die bestehende Organisationsstruktur scheitert
- viele Controller haben Erfahrungen in der laufenden Controlling-Arbeit, doch nur wenige haben Erfahrungen bei der Einführung von Controlling, zumal in einer ihnen fremden Branche oder in der Größenordnung mittelständischer Unternehmen.

Diese Schwierigkeiten sind durch die Entwicklung einer individuellen Controlling-Konzeption -mit externer Hilfe- vermeidbar. Das Problem der hohen Kosten, die durch den Einsatz eines eigenen qualifizierten Controllers entstehen, bleiben aber bestehen, so daß dieser Weg für einige Unternehmen finanziell nicht tragbar ist.

Die Überzeugung, sich ein eigenes Controlling nicht leisten zu können, ist im kleineren Mittelstand häufig vorzufinden. Jedoch ist ein ausreichend qualifizierter Mitarbeiter nicht daran interessiert, in einem Unternehmen zu arbeiten, in dem der Anteil anspruchsvoller Controllertätigkeit, gemessen am Anteil der Sachbearbeitertätigkeit, relativ gering ist.

Lösungsmöglichkeit

Einen Ausweg aus diesem Dilemma bietet das externe Controlling. Hierunter ist zu verstehen, daß nach einer gemeinsamen Entwicklung eines individuellen Controlling-Konzeptes dem Unternehmen ein erfahrener Berater als kompetenter Controller zur Verfügung steht. Dieser wird auf Basis der tatsächlich geleisteten, abrufbaren Arbeit honoriert.

C. Externes Controlling

Die Vorteile, die ein externes Controlling unter den Rahmenbedingungen des kleineren Mittelstandes bietet, sollen anhand der nun folgenden Aspekte aufgezeigt werden.

Controllinggerechte Führungskultur/-struktur

Bei der im Mittelstand üblicherweise vorzufindenden Führungskultur ist es für interne Mitarbeiter i.d.R. sehr schwer, die Funktion „Controlling“ wirksam zu etablieren. Sobald die Controllerfunktion nicht innerhalb der Führungsebene angesiedelt wird, muß mit Akzeptanzproblemen seitens der Mitarbeiter und der Führungsebene gerechnet werden. Für einen externen Controller hingegen ist es einfacher, auf die Führungspersönlichkeit(en) einzuwirken und entsprechende Anstöße zur Entwicklung einer controllinggerechten Führungskultur zu leisten, denn er wird als kompetenter Partner bzw. Berater, nicht jedoch als Vorgesetzter, Untergebener oder gar Konkurrent wahrgenommen.
Die Sensibilisierung der Führungsebene für eine controllingorientierte Führungskultur ist von entscheidender Bedeutung für die Qualität des Controlling-Systems. Letztendlich ist es erst die Einstellung der Betroffenen, die ein Controlling-System erfolgreich funktionieren läßt. Controlling muß im Unternehmen gelebt und von der Führungsspitze auch vorgelebt werden, und zwar ständig und konsequent. Einsame Entscheidungen „am Controlling vorbei“ sind Gift für sein Funktionieren. Dies berührt in mittelständischen Unternehmen auch so sensible Fragen wie die Entnahme von Liquidität für private Zwecke.

Fachkompetenz

Der Aufbau eines Controlling-Systems kann aber nicht nur aufgrund mangelnder Akzeptanz, sondern auch aufgrund mangelnder Erfahrung scheitern.
Die mangelnde Erfahrung bezieht sich zum einen auf fachspezifische Kenntnisse der laufenden Controllingtätigkeiten. Die Existenz eines fundierten Fachwissens im Bereich Controlling kann in einer Unternehmung des Mittelstands zunächst nicht vorausgesetzt werden, so daß zur Erlangung dieses Wissens bereits ein zeitlicher Vorlauf einkalkuliert werden muß. Dies beinhaltet zudem eine längerfristige Bindung von Personal.

Die mangelnde Erfahrung bezieht sich zum anderen auf die Konzeptions- und Einführungsphase von Controlling, in der eine Vielzahl von Überlegungen und Entscheidungen zu treffen ist, die langfristige Auswirkungen auf die Qualität eines Controlling-Systems beinhalten. Als Beispiel sei hier der Hardware- und Software-Bereich genannt.
Externes Controlling bietet im Rahmen der zuvor aufgezeigten Probleme eine Möglichkeit, diese auszuschalten bzw. zu minimieren. Vorteile ergeben sich für ein mittelständisches Unternehmen konkret dadurch, daß der Unternehmer:

1. auf das fundiertes Fachwissen eines externen Controllers zurückzugreifen kann
2. die langjährigen Erfahrungen anderer -z.B. bei der Einführungs- und Konzeptionsphase- für sich selber nutzen kann
3. keine Vorlaufzeiten für den Einstieg zum Controlling berücksichtigen muß
4. interne Personalressourcen nicht durch längerfristige Bindung entbehren bzw.
5. seinen Fixkostenblock nicht erhöhen muß.

Der entscheidende Vorteil ist, daß die Zeit für den Aufbau eines funktionsfähigen Controlling-Systems im Rahmen eines externen Controlling erfahrungsgemäß wesentlich kürzer ist als bei einer internen Implementierung.

Auslastung

Bei der Controllertätigkeit im Bereich des kleineren Mittelstands ist eine weitere Besonderheit zu berücksichtigen. Zur Frage der Auslastung eines professionellen Controllers ist davon auszugehen, daß das Aufgabengebiet in einem mittelständischen Unternehmen nicht umfassend genug ist, um eine volle Auslastung zu gewährleisten. Somit ergibt sich das Problem, daß die Schaffung einer zusätzlichen Stelle mit einem dadurch bedingten Ressourcenüberschuß einhergeht, der insoweit unnötige Kosten verursacht.

Bei Übertragung der Funktion ohne Schaffung einer weiteren Stelle hingegen besteht die Gefahr, daß die Professionalität nicht befriedigend ist und die vom Controller nebenher zu erledigenden Aufgaben des Tagesgeschäfts sich negativ auf die Controllingqualität auswirken, da nicht genügend Freiräume für die eigentliche Controllertätigkeit verfügbar sind.

Auch hier liegt eine Stärke des externen Controlling, das es gerade für den Mittelstand zu einer realistischen und sehr interessanten Alternative gegenüber der internen Durchführung macht. Die Leistungen eines externen Controlling sind abrufbar, d.h. diese Leistung kann man bei Bedarf in Anspruch nehmen. Es wird kein überschüssiger Kostenblock geschaffen. Die unternehmensinternen Ressourcen bleiben für das Tagesgeschäft einsetzbar.

Objektivität

Hier ist nochmals auf die objektive Fremdbeurteilung hinzuweisen, die dem mittelständischen Unternehmen i.d.R. fehlt, und die oft erst in Krisenzeiten (z.B. durch die Hausbank) vorgenommen wird.
Bei der Abwägung von Vor- und Nachteilen zwischen internem und externem Controlling ist auch dem Aspekt der Verbundenheit und Eingebundenheit eines

internen Controllers in die Unternehmensstruktur Rechnung zu tragen. Zum einen bietet die enge Anbindung eines internen Mitarbeiters in Bezug auf das Unternehmensgeschehen Vorteile aufgrund einer genauen Kenntnis der Zusammenhänge. Zum anderen besteht in diesen Fällen aber auch eine gewisse Betriebsblindheit, da persönliche Erfahrungswerte innerhalb des Unternehmens einer objektiven Beurteilung -z.B. im Rahmen der Abweichungsanalyse- entgegenstehen können.
Neben einer situativen Fehleinschätzung ist auch ein Fehlverhalten aufgrund der bestehenden Machtverhältnisse innerhalb eines Unternehmens zu berücksichtigen. So verhält sich ein interner Controller häufig aufgrund vergangener Machtkämpfe personenspezifisch, d.h. er kann nicht jedem Mitarbeiter mit der gleichen Objektivität entgegentreten.
Für ein objektives Ergebnis ist an dieser Stelle der externe Controller -als außenstehender Betrachter mit entsprechender Erfahrung- zuträglicher als ein Controller, der vor seiner Controllertätigkeit stark in die Unternehmensstruktur eingebunden war.

Kosten
Wesentlicher Aspekt bei der Grundsatzentscheidung externes / internes Controlling sind die Kosten.
Kosten, die ein unternehmensinternes Controlling-System mit sich bringt, sind im wesentlichen:

- Sachkosten der Informationsbeschaffung und -verarbeitung (u.a. Anschaffung oder Erweiterung der eigenen EDV)
- Kosten durch die Umstellung, die die Eingliederung des Controlling in die betrieblichen Abläufe bedingt
- Personalkosten durch die Einstellung neuer oder die Weiterbildung vorhandener Mitarbeiter.

Der Vorteil eines externen Controlling liegt in der Möglichkeit, das gesamte Instrumentarium zu nutzen, ohne einen neuen Kostenblock zu schaffen. Leistungen erhält man nach Bedarf und zu einem festgelegten Preis. Die Kosten sind kalkulierbar. Folgekosten können ausgeschlossen werden.

Grenzen
Im Einzelfall kann das externe Controlling auch Grenzen haben. Insbesondere ist zu bedenken, daß der externe Controller nicht ständig zur Verfügung stehen kann, wenn sich die Kosten in Grenzen halten sollen. Daher ist eine standardisierte Vorgehensweise für den Regelfall unumgänglich. Erfahrungsgemäß steht ein externer Controller für wichtige Gespräche jedoch innerhalb von 1-2 Tagen zur Verfügung.

D. Einführung des Systems

Soll das Instrument Controlling in einem mittelständischen Unternehmen erstmalig installiert werden, so ist ein Projektteam zu bilden, dem mindestens vier Personen angehören. Auf der Seite der Externen sind es zwei erfahrene Berater, einer mit Schwerpunkt Installation, einer mit Schwerpunkt laufende Controlling-

Durchführung. Dadurch ist bei Ausfall eines Beraters, z.B. durch Krankheit, die Kontinuität gewährleistet.

Auf der Seite des Unternehmens sind mindestens eine Person aus der Geschäftsleitung und ein weiterer Mitarbeiter als interner Ansprechpartner und für die Beschaffung von Detailinformationen und weitere Zuarbeiten einzuplanen.

Entwicklung einer Controlling-Konzeption

Gemeinsam mit den Führungskräften eines Unternehmens gilt es vorab, den jeweiligen Informations- und Entscheidungsbedarf im Unternehmen für die einzelnen Funktionsbereiche sowie für die Unternehmensführung festzulegen.
Das Ergebnis ist eine Grobskizzierung des individuellen Controlling-Konzeptes, in dem

- die Zielsetzungen, die durch Controlling erreicht werden sollen
- die Form, der Inhalt, der Verteiler und der zeitliche Rhythmus von Managementberichten
- die Auswahl von einzusetzenden EDV-gestützten Controlling-Instrumenten
- die organisatorischen Voraussetzungen
- ein Konzept zur Informationserfassung und -verarbeitung
- ein Anforderungskatalog zur Softwareänderung / -auswahl
- ein Projektplan mit Terminabläufen und Verantwortlichkeiten für die Einführung

festgelegt werden.

Wenn es ressourcentechnisch machbar ist, wird in dieser Phase ein Mitarbeiter aus dem Unternehmen bestimmt, der zum einen für die Durchführung gewisser Vorbereitungsarbeiten verantwortlich ist. Zum anderen soll dieser Mitarbeiter auch zukünftig als Ansprechpartner für den externen Controlling-Berater zur Klärung von Detailfragen zur Verfügung stehen.

Zielsetzung / Planung

Im einzelnen leitet sich die benötigte Controlling-Konzeption aus den individuellen Unternehmenszielen (Strategie) ab. Wesentlich hierfür ist eine gemeinsame Definition der Zielsetzung, um sich Klarheit über seine lang-, mittel- und kurzfristigen Ziele zu verschaffen.

Eine konkrete Ableitung der strategischen Planung ist z.B. eine Erfolgsplanung auf Basis von Produktgruppen, die wie folgt aussehen könnte:

Produktgruppe 1	Produkt A TDM	%	Produkt B TDM	%	Gesamt TDM	%
Umsatz	4.000		6.000		10.000	100%
					3.000	30%
					3.500	35%
					1.200	12%
					2.300	23%
					1.800	18%
					500	5%

Produktgruppe 2	Produkt C TDM	%	Produkt D TDM	%	Gesamt TDM	%
Umsatz	6.000		9.000		15.000	100%
					4.500	30%
					5.250	35%
					1.500	10%
					3.750	25%
					2.300	15%
					1.450	10%

esamtplanung 1996	Produktgruppe 1 TDM	%	Produktgruppe 2 TDM	%	Gesamt TDM	%
msatz	10.000	100%	15.000	100%	25.000	100%
ıriable Kosten						
Fertigungsmaterial	3.000	30%	4.500	30%	7.500	30%
Fertigungslohn	3.500	35%	5.250	35%	8.750	35%
...	1.200	12%	1.500	10%	1.500	6%
eckungsbeitrag 1	**2.300**	**23%**	**3.750**	**25%**	**6.050**	**24%**
·oduktfixe Kosten	1.800	18%	2.300	15%	**4.100**	16%
eckungsbeitrag 2	**500**	**5%**	**1.450**	**10%**	**1.950**	**8%**
ıternehmensfixe Kosten					**1.500**	**6%**
eckungsbeitrag 3 etriebsergebnis					**450**	**2%**
neutrale Erträge					120	0%
neutrale Aufwendungen					95	0%
eutrales Ergebnis					**25**	**0%**
nternehmensergebnis Betriebs. + neutr. Ergebnis)					**475**	**2%**

Abb. 3: Erfolgsplanung auf Basis von Produktgruppen

Im allgemeinen besteht die Planung mindestens aus einer Plan- Gewinn- und Verlustrechnung, die aufzeigt, wie die Erträge und Kosten sich im Verlauf des nächsten Jahres entwickeln sollen, um die angestrebten Ziele zu erreichen. Erträge werden durch Detaillierungen in Umsatz-, Absatz- und Produktionsplanungen vertieft; die Kosten werden demgegenüber aus Beschaffungsplanungen, Personalplanungen usw. abgeleitet. Investitions- und Finanzplanungen sollen Rentabilität und Finanzierungskraft steuern helfen. Je größer ein Unternehmen ist, um so mehr Teilpläne sind notwendig, um die Führungskräfte der Unternehmung mit einem auf ihren Verantwortungsbereich ausgerichteten Teilplan in das Gesamtsystem einzubinden. Am Ende des Planungsprozesses steht ein verbindliches operatives Ziel für jeden Entscheidungsträger. Damit verbunden ist die Festlegung der jedem zur Verfügung stehenden Mittel (Budgetierung).

Soll-Ist-Vergleich / Analyse

Der Soll-Ist-Vergleich beinhaltet eine Gegenüberstellung der geplanten Ergebnisse mit den real erreichten Ergebnissen. Hierdurch werden Abweichungen deutlich. Wenngleich Abweichungen den Normalfall darstellen, so ist dennoch entscheidend, daß der Zielkorridor eingehalten wird und rechtzeitig Gegensteuerungsmaßnahmen ergriffen werden.

Soll-Ist Vergleich	Produktgruppe 1								
	Monatlich				**Kumulativ**				
Monat März 1996	**Produkt A**								
	Plan	Ist	Abw.	%	Plan	Ist	Abw.	%	Jahresplan
	DM	DM	DM	%	DM	DM	DM	%	DM
Umsatz	280.000	253.000	-27.000	-10%	973.000	852.000	-121.000	-12%	4.000.000
variable Kosten									
Fertigungsmaterial	84.000	91.080	-7.080	-8%	291.900	322.652	-30.752	-11%	1.200.000
Fertigungslohn	98.000	103.730	-5.730	-6%	340.550	342.155	-1.605	0%	1.400.000
...	1.000	1.000	0	0%	3.000	3.000	0	0%	480.000
Deckungsbeitrag 1	97.000	57.190	-39.810	-41%	337.550	184.193	-153.357	-45%	920.000
produktfixe Kosten	50.400	48.600	1.800	4%	175.140	170.560	4.580	3%	720.000
Deckungsbeitrag 2	46.600	8.590	-41.610	-89%	162.410	13.633	-157.937	-97%	200.000

Abb. 4: Plan-/Ist-Vergleich

Die Abweichungsanalyse bezieht sich auf die Untersuchung der Ursachen von Abweichungen. Hier gilt es vor allem zu klären:

- Was ist anders als geplant?
- Wie groß ist die Abweichung (absolut/relativ)?
- Warum ist es anders als geplant?
- Welche Bedeutung hat die Abweichung für das Unternehmensziel?
- Wie ist dem entgegenzuwirken?

Abweichungen haben eine entscheidende Signalfunktion. Sie liefern in Anlehnung an die Planung Hinweise aus der Unternehmensumwelt für notwendige Lern- und Anpassungsprozesse, wie z.B. Anpassung der Technologie, Reduzierung von Kosten, Investitionen etc..

Die Ursachenforschung der Abweichungen liefert die Grundlage für Gegensteuerungsmaßnahmen. Hierbei gilt es, Maßnahmen sowohl auf der

- Ertragsseite (wenn Umsatz, Absatz oder Verkaufspreise durch Mengen-, Wert-, oder Strukturverschiebungen nicht mehr stimmen) als auch auf der
- Kostenseite (als Ansatz zur Beeinflussung von fixen und variablen Kosten)

zu berücksichtigen.

Eine wesentliche Voraussetzung für die Qualität eines Controlling- und damit zusammenhängend eines Berichtssystems ist die Entwicklung eines auf die individuellen Bedürfnisse des Unternehmens abgestimmten Kennzahlensystems (Vgl. Weber, 1991, S. 81ff).

Strategische Integration

Um zu einer abgerundeten Betrachtung der Unternehmensumwelt zu gelangen, sind diejenigen Chancen und Risiken rechtzeitig zu erkennen und zu beachten, die sich für das Unternehmen zukünftig ergeben könnten. Aus dieser Anforderung her-

aus entstand das strategische Controlling, dessen primäres Ziel die Sicherung der langfristigen Unternehmenserhaltung ist.
Die strategische Planung kann auf eine Vielzahl von Instrumenten zurückgreifen. Grundlagen für den Einsatz strategischer Instrumente sollten sein:

- individuelle Erfahrung
- vorhandenes Wissen
- Intuition und Kreativität
- Sensibilität gegenüber zukünftigen Entwicklungen.

Darauf aufbauend können im Einzelfall spezifische Instrumente wie z.B. Markt- und Wettbewerbsanalysen, Stärken-Schwächen-Analysen, Szenario-Techniken, Delphi-Methode u.ä. angewendet werden.
Die Interpretation der Ergebnisse, die sich nicht in rechenbaren Zahlen, sondern in Trends und Wahrscheinlichkeiten darstellen, ist die wichtigste Leistung der Unternehmensführung in Großunternehmen und auch im Mittelstand, denn diese Interpretation kann zu einer erfolgversprechenden Chance oder zu einer existenzbedrohenden Gefahr werden.
Die häufig anzutreffende Annahme, alles werde schon in etwa so bleiben, wie es ist, trifft sicherlich meistens zu. Ist diese Annahme jedoch einmal falsch, kann es unter Umständen für Kurskorrekturen zu spät sein, z.B. dann, wenn langfristige Investitionsentscheidungen zu treffen sind.

Controllinggespräche / Maßnahmenplan
Die Zwischenberichte, die die Informationen der Abweichungsanalyse beinhalten, werden -bei Bedarf- in Controlling-Gesprächen weiter analysiert und kommentiert. Der Teilnehmerkreis dieser Gespräche sollte sich aus dem externen Controller und der verantwortlichen Führungsmannschaft des Unternehmens zusammensetzen.

Neben der Kommentierung des Ergebnisses ist das Hauptziel dieser Gespräche (wenn notwendig), Maßnahmen zur Gegensteuerung zu erarbeiten sowie weitere Ertragspotentiale zu erschließen.

In diesem Gremium muß sich die ursprüngliche Controlling-Konzeption laufend auf Zweckmäßigkeit verifizieren: Die Managementberichte werden daraufhin überprüft, ob sie einerseits unbedingt gebraucht werden, oder ob sie andererseits ausreichend detailliert sind.
Durch diesen Prozeß bilden sich mit der Zeit einige wenige Schlüsselzahlen heraus, die den entsprechenden Funktionsträgern -im Normalfall- ausreichende Informationen über den Stand und die Entwicklung ihrer Verantwortungsbereiche liefern. Nur im Ausnahmefall werden dann auf Anforderung weitere Informationen aufbereitet. So entwickelt sich mit der Zeit ein sparsames Instrumentarium mit hoher Effizienz.

Sagt der bergische Fabrikant zu uns:

„Wissen se, damit hätten se eigentlich viel früher anfangen müssen. Aber da bleiben wir jetzt dran. Und einmal im Vierteljahr will ich all' meine wichtigen Leute hier am Tisch haben, zusammen mit Ihnen, und Sie nehmen uns

dann alle an die Segelohren, und dann wird auch sofort am Kurs für die Zukunft gearbeitet!"

E. Zusammenfassung

Die Umweltbedingungen für mittelständische Unternehmen werden zunehmend dynamischer und sind mittlerweile ähnlich wie für Großunternehmen. Man kann nicht mehr davon ausgehen, daß Änderungen nur gering sind und mit langfristiger Voraussehbarkeit eintreten. Damit wird auch in vielen mittelständischen Unternehmen ein Instrumentarium benötigt, das die Unsicherheit bei Führungsentscheidungen durch objektive Informationen eingrenzt und die Umsetzungen von Entscheidungen kritisch begleitet.

Controlling beinhaltet ein Instrumentarium, das genau dieses leistet. Nun ist die Frage, ob sich ein mittelständisches Unternehmen eine eigene Controlling-Mannschaft leisten sollte, die entweder nicht ausgelastet ist, oder wenn man sie braucht, durch „dringendes" Tagesgeschäft von Wichtigerem abgehalten wurde.

Die Antwort lautet:
Durch ein externes Controlling kauft sich ein mittelständisches Unternehmen professionelles Know-how für einige Stunden bzw. Tage im Monat ein. Damit sind auch die Kosten kalkulierbar. Der Erfolgsdruck und die kritische Distanz sind zudem gesichert.

In zwei Situationen erhält der Unternehmer besondere Unterstützung durch den Externen:

1. In der für Aufwand und Erfolg eines Controlling-Systems entscheidenden Einführungsphase kann auf Erfahrungen der Berater aufgebaut werden. Dies trägt zur Minimierung von Fehlern und damit Kosten bei.

2. Bei der strategischen Ausrichtung des Unternehmens steht dem Unternehmer ein erfahrener und kritischer Gesprächspartner zur Verfügung. Außerdem ist damit eine völlige Diskretion der Überlegungen gewährleistet. Der Unternehmer kann zusammen mit dem Berater laut über neue Konstellationen nachdenken, ohne daß sogleich Unruhe in die Mitarbeiterschaft getragen wird.

Literatur

- Henning, M.H.; Controlling als Qualitätssicherung mittelständischer Unternehmensführung? - Härtetest eines Führungskonzepts, in BETRIEBSWIRTSCHAFT DStR 44/92
- Vollmuth, H.J.; Führungsinstrument Controlling, München 1989

BERNHARD SCHARECK

Blickrichtung Zukunft - Die Neuausrichtung eines Traditionsversicherers in einem sich ändernden Markt

A. Vorbemerkungen

Thomas Mann hat einmal gesagt, die Vergangenheit zu feiern, sei hübsch, wenn man, was Gegenwart und Zukunft beträfe, guter Dinge sei (Thomas Mann, Buddenbrooks). Dies gilt mit Sicherheit für den Jubilar - dies gilt aber auch für die Agrippina-Gruppe, deren Geschicke und Geschäftsentwicklung der Jubilar seit 1975 im Aufsichtsrat der Agrippina Rückversicherung AG begleitet und mitbewegt.

Die deutsche Versicherungswirtschaft zählt seit Jahren zu den prosperierenden Branchen unserer Volkswirtschaft. Dies darf jedoch nicht zu dem Schluß verleiten, diese Branche steuere durch ruhige Gewässer. Im Gegenteil deutet alles darauf hin, "daß der Versicherungsgedanke und jede einzelne Versicherungsunternehmung in den nächsten 10 bis 20 Jahren großen Veränderungen ausgesetzt sein werden" (Haller, Matthias/ Ackermann, Walter, 1994).

Vier zentrale Einflußbereiche kennzeichnen diese Veränderungen:

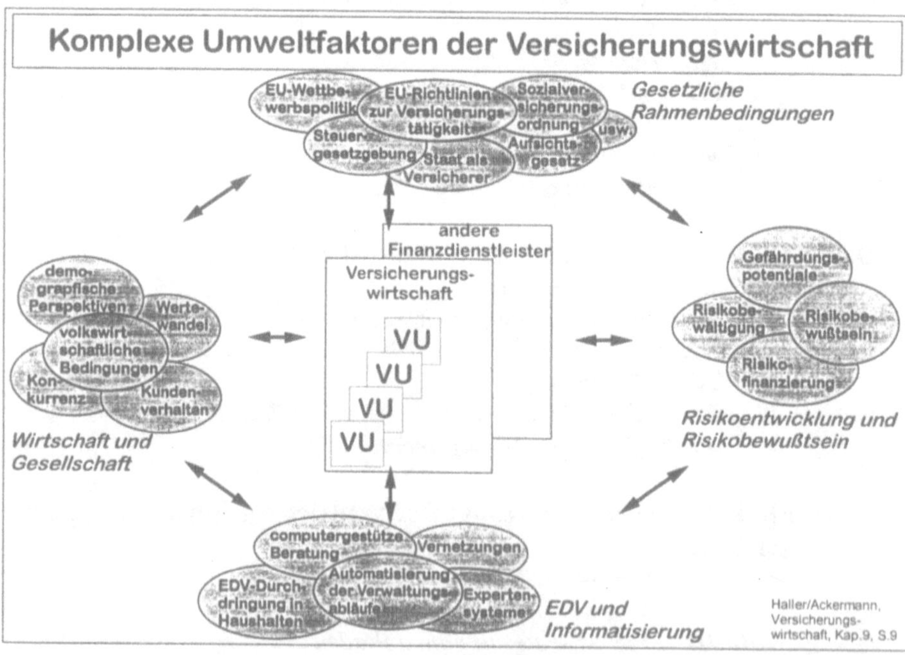

Im folgenden sollen einige Chancen und Perspektiven im Lichte der Deregulierung aufgezeigt und einige Schritte der Agrippina-Gruppe auf dem Weg in die Zukunft skizziert werden.

B. Einige Beobachtungen zur Deregulierung im Versicherungsbereich

Ein Blick auf deregulierte Märkte zeigt ganz allgemein, daß England und USA am weitesten fortgeschritten sind - ja teilweise schon wieder in eine Phase der Reregulierung (Experiodica, Wirtschaftsstudie Nr. 3 - 1995, Seite 6) eintreten.

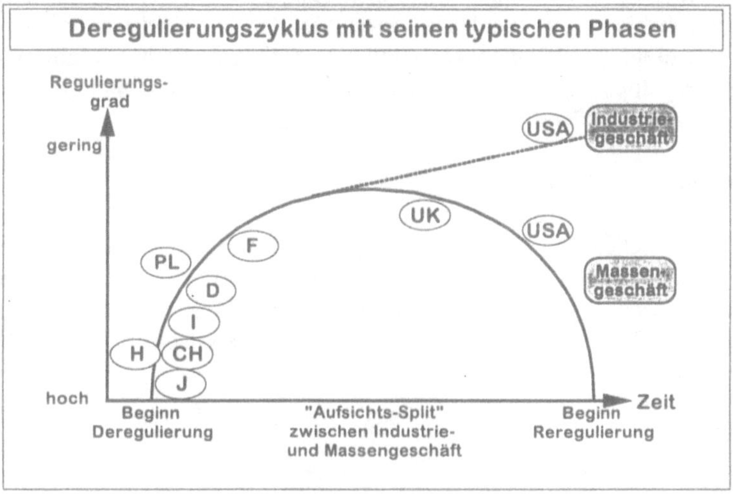

In England wuchs der Direktvertrieb insbesondere in der Sparte Kraftfahrt am schnellsten - auch in Deutschland gewinnt das Thema "Direktvertrieb" an Dynamik; allerdings noch auf deutlich niedrigerem Niveau. Im Nicht-EU-Land Schweiz wurde der erste Direktversicherer am 7. Juli 1994 aus der Taufe gehoben, im Jahr 2000 will diese Gesellschaft einer der größten Direktanbieter Europas sein.

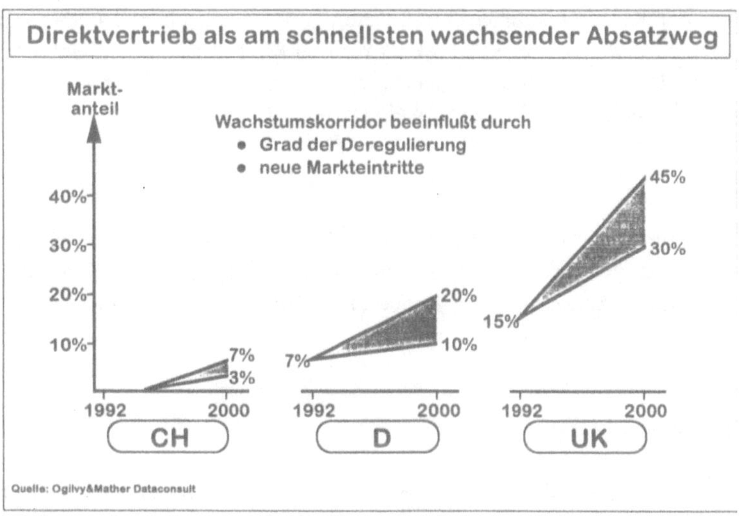

C. Welche Trends sind im Umfeld der Deregulierung in Deutschland seit Juli 1994 zu erkennen?

I. Markt

War der Markt bisher stark durch einheitliche und in der Regel ertragsstärkere Produkte gekennzeichnet, so werden die Produkte künftig eher differenziert werden. Mit verfeinerten Kalkulationsverfahren zielen die Gesellschaften auf ausgewählte Kundengruppen. Als wesentliche Auswirkung sind eine Senkung des Tarifniveaus und eine Minderung der Erträge zu erwarten.

II. Wettbewerb

Marktteilnehmer ließen sich bisher eher von gleichgelagerten Interessen leiten; die Zahl neuer Marktteilnehmer war begrenzt. Künftig verstärkt sich ein Konkurrenzdenken, der Verdrängungswettbewerb nimmt zu, starke neue "Spieler" kommen aufs "Spielfeld". So ist zu vermuten, daß schwache Gesellschaften vom Markt verschwinden werden.

III. Umfeld

Viele Jahre wuchs der Bedarf. Steigende Nettoeinkommen und hohe Sparneigung förderten das Prämienwachstum. Künftig sind die Märkte tendenziell gesättigt. Nettoeinkommen stagnieren eher, die Konsumneigung nimmt zu. Somit wird Wachstum in vielen Versicherungszweigen nur zu Lasten von Wettbewerbern realisiert werden können.

IV. Kunde

Verhielt sich der Kunde bisher eher undifferenziert, unkritisch und insbesondere im Massengeschäft wenig preissensibel, so werden künftig Preise und echter Service eine besondere Rolle spielen. "Serviceversicherer" - meist hochpreisige Anbieter - werden ihren Service "unter Beweis stellen müssen".

V. Aktionäre

War die Dividendenpolitik bei den Aktiengesellschaften bisher eher auf Kontinuität eingerichtet, so gewinnen amerikanische Ansätze im Sinne des Shareholder-Value-Managements zunehmend an Bedeutung. Dies führt zur Optimierung von Subeinheiten, zu neuen Strukturen und zu einer intensiven selektiven Geschäftsfeldbearbeitung.

VI. Entwicklungsrichtung

Aus diesen Trends sind folgende Entwicklungen ableitbar: *Spezialisierung* wird zu einem Schlüsselerfolgsfaktor. Wenn die vielen, noch undifferenziert arbeitenden kleinen, mittleren und sogar größeren Versicherer aus Kundensicht im Vergleich zu den großen, global arbeitenden Versicherern stehen - dann wird die große Anzahl der Versicherer im mittleren Feld ihre Erfolgschancen im Sinne einer Spezialisierung suchen müssen.

Ausgehend von den heute am Markt vertretenen Wettbewerbern müssen vor dem Hintergrund der zu erwartenden Marktentwicklung in den nächsten Jahren drei Kategorien von Marktteilnehmern unterschieden werden: die erfolgreichen "Gewinner" des Wettbewerbes, die "Überlebenden" im Konkurrenzkampf und die "Verlierer". Schätzungen zufolge werden bis zu 40 % der Versicherer aus ihren Märkten ausscheiden (Zink, Achim, Mitarbeiter im Betrieb, 1994 und Zink, Achim, Szenario 2010 - Was wird sich verändern? Unveröffentlichter Vortrag 1994)

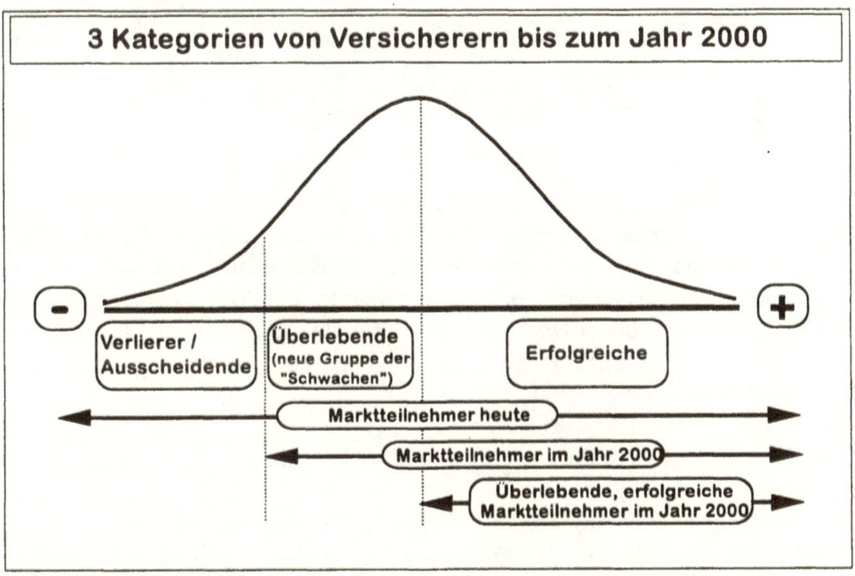

Diese Selektion wird begleitet von gravierenden Veränderungen bei den Vertriebswegen und dramatischen Veränderungen in Organisation, Verwaltung und im Informatikbereich.

Welchen Weg werden die Gewinner einschlagen? Zwei grundsätzliche strategische Grundrichtungen zeichnen sich ab: echte Servicestrategien werden Niedrigpreisstrategien gegenüberstehen. Über beide Wege können Kunden erfolgreich angesprochen, Gewinne und Wachstum erarbeitet werden.

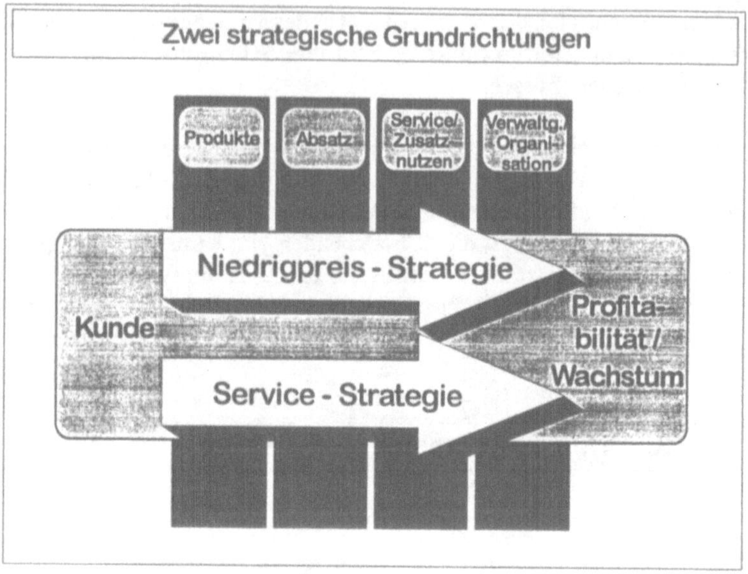

Allerdings unterscheiden sich beide Ansätze in den Anforderungen. Über den Zugangsweg, über spezifische Ausprägungen der Risikoselektion und durch besondere Administrationstechniken können ausgewählte Kundensegmente angesprochen und auf diese Kunden zugeschnittene Produkte abgesetzt werden. Ob die gleichen Unternehmen beide Wege für ihre Kunden glaubwürdig realisieren können, muß die Praxis erst erweisen.

D. Ein Handlungsrahmen zur Zukunftsbewältigung

Einer klaren Differenzierung bei Produkten und Dienstleistungen gehört die Zukunft. Der Kundenbedarf muß segmentspezifisch erhoben und gedeckt werden. Das ganze Unternehmen ist auf den Kunden auszurichten. Dabei werden 6 Erfolgsfaktoren eine besondere Rolle spielen, in deren Verknüpfung die Erfolgschancen der Zukunft liegen.

I. Kundenstrategie

Wollen wir anspruchsvolle Kunden in gehobenen Einkommensbereichen, Städten, Kleinstädten und Vororten bedienen oder sollen Arbeiter oder Firmen im Mittelpunkt stehen? Sollen spartenübergreifende Komplettlösungen inklusive Assistenzleistungen und damit Zusatznutzen angeboten werden oder sollen abgespeckte Produkte für die Versicherungskunden bereitgestellt werden? Zielgruppenanalysen und entsprechendes "pricing" werden für den Erfolg besonders wichtig werden.

II. Struktur- und Effizienzfragen

Sollen Antrags- und Schadenbearbeitung nahe beim Kunden durch Geschäftsstellen und Agenturen dargestellt oder zentral abgewickelt werden? Wenn Entscheidungskompetenzen vor Ort gelegt werden, dann müssen die Gesellschaften auch bereit sein, den Außendienst in anderer Form als bisher auszubilden und zu unterstützen.

III. Fähigkeiten der Mitarbeiter

Die Fähigkeiten der Mitarbeiter sind in den Mittelpunkt zu stellen. Alle Anstrengungen müssen unternommen werden, um diese Fähigkeiten auszuweiten. Viele Unternehmen sind heute unfähig, Zielmärkte zu definieren, den Bedarf von Zielgruppen zu erfassen und spartenübergreifend zu beraten. Der Außendienst muß dazu befähigt werden, die Vielfalt, die auf ihn zukommt, zu bewältigen.

IV. Information

Wie erhalten die Vertriebsmitarbeiter systematische Informationen für die Zielgruppenbearbeitung? Wie werden sie über die Kundenpotentiale, Schadenverläufe und Wettbewerb informiert? Wenn im Zuge des Umbruchs im Kraftfahrtversicherungssektor Tarife wegen der Vielfalt nicht mehr in der Papierform dargestellt werden können, und Angebote nur noch über Laptops erstellbar sind, wie gut kann dann der Verkäufer noch Preisfindung oder Deckungskonzept erläutern?

V. Kommunikation und Unternehmenskultur

Probleme sind künftig viel offener zu kommunizieren. Zielgruppenspezifische Werbung stellt eine besondere Herausforderung dar, insbesondere müssen die starken Veränderungen den Mitarbeitern plausibel erläutert werden, damit sie sich für die Bewältigung der Zukunft und für die Erhaltung ihrer Arbeitsplätze rüsten können. Der Wandel muß einfühlsam und nachvollziehbar kommuniziert werden.

VI. Performance-Management

Führungsarbeit, meßbar gemacht durch verbindliche und anerkannte Standards, muß im ständigen Vergleich die Abweichungen zwischen Soll- und Ist-Größen feststellen. Die angestrebten Soll-Zustände sind durch die Führungskräfte herbeizuführen. Dies klingt nach einer Selbstverständlichkeit und ist im industriellen Bereich Alltag, in den Versicherungsgesellschaften kommen solche Forderungen noch fast einer Revolution gleich. So gut es gelingt, Lücken zwischen dem heute gegebenen Zustand und dem angestrebten Zustand zu schließen, und die Ist-Situation durch gezielte Maßnahmen zu verbessern, um so besser wird sich das gesamte Unternehmen zukunftsorientiert entwickeln.

Je besser es also gelingt, in den sechs skizzierten Segmenten Fortschritte zu realisieren, desto eher werden Verbesserungen und Fortschritte im Markt erreichbar.

E. Ein Beispiel zur Umsetzung: Der Weg der Agrippina-Gruppe in die Zukunft

I. Historie

Am 22. Oktober 1844 wurde die Agrippina See-, Fluß- und Landtransportversicherung AG mit einem Grundkapital von 1 Mio. Preußen-Taler gegründet. 1969 erwirbt die ZÜRICH Versicherungs-Gesellschaft die Aktienmehrheit und im August 1995 bringt die ZÜRICH als Hauptaktionärin die Agrippina-Gruppe zu einem Verkehrswert von DM 1.188.000 in die ZABAG ZÜRICH-Agrippina Beteiligungs-AG ein.

In dieser Zeitspanne von 151 Jahren liegen unternehmerische Höhen und Tiefen (Blickrichtung Zukunft - Agrippina Versicherungen 1844 bis 1994, Köln 1994) . Eingebettet in die Geschichte der Stadt Köln und beeinflußt von den historischen Ereignissen der Zeit entwickelte sich die Agrippina zu einem erfolgreichen Unternehmen. Ihren Erfolg hat sie vor allem den Menschen zu verdanken, die sich für ihr Unternehmen einsetzen - nicht nur den Gründervätern, Aktionären, Direktoren, sondern insbesondere den vielen Mitarbeitern, die heute wie damals in guten und in schlechten Zeiten Einsatz und Treue zu ihrem Unternehmen bewiesen haben.

Tradition und Fortschritt - zwischen diesen beiden Polen bewegt sich die Agrippina-Gruppe, welche die deutsche Versicherungslandschaft um manche Innovationen bereicherte (so entwickelte sie die See-Transportversicherung, sie erfand die Auto-Kaskoversicherung als das Auto seinen Siegeszug antrat, sie führte in der Lebensversicherung die fondsgebundene Lebensversicherung und 1994 als erste Gesellschaft die Nichtraucherpolice ein).

II. Phase des Umbruchs

Wesentliche Indikatoren signalisierten 1990 Handlungsbedarf innerhalb der Agrippina-Gruppe: Die Prämien entwickelten sich deutlich unterdurchschnittlich im Vergleich zum Markt und dies sowohl im Komposit- als auch im Lebensversicherungsbereich.

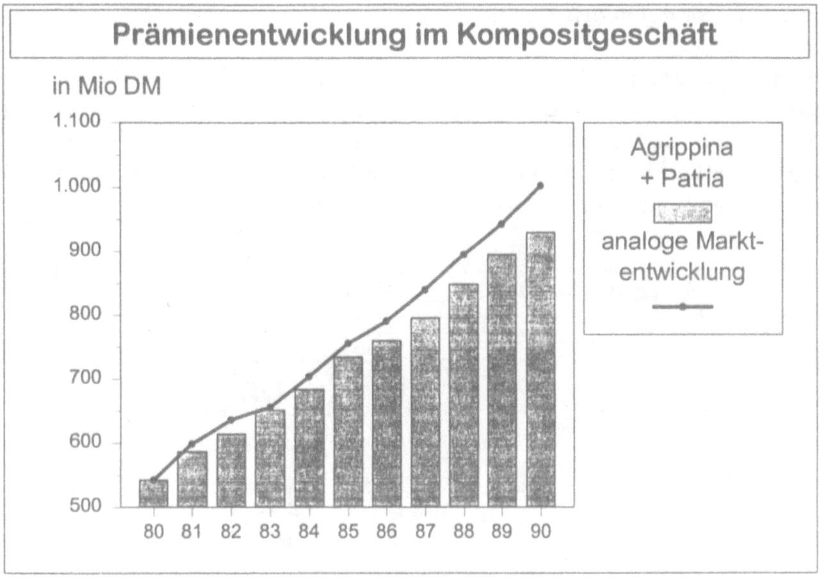

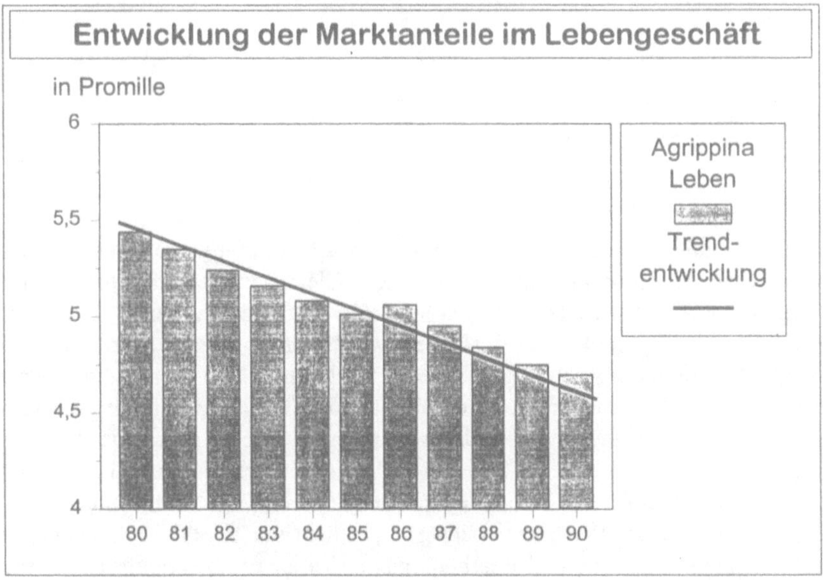

Die Agrippina Rückversicherung AG und die Patria Versicherung AG zeigten zudem deutliche Ertragsschwächen.

In Erwartung des kommenden Binnenmarktes, eines sich verändernden Wettbewerbes und steigender Zukunftsanforderungen beauftragte der Vorsitzende der Aufsichtsräte, Herr Fritz Gerber, Ende 1990 den Vorstand mit der zukunftsorientierten Neuausrichtung des Kölner Traditionsversicherers.

III. Erste Schritte auf neuen Pfaden

Was wurde unternommen? Es wurden eine Gesamtzielsetzung für die Gruppe entwickelt, der enge Rahmen der Spartensicht gesprengt und versucht, mit neuem Selbstverständnis und verändertem Stil ein Vertrauensklima zu schaffen und gleichzeitig die Verkäufer und Vertriebsführungskräfte davon zu überzeugen, daß die neue Richtung erfolgversprechend sein würde.

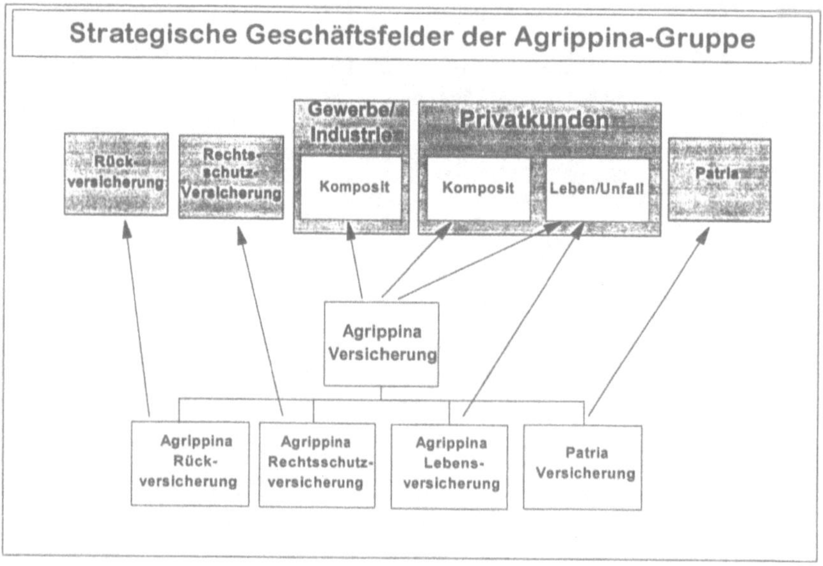

In Workshops und Arbeitssitzungen erarbeiteten alle Führungskräfte des Innen- und Außendienstes die künftigen Zielsetzungen. Gleichzeitig wurden die Bezahlungsstrukturen bei allen Leitenden Mitarbeitern erfolgsbezogen gestaltet: Fixeinkommen wurden abgesenkt und zusätzlich wurden zielbezogene variable Einkommensmöglichkeiten geschaffen. In einem weiteren Schritt wurde die interne Wertschöpfungskette verändert, Kostensenkungs- und Effizienzsteigerungsprojekte wurden im Vertrieb und im Innendienst realisiert. So richtete sich die Agrippina-Gruppe im Produktbereich, im Service, im Vertrieb sowie in ihrer Aufbau- und Ablauforganisation auf den zu erwartenden intensiveren Wettbewerb aus. Insbesondere im Bereich der Personenversicherung und in der Kraftfahrtversicherung waren Produktinnovationen und Bearbeitungsinnovationen notwendig, damit mit einem eigenen Profil und unverwechselbaren Problemlösungen der Markt bearbeitet werden konnte.

a) Neuausrichtung der Agrippina Rückversicherung AG

In einem ersten Schritt wurde die Agrippina Rückversicherung AG umstrukturiert. Sie arbeitet seit 1992 eng mit den Gesellschaften der ZÜRICH-Gruppe zusammen, um alle weltweit vorhandenen Ressourcen voll ausschöpfen und die Kunden

besser betreuen zu können. Im Rahmen einer weltweiten Arbeitsteilung wird das gesamte Lebensrückversicherungsgeschäft im ZÜRICH-Konzern seit 1992 ausschließlich von der Agrippina Rückversicherung AG bearbeitet. Auf der Basis einer gezielten Marktsegmentierung wurden die Tätigkeitsfelder im Nichtlebensbereich neu aufgeteilt. Mit Ausnahme der Bereiche Luftfahrt, Kreditkaution und den Technischen Versicherungszweigen betreut die Agrippina Rückversicherung AG alle Branchen in folgenden Ländern und Regionen:
Deutschland, Österreich, Osteuropa inkl. GUS-Staaten, Naher und Mittlerer Osten, Griechenland, Großbritannien, Irland und Skandinavien.

In einer Zeit, in der sich weltweit die Rückversicherungsmärkte im Umbruch befinden, hat die Agrippina Rückversicherung AG durch konsequente Kundenorientierung, die Einbettung in einen Weltkonzern und die Umsetzung einer Marketingstrategie für die definierten Geschäftsbereiche bereits gute Ergebnisse erzielt. Die Aussichten in den nächsten Jahren mit weiter verbessertem Service für ihre Zedenten im Wettbewerb zu bestehen, sind sehr gut.

b) Neuausrichtung der Patria Versicherung AG

Mitte 1993 wurde ein neues Konzept für die Patria Versicherung AG erarbeitet. Diese Gesellschaft sollte zur "innovativen Speerspitze" der Gruppe entwickelt werden. Die Großkunden der Patria Versicherung AG erwarteten individuelle, maßgeschneiderte Problemlösungen. Diesen Anspruch konnte die Patria Versicherung AG nicht erfüllen. Aus diesem Grunde wurde das Großkundengeschäft auf die Agrippina Versicherung AG übertragen und gleichzeitig saniert. Seitdem bietet die Patria Versicherung AG Privat- und Kleingewerbekunden Standardprodukte an, die durch die Datenverarbeitung unterstützt, schnell und kostengünstig verarbeitet werden. Als Vertriebskanal nutzt die Gesellschaft ausschließlich Fremd-

und Drittvermittler. Dieser Zielgruppe im Verkäuferbereich wird ein geringer Bearbeitungsaufwand, schnelle Policierung und rasche Provisionsabwicklung geboten. Die Patria Versicherung AG ist somit innerhalb der Agrippina-Gruppe im Sinne einer "Zweitmarke" im Markt positioniert worden.
Der individuelle Bedarf von Privat- und Gewerbekunden wird von der Agrippina Versicherung AG gedeckt, der Standardbedarf der Privat- und Kleingewerbekunden von der Patria Versicherung AG. Die Agrippina Versicherung AG vertreibt ihre Produkte überwiegend über eine Ausschließlichkeitsorganisation und über Großmakler, die Patria Versicherung AG wendet sich an alle Fremdvermittler, Mehrfachagenten und Strukturvertriebe.

Kundengruppen und Vertriebswege

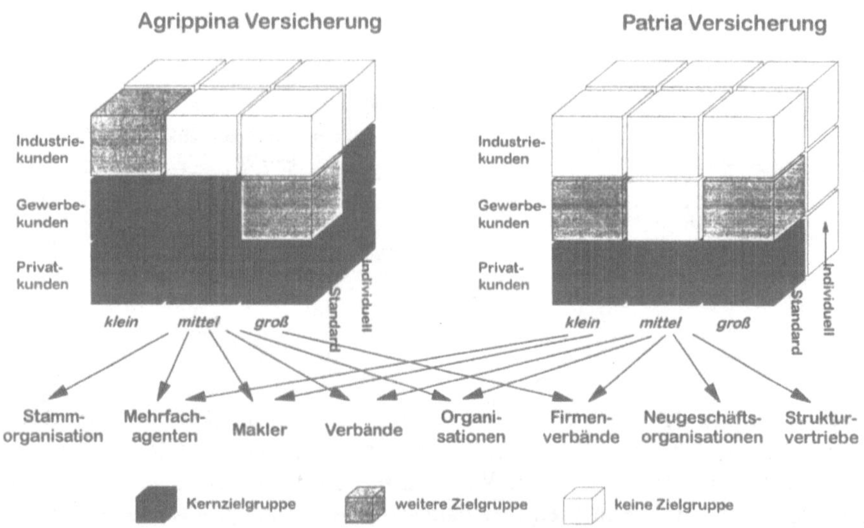

c) Geschäftsfeld-Segmentierung und Zielgruppenausrichtung der Agrippina Versicherung AG

Für die gesamte Gruppe wurde ein neues, spartenübergreifendes Marketingkonzept entwickelt. 1994 wurde die Verwaltung nach Kundengruppen ausgerichtet, die vertrieblichen Zugangswege wurden neu ausgerichtet.

Die Spartenorientierung wurde aufgegeben, im Sinne einer Kundenorientierung wird spartenübergreifend gearbeitet.

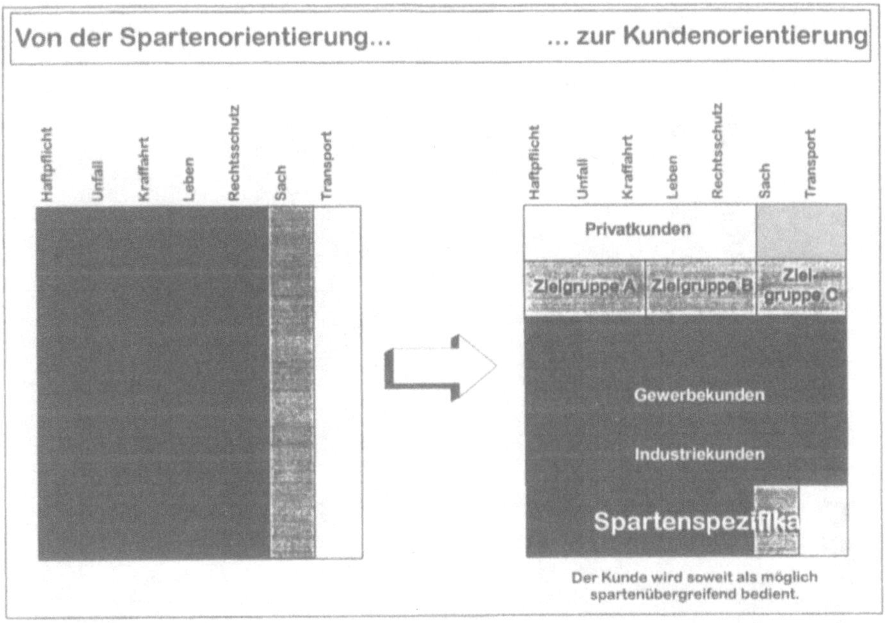

So tritt die Agrippina-Gruppe im Privatgeschäft auch in Zukunft als Qualitätsversicherer mit einem umfassenden Angebot auf und profiliert sich mit einer noch stärkeren Serviceorientierung im Markt.

IV. Ergebnisse des Wandels

Mit einem Wachstum innerhalb von 4 Jahren von rund 46% im Kompositbereich, einer um 10 Prozentpunkte verbesserten Schadenquote sowie in der Lebensversicherung mit einem Prämienwachstum 1994 gegenüber 1990 von 67% und einem Neugeschäftswachstum von über 250% wurde viel erreicht. Wachstum und Ertragsstärkung belegen die Richtigkeit des eingeschlagenen Weges.

Kundengruppen und Vertriebswege

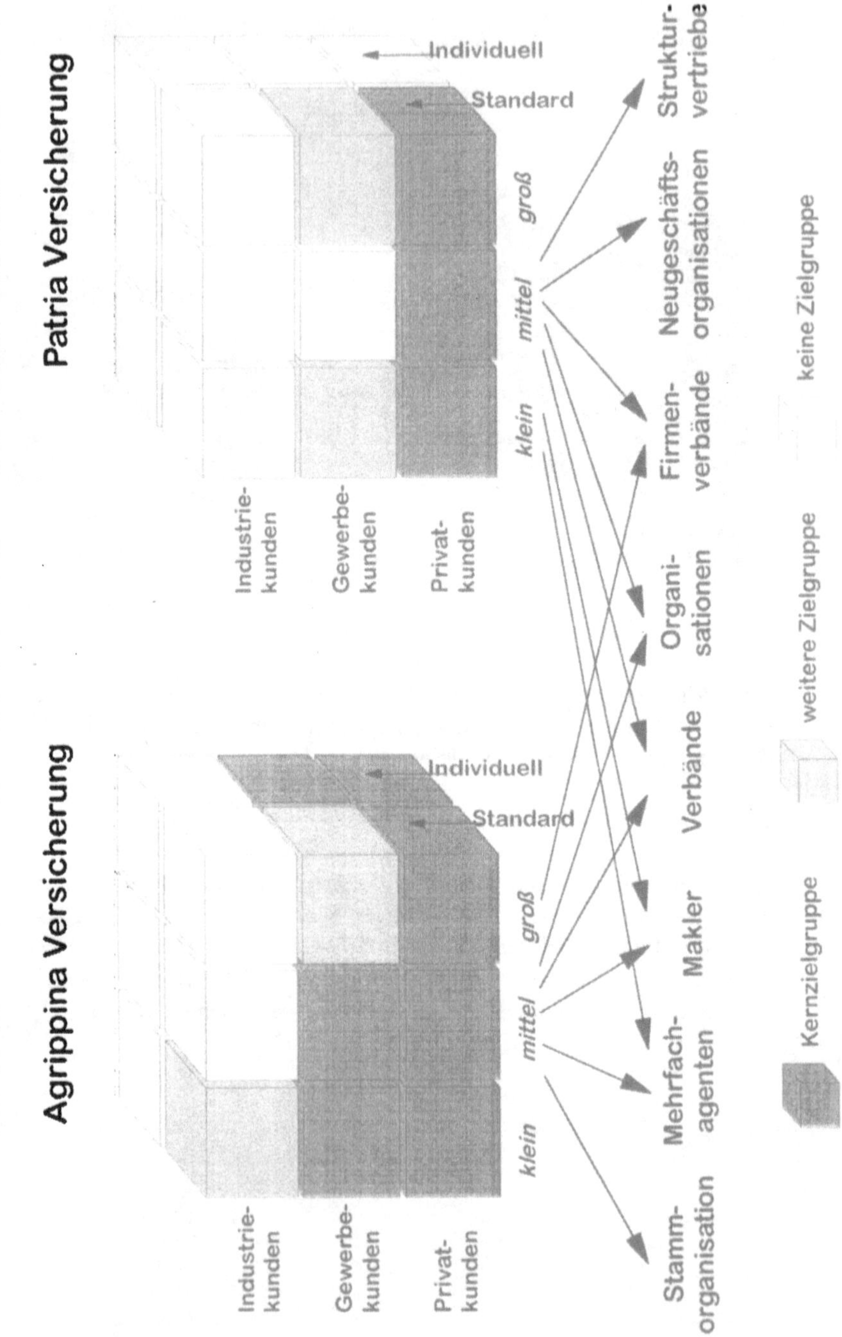

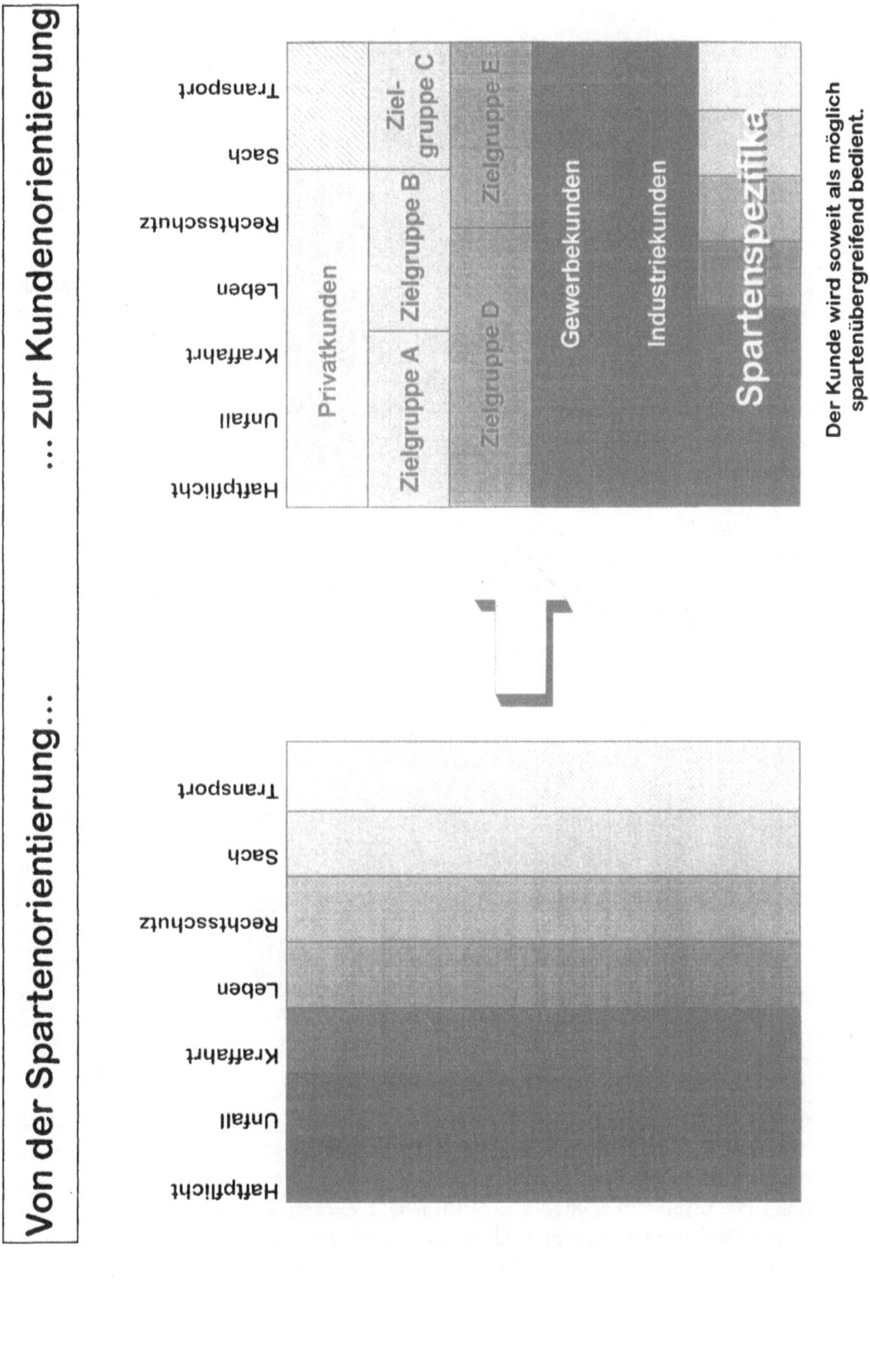
Von der Spartenorientierung...
... zur Kundenorientierung
Haftpflicht
Unfall
Kraftfahrt
Leben
Rechtsschutz
Sach
Transport
Haftpflicht
Unfall
Kraftfahrt
Leben
Rechtsschutz
Sach
Transport
Privatkunden
Zielgruppe A
Zielgruppe B
Ziel-
gruppe C
Zielgruppe D
Zielgruppe E
Gewerbekunden
Industriekunden
Spartenspezifika
Der Kunde wird soweit als möglich
spartenübergreifend bedient.

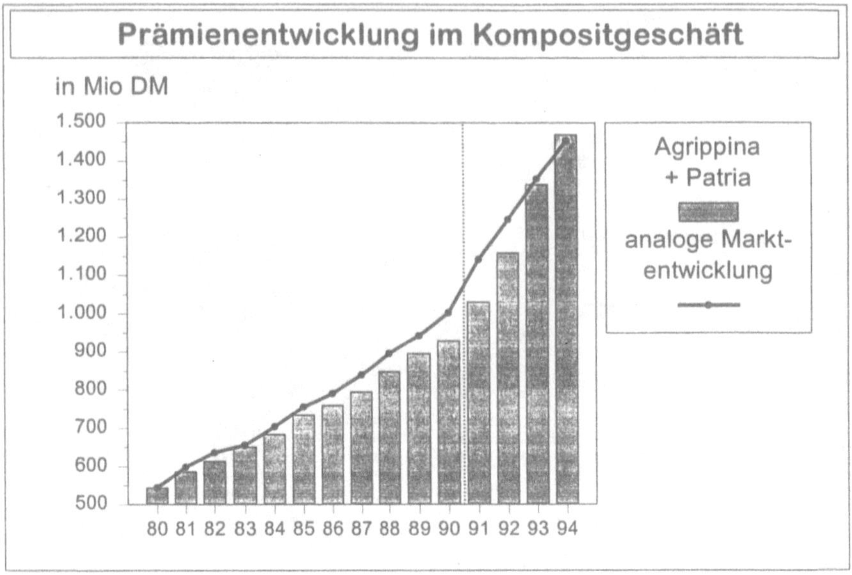

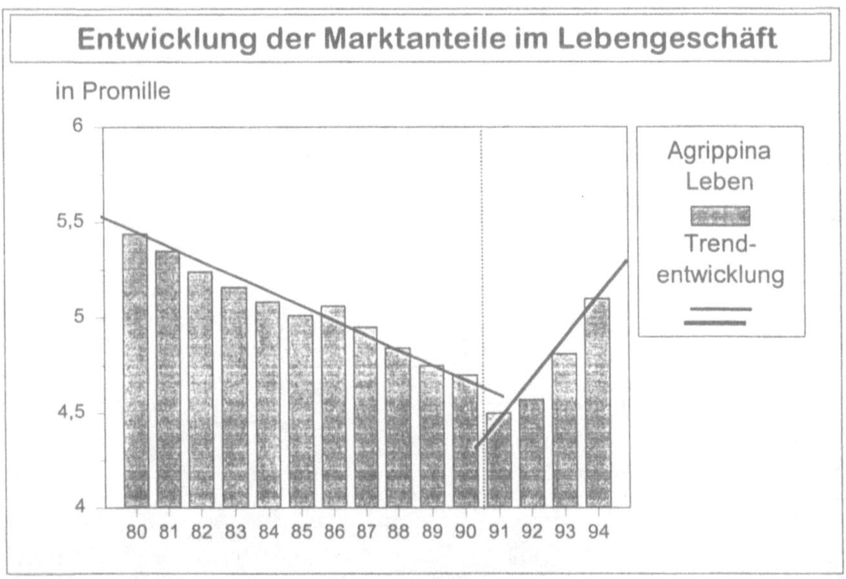

In diesen Daten spiegelt sich ein starker Wille und eine aktive Bereitschaft der Mitarbeiterinnen und Mitarbeitern des Unternehmens zur Veränderung wider. Eingebettet in die Finanzkraft der ZÜRICH-Gruppe kann damit auf dem Fundament des bisher Erreichten weiter aufgebaut werden. Für den Erfolg unserer Gesellschaft ist entscheidend, daß kreative Energie und emotionale Potentiale auf allen Mitarbeiterebenen erschlossen und aktiviert werden können.

F. Blickrichtung Zukunft

Mit der Umsetzung der EU-Richtlinie zur Lebens- und Nichtlebensversicherung hat der Gesetzgeber per 15.07.1994 Bewegungen am Versicherungsmarkt eingeleitet, die zu deutlichen Auswirkungen im Wettbewerb führen werden. Es ist davon auszugehen, daß sich der bereits vorhandene Verdrängungswettbewerb verschärft und der Konzentrationsprozeß weiter begünstigt wird.

Der Wegfall der Tarifverordnung im Kraftfahrtgeschäft und die erweiterten Kalkulationsmöglichkeiten im Lebensversicherungsgeschäft werden diese Prozesse weiter beschleunigen. Die erweiterten Tarifierungsmöglichkeiten eröffnen den Marktteilnehmern neue Aktionsräume, um gezielt in Nischen zu arbeiten und verstärkt Risiken zu selektieren. Die in manchen Sparten noch vorhandene Uniformität des Marktes wird zugunsten einer individuelleren und aggressiveren Marktbearbeitung aufgegeben. Die großen Marktteilnehmer werden ihr Massengeschäft noch effizienter abwickeln und mit Hilfe ihrer vorhandenen Daten und Versicherungsbestände die statistischen Grundlagen erarbeiten, um ihre Kunden individuell und bedarfsgerecht versichern zu können.

Die ZÜRICH-Gruppe in Deutschland erreichte 1994 insgesamt 3,1 Mrd. DM Prämieneinnahme im Nichtlebensgeschäft und 1,1 Mrd. DM in der Lebensversicherung. Im abgeschlossenen Geschäftsjahr 1994 konnten die ZÜRICH-Gesellschaften in Frankfurt und die Agrippina-Gruppe in Köln mit einem Wachstum von 10,5 % das Wachstum der Gesamt-Assekuranz (8 %) deutlich übertreffen. Gleichzeitig konnten die Erträge deutlich gesteigert werden.

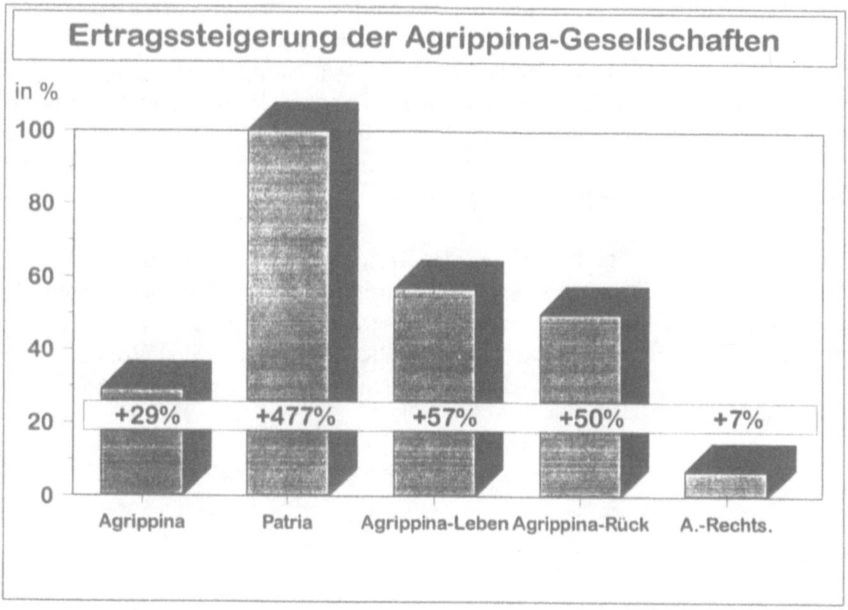

Um die besten Voraussetzungen für die weitere Marktbehauptung und die angestrebte Verbesserung der Marktposition der ZÜRICH-Gruppe in Deutschland zu schaffen, wird die Gruppe organisatorisch neu ausgerichtet. Kern der Gesamtstrategie ist die Schaffung von strategischen Geschäftseinheiten, die weitgehend selbständig im Unternehmen mit einer klaren kunden- und ertragsorientierten Ausrichtung operieren. So wird es möglich,

- die Tochtergesellschaften enger zusammenzuführen und besser zu koordinieren,
- eine abgestimmte, strategisch optimierte Marktbearbeitung unter Nutzung vorhandener Stärken und Schwerpunkte mit dem Ziel der Erschließung weiterer Marktpotentiale sicherzustellen,
- das Finanzstanding der gesamten Gruppe mit Blick auf Großkunden und Finanzierungsfragen zu stärken, die Rahmenbedingungen für eine wachstumsadäquate Eigenmittelausstattung zu verbessern,
- Kostensenkungenpotentiale zu erschließen,
- das Risikomanagement durch Schaffung einheitlicher Standards und die Erarbeitung gemeinsamer Basisanalysen zur Tarifkalkulation auf eine breite Basis zu stellen und
- mittel- und längerfristig die Möglichkeiten der Personalentwicklung und des Ausbildungswesens zu verbessern und Weiterentwicklungschancen innerhalb der Unternehmen zu erhöhen.

Oberste Maxime auf dem Weg in die Zukunft in einem deutlich erschwerten Marktumfeld bleiben Kundenorientierung und Ertragssteigerung. Wir in der ZÜRICH-Agrippina-Gruppe sehen daher eine Schlüsselgröße des Erfolges in der Forcierung des Zielgruppengeschäftes und in der Ausrichtung der gesamten Gruppe auf den Schlüsselerfolgsfaktor, unseren Kunden. Nur wenn jeder Mitarbeiter im Unternehmen mit dem Kopf des Kunden denkt und mit seinem Herzen fühlt, können wir in Zukunft unser Geschäft so erfolgreich betreiben wie in der Vergangenheit. Teamkultur wird zum Erfolgsmotor, Toleranz, Weitsicht und Führungsfähigkeit der verantwortlichen Führungskräfte werden darüber entscheiden, ob es gelingt, alle Kräfte zielgerichtet zu bündeln und so den Herausforderungen der Zukunft erfolgreich zu begegnen.

Unsere Gesellschaft trägt den Namen der Kaiserin Agrippina und der Stadtgründerin Kölns, aber sie hat mit den Charaktereigenschaften der Namenspatronin wenig gemein. Die Agrippina Versicherungsgruppe hat kein schillerndes Profil, aber sie besticht durch Solidität und Verläßlichkeit. Dies wollen Vorstand und Mitarbeiter auch in Zukunft bei unseren Kunden und bei unseren Aktionären unter Beweis stellen.

Literatur:

Blickrichtung Zukunft - Agrippina Versicherungen 1844 bis 1994, Köln 1994

Experiodica, Wirtschaftsstudie Nr. 3-1995, herausgegeben von der Schweizerischen Rückversicherungsgesellschaft, Seite 6

Haller, Mathhias/Ackermann, Walter: Versicherungswirtschaft - Kundenorientiert, Zürich, 1. Aufl. 1992, überarb. 1994

Mann, Thomas, Buddenbrooks

Zink, Achim, Mitarbeiter im Betrieb: Die wichtigste Waffe im Wettbewerbskampf, Handbuch Management Versicherungsvertrieb, 1994

Zink, Achim, Szenario 2010 - Was wird sich verändern? Unveröffentlichter Vortrag 1994

Weitere ausgewählte Literaturhinweise:

Baumann, Horst / Schirmer, Helmut / Tschockelt, Wolfgang (Hrsg.); Versicherungswissenschaft - Vergangenheit und Zukunft. Der Versicherungsnehmer in einer sich wandelnden europäischen Versicherungslandschaft; Karlsruhe 1993.

Farny, Dieter; Versicherungsmärkte in der Deregulierung: Chancen und Risiken für die deutschen Versicherungskunden; in: VP Nr. 4/91, Seite 70 - 72.

Farny, Dieter; Versicherungen im Jahre 2010. Strukturelle Stabilität verabschiedet sich; in: Versicherungsvermittler, Heft 8/92, Seite 342 - 353.

Farny, Dieter; Über mögliche Unternehmensstrategien deutscher Erstversicherer im deregulierten Versicherungsmarkt; in: Risiko/Versicherung/Markt, Festschrift für Walter Karten zur Vollendung des 60. Lebensjahres.

Farny, Dieter; Absatz- und Serviceverfahren für Versicherungsschutz - heute und morgen; in: Die Versicherungsrundschau 40. Jahrgang, Februar 1985, Seite 40 - 55.

Farny, Dieter; Scenario der deutschen Versicherungswirtschaft. Grenzen und Möglichkeiten im erweiterten europäischen Markt; in: Banking & Finance, Nr. 6, 1991.

Haller, Matthias; Assekuranz 2000 ohne Außendienste? Gedanken zur Position der Versicherungsvermittler zwischen Dienstleistung und Deregulierung; St. Gallen 1993.

Heidrick & Struggles in Zusammenarbeit mit Farny, Dieter; Versicherungswirtschaft im Wandel. Tendenzen und Perspektiven für Struktur, Markt und Führungskräfte; Köln 1992.

Klein, A. Wilhelm; Neue Marktstrukturen/Vertriebswege - Entwicklungstendenzen der deutschen Versicherungswirtschaft; in: VGA-Nachrichten 1994 Nr. 2, Seite 45 - 49.

Köcher, Renate; Veränderte Anforderungen an Vertrieb und Kundenbetreuung; Allensbach 1993.

Shapiro / Benson und andere; Mehr Gewinn durch Käufersegmentierung; in: Havard-Manager, 2. Quartal 1988, Seite 88 - 95.

Schirmer, Helmut; Der Vertrieb von Versicherungsschutz in der Zukunft. Perspektiven im gemeinsamen Binnenmarkt; Schriftenreihe des Vereins zur Förderung der Versicherungswissenschaft in München e.V., Heft 47, 1993.

Zech Jürgen; Unternehmensstrategien vor dem Hintergrund des Europäischen Binnenmarktes; Köln 1991.

VOLKER TRIEBEL

Anglo-amerikanischer Einfluß auf Unternehmenskaufverträge in Deutschland - eine Gefahr für die Rechtsklarheit ?

A. Einleitung

Der Jubilar beschäftigt sich seit Jahrzehnten mit der Vermittlung von Unternehmenskäufen.[1] Er weiß nur zu gut, daß Unternehmenskäufe noch solange scheitern können, bis die Parteien ihre Unterschrift unter den Kaufvertrag, der häufig notariell beurkundet werden muß, gesetzt haben, selbst dann, wenn sich die Parteien nach langwierigen Verhandlungen über die wesentlichen Punkte des Geschäftes einig geworden sind. Der Jubilar weiß, daß auch nach friedlichen Verhandlungen die Ausgestaltung des Unternehmenskaufvertrages, ja selbst die Formulierung einzelner Vertragsklauseln, die Parteien, angeführt von ihren Anwälten, wieder auseinander bringen kann. Vielfach werden Anwälte für die Verzögerung des Vertragsabschlusses oder gar für das Scheitern der Vertragsverhandlungen verantwortlich gemacht. Vielleicht ist der Jubilar deshalb der Meinung, Anwälte so spät wie möglich zu den Vertragsverhandlungen zuzuziehen.

Erfahrungsgemäß sind Verhandlungen über Unternehmenskaufverträge besonders schwierig und langwierig, wenn deutsche und anglo-amerikanische Parteien einander begegnen. Dies gilt insbesondere, wenn ein deutscher Verkäufer auf einen englischen oder gar US-amerikanischen Käufer trifft. Hier geht es dann nicht nur um zwei Sprachen, sondern um unterschiedliche Rechtskreise mit verschiedenen Kulturen.[2] Wenn die Position des deutschen Verkäufers nicht besonders stark ist, gelingt es einem anglo-amerikanischen Käufer eher, eigene Vorstellungen über die Gestaltung des Unternehmenskaufvertrages durchzusetzen: Sprache, Rechtsbegriffe, Konzepte, typische

---

1 Im folgenden werden nur unter Privaten ausgehandelte Unternehmenskaufverträge, sog. *private acquisition agreements*, und nicht auch öffentliche Übernahmen behandelt, ebenso nicht der Erwerb von Unternehmen mit Gesellschaften oder Niederlassungen in mehreren Ländern.

2 Zum anglo-amerikanischen Rechtskreis werden neben dem englischen Mutterland (einschließlich Wales und Ulster, also Nordirland) insbesondere folgende Länder und Gebiete gerechnet: Australien, Bahamas, Bermudas, die Cayman-Inseln, Hong Kong, Indien, die Republik Irland (Eire), Kanada (außer Quebec), zahlreiche afrikanische Staaten (wie Gambia, Ghana, Nigeria, Sierra Leone, Kenia, Tansania, Uganda), Neuseeland, Pakistan, Singapur und Malaysia, die USA (außer Louisiana). Das Recht dieser einzelnen Länder kann in Einzelheiten, aber auch in Grundzügen - vor allem im Verhältnis der einzelnen Staaten der USA, die alle ein unterschiedliches Privatrecht haben - zu England abweichen. Der Einfluß des englischen common law war aber auch in einigen Ländern mit römischer Rechtstradition besonders stark, so in Schottland und Südafrika (vgl. im einzelnen Triebel/Hodgson/Kellenter/Müller, Englisches Handels- und Wirtschaftsrecht, 2. Auflage, Heidelberg 1995, S. 433 ff.).

Vertragsklauseln, Vertragsstruktur, bisweilen sogar eigenes materielles Recht. Wenn nicht auch die anglo-amerikanische Seite von deutschen Anwälten vertreten wird, die sich von ihren Mandanten und anglo-amerikanischen Kollegen nicht an die kurze Leine legen lassen, kann der Einfluß der anglo-amerikanischen Vertragspraxis auf die Gestaltung des Unternehmensvertrages besonders stark werden. Die Position des den deutschen Verkäufer vertretenden Anwalts ist - bisweilen auch bei seiner eigenen Partei - besonders schwierig, wenn er die deutsche Sprache, deutsche Rechtsbegriffe und -konzepte, ja sogar, wenn er deutsches Recht durchsetzen will.

Vordringliches Ziel der Vertragsgestaltung sollte Rechtsklarheit sein. Es liegt in den meisten Fällen im Interesse beider Parteien, Klarheit über die beiderseitigen Rechte und Pflichten der Parteien zu schaffen, auch über die Rechtsfolgen bei Vertragsverletzungen und den Eintritt außergewöhnlicher Ereignisse. Diese Rechtsklarheit kann nicht allein dadurch erreicht werden, daß die Parteien in aller Ausführlichkeit die Rechte und Pflichten der Parteien und die Rechtsfolgen bei Vertragsverletzung festschreiben. Bekanntlich bedenkt auch der noch so ausführliche und langschweifige Vertrag nicht alle künftigen Ereignisse. Beim Schweigen des Vertrages kommt nach deutscher Rechtsvorstellung das nachgiebige Recht, zumeist Gesetzesrecht zum Zuge. Nach englischem Recht hilft in solchen Fällen nur in sehr engen Grenzen die *doctrine of implied terms*.[3]

Nur zu oft stößt bei den Vertragsverhandlungen das Argument der Rechtsklarheit auf taube Ohren, oder noch schlimmer: Dieses Kriterium wird überhaupt nicht erkannt. Zu bequem, zeit- und kostensparend erscheint es auf den ersten Blick, an Englisch als Verhandlungs-und danach als Vertragssprache festzuhalten, den von der anglo-amerikanischen Seite entworfenen Vertragsentwurf zu übernehmen und nur in Einzelpunkten zu verhandeln.

Der Einfluß der anglo-amerikanischen Rechtspraxis auf die Gestaltung von Unternehmenskaufverträgen in Deutschland wird durch folgende Umstände begünstigt:

- Unter den ausländischen Käufern deutscher Unternehmen ist der Anteil US-amerikanischer und britischer Unternehmen besonders groß. Bei der Durchsetzung eigener Vorstellungen kommt ihnen dabei der Gewohnheitssatz zugute, daß der Käufer berechtigt ist, den ersten Vertragsentwurf vorzulegen. Die anglo-amerikanischen potentiellen Käufer senden häufig Investment-Banker als ihre Emissäre voraus, die den Verhandlungs- und Vertragsboden nach ihren - nicht deutsch-rechtlich geprägten - Vorstellungen aufbereiten.

- In Deutschland hat zwar die juristische Beschäftigung mit dem Unternehmenskauf in den letzten Jahren zugenommen. Das deutsche Recht wird in bezug auf die Probleme des Unternehmenskaufs jedoch viel-

---

3 Englische Richter weigern sich beharrlich, für die Parteien den Vertrag zu schreiben und Vertragslücken zu füllen. Die Lehre von den *implied terms* gründet sich zwar - ebenso wie die ergänzende Vertragsauslegung nach deutschem Recht - auf den vermuteten Parteiwillen. Doch greift sie nur ein, wenn dies nötig ist, um die Abwicklung des Vertrages der *busines efficacy* willen zu ermöglichen (vgl. Triebel/Hodgson/Kellenter/Müller, a.a.O. S. 65 f.).

fach als unzureichend und unterentwickelt empfunden. Der deutsche Jurist muß einen Unternehmenskauf in die seit dem 1. Januar 1900 geltenden Kategorien des BGB einordnen und ihn als Sach- oder Rechtskauf qualifizieren. Auf die Besonderheiten des Unternehmenskaufes geht unser Gesetz nicht ein. Hier mußte die Rechtsprechung ergänzend und korrigierend eingreifen. Doch ist das Unternehmenskaufrecht immer noch so unzulänglich, daß die Vertragsgestaltung besondere Bedeutung hat und für ausländische Musterverträge anfällig wird. So haftet der Verkäufer beim Rechtskauf nur für den rechtlichen Bestand dieser Rechte, nicht auch für Sachmängel. Auch wenn die Mehrheit der Anteile an einer Kapital- oder Personengesellschaft verkauft wird, liegt ein Rechtskauf vor. Der Verkäufer übernimmt Gewähr nur für den rechtlichen Bestand dieser Rechte und nicht für Sachmängel des Unternehmens selbst oder dafür, daß bestimmte Vermögensgegenstände vorhanden sind und keine größeren Verbindlichkeiten bestehen (BGHZ 65, 246; BGH NJW 1980, 2408). Nur wenn alle oder fast alle Aktien oder Geschäftsanteile an der Kapitalgesellschaft gekauft werden, sind die Grundsätze der Sachmängelhaftung, die sonst nur beim Kauf einer Sache gelten, heranzuziehen (RGZ 120, 283; BGH NJW 1969, 184; WM 1978, 59). Dabei ist immer noch offen, was "fast alle" heißt: 49% oder auch 60% genügen nicht (BGH WM 1980, 1006).

- Viele deutsche junge Juristen haben sich postgraduierte Meriten an US-amerikanischen *law schools* erworben, sind vielleicht auch mit der M&A-Praxis in den dortigen *law firms* in Kontakt gekommen. Sie sind besonders empfänglich für die Art und Weise, wie in den USA große Unternehmenskäufe juristisch bewältigt werden, wenn sie nicht sogar Musterverträge mit nach Deutschland gebracht haben. Es ist also "in", nicht nur die Verhandlungen mit englischsprachigen Vertragspartnern auf Englisch zu führen, sondern auch Englisch als - zumeist alleinige - Vertragssprache zuzulassen und die Verträge dem Recht eines US-amerikanischen Staates oder englischem Recht zu unterstellen.

- Nun hat englisches Recht im Vergleich zum deutschen Recht den Vorteil, ein Welthandelsrecht zu sein. Die Engländer haben mit Kolonisierung und Ausweitung ihrer Handelsbeziehungen nicht nur ihre Sprache in alle vier außereuropäischen Erdteile getragen. Sie haben auch ihr Recht, das *common law*[4], in alle Kontinente (in Europa haben sie mit ihrem Recht nur Irland, nicht hingegen auch Schottland missioniert) verpflanzt. Heute lebt fast ein Drittel der Weltbevölkerung unter dem Einfluß englischen Rechts (Triebel/ Hodgson/Kellenter/Müller, a.a.O., S. 433 ff). Auch die USA gehören zum *common law* Rechtskreis.[5] Doch hat sich das US-amerikanische Recht vom englischen Mutterrecht weiter entfernt als das Recht anderer ehemaliger Kolonien: Die Unabhängigkeit (1776) mit der bewußten Abkehr von der englischen

4 In diesem Zusammenhang wird *common law* in Abgrenzung zu dem auf römischen Recht beruhenden *civil law* gebraucht.

5 Mit Ausnahme des Staates Louisiana, dessen Rechtssystem französische Wurzeln hat.

Obrigkeit sowie die autonome wirtschaftliche und politische Entwicklung haben auch dem Zivilrecht in den einzelnen Staaten der USA eine eigene Dynamik gegeben, die eigene Rechtsinstitute entwickelt hat. Dies trifft besonders auf das Unternehmenskaufrecht zu: Die Transaktionen in den USA waren größer, ihre Finanzierung an der Börse wichtiger und das Verlangen, Eigenkapital bestmöglich für die Aktionäre zu nutzen (*shareholder value*) war besonders groß. Feindliche Übernahmen *(hostile takeovers)*, also Übernahmen gegen den Willen der Unternehmensführung, waren in den USA über Jahrzehnte schon an der Tagesordnung, bevor in den deutschen Gazetten darüber geschrieben wurde, daß sich Vorstand und Aufsichtsrat der Postbank AG gegen eine feindliche Übernahme zur Wehr setzen.

B. Englisch als Verhandlungs- und Vertragssprache

Die englische Sprache ist ein wichtiges Instrument, auch anglo-amerikanische Rechtsbegriffe und Konzepte bei Gestaltung der Unternehmenskaufverträge durchzusetzen. Nun ist Englisch die *lingua franca* in unserer Weltgesellschaft. So verwundert es nicht, daß englische bzw. US-amerikanische Käufer und deutsche Verkäufer nicht nur beim ersten Kontakt, sondern auch danach nur auf Englisch kommunizieren und verhandeln. Von besonderer Bedeutung ist der Übergang von Englisch als bloße Verhandlungssprache auf Englisch als - noch dazu alleini-ge - Vertragssprache. Hat die deutsche Partei einmal Englisch als alleinige Verhandlungssprache akzeptiert, ist danach der Wechsel auf Deutsch als alleiniger Vertragssprache des Unternehmenskaufvertrages schwierig.

Auch wenn Deutsch die Vertragssprache des Unternehmenskaufvertrages wird, kann Englisch als Verhandlungssprache die im Vorfeld des eigentlichen Unternehmenskaufvertrages liegenden Erklärungen und Vereinbarungen der Parteien umfassen: *Letter of Intent* (*LoI*), *Memorandum of Understanding* (*MoU*) oder *Heads of Agreement* (*HoA*). Schon die Übersetzung dieser Begriffe bereitet Schwierigkeiten: So ist nach allgemeinem deutschen Rechtsverständnis eine Absichtserklärung, wenn nicht weitere Umstände hinzukommen, nicht bindend, hingegen wird bei einem unter Kaufleuten gegebenen *Letter of Intent* im englischen Recht Bindungswille *(the intent to create a legal relationship)* vermutet. Ob die *Heads of Agreement* oder das *Memorandum of Understanding* einer deutschen Punktation gleichkommen, ist fraglich. Für letzteres gilt die Vermutung des § 154 Absatz 1 BGB: Solange sich die Parteien nicht über alle Punkte geeinigt haben, ist eine solche Verständigung nicht bindend. Auch oder gerade die Verwendung solcher anglo-amerikanischen Begriffe löst also die wichtigste Frage nicht: Sind diese Erklärungen bindend, wenn die Parteien dies nicht ausdrücklich festgelegt haben oder sich der rechtliche Bindungswille aus den Umständen ergibt (vgl. Lutter, Der *Letter of Intent*, Köln 1982, S. 25 ff.; 91 ff). Um Vertragsverhandlungen deutlich vom Vertragsschluß abzugrenzen, hat die englische Rechtspraxis die Formel *subject to contract* entwickelt. Kommt es über die Frage der Bindungswirkung solcher Erklärungen zum Streit, so besteht bei Verwendung der englischen Sprache bisweilen größere Unsicherheit als im Deutschen, wenn der Erklärung einer Partei keine Gegenleistung der anderen Partei gegenübersteht. Denn ein dem *common law* entstammender Vertragspartner geht bei seinen Erklärungen ohne Gegenleistung *(consideration)* oft davon aus, daß diese nicht bindend sind (vgl. Triebel/Hodgson/Kellenter/Müller, a.a.O., S. 53).[6]

Wenn keine Partei der anderen den Vorrang einer Sprache als Vertragssprache einräumen will, bietet sich der zeitaufwendige Kompromiß an, den Unternehmenskaufvertrag wie auch vorausgehende Erklärungen in zwei Sprachen abzufassen. Dies alleine schafft häufig mehr Unklarheit als Klarheit: Zwei verschiedensprachige Fassungen desselben Vertrages können sich schon linguistisch nicht decken, erst recht nicht rechtlich. Daher muß um der Rechtsklarheit willen eine Vorrangklausel vereinbart werden, die regelt, welche sprachliche Fassung bei Widersprüchen den Vorrang haben soll.

Wird der Vertrag nur in der englischen Sprache abgefaßt und kommt es über die Vertragsauslegung zu Streitigkeiten vor einem deutschen staatlichen Gericht, droht eine weitere Unsicherheit: Das deutsche Gericht kann nach § 142 Absatz 3 ZPO anordnen, eine Übersetzung eines "nach den Richtlinien der Landesjustizverwaltung hierzu ermächtigen Übersetzers" beizubringen. In diesem Fall droht die Gefahr, daß die Auslegung der zwischen den Parteien strittigen Klausel des Unternehmenskaufvertrages vom Übersetzer vorentschieden wird. Gute Übersetzer werden zwar keine fundamentalen Böcke schießen und etwa "*in consideration of*" mit "mit Rücksicht auf" statt "als Gegenleistung für" übersetzen. Doch gibt es in der Tat schwierigere Übersetzungsfallen. Deshalb empfiehlt es sich bei Englisch als Vertragssprache und Geltung von deutschem Recht, wichtige deutsch-rechtliche Begriffe in Klammern hinzuzufügen. Eine Übersetzung kann häufig nicht von den Regeln über die Vertragsauslegung getrennt werden: Wer einen Vertrag übersetzt, betreibt schon Vertragsauslegung. Nun unterscheiden sich die deutschen Auslegungsregeln deutlich von den englischen und US-amerikanischen *canons of interpretation*.[7]

Die folgenden Ausführungen gehen davon aus, daß alleine Englisch die Vertragssprache des Unternehmenskaufvertrages ist.

C. Flut anglo-amerikanischer Konzepte und Begriffe

Die Flut anglo-amerikanischer Konzepte und Begriffe in der deutschen Praxis der Unternehmenskäufe ist ungebrochen. Viele solcher Begriffe sind in der englischen Sprache einfacher und griffiger als im Deutschen. Ihre Verwendung geht nicht auf Kosten der Rechtsklarheit. Doch handelt es sich dabei eher um plakative Überschriften, die zu einem unter Mitwirkung von Investment-Banken vorbereiteten *LoI*, *MoU* oder *HoA* besser passen als zum eigentlichen Unternehmenskaufvertrag. So ist die anglo-amerikanische Begriffskombination "Mergers & Acquisitions" auch in ihrer Abkürzung "M&A" beinahe geläufiger als das deutsche Pendant "Unternehmenskäufe". Je nach dem, ob es um den Kauf einzelner Vermögensgegenstände oder um Anteile geht, haben sich die Begriffe *assets* oder *share deal* eingebürgert und die deutschen Bezeichnungen "Verkauf von Vermögensgegenständen" und "Verkauf von Anteilen" fast ver-

6 Wenn sich auch das Zustandekommen eines solchen Vertrages nach deutschem Recht richtet, so kann sich ein Engländer dennoch auf die Unwirksamkeit nach dem Recht des Aufenthaltsorts berufen (so ausdrücklich Art. 31 Abs. 2 EGBGB).

7 Das auf den Vertrag anwendbare Recht bestimmt auch die auf die Vertragsauslegung an wendbaren Regeln, soweit diese nach anglo-amerikanischem Recht nicht als Institut des Prozeßrechts qualifiziert werden.

drängt. Hängt der Kaufpreis (auch) vom künftigen Ertrag des Unternehmens ab, ist das englische Wort *earn out* sicher griffig.

Kommt es aber zum Vertragstext, reichen solche plakativen Worte nicht mehr aus. Vielmehr muß ein Vertrag um der Rechtsklarheit willen im einzelnen ausformuliert werden. So ist zweifelhaft, ob *call option* einfacher zu gebrauchen ist als das deutsche Wort "Kaufoption" und *put option* einfacher als "Verkaufsoption". Allerdings sind Kombinationen solcher *call and put options* als Modell in den USA länger und öfter erprobt als in deutschen Unternehmens- und Joint Venture Verträgen (Verträge über Gemeinschaftsunternehmen), gerade zur Auflösung von Patt-Situationen. Auch die anglo-amerikanischen Begriffe entbinden nicht von der Notwendigkeit der Ausformulierung solcher Mechanismen. Dies erfordert vor dem Hintergrund deutscher Rechtsdogmatik Klarheit: Ist eine *option* das Recht auf Abschluß eines bestimmten Vertrages oder schon ein einseitiges Angebot, das die andere Seite nur anzunehmen braucht, um den Vertrag zustande zu bringen. Klarheit geschaffen werden kann hier nur, wenn die deutschen *termini* den anglo-amerikanischen Begriffen in Klammern hinzugefügt werden.

In der anglo-amerikanischen Rechtspraxis gibt es aber auch Begriffe, für die es in der deutschen Sprache noch keine Entsprechung gibt. Hier ist vor allen Dingen *due diligence* zu nennen. Hierunter versteht man die genaue Untersuchung der Zielgesellschaft, vor allen Dingen auch in rechtlicher, wirtschaftlicher, steuerlicher und buchhalterischer Sicht, bevor der Kaufvertrag endgültig wird. Auch verkaufswillige deutsche Unternehmer scheuen sich noch immer, dem potentiellen Käufer vor Abschluß des Unternehmenskaufvertrages die Tore des Unternehmens zu öffnen und einen Blick in die Bücher zu gewähren. Nach deutscher Rechtsdogmatik schadet dem Käufer Kenntnis von Mängeln, denn er kann dann darauf keine Gewährleistungsansprüche mehr stützen (§ 460 BGB), es sei denn, daß diese Vorschrift ausgeschlossen wird. Die gründliche Untersuchung der Zielgesellschaft durch Wirtschaftsprüfer und Anwälte des Käufers ist also für den Käufer nicht unbedingt von Vorteil: Je mehr Mängel der Käufer erfährt, umso geringer ist die Gewährleistungshaftung des Verkäufers. Doch wird ein anglo-amerikanischer Käufer diese simple Wechselwirkung zwischen Mangel und haftungsausschließender Kenntnis nicht hinnehmen. Vielmehr wird er - der deutschen Vertragspraxis fremd - regelmäßig zwei Dinge zum eigenen Vorteil verlangen:

- Er wird sich den eigenen *Due Diligence Report* vom Verkäufer zusichern lassen und so sicherstellen, daß die Zielgesellschaft nicht schlechter zu bewerten ist als dies in seinem eigenen Bericht ausgewiesen wird.
- Darüber hinaus wird sich der Käufer eine lange Liste von Eigenschaften des Zielunternehmens zusichern lassen, obwohl er von den Mängeln weiß. Es ist dann Sache des Verkäufers, die Mängel, auf die sich seine Haftung nicht erstrecken soll, ausdrücklich in einem *letter of disclosure* auszunehmen. Die Haftung des Ver-käufers ist kraft des vertraglichen Klauselwerkes dann nicht mehr von Kenntnis und Unkenntnis des Verkäufers, sondern vom Wechselspiel der Gewährleistungs- und Offenlegungsliste abhängig. Wer als deutsche Partei dieses Wechselspiel nicht durchschaut, hat das Nachsehen.

D. Anglo-amerikanische Strukturen

James C. Freund hat in seinem amüsanten Buch über *Anatomy of a Merger* die *four horsemen* des Unternehmenskaufvertrages genannt: *representations and warranties, covenants, conditions and indemnifications* (New York 1975, S. 153 ff). Diese Grundpfeiler des anglo-amerikanischen Unternehmenskaufvertrages sollen kurz erklärt werden, um aufzuzeigen, warum und in welchem Maße sie die Rechtsklarheit bei Geltung deutschen materiellen Rechts in Frage stellen und die Interessen eines deutschen Verkäufers, wenn er diese Strukturen nicht durchschaut, gefährden können.

Mit *representations*[8] , entweder allein oder zusammen mit *warranties* gebraucht, will der Käufer den Verkäufer zu Zusicherungen in bezug auf den Kaufgegenstand veranlassen.[9] Die von anglo-amerikanischen Käufern vorgeschlagenen Zusicherungen sind zum Teil sehr konkret und oft das Ergebnis der *due diligence* des Käufers: Bestimmte Umstände, die er bei seinen Recherchen herausgefunden hat und über die noch Zweifel bestehen oder auf deren Vorhandensein oder Fehlen er Wert legt, läßt er sich zusichern. Solche Zusicherungen beziehen sich auf einen bestimmten Zeitpunkt: entweder auf den Vertragsschluß *as of the agreement date* oder auf ein künftiges Ereignis, meist auf den Rechtsübergang *as of closing*, oder auf beide Zeitpunkte. *Warranties* sollen sich mehr auf Vergangenheit und Gegenwart, *representations* auf den zukünftigen Zustand beziehen. Nun kennt auch das deutsche Recht bei Sachmängelgewährleistung "zugesicherte Eigenschaften" in § 463 BGB. Werden die anglo-amerikanischen Begriffe in Unternehmenskaufverträgen ohne Erläuterung gebraucht, so ergeben sich aus deutsch-rechtlicher Sicht Zweifel, die zu Rechtsunsicherheit führen:

- Nach deutschem Recht können nur "Eigenschaften" zugesichert werden. Deutsche Gerichte legen diesen Begriff restriktiv aus: Darunter fallen nur auf Dauer anhaftende Merkmale, die für den Wert, den vertraglich vorausgesetzten Gebrauch oder aus sonstigen Gründen für den Käufer erheblich sind.[10] Umstände, die erst künftig eintreten, oder nur von kurzer Dauer sind, sind hingegen grundsätzlich nicht zusicherungsfähig.

- Nach deutschem Recht ist zu unterscheiden zwischen einer zugesicherten Eigenschaft, einer selbständigen und einer unselbständigen Garantie. Beim Gebrauch der englischen Begriffe ist die rechtliche Ein-

---

8 *Representations* können die Vertragsparteien schon vor Vertragsschluß geben. Sind solche representations falsch, werden sie *misrepresentations* genannt und können - je nach Ver schuldensgrad - gesetzliche oder deliktische Ansprüche auslösen. Die wichtige Frage zum Beispiel nach englischem Recht ist dann, ob sie darüber hinaus noch Vertragsinhalt werden, dessen Verletzung vertragliche Schadenersatzansprüche begründen kann (vgl. im einzelnen Triebel/Hodgson/Kellenter/Müller, a.a.O., S. 61 f.).

9 Auch der Käufer kann solche Zusicherungen dem Verkäufer gegenüber abgeben.

10 Deutsche Gerichte - und dies mag paradox erscheinen - bezwecken mit dieser einengenden Auslegung auch den Schutz des Käufers: Sie wollen ihm bei Fahrlässigkeit des Verkäufers Rechte aus Verschulden bei Vertragsschluß auch dann noch zusprechen, wenn die kurze sechsmonatige Verjährungsfrist (die bei Arglist des Käufers nicht gilt) für Gewährleistungsansprüche schon abgelaufen ist.

ordnung in einer dieser Kategorien mit ihren unterschiedlichen Voraussetzungen, Rechtsfolgen und Verjährungsfristen schwierig.

Von noch größerer Bedeutung für den Käufer ist die zeitliche Komponente: zwischen Vertragsabschluß *signing* und späterem Übergabezeitpunkt *closing.*[11] In der Praxis der US-amerikanischen M&A-Anwälte ist das *closing* oft ein aufregenderes Ereignis als der vorausgegangene Vertragsschluß: Im Unternehmenskaufvertrag aufgeführte Bedingungen werden in einem gesonderten Treffen, *closing* genannt, erfüllt und zu diesem Zweck alle möglichen Dokumente zwischen den Parteien ausgetauscht. Der Unternehmenskaufvertrag wird mit *signing* zwar formgültig abgeschlossen, doch hängt der Rechtsübergang vom Eintritt dieser aufschiebenden Bedingungen *(conditions precedent)* ab: nicht nur von der Zahlung des Kaufpreises, die oft mit bankbestätigtem Scheck *(banker's draft)* erfolgen muß, sondern auch von der Zustimmung der Gremien (*Board* der englischen *Company* oder der US-amerikanischen *Corporation*), von behördlichen Genehmigungen (in den USA vor allem von der SEC[12]), steuerlichen Zusagen *(tax rulings)*, der Beibringung zahlreicher Unterlagen, vor allem *opinion letters*. Häufig wird in dem so bedingten Unternehmenskaufvertrag noch der Abschluß bestimmter Verträge in einer *agreed upon form* vereinbart, so z.B. Anstellungsverträge mit leitenden Mitarbeitern oder des Verkäufers selbst. Besonders gefährlich sind aus Sicht des deutschen Verkäufers die folgenden *conditions precedent*, die alleine dem Schutz des Käufers dienen sollen:

- Der Käufer macht die Wirksamkeit des Vertrages alleine von der Zustimmung seines Gremiums abhängig, also vom *Board* der englischen *company* oder US-amerikanischen *corporation*. Bei einem solchen einseitigen Gremienvorbehalt ist der Verkäufer an den Vertrag gebunden, nicht aber der Käufer.

- Der Vertrag kann erst mit einer (für den Käufer) positiven Stellungnahme zu den wirtschaftlichen oder rechtlichen Verhältnissen der Zielgesellschaft wirksam werden. Auch in einem solchen Fall hat es der Käufer praktisch in der Hand, ob er an dem Vertrag festhalten will. Weniger gefährlich ist ein sog. *comfort letter* des Wirtschaftsprüfers des Verkäufers, der bestätigt, daß im zurückliegenden Geschäftsjahr keine ungünstigen Umstände eingetreten sind.

- Der Käufer macht die Wirksamkeit des Vertrages von der Finanzierung des Kaufpreises abhängig, etwa über die Börse.

Wenngleich der Unternehmenskaufvertrag aufschiebend bedingt ist, sind die Parteien auch zwischen Vertragsabschluß und *closing* einander verpflichtet, und zwar aufgrund besonderer *covenants*: Der Käufer verpflichtet sich danach, die Zielgesellschaft wie ein ordentlicher Kaufmann zu führen. Bei nachfolgendem *closing* sind weitere Bestimmungen nötig, etwa daß alle *representations and warranties* auch dann noch zutreffen. Weiterhin muß unterschieden werden, welche vertraglichen Bestimmungen, insbe-

---

11 Vom *closing* ist bisweilen *completion* zu unterscheiden. Fallen *signing* und *closing* aus einanader, spricht man vom *deferred closing*, fallen sie zusammen, vom *simultaneous closing*.

12 SEC - *Securities Exchange Commission.*

sondere *covenants*, mit dem *closing* enden und welche das *closing* überleben sollen, so insbesondere die negative Verpflichtung des Verkäufers, mit der gekauften Zielgesellschaft für einen bestimmten Zeitraum nicht in Wettbewerb zu treten (ein sog. *post-closing covenant*).

Auch nach deutschem Recht ist es möglich, den Rechtsübergang von aufschiebenden Bedingungen abhängig zu machen (§ 158 BGB), wie zumeist von dem Eingang des Kaufpreises auf dem Konto des Verkäufers. Ein hinausgeschobenes *closing* ist deshalb nicht nötig, weil die aufschiebende Bedingung nicht nur für den schuldrechtlichen Kaufvertrag, sondern auch für den dinglichen Rechtsübergang vereinbart werden kann und der Rechtsübergang mit Bedingungseintritt "automatisch" vollzogen wird, so etwa der Eigentumsübergang bei beweglichen Sachen[13] oder der Wechsel der Inhaberschaft bei *shares*, seien dies Aktien an einer AG, Geschäftsanteile an einer GmbH oder Anteile an einer KG oder oHG. Dies gilt auch für die Anmeldung des Unternehmenserwerbs beim Bundeskartellamt nach § 24 a GWB.

Letztlich gibt es die sog. *indemnifications*, die Freistellungen, deren Folgen unterschiedlich sind, je nach dem, ob die *representations and warranties* falsch waren oder ob die *covenants* verletzt worden sind. Solche Freistellungen sind nach deutschem Recht nicht in demselben Umfang wie in anglo-amerikanischen Vorbildern nötig, weil das deutsche Schadensersatzrecht ausgeprägt genug ist. Allerdings besteht auch aus deutsch-rechtlicher Sicht bei Unternehmenskäufen die Notwendigkeit, das gesetzliche Rücktrittsrecht der Käufers auszuschließen oder einzuengen und zum Schutze des Verkäufers Schadensersatzansprüche zu begrenzen.

E. Tendenz zum Detail

Wenn englische oder US-amerikanische Juristen Unternehmenskaufverträge ausarbeiten, sind diese zumeist genauer und präziser, dafür aber auch länger und umständlicher als die Entwürfe deutscher Juristen. Die Gründe für die Vorliebe der anglo-amerikanischen Juristen für das Detail sind mannnigfaltig:

- Das Zeitalter der Aufklärung mit seinem Kodifikationsgedanken hat die englischen Küsten und zu einem gewissen Grade auch Nordamerika noch nicht erreicht. Zwar gibt es auch in England Gesetze, doch sind dies mehr Kompilationen des richterlichen Fallrechts, Änderungen dieses Richterrechts anstelle wissenschaftlicher Aufarbeitungen von Rechtsprinzipien mit vorangestelltem "Allgemeinen Teil". Im BGB gibt es dies gleich zwei Mal: im ersten Buch den "Allgemeinen Teil" und im zweiten Buch die den einzelnen Schuldverhältnissen vorangestellten allgemeinen Rechtsregeln. Der deutsche Jurist kann diese allgemeinen Regeln ohne Verweis einbeziehen; der anglo-amerikanische Jurist, der diese Erleichterung nicht hat, versucht dieses Manko durch Ausführlichkeit beim *drafting* wettzumachen.

13 Der Eigentumsübergang an Grundstücken kann allerdings nicht von einer Bedingung abhängig gemacht werden (§ 925 Absatz 2 BGB).

- Anglo-amerikanisches Gesetzes- und Richterrecht haben kein dem deutschen Recht entsprechendes nachgiebiges Recht oder "typische" Schuldverhältnisse entwickelt, die eingreifen, wenn der Vertrag schweigt.[14] Darüberhinaus sind im anglo-amerikanischen Recht viele Rechtsfolgen, etwa die Zahlung von Zinsen, so unklar, daß der gewissenhafte Jurist sich zur Spezifizierung aufgerufen fühlt.

- Der deutsche Gesetzgeber hat sich mit seinen Generalklauseln, insbesondere dem Gebot von "Treu und Glauben" in § 242 BGB viele Worte erspart, dafür dem Gesetzgeber und den Kommentaren jedoch Hausarbeiten aufgegeben: Verkäufer und Käufer des Unternehmenskaufvertrags sind in der Ausübung ihrer Rechte durch dieses Gebot beschränkt. Im englischen Recht gibt es, jedenfalls beim Schadensersatzrecht, kein solches Gebot von Treu und Glauben.[15] Deshalb fühlt sich der anglo-amerikanische Jurist beim *drafting* unsicherer und ist bei Darstellung der Rechtsvoraussetzungen und besonders der Rechtsfolgen häufig genauer als sein deutscher Kollege, der sich auch in Verträgen mit "Generalklauseln" begnügt und sicher fühlt.

- Der Hang anglo-amerikanischer Juristen zur Ausführlichkeit wird vor dem Hintergrund besonderer Auslegungsregeln verständlicher, die vom deutschen Recht abweichen: Die anglo-amerikanischen Auslegungsregeln sind starrer und wortgläubiger als die deutschen (vgl. Triebel/Hodgson/Kellenter/Müller, a.a.O., S. 67 ff). Grundsätzlich kommt es bei der Vertragsauslegung auf den Wortlaut an. Sind die Worte in einem Vertrag klar, dann entscheidet der nackte Wortlaut (*plain meaning rule*). Demgegenüber treten Sinn und Zweck der vertraglichen Bestimmung (die teleologische Auslegung) zurück. Vertragsgeschichte, also Inhalt der Vertragsverhandlungen, darf nach englischem Prozeßrecht bei der Vertragsauslegung grundsätzlich nicht berücksichtigt werden, wenn dies zur Änderung, Ergänzung oder gar zur Widerlegung des schriftlichen Vertragstextes führt. Deshalb legt der anglo-amerikanische Jurist mehr Wert und größere Sorgfalt auf den Vertragswortlaut. Bei Aufzählungen wird der nachfolgende allgemeinere Begriff im Lichte der vorausgehenden Worte eng ausgelegt (*ejusdem generis rule*). Um diese Regel auszuschalten, verwendet der anglo-amerikanische Jurist bei Aufzählungen stereotyp "*without affecting the generality of the foregoing*", was nach deutschem Recht, weil es keine solche Auslegungsregel gibt, keinen Sinn macht.

- US-amerikanische, aber auch englische Parteien scheuen Auseinandersetzungen vor staatlichen Gerichten mehr als deutsche Parteien und vereinbaren deshalb besonders detaillierte Verträge. Das anglo-

---

14 Vgl. auch oben Fußnote 3.

15 Im englischen Billigkeitsrecht *equity* kann der Gläubiger seine Rechtsbehelfe *remedies* (wie vor allem Vertragserfüllung *specific performance*) nur ausüben, wenn er sich an bestimmte Maximen, die wiederum vielen konkreten aus Treu und Glauben fließenden Geboten ähneln, hält.

amerikanische Prozeßrecht ist in besonderem Maße zeit- und kostenaufwendig.

Diese Tendenz anglo-amerikanischer Entwürfe zum Detail und zur Genauigkeit erleichtert für den Laien die Verständlichkeit und Lesbarkeit des Vertrages und dient auf dem ersten Blick der Rechtsklarheit. Doch ist diese Tendenz für den deutschen Verkäufer und seinen juristischen Berater bisweilen gefährlich: Das in weiten Teilen nachgiebige deutsche Recht kann von genauen Vertragsklauseln, die die Voraussetzungen und Rechtsfolgen bisweilen anders regeln, aus den Angeln gehoben werden. Der Umkehrschluß ist häufig angebracht: Wenn die Parteien spezielle Regelungen treffen, kann der Rückschluß auf das nachgiebige deutsche Recht in größerem Umfang ausgeschlossen sein, als dies der deutsche Verkäufer erwartet. Diese Tendenz zum Detail kann also auch zu Rechtsunsicherheit führen.

F. Sonstige Bestimmungen

Die Bestimmungen am Ende eines Unternehmenskaufvertrages werden im Englischen häufig mit *miscellaneous* überschrieben, im US-amerikanischen Juristenjargon und neuerdings auch von englischen Anwälten werden sie *boiler plate* genannt. Einige solcher Bestimmungen entsprechen ungefähr deutschen Rechtsvorstellungen, andere sind dem deutschen Recht fremd.[16] Wiederum andere gibt es nur im deutschen Recht, die, wenn sie anglo-amerikanischem Recht unterstünden, unwirksam wären. Selbst bei den für Laien und oft auch Juristen uninteressanten Schlußbestimmungen des Unternehmensvertrages ist also Aufmerksamkeit geboten. Das sollen einige Beispiele illustrieren.

Die Teilnichtigkeit *(severability)* findet sich auch in anglo-amerikanischen Verträgen: Wenn einzelne Bestimmungen unwirksam oder nichtig sind, wird die Wirksamkeit der übrigen Bestimmungen hiervon nicht berührt. Diese Regelung ist nach anglo-amerikanischem Recht und der dort geltenden *blue pencil rule* ebenso wie nach § 139 BGB wichtig, um zu verhindern, daß der gesamte Vertrag bei Unwirksamkeit einzelner Bestimmungen mit in den Abgrund rechtlicher Unwirksamkeit gerissen wird. In deutschen Verträgen findet sich in der Teilnichtigkeit auch eine Bestimmung über Vertragslücken. Die Parteien sollen verpflichtet sein, diese Lücken so zu schließen, wie dies dem mutmaßlichen Interesse der Parteien entsprochen hätte. Die Wirksamkeit einer solchen Verpflichtung zur Lückenfüllung wäre bei Vereinbarung englischen Rechts zweifelhaft. Denn eine Klausel, die die Parteien verpflichtet, *to negotiate and agree*, ist wahrscheinlich zu vage, um rechtlich durchsetzbar zu sein.

---

16 In englischen Verträgen finden sich ausführliche Regelungen über Aufrechnungen *(set-off)* und Zurückbehaltungsrecht *(right of retention)*, nicht hingegen in deutschen Verträgen. Dies hat nach anglo-amerikanischem Recht seine Bedeutung, weil Aufrechnung und Zurückbehaltungsrecht dort kompliziert geregelt und zumeist ein Institut des Prozeß- und nicht des Vertragsrechts sind. Nach deutschem Recht ist die Abtretung von Rechten aus Unternehmenskaufverträgen grundsätzlich möglich, es sei denn, dies ist ausgeschlossen. Nun ist das deutsch-rechtliche Institut der Abtretung in den §§ 398 ff. BGB besonders abstrakt und liberal geregelt. Hingegen ist im anglo-amerikanischen Recht die Abtretung nicht so einfach geregelt, weshalb sich ausdrückliche Klauseln über *successors* und *assignees* in anglo-amerikanischen Unternehmenskaufverträgen finden.

Mit der Schriftformklausel wollen die Parteien verhindern, daß mündlich Gesprochenes Vertragsinhalt wird. Nach anglo-amerikanischem Recht ist ein solches *entire agreement* auch in prozeßrechtlicher Hinsicht von Bedeutung: Nach anglo-amerikanischem Recht kann bei einem schriftlichen Vertrag der Zeugenbeweis dann nicht zugelassen werden, wenn dadurch der schriftliche Vertragstext geändert, ergänzt oder diesem widersprochen werden soll. Diese sog. *parol evidence rule*, über deren Grenzen man heute im anglo-amerikanischen Recht streitet, wird durch die *entire agreement clause* weiter verstärkt. Was während der Vertragsverhandlung gesagt wird, kann nach anglo-amerikanischem Prozeßrecht grundsätzlich nicht zur Auslegung des Vertrages herangezogen werden. Anders ist nach deutschem Recht die Vertragsgeschichte eine wichtige Auslegungsregel: Wieviele Beweisaufnahmen vor deutschen Gerichten zielen nicht darauf ab, durch die Vertragsverhandlungen zu beweisen, daß der schriftliche Vertragstext zu ergänzen, abzuändern oder ihm gar ein anderer Inhalt zu geben ist.[17]

Früher der deutschen Rechtspraxis absolut fremd, heute jedoch in einigen deutschen Unternehmensverträgen auffindbar, sind die Benachrichtigungsklauseln *(notice clauses)* anglo-amerikanischen Vorbilds, die genau ausführen, wie, an wen und binnen welcher Frist Benachrichtigungen und Willenserklärungen zu senden sind. Diese *notice clauses* haben nach englischem Recht eine weitere Bedeutung, denn sie begründen nach englischem Prozeßrecht die Gerichtsbarkeit englischer Gerichte: Immer dann, wenn Zustellungsvollmachten vertraglich vereinbart werden, auch für gerichtliche Einleitungsschritte, sind englische Gerichte zuständig.
Häufig findet sich in anglo-amerikanischen Verträgen noch die aus deutsch-rechtlicher Sicht nichtssagende Klausel: *Time is of the essence in relation to this agreement*. Diese Klausel hat ihre Berechtigung im englischen Recht: Die Verletzung einer Frist löst grundsätzlich nur Schadensersatzansprüche aus, gibt dem Gläubiger jedoch noch nicht das Recht, sich außerdem vom Vertrag loszusagen. Um dies zu erreichen, werden diese Worte in die Verträge geschrieben. Diese Worte bewirken nach englischem Recht auch, daß die eine Partei zur Leistung verpflichtet ist, wenn die andere fristgerecht erfüllt. Nach deutschem Rechtsverständnis stiften solche Zusätze große Verwirrung: Soll damit ein (etwa gar absolutes) Fixgeschäft begründet oder nur auf die Notwendigkeit einer Mahnung für Verzug oder auf die Nachfristsetzung gemäß § 326 BGB verzichtet werden?

G. Der Kampf ums anwendbare Recht

Gemeinhin geht es beim anwendbaren Recht um zwei Fragen: Erstens, welches Recht auf den Unternehmenskaufvertrag anzuwenden ist (materielles Recht); und zweitens, welche Gerichte oder welches Schiedsgericht über Streitigkeiten aus oder im Zusammenhang mit dem Unternehmenskaufvertrag entscheiden (Prozeßrecht). Doch sind diese beiden Fragen oft nur Ausgangspunkt für weitere international-rechtliche Teilfragen: Entscheidet das materielle Recht über alle Gesichtspunkte des Vertrages, sein Zustandekommen, seinen Umfang und seine Auslegung, die Rechtsfolgen, den Rechtsübergang und das Erlöschen von Rechten? Welche Regeln entscheiden über das anzuwendende Recht, wenn die Parteien das anwendbare materielle Recht nicht aus-

[17] Die Schriftformklausel ist, soweit sie sich auf Änderungen des Vertrages bezieht, im anglo-amerikanischen und deutschen Recht gleichermaßen wichtig. Im deutschen Recht findet sich dann noch die Bestimmung, daß auch der Verzicht auf die Schriftformklausel schriftlich erfolgen muß. Hierzu gibt es im anglo-amerikanischen Recht keine Entsprechung.

drücklich gewählt haben - entweder ein stillschweigend gewähltes Recht oder das Recht, das dem hypothetischen Parteiwillen entspricht, weil es die "engsten Verbindungen" mit einem bestimmten Recht aufweist? Nun ist Internationales Privatrecht (eine *contradictio in adjecto*) kein internationales, sondern ein nationales wenngleich durch internationale Konventionen heutzutage in Europa in Teilbereichen einander angegliches Recht. So gibt es unterschiedliche Internationale Privatrechte, z.B. deutsches, schweizerisches, englisches oder kalifornisches Internationales Privatrecht (*conflict of law*). Welche Regeln gibt es nun, die klären, welches Internationale Privatrecht in einem solchen Fall anzuwenden ist? Jedes nationale staatliche Gericht wendet das heimische Internationale Privatrecht an (*lex fori*); internationale Schiedsgerichte haben verschiedene Regeln entwickelt und wenden das Internationale Privatrecht am Schiedsgerichtsort an, stellen ein supranationales internationales Schiedsgericht dar oder wählen den sog. direkten Weg auf das nationale Recht.

Erfahrene Juristen wissen, daß sich das Verfahrens- und Prozeßrecht verschiedener Rechtsordnungen noch stärker voneinander unterscheidet als das materielle Recht. Deshalb ist die zweite Ausgangsfrage besonders wichtig, also welche Gerichte und Schiedsgerichte berufen sind, Streitigkeiten zwischen den Parteien des Unternehmenskaufvertrages zu entscheiden. Auch hier können sich die Parteien über die - ausschließliche oder nicht ausschließliche -Zuständigkeit bestimmter Gerichte einigen oder stattdessen die Zuständigkeit eines Schiedsgerichts wählen. Bei der Schiedsgerichtsbarkeit besteht wiederum die Möglichkeit der Wahl zwischen einem *ad hoc* oder einem institutionellen Schiedsgericht. Indes ist im Verhältnis zwischen deutschen und US-amerikanischen Schiedsgerichten die Frage am wichtigsten, welches Prozeßrecht das Schiedsgericht anwendet. Hierbei kommt es - wenn die Schiedsgerichtsregeln dies nicht ausdrücklich vorschreiben - zumeist auf den Vorsitzenden des Schiedsgerichts an und darauf, ob dieser im *common law* Rechtskreis oder in einer vom kanonischen Recht geprägten Prozeßrechtsordnung ausgebildet wurde,[18] ein anglo-amerikanischer oder deutscher Jurist ist und ob er z.B. den strengen beweisrechtlichen anglo-amerikanischen Prozeßrechtsbestimmungen oder dem deutsch-rechtlichen Grundsatz freier Beweiswürdigung (vgl. § 286 ZPO) folgt.

Zwischen der ersten und der zweiten Ausgangsfrage, also zwischen materiellem und Prozeßrecht gibt es keine einheitliche Grenze in den unterschiedlichen Gerichtsordnungen. Ob der deutsche Verkäufer eines Unternehmens vom englischen Käufer, der den Kaufpreis nicht zahlt, Zinsen verlangen kann, wird nach englischem Recht häufig als Frage des Prozeßrechts, nach deutschem Recht als Frage des materiellen Rechts qualifiziert (vgl. Hunter/Triebel, Awarding Interest in International Arbitration, Journal of International Arbitration 1989, S. 7 ff). Ebenso wird die Berechnung von Schadensersatz *(calculation of damages)* im englischen - im Gegensatz zum deutschen - Recht nicht vom gewählten materiellen Recht, sondern vom anwendbaren Prozeßrecht entschieden.

Wenn diese Fragen des anwendbaren Rechts nicht verständlich geregelt sind, kommt es zur Rechtsunsicherheit. Mit dieser Begründung streitet häufig jede Partei um die Anwendung ihres "Heimatrechts". Der Kampf englischer und US-amerikanischer Partei-

---

18 Das römische Recht hat zwar das materielle Recht der meisten nicht auf *common law* fußenden Rechtssysteme beeinflußt. Das Prozeßrecht in diesen Ländern wurde jedoch mehr vom kanonischen Prozeß geprägt.

en, ihr eigenes Recht durchzusetzen, wird in den letzten Jahren bei Unternehmenskaufverträgen immer spürbarer.[19] Manche mitarbeitermäßig aufgeblähten englischen und US-amerikanischen *law firms* leiden stark unter dem nachlassenden M&A Geschäft und wollen um ihrer eigenen *billable hours* willen die Fortsetzung ihres Mandats sichern und den Unternehmenskaufvertrag deshalb nicht deutschem, sondern englischem Recht oder dem Recht eines US-amerikanischen Staates unterstellen. Der Kampf um das anwendbare Recht wird allerdings mit vorgeschobenen Argumenten ausgetragen. Ausländische Anwälte nehmen ihre deutschen Kollegen, die für denselben Mandanten tätig sind, an die kurze Leine und lassen sie nur zu Detailfragen Stellung nehmen, möchten aber die Verträge selbst gestalten und in Verhandlungen mitwirken und letztlich auch den Rechtsgehalt der Verträge selbst beurteilen, was sie nur können, wenn sie auf die Verträge ihr heimisches Recht anwenden.

Deutsche Rechtsanwälte haben Argumente zur Hand, um die Anwendung des fremden Rechts einzugrenzen. Dieses fremde Recht muß nämlich, auch wenn es ausdrücklich vereinbart wurde, nicht alle Aspekte des Unternehmenskaufvertrages regieren.[20] Hier überzeugt häufig das Argument, daß der dingliche Rechtsvollzug nur nach deutschem Recht erfolgen kann. Deutsches Recht unterscheidet (auch in den Rechtsfolgen) nämlich klarer als ausländisches Recht (natürlich mit Ausnahme japanischen Rechts) zwischen schuldrechtlichem und dinglichem Vertrag (Abstraktionsprinzip). Die schuldrechtlichen Beziehungen können fremdem Recht unterstellt werden. Das für die Rechtsübertragung maßgebliche Recht richtet sich nach dem Belegenheitsort, der *lex rei sitae*, und kann grundsätzlich nicht gewählt werden (BGHZ 39, 172; 45, 95, 97). Werden also bei einem *asset deal* Grundstücke, aber auch bewegliche Sachen, die sich in Deutschland befinden, übertragen, entscheidet über den Eigentumsübergang an diesen Sachen deutsches Recht (OLG Hamm, IPRFTR 1985, Nr. 143). Auch beim *share deal* müssen die einzelnen Anteile, sei es an der Personen- oder der Kapitalgesellschaft, nach dem Recht, das die Rechtsverhältnisse der Gesellschaft bestimmt (*lex societas*) übertragen werden. Hinzu kommt bei den in der Praxis wichtigen Abtretungen von GmbH-Geschäftsanteilen die Formvorschrift des § 15 Abs. 3 GmbHG: die Abtretung muß notariell beurkundet werden.[21] Weil bei hohem Gegenstandswert die Notarkosten

---

19 Bei dem Kauf eines Unternehmens mit Tochtergesellschaften in verschiedenen Jurisdiktionen ist es sinnvoll, den übergeordneten Kaufvertrag einem Recht zu unterstellen und lediglich für Teilaspekte das Recht am Belegenheitsort der jeweiligen Tochtergesellschaft zu vereinbaren.

20 Dieses Phänomen der Anwendung verschiedener Rechte auf einen Vertrag wird im Internationalen Privatrecht *Dépeçage* genannt.

21 § 15 Abs. 3 GmbHG - ebenso wie Abs. 4 für die Begründung einer Verpflichtung zur Abtretung eines GmbH-Anteils - ist eine rechtspolitisch höchst umstrittene Norm: Warum kann ein GmbH-Anteil nur in notariell beurkundeter Form abgetreten werden, Inhaberaktien dagegen durch bloße formlose Einigung und Übergabe der Aktien und Namensaktien durch bloße Einigung, notfalls mit zusätzlichem Indossament auf der Rückseite? Soll die freie Übertragbarkeit eingeschränkt werden, um die engen Bande der Gesellschafter einer GmbH nicht zu gefährden? Steht dahinter nicht reines "Pfründedenken" des deutschen Notariats? Geht dieses Gebühreninteresse einer Juristenklasse nicht so weit, daß Deutschland zur juristischen Diaspora gemacht wird (wie denn einst auch Louisiana das französische Recht und nicht das englische *common law* rezipierte)?
In Rechtsprechung und Literatur werden im wesentlichen zwei rechtspolitische Zwecke für das Formerfordernis in § 15 Abs. 3 und 4 GmbHG genannt: In erster Linie soll das Beurkundungserfordernis den leichten und spekulativen Handel mit Geschäftsanteilen an der

unangemessen hoch sind, wird diese Bestimmung von Ausländern (zu Recht) als abschreckend empfunden. Nach Art. 11 Abs. 1 EGBGB soll auch die Beachtung der Ortsform genügen: Heißt dies, daß die Beurkundung der GmbH-Anteilsübertragung auch vor einem schweizer Notar zu angemessenen Kosten erfolgen kann? Der Bundesgerichtshof hat diese Frage bejaht, Literaturstimmen wettern gegen diese Rechtsprechung (vgl. hierzu BGH RIW 1989, 694).

H. Harmonie von Sprache, Recht und Gerichtsbarkeit

Fallen anwendbares Recht, Gerichtsbarkeit und Vertragssprache zusammen, so dient es der Einfachheit, Klarheit und Rechtssicherheit. Eine große Gefahr für die Rechtsklarheit ist es, einen Vertrag bis zum bitteren Ende auszuverhandeln und zu formulieren und dann bei der allentscheidenden Rechtswahlklausel nicht auf Stimmigkeit zu achten: Folgt der Vertrag in Struktur, Konzept und Begriffen anglo-amerikanischem Muster, wäre es widersinnig, den Vertrag deutschem Recht zu unterstellen. Viele Klauseln geben dann überhaupt keinen Sinn. Unklarheiten über Rechte und Pflichten der Parteien sowie die Rechtsfolgen sind dann unvermeidlich. Auch der Ausweg auf ein "neutrales" Recht, etwa schweizer oder schwedisches Recht kann gefährlich sein, weil - trotz Zugehörigkeit zum deutschen Rechtskreis -Unterschiede im Detail zu Unklarheit führen können. Unterstellen die Parteien eines Unternehmenskaufvertrages den Vertrag deutschem materiellen Recht und wählen sie Deutsch als Vertragssprache und lassen ein deutsches Gericht (oder ein aus deutschen Juristen bestehendes Schiedsgericht) alleine über Streitigkeiten entscheiden, so fördert dies die Rechtsklarheit. Oder umgekehrt: Wird der Vertrag in englischer Sprache entsprechend englischer Rechtspraxis abgefaßt und der ausschließlichen Gerichtsbarkeit englischer Gerichte unterstellt, so ist diese Rechtssicherheit gewahrt. Wird diese Einheit von Recht, Sprache und Gerichtsbarkeit gestört, so geht dies zumeist auf Kosten der Rechtsklarheit. Vor jedem Auseinanderfallen muß gewarnt werden.

Unterliegt der Unternehmenskaufvertrag deutschem Recht und deutscher Gerichtsbarkeit (oder einem aus deutschen Juristen bestehenden Schiedsgericht), so können alleine durch die Verwendung von Englisch als Vertragssprache Unsicherheiten entstehen. Die

Börse oder grauem Markt verhindern (st. Rechtspr. RGZ 68, 393, 396; BGHZ 75, 352, 353 und Lit. Lutter/Hommelhoff, GmbH-Gesetz, 14. Auflage, Köln 1995, § 15 Rz. 11; Scholz, GmbHG, 8. Auflage, Köln 1993, § 15 Rz. 38 m.w.N. in Fn 142). Daneben soll das Formerfordernis der Beweiserleichterung dienen (RGZ 164, 162, 170; BGHZ 13, 49, 52).

Viele anglo-amerikanische Anwälte geißeln die umständliche Beurkundungspraxis des deutschen Notariats, wonach selbst unter Anwälten ausgehandelte, oft seitenlange Verträge mit allen Anlagen um ihrer Wirksamkeit willen stundenlang in Anwesenheit des Notars und der Parteien (oder ihrer Vertreter) vorgelesen werden müssen.

Es besteht allerdings die Möglichkeit der Bezugsbeurkundung nach § 9 Abs. 1 Satz 2 BeurkG, von der in der Praxis sehr häufig Gebrauch gemacht wird. Bei der Bezugsbeurkundung kann auf die Verlesung, Genehmigung und Beifügung des in Bezug genommenen Schriftstücks verzichtet werden, wenn dieses Schriftstück selbst notariell beurkundet ist (§13 a Abs. 1 und 2 BeurkG). Diese notarielle Niederschrift braucht keine Erklärungen der an der jetzigen notariellen Beurkundung Beteiligten zu enthalten (Palandt-Heinrichs, 50. Aufl. München 1991, § 13 a BeurkG Rz. 2, ab 51. Aufl BeurkG nicht mehr kommentiert). Auf diese Weise können längere Verträge vom Notar mit Hilfe seiner Angestellten im Wege einer Zwischenbeurkundung vorbereitet werden.

englische Rechtssprache hat einen anderen Begriffshimmel geschaffen als die deutsche. Englische Terminologie kann häufig nur vor dem Hintergrund anglo-amerikanischen Rechts verstanden werden. Wollen sich die Parteien Klarheit über den Umfang des Vertrages verschaffen, müssen sie den Vertrag auslegen. Welchen Text soll der deutsche Richter oder deutsche Schiedsrichter auslegen? Deutsche Gerichte machen sich dies häufig sehr einfach und verlangen die Vorlage einer deutschen Übersetzung des englischen Vertragstextes und berufen sich dabei auf § 142 Abs. 3 ZPO.[22]

Nun gibt es auch bei Harmonie von Recht, Sprache und Gerichtsbarkeit Rechtsunsicherheit, die auf Vertrag oder unvorgesehenen Umständen beruht. Doch verursacht jeder Schritt in die Disharmonie zusätzliche Rechtsunsicherheit. Unterschiedliche Kombinationen von Recht, Sprache und Gerichtsbarkeit schaffen unterschiedliche Grade der Rechtsunsicherheit. Die Möglichkeiten der Kombinationen sind vielfältig. Das Fehlen einer ausdrücklichen Rechtswahl zugunsten eines Rechtssystems braucht alleine nicht zur Rechtsunsicherheit zu führen, da das internationale Privatrecht dann bestimmt, welches materielle Recht den Vertrag beherrscht. Ist auch die Gerichtsbarkeit nicht bestimmt, besteht allerdings die Gefahr, daß bei Zuständigkeit deutscher wie auch anglo-amerikanischer Gerichte verschiedene Regeln des Internationalen Privatrechts zur Anwendung verschiedener materieller Rechte führen. Bisweilen wählen die Parteien, weil sie sich weder auf deutsches noch englisches bzw. das Recht eines US-amerikanischen Staates einigen können, allgemeine Grundsätze des Handelsrechts, gekleidet in die altehrwürdige *lex mercatoria* (vgl. Triebel/Petzold, Grenzen der *lex mercatoria* in der internationalen Schiedsgerichtsbarkeit, RIW 1988, S. 245 ff). Dies ist die gefährlichste aller Fallen, denn hierbei gibt es keine sicheren Rechtssätze. Dann ist es fast noch besser, einem internationalen (d.h. aus Juristen verschiedener Rechtskreise bestehenden) Schiedsgericht bei der Entscheidung von Rechtsstreitigkeiten im Zusammenhang mit einem Unternehmenskauf freie Hand zu lassen und sie nicht an die Fesseln eines bestimmten nationalen Rechts zu binden, ihnen billiges Ermessen einzuräumen und sie als *amiable compositeur* (häufig auch in die lateinische Rechtsformel *ex aequo et bono* gekleidet) entscheiden zu lassen.

Literatur

Hunter/Triebel	*Awarding Interest in International Arbitration (Journal of International Arbitration* 1989, S. 7 ff.)
Lutter	*Letter of Intent*, Köln 1982
Lutter/Hommelhoff	GmbH-Gesetz, 14. Aufl., Köln 1995
Palandt-Heinrichs	Beurkundungsgesetz, 50. Aufl., München 1991
Scholz	GmbH-Gesetz, 8. Aufl., Köln 1993
Triebel/Hodgson/Kellenter/Müller	Englisches Handels- und Wirtschaftsrecht, 2. Aufl., Heidelberg 1995
Triebel/Petzold	Grenzen der *lex mercatoria* in der internationalen Schiedsgerichtsbarkeit, RIW 1988

V.

Vom Wandel im Betrieblichen Rechnungswesen

JÖRG BAETGE

Akquisitionscontrolling: Wie ist der Erfolg einer Akquistion zu ermitteln?*)

*) Herrn Dipl.-Kfm. Carsten Bruns danke ich sehr herzlich für seine tatkräftige Unterstützung.

A. Einführung

In einer Langzeitstudie über Akquisitionen, Neugründungen und Joint Ventures von 33 großen US-Unternehmen hat Porter 1987 festgestellt, daß weniger als die Hälfte der zugekauften Tochtergesellschaften nach einer Reihe von Jahren noch im Konzernverbund des neuen Mutterunternehmens verblieben waren; bei Akquistionen in neuen Geschäftsfeldern waren es nicht einmal 40% der akquirierten Unternehmen (Porter, 1987, S. 30 ff.). Zwei Jahre später untersuchte Hoffmann das Diversifikationsverhalten deutscher Großunternehmen, wobei er konzeptionell auf Porters Studie aufbaute. Im Gegensatz zu Porter ermittelte Hoffmann wesentlich positivere Ergebnisse für den Erfolg von Akquisitionen in Deutschland. Hoffmann errechnete eine Verbleibensquote von 80%, d. h. von fünf akquirierten Unternehmen wurde nur ein Unternehmen wieder verkauft oder liquidiert (Hoffmann, 1989, S. 56).

Mitunter liegt es auf der Hand, ob eine Akquisition erfolgreich war oder nicht, etwa bei offensichtlichem Mißmanagement der Konzernführung, z. B. bei der Integration der Spedition Harry W. Hamacher durch die japanische Footwork Corporation (Frantz, 1994, S. 68 ff.). Ansonsten ist der Akquisitionserfolg zu ermitteln, bevor eine Akquisition beurteilt werden kann. Allerdings ist für die Ermittlung des Akquisitionserfolgs bspw. noch nicht einheitlich geklärt, welche Untersuchungszeiträume für die Erfolgsbeurteilung zugrunde gelegt werden oder welche Maßgrößen (z. B. Cash Flow, Marktanteil, Verbleiben im Konzernverbund oder der Shareholder Value vor und nach der Akquisition) als Erfolgsmaß verwendet werden sollen.

Zu beachten ist auch, daß sich "der" Akquisitionserfolg aus mehreren Elementen zusammensetzt, wobei vor allem der Verhandlungserfolg bei den Kaufpreisverhandlungen und der Integrationserfolg bei der Eingliederung des akquirierten Unternehmens in den Konzernverbund zu nennen sind. Im folgenden wird ein Vorschlag vorgestellt, wie der Akquisitionserfolg mit Hilfe des Akquisitionscontrollings zu ermitteln ist, in seine Elemente aufgeteilt werden kann und die Abweichungen zwischen Plan und Ist zu analysieren sind. Ausgegangen wird dabei von Akquisitionen, bei denen das akquirierte Unternehmen in einen Konzern übernommen werden soll.

B. Grundlagen des Akquisitionscontrollings

I. Abgrenzung zwischen Beteiligungscontrolling und Akquisitionscontrolling

In einer 1995 vom Institut für Revisionswesen durchgeführten Studie - wir werden sie im folgenden als "IRW-Befragung" bezeichnen - gab die überwiegende Zahl der Befragten an, daß der Akquisitionserfolg durch das Beteiligungscontrolling ermittelt werden sollte, denn eine Abteilung oder Gruppe "Akquisitionscontrolling" besteht in der Praxis in aller Regel nicht. Im folgenden wird die organisatorische Einbindung des Akquisitionscontrollings nicht diskutiert, sondern es werden lediglich die Aufgaben von Akquisitionscontrolling und Beteiligungscontrolling unterschieden.

Bisher existieren weder für das Beteiligungscontrolling noch für das Akquisitionscontrolling eine Begriffsdefinition und klare Aufgabenabgrenzungen. Die Ursachen dafür liegen erstens in der bisher fehlenden theoretischen Fundierung der beiden Gebiete. Zweitens finden sich unterschiedliche praktische Ausprägungen, z. B. wird das Beteiligungscontrolling auf eine eher beobachtende Rolle beschränkt, wenn das Mutterunternehmen (gemäß der Konzernführungsstrategie) die Geschäfte der Tochterunternehmen wenig beeinflußt. Greift das Mutterunternehmen dagegen häufiger und maßgeblich in die Geschäfte des Tochterunternehmens ein, so weitet sich auch das Aufgabenfeld des Beteiligungscontrollings mitunter sogar auf Geschäftsführungsaufgaben aus (Volk, 1992, S. 311 ff.).

Der Begriff des "Beteiligungscontrollings" läßt sich durch die Aufgaben des Beteiligungscontrollers fassen: Nach Volk besteht die Arbeit des Beteiligungscontrollers aus Navigationsaufgaben und Registrationsaufgaben. Mit den Navigationsaufgaben übernimmt er wesentliche Steuerungsaufgaben, insbesondere planerische und koordinierende Tätigkeiten innerhalb des Konzernmanagements, z. B. die Implementierung eines konzerneinheitlichen Berichtswesens oder die Abstimmung der Ergebnis-, Finanz- und Leistungspläne der Tochterunternehmen mit denen der Muttergesellschaft (Schmidt, 1989, S. 270 f.; Volk, 1992, S. 311 f.). Mit den Registrationsaufgaben greift er nicht aktiv in die Geschicke des Beteiligungsunternehmens ein, sondern er erfaßt und verarbeitet Informationen, die er anschließend an Entscheidungsträger weiterleitet.

Das Akquisitionscontrolling stellt einen Sonderfall des Investitionscontrollings dar, denn Akquisitionen sind "lediglich" außergewöhnlich große und komplexe Investitionen. Dennoch ist es wegen der erheblichen Bedeutung von Akquisitionen und deren Komplexität sehr sinnvoll, ein separates Akquisitionscontrolling einzurichten. Akquisitionscontrolling läßt sich wie folgt definieren: Vergleich von Plan- und Istdaten des Akquisitionsobjekts und der es umgebenden Konzernwelt mit dem Ziel, einerseits den Akquisitionserfolg und seine Bestimmungsfaktoren herauszu-arbeiten und andererseits im akquirierten Unternehmen bisher ungenutzte Potentiale zu identifizieren, die aufgrund der Akquisition nutzbar gemacht werden können.

II. Der Controlling-Gegenstand

Das erste Problem des Akquisitionscontrollings entsteht bereits bei der Frage, was überhaupt als Controlling-Gegenstand anzusehen ist. Als Alternativen bieten sich: (1) das akquirierte Tochterunternehmen, (2) zusätzlich Einbeziehung des Mutterunternehmens oder (3) Einbeziehung sämtlicher von der Akquisition betroffener Konzernunternehmen.

Die Frage läßt sich über die Definition des Akquisitionserfolgs lösen: Eine Akquisition ist aus Sicht des Erwerbers erfolgreich, wenn sämtliche durch die Akquisition erzielten und auf den Bewertungsstichtag abgezinsten Einzahlungsüberschüsse den gezahlten Kaufpreis zuzüglich aller übrigen mit der Kaufentscheidung verbundenen Kosten übersteigen. Aus dieser Definition ergibt sich, daß nicht nur die im akquirierten Unternehmen erzielten Überschüsse zu berücksichtigen sind, sondern sämtliche durch die Akquisition entstandenen Zahlungsströme betrachtet werden müssen (Küting, 1981, S. 186; Maul, 1992, S. 1256). Bspw. sind Synergieeffekte wie steuerliche Verlustvorträge des Tochterunternehmens zu berücksichtigen, wenn das Mutterunternehmen dadurch seine Steuerschuld mindern kann.

III. Die Wirkungen des Akquisitionscontrollings

Akquisitionserfahrung stellt einen wesentlichen Erfolgsfaktor bei Akquisitionen dar. So geschehen erfolglose Akquisitionen nach einer Untersuchung von Zehnder viel häufiger bei Unternehmen mit geringer oder keiner Akquisitionserfahrung als bei erfahrenen Konzernen (Zehnder/London Business School, 1987, S. 63 ff.). Bühner stellt aufgrund empirischer Ergebnisse sogar die These auf, daß die Akquisitionserfahrung ein "Erfolgsfaktor per se" sei, mit der "Zusammenschlüsse erfolgreich gestaltet werden [können, d. Verf.], ohne daß weitere, den Erfolg beeinflussende Faktoren hinzukommen" (Bühner, 1990, S. 202). Die systematische Untersuchung bereits abgeschlossener Akquisitions- und Integrationsprozesse und das Erkennen der dabei begangenen Fehler sind eine entscheidende Voraussetzung für künftige Akquisitionserfolge (Steinöcker, 1993, S. 109). Sie tragen wesentlich zum Aufbau von Akquisitionskompetenz bei. Diese Wirkung kann als die "Lernwirkung" des Akquisitionscontrollings bezeichnet werden.

Da Versäumnisse in der Integrationsphase eines akquirierten Unternehmens häufig kaum mehr korrigierbar sind, müssen Realisationskontrollen (=Ex-Post-Kontrollen) durch Vorwarnkontrollen ergänzt werden (=Ex-Ante-Kontrollen). Somit sollte Akquisitionscontrolling nicht erst nach mehreren Jahren vorgenommen werden, d. h. zu einem Zeitpunkt, an dem die Integration des Akquisitionsobjekts im wesentlichen abgeschlossen ist. Setzt das Akquisitionscontrolling früher ein, so kann festgestellt werden, wie gut bestimmte Zwischenziele/Nebenbedingungen erreicht wurden (z. B. die Zusammenlegung des Vertriebs von Mutterunternehmen und der akquirierten Tochter). Auf Abweichungen bei Zwischenzielen kann entweder mit zusätzlichen oder geänderten Maßnahmen reagiert oder eine Zielkorrektur vorgenommen werden (Coenenberg/Baum, 1987, S. 119). Akquisitionscontrolling besitzt somit auch eine - z. T. zukunftsgerichtete - Kontrollwirkung.

Zusätzlich umfaßt Akquisitionscontrolling auch eine Präventivwirkung und eine Sicherheitswirkung (Baetge, 1993, S. 180). Präventiv wirkt Akquisitionscontrolling, wenn z. B. die Akquisitionsverantwortlichen oder die an der Objektanalyse beteiligten Mitarbeiter wissen, daß ihre Entscheidungen und Ergebnisse später kontrolliert werden und sie daher ihre Aufgaben mit größerer Sorgfalt erledigen, als wenn keine Kontrollinstanz vorhanden wäre. Akquisitionscontrolling wirkt damit zukunftsgerichtet und "erzieherisch".

Die Sicherheitswirkung des Akquisitionscontrollings besteht für die Überwacher der Akquisition, nämlich die Konzernleitung sowie für die Unternehmensbewerter, die Verhandlungsführer bei der Akquisition und den Integrator des akquirierten Unternehmens in den Konzernverbund in dem Wissen, wie gut die Akquisitionsplanung und ihre Umsetzung vorgenommen worden sind. Hierbei ergänzen sich die Ergebnisse des laufenden Controllings in den Konzernunternehmen und im akquirierten Unternehmen, des Beteiligungscontrollings und des Akquisitionscontrollings.

IV. Die Planung der Übernahme

Akquisitionscontrolling beschränkt sich nicht auf ein Controlling nach dem Kauf, sondern setzt bereits im Vorfeld der Akquisition ein, bspw. indem die Erfahrungen und das Wissen der Akquisitionscontroller für Planungszwecke, z. B. für die Unternehmensbewertung genutzt werden. Eine sorgfältige Planung für das zu bewertende Unternehmen bildet das Herzstück bei der Grenzpreisermittlung für ein mögliches Akquisitionsobjekt. Unter Planung versteht man dabei die gedankliche Vorwegnahme künftiger Entscheidungen (Hax, K., 1966, S. 189). Prognose und Planung sind nicht gleichzusetzen. Prognosen geben an, welche Ereignisse oder Ereignisfolgen wahrscheinlich eintreten werden (Adam, 1993, S. 173); sie umfassen kein aktives Handeln. Indes wird die Verwendbarkeit der Planung entscheidend durch die Treffsicherheit von Prognosen und die Korrektheit der angenommenen Wirkungszusammenhänge (häufig in Form von Modellen) beeinflußt (Reiß, 1989, Sp. 1628 ff.).

Eine sorgfältige Übernahmevorbereitung umfaßt u. a. eine intensive Unternehmensanalyse mit Besichtigungen und Gesprächen vor Ort, eine genaue Untersuchung der Wettbewerbssituation, wobei z. B. die eigenen Stärken und Schwächen mit denen der wichtigsten Konkurrenten verglichen werden oder die voraussichtliche Kapazitätsentwicklung einer Branche betrachtet wird (Zimmerer, 1988, S. 417). Unternehmensanalysen unter Nutzung interner Daten des Akquisitionsobjekts werden üblicherweise mit dem Begriff "Due Diligence" umschrieben, was ungefähr als "gebotene Sorgfalt" (bei der Akquisitionsvorbereitung) übersetzbar ist (Funk, 1995, S. 497 ff.; Kinast, 1991, S. 35 ff.). Als Ergebnisse der Due Diligence sollen schließlich folgende Fragen beantwortet werden: Welche Chancen und Risiken birgt die Übernahme dieses Unternehmens, und: wie hoch ist die Preisobergrenze?

Als Preisobergrenze - sie wird häufig auch als Grenzpreis des Käufers bezeichnet - wird ein rational handelnder Käufer maximal die Summe der Barwerte der erwarteten Einzahlungsüberschüsse der künftigen Jahre bezahlen. Denn bei einer rein finanziellen Zielsetzung entspricht der theoretisch richtige Unternehmenswert dem durch den Unternehmenskauf induzierten Zahlungsstrom zwischen Investor und Umwelt, der auf den Bewertungsstichtag abgezinst wird (Münstermann, 1970, S. 80). Daher ist nach herrschender Meinung ein Ertragswertverfahren bei der Unternehmensbewertung anzuwenden. In Deutschland werden zumeist das Ertragswertverfahren nach den Grundsätzen der HFA-Stellungnahme 2/1983 und bisweilen auch das Discounted Cash Flow-Verfahren angewendet (Peemöller/Bömelburg/Denkmann, 1994, S. 743; Suckut, 1992, S. 296). Wenn mit Einzahlungen und Auszahlungen gerechnet werden kann, dann entsprechen sich der Netto-Ansatz des DCF-Verfahrens und das Ertragswertverfahrens nach HFA 2/1983 (Ballwieser, 1995, S. 122). Der gebräuchlichere Brutto-Ansatz des DCF-Verfahrens führt im Regelfall, d. h. bei schwankenden Zahlungsreihen und einem nicht konstanten Verhältnis des Marktwerts von Eigen- und Fremdkapital, aufgrund des gewichteten Kapitalkostensatzes zu unzutreffenden Ergebnissen (Kirsch/Krause, der Artikel erscheint Anfang 1996 in der ZfB).

Nicht ertragsorientierte Maßstäbe können beim Akquisitionscontrolling zur Ergänzung des Ertragswerts herangezogen werden. Hier bieten sich u. a. der Marktanteil oder andere wesentliche Kennzahlen an, bspw. der Verschuldungsgrad. Damit lassen sich wichtige ergänzende Aussagen über den Integrationsverlauf gewinnen. Indes bilden solche Maßstäbe nur Aspekte der wirtschaftlichen Tätigkeit ab, die in den Unternehmenswert eingehen. Die übergeordnete finanzielle Zielsetzung von Akquisitionen erfaßt nur der Ertragswert (HFA des IDW, 1983, S. 469); Kennzahlen wie Marktanteile und Verschuldungsgrade sowie qualitative Größen (z. B. Vereinheitlichung der Organisationsstruktur) können als Zwischenziele oder Nebenbedingungen vorgegeben werden.

Eine zentrale Rolle bei der Ertragswertermittlung nimmt die Planung künftiger Erträge und Aufwendungen ein, in der sich die erwartete Markt- und Wettbewerbsentwicklung spiegelt (Baetge/Krumbholz, 1991, S. 18). Auch wenn das Bewertungsteam die Planung nicht selbst entwickeln muß, sondern auf eine interne Planung des zu bewertenden Unternehmens zurückgreifen kann, muß zunächst geprüft werden, ob die Annahmen der Planer plausibel sind (Funk, 1995, S. 505). Häufig ist die Planung zu revidieren, weil die geplante Entwicklung der Reallöhne, der Produktivität oder das Preis-/Mengengerüst der Umsatzplanung für zu optimistisch gehalten werden. Indes wird ein Bewerter nicht bei jedem möglichen Akquisitionsobjekt eine Unternehmensplanung vorfinden; tendenziell sind Unternehmensplanungen umso seltener vorhanden, je kleiner das zu bewertende Unternehmen ist (Ballwieser/Leuthier, 1986, S. 604).

Auch wenn eine realitätsnahe Planung des akquirierten Unternehmens vorliegt, sind noch weitere Korrekturen erforderlich. Ist z. B. eine Eingliederung des zu bewertenden Unternehmens in den Konzernverbund des Käufers geplant, so müssen die daraus entstehenden Zahlungen in die Planung eingebunden werden (vgl. IDW [Hrsg.], 1992, S. 87). Problematisch ist indes, daß wegen der erforderlichen Geheimhaltung i. d. R. keine häufigen Besuche beim zu bewertenden Unternehmen stattfinden und für die Unternehmensbewertung ein hoher Zeitdruck kennzeichnend ist (Kinast, 1991, S. 39 ff.). Aus diesem Grund besteht bei vielen Akquisitionen im Übernahmezeitpunkt keine ausreichend detaillierte Planung.

Bereits bei der Vorbereitung der Übernahme sollte sichergestellt werden, daß die Planung vom künftigen Führungspersonal des zu akquirierenden Unternehmens akzeptiert wird (Gerpott, 1993, S. 493). Auf diese Weise können unnötige Frustrationen verhindert werden, die sonst u. U. zum Weggang von Personen in Schlüsselstellungen führen. Sinnvoll ist z. B., das "alte" Management des zu akquirierenden Unternehmens in die Planung mit einzubinden, wenn es übernommen werden soll.

Gomez/Weber empfehlen, den Projektleiter der Akquisition in das Management des akquirierten Unternehmens zu übernehmen und bezeichnen dies als "Idealfall" (Gomez/Weber, 1989, S. 73 f.). Da ein solcher Projektleiter die Vorgaben in der Planung für die Integration kaum ablehnen kann, wenn er sie selbst maßgeblich mitgestaltet hat, kann der akquirierende Konzern erwarten, daß der Projektleiter diese Vorgaben auch für umsetzbar hält. Zu beachten ist wegen des Prinzips der Funktionentrennung, daß dem Projektleiter in diesem Fall nicht zusätzlich die Aufgabe des Akquisitionscontrollings zugewiesen werden darf.

C. Die Ermittlung des Akquisitionserfolgs

I. Vorbemerkung

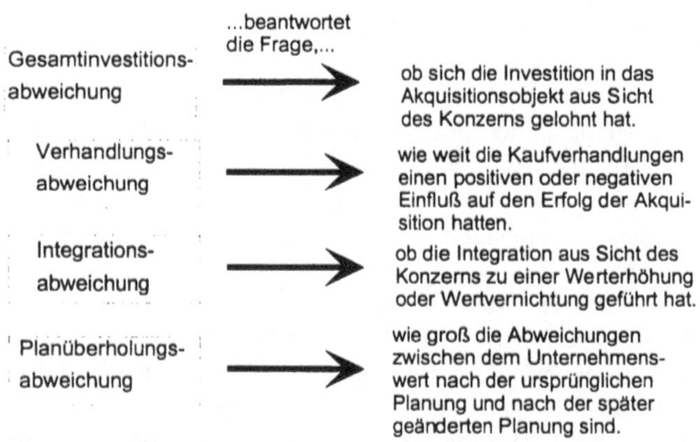

Abb. 1: Systematisierung der Abweichungsarten

Für das entscheidungsorientierte Rechnungswesen gilt die Regel "der Rechnungszweck bestimmt die Rechnung" (Schneider, D., 1993, Seite 194 f.), die auch beim Akquisitionscontrolling zu beachten ist. So muß geklärt werden, welche Fragen durch das Akquisitionscontrolling beantwortet werden sollen, da hiervon auch der Vorgabewert, das "Soll" des Akquisitionscontrollings abhängt. Zu nennen sind dabei der Sollwert für die Akquisition aus Sicht des Konzerns, der Sollwert für das Kaufverhandlungsteam und der Sollwert für die Integrationsverantwortlichen. Abb. 1 zeigt, wie die für das Akquisitionscontrolling relevanten Abweichungsarten systematisiert werden.

Die Gesamtinvestitionsabweichung setzt sich aus der Summe der anderen Abweichungen zusammen, d. h. es gilt:

	Verhandlungsabweichung
+	Planüberholungsabweichung
+	Integrationsabweichung
=	Gesamtinvestitionsabweichung

Abb. 2: Zusammensetzung der Gesamtinvestitionsabweichung

Die Analyse darf indes nicht auf das Berechnen einer wenig aussagefähigen Gesamtinvestitionsabweichung beschränkt werden. Bspw. kann eine Akquisition insgesamt aus Sicht des akquirierenden Unternehmens als erfolgreich gelten (=die Gesamtinvestitionsabweichung ist positiv), weil etwa ein sehr niedriger Kaufpreis bezahlt wurde ("lucky buy"), aber die Akquisition hätte noch erheblich erfolgreicher sein können, wenn in der Integrationsphase nicht Fehler begangen worden wären. Warum eine Akquisition als Erfolg oder Mißerfolg einzustufen ist, sagt die Gesamtinvestitionsabweichung also nicht aus. Somit müssen einzelne Abweichungen gebildet werden, damit Kompensationseffekte durch Über- und Unterschreitungen einzelner Plandaten sichtbar werden. Die Einzelabweichungen sind so zu bestimmen, daß sie jeweils einem Verantwortlichen bzw. einer Gruppe von Verantwortlichen zugeordnet werden können (vgl. entsprechende Überlegungen zur Plankostenrechnung bei Ahlert/Franz, 1992, S. 211; Coenenberg, 1993, S. 353; Haberstock, 1986, S. 261).

Vom Akquisitionscontrolling müssen möglichst die wichtigsten Ursachen der Einzelabweichungen ermittelt werden. Nur auf diese Weise läßt sich zeigen, ob die Wertsteigerung des Unternehmensverbundes bspw. vorrangig auf das Verhandlungsergebnis zurückzuführen ist oder etwa auf die Maßnahmen bei der Integration des Akquisitionsobjekts.

Abb. 3 gibt einen Überblick über die Soll- und Istwerte des Akquisitionscontrollings, die interessierenden Abweichungen sowie den zeitlichen Zusammenhang zwischen diesen Werten, die im folgenden erläutert werden.

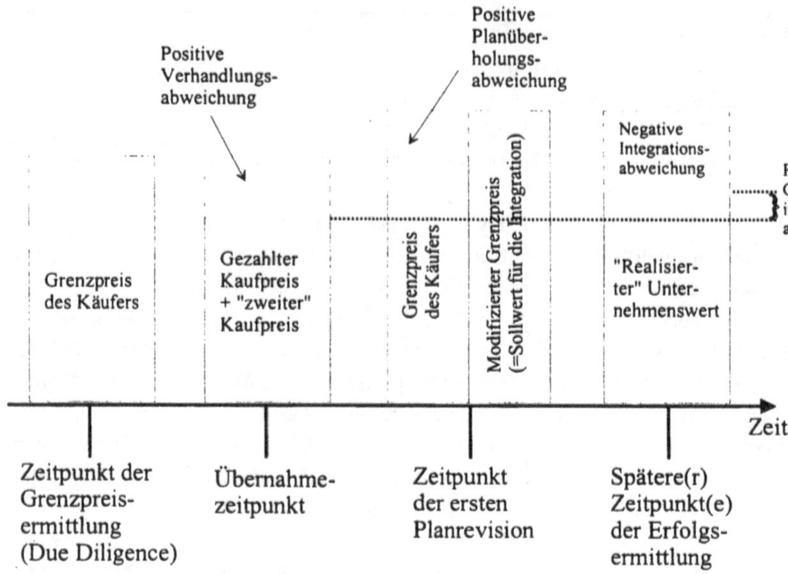

Abb. 3: Zusammenhang zwischen Zeitpunkten und Werten beim Akquisitionscontrolling

II. Der Akquisitionserfolg aus Sicht des Konzerns

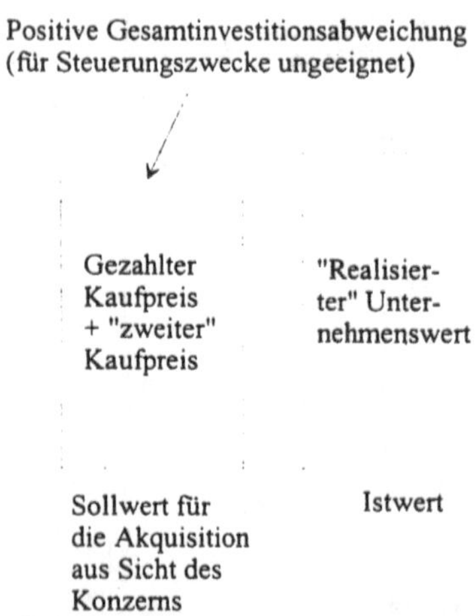

Abb. 4: Sollwert und Istwert für die Akquisition aus Sicht des Konzerns

Steigert die Akquisition den Wert des Unternehmensverbundes des Erwerbers, dann gilt die Akquisition als erfolgreich. Die Summe der Ausgaben, die im Zusammenhang mit dem Erwerb des Akquisitionsobjekts getätigt wurden, bilden dabei den Sollwert für die Akquisition aus Sicht des Konzerns (vgl. Abb. 4). Der Sollwert umfaßt den gezahlten Kaufpreis und den vom verehrten Jubilar so bezeichneten "zweiten Kaufpreis".

Der verehrte Jubilar hat mit Recht darauf hingewiesen, daß auch die durch Unternehmensbewertungen und die Eingliederung entstehenden Kosten (soweit sie von der Kaufentscheidung abhängig sind) verdient werden müssen und der Erwerb eines Unternehmens neben dem Kaufpreis noch zusätzliche Mittel erfordert. Er hat dafür den Begriff "zweiter Kaufpreis" eingeführt (Zimmerer, 1991, S. 56). Der "zweite Kaufpreis" umfaßt sämtliche zusätzlichen Ausgaben, die der Käufer aufgrund der Übernahme leisten muß, bspw. Mittel für die Vereinheitlichung des Berichtswesens, akquisitionsbedingte Investitionen, Abfindungen von Mitarbeitern, die nicht mehr weiterbeschäftigt werden sollen und Gebühren für Rechtsanwälte und Investitionsbanken, die i. d. R. immerhin zwischen zwei und zehn Prozent des Transaktionswerts betragen (Börsig, 1993, S. 80 f.; Behrens/Merkel, 1990, S. 163).

Der Istwert für die Akquisition aus Sicht des Konzerns gibt an, welchen Wert das akquirierte Unternehmen an einem bestimmten späteren Zeitpunkt für den Konzern besitzt. Er entspricht einem zu einem späteren Zeitpunkt ermittelten Ertragswert für das akquirierte Unternehmen, der hier auch als "realisierter" Unternehmenswert bezeichnet wird (vgl. Abb. 4). Wie der "realisierte" Unternehmenswert berechnet wird, wird in Abschnitt V. a) erläutert.

Gegenübergestellt werden beim Akquisitionserfolg aus Sicht des Konzerns also die Auszahlungen, die für Erwerb und Integration des Akquisitionsobjekts geleistet werden (=Sollwert der Akquisition aus Sicht des Konzerns) und die auf den Bewertungsstichtag diskontierten Einzahlungsüberschüsse, die dem Konzern durch den Erwerb des Akquisitionsobjekts zufließen (=Istwert der Akquisition aus Sicht des Konzerns). Die Differenz zwischen Sollwert und Istwert der Akquisition wird als Gesamtinvestitionsabweichung bezeichnet (vgl. Abb. 4). Eine positive Gesamtinvestitionsabweichung - wie sie in Abb. 4 gezeigt wird - gibt an, daß die Kaufentscheidung aus Konzernsicht zu einer Wertsteigerung geführt hat und somit richtig gewesen ist. Indes besitzt die Gesamtinvestitionsabweichung für künftige Entscheidungen und Steuerungsmaßnahmen nur geringen Aussagewert, z. B. sollten an die Gesamtinvestitionsabweichung keine finanziellen Anreize für die mit der Akquisition befaßten Personen geknüpft werden. Sie stellt daher vor allem eine Orientierungsgröße für den Vorstand oder Aufsichtsrat der Muttergesellschaft dar, um bspw. Rechenschaft über die Akquisitionspolitik zu geben. Im folgenden werden die für das Akquisitionscontrolling wichtigen Einzelabweichungen behandelt.

III. Der Verhandlungserfolg

Abb. 5: Sollwert und Istwert für das Verhandlungsteam

Die Verhandlungsabweichung gibt an, wie weit die Kaufverhandlungen den Akquisitionserfolg beeinflußt haben, d. h. ob und in welcher Höhe die Verhandlungsführer einen positiven oder einen negativen Einfluß auf den Akquisitionserfolg hatten. Dazu sind der Grenzpreis des Käufers und der gezahlte Kaufpreis zuzüglich des "zweiten Kaufpreises" gegenüberzustellen. Verglichen werden hier also der Wert, den das Akquisitionsobjekt für den Käufer hat (= "Was darf maximal bezahlt werden?") und die Summe der Ausgaben, die er für Erwerb und Integration des Unternehmens zahlen muß (=gezahlter Kaufpreis und "zweiter Kaufpreis", d. h. "Was wurde bezahlt?").

Für die Ermittlung des Grenzpreises des Käufers wird hier das Zweiphasenmodell zur Berechnung des Ertragswerts des Unternehmens zugrunde gelegt, bei dem für die erste Phase die künftigen Periodenüberschüsse genau geplant werden. Für die erste Phase wird i. d. R. ein Planungszeitraum von drei bis fünf Jahren angenommen. Für die zweite Phase wird vereinfachend der Erfolg des letzten genau geplanten Jahres zugrunde gelegt und gegebenenfalls wegen besonderer Risiken oder Chancen in der zweiten Phase so reduziert oder erhöht, so daß der so bereinigte Einzahlungsüberschuß dem in den folgenden Jahren erzielbaren durchschnittlichen Zukunftserfolg entspricht. Zusätzlich müssen auch der geschätzte Liquidationswert des nicht betriebsnotwendigen Vermögens und Einzahlungsüberschüsse bei anderen Konzernunternehmen berücksichtigt werden, die aufgrund des Unternehmenskaufs zufließen. Dies umfaßt auch Auszahlungen bei anderen Konzernunternehmen, die nach einer Akquisition wegfallen (z. B. wegen einer Zusammenlegung von Vertriebsabteilungen). Der ex ante zu ermittelnde Grenzpreis bildet die Grundlage der Kaufpreisverhandlungen des Käufers.

Abb. 6 zeigt das Zweiphasenmodell:

Grenzpreis (ermittelt nach dem Zweiphasenmodell des Ertragswertverfahrens)

$$= \left(\sum \frac{\text{Zukunftserfolg in t}}{(1+i)^t}\right) \quad \Big\}\ \text{1. Phase}$$

$$+ \left(\frac{\text{Durchschnittlicher Zukunftserfolg nach n}}{i \cdot (1+i)^n}\right) \quad \Big\}\ \text{2. Phase}$$

\+ Liquidationswert des nicht betriebsnotwendigen Vermögens

\+ evtl. auf den Bewertungsstichtag zu diskontierende Einzahlungsüberschüsse bei anderen Konzernunternehmen

Abb. 6: Ex ante zu berechnender Grenzpreis eines Akquisitionsobjekts

Legende:

Legende:	i:	Kalkulationszinsfuß
	t:	Laufindex für die Perioden bis n
	n:	Letzte Periode der ersten, detailliert zu planenden Phase

Wird z. B. auf der Informationsbasis vor dem Kauf ein Grenzpreis von 15 Mio. DM ermittelt, und Kaufpreis sowie "zweiter Kaufpreis" betragen zusammen nur 12 Mio. DM, dann haben die Verhandlungsführer bei den Übernahmeverhandlungen einen Verhandlungserfolg von 3 Mio. DM erzielt (vgl. Abb. 5; dort wird eine positive Verhandlungsabweichung dargestellt). Negative Verhandlungsabweichungen zeigen, daß die Summe aus gezahltem Kaufpreis und "zweitem Kaufpreis" durch die vorangegangene Unternehmensbewertung nicht gerechtfertigt werden kann.

Verhandlungsabweichungen gibt es bei den meisten Akquisitionen, d. h. es ist unwahrscheinlich, daß ein Unternehmen zum Grenzpreis des Käufers übernommen wird. Die Gefahr, daß ein über dem Grenzpreis liegender Kaufpreis bezahlt wird und deswegen eine negative Verhandlungsabweichung entsteht, ist zum Beispiel in guten Konjunktursituationen (Guatri, 1994, S. 89 f.) oder bei einem Verhandlungs-wettstreit überdurchschnittlich groß, d. h. wenn verschiedene Unternehmen das gleiche Objekt übernehmen wollen (Scheiter, 1989, S. 76).

IV. Vorbereitende Maßnahmen für die Ermittlung des Integrationserfolgs

a) Vereinbarung eines neuen, modifizierten Grenzpreises

Im Gegensatz zur Verhandlungsabweichung können aus den Ursachen der Integrationsabweichung wichtige Steuerungsinformationen gewonnen werden. Nach dem Abschluß des Kaufvertrags kann an dem Verhandlungserfolg nichts mehr geändert werden, während der Integrationserfolg durch zügig zu ergreifende Steuerungsmaßnahmen beeinflußbar bleibt. Indes ist zu beachten, daß mit fortschreitender Integrationsdauer die Möglichkeiten der Einflußnahme auf den Integrationserfolg sinken.

Grundsätzlich wird nicht bei jeder Akquisition eine neue Integrationsplanung aufgestellt, sondern mitunter wird auch die ursprüngliche Planung beibehalten, um die Integration so schnell wie möglich vornehmen zu können, bspw. bei der Fusion der schwedischen Asea und der schweizerischen Brown Boveri & Cie. (Gerpott, 1994, S. 102). Wird die ursprüngliche Planung umgesetzt, so bedeutet dies für das Akquisitionscontrolling, daß die Planüberholungsabweichung den Wert null annimmt, d. h. dieser Fall würde das Akquisitionscontrolling vereinfachen.

Häufiger dürfte indes der Fall auftreten, daß nach dem Kauf gewonnene neue Informationen über das akquirierte Unternehmen genutzt werden und eine neue, modifizierte Planung für die Integration des akquirierten Unternehmens in den Konzern erstellt wird. Aufgrund der neuen Planung wird auch eine Modifikation der Sollvorgabe für das zu integrierende Unternehmen erforderlich, da der Integrationserfolg nicht an einem Sollwert gemessen werden darf, der sich aus überholten oder zwischenzeitlich als falsch festgestellten Daten ergibt. Die neue Planung ist mit dem für die Integration des akquirierten Unternehmens Verantwortlichen gemeinsam zu ermitteln und abzustimmen, so daß zwischen Konzernspitze und Integrator Einigkeit über die zu erreichenden Vorgaben herrscht. Die bisherige Sollvorgabe für die Integration, d. h. der vor der Übernahme ermittelte Grenzpreis des Käufers, ist aufgrund der neuen Planung zu modifizieren.

b) Ermittlung der Planüberholungsabweichung

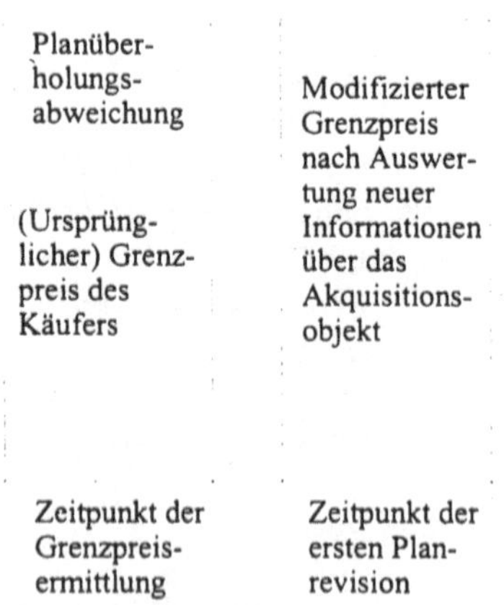

Abb. 7: Entstehung der Planüberholungsabweichung

Die Differenz zwischen dem vor der Übernahme ermittelten Grenzpreis und dem modifizierten Grenzpreis wird in Anlehnung an Haberstock als "Planüberholungsabweichung" bezeichnet (Haberstock, 1986, S. 349). Eine positive Planüberholungsabweichung (wie in Abb. 7) gibt dabei an, daß nach der Übernahme mehr Chancen bzw. nutzbare Potentiale gesehen werden als noch bei den Kaufpreisverhandlungen. Umgekehrt würde eine negative Planüberholungs-abweichung zeigen, daß bei der Grenzpreisermittlung Risiken übersehen wurden oder die ursprüngliche Planung nicht realisierbare Elemente enthält, bspw. überschätzte Potentiale für Synergien.

Planüberholungsabweichungen resultieren teils aus Planungs- und Prognosefehlern und teils aus Ausführungsfehlern, d. h. für eine verursachungsgerechte Zuordnung wäre festzustellen, ob Abweichungen von der Planung entstanden sind, weil die Planung unrealistisch oder unerreichbar gewesen ist oder weil die Planung schlecht umgesetzt wurde. Eine saubere Trennung dieser Abweichungsursachen dürfte indes in vielen Fällen schwierig sein, zumal im Regelfall weder eine "optimale" Planung noch eine "optimale" Umsetzung vorliegen, sondern sowohl Planungs- als auch Ausführungsfehler entstehen. Zu berücksichtigen ist auch, daß die während des Due Diligence-Verfahrens aufzustellenden Planungen und Prognosen unter erheblichem Zeitdruck und mit beschränkter Informationsbasis angefertigt werden und bereits deswegen modifikationsbedürftig sind. Bei wesentlichen Planüberholungsabweichungen sollte indes von den Bewertern eine Begründung für deren Ursachen eingeholt werden.

V. Die Ermittlung des Integrationserfolgs

a) Der "realisierte" Unternehmenswert

Der "realisierte" Unternehmenswert wird nach Ablauf eines Teils der Integrationsphase ermittelt. Auch dieser Unternehmenswert wird nach dem Schema der Grenzpreisermittlung in Abb. 6 berechnet. Zur Ermittlung des "realisierten" Unternehmenswerts sind die gem. Abb. 6 bei der ersten Planrevision geplanten Daten zur Ermittlung des modifizierten Grenzpreises soweit wie möglich durch neue Daten, teils durch Istdaten, zu ersetzen. Dazu ein Beispiel (vgl. Abb. 8):

	Geplanter Erfolg bei der Grenzpreisermittlung gemäß der ersten Planrevision Ende 1993	Ende 1995 ermittelter "Realisierter" Unternehmenswert
1994	1.000	1.400
1995	1.000	800
Alle folgenden Jahre	800	800 (=geplanter Erfolg)
	Modifizierter Grenzpreis	"Realisierter" Unternehmenswert
	8.347	8.545

Abb. 8: Daten des Beispiels zur Istwertermittlung (alle Angaben in GE)

Um die Darstellung zu vereinfachen sei angenommen, daß weder nicht-betriebsnotwendiges Vermögen noch zahlungswirksame Einflüsse der Akquisition auf andere Konzernunternehmen vorhanden sind. Der modifizierte Grenzpreis entspricht dann einem reinen Ertragswert. Zur Berechnung des "realisierten" Unternehmenswerts müssen die bei der ersten Planrevision geplanten Zukunftserfolge für 1994 und 1995 durch die tatsächlich erzielten Erfolge ersetzt werden. Wenn bei der ersten Planrevision für die ersten beiden Planjahre ein Erfolg in Höhe von jeweils 1.000 GE und danach ein konstanter Erfolg von je 800 GE angenommen wurde, dann berechnet sich daraus bei einem Kalkulationszinsfuß von 10% ein modifizierter Grenzpreis von rund 8.347 GE. Haben sich nach Ablauf von zwei Jahren tatsächliche Erfolge von 1.400 GE in 1994 und von 800 GE in 1995 herausgestellt, dann ergibt sich daraus ein "realisierter" Unternehmenswert von (gerundet) 8.545 GE. Sollen nur tatsächlich erzielte Ergebnisse einen Einfluß auf den Soll-Ist-Vergleich zwischen geplantem und "realisiertem" Unternehmenswert besitzen, dann dürfen die künftigen Einzahlungsüberschüsse (also die Einzahlungsüberschüsse der Jahre ab 1996) nicht zu Abweichungen führen, d. h. für die verbleibenden Planjahre sind in Soll und Ist die gleichen Werte einzusetzen. Im Beispiel übersteigt der "realisierte" Unternehmenswert den modifizierten Grenzpreis, so daß die Integration dieses Akquisitionsobjekts als erfolgreich gelten kann. Wenn darüber hinaus auch die bessere Einschätzbarkeit der Zukunft des akquirierten Unternehmens berücksichtigt werden soll, dann ist ein zweiter "realisierter" Unternehmenswert zu ermitteln, in dem auch die zum Zeitpunkt der Planrevision neu berechneten künftigen Einzahlungsüberschüsse korrigiert werden.

b) Die Analyse der Integrationsabweichung

Wie erfolgreich eine Integration verlaufen ist, wird durch die Differenz zwischen dem modifizierten Grenzpreis (=Sollwert für die Integration) und dem "realisierten" Unternehmenswert (=Istwert für die Integration) ausgedrückt (vgl. Abb. 9). Die Integrationsabweichung mißt den Einfluß, den die Integration auf den Akquisitionserfolg aus Sicht der Konzernleitung besitzt. Abb. 9 zeigt bspw. einen negativen Beitrag zum Akquisitionserfolg, da der Integrator, also der Verantwortliche für die Integration, den vereinbarten modifizierten Grenzpreis nicht erreicht hat, d. h. der Istwert für die Integration ist geringer als der Sollwert.

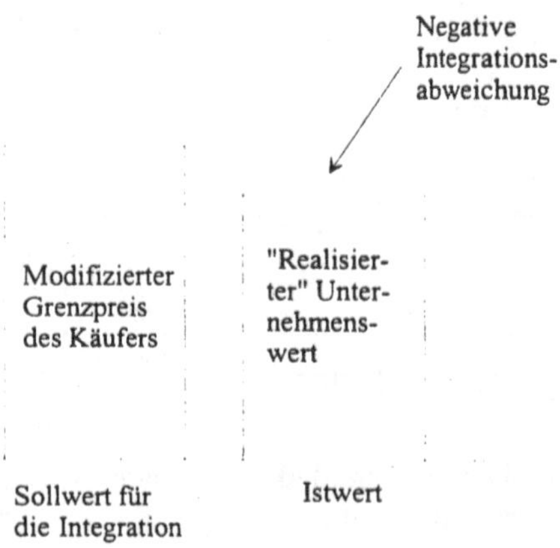

Abb. 9: Entstehung der Integrationsabweichung

Indes ist der Aussagewert der Integrationsabweichung noch relativ grob. Um ihre Ursachen zeigen zu können und Handlungsanweisungen ableiten zu können, muß die Integrationsabweichung noch in mehrere Einzelabweichungen segmentiert werden. Bspw. dürfte die Ermittlung von Preisabweichungen und Mengenabweichungen i. d. R. sinnvoll sein. Allerdings läßt sich wegen der unterschiedlichen Größe der Akquisitionsobjekte oder ihrer jeweiligen Branchenzugehörigkeit nicht allgemein beantworten, welche Einzelabweichungen bei der Integration ermittelt werden sollten. Anhaltspunkte lassen sich durch die Erfolgsfaktoren des übergeordneten Integrationsprozesses identifizieren. Zu beachten ist, daß sich bei der Ermittlung spezieller Einzelabweichungen eine Zusammenarbeit zwischen Akquisitionscontrolling, Beteiligungscontrolling und eventuell internem Controlling des Akquisitionsobjekts anbieten könnte, um unnötige Doppelarbeiten zu vermeiden.

Nach der hier vorgestellten Konzeption entwickelt der Integrator die Vorgaben für die Integration und damit den modifizierten Grenzpreis zusammen mit der Konzernleitung und kann dann - von bestimmten konzerninternen Beschränkungen abgesehen, etwa der Beachtung konzerninterner Richtlinien - das ganze unternehmenspolitische Instrumentarium nutzen, um negative Wirkungen externer und interner Kosteneinflußfaktoren zu vermeiden. Der Integrator hat also die Umsetzung der Planung voll zu verantworten, ohne daß er sich darauf berufen kann, daß die Planung von vorneherein nicht erreichbar oder nicht realistisch gewesen sei.

Umsetzungsfehler bei der Integration können u. U. durch fehlerhafte Istwertaufnahmen verdeckt werden, so daß ungerechtfertigte Fehlerzuweisungen auftreten können oder Fehler verschleiert werden könnten. Wenn die Akquisitionscontroller ihre Daten nicht selbst erheben, kann das Problem auftreten, daß z. B. Entscheidungsträger im akquirierten Unternehmen daran interessiert sind, den Akquisitionscontrollern bestimmte Informationen vorzuenthalten und eventuell Daten in einer gewünschten Weise "aufzubereiten". In einem solchen Fall würden fehlerhafte Ausführungshandlungen durch fehlerhafte Istwertaufnahmen verdeckt. Bei der IRW-Befragung wurde vor allem von M&A-Beratern darauf hingewiesen, daß mitunter Entscheidungsträger in Unternehmen verhindern wollen, daß der Erfolg einer Akquisition ermittelt wird. Diese Aussage war zwar eher selten, doch wenn ein solcher Fall auftritt, dann können keine zuverlässigen Controlling-Ergebnisse über die Akquisition erwartet werden. Akquisitionscontrolling wird dann sinnlos, da fehlende oder falsche Daten auch zu falschen Schlußfolgerungen führen.

Die Analyse von Integrationsabweichungen beschränkt sich nicht auf ein Gegenüberstellen von Zahlen, sondern muß durch ausführliche zusätzliche Informationen ergänzt werden. Da Akquisitionscontrolling auch strategische Elemente umfaßt (der Planungshorizont bei der Grenzpreisermittlung erstreckt sich auf ca. drei bis fünf Jahre), können nicht alle Feststellungen quantifiziert werden (Voigt, 1990, S. 86). Z. B. ist zu dokumentieren, wie die personelle Integration des akquirierten Unternehmens vorgenommen wurde, etwa ob die Mitarbeiter ausführlich (und nicht nur durch ein Rundschreiben) über den Erwerber, seine Ziele und das geplante Vorgehen informiert wurden. Geprüft werden muß auch, ob für die Geschäftsführung des akquirierten Unternehmens schnell verfügbare und kompetente Ansprechpartner bereitgestanden haben, so daß das laufende Geschäft möglichst wenig von der Übernahme berührt wurde und die Motivation eines bisher erfolgreichen Managements nicht durch ein unglückliches Vorgehen bei der Integration gedämpft wurde (Hermsen, 1994, S. 17 ff.; Humpert, 1985, S. 41; Sieben/Sielaff [Hrsg.], 1989, S. 41).

Das sorgfältige Erfassen und Dokumentieren solcher "Soft Facts" gehört ebenfalls zu den Aufgaben des Akquisitionscontrollers, zumal sich die Ursachen quantitativer Abweichungen nur durch qualitative Hintergrundinformationen erläutern lassen. Einen möglichen Ansatz im Personalbereich - was hier allerdings nicht weiter vertieft werden kann - bieten z. B. sogenannte "Human Ressources-Portfolios"

(Hermsen, 1994, S. 122 ff. und die dort angegebene Literatur), in denen die Veränderungen der Personalstruktur vor und nach der Übernahme veranschaulicht werden.

Bei allen Untersuchungen zum Akquisitionscontrolling und vor allem für die Bildung von Einzelabweichungen bei der Ermittlung des Integrationserfolgs gilt der Grundsatz des "management by exception". Danach sind nur Abweichungen zu analysieren, die eine absolute oder relative Spanne von z. B. 50 TDM oder 10% der Plankosten überschreiten (vgl. mit Bezug auf die Kostenrechnung Haberstock, 1986, S. 361), d. h. die Abweichungen müssen wesentlich sein. Unwesentliche Abweichungen, z. B. ein nur geringfügiges Überschreiten der geplanten Ausschußquote, können vernachlässigt werden.

VI. Übermittlung der Controlling-Ergebnisse

Der Akquisitionscontroller sollte nicht weisungsbefugt sein, deshalb bleiben die Controlling-Ergebnisse so lange wirkungslos, bis sie dem entsprechenden Entscheidungsträger (z. B. dem zuständigen Vorstandsmitglied) vorgelegt werden. Aufgrund seiner guten Detailkenntnisse sollte der Akquisitionscontroller bei der Ergebnisübermittlung indes nicht auf Handlungsempfehlungen verzichten (Stallmann, 1992, S. 197, Schwellnuss, 1991, S. 199), zumal die übermittelten Ergebnisse nicht den gleichen Umfang haben können wie die insgesamt dokumentierten Ergebnisse. Ähnlich den Prüfungsberichten der Wirtschaftsprüfer sollte auch die Ergebnisübermittlung beim Akquisitionscontrolling auf das Wesentliche fokussiert werden, d. h. die ermittelten Abweichungen sind zu nennen und ihre Ursachen und Wirkungen zu erläutern. Eine standardisierte Form regelmäßiger Berichte würde dabei zur leichteren Lesbarkeit beitragen.

D. Zusammenfassung

Akquiriert werden kleine Verkaufsstätten, mittelständische Unternehmen und nicht selten auch Konzerne. Akquirierte Unternehmen stammen aus einer Vielzahl von Branchen; sie können nach der Akquisition partiell oder vollkommen vom Erwerber integriert werden; der Erwerber kann erhebliche oder gar keine Restrukturierungen vornehmen. Je nach Art und Branchenzugehörigkeit des Akquisitionsobjekts, seiner relativen Größe zum erwerbenden Unternehmen und den Erfolgsfaktoren der Akquisition entstehen sehr verschiedene Anforderungen an das Akquisitionscontrolling.

"Den" Akquisitionserfolg gibt es nicht, da zwischen dem Akquisitionserfolg aus Sicht des Konzerns, dem Verhandlungserfolg und dem Erfolg aus der Integration unterschieden werden muß. Dazu wird eine Gesamtinvestitionsabweichung zwischen dem Istwert der Akquisition aus Sicht des Konzerns (=dem "realisierten" Unternehmenswert) und seinem Sollwert (=dem Kaufpreis zuzüglich sämtlicher durch den Kauf verursachten Kosten) ermittelt. Diese Gesamtinvestitionsabweichung ist dann in Einzelabweichungen zu spalten, wobei zumindest eine Verhandlungsabweichung, eine noch weiter in Einzelabweichungen aufzugliedernde Integrationsabweichung und i. d. R. auch eine Planüberholungsabweichung zu bestimmen sind. Auf diese Weise kann festgestellt werden, wie erfolgreich die Entscheidungen der jeweils Verantwortlichen für die Verhandlungen, den Erwerb und die Integration gewesen sind und natürlich auch, warum eine Akquisition als Erfolg oder Mißerfolg einzuordnen ist. Notwendig ist dabei auch das Eingehen auf qualitative Informationen, z. B. die Motivation der Mitarbeiter oder die Reaktionen wichtiger Kunden auf die Übernahme.

Akquisitionscontrolling kennzeichnet nicht nur eine Akquisition als Erfolg oder Mißerfolg, sondern hilft durch systematisches Analysieren des Akquisitionsprozesses, künftige Fehlentwicklungen zu vermeiden.

Literatur

Adam, Dietrich (1993): Planung und Entscheidung: Modelle-Ziele-Methoden. Fallstudien und Lösungen, 3. Aufl., Wiesbaden 1993.

Ahlert, Dieter/ Franz, Klaus-Peter (1992): Industrielle Kostenrechnung, 5. Aufl., Düsseldorf 1992.

Baetge, Jörg (1993): Überwachung, in: Vahlens Kompendium der Betriebswirtschaftslehre, Band 2, hrsg. v. Bitz, Michael u. a., 3. Aufl., München 1993, S. 175-218.

Baetge, Jörg/Krumbholz, Marcus (1991): Überblick über Akquisition und Unternehmensbewertung, in: Akquisition und Unternehmensbewertung, hrsg. v. Baetge, Jörg, Düsseldorf 1991, S. 1-30.

Ballwieser, Wolfgang (1995): Aktuelle Aspekte der Unternehmensbewertung, in: WPg 1995, S. 119-129.

Ballwieser, Wolfgang/Leuthier, Rainer (1986): Betriebswirtschaftliche Steuerberatung: Grundprinzipien, Verfahren und Probleme der Unternehmensbewertung (Teil II), in: DStR 1986, S. 604-610.

Behrens, Rolf/Merkel, Rainer (1990): Mergers & Acquisitions: das Milliardengeschäft im gemeinsamen europäischen Markt, Stuttgart 1990.

Börsig, Clemens (1993): Unternehmenswert und Unternehmensbewertung, in: ZfbF 1993, S. 79-91.

Bühner, Rolf (1990): Der Jahresabschlußerfolg von Unternehmenszusammenschlüssen, in: ZfB 1990, S. 1275-1294.

Coenenberg, Adolf G. (1993): Kostenrechung und Kostenanalyse, 2. Aufl., Landsberg am Lech 1993.

Coenenberg, Adolf G./Baum, Heinz-Georg (1987): Strategisches Controlling: Grundfragen der strategischen Planung und Kontrolle, Stuttgart 1987.

Frantz, Jürgen (1994), Harakiri in Hamburg. Mismanagement Footwork-Hamacher, in: Manager Magazin 1994, Heft 10, S. 68-77.

Funk, Joachim (1995), Aspekte der Unternehmensbewertung in der Praxis, in: ZfbF 1995, S. 491-514.

Gerpott, Torsten J. (1993): Integrationsgestaltung und Erfolg von Unternehmensakquisitionen, Stuttgart 1993.

Gerpott, Torsten J. (1994): Abschied von der Spitze. Eine empirische Studie zur Höhe und zu Determinanten der Ausscheidungsquote von Top Managern akquirierter deutscher Unternehmen, in: ZfbF 1994, S. 4-31.

Gomez, Peter/Weber, Bruno (1989): Akquisitionsstrategie. Wertsteigerung durch Übernahme von Unternehmungen, Stuttgart 1989.

Guatri, Luigi (1994): Theorie der Unternehmenswertsteigerung: ein europäischer Ansatz, Wiesbaden 1994.

Haberstock, Lothar (1986): Kostenrechnung, Band II, (Grenz-) Plankostenrechnung. Mit Fragen, Aufgaben und Lösungen, 7. Aufl., Hamburg 1986.

Hax, Karl (1966): Planung als Kontrollinstrument in Unternehmungswirtschaft und Gesamtwirtschaft, in: Gegenwartsfragen der Unternehmensführung. Festschrift zum 65. Geburtstag von Wilhelm Hasenack, hrsg. v. Engeleiter, Hans-Joachim, Herne/Berlin 1966, S. 187-206.

Hermsen, Christoph (1994): Mergers & Acquisitions: Integrationsmanagement von Akquisitionsobjekten - dargestellt anhand der Aufgabe des Personalmanagements, Hallstadt 1994.

HFA des IDW (1983): Stellungnahme 2/1983: Grundsätze zur Durchführung von Unternehmensbewertungen, in: WPg 1983, S. 468-480.

Hoffmann, Friedrich (1989): So wird Diversifikation zum Erfolg. Ergebnisse einer empirischen Untersuchung in der Bundesrepublik, in: Harvard Manager 1989, Heft 4, S. 52-58.

Humpert, Franz W. (1985): Unternehmensakquisition - Erfahrungen beim Kauf von Unternehmen, DBW 1985, S. 30-41.

IDW [Hrsg.] (1992): Wirtschaftsprüfer-Handbuch 1992, Band II, 10. Aufl., Düsseldorf 1992.

Kinast, Gerhard (1991): Abwicklung einer Akquisition, in: Akquisition und Unternehmensbewertung, hrsg. v. Baetge, Jörg, Düsseldorf 1991, S. 31-43.

Kirsch, Werner/Esser, Werner-Michael/Gabele, Eduard (1979): Das Management des geplanten Wandels von Organisationen, Stuttgart 1979.

Kirsch, Hans-Jürgen/Krause, Clemens: Kritische Überlegungen zur Discounted Cash Flow-Methode, erscheint Anfang 1996 in der ZfB.

Küting, Karlheinz (1981): Zur Bedeutung und Analyse von Verbundeffekten im Rahmen der Unternehmensbewertung, in: BFuP 1981, S. 175-189.

Maul, Karl-Heinz (1992): Offene Probleme der Bewertung von Unternehmen durch Wirtschaftsprüfer, in: DB 1992, S. 1253-1259.

Münstermann, Hans (1970): Wert und Bewertung der Unternehmung, 3. Aufl., Wiesbaden 1970.

Peemöller, Volker H./Bömelburg, Peter/Denkmann, Andreas (1994): Unternehmensbewertung in Deutschland - Eine empirische Erhebung, in: WPg 1994, S. 741-749.

Porter, Michael E. (1987): Diversifikation - Konzerne ohne Konzept, in: Harvard Manager 1987, Heft 4, S. 30-49.

Reiß, Michael (1989), Prognose und Planung, in: Handwörterbuch der Planung, hrsg. v. Szyperski, Norbert/Winand, Udo, Stuttgart 1989, Sp. 1628-1637.

Scheiter, Dietmar (1989): Die Integration akquirierter Unternehmen, Bamberg 1989.

Schmidt, Andreas (1989): Beteiligungscontrolling: Wie man seine Tochtergesellschaften organisatorisch in den Griff bekommt, in: Controlling 1989, S. 270-275.

Schneider, Dieter (1993): Betriebswirtschaftslehre, Grundlagen, Bd. 1, München/Wien 1993.

Schwellnuss, Axel Georg (1991): Investitions-Controlling: Erfolgspotentiale auf Basis systematischer Investitionsnachrechnungen sichtbar machen, München 1991.

Sieben, Günter/Sielaff, Meinhard [Hrsg.] (1989): Unternehmensakquisition: Berichte des Arbeitskreises "Unternehmensakquisition", Stuttgart 1989.

Stallmann, Michael F. (1992): Controlling beim Kauf und Verkauf von Unternehmen, in: Controller Magazin 1992, S. 195-198.

Steinöcker, Reinhard (1993): Akquisitionscontrolling: strategische Planung von Firmenübernahmen. Konzeption-Transaktion-Integration, Regensburg 1993.

Suckut, Stefan (1992): Unternehmensbewertung für internationale Akquisitionen: Verfahren und Einsatz, Wiesbaden 1992.

Voigt, Jörn F. (1990): Unternehmensbewertung und Potentialanalyse: Chancen und Risiken von Unternehmen treffsicher bewerten, Wiesbaden 1990.

Volk, Gerrit (1992): Beteiligungscontrolling, in: zfo 1992, S. 311-314.

Zehnder, Egon/London Business School (1987): Acquisitions - The human factor?, London 1987.

Zimmerer, Carl (1991): Beratung bei Unternehmensakquisitionen, in: Akquisition und Unternehmensbewertung, hrsg. v. Baetge, Jörg, Düsseldorf 1991, S. 45-58.

Zimmerer, Carl (1988): Ertragswertgutachten. Eine Polemik, in: DBW 1988, S. 417-420.

BERNHARD BELLINGER

Entwurf eines Mehrjahre-Abschlusses
Dargestellt am Beispiel einer geldwertbereinigten 6-Jahre-Schlußbilanz und -Erfolgsrechnung der Metallgesellschaft AG zum 30.09.1993

A. Grundlegung

1. *Das Problem, den Geschäftsverlauf einer Unternehmung mehrjährig darzustellen und zu erklären.*
2. *Lösungsansatz der Finanzwirtschaftlichen Mehrjahrebilanz*
3. *Offene Frage der Mehrjahre-Schlußbilanz und Grundkonzeption des Lösungsansatzes*

B. Vorarbeiten

1. *Erhebung des Zahlenmaterials*
2. *Aufbereitung der Bilanzen und Erfolgsrechnungen in Staffelform*
3. *Aufstellen einer Mehrjahre-Bewegungsbilanz zwischen Eröffnungs- und Schlußbilanz der untersuchten Geschäftsjahre*

C. Ableiten der geldwertbereinigten Mehrjahre-Erfolgsrechnung

1. *Aufstellen einer Zeitreihe geldwertbereinigter Erfolgsrechnungen*
2. *Analyse der Bildung und Auflösung Stiller Reserven*
3. *Addition der jährlichen geldwertbereinigten Erfolgsrechnungen zur geldwertbereinigten Mehrjahre-Erfolgsrechnung*

D. Aufstellen der geldwertbereinigten Mehrjahre-Bilanz

1. *Die Schlußbilanz des letzten Geschäftsjahres als Grundlage*
2. *Bestandsveränderungs-Rechnungen aller Positionen des Eigenkapitals nach Geschäftsjahren*
3. *Ableitung der geldwertbereinigten Mehrjahre-Schlußbilanz aus der letzten Jahres-Schlußbilanz und den Ergebnissen der Bestandsveränderungs-Rechnung für die zu bilanzierenden Geschäftsjahre*

E. Offene Fragen

A. Grundlegung

In dem folgenden Beitrag geht es darum, den seit etwa 500 Jahren bestehenden und inzwischen gesetzlich vorgeschriebenen Jahresabschluß der Unternehmung in Form einer Jahresbilanz und einer jährlichen Erfolgsrechnung zu einem Mehrjahre-Abschluß weiterzuentwickeln. Hierbei ist auch das Problem zu lösen, Beträge in einer bestimmten Währungseinheit für verschiedene Geschäftsjahre hinsichtlich ihrer Kaufkraft vergleichbar zu machen.

Das **Problem, den Geschäftsverlauf einer Unternehmung mehrjährig darzustellen und zu erklären**, unterscheidet sich von dem Problem, dies nur für den Zeitraum eines einzigen Jahres zu tun, auf den ersten Blick nur graduell. Der wichtigste Lösungsansatz des letzteren Problems besteht in der Jahres-Schlußbilanz und der Jahres-Erfolgsrechnung. Diese beiden Verfahren der Finanzbuchhaltung beruhen auf einer Addition der Buchungen bestimmter Geschäftsvorfälle im Zeitablauf, die zunächst nach Monaten und dann nach Jahren zusammengefaßt werden. Jahres-Bilanzen und Jahres-Erfolgsrechnungen stellen insofern eine Zusammenfassung der im Zeitablauf erfolgten Buchungsfälle dar, die zuweilen bereits monatlich zu Monatsbilanzen und Monatserfolgsrechnungen aufbereitet werden.

Monatsabschlüsse dieser Art haben den Vorteil, daß sie sich kumulieren lassen. Auf diese Weise wird es möglich, Jahresziele, wie etwa die angestrebten Jahresumsätze, Gewinne, Höchstgrenzen bestimmter Kosten und andere nach dem monatlichen Grad der Zielerreichung zu beobachten, auszuwerten und bestzugestalten. Bei ungünstiger Entwicklung kann umgekehrt rechtzeitig vorausgesagt werden, ob und inwieweit bestimmte Entwicklungen zu schadenbringenden Ereignissen führen können und werden. Hiergegen lassen sich dann auch rechtzeitig die notwendigen Abwehrmaßnahmen ergreifen.

Ähnliche Vorteile für die Steuerung einer Unternehmung sind zu erwarten, wenn man den Geschäftsverlauf einer Unternehmung mehrjährig in Form von Mehrjahre-Schlußbilanzen und Mehrjahre-Erfolgsrechnungen darstellt und erklärt. Allerdings unterliegen solche Techniken der Finanzbuchhaltung der Schwierigkeit, daß sich im Zeitablauf der Geldwert und damit die Vergleichbarkeit der in einer Währungseinheit ausgedrückten Beträge ändern, und daß die Bildung und Auflösung Stiller Reserven Urteile über die Entwicklung der Vermögens- und Ertragslage im Zeitablauf beeinträchtigen können.

Insofern genügt es, nur auf jene Fragen einzugehen, in denen sich ein Mehrjahre-Abschluß von einem Jahresabschluß unterscheidet. Gegenüber dem Jahresabschluß hat jedoch der Mehrjahre-Abschluß den Vorteil, daß ihm bereits von Abschlußprüfern testierte Jahresabschlüsse zugrunde gelegt werden können. Auch tritt bei Mehrjahre-Abschlüssen nicht das Problem der Abschlußbuchungen auf, die bei Jahresabschlüssen zu nachträglichen Änderungen der Monatsbilanzen und -erfolgsrechnungen führen.

Die Zusammenfassung mehrperiodischer Zeitreihen von Abschlußrechnungen zu einem Gesamtabschluß ist eine Fiktion. Bilanz und Erfolgsrechnung bilden den Geschäftsverlauf der Vermögens- und Ertragslage als Ganzes in der Aufsummation der Buchungsfälle an einem bestimmten Stichtag so ab, als seien alle Geschäftsvorfälle gleichzeitig geschehen. Sie lassen aber nicht erkennen, wie sich die einzelnen Positionen im Ablauf der Zeit auf und ab bewegten. Für den Erkenntniswert von Abschlüssen der Finanzbuchhaltung ist außerdem immer zu beachten, daß ständig saldiert wird. So ergibt sich das Eigenkapital als Saldo aus Vermögen und Fremdkapital. Der Erfolg setzt sich zumindest aus der Summe von Betriebsergebnis und neutralem Ergebnis zusammen. Dabei ergibt sich das Betriebsergebnis wiederum aus der Differenz der gesamten Artikelgewinne und -verluste, während das neutrale Ergebnis den Saldo aus neutralen Erträgen und neutralen Aufwendungen zieht.

Faßt man Zeitreihen von Bilanzen und Erfolgsrechnungen in Mehrjahre-Schlußbilanzen und Mehrjahre-Erfolgsrechnungen zusammen, so finden derartige Saldierungen auch im Zeitablauf statt. Gewinne eines früheren Geschäftsjahres können beispielsweise durch Verluste eines späteren Geschäftsjahres aufgezehrt werden. Zusammenfassungen von mehreren Jahresabschlüssen sollten daher die jährlichen, in Zu- und Abgänge unterteilten Veränderungen wichtiger Positionen ausweisen, um für die Auswertung ausreichend vollständige Informationen zur Verfügung zu stellen.

Ein erster und zentraler **Lösungsansatz** des obigen Problems stellt die **Finanzwirtschaftliche Mehrjahre-Bilanz** dar. (Bellinger, Neue Finanzwirtschaftliche Bilanzen: Dynamische Finanzanalysen des Geschäftsverlaufs; mit Musterfall. Wiesbaden, 1995, S. 99 bis 177). Sie wird aus einer Zeitreihe fortlaufender jährlicher geldwertbereinigter Cash Flow-Rechnungen abgeleitet, deren Positionen zu einer Mehrjahre-Cash Flow-Rechnung aufaddiert werden. Aus dieser Mehrjahre-Cash Flow-Rechnung wird dann eine Bewegungsbilanz abgeleitet. Diese Bewegungsbilanz enthält auf der Aktivseite die Kapitalverwendung in Form der Investitionen in das Vermögen, der Tilgung von Schulden und des Verbrauchs von Eigenkapital, während die Passivseite deren Finanzierung in Form des Cash Flow (der Finanzierung aus Umsatz), der Liquiation von Vermögensteilen, der Neuverschuldung und der Aufnahme von Eigenkapital enthält. Eine solche Bewegungsbilanz wird als Finanzwirtschaftliche Mehrjahre-Bilanz bezeichnet.

In dem oben zitierten Buch "Neue Finanzwirtschaftliche Bilanzen" blieb die **Frage der Mehrjahre-Schlußbilanz offen**. Um diese Frage geht es in dem folgenden Beitrag. Die **Grundkonzeption des Lösungsansatzes** geht davon aus, daß sich eine Mehrjahre-Schlußbilanz in den Endbeträgen der einzelnen Positionen für die Vermögensteile, die Fremdkapitalien und das Eigenkapital nicht von der letzten Jahres-Schlußbilanz unterscheiden kann. Unterschiedlich können nur die Positionen sein, welche die Zu- oder die Abnahme des Eigenkapitals während des untersuchten Zeitraums erklären. Hierbei handelt es sich im wesentlichen um Einlagen bzw. Kapitalerhöhungen, Zuweisungen zu Rücklagen und Gewinne einerseits und Kapitalherabsetzungen, Auflösungen von Rücklagen, Entnahmen bzw. Gewinnausschüttungen und Verluste andererseits.

Zentral wichtig ist es in diesem Zusammenhang, den Erfolg einer Unternehmung nicht nur zusammengefaßt als Saldo, sondern auch in seinen jährlichen Ausprägungen, möglichst unter Berücksichtigung gebildeter und aufgelöster Stiller Reserven, zu erfassen und darzustellen. Dies ist bei externen Finanzanalysen, wie sie dem folgenden Musterfall zugrunde liegen, nur eingeschränkt möglich. Dieser Nachteil kann in Kauf genommen werden, da es im Folgenden nur um die neue Verfahrenstechnik und weniger um den materiellen Inhalt des Geschäftsverlaufes geht.

B. Vorarbeiten

Arbeiten in der Finanzbuchhaltung sind letztlich statistische Arbeiten, die sich demnach in die drei Bereiche der Erhebung des Zahlenmaterials, der Aufbereitung des Zahlenmaterials und der Auswertung des aufbereiteten Zahlenmaterials aufteilen. Auch für die Finanzbuchhaltung gilt damit der Grundsatz: Keine Statistik ohne Auswertung! Dies bedeutet, daß sich die Erhebung und Aufbereitung des Zahlenmaterials hier im wesentlichen nur mit den Bestandsveränderungen des Eigenkapitals zu beschäftigen braucht.

Die **Erhebung des Zahlenmaterials** kann sich bei Mehrjahre-Abschlüssen auf Jahresabschlüsse stützen, die von Abschlußprüfern testiert sind. Vielfach kann das Zahlenmaterial aus Geschäftsberichten erhoben werden, die den jeweiligen Jahresabschluß erläutern und damit die Abstimmung einzelner Positionen erlauben. Zusätzlich enthalten Geschäftsberichte auch Informationen über die Bildung und Auflösung Stiller Reserven, etwa mit Hilfe von Sonderabschreibungen, und den Anlagenspiegel, welche etwa wünschenswerte Spezialisierungen eines Mehrjahre-Abschlusses erlauben.

Zeitreihenanalysen beginnen damit, daß **Bilanzen und Erfolgsrechnungen aufzubereiten** sind. Hierbei sind die Bilanzen in Staffelform umzugliedern, in der sich das Eigenkapital als Differenz aus Vermögen und Fremdkapital ergibt. Diese Aufbereitung in eine Staffelform ist der folgenden Abb. 1 zu entnehmen:

FORMALAUFBAU EINER BILANZ IN FORM EINES T-KONTOS
Dargestellt am Beispiel der Eröffnungsbilanz der Metallgesellschaft AG zum 01.10 1987
in Mio. DM
Grundgleichung: Vermögen = Eigenkapital + Fremdkapital

Aktiva		Passiva	
A. Anlagevermögen		**D. Eigenkapital**	
1. Sachanlagen	204,1	1. Gezeichnetes Kapital	280,0
2. Immaterielle Anlagen	1,5	2. Kapitalrücklagen	288,7
3. Finanzanlagen	1.096,8	3. Gewinnrücklagen	245,2
(Summe)	(1.302,4)	4. Bilanzgewinn	33,6
B. Umlaufvermögen		(Summe)	(847,5)
1. Vorräte	1.056,3	**E. Fremdkapital**	
2. Forderungen	1.289,8	1. Langfristige Verbindlichkeiten	247,7
3. Wertpapiere	685,1	2. Kurzfristige Verbindlichkeiten	2.606,6
4. Zahlungsmittel	263,0	3. Rückstellungen	782,2
(Summe)	(3.294,2)	4. Sonderposten mit Rücklageanteil	149,1
C. Rechnungsabgrenzungsposten	36,5	(Summe)	(3.785,6)
	4.633,1		4.633,1

FORMALAUFBAU DER GLEICHEN BILANZ IN STAFFELFORM
Grundgleichung: Vermögen - Fremdkapital = Eigenkapital

Lfd. Nr.		
	A. Vermögen	
	1. Anlagenvermögen	
1	1.1 Sachanlagen	204,1
2	1.2 Immaterielle Anlagen	1,5
3	1.3 Finanzanlagen	1.096,8
4	(Summe 1 + 2 + 3)	(1.302,4)
	2. Umlaufvermögen	
5	2.1 Vorräte	1.056,3
6	2.2 Forderungen	1.289,8
7	2.3 Wertpapiere	685,1
8	2.4 Zahlungsmittel	263,0
9	(Summe 5 + ... + 8)	(3.249,2)
10	3. Rechnungsabgrenzungsposten	36,5
11	Summe des Vermögens (4 + 9 + 13)	**4.633,1**
	B. Fremdkapital	
12	1. Langfristige Verbindlichkeiten	247,7
13	2. Kurzfristige Verbindlichkeiten	2.606,6
14	3. Rückstellungen	782,2
15	4. Sonderposten mit Rücklageanteil	149,1
16	Summe des Fremdkapitals (12 +...+ 15)	**3.785,6**
	C. Eigenkapital	
17	1. Gezeichnetes Kapital	280,0
18	2. Kapitalrücklagen	288,7
19	3. Gewinnrücklagen	245,2
20	4. Bilanzgewinn	33,6
21	Summe Eigenkapital (17 +...+20) = (11 - 16)	**847,5**

Abb. 1: Fomalaufbau einer Bilanz in Form eines T-Kontos und in Staffelform

Die Erfolgsrechnungen sind gewöhnlich bereits in Staffelform gegliedert. Diese Staffelform ist dann insoweit zu ergänzen, daß möglichst das Betriebsergebnis von dem neutralen Ergebnis getrennt wird, und daß der in den Bilanzen ausgewiesene Bilanzerfolg mit der Gewinn- und Verlustrechnung rechnerisch abgestimmt werden kann.

Im Rahmen der Vorarbeiten zur Aufstellung einer Mehrjahre-Schlußbilanz empfiehlt es sich, die Eröffnungsbilanz der Zeitreihe ohne Zwischenglieder der letzten Jahres-Schlußbilanz der Zeitreihe gegenüberzustellen, um zunächst ein Bild von der Grundstruktur der Mehrjahre-Schlußbilanz zu gewinnen; diese entspricht nach dem oben Gesagten der letzten Jahres-Schlussbilanz. Eine solche Gegenüberstellung ist Abb. 3 zu entnehmen.

Die Positionen sowohl der Bilanz zum 01.10.1987 als jener zum 30.09.1993 sind in DM-Beträgen ausgedrückt. Die Deutsche Mark als Währungseinheit hatte jedoch 1987 eine höhere Kaufkraft als 1993; ihr Geldwert war verschieden. Die Vergleichbarkeit des betrieblichen Zahlenmaterials stellt daher im vorliegenden Falle, wie überhaupt bei Verlaufsanalysen in Form von Zeitreihen der Bilanzen und Erfolgsrechnungen aufeinanderfolgender Geschäftsjahre, ein besonderes Problem dar. Dieses Problem, Beträge in einer bestimmten Währungseinheit für verschiedene Geschäftsjahre untereinander hinsichtlich der Kaufkraft vergleichbar zu machen, wird mit Hilfe von Währungsindizes gelöst. Hierbei haben sich die Preisindizes des Sozialproduktes als am ehesten brauchbar erwiesen. Sie sind die vergleichweise besten Maßstäbe für die Veränderungen des Geldwertes.

Um die DM-Beträge in einzelnen Jahren untereinander vergleichbar zu machen, sind sie mit Hilfe von Multiplikatoren in Preise eines bestimmten Jahres der Zeitreihe umzurechnen. Gewöhnlich wird hierfür der Preisindex des letzten Vergleichsjahres einer Zeitreihe gewählt. Im vorliegenden Fall verläuft die Zeitreihe vom 01.10.1987 in jährlichen Stufen bis zum 30.09.1993. Für die Geldwertbereinigung wäre das letzte Vergleichsjahr das Jahr 1993. Wie die Multiplikatoren ermittelt werden, mit deren Hilfe die DM-Beträge von 1987 bis 1993 in Preise des Jahres 1993 umgerechnet werden, ergibt sich aus Abb. 2:

Multiplikatoren zur Geldwertbereinigung	30.09. 1986	30.09. 1987	30.09. 1988	30.09. 1989	30.09. 1990	30.09. 1991	30.09. 1992	30.09. 1993
auf den 31.12.1993	1	2	3	4	5	6	7	8
Preisindex des BSP 1991 = 100	88,1	89,7	91,1	93,3	96,2	100,0	104,4	107,8
Multiplikator	1,22361	1,20178	1,18332	1,15541	1,12058	1,07800	1,03257	1,00000

Abb. 2: Multiplikatoren zur Geldwertbereinigung auf den 31.12.1993 für die Jahre 1986 bis 1993 (1991 = 100)

Um die Bilanz per 01.10.1987 in DM-Beträge mit der Kaufkraft der Deutschen Mark in 1993 umzurechnen, sind die DM-Beträge per 01.10.1987 mit dem Multiplikator für 1987 gemäß Abb. 2 in Höhe von 1,20178 zu multiplizieren. Nunmehr können die Eröffnungsbilanz der Zeitreihe per 01.10.1987 und deren Schlußbilanz per 30.09.1993 in Mio. DM, geldwertbereinigt auf den 31.12.1993, in Abb. 3 einander gegenübergestellt werden:

Lfd. Nr.	Beträg Bilanzpositionen	Bilanz per 01.10.1987	Bilanz per 30.09.1993
		1	2
	A. Vermögen		
	1. Anlagenvermögen		
1	1.1 Sachanlagen	245.3	271,8
2	1.2 Immaterielle Anlagen	1,8	20,1
3	1.3 Finanzanlagen	1.318,1	4.204,0
4	Anlagenvermögen Sa.	1.565,2	4.495,9
	2. Umlaufvermögen		
5	2.1 Vorräte	1.269,4	870,4
6	2.2 Debitoren	720,4	395,3
7	2.3 Forderungen an verb. Unternehmen	631,8	1.690,5
8	2.4 Wertpapiere	823,4	529,1
9	2.5 Liquide Mittel	316,1	92,1
10	2.6 Sonstiges Umlaufvermögen	197,8	421,3
11	3. Aktive Rechnungsabgrenzung	43,8	24,4
12	VERMÖGEN Sa.	5.567,9	8.519,0
	B. Fremdkapital		
13	1. Langfristige Schulden	297,7	429,4
14	2. Kurzfristige Bankschulden	188,0	1.370,2
15	3. Pensionsrückstellungen	336,8	416,3
16	4. Andere Rückstellungen	603,1	1.266,5
17	5. Sonderposten mit Rücklageanteil	179,2	-,-
18	6. Kreditoren	502,4	271,2
19	7. Erhaltene Anzahlungen	1.665,0	1.112,7
20	8. Verbindlichkeiten gegenüber verb. Unternehmen	488,8	1.911,2
21	9. Sonstige Verbindlichkeiten	288,4	1.395,4
22	FREMDKAPITAL Sa.	4.549,4	8.172,9
	C. Eigenkapital		
23	1. Grundkapital	336,5	441,8
24	2. Gesetzliche Rücklagen	347,0	-,-
25	3. Andere Rücklagen	294,6	-,-
26	4. Bilanzerfolg	+40,4	95,7
27	EIGENKAPITAL Sa.	1.018,5	346,1

Abb. 3: Eröffnungsbilanz 01.10.1987 und Schlußbilanz per 30.09.1993 in Mio. DM, geldwertbereinigt auf den 31.12.1993.

Quelle: Geschäftsberichte der Metallgesellschaft AG für die Geschäftsjahre 1986/87 und 1992/93

Der dritte Teil der Vorarbeiten besteht darin, für Zwecke der Abstimmung zunächst eine **Mehrjahre-Bewegungsbilanz zwischen Eröffnungs- und Schlußbilanz der untersuchten Geschäftsjahre** aufzustellen. Hier geht es insbesondere darum, im abgestimmtem System der Bilanzen die wesentlichen Veränderungen des Eigenkapitals festzustellen. Dies geschieht für den Musterfall in der folgenden Abb. 4:

KAPITALVERWENDUNG			FINANZIERUNG		
A. Investitionen in Anlagevermögen			**F. Desinvestitionen des Umlaufvermögens**		
1. Sachanlagen	26,5		1. Vorräte	399,0	
2. Immaterielle Anlagen	18,3		2. Debitoren	325,1	
3. Finanzanlagen	2.885,9	2.930,7	3. Wertpapiere	294,3	
B. Investitionen in andere Vermögen			4. Liquide Mittel	224,0	
1. Forderungen an verbundene Unternehmen	1.058,7		5. Aktive Rechnungsabgrenzung	19,4	1.261,8
2. Sonstiges Umlaufvermögen	223,5	1.282,2	**G. Neuverschuldung**		
C. Investitionen Sa.		4.212,9	1. Langfristige Schulden	131,7	
D. Tilgungen Fremdkapital			2. Kurzfristige Bankschulden	1.182,2	
1. Sonderposten mit Rücklageteil	179,2		3. Pensionsrückstellungen	79,5	
2. Kreditoren	231,2		4. Andere Rückstellungen	663,4	
3. Erhaltene Anzahlungen	552,3	962,7	5. Verbl. gegenüber verb. Unternehmen	1.422,4	
E. Verbrauch Eigenkapital			6. Sonstige Verbindlichkeiten	1.107,0	4.586,2
1. Kapitalrücklagen	347,0		**H. Neuaufnahme Eigenkapital**		
2. Gewinnrücklagen	294,6		Kapitalerhöhung	105,3	105,3
3. Sonstiger Verbrauch	136,1	777,7			
		5.953,3			5.953,3

Abb. 4: 6-Jahre-Bewegungsbilanz vom 01.10.1987 bis 30.09.1993 in Mio. DM (Saldo aus Abb. 3)

Im vorliegenden Falle zeigt sich, daß saldiert eine Erhöhung des gezeichneten Kapitals um 105,3 Mio. DM stattgefunden hatte. Demgegenüber waren Kapitalrücklagen in Höhe von 347,0 Mio. DM und Gewinnrücklagen in Höhe von 294,6 Mio. DM aufgelöst worden. Das gleiche galt für den Gewinnvortrag von 40,4 Mio. DM. Diesem stand ein Verlust in 1992/93 von 95,7 Mio. DM gegenüber. Der sonstige Verbrauch von Eigenkapital hatte damit eine Höhe von (40,4 Mio. DM + 95,7 Mio. DM =) 136,1 Mio. DM. Saldiert war in dem beobachteten Zeitraum das Eigenkapital also geldwertbereinigt um insgesamt 672,4 Mio. DM zurückgegangen.

C. Ableiten der geldwertbereinigten Mehrjahre-Erfolgsrechnung

Eine Mehrjahre-Schlußbilanz unterscheidet sich von der Jahres-Schlußbilanz des gleichen Bilanzstichtags nur um die jeweiligen Zu- und Abnahmen des Eigenkapitals zwischen Eröffungsbilanz und Schlußbilanz. Daher gilt insbesondere den Erfolgen der abgerechneten Geschäftsjahre das besondere Interesse. Diese Erfolge sind jeweils jährlich geldwertbereinigt aus den Umsatzerlösen abzuleiten. Das jährliche Ergebnis muß zu dem Bilanzerfolg führen, der in der jeweiligen jährlichen Schlußbilanz ausgewiesen ist.

Für diese Zwecke ist zunächst eine Zeitreihenanalyse der jährlichen Erfolgsrechnungen durchzuführen. Diese besteht darin, daß die aufbereiteten Erfolgsrechnungen nach jeweiligen Preisen zusammengestellt und in zeitlicher Abfolge aneinander gereiht werden.

Der zweite Schritt besteht in der Geldwertbereinigung dieser Zeitreihe. Diese stützt sich auf Abb. 2. Multipliziert man die Positionen der Erfolgsrechnungen aus der Verlaufsanalyse per 30.09.1988 bis 30.09.1993 mit den entsprechenden Multiplikatoren, dann ergibt sich eine geldwertbereinigte Zeitreihe der sechs Erfolgsrechnungen in Preisen von 1993 gemäß Abb. 5:

Lfd.	Erfolgsrechnungen per	30.09.1988	30.09.1989	30.09.1990	30.09.1991	30.09.1992	30.09.1993	Sa. 1-7
Nr.	Positionen	1	2	3	4	5	6	7
	A. Betriebliche Erträge							
1	1. Umsatzerlöse	+ 9.657,1	+ 13.360,1	+ 10.965,3	+ 9.290,8	+ 7.456,5	+ 6.913,5	+57.643,3
2	(Veränderungen in v. H.)	(+18,8)	(+38,3)	(-17,9)	(-15,3)	(-19,7)	(-7,3)	
3	2. Bestandsveränderungen	+ 246,2	- 274,0	- 13,7	+ 30,8	+ 52,2	- 108,1	- 66,6
4	3. Aktivierte Eigenleistungen	+ 11,2	+ 13,6	+ 12,3	+ 16,1	+ 7,8	+ 8,7	+ 69,7
5	4. Sonstige Erlöse	+ 193,4	+ 215,3	+ 297,2	+ 531,3	+ 440,2	+ 435,9	+ 2.113,3
6	Betriebserträge Sa. (1 + ... + 5)	10.107,9	13.315,0	11.261,1	9.869,0	7.956,7	7.250,0	+59.759,7
	B. Betriebliche Aufwendungen							
7	1. Materialaufwand	- 8.662,6	- 11.760,1	- 9.592,0	- 8.140,6	- 6.600,0	- 5.941,6	- 50.696,9
8	2. Personalaufwand	- 857,1	- 868,8	- 876,7	- 862,1	- 735,8	- 720,6	- 4.921,1
9	3. Abschreibungen	- 163,0	- 180,2	- 137,8	- 176,3	- 189,4	- 777,8	- 1.624,5
10	4. Sonstige betriebliche Aufwendungen	- 562,9	- 628,6	- 736,4	- 862,0	- 811,6	- 1.689,5	- 5.291,0
11	Betriebliche Aufwendungen Sa. (7 + ... + 10)	- 10.245,6	- 13.437,7	- 11.342,9	- 10.041,0	- 8.336,8	- 9.129,5	- 62.533,5
12	C. Betriebsergebnis (6 - 11)	- 137,7	- 122,7	- 81,8	- 172,0	- 380,1	- 1.879,5	- 2.773,8
	D. Finanzergebnis							
13	1. Finanzerträge	+ 278,4	+ 325,1	+ 377,9	+ 572,6	+ 472,2	+ 479,3	+ 2.505,5
14	2. Abschreibungen	- 42,3	- 35,8	- 46,1	- 15,7	- 62,2	- 212,4	- 414,5
15	3. Sonstige Finanzaufwendungen	- 84,3	- 149,4	- 216,0	- 245,8	- 333,0	- 424,0	- 1.452,5
16	Finanzergebnis (13 - 14 - 15)	+ 151,8	+ 139,9	+ 115,8	+ 311,1	+ 77,0	- 157,1	+ 638,5
	E. Neutrales Ergebnis							
17	1. Erträge aus Abgang AV	+ 18,1	+ 103,4	+ 181,6	+ 66,8	+ 534,8	+ 312,8	+ 1.217,5
18	2. Erträge aus Auflösung von Rückstellungen u. SoPo	+ 154,9	+ 116,8	+ 50,5	+ 34,9	+ 7,2	+ 12,8	+ 377,1
19	3. Verluste aus Abgang AV	- 1,3	- 0,4	- 0,4	- 10,2	- 8,3	- 51,6	- 72,2
20	4. Einstellen in SoPo	- 14,2	- 20,7	- 9,1	-,-	-,-	-,-	- 44,0
21	Neutrales Ergebnis (17 + 18 - 19 - 20)	+ 157,5	+ 199,1	+ 222,6	+ 91,5	+ 533,7	+ 274,0	+ 1.478,4
22	F. Ergebnis vor Steuern (12 + 16 + 21)	+ 171,6	+ 216,3	+ 256,6	+ 230,6	+ 230,6	- 1.762,6	- 656,9
	G. Bilanzerfolg							
23	1. Steuern	- 94,9	- 107,7	- 126,5	- 114,9	- 106,1	- 22,6	- 572,7
24	2. Jahresüberschüsse (22 - 23)	+ 76,7	+ 108,6	+ 130,1	+ 115,7	+ 124,5	- 1.785,2	- 1.229,6
25	3. Einstellen/Auflösen Rücklagen	- 23,7	- 34,7	- 44,8	- 26,9	- 51,5	+ 1.689,5	+ 1.435,9
26	4. Bilanzerfolg (24 + 25)	+ 53,0	+ 73,9	+ 85,3	+ 88,8	+ 73,0	- 95,7	+ 278,3

Abb. 5: Ableiten der 6-Jahre-Erfolgsrechnung per 30.09.1993 in Mio. DM (Zeitraum 01.10.1987 bis 30.09.1993), geldwertbereinigt auf den 31.12.1993.

In diesem Stadium der Dinge empfiehlt es sich, die **Bildung und Auflösung Stiller Reserven** zu analysieren. Diese sind in Abb. 5 in den Posititionen des neutralen Ergebnisses enthalten. Bei externer Analyse können sie jedoch nicht ausreichend sicher ermittelt werden.

Im dritten Schritt erfolgt eine **Addition der jährlichen Erfolgsrechnungen zur geldwertbereinigten Mehrjahre-Erfolgsrechnung**. Die 6-Jahre-Erfolgsrechnung per 30.09.1993 in Mio. DM für den Zeitraum vom 01.10.1987 bis 30.09.1993, geltwertbereinigt auf den 31.12.1993, ergibt sich in Abb. 5 aus Spalte 7. Sie endet mit einem Bilanzgewinn von 278,3 Mio. DM.

Auf die materielle Auswertung der vorliegenden Verlaufsanalyse soll nicht weiter eingegangen werden, da es hier nur um die neue Verfahrenstechnik geht. Beachtlich ist jedoch, daß sich aus der vorliegenden Verlaufsanalyse die erheblichen Umsatzschwankungen zeigen. Die Umsätze beginnen 1987/88 mit 9,7 Mrd. DM, steigen 1988/89 auf 13,4 Mrd. DM an und sinken schließlich bis zu dem Geschäftsjahr 1992/93 auf 6,9 Mrd. DM ab.

Die zweite wichtige Auswertung betrifft die Zusammenhänge zwischen Umsatz, Betriebsergebnissen und Bilanzerfolgen. Hier zeigt sich, daß in dem vorliegenden Zeitraum ein Betriebsverlust von 2.773,8 Mio. DM eingetreten war, der durch Finanzgewinne in Höhe von 638,5 Mio. DM und einen neutralen Gewinn in Höhe von 1.478,4 Mio. DM auf einen Unternehmensverlust vor Steuern von 656,9 Mio. DM ermäßigt wurde. Zuzüglich der Steuern in Höhe von 572,7 Mio. DM bestand der Mehrjahre-Überschuß in einem Verlust von 1.229,6, Mio. DM, der mit Hilfe einer Netto-Auflösung von Rücklagen in Höhe von 1.435,9 Mio. DM letztlich zu dem Ausweis eines Bilanzgewinnes von 278,3 Mio. DM führte.

Gemäß dem Obigen haben Mehrjahre-Erfolgsrechnungen der obigen Art, insbesondere im System einer Zeitreihenanalyse, einen erheblichen Neuigkeitswert für alle an Berichten über die wirtschaftliche Situation einer Unternehmung interessierten Personenkreise.

D. Aufstellen der geldwertbereinigten Mehrjahre-Bilanz

Für die 6-Jahre-Schlußbilanz zum 30.09.1993 bildet die **Schlußbilanz des letzten Geschäftsjahres zum 30.09.1993 die Grundlage**. Dies bedeutet, daß in der 6-Jahre-Schlußbilanz sowohl die Positionen des Vermögens als auch jene des Fremdkapitals der Jahres-Schlußbilanz entsprechen müssen. Auch die Gesamtsumme des Eigenkapitals in der 6-Jahre-Schlußbilanz muß der Gesamthöhe des Eigenkapitals in der Jahres-Schlußbilanz zum 30.09.1993 entsprechen. Daher sind nur noch die Bestandsveränderungen einzelner Positionen des Eigenkapitals zu identifizieren, die saldiert gemäß der 6-Jahre-Bewegungsbilanz in Abb. 4 im Falle des gezeichneten Kapitals eine Höhe von 105,3 Mio. DM, im Falle der Kapitalrücklagen eine Auflösung von 347,0 TDM, im Falle der Gewinnrücklagen eine Auflösung in Höhe von 294,6 Mio. DM und im Falle des sonstigen Verbrauchs an Eigenkapital eine Höhe von 136,1 Mio. DM aufgewiesen hatten.

Die Zu- und Abgänge der einzelnen Postitionen des Eigenkapitals nach Geschäftsjahren lassen sich nicht ohne Schwierigkeiten unmittelbar ableiten. Daher empfiehlt es sich, zunächst eine **Bestandsveränderungs-Rechnung des Eigenkapitals vom 01.10.1987 bis 30.09.1993 nach Geschäftsjahren und Einzelpositionen in Mio. DM in jeweiligen Preisen** aufzustellen. Das Zahlenmaterial wurde im vorliegendem Falle unmittelbar den Geschäftsberichten der Metallgesellschaft AG, Frankfurt am Main, für die Geschäftsjahre 1987/88 bis 1992/93 entnommen. Die sich hieraus ergebende Bestandsveränderungs-Rechnung ist der folgenden Abb. 6 zu entnehmen. Diese endet mit einem Rückgang des Eigenkapitals von 501,4 Mio. DM. Die entsprechende Abstimmung mit dem gesamten Eigenkapital laut Bilanz erfolgt in der gleichen Übersicht.

Lfd.	Geschäftsjahre	87/88	88/89	89/90	90/91	91/92	92/93	Sa. 1 - 6
Nr.	Eigenkapital	1	2	3	4	5	6	7
	A. Gezeichnetes Kapital							
1	Erhöhung	-,-	+ 40,0	+ 61,8	+ 60,0	-,-	-,-	+ 161,8
	B. Kapitalrücklagen							
2	1. Zuweisungen	+ 58,4	+ 140,0	+ 346,3	+ 445,8	+ 0,1	-,-	+ 990,6
3	2. Auflösungen	-,-	-,-	-,-	-,-	-,-	- 1.279,4	- 1.279,4
4	Sa.2-3	+ 58,4	+ 140,0	+ 346,3	+ 445,8	+ 0,1	- 1.279,4	- 288,8
	C. Gewinnrücklagen							
5	1. Zuweisungen	+ 20,0	+ 30,0	+ 40,0	+ 25,0	+ 50,0	-,-	+ 165,0
6	2. Auflösungen	-,-	-,-	-,-	-,-	-,-	- 410,1	- 410,1
7	Sa.5-6	+ 20,0	+ 30,0	+ 40,0	+ 25,0	+ 50,0	- 410,1	- 245,1
	D. Bilanzerfolg und Dividende							
8	1. Bilanzerfolg	+ 44,8	+ 64,0	+ 76,0	+ 82,3	+ 70,7	- 95,7	+ 242,1
9	2. Dividende	- 33,6	- 44,8	- 64,0	- 76,0	- 82,3	- 70,7	- 371,4
10	Sa.8-9	+ 11,2	+ 19,2	+ 12,0	+ 6,3	- 11,6	- 166,4	- 129,3
	E. Entwicklung des Eigenkapitals							
11	Sa. 1+4+7+10	+ 89,6	+ 229,2	+ 460,1	+ 537,1	- 38,5	- 1.855,9	- 501,4
12	Kumuliert	+ 89,6	+ 318,8	+ 770,9	+ 1.316,0	+ 1.354,5	- 501,4	

Abstimmung: Eigenkapital	30.09.1987	+ 847,5
	30.09.1993	+ 346,1
	Rückgang	- 501,4

Abb. 6: Bestandsveränderungs-Rechnung des Eigenkapitals vom 01.10.1987 bis 30.09.1993 nach Geschäftsjahren und Einzelpositionen in Mio. DM in jeweiligen Preisen

Nunmehr kann die **Bestandsveränderungs-Rechnung aller Positionen des Eigenkapitals nach Geschäftsjahren in Mio. DM, geldwertbereinigt auf den 31.12.1993**, aufgestellt werden. Sie ist der folgenden Abb. 7 zu entnehmen.

Geldwertbereinigte Bestandsveränderungs-Rechnungen der obigen Art sind zunächst grob mit Hilfe der Eigenkapital-Differenz abzustimmen. Die Summe aus den Salden der Zu- und Abgänge aller Einzelpositionen muß der Differenz der Eigenkapitalien in Preisen des letzten Geschäftsjahres, also hier des Jahres 1993, entsprechen. Diese Abstimmung wird unmittelbar in Abb. 7 vorgenommen.

Lfd.	Geschäftsjahre	87/88	88/89	89/90	90/91	91/92	92/93	Sa. 1 - 6
Nr.	Eigenkapital	1	2	3	4	5	6	7
	A. Gezeichnetes Kapital							
1	1. Geldwertverluste	- 5,2	- 7,8	- 11,1	- 16,3	- 20,1	- 14,4	- 74,9
2	2. Erhöhungen	-,-	+ 46,2	+ 69,3	+ 64,7	-,-	-,-	+ 180,2
3	Sa. 1 + 2	- 5,2	+ 38,4	+ 58,2	+ 48,4	- 20,1	- 14,4	+ 105,3
	B. Kapitalrücklagen							
4	1. Geldwertverluste	- 5,3	- 9,7	- 17,0	- 35,5	- 58,1	- 41,6	- 167,2
5	2. Zuweisungen	+ 69,1	+ 161,8	+ 388,0	+ 480,6	+ 0,1	-,-	+ 1.099,6
6	3. Auflösungen	-,-	-,-	-,-	-,-	-,-	- 1.279,4	- 1.279,4
7	Sa. 4 + 5 + 6	+ 63 8	+ 152,1	+ 371,0	445,1	- 58,0	- 1.321,0	- 347,0
	C. Gewinnrücklagen							
8	1. Geldwertverluste	- 4,5	- 7,4	- 10,3	- 14,3	- 16,4	- 13,4	- 66,3
9	2. Zuweisungen	+ 23,7	+ 34,7	+ 44,8	+ 27,0	+ 51,6	-,-	+ 181,8
10	3. Auflösungen	-,-	-,-	-,-	-,-	-,-	- 410,1	- 410,1
11	Sa. 8 + 9 + 10	+ 19,2	+ 27,3	+ 34,5	+ 12,7	+ 35,2	- 423,5	- 294,6
	D. Bilanzerfolg und Dividende							
12	1. Bilanzerfolg	+ 53,0	+ 73,9	+ 85,3	+ 88,8	+ 73,0	- 95,7	+ 278,3
13	2. Dividende	- 40,4	- 53,0	- 73,9	- 85,3	- 88,8	- 73,0	- 414,4
14	Sa. 12 + 13	+ 12,6	+ 20,9	+ 11,4	+ 3,5	- 15,8	- 168,7	- 136,1
	E. Entwicklung des Eigenkapitals							
15	Sa. 3 + 7 + 11 + 14	+ 90,4	+ 238,7	+ 475,1	+ 509,8	- 58,5	- 1.927,6	- 672,4
16	Kumuliert	+ 90,4	+ 329,1	+ 804,0	+ 1.313,8	+ 1.255,2	- 672,4	

Abstimmung: Eigenkapital 30.09.1987 + 1.018,5
30.09.1993 + 346,1
Rückgang - 672,4

Abb.7: Bestandsveränderungs-Rechnung des Eigenkapitals vom 01.10.1987 bis 30.09.1993 nach Geschäftsjahren und Einzelpositionen vom 01.10.1987 bis 30.09.1993 in Mio. DM, geldwertbereinigt auf den 31.12.1993.

Die Abstimmungen für jede Einzelposition erfolgten über die entsprechenden Ergebnisse der 6-Jahre-Bewegungsbilanz in Abb. 4.

Zusätzlich ist eine solche Bestandsveränderungs-Rechnung des Eigenkapitals noch mit dem Ergebnis der Mehrjahre-Erfolgsrechnung abzustimmen. Die 6-Jahre-Erfolgsrechnung in Abb. 5 gelangt gemäß Zeile 26 Spalte 7 zu einem Bilanzgewinn von 278,3 Mio. DM. Diese 278,3 Mio. DM müssen dann auch in der Bestandsveränderungs-Rechnung des Eigenkapitals in Abb. 7 in Zeile 12, Spalte 7, auftauchen.

Die **Ableitung der geldwertbereinigten Mehrjahre-Schlußbilanz** ist aus der letzten Jahres-Schlußbilanz und den Ergebnissen der Bestandsveränderungs-Rechnung des Eigenkapitals in Preisen des Jahres möglich, in dem die letzte Jahres-Schlußbilanz aufgestellt wurde. Hierzu braucht in der letzten Jahres-Schlußbilanz nur der Teil verändert zu werden, der die Bestandsveränderungen des Eigenkapitals enthält. Hierfür kann im vorliegenden Falle das Zahlenmaterial unmittelbar der Jahres-Schlußbilanz per 30.09.1993 in Abb. 3 und den Salden der Bestandsveränderungen in Abb. 7, Spalte 7, entnommen werden. Die 6-Jahre-Schlußbilanz zum 30.09.1993 in Mio. DM (Zeitraum 01.10.1987 bis 30.09.1993), geldwertbereinigt auf den 31.12.1993, hat dann den Inhalt gemäß der folgenden Abb. 8:

AKTIVA		PASSIVA		
A. Anlagevermögen		**E. Eigenkapital**		
1. Sachanlagen	271,8	1. Gezeichnetes Kapital		
2. Immaterielle Anlagen	20,1	1.1 Stand am 01.10.1987	336,5	
3. Finanzanlagen	4.204,0	1.2 ./. Geldwertverluste	- 74,9	
Anlagevermögen Sa.	4.495,9	1.3 + Kapitalerhöhungen	+ 180,2	+ 441,8
B. Umlaufvermögen		2. Kapitalrücklagen		
1. Vorräte	870,4	2.1 Stand am 01.10.1987	347,0	
2. Debitoren	395,3	2.2 ./. Geldwertverluste	- 167,2	
3. Forderungen an verb.		2.3 + Zuweisungen	+ 1.099,6	
Unternehmen	1.690,5	2.4 ./. Auflösungen	- 1.279,4	-,-
4. Wertpapiere	529,1	3. Gewinnrücklagen		
5. Liquide Mittel	92,1	3.1 Stand am 01.10.1987	294,6	
6. Sonstiges Umlauf		3.2 ./. Geldwertverluste	- 66,3	
vermögen	421,3	3.3 + Zuweisungen	+ 181,8	
C. Aktive Rechnungsab-		3.4 ./. Auflösungen	- 410,1	-,-
grenzung	24,4	4. Bilanzerfolg und Dividende		
		1. Gewinnvortrag 01.10.1987	+ 40,4	
		2. Bilanzgewinn 87/88 - 92/93	+ 278,3	
		3. Dividende 87/88 - 92/93	- 414,4	- 95,7
		Eigenkapital Sa.		346,1
		F. Fremdkapital		
		1. Langfristige Schulden	429,4	
		2. Kurzfristige Schulden	1.370,2	
		3. Pensionsrückstellungen	416,2	
		4. Andere Rückstellungen	1.266,5	
		5. Kreditoren	271,2	
		6. Erhaltene Anzahlungen	1.112,7	
		7. Verb. gegenüber verb. Unternehmen	1.911,3	
		8. Sonstige Verbindlichkeiten	1.395,4	8.172,9
	8.519,0			8.519,0

Abb. 8: 6-Jahre-Bilanz per 30.09.1993 in Mio. DM (Zeitraum: 01.10.1986 bis 30.09.1993), geldwertbereinigt auf den 31.12.1993.

E. Offene Fragen

Der obige Beitrag dürfte von grundlegender Bedeutung sein. Dies gilt zunächst in Hinblick auf § 289 HGB, in dem es heißt:

"(1) Im Lagebericht sind zumindest der Geschäftsverlauf und die Lage der Kapitalgesellschaft so darzustellen, daß ein den tatsächlichen Verhältnissen entsprechendes Bild vermittelt wird..."

Man wird den über das letzte Geschäftsjahr hinausgehenden Geschäftsverlauf einer Kapitalgesellschaft wohl kaum besser darstellen können als mit Hilfe eines Mehrjahre-Abschlusses in Form einer Mehrjahre-Bilanz und einer Mehrjahre-Erfolgsrechnung der obigen Art.

Der obige § 298 HGB widerspricht nach dem oben Gesagten jedoch dem § 283 HGB "Wertansatz des Eigenkapitals", in dem vorgeschrieben wird:

"Das gezeichnete Kapital ist zum Nennbetrag anzusetzen."

Im vorliegenden Falle hatte beispielsweise der Rückgang des Eigenkapitals zu Nennbeträgen gemäß Abb. 6 eine Höhe von 501,4 Mio. DM, während dieser Rückgang in Preisen von 1993 eine Höhe von 672,4 Mio. DM aufwies. In den untersuchten sechs Geschäftsjahren hatten die Geldwertverluste des gezeichneten Kapitals eine Höhe von 74,9 Mio. DM, jene der Kapitalrücklagen eine Höhe von 167,2 Mio. DM und jene der Gewinnrücklagen eine Höhe von 66,3 Mio. DM. Die Geldwertverluste des Eigenkapitals hatten also insgesamt eine Höhe von 308,4 Mio. DM und damit geldwertbereinigt einen Anteil von 45,9 % an dem gesamten Rückgang des Eigenkapitals in Höhe von 672,4 Mio. DM. Wenn man also das Eigenkapital zum Nennbetrag ansetzt, dann vermittelt es kein Bild von dem Geschäftsverlauf und der Lage der Kapitalgesellschaft, das den tatsächlichen Verhältnissen entspricht.

Darüber hinaus wirft der obige Beitrag weitere Fragen auf. Der Ausweis des Eigenkapitals zum Nennbetrag läßt bei Geldentwertung im Ablauf der Zeit nicht erkennen, ob und inwieweit die Haftung der Gesellschafter für die Verbindlichkeiten der Kapitalgesellschaft gegenüber den Gläubigern zurückgeht. Daraus folgt die weitere Frage, ob und inwieweit ein solcher Rückgang fortlaufend aus Gewinnen ausgeglichen werden müßte. Dies würde dann Konsequenzen sowohl für die Höhe der Dividende als auch für die Ertragsbesteuerung jener Gewinne haben, die zum Ausgleich von Geldwertverlusten des Eigenkapitals erforderlich sind.

Eine weitere Frage richtet sich darauf, ob und inwieweit eine Kapitalgesellschaft in ihrem Lagebericht gemäß § 289 HGB auch auf Geldwertverluste des Eigenkapitals und deren Ausgleich eingehen sollte. Mit Hilfe der oben entwickelten Verfahrenstechnik lassen sich diese Geldwertverluste ausreichend zuverlässig identifizieren. Sie haben einen so beachtlichen Umfang, daß ihr Verschweigen im Lagebericht kein wahres Bild über den Geschäftsverlauf in der Vergangenheit vermittelt.

HANS R. BLOHM

Überlegungen zur Entwicklung des Rechnungswesens - gesehen vom Problemfeld der "Fülle".

A. Warum und wozu dieses Thema?

Bereits zum sechzigsten Geburtstag von Carl Zimmerer durfte ich zu seiner damaligen Festschrift beitragen, indem ich einige Vorschläge zur Verbesserung des Informationsaustausches im Bereich der betriebswirtschaftlichen Forschung und Praxis unterbreitete (Blohm (1986), S. 92/93). Daran muß ich mich nun wohl selbst halten, was nicht ganz einfach ist. Schließlich habe ich angeregt, nur dann zur Feder zu greifen, wenn es wirklich etwas Neues zu sagen gibt; von Lehrbüchern, Berichten u.ä. abgesehen. Wer - wie üblich für einen Emeritus - lediglich das hat, was er glaubt, als Sachverstand und Erfahrung in das Alter hinübergerettet zu haben, dagegen über keine Assistenz, kein Sekretariat und keinen PC verfügt, der muß sich dazu schon etwas Besonderes einfallen lassen. Das wird man prima vista dem Thema aus dem Feld meiner Alters-Hobby-Forschung kaum absprechen wollen; ich bin schon zufrieden, wenn man es nicht "absonderlich" nennt.
Von Hobbyforschung spreche ich, weil diese Tätigkeit keine besonderen Hilfsmittel benötigt, weder Tabus beachtet, noch Verlegerinteressen dient oder Lehrpläne ausfüllt, auch auf mehr oder weniger wohlwollende Fachkollegen keine Rücksicht zu nehmen braucht oder gar den Wert in barer Münze oder als Teil eines Programmes abzuschätzen versucht. Diese kühn "Forschung" genannte Beschäftigung soll mir schlicht Freude bereiten, sonst nichts. Um so besser, wenn sie dann doch gelegentlich darüber hinaus etwas nützen könnte. Das scheint mit einem Brückenschlag zum Rechnungswesen möglich zu sein.
Um was geht es nun in diesem Falle, dem unbekümmerten Tummeln auf dem Problemfeld der Fülle, und welche Verbindungen zum Rechnungswesen können erkannt werden?

B. Das Problemfeld der Fülle

I. Echte und unechte Füllefaktoren

Die Betriebswirtschaftslehre befaßt sich vorrangig mit dem zielorientierten Einsatz knapper "Faktoren" (Arbeit, Stoffe, Betriebsmittel). Zu Markt- oder Verrechnungspreisen bewertet nehmen sie die Dimension Geld an, gehen so in das Rechnungswesen ein und ermöglichen Wirtschaftlichkeitsbetrachtungen (im weitesten Sinne). Was wenig oder nichts "kostet", ist zunächst auch unwesentlich. Auf eine nähere wissenschaftliche Analyse des Knappheitsargumentes sei hier verzichtet. (Schanz (1979)). Das Gleiche gelte für das Wirtschaftlichkeits- und das damit zusammenhängende Rationalprinzip (Pack (1987)).

Nur eines sei festgestellt: Das Wirtschaftlichkeitsprinzip dient dem sinnvollen Umgang mit knappen Gütern. In der Fülle dagegen geht es um den Umgang mit nicht knappen Gütern. ("Fülleprinzip" ausführlich behandelt in Blohm (1988)).
Das Schöpfen aus der Fülle ist, wie leicht zu erkennen, dauerhaft nur möglich, soweit die Güter tatsächlich unbegrenzt verfügbar sind. Diese Güter seien echte Füllefaktoren (wie Sand in der Wüste) genannt. Faktoren, die wie Füllefaktoren behandelt werden, in Wahrheit aber nicht unbegrenzt verfügbar sind, seien als unechte Füllefaktoren bezeichnet. Ein Beispiel: Bei Betrieb einer Heizungsanlage wird angestrebt, den Brennstoffverbrauch zu minimieren, um den Verbrauch von Sauerstoff bekümmert sich niemand; was auch sinnvoll ist, denn noch ist Sauerstoff nicht knapp. Die Abgase werden in das zunächst unbegrenzt erscheinende Luftvolumen geblasen, das im Durchschnitt pro Erdeinwohner etwa 1,3 Kubikkilometer beträgt. In einer Siedlung mit Einfamilienhäusern auf kleiner Fläche wird das Abgasproblem bereits zu einem spürbaren Problem. Die Weltklimakonferenz in Berlin 1995 hat das CO 2-Problem mit viel Aufwand sorgenvoll für die Erde als Ganzes behandelt.

Generell kann festgestellt werden: immer mehr echte Füllefaktoren werden unechte Faktoren mit der Tendenz, knappe Faktoren zu werden. So steht schon heute der Verbrauch von Trinkwasser zu Wasch-, Kühl- und Spülzwecken im Brennpunkt der Kritik.

II. Das Fülleprinzip als Gestaltungsprinzip

Die Fülle als Füllefaktoren, deren Einsatz und Wandlung ist nur eine Seite des Betrachtungsfeldes. Die Fülle ist auch ein Gestaltungsprinzip, wie uns die Natur lehrt. Beispiele sind die Evolution durch Mutation und Auslese, sowie die Vermehrung bzw. Arterhaltung. Die Befruchtung entspricht auf seiten des Spermas dem Fülleprinzip. Säugetiere produzieren Spermien in der Größenordnung von 10^8 bis 10^9 Einheiten, um eine oder wenige Eizellen zu befruchten. Bei zahlreichen Fisch-, Reptilien, Amphibien- und Insektenarten werden auch die Eier in Massen produziert. Die Eizahl beim Karpfen beträgt etwa 0,75 Mio., beim Stöhr 4-6 Mio., sie sinkt bei brutpflegenden und lebend gebärenden Arten, wie beim Stichling, auf 70-100 Eier. Der Nachwuchs entsteht entweder in wenigen Einzelexemplaren, die als knappes Gut sorgsam umhegt werden oder in Massen, die sich selbst überlassen werden. Ein hochentwickeltes Säugetier, wie der Elefant, behandelt den Nachwuchs als knappes Gut. Die Elefantenkuh bringt nach 20-22 Monaten Tragezeit ein etwa 100 kg schweres Junges zur Welt, das zwei Jahre gesäugt und umhegt wird. Elefanten nehmen sogar fremde Junge an. Auch das Zusammenspiel des Fülleprinzips und des Prinzips des sorgsamen Bewirtschaftens knapper Güter läßt sich zeigen z. B. an den Schildkröten. Sie pflanzen sich durch Eier fort, die auch Wasserschildkröten in größeren Mengen auf dem Lande ablegen. Eine Brutpflege findet nicht statt. So geht ein Großteil des zunächst ungeschützten Nachwuchses verloren. Ist das Frühlebensstadium überwunden, sorgt ein wirkungsvoll aufgebautes Verteidigungsinstrument, der Panzer, für die Erhaltung des Einzeltieres, das bei vielen Arten ein hohes Alter erreichen kann. Der nach dem Fülleprinzip ablaufende erste Teil bewährt sich auch als eine Möglichkeit zu bewußter Gestaltung. Erweist sich die Systemkombination für die Arterhaltung als nicht wirksam genug, wie bei den rücksichtslos verfolgten sogenannten Suppenschildkröten, findet der Mensch in dem massenhaft produzierten Nachwuchs eine Reserve, die sinnvoll genutzt werden kann. Frisch geschlüpfte Schildkröten werden von Züchtern gesammelt, über die stark gefährdete Anfangszeit hinweg in Bassins gehalten, damit geschützt, bis man sie, nun mit dem Panzer versehen, wieder der Natur überlassen kann. Immer mehr Fischarten werden heute gezüchtet. Der Gourmet weiß das für den Lachs zu beklagen.

Auch im Betriebe dient das Fülleprinzip bereits der Gestaltung, wenn auch nicht unter dieser Bezeichnung. So z.B. bei der Suche nach Ideen für Innovationen ("Kreativitätstechnik"). Beim "Brainstormig" werden Ideen zur Verbesserung von Produkten und Verfahren gewonnen, indem die Teilnehmer einer Gruppensitzung bewegt werden, unbegrenzt frei und ungehemmt Gedanken hervorzubringen. Den Eingebungen der Teilnehmer wird also keine Grenze gesetzt, jeder kann in beliebiger Fülle Gedanken entwickeln und aussprechen. Jeder Beitrag ist erwünscht und wird nicht kritisiert. Nach der Sitzung werden die Ideen eingehend analysiert und zielorientiert ausgewählt. Dem so verstandenen Fülleprinzip folgt damit das Wirtschaftlichkeitsprinzip.

Die Evolution in Gestalt von Mutation und Selektion in der Natur kann bei der Suche nach optimalen technischen Lösungen mit der "Evolutionsstrategie" (Rechenberg (1973)) nachvollzogen werden. Die Gestaltung der Tragflächen von Flugzeugen kann z.B. auf dem Wege von Versuch (Mutation) und Auslese (Selektion) zur schrittweisen Annäherung an ein Optimum in zahlreichen Versuchsschritten vollzogen werden. Dieses Verfahren setzt an die Stelle der Vorausberechnung viele Folgen von Versuch und Irrtum. In der natürlichen Evolution äußert sich das Fülleprinzip vor allem in der unbegrenzt zur Verfügung stehenden Zeit. Die Evolution vollzog sich - so die vorherrschende Lehre - in Milliarden von Jahren und noch das erscheint kurz, sofern man die Gestaltung der Organismen (ja, vielleicht unseres Weltensystems) allein dem Zufall zuschreibt, wie es heute mit missionarischen Eifer vertreten wird. (Haken (1981)) der sich mit der Entstehung von Strukturen aus dem Chaos befaßt.

III. Technische Füllefaktoren

Die Nachahmung des natürlichen Vorganges der Evolution ermöglicht der Einsatz von Computern, die in kurzer Zeit eine große Zahl von Lernschritten (entsprechend Mutation und Auslese) produzieren. Das Fülleprinzip bleibt wie in der Natur erhalten, der Lernprozeß wird aber durch das schnell arbeitende technische Hilfsmittel Computer auf einen Zeitraum gerafft, der für menschliche Gestaltungsarbeit geeignet ist. Die moderne Computertechnik verbilligt die einzelnen Lernschritte immer mehr; der Lernprozeß wird ein Vorgang der Fülle, die Technik erzeugt mit Computern technische Füllefaktoren, Zeitfülle im Zeitraffer. So bietet die Entscheidungslehre zahlreiche Modelle als Entscheidungsgrundlage an, bei deren Lösungswegen die hier behandelten Prinzipien im Erfolgswettbewerb stehen. Das kann anschaulich anhand der Verfahren zur Kapazitätsplanung mit Warteschlangenmodellen gezeigt werden (Blohm u.a. (1995) S. 303 ff.) Warteschlangen können unter bestimmten Voraussetzungen vor Abfertigungsstationen auftreten. Solche Stationen sind Postschalter, Werkzeugausgaben, Materialausgaben, Fertigungsstationen im Industriegebiet, Diagnose- oder Therapiestationen im Kranken-

haus u.v.a.m. Treffen die abzufertigenden Einheiten (Postkunden, Mitarbeiter, Werkstücke, Patienten) unregelmäßig ein; können Stauungen (Warteschlangen) entstehen oder bei fehlender Zufuhr der abzufertigenden Einheiten Wartezeiten in den Abfertigungsstationen auftreten. Mit Hilfe der Warteschlangenmodelle sollen geeignete Informationen über die Vorgänge wie Wartezeiten, Schlangenlänge, Kapazitätsauslastung erarbeitet werden, damit die Abfertigungsstationen optimal ausgelegt werden können, was zum Beispiel bedeutet, die Gesamtkosten des Systems einschließlich der Wartekosten der abzufertigenden Einheiten und der Leerkosten der Abfertigungsstationen so niedrig wie möglich zu halten.
Warteschlangenprobleme lassen sich grundsätzlich auf zwei Wegen lösen. Der erste Weg setzt vorrangig den knappen Faktor "dispositive Arbeit" in Gestalt einer mathematisch-analytischen Lösung ein. Der zweite Weg besteht im Durchrechnen einer Fülle mittels Zufallsgenerator gefundener Möglichkeiten (Simulation). Der Computer hat die erforderliche Massenrechenarbeit hinsichtlich Kosten- und Zeitbedarf so weitgehend vermindert, daß das Rechnen in gewissen Grenzen als Füllefaktor angesehen und entsprechend eingesetzt werden kann.
Die Beispiele methodischer Anwendungen des Fülleprinzips zeigen wie technisch geschaffene Füllefaktoren eingesetzt wurden, die bereits als technische Füllefaktoren vorgestellt werden. Die Rechenarbeit des Computers ist ein Füllefaktor, der ein Element des Produktionsfaktors "dispositive Arbeit" darstellt, von dem man einst glaubte, er sei dem menschlichen Gehirn vorbehalten. Der Computer kann mit ausreichender Geschwindigkeit eine Vielzahl der Informationen zuverlässig aufnehmen, verarbeiten und auswerten, z.B. so komplexe Vorgänge wie die erwartete Entwicklung der Liquiditäts-, Rentabilitäts- und Wirtschaftlichkeitssituation eines Konzerns in Abhängigkeit von den getätigten Investitionen. Ein Simulationsmodell vermag hier Alternativen in ihren Konsequenzen nachvollziehbar zu zeigen. Damit sind wir wieder beim Rechnungswesen. Die Verbindung zur Fülleproblematik ist aber noch enger und von noch weit höherer Vielfalt als hier angedeutet.

C. Verbindungen des Rechnungswesens mit der Fülleproblematik

I. Grundlegende Zusammenhänge

Einige grundlegende Zusammenhänge können in den bisherigen Feststellungen leicht erkannt werden:

a) Viele Füllefaktoren erschöpfen sich, sie werden zunächst zu unechten und dann zu knappen Faktoren. Damit müssen sie früher oder später bewertet werden und in den Datenbestand und den Datenfluß des Rechnungswesens eingehen. Die längerfristigen Planungen (z.B. von Rückstellungen) muß dieser Wandel vorausschauend berücksichtigt werden, was - allerdings nur teilweise - bereits geschieht.
b) Die Technik (im weitesten Sinne) schafft neue "technische" Füllefaktoren, die erst durch die massenweise Nutzung die Fülleeigenschaft voll annehmen, indem sich die hohen Entwicklungs- und Anlageausgaben (insbesondere für Software) auf eine große Zahl von genutzten Einheiten verteilen. Diese Faktoren gilt es sinnvoll einzusetzen, was dem Rechnungswesen gänzlich neue Perspektiven eröffnet, z.B. durch Simulation, wobei die Fülle auch als Gestaltungsprinzip dient.

II. Das Besondere der Betrachtungsweise

Das Besondere der Betrachtung liegt nicht nur in den dargestellten, geradezu zum Fabulieren einladenden Zusammenhängen. Da ist noch ein Tatbestand zu würdigen, der mich zu diesem Brückenschlag verführt hat. Die zu erwartenden Entwicklungen auf dem Füllefeld sind mit hoher Zuverlässigkeit prognostizierbar, so daß über zukünftige Anforderungen an das Rechnungswesen und kommenden Bedingungen für das Rechnungswesen der Zukunft klare Aussagen möglich sind. Eine methodische Vorbereitung und Planung notwendiger oder erwünschter Schritte wird auf diese Weise ausführbar.

Das Ansehen eines Unternehmens wird in zunehmendem Maße durch sein der Umweltlobby gemäßem Verhalten und seinen Umgang mit den natürlichen Ressourcen bestimmt werden. Umwelt und Ressourcen sind schließlich der Kern der Fülleproblematik. Es können sich finanzielle Anforderungen, aus umweltbedingten Auflagen entwickeln, die rechtzeitig vorbereitet durch geeignete Maßnahmen vielleicht zu mindern oder zu vermeiden sind. Z.B. können Filteranlagen schon beim Neubau einer Verzinkerei installiert werden, bevor die mit Sicherheit zu erwartenden Auflagen kommen. Nachrüsten wird meistens teurer. Es ist eine Aufgabe des Rechnungswesens entsprechende Alternativen mit ihren Wirkungen auf Rentabilität, Wirtschaftlichkeit, Liquidität und Steuern zu zeigen, bevor das harte oft teuere Muß kommt. Dazu sollte das Rechnungswesen aber darauf eingerichtet sein, zukunftsorientierte Daten zu liefern. Bilanzkosmetik und changing of the past in jeder Form sind dem gegenüber von geringerer Wirkung.

III. Versuch zu einigen konkreten Aussagen

a) Zur Nachvollziehbarkeit des Informationswerkes

Zahlen geben jedem Bericht den Hauch des Exakten: Kostenrechnung, Aufwands- und Ertragsrechnung, Bilanz, Cash-flow-Rechnung, Soll-Ist-Vergleiche, alles ausgedrückt in DM, dem Zahlenwerk des Unternehmens entnommen und somit nachprüfbar. Doch der Schein trügt, nur zu oft. Es genügt, eine kompetente Äußerung dazu heranzuziehen, die für viele stehen dürfte. Carl Zimmerer zur Bilanz:
"Alle wissen es, wie es gemacht wird. Daß es dann trotzdem Leute gibt, die aus den am Ende vorgelegten Zahlen und dem Lagebericht Schlüsse ziehen, ist merkwürdig. Viele Vermögenswerte stehen gar nicht oder nur verstümmelt in der Bilanz. Die Aufträge der Investitionsgüterfabriken werden nicht aktiviert, obwohl die Vorleistungen für sie beträchlich sein könnten. Die Akquisitions- und Einarbeitungskosten für das Baustellenpersonal, das zur Zeit für Bauunternehmen außerordentlich wichtig ist, werden von den Bauunternehmen nicht als Bilanzwert erfaßt. Die möglichen Entlassungskosten für das Personal werden nicht passiviert, obwohl sie unter Umständen höher sind als die haftenden Mittel." (Zimmerer (1990) S. 291 ff.) So geht es weiter über Grundstückswerte, Wert des Aktiendepots und sofort. Und das alles über die Früchte eines in Jahrzehnten gewachsenen Systems von Vorschriften, Handhabungen, Revisionspraktiken sowie Erfahrungen aus Erfolgen und Mißerfolgen, Skandalen, Betrügereien und nicht zu vergessen: wohlgemeinten Ratschlägen. Nun setzt sich die Entwicklung fort in eine Berichterstattung ohne den Rückhalt des nachvollziehbaren Zahlenwerkes der guten alten Buchhaltung die

von vertrauensvoll klingenden Vorgaben wie Vollständigkeitsprinzip, geschlossene Wertrechnung, Dokumentationsfunktion, Wesentlichkeit, Kontiunität, Klarheit und Wirtschaftlichkeit der Berichterstattung geleitet ist. Der Umgang mit unechten Füllefaktoren auf der Schwelle zu knappen Faktoren beflügelt wie man erkennen kann, den Gesetzgeber, diese seine Rolle auch wahrzunehmen. Die Wähler sind sensibilisiert, ja teilweise in übertriebene undifferenzierte Angst versetzt worden; man denke an die Ozon- und Asbestpanik. Es soll etwas geschehen, nur fehlt noch viel dazu: Brauchbare wissenschaftliche Grundlagen, auf Erfahrung beruhende Sachkenntnis und die Toleranz anderen Auffassungen gegenüber. Auf dieser Basis sind von gesetzgebenden und ausführenden Instanzen zu erwarten: Verpflichtungen zur Berichterstattungen, Gebote, Verbote.

Alle genannten drei "Leistungsnachweise" der Politik berühren das Rechnungswesen. Vor allem der Punkt Berichterstattung läßt eine Entwicklung erahnen, die sich mit den Sozialbilanzen (sogar schon Umweltbilanzen) bereits anbahnt. Bei den Sozialbilanzen geht es um Nutzen und soziale Kosten, die Differenz soll den sogenannten Nettonutzen ergeben - kühn in DM ausgedrückt. "Damit sollen auch soziale und ökologische Schadenseffekte (!) in der Unternehmenspolitik in die Rechenschaftslegung einbezogen und eine gesellschaftsbezogene Unternehmenspolitik gefördert werden." (Chmielewicz (1992) Sp. 1798) Noch ist die Sozialbilanz (und ähnliches) freiwillig, in Frankreich besteht jedoch bereits eine gesetzliche Publizitätspflicht der jährlichen Sozialbilanz für Betriebe ab 300 Arbeitnehmern. In Deutschland ist das nicht auszuschließen. Die knapp werdenden Füllefaktoren dürften das publizitätswirksame Sorgenkind der Politiker werden. Allein der Abfall ist auf Grund der kanpper werdenden Deponiekapazitäten (Vgl. hierzu z.B. Strebel (1988) S. 100) zu einem bevorzugten Betätigungsfeld aller Instanzen von der Gemeinde bis zum Bund (und weiter) geworden, von der Europäischen Gemeinschaft und den UN ist noch einiges zu erwarten. Als Stilprobe nur die Bezeichnung von einigen Landesgesetzen:

Gesetz	Abkürzung	Datum
Gesetz zur Vermeidung, Verwertung und sonstigen Entsorgung von Abfällen in Bayern	BayAbFG	28.6.1990
Bremisches Ausführungsgesetz zum Gesetz über die Vermeidung und Entsorgung von Abfällen	BremAG-AbFG	15.9.1988
Hamburgisches Ausführungsgesetz zum Abfallbeseitigungsgesetz	GVBI	13.2.1974
Bekanntmachung der Neufassung des Gesetzes über die Vermeidung, Verminderung, Verwertung und Beseitigung von Abfällen und die Sanierung von Altlasten	HAbFAG	10.7.1989

Bei der Schöpfung von Vorschriften zum Unterlassen und Handeln werden Bestimmungen über die Berichtsleistung nicht fehlen, schon jetzt liegt es nahe, sich freiwillig zu äußern. So wird man immer mehr berichten auf immer weniger nachvollziehbarer Grundlage oder kurz gesagt: Mehr Berichterstattung mit weniger nachvollziehbarer Information.

Es geht aber im Zusammenhang mit den knapper werdenden Ressourcen (insbesondere Deponien) auch darum, künftige Risiken abzuschätzen und sich durch vorsorgliche Rückstellungen vor Überraschungen aus der Politik zu schützen. (Zimmerer, Carl (1992) S. 33) C. Zimmerer schreibt dazu: "Das Problem der Zukunft wird sein, die Lasten für den Umweltschutz möglichst auf mehrere Jahre zu verteilen. Das wird in der Regel nicht schwerfallen, da die Verordnungen den Ausführungsbestimmungen vorangehen und die Bürokratie nicht allzu schnell arbeitet." (ders. S. 34)
Zu beachten ist: Nicht nur die Deponieflächen werden knapp, auch Wasser, Möglichkeiten zum CO_2 Ausstoß, Energie werden zum Problem. Was noch?

b) Die Nutzung der Massenproduktion von Daten

Das Rechnungswesen nutzt die Möglichkeiten moderner Datenverarbeitung nur unvollkommen, das pfeiffen die Spatzen von den Dächern. Es ist nicht nur - vielleicht nicht einmal vorrangig - die mangelnde Flexibilität der Betriebe daran schuld, es ist auch das Korsett des Handels- und Steuerrechtes. So wird ein Feld zunehmender Fülle nicht ausgeschöpft, ja es entsteht gar nicht, wie es entstehen könnte, weil erst die Massennutzung den Fülletatbestand (Kosten der zusätzlich genutzten Einheiten fallen nicht ins Gewicht) schafft.
Diese Tatbestände sind mit dem Entstehen des Fachgebietes Informatik und den Ausprägungen Informationsorientierte Betriebswirtschaftslehre, sowie betriebswirtschaftlich orientierte Informatik deutlich geworden. Auch hier möge eine repräsentative Quelle den Weg zu weiteren Überlegungen weisen. (Müller-Merbach (1983), S. 822-826) Müller-Merbach weist darauf hin, daß die Betriebswirtschaftliche Statistik verweist zu sein scheint, obwohl gerade dafür Bedarf besteht und dieser Zweig des Rechnungswesens von der Datenverarbeitung erheblich profitieren könnte. Hierzu heißt es: "Für zahlreiche Klassifizierungs-Tätigkeiten (Kunden-Klassifizierung, Verbraucher-Klassifizierung, Produkt-Klassifizierung etc.) werden spezielle multivariable Verfahren wie Cluster-Analyse, Diskriminanz-Analyse etc. benötigt, nur in wenigen volkswirtschaftlichen Statistik-Lehrbüchern sind diese Verfahren dargestellt. Für betriebliche Bedarfsprognosen für Produkte und Teile werden in zahlreichen Industrie- und Handelsunternehmen das Verfahren der exponentiellen Glättung, das Box-Jenkins-Verfahren und weitere Prognosetechniken eingesetzt, die auch in diesen Lehrbüchern überwiegend fehlen." - Die Aufzählung des Fehlenden wird noch fortgesetzt, hier möge der Auszug genügen. Die Aufzählung mangelnder Ausschöpfung gegebener Möglichkeiten wird dann noch auf weitere Gebiete des Rechnungswesens ausgedehnt, was z.B. in der Frage gipfelt: "Innerbetriebliche Leistungsverrechnung - unberührt durch das Informatik-Zeitalter? (ebenda S. 824, 825)

Um diese und weitere Mängel auszugleichen muß sich das Rechnungswesen etwas frei machen von dem klassischen juristisch orientierten Buchhalter-Denken und lernen, aus der Fülle der Informationsmöglichkeiten zu schöpfen, um die bestmögliche Unterrichtung aller am betrieblichen Leistungsprozeß Beteiligten zu bewirken.

Eine Schlußbemerkung: Die Informationsfülle allein (immer mehr Informationen ohne Rücksicht auf die Aufnahme- und Verarbeitungskapazitäten) bewirkt das Gegenteil, das weiß heute jeder Fernsehteilnehmer.

Literatur

Blohm, Hans R.: Das Betriebswirtschaftliche Fachbuch als Mittler zwischen Management und Wissenschaft - keine Wende? in Wirtschaft und Wissenschaft im Wandel - Festschrift für Carl Zimmerer, Frankfurt/M. 1986 S. 81-95

Blohm, Hans R.: Das Wirtschaften "aus der Fülle" als Fülleprinzip, in Zeitschrift technologie und management, Bad Homburg, 37. Jg., Heft 2, Mai 1988, S. 40-43

Blohm/Beer/Seidenberg/Silber: Exkurs Warteschlangentheorie in Produktionswirtschaft, 3. Aufl. Herne/Berlin 1995

Blohm, Hans R. u.a.: Produktionswirtschaft, 3. Aufl. Herne/Berlin 1995

Chmielewicz, Klaus: Sozialbilanz, Prüfung der, im Handwörterbuch der Revision, Stuttgart 1992, Hrsg. A.G. Coeneberg Sp. 1796-1806

Haken, Hermann: Erfolgsgeheimnisse der Natur, 3. Aufl., dva. Stuttgart 1981

Müller-Merbach, Heiner: Schönheitsfehler der Betriebswirtschaftslehre - Eine subjektive Sammlung subjektiver Wahrnehmungen, ZfB Zeitschrift für Betriebswirtschaft 53 Jg. 9/1983, S. 811-830

Pack, Ludwig: Rationalprinzip, Gewinnprinzip und Rentabilitätsprinzip. ZfB, 57 (1987), S. 525 ff.

Rechenberg, Ingo: Evolutionsstrategie. Optimierung technischer Systeme nach Prinzipien der biologischen Evolution, Stuttgart 1973

Schanz, Günther: Das Knappheitsargument in der ökonomischen Theorie. zfbF 31 (1979) 6, S. 432 ff.

Strebel, Heinz: Rückstand und Rückstandsverwertung in der unternehmerischen Forschung und Entwicklung, Zeitschrift DBW Die Betriebswirtschaft 48 Jg.1/1988 S. 97-107

Zimmerer, Carl: Anmerkungen eines liberal Gebliebenen, Herford 1990

Zimmerer, Carl: Bei Durchsicht der Bilanzen, Das Wertpapier, Düsseldorf 1992

CARSTEN P. CLAUSSEN

Quo vadis - Konzernrechnungslegungsrecht

A. Einleitung

Wer Carl Zimmerer eine Freude aus dem Bereich der Wissenschaft machen will, der sollte sich mit Rechnungslegung befassen. Denn dies ist das zentrale Interessenfeld unseres Jubilars, das er in dreifach verschiedener Weise bearbeitet hat, nämlich in der wissenschaftlichen Literatur - allein vier Bücher liegen von ihm zur Rechnungslegüng vor, viele großangelegte Beiträge sowie eine Fülle von Beiträgen in der Fachliteratur. Zum zweiten war seine tägliche Unternehmenspraxis von Unternehmensanalyse aufgrund von Rechnungslegung beherrscht. Zum dritten hat er im vorpolitischen Raum auf Probleme der Rechnungslegung in vielen Vorträgen und Presseartikeln aufmerksam gemacht und sich stets für das Einblicksgebot und für um Ehrlichkeit bemühte Rechnungslegung eingesetzt. Im Rechnungswesen kennt Zimmerer sich also aus, dort hat er eine moralisch unantastbare Position, die es ihm erlaubt, seine Sichtweise direkt und ohne diplomatische Verzierung, ohne Rücksicht auf die Wirkung auf Andersdenkende vorzutragen, wissend, daß die leisen Töne in einer auf laute Geräusche programmierten Welt nicht gehört werden.

Nach diesem langen Leben im Dienste einer Rechnungslegung, die dem Bilanzleser Einblick gewährt, fragt Zimmerer nach dem Erreichten. Er sieht im Konzernrechnungslegungsrecht Unruhe und Vielfalt bei den vorgelegten Konzernbilanzen. Die Bedeutung der gesetzlichen Vorschriften zum Konzernrechnungslegungsrecht ist in den Hintergrund getreten. Diese Entwicklung wird kombiniert durch eine ungebremste Nutzung der Wahlrechte, die das Bilanzrichtliniengesetz von 1985 in das Bewertungsrecht einführte mit der Folge, daß das Eigentümerrecht auf Einblick zurückgedrängt wird, das die Aktienrechtsreform von 1965 als Rechtsfortschritt gebracht hat. Zimmerer muß zusehen, wie der bilanztheoretische Ansatz, daß Bilanzzweck die Gewinnverteilung ist, wie es nach dem AktG von 1937 zulässig war, zu neuem Leben erweckt wird und der Bilanzzweck "Gewinnermittlung" im Nebel verschwindet. Er muß erkennen, daß deutsche Konzernrechnungslegung im Ausland nicht akzeptiert wird, weil sie nicht hinlänglich aussagekräftig sei. Diese Vorhaltungen werden etwa seit der zweiten Hälfte der 80er Jahre verstärkt vorgetragen. Begründet werden diese Bedenken gegen deutsche Konzernabschlüsse mit der mit dem Bilanzrichtliniengesetz eingeleiteten Renaissance der stillen Reservenbildung zu Lasten des ausgewiesenen Ertrages und vor allem der stillen Reservenauflösung zu Gunsten des ausgewiesenen Ertrages, also der Ergebnisglättung. Diese Ergebnisglättung ist möglich, weil das Bilanzrichtliniengesetz von 1985 durch seine

Bewertungswahlrechte Gestaltungsmöglichkeiten eröffnete, die im Konzern durch § 308 Abs. 1 Satz 2 HGB noch ausgeweitet werden (Kübler, 1995, S. 553). Dies legt für eine Festschrift zu Ehren von Carl Zimmerer die Aufgabe nahe, die Frage nach der Lage der deutschen Konzernrechnungslegung zu stellen.

B. Status der deutschen Konzernrechnungslegung international

I. Die nach deutschem Konzernrechnungslegungsrecht erstellten Abschlüsse werden von der SEC in Washington nicht als Voraussetzung für den Börsenzugang in den USA anerkannt. Nach Äußerungen des Chairman der Securities- and Exchange Commission, akzeptiert man deutsche Konzernabschlüsse im wesentlichen deshalb nicht, weil man nicht erkennen könne, welcher Teil des Jahresgewinnes aus dem operativen Geschäft und welcher Gewinnanteil aus der Auflösung von stillen Reserven stammt. Aber der Zugang zu dem wichtigsten Kapitalmarkt der Welt wird von Teilen der deutschen Großunternehmen für wichtig gehalten. Auch für aufstrebende Mittelstandsunternehmen, insbesondere aus dem High-Tec-Bereich, ist der Zugang zum amerikanischen Kapitalmarkt wichtig, weil für sie der Börsengang in Deutschland durch das Gesellschaftsrecht erschwert und die Placierung von neuen Aktien solcher Unternehmen in Deutschland vom Bankrecht aus dem Gesichtspunkt des Anlegerschutzrechts problematisiert wird (Claussen, Die AG 1995, S. 169). Auch geht die Beratungspraxis davon aus, daß die an außerdeutschen Börsen zu erzielenden Preise für junge Aktien von innovativen High-Tec-Gesellschaften - etwa durch eine Einführung z.B. an der NASDAQ-Börse in New York - bessere sind als sie das deutsche Emissionsgeschäft anbietet. Das amerikanische Emissionswesen ist aufnahmebereiter als das deutsche für Technologieaktien, die noch keine lange Geschichte aufweisen. Aber der Zugang zu diesem Markt ist nur möglich, wenn die Rechnungslegung internationalem Standard entspricht.

II. Es wird die europagerechte Umsetzung der 7. Richtlinie durch das deutsche Konzernrechnungslegungsrecht in Frage gestellt, im wesentlichen unter Hinweis auf die Vielzahl von Wahlrechten, die die §§ 290 ff. HGB enthalten. Man hält dem deutschen Konzernrechnungslegungsrecht und der Konzernrechnungslegungspraxis vor, daß sie dem True- and fair-view-Gebot der 4. Richtlinie der EG nicht ausreichend entspreche. Auch wird angemerkt, daß dieses europaweit geltende Rechnungslegungsrecht, also die 4. und die 7. EG-Richtlinie, es nicht vermocht hätten, ein gleichwertiges Bilanzrecht in der Gemeinschaft herzustellen (Küting, 1993, S. 30, 32; Rost, 1991, S. 21; Niehus 1992, S. 443; Alexander, 1993, S. 64). Daß der durch die 4., die 7. und die 8. Richtlinie der EG erreichte Harmonisierungsgrad in der Konzernrechnungslegung innerhalb der EU ausreichend sei, dafür spricht sich Biener aus. Für eine verbesserte Harmonisierung der Konzernrechnungslegung in der EU setzt sich die Kommission ein mit dem Argument, daß, wenn die Angleichung innerhalb der EU nicht fortschreite, dann "die angloamerikanischen Vorschriften einen Freibrief erhielten, die Welt zu erobern" (van Hulle in: Baetge, 1993, S. 192 - 205). Liener (1992, S. 269 - 293) hingegen meint, daß sich durch Bemühungen des Gesetzgebers eine vollständige internationale Vergleichbarkeit von Abschlüssen nicht erzielen läßt, weshalb von der Praxis, also ohne supranationalen Gesetzgeber, "worldwide accepted principles of accounting", orientiert am amerikanischen Muster, entwickelt werden sollten.

III. Die Aussagekraft der nach geltendem Recht erstellten deutschen Konzernabschlüsse wird von Analysten hinterfragt, die die Position einnehmen, daß die Vergleichbarkeit deutscher Konzernbilanzen national wie international nicht optimal wäre und die Aufarbeitung der Abschlüsse zum Ziel, Vergleichbarkeit herzustellen, zu zeit- und kostenaufwendig wäre und mit Fehlerpotentialen behaftet. Auch wird den deutschen Konzernbilanzen Ertragsglättung mit dem Ziel der Glättung ins Positive vorgeworfen; es würden gegenwärtige Verluste in der ordentlichen Geschäftstätigkeit durch Auflösung früher gebildeter stiller Reserven ausgeglichen.

Auf diese Fragestellungen reagiert die Praxis der Konzernrechnungslegung differenziert: Daimler legt, zuerst in einem Registration Statement der Daimler-Benz AG, Form 20 - F vom 17. September 1993 einen zweiten Konzernabschluß nach GAAP-Prinzipien vor mit jeweils zwei verschiedenen Ertragsangaben, nämlich einmal nach deutscher Bilanzierung und zum anderen nach amerikanischem Recht (Niehus, 1995, S. 937). Die Konzernabschlüsse der Zwischenholdings, etwa der AEG Daimler-Benz Industrie AG, werden hingegen weiterhin "grundsätzlich den handelsrechtlichen Rechnungslegungsvorschriften" entsprechend aufgestellt, so Geschäftsbericht AEG Daimler-Benz Industrie AG 1994, S. 40. Die Ergebnisse dieser unterschiedlichen Rechnungslegung sind zum Beispiel: Für 1994 war der Jahresüberschuß nach deutschem Recht bei der Daimler-Benz AG DM 895 Mio.; nach amerikanischen Standards wurden DM 1.051 Mio. "Net profit" ausgewiesen. Für 1993 lauteten die Zahlen DM 615 Mio. Überschuß nach deutschen und einem Nettoverlust von DM 1,8 Mrd. nach amerikanischen Regeln. Diese Unterschiede und vor allem die Tatsache der Vorlage von zwei Rechenwerken haben eine Debatte ausgelöst, wohl mit dem Ergebnis, daß die Produktion und Vorlage von zwei Ertragsrechnungen keine allgemein brauchbare Lösung, zumindest eine aufwendige und kaum vertrauenbildende Lösung darstellt.

Bayer legt einen Konzernabschluß vor, stellt diesen nach §§ 290 ff. HGB auf und zusätzlich "nach den Regeln des International Accounting Standards Committee". Konkret werden die deutschen Bilanzierungs- und Bewertungswahlrechte so ausgeübt, daß sie diesen Grundsätzen und Standards der IAS entsprechen, so Bayer AG, Kurzgeschäftsbericht 1994, S. 13; Geschäftsbericht, Langfassung, 1994, S. 54. Niehus (1995, S. 937) nennt dies "einen dualen Konzernabschluß". Ähnlich verfährt die Schering AG in ihrem Geschäftsbericht 1994, S. 38, die im Konzernanhang sagt, daß sie "darüber hinaus...." die am Abschlußtag gültigen Standards des International Accounting Standards Committee" beachte. - Die Deutsche Bank bekundet in ihrem Geschäftsbericht 1994, S. 66, daß ihr Konzernabschluß "einheitlich nach den Bilanzierungs- und Bewertungsmethoden der Deutschen Bank AG aufgestellt" ist.

Dies sind einige, aber wohl die wichtigsten Versionen, nach denen gegenwärtig die "Internationalisierung der Konzernabschlüsse" angearbeitet wird. Diese breite Palette von um Internationalisierung bemühten Konzernabschlüssen darf nicht darüber hinwegtäuschen, daß es auch Unternehmensgruppen gibt, die diese Entwicklung nicht mitmachen; sie bilanzieren weiter ausschließlich nach §§ 290 ff. HGB. Aber die Feststellung ist zulässig, daß die das deutsche Konzernrechnungslegungsrecht festschreibenden Vorschriften der §§ 290 - 315 HGB kein durchgängig und ausschließlich angewandtes Recht mehr sind, sondern weiträumig Platz gemacht haben für eigenständige Gestaltungen, die man früher Bilanzpolitik nannte - heute heißt der Vorgang Bilanzmarketing.

C. Internationale Rechtsangleichung?

Vor diesem Hintergrund gibt es mannigfaltige Bestrebungen, den international ausgerichteten, also auch den deutschen international tätigen Konzernen eine Konzernrechnungslegung an die Hand zu geben, die in der angelsächsischen Welt akzeptierter ist, die möglichst weitgehend einheitlich ist, die den Zugang zu den großen Börsen der Welt ermöglicht und das Ziel anstrebt, dem Bilanzleser und damit dem Markt ein möglichst hohes Einblickspotential zu vermitteln. Die Konzernrechnungslegung soll helfen, daß die Preisgestaltung an den Börsen auf sachgerecht informierter Basis erfolgt und die Aktionäre keinen Schaden erleiden wegen Fehlinformation über ihre Anlagen. Mit dieser Entwicklung ist die IOSCO, die "International Organization of Securities Commissions" - eine Vereinigung internationaler Wertpapieraufsichtsbehörden unter maßgeblichem Einfluß der SEC in Washington - befaßt. Die IOSCO hat ein Subcommittee gebildet, das sich mit der weltweiten Harmonisierung der Konzernrechnungslegung befaßt. Von deutscher Seite ist Ministerialrat Dr. Herbert Biener, Bundesministerium der Justiz, Bonn, Mitglied dieses Subcommittees. Diese Arbeit ist - wie gesagt - begrenzt auf die Konzernrechnungslegung, weil allein die Konzernbilanz und nicht die Rechnungslegung der Einzelgesellschaft dem Anleger Aufschluß über die Werthaltigkeit seiner Aktie vermittelt. Auch ist diese Arbeit auf die Rechnungslegung als Voraussetzung für die Börsenzulassung programmiert und nicht darauf gerichtet, das Konzernrechnungslegungsrecht in seinen Allgemeinfunktionen - Informationsfunktion, Dokumentationsfunktion, Besteuerungsfunktion - zu vereinheitlichen oder zwischen den Industrienationen einander anzunähern (Biener, 1995, S. 93; ebenso v. Rosen, 1995, S. 529).

Die IOSCO arbeitet in diesen Fragestellungen mit der amerikanischen IASC (International Accounting Standard Committee) eng zusammen. Dies ist ein weltweiter Zusammenschluß von Berufsorganisationen der Wirtschaftsprüfer aus 75 Ländern (Haller, 1992, Spalte 1433). Diese, auf die USA und das angloamerikanische Bilanzierungswesen zentrierten Organisationen IOSCO und IASC arbeiten auch mit der EU zusammen. So ist die Kommission der EU im Board der IASC vertreten.

In dem gleichen Umfeld arbeitet das bei der EG gebildete "Beratende Forum", ein Gremium, das sich ausschließlich aus Wirtschaftsprüfern zusammensetzt, also ohne

Mitwirkung durch Wissenschaftler und Praktiker, was Küting, 1993, S. 30, kritisiert. Dieses Forum berät die EG-Kommission, "gemeinschaftliche Standpunkte für Verhandlungen beim IASC" vorzubereiten. Diesem Forum gehören die europäischen Spitzenverbände der an Rechnungslegung interessierten Kreise, aus Deutschland der Hauptfachausschuß des Instituts der Wirtschaftsprüfer, an. Dies Forum ist ebenfalls diesen soeben dargestellten international ausgerichteten Gremien zuzurechnen, die sich um Harmonisierung der Konzernrechnungslegung und um internationale Gleichwertigkeit der Abschlüsse bemühen. Es ist wohl zulässig, festzustellen, daß in diesem Forum wie auch sonst in Brüssel nicht die Vorstellung zu Hause ist, dem deutschen Konzernrechnungslegungsrecht gehöre die Zukunft.

Die IASC geht davon aus, daß internationale Aktivitäten internationale Regeln erfordern. Sie formuliert international anzuwendende Grundsätze, die bei der Aufstellung von Jahresabschlüssen beachtet werden sollen - so steht es in der Gründungsurkunde der IASC. Diese Grundsätze sind die International Accounting Standards, die publiziert werden. Rechtsetzende Kraft geht von den IA-Standards nicht aus, aber erhebliche Strahlungswirkungen (Niehus, 1995, S. 938; a.A. Küting, 1993, S. 33). Diese IAS sind Mindeststandards, denen Konzernrechnungslegungen zu entsprechen haben. Diese Standards sind umfangreiche Handbücher, die auf deutsches, an geschriebenes Recht orientiertes Denken nicht ausgerichtet sind, sondern sich aus angelsächsischer Rechnungslegungstradition erklären. Sie unterliegen ständigem Wandel. Über die meisten Standards besteht innerhalb der dargestellten Gremien - insbes. in dem Subcommittee der IOSCO - Einigkeit dahingehend, daß sie solide Bilanzierung vorschreiben. In deutschen Fachkreisen werden die IAS sowohl nach der Art ihres Zustandekommens wie ihres Inhalts wegen differenziert beurteilt, was aus dem Sammelband in: BFuP 1993, S. 427 - 444 mit Beiträgen von Forster, Funke, Ordelheide und Stein hervorgeht. Diese Standards sind keine Rechtssätze und können ohne den Gesetzgeber nicht zu geltendem Recht erwachsen. Ob es eine Möglichkeit gibt, daß die EG-Kommission diese Standards durchsetzt aufgrund der ihr zustehenden Kompetenzen nach Art. 145, Abs. 3, 155, Abs. 4 EWGV und Art. 10 der Einheitlichen Europäischen Akte von 1986 kann hier offen bleiben, weil gegenwärtig ein solcher Schritt nicht erwogen wird.

Diese Standards können aber vom deutschen Gesetzgeber der deutschen Rechnungslegung erschlossen werden, und zwar aus zwei Gründen: einmal um deutschen AGen die Kapitalaufnahme in den USA zu ermöglichen, ohne daß sie zwei verschiedene Konzernrechnungslegungen - von denen einleitend die Rede war - zu erstellen haben. Zum anderen, um dem Bemühen um einer Vereinheitlichung der Rechnungslegung in der EU einen neuen Anstoß zu geben (Biener, 1995, S. 87). Denn ab 1999 sollen die Bürger in der EU in einer Währung ihre Schuldverhältnisse eingehen und sie in einer Währung erfüllen. Da liegt der Wunsch nicht so fern, daß die Rechnungslegung der Konzerne in allen EU-Ländern angenähert ist.

D. Der innerdeutsche Diskussionsstand

Diese internationalen Aktivitäten der IOSCO, der IASC, des Forum, der EU zur Annäherung der Konzernrechnungslegung an US-Standards werden begleitet von einem regen Disput in Deutschland. Die Festschriften für Budde, Havermann und Moxter befassen sich in vielen Beiträgen mit diesem Gegenstand. Die Diskussionsteilnehmer kann man in drei Lager aufteilen. Da sind einmal die "Atlantiker", die die IAS übernehmen möchten, weil sie dies für das weltweit verbreiteste Rechnungslegungsrecht halten, dem man sich in den anderen Ländern anzupassen habe. - Dann gibt es Diskutanten, die eine am Einblick orientierte Konzernrechnungslegung, die in den USA akzeptiert wird, für richtig halten, und dabei überlieferte und unverzichtbare Gebote deutschen Ursprungs aufrechterhalten wollen. Eine solche Annäherung halten sie von der Sache her für möglich; ob sie politisch erreichbar ist, ist offen. Zu diesen Diskussionsteilnehmern gehört der Verfasser dieses Beitrages und für diese Position wird hier geworben. - Zum dritten gibt es Stimmen, die von dem, was in der Welt geschieht, weniger Kenntnis nehmen und die den Rechtszustand des Aktiengesetzes von 1937, wo der Aktionär aus dem Rechenwerk die Dividende und die Liquidität entnehmen konnte und sonst nicht viel bedeutsames, wiederherstellen wollen. Carl Zimmerer würde diese Diskussionsteilnehmer vielleicht als "Ultramontane" bezeichnen. Deren Position hat den Vorteil, daß sie geeignet ist, sich über Grundfragen der Konzernrechnungslegung klar zu werden, nämlich über folgende Positionen: 1.) Die Ultramontanen sprechen von zwei Bilanzwelten - einer deutschen Bilanzwelt und einer angelsächsischen -, die unversöhnlich nebeneinanderstehen. Dabei ist auch diesen Debattenteilnehmern klar, daß es denkgesetzlich keine zwei, sondern nur einen allumfassenden Begriff von einer Welt - von einem alles Seiende begreifenden - gibt. - 2.) Etwas greifbarer ist die Gegenüberstellung von zwei verschiedenen Kulturen der Rechnungslegung. Aber das Wesen von Kulturen ist, sich fortzuentwickeln. So hat die deutsche Aktionärskultur neue Elemente aufgenommen - z.B. die Idee vom Shareholder Value, der Corporate Governance, der Price-earnings-ratio und weiteren anglizistischen Bestandteilen deutschen Unternehmerdenkens. Seit vierzig Jahren bewegt sich deutsches Rechnungslegungsrecht, wie auch sonstiges Handels- und Gesellschaftsrecht, auf die entsprechenden amerikanischen Kulturen zu. - 3.) Es wird das Gläubigerschutzprinzip hier und das Aktionärsschutzprinzip dort gegenübergestellt. An dieser Gegenüberstellung ist richtig, daß angelsächsisches Rechnungslegungsrecht auf die Wahrung der Interessen der Aktionäre ausgerichtet ist. Dies ist Normzweck der Wertpapier- und Aktiengesetzgebung, des Securities Act und des Securities-and Exchange Act von 1993 und 1934 mit den ergänzenden Bundesgesetzen. Das deutsche Recht ist nach überlieferter Sicht darauf gerichtet, die Gläubiger zu schützen, wobei heute zu hinterfragen ist, wie und wann Gläubiger der hier behandelten Konzerne solchen Schutzbedarf beim Gesetzgeber angemeldet haben. Ob diese beiden Schutzbedarfe - die der Aktionäre und die der Gläubiger - nicht in die gleiche Richtung weisen, ob beide Geldgeber nicht durch die stille Auflösung von stillen Reserven, also die Nichtverdeutlichung einer unbefriedigenden Ertragslage, nicht ähnlich betroffen werden, wird nicht hinterfragt. - 4.) Bedrohlich ist das Argument, die deutsche Industrie finanziere sich über Bankkredite und nicht über Eigenkapital, und hieraus ergebe sich die Stoßrichtung gesetzgeberischen Schutzes, nämlich zu Gunsten der Gläubiger und zu Lasten der Aktionäre. Damit wird ein Mißstand, der sich aus der verzweifelten deutschen Geschichte in der ersten Hälfte dieses Jahrhunderts erklärt, zum Maßstab für gesetzgeberisches Handeln gemacht. Bis 1914 lag die Eigenkapitalquote im Deutschen Reich wie in den angelsächsischen Ländern bei 50 % der Bilanzsumme. Dieses Eigenkapital haben zwei Weltkriege und zwei Inflationen aufgezehrt. Die so entstehenden Finanzierungsbedarfe sind durch Bankkredite partiell ersetzt worden. Aber dies ist weder erwünscht noch ein Dauerzustand, sondern Ziel ist die Wiederherstellung höherer Eigenkapitalquoten. Dies ist im volkswirtschaftlichen Interesse und gewiß im Interesse der Kreditwirtschaft, weil von den DM 38 Mrd. Insolvenzausfällen in 1994 allein in Westdeutschland die Kreditinstitute einen Großteil getragen haben; sie hätten diese Kreditausfälle nicht in dieser Höhe gehabt, wenn die Unternehmen eine die Gefahren des Wirtschaftens ausreichend abfedernde Eigenkapitalquote gehabt hätten. Die These von Deutschland als einer auf Kredit und nicht auf Eigenkapital aufgebauten Ökonomie, mit der Folge, daß die Kreditgeber zu schützen wären und nicht die Eigentümer, ist also keine gute These. - Schließlich wird eine Kontroverse hergestellt zwischen dem Einblicksgebot nach § 264 Abs. 2 S. 1 HGB und dem Vorsichtsprinzip nach § 252 Abs. 1 Nr. 4 HGB, zwischen "true and fair view" und einem tradierten Verständnis der GoB. Im Ergebnis geht es immer nur um den Dialog, ob die gewillkürte stille Auflösung und Bildung von Ertragsteilen zur Ergebnisglättung zulässig ist oder nicht.

E. Das Vorsichtsprinzip und die Dividendenhöhe

Dieser Disput über die angeblich so unversöhnlichen zwei "Bilanzierungswelten", über die so unterschiedlichen Rechnungslegungskulturen diesseits und jenseits des Atlantik ist am Vorsichtsprinzip und an der Dividendenfrage zu vertiefen. In den USA gibt es ein als Vorsichtsprinzip deklariertes Bilanzierungsgebot nicht in der Weise, wie dies in § 252 Abs. 1 Nr. 4 HGB vorgeschrieben ist, wie es Teil der GoB ist und wie es in seiner Bedeutung unbestritten ist (Claussen/Korth, 1991, § 252 HGB Rn. 22 - 31). Aber der Umkehrschluß, daß es in USA die Vorsicht als allgemeines Bewertungsprinzip nicht gäbe, ist sicher unreflektiert, auch dort weiß man, daß Unvorsichtigkeit tödlich sein kann. Nur der Terminus "Vorsichtsprinzip" fehlt. Die Gegenüberstellungen der von Daimler ausgewiesenen Erträge nach US-Grundsätzen und nach HGB-Grundsätzen tragen nicht den Schluß, daß die US-GAAP-Grundsätze sehr viel höhere, also unvorsichtigere Bewertungen zuließen. Vielmehr rechnen die US-GAAP in den vier Jahren 1991 bis 1994 in drei Jahren niedrigere Erträge, resp. höhere Verluste als das HGB-Rechenwerk, was aus einer Analyse von Goldmann Sachs NY der Daimler-Benz AG, S. 1, wie aus der Schrift "Daimler-Benz auf einen Blick", 1994, S. 3, hervorgeht. Berechnungen der BASF über mehrere Jahre haben ergeben, daß der Gewinnausweis nach US-GAAP um 15 % höher liegt als nach deutscher Bilanzierung, was eher für weitgehende Übereinstimmung als für fremde Welten spricht.

Es ist auch nicht gesetzesgerecht, in Deutschland das Vorsichtsprinzip zur Obernorm, zur "Overriding rule", der sich andere GoB, vor allem das Einblicksgebot unterzuordnen haben, hochzustilisieren. Vielmehr müssen die Zielkonflikte der

Einzelnormen des § 252 HGB, also der Konflikt zwischen dem Vorsichtsprinzip mit anderen Bewertungsprinzipien, sachgerecht aufgelöst werden (Budde/Geissler, 1995, § 252 HGB Rn. 31 ff). Die überkommene Formulierung des Vorsichtsprinzips: "Der Kaufmann darf sich nicht reicher rechnen als er ist, er darf sich aber ärmer rechnen" - diese Formel steht so nicht im Gesetz, sie paßt mit der zweiten Aussage - dem "lieber ärmer rechnen" - nicht für den Kaufmann, der mit fremdem Kapital arbeitet, sie ist bei mehrperiodischer Betrachtung auch unternehmensgefährdend, weil sie die stille Auflösung früher gebildeter stiller Reserven zur Folge hat mit der Folge, daß spätere Jahre zu positiv dargestellt werden, also Vorsicht beiseite geschoben wird. Um diese Risiken abzuarbeiten, hat der Gesetzgeber 1965 richtigerweise die Bewertungsnorm des § 133 Abs. 1 Nr.1 AktG 1937, wonach "Gegenstände des Anlagevermögens höchstens zu den Anschaffungs- oder Herstellungskosten angesetzt werden" dürfen, geändert und gesagt, daß diese Werte zu unterschreiten nicht mehr zulässig sei. Seit 1965 lautete die Bewertungsgrundnorm: die "Gegenstände des Anlagevermögens sind zu Anschaffungs- oder Herstellungskosten ... zu bewerten" § 153 Abs. 1 S. 1 AktG 1965. Damit war die willkürliche Unterbewertung ausgeschlossen und folglich die spätere stille Auflösung dieser Bewertungsreserve. Nun ist 1985 der Gesetzgeber wieder auf die Formel von 1937 zurückgegangen. Daß damit aber Bewertungsfreiheit nach unten, zum "ärmer rechnen" als Ausfluß eines Vorsichtsprinzips, vorgeschrieben wäre, wird kaum enrsthaft vertreten (Biener, 1985, S. 7; Claussen/Korth, § 253 HGB Rn. 13 - 16).

Diese Argumente mögen hier in aller gebotenen Kürze dazu dienen, die Behauptung zu widerlegen, amerikanisches Bewertungswesen kenne nicht das Gebot der Vorsicht und das deutsche Vorsichtsprinzip in § 252 Abs. 1 Nr. 4 HGB sei die Zentralnorm der Rechnungslegung. Das Vorsichtsprinzip ist vielmehr ein in Einzelregeln zu zerlegendes Prinzip, das dem bilanzierenden Vorstand und Geschäftsführer Ermessensspielräume einräumt, die im Rahmen des § 264 Abs. 2 S. 1 HGB auszunutzen sind.

Konkreter wird die Arbeit am Vorsichtsprinzip, wenn man es in seine Bestandteile zerlegt, nämlich in das Imparitätsprinzip, das Realisationsprinzip und das Prinzip, alle vorhersehbare Risiken und Verluste durch Rückstellungsbildung zu berücksichtigen (Budde/Clemm, 1995, § 252 HGB Rn. 34 ff.). Hierzu ist im einzelnen relativierend anzumerken: Das Realisationsprinzip steht zwar als bindende Bewertungsnorm in allen Kommentaren, aber die deutsche Bilanzierungsrealität bietet durch Sale- und Lease-Back-Maßnahmen Relativierungen. Das Imparitätsprinzip wird zur Verlustvermeidung von Werten des Umlaufvermögens durch deren Transfer in das Anlagevermögen unterlaufen. Auch die Teilgewinnrealisierung bei langfristigen Liefer- und Leistungsverträgen, die nach der "Percentage of Completion-Methode" in den USA zwingend ist, ist in Deutschland nicht unbekannt. Vielmehr ist die Zulässigkeit der Gewinnrealisierung nach Projektfortschritt eine differenziert zu beurteilende Einzelfrage, aber auch nach deutschem Recht bei entsprechender Gestaltung zulässig (Claussen/Korth, a.a.O., § 252 HGB Rn. 30 m.w.N.). Diese Anwendungsfälle zeigen, daß der Vorsichtsgrundsatz auf seine Details hin zu überprüfen ist, bevor er hochstilisierend dem angelsächsischen Bewertungsrecht als Ausdruck einer "bewährten Wirtschaftsgesinnung" und als primär rechtsethisch fundiertes System (Beisse, 1993, S. 78 und 90) entgegengestellt wird (Kübler, 1995, S. 551).

Als weiteres Argument für das "deutsche System" und gegen das "amerikanische System" wird vorgetragen, daß amerikanisches Bewertungsrecht zu höheren Ertragsausweisen und folglich zu höheren Dividendenausschüttungen als das deutsche System führe. Das amerikanische System könnte den Mangel haben, daß der AG zuviel Gewinn "entzogen" werde (Moxter, 1995, S. 425). Es sei der Vorteil der stillen Reserven und der Tendenz, den Ertragsausweis niedrig zu halten, daß die Dividendenzahlungen nicht ausufern (Beisse, 1993, S. 77 - 97). Von einer am Vorsichtsprinzip und an der Dividendeneingrenzung orientierten Bewertung gingen Stabilitätswirkungen aus, und zwar nicht nur für Unternehmen, sondern für die Finanzmärkte und die gesamte Volkswirtschaft (Ballwieser, 1994, S. 125). Dabei wird Gewinnausweis und Gewinnverteilung gleichgesetzt. Im Aktienrecht sind dies aber zwei verschiedene Rechtsinstitute. Der Gewinnausweis ist in §§ 275 ff. HGB geregelt, die Verwendung des Jahresüberschusses in § 58 AktG. Bei der GmbH ist das anders, dort besteht ein gesetzlicher Anspruch auf Ausschüttung des Bilanzgewinnes. Aber bei der GmbH gibt es auch keine anonymen Anleger, die die Rechtsordnung zu schützen verpflichtet ist, und dort gibt es auch keine Preise für GmbH-Anteile, die sich u.a. aufgrund des Ertragsausweises an der Börse bilden. - Außerdem wird übersehen, daß die hier behandelte Konzernbilanz keine Gewinnverteilungsfunktion hat - ebensowenig wie sie für die Ermittlung der Ertragsteuer eine Funktion hat. Unbedacht bleibt bei dieser These von der Vorteilhaftigkeit des niederen Gewinnausweises für den "Gewinnentzug" auch, daß die pay-out-ratios (Graham/Dodd/Cottle, S. 25 ff.) der US-Gesellschaften über alle Zeiten hinweg wohl deutlich unter dem "Gewinnentzug" der deutschen AGen lagen. Die Statistiken der US-Gesellschaften bieten hierfür Zahlen seit dem Anfang des Jahrhunderts. Danach zahlten US-Corporations bis zur Depression 1929 60 % ihres Gewinnes als Dividende aus. Danach stieg die Auszahlungsrate auf 70 %, im Krieg sank sie auf 40 %. Danach stabilisierte sich die Rate über Jahrzehnte hinweg auf ca. 50 % des Jahresüberschusses, was weniger ist als in Deutschland, allerdings nach deutschem Bewertungsrecht. Würden deutsche Börsengesellschaften nach amerikanischem Bewertungsrecht bilanzieren, würde die Quote des vom Jahresüberschuß als Dividende Ausgezahltem niedriger als nach deutscher Rechnungslegung liegen, aber wahrscheinlich ist die deutsche pay-out-ratio immer noch höher als 50 % des Jahresüberschusses, die die US-Gesellschaften ausschütten. Hierüber gibt es zwar keine verläßlichen Zahlen, aber Erfahrungen. Jedenfalls ist die These von der dividendenmindernden Wirkung deutscher Rechnungslegung in der Sache unreflektiert, von der Moral dieser Position ganz zu schweigen.

Nach alledem ist die Wertung, das deutsche System sei wegen seines Vorsichtsprinzips und seiner Dividendenrestriktion in höherem Maße als das amerikanische System für die einzelne AG bestandsfördernd und damit gläubigerschützend, ein kühner Gedanke. Aus dieser These den Schluß zu ziehen, das amerikanische Bewertungs- und Publizitätssystem sei insgesamt dem deutschen unterlegen, ist mutig. Besorgniserregend ist, daß der Wertbegriff "Ehrlichkeit“ und „Kultur des Aktieneigentums“ in dieser Diskussion um den Ertragsausweis nicht anklingt und daß das Interesse der deutschen AG an einer optimalen Finanzierung und das Interesse an international vergleichbarer Konzernpublizität unberücksichtigt bleibt.

F. Perspektivisches

Die Bereitschaft bei deutschen Großgesellschaften, über die Details von Konzernabschlüssen nach internationalen Standards nachzudenken, ist festzustellen. Dies ergab eine Umfrage bei 63 deutschen börsennotierten Gesellschaften, die die C & L Deutsche Revision 1995 befragte (Mandler/Glaum/Förschle). Der wichtigste Grund hierfür ist es, die internationalen Kapitalmärkte zu erschließen. Denn wenn z.B. die Deutsche Telecom DM 15 Mrd. Eigenkapital in der ersten Privatisierungsrunde benötigt, dann muß dieses Kapital international aufgebracht werden, was nur mit international akzeptierter Rechnungslegung möglich erscheint. Dies ist nur mit einem Rechenwerk möglich. Denn die Einsicht ist vorherrschend, daß ein Konzern nur eine Konzernbilanz und keine zwei erstellen und vorlegen sollte (Liener, 1992, S. 278). Da aber die §§ 290 ff. HGB zwingend vorschreiben, wie die Konzernbilanz nach deutschem Recht auszusehen hat, muß der deutsche Gesetzgeber zulassen, daß hiervon abgewichen werden kann, wenn anstelle einer ausschließlich nach HGB aufgestellten Konzernbilanz eine solche mit Ergänzungen und Einschränkungen nach internationalen Standards aufgestellt, geprüft und festgestellt wird. Ein solcher mit international akzeptierten Bewertungsgrundsätzen angereicherter deutscher Konzernabschluß sollte an die Stelle des Abschlusses nach §§ 290 ff. HGB treten. Gesetzestechnisch kann dies durch eine Art von "Befreiungsgesetzgebung" geschehen, etwa nach dem Vorbild in §§ 291, 292 ff. HGB, die die Ermächtigung für Rechtsverordnungen über befreiende Konzernabschlüsse enthalten (Einzelheiten hierzu bei A/D/S, 5. Aufl., zu § 292 HGB). Dies wäre ein rechtstechnisches Vehikel, wie man die von internationalen Standards geformten Konzernabschlüsse als nach deutschem Recht zulässig ausgestalten kann. Der deutsche Gesetzgeber wird sich hierzu aber nur entschließen, wenn das Einsehen bei der SEC und den sonst einflußausübenden Instanzen wächst, daß es im deutschen Rechnungslegungsrecht beherzenswerte Grundsätze gibt, deren Einhaltung zum Erreichen der Bilanzierungszwecke unerläßlich ist. Darüber hinaus gibt es im deutschen Bewertungsrecht und den GoB Detailpositionen, die nicht ohne weiteres aufgegeben werden sollten. Wo liegen im einzelnen diese Differenzen zwischen deutschem Rechnungslegungsrecht und den Standards der IASC ?

I. Eine ungelöste Differenz wurde bereits behandelt, nämlich die erfolgswirksame Abrechnung von langfristigen Lieferungen und Fertigungen. Wann ist der Gewinn solcher über Jahre sich hinziehender Fertigungen realisiert? Ist dies nur am Ende der Ablieferung und nach Abnahme des Vorhabens möglich, wie dies einem strikten Imparitätsprinzip und Realisationsgebot entsprechen würde? Oder zwingt diese Methodik Unternehmen des Anlagenbaus, über Jahre Verluste zu zeigen und bei Endfertigstellung einen aperiodisch großen Gewinn auszuweisen, mit dem Ergebnis, daß dies für zwischenzeitlich kaufende oder verkaufende Aktionäre eine unzumutbare Benachteiligung darstellt? Löst dieses Problem nicht eine modifizierte "percentage of completion method" besser?

II. Nach IAS können und in bestimmtem Umfang müssen Entwicklungskosten aktiviert werden. Nach deutschem Bewertungsrecht ist nur die Bewertung von entgeltlich erworbenen Vermögensgegenständen möglich. Aber hier ist wohl inzwischen eine Annäherung erreicht worden. Deutschland hat einem Wahlrecht auf Aktivierung immaterieller Vermögensgegenstände zugestimmt!

III. Die Umrechnung von Währungsforderungen und Verbindlichkeiten schreibt IAS zum Tageskurs des Bilanzstichtages vor und nennt dies das Funktionalwährungskonzept. So entstehende Buchgewinne können mit Buchverlusten verrechnet werden, während in Deutschland das Imparitätsprinzip gilt.

IV. Bauzeitzinsen sind nach IAS aktivierungspflichtig, in Deutschland ist dies nur durch entsprechende Vertragsgestaltung möglich (Pankow/Schmidt-Wendt, in Budde, 1995, § 255 HGB Rn. 501).

V. Wichtig ist der Unterschied in den Herstellungskosten. Nach US-GAAP und IAS sind die zurechenbaren Material- und Fertigungsgemeinkosten einbeziehungspflichtig, während dies nach § 255 Abs. 2 Satz 3 HGB ein frei auszuübendes Wahlrecht ist, für manche ein willkürlich frei auszuübendes Wahlrecht.

VI. Die auch in Deutschland umstrittene (Claussen/Korth, 1991, § 249 HGB Rn. 29) Aufwandrückstellung nach § 249 Abs. 2 HGB ist in USA nicht erlaubt.

VII. Weitere Systemunterschiede sind die Aktivierung latenter Steuern, vornehmlich von steuerlichen Verlustvorträgen; die periodizierte Auflösung von Disagien; die Abzinsung von Pensionsrückstellungen in den USA zum Kapitalmarktzins, während hier zwischen 3 - 6 % Zinsen zulässig sind. In USA muß nach Fifo abgeschrieben werden, IAS Nr. 2, in Deutschland besteht ein Wahlrecht zwischen Lifo- und Fifo-Abschreibung (Biener, 1994, S. 95).

Wenn diese Fragen im Wege des sinnvollen Aufeinanderzugehens entschieden sind, bleibt das Problem der "Reconciliation", also die Überleitung des Jahresergebnises und des Eigenkapitals nach HGB in die entsprechenden Werte nach US-amerikanischem Rechnungslegungsrecht. Wie steht es mit dem Anspruch der SEC, auf die Rechtsgestaltung des Gastlandes Einfluß auszuüben; wollen die USA nach einer Harmonisierung nach hier skizziertem Muster bei zukünftigen Rechtsänderungen des deutschen Rechnungslegungsrechts auf dieses Recht einwirken, daß eine solche Rechtsänderung der Börsenzulassung in New York einer Gastgesellschaft abträglich sein könne ?

G. Zusammenfassung

Alle Bemühungen, die beiden Bilanzierungsmethoden anzunähern, ergeben nur dann Sinn, wenn die innere Bereitschaft besteht, von beiden Systemen Abstriche zu machen. Daß dies möglich sein sollte, ist für den Außenstehenden einfach einzusehen, weil der Berufsfremde zu Recht sagt, daß es sich bei Konzernrechnungslegung um Zahlen handelt, die überall gleich sein sollten und nicht der Übersetzung von einem System in das andere System bedürfen. Dies Ergebnis einer angenäherten Konzernrechnungslegung ist auch allen Kaufleuten einsehbar, die gelernt haben, weltweit zu denken und zu handeln. Klar ist auch, daß man als Kapitalnachsuchender die Spielregeln des Kapitalgebers beachten muß und den Bedarf nach Kapital nicht mit der Verordnung der Spielregeln für den Kapitalgeber verbinden sollte, will man Erfolg haben. Das deutsche Rechnungslegungsrecht muß also die größeren Schritte in der Harmonisierung der Konzernrechnungslegung tun. Die "Atlantiker" hingegen sollten einsehen, daß deutsches Rechnungslegungsrecht beachtliche Grundpositionen aufweist und einige perfekt gemachte Detailregelungen. Dieser Dialog um eine sinnvolle Harmonisierung kann aber nur fortgesetzt werden, wenn Schluß ist mit der Behauptung von der Unmöglichkeit der Annäherung zwischen den angelsächsischen und den kontinentalen Rechnungslegungsrechten, weshalb diese Arbeit geschrieben wurde. Ziel aller Mühen sollte der "historische Kompromiß zwischen dem kontinental-europäischen und dem anglo-amerikanischen System" i.S.v. Biener für ein international vorbildhaftes Konzernrechnungslegungsrecht sein.

So wie wir Carl Zimmerer kennen, wird er sich an diesem fortwährenden Prozess mit Durchblick, mit Professionalität und mit markanter Stimme beteiligen. Aber er sollte dabei nicht vergessen, daß Richard Wagners Musik zu hören, schöner ist.

Literatur

Alexander, A European true and fair view ? in European Accounting Review 1993, 1, S. 59 - 80

Ballwieser, Wolfgang, Rechnungslegungsvorschriften und wirtschaftliche Stabilität, 1994; ders., US-amerikanische Rechnungslegung, 1994

Biener, Herbert, Rezeption der US-GAAP über IOSCO und IASC? Festschrift Budde, 1995, S. 87 - 103

Budde/Geissler, Beck'scher Bilanz-Kommentar, 2. Aufl., 1992.

Claussen, Carsten P., Bank- und Börsenrecht, 1995.

Claussen/Korth, KölnerKomm z. AktG, 2. Aufl., 1991

Clemm, Hermann, u.a., 1993, Amerikanische Rechnungslegungsgrundsätze: Vorbild für Europa? BFuP 4/1994, S. 427

Haller, Axel, 1992, Nominierung des Jahresabschlusses, in Handwörterbuch des Rechnungswesens, 3. Aufl., 1992, Spalte 1433

Kübler, Friedrich, Institutioneller Gläubigerschutz oder Kapitalmarkttransparenz, ZHR (Bd. 159), 1995, S. 550.

Küting, Karlheinz, 1993, Europäisches Bilanzrecht und Internationalisierung der Rechnungslegung, Betriebs-Berater 1993, S. 30 - 38

Mandler/Glaum/Förschle, Harmonisierung der Rechnungslegung, Ergebnisse einer Umfrage, Skript der C & L, Deutsche Revision

Rost, Peter, 1991, Der internationale Harmonisierungsprozeß der Rechnungslegung, in: Theorie - Praxis - Perspektiven

GEORG CREZELIUS

Die Bilanz als Rechtsinstitut

A. Einleitung

Anlaß des nachfolgenden Beitrags ist in erster Linie der Umstand, daß sich Carl Zimmerer oft und gern mit der Dogmatik und der Praxis der Bilanzierung befaßt hat. Wird überdies berücksichtigt, daß der Jubilar auch eine juristische Ausbildung "genossen" hat und daß er stets ein offenes Wort liebt, dann erscheint es aus der Sicht eines Juristen legitim, auf den rechtsinstitutionellen Charakter der Bilanzierung hinzuweisen. Das Anliegen der nachfolgenden Ausführungen besteht darin, Aufmerksamkeit dafür zu wecken, daß es sich bei der Bilanzierung, besser: bei der Bilanz, um ein Rechtsinstitut handelt, mithin um eine genuin juristische Materie, die nicht durch eine wie auch immer verstandene wirtschaftliche Betrachtungsweise überlagert werden darf.

Die damit vertretene rechtliche Einbindung der Bilanzierung ist in der deutschen Rechtsordnung insbesondere deshalb wichtig, weil im Bereich des Unternehmenssteuerrechts eine intensive Querverbindung zwischen dem Handelsbilanzrecht und der steuerrechtlichen Gewinnermittlung besteht. Normatives Scharnier dafür sind §§ 5 Abs. 1 EStG, 8 Abs. 1 KStG, aufgrund derer der sog. Maßgeblichkeitsgrundsatz für alle Formen der Unternehmensbesteuerung anzuwenden ist. Gerade der Maßgeblichkeitsgrundsatz läßt erkennen, wie wichtig es ist, daß man sich des rechtlichen Charakters der Bilanzierung bewußt wird. Neuerdings lassen sich nämlich Tendenzen feststellen, die den historisch gewachsenen Maßgeblichkeitsgrundsatz für überholt erachten (Schmidt/Weber-Grellet, EStG, 1995, § 5 Rz. 31; Weber-Grellet, BB 1994, 30; ders., DB 1994, 288; ähnlich Pezzer, DStJG 14, 3, 17; dagegen Beisse, FS Moxter, 1994, S. 3, 7 ff.; Crezelius, DB 1994, 689; Korn, KÖSDI 1994, 9828 f.; Raupach, FS Moxter, S. 101, 124). Sein Zweck sei nicht eindeutig bestimmbar, und er berge die Gefahr, die teilweise unterschiedliche Zwecksetzung der handelsrechtlichen und steuerrechtlichen Gewinnermittlung zu vernachlässigen. Dem Steuerrecht gehe es um die Ermittlung des richtigen Gewinns als Indikator der wirtschaftlichen Leistungsfähigkeit.

Es ist schon darauf aufmerksam gemacht worden, welches Chaos das Steuerrecht im Bilanzrecht anrichten würde, wenn es die Fessel der Handelsbilanz abwerfen würde (Raupach, a.a.O.). Darüber hinaus sollte bedacht werden, daß eine Abkoppelung der steuerrechtlichen Gewinnermittlung vom Handelsbilanzrecht zu einer weiteren "Veröffentlichrechtlichung" unserer Rechtsordnung führen würde, die nicht gewollt sein kann, die aber unter Umständen ihren Anlaß darin hat, daß die

Dogmatik des Handelsbilanzrechts zu wenig juristisch entwickelt ist. Das wiederum hat seine Ursache in der Abstinenz der Juristen gegenüber dem Bilanzrecht. Macht man sich klar, daß es sich bei der Bilanzierung um Rechtsfragen handelt, dann könnte dies im Ergebnis auch das Interesse der Juristen am Bilanzrecht wekken, damit zu einer entwickelteren Dogmatik führen und auch die Skepsis des (reinen) Steuerrechtlers gegenüber dem Handelsbilanzrecht einschränken.

B. Normative Grundlagen

Wenn es um eine bilanzrechtliche Diskussion geht, dann wird in erster Linie an die Regelungen der §§ 238 ff. HGB gedacht, doch darf dies nicht darüber hinwegtäuschen, daß die Rechtsordnung zahlreiche andere Bilanzierungsanlässe kennt. Zu nennen sind neben der ordentlichen Jahresschlußbilanz die Konzern- und Teilkonzernbilanz (§§ 290 ff. HGB), die Überschuldungsbilanz (§§ 130a, 177a HGB, 92 Abs. 2 AktG, 63 f. GmbHG), die Vergleichsbilanz (§§ 4 f. VerGlO), die Konkursbilanz (§ 104 KO) sowie die Bilanzen bei Umwandlungen (§§ 17, 24 UmwG). Schon diese verschiedenen gesetzlichen Grundlagen zeigen, daß es kein einheitliches Bilanzrecht gibt, daher auch keine einheitliche bilanzrechtliche Dogmatik, daß es im Fall einer konkreten Rechtsanwendung vielmehr immer nur darum gehen kann, das Rechtsproblem aus den Zielsetzungen des normativen Kontextes heraus zu lösen. Das sei an einem Beispiel gezeigt.

Bei einer werdenden GmbH ist aus gesellschaftsrechtlicher Sicht zu entscheiden, welche Rechtsfolgen sich ergeben, wenn bei der Eintragung der Kapitalgesellschaft in das Handelsregister das Stammkapital ganz oder zum Teil schon verbraucht ist. Nach der maßgebenden Grundsatzentscheidung des BGH (BGHZ 80, 129) haften die Gründungsgesellschafter anteilig für die Differenz, die sich aus Vorbelastungen zwischen dem Stammkapital und dem Wert des Gesellschaftsvermögens im Zeitpunkt der Eintragung ergibt. Der BGH verpflichtet die Gesellschafter gegenüber der eingetragenen GmbH zur Auffüllung der Kapitallücke, "die bilanzmäßig durch Vorbelastungen entstanden ist" (BGHZ 80, 129, 140). In Fortführung dieser Rechtsprechung ist dann entschieden worden, daß jedenfalls bei Fehlen einer Rangrücktrittsvereinbarung (eigenkapitalersetzende) Gesellschafterdarlehen auch in der zum Zwecke der Ermittlung einer eventuellen Differenzhaftung der Gesellschafter aufzustellenden Differenzhaftungsbilanz der GmbH als Verbindlichkeit zu passivieren sind (BGH, DB 1994, 570).

Beide Entscheidungen des II. Senats des BGH zeigen exemplarisch, wie Bilanzrecht aus juristischer Sicht bzw. bei der Rechtsanwendung anzuwenden ist. Im Vordergrund steht das materiell-rechtliche, gesellschaftsrechtliche Problem der Haftung der Gründer einer Kapitalgesellschaft (GmbH). Dieses Problem wird gelöst und dann bilanziell umgesetzt. Daraus folgt ein ganz wichtiger Grundsatz: Verschiedentlich findet sich das Argument, eine konkrete Rechtsfolge könne sich deshalb nicht ergeben, weil dies bilanzmäßig nicht denkbar sei. Dabei handelt es sich um eine Umkehrung der rechtlichen Verhältnisse. Es liegt nämlich nicht so, daß sich materiell-rechtliche Konsequenzen aus einer Bilanzierung ergeben, vielmehr ist jede Bilanzierung ein Spiegelbild eines materiell-rechtlichen Problems. Das

Bilanzrecht, gleich welcher Bilanzierungsanlaß im Einzelfall gegeben ist, ist immer nur Folge und Hilfsrecht allgemeiner zivilrechtlicher und gesellschaftsrechtlicher Tatbestände. Das Bilanzrecht erklärt und verdeutlicht diese Tatbestände, kann sie aber nicht gestalten (treffend Schön, ZHR 159 (1995), 351, 359).

Wie wenig diese Zusammenhänge auch dem Gesetzgeber bekannt sind, zeigt das neue Umwandlungsrecht. Das UmwG enthält zur handelsrechtlichen Rechnungslegung in Umwandlungsfällen lediglich zwei Regelungen, nämlich die Bewertungsnormen der §§ 17 Abs. 2 S. 2, 24 UmwG (näher Sagasser/Bula, Umwandlungen, 1995, E Rz. 1 ff). Daraus ergeben sich zahlreiche Streitfragen (Sagasser/Bula, ebenda), die sich hätten vermeiden lassen, wenn dem Umwandlungsgesetzgeber bewußter gewesen wäre, daß die von ihm in § 1 Abs. 1 UmwG eröffneten Umstrukturierungsmaßnahmen bilanziellen Ausdruck finden müssen. Dann wäre beispielsweise auch eher zu entscheiden gewesen, ob §§ 17 Abs. 2, 24 UmwG auf den Formwechsel Anwendung finden, der nach § 202 Abs. 1 Nr. 1 UmwG als identitätswahrende Umwandlung ausgestaltet ist. Damit findet keine Übertragung des Vermögens von einem auf den anderen Rechtsträger statt, so daß konsequenterweise auch keine Übertragungs- und Übernahmebilanzen zu erstellen sind. Das hat zur Konsequenz, daß es in Konstellation des Formwechsels bei der Bilanzkontinuität und damit bei der Buchwertfortführung bleibt (a.A. Priester, DB 1995, 911). Zusätzlich verkompliziert wird das alles noch durch § 1 Abs. 1 UmwStG, der grundsätzlich dann, wenn von der Kapitalgesellschaft in die Personengesellschaft umgewandelt wird, §§ 3 ff. UmwStG nur dann für maßgebend erklärt, wenn man sich des Instrumentariums des UmwG bedient. Wenn es also beispielsweise um einen Formwechsel einer GmbH in eine Personenhandelsgesellschaft geht, dann ist über § 1 Abs. 1 UmwStG § 17 Abs. 2 UmwG anzuwenden, und damit ist die formzuwechselnde GmbH an die Buchwerte des Jahresabschlusses gebunden! Wenn man sich hier für die Anwendung eines Maßgeblichkeitsprinzips ausspricht, dann läuft das umwandlungssteuerrechtliche Wahlrecht des § 3 S. 1 UmwStG ins Leere. Einzelheiten soll hier nicht weiter nachgegangen werden, doch zeigt die umwandlungsrechtliche Materie noch einmal sehr deutlich, daß sich auch gesetzgeberische Probleme und dann auch Probleme der Rechtsanwendung ergeben, wenn man sich des juristischen Stellenwerts der Bilanzierung nicht hinreichend bewußt wird.

C. Qualität des Bilanzrechts

Das deutsche Recht ist bestimmt von der Dichotomie zwischen Privatrecht und öffentlichem Recht (Bullinger, 1968; Mayer-Maly, 1985, S. 132 ff.) Es wird davon ausgegangen, daß alles Recht entweder öffentliches oder Privatrecht ist. Die Einteilung wird schon problematisch, wenn versucht wird, sie auf die Einteilung der Juristen zu übertragen. Zum Beispiel qualifizieren Strafrechtler und Verfahrensrechtler die von ihnen behandelte Materie als öffentliches Recht, sehen aber nicht sich selbst, sondern die das Verfassungs- und Verwaltungsrecht betreibenden Juristen als die eigentlichen Öffentlichrechtler an (Puttfarken, JuS 1977, 493). Vollends unübersichtlich wird die Situation, wenn man sich im Schrifttum danach umsieht, wie das Bilanzrecht, insbesondere die §§ 238 ff. HGB zu qualifizieren sind.

Nach überwiegender Auffassung sind sowohl die Vorschriften betreffend die Buchführung und das Inventar als auch die Normen über die Eröffnungsbilanz und den Jahresabschluß Regelungsmaterien des öffentlichen Rechts, die dann konsequenterweise öffentlich-rechtliche Verpflichtungen begründen. Kurz formuliert: §§ 238 ff. HGB werden a limine dem öffentlichen Recht zugeordnet (Adler/Düring/Schmaltz, 1987 ff., § 238 HGB Rz. 2, § 242 HGB Rz. 1; BeckBil-Komm-Budde/Kunz, 1995, § 238 HGB Rz. 56; GroßKomm (HGB)-Hüffer, 1988, § 238 Rz. 3). Gleichwohl scheint bei manchen Bearbeitern der Kommentarliteratur ein gewisses Unwohlsein bei der so eindeutigen Qualifizierung als öffentliches Recht zu bestehen, indem beispielsweise darauf hingewiesen wird, daß es nicht angängig sein kann, die Buchführungspflicht wie eine "normale" verwaltungsrechtliche Norm zu interpretieren (Hüffer, a.a.O.).

Ausführlichere Darlegungen finden sich bei Capelle/Canaris (Handelsrecht, 1989, § 12 III). Auch dort wird davon ausgegangen, daß das Bilanzrecht öffentliches Recht sei. Aus diesem Umstand folge weiter, daß es sich nicht um "normales Handelsrecht" handele, in Wahrheit überhaupt kein Handelsrecht im üblichen Sinne vorliege. Während es im Handelsrecht üblicherweise um das Sonderprivatrecht der Kaufleute gehe, fixiere das Handelsbilanzrecht öffentlich-rechtliche Bindungen und Verpflichtungen. Andererseits stelle es aber auch kein typisches öffentliches Recht dar, denn das Handelsbilanzrecht sei nicht mit dem Erlaß von Verwaltungsakten usf. sanktioniert. Letztlich sind auch Capelle/Canaris unentschieden; es handele sich um "eine ausgesprochene Spezialmaterie".

Jüngst hat sich Welf Müller der hier behandelten Problematik ausführlich gewidmet (W. Müller, FS Moxter, S. 75 ff.). Der Autor kommt zu dem Schluß, daß es sich beim Bilanzrecht prinzipiell um öffentliches Recht handele, bei dem jedoch andere Auslegungsgrundsätze maßgebend seien als im sonstigen öffentlichen Recht. Dem ist im Grundsatz zuzustimmen, denn insbesondere aus den bilanziellen Wahlrechtsvorschriften und den Generalklauseln der §§ 264 Abs. 2, 297 Abs. 2 HGB wird deutlich, daß das Bilanzrecht letztlich doch von anderen Grundsätzen als das normale öffentliche Recht beherrscht ist.

Nach hier vertretener Ansicht ist für die Qualität des Bilanzrechts nicht in erster Linie die Zweiteilung in öffentliches Recht einerseits und Privatrecht andererseits entscheidend, vielmehr kommt es darauf an, ob es sich um dispositives oder zwingendes und damit "öffentliches" Recht handelt. Es wird nämlich häufig übersehen, daß auch das sog. Privatrecht in vielen Bereichen zwingendes Recht enthält. Die Entscheidung darüber, ob die von einem Rechtssatz vorgesehene Ordnung durch eine andere (vertragliche) Regelung abgelöst werden kann, hat mit der Gliederung des Rechts und der üblichen Unterteilung in öffentliches Recht und Privatrecht wenig zu tun. Entscheidend ist allein, welche Maximen der Gesetzgeber für unabdingbar hält (Mayer-Maly, S. 135). Gibt es also auch im klassischen Privatrecht zwingendes Recht und damit letztlich öffentliches Recht, dann lassen sich daraus auch Folgerungen für das Bilanzrecht ziehen. Zwar bleibt es dabei, daß das Handelsbilanzrecht prinzipiell als öffentlich-rechtlich qualifiziert werden kann, doch ist es bei der konkreten Rechtsanwendung entscheidend, ob es sich um eine zwingende Norm handelt. Liegt zwingendes Recht vor, dann ist es müßig, um die Rechtsqualität der Norm zu streiten; der bilanzrechtliche Rechtsanwender ist zwingend an die Norm gebunden. Liegt es andererseits so, daß eine bilanzrechtliche Vorschrift ein Wahlrecht gewährt, dann handelt es sich insoweit um abdingbares Recht, jedenfalls dann, wenn die Tatbestandselemente der Norm gegeben sind. Damit ist dann auch ein weiteres Problem angesprochen. Liegt es nämlich so, daß der Tatbestand einer bilanzrechtlichen Norm einen offenen Begriff oder einen Typusbegriff enthält, dann ist aus dem grundsätzlich zwingenden und öffentlichrechtlichen Charakter zu folgern, dass es rechtsmethodologisch gesehen nur eine richtige Entscheidung gibt. Dadurch wird gleichzeitig erhellt, daß es auf der Seite des bilanzierenden Kaufmanns, des Adressaten des (öffentlichen) Bilanzrechts, kein Ermessen und keinen Beurteilungsspielraum geben kann (i. E. ebenso W. Müller, S. 75, 91).

Daß die hier vertretene Lösung auch dem System des Bilanzrechts und des Gesellschaftsrechts entspricht, zeigt insbesondere die Systematik von Gewinnermittlung und Gewinnverwendung. Geht es beispielsweise um eine GmbH, dann ist die Gewinnermittlung der §§ 238 ff., 264 ff. HGB zunächst aufgrund der hier entwickelten Kriterien zu beurteilen. Es geht prinzipiell um zwingendes Recht, soweit nicht ausnahmsweise bilanzielle Wahlrechte bestehen. Ist der Jahresabschluß festgestellt (§ 46 Nr. 1 Fall 1 GmbHG), dann wird gleichsam der zwingende, öffentlich-rechtliche Bereich verlassen, die Gesellschafter begeben sich wieder in den Bereich der Privatautonomie und sind für die Ergebnisverwendung der betreffenden Rechnungsperiode frei. Hiergegen könnte nun eingewandt werden, daß auch das Recht der Kapitalgesellschaften eine Vielzahl von zwingenden Vorschriften auch im Bereich der Gewinnverwendung kenne. Das ist im Ergebnis kein Argument gegen die hier vertretene Auffassung. Macht man sich nämlich nochmals klar, daß auch das Privatrecht zwingendes Recht, letztlich also öffentliches Recht sein kann, dann ergibt sich ein in sich stimmiges System. Das Handelsbilanzrecht ist regelmäßig zwingendes Recht, während das Recht der Gewinnverwendung regelmäßig dispositives Recht ist. Nur wenn es gesellschaftsrechtlich wiederum zu zwingenden Normen kommt, schlägt insoweit der öffentlich-rechtliche Charakter durch.

Daß die hier vertretene Maßgeblichkeit der Qualifizierung als zwingendes oder abdingbares Recht Problemfälle durchschaubarer macht, sei an einem Beispiel gezeigt. Ist zu entscheiden, ob es um eine handelsrechtliche und/oder steuerrechtlich verdeckte Gewinnausschüttung (zugunsten eines Gesellschafters oder eines ihm Nahestehenden) einer Kapitalgesellschaft geht, dann sind Fragen der handelsrechtlichen und steuerrechtlichen Wertigkeit der juristischen Person, der gesellschaftsrechtlichen Treuepflicht usf. zu lösen. Geschieht dies auf steuerrechtlicher Ebene (§ 8 Abs. 3 S. 2 KStG), dann handelt es sich um zwingendes und öffentliches (Eingriffs-)Recht. Wird die Diskussion im Bereich des Gesellschaftsrechts geführt, dann geschieht dies unter Zuhilfenahme von Kriterien, die im öffentlichrechtlichen Bereich keine Berechtigung haben (W. Müller, S. 95). Viel einsichtiger ist es jedoch, im konkreten Sachverhalt danach zu unterscheiden, ob das in Rede stehende Rechtsproblem der privatautonomen Regelung der Beteiligten unterliegt.

Damit bleibt als Zwischenergebnis festzuhalten: Unabhängig von der Frage, ob das Bilanzrecht als Sonderprivatrecht oder als spezielles öffentliches Recht einzuordnen ist, ist für die Rechtsanwendung entscheidend, daß grundsätzlich zwingende Vorschriften existieren.

D. Bilanzrecht und Rechtsanwendung

I. Subsumtionsmodell

Die juristischen Tätigkeiten lassen sich schwerpunktmäßig wie folgt kategorisieren (dazu z.B. Medicus, 1995, Rz. 1 ff.): Der Richter hat, von der Freiwilligen Gerichtsbarkeit abgesehen, einen Streit zwischen zwei Parteien über einen bestimmten "Anspruch" zu entscheiden. Wird vor dem Prozeß Rechtsrat eingeholt, dann handelt es sich um eine gleichsam streitvorbereitende rechtliche Tätigkeit. Ähnlich liegt es bei der Streitvermeidung und anderen Rechtsgestaltungen, bei denen ebenfalls zu überprüfen ist, ob ein konkreter Sachverhalt eine erwünschte oder unerwünschte Rechtsfolge hergibt.

Versucht man, das Handelsbilanzrecht in diese Kategorien einzuordnen, dann handelt es sich um eine "andere Rechtsgestaltung", weil es um die Unterordnung des konkreten Sachverhalts unter die konkrete handelsbilanzielle Norm geht. Gemeinsam ist allerdings allen vorstehend skizzierten Arten der Rechtsanwendung, daß sie sich in Form des juristischen Syllogismus vollziehen. Es wird ein juristischer Obersatz gebildet, zu dem ein Untersatz, der keine Bedingungsform hat, vielmehr nur eine Feststellung ausdrückt, in Beziehung gesetzt wird. Stellt man den Untersatz unter den Obersatz, dann handelt es sich um die sog. Subsumtion, die dann im festgestellten Sachverhalt zur Rechtsfolge der angewandten Norm führt. Zwar haben neuere rechtstheoretische Untersuchungen gezeigt, daß der Rechtsanwender sich nicht zu sehr von der logischen Stringenz des Syllogismus faszinieren lassen sollte (Engisch, 1960; Fikentscher, 1977, S. 203 ff.), doch liegt der Wert dieses Denkmodells immer noch darin, daß zumindest deutlich wird, daß Rechtsfrage und anzuwendender Sachverhalt exakt auseinandergehalten werden müssen.

Überträgt man das Subsumtionsmodell auf das hier in Rede stehende Handelsbilanzrecht, dann fällt sofort als Besonderheit auf, daß hier regelmäßig eine mehrstufige Subsumtion vorzunehmen ist. Da das Handelsbilanzrecht in aller Regel die Umsetzung eines rechtlich bereits vorgeprägten Sachverhalts in das Bilanzrecht ist, muß zunächst auf der unteren, vorgeschalteten Ebene unter das betreffende Zivilrechtsinstitut usf. subsumiert werden, bevor die eigentliche bilanzrechtliche Subsumtion stattfinden kann. Aus dieser zweistufigen Subsumtion wird ein mehrstufiges Subsumtionsmodell, wenn man das Handelsbilanzrecht vor dem Hintergrund des Maßgeblichkeitsgrundsatzes des § 5 Abs. 1 S. 1 EStG betrachtet. Insbesondere Beisse (Beisse, BB 1980, 637; ders., 1994, S. 3, 10 ff.; auch Schmidt/Weber-Grellet, EStG, § 5 Rz. 30) hat deutlich herausgearbeitet, daß das geltende Bilanzrecht vor dem Hintergrund des Maßgeblichkeitsgrundsatzes ein Doppelsystem darstellt, welches die beiden Regelungsbereiche Handelsbilanzrecht und Steuerbilanzrecht umfaßt, die beide in sich geschlossen sind und verschiedenen Spielarten des öffentlichen Rechts angehören. Kommt es zur steuerrechtlichen Rechtsanwendung unter Einschluß des § 5 Abs. 1 S. 1 EStG, dann besteht innerhalb des Subsumtionsmodells die erste Rechtsanwendung in der Subsumtion unter den beispielsweise rechtsgeschäftlich gestalteten Sachverhalt, auf einer zweiten Stufe ist dann das reine Handelsbilanzrecht anzuwenden, und auf einer weiteren Stufe geht es dann um die unmittelbare Anwendung des Steuerrechts, welches u.U. das Handelsbilanzrecht durch genuine steuerrechtliche Sonderregeln überlagert.

II. Potentielle Rechtsanwender

Geht es im Bilanzrecht also um Rechtsanwendung, dann kann hier grundsätzlich auch nur eine rechtliche Betrachtungsweise (Subsumtion eines Sachverhalts unter eine Rechtsnorm des Bilanzrechts) Anwendung finden. Das sollte im Ansatzpunkt unproblematisch sein (Knobbe-Keuk, 1993, § 1), doch wird im Bilanzrecht traditionell mit einer wirtschaftlichen Betrachtungsweise argumentiert, die sich oftmals an bilanztheoretischen Auffassungen orientiert. Bilanztheoretische Auffassungen sind aber für das Bilanzrecht allein insoweit von Interesse, als sie im Gesetz ihren Niederschlag gefunden haben. Im übrigen sollte einer unüberlegten wirtschaftlichen Betrachtungsweise aus juristischer Sicht schon deshalb entgegenzutreten sein, weil sich die jeweilige bilanzrechtliche Lösung allein aus einer rechtlichen Analyse des der Bilanzposition zugrunde liegenden Sachverhalts ergeben kann.

Überlegt man, wer denn nun im konkreten Sachverhalt das Handelsbilanzrecht anwendet, dann fällt zunächst auf, daß die Zivilrechtsprechung sich eher selten mit handelsbilanziellen Fragen befaßt (z.B. BGH, DB 1994, 84). Als "Bilanzgerichtshof" fungiert der BFH, weil es aufgrund des Maßgeblichkeitsgrundsatzes des § 5 Abs. 1 S. 1 EStG und des geschilderten mehrstufigen Subsumtionsmodells so liegt, daß regelmäßig die Steuerrechtsprechung über bilanzrechtlich-dogmatische Fragen entscheidet. Für den praktischen Einzelfall ist jeweils zu überprüfen, ob die betreffende Entscheidung des BFH tatsächlich nur eine rein handelsrechtliche Vorfrage beurteilt oder ob es um die Anwendung einer eigenständigen Norm des Bilanzsteuerrechts gegangen ist. Im ersten Fall ist die ordentliche Gerichtsbarkeit in dem Maße an die Auffassung des BFH gebunden, als sie bei beabsichtigter Abweichung von der BFH-Rechtsprechung den Gemeinsamen Senat der Obersten Gerichtshöfe des Bundes anrufen muß (Beispiel für eine rein handelsrechtliche Vorfragenentscheidung BFH v. 05.02.1992, BStBl. II 1992, 532 betr. eigenkapitalersetzende Darlehen).

Noch häufiger als die Steuerrechtsprechung muß allerdings der Bilanzaufsteller über bilanzrechtliche Rechtsfragen entscheiden. Handelt es sich um einen zu prüfenden Jahresabschluß, dann ist darüber hinaus der Wirtschaftsprüfer involviert. Das leitet zu einer "Pikanterie" über, welche sich daraus ergibt, daß das Institut der Wirtschaftsprüfer gewisse Auslegungsempfehlungen zum Handelsbilanzrecht gibt, die in aller Regel vom Wirtschaftsprüfer berücksichtigt werden (IdW, Fachgutachten und Stellungnahmen, Stand: Juni 1995). Die sich daran sofort anschließende Frage ist, welcher Stellenwert diesen Auslegungsempfehlungen des Instituts der Wirtschaftsprüfer zukommen soll. In einer bemerkenswerten Entscheidung meint das AG Duisburg (BB 1994, 975; vgl. auch Taupitz, BB 1990, 2367), daß der Umstand der Stellungnahme des Hauptfachausschusses des Instituts der Wirtschaftsprüfer rechtlich unerheblich sei. Eine derartige Stellungnahme könne nicht kraft besonderer (fachlicher) Autorität die gerichtliche Auslegung einer Vorschrift verdrängen. Es handele sich lediglich um eine Meinungsäußerung, die in der juristischen Diskussion wie jede andere nur Gewicht habe, soweit ihr überzeugende Argumente zugrunde lägen. Zwar könnten die Verlautbarungen usf. des Instituts der Wirtschaftsprüfer einen Bestand von anerkannten Grundsätzen und Regeln der ordnungsgemäßen Berufsausübung wiedergeben, doch könne ihnen keine rechtliche Verbindlichkeit zukommen. Im Ergebnis dürfte die Auffassung des AG Duisburg aus folgenden Gründen zutreffend sein:

Da jedes Gesetz, abgesehen von numerischen und Statusbegriffen, mehrdeutig ist, müssen Tatbestandsmerkmale regelmäßig ausgelegt werden. Handelt es sich um ein Tatbestandsmerkmal, welches von einem oberen Gericht noch keiner endgültigen Interpretation zugeführt worden ist, dann kommt einer norminterpretierenden Auslegungsansicht jedenfalls in zeitlicher Hinsicht eine gewisse Präjudizwirkung zu, wenn es sich um ein fachlich herausragendes Institut einer Berufsgruppe handelt (zur ähnlichen Problematik bei Steuerrichtlinien Martens, DStJG 5, 165, 175 ff.). Handelt es sich also um einen Tatbestand X mit den Tatbestandsmerkmalen Y und Z, dann kann es - abstrakt gesehen - für das Tatbestandsmerkmal Y die Norminterpretationsvarianten 1, 2 und 3 usf. geben. Entscheidet sich jemand für die Norminterpretation 1, dann gibt es im Falle einer revisionsgerichtlichen Entscheidung folgende Alternative. Löst das Revisionsgericht das Rechtsproblem ebenfalls nach der Auffassung 1, dann sind die Auffassungen deckungsgleich. Liegt es aber so, daß sich das Gericht für eine vom (hier) Institut der Wirtschaftsprüfer nicht gewählte Auslegungsvariante entscheidet, dann sollte es eine Verbindlichkeitsprärogative des Revisionsgerichts geben. Obwohl es die im angelsächsischen Rechtskreis herrschende Präjudizienvermutung in Deutschland nicht gibt, handelt es sich beim Richterrecht auch in Deutschland nicht um einen unverbindlichen Begriff aus dem Bereich der Methodenlehre. Zwar sind die Präjudizien der Gerichte kein Gewohnheitsrecht in der Art und Weise, daß sie Rechtsquellenqualität wegen tatsächlicher Übung erhalten (Larenz, S. 413; Ossenbühl, AöR 92 (1967), 478 ff.), doch entspricht es heute herrschender Lehre, daß dem Richterrecht nicht nur eine rein faktische und deshalb im konkreten Fall letztlich unverbindliche Wirkung beizumessen ist. Das Richterrecht ist gegenüber dem Gesetz eine dieses auslegende subsidiäre Rechtsquelle, der eine - verbindliche - beschränkte Befolgungspflicht zukommt. Präjudizien entfalten eine widerlegbare, aber eben widerlegungsbedürftige, präsumtive Verbindlichkeit für sich (Bydlinski, 1982, S. 510; Kriele, 1967, S. 248, 254, 262, 326).

Schließt man vorstehende Überlegungen mit dem Subsumtionsmodell kurz, dann dürfte feststehen, daß immer dann, wenn die ordentliche Gerichtsbarkeit oder der BFH unmittelbar oder vorgreiflich eine handelsbilanzielle Frage entschieden haben, diese Auslegung für die anderen rechtsanwendenden Stäbe, insbesondere also auch für den prüfenden Wirtschaftsprüfer, vorderhand verbindlich ist. Abgewichen werden kann nur, wenn sich das Präjudiz aufgrund einer wohlüberlegten und begründeten Meinung im Einzelfall als nicht tragfähig erweist. Allerdings reichen nach

Ansicht des Schrifttums (Bydlinski, S. 511 f.) allein gute, sachliche oder verständliche Gründe dafür nicht aus. Eine Abweichung ist rechtsmethodologisch allein dann legitim, soweit sie auf veränderten Tatsachen, Entwicklungen der rechtswissenschaftlichen Dogmatik usf. beruht. Damit wird insbesondere das in der Praxis oft gehörte Argument, eine vom BFH im Rahmen seiner Vorgreiflichkeitskompetenz entschiedene bilanzielle Frage wirke nur inter partes, entkräftet. All dies beruht letztlich allein darauf, daß die Bilanz eben ein Rechtsinstitut ist, für welches die normalen Grundsätze der Rechtsanwendung im Gewaltenteilungsstaat zu gelten haben.

E. Beispielsfälle

I. Qualifikationen

Da das Schuldrecht keinen numerus clausus der rechtsgeschäftlichen Typen kennt und weil sich an die bilanziellen Konsequenzen von Kauf, Miete, Leasing, Ratenkauf, Rechtskauf, Geschäftsbesorgung usf. ganz unterschiedliche Rechtsfolgen knüpfen, liegt es für die Adressaten der Bilanzierungsnormen nahe, durch eine entsprechende zivilrechtliche Qualifikation das Bilanzbild "zu gestalten". Letztlich ist die zivilrechtliche Qualifikation eines für das Bilanzrecht vorgreiflichen Rechtsgeschäfts eine der schwierigen Fragen des Bilanzrechts (näher Kropff, ZGR 1993, 41, 44 ff.). Abstrakt gesehen sollten allerdings folgende Grundsätze maßgebend sein: Zunächst ist der konkrete Wille der Parteien des Rechtsgeschäfts zu ermitteln, wobei es selbstredend nicht auf den Wortlaut, vielmehr auf die Analyse der zivilrechtlichen Interessenlage ankommt. Das wird jedoch erschwert, wenn es im Einzelfall so liegt, daß die Parteien das Rechtsgeschäft ganz bewußt aus bilanzpolitischen oder steuerrechtlichen Motiven heraus gestaltet haben. Entscheidend ist jedoch stets, daß es jedenfalls nicht auf die von den Parteien gewählte Eigenqualifikation ankommt. Dies entspricht dem traditionellen Grundsatz des "iura novit curia", der es nicht zuläßt, daß die Parteien eines Rechtsgeschäfts diejenigen Rechtsfolgen "gestalten" können, die nicht der konkreten zivilrechtlichen Analyse entsprechen. Es kommt letztlich darauf an, ob das konkrete Rechtsgeschäft von seinem materiellen Gehalt her der von den Parteien gewählten äußeren Form entspricht.

II. Zurechnungen

Sind die Voraussetzungen des Vermögensgegenstandsbegriffs erfüllt, dann zeigen §§ 238 Abs. 1, 240 Abs. 1, 242 Abs. 1 HGB, daß weitere Voraussetzung für die Aktivierung die Zurechnung zu dem betreffenden Bilanzierungssubjekt ist. In diesem Zusammenhang wird üblicherweise nicht auf das zivilrechtliche Eigentum, sondern darauf abgestellt, wer "wirtschaftlicher Eigentümer" des Gegenstandes ist (Adler/Düring/Schmaltz, § 246 HGB Rz. 145; BeckBilKomm-Budde/Karig, § 246 HGB Rz. 4 ff.). Wirtschaftlicher Eigentümer soll insbesondere auch derjenige sein, der die tatsächliche Sachherrschaft über einen Vermögensgegenstand in einer Weise ausübt, daß dadurch der nach bürgerlichem Recht Berechtigte wirtschaftlich auf Dauer von der Einwirkung ausgeschlossen ist. Entscheiden soll letztlich immer das

Gesamtbild der Verhältnisse. Dem ist aus juristischer Sicht strikt entgegenzutreten. Zwar kann sich aus besonderen Situationen ergeben, daß die formal einem anderen zustehende Position dem Kaufmann trotzdem bilanzrechtlich zugeordnet wird, doch sind dann immer noch rechtliche Kriterien für die bilanzrechtliche Zuordnung des Gegenstandes maßgebend. Beispielsweise fallen in Konstellationen des Eigentumsvorbehalts, der Sicherungsübereignung sowie bei treuhänderisch gebundenen Vermögensgegenständen die zivilrechtliche Nutzungsbefugnis und die formale Eigentumsposition/Rechtsmacht auseinander. Gleichwohl bestehen keine Bedenken, die jeweiligen Gegenstände beim Eigentumsvorbehaltskäufer/Sicherungsgeber zu bilanzieren. In allen Fällen wird nur die bilanzrechtliche Konsequenz aus der Beurteilung der zivilrechtlichen Interessenlage gezogen (Großfeld, 1990, Rz. 107 ff.). Die Fallgruppe der Zurechnungen zeigt im übrigen sehr deutlich, daß es regelmäßig gar nicht auf die von der Praxis immer wieder bemühten wirtschaftlichen Überlegungen ankommt, wenn man sich in erster Linie auf die zivilrechtliche Analyse des Sachverhaltes konzentriert.

III. Rückstellungen

Nach allgemein-zivilrechtlichem Verständnis könnte man geneigt sein, unter Fremdkapital des Unternehmens nur Verbindlichkeiten zu verstehen. Das Bilanzrecht kennt jedoch zusätzlich den Begriff der Rückstellung, da es rein tatsächlich oft so liegt, daß das Unternehmen am Bilanzstichtag mit "Schulden" belastet ist, die nach Grund und/oder Höhe ungewiß sind. Die Rückstellungen haben die Aufgabe, Aufwendungen, die in einer späteren Rechnungsperiode zu einer in ihrer Höhe und ihrem genauen Fälligkeitstermin am Bilanzstichtag noch nicht feststehenden Ausgabe führen, der Periode ihrer wirtschaftlichen Verursachung zuzurechnen (BFH v. 26.05.1976, BStBl. II 1976, 622; Knobbe-Keuk, § 4 V 5a).

Das grundsätzliche theoretische Verständnis der Rückstellungen wird davon geprägt, ob man der statischen oder der dynamischen Bilanzauffassung zuneigt. Soll im Wege einer statischen Betrachtung der Bestand an Vermögen und Kapital an einem Stichtag festgestellt werden, dann dienen die Rückstellungen der zutreffenden Erfassung von (ungewissen) Verbindlichkeiten. Demgegenüber müßte eine dynamische Bilanzauffassung darauf abstellen, daß in einer späteren Rechnungsperiode anfallende Aufwendungen schon der Periode ihrer Verursachung zugerechnet werden müssen. Der Wortlaut des § 249 HGB ist von diesem Meinungsstreit unbelastet, so daß im Einzelfall oftmals darüber Streit besteht, ob der Rückstellungsbegriff gegeben ist. Da es bei der Rückstellungsbildung u.a. auf die wirtschaftliche Verursachung ankommt (näher und m.N. Schmidt/Weber-Grellet, EStG, § 5 Rz. 381 ff.), nimmt es nicht Wunder, daß insbesondere das Kriterium der wirtschaftlichen Verursachung ein "Hauptkampfplatz" dafür ist, ob eine strikt juristische Interpretation Platz zu greifen hat. Dazu ein Beispiel:

Nach wohl überwiegender Auffassung können durch Bildung von Rückstellungen nur solche Aufwendungen berücksichtigt werden, die sich nach dem Bilanzstichtag als sofort erfolgswirksam auswirken und im übrigen der Erfüllung einer Verpflichtung dienen, die schon vor dem Bilanzstichtag wirtschaftlich verursacht worden ist (Adler/Düring/Schmaltz, § 249 HGB Rz. 151; BeckBilKomm-Clemm/Nonnenmacher, § 249 HGB Rz. 34 ff.). Da durch die zukünftige Aktivierung aufwandswirksame Kosten neutralisiert würden, fehle es am Erfordernis eines buchmäßigen Aufwands. Diese Argumentation ist auf den ersten Blick wirtschaftlich plausibel, da die Rückstellungsfähigkeit zukünftigen Abschreibungsvolumens im wirtschaftlichen Ergebnis tatsächlich rückstellbarem zukünftigem Aufwand gleichkommt. Andererseits ist aufgrund einer allein maßgebenden rechtlichen Betrachtungsweise zu berücksichtigen, daß die Abschreibungen in erster Linie der Darstellung der Vermögenslage dienen und nur zusätzlich als Aufwand das Ergebnis der betreffenden Rechnungsperiode kürzen.

Das hier erörterte Problem ist heftig streitig. Insbesondere wird darauf verwiesen, es werde der Zweck der Rückstellungsbildung verkannt, der nur darin bestehe, künftige Aufwendungen zeitlich vorzuziehen und sie entsprechenden Erträgen gegenüberzustellen. Die Rückstellungsbildung dürfe keinesfalls eine Änderung der Gewinnauswirkung nach sich ziehen (Sarrazin, Wpg. 1993, 1, 5). Hinzu kommt, daß neuerdings der Anwendungsbereich des Realisationsgrundsatzes nicht nur darin gesehen wird, zu regeln, in welchem Zeitpunkt Erträge (aktivisch) vereinnahmt werden, sondern daß das Realisationsprinzip auch als sog. Aufwandsrealisation verstanden wird, so daß es den Zeitpunkt der Verrechnung von Ausgaben als Aufwand regiere (Ballwieser, 1993, S. 67; Herzig, 1993, S. 212; Moxter, 1993, S. 87 ff.; umf. N. bei BeckBilKomm-Clemm/Nonnenmacher, § 249 HGB Rz. 36 ff.). Auf den ersten Blick erscheint es faszinierend, daß das Realisationsprinzip auch als allgemeine Regel für die Periodisierung von Vermögensabgängen maßgebend sein soll, so daß bei wirtschaftlicher Betrachtung eine Vermögensbelastung und ein bilanzrechtlicher Passivposten (Rückstellung) nicht anzuerkennen ist, wenn die (zukünftige) Erfüllung der Verpflichtung mit einem Vermögenszuwachs in gleicher Höhe verbunden ist. Von dieser Ansicht wird auch ausdrücklich darauf hingewiesen, daß diejenigen, die sich für eine Rückstellungsbildung bei rechtlich entstandenen Verbindlichkeiten aussprechen, wirtschaftlich unsinnig handelten, wenn die wirtschaftliche Verursachung im Sinne des Realisationsprinzips nachfolge; das beruhe auf einem Mißverständnis über die Beziehungen zwischen Ökonomie und Recht (Siegel, BB 1993, 326, 327). Tatsächlich befindet man sich hier an einer Schnittstelle zwischen wirtschaftlicher Betrachtungsweise und juristischer Subsumtion. Allerdings ist aus juristischer Sicht darauf hinzuweisen, daß jedenfalls dann, wenn eine Verbindlichkeit dem Grunde nach entstanden, die nur der Höhe nach ungewiß ist, eine Passivierungspflicht nach dem Vollständigkeitsgrundsatz und nach dem Vorsichtprinzip eindeutig geboten ist. Bei der Frage einer Rückstellungsbildung nach § 249 Abs. 1 S. 1 HGB geht es - weil die Bilanz eben ein Rechtsinstitut ist - nicht um die Anwendung ökonomischer und/oder wirtschaftlich plausibler Grundsätze, vielmehr allein um die Anwendung des gesetzten Rechts. Wie weit sich die bilanzrechtliche Dogmatik in diesem Bereich von zivilrechtlich abgesicherten Grundlagen entfernt hat, zeigt die Formulierung in einem führenden Einkommensteuerkommentar, daß es für die Rückstellungsbildung letztlich auf die rechtliche Entstehung nicht mehr ankomme, andernfalls müßten beispielsweise auch Verbindlichkeiten aus schwebenden Geschäften bilanziert werden (Schmidt/Weber-Grellet, EStG, § 5 Rz. 382). Dabei wird ein Dogma des deutschen Bilanzrechts außer acht gelassen, nämlich das Vorsichtsprinzip, welches sich auf der Aktivseite darin zeigt, daß Erträge dem Realisationsgrundsatz unterliegen, während Passiva möglichst früh, entsprechend dem Vorsichtsprinzip, zu erfassen sind.

IV. Realisierungen

Es soll hier nicht um das allgemeine Problem der Gewinnrealisierung bei Absatzgeschäften usf. gehen, vielmehr soll das Augenmerk auf den in der Praxis immer wieder zu beobachtenden Sachverhalt der Realisierung zwischen verbundenen Unternehmen gelenkt werden. Nach Auffassung des Bankenfachausschusses des Instituts der Wirtschaftsprüfer (BFA (IdW) 2/1982) kann eine Gewinnrealisierung im Falle eines Verkaufs an ein Konzernunternehmen oder andere verbundene Unternehmen nicht ausgeschlossen werden. Beide beteiligte Unternehmen sollen jedoch in diesen Fällen besonders sorgfältig darauf achten, daß Leistung und Gegenleistung ausgeglichen sind und den Kriterien eines Drittvergleichs entsprechen. Andernfalls würden sich Zweifel an der Ernsthaftigkeit des Geschäfts ergeben und die Realisierung des Veräußerungsgewinns in Frage stellen. Zumindest letztere Aussage ist zivilrechtlich unrichtig, denn wenn es zur Gewinnrealisierung bei einem verbundenen Unternehmen darauf ankommt, daß dieses Geschäfts durchgeführt worden ist, dann ist dies keine Situation des § 117 Abs. 1 BGB (statt aller BGHZ 67, 338; BGH, NJW 1993, 2609; Palandt/Heinrichs, BGB 1995, § 117 Rz. 4). Auch Kropff (ZGR 1993, 41, 59) meint, daß die Existenz verbundener Unternehmen eine Gewinnrealisierung prinzipiell nicht ausschließe. Daran ist sicherlich richtig, daß das deutsche Konzernrecht am Grundsatz der Selbständigkeit der konzernierten Unternehmen festhält, so daß - jedenfalls idealiter - ein weiterhin bestehender Interessengegensatz der verbundenen Unternehmen unterstellt wird. Trotzdem bleibt ein gewisses Unbehagen, wenn man nämlich an den durch Beherrschungs- und Gewinnabführungsvertrag bzw. durch qualifizierte faktische Leitung gebildeten Konzern denkt. Da hier schon die gesellschaftsrechtliche Dogmatik von einer gewissen Interessenidentität ausgeht, liegt es jedenfalls sehr nahe, eine Gewinnrealisierung dann nicht anzuerkennen, wenn das betreffende Rechtsgeschäft erkennbar dazu dient, die Bilanz eines der betroffenen Unternehmen "zu schönen". Dabei werden diese Bedenken noch stärker, wenn es um die gewinnrealisierende Veräußerung immaterieller Vermögensgegenstände des Anlagevermögens geht, für die bei dem einen Unternehmen das Bilanzierungsverbot des § 248 Abs. 2 HGB eingreift.

Auch hier mag mancher einwenden, die hier vertretene Ansicht sei eine wirtschaftlich unsinnige Betrachtungsweise. Zugegebenermaßen finden sich in der Rechtswirklichkeit derartige Gestaltungen, doch kann es allein darauf ankommen, ob man einen Markttest wie unter fremden Dritten fordert, allein dann ist der innere Sinn des Realisierungstatbestandes erfüllt, oder ob man im Einzelfall darauf achtet, daß das betreffende Rechtsgeschäft den Kautelen unter fremden Dritten entspricht. Es mag in der Tat so sein, daß es dem Bedürfnis vieler Unternehmen entspricht, insbesondere in einer Krisensituation stille Reserven mobilisieren zu können. Allerdings kann dies von einer rechtlichen Betrachtungsweise nicht entbinden.

V. Auslegung von Gesellschaftsverträgen

Abschließend soll noch einmal anhand eines Beispiels gezeigt werden, wie sich die Rechtsqualität des Bilanzrechts in der praktischen Anwendung auswirkt. In einem vom OLG Stuttgart (DB 1995, 33) entschiedenen Sachverhalt ging es um den Gesellschaftsvertrag einer KG. In diesem Gesellschaftsvertrag, der vor Inkrafttreten des Bilanzrichtlinien-Gesetzes formuliert worden war, hieß es u.a., daß der Jahresabschluß nach den Regeln eines vorsichtigen Kaufmanns unter Anwendung der Vorschriften für die AG aufzustellen ist. Es sollte insbesondere darauf geachtet werden, daß zur Sicherung der Vermögensverhältnisse Reserven gebildet werden. Im Streit war der Jahresabschluß des Jahres 1991. Nachdem in den vergangenen 30 Jahren eine Einheitsbilanz mit erheblichen Gewinnausschüttungen aufgestellt worden war, legte die persönlich haftende Gesellschafterin nunmehr eine Handelsbilanz vor, die einen Verlust von 1 Mio. DM auswies. Aus der aus der Handelsbilanz abgeleiteten Steuerbilanz ergab sich demgegenüber ein Jahresüberschuß von 17 Mio. DM. Das OLG Stuttgart meint, daß auch die langjährige Handhabung der Erstellung einer Einheitsbilanz nicht dazu führen könne, daß die Kompetenz des Komplementärs dahingehend eingeschränkt werden sollte, daß die Bilanz allein nach steuerrechtlichen Grundsätzen zu erstellen sei. Es könne deshalb dahinstehen, ob der Komplementär überhaupt verpflichtet werden könne, den Jahresabschluß ausschließlich nach steuerrechtlichen Vorschriften aufzustellen (für die GmbH BayObLG, NJW 1988, 916).

Die Auffassung des OLG Stuttgart ist deshalb problematisch, weil nicht zutreffend von der zivilrechtlichen Interessenlage auf die bilanzrechtlichen Probleme geschlossen worden ist. Zunächst hätte nämlich der Vertrag dahingehend interpretiert werden müssen, ob es sich nicht - nach Inkrafttreten der §§ 238 ff. HGB - um eine Verweisung auf die Sondervorschriften für Kapitalgesellschaften handelt. Die andere Auffassung des OLG führt dann dazu, daß bei einer Personengesellschaft (§ 253 Abs. 4 HGB) in weitem Umfang des Nachteil vom Kommanditisten stille Reserven gebildet werden können. Im übrigen ist darauf hinzuweisen, daß nicht einzusehen ist, warum die Gesellschafter einer Personenhandelsgesellschaft die bilanziellen Ansatz- und Bewertungswahlrechte nicht qua Gesellschaftsvertrag dahingehend einschränken können, daß allein von steuerrechtlich zulässigen Werten Gebrauch gemacht wird. Insoweit liegt nämlich bei einer sog. Einheitsbilanz kein Verstoß gegen zwingende Vorschriften des HGB vor. Hier wird dann noch einmal deutlich, daß es bei der Anwendung bilanzieller Vorschriften letztlich nur darum geht, ob für die betreffende Rechtsform (hier: Personenhandelsgesellschaft) von einer zwingenden Norm des Handelsrechts abgewichen wird. Handelt es sich aber nicht um zwingendes Recht, dann ist es den Parteien unbenommen, gesetzliche Rechnungslegungsvorschriften qua Privatautonomie auf Sachverhalte anzuwenden, die vom unmittelbaren Wortlaut des Gesetzes nicht erfaßt sind (so auch W. Müller, S. 75, 88). Unterstellen sich die Parteien dann einer "rechtsformüberschießenden Rechnungslegungsvorschrift" (W. Müller), dann handelt es sich zwar insofern um privatrechtlich vereinbarte, letztlich dann aber doch wieder zwingende Regeln.

F. Schlußbemerkung

Es sei zugegeben, daß die hier erörterten Grund- und Einzelprobleme des Bilanzrechts aus sehr juristischer Sicht, möglicherweise sehr traditionell, unter Umständen sehr statisch und vielleicht auch von wenig wirtschaftswissenschaftlichem Sachverstand geprägt dargestellt worden sind. Letztlich sollte aber - unabhängig vom Ergebnis im Einzelfall - allein ein Anliegen formuliert werden, nämlich der Wunsch, daß sich bei der Anwendung von Bilanzierungsvorschriften eine juristisch orientierte Betrachtungsweise (wieder) durchsetzt. Wirtschaftlich vielleicht unerwünschte Ergebnisse einer lege artis vorgenommenen Auslegung dürfen allein vom Gesetzgeber korrigiert werden.

GÜNTER FLOHR

Branchenbezogene Zeitraumbilanzen

Aktiengesellschaften, die ihren Aktionären und der Öffentlichkeit ein möglichst offenes und übersichtliches Finanzierungsbild ihres Unernehmens (Konzerns) vermitteln möchten, bringen in ihren Geschäftsberichten (Jahresberichten) zusätzlich zur Bilanz und Gewinn- und Verlustrechnung sog. Bewegungsbilanzen. Diese zeigen die Veränderung von Vermögen (Aktiva) und Kapital (Passiva) unter der Bezeichnung „Mittelherkunft und Mittelverwendung" über den Jahresverlauf nach. Man nennt diese Art des Nachweises der finanziellen Entwicklung eines Unternehmens auch Zeit**raum**bilanz (Flohr, G., Die Zeitraumbilanz, Berlin 1963, S. 14 ff.) (im Gegensatz zur Zeit**punkt**bilanz). Als weitere Bezeichnungen sind Namen, wie Kapitalflußrechnung, Finanzierungsbilanz (Deutsche Bank), Finanzwirtschaftliche Bilanz (Walb), Statement of Source and Application of Funds (USA) u.a. üblich.

Bisher haben vorwiegend Industrieunternehmen die Veröffentlichung solcher zusätzlichen Bilanzen/Nachweisrechnungen realisiert. Von Versicherungsunternehmen, Handelshäusern, Verkehrsunternehmen, Banken, Dienstleistungsunternehmen und Elektrizitätswerken liegen derartige Darstellungen bisher noch kaum vor. Wir unternehmen den Versuch, branchenbezogene Zeitraumbilanzen in ihrer grundsätzlichen Struktur und in ihrer Bedeutung als Instrument der Berichterstattung und der finanziellen Beurteilung des Unternehmens zu erläutern. Auch die zukunftsorientierten Plan-Zeitraumbilanzen für folgende Perioden könnten branchenbezogen behandelt werden. Es fehlt der Platz, dies ausführlich zu tun.

Nicht zuletzt wollen wir Überlegungen anstellen, welche Bedeutung Zeitraumbilanzen über längere Zeiträume als ein Geschäftsjahr in Zukunft haben können.

Es ist höchst erstaunlich, wie wenig Banken und Verlage, die Bilanzanalysen im großen Stil veröffentlichen, mit Bewegungsbilanzen, Kapitalflußrechnungen und Zeitraumbilanzen anzufangen wissen. Weder die Namen noch die Möglichkeiten der Interpretation von Bilanzen und Geschäftsberichten werden erkannt. Dies ist umso bemerkenswerter, als sowohl die Bilanz als auch die Gewinn- und Verlustrechnung über Jahrzehnte hinweg ihre Bedeutung als Information für Banken, Aktionäre, Presse etc. in Geschäftsberichten unverändert (natürlich unter Berücksichtigung der neueren aktienrechtlichen, gesellschaftsrechtlichen und steuerlichen Vorschriften) erhalten haben. Bei aller Veränderung und Weiterentwicklung in der

betriebswirtschaftlichen Forschung, beim Finanz- und Rechnungswesen, in der Fertigung, beim Vertrieb/Einkauf und in der Verwaltung/Datenkommunikation ist es über **alle** Jahrzehnte hinweg beim System der sog. doppelten Buchhaltung mit dem Abschluß in der Bilanz und der GuV-Rechnung geblieben. Ein Phänomen, das sich nur mit dem Erfordernis solider Zahlenwerke für das Messen von Erfolg und Mißerfolg erklären läßt (Ausnahme: Problematik von Inflationsbilanzen). Bei allen Zukunftsvisionen für modernste Kommunikationsmittel der Berichterstattung: Es bleibt bei der Bilanz und der GuV-Rechnung alter Prägung. Letztlich geht es darum - und dies gilt für die kaufmännischen Berichtssysteme in der ganzen Welt - Aktiva und Passiva nachzuweisen, die Aufwendungen und Erträge des jeweils letzten Geschäftsjahres möglichst lückenlos nachzuvollziehen. Seit den Forschungen von Bauer und Walb in den zwanziger Jahren wird über die sog. Bewegungsbilanzen (Bauer,W., Die Bewegungsbilanz und ihre Anwendbarkeit, insbesondere als Konzernbilanz in: ZfhF,Jg.20 (1926), Heft 11,S. 485 ff.) und Finanzwirtschaftliche Bilanzen (Walb, E, Finanzwirtschaftliche Bilanz, 2. Auflage, Duisburg 1948, 1. Auflage : Die Erfolgsrechnung privater und öffentlicher Betriebe, Berlin-Wien 1926) gesprochen. Die über einen Zeitraum eingetretenen Veränderungen der Aktiva und Passiva werden wiederholt in der Literatur aufgearbeitet. Einen festen Platz in der Berichterstattung von Gesellschaften der verschiedenen Branchen hat diese Zeitraumbilanz aber bis heute kaum gefunden.
Es ist nachgerade an der Zeit, diese verläßliche und aussagefähige Darstellung der finanziellen Entwicklung von Unternehmen zu fördern. Wir sind uns dabei bewußt, daß die aktienrechtliche Berichtserstattung eine vorsichtige Bilanzierung nach Handels- und Steuerrecht ermöglicht. Gerade weil es unternehmenspolitisch wichtig ist, die kaufmännische Bewertung von Aktiva und Passiva „gestalten“ zu können, sollte eine Zeitraumbilanz helfen, die unterschiedliche Bewertungspolitik von Unternehmen über einen **Zeitraum** offenzulegen. Irgendwann treten die sog. stillen Reserven, die unbedingt notwendig sind, um nicht überlebenswichtige Werte der Besteuerungs- und Abgabepolitik vorzeitig zu „opfern“, über den Umsatzprozeß bzw. die Sonstigen Verkaufserlöse zutage. So wie der Wertefluß von Aufwand und Ertrag in der GuV-Rechnung jahresbezogen sichtbar gemacht wird, sollte der Vermögens- und Kapialfluß (Veränderungen) in der Zeitraum**bilanz** erfaßt werden. In der Parallelität der Zeiträume - ein Jahr - der GuV-Rechnung und der Zeitraumbilanz erschließt sich eine im wahrsten Sinne des Wortes zeitaktuelle, dynamische Bilanzierung. Wenn es gelingt, den Veröffentlichungszeitpunkt für die GuV-Rechnung und die Zeitraumbilanz eng an das Jahresende zu koppeln, gibt es in der Berichterstattung für Unternehmen kein übersichtlicheres und aussagefähigeres Instrumentarium.

Einige Industrieunternehmen veröffentlichen bereits Zeitraumbilanzen. Sie werden „Kapitalflußrechnung“ (z.B. Krupp-Hoesch) oder „Cash flow und Finanzierung“ (z.B. BMW) bezeichnet.

Die Darstellungen in Berichtsform bei BMW - Geschäftsbericht 1994, S. 11 (Tab. I):

(BMW Geschäftsbericht 1994, S.11)		Tab. I
Konzern-Kapitalflußrechnung		
in Mio. DM	**1994**	**1993**
Jahresüberschuß	697	516
Abschreibungen und Abgänge von immateriellen Vermögensgegenständen sowie Sachanlagen	2.631	1.922
Erhöhung der Rückstellungen für Altersversorgung	241	129
Cash flow	**3.569**	**2.567**
Übriger Mittelzufluß aus laufender Geschäftstätigkeit	799	62
Mittelzufluß aus laufender Geschäftstätigkeit	**4.368**	**2.629**
Mittelabfluß aus der Investitionstätigkeit	**-5.280**	**-2.215**
Mittelzufluß/-abfluß aus der Finanztätigkeit	**674**	**-91**
Mittelabfluß aus der Absatzfinanzierungstätigkeit	**-215**	**-146**
Veränderung der Liquidität	-453	177
Liquide Mittel am 1. Januar	4.772	4.595
Liquide Mittel am 31. Dezember	**4.319**	**4.772**
davon : Wertpapiere und Schuldscheine	1.636	2.218
Flüssige Mittel	2.683	2.554

und bei Krupp-Hoesch - Geschäftsbericht der Fried.Krupp AG Hoesch-Krupp 1994, S.8 - (Tab II) mußten, um wirklich das Finanzierungsbild vom abgelaufenen Jahr zu erhalten, umgestellt werden auf die übliche und gewohnte Kontoform von Aktiva und Passiva; hier dann aber als Mittelverwendung und Mittelherkunft bezeichnet werden, um den Prozeß der Vermögens- und Kapitalveränderungen nur im abgelaufenen Jahr deutlich werden zu lassen.

Geschäftsbericht 1994, S. 8, der Fried. Krupp AG Hoesch-Krupp	**Tab. II**
"Cash flow und Finanzierung"	
	Mio. DM
Jahresüberschuß	**40**
Abschreibungen auf Gegenstände des	
Anlagevermögens	874
Abnahme der Rückstellungen für Pensionen und	
andere langfristige Rückstellungen	-181
Zunahme der Sonderposten	20
Andere nicht zahlungswirksame Aufwendungen	322
Cash flow nach DVFA/SG	**1.075**
Abnahme der Vorräte und Anzahlungen	195
Abnahme der Forderungen, sonstigen Vermögens-	
gegenstände einschl. aktivischer Rechnungs-	
abgrenzungsposten	37
Abnahme der Rückstellungen aus laufender	
Geschäftstätigkeit	-50
Zunahme der Verbindlichkeiten einschl. passivischer	
Rechnungsabgrenzungsposten aus laufender	
Geschäftstätigkeit	32
Zufluß aus operativem Geschäft	**1.289**
Investitionen	-670
Abgänge aus dem Anlagevermögen	618
Abfluß aus Investitionstätigkeit	**-52**
Abnahme der Finanzschulden	-1.222
Zunahme der Wertpapiere des Umlaufvermögens	-18
Kapitalerhöhung der Fried. Krupp AG. Hoesch-Krupp	247
Gewinnausschüttungen an andere Gesellschafter	-23
Abfluß aus Finanzierungstätigkeit	**-1.016**
Sonstige Abflüsse	**-112**
Zunahme der flüssigen Mittel	**109**

Die BMW- und die Krupp-Hoesch-Zeitraumbilanzen (in Berichtsform) sehen dann nach unserer Zuordnung von Mittelverwendung und Mittelherkunft in Kontoform wie folgt aus (Tab. III und Tab. IV):

B M W Zeitraumbilanz 1994			**Tab. III**
Mittelverwendung		**Mittelherkunft**	
	Mio. DM		Mio. DM
Investitionen	4.601	Gewinn	697
Forderungen aus Lieferungen und Leistungen	215	Abschreibungen und Anlagenabgänge	2.631
ausgeschüttete Dividende für 1993	226	Rückstellungen für Pensionen	241
		Verbindlichkeiten aus Lieferungen und Leistungen	799
		Bankverbindlichkeiten	674
	5.042		**5.042**

Krupp-Hoesch Zeitraumbilanz 1994			**Tab. IV**
Mittelverwendung		**Mittelherkunft**	
	Mio. DM		Mio. DM

Neben den industriellen Zeitraumbilanzen ist über branchenbezogene einschlägige Veröffentlichungen derartiger Zahlen wenig bekannt. Eines der Bankinstitute, das Zeitraumbilanzen veröffentlicht, ist die Deutsche Bank AG. Im Gegensatz zu den industriellen Zeitraumbilanzen, die überwiegend in der Berichtsform veröffentlicht werden, hat die „Finanzierungsbilanz" der Deutschen Bank AG die übersichtlichere und leichter zu interpretierende Kontoform (Tab. V und Tab. VI):

Deutsche Bank AG, Geschäftsbericht 1993, S. 46

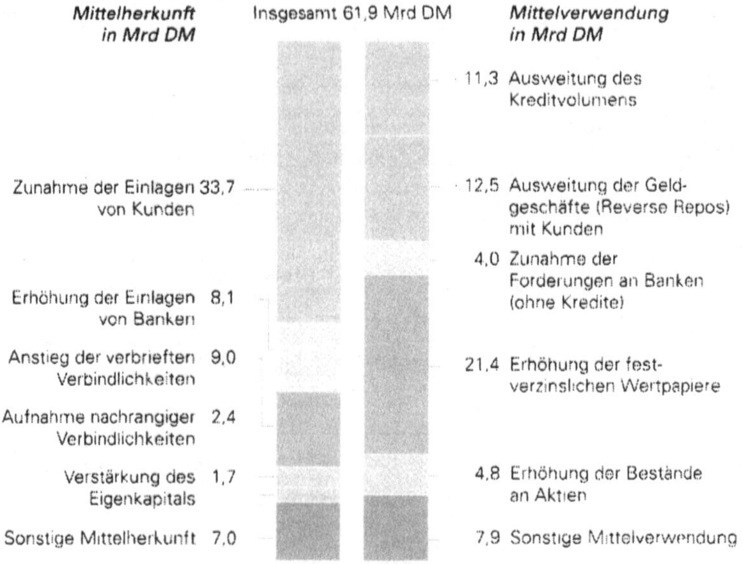

Deutsche Bank AG, Geschäftsbericht 1994, Kurzfassung, S. 17

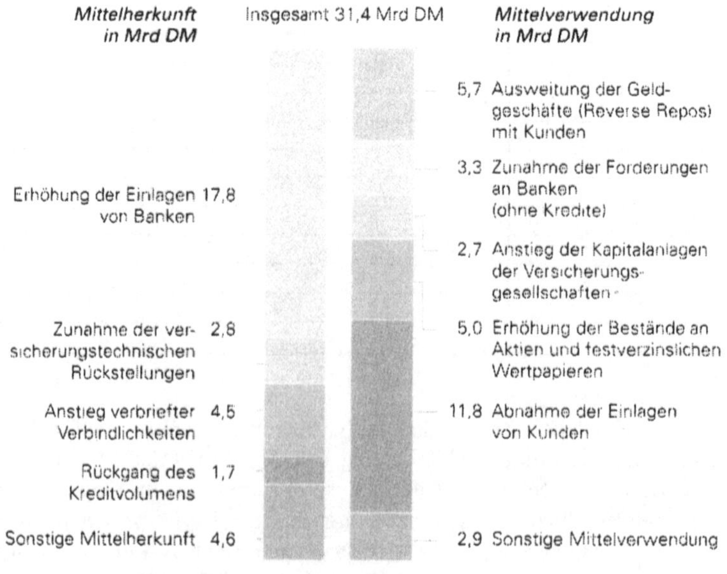

Die Bank nennt die Herkunft des Kapitals auf der linken Seite der Bilanz, die Verwendung auf der rechen Seite. Für ein Bankinstitut die adäquate Reihenfolge. Man kann sich die Darstellung aber auch wie bei Industrie- und Handelsunternehmen in der umgekehrten Form vorstellen.

Während die Zeitraumbilanz/Bewegungsbilanz in der Berichtsform weitgehend den „cash flow" ausweist bzw. ergebnisorientiert ist, d.h. incl. einer Saldoposition am Ende der berichtsmäßigen Darstellung die Liquiditätsveränderungen als Cash flow oder aber Gewinn/Verlust des laufenden Jahres zeigen, dient die Kontoform eindeutig dem Gesamtbild von Verwendung und Herkunft des Kapitals. Die Kontoform hat den Vorzug, neben dem GuV-Bild in der Berichtsform eine bilanzielle Entwicklung des jüngsten Berichtszeitraumes in Kontoform nach Vermögens- und Kapitalbewegungen nachzuweisen. Beide Rechnungen, Gewinn- und Verlustrechnung und Zeitraumbilanz, sind voll und ganz auf eine Periode - in der Regel ein Geschäftsjahr - bezogen, zeigen die aktuellen Werte ohne die Belastung der historischen Vermögens- und Kapitalansätze der Zeitpunktbilanz. Gerade in Ländern mit hohen Inflationsraten kann die Zeitraumbilanz hilfreich sein. Eine jahresbezogene Zeitraumbilanz ist für Länder, die eine Inflationsrate über 10% haben, wenig sinnvoll. Hier würden monatliche oder vierteljährliche Zeitraumbilanzen angebracht sein. Es geht dabei immer nur um die aktuellen Entwicklungen hinsichtlich Mittelverwendung und Mittelherkunft. Abgesehen davon, daß in Ländern mit hohen Inflationsraten die historischen Wertansätze sowohl bei Aktiva als auch bei Passiva (selbst mit sog. Wertberichtigungsposten) äußerst angreifbar sind, bringt die Zeitraumbilanz für Monats-, Vierteljahres- oder Halbjahresperioden zumindest aussagefähigere Ergebnisse. Diese sind für die finanzielle Führung des Unternehmens wertvoll.

A. Banken

Wir kommen zurück auf die sog. branchenbezogenen Zeitraumbilanzen. Das Beispiel der in Kontoform aufgemachten Zeitraumbilanz der Deutschen Bank AG 1993 haben wir unter finanzwirtschaftlichen sachorientierten Zuordnungsgesichtpunkten geändert. Das Finanzierungsvolumen der Bilanz bleibt unverändert. Die Zuordnung der Positionen erfolgt unter dem Gesichtspunkt der finanziellen Entsprechung in sog. „Schichten". So stehen in der 1. „Schicht" die Ausweitung des Kreditvolumens und die Ausweitung der Geldgeschäfte mit Kunden in enger Verbindung mit der Zunahme der Einlage von Kunden. In der 2. „Schicht" werden die Erhöhung der Einlagen von Banken in Verbindung mit der Zunahme der Forderungen an Bankinstitute (ohne Kredite) gesehen. Die 3. „Schicht" umfaßt den Anstieg der Verbindlichkeiten auf der Basis der Erhöhung der festverzinslichen Wertpapiere, und die 4. „Schicht" weist hin auf die Veränderung des Eigenkapitals mit der Erhöhung des Bestands an Aktien. In der 5. und letzten „Schicht" stehen sich die Mittelherkunft aus sonstigem Vermögenszufluß mit der Verwendung für Investitionen/Beteiligungen etc. gegenüber. Die letzte „Schicht" ist die an Sachwerten orientierte Herkunft und Verwendung von Mitteln mit sog. beständigen Werten (Tab. VII):

Deutsche Bank AG Zeitraumbilanz 1993				Tab. VII
	Mittelverwendung		**Mittelherkunft**	
		Mrd. DM		Mrd. DM
1)	Einlage von Kunden	33,7	1) Kreditgewährung	
			a) eingeräumte Kredite	11,3
2)	Einlage von Banken	8,1	b) Ausweitung des Geldgeschäfts mit Kunden	12,5
3)	Neue Verbindlichkeiten verbrieft und nachrangig	11,4	2) Forderungen an Banken	4
4)	Neues Eigenkapital	1,7	3) Festverzinsliche Wertpapiere	21,4
5)	Sonstiger Mittelzufluß	7	4) Zuwachs des Bestandes an an Aktien	4,8
			5) Sonstige Mittelverwendung	7,9
		61,9		**61,9**

Hinsichtlich der weiteren Untergliederung der Zeitraumbilanzpositionen gibt es nur die Grenze, die sich aus der Untergliederung der jeweils zugrundeliegenden Zeitpunktbilanzen aus dem Vorjahr und der letzten Bilanz ergeben. Um die Zeitraumbilanz so übersichtlich wie möglich zu halten, sollten, wie im Beispiel Deutsche Bank AG, die 5 „Schichten" ohne weitere Untergliederung gewählt werden. Wie sehr das Finanzierungsbild schwanken kann, zeigt die Zeitraumbilanz der Deutsche Bank AG für 1994 (im Vergleich zu 1993). Hier ergibt sich ein Finanzierungsvolumen von 31,4 Mrd. DM. Die 5 Mittelherkunft- und Mittelverwendungs-"Schichten" ergeben das folgende Bild (Tab. VIII):

	Deutsche Bank AG Zeitraumbilanz 1994			Tab. VIII
	Mittelverwendung		Mittelherkunft	
		Mrd. DM		Mrd. DM
1)	Erhöhung der Einlage von		1) Kreditgewährung	
	Kunden	0	Ausweitung des Geldge-	
			schäftes	5,7
2)	Einlagen von Banken	17,8		
			2) Zunahme der Forderungen	
3)	Neue Verbindlichkeiten		an Banken	3,3
	a) aus versicherungstechni-			
	schen Rückstellungen	2,8	3) Neue Verbindlichkeiten	
			Kapialanlagen der Versiche-	
	b) verbriefte Verbindlichkei-ten	4,5	rungsgesellschaften	2,7
4)	Rückgang von Forderungen	1,7	4) Bestände an	
			a) Aktien/festverzinslichen	
5)	Sonstige Mittelherkunft	4,6	Wertpapieren	5
			b) Abnahme der Einlagen von	
			Kunden	11,8
			5) Sonstige Mittelverwendung	2,9
		31,4		**31,4**

B. Verkehrsunternehmen

Beispiel für eine Bewegungsbilanz im Verkehrsbereich bringt auf Seite 27 der Geschäftsbericht 1994 (auch in den beiden vorangegangenen Berichten) der KÖLN-DÜSSLDORFER Deutsche Rheinschiffahrt AG, Köln (Tab. IX):

KÖLN-DÜSSELDORFER Deutsche Rheinschiffahrt AG – Konzern –

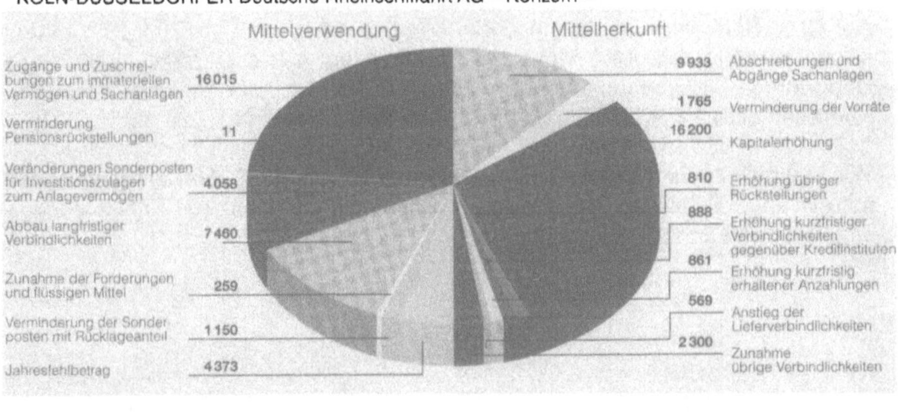

Die Art der Gegenüberstellung von Mittelverwendung und Mittelherkunft mit graphischer Aufgliederung ist wenig übersichtlich. Das Finanzierungsvolumen in Höhe von 33,326 Mio. DM wird nicht ausreichend erklärt.
Bei Zuordnung der Mittelverwendung und Mittelherkunft in Kontoform ergäbe sich ein übersichtliches und aussagefähiges Bild (Tab. X):

KÖLN-DÜSSELDORFER Deutsche Rheinschiffahrt AG Zeitraumbilanz 1994				**Tab. X**
	Mittelverwendung		**Mittelherkunft**	
		TDM		TDM
1)	Kapitalminderung		1) Kapitaleinlage	
	Verlust	4.373	Kapitalerhöhung	16.200
2)	Investitionen		2) Umsatzüberschuß	
	Anlagen 16. 015		Abschreibungen und Anlagen-	
	Investitionszu-		abgänge	9.933
	lagen zum Anlage-			
	vermögen 4.058	20.073	3) Betriebsmittelabnahme	
			Verminderung der Vorräte	1.765
3)	Betriebsmittelzunahmen			
	Forderungen und flüssige		4) Schuldenaufnahme	
	Mittel	259	Rückstellungen 810	
			Verbindlichkeiten	
4)	Schuldentilgung		Banken 888	
	Pensionsrückstellung 11		Anzahlung von Kunden 861	
	Abbau von Rücklagen		Lieferantenverbindlichk. 569	
	für Investitionen 1.150		Sonstige Verbindlichk. 2.300	5.428
	Abbau langfristiger			
	Verbindlichkeiten 7.460	8.621		
		33.326		**33.326**

Auf einen Blick wird deutlich, daß die hohen Investitionen (ca. 20,0 Mio,) durch Kapitalerhöhung (ca. 16,2 Mio.) und Abschreibungen (ca. 10 Mio.) solide finanziert worden sind und die Schuldentilgung (ca. 8,6 Mio.) durch Vorratsabbau (1,7 Mio.) und neue Verschuldung (5,4 Mio.) ermöglicht wurde.

Wir kommen zu dem Ergebnis, daß die Zeitraumbilanz nach dem gleichen Prinzip mit den sog. „Schichten" **alle** Interpretationen über die finanzielle Entwicklung im abgelaufenen Geschäftsjahr ermöglicht.

C. Handel

Um ähnliches auch für den Handelsbereich zu dokumentieren, haben wir die „Kapitalflußrechnung" der Douglas Holding AG, Hagen (im Geschäftsbericht für 1994, S.50) umgestellt. Die Kapitalflußrechnung von Douglas stellt ausgehend vom Jahresergebnis in Berichtsform auf den Finanzmittelbestand zum 31.12.1994 ab (Tab. XI):

Douglas Holding AG, Hagen		**Tab. XI**
Kapitalflußrechnung		
	1994	**1993**
	TDM	**TDM**
1. Jahresüberschuß	106.513	88.969
2. + Abschreibungen auf Gegenstände des		
Anlagevermögens	118.827	134.414
3. + Erhöhung der Rückstellungen	30.558	29.421
4. + Sonstige zahlungsunwirksame Aufwendungen	10.084	409
5. - Gewinn aus dem Abgang von Gegenständen		
des Anlagevermögens	-10.599	-6.628
6. - Erhöhung der Vorräte, der Forderungen aus Lie-		
ferungen und Leistungen sowie anderer Aktiva	-29.007	-86.130
7. + Erhöhung der Verbindlichkeiten aus Lieferungen		
und Leistungen sowie anderer Passiva	48.569	24.594
8. = Mittelzufluß aus laufender Geschäftstätigkeit	**274.945**	**185.049**
9. + Abgänge von Gegenständen des Anlagevermögens	9.001	12.372
10. - Investitionen in das Anlagevermögen	-140.862	-147.451
11. - Unterschiedsbetrag aus Erst- bzw. Equity-		
Konsolidierung	-24.482	-498
12. = Mittelabfluß aus der Investitionstätigkeit	**-156.343**	**-135.577**
13. + Einzahlungen aus Kapitalerhöhungen	1.087	1.068
14. - Dividende der DOUGLAS HOLDING AG für das		
Vorjahr und Gewinnausschüttungen an		
Minderheitsgesellschafter	-59.029	-52.727
15. + Erhöhung langfristiger Finanzschulden	3.251	57.508

16.	**= Mittelzufluß/-abfluß aus der Finanzierungstätigkeit**	**54.691**	**5.849**
17.	Zahlungswirksame Veränderung des Finanzmittelbestands		
	(Summe der Zeilen 8, 12 und 16)	63.911	55.321
18.	+ Wechselkursbedingte und sonstige Wertveränderungen		
	des Finanzmittelbestands	210	2.003
19.	+ Finanzmittelbestand am 1. Januar	163.930	106.606
20.	**= Finanzmittelbestand am 31. Dezember**	**228.051**	**163.930**

Die inhaltlich gleiche Zeitraumbilanz in Kontoform sieht dagegen grundlegend anders aus und ist bei weitem aussagefähiger (Tab. XII):

	Douglas Holding Zeitraumbilanz 1994			**Tab. XII**
	Mittelverwendung		**Mittelherkunft**	
		TDM		TDM
1)	Kapitalminderung		1) Kapitalerhöhung	
	Equity-Konsolidierung	24.482	Einzahlung aus Kapitalerhöhung	1.087
2)	Investitionen		2) Umsatzüberschuß	
	Anlageinvestitionen	140.862	Gewinn 106.513	
			Abschreibungen 118.827	
3)	Betriebsmittelzuwachs		Rückstellungen 30.558	
	Forderungen 29.007		Wertberichtigungen 10.084	
	Eig. Mittel 63.911	92.918	Anlagenabgänge 9.001	274.983
4)	Schuldentilgung		3) Betriebsmittelabnahme	0
	Dividende 59.029		4) Schuldenaufnahme	
	Verlust aus		Verbindlichkeiten aus	
	Anlagenabgängen 10.599	69.628	Lieferungen und Lei-	
			stungen 48.569	
			Langfristige Finanz-	
			schulden 3.251	51.820
		327.890		**327.890**

Die Zeitraumbilanz der Douglas Holding für 1994 weist die enorme Innenfinanzierung (rd. 275 Mio.) für hohe Investitionen (rd. 141 Mio.) nach. Schuldenaufnahme (51,8 Mio.) und Schuldentilgung (u.a. für Dividende 1993) gleichen sich in etwa aus. Der Zuwachs bei den Betriebsmitteln wird aus dem hohen Umsatzüberschuß nach Abzug der Investitionen finanziert. Eine solide Bilanz.

D. Fazit

Es ist meines Erachtens nur eine Frage der Zeit, daß **alle** veröffentlichungspflichtigen Unternehmen das Instrument der Zeitraumbilanz nutzen werden. Gleichgültig, in welcher Branche die Unternehmen tätig sind, die "schichtenweise" Zuordnung von Mittelverwendung und Mittelherkunft wird sich in der Kontoform - und nicht in der Berichtsform oder in graphischen Darstellungen (höchstens optisch ergänzend) - durchsetzen. Es fehlt der Platz, branchenbezogene Zeitraumbilanzen für Versicherungen, Energiewirtschaft oder Dienstleister im einzelnen aufzuführen. Ausgehend von der Zeitpunktbilanz des Vorjahres läßt sich mit der Zeitpunktbilanz am Ende des neuen Geschäftsjahres unter Wahrung der aufgezeichneten sog. „Schichten" eine aussagefähige und deutliche Zuordnung von Mittelverwendung und Mittelherkunft vornehmen. Die gezeigten Beispiele haben klargemacht, wie aus wenig übersichtlichen sog. Kapitalflußrechnungen, Finanzierungsbildern, Cash flow-Analysen etc. eindrucksvoll (auch branchenbezogen) aufschlußreiche Zeitraumbilanzen (Bewegungsbilanzen) erstellt werden können. Auf jeden Fall bedeuten diese in Kontoform aufgemachten Zeitraumbilanzen einen weiteren Schritt für Klarheit und Wahrheit bei der Bilanzierung : Schwache Unternehmen werden dahin tendieren, ihre Bilanzen zu schönen. **Zu hohe Wertansätze** bei der Bilanzierung bedeuten aber in folgenden Jahren Auflösung durch Erscheinen im Bereich Abschreibungen/Anlagenabgänge bzw. Betriebsmittelabbau. Alles deutet darauf hin, daß aus der Substanz gelebt wird.

Zu niedrige Wertansätze von Vermögen und Kapital führen dazu, daß mit dem laufenden Umsatzprozeß - unterstellt, daß ordnungsgemäß verbucht und erfaßt wird - **alle** stillen Reserven in Form höherer Gewinne/Abschreibungen etc. im Wertefluß erscheinen. Die Zeitraumbilanz weist in diesem Fall eine höhere Finanzierung aus dem Umsatzprozeß aus (Innenfinanzierung). Für Beurteiler des Unternehmens - vor allem Aktionäre und Finanzverwaltung - ein bisher kaum genutztes Instrument in Richtung auf bessere Kontrolle des Managements. Das Aneinanderreihen von mehreren Zeitraumbilanzen über viele Jahre hinweg spiegelt das Auf und Ab in einer Form wider, wie es leblose Bilanzstatistiken nicht erbringen können. Der Nachweis der bilanziellen Entwicklungen ist lückenlos.

JOHANNES GERBER

Wirtschaftliches Handeln auf der Grundlage unvollständiger ökonomischer Rechnungen

A. Zur Struktur der wirtschaftlichen Handlung und die herkömlichen ökonomischen Rechnungen

Wirtschaftliches Handeln ist die Versorgung der Menschen, Tiere, Pflanzen und ihrer Landschaft mit Gütern und Diensten. Hinzuzurechnen ist die Vorsorge und die Entsorgung. Es geht darum, den Bedarf oder die Bedürfnisse einzuschätzen, die befriedigt werden sollen. Dabei ist anzumerken, daß der Bedarf oder die Bedürfnisse von Region zu Region nach Quantität und Qualität große Unterschiede aufweisen. Während auf der einen Seite das Existenzminimum den Bedarf bestimmt, sind es auf der anderen Seite das Geltungsbedürfnis oder das Mithalten-Wollen. Gelegentlich wecken die technische Entwicklung oder Erscheinungen der Mode neuen Bedarf.

Vom Handeln in der Wirtschaft als wohlgesteuerte und zielgerichtete Tätigkeit wird erwartet, daß es nach dem Rationalprinzip erfolgt. Die klassische Formulierung lautet: mit dem geringsten Aufwand einen möglichst hohen Ertrag zu erzielen. Seit Rieger ist diese Grundregel ökonomischen Handelns aufzuteilen in ein Minimal- und Maximalprinzip. Das Minimalprinzip geht davon aus, das vorgegebene Ziel mit einem möglichst geringen Einsatz zu erreichen. Beim Maximalprinzip sind die Mittel vorgegeben, mit denen ein maximales Ergebnis zu erreichen ist. In der Praxis sind Maximal- und Minimalprinzip variierbar (Hahn, 1990, S. 50 ff.).

Der Vollzug der Wirtschaft erfolgt in den Betrieben. Wird irgendeine Aufgabe im Rahmen der arbeitsteiligen Wirtschaft als Dauervollzug institutionalisiert, entsteht ein Betrieb. In ihm wird die Aufgabe betrieben, die erfüllt werden soll. Der Betrieb stellt die Institution dar, in der der handelnde Mensch sich entfaltet, um eine konkrete Aufgabe im Dauervollzug zu betreiben. Das Leben der handelnden Menschen ist im Betrieb organisiert. Der Wirkungsgrad des Handelns oder des Betriebes hängt weitgehend vom Stand der Technik ab. Den Begriff des Handelns ersetzt der Begriff der Arbeit. Der Begriff der Arbeitsteilung verschuf dem Begriff Arbeit eine allgemeinere Verbreitung. Die Arbeitsteilung bildet einen fundamentalen Tatbestand unserer Zeit. Gestaltung, organisierter Einsatz und organisiertes Ergebnis sind die Leistung.

Im Betrieb wird die Arbeit zur Leistung organisiert. Im Betrieb realisiert sich die Leistung. Bezogen auf Streitkräfte läßt sich folgern: Militärtechnik ist der instrumentale Zusammenhang der Arbeit, Streitkräfte sind der institutionelle Zusammenhang der Arbeit, die militärische Leistung ist der organisatorische Zusammenhang der Arbeit oder des Handelns in den Streitkräften (Eichenberger, 1993, S. 16 ff.).

Nach Le Coutre beschränkt sich der Begriff Betrieb nicht auf die kaufmännischen Unternehmungen. Er darf die Betriebe nicht ausschließen, die nicht die Gewinnerzielung als Primäraufgabe haben, wie z. B. Haushalte, Verwaltungsbetriebe, Kultureinrichtungen u. a. m. "Sie sind alle Betriebe, die nur auf verschiedenen Lebens- und Leistungsbereichen eingesetzt werden." (Le Coutre, 1967, S. 5).

Eine Unterscheidung zwischen Betrieb und Unternehmung scheint angebracht. In den Betrieben, gleich welchen Wirtschaftssystems, stellen die notwendigen Betriebsmittel die gleichen und das ökonomische Prinzip das zentrale Prinzip dar. In der Wirtschaftsordnung der Marktwirtschaft bestimmen die Einzelpläne und die Gewinnmaximierung das Umfeld, in der Planwirtschaft der Volkswirtschaftsplan und die Soll-Erfüllung.

Infolge der Arbeitsteilung spezialisierten sich die Betriebe auf bestimmte Güter und Dienstleistungen, die sie bereitstellen. Über das Geld wird der Gütertausch organisiert. Geld ist Zahlungsmittel und Wert.

Die Betriebe müssen geführt werden. Führen heißt aus der Kenntnis des Zusammenhanges heraus Entscheidungen mit gewollter Wirkung in der Zukunft zu treffen. Die Qualität der Entscheidung oder des Entschlusses hängen ab von der Qualität der Unterlagen. Angesichts der Fülle von Informationen infolge der modernen Informationsmittel kommt es entscheidend auf die Auswahl der für die Führung des Betriebes notwendigen Informationen an.Den Wert der Unterlage bestimmt die Stelle, die aus ihr Erkenntnisse sucht. Die erkenntnissuchenden Stellen können auf verschiedenen Ebenen liegen. Liegen mehrere Unterlagen vor, dann hat die erkenntnissuchende Stelle die auszuwählen, die höchsten Erkenntniswert besitzt. Bei der Beschaffung von Unterlagen ist zu bedenken, daß die untergeordneten Stellen neben ihrer eigenen Tätigkeit mit zusätzlicher Arbeit belastet werden. Die modernen technischen Informationsmittel verleiten dazu, zu viele Unterlagen zu beschaffen. Jede erkenntnissuchende Stelle hat sich zu fragen, ob die gewünschte Unterlage notwendig ist, ob die vorgeschriebenen Unterlagen das richtige Mittel sind, ob sie zur Führung beitragen und die Form den vorgesehenen Zweck erfüllt. Bei der Festlegung des Inhalts einer Führungsunterlage ist zu beachten, daß die zu treffende Entscheidung von diesem Inhalt abhängt und ohne die Unterlage nicht erfüllt werden kann, daß die Unterlage der Verantwortung und der Vollmacht des Nutzers angemessen ist, daß die Dienststelle die Vollmacht zum Handeln haben muß. Die Anforderung der Unterlage erscheint nur dann berechtigt, wenn diese für eine Maßnahme oder Entscheidung notwendig ist. Nur dann lassen sich die Kosten rechtfertigen. Auch über die Form der Berichte sind Anordnungen zu treffen: soll regelmäig berichtet werden oder nur auf Aufforderung? In welcher Form soll berichtet werden, schriftlich oder mündlich, wann soll berichtet werden? etc. In welcher Form sind die Berichte auszuwerten und aufzubereiten? Welche bildet die anschaulichste Darstellung?

Bei den Quellen eines ökonomischen Informationssystems handelt es sich um
- die Buchführung und Bilanz,
- die Selbstkostenrechnung und Kalkulation als Stückkostenrechnung,
- Statistik als Vergleichs- und Übersichtsrechnung,
- Planung als Vorschaurechnung.

Hahn wertet die Periodenabrechnung der Doppelten Buchhaltung, die Bilanz, als Entscheidungsinstrument (Hahn, 1990, S. 494). Sie ist Gegenstand einer ausführlichen Analyse. Unter Bilanzanalyse wird die Auswertung der Bilanz zum Zwecke der Beurteilung und der sich anschließenden Bilanzkritik verstanden. Dazu muß die Bilanz aufbereitet werden. Die Einsichten aus einer Bilanzanalyse sind jedoch beschränkt. Die Zahlen der Buchführung müssen herangezogen werden. Da auch dies nicht ausreicht, werden umfangreiche Kennzahlensysteme angeboten.

Für die Rechnung mit ökonomischen Daten stehen zwei Rechensysteme zur Verfügung: die kaufmännische oder doppelte Buchführung und die Kameralistik.

Etatisierende Behörden und Betriebe bevorzugen die Kameralistik. Sie liefert eine Einnahmen- und Ausgabenrechnung. Ihre Aufgabe ist es, die Kassenvorgänge aufzuzeichnen. Die kameralistische Rechnung stellt diejenige Form dar, die an die kassenmäßigen Vorgänge anknüpft und die finanzwirtschaftlichen Ergebnisse ermittelt. Folgende Zwecke sollen erreicht werden:
- Festhalten der kassenmäßigen Vorgänge in ihrem zeitlichen Ablauf, um festzustellen, ob der Kassen-Istbestand mit dem Soll-Bestand übereinstimmt,
- die systematische Buchung nach der zahlreichen Gliederung des Haushaltsplanes soll den Nachweis erbringen, daß nur die in den einzelnen Ansätzen des Haushaltsplanes vorgesehenen Mittel gebraucht werden, die in der Planung ausgewiesen sind.

Das besondere Wesen der kameralistischen Buchführung besteht in der Gegenüberstellung von "Soll" und "Ist". Daraus läßt sich erkennen, ob die die Mittel verwaltenden Stellen nur die ihnen zugewiesenen Mittel verbraucht oder sie überschritten haben. Die Stärke der Kameralistik ist die saubere Überwachung der Herkunft und des Verbleibs der Mittel. Ihr Prinzip ist die Deckung der Ausgaben.

Der Haushaltsplan bildet nicht notwendigerweise einen Bestandteil der kameralistischen Rechnung. Dennoch stellt die Planung der öffentlichen Verwaltung und Wirtschaft eine unentbehrliche Grundlage dar. Die strenge Bindung an den Haushaltsplan verleitet zu unwirtschaftlichen Ausgaben. Aus Sorge, daß nicht ausgegebene bewilligte Mittel im nächsten Haushaltsjahr nicht mehr zur Verfügung stehen, werden sie gelegentlich für nicht unbedingt notwendige Zwecke verbraucht.

Erwerbstwirtschaftlich ausgerichtete Betriebe bevorzugen die doppelte Buchführung. Sie liefert eine Vermögens- und Kapitalrechnung und eine Kosten- und Ertragsnisrechnung.

Der Kreislauf des Betriebes kann nur mit Hilfe des Kontos erfaßt werden. Jeder Geschäftsvorfall hat zwei Enden. Er muß zweimal einmal im Soll, einmal im Haben gebucht werden. Es sind jeweils zwei Konten anzurufen, um die Doppelgestalt des ökonomischen Vorganges zu erfassen. Das einzelne Konto gibt nur eine Seite des Vorganges wieder. Das Konto hat die Aufgabe, diese eine Seite als Minderung oder Mehrung aufzunehmen. Auf dem Konto stehen sich Beträge von entgegengesetzter Wirkung gegenüber. Die Organisation der Buchhaltung ist den Bedürfnissen des Betriebes angepaßt. Die Anzahl der Personen- und Sachkonten hängt von Umfang und der Branche ab. Die Ordnung der Konten ist im Kontenrahmen bzw. Kontenplan niedergelegt.

In der doppelten Buchführung wird in sachlicher Gliederung und in zeitlicher Folge gebucht. Die chronologischen Buchungen erfolgen im Grundbuch, die systematischen auf den Konten. Die Summe der systematischen Buchungen muß mit den chronologischen übereinstimmen.

Die Bestände an Kapital und Vermögen gehen in die Bilanz, die Aufwendungen und Erträge in die Gewinn- und Verlustrechnung ein. Der Saldo der beiden Konten muß übereinstimmen und drückt einen Gewinn oder Verlust aus.

Das Bilanzkonto und das Gewinn- und Verlustkonto weisen keine Umsätze, sondern nur Salden aus. Im allgemeinen gibt man sich mit den Beständen an Vermögen und Kapital in der Bilanz zufrieden.

Dem System der kaufmännischen Buchhaltung haftet seit Anbeginn der Mangel an, daß sie keine systematische Einnahmen- undAusgabenrechnung kennt. Die Fragen, wie hoch die Einnahmen waren und woher sie kamen, wie hoch die Ausgaben waren und wofür sie erfolgten, können nur auf statistischem Wege gewonnen werden. Da sich aber die Statistik nicht des Kontoprinzips bedient, verliert diese Methode die formelle Kontrolle und erweist sich als lücken- und fehlerhaft.

Weder die öffentliche Verwaltung und deren Betriebe noch die Erwerbsbetriebe sind frei in der Wahl ihrer ökonomischen Rechnung. Für die öffentlichen Einrichtungen, gleich in welcher Form, hat der Gesetzgeber folgende Vorschriften erlassen:

- im Grundgesetz vom 23. Mai 1949 im Abschnitt X, Finanzwesen,
- Gesetz über die Grundsätze des Haushaltsrechts des Bundes und der Länder vom 19. August 1969,
- Bundeshaushaltsordnung ebenfalls vom 19. August 1969.

Im Zusammenhang mit dem gestellten Thema kommt der Artikel 110 "Haushaltsplan des Bundes" Bedeutung zu. Dort heißt es: "Alle Einnahmen und Ausgaben des Bundes sind in den Haushaltsplan einzustellen." "Der Haushaltsplan ist in Einnahme und Ausgabe auszugleichen." "Der Haushaltsplan wird für ein oder mehrere Rechnungsjahre durch das Haushaltsgesetz festgestellt."

Artikel 114 sagt über die Rechnungslegung und den Rechnungshof folgendes aus: "Der Bundesminister der Finanzen hat dem Bundestag und dem Bundesrat über alle Einnahmen und Ausgaben sowie über das Vermögen und die Schulden im Laufe des nächsten Rechnungsjahres Rechnung zu legen."

Damit legt das Grundgesetz bereits als ökonomische Rechnung die Einnahmen- und Ausgabenrechnung fest. Die Abrechnung ist auf ein Jahr beschränkt. Kontinuität braucht nicht gewahrt zu bleiben. Die Prüfung der Wirtschaftlichkeit ist dem Bundesrechnungshof im nachhinein übertragen.

In der Rangordnung der gesetzlichen Bestimmungen folgt das Gesetz über die Grundsätze des Haushaltsrechts des Bundes und der Länder vom August 1969 und der Bundeshaushaltsordnung vom gleichen Datum dem Grundgesetz.

Auch in diesen beiden Gesetzen ist festgelegt: Die ökonomische Rechnung der öffentlichen Hand ist eine Einnahmen- und Ausgabenrechnung. Hinzugefügt ist die Forderung, daß für Maßnahmen von erheblicher finanzieller Bedeutung Nutzen-Kosten-Untersuchungen anzustellen sind, um die Wirtschaftlichkeit und Sparsamkeit zu überprüfen. Wie dies zu geschehen hat, bestimmen die vorläufigen Verwaltungs-Vorschriften zur Bundeshaushaltsordnung vom 21. Mai 1973, letzte Fassung 16. Juli 1993.

Auch in einer Marktwirtschaft gibt es für die Teilnehmer am Markt gesetzliche Vorschriften für das Rechnungswesen. Die Teilnehmer am Markt sind offensichtlich nicht alle von einer ethischen und moralischen Qualität, um einen freien Wettbewerb ohne weiteres zu gewährleisten. So besteht eine Reihe von straf- und zivilrechtlichen Vorschriften für eine ordnungsgemäße Rechnungslegung zum Schutze der Gläubiger und Kapitalgeber im Aktiengesetz, GmbH-Gesetz etc. und im Bürgerlichen Gesetzbuch (Zimmerer, 1991).

Das Steuerrecht schreibt vor, wer welche Rechnungslegungsvorschriften einzuhalten hat zum Zwecke der Steuererhebung zur Finanzierung öffentlicher Aufgaben. Während sich der Fiskus bei bestimmten Einkunftsarten noch mit einer Einnahmen- und Ausgabenrechnung begnügt, fordert er von den gewerblichen Unternehmen den Bilanzvergleich mit einer Gewinn- und Verlustrechnung. Bilanzvergleich bedeutet Vermögens- und Kapitalrechnung, Gewinnermittlung bedeutet Kosten und Erträgnisrechnung.

B. Zur Fortschreibung der doppelten Buchführung und der Kameralistik

I. Anforderungen an die ökonomische Rechnung des Betriebes Bundeswehr

Die Diskussion, auch von der Bundeswehr als öffentliche Einrichtung das Rechnen mit ökonomischen Daten zu verlangen, begann mit dem Beitrag "Moderne Kostenrechnung beim Militär" (Gerber, 1957[1]). Zunächst wurde im Bereich der Logistik

[1] Waclaw Stankiewicz schätzt diesen Beitrag wie folgt ein: "Aus der zeitlichen Perspektive heraus muß man einfach die historische Dimension des Erscheinens des Artikels anerkennen, der den Beginn einer neuen deutschen militärischen Mikroökonomik signalisierte - der Betriebswirtschaftslehre der Streitkräfte." In: Gerber, 1995).

angesetzt. Später gingen betriebswirtschaftliche Verfahren und Methoden in die Planung ein. Das Weissbuch 1970 schließlich forderte, bei der Bundeswehr als dem größten Dienstleistungsbetrieb in der Bundesrepublik das ökonomische Prinzip anzuwenden (Gerber, 1988, S. 459 ff.; derselbe, 1993, S. 9 ff.).

Mit dem Ministererlaß vom 12. Dezember 1992 und dem Staatssekretärerlaß vom 19. März 1993 zur Gründung einer "Arbeitsgruppe Aufwandbegrenzung im Betrieb" begann ein neuer Abschnitt betriebswirtschaftlicher Maßnahmen. Mit der Durchführung wurde der für die Rüstung zuständige Staatssekretär beauftragt. Ihm steht ein Brigadegeneral als Sonderbeauftragter für Aufwandbegrenzung und Rationalisierung zur Seite. Es ist ein enger Bereich zu untersuchen. Der Auftrag ist nur auf den Betrieb im Frieden abgestellt. Die Aufgaben der Arbeitsgruppe "Aufwandbegrenzung im Betrieb" lauten:

- in einer Gesamtschau potentielle Einsparungsmöglichkeiten im Betrieb zu identifizieren;
- Möglichkeiten der Verlagerung von Materialerhaltungsteilen in die gewerbliche Wirtschaft zu untersuchen;
- Vorschläge in Zusammenarbeit mit den Teilstreitkräften und den Abteilungen des BMVg zu unterbreiten, welche kostenaufwendigen operativen und logistischen Forderungen sich aufgrund der geänderten sicherheitspolitischen Lage reduzieren lassen etc.

Der Wettbewerb mit der Industrie wird geweckt. Zunächst sind folgende Schwerpunkte gesetzt: Bevorratung und Lagerhaltung, Materialerhaltung, Logistische Organisation, Führungsunterstützung. Beratungsfirmen untersuchen die "Kosten- und Leistungsverantwortung" besonderer Dienststellentypen. Dabei geht man davon aus, daß das Rechnungs- und Kassenwesen der Bundeswehr nur wenig Unterlagen zu liefern vermag. Die beauftragten Berater sehen sich vielmehr gezwungen, vor Ort eigene Untersuchungen und Messungen vorzunehmen.

Untersuchungen des eigentlichen militärischen Teiles des Einsatzes sind ausdrücklich ausgeschlossen. So bleibt die Arbeit der Gruppe "Aufwandsbegrenzung und Rationalisierung" lückenhaft. Dennoch ist zu erwarten, daß sie wertvolles Zahlenmaterial liefert für die Planung von Einsätzen von Teilen der Bundeswehr im Rahmen der UNO, WEU oder NATO außerhalb des NATO-Gebietes. Der soziale Ertrag militärischer Einsätze bekommt deutlichere Umrisse. Umfang des Einsatzes und Dauer sind überschaubar oder lassen sich mittels eingehender Analyse des Umfeldes überschaubar machen. Der Ertrag ist an der nationalen oder internationalen Zielsetzung zu messen. Er erstreckt sich von der Abwehr militärischer Gefahr an den eigenen Grenzen bis zu ausschließlich humanitären Einsätzen weit außerhalb der eigenen Grenzen. Selbst wenn die Ziele nur grob verbal beschreibbar sind, müssen sie dennoch ökonomisch berechenbar gemacht werden. Ein praktisches Beispiel bildet der Einsatz von Teilen der Bundeswehr in Somalia. Eine Nachkalkulation ergab den offiziellen Betrag von 334 Mio. DM. Als Ertrag bezeichnete man die "Investition in die Menschlichkeit" und den "einmaligen Gewinn an Erfahrungen". Humanitäre Einsätze zum Sammeln von Erfahrungen bleiben, so ist zu hoffen, ein einmaliger Vorgang.

Für den Einsatz deutscher Verbände in Bosnien sind etwa 300 Mio. DM vorgesehen. Die Frage sei erlaubt: Worin liegt der soziale Ertrag für den Steuerzahler? Soldaten für einen solchen von der UNO erteilten Auftrag sind viel zu teuer und nicht zweckgerichtet. Was nutzt das militärische Werkzeug, wenn es nicht einmal zum Selbstschutz eingesetzt werden kann. Eine ökonomische Planung der Kosten solcher Einsätze mit einer Gegenüberstellung des Ertrages ist zu fordern, um den politischen Gremien für ihre Entscheidungen zur Verfügung zu stehen.

Das Bemühen der Führung der Bundeswehr über eine Kosten- und Leistungsrechnung bei den BW/Streitkräften, wenigstens in Teilbereichen wirtschaftliches Denken anzuregen und forcieren, ist erforderlich und notwendig. Innerhalb der Bundeswehr wird jedoch deutlich, wo die Grenzen und Schwierigkeiten bei öffentlichen Einrichtungen liegen. Während sich die BW/Streitkräfte bemühen, in den ökonomischen Größen Kosten und Leistungen zu rechnen, zu denken und zu handeln, ist die Haushaltsabteilung der BW/Verwaltung gehalten, die von der Haushaltsordnung vorgeschriebene Kameralistik mit Einnahmen und Ausgaben zu rechnen. Diese ist nicht imstande, wie von vornherein den beauftragten Beratern gegenüber eingeräumt wird, Unterlagen für die Kosten- und Leistungsrechnung zu liefern.

II. Zur Fortschreibung der Kameralistik

Die Kameralistik ist eine Entwicklung aus der Zeit des Merkantilismus etwa von der Mitte des 17. bis Ende des 18. Jahrhunderts. Die kleinen Wirtschaftseinheiten des Mittelalters wurden abgelöst von territorialen feudalen Obrigkeiten. Der Übergang vom Söldnerheer zum Stehenden Heer und die Ausweitung der fürstlichen Hofhaltung, dargestellt durch den Kunststil des Barock, erhöhten den Finanzbedarf erheblich. Das Ziel der merkantilistischen Wirtschaftspolitik und der ihr zugrunde liegenden kameralistischen Staatswissenschaft war es, die fürstlichen Schatzkammern zu füllen. Dies geschah durch den Außenhandel, die staatlichen Manufakturen und Steuern.

Die Form der ökonomischen Rechnung des Merkantilismus hat alle Revolutionen und Wechsel von Eliten wie Monarchie, Diktatur überstanden. Auch Demokratien bedienen sich ihrer. Die Kameralistik hat ihren Niederschlag in noch detaillierterer Form als in den vorangegangenen Verfassungen im Grundgesetz gefunden.

Das Bestreben, die kameralistische Rechnung zu vervollkommnen mit einer Kosten- und Erträgnisrechnung und einer Vermögens- und Kapitalrechnung führten zu verschiedenen Formen der Ergänzung. Beispielhaft soll hier auf den Vorschlag von Eisele und seine Bewertung eingegangen werden.Nach seiner Auffassung besteht zwischen Verwaltungs- und Betriebskameralistik nur eine formale Identität des Rechenstils. Inhaltlich wird ein anderer Rechnungsstoff verarbeitet. Die Spalten des kameralistischen Kontos erfahren eine andere Interpretation. Die Ergebnisgröße der Betriebskameralistik wäre nach seiner Auffassung der Ausweis des Saldos zwischen den im Rechnungsjahr verbrauchten und den darin aufgebrauchten Ressourcen, also des Nettoressourcenverbrauchs.

Das Beispiel einer Buchung des Barkaufs eines Gebäudes deutet durch die Ausgleichsbuchung die Komplexität der betriebskameralistischen Buchungstechnik an. Für manche Vorgänge genügt eine Buchung, für andere Fälle sind mehrere Buchungen notwendig. "Es ist nicht verwunderlich, daß die Betriebskameralistik als zu schwerfällig und unübersichtlich bezeichnet wird. Der Nachteil ist nicht durch die Möglichkeiten der Datenverarbeitung zu kompensieren. Die Rechenleistungen müssen nicht nur vom Buchungspersonal selbst, sondern auch von den Prüforganen in angemessener Zeit nachvollziehbar sein." (Eisele, 1994, S. 60 ff.) Ein Ersatz durch die wesentlich einfacher zu handhabende doppelte Buchführung, wenn neuere Rechenziele erreicht werden sollen, hat den Nachteil, daß der Vorteil der Kameralistik gegenüber der doppelten Buchführung, nämlich die Einnahmen und Ausgabenrechnung, verloren geht. Das Bemühen, betriebswirtschaftliche Elemente in die Kameralistik einzubauen, zeigt sich in Lehrbüchern wie "Betriebswirtschaftslehre der Öffentlichen Verwaltung", "Verwaltungsbetriebslehre" etc. Dennoch bleibt die Kameralistik von ihrem Ursprung her eine Geldverkehrsrechnung mit Soll und Ist-Rechnung mit dem Prinzip der Ausgabendeckung.

III. Zur Fortschreibung der doppelten Buchführung

Die doppelte Buchführung in der jetzigen Form ist nicht erfunden worden, sondern entwickelte sich im Verlaufe von Jahrhunderten. Ursprünglich wurden alle Geschäftsfälle ohne Unterschiede in der Zeitfolge hintereinander aufgeschrieben. Man erhielt das, was man später Grundbuch nannte. Oder es wurden für Geschäftsfälle verschiedener Art besondere Hefte angelegt. Aus diesen entstanden kontenartige Gebilde. Zunächst verstand man unter doppelter Buchführung die Buchung in zwei Büchern, erst später die Buchung in Soll und Haben.

Die Betriebswirtschaft als Wissenschaft hat sich aus der Beschäftigung mit der doppelten Buchführung entwickelt. Die Väter der Betriebswirtschaftslehre sind Deuter der doppelten Buchführung. Es wurde sehr früh festgestellt, daß die Umsatzzahlen nur wenig Aussagen für die Führung eines Betriebes liefern konnten. Die Bilanz als Saldo der Umsatzzahlen und die Gewinn- und Verlustrechnung standen daher im Mittelpunkt. Die verschiedenen Bilanztheorien legten dem Zahlenwerk unterschiedliche Deutung und Zweck bei. Buchhaltungstheorien und Kontentheorien sollen dazu dienen, das System der doppelten Buchführung, die aufgrund der doppelten Buchung jeden Geschäftsvorfall zu einer zweifachen Ausweisung des Unternehmungserfolgs führt, zu erklären, zu begründen und zu besseren Aussagen zu entwickeln. Zimmerer (1958, S. 114 ff.) teilt die Theorien ein in die Personifikationstheorie und die materialistischen Theorien, und diese unterteilt in die Einkontentheorie und die Zweikontentheorie. Die Einkontentheorie erkennt nur die Bestandskonten an. In der Zweikontentheorie werden die positiven und negativen Vermögenskonten den Reinvermögenskonten gegenüber gestellt oder aber in Konten der Leistungs- und Zahlungsreihe getrennt. Die Dreikontentheorien sind auf Obst, Leitner, Le Coutre, Lehmann (1925) und Thoms zurückzuführen. Thoms (1951) entwickelte diese zu drei Wertkategorien weiter in Zahlungsmittelwerte, Güterwerte und Arbeitswerte. Jeder ökonomische Vorgang löst eine Bestandsbewegung und eine Funktionsbewegung aus.

Die Versuche, die doppelte Buchführung mit einer Geldrechnung auszustatten, sind zahlreich. Als Beispiel sei auf die Arbeiten von Chmielewicz hingewiesen (Chmielewicz, 1979, S. 16 ff.). Er nutzt die Drei-Kontentheorie und interpretiert einzelne Geschäftsvorfälle in Richtung einer Geldrechnung. Trotz eines umfangreichen Erklärungs- und Begriffsapparates münden seine Interpretationen in Statistik. Mit acht Verrechnungsfällen, die die doppelte Buchführung nur hergibt, ist eine kontologische Darstellung nicht möglich[2].

Dennoch sind die von Schmalenbach entwickelten Verrechnungsfälle die Weiterentwicklung der doppelten Buchhaltung und der Kameralistik. Schmalenbach unterscheidet seine Verrechnungsfälle (Schmalenbach, 1948, S. 17 ff.):

1. nach eigenen Leistungen für den Betrieb und Fremdleistungen für den Betrieb,
2. nach Forderungen aus Geldleistungen und Forderungen aus Betriebsleistungen.

Diese Unterscheidung ist jedoch im Hinblick auf die Bilanz gleichgültig. Die 16 Verrechnungsfälle Schmalenbachs lassen sich vielmehr in folgender Weise zusammenfassen:

1. Aufwand jetzt, Ausgabe später 13. Aufwand jetzt, Leistung später	Sollposten — Passivum entsteht
2. Aufwand jetzt, Ausgabe früher 14. Aufwand jetzt, Leistung früher	Sollposten — Aktivum verschwindet
3. Ausgabe jetzt, Aufwand später 9. Ausgabe jetzt, Einnahme später	Ausgaben — Aktivum entsteht
4. Ausgabe jetzt, Aufwand früher 10. Ausgabe jetzt, Einnahme früher	Ausgaben — Passivum verschwindet
5. Leistung jetzt, Einnahme später 15. Leistung jetzt, Aufwand später	Habenposten — Aktivum entsteht
6. Leistung jetzt, Einnahme früher 16. Leistung jetzt, Aufwand früher	Habenposten — Passivum verschwindet
7. Einnahme jetzt, Leistung später 11. Einnahme jetzt, Ausgabe später	Einnahme — Passivum entsteht
8. Einnahme jetzt, Leistung früher 12. Einnahme jetzt, Ausgabe früher	Einnahme — Aktivum verschwindet

In graphischer Darstellung kann man diese Verrechnungsfälle in folgendem Schema festhalten:

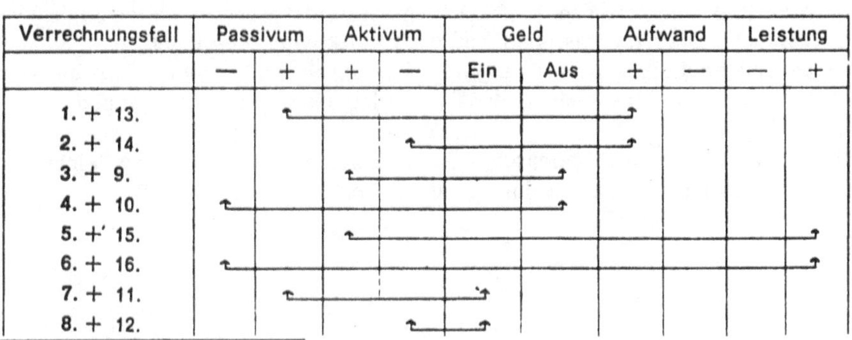

2 Anzumerken ist die Frage, warum der Autor es erneut versäumt hat, wie im Falle der Drei-Konten-Theorie (s. S. 38) auf vorhandene Literatur zu dem Thema zurückzugreifen oder sich mit ihr auseinanderzusetzen.

Aus dem Schema ist zu erkennen, daß es nur 8 echte Verrechnungsfälle sind. Es ist aber weiter zu erkennen, daß 5 Größen notwendig sind, um Schmalenbachs 16 Verrechnungsfälle einordnen zu können. Es sind dies das Aktivum, Passivum, Geld, Aufwand und Leistung. Jede dieser fünf Grössen hat Minderung und Mehrung.

Schmalenbach hat diejenigen Fälle ausgelassen, „bei denen Aufwand und Ausgaben, Einnahmen und Ausgaben in die gleiche Periode fallen". Er konnte diese Fälle unberücksichtigt lassen, weil diese Bewegungen sich nicht auf die dynamische Bilanz auswirken, die ihrem Wesen nach auch nur eine Beständebilanz ist. Allerdings kann man gerade aus der Tatsache daß diese Vorgänge unberücksichtigt bleiben, ersehen, daß von einem Status am Anfang einer Periode und demjenigen am Ende der Periode nicht auf die innerhalb einer Periode stattfindenden Bewegungen geschlossen werden kann.

Nach dem Schema ergeben sich noch folgende Bewegungsmöglichkeiten:

1. Passivmehrung	-	Leistungsminderung
2. Aktivminderung	-	Leistungsminderung
3. Vermögensmehrung	-	Kostenminderung
4. Kapitalminderung	-	Kostenminderung
5. Passivminderung	wird	Passivmehrung
6. Passivminderung	wird	Aktivminderung
7. Passivmehrung	wird	Aktivmehrung
8. Aktivmehrung	wird	Aktivminderung
9. Einnahmen	werden	Ausgaben
10. Aufwandsmehrung	wird	Aufwandsminderung
11. Aufwandsminderung	wird	Leistungsminderung
12. Leistungsminderung	wird	Leistungsmehrung
13. Ausgaben	-	Aufwandmehrung
14. Ausgaben	-	Leistungsminderung
15. Einnahmen	-	Leistungsmehrung
16. Einnahmen	-	Aufwandminderung

Schmalenbachs 16 Verrechnungsfälle sind einerseits auf acht zu reduzieren, andererseits um 17 zu ergänzen. Bei der Darstellung ist es gleichgültig, ob die Begriffe Aktivum, Passivum, Aufwand und Leistung verwendet werden, wie Schmalenbach sie gebraucht, oder für Passivum Kapital, für Aktivum Vermögen, für Aufwand Kosten und für Leistung Erträgnis steht. Der Inhalt der einzelnen Spalten bleibt unberührt. Auf eine Besprechung der Terminologie kann verzichtet werden.

Mit der Einsicht in die ökonomischen Bewegungen war der Weg frei zu einer vollständigen ökonomischen Rechnung als Grundlage wirtschaftlichen Handelns (Gerber, 1964, S. 289 ff.).

IV. Anmerkungen zur Konvergenz der doppelten Buchführung und der Kameralistik und zur Vereinigung von beiden

Anmerkung aus aktuellem Anlaß: Der Berichterstattung um und aus dem Vulkan-Konzern ist zu entnehmen, daß das Rechnungswesen im wesentlichen aus einer Auftragskalkulation, einem cashmanagement und einer Bilanz bestand. Die Auftragskalkulation orientierte sich an den am Markt üblichen Preisen und nicht an den wahrscheinlichen dem Unternehmen entstehenden Kosten. Das cashmanagement ist in der Form und im Inhalt eine kameralistische Einnahmen- und Ausgabenrechnung nach dem Ausgabendeckungsprinzip. Die Zahlungsbereitschaft wurde durch Subventionen und Kredite hergestellt. Die Rentabilität wurde außer acht gelassen. Die Einnahmen wurden mit Gewinn verwechselt. Der Cash-flow war aus der Geschäftstätigkeit selbst nicht auszugleichen (siehe dazu Zimmerer, Carl, Industriebilanzen, Landsberg 1991, S. 173 ff.). Die Bilanz war eine Statistik, deren Posten je nach politischer Zielsatzung manipuliert wurden (siehe Küting, Karlheinz, Bremer Vulkan und seine Bilanzpolitik, Blick durch die Wirtschaft, 28.2.1996). Auf der Grundlage eines solchen Rechnungswesens konnte wirtschaftliches Handeln nicht erwartet werden. Die Mängel der ökonomischen Rechnung provozierten geradezu die Einmischung unterschiedlicher Interessengruppen. Der Unternehmensleitung lag offensichtlich die Vorstellung eines Kombinats als grundlegende Wirtschaftseinheit der materiellen Produktion zugrunde (Friedrich, Gerd et al., Hrsg. Leitung der sozialistischen Wirtschaft, Berlin-Ost 1983, S. 62ff). Zur gleichen Zeit als die Kombinate als illusionär in den neuen Bundesländern "platt" gemacht wurden, wurde eine solche Konstruktion als visionär angepriesen.

Eine Konvergenz im Sinne der Ausbildung gleicher Merkmale zur Anpassung an gleiche Umweltbedingungen ist bei den bisher geübten Methoden der Fortschreibung unwahrscheinlich. Beide ökonomischen Rechnungen geben weder in der Form noch im Inhalt Anhaltspunkte. In der Form sind die Fortschreibungen zu umständlich, im Inhalt sind sie zu divergent. Der Inhalt der doppelten Buchhaltung bleibt im System eine Abrechnung des Kapitals, die Kameralistik eine Form zentraler Steuerung staatlicher Maßnahmen über die Einnahmen und Ausgaben.

Die Gefahren einer gleichzeitigen Nutzung der beiden unvollkommenen ökonomischen Rechnungen sind aus der Wirtschaftsrechnung der osteuropäischen Staaten ersichtlich. Die Vorstellung des "demokratischen Zentralismus" mußte im Bereich der Wirtschaft in Methoden und Verfahren umgesetzt werden. Der Marxismus hat jedoch aus der Formel "Geld - Arbeit - mehr Geld" keine eigene systemkongruente ökonomische Rechnung entwickeln können. Die Leitung der sozialistischen Wirtschaft (Friedrich, 1983) nutzte zur Führung und Steuerung sowohl die Kameralistik als auch die doppelte Buchführung. In der Planung wurde das Soll zentral an alle Kombinate und Betriebe vorgegeben. Das Ist hatten Betriebe und Kombinate zurückzumelden. Zur Ermittlung des Ist war die Bilanz und Gewinn- und Verlustrechnung aus der doppelten Buchführung vorgeschrieben. In die der doppelten Buchführung eigenen Abrechnung des eingesetzten Kapitals zum Ausweis erwirtschafteten Gewinns am Markt wurde zentral in vielfacher Weise eingegriffen, z. B. durch Vorschriften über den Preis, die Gewinnverwendung etc. Dadurch wurden die Aussagen der doppelten Buchführung fast unbrauchbar, sie wurden auf jeden

Fall mit einer Unzahl von Abrechnungen statistischer Art begleitet. Statistiken und auch Kennzahlen sind meist Ansichten ihrer Schöpfer, sie brauchen nicht notwendigerweise Einsichten in ökonomische Gegebenheiten zu sein.

Die ökonomische Größe Geld verlor seine Bedeutung als Wertmesser. Das Geld wurde zu einer willkürlich einsetzbaren Recheneinheit. Das Planziel wurde gesetzt durch die politischen Gremien. Das Ziel dieser Gremien in den osteuropäischen Ländern war das Streben, den Lebensstandard des Westens zu überholen. Anfang der 60er Jahre glaubte man, durch die technischen Mittel der damals aufkommenden Rechner und die theoretischen Kenntnisse der Kybernetik das Ziel erreichen zu können. Diese Absicht schlug fehl. Der Schwerpunkt wirtschaftlicher Planung wurde nunmehr auf umfangreiche und gut ausgerüstete Streitkräfte verlegt. Schon Ende der 60er Jahre wurde erkennbar, daß durch den Mangel an ökonomischen Unterlagen zur Korrektur der Planung das wirtschaftliche Gleichgewicht verloren ging. Das Ende war voraussehbar.

Staatlichen Planungsrechnungen können auch andere Zielvorstellungen zugrunde liegen mit dem gleichen Ausgang, z. B. durch eine Vorstellung, ein lückenloses Versorgungssystem aufbauen zu wollen. Wenn das kameralistische Soll nicht mit dem ökonomischen Ist übereinstimmt, gerät die Wirtschaft durch hohe Verschuldung, unwahre Statistiken z. B. über die Entwicklung der Lebenserwartung, unwahrscheinliche Beschäftigungsvermutungen etc. aus dem Gleichgewicht.

In einer Zweiteilung der ökonomischen Rechnung der im staatlichen Eigentum stehenden Bundeswehr in Kameralistik in der BW/Verwaltung und einer Kosten- und Leistungsrechnung nach doppelter Buchführung in der BW/Streitkräften könnte sich Gleiches oder Ähnliches ergeben. Die Haushaltsrechnung der Bundeswehr ist durch die gesetzlichen Vorschriften an die Kameralistik gebunden. Das Soll im Haushaltsplan wird in der Bundeswehr durch die politischen Entscheidungsgremien nach deren strategischen Zielsetzung vorgegeben. Das Ist, die Erfüllung, obliegt den BW/Streitkräften. Das Ist, die geforderte militärische Leistung, wird durch Inaugenscheinnahme, Besichtigungen, Dienstaufsicht etc. festgestellt. Der wirtschaftliche Vollzug wird durch eine Kostenverantwortlichkeits- und Leistungsverantwortlichkeit überprüft. Wenn das Soll der geforderten Leistung nicht mit dem Ist der erbrachten Leistung übereinstimmt, ist der Manipulation weiter Raum gegeben. Die geschönte Leistung wird als Ist gemeldet und die Kosten mangels anderer Nachrechnung werden entsprechend dem Soll nach unten korrigiert.

"Der Versuch also, die Planungsprozesse im BMVg mit Hilfe mikroökonomischer Verfahren zu analysieren und bewerten zu wollen, wird weiterhin scheitern." (Chrobok 1985, S. 195) Als erstes Beispiel eines dreifachen Dilemmas der Bundeswehrplanung heißt es: Die Bundeswehrplanung "trägt als staatliche Planung den Charakter von Planungsprozessen in Zentralverwaltungswirtschaften und stößt in großem Ausmaß auf Schwierigkeiten, ihre Ergebnisse in der marktwirtschaftlichen Ordnung der Bundesrepublik durchzusetzen." (Chrobok, 1985, S.198)

C. Die vollständige ökonomische Rechnung

I. Der ökonomische Bewegungs- und Wirkungszusammenhang

Aus den 25 Verrechnungsfällen der fünf ökonomischen Größen Vermögen, Kapital, Geld, Kosten und Erträgnisse (s. dazu Punkt II.3) ergibt sich der ökonomische Bewegungs- und Wirkungszusammenhang, wie ihn das nachfolgende Schaubild zeigt.

Die Bewegungsordnung der fünf ökonomischen Größen (Gerber, 1955, S. 115 ff.)

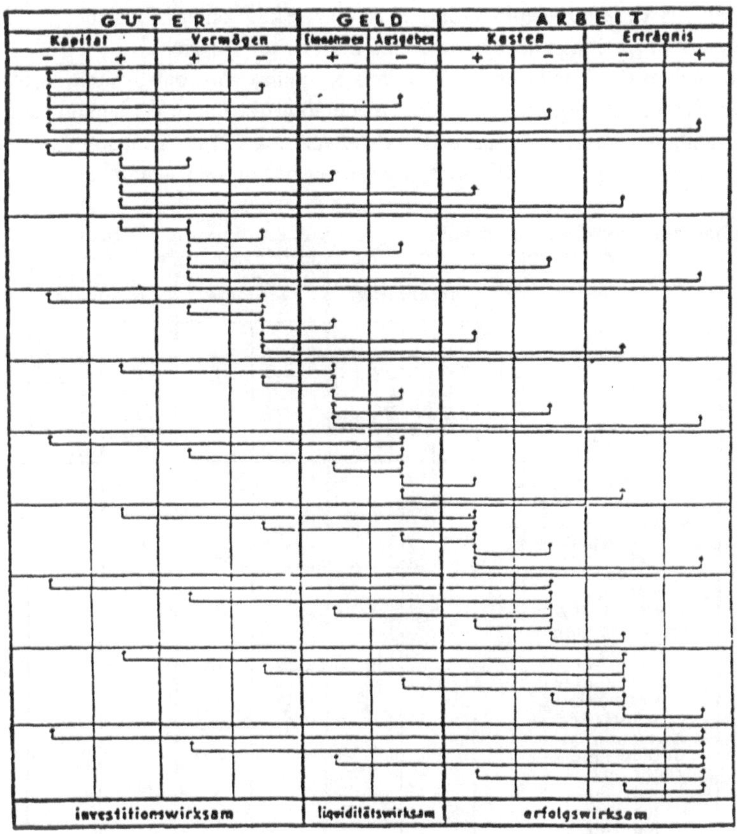

Aus dem Schema ist zu erkennen, daß bei einem ökonomischen Vorgang nicht nur der Bestand des angesprochenen Kontos verändert wird, sondern gleichzeitig die Wirkung der Bestandsveränderung auf eine andere ökonomische Größe. Mit anderen Worten: nicht nur die Veränderung des Bestandes wird angezeigt, sondern auch die Herkunft oder der Verbleib dieses Vorganges. Die Bewegungsbilanzen sind nicht nur Umsatzbilanzen, sondern aussagefähige Funktionsbilanzen.

II. Die Geldverkehrsrechnung *(Gerber, NBW 1954, S. 47 ff.)*

Als Beispiel der verschiedenen Bilanzierungsmöglichkeiten ist der Geldverkehr ausgewählt, da in der doppelten Buchführung ein solcher nicht darstellbar ist.

Die Spalte "Geld" weist die Einnahmen und Ausgaben als Umsatz und nach ihrer Herkunft aus. Vom Zahlungsmittelbereich aus können folgende Bewegungen stattfinden:

1. Zwischen dem Zahlungsbereich und dem Güterbereich
   a) Ausgaben für Vermögensmehrung, z. B. Barkauf einer Maschine, Ausgaben für Kapitalminderung, z.B. Ausgleich einer Lieferantenrechnung,
   b) Einnahmen aus Kapitalmehrung, z. B. Aufnahme eines Darlehns, Einnahmen aus Vermögensminderung, z. B. Barverkauf einer Maschine,
2 .zwischen dem Zahlungsmittelbereich und dem Arbeitsbereich
   a) Ausgaben für Kosten, z. B. Reparaturrechnung wird bar bezahlt, Ausgaben für Erträgnisminderung, z. B. Preisnachlaß für bezahlte Warenlieferung,
   b) Einnahmen aus Erträgnis, u B. Warenverkauf in bar, Einnahmen aus Kostenminderung, z. B. Rückerstattung einer bezahlten Rechnung.

Die Geldbewegungen sind noch einmal in dem nachfolgenden Formular verdeutlicht.

Vorgänge	Güter-rechnung		Geld-rechnung		Arbeits-rechnung	
	+ Vermögens-mehrung − Kapital-minderung	+ Kapital-mehrung − Vermögens-minderung	Einnahmen	Ausgaben	+ Kosten − Erträgnis-minderung	+ Erträgnis − Kosten-minderung
1. Zwischen Geld- u. Güterrechnung						
a) Ausgaben-Vermögensmehrung	▲			▲		
Ausgaben-Kapitalminderung	▲			▲		
b) Einnahmen-Kapitalmehrung		▲	▲			
Einnahmen-Vermögensminderung		▲	▲			
2. Zwischen Geld- und Arbeitsrechnung						
a) Ausgaben-Kosten				▲	▲	
Ausgaben-Erträgnisminderung				▲	▲	
b) Einnahmen-Erträgnis			▲			▲
Einnahmen-Kostenminderung			▲			▲

Ein Zahlenbeispiel veranschaulicht den Geldverkehr in konzentrierter Form in der Bewegung und seinen Wirkungen. Die Zahlungsvorgänge auf den einzelnen Konten der Güter- und Arbeitsrechnung können in diese konzentrierte Form aufgenommen werden.

Vorgang	Kapital-Rechnung ./.	Kapital-Rechnung +	Vermög.-Rechnung +	Vermög.-Rechnung ./.	Geld-Rechnung Einnahmen	Geld-Rechnung Ausgaben	Arbeits-Rechnung Ko. Er. Mi.	Arbeits-Rechnung Er. Ko. Mi.
1a) Kauf einer Maschine			1000			*1000*		
Bezahlung eines Lieferanten	2000					*2000*		
b) Aufnahme eines Darlehens.		1500			*1500*			
Verkauf v. Anlagen				500	*500*			
2a) Barzahlung einer Reparaturrechnung						*800*	800	
Preis-Nachlaß . . .						*50*	(-) 50	
b) Barverkauf v. Waren					*3000*			3000
Rückerstattung bezahlter Kosten . .					*100*			(-)100
	2000	1500	1000	500	*5100*	*3850*	850	3100

Nach dem Beispiel weisen die Einnahmen von insgesamt DM 5 100.— folgende Korrespondenzen auf:

Kapitalmehrung	DM 1500.—
Vermögensminderung	„ 500.—
Erträgnis	„ 3000.—
Kostenminderung	„ 100.—
	DM 5100.—

Die Ausgaben von insgesamt DM 3850.— zeigen folgende Korrespondenzen:

Kapitalminderung	DM 2000.—
Vermögensmehrung	„ 1000.—
Kosten	„ 800.—
Erträgnisminderung	„ 50.—
	DM 3850.—

Die Einnahmen und Ausgaben lassen sich in der folgenden konzentrierten Geldverkehrsbilanz zusammenfassen:

Einnahmen aus	Geldverkehrsbilanz	Ausgaben für	
Kapitalmehrung	1500.—	Kapitalminderung	1000.—
Vermögensminderung	500.—	Vermögensmehrung	2000.—
Erträgnis	3000.—	Kosten	800.—
Kostenminderung	100.—	Erträgnisminderung	50.—
	5100.—		3850.—
	—.—	Einnahmenüberschuß	1250.—
	5100.—		5100.—

Ein Einnahmeüberschuß bedeutet Erhöhung der Liquidität; ein Ausgabenüberschuß ergibt eine Schwächung der Liquidität. Es wird also in der Geldverkehrsbilanz nicht nur die Veränderung der Liquidität im engeren Sinne, der Einnahmen und Ausgaben nämlich, dargestellt, sondern gleichzeitig die Frage nach dem Verbleib und der Herkunft der Mittel beantwortet.

Mit dem Nachweis einer Geldverkehrsrechnung in kontologischer Verbindung mit einer Kapital-, Vermögens- und Erfolgsrechnung ist es den öffentlichen Einrichtungen möglich, die Anforderungen an ihre ökonomische Rechnung zu erfüllen. Das folgende Beispiel soll das verdeutlichen.

Journal

Datum	Beleg	Vorgang	Kapitalrechnung −	Kapitalrechnung +	Vermögensrechnung +	Vermögensrechnung −	Geldverkehrsrechng. Einnahmen	Geldverkehrsrechng. Ausgaben	Arbeitsrechnung Kosten	Arbeitsrechnung Erträgnisse	Konto Gegenk.	Journal-Seite
	1.	Einnahmen aus Gew. Steuer		40000.—			40000.—					
	2.	Lohn für Hausmeister						100.—	100.—			
	3.	Post- und Telefongebühren						50.—	50.—			
	4.	Unterhaltung d. Schulgebäudes						1500.—	1500.—			
	5.	Unterhaltung des Verwaltungsgebäudes						2000.—	2000.—			
	6.	Vergütung für Angestellte						750.—	750.—			
	7.	Erstattung für Telefongebühr.					10.—			10.—		
	8.	Dahrlehnsaufnahme für Schulgebäude		30000.—			30000.—					
	9.	Bau des Schulgebäudes			50000.—			50000.—				
	10.	Tilgung des Darlehns	1000.—					1000.—				
	11.	Abschreibung d. Schulgebäudes				500.—			500.—			
	12.	Gew. St. Erstattung	700.—					700.—				
			1700.—	70000.—	50000.—	500.—	70010.—	56100.—	4900.—	10.—		
		Verlust								4890.—		
		Einnahmeüberschuß						13910.—				
		Vermögenszunahme				49500.—						
		Kap.-Zunahme	68000.—									
			70000.—	70000.—	50000.—	50000.—	70010.—	70010.—	4900.—	4900.—		

Aus dem Journal ist folgende Bewegungsbilanz ohne Kontenabschluß zu entwickeln:

Bewegungsbilanz des Journals

Kapitalminderung	1 700,—	Kapitalmehrung	70 000,—
Vermögensmehrung	50 000,—	Vermögensminderung	500,—
Einnahmen	70 010,—	Ausgaben	56 100,—
Kosten	4 900,—	Kostenminderung	10,—
	DM 126 610,—		DM 126 610,—

Aus dem Journal ist weiter folgende Wirkungsbilanz zu erstellen:

Wirkungsbilanz des Journals

Vermögenszunahme	49 500,—	Kapitalzunahme	68 300,—
Einnahmeüberschuß	13 910,—		
Verlust	4 890,—		
	DM 68 300,—		DM 68 300,—

Aus dem Abschluß des Journals können also sofort die Bewegungen und Wirkungen der 5 ökonomischen Größen abgelesen werden. Das hat für die öffentlichen Gemeinwesen selbst den Vorteil, daß sie nach der letzten Buchung sofort über das Ist ihrer Einnahmen und Ausgaben und der Wirkungen informiert sind und darüber hinaus über ihr Vermögen und die Kosten. Auch den gesetzgebenden Körperschaften und der breiten Öffentlichkeit werden diese Schnellbilanzen willkommen sein.

Zu empfehlen ist eine Journalteilung nach Einzelplänen, z. B. Sicherung des Staates und Rechtslebens usw.[1]). Dann sind diese Einsichten über jeden einzelnen Plan genau so zu bekommen. Die Summe des Journals zeigt die Aufteilung der Ausgaben und Einnahmen.

Die Summe des Journals der Einzelpläne ergibt dann die Aufteilung der Ausgaben und Einnahmen des Gesamtplanes. Die Summe der einzelnen Kapitel ist gleich der Summe des Journals.

Die Wirkungsbilanz des Journals zeigt in dem vorliegenden Fall, daß die Zunahme des Kapitals zur Finanzierung der Vermögenszunahme gedient hat, zur Abdeckung des Verlustes und zur Erhöhung des Geldbestandes.

Mit den Bilanzen des Journals haben wir also auch Aussagen über das Vermögen und die Kosten.

Kontenabschluß

Die Höhe der Einnahmen und Ausgaben entnehmen wir bereits aus dem Journal. Es sind DM 70 010,— Einnahmen und DM 56 100,— Ausgaben. Woher nun die Einnahmen gekommen sind und wohin die Ausgaben gelangt sind, zeigt das abgeschlossene Kassekonto. Zur Veranschaulichung werden die Abschlußzahlen in ein Kontokreuz eingetragen. Folgende konzentrierte Geldverkehrsbilanz ist nun erstellt:

Konzentrierte Geldverkehrsbilanz

Einnahmen aus			Ausgaben für
Kapitalmehrung	70 000,—	Kapitalminderung	1 700,—
Kostenminderung	10,—	Vermögensmehrung	50 000,—
		Kosten	4 400,—
			56 100,—
		Einnahmenüberschuß	13 910,—
	DM 70 010,—		DM 70 010,—

Eine Aussage darüber, woher die Einnahmen im einzelnen gekommen sind und die Ausgaben im einzelnen geflossen sind, erhalten wir durch den Abschluß der übrigen Konten. Sie hat für unseren Buchungsvorgang folgendes Aussehen:

Detaillierte Geldverkehrsbilanz

Einnahmen aus			Ausgaben für
Gewerbesteuer	40 000,—	Gewerbesteuer	700,—
Telefongebühren	10,—	Darlehen	1 000,—
Darlehen	30 000,—	Schulgebäude	50 000,—
		Löhne und Gehälter	850,—
		Post- u. Telefongebühren	50,—
		Gebäudeaufwendungen	3 500,—
			56 100,—
		Einnahmenüberschuß	13 910,—
	DM 70 010,—		DM 70 010,—

Kassenkonto

Datum	Beleg	Vorgang	Kapitalrechnung −	Kapitalrechnung +	Vermögensrechnung +	Vermögensrechnung −	Geldrechnung Einnahmen	Geldrechnung Ausgaben	Arbeitsrechnung Kosten + Erträgnis −	Arbeitsrechnung Erträgnis − Kosten +	Konto Gegenk.	Journalseite
	1.	Gewerbesteuer		40000.–			40000.–					
	2.	Lohn für Hausmeister						100.–	100.–			
	3.	Post- und Telefongebühren						50.–	50.–			
	4.	Unterhaltung d. Schulgebäudes						1500.–	1500.–			
	5.	Unterhaltg. d. Verwaltungsgeb.						2000.–	2000.–			
	6.	Vergütung für Angestellte						750.–	750.–			
	7.	Erstattung f. Telefongebühren					10.–			10.–		
	8.	Darlehn für Schulbau		30000.–			30000.–					
	9.	Schulbau			50000.–			50000.–				
	10.	Tilgung des Darlehns	1000.–					1000.–				
	12.	Gew. Steuer Erstattung	700.–					700.–				
			1700.–	70000.–	50000.–		70010.–	56100.–	4400.–	10.–		
		Saldo						13910.–				
							70010 –	70010.–				

Konto Schulgebäude

Datum	Beleg	Vorgang	Kapitalrechnung −	Kapitalrechnung +	Vermögensrechnung +	Vermögensrechnung −	Geldrechnung Einnahmen	Geldrechnung Ausgaben	Arbeitsrechnung Kosten + Erträgnis −	Arbeitsrechnung Erträgnis − Kosten +	Konto Gegenk.	Journalseite
	9.	Zugang			50000.–							
	11.	Abschreibung				500.–						
					50000.–	500.–		50000.–	500.–			
		Saldo				49500 –						
					50000 –	50000.–						

Was im Zusammenhang mit dem gestellten Thema herauszuarbeiten war, ist die Vermögens- und Kostenrechnung.

Vermögensrechnung

Über die Höhe der Vermögensbewegungen haben wir bereits Aussagen aus dem Journal. Es sind DM 50 000,— Mehrung und DM 500,— Minderung. Das Konto selbst ist auf Seite 8 wiedergegeben.

Zur besseren Übersicht setzen wir die Zahlen in ein Kontenkreuz ein und erhalten folgende Vermögensbewegungsbilanz:

Mehrung durch	Schulgebäude		Minderung durch
Ausgaben	50 000,—	Abschreibungen	500,—
		Bestand	49 000,—
	DM 50 000,—		DM 50 000,—

Den Betrag von DM 50 000,— Ausgaben finden wir in der detaillierten und konzentrierten Geldverkehrsbilanz, die Abschreibungen in der Kostenrechnung.

Es wird also nicht nur das Vermögen bestimmt, sondern auch seine Entstehung buchhalterisch dargestellt.

Damit ist die Forderung nach einer buchhalterischen Vermögensrechnung erfüllt. In Verbindung mit der Kapitalrechnung ist jetzt auch die Aufstellung einer Beständebilanz nach kaufmännischem Muster möglich.

Kostenrechnung

Die Kostenrechnung ist technisch genau so zu entwickeln wie die Geld- und Vermögensrechnung.

Aus dem Journal kennen wir die Höhe der Kosten und Kostenminderungen. Erträgnisse sind in dem Beispiel nicht gebucht, obwohl sie in der Praxis vorkommen.

Es ergibt sich folgende konzentrierte und detaillierte Kostenrechnung:

Kostenmehrung durch	Konzentrierte Kostenrechnung		Kostenminderung durch
Ausgaben	4 400,—	Einnahmen	10,—
Vermögensminderung	500,—	Kostenüberschuß (Verlust)	4 890,—
	DM 4 900,—		DM 4 900,—

Kostenmehrung durch	Detaillierte Kostenrechnung		Kostenminderung durch
Löhne und Gehälter	850,—	Telefonerstattung	10,—
Post- und Telefongebühren	50,—		
Gebäudeaufwendungen	4 000,—	Kostenüberschuß	4 890,—
	DM 4 900,—		DM 4 900,—

Damit ist auch die Forderung nach einer Kostenrechnung erfüllt. In Verbindung mit einer Erträgnisrechnung kann nunmehr eine Gewinn- und Verlustrechnung aufgestellt werden, wie sie in kaufmännischen Betrieben üblich ist.

Die Form des ökonomischen Rechnens ist nunmehr in allen Bereichen der Wirtschaft einheitlich. Die Terminologie ist einheitlich. Auch die Ausbildung ist es. Die Verständigung aller in der Wirtschaft Handelnden ist leichter, da die Form einheitlich ist. Der Haushaltsplan ist kein Buch mit sieben Siegeln mehr.Die beiden Beispiele deuten die Vielzahl der Bilanzierungsmöglichkeiten an, die Bilanz verstanden als Übersichtsrechnung ökonomischer Daten in Kontoform (Thoms, 1956). Es ist zu unterscheiden nach Bewegungsbilanzen als Summenbilanzen und Wirkungsbilanzen als Saldenbilanzen. Eine zweite Gliederung ergibt sich aus dem Abschluß, durch den sie gewonnen werden. Das sind einmal die Bilanzen, die sich aus dem Journalabschluß ergeben, Bilanzen, die sich aus dem Journalabschluß ergeben kombiniert mit dem Abschluß einiger Einzelkonten als erweiterte Journalbilanzen, und Bilanzen, die aus dem Kontenabschluß gewonnen werden. Mit diesen Möglichkeiten aus einer vollständigen ökonomischen Rechnung kann ein neues System von Kennzahlen aufgebaut werden. Es geht weit über die Analyse der Beständebilanz und der Gewinn- und Verlustrechnung hinaus (Hahn, 1990, S. 495 ff.).

Für die meisten der neuen Verhältniszahlen werden neue Begriffe gefunden werden müssen, die neben die Kennzahlen wie Rentabilität, Produktivität etc. gestellt werden müssen. Auf den neuen Begriff der "Ökonomität" ist in diesem Zusammenhang hinzuweisen als das Komplementärverhältnis zwischen den drei Wertkategorien Ertrag, Liquidität und Investition.

III. Vom Ernte-Zehnt zu Drei-Salden

Die Bedeutung einer vollkommen ökonomischen Rechnung geht über den Betrieb oder Unternehmung hinaus. Die ökonomischen Daten der Betriebe sind der Inhalt volkswirtschaftlicher Rechnungen. Die Einzeldaten der Betriebe ergeben erst ein gesamtwirtschaftliches Bild. Dieses kann jetzt viel detaillierter gezeichnet werden. Als eine Möglichkeit der Auswertung möge der Vorschlag zur Änderung des Einkommensteuersystems dargestellt sein. In einer ordnungsgemäßen Buchführung in der Form der vorgeschriebenen doppelten Buchführung kann nur der Gewinn oder Verlust ermittelt werden. Es gibt keine andere Möglichkeit, als diesen zur Grundlage eines Einkommensteuersystems zu machen. Nun ist aber seit langem bekannt, daß der Gewinn allein nicht die Lebensfähigkeit eines Betriebes ausmacht, wenn nicht Liquidität und Investition beachtet werden. Da nun diese drei als Salden aus einer vollkommenen ökonomischen Rechnung zur Verfügung stehen, kann ein der Lebensfähigkeit entsprechendes Besteuerungssystem entwickelt werden (Gerber, Stader Tageblatt 1954; ders., BFuP 1954, S. 339 ff.).

Das folgende Beispiel möge das verdeutlichen. Der Einfachheit halber geht das Beispiel von Journalabschluß und nicht vom Abschluß aller Konten aus.

Vorgang	*Güterbewegung*		*Geldverkehr*		*Arbeitsprozeß*	
	Vermögens-Mehrung Kapital-Minderung	Kapital-Mehrung Vermögens-Minderung	Einnahmen	Ausgaben	Kosten-Mehrung Erträgnis-Minderung	Erträgnis-Mehrung Kosten-Minderung
Journalzahlen	200000	150000	350000	300000	500000	600000
Gewinn					100000	
Einnahmen-überschuß				50000		
Vermögenszunahme		50000				
	200000	200000	350000	350000	600000	600000

Aus dem Journal kann also bereits folgende Wirkungsbilanz abgeleitet werden:

Fall 1 *Wirkungsbilanz*

Gewinn	100000,—	Vermögenszunahme	50000,—
		Einnahmenüberschuß	50000,—
	100000,—		100000,—

Was bisher auf buchhalterischem Wege nicht möglich war, kann jetzt nachgewiesen werden, nämlich der Verbleib des Gewinns. Das Beispiel zeigt, daß der Gewinn sich zu 50 % in den Zahlungsmitteln niedergeschlagen hat, zu 50 % wurde er investiert.

Die Wirkungsbilanz bietet dem Gesetzgeber nicht nur die Möglichkeit, die Steuerschraube beim Erfolg anzusetzen und durch unübersichtliche Korrekturen in Richtung Investitionsforderung oder Umweltschutz zum Beispiel, den Gewinn zu korrigieren, er kann auch die beiden anderen Salden zur Ermittlung einer Steuerpflicht mit heranziehen. Der Fall 1 zeigt daß sich der Gewinn zu je 50 % liquiditäts- und investitionswirksam niedergeschlagen hat. Die Wirkungsbilanz kann aber auch folgendes Aussehen haben:

Fall 2

Vermögenszunahme	100.000,-	Gewinn	100.000,-

Fall 3

Einnahmenüberschuß	100.000,--	Gewinn	100.000,-

Im Fall 2 ist der gesamte Gewinn investiert worden. Im Fall 3 hat sich der Gewinn in Geld niedergeschlagen.

Nach der derzeitigen Tendenz versucht der Gesetzgeber, durch viele Maßnahmen die Investition zu födern. Das bedeutet, daß der Betrieb im Sinne des Gesetzgebers seinen Gewinn verwertet hat, der eine Wirkungsbilanz nach Fall 2 aufzuweisen hat. Am schlechtesten schneidet der Betrieb im Fall 3 ab. Betrieb 3 müßte also die höchsten Steuern zahlen.

Nicht mehr der Gewinn allein ist die Bemessungsgrundlage, sondern das Verhältnis von Gewinn zum Einnahmenüberschuß und Vermögenszunahme.
Eine Steuertabelle könnte dann folgendes Aussehen haben:

Gewinn	Vermögenszunahme	Einnahmenüberschuß	Steuern in % vom Gewinn
100 %	100 %		---
	50 %	50 %	50 %
	---	100 %	100 %

Hat der Gesetzgeber den Wunsch, aus wirtschaftspolitischen Gründen die Investitionen zu unterbinden, so würde er das in folgender Steuertabelle zeigen:

Gewinn	Vermögenszunahme	Einnahmenüberschuß	Steuern in % vom Gewinn
100 %	100 %	---	100 %
	50 %	50 %	50 %
	---	100 %	---

Diese Art der Besteuerung wäre auch ein handlicheres Mittel der Konjunkturpolitik. Eingriffe können deutlich gemessen werden. Die obigen Beispiele können in jeder beliebigen Weise verfeinert oder erweitert werden. Für die Betriebe ergäbe sich der Vorteil, daß sie nicht mehr gezwungen sind, ihre Gewinne zu verstecken, um Steuern zu sparen. Der Bilanzwahrheit und -klarheit wird ein beachtliches Stück näher gekommen.

IV. Folgerungen und Ausblick

Das wirtschaftliche Handeln wird durch die vollständige ökonomische Rechnung auf eine neue Grundlage gestellt. Die Bewegungen und Wirkungen der fünf ökonomischen Größen werden voll erfaßt. Aus den Bewegungs- und Wirkungsbilanzen sind neue Einsichten zu gewinnen und eröffnen neue Handlungsfelder.

Die ökonomische Rechnung ist nunmehr die Basis für alle in der Wirtschaft Handelnden. Auf der Grundlage einer einheitlichen ökonomischen Rechnung ist die Verständigung zwischen öffentlichen Einrichtungen und Erwerbsbetrieben verbessert. Das Ausgabendeckungsprinzip und das Gewinnmaximierungsprinzip werden aufgegeben zugunsten einer gemeinsamen Rechnung in Liquidität, Investition und Erfolg. Der volkswirtschaftlichen Rechnung können genauere Angaben über das Wohl und Wehe der Betriebe übermittelt werden. Staatliche Eingriffe können dadurch verringert werden. Der buchhalterische Nachweis der Kapitalrechnung mit der Geldverkehrsrechnung gibt der Finanzwirtschaft der Betriebe eine sicherere Grundlage. Dies gilt insbesondere für die ökonomische Zukunfts-Planung. Die größte Vollständigkeit der Planungsrechnung ist gefordert, wenn ein Unternehmen gegründet wird und anhand zahlreicher Faktoren die Lebensfähigkeit ermittelt werden muß (Hahn, 1990, S. 520 ff.). Die Form der Zukunftsrechnung sollte der Form der Vergangenheitsrechnung entsprechen.

Für die außerhalb des Betriebes oder Unternehmens stehenden Interessenten wie Aktionäre als Eigentümer, Kreditgeber etc. können tiefere Einblicke in den Ablauf der Betriebsarbeit gegeben werden. Unternehmensteste auf der Grundlage der Beständebilanz zu einem bestimmten Stichtag mit Kennziffern lediglich auf die Kapitalverwertung können nicht mehr als ausreichend angesehen werden (Hillebrand, 1995, S. 58 ff.). Der Geschäftsbericht erhält seine Aufgabe zurück, den Leser über die ökonomischen Verhältnisse aufzuklären, statt ihn durch "individuelles Format", "unübliche Topographie", "angenehm anzufassende Papiersorte" "nicht nur den Verstand, sondern auch Gefühle und Spieltrieb des Lesers anzusprechen" (Gloger, Blick, S. 1. Die ökonomische Rechnung sollte wieder in den Mittelpunkt der betriebswirtschaftlichen Forschung und Lehre gestellt werden. Wenn die Funktionen, die Faktoren und die Betriebsabläufe der wesentliche Gegenstand der Betriebswirtschaft bleiben, wird sie mit der Zeit Hilfswissenschaft für andere Wissenschaftsgebiete wie Soziologie, Rechtswissenschaft, Verwaltungswissenschaft, Politikwissenschaft, Philologie, Philosophie etc., oder sie verkommt zur Managementlehre, orientiert an einzelnen Szenarien in Lehrbüchern mit zusammenhangloser Aufzählung von Stichworten. Mit der Systematik der vollständigen ökonomischen Rechnung kann der Weg nach dem Erkenntnismodell naturwissenschaftlicher Disziplinen durch Spezialgebiete wie Informatik, Statistik, Wahrscheinlichkeitstheorie, mathematische Methoden nachzugehen, verlassen werden. Die Betriebswirtschaft unterscheidet sich von allen anderen Wissenschaften durch die Rechnung mit Hilfe des Kontos.

Die neo-merkantilistische Weise des Staates, Macht auszuüben selbst in einer Marktwirtschaft, entfällt. Staatliche, nunmehr auch Subventionen der Europäischen Gesellschaft, zur Förderung politischer staatswirtschaftlicher Zielsetzungen können unterbleiben, um wahlpolitische Absichten durchzusetzen. Unternehmungen werden nicht mehr an die Bundes-, Landes- oder europäischen Haushalte gebunden.

Kriminelle Gewinnmaximierung durch falsches Verständnis von Leistung im erwerbswirtschaftlichen Bereich sind rechtzeitig durchschau- und erkennbar.

Literatur

Chmielewicz, Klaus, Betriebliches Rechnungswesen 1, Finanzrechnung und Bilanz, Reinbek bei Hamburg1979

Chrobok, Reiner, Das System der Bundeswehrplanung, Baden-Baden 1985

Le Coutre, Walter, Einführung zu Gerber, Johannes, Betriebswirtschaftslehre für Streitkräfte, Köln 1967

Eichenberger, Reiner, Mensch und Militär: militärökonomische Perspektiven, in: SAMS-Informationen 1993, Nr. 1/2, S. 16 ff.

Eisele, Wolfgang: Die Beurteilung der Kameralistik durch die Betriebswirtschaftslehre, in: Strukturwandel der Bundeswehr: Betriebswirtschaftliche Hilfen zur Problemlösung, Heft 79 der Veröff. LSt. BankBWL FAU, Nürnberg 1994, S. 60-75

Friedrich, Gerd et al. (Hrsg.), Leitung der sozialistischen Wirtschaft,Berlin 1983

Gerber, Johannes, Moderne Kostenrechnung beim Militär?, in: FAZ 29.7.1957

Derselbe, Betriebswirtschaftslehre und Bundeswehr-Erlebnisse und Einsichten aus 30 Jahren, in: Beyer, Horst-Tilo/ Schuster, Leo/Zimmerer, Carl (Hrsg.), Neuere Entwicklungen in Betriebswirtschaftslehre und Praxis, Frankfurt 1988, S. 459 ff.

Derselbe, Betriebswirtschaftslehre und Bundeswehr-Erlebnisse und Einsichten aus den Jahren 1987/88 bis Ende 1992, in: Streitkräfte als Wirtschaftsbetrieb, hrsg. v. Forschungsinstitut für Militärökonomie und angewandte Konversion, Berlin 1993, S. 9 ff.

Derselbe, Zur Reform des Rechnungswesens der Streitkräfte, in: Erich Weilbach (Hrsg.), Neue Wege der Betriebswirtschaft, Herne-Berlin 1964, S. 289 ff.

Derselbe, Anforderungen an das Rechnungswesen eines öffentlichen Haushalts, in: Der öffentliche Haushalt, Heft 3-4/1955, S. 115 ff.

Gerber, Johannes, Systematische Einnahmen- und Ausgabenrechnung jetzt auch in der kaufmännischen Buchhaltung, in: Neue Betriebswirtschaft 1954, S. 47 ff.

Derselbe, Vom Ernte-Zehnt zur Drei-Salden-Besteuerung, in: Stader Tageblatt Nr. 262/1954

Derselbe, Die funktionale Kontorechnung als Grundlage eines neuen Einkommensteuersystems, in: Betriebswirtschaftliche Forschung und Praxis 1954, S. 339 ff.

Gloger, Axel, Geschäftsberichte sind wichtige Visitenkarten, in: Blick durch die Wirtschaft 28.8.1995, S. 1

Hahn, Oswald, Allgemeine Betriebswirtschaftslehre, München-Wien 1990

Hillebrand, Walter, Summa cum laude, in: Capital Sept. 1995, S. 58 ff.

Schmalenbach, Eugen, Dynamische Bilanz, 10. Aufl., Bremen-Horn 1948

Stankiewicz, Waclaw, in: Gerber, Johannes, Mitbegründer der deutschen Betriebswirtschaftslehre der Streitkräfte, Osnabrück 1992

Thoms, Walter: Inhalt und Form der Funktionalen Kontorechnung, Frankfurt-Bonn 1951

Derselbe, Bilanzen der funktionalen Kontorechnung, Wiesbaden 1956

Zimmerer, Carl, Industrie-Bilanzen, 7. Aufl., Landsberg/Lech 1991

Derselbe, Kompendium der Betriebswirtschaftslehre, Düsseldorf 1958

WOLFGANG GERKE / MATTHIAS BANK

"Möglichkeiten der Berücksichtigung von Handlungsoptionen in der Investitionsrechnung"

A. Zur Entscheidungssituation

Die Kapitalwertmethode besitzt als theoretisches Modell in der Wirtschaftlichkeitsrechnung eine überragende Bedeutung. Dies ist in erster Linie auf die systematische Einbeziehung des Zeitwertes von Zahlungen und auf ihre generelle Konsistenz mit dem Ziel der Vermögensmaximierung zurückzuführen. Unter theoretischen Gesichtspunkten sind beide Aspekte nicht zu vernachlässigende Merkmale normativer Entscheidungssituationen. Hinzu kommt, daß über den Kalkulationszinsfuß stark vereinfachend auch Risikoanpassungen vorgenommen werden können und die Berücksichtigung von Inflation oder Steuern möglich ist (Swoboda, 1992, S. 66-73).
Die Entscheidungsregel der Kapitalwertmethode lautet: "Investiere in ein Projekt, wenn der Barwert der erwarteten Zahlungen höher ist als die Projektkosten." Ist der Kapitalwert eines Projektes größer Null stellt sich ein Vermögenszuwachs ein. Hierbei handelt es sich um eine 0-1 Entscheidung, die keinen zusätzlichen Spielraum vorsieht. Die Entscheidungsvariable x kann nur zwei Ausprägungen annehmen (KW := Kapitalwert):

$$(1) \qquad x = \begin{cases} 1, \textit{falls } KW \geq 0 \Leftrightarrow \textit{Investitionsprojekt durchführen} \\ 0, \textit{falls } KW < 0 \Leftrightarrow \textit{Investitionsprojekt nicht durchführen} \end{cases}$$

Eine andere Darstellungsweise, die den Optionscharakter der Entscheidung hervorhebt und die im folgenden Verwendung findet, lautet

$$(2) \qquad KW = \max_x [BW - A; 0] \text{ wobei } x \in \{0,1\}.$$

mit BW := Barwert der zukünftigen Zahlungen und A := Anschaffungsauszahlung.

Die alleinige Betrachtung des Kapitalwertes kann unter bestimmten Umständen zu Ergebnissen führen, die dem Ziel der Vermögensmaximierung zuwiderlaufen. Eine solche Situation ist prinzipiell dann gegeben, wenn die Durchführung eines Investitionsprojektes in einer *unsicheren Umwelt* zu vollständig oder zumindest teilweise *irreversiblen Ausgaben* führt, *und* wenn der Entscheidungsträger einen diskretionären Spielraum in Form von *Handlungsoptionen*, z.B. in der temporären Stillegung, besitzt.
In einem unsicheren Entscheidungsumfeld besitzen Handlungsoptionen, wenn sie nicht unmittelbar ausgeführt werden müssen, einen *Zeitwert*. Folglich sind sie in der Wirtschaftlichkeitsrechnung zu berücksichtigen. Es ist zu vermuten, daß ein Großteil aller Investitionsentscheidungen eine größere Handlungsflexibilität als die einfache 0-1 Entscheidung erlaubt. Zudem ist klar, daß reale Entscheidungen über komplexe Investitionsprojekte immer mit Unsicherheit über zukünftige Einzahlungen verbunden sind. Schließlich kann davon ausgegangen werden, daß zumindest ein Teil der Projektkosten irreversibel ist. Irreversibilität ist immer dann gegeben, wenn ein Projekt nicht von anderen Investoren produktiv genutzt werden kann, d.h. keinen oder nur niedrigen Wiederverkaufswert besitzt. Die Differenz zwischen Anschaffungsauszahlung und (niedrigerem) Wiederverkaufswert stellt somit *Sunk Costs* dar. Paradebeispiel für weitgehend irreversible Investitionen sind

Werbeaufwendungen. Werbung ist hochgradig firmenspezifisch und die Auszahlung kann wegen ihres immateriellen Charakters nicht wiedererlangt werden (Krahnen, 1991).[1]
Im Rahmen der Kapitalwertmethode versucht man, Handlungsmöglichkeiten durch die *Methode der flexiblen Planung* systematisch zu berücksichtigen (Bitz, 1989). Flexible Planung bezieht explizit alle zukünftigen Handlungs-flexibilitäten in die Bewertung von Investitionsvorhaben mit ein. Auf der Basis eines Zustandsbaums, der die Entwicklung der ökonomischen Variablen abbildet, kann ein Entscheidungsträger ex ante seine potentiellen Handlungsoptionen bestimmen und bei Eintritt des jeweiligen Zustands entsprechend handeln. Die Lösung des Entscheidungsproblems als Sequenz optimaler Entscheidungen wird in der Regel durch die Methode der dynamischen Programmierung erreicht (vgl. Hax/Laux, 1972).[2]
Neben dieser Lösungstechnik besteht aber die weitere Möglichkeit, den Wert eines Investitionsprojekts unter Zuhilfenahme der Optionspreistheorie zu bestimmen. "Handlungs*optionen*" besitzen, wie der Begriff bereits nahelegt, direkte Analogien zu *Finanzoptionen*, so daß eine Anwendung der Optionspreistheorie unmittelbar möglich ist.[3]

B. Abgrenzung und Systematisierung des Begriffs Handlungsoption

Vom Begriff der *Handlungsoption* (z.B. die Möglichkeit des Hinauszögerns einer Entscheidung) ist der der *Investitionsoption* zu unterscheiden. Man betrachte hierzu die Investitionsentscheidung einer Öl-Gesellschaft zum Erwerb und zur Ausbeutung eines Ölfeldes. Mit dem Kauf des Ölfeldes erwirbt die Gesellschaft die Option zu dessen wirtschaftlicher Nutzung. Gleichzeitig erwirbt die Gesellschaft z.B. auch eine Warteoption, deren Wert vom gegenwärtigen Ölpreis abhängt. Ist der Ölpreis z. Zt. niedrig, wird aber mit einem Anstieg gerechnet, kann man die wirtschaftliche Ausbeutung des Ölfeldes verzögern.[4] Eine Handlungsoption selbst stellt letztlich "eine Option auf eine Option" (nämlich auf die Investitionsoption) dar. Bei dieser Investitionsoption handelt es sich um eine degenerierte Option, da diese nur einen *inneren Wert* und demzufolge keinen *Zeitwert* besitzt. Trivialerweise kann so *jedes* Investitionsprojekt als Option aufgefaßt werden. Die Anfangszahlung A ist dann der *Basispreis* und der Barwert der zukünftigen Zahlungen (BW_0) repräsentiert den Wert des "Underlying", also des Assets auf das die Option geschrieben ist.

---

1 Ein anschauliches Beispiel für die Realisation von Sunk Costs ist die Schließung einer Vertriebsorganisation im Ausland. Eine Vertriebsorganisation ist i.d.R. firmenspezifisch ausgelegt, so daß sie keinen den aufgewendeten Kosten entsprechenden Ver-kaufswert besitzt.

2 Einen guten Einstieg in die Technik der dynamischen Programmierung geben z.B. Kreps, 1990, Dixit/Pindyck, 1994 oder Bamberg/Coenenberg, 1991, Kap. 9.

3 Vgl. den bahnbrechenden Aufsatz von Black/Scholes, 1973.

4 Eine andere Möglichkeit, die Warteoption auszunutzen ist die sofortige Ölförderung mit anschließender Zwischenlagerung. Hier fallen aber zusätzlich Lagerkosten an.

Ohne Berücksichtigung der (zusätzlichen) Handlungsoption ergibt sich der Wert der Investitionsoption F_0 als

(3) $F_0 = \max_x [0; BW_0 - A]$ mit $x \in \{I, NI\}$.

Hierbei handelt es sich zweifellos um eine Variante von Gleichung (2), d.h. eine einfache Kapitalwertbetrachtung. Es sind einzig zwei Strategien, *I* (investieren) oder *NI* (nicht investieren), verfügbar.

Berücksichtigt man bspw. die zusätzliche Handlungsoption "warte mit der endgültigen Entscheidung eine Periode", dann beträgt der Wert der Investitionsoption hingegen

(4) $F_0^* = \max_x \left[0; BW_0 - A; \frac{1}{1+k} E_0 \left[\max[BW_1 - A, 0] \right] \right]$ mit $x \in \{I, NI, W\}$.

E_0 bezeichnet den Erwartungswertoperator, *k* den adäquaten Diskontierungssatz und BW_1 den zustandsabhängigen Barwert zum Zeitpunkt $t = 1$. Die ursprünglichen zwei Entscheidungsalternativen werden um die Möglichkeit der Entscheidungsalternative "warten" (*W*) erweitert. Der Entscheidungsbaum weist nun folgende Äste auf:

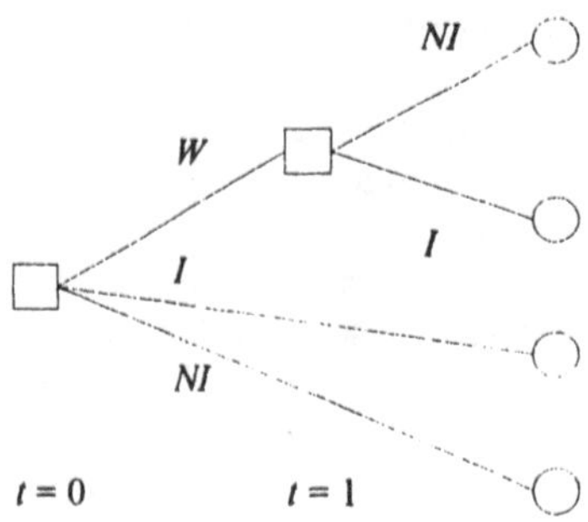

Abb. 1: Entscheidungsbaum unter Berücksichtigung der Warteoption

Der Wert einer zusätzlichen Handlungsalternative kann niemals negativ sein, da man nicht gezwungen ist, die Alternative durchzuführen.[5] Entsprechend gilt $F_0^* \geq F_0$.

Das Entscheidungsproblem ist *rekursiv* lösbar. Die Technik wird als *dynamische Programmierung* bezeichnet, und sie manifestiert sich im sogenannten "Bellmann'

5 Eine direkte Analogie ergibt sich bspw. für die Eigenkapitalgeber einer Aktiengesellschaft. Den Eigenkapitalgebern steht das Recht zu, den Residualgewinn der Kapitalgesellschaft zu vereinnahmen, sie haben aber nicht die Pflicht ihn unter allen Umständen "abzunehmen". Fällt der Residualgewinn hinreichend negativ aus und geht das Unternehmen in Konkurs, werden sie u.U. ihre Handlungsoption "Vereinnahmung des Residualgewinns" verfallen lassen und statt dessen die Handlungsoption "Übertragung aller Rechte und Verpflichtungen auf die Fremdkapitalgeber" ausüben. Die Eigenkapitalgeber verzichten auf eine *Calloption* und üben gleichzeitig eine *Putoption* aus.

schen Optimalitätsprinzip" (vgl. Bellmann, 1957).[6] Man betrachtet zuerst den Zeitpunkt der letzten Entscheidungsmöglichkeit im Entscheidungsbaum, hier $t = 1$. Auf der Basis der Informationen, die in $t = 0$ verfügbar sind, sucht man die optimale Entscheidung für den Zeitpunkt $t = 1$. Nach Festlegung der optimalen Entscheidung in $t = 1$ geht man eine Periode im Entscheidungsbaum zurück, um die optimale Entscheidung in $t = 0$ zu treffen.

Systematisierung von Handlungsoptionen

In bezug auf ein gegebenes Investitionsvorhaben lassen sich potentielle Handlungsoptionen wie folgt systematisieren. Ist die Investitionsidee noch nicht durchgeführt, so besitzt man in der Regel eine *Warteoption*. Die Warteoption ist immer dann wertvoll, wenn ein irreversibles Investment getätigt werden muß und die wertbestimmenden Variablen (d.h. Absatzpreise, Kosten oder der Kalkulationszins) stochastisch schwanken.
Handelt es sich um ein bereits durchgeführtes Investitionsprojekt, so sind drei generelle Möglichkeiten denkbar:

- Änderung der Projektkapazität (*Erweiterungs- oder Schrumpfungsoption*),
- Stillegen des Projekts (*Stillegungsoption*) und
- Verkauf/Verschrottung des Projekts (*Aufgabeoption*).

Schließlich kann man ein stillgelegtes Projekt reaktivieren (*Option der Wiederinbetriebnahme*). Natürlich können einige Optionen auch kombiniert werden. Es ist sicherlich keine Ausnahme, daß man bspw. neben der grundsätzlichen Wiederaufnahme eines stillgelegten Projektes über eine Warteoption bezüglich des Wiederaufnahmezeitpunktes verfügen kann.
Handlungsoptionen können sich aber auch auf einfache *Ersatzinvestitionen* oder *Modernisierungsinvestitionen* beziehen. Hierbei steht die Optimierung des gesamten *Investitionsprogramms* eines Unternehmens im Vordergrund der Betrachtung.
In einer unsicheren Umwelt besitzen alle genannten Optionen, falls sie auf das konkrete Projekt anwendbar sind, einen positiven Wert. Eine wichtige Einsicht der Optionspreistheorie liegt darin, daß mit zunehmendem Risiko der Wert einer Option ebenfalls steigt. Der Grund hierfür liegt im asymmetrischen Charakter einer Option begründet: Handlungsoptionen ermöglichen, durch spezifische Handlungen die Konsequenzen ungünstiger Umweltentwicklungen zu reduzieren, während man an einer günstigen Umweltentwicklung voll partizipieren kann. Zieht man die Optionswerte nicht in das Wirtschaftlichkeitskalkül mit ein, unterschätzt man systematisch und unter Umständen massiv den Wert eines Investitionsprojektes (McDonald/Siegel, 1986).

---

6 Das Optimalitätsprinzip lautet (in enger Anlehung an Bamberg/Coenenberg, 1991, S. 218): "Eine optimale Politik x_t eines T-stufigen Entscheidungsprozesses besitzt die Eigenschaft, daß unabhängig vom Anfangszustand und der ersten Entscheidung x_1 die restlichen T-1 Entscheidungen ($x_2, x_3, \ldots, x_T$) eine optimale Politik bzgl. des aus der ersten Entscheidung resultierenden Zustands bilden."

Über diese Argumentationskette zeigt sich zudem eindrucksvoll die grundsätzliche Überlegenheit dynamischer Rechenverfahren im Rahmen von Wirtschaftlichkeitsrechnungen: Statische Investitionsverfahren, die keine Möglichkeit bieten, in adäquater Weise mit der Unsicherheit umzugehen, sind noch viel weniger als die einfache Kapitalwertmethode dazu in der Lage, Handlungsoptionen im Entscheidungskalkül zu berücksichtigen.

Sequentielle Handlungsoptionen

Oftmals kann der Fall eintreten, daß Handlungsoptionen im Laufe eines Investitionsprozesses erst entstehen und deren Existenz aus heutiger Sicht nicht absehbar ist. Bspw. hatte man zum Zeitpunkt der Entscheidung, Elektrizität aus Atomkraftwerken zu nutzen noch keine eindeutige und sichere Methode, die in Zukunft anfallenden radioaktiven Abfälle zu lagern oder risikolos zu beseitigen. Die verantwortlichen Ingenieure und Politiker hatten zum Zeitpunkt ihrer Entscheidung lediglich die Hoffung, daß im Laufe der Zeit Methoden entwickelt würden, die das Entsorgungsproblem durch neue Handlungsoptionen lösen.
Andererseits können durch die Umsetzung eines Investitionsprojektes wertvolle Handlungsoptionen, deren Wert heute noch nicht absehbar ist, untergehen. Man denke hier an die Möglichkeit zur Nutzung einer Region als Industriestandort oder als Naturschutzpark. Mit der Ansiedlung von Industrie geht die (Warte-)Option zur Errichtung eines Naturschutzparkes irreversibel verloren. Bezieht man den Nutzen zukünftiger Generationen mit ins Kalkül ein, so kann es sich unter Umständen um eine klare Fehlentscheidung handeln (Arrow/Fisher, 1970).
Investitionsprozesse mit Handlungsoptionen können als "sukzessive Teilinvestitionen" interpretiert werden, wenn die nächste Teilinvestition von der Vollendung der vorhergehenden Teilinvestition abhängig ist. Vor jeder neuen Teilinvestition besitzt man dann die Option, das bisher erstellte Teilprojekt abzubrechen oder stillzulegen.[7]
Darüber hinaus ist es denkbar, daß durch sukzessive Investitionen auf jeder Teilvollendungsstufe Informationen aufgedeckt werden, die die Unsicherheit über die Wirtschaftlichkeit des gesamten Projekts sowie die zukünftigen Investitionsstufen verringern (Roberts/Weizmann, 1981). Ggf. lassen sich Informationen, die eigentlich im Zeitablauf "automatisch" aufgedeckt werden, durch Suchaktivitäten sofort beschaffen. Informationssuche ist in diesem Fall nichts anderes als Ausübung einer (weiteren) Investitionsoption mit dem Ziel, die Wartekosten zu verringern.

---

7 Kommt es zum Abbruch, dann stellt ein Großteil der bisherigen Aufwendungen Sunk Costs dar. Sie sollten aber die Abbruchsentscheidung nicht beeinflussen.

C. Bewertung von Handlungsoptionen mit optionspreistheoretischen Methoden

I. Elementares Beispiel mit vier Teilinvestitionen

Betrachten wir nun als idealtypisches Beispiel ein Investitionsprojekt, welches 4 Perioden lang genutzt werden kann. Das Recht zur Nutzung der Produktionstechnik, die Lizenz L, kostet für den gesamten Zeitraum 75 DM. Mit dem Projekt kann pro Periode eine Einheit eines Produkts hergestellt werden, das zum Preis P_t verkauft werden kann. Die Produktionskosten C betragen 85 DM pro Einheit und sind nicht stochastisch. Die Erstellung des Produkts dauert eine Periode, so daß zum Zeitpunkt der Produktionsentscheidung der erzielbare Preis unsicher ist. Der heutige Preis P_0 beträgt 100 DM. Mit einer Wahrscheinlichkeit von 60% steigt der Preis in der nächsten Periode um den Faktor $u = 1{,}25$ bzw. fällt mit der Gegenwahrscheinlichkeit von 40% um den Faktor $d = 0{,}8$. Der risikolose Zinssatz beträgt $r = 0{,}025$. Das geschaffene Produkt sei lagerfähig. Vereinfachend soll angenommen werden, daß für das Produkt Options- und Futuresmärkte bestehen. Alle Marktteilnehmer seien Preisnehmer. Zudem unterstellt die Analyse aus Vereinfachungsgründen einen vollkommenen Kapitalmarkt.
Explizit ergibt sich folgende Preisentwicklung als Binomialbaum (Zustandsbaum), wobei die Preise gerundet wurden:[8]

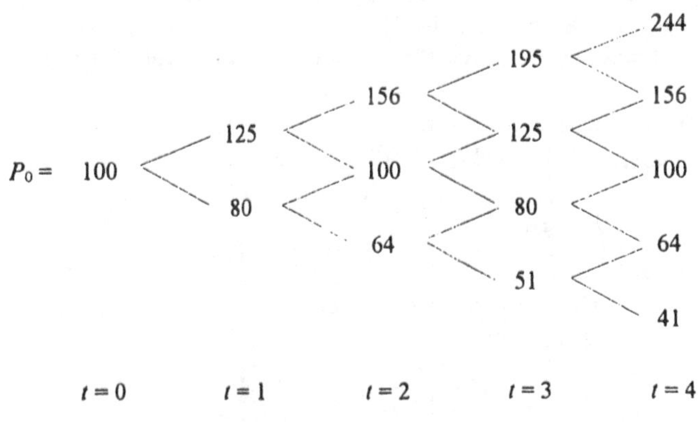

Abb. 2: Binomialbaum für die Beispieldaten

Die Aufwendung der Lizenzkosten versetzt den Investor in die Lage, das Investitionsprojekt durchzuführen und die Einzahlungen zu vereinnahmen. Sie können daher als Anschaffungsauszahlung oder Basispreis des gesamten Projekts interpretiert werden. Das Investitionsprojekt besitzt einen positiven inneren Wert, falls der Barwert der erwarteten Zahlungen $E[BW_0]$ größer als die Lizenzkosten L ist. Generell gilt:

$$F(P) = \max\left[E\left[BW_0\right] - L; 0\right].$$

---

8 Je nach Rundung können alle folgenden Ergebnisse leicht variieren.

II. Barwert der vier Teilinvestitionen bei Nutzung des Futures-Marktes

In einem ersten Schritt soll unterstellt werden, daß alle Teilinvestitionen nach Lizenzerwerb zwingend durchgeführt werden müssen. Betrachten wir die erste Teilinvestition in $t = 0$. Da annahmegemäß Futures erworben werden können, läßt sich die Preisunsicherheit in $t = 1$ vollständig vernichten (vgl. z.B. Copeland/Weston, 1988, S. 308-314). Hierzu führt man einen Leerverkauf von einem Future durch, wodurch man sich verpflichtet, in $t = 1$ eine Einheit des Produktes zu liefern. Falls man sich für die Produktion in $t = 0$ entscheidet, kann man die produzierte Einheit liefern und erhält den vorab vereinbarten Preis. Der Wert des Futures $H(P,t)$ läßt sich, damit eine Arbitragegelegenheit vermieden wird, eindeutig bestimmen.[9]

$$(5) \qquad H(P,t) = P_0(1+r)^t$$

Über Gleichung (5) wird der Futures-Preis mit dem aktuellen Kassapreis verbunden. Angenommen es gilt $H(P,t) > P_0(1+r)^t$, dann könnte man heute (überbewertete) Futures verkaufen und am Kassamarkt das Produkt zu P_0 über Kreditaufnahme zu r kaufen und lagern. Zum Fälligkeitszeitpunkt des Futures erzielt man einen sicheren Gewinn.[10] Ist hingegen $H(P,t) < P_0(1+r)^t$, so kann man das Produkt am Kassamarkt verkaufen bzw. leerverkaufen, den Mittelzufluß zu r anlegen und sich über den Future einen niedrigen Preis sichern. Auch in diesem Fall ist man in der Lage, einen risikolosen Arbitragegewinn zu erzielen.[11]

Welche Auswirkungen hat dies auf die Bewertung des Investitionsprojekts? Da jedwedes Risiko vermieden wird, die Preisunsicherheit also gehedgt wird und die Eintrittswahrscheinlichkeiten π *keine* Rolle spielen, ist die risikolose Verzinsungsrate r der angemessene Diskontierungszins.

Der Barwert des ersten Teilprojektes $BW_0^{\#1}$ beträgt unter Berücksichtigung der direkten Kosten C entsprechend (es sei $H(P,t) = H_t$; vgl Gleichung (5))

$$BW_0^{\#1} = \frac{H_1}{1+r} - C = \frac{P_0(1+r)}{1+r} - C = P_0 - C = 15 \text{ DM}.$$

Nun kann man das Bewertungsprinzip auch auf die anderen Teilprojekte anwenden. Man erhält als Barwerte

$$BW_0^{\#2} = \frac{H_2}{(1+r)^2} - \frac{C}{1+r} = P_0 - \frac{C}{1+r} = 17{,}07 \text{ DM},$$

$$BW_0^{\#3} = \frac{H_3}{(1+r)^3} - \frac{C}{(1+r)^2} = P_0 - \frac{C}{(1+r)^2} = 19{,}10 \text{ DM und}$$

---

9 Auf die Berücksichtigung einer Convenience Yield und Lagerkosten wurde in diesem einfachen Beispiel verzichtet (vgl. zu der Problematik Copeland/Weston, 1988, S. 317).

10 Die Ausnutzung der Arbitragegelegenheit bezeichnet man als Cash-and-Carry-Arbitrage.

11 Die Ausnutzung der Arbitragegelegenheit bezeichnet man als Reverse-Cash-and-Carry-Arbitrage.

$$BW_0^{H4} = \frac{H_4}{(1+r)^4} - \frac{C}{(1+r)^3} = P_0 - \frac{C}{(1+r)^3} = 21{,}07 \text{ DM}.$$

Summiert man nun über die Teilbarwerte und zieht die Lizenzkosten ab, so erhält man

$$F(P) = \sum_{i=1}^{4} BW_0^{Hi} - L = 72{,}24 - 75 = -2{,}76 \text{ DM}$$

Das Projekt besitzt einen negativen Kapitalwert und sollte deshalb unter den gegebenen Bedingungen *nicht* durchgeführt werden. Es sei beachtet, daß der Kalkulationszins aufgrund der Hedgingüberlegungen eindeutig ist. Oftmals läßt sich die Wahl des "richtigen" Kalkulationszinses nicht theoretisch begründen. Existiert jedoch die Möglichkeit eines perfekten Hedges, ist die risikolose Verzinsung das theoretisch richtige Opportunitätskostenmaß.

III. Warteoption ohne Abbruchmöglichkeit bei Nutzung des Optionsmarktes

Ändert sich der Wert der Investitionsoption, wenn die Handlungsoption "warte eine Periode" mit in das Kalkül aufgenommen wird, das Projekt aber nicht abgebrochen werden kann? Die Warteoption läßt sich mit Hilfe des Binomialmodells bewerten (vgl. Cox/Ross/Rubinstein, 1979). Im Prinzip liegt diesem Ansatz die gleiche Bewertungsidee wie der Futures-Bewertung zugrunde. Ist man in der Lage ein risikoloses Portefeuille zu konstruieren, so ist die angemessene Diskontierungsrate die risikolose Verzinsung. Wartet man nun eine Periode, so beträgt der Produktpreis in $t = 1$, abhängig von der Preisentwicklung, entweder $P_u = 125$ oder $P_d = 80$ (vgl. Abb. 2). Ab hier kann man, muß aber nicht produzieren. Die Einbeziehung der Futuresmärkte liefert über die gleiche Argumentationskette wie oben die beiden zustandsabhängigen Restwerte unter der Prämisse, daß alle folgenden Teilprojekte durchgeführt werden, mit $G_u^* = \max[126{,}17;\ 0] = 126{,}17$ und $G_d^* = \max[-8{,}83;\ 0] = 0$. Der Unterschied besteht einzig darin, daß man die Prozedur in $t = 1$ für beide Teiläste des Binomialbaums startet. Die Kennzeichnung * bedeutet, daß es sich um die Barwerte der restlichen Teilprojekte, bezogen auf $t = 1$ und die eingetretene Preisentwicklung (u oder d), handelt. Das nachfolgende Schaubild zeigt bspw. den oberen Teilast.

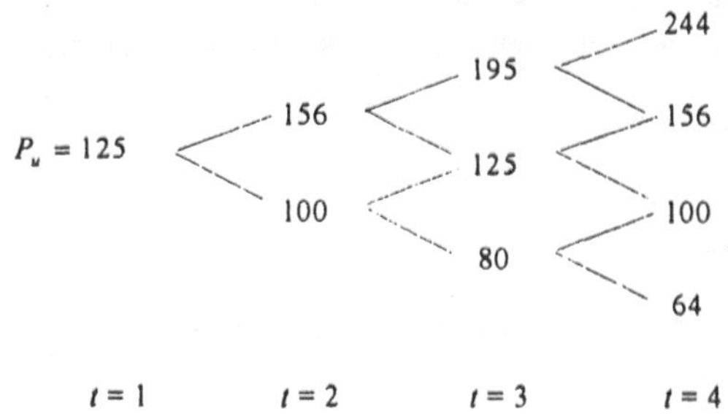

Abb. 3: Binomialbaum ab $t = 1$, falls der Preis angestiegen ist.

Gesucht ist nun der Barwert der Warteoption G^W auf der Basis der beiden zustandsabhängigen Ansprüche G_u^* und G_d^*:

$$G_u^* = \max[126{,}17;0] = 126{,}17$$

$$G^W(P)$$

$$G_d^* = \max[-8{,}83;0] = 0$$

Abb. 4: Zustandsabhängige Werte der Warteoption

Der Lösungsansatz für das Bewertungsproblem liegt nun darin, aus der Option auf die Preisentwicklung, $G^W(P,t)$ und der Preisentwicklung $P(t)$ selbst ein Portefeuille zu konstruieren, das risikolos ist. Die Wertentwicklung der Investitionsoption ist perfekt mit der Wertentwicklung des Underlying, hier die Preisentwicklung $P(t)$ korreliert, so daß über Leerverkäufe ein risikoloses Portefeuille zusammengestellt werden kann. Man kann z.B. eine Einheit des Produkts zu P_0 kaufen und m Einheiten der Warteoption leerverkaufen.[12] m ist so zu wählen, daß am Ende der Periode der Wert des Portefeuilles zustandsunabhängig, d.h. risikolos ist:

$$(6) \qquad uP_0 - mG_u^* = dP_0 - mG_d^*$$

Aufgelöst nach m ergibt sich

$$(7) \qquad m = \frac{P_0(u-d)}{G_u^* - G_d^*} = \frac{100(1{,}25-0{,}8)}{126{,}17} = 0{,}357 .$$

Generell gibt m die Anzahl der Warteoptionen an, die leerverkauft werden müssen, damit das Portefeuille risikolos ist. In unserem Fall ist $m = 0{,}357$. Dieses Portefeuille besitzt einen sicheren Wert in $t = 1$ von 80 DM. Im Kapitalmarktgleichgewicht muß dieses Portefeuille auch mit der risikolosen Verzinsungsrate verzinst werden.[13] Man erhält

$$\left(P_0 - mG^W\right)(1+r) = uP_0 - mG_u^* = dP_0 - mG_d^* .$$

Löst man nach G^W auf und setzt Ausdruck (7) für m ein, so erhält man nach einigen Umformungen einen expliziten Ausdruck für den fairen Wert der Warteoption:

$$(8) \qquad G^W = \frac{\bar{\pi} G_u^* + (1-\bar{\pi})G_d^*}{1+r}$$

---

[12] Es sei nochmals angemerkt, daß annahmegemäß Optionsmärkte für das Produkt existieren.

[13] Man beachte, daß man in $t = 0$ einen Kredit in Höhe von 78,05 DM zu 2,5% aufnehmen kann, um den Kauf des Portefeuilles zu finanzieren. In $t = 1$ kann man durch Auflösung des Portefeuilles den Kredit vollständig zurückzahlen. Man benötigt daher keinen Nettokapitaleinsatz.

mit

(9) $$\tilde{\pi} = \left(\frac{(1+r)-d}{u-d}\right) \text{ und } 1-\tilde{\pi} = \left(\frac{u-(1+r)}{u-d}\right).$$

Der Gewichtungsfaktor $\tilde{\pi}$ besitzt die Eigenschaften eines Wahrscheinlichkeitsmaßes und wird als "risk neutral probability" bezeichnet (Cox/Ross, 1976). Setzt man r, u und d in (9) ein, so erhält man $\tilde{\pi} = 0{,}5$. Wiederum eingesetzt in (8) ergibt sich schließlich der Wert der Teilinvestitionsoption mit

$$G^W = \frac{0{,}5 \cdot 126{,}17 + 0{,}5 \cdot 0}{1{,}025} = 61{,}55\,\text{DM}.$$

Unter Berücksichtigung der Lizenzkosten beträgt der Wert des Investitionsprojektes, falls man eine Periode wartet

$$F^W(P) = G^W - L = 61{,}55 - 75 = -13{,}45\ \text{DM}.$$

Hierbei ist zu beachten, daß die Lizenzgebühr für die erste Periode in jedem Fall in $t = 0$ gezahlt werden muß.
Der Wert des Wartens besitzt offensichtlich einen negativen Beitrag zum Gesamtwert des Investitionsprojektes, da $F(P) > F^W(P)$. Die Opportunitätskosten des Wartens liegen darin, daß der erwartete Opportunitätsverlust aus dem Verzicht, in $t = 0$ zu investieren mit 15 DM höher ist als der erwartete Barwert durch "Abschneiden" der schlechten Preisentwicklung mit -4,31 DM.[14]

IV. Option zur Stillegung ohne die Möglichkeit zur erneuten Inbetriebnahme

Nehmen wir nun an, man kann in jeder Periode das Projekt stillegen, es aber dann nicht mehr reaktivieren. Wie hoch ist nun der Wert dieser zusätzlichen Hand-

14 Zur Möglichkeit eines perfekten Hedges durch Optionen und Futures sind an dieser Stelle noch einige Anmerkungen angebracht. Oftmals wird man Investitionsprojekte zur Verfügung haben, für die keine entsprechenden Optionsmärkte existieren. Zusätzlich kann nicht davon ausgegangen werden, daß z.B. ein innovatives Projekt, für das es keinen Markt gibt, leerverkauft werden kann. Vom theoretischen Standpunkt aus ist dies zur Anwendung der Optionspreistheorie und der Futuresbewertung aber nicht notwendig, falls Wertpapiere oder Wertpapierportefeuilles an Märkten handelbar sind, mit denen die stochastische Wertentwicklung des Underlying und des Investi-tionsprojektes dynamisch nachgestellt werden kann. Eine Möglichkeit, die Vorgehens-weise zu rechtfertigen, besteht in der Zusatzannahme, daß ein Wertpapier Z am Markt gehandelt wird, dessen Wertentwicklung perfekt mit der Investmentoption korreliert. Anstatt $G(P)$ wird dann Z ins Hedge-Portefeuille aufgenommen. Zusätzlich kann man zeigen, daß man durch dynamische Anpassungen die stochastische Wertentwicklung eines beliebigen Wertpapiers (also z.B. $G(P)$) mittels zweier marktgehandelter Wertpapiere, einem risikobehafteten Wertpapier X und einem risikolosen Wertpapier Y, replizieren kann. Da das Portefeuille aus X und Y die gleiche Wertentwicklung besitzt wie $G(P)$, müssen beide, um Arbitragegelegenheiten zu vermeiden, auch den gleichen Wert besitzen (vgl. hierzu Merton, 1977).

lungsmöglichkeit gegenüber der zwingenden Durchführung in $t = 0$? Offensichtlich ist es ratsam, bereits in $t = 0$ zu investieren, da das erste Teilprojekt mit 15 DM einen positiven Kapitalwert besitzt und, wie unter 3.3 gezeigt, die Warteoption wertlos ist. Die Situation ist in $t = 1$ nicht mehr eindeutig: Legt man das Projekt im Falle eines Preisrückgangs still, so vermeidet man einen erwarteten Verlust von -5 DM, verzichtet aber gleichzeitig auf die Möglichkeit, im Falle einer nachfolgend positiven Preisentwicklung das Projekt weiterzubetreiben. Man verzichtet daher auf die erwarteten positiven pfadabhängigen Teilprojektzeitwerte $G_{du} = 15$ und $G_{duu} = 40$.

Um den Barwert dieser zustandsabhängigen Teilprojekte zu ermitteln, verwendet man das in 3.3 ermittelten Wahrscheinlichkeitsmaß $\bar{\pi} = 0{,}5$. Die risikoneutralisierte Wahrscheinlichkeit dafür, daß die Preisentwicklung *du* eintritt, ist $(1-\bar{\pi})\bar{\pi} = 0{,}25$. Für *duu* beträgt sie $(1-\bar{\pi})\bar{\pi} \cdot \bar{\pi} = 0{,}125$. Gewichtet man nun die Teilprojektwerte mit der jeweiligen Wahrscheinlichkeit, diskontiert auf $t = 0$ und bildet die Summe, so beträgt der Teilbarwert 8,21 DM. Da die Opportunitätskosten höher sind als der Verlust bei Durchführung in $t = 1$ im Zustand *d*, sollte das Projekt fortgeführt werden. Die Option zur Stillegung in $t = 1$ ist damit wertlos, da eine Ausübung einen negativen Beitrag zum Kapitalwert von -3,21 liefern würde.

Hingegen ist die Option zur Stillegung in $t = 2$ vorteilhaft, falls die Preisentwicklung *dd* eingetreten ist. Ausgehend von einem Preis $P_{dd} = 64$, besteht keine Chance mehr, daß mit den noch durchführbaren Teilprojekten ein positiver Kapitalwert erzielbar ist. Der erwartete Wert dieses Astes beträgt von Zustand *dd* aus betrachtet (d.h. $t = 2$) $G^*_{dd} = -39{,}93$ DM.

Schließlich sollte das Projekt auch in $t = 3$ nach der Preisentwicklungen *dud* und *udd* aus dem gleichen Grund stillgelegt werden. Die Zeitwerte betragen jeweils $G_{dud} = G_{udd} = -5$ DM. Durch die zustandsabhängigen Stillegungen in $t = 2$ und $t =$ 3 können die aufgezeigten negativen Entwicklungen vermieden werden. Der Barwert der Stillegungsoption beträgt

$$
\begin{aligned}
G^S &= -\frac{(1-\bar{\pi})(1-\bar{\pi}) \cdot G^*_{dd}}{(1+r)^2} - \frac{(1-\bar{\pi}) \cdot \bar{\pi} \cdot (1-\bar{\pi}) \cdot G_{udd}}{(1+r)^3} - \frac{\bar{\pi} \cdot (1-\bar{\pi})(1-\bar{\pi}) \cdot G_{dud}}{(1+r)^3} \\
&= -\frac{0{,}25 \cdot -39{,}93}{(1{,}025)^2} - \frac{0{,}125 \cdot -5}{(1{,}025)^3} - \frac{0{,}125 \cdot -5}{(1{,}025)^3} \\
&= 10{,}66\,\text{DM}
\end{aligned}
$$

Hierbei handelt es sich um drei Putoptionen mit einem Basispreis von 0, da annahmegemäß keine Stillegungskosten anfallen. Der Wert des Investitionsprojektes beträgt unter Berücksichtigung der Möglichkeit der Stillegung

$$F^S(P) = F(P) + G^S = -2{,}76 + 10{,}66 = 7{,}90 \text{ DM}.$$

Offensichtlich wird das gesamte Investitonsprojekt unter Berücksichtigung der Möglichkeit zur Stillegung vorteilhaft. Der Kapitalwert ist positiv, so daß eine Durchführung erfolgen sollte.

V. Wert bei vollkommener Flexibilität

Betrachten wir nun den Wert der vier Teilprojekte unter der Prämisse, daß man sie durchführen kann, aber nicht muß. Hierin ist der höchste Grad an Flexibilität zu sehen, die es erlaubt, *alle* ungünstigen Preisentwicklungen des Binomialbaums "abzuschneiden". Hierzu gehören die fünf Preisentwicklungen *d*, *dud*, *udd*, *dd*, *ddu*, *ddd*: ihre zugehörigen pfadabhängigen Teilprojektwerte sind entsprechend ihrem bedingten Charakter null.
Das Gesamtprojekt läßt sich jetzt in $t = 1$ bei der Preisentwicklung P_d temporär "stillegen", danach aber wieder in Betrieb nehmen. Die pfadabhängigen Teilprojektzeitwerte $G_{du} = 15$ und $G_{duu} = 40$ können somit im Vergleich zu 3.4 zusätzlich realisiert werden, *obwohl* man im Zustand d stillegt. Der Beitrag der temporären Stillegung bei einem Preis von P_d ergibt sich mit

$$G^I = -\frac{\bar{\pi} \cdot G_d}{1+r} = -\frac{0{,}5 \cdot -5}{1{,}025} = 2{,}44 \text{ DM.}$$

Der Wert des gesamten Investitionsprojektes erhöht sich aufgrund dieser Verlustvermeidung somit auf

$$F^{\max}(P) = F^S(P) + G^I = 7{,}90 + 2{,}44 = 10{,}34 \text{ DM.}$$

VI. Option zur endgültigen Aufgabe des Projekts

Erweitert man die Handlungsoptionen schließlich um die Möglichkeit zur Lizenzrückgabe, so erhöht sich der Wert der Investitionsoption ggf. um eine weitere Komponente. Als konkreter Fall soll die Möglichkeit zur Lizenzrückgabe in $t = 1$ erlaubt sein. Angenommen es sei vereinbart, daß der Lizenznehmer das Recht habe, die Lizenz für 30 DM in $t = 1$ zurückzugeben. Es ist also zu prüfen, ob das Recht zur Projektaufgabe einen zusätzlichen Wertbeitrag verkörpert. Im Sinne der Optionspreistheorie handelt es sich um eine europäische Putoption K mit einem Basispreis von $X = 30$ DM.
Der Wert des oberen Astes des Binomialbaums ab $t = 1$ bei vollkommener Flexibilität beträgt $G_u'^* = 127{,}36$ und des unteren Astes $G_d'^* = 16{,}83$. Die Teilprojektwerte sind wegen der zusätzlichen Handlungsoptionen höher als die entsprechenden Werte unter 3.3. Es sei zudem beachtet, daß die Putoption eine Funktion auf den zustandsabhängigen Restwert des Projekts ist, wobei der Restwert wiederum eine Funktion auf die Preisentwicklung darstellt. Es handelt sich letztlich um eine "Option auf eine Option". Der Barwert der letzten drei Teilprojekte (d.h. ohne das erste Teilprojekt) beträgt 70,34 DM. Auf der Basis der gleichen Überlegungen wie in 3.4 läßt sich nun der faire Wert der Putoption bestimmen. Hierzu bildet man wiederum ein risikoloses Hedgeportefeuille aus zustandsabhängigem Restwert und der Putoption selbst. Der adäquate Binomialprozeß kann mit $u' = 127{,}36/70{,}34 = 1{,}81$ und $d' = 16{,}83/70{,}34 = 0{,}24$ charakterisiert werden. Als risikoneutralisierte Wahrscheinlichkeit erhält man unter Verwendung von (9), wie zu erwarten ist,

$$\bar{\pi} = \frac{(1+r) - d^*}{u^* - d^*} = \frac{1{,}025 - 0{,}24}{1{,}81 - 0{,}24} = 0{,}5 .$$

Damit beträgt der Wert der Putoption

$$K = \frac{\pi \cdot \max\left[X - G_u^{\prime *};0\right] + (1-\pi) \cdot \max\left[X - G_d^{\prime *};0\right]}{1+r}$$
$$= \frac{0{,}5 \cdot 0 + 0{,}5 \cdot 13{,}17}{1{,}025} = 6{,}42 \text{ DM}$$

Die Möglichkeit zur Rückgabe der Lizenz in $t=1$ für die Perioden 2,3 und 4 erhöht damit den Wert der Investitionsoption um 6,42 DM. Die Ausübung der Putoption im Zustand d liefert eine Zahlung von $X = 30$, während der maximal erzielbare Kapitalwert ausgehend von d nur 16,83 DM beträgt.

Die nachfolgende Tabelle faßt die Ergebnisse nochmals zusammen:

Handlungsoptionen	Wert des gesamten Projekts	Wert der Handlungsoption
keine; $F(P)$	-2,78 DM	
+ Warteoption; $F^W(P) = F(P) + G^W(P)$	-2,76 DM (-13,45 DM)	(-10,67 DM)
+ Option zum Stillegen; $F^S(P) = F(P) + G^S(P)$	7,90 DM	10,66 DM
+ Option zur erneuten Inbetriebnahme; $F^{max}(P) = F(P) + G^S(P) + G^I(P)$	10,34 DM	2,44 DM
+ Option zur Lizenzrückgabe in $t = 1$ zu $X = 30$ $F^{max}(P) + K$	16,76 DM	6,42 DM

Das elementare Beispiel zeigt, daß Handlungsoptionen den Wert eines Investitionsprojektes unter Umständen signifikant erhöhen können. Ohne Berücksichtigung der Handlungsoption "stillegen" hätte man bspw. eine Fehlentscheidung produziert, falls die Alternative tatsächlich existiert. Unter den getroffenen Annahmen war es zudem leicht, optionspreistheoretische Methoden im Rahmen der Bewertung anzuwenden. Bei Vorgabe eines spezifischen Kalkulationszinssatzes k hätte allerdings der Ansatz der dynamischen Programmierung zu einem qualitativ äquivalenten Ergebnis geführt, was die prinzipielle Operationalisierbarkeit des Gesamtansatzes (z.B. unter Verwendung eines Personal Computers) unterstreicht.

D. Anwendungsmöglichkeiten

Die Optionsansätze lassen sich relativ leicht auf die Bewertung von Bodenschätzen bzw. Rohstoffen übertragen (Brennan/Schwartz, 1985).[15] Bspw. ist die Wertentwicklung einer Investitionsoption zur Ausbeutung einer Goldmine eine Funktion des Goldpreises. Je nach dessen Entwicklung, der z.B. durch einen binomialen

15 Eine explizite Lösung für die Optionswerte von komplexen Investitionsprojekten erhält man durch numerische Lösungsalgorithmen (vgl. hierzu ebenfalls Brennan/Schwartz, 1985).

Random Walk modelliert werden kann, sollte man die Mine in Betrieb nehmen oder stillegen. Für Rohstoffe existieren in der Regel aktive Futures- und Optionsmärkte, so daß Hedging-Operationen relativ problemlos durchgeführt werden können. Der große Vorteil liegt darin, daß das Problem der Wahl des "richtigen" risikoadjustierten Kalkulationszinssatzes elegant umgangen werden kann.

Aber auch Markteintritts- und Marktaustrittsentscheidungen von Unternehmen können mit dem optionspreistheoretischen Ansatz untermauert werden. Im Gegensatz zur herrschenden neoklassischen Investitionstheorie ergibt sich aus der Volatilität der Entscheidungsvariablen, den Markteintritt bzw. -austritt ggf. zu verzögern. Bspw. wird ein Unternehmen, das bereits im Markt ist und dessen Grenzkosten nicht gedeckt sind, ggf. im Markt bleiben, da i.d.R. irreversible Austrittskosten anfallen und oftmals die Chance besteht, wieder in die Gewinnzone zu kommen. Aufgrund dieser Überlegungen lassen sich Preisober- und Untergrenzen (Preisspread) ableiten, ab denen ein Markteintritt- bzw. -austritt optimal ist (Dixit, 1989, aber auch Dixit/Pindyck, 1994 oder Beißinger/Möller, 1994).

Auch für die allgemeine Wirtschaftspolitik ergeben sich Implikationen. Je stärker die Opportunitätszinssätze um ein bestimmtes Durchschnittsniveau schwanken, desto höher ist c.p. der Anreiz, mit der Durchführung einer Investition zu warten. Eine staatliche Wirtschaftspolitik, die die private Investitionstätigkeit anregen will, sollte daher nicht nur über die Senkung der Zinshöhe, sondern insbesondere auch über die Stabilisierung des Zinsniveaus Einfluß nehmen (Ingersoll/Ross, 1992).

Literatur

Arrow, Kenneth und Anthony C. Fisher, Environmental Preservation, Uncertainty, and Irreversibility, in: Quarterly Journal of Economics, Vol. 88, 1974, S. 312 - 319.

Bamberg, Günter und Adolf G. Coenenberg, Betriebswirtschaftliche Entscheidungs- lehre, 6. Aufl., München 1991.

Beißinger, Thomas und Joachim Möller, Die Neue Investitionstheorie, in: Wirtschaftswissenschaftliches Studium, Heft 6, 1994, S. 270 - 275.

Bellmann, Richard E., Dynamic Programming, Princeton 1957.

Bitz, Michael, Investition, in: Vahlens Kompendium der Betriebswirtschaftslehre, Band 1, hrsg. von M. Bitz et al., 2. Aufl., München 1989, S. 442-484.

Black, Fisher und Myron Scholes, The Pricing of Options and Corporate Liabilities, in: Journal of Political Economy, Vol. 81, 1973, S. 637-654.

Brennan, Michael J. und Eduardo S. Schwartz, Evaluation Natural Resource Investments, in: Journal of Business, Vol. 58, 1985, S. 135-157.

Copeland, Thomas E. und J. Fred Weston, Financial Theory and Corporate Policy, 3. Aufl., Reading, Mass. 1988.

Cox, John C. und Stephen A. Ross, The Valuation of Options for Alternative Stochastic Processes, in: Journal of Finanicial Economics, Vol. 3, 1976, S. 145-166.

Cox, John C., Stephen A. Ross und Mark Rubinstein, Option Pricing: A Simplified Approach, in: Journal of Finanicial Economics, Vol. 7, 1979, S. 229-263.

Dixit, Avinash, Entry and Exit Decisions under Uncertainty, in: Journal of Political Economy, Vol. 88, 1980, S. 462-475.

Dixit, Avinash und Robert S. Pindyck, Investment under Uncertainty, Princeton, New Jersey 1994.

Hax, Herbert und Helmut Laux, Flexible Planung - ,Verfahrensregeln und Entscheidungsmodelle für die Planung, in: Zeitschrift für betriebswirtschaftliche Forschung, Jg. 24, 1972, S. 318-340.

Ingersoll, Jonathan E. und Stephen A. Ross, Waiting to Invest: Investment and Uncertainty, in: Journal of Business, Vol. 65, 1992, S. 1-29.

Krahnen, Jan-Pieter, Sunk Costs und Unternehmensfinanzierung, Wiesbaden 1991.

Kreps, David M., A Course in Microeconomic Theory, New York et al. 1990.

McDonald, Robert und Daniel Siegel, The Value of Waiting to Invest, in: Quarterly Journal of Economics, Vol. 101, 1986, S. 707-727.

Merton, Robert C., On the Pricing of Contingent Claims and the Modigliani-Miller Theorem, in: Journal of Financial Economics, Vol. 5, 1977, S. 241-249.

Pindyck, Robert S., Irreversibility, Uncertainty, and Investment, in: Journal of Economic Literature, Vol. XXIX, 1991, S. 1110-1148.

Roberts, Kevin und Martin L. Weitzman, Funding Criteria for Research, Development, and Exploration Projects, in: Econometrica, Vol. 49, 1981, S. 1261 - 1288.

Swoboda, Peter, Investition und Finanzierung, 4. Aufl., Göttingen 1992.

HELMUT KOCH

Kostenrechnung im Wandel der Zeiten

Einleitung

1. Die monatliche Kostenrechnung, wie sie sich in der Kostenarten-, Kostenstellen- und Kostenträgerrechnung manifestiert, ist aus dem externen Rechnungswesen (Buchhaltung und Abschluß) hervorgegangen. Ihre ursprüngliche Aufgabe war die Ermittlung der Herstellungskosten je Leistungseinheit zum Zwecke der dem Realisationsprinzip entsprechenden Abgrenzung der externen Jahreserfolgsrechnungen. Im Laufe der Zeit aber hat man die Kostenrechnung immer stärker für die Zwecke der Unternehmensführung verwandt und ihr entsprechende Aufgaben gestellt. Heute wird sie schwerpunktmäßig als Instrument der Unternehmensführung betrachtet und überwiegend der internen Unternehmensrechnung zugeordnet.

Als Hauptzwecke der periodischen Kostenrechnung seien hier der Einfachheit halber lediglich betrachtet:

- Die Unternehmensanalyse (z. B.: kurzfristige Erfolgsrechnung, unterteilt nach Produktarten)
- Die Bildung von Angebotspreisen
- Die Managementsteuerung

Dabei wird unter der Managementsteuerung die Lenkung der mit Entscheidungsaufgaben betrauten untergeordneten Führungsinstanzen zwecks Integration dieser Detailentscheidungen in die Gesamtunternehmenspolitik verstanden.

2. Je nachdem, auf welchen dieser Zwecke die Kostenrechnung primär ausgerichtet ist, lassen sich verschiedene Systeme der Kostenrechnung unterscheiden.

a) Einmal findet sich in der Praxis das System der, wie wir sagen wollen, "einfachen Kostenträgerrechnung". Es stellt primär auf die Zwecke der Angebotspreisbildung und der kurzfristigen Erfolgsrechnung ab. Die Kostenrechnung hat hier ihren Schwerpunkt in der Kostenträgerrechnung, die ja für diese Zwecke unmittelbar benötigt wird. Sowohl die Kostenarten- als auch die Kostenstellenrechnung werden lediglich als Vorstufen der Kostenträgerrechnung behandelt. D.h.: sie werden so durchgeführt, wie es für eine hinreichend genaue, verursachungsgerechte Ermittlung der Kosten je Leistungseinheit erforderlich ist.

b) Später wurde der periodischen Kostenrechnung nebenbei auch noch ein anderer Zweck zugrunde gelegt, der vornehmlich die Kostenstellenrechnung betrifft. Gemeint ist der Zweck der Managementsteuerung, d.h. der Lenkung der untergeordneten Führungsinstanzen. Dementsprechend wird die periodische Kostenrechnung zur "**erweiterten Kostenträgerrechnung**" ausgebaut.

c) Ein weiteres, bisher noch nicht praktiziertes System der Kostenrechnung stellt primär auf den Zweck der Managementsteuerung ab. Hier liegt der Schwerpunkt der periodischen Kostenrechnung in der Kostenstellenrechnung. Diese wird so durchgeführt, wie es der Zweck der Managementsteuerung erfordert. Demgemäß wird die Kostenträgerrechnung nur so genau betrieben, wie es die managementorientierte Kostenstellenrechnung zuläßt. Diese Art von Kostenrechnung sei als das System der (um die Kostenträgerrechnung) "**erweiterten Kostenstellenrechnung**" bezeichnet. Diesem System scheint dem Verfasser in der Zukunft wachsende Bedeutung beizumessen zu sein. Denn einmal tritt der Hauptzweck der Managementsteuerung in der industriellen Praxis immer stärker in den Vordergrund. Zum anderen sinkt die Informationseffizienz der Kostenträgerrechnung aufgrund der Verschiebung der Kostenstruktur zugunsten der Stückgemeinkosten permanent.

3. In diesem Beitrag soll dargelegt werden, daß in der Vergangenheit ein Wechsel des jeweiligen Hauptzweckes der Kostenrechnung zum Wechsel des Kostenrechnungssystems geführt hat. Obendrein sei gezeigt, daß sich unter den obwaltenden Umständen der Hauptzweck der Kostenrechnung immer stärker auf die Managementsteuerung verlagert und sich daher bei zahlreichen Industrieunternehmen die Anwendung des Systems der erweiterten Kostenstellenrechnung empfiehlt.

A. Das System der "einfachen Kostenträgerrechnung"

I. Die Angebotspreisbildung und die kurzfristige Erfolgsrechnung als Hauptzwecke der Kostenrechnung

1. Das System der ausschließlichen Kostenträgerrechnung tritt uns voll entwickelt erstmalig in der Zeit vor und während des 2. Weltkriegs entgegen. Es ist dadurch charakterisiert, daß von den o. g. Hauptzwecken die kurzfristige Erfolgsrechnung und die Preisbildung im Vordergrund standen. Dagegen wurde dem Zweck der Managementsteuerung nur eine sekundäre Bedeutung zugemessen. Ihm wurde damals durch Verwendung der Stückkosten für den zwischenbetrieblichen Kostenvergleich Rechnung getragen. Es wurde daher das System der einfachen Kostenträgerrechnung angewandt.

Maßgeblich hierfür waren ab 1936 vor allem die politischen Ziele der damaligen Staatsführung (Autarkiebestrebungen, militärische Aufrüstung) bestimmt. Hier sind die staatlichen Vorschriften über die Preisbildung bei öffentlichen Aufträgen sowie die Erlasse und Vorschriften über die Vereinheitlichung und Vervollkommnung der Kostenrechnung zu nennen (Fischer/Heß/Seebauer, 1939, S. 382 ff. und S. 415 ff.; Dorn, 1992, S. 97 ff.; Kloock/Sieben/Schildbach, 1981; Schweitzer/Küpper, 1995; u. a.).

So wurden am 12. November 1936 der sog. Wirtschaftlichkeitserlaß, am 11. November 1937 der sog. Buchführungs-Richtlinienerlaß herausgegeben. Weiterhin wurde am 15. November 1938 die LSÖ-Vorschrift erlassen. Es schlossen sich die Kostenrechnungsgrundsätze vom 19. Januar 1939 an. Nun ging aber das staatliche Bestreben damals dahin, bei der Bestimmung des "Selbstkostenpreises" für öffentliche Aufträge nicht von den Stückkosten eines Unternehmens **schlechthin** auszugehen. Vielmehr sollte von den Kosten je Leistungseinheit eines "guten", d. h. rationell und kostensparend fertigenden Unternehmens der betreffenden Branche ausgegangen werden.

In diesem Sinne hat man die Kostenrechnung auch als Instrument der Managementsteuerung benutzt. Aber dadurch wurde der stückkostenorientierte Grundaufbau der Kostenrechnung nicht verändert. Denn als Verfahren der Kostenkontrolle wurde vornehmlich der zwischenbetriebliche Stückkosten-Vergleich angewandt. Um die hierfür erforderlichen Voraussetzungen zu schaffen, wurden am 24. März 1942 die an die Industrie gerichteten Kostenrechnungsregeln und am 12. Juni 1942 die speziell an die eisen- und metallverarbeitende Industrie gerichteten sog. "Kostenrechnungsrichtlinien" herausgegeben. Diese Vorschriften waren für die deutsche Industrie auch in der Nachkriegszeit von großer Bedeutung.

II. Der Grundaufbau der einfachen Kostenträgerrechnung

Der Grundaufbau des Systems der einfachen Kostenträgerrechnung ist allgemein bekannt: Die monatliche Kostenrechnung wird als eine reine Ist-Kostenrechnung durchgeführt, die in die Kostenarten-, Kostenstellen- und Kostenträgerrechnung strukturiert ist. Im Mittelpunkt steht dabei die Kostenträgerrechnung.

In die Kostenstellenrechnung - sie manifestiert sich im Betriebsabrechnungsbogen - gehen nur die Stückgemeinkosten (nicht auf die erzeugnisbezogenen Fertigungseinzelkosten) ein, die letztlich auf die Produkteinheiten geschlüsselt werden müssen.

Demgemäß bildet sie lediglich eine Vorstufe der nach dem "Kostenverursachungsprinzip" durchgeführten Kostenträgerrechnung. So werden z. B. die Kostenarten den Kostenstellen nach Maßgabe des jeweiligen Faktoreinsatzes zugeordnet. Ferner werden die Primärkosten der Fertigungshilfsstellen als sekundäre Kosten an die von den Produkten durchlaufenen Fertigungs-hauptstellen auftragsweise oder durch Schlüsselung weiterverrechnet. Schließlich werden die Kosten "gegenseitiger innerbetrieblicher Leistungen" verursachungs-gemäß verrechnet (Coenenberg, 1976, S. 1 ff.; Coenenberg, 1992, S. 80; u. a.).

Zu erwähnen ist schließlich, daß die Ist-Kostenrechnung aus Gründen der Vereinfachung (Ausschaltung von Marktpreisschwankungen, Bildung von abgerundeten Gemeinkostensätzen) mit Normalkosten- und Standardgemeinkostensätzen arbeitet (Müller, 1938/39, S. 313).

B. Das System der "erweiterten Kostenträgerrechnung"

I. Die Struktur der Hauptzwecke und die Rahmenbedingungen der Kostenrechnung

1. Etwa seit Anfang der 50er Jahre findet sich in der deutschen Industrie das zweite System der Kostenrechnung in zunehmendem Maße praktiziert: die "erweiterte Kostenträgerrechnung".

Maßgebend für diesen Wandel waren vor allem zwei Faktoren:

a) Die Struktur der Hauptzwecke der periodischen Kostenrechnung hat sich gewandelt: Die Funktion der Managementsteuerung hat aufgrund des internen und externen Wachstums der Unternehmen an Gewicht zugenommen (Kilger, 1993; Riebel, 1993; u. a.). Demgegenüber hat die Bedeutung der LSÖ- bzw. LSP-Kalkulation mit dem Übergang zur Marktwirtschaft abgenommen. Der Einfluß der Stückkosten auf die Angebotspreise wurde in der Wettbewerbswirtschaft obendrein auf die Bestimmung von Preisuntergrenzen reduziert.

b) Die Voraussetzungen für die Kostenkontrolle in Form von zwischenbetrieblichen Kostenvergleichen waren insofern nicht mehr gegeben, als der staatliche Druck zur Durchführung von branchenweisen Kostenvergleichen wegfiel und der sich verschärfende Wettbewerb eine freiwillige Kooperation nicht zuließ.

Diesen Wandlungen entsprechend änderten zahlreiche Industrieunternehmen den Aufbau der Kostenrechnung: Die als Vorstufe der Kostenträgerrechnung fungierende Kostenstellenrechnung wurde zugleich unter dem Aspekt einer forcierten Managementsteuerung zu einer Soll-Ist-Kostenvergleichsrechnung ausgebaut (Männel, 1992, S. 67 ff.). Dabei besteht die Änderung darin, daß bei jeder Kostenstelle zusätzlich zu den Ist-Kosten auch Soll-Kosten angesetzt werden. Aus diesem Grunde wird dieses System als **"erweiterte Kostenträgerrechnung"** bezeichnet.

Im folgenden seien zunächst die beiden in der Praxis anzutreffenden Verfahren der Managementsteuerung skizziert: Die kontrollgestützte und die planungsgestützte Managementsteuerung. Alsdann sei das hierauf abstellende System der erweiterten Kostenrechnung beschrieben.

II. Die Verfahren der Managementsteuerung

1. Die **kontrollgestützte Managementsteuerung** ist dadurch gekennzeichnet, daß sie durch die Ergebnisse der monatlichen Kostenkontrolle, die in Form von Soll-Ist-Kostenvergleichen durchgeführt werden, ausgelöst wird. Sind die nach Ablauf eines Monats festgestellten Abweichungen der Ist-Kosten einer Kostenstelle von deren Soll-Kosten erheblich, so greifen die höheren Führungsebenen steuernd ein, d. h.: sie wirken auf die betreffenden Unterinstanzen ein.
2. Die "planungsgestützte Managementsteuerung" ist gegenüber der kontrollgestützten Steuerung (flexible Grenzplankostenrechnung) aufwendiger, dafür aber umfassender und erheblich effizienter (Freiling, 1980; Koch, 1982; Laßmann, 1992,

S. 300 ff.). Dieses Verfahren hat in Deutschland etwa seit Mitte der 60er Jahre auf breiter Front Eingang gefunden. Damals setzten sich hierzulande die in den Vereinigten Staaten entwickelten und praktizierten Grundsätze der weitgehend dezentralisierten Führung industrieller Großunternehmen (Divisionalisierung, Marketingplanung, Integrierte Unternehmensplanung) durch. Seitdem gewinnt die planungsgestützte Managementsteuerung in der deutschen Industrie ständig an Bedeutung.

Charakterisiert ist die "**planungsgestützte Managementsteuerung**" dadurch, daß sie sich auf die von der Gesamtleitung des Unternehmens bzw. den Geschäftsbereichsleitungen getroffene, strategische Gesamtplanung stützt und durch die operativen Planungen ausgelöst wird. Sie stellt unmittelbar auf die konsequente Umsetzung der Unternehmensplanung ab und besteht somit in der **ex ante-Beeinflussung** der untergeordneten Führungsinstanzen.

Die planungsgestützte Managementsteuerung weist auf den verschiedenen Führungsebenen unterschiedliche Aggregationsgrade auf:
a) Im strategischen Bereich (oberes Management bis zu den Geschäftsbereichsleitungen) erfolgt die Steuerung in der Regel durch finanzielle (bilanzorientierte) Kennzahlen, die jährlich, quartalsmäßig oder monatlich vorgegeben werden.

b) Auf operativer Ebene (innerhalb des Geschäftsbereichs) wird zweistufig gesteuert:

(1) Was die größeren operativen Einheiten (Funktionsbereiche, Beschaffung, Fertigung, Vertrieb; Funktionsabteilungen innerhalb des Funktionsbereichs Fertigung bzw. Vertrieb) betrifft, so erfolgt die Steuerung mit Hilfe einer integrierten operativen Unternehmensplanung, bei der die Leistungsmengen sämtlicher Teilbereiche gegenseitig abgestimmt sind.

Sie erstreckt sich einmal auf die Abstimmung der Aktivitäten (Leistungsmengen, Investitionsprojekte, Produktionsprozesse) (Laßmann, 1992, S. 300 ff.). Zum anderen bezieht sie sich auf die mit den Leistungsmengenplänen verbundenen Kosten, Erlöse und Erfolge.

Die Steuerung der Unterinstanzen erfolgt, soweit es die operative Leistungsmengenplanung betrifft, in einem den kooperativen Führungsstil pflegenden Unternehmen durchweg in Form der Einbeziehung der unteren Führungskräfte in die übergeordneten Planungen. Auch werden Abstimmungsgespräche zwischen den verschiedenen Führungsebenen durchgeführt. Nur in Ausnahmefällen, z.B. in Gefahrensituationen sowie bei dem Erfordernis, rasch zu handeln, erfolgt die Steuerung durch Vorgaben an die Unterinstanzen.

Hinsichtlich der Kosten, der Erlöse und des Erfolges erfolgt die Steuerung der Unterbereiche im allgemeinen durch die Vorgabe von Kosten-, Erlös- und Erfolgsbudgets, die auf Perioden oder/und auf Projekte abstellen (begleitende Auftragskalkulation).

(2) In den kleineren operativen Bereichen (Teilfunktionsabteilungen z. B. in der Fertigung: Blechwerkstatt, Teilefertigung, Montage) werden auf der Basis der integrierten monatlichen Leistungsmengenplanung und der monatlichen Sollkostenvorgabe für kürzere Fristen (Dekade, Woche, Tag, in jeder Abteilung isoliert, Steuerungsgrößen vorgegeben. Als solche dienen aus Gründen der Verständlichkeit vielfach technische Größen (Mengen, Gewicht, Zeit) (Kaiser, 1993, S. 60 ff.). Z. B.:

- Leistungsmengen je Tag (Woche) bzw. Outputmenge je Stunde,
- Materialverbrauchsmenge je Tag (Woche) bzw. je Stunde.

3. Unterschiedlich ist bei der kontrollgestützten und bei der planungsgestützten Managementsteuerung vor allem die Festlegung der Sollkosten einer Kostenstelle.

Bei der kontrollgestützten Managementsteuerung sind die Sollkosten in jeder Kostenstelle auf das Ist-Beschäftigungsvolumen, das erst nach Ablauf der Planperiode festgestellt werden kann, bezogen.

Bei der planungsgestützten Managementsteuerung dagegen werden die Sollkosten jeder Kostenstelle aufgrund der zuvor aufgestellten Leistungsmengenbudgets ex ante ermittelt und als Kostenbudgets vorgegeben. Dieses Steuerungsverfahren ist somit zukunftsbezogen.

III. Der Aufbau der "erweiterten Kostenträgerrechnung"

1. In Literatur und Praxis findet sich das System der erweiterten Kostenträgerrechnung, entwickelt und angewandt. Es ist dadurch charakterisiert, daß

- in Kostenstellen- und Kostenträgerrechnung ein und dasselbe Kostenzurechnungsprinzip (z. B. Faktor einsatzbezogenes Verursachungsprinzip) zugrunde gelegt wird,
- die innerbetrieblichen Leistungen jeder Kostenstelle nach Möglichkeit auftragsweise abgerechnet und den empfangenen Kostenstellen angelastet werden.

Versionen dieses Systems sind:

- die von G. H. Plaut Ende der 40er Jahre entwickelte "flexible Plankostenrechnung", später ausgebaut zur Grenzplankostenrechnung.
- das von Paul Riebel verdienstvollerweise in den 50er Jahren entwickelte System der Einzelkosten- und Deckungsbeitragsrechnung.
- die von Gert Laßmann entwickelte "Betriebspankosten- und Betriebsplanerfolgsrechnung".

Im folgenden seien diese drei Versionen kurz skizziert.

2. Die flexible Grenzplankostenrechnung stellt eine ex post durchgeführte Kostenkontrolle dar. Sie erfolgt im monatlichen Soll-Ist-Kostenvergleich. Als Kriterium für die Beurteilung der Ist-Kosten des eigenen Unternehmens werden die der Ist-Beschäftigung entsprechenden Soll-Kosten des Monats (= Kosten, die sich bei

sparsamer und rationeller Arbeitsweise ergeben würden) zugrunde gelegt. Dabei werden die Soll-Kosten bereits vor Beginn des Rechnungsjahres für alternativ mögliche monatliche Beschäftigungsgrade festgelegt. Die flexible Plankostenrechnung stellt also ein Verfahren der ex post-Kostenkontrolle dar.

In den ersten Nachkriegsjahren haben sich vor allem die Unternehmensberater H.G. Plaut und K. Neumaier um die Verbreitung der Idee der flexiblen Plankostenrechnung und der Entwicklung von praktikablen Verfahren verdient gemacht. Berühmt wurden die drei Frankfurter Plankostentagungen von 1949 bis 1951. Auf ihnen trugen Plaut und Neumaier ihre Konzepte vor, die eingehend diskutiert wurden.

Dabei wurde die flexible Plankostenrechnung nach und nach verfeinert. Als erstes wurde die "doppelt-flexible Plankostenrechnung" eingeführt. Diese sollte den Einfluß unterschiedlicher Auftragszusammensetzungen auf die Verbrauchsabweichung ausschalten. Den Abschluß der Weiterentwicklung bildete die "vollflexible Plankostenrechnung". In ihr werden außer dem Wechsel der Auftragszusammensetzung auch die Verfahrensunterschiede zwischen den Soll-Kosten und den Ist-Kosten eliminiert.

G. H. Plaut hat in den 50er Jahren die erweiterte Version der "flexiblen Grenzplankostenrechnung" eingeführt. Er suchte damit zusätzliche, für die kurzfristige Produktprogrammplanung relevante Informationen bereitzustellen.

Die flexible Grenzplankostenrechnung basiert auf der Kostenspaltung in beschäftigungsvariable (lineare) und beschäftigungsfixe Kosten. Die Kostenkontrolle bezieht sich allein auf die variablen Kosten. Hier werden für das bevorstehende Planjahr bei jeder variablen Kostenart die Grenzplankostensätze je Einheit des Beschäftigungsvolumens festgelegt. Die monatlichen Sollkosten ergeben sich demnach aus der Multiplikation des Grenzplankostensatzes mit der nachträglich ermittelten Ist-Beschäftigungsmenge.

Was die Fixkosten anlangt, so werden die Planfixkosten den Ist-Fixkosten gleichgesetzt. Sie gehen nicht in die Kostenträgerrechnung ein, sondern werden kumulativ als Aufwand in die Gewinn- und Verlustrechnung gebucht.

Wolfgang Kilger hat die flexible Grenzplankostenrechnung mit Deckungsbeitragsrechnung glänzend dargestellt, verfeinert und weiterentwickelt (Kilger, 1993).

3. Die von Paul Riebel (Riebel, 1993) entwickelte Version der Einzelkostenrechnung und Deckungsbeitragsrechnung stellt ebenfalls eine ex post-Kostenkontrolle in Gestalt des Soll-Ist-Kostenvergleichs dar. Denn als Basis der Kostenkontrolle dient auch hier allein die nach Ablauf der Periode festgestellte Ist-Leistungsmenge.

Die Besonderheit dieser Version liegt in dem für die Kostenstellenrechnung und Kostenträgerrechnung zugleich aufgestellten Prinzip der relativen Einzelkostenrechnung. Es besagt, daß den Kostenträgern (Leistungseinheiten) lediglich die

Stückeinzelkosten, jeder Kostenstelle lediglich die Stelleneinzelkosten zugerechnet werden.

Dementsprechend führt Paul Riebel anstelle des Kostenverursachungsprinzips das "-Identitätsprinzip-" ein. Hiernach werden die Kostenstellen hierarchisch geordnet. Jeder Führungsinstanz werden die durch ihre Entscheidungen bestimmten Kosten als Stelleneinzelkosten zugeordnet. So werden z.B. der Kostenstelle Dreherei die Fertigungslöhne, die Fertigungsmaterialkosten, die Energiekosten und dergleichen zugerechnet. Dagegen werden die Kosten der Qualitätskontrolle der Reparaturwerkstatt u.a. als Einzelkosten der Kostenstelle Fertigungsleitung zugeordnet. Ferner werden der Finanzierungsabteilung die Zinskosten, der Personalabteilung die Gehälter zugerechnet.

Auch werden der Leistungen der Kostenstellen jeweils mit jeden Stelleneinzelkosten, welche zugleich Stückeinzelkosten sind, auf die abnehmenden Kostenstellen auftragsweise weiterverrechnet.

4. Die von Gert Laßmann entwickelte Version der "Betriebsplankosten- und Betriebsplanerfolgsrechnung" stellt auf die planungsgestützte Managementsteuerung ab. Die Besonderheit dieser Version liegt darin, daß anstelle der in der flexiblen Grenzplankostenrechnung üblichen jährlichen Festlegung der Planeinstandspreise des Materials die monatliche Festlegung der Planpreise tritt. Dabei werden die Planpreise jeweils anhand eines tiefstrukturierten Systems von Einflußgrößen ermittelt. Hierdurch lassen sich die nicht beeinflußbaren Schwankungen der Rohstoffqualität und sonstiger Koeffizienten verfeinerter berücksichtigen.

C. Das System der erweiterten Kostenstellenrechnung

I. Die Problematik der "erweiterten Kostenträgerrechnung"

1. Die Systeme der einfachen und der erweiterten Kostenträgerrechnung beherrschen heutzutage die Praxis der industriellen Kostenrechnung. Dagegen ist das System der "erweiterten Kostenstellenrechnung" zur Zeit noch ein gedachtes Modell, das der Verfasser als eine realistische Alternative zur Diskussion stellen möchte. Dieses Modell geht nämlich von den gleichen Durchführungsbedingungen und Zwecken der Kostenrechnung aus wie die "erweiterte Kostenträgerrechnung". Aber es ist auf den in den Vordergrund getretenen Zweck der Managementsteuerung konsequenter ausgerichtet und der in der Praxis zu verzeichnenden Effizienzminderung der Kostenträgerrechnung besser angepaßt. Daher ist es zumindest für die industriellen Großunternehmen mit ausgeprägt dezentraler Führungsorganisation besser geeignet.

2. Folgende Umstände, die heute auf die Mehrzahl der deutschen Industrieunternehmen zutreffen, lassen das System der "erweiterten Kostenträgerrechnung" als problematisch erscheinen:

a) Zunehmende Bedeutung der Funktion der Managementsteuerung und damit der Kostenstellenrechnung.

Seit Jahrzehnten ist ein fortgesetztes externes und/oder internes Wachstum von Industrieunternehmen zu beobachten. Es ist begleitet durch die Ausweitung des Produktprogramms und Globalisierung der Unternehmen. Mit dem Wachstum aber ist notwendig eine Dezentralisierung der Leitungsfunktion verbunden. Aus diesem Grunde ist es bei großen, international aktiven Unternehmen dringend geboten, die Managementsteuerung zu intensivieren. Dies führt u. a. dazu, daß die Kostenstellenrechnung als Instrument der Managementsteuerung für die Unternehmensleitung immer mehr an Bedeutung gewinnt und somit in verstärktem Maße auszubauen ist.

b) Seit Jahrzehnten ist eine fortgesetzte Minderung der Informationseffizienz der Kostenträgerrechnung zu verzeichnen. Faktoren dieser Entwicklung sind:

- die stetige Automatisierung von Fertigung, Vertrieb und Verwaltung,
- die stetige Zunahme der Fertigungsvorleistungen,
- die enger werdende Verflechtung des Unternehmens mit den Zulieferern,
- die wachsende Herstellung und Nutzung von Synergiepotentialen.

Diese Faktoren bewirken, daß die Schlüsselung der variablen und fixen Stück-Gemeinkosten auf die Leistungseinheit zu immer ungenaueren, das heißt immer weniger treffsicheren Stückkosten-Informationen führt. Denn die Gemeinkosten nehmen bei gegebenen Leistungsvolumen ständig zu, während die Einzelkosten als Basis für die Schlüsselung fortgesetzt schrumpfen.

c) Aus diesen beiden Entwicklungen aber sind bei rationeller Unternehmenspolitik Konsequenzen zu ziehen:

- Einmal ist die Kostenstellenrechnung gezielter auf die Funktion der Managementsteuerung auszurichten.

- Zum anderen ist der Aufwand für die Kostenträgerrechnung zu reduzieren. D.h.: unter Minderung des Mitteleinsatzes sind die Rechenoperationen zu vereinfachen und zu vergröbern. Denn jede hierfür zusätzlich verausgabte Geldeinheit lohnt sich immer weniger. Ja, eine zunehmende Perfektionierung der Kostenträgerrechnung wirkt heute geradezu kontraproduktiv.

3. Die erweiterte Kostenträgerrechnung aber vermag den mit der Managementsteuerung verbundenen Informationsbedarf nicht hinreichend zu decken. Verlangt wird nämlich die Ermittlung der von jeder hierarchisch geordneten Führungsinstanz nach Maßgabe ihrer Entscheidungskompetenz beeinflußbaren Kosten bei Soll- und Ist-Beschäftigung. Dabei gehören zu den Sollkosten einer übergeordneten Führungs-instanz auch die Sollkosten der jeweils untergeordneten Abteilungen. Denn die übergeordnete Instanz ist auch für die von ihr indirekt beeinflußten Kosten verantwortlich.

Die erweiterte Kostenträgerrechnung deckt diesen Informationsbedarf in folgenden Punkten nicht:

- für die Kostenstellen- und Kostenträgerrechnung wird ein einheitliches Kostenzurechnungsprinzip (Verursachungs-, Identitätsprinzip) aufgestellt, obwohl diesen Bereichen ganz unterschiedliche Informationszwecke gesetzt sind,
- es wird nicht der Tatsache Rechnung getragen, daß die von einer Führungsinstanz zu verantwortenden Kosten nicht nur aufgrund eigener Entscheidungen, sondern auch durch Zielvorgaben an Unterinstanzen und durch sachkompetente Bedarfsanforderungen an Material und Finanzmitteln - über diese wird letztlich in den zentralen Beschaffungsabteilungen entschieden - bedingt sind,
- die Informationsbedürfnisse der Unternehmensleitung nicht nur die Grenzkosten und Einzelkosten der Leistungseinheit umfassen, sondern auch auf die Vollkosten der Leistungseinheit (Bildung von Angebotspreisen, projektbezogenen Managementsteuerung, Bestandsbewertung) gerichtet sind.

II. Der Aufbau der erweiterten Kostenstellenrechnung

1. Das hier zur Diskussion gestellte System stellt von vornherein auf die Dominanz des Zweckes der Managementsteuerung und zugleich auf die Reduzierung der Kostenträgerrechnung ab. Es sei daher als das System der **"erweiterten Kostenstellenrechnung"** bezeichnet. Im folgenden seien einige Besonderheiten dargestellt - freilich muß es aus Platzgründen mit Andeutungen sein Bewenden haben. Dabei wird ausschließlich auf die planungsgestützte Managementsteuerung Bezug genommen, weil diese für die Unternehmensführung am effizientesten ist.

2. Zu Kostenstellen werden die in der Führungshierarchie des Unternehmens gleichgeordneten bzw. subordinierten Führungsbereiche (z. B.: Geschäftsbereichsleitung, Leitungen der Funktionsbereiche Fertigung, Absatz, Beschaffung sowie die Leitungen der Teilfunktionsabteilungen innerhalb eines jeden Funktionsbereichs) erhoben.

3. Als Budgetkosten einer Kostenstelle werden lediglich die Monatsbeträge der von der betreffenden Führungsinstanz, beeinflußbaren und daher zu verantwortenden Kostenarten festgelegt und vorgegeben. D. h.: zur Festlegung der Budgetkosten jeder Kostenstelle wird das **"Kostenbeeinflussungsprinzip"** angewandt. Es besagt: Der Führungsinstanz (Kostenstelle) werden jene Kosten zugerechnet, welche sie durch ihre eigenen Entscheidungen sowie aufgrund von Zielvorgaben an untergeordnete Instanzen und durch sachkompetente Bedarfsanforderungen an die Oberinstanzen beeinflußt und daher ganz oder teilweise zu verantworten hat. Damit hebt es sich vom Kostenverursachungsprinzip (Zurechnung nach den Faktoreinsatzmengen) sowie vom Identitätsprinzip (Zurechnung nur nach Maßgabe der Eigenentscheidungen) ab.

In diesem Sinne werden z. B. im Fertigungsbereich einer Teilfunktionsabteilung (mechanische Teilefertigung, Gesamtmontage) lediglich die Fertigungslöhne und Hilfslöhne nebst Lohnnebenkosten, die Fertigungsmaterialkosten sowie die Kosten der Hilfs- und Betriebsstoffe und Energiekosten als Budgets vorgegeben. Der Leitung des übergeordneten Funktionsbereichs Fertigung werden u. a. die Gehälter und die Zinskosten im Fertigungsbereich, aber auch die von ihr mitzuverantwortenden Kosten der Unterbereiche vorgegeben. Ferner werden anteilige Zinskosten budgetiert, soweit die Entscheidungen über den Faktoreinsatz den Finanzbedarf beeinflussen.

Der Leitung des Geschäftsbereichs werden schließlich die Abschreibungen auf die geschäftsbereichsspezifischen Infrastrukturanlagen, die entsprechenden Zinskosten, Gehälter der Zentralstellen des Geschäftsbereichs, Versicherungskosten u. a. sowie die von ihr mitzuverantwortenden Kosten der Unterbereiche als Budgets zugewiesen.

Auf die hierbei auftretenden Durchführungsprobleme kann hier freilich nicht eingegangen werden.

4. Die Budgetkosten jeder Kostenstelle werden nicht auf die die Leistung empfangenden produktnahen Kostenstellen weiterverrechnet, sondern auf die jeweils unmittelbar übergeordnete Führungsinstanz übertragen. Denn diese ist für die Einhaltung des Kostenbudgets in den untergeordneten Bereichen mitverantwortlich. Eine Weiterverrechnung der Kosten an die leistungsempfangenden Kostenstellen dagegen ist im Rahmen der Kostenstellenrechnung nicht zweckdienlich. Sie ist auch nicht erforderlich. Denn die Abstimmung der Herstellmengen der verschiedenen Fertigungsstufen inklusive der innerbetrieblichen Leistungen erfolgt bereits durch die Mengenplanung und die entsprechenden Leistungsmengenbudgets.

5. Die Kostenträgerrechnung - sie dient der Ermittlung der mit der Leistungseinheit anteilig verbunden Kosten - wird im System der erweiterten Kostenstellenrechnung vereinfacht und vergröbert. So werden die Kosten der innerbetrieblichen Leistungen nicht auftragsweise, sondern durch Gemeinkostenschlüsselung auf die empfangenden Kostenstellen bzw. auf die Produkteinheiten verrechnet.

Schluß

Man sieht: Die Kostenrechnung hat sich in den letzten Jahrzehnten seit Kriegsende in Konzeption und Verfahren stetig weiterentwickelt. Sicherlich wird sie auch in Zukunft in Anpassung an Änderungen der Informationszwecke und der Durchführungsbedingungen weitere Wandlungen erfahren.

Literatur

Coenenberg, A.G., Ziele, Systeme und Hauptproblembereiche kosten- und leistungsorientierter Planungs- und Kontrollrechnungen, in: Coenenberg, A.G. (Hrsg.), Unternehmensrechnung, München 1976, S. 1 ff.

Coenenberg, A.G., Kostenrechnung und Kostenanalyse, Landsberg/Lech 1992, S. 80 ff.

Dorn, G., Geschichtliche Entwicklung der Kostenrechnung, in: W. Männel (Hrsg.), Handbuch der Kostenrechnung, Wiesbaden 1992, S. 97 ff.

Fischer, J./Heß, U./Seebauer, G., Buchführung und Kostenrechnung, Leipzig 1939.

Freiling, D., Budgetierungs- und Controlling-Praxis, Wiesbaden 1980.

Kaiser, K., Kosten- und Leistungsrechnung automatisierter Produktion, 2. Aufl., Wiesbaden 1993.

Kilger, W., Flexible Plankostenrechnung und Deckungsbeitragsrechnung, 10. Aufl., Wiesbaden 1993.

Kloock, J./Sieben, G./Schildbach, T., Kosten- und Leistungsrechnung, 2. Aufl., Düsseldorf 1981.

Koch, H., Integrierte Unternehmensplanung, Wiesbaden 1982.

Laßmann, G., Betriebsplankosten- und Betriebsplanerfolgsrechnung, in: Männel, W. (Hrsg.), Handbuch der Kostenrechnung, Wiesbaden 1992, S. 300 ff.

Männel, W., Gesamtzusammenhang der Teilgebiete der Kosten-, Leistungs-, Erlös- und Ergebnisrechnung, in: Männel, W. (Hrsg.), Handbuch der Kostenrechnung, Wiesbaden 1992, S. 67 ff.

Müller, A., Die Normalkostenrechnung als Hilfsmittel der Kostenauswertung, Archiv für das Eisenhüttenwesen, 1938/39, S. 313 ff.

Schweitzer, M./Küpper, H.U., Systeme der Kostenrechnung, 6. Aufl., Landsberg/Lech 1995.

VI.

Staat und Gesellschaft - jenseits von Angebot und Nachfrage

HANS-JOACHIM ARNDT

Zur Hinterlassenschaft der deutschen Kriegsgeneration in den Geisteswissenschaften

A. Zur Abgrenzung von „Krieg" und „Kriegsgeneration"

Es ist der Zweite Weltkrieg gemeint (1939-1945), und mit „Kriegsgeneration" die soziologischen Kohorten, die, unabhängig von ihrer biologischen Generationszugehörigkeit, und gleich ob im ehemaligen völkerrechtlichen Sinne als „Kombattant" oder ob als „Zivilist" oder Familienangehöriger, am Kriegsgeschehen teilnahmen, aktiv oder passiv (zum Generationenbegriff vgl. Mannheim, 1928; zur Generation von 1914: Wohl, 1979; für nach 1945: Hepp 1980, S. 131 ff., 1982, S. 125 ff.).

Eine „Bilanz der Kriegsgeneration" für die Zeit nach dem Zweiten Weltkrieg veröffentlichte 1979 Erich Schwinge (Schwinge [1]1979, hier zitiert nach 3. Auflage 1979, letzte, 9., 1983) Schwinge ist mit seinem Geburtsdatum 15. Januar 1903 auf den Tag zwanzig Jahre älter als der Verfasser dieses Beitrags; beide gehören zur Kohorte der Kriegsgeneration, wie auch Carl Zimmerer mit seinem Geburtstag 4. Dezember 1926.

Mit „Krieg" wird hier nicht mehr allein und ausschließlich im Clausewitzischen Sinne jene „Fortsetzung der (Staats-)Politik mit Einmischung anderer Mittel" bezeichnet (Clausewitz [1]1832, hier zitiert 18. Auflage.1973, S. 179, 210, 990); im Zweiten Weltkrieg waren, wie schon in geringerem Ausmaß im Ersten und in den daran anknüpfenden „Nachkriegszeiten", die kriegführenden Subjekte nicht nur „Staaten", sondern auch Parteien, ideologisch verfaßte und organisierte „Lager" und „Blöcke" sowie „Wertegemeinschaften", wodurch „Weltbürgerkriege" entstanden, die man, Clausewitz paraphrasierend, als „Fortsetzung von Revolutionen mit anderen Mitteln" bezeichnen dürfte (siehe hierzu mit Literatur Arndt in Mohler Festschrift 1995, S. 9 ff.). Solche ideologisch-revolutionären Kriege der nachnationalstaatlichen Zeit zeigen Ähnlichkeiten mit Kriegsformen, wie sie Religionskriege in der Epoche vor der staatlichen Organisation der internationalen Welt aufwiesen, von Europa wie auch von Vorderasien ausgehend (zu dieser ideologischen Komponente vgl. Willms 1983, S. 499 ff.). Es erscheint uns deshalb zulässig, die beiden „Weltkriege" von 1914-18 und von 1939-45 zusammengefaßt als den „Zweiten Dreißigjährigen Krieg" zu bezeichnen, in dessen Nachkriegszeit wir uns während der letzten Jahrzehnte bewegten. Nicht ohne guten Grund konnte deshalb John Lukacs seine Untersuchung über „Die Entmachtung Europas" im Untertitel als „Der letzte europäische Krieg 1939-1941" bezeichnen (Lukacs 1976, deutsch 1978).

Diese letzte Nachkriegszeit wurde bereits mehrfach als „beendet“ erklärt, so etwa 1949 mit der Gründung von BRD und DDR, oder 1952/54 mit den Kriegsbeendigungs-Erklärungen (nicht Friedensschlüssen!) im Zusammenhang mit der Aufnahme der deutschen Nachfolgestaaten in NATO und Warschauer Pakt, oder 1963 mit der Demission Adenauers als Kanzler, oder 1968 mit der Jugendrebellion (die mit „den 68ern“ einen neuen politischen Kohortenbegriff schuf), oder zuletzt 1989 mit dem Zusammenbruch der DDR und nachfolgend der Sowjetunion samt der daraus folgenden „Wiedervereinigung“ von BRD und DDR (wiederum begleitet vom Entstehen eines neuen politischen Kohortenbegriffs „der 89er“, siehe dazu Molau 1995, S. 33 ff., Bubik 1995).

Uns interessiert nun hier mehr als der Zeitpunkt des Endes der Nachkriegszeit das Wirken (und das Ende der Wirkung) der „Kriegsgeneration“ des Zweiten Dreißigjährigen Krieges, insbesondere ihres 2. Aufgebots, dem des „Zweiten Weltkrieges“, und dies auf deutscher Seite. Die „Bilanz der Kriegsgeneration“, die Schwinge ab 1979 zog, enthielt inhaltliche Festlegungen, die Aufmerksamkeit erregten, so zusammengefaßt die Schlußpassagen am Ende der Schrift (Schwinge [3]1979, S. 80/81). - Schwinges Schrift ist, der Zahl der Auflagen nach, offenbar weithin gelesen worden, aber doch wohl nur innerhalb des Kreises, den der Titel ansprach. Und Wirkung hat sie, trotz Absatzes, nicht nennenswert entfaltet. Ihre Zielsetzung bestand, dem Vorwort zur 1. Auflage vom Dezember 1978 zu entnehmen, in Folgendem (Schwinge 3. Auflage 1979, Vorwort zur 1. Auflage): „Obwohl man oft den Eindruck hat, daß bei vielen... jungen Menschen das Bild der Zeit von 1933 bis 1945 historisch schon festgeschrieben ist, hoffe ich, daß sich doch der oder jener unter ihnen mit der vorliegenden Bilanz beschäftigen und seine Ansichten überprüfen wird. Freilich wird es nicht leicht sein, das, was durch Schulen und Massenmedien in die Köpfe hineingebracht worden ist, daraus wieder zu entfernen. Man darf aber die Hoffnung nicht aufgeben, daß sich am Ende die Wahrheit doch durchsetzt...“
Die Ereignisse und Ausführungen der Politiker und Publizisten in aller Welt zum 50. Jahrestag des Kriegsendes am 8. Mai 1995 geben, trotz aller Versuche zur ausgewogenen Beurteilung hüben und drüben, Kunde davon, daß Schwinges Hoffnung getäuscht wurde, ja, sie erwecken den Eindruck, als sei seine „Bilanz“ nie veröffentlicht worden. Als „Hinterlassenschaft der Kriegsgeneration“ (im Sinne des Titels unseres Beitrages) ergäbe sich wenig mehr als „Null“, - mit Ausnahme der 9 Auflagen von Schwinges Schrift seit 1979 selbst.

Der Schrift gab der Autor den Untertitel: „Ein Beitrag zur Geschichte unserer Zeit“. Dieser Beitrag wurde im Kerntenor nicht aufgenommen; die Geschichte unserer Zeit schreibt sich immer noch ganz anders, ja eigentlich viel schlimmer als es der Autor des Jahrgangs 1903 im Jahre 1979 auffaßte und ausführte. - In der Rhein-Neckar-Zeitung vom 27. April 1995 findet sich unter den Kurznachrichten auf der ersten Seite folgende Notiz von sieben Druckzeilen: „Protest-Verbrennung. Auf dem Münchner Odeonsplatz hat sich vor der Feldherrnhalle ein 75-jähriger Rentner verbrannt. Motiv für den offenbar nationalistisch gesinnten Mann war ein Protest gegen die Darstellung der deutschen Geschichte nach 1945“. - Der in der Nachricht zum politisch korrekten Begreifen gleich mitgelieferte Interpretations-

Modus erklärt mehr als er beabsichtigt, nämlich: anders als „nationalistisch gesinnt“ und damit im fragwürdigen Sinne kann und darf ein solches Verhalten nicht begriffen werden.

Wenn die Kriegsgeneration etwas hinterläßt, so ist es der Auftrag, in dieser Geschichtsschreibung korrigierend und revidierend einzugreifen.

B. Der Status-Quo-Konsens leistet nicht mehr Lagebeherrschung.

Das, was sich in den verschiedenen „Schüben“ - die oben als die jeweiligen „Beendigungen der Nachkriegszeit“ vorgestellt wurden - an Begriffs- und Verhaltensweisen in Politik, Publizistik und Geistes- und Sozial-Wissenschaft entwickelte, wirkte als eine Status-Quo-Rechtfertigung - für Westdeutschland und Mitteldeutschland je verschieden - auf Basis Jalta, Potsdam und Nürnberg. Zu einem Teil bestand der Inhalt dieser Rechtfertigung in der oft besprochenen „Moralisierung von Politik“; aber es finden sich darin auch andere Elemente von „political correctness“, von Geltungsstandards, die - anders als Moralisierung - durch Bezug auf Tatsachen und Ereignisse hinterfragbar waren und welche die Kriegsgeneration nicht verantwortete, die sie aber auch nur selten, oder gar nicht, hinterfragte, sondern die sie einstweilen hinnahm.

Am Ende - also: bis 1989 - entstand so eine „herrschende Meinung“ in den drei benannten Bereichen (Politik, Publizistik, Geistes- und Sozial-Wissenschaften), insbesondere konzentriert in der sogenannten „Zeitgeschichte“, von hoher Intensität, auffälligem Konsensus durch heterogene Gruppen hindurch, und von beträchtlicher Konstanz bis hin zur Erhaltungswilligkeit mittels politischen Strafrechts. - Es ist festzuhalten, daß Konsens und Konstanz nicht allein, und nicht einmal vornehmlich, mittels des Durchsetzungs-Druckes einer dahinterstehenden Gesinnung und Moral sich ergaben und erhielten, sondern an erster Stelle wegen der Stabilität der Lageelemente, denen gegenüber die Status-Quo-Gesinnung sich als adäquat darstellte.

Die verantwortlichen Politiker, Publizisten und Wissenschaftler haben versucht, Konsens und Konstanz der Status-Quo-Gesinnung auch durch die letzte, nun wirklich als „Wende“ zu bezeichnende Änderung der Großlage von 1989 hindurch und über sie hinwegzuerhalten, mit anderen Worten: die drastisch gewandelten Herausforderungen unentwegt mit den Jahrzehnte lang verwendeten Status-Quo-Techniken zu beantworten. - Der pragmatische Test des politischen (und wirtschaftlichen) Erfolgs begann nun aber mehr und mehr zu versagen, von Somaliland über Jugoslawien bis zu UN, NATO und EU, beim Kampf gegen Arbeitslosigkeit wie gegen Währungskurs-Schwankungen, fürs scharfe Auge wahrnehmbar schließlich auch in Deutschland, das man als ein „Groß-Westdeutschland“ weiter auf Basis einer westlichen Wertegemeinschaft unter Anschluß der Ex-DDR zu regieren gedachte. Die Einfügung in die neue Großlage sollte durch Anpassung der Grunddoktrin vollzogen werden, nämlich mittels Hervorhebung des Antifaschismus gegenüber dem obsolet gewordenen Antibolschewismus. Eine vom „Institut für konservative Bildung und Forschung“ herausgegebene Broschüre (Schwilk 1995) wollte darauf aufmerksam machen, wie hier „Niederlage“ in „Sieg“ uminterpretiert wird.

Es hat sich aber in Deutschland bis zur Stunde - Mitte 1995 - der einst auffallende Konsensus reduziert auf eine gleichartige Wahrnehmung der als störend bis gefährlich empfundenen Lage-Herausforderungen durch die verschiedensten Gruppierungen; nicht gedeckt davon und weithin strittig sind die Vorschläge für Antworten und Remeduren, ob nun für Außen- und Sicherheitspolitik, für Wirtschafts- und Finanzkonsolidierung, für Währungs- und Außenhandelspolitik, für Stabilisierung des Arbeitsmarktes und der Sozialleistungen, für Justizpolitik und innere Sicherheit, insbesondere gegenüber der zunehmenden internationalen Kriminalität, schließlich für Forschungs- , Wissenschafts- und Technikpolitik.

Beim „Handlungsbedarf“ in diesen hoch beunruhigenden und gefährdeten Bereichen markiert sich das Unbehagen über das Versagen der Status-Quo-Normalität und der sie tragenden Eliten nachdrücklich; dies gilt für alle Völker, die ursprünglich „die Nachkriegsordnung trugen“, aber in Deutschland, das Wandlungs-Risiken wohl am meisten von allen anderen scheut, fällt auf, daß es mit der Artikulation dieses Unbehagens merkwürdig bestellt ist.

So äußern sich die führenden Federn sogar in als „konservativ“ geltenden Medien (besonders Print-Medien) selbst in hochbrisanten Lagen nur mit aller Vorsicht; einige wenige deutliche Worte überläßt man im redaktionellen Teil einigen wenigen Außenseitern der Redaktion (etwa in der WELT Herbert Kremp: WELT 14.2.95, 23.2.95), oder eigens herbeigerufenen fremden Federn von außen (die aber gefährdet sind, wie die Beispiele Nolte, Rohrmoser, Zehm oder Zitelmann zeigen). - Abseits der Tages- und Wochenpresse äußern sich in den wenigen „konservativen“ Zeitschriften, in Broschüren und Büchern Einzelautoren, über die es eine Markierungs- bis Denunzierungs-Literatur gibt (Glotz 1989, Lange 1993). In den Zeitungen findet man die schlagkräftigsten Aussagen meist in den Leserbriefspalten, was auffällt (so auch Sander 1995), aber schwer erklärbar bleibt, ob man nun gezielte Selektion unterstellt oder nicht.

Am bemerkenswertesten ist in Deutschland das politische Verhalten der „Massen“, also eben jener „Leserbriefschreiber“ dann, wenn ihre politischen Richtungsoptionen gefragt werden, etwa bei Wahlen oder Abstimmungen. So konnte aus Presse, Publizistik und Leserbriefspalten der Eindruck entstehen, daß „das deutsche Volk“ - ähnlich wie die Briten und die Norweger - in starken Teilen, vielleicht sogar in der Mehrheit, höchst skeptisch gestimmt sei gegenüber Plänen zu einer europäischen Währungsunion, wie sie besonders von Frankreich gefördert wurden und eine „Abschaffung der D-Mark“, also der deutschen Währungssouveränität, bedeuteten (Bandulet 1992, Hrbek 1993). Es bildeten sich sogar, als anstehende Wahlen - etwa die Direktwahl des Europaparlamentes - eine politisch akzentuierte Artikulation möglich erscheinen ließen, parteiähnliche Gruppierungen mit ausdrücklicher Stoßrichtung gegen die „Maastricht“-Währungsunion (Brunner 1994). Diese Gruppierungen zählen zu ihren Gründern und führenden Mitgliedern keinesfalls „Radikale“ oder „Protestler“ oder Außenseiter aus dem „politischen Narrensaum“, sondern sie sind seriöse, erfahrene Kenner und Könner mit z.B. langjähriger Schulung in Brüssel. - In solchen und ähnlichen Fällen bestand die politische Option der Bevölkerung höchstens in massiver Stimmenthaltung (bei letzten Landtagswahlen bis zu 40%); die sich neu anbietende Politikformierung gelangte, obwohl nicht immer sofort Medienboykott einsetzte oder Gesichtsverlust eintrat durch demonstrativen Austritt von Führungskräften wegen Berührungsangst (etwa mit der FPÖ in der Person Haider), kaum auf 2% (Pfreundschuh 1993).

Es hat den Anschein, daß die deutsche Bevölkerung zwar erkennt oder zumindest: spürt, was an unbeantworteten Herausforderungen sich anstaut, daß eine Mehrheit aber lieber in die politische Abstinenz flüchtet als den Mut aufbringt, den offenen Bruch mit der Status-Quo-Gesinnung der letzten Jahrzehnte zu wagen.
Offenbar empfinden die Deutschen mit Scheu die völlige Abwesenheit, sagen wir es offen: die gänzliche Vernichtung, ihrer eigenen politischen Tradition, welche ihre Führungseliten einst - bevor die Nationalsozialisten einzogen und ohne daß „Junker und Schlotbarone" herbeizitiert werden mußten - lernten, vertraten und nicht zum Schaden des Deutschen Reiches anwendeten. Es sind diese Traditionen, welche, in wissenschaftlicher Aufbereitung, die Hinterlassenschaft der Kriegsgeneration darstellen, die durch den Zweiten Dreißigjährigen Krieg daran gehindert wurde, diese Traditionen erst zu erwerben und dann anwendend fortzuentwickeln.

Es ist angemessen und erforderlich, sich diese Traditionen in Form der vernichteten deutschen Geisteswissenschaften genauer anzusehen.

C. Eigenheiten und Eigenarten der in Deutschland einst betriebenen Geisteswissenschaften und deren Verbleib

Weder die Geisteswissenschaften noch - schon gar nicht - die Sozialwissenschaften sind eine „deutsche Erfindung" oder Domäne der Deutschen, aber im Gegensatz zu mehr ubiquitären, universalistischeren Natur- und technischen Wissenschaften enthalten sie ein stärker wirkendes Element topischer oder - wenn man uns nicht mißversteht - „geopolitischer" Provenienz, jedenfalls ein höheres Ausmaß der Verkettung mit den Situationen historischer und territorialer Art, die in ihre Fragestellungen und Antworten eingehen, ja, oft sie geradezu verursachen, gar erzwingen.
Das heißt nicht, daß solche Ergebnisse dann nicht universell sind, sondern nur situationell oder örtlich gültig; sobald die je gleichen Voraussetzungen vorliegen (analog dem physikalischen Experiment), kann Gültigkeit bis zur Universalität reichen. Das Topische, Situationelle an den Geisteswissenschaften zeigt sich dann an der begünstigenden Wirkung, welche konkrete Orte oder historische Zeiten auf bestimmte wissenschaftliche Fragestellungen und Frageinhalte ausüben. Seevölker haben und hatten eine höhere Chance, Kompaß und Amerika zu entwickeln/entdecken; dafür gelingen ihnen weniger dauerhafte Heeresverfassungen auf freiwilliger Basis, oder langwierige Tier- und Pflanzenzüchtungen. - Kulturübertragungen zwischen Staaten, Völkern und Kulturen bleiben in jedem Falle immer möglich; nicht nur die deutschen Naturwissenschaften des 19. Jahrhunderts, sondern ebenso die deutschen Geisteswissenschaften übten auf das Ausland eine starke Anziehungskraft aus; zu Beginn der Entwicklung solcher systematischer Sozialwissenschaften wie der Soziologie und der Politologie in den USA z.B. standen Studi-

en- und Forschungsaufenthalte amerikanischer Gelehrter an deutschen Universitäten, die dann auch zur anfänglichen Übernahme deutscher Denk- und Forschungsansätze führten.

Die Wissenssoziologie und verwandte Forschungsrichtungen griffen seit mehr als einem Jahrhundert solche Verkettungen von Geschichte, Ort und Inhalten auf und untersuchten sie bis hin zur Ableitung wissenschaftlicher Grundlagen und anspruchsvoller Theorien der Erkenntniskritik und Methodologie. Unter den der deutschen Großlage adäquaten, auch angemessenen, Elementen der Geistes- und Sozialwissenschaften in Deutschland wurde z.B. ein theoretischer Ansatz erkannt, der nach der Entstehung von Einzelwissenschaften in diesem Wissenschaftsbereich gegen Ende des 18. Jahrhunderts sich bemerkbar machte und durchhielt bis zum Zweiten Dreißigjährigen Krieg, noch wirkend beim Wiederaufbau „entnazifizierter" Universitätslehre in den Jahren nach 1945. Es handelte sich um die durchschlagende Bedeutung und entsprechende Betonung des Kontingenzcharakters des Erkenntnisgegenstandes sogar bei höchst entwickelter Systematik des Forschungs- und Darstellungs-Verfahrens, kurz: um die unverkürzbare Historizität gesellschaftlicher Erscheinungen, - welche Historizität sich dann wieder in relativistischem oder relationellem Historismus ausprägen konnte, dies aber nicht mußte. In den Existentialanalysen, welche die deutsche Geisteswissenschaft besonders vor und nach dem Zweiten Weltkrieg durchzogen, zeigte sich eine anders geartete Auswirkung dieser Historizität; bekanntlich wurden soziologische Forscher wie Karl Mannheim oder Helmuth Plessner ursprünglich vom Frühwerk Heideggers stark angezogen; Nachwirkungen zeigen sich bis in die Arbeiten des späten Plessner-Schülers und Angehörigen der Kriegsgeneration Walter Seitter (Seitter 1985).

Die Übertragung deutscher geisteswissenschaftlicher Forschungsansätze etwa in Philosophie, Soziologie, Nationalökonomie und Geschichte in den Westen, befördert durch viele Studien- und Forschungsaufenthalte amerikanischer Forscher in Deutschland, schwächte sich um die Jahrhundertwende mit der Entwicklung angelsächsischer Soziologien mit einem eigenen Weg ab; im Falle der Political Science erfolgten die angelsächsischen Gründungen sogar weitgehend in ausdrücklicher Absetzung von dem deutschen Vorläufer, den es als separate Disziplin gar nicht gegeben hatte und der sich innerhalb der Geschichtswissenschaft, Philosophie und Soziologie entfaltet hatte. Ab diesem Zeitpunkt war ein Buchtitel wie der von Paul Barth „Die Philosophie der Geschichte als Soziologie" (Barth ^{1}1897, ^{4}1922) in den USA undenkbar geworden. In Deutschland hielt sich die historisch-kontingenzbezogene Charakteristik relevanter Wissenschaften wie Soziologie, sogar Nationalökonomie - jedenfalls ihres makroökonomischen Zweiges (Sombart 1930) - über den Ersten Weltkrieg hinweg; sie vermochte sogar die Entwicklung einer eigenen Politikwissenschaft, die stärker an die angelsächsischen Vorbilder anzuknüpfen versuchte, zu blockieren. Noch in den ersten Jahren nach der bedingungslosen Kapitulation von 1945 entstand in den Universitäten Westdeutschlands wieder eine kontingenznahe Soziologie aus einem breiten rechts-linken Spektrum (Freyer 1955, Weber 1955); noch der - leider früh verstorbene - Soziologe und Nationalökonom Gerhard Mackenroth erwarb ursprünglich seinen Bekanntheitgrad nicht mit den später hoch anerkannten bevölkerungswissenschaftlichen Arbeiten, sondern mit typisch kultur- und geschichtssoziologischen Schriften (Mackenroth

1952, 1953, 1964). - Aber dann erstarkte der Widerstand; die Verdrängung durch die sozialwissenschaftlichen Richtungen westlich-positivistischer und östlich-dialektischer Provenienz erfolgte bald, so daß schon die ausschwärmenden „68er“ - in Mittelbau und bei Neubesetzungen von Professorenstellen - ein leichtes Spiel hatten, zumal die Konkurrenz um das Erklimmen von Einflußpositionen in den noch lange als brotlos geltenden Künsten der alt/neuen Soziologie und der neu entstehenden Politikwissenschaft (Hessisches Ministerium für Erziehung und Volksbildung 1949 und 1950) nicht gerade stark war, zumindest nicht unter der Kriegsgeneration, die, wenn schon durch Studium, so durch Nachfrage nach praxisnahen, bald einkommensträchtigen und möglichst unideologischen Fächern in die Praxis strebte, - auch wohl neue Fragebogen-Aktionen umgehen wollte (Tenbruck 1984, Plé 1990).
Hier übrigens fehlt uns eine ausgefeilte Wissenschaftsgeschichte mit Hintergrundcharakter und Tiefenschärfe über das, was an den deutschen Universitäten, beginnend mit der Jugendrevolte von 1968, wirklich vor sich ging. Man bedürfte dazu wissenschaftsgeschichtlicher und -organisatorischer Studien einschließlich der Ermittlung der vollzogenen Personalpolitik samt Lehrstuhlbesetzungen, Habilitationsverfahren inklusive Auswahl der dabei zum Tragen kommenden Themen und Verfahren; weiter eine Untersuchung des Einflusses sowohl der wissenschaftlichen Gesellschaften, die Drittmittelforschungen vergaben, als auch der wissenschaftlichen Vereinigungen der Gelehrten und ihrer Einwirkungsmöglichkeiten (samt den Spaltungen wie etwa bei den Politologen, siehe dazu Arndt 1978). Als Ausnahme liegt ein Stück aus einem Ausnahmeraum vor: die Untersuchung von van Laak (1993) über einen krassen Außenseiter, nämlich Carl Schmitt, und dessen Einwirkung auf das Wissenschaftsgeschehen von eben dieser Außenseiterposition her (im einzelnen dazu Arndt 1995). - Einbezogen in solche Untersuchungen müßten werden nicht gerade die nicht geschriebenen, aber jedenfalls die nicht gedruckten oder sonstwie nicht publizierten Arbeiten, einschließlich unveröffentlichter, wenn nicht gar unterdrückter Nachlässe.

Als Alfred Weber 1955 bei Piper in München seine „Einführung in die Soziologie“ „in Verbindung mit“ 9 Angehörigen der Kriegsgeneration herausgab, beabsichtigt als Signal für eine über Max Weber hinausführende Kultur- und Geschichtssoziologie, markierte dies auch eine Trotzposition des damaligen Nestors der deutschen Soziologie, der in Heidelberg bisweilen böswillig als „Minimax“ apostrophiert worden war. Ein Jahr später wurde diese Kampfansage einer letzten Geschichtssoziologie auf das Massivste öffentlich attackiert von René König, dem aus der Schweiz zurückgekehrten Verfechter westlicher Soziologieansätze, wenn nicht positivistischer, so doch „positiver“. 1956 widmete die „Kölner Zeitschrift für Soziologie und Sozialpsychologie“ ein Heft dem bissigen und gnadenlosen Verriß der Alfred Weber-Publikation und seiner „Schüler“-Begleitung (König 1956, S. 5/6 ff.) unter ausdrücklicher Stoßrichtung gegen die „Konstellations-Soziologie“ des Nestors selbst: „...kommt dabei eine beunruhigende Tendenz zum Vorschein, sich auf das Historische im Sinne des Abgeschlossenen zu beschränken... Nach dem Schema nihil bene nisi de mortuis wird somit einfach über mehr oder weniger Fernliegendes berichtet... Damit entlarvt sich die Soziologie nicht einmal als Sozialgeschichte, was ja seinen guten Grund hätte, sondern als einer Art geistesgeschichtlicher Diskussion soziologisch-morphologischer Konzepte, die an die Stelle der Wirklichkeit treten" (ebd. S. 5/6).

König begrüßte es zwar, daß Alfred Weber „jegliche Prognose meidet" (ebd. S. 6), er warf ihm an der selben Stelle aber vor, eine „antiquarische Wissenschaft" zu treiben und „zunächst und vor allem Erhellung der Gegenwartskonstellation" zu unterlassen. - Die vernichtend gemeinten Angriffe Königs lassen die Schwachpunkte seines Ansatzes erkennen: Der Vorteil der historische Kontingenz betonenden Soziologie liegt ja nicht allein in der Zurückhaltung gegenüber Prognosen, sondern ebenso in der vorsichtigen Haltung gegenüber allzu eilfertig und willfährig vollzogener „Gegenwartserhellung", die nicht selten gerade auf einer unhinterfragten Status-Quo-Basis erfolgt. Statt beider - unkritischer Zukunftsprognose und allzu selbstgewisser Gegenwartsanalyse - stellte die klassische deutsche Soziologie in den Vordergrund das Bewußtsein der Risikobehaftetheit des Gegenwärtigen und die daraus fließende Überraschungsfestigkeit gegenüber Änderungen ohne Vorherwissen. Aus dem Zusammentreffen beider leitete schon Clausewitz seine Theorie vom Kriege ab - insofern ein „typischer" deutscher Soziologe (Arndt 1982) - ; und gleichzeitig hob er beim Zusammentreffen beider das Handels-Element spontan-mutigen Tuns hervor mit den Komponenten von Opfer und Aufopferung, - was noch zu Alfred Webers Lebzeiten, wie erwähnt, im existenzialistischen Ansatz der Geisteswissenschaft zu Tage trat, bei den beiden Webers jeweils als charismatische Legitimität (Max Weber) oder als „kathartisches" Wirken „immanenter Transzendenz" (Alfred Weber). Alles dies sind Momente, die, wie immer unpräzis gefaßt, heute sowohl in Praxis wie in Wissenschaft ziemlich außer Übung geraten sind samt den sie einst stützenden Institutionen und deren Bildungsinhalten.

Man suche nach soziologischen oder ökonomischen (oder staatsrechtlichen) Forschungsvorhaben, die mit diesem Hintergrund etwa die europäischen Währungs-Vereinigungs-Pläne ausleuchten („Kontroverse um das Eurogeld" WELT 9.5.1995, zwei Autoren kontrastieren kommentarlos die entgegengesetzten in Deutschland vertretenen Positionen); oder Analysen mit Tiefenschärfe zur gegenwärtigen Situation im ehemaligen Jugoslawien („Demokratien können offenbar nur schwer verstehen, daß es außerhalb ihrer Kategorie noch etwas anderes gibt" Herbert Kremp: Gegen „basic instincts" helfen nicht diplomatische Weisen, WELT 7.2.1995; ebd. Leserbrief von H. von Bockelberg zum Artikel von Schwarz-Schilling „Wieder Völkermord in Europa": „Endlich jemand, als ehemaliges Kabinettsmitglied, der nicht die stromlinienförmige Meinung vertritt wie alle anderen. Es wird Zeit, daß bei der Neuordnung der Welt nicht mehr die Signatarmächte von Versailles ohne Kritik tun und lassen können was sie wollen." ;Leserbrief von W. von Zawadzky in WELT vom 9.2.1995 zum selben Artikel : „Leider gibt es in der Bundesrepublik wohl keine politische Kraft, die sich seiner Auffassung aktiv und unterstützend annimmt. Der angestrebten Einigung Europas werden alle anderen Interessen erbarmungslos geopfert."); oder die Leserbrief-Batterie in der Debatte um „Niederlage" oder „Befreiung" anläßlich des 8. Mai 1995. Auslöser war der Artikel von Herbert Kremp „Sensibles Gedächtnis" in WELT vom 12.4.1995; nach einer langen Debatte, die in ders.n Zeitung bereits im Februar (z.B. am 18.2.95) geführt worden war, folgte in der Ausgabe der WELT vom 21.4.1995 eine Sammlung von fünf enthusiastisch unterstützenden Leserbriefen für eine Aussage, deren Schluß (Brief von E. von Block) lautete: „Warum fehlt den meisten unserer Politiker, die sich seit Wochen, auch ungefragt, immer wieder zum Thema 8. Mai äußern, diese Ausgewogenheit und Unabhängigkeit im Urteil, Eigenschaften, die doch eigentlich einen Politiker besonders auszeichnen sollten.".

Die Ereignisse von 1989/90 haben bisher an den Universitäten Groß-Westdeutschlands keine wesentliche Veränderung in der Grundsatzhaltung zur Zeitgeschichts-Beurteilung ausgelöst. Der konservative Vorwurf, den wir oben in Form einer englisch gedruckten und somit auf das Ausland zielenden Broschüre zitierten (Schwilk 1995) greift mit seiner „Niederlage wird in Sieg uminterpretiert" viel zu kurz. Es gilt, solche Vorgänge in den Griff zu bekommen wie die sogenannte „Abwicklung" der ehemaligen DDR-Universitäten nach der Vereinigung von 1990. Es wurden dort nicht wenige eben derjenigen Gelehrten, denen der Vorwurf unzureichender analytischer Vorbereitung auf die Ereignisse in der DDR gemacht werden konnte, und der z.B. auch von Jens Hacker (Hacker 1992) erhoben wurde, herangezogen; zu gut deutsch: Die, die falsch lagen, vollzogen die Umerziehung. Und umgekehrt: Verfasser, denen „konservativ" oder gar rechts oder gar rechtsextrem oder rechtsradikal zu sein angekreidet wird, wie die Verfasser und Herausgeber von „Die selbstbewußte Nation" (Schwilk u.a. 1994, darunter auch Karlheinz Weissmann) werden in der WELT von Jost Nolte (WELT 21.1.1995) gerügt, „in der geistigen Landschaft herumzuzündeln".

Nachdem wir einige wenige tragende Inhalte der einstigen deutschen Geisteswissenschaft in die Erinnerung zurückgerufen haben und uns ihres Niederganges bewußt geworden sind, mag uns eine Erklärung leichter fallen, warum Antworten auf die neue europäische und deutsche Großlage ausbleiben. Es sind nämlich Antworten fällig, für welche sowohl die Verfertiger als auch die Adressaten derzeit fehlen. Sie sind auch so bald nicht zu erwarten. Denn die Zugänge zu Wissenschaft und zu Publizistik sind ebenso blockiert und verbarrikadiert wie die zu Politik und Wirtschaft, wenn es denn um Antworten außerhalb des Status Quo geht. Nur selten, und dann nicht für allzulange Zeit, oder mit gestutzten Federn, gelangen Schreiber und Täter mit unverstelltem Horizont in Positionen, die multiplikatorische Funktion haben. Immerhin - es gibt große Vorbilder, die sich durchsetzten. - So gehört ganz zweifellos der Schriftsteller Ernst Jünger zur Kriegsgeneration des Zweiten Dreißigjährigen Krieges. Er wurde erkennbar bereits in den Zwanziger Jahren. Seine Aussage machte inhaltliche Schwankungen durch. Mit den „Gläsernen Bienen" (Jünger 1957) kehrte er zu einem kurzen Besuch bei der Kriegsgeneration wieder ein; mit seinem Buch „Eumeswil" (Jünger 1977) kehrte er endgültig zur Kriegsgeneration zurück, die Handschrift und der Inhalt verraten das eindeutig. - Eine solche Rückkehr ist also vollziehbar.

D. Schlußbemerkungen zur Wiederanknüpfung an versunkene deutsche Wissenschafts-Traditionen.

Eine solche Wiederaufnahme ist nicht nur wegen des theoretischen Tiefgangs und der Weite der Forschung ratsam, ja nötig; nicht allein wegen der erwähnten Überraschungsfestigkeit, sondern auch zur Wiederherstellung ihrer umfassenden Praktikabilität, mithin auch für die Aus- und Weiterbildung für die „Anwendung" der Einzelwissenschaften. - Der Wiederanknüpfung stehen Schwierigkeiten im Sinne von Widerständen ideologischer Art entgegen; es sind aber auch zu überwinden in

Vergessenheit oder gar in Verruf geratene Denk- und Forschungsansätze, in der einen Disziplin mehr, in der anderen weniger.

So sind in der Jurisprudenz, vor allem im Öffentlichen Recht, abseits einer „herrschenden Meinung" Spuren zu entdecken; wir erwähnten oben schon die vorbildlich von van Laak (van Laak 1993) dargestellte Einwirkung von Carl Schmitt ab 1945. So erklären sich Werke wie die von Blumenwitz (Blumenwitz 1980), Isensee (Isensee 1992), Quaritsch (Quaritsch 1989, ^{2}1994), und Schnur (Schnur 1988). Die Außenwirkung Carl Schmitts wird kenntnisreich dargestellt von Maschke (Maschke 1987).

In der Philosophie entstand, abseits von sich massiv und dominant entwickelnden neuen Schulen, ein Tradierungs-Knoten für „Kontingenzbewußtsein" in der Schule von Joachim Ritter (Festschrift 1965); an dort Geprägten sollen hier nur genannt werden Lübbe (1978), Marquard (1981, 1986), Spaemann (1977), schließlich Willms (1982, 1983). - Bei den Soziologen steht es mit der Markierung eines Anknüpfungs-Angebotes, repräsentiert durch konkrete Schulen oder Personen, nach Erlöschen jeglicher „historischer Schule" nicht sehr gut; vielversprechende Vertreter einer neuen geschichtlich-kontingenzbewußten Soziologie wurden früh aus dem Leben berufen (Kesting 1959, 1973; Jonas 1968, letzte Auflage 1972); - die wichtige Habilitationsschrift von Kesting über Propaganda ist erst heute (1995) veröffentlicht worden; mit dem frühen Tod von Jonas fehlt einer der fähigsten Schüler von Gehlen (1969); doch Arnold Gehlen wie auch der ebenfalls aus dem Leipzig der Dreißiger Jahre entstammende Schelsky (1980, 1981) hatten sich bis zum Schluß bedeckt gehalten, zogen nie blank. So steht heute einer der letzten Vertreter historisch-kontingenzbewußter Soziologie in einer krassen Außenseiterposition: Robert Hepp (1980, 1982, 1988). - In der Nationalökonomie gerät die Suche nach Anknüpfungs-Schulen und -personen für integrale historische Bezogenheit noch unergiebiger als bei der Soziologie; obwohl hier Importe aus den angelsächsischen Universitäten Restbestände historischer Schulen mit transportierten, so Galbraith (1958, 1981) oder Rostow (1960) oder schließlich als Klassiker Colin Clark (1940, ^{3}1957). So ist bis heute die Anknüpfung an den großen deutschen nationalökonomischen Theoretiker wie Historiker, Joseph Schumpeter, letztlich offengeblieben (1912, ^{4}1935, 1942, ^{4}1975). Außer dem oben schon genannten, ebenfalls früh verstorbenen Gerhard Mackenroth (1952, 1953, 1964) nennen wir hier nur den früh verstorbenen Wolfgang Stützel (1952, 1973); mit ihm ging ein letzter Schüler des Nationalökonomen und Soziologen Carl Brinkmann dahin. Brinkmann hatte im Jahre 1953 an einer damals in Maschinenschrift überreichten, unveröffentlicht gebliebenen Festschrift für Carl Schmitt mitgearbeitet; dieser Beitrag erschien dann gedruckt in der Festschrift Epirrhosis (1968, I. Bd., S. 83 ff.). Man sollte sich später erzählen, Carl Brinkmann sei der einzige deutsche Rhodes-Scholar, der später Nationalsozialist geworden sei.

In jedem dieser Fälle erhielten sich, oder restituierten sich, unter günstigen Umständen, höchstens Fossilien vergangener, für die Zukunft fruchtbar zu machender Wissenschaftstraditionen inner-, noch öfter außerhalb des Universitätsbetriebes, die zuerst zu erspähen, dann zu benutzen einige Findigkeit auf seiten junger Neugieriger voraussetzte. Denn publizitätsträchtige Werbung wurde dafür nicht gerade betrieben, eher das Gegenteil. Ganze historische Herkunftsstränge wurden so gekappt oder eingefärbt; z.B. begegnete mir in den Siebziger bis Neunziger Jahren in Universitätsseminaren selten ein Studierender, der die Symbol-Kürzel „Tauroggen" oder „Rapallo" auf Anhieb verstand und richtig einordnete.

Die notwendige Wiederanknüpfung an versunkene Traditionen ist zu allem noch drastisch erschwert weil verteufelt worden durch den „Magneteffekt", den das Wiedereinziehen einer historischen Kontinuität auf die nationale Identitätsfindung ausübt, oder besser: der hier fälschlich unterstellt wird. „Die Rechte unterliegt einem verheerenden Irrtum, wenn sie sich zum Konkursverwalter des NS machen läßt", - dieser Vorwurf von Dieter Stein, Chefredakteur der „Jungen Freiheit" („Geschichte und nationale Identität", Junge Freiheit Nr. 7/1995 27.2.1995) findet immer wieder seine Bestätigung, von Jenninger bis Heitmann. - Gelegentlich muß einem Autor auch von Gutwilligen geholfen werden, auf daß er erst so recht merke, was er denn da sagt oder sagen will; manchmal wächst ihm die rechte Einsicht in langer schmerzhafter Entwicklung von selbst zu.

So häutete sich Ernst Nolte, auch für ihn selbst offenbar nur langsam spürbar, obwohl schon das Erstwerk, mit dem er Aufmerksamkeit erregte (und als „Liberaler" markiert wurde), im Kern eine „konservative", jedenfalls nicht „universalistische", sondern „partikuläre" Aussage enthielt (Nolte 1963, dort heißt es S. 508/509): „Souveränität, Einstellung auf den Vollzug des Krieges und innerer Antagonismus dürfen daher als fundamentale Charaktere aller bisher bekannten menschlichen Gesellschaften gelten. ... In allen großen Gesellschaften der Geschichte leben eine universale Lehre und eine partikulare Realität in prekärer Symbiose. Nichts liegt von einer bestimmten Bewußtseinsstufe an näher als diese Symbiose der Lüge zu zeihen, die Lehre für eine ideologische Verklärung der unvollkommenen und hassenswerten Realität zu erklären....Es kommt nun alles darauf an zu sehen, daß der Nationalsozialismus gerade deshalb keine Ideologie ist, weil er sich der liberalen und marxistischen Lehre von der Verwirklichung der universalen Natur des Menschen auf die denkbar schärfste Weise entgegensetzen will ... Seine Lehre ist ihrem positiven Sinne nach daher durchaus nicht jene - möglicherweise lügenhafte - Beziehung auf ein übergeordnetes Gut, einen universalen Zweck ... Deshalb ist der Faschismus das erste Phänomen nach der langen Epoche der ideologischen Geschichte, wo... die partikulare Realität sich und nur sich selbst will." (Sperrungen vom Autor selbst). - Diesen Gedanken hat Nolte durch seine späteren Werke hindurch immer wieder ventiliert und variiert (1974, 1987, 1993), bis er im „Historikerstreit" und seinen Nachwirkungen schließlich zum „Revisionisten" abgestempelt war. - Ähnlich steht es mit dem oben schon erwähnten Tenbruck (Tenbruck 1984), dessen Aussenseiterposition eigentlich erst voll durchschaubar wurde im Werk seines Schülers Plé (Plé 1990).

Mit Hinweisen auf zwei Autoren wollen wir hier abschließen; deren vorläufig letzte Werke zitieren wir etwas umfangreicher aus den Schlußkapiteln, weil sie einerseits zwar nicht den Fehler begehen, sich auf die laufende „Bewältigungs"-Debatte aufsatteln zu lassen, mit dem Streit um die „multikulturelle Gesellschaft" aber doch ein brisantes Thema offen aufgreifen, dies andererseits aber wieder tun unter Anlehnung an Sprache und Denkstruktur des Status-Quo-Systems, obwohl sie es in der inhaltlichen Aussage eindeutig verwerfen und es zu überwinden suchen.

Es handelt sich einmal um einen Außenseiter des Wissenschaftsbetriebes, nämlich Panajotis Kondylis, der eine erstaunliche Anzahl von zum Teil höchst umfangreichen, jedesmal inhaltreichen, sorgfältig recherchierten Schriften vorgelegt hat und gegenwärtig (noch?) gefragter Autor etwas kühnerer Periodika des Status-Quo-Establishments (z.B. FAZ) ist, doch immer näher an die Zone der Abschüsse heranrückt (Kondylis 1979, 1981, 1984, 1988, 1991, 1992 FAZ 26.10.1994). - Und zum anderen finden wir, bislang noch weniger mit Publikationen hervorgetreten, im Universitätsbetrieb als Habilitierter verortet und noch stärker als Kondylis in Argumentationsweise und Sprachduktus, bis hin zum Soziologen-Kauderwelsch, der universalistischen Systematik verhaftet, Rolf Peter Sieferle, der mit seinem letzten Werk einen großen Wurf, aber eben mit einer Analyse der deutschen Lage, versucht (Sieferle 1994). Die bitter-ironische Kritik des Rezensenten (Scribifax alias Armin Mohler in CRITICON, Nr. 142, S. 127): „Allzu vorsichtige Leute sollten keine Bücher schreiben" teilen wir nicht. „Geländerdenker" sind und waren auch Luhmann und Willms; beide hatten letztendlich etwas zu sagen (Luhmann 1964, Willms 1982, 1983). Die beiden letzten Autoren, über die wir hier berichten, sind nun einmal Historiographen des Zweiten Dreißigjährigen Krieges, nur halten sie mit dieser Offenbarung auch vor sich selbst, und in ihrer Sprache, zurück; mithin verschwindet bei Ihnen das Erzählerische des Historikers oft genug noch hinter dem Systematischen; aber ihre zentralen Aussagen stehen doch für sich.

So heißt es denn im letzten Kapitel, das Sieferle mit „Die Grenzen des Universalismus" betitelt (Sieferle 1994, S. 290 ff.), und hier besonders in den Abschnitten „Der Sozialstaat als Nationalstaat" (S. 320 ff.) und dem darauf folgenden: „Die Ordnungen des Behemoth" (S. 324 ff.):

„Die zweite Strategie des sich universalisierenden Sozialstaats könnte in dem Versuch bestehen, seine Leistungen dem Steueraufkommen anzupassen, d.h. sie allmählich soweit zu verringern, daß es nicht mehr attraktiv wäre sie einzufordern... Allerdings wäre zu erwarten, daß inmitten dieses Nivellierungsprozesses die Immigration weiterginge, so daß weiterhin vitale, entschlossene junge Männer aus aller Welt auf einen Arbeitsmarkt drängten, der immer weniger in der Lage ist, ihresgleichen Chancen zu bieten, wobei zugleich eine Alimentierung durch den Sozialstaat ausfiele. Sie gerieten dadurch fast automatisch in einen parasitär-kriminellen Untergrund, in ein Kontinuum von Schwarzarbeit, Sozialhilfe-Erschleichung, Schmuggel, Rauschgifthandel, Prostitution bis hin zur offenen Gewaltkriminalität mit Schutzgelderpressung und organisiertem Verbrechen."

Bei solcher Aussage waltet doch nicht übergroße Vorsicht!? -

„Aus der Selbstaufgabe des Nationalstaats und dem mit ihr verbundenen Zusammenbruch des Sozialstaats werden daher neuartige Ordnungszustände hervorgehen... Innerhalb einer solchen segmentierten Gesellschaft von Personenverbänden, Korporationen, Konzernen, Schwurgenossenschaften, Nachbarschaftsvereinen, Streetgangs und Bürgerwehren agiert weiterhin der 'Staat', allerdings als eine relativ schwache Agentur von Partikularinteressen, als Verband der atomisierten Restindividuen, d.h. als Partei unter Parteien. Die Steuern, die er der seinem Zugriff noch zugänglichen, nicht anderweitig gebundenen Population abfordert, sind ein Tribut, welcher neben die diversen Nebensteuern, Schutzgelder, Nachbarschaftsabgaben und Klientelbeiträge tritt. Es ist dies die ultima ratio des post-nationalen Zustands... Raum für die Ordnungen des Behemoth." (Die Zitate sind den Seiten 329, 330, 333, 334, 335 entnommen) - weiter Seite 337:

„Wenn daher heute in den europäischen Industriestaaten Wähler aus den unteren Schichten ihre Stimme zunehmend Parteien geben, die versprechen, Dämme gegen die Einwanderung zu errichten, so handelt es sich keineswegs nur um den Ausdruck dumpfer ausländerfeindlicher Ressentiments. ... Es ist damit zu rechnen, daß sich hier eine neue Politikfront auftut, ein neues Feld polemischer Gegensätze, das insofern zukunftsträchtig ist, als ihm ein wirklicher, nicht nur ein eingebildeter oder gar aus bloßen Rudimenten einer unbewältigten Vergangenheit rührender Gegensatz zugrunde liegt." -

Der historische Bezug wird hergestellt Seite 340: „Die Deutschen (haben) sich in diesem Jahrhundert als Erzgegner des universalistischen Programms gezeigt..."; - hier finden wir die selbe Argumentationsstruktur wie oben bei Ernst Nolte; und dies nicht per Zufall, es wird nun nur „systematischer" argumentiert:

„Es kann nicht ausgeschlossen werden, daß das im Zuge der Einwanderung von 'Gastarbeitern' seit den sechziger Jahren kontinuierlich gewachsene Angebot an billigen unqualifizierten Arbeitskräften in Deutschland einen veralteten Industrialisierungsstand künstlich konserviert und damit den anstehenden technologischen Strukturwandel verzögert hat, während Japan, das konsequent die Einwanderung beschränkt hat, zur Rationalisierung gezwungen wurde, wodurch ihm enorme Konkurrenzvorteile zugewachsen sind."

Die Quintessenz lautet Seite 346 ganz in historisch-kontingenzbewußter Denkweise:

„Erstaunlich ist nun, daß auch auf ökologistischer Seite kein Sensibilitätsvorsprung für diese neue Problemlage existiert. Prinzipiell ist man hier ja bereit, die Bedeutung von Unverfügbarem anzuerkennen, sofern es als Naturgröße faßbar wird, etwa als Schmetterling, der... vor dem Aussterben bewahrt werden soll. Zugleich kann aber ignoriert werden, daß die kulturelle Identität eines Volkes in ähnlicher Weise ein Element nicht-quantifizierbarer Unverfügbarkeit enthält."

Die beiden Schlußkapitel in Panajotis Kondylis' letztem Werk „Planetarische Politik nach dem Kalten Krieg" sind überschrieben „V: Planetarische Politik und universale Ethik", mit einem zweiten Absatz „Die politischen Schattenseiten der Menschenrechte" (S. 112 ff.), und VI: „Was war der Kommunismus?" (S. 121 ff.). - Dort die Kernsätze,

„daß der Kommunismus zentrale weltgeschichtliche Tendenzen nicht abstrakt und allgemein förderte, sondern erst in seiner Verflechtung mit dem Streben großer Nationen nach einer Stärkung ihrer Machtposition innerhalb der sich verdichtenden Weltgesellschaft... Was miteinander verglichen werden kann, sind konkrete Nationen und Gesellschaften mit spezifischen Traditionen, kulturell bedingten Mentalitäten und entsprechenden technisch-wirtschaftlichen Möglichkeiten" (S. 130). - Weiter 131: „Es wird oft behauptet, eben der Kommunismus sei die Ursache der Verarmung und des wirtschaftlichen Versagens. Aber es könnte sich auch umgekehrt verhalten haben. Mit Ausnahme bestimmter europäischer Länder, die durch die Rote Armee erobert und dadurch in ihrer bereits anders verlaufenden Entwicklung tatsächlich gehemmt und sozial zurückgeworfen wurden, hat sich der Kommunismus aus eigenen Kräften nur in Nationen durchgesetzt, die ohnehin nur kurze Strekken auf dem technischen und kulturellen Weg der Moderne zurückgelegt hatten. Die Auffassung, Freiheit des Wirtschaftens könne unabhängig von anderen geschichtlichen und kulturellen Voraussetzungen an sich Panazee sein, wird jedenfalls durch das Massenelend in vielen lateinamerikanischen, afrikanischen und asiatischen Ländern widerlegt."

Die Quintessenz lautet schließlich: „Nach dem Zerfall des Ostblocks und der Sowjetunion ist man aber im Westen weniger bereit, den Hergang als einen Sieg von Nationen über Nationen aufzufassen... Es ist alter Brauch, jeden großen Sieg als Sieg von höheren Idealen oder überlegenen Sozialsystemen zu feiern und seine vermeintliche Zwangsläufigkeit als Notwendigkeit des Obsiegens eben dieser Ideale oder Systeme auszugeben."

Der Schlußsatz des Bändchens lautet wenig „universalistisch": „Die Kommunisten haben vorläufig als letzte beide Seiten des menschlichen Paradoxons in engster Verbindung miteinander verkörpert. Als Verfechter einer humanistischen Utopie und als Vollstrecker nackten Terrors haben sie wie kaum eine andere Bewegung die Größe und die Tragik ihrer Epoche geprägt. Sie waren Schwärmer und Machtpolitiker, Desperados und Strategen, Demagogen und Geheimagenten, Kreuzfahrer und Technokraten, Häretiker und Inquisitoren, Opfer und Henker in einem. Die Weltgeschichte wird diese seltsamen Menschen, die mit solcher Gewalt in das 20. Jahrhundert eingebrochen sind, nicht leicht vergessen." (S. 137/38)

Sieferle und Kondylis bieten eine Analytik an, die Geschehen nicht abschließt (wie etwa Fukuyama), sondern Handlungshorizonte eröffnet. Sie stellen sich damit in eine gute Tradition.

Literatur

Arndt 1978 - Arndt, Hans-Joachim: Die Besiegten von 1945, Berlin 1978.
Arndt 1982 - ders.: Carl von Clausewitz, Autorenporträt, in: Criticon 69/Januar/Februar 1982.
Arndt 1995 - ders.: „Der Doktor ist ein Matrose...", in: Festschrift für Armin Mohler, S. 9 ff., Hrsg. U. Fröschle, M.J. Klein und M. Paulwitz: Der andere Mohler. Limburg 1995.
Backes 1990 - Backes,Uwe, Jesse, E., Zitelmann, R. (Hrsg.): Die Schatten der Vergangenheit. Impulse zur Historisierung des Nationalsozialismus, Frankfurt/Berlin 1990.
Bandulet 1992 - Bandulet, Bruno: Das Maastricht-Dossier. Deutschland auf dem Weg in die dritte Währungsreform, Bandulet Verlag, Bad Kissingen 1992.
Barth 1897 - Barth, Paul: Die Philosophie der Geschichte als Soziologie I. Bd., Leipzig 1897, [4]1922.
Blumenwitz 1980 - Blumenwitz, Dieter: Der Besiegte in einem „gerechten Krieg", in: Die deutsche Neurose, hrsg. von A. Peisl und A. Mohler, Frankfurt/Berlin/Wien 1980, S. 103 ff.
Brinkmann 1968 - Brinkmann, Carl: Über Güte und Schlechtigkeit des Menschen in der Lehre von Staat und Gesellschaft, in: Epirrhosis. Festgabe für Carl Schmitt, Berlin 1968, 2. Teilband, S. 83 ff.
Brunner 1994 - Brunner, Manfred: Unabhängigkeit, Föderalismus, Freiheit - und die EU?, Referat, gedr. in: „Schweizer Zeit" - Schriftenreihe Nr. 16, Flaach 1994.
Bubik , Roland: Wir '89er, Berlin 1995
Bund freier Bürger 1994 - Bund freier Bürger: Was wir wollen. Wer wir sind, München 1994.
Clausewitz 1832 - Clausewitz, Carl von: Vom Kriege. Hinterlassenes Werk, vollständige Ausgabe im Urtext, bearb. von W. Hahlweg, Bonn [18]1973.
Clark 1940 - Clark, Colin: The Conditions of Economic Progress, London 1940, [3]1957.
Freyer 1955 - Freyer, Hans: Theorie des gegenwärtigen Zeitalters, Stuttgart 1955, 4.-6. Tsd. 1956.
Galbraith 1958 - Galbraith, John Kenneth: The Affluent Society, Cambridge, Mass. 1958.
Galbraith 1981 - ders.: A Life in our Times, Boston 1981, deutsch: Leben in entscheidender Zeit. Memoiren, München 1982.
Gehlen 1969 - Gehlen, Arnold: Moral und Hypermoral. Eine pluralistische Ethik, Frankfurt/Bonn 1969.
Glotz 1989 - Glotz, Peter: Die deutsche Rechte. Eine Streitschrift, Stuttgart 1989.
Hacker 1992 - Hacker, Jens: Deutsche Irrtümer: Schönfärber und Helfershelfer der SED-Diktatur im Westen, Berlin/Frankfurt a.M. 1992.
Hepp 1980 - Hepp, Robert: Das Neue Deutschland. Deutsche Identität im Wechsel der Generationen und Eliten, S. 132 ff., in: Die deutsche Neurose, hrsg. von A. Peisl und A. Mohler, Frankfurt a.M. 1980.
Hepp 1982 - ders.: Die neuen Deutschen, S. 125 ff., in: C. von Schrenck-Notzing und A. Mohler (Hrsg.): Deutsche Identität, edition d, Bd. 5, Krefeld 1982.

Hepp 1988 - ders.: Die Endlösung der Deutschen Frage. Grundlinien einer politischen Demographie der Bundesrepublik Deutschland, Tübingen 1988.

Hessisches Ministerium für Erziehung und Volksbildung 1949 - Hessisches Ministerium für Erziehung und Volksbildung, Wiesbaden: Die politischen Wissenschaften an den deutschen Universitäten und Hochschulen. Gesamtprotokoll der Konferenz von Waldleiningen vom 10./11. Sept. 1949, Wiesbaden 1958.

Hessisches Ministerium für Erziehung und Volksbildung 1950 - Hessisches Ministerium für Erziehung und Volksbildung, Wiesbaden: Über Lehre und Forschung der Wissenschaft von der Politik. Gesamtprotokoll der Konferenz von Königstein/Ts. vom 15./16. Juli 1950, Frankfurt a.M. 1950.

Hrbek 1993 - Hrbek, Rudolf (Hrsg.): Der Vertrag von Maastricht in der wissenschaftlichen Kontroverse, Baden-Baden 1993.

Isensee 1992 - Isensee, Josef (Hrsg.): Vergangenheitsbewältigung durch Recht. Drei Abhandlungen zu einem deutschen Problem, Wissenschaftliche Abhandlungen und Reden zur Philosophie, Politik und Geistesgeschichte, Bd. 16, Berlin 1992.

Jonas 1968 - Jonas, Friedrich: Geschichte der Soziologie, 4 Bde., Rowohlt Deutsche Enzyklopädie, Reinbek b. Hamburg 1968, ^{3}1972.

Jünger 1957 - Jünger, Ernst: Gläserne Bienen, Stuttgart 1957.

Jünger 1977 - ders.: Eumeswil, Stuttgart 1977.

Kesting 1959 - Kesting, Hanno: Geschichtsphilosophie und Weltbürgerkrieg. Deutungen der Geschichte von der Französischen Revolution bis zum Ost-West-Konflikt, Heidelberg 1959.

Kesting 1973 - ders.: Herrschaft und Knechtschaft. Die „soziale Frage“ und ihre Lösungen, Freiburg 1973.

Kesting 1995 - ders.: Öffentlichkeit und Propaganda. Zur Theoie d. öff. Meinung. Bruchsal 1995

König 1956 - König, René: Die deutsche Soziologie im Jahre 1955. S. 1 ff, und Literaturbesprechung über Alfred Weber (Hrsg.): Einführung in die Soziologie, S. 151 ff, beides in: K. Z. f. Soz. u. Soz. Psych., 8. Jgg. Heft 1, Köln/Opladen 1956.

Kondylis 1979 - Kondylis, Panajotis: Die Entstehung der Dialektik. Eine Analyse der geistigen Entwicklung von Hölderlin, Schelling und Hegel bis 1802, Stuttgart 1979.

Kondylis 1981 - ders.: Die Aufklärung im Rahmen des neuzeitlichen Rationalismus, Stuttgart 1981.

Kondylis 1984 - ders.: Macht und Entscheidung: Die Herausbildung der Weltbilder und die Wertfrage, Stuttgart 1984.

Kondylis 1988 - ders.: Theorie des Krieges. Clausewitz - Marx - Engels - Lenin, Stuttgart 1988.

Kondylis 1991 - ders.: Der Niedergang der bürgerlichen Denk- und Lebensform: die liberale Moderne und die massendemokratische Postmoderne; VCH acta humaniora, Weinheim 1991.

Kondylis 1992 - ders.: Planetarische Politik nach dem Kalten Krieg, Berlin 1992.

Kondylis 1994 - ders.: Die Zukunft der Nation, in: FAZ v. 26.10.1994.

van Laak 1993 - van Laak, Dirk: Gespräche in der Sicherheit des Schweigens. Carl Schmitt in der politischen Geistesgeschichte der frühen Bundesrepublik; Berlin 1993.

Lange 1993 - Lange, Astrid: Was die Rechten lesen. Fünfzig rechtsextreme Zeitschriften. Ziele, Inhalte, Taktik, hrsg. von der Arbeitsstelle Neonazismus der Fachhochschule Düsseldorf; München 1993.

Lübbe 1978 - Lübbe, Hermann: Praxis der Philosophie. Praktische Philosophie. Geschichtstheorie, Stuttgart 1978.

Luhmann 1964 - Luhmann, Niklas: Funktionen und Folgen formaler Organisation, Berlin 1964.

Lukacs 1976 - Lukacs, John: The Last European War, New York 1976, deutsch: Die Entmachtung Europas: der letzte europäische Krieg 1939-1941, Stuttgart 1978.

Mackenroth 1952 - Mackenroth, Gerhard: Sinn und Ausdruck in der sozialen Formenwelt, Meisenheim/Gl. 1952.

Mackenroth 1953 - ders.: Bevölkerungslehre, Berlin/Göttingen/Heidelberg 1953.

Mackenroth 1964 - ders.: Entwicklungstheorie und Entwicklungspolitik; zum Gedächtnis von Gerhard Mackenroth von seinen Freunden und Schülern, Tübingen 1964.

Mannheim 1928 - Mannheim, Karl: Das Problem der Generationen, 1928, wieder abgedruckt in: Wissenssoziologie, Berlin und Neuwied 1964.

Marquard 1981 - Marquard, Odo: Abschied vom Prinzipiellen, Stuttgart 1981.

Marquard 1986 - ders.: Apologie des Zufälligen, Stuttgart 1986.

Maschke 1987 - Maschke, Günter: Der Tod des Carl Schmitt, Wien 1987.

Molau 1995 - Molau, Andreas: Die 89er oder Die Erfindung einer Generation, in: Nation und Europa. Deutsche Rundschau. Deutsche Monatshefte zur Europäischen Neuordnung, 45. Jgg. Heft 2, Februar 1995, S. 33 ff.

Nolte 1963 - Nolte, Ernst: Der Faschismus in seiner Epoche. Die Action française. Der italienische Faschismus. Der Nationalsozialismus, München 1963.

Nolte 1974 - ders.: Deutschland und der Kalte Krieg, München/Zürich 1974.

Nolte 1987 - ders.: Der europäische Bürgerkrieg 1917-1945. Nationalsozialismus und Bolschewismus, Berlin 1987.

Nolte 1993 - ders.: Streitpunkte. Heutige und künftige Kontroversen um den Nationalsozialismus, Frankfurt a.M. 1993.

Pfreundschuh 1993 - Pfreundschuh, Gerhard: Die kulturelle Umweltzerstörung in Politik und Wirtschaft. Analyse und Gegenstrategie, Mainz 1993.

Plé 1990 - Plé, Bernhard: Wissenschaft und säkulare Mission. „Amerikanische Sozialwissenschaft“ im politischen Sendungsbewußtsein der USA und im geistigen Aufbau der Bundesrepublik Deutschland, Stuttgart 1990.

Quaritsch 1989 - Quaritsch, Helmut: Positionen und Begriffe Carl Schmitts, Berlin 1989.

Ritter 1965 - Ritter, Joachim: Festschrift für Joachim Ritter: Collegium Philosophicum. Studien. Joachim Ritter zum 60. Geburtstag, Basel/Stuttgart 1965.

Rohrmoser 1994 - Rohrmoser, Günter: Der Ernstfall. Die Krise unserer liberalen Republik, Frankfurt a.M./Berlin 1994.

Rostow 1960 - Rostow, Walt W.: The Stages of Economic Growth, Cambridge 1960.

Sander 1995 - Sander, Hans-Dietrich: Warten auf den Tag der deutschen Freiheit, in: Staatsbriefe 6. Jgg., Nr. 5/95, S. 12.

Schelsky 1980 - Schelsky, Helmut: Zur Entstehungsgeschichte der bundesdeutschen Soziologie. Ein Brief an Rainer Lepsius; in: K. Z. f. Soz. und Soz. Psych., 32. Jgg. Heft 3, 1980, I Allgemeiner Teil, S. 417 ff.

Schelsky 1981 - ders.: Rückblicke eines „Anti-Soziologen“, Opladen 1981.

Schnur 1988 - Schnur, Roman: Transversale. Spurensicherungen in Mitteleuropa, Wien 1988.

Schumpeter 1912 - Schumpeter, Joseph A.: Theorie der wirtschaftlichen Entwicklung, München/Leipzig 1912, ^{4}1935.

Schumpeter 1942 - ders.: Capitalism, Socialism and Democracy, New York 1942, deutsch München 1950, ^{4}1975.

Schwilk 1994 - Schwilk, Heimo/Schacht, Ulrich (Hrsg.): Die selbstbewußte Nation, Berlin/Frankfurt a.M. 1994.

Schwilk 1995 - ders. (Hrsg.): How the Left Turned their Defeat into Victory. Germany after Reunification. Conservative Points of View,.hrsg. v. Institut für konservative Bildung und Forschung, Vorwort von C. v. Schrenck-Notzing, Dießen 1995.

Schwinge 1979 - Schwinge, Erich: Bilanz der Kriegsgeneration. Ein Beitrag zur Geschichte unserer Zeit, Marburg ^{1}1979, ^{3}1979, ^{9}1983.

Seitter 1985 - Seitter, Walter: Menschenfassungen, München 1985.

Sieferle 1994 - Sieferle, Rolf Peter: Epochenwechsel. Die Deutschen an der Schwelle zum 21. Jahrhundert, Berlin/Frankfurt a.M. 1994.

Sombart 1930 - Sombart, Werner: Die drei Nationalökonomien, München/Leipzig 1930.

Spaemann 1977 - Spaemann, Robert: Zur Kritik der politischen Utopie, Stuttgart 1977.

Stützel 1952 - Stützel, Wolfgang: Preis, Wert und Markt. Analytische Theorie des Verhältnisses der Wirtschaft zum Staat. Unveränderter Neudruck der Dissertation von 1952, Aalen, 1972.

Stützel 1973 - ders.: Währung in weltoffener Wirtschaft. Lehrbuch der Währungspolitik unter Herausforderung des Tages, Frankfurt a.M. 1973.

Tenbruck 1984 - Tenbruck, Friedrich H.: Die unbewältigten Sozialwissenschaften oder die Abschaffung des Menschen, Graz 1984.

Weber 1955 - Weber, Alfred u. Mitarbeiter: Einführung in die Soziologie, München 1955.

Weißmann 1992 - Weißmann, Karlheinz: Rückruf in die Geschichte. Die deutsche Herausforderung, Berlin/Frankfurt a.M. 1992.

Willms 1982 - Willms, Bernard: Die deutsche Nation, Köln 1982.

Willms 1983 - ders.: Weltbürgerkrieg und Nationalstaat. Thomas Hobbes, Friedrich Meinecke und die Möglichkeit der Geschichtsphilosophie im 20. Jahrhundert, in: Der Staat 22. Bd., Heft 4, 1983, S. 499 ff.

Wohl 1979 - Wohl, Robert: The Generation of 1914, Cambridge 1979.

Zitelmann 1993 - Zitelmann, Rainer/Weißmann, Karlheinz/Grossheim, Michael: Westbindung. Chancen und Risiken für Deutschland; Frankfurt a.M./Berlin 1993.

Zeitschriften und Zeitungen:

Criticon - Junge Freiheit - Nation und Europa - Rheinischer Merkur - Rhein-Neckar-Zeitung - Staatsbriefe - Die Welt.

HANS EINHORN

Freiwilligen- und/oder Wehrpflichtarmee? Eine militärökonomische Betrachtung

In Zusammenhang mit Untersuchungen zum Thema "Kaderung oder Auflösung von Truppenteilen" stellten sich auch Fragen nach dem zweckmäßigsten Wehrsystem und den geeignetesten Typ der Streitkräfte (Einhorn, 1994, S. 185 ff.). In der jüngsten Zeit wird durch politische und militärische Ereignisse die Aktualität solcher Fragen unterstrichen.[1] Sie ergeben sich aus dem neuen Auftrag der Bundeswehr, aus der zugespitzten Mittelknappheit, aus mangelnder Akzeptanz des jetzigen Wehrsystems und anderen Faktoren. Fragen nach dem Wehrsystem können die verschiedensten Aspekte berühren: militärische, wirtschaftliche, rechtliche und moralische.

Im folgenden sollen einige Gedanken zur ökonomischen Seite des Problems aufgeworfen werden. Dabei bilden bereits vorliegende Ausführungen zur ökonomischen Beurteilung von Wehrsystemen den Ausgangspunkt und den Rahmen für weitere Betrachtungen (Hahn, 1991; Gerber, 1973).

Der Bundesminister der Verteidigung charakterisierte die neue Ausgangssituation mit den Worten: ***"Der künftige Umfang der Krisenreaktionskräfte, die stärkere Ausdifferenzierung der Hauptverteidigungskräfte, die Rationalisierung des Betriebs und die Straffung der Strukturen führt insgesamt dazu, daß Personal abgebaut werden kann. Daraus ergeben sich Konsequenzen für die Binnenstruktur der Streitkräfte, den Personalumfang und für die Stationierung"*** (Rühe, 1994, S. 17).

Daraus ergeben sich aber auch Konsequenzen für das Wehrsystem insgesamt. Erneut steht damit die Frage "Berufs- und/oder Wehrpflichtarmee" zur Prüfung. Den Militärökonomen interessiert dabei der Anteil wirtschaftlicher Sachverhalte im Problem und welchen Beitrag demzufolge die Wirtschaftswissenschaften - speziell die Militärökonomie - zur Problemlösung beitragen können.

Die Beantwortung der Frage Wehrpflicht- und/oder Freiwilligenarmee hängt von folgenden **Einflußfaktoren** ab:

---

1 An der Universität der Bundeswehr Hamburg spielte diese Thematik beim Deutsch-Ungarischen Symposium im September 1995 eine bedeutende Rolle.

A. Einflußfaktoren

I. Politischer Wille, gesellschaftliche und staatliche Ordnung

II. Auftrag und Aufgaben der Streitkräfte

a) Die Krisenreaktion auch *"out of area"* erfordert:
1. präsente Streitkräfte,
2. hochspezialisierte Streitkräfte,
3. nach bisherigen Regelungen das direkte oder indirekte "Freiwilligenprinzip".

b) Die Landesverteidigung muß weiterhin auch im *"herkömmlichen Sinne"*, aber gegen eine abstrakte Bedrohung organisiert werden. Dazu sind die Hauptverteidigungskräfte nach wie vor notwendig. Militärische Handlungen unterhalb der Schwelle lokaler Kriege haben an Realität zugenommen. Das trifft auch für den europäischen Raum zu, der früher weitgehend von kriegerischen Handlungen verschont war.

III. Wirtschaftliche Grenzen für den Betrieb Streitkräfte

Mit Ausnahme der Kriege in der Mitte des 19. Jahrhunderts in Europa waren knappe Mittel zur Sicherstellung militärischer Handlungen schon immer ein charakteristisches Merkmal. In der Vergangenheit bestimmten aber trotzdem vorherrschend die militärischen Ziele die Mittel. Bei einer einigermaßen realistischen Zielbestimmung militärischer Handlungen war trotz Knappheit der Mittel die Zielrealisierung noch möglich. Es galt im Wesentlichen im Kräftedreieck "Auftrag - Strukturen - Finanzen" die angegebene Reihenfolge.

Heute ist eine Tendenz zur Umkehrung dieses Prinzips zu beobachten: teilweise bestimmen die vorhandenen - genauer nicht vorhandenen - Mittel schon die militärische Zielstellung direkt. Im Kräftedreieck verschiebt sich die Reihenfolge in Richtung "Finanzen - Auftrag - Strukturen".

a) So wird die Streitkräftezahl und die Ausrüstung erheblich durch wirtschaftliche Gegebenheiten bestimmt. Im Unterschied zum Industrieunternehmen hat der *"Dienstleistungsbetrieb Streitkräfte"* stark eingeschränkte Manöveriermöglichkeiten in der Zielsuche und -bestimmung. Ziele und Aufgaben sind fast vollständig über die Sicherheitslage (objektiv) und die Sicherheitspolitik (subjektiv) als politischer Auftrag vorgegeben.
Tatsächlich werden sie jedoch oft durch Mittelknappheit unmittelbar beeinflußt. Das schließt im Ausnahmefall eine Umkehrung nicht aus. D. h., für bestimmte politische Zielstellungen werden die benötigten Mittel unter allen Bedingungen bereitgestellt, z. T. auch durch Zurückstellung anderer Aufgaben. Ein solcher Sonderfall war der Somalia-Einsatz der Bundeswehr.

b) Gegenwärtig hat die Mittelkürzung absolute Priorität. Die Streichungen am Verteidigungshaushalt bringen das ebenso zum Ausdruck wie der Versuch seiner "Verstetigung" für die nächsten Jahre. "Wir leisten uns eine Armee nach Haushaltslage" formulierte es der Vorsitzende des Verteidigungsausschusses des Deutschen Bundestages (Wittmann, 1994, S. 4).

c) Die Vorbereitung und Organisation der Verteidigung gegen einen abstrakten Gegner muß zwangsläufig nicht billiger sein als das bisherige Modell. Dafür fehlen bereits jetzt Mittel. Die 370.000 Mann Grenze war schon politisch vorgegeben ehe sie militärisch begründet war. Weitere notwendige Absenkungen sind ebenfalls in erster Linie wirtschaftlich und politisch erklärbar, erfordern aber auf jeden Fall neue militärische Konzeptionen. Diese berühren wiederum die Frage Berufs- und/oder Wehrpflichtarmee, offen bleibt in welchem Umfang.

d) Die - im Interesse höherer Rationalität - vor allem logistischen Bereich stattfindende Funktionsausgliederung muß die neuen Aufgaben der Bundeswehr beachten. Zivile logistische Systeme müssen z. B. auch danach überprüft werden, wie sie bei Einsätzen *"out of area"* den Aufgaben der Truppe entsprechen.

IV. Typ der Streitkräfte

Die bisher genannten Faktoren bedingen erneute Überlegungen über den Typ der Streitkräfte. Dabei geht es nicht um eine allgemeine Diskussion des *"Für und Wider"* der Wehrpflicht. Die allgemeine Wehrpflicht ist in der Verfassung der Bundesrepublik Deutschland verankert. Die verfassungsmäßige Möglichkeit, Männer vom vollendeten 18. Lebensjahr zum Dienst mit der Waffe oder zum Ersatzdienst verpflichten zu können, entspricht der demokratischen Rechtsordnung. Sie sagt aber noch nichts darüber aus, zu welcher Zeit, in welcher Form dieser Rechtsgrundsatz wahrgenommen werden sollte (Köllner, 1986, S. 84 ff.).

Folgende Möglichkeiten können betrachtet und gegenübergestellt werden (Hahn, 1991, S. 24 ff; Schleicher, 1995):

a) die Wehrpflichtarmee;
b) die Freiwilligenarmee und
c) ein Mix zwischen Wehrpflicht- und Freiwilligenarmee.

a) Zur Wehrpflichtarmee

Die Wehrpflichtarmee wird im allgemeinen begründet mit:

1. der Wehrgerechtigkeit,
2. der Wirtschaftlichkeit (Sicherung des Gesamtumfangs der Streitkräfte im Frieden in kostengünstiger und arbeitsmarktverträglicher Weise) (Heinsen, 1993, S. 142; Uebe, 1995),
3. des besseren Personalaufkommens nach Qualität,
4. den Erfordernissen der Aufwuchs- und Mobilmachungsmöglichkeiten,

5. der Flexibilität in der Festlegung des personellen Umfangs als Reaktion auf internationale Entwicklung und Vereinbarungen,
6. der relativen Unabhängigkeit von wirtschaftlichen und demographischen Entwicklungen,
7. einem höheren Maß an gesellschaftlicher Betroffenheit, mit Auswirkungen auf die Politik und öffentliche Meinung,
8. der besseren Rekrutierungsbasis für die Gewinnung von Längerdienenden.

Die Punkte 2 und 3 haben einen direkten ökonomischen Bezug, 4, 5 und 8 einen indirekten. Über Punkt 1 ist noch ausführlicher zu sprechen.

Als Nachteile der Wehrpflichtarmee werden genannt:
1. hohe gesamtwirtschaftliche Opportunitätskosten,
2. hohe Ausbildungskosten,
3. geringere Effizienz trotz höherer durchschnittlicher Intelligenz.

Alle drei Punkte haben einen unmittelbaren ökonomischen Bezug.

Ein Hauptargument der Verfechter der Wehrpflichtarmmee ist der Verweis auf die Wehr- und Dienstgerechtigkeit und die damit verbundene Akzeptanz der Bundeswehr. Eine tatsächliche Wehr- und Dienstgerechtigkeit ist aber unter den gegenwärtigen Bedingungen real nicht vorhanden. Dafür sprechen folgende Fakten:
- ca. 20 Prozent der Männer eines Jahrgangs wird von vornherein als wehrdienstuntauglich ausgemustert.
- in den letzten Jahren haben über 35 Prozent aller 19-jährigen Antrag auf Kriegsdienstverweigerung gestellt (Bericht des Wehrbeauftragten, 1994).[2]
- Der Somalia-Einsatz und weitere *out of area*-Einsätze der Bundeswehr beruhten völlig auf dem Freiwilligkeitsprinzip.

Dabei kann ein weiteres nötiges Absenken der Personalstärke der Bundeswehr innerhalb vorgegebener "Bandbreiten" das Problem der Dienstungerechtigkeit noch verstärken, weil die Musterungsjahrgänge der nächsten Jahre keine großen Schwankungen aufweisen.
Die nicht ausreichende Wehr-und Dienstgerechtigkeit hat auch negative Auswirkungen auf die Akzeptanz der Bundeswehr. Auf diese Problematik in ihrer Gesamtheit ist in Berichten des Wehrbeauftragten des Deutschen Bundestages ausführlich eingegangen worden (Bericht des Wehrbeauftragten, 1994, Abschnitt 1 u. 8).

Aus wirtschaftswissenschaftlicher Sicht verstärken sich diese Bedenken noch. Die Wehrpflicht ist ökonomisch eine *"personale Naturalsteuer"* (Gerber, 1973, S.713 ff.; Neubauer, 1986, S. 1082 ff.) - Gerber vergleicht die notwendige Wehrpflicht mit einem Rest aus der Zeit der Naturalwirtschaft - die nur von einem Teil

---

2 1993 standen 155.000 Wehrpflichtigen 131.000 Wehrdienstverweigerer gegenüber. Vgl. Bericht des Wehrbeauftragten 1994 und IAP-Dienst Sicherheitspolitik, Nr. 4 v. 25. Februar 1994, S. 3.

der Gesellschaft erbracht und zur Subventionierung eines gesamtgesellschaftlichen Anliegens eingesetzt wird. Schon in diesem Widerspruch liegt die ganze Problematik der ökonomischen Seite der Wehrgerechtigkeit: vom Gesamtjahrgang fallen für die Steuererbringung über 60 Prozent von vornherein heraus (Frauen, Wehrdienstunfähige und Ausländer). Nimmt man die tatsächlich als Wehrpflichtige Dienende sind das 22 -23 Prozent des Jahrganges. Mit den Zivildienstleistenden zusammmen entrichten also nur knapp 40 Prozent eines Jahrgangs die personale Naturalsteuer.
Die Wehr- und Dienstgerechtigkeit kann also nicht der Hauptgrund für ein unbedingtes Festhalten an der Wehrpflichtarmee sein. Das schließt ein Festhalten am Prinzip der allgemeinen Wehrpflicht nicht aus.

b) Zur Freiwilligenarmee

Es gibt mindestens folgende ökonomische Gründe, die für eine Freiwilligenarmee und gegen die allgemeine Wehrpflichtarmee sprechen (Hahn, S. 24 ff).
Vorteile einer Freiwilligenarmee:

1. Eine Freiwilligenarmee kann qualitativ hochwertiger sein und muß gesamtwirtschaftlich nicht kostenungünstiger als eine Wehrpflichtarmee sein. Ein Gedanke der schon bei A. Smith eine Rolle spielte. O. Hahn verweist in diesem Zusammenhang auch darauf, daß mit dem Abbau der Wehrpflichtarmee eine Form der Subventionierung gesamtgesellschaftlicher Aufgaben durch einen Teil der Gesellschaft wegfallen würde. Beim Somalia-Einsatz waren die zusätzlichen Personalkosten der zweitgrößte Ausgabeposten. Es entstanden im Monat zwischen 2.500 und 5.000 DM pro Mann an Zusatzkosten.[3] Der Unterschied zu den Kosten einer Berufsarmee dürften hier unwesentlich gewesen sein.

2. Von den durch die allgemeine Wehrpflicht ausgebildeten Männern wurden in der Bundesrepublik Deutschland in den letzten 40 Jahren höchstens 5 Prozent durch Wehrübungen effektiv genutzt. Das ist international noch eine sehr gute Ausnutzungsrate des qualifizierten Personals.

3. Die Ausbildungskosten sind relativ geringer.

4. Bessere Materialbehandlung.

Als Nachteile einer Freiwilligenarmee werden genannt:

1. Die Etatansätze im Verteidigungshaushalt sind wesentlich höher (Entlohnung zu Marktpreisen, Werbekosten, höhere Reintegrationskosten).

---

3 Die unterschiedlichen Werte ergeben sich aus den unterschiedlich angegebenen Personalstärken (von 1.700 bis 3.000) und die Zeitdauer des Einsatzes (9 oder 11 Monate).

2. Bei Vollbeschäftigung kann ein eventueller Mangel an Personal auftreten.

3. Die Auswahlmöglichkeiten beim Personal sind durch den Wettbewerb auf dem freien Arbeitsmarkt eingeschränkter.

4. Das bei der Wehrpflicht vorhandene Reservistenpotential fehlt.

5. Die Gefahr einer Isolierung oder Verselbständigung der Streitkräfte ist größer als bei einer Wehrpflichtarmee.

c) Zu einem Mischtyp zwischen Wehrpflicht und Freiwilligenarmee

Es wäre zu prüfen, ob die konträre und oft unproduktive Gegenüberstellung: "Wehrpflicht- **oder** Freiwilligenarmee" nicht produktiv durch das Konjunktiv **"und"**, d.h. Wehrpflicht- und Freiwilligenarmee, zu ersetzen wäre. Eine aufzubauende Freiwilligenarmee (als Kern der Bundeswehr) könnte mit Formen der heutigen Dienstpflicht gekoppelt werden. Bestimmte Verbände des Territorialheeres würden sich aus kurzfristig Auszubildenden rekrutieren. Das trifft auch für bestimmte Dienste zu. Der Übergang zu Formen des Zivil- und Katastrophenschutzes, der freiwilligen Feuerwehr und anderen technischen Hilfsorganisationen wäre fließend. Die Dienstzeit könnte eventuell verkürzt werden, da für diese Kräfte in den angenommenen langen Spannungszeiten weitere Qualifizierungen möglich wären.
Im Ansatz sind diese Mischstrukturen durch die hohe Zahl von Berufssoldaten und Längerdienenden in der Bundeswehr ja schon vorhanden. Beim Heer waren bereits 1991 über 50 Prozent Längerdienende, bei der Luftwaffe über 70 Prozent und bei der Marine über 75 Prozent (Arbeitsprogramm ÖTV, 1991). Mit anderen Worten, weniger als 50 Prozent der Bundeswehr sind tatsächlich Wehrpflichtige.

Und selbst absolute Befürworter der Wehrpflichtarmee räumen ein, *"daß die Bundeswehr eine "Freiwilligenintensive Wehrpflichtarmee"* ist. Die Mischform von Berufs- und Zeitsoldaten, Wehrpflichtigen und Reservisten hätte die Kriterien der Kontinuität, Führungsfähigkeit und dienstlicher Erfahrung mit den Vorzügen der Wehrpflichtigen positiv verknüpft (Heinsen, 1993). Der Unterschied zum heutigen Zustand, der ja solche Mischformen schon enthält, wäre das offene Bekenntnis zu Verbänden, die ausschließlich aus Berufssoldaten bestehen.

Das Argument, daß eine Zweiklassenarmee nicht zugelassen werden dürfte, ist dabei aus mehreren Gründen nicht stichhaltig. Hinsichtlich der gleichen demokratischen Rechte und Pflichten gibt es zwischen beiden Wehrformen in entwickelten Demokratien, wie auch internationale Vergleiche zeigen, kaum Unterschiede.
Und in jeder anderen Hinsicht hat es in allen Armeen schon immer verschiedene "Klassen" gegeben. Erinnert sei hierbei an die Garden im Preußischen Heer, die Unterschiede zwischen den Waffengattungen, die besondere Stellung von Fallschirmjägern, Luftlandetruppen, Gebirgsjägern usw. in späteren Armeen. Die bisherigen Einsatzverbände der Bundeswehr unterschieden sich hinsichtlich Ausrüstung, Besoldung usw. erheblich von anderen Truppenteilen. Unterschiedliche

Dienstzeiten, Besoldungen und Rechte im Dienstalltag waren und sind die Regel und nicht die Ausnahme.
Für die drei genannten Varianten gibt es volks- wie betriebswirtschaftlich Vor- und Nachteile. Der Praxis am nächsten ist die *Variante c*.

B. Schlußfolgerungen

I. Für die Krisenreaktionskräfte werden präsente Streitkräfte gebraucht. Sie wurden bisher auch in der Bundeswehr auf freiwilliger Basis zusammengestellt.

Diese Truppenteile müssen im Prinzip zu jeder Zeit einsatzbereit sein. Ihre spezielle und kostspielige Ausbildung erfordert sowohl aus militärischer als auch aus wirtschaftlicher Sicht Längerdienende. Das schließt nicht aus, daß bestimmtes hochqualifiziertes und spezielles Personal vor allem aus den Bereichen Technik und Logistik, zur kurzfristigen Auffüllung und Ergänzung (gegenwärtig auf freiwilliger Basis) zur Verfügung stehen muß. Das umso mehr, da der konkrete Einsatzort und demzufolge die konkreten Anforderungen an die Spezialisten nicht langfristig vorher festliegen.[4] Das heißt, eine Kaderung ist auch für diesen Bereich von bestimmter Bedeutung.
Der überwiegende Teil des Personals sollte jedoch zweckmäßiger Weise aus Berufssoldaten oder freiwillig Längerdienenden bestehen.

II. Eine Kaderung, basierend auf der Wehrpflicht, könnte die Hauptverteidigungskräfte der Landesverteidigung personell sicherstellen.

Bei der jetzigen Struktur ist bei größeren militärischen Auseinandersetzungen ein Aufwuchs und damit die Kaderung notwendig und infolge der allgemein angenommenen langen Vorwarnzeiten auch möglich. Eine Ausbildung bzw. Qualifizierung von Aufwuchspersonal in einer Spannungsperiode ist durchaus denkbar. Beispiele für ein solches Vorgehen gibt es in der älteren und jüngeren Militärgeschichte (Falklandkonflikt). Allerdings wird hier immer die günstigste Variante, d. h. eine lange Vorwarnzeit, vorausgesetzt.

III. Militärökonomisch läßt sich die Frage "Wehrpflicht oder Berufsarmee" nicht beantworten.

Die politisch und militärisch wichtige und grundsätzliche Entscheidung "Wehrpflicht- und/oder Freiwilligenarmee" hat aus der Sicht betriebswirtschaftlicher Handlungen innerhalb der Bundeswehr eher marginale Bedeutung.Ursache dafür ist die geringe Relevanz und das ungenügende militärökonomische Entscheidungsfeld für die Bundeswehr selbst.
Die Personalausgaben betrugen im Einzelplan 14 für das Jahr 1994 53,4 Prozent der Gesamtausgaben, 1995 sind 51,8 Prozent und für die nächsten Jahre Schwankungen um 50 Prozent vorgesehen.

---

4 Beim Somalia-Einsatz wurde z.B. für die Organisation der Feldpost auf gediente Reservisten zurückgegriffen.

Von den Personalausgaben entfallen rund 30 Prozent auf zivile Mitarbeiter. Diese Größenordnung fällt aus der Entscheidung über den Typ der Streitkräfte von vornherein heraus (wenn nicht die übergreifende Frage nach dem Verhältnis von militärischen und zivilen Personal neu gestellt wird. Aber auch dieses Problem bedürfte dann primär der politischen Willensbildung und Entscheidung und erst sekundär der ökonomischen Bewertung).
Von den verbleibenden 70 Prozent der Personalausgaben fallen bereits jetzt über die Hälfte an Berufs- und Zeitsoldaten. Hier ist zu berücksichtigen, daß - wie bereits erwähnt - beim Heer über 50 Prozent und bei der Luftwaffe und Marine über 70 Prozent des Personals aus Berufs- und Zeitsoldaten besteht. Diese Gruppen haben aufgrund des Offizier- und Unteroffizierstatuts außerdem pro Kopf noch wesentlich höhere Bezüge als die Wehrpflichtigen. Damit wird der Hauptteil der Personalkosten für Militärangehörige durch diese Gruppe verbraucht. Bei Auslandseinsätzen nähern sich außerdem durch die Zulagen und andere Kosten die Personalausgaben für Wehrpflichtige denen für Berufssoldaten immer mehr an.
Es verbleiben also theoretisch maximal nicht mehr als 30 Prozent der Personalkosten, die **entweder** für Wehrpflichtige **oder** für weitere Berufssoldaten ausgegeben werden können. Zieht man von diesem Teil der Personalkosten noch den Sokelbetrag ab, der für Soldaten gleich welcher Art in gleicher Höhe immer gebraucht wird, liegt die eigentliche, in der Praxis verbleibende ökonomische Entscheidunsmöglichkeit bei nur zirka 6 Prozent des Verteidigungshaushaltes.

IV. Die unabhängig von allen Debatten in der Praxis existierende Mischstruktur zwischen Wehrpflicht- und Freiwilligenarmee scheint auch in der nächsten Zeit den Aufgaben der Bundeswehr am besten zu entsprechen.

C. Fazit

Die Frage Wehrpflicht- oder Berufsarmee läßt sich militärökonomisch bewerten aber nicht entscheiden.
Sie fällt auch aus diesem Grund vor allem in die Kompetenz der politischen und militärischen Zweckmäßigkeiten und Entscheidungen. Für detaillierte Vorbereitung und Bewertungen solcher Entscheidungen kann und muß die Militärökonomie beitragen.

Literatur

Einhorn, H.(1994), "Auflösung oder Kaderung von Truppenteilen, in: O. Hahn (Hrsg.), Strukturwandel der Bundeswehr: Betriebswirtschaftliche Hilfen zur Problemlösung. Referate und zur Verfügung gestellte Diskussionsbeiträge auf dem gleichnamigen Symposium des Lehrstuhls für Allgemeine, Bank- und Versicherungs-Betriebswirtschaftslehre. Nürnberg, 11. bis 14. April 1994. Veröffentlichungen des Lehrstuhls für Allgemeine, Bank und Versicherungs-Betriebswirtschaftslehre an der Friedrich-Alexander-Universität Erlangen-Nürnberg 1994, H. 79, S. 185 ff.

Gerber, J. (1973), "Zur Problematik des sozialen Ertrages bei Aufwendungen für die Verteidigung", in: Allgemeine Militärrundschau, Paris 5/1973

Gerber, J. (1973), ... a. a. O., S. 713 ff.

Hahn, O. (1991), "Die ökonomische Beurteilung des Wehrsystems", Veröff. List. BkBWL FAU, Erlangen-Nürnberg, Nürnberg 1991, H. 64

Hahn, O. (1991), ... a. a. O., S. 24 ff.

Hahn, O. (1992), "Gestaltungsmöglichkeiten bei der Truppenreduzierung mit dem Ziel einer Minimierung der negativen Auswirkungen, Diskussionsbeitrag auf dem Internationalen Wissenschaftlichen Kolloquium der Gesellschaft für Militärökonomie e. V. in Roth, unveröffentlichtes Manuskript

Heinsen, K. (1993), " Eine unendliche Geschichte? Argumente zur Diskussion über die Beibehaltung der Wehrpflicht", in: Europäische Sicherheit, Herford 3/1993, S. 142

Heinsen, K. (1993), ... a. a. O.

Köllner, L. (1986), "Berufsarmee - Wehrpflichtarmee, fiskalische und makroökonomische Kosten", in: G. Kirchhoff (Hrsg.), Handbuch zur Ökonomie der Verteidigungspolitik, Regensburg 1986, S. 84 ff.

Neubauer, G. (1986), "Wehrgerechtigkeit - aus finanzwissenschaftlicher Sicht", in: G. Kirchhoff (Hrsg.), Handbuch zur Ökonomie der Verteidigungspolitik, Regensburg 1986, S. 1082 ff.

ÖTV (1991), "Arbeitsprogramm zur Beschäftigungs- und Standortkonversion", Nov. 1991

Rühe, V. (1994), "Statement des Bundesministers der Verteidigung", in: Bundesministerium der Verteidigung - Informationsstab - Referat Öffentlichkeitsarbeit (Hrsg.), Europäische Sicherheit und die Rolle Deutschlands. 31. Konferenz für Sicherheitspolitik in München 1994, S.17

Schleicher, M. (1995), "Wer trägt die Lasten der Wehrpflicht?". Beitrag auf dem 2. Workshop "Verteidigungsökonomie"; Deutsch-Ungarisches Symposium der Universität der Bundeswehr Hamburg, Hamburg 25. - 29.09.1995

Uebe, G. (1995), "Eine Alternative, die keine Alternative ist: Die Wehrpflichtarmee im Vergleich zur Freiwilligen-Armee". Beitrag auf dem 2. Workshop "Verteidigungsökonomie"; Deutsch-Ungarisches Symposium der Universität der Bundeswehr Hamburg, Hamburg 25. - 29.09.1995

Wehrbeauftragter des Deutschen Bundestages (1994), "Bericht", Abschnitt 1 und 8

Wittmann, F. (1994), "Wir sind jetzt an einem Punkt, von dem an wir das Vorhaben EUROFIGHTER 2000 durchziehen müssen", in: wt, Bonn 3/1994, S. 4

WERNER WILHELM ENGELHARDT

Konzeptionen und Institutionen jenseits von Angebot und Nachfrage.

Zum kulturellen Hintergrund der Marktwirtschaft und dessen Bedeutung im Lichte des Ökonomismusproblems

A. Ein deutscher Klassiker leistete bereits wichtige Vorarbeiten

Der nicht nur liberal, sondern zugleich auch sozial eingestellte deutsche Klassiker der Nationalökonomie, Johann Heinrich von Thünen, der bekanntlich auch ein versierter betriebswirtschaftlicher Praktiker und Theoretiker war, sah trotz seiner epochalen wirtschaftswissenschaftlichen und methodologischen Leistungen in der Produktions-, Standort- und Verteilungstheorie - sie sind seit langem allgemein anerkannt - bereits die Ausbildung der Geisteskräfte als "Zweck an sich", d.h. als letztes Ziel menschlichen Strebens. Er begründete diese letztlich ausserwirtschaftliche, jedenfalls nicht nur ökonomische Position u.a. wie folgt: "Die Notwendigkeit" - d.h. die Abhängigkeit persönlichen Daseins von den Sinnentrieben, aber auch den Gegebenheiten der Güterknappheit - "führt den Menschen zur Tätigkeit und Anstrengung und damit zur Entwickelung seiner Kräfte. Die Geisteskräfte, die der Mensch im Kampf mit der Notwendigkeit entwickelt, ausbildet und gleichsam aus sich selbst hervorruft, gehören seinem eigensten, innersten Wesen an und sind, wohin er auch versetzt wird, sein unverlierbares Eigentum. Ausbildung der Geisteskräfte erscheint also als Zweck an sich"(Thünen, 1990, S.472 ff. u. besond. S. 477 ff.).

Nachdem sich der Forscher in seinen späteren Jahren dazu durchgerungen hatte, "statt der äusseren Gegenstände den Menschen selbst zum Gegenstand der Betrachtung zu machen", erkannte er, daß seine bisher im Hauptwerk "Der isolierte Staat in Beziehung auf Landwirtschaft und Nationalökonomie" an dem gleichnamigen Modell "Isolierter Staat" abgeleiteten Gesetze der Wirtschaftlichkeit zwar keine "Irrtümer" sind, aber daß ihre Wahrheit nicht "umfaßt" und nicht "erklärt" und "nicht zur Einheit bringt". Der Klassiker interpretierte deshalb jetzt "positives Wissen" nicht länger als Zweck an sich, sondern lediglich als erzieherisches Mittel zur Entwicklung der im Menschen liegenden Geistesanlagen, dem freilich große Bedeutung zuzumessen sei. Dabei spielte es für ihn keine entscheidende Rolle mehr, ob bei einer späteren "Vergleichung des Erreichten mit dem Erstrebten" ein materieller Erfolg sichtbar wird. Denn eben "nicht die Frucht des Strebens, sondern die aus diesem Streben hervorgehende Entwicklung von Eigenschaften und Geisteskräften ist Zweck und Ziel des Lebens"(Schumacher,1883, u.a. S.193; 202, 221, 235 f., u. 321).

Verfasser hat diese Position Thünens, die entscheidend nicht so sehr von den vorausgegangenen Klassikern als vielmehr von der kritizistisch-deontologischen Philosophie Immanuel Kants und in gewissem Umfang auch von den spontane neue Entwicklungen bevorzugenden Frühsozialisten und deren Interpreten beeinflußt wurde, als den Beginn einer kritischen Würdigung ökonomistischer Deformierungen marktwirtschaftlichen Handelns und ihrer wissenschaftlichen Verarbeitungen durch die Klassiker gewürdigt (vgl. u.a. Engelhardt, 1993a, S. 41 ff. und zu den grundsätzlichen moralischen Dimensionen ökonomischen Handelns im Sinne Kants u.a. Etzioni, 1994, S. 37 ff. u. 200 ff.). Thünens diesbezügliche Überlegungen sozialphilosophischer Art - sie deuten eine teilweise abweichende Linie auch zu Adam Smiths Position an (Engelhardt 1993b, S. 471) - sind verknüpft mit dem Beginn eines sehr modern anmutenden Nachdenkens über die praktische und wissenschaftliche Betriebs- und Sozialpolitik von unten her und einem darauf bezogenen entsprechenden Handeln. In derem Zentrum stehen Überlegungen darüber, was unter Aspekten der Kantischen Maxime, daß kein Mensch auf Erden lediglich als Mittel betrachtet und eingesetzt werden darf, für Gerechtigkeit und Wohltätigkeit im einzelwirtschaftlichen Bereich getan werden kann. Thünen geht dabei selbst noch über die in Fragen der "Metaphysik der Sitten" besitzindividualistischen Ansätze Kants (vgl. zu diesen Saage, 1994) hinaus. Es kommt nach seiner Auffassung darauf an, durch spontan entstehende institutionelle soziale Lösungen der betrieblichen Mitbestimmung, vor allem aber durch Lohnbildung gemäß $\sqrt{ap}$ und der Gewinnbeteiligung der Arbeitnehmer auch "Grenzen der Freiheit" (J. M. Buchanan) zu markieren. Neben solchen Initiativen von letztlich freigemeinnütziger Art (vgl. auch Engelhardt 1995a) verschloß sich Thünen aber auch nicht gänzlich staatlichen Gründungen im Unternehmensbereich, speziell im Bereich des Straßen- und Eisenbahnbaus.

B. Das entschiedene Plädoyer eines Ordoliberalen

In unserem Jahrhundert hat mindestens ab Mitte der fünfziger Jahre Wilhelm Röpke - bei dem der hier zu ehrende Kollege in Genf studiert hat - selbstkritisch gefragt: "Haben wir alles gesagt, wenn wir die Bedeutung des Wettbewerbs und des von ihm bewegten Preismechanismus als des großen Regulators eines die individuellen Kräfte grundsätzlich freilassenden Wirtschaftssystems unterstrichen haben? Genügt es im übrigen, an eine Art von 'aufgeklärtem Egoismus' der Menschen zu appellieren, damit sie einsehen, daß es doch für sie selber am vorteilhaftesten und nützlichsten ist, wenn sie sich der Disziplin des Marktes und des Wettbewerbs unterwerfen? Darauf können wir nur mit einem kräftigen Nein antworten (...)".

"Was ist die Wahrheit? Die Wahrheit ist, daß zwar alles gilt, was wir über die Kräfte gesagt haben, die in unserem Wirtschaftssystem auf die 'Mittellage' der Wirtschaftsethik hinwirken, aber nur unter der stillschweigenden Voraussetzung eines ohnehin vorhandenen Minimums an ethischen Grundüberzeugungen. Daß wir nichts zu tun haben wollen mit einem nationalökonomisch ahnungslosen Moralismus, der umgekehrt wie Mephistopheles günstigenfalls das Gute will und das Böse schafft, haben wir hinreichend klargemacht. Aber was jetzt mit gleicher Entschiedenheit auszusprechen ist: ebenso weit wie einen nationalökonomisch ahnungslosen Moralismus sollten wir uns einen moralisch abgestumpften Ökonomismus vom

Leibe halten, der kein Empfinden hat für die Bedingungen und Grenzen, unter denen wir den moralischen Grundlagen der Marktwirtschaft vertrauen dürfen. Denn auch hier gilt ja, daß Marktwirtschaft nicht genug ist.

Mit anderen Worten: das Wirtschaftsleben spielt sich selbstverständlich nicht in einem moralischen Vakuum ab. Es ist vielmehr dauernd in Gefahr, die ethische Mittellage zu verlieren, wenn es nicht von starken moralischen Stützen getragen wird, die eben vorhanden sind und unablässig gegen Fäulnis imprägniert werden müssen. Andernfalls muß schließlich ein System freier Wirtschaft und mit ihm die freie Staats- und Gesellschaftsordnung zusammenbrechen" (Röpke, 1961, S. 183 ff.).

Der Autor warnte hier - in manchem übrigens ähnlich Müller-Armack (vgl. z.B. 1963 u.1974) - vor einem "nationalökonomisch dilettantischen Moralismus", zugleich und vor allem aber vor einem "moralisch abgestumpften Ökonomismus". Der erstere sei blind gegenüber den ökonomischen Sachzusammenhängen. Hingegen setzten sich die Ökonomisten dem Vorwurf aus, nur die Instrumentenebene und nicht auch die Zwecke des Handelns - wie Wohlstand, Freiheit, Gerechtigkeit - zu beachten (so auch Watrin, 1994, S.173). "Die Wahrheit ist eben, daß derselbe Wettbewerb, den wir zur Regulierung einer freien Wettbewerbsordnung voraussetzen, nach allen Seiten an einen Rand stößt, dessen Überschreitung wir nicht wünschen können. Er bleibt eine moralisch und sozial gefährliche Weise des Verhaltens, die nur in einer gewissen Maximaldosierung und mit Dämpfungen und Moderierungen aller Art verteidigt werden kann (Röpke, 1961, S.189).

Von dieser Position aus hat Röpke auch bereits einen "strengen Kodex der Geschäftsmoral" verlangt. "Es sollte für erniedrigend gehalten werden, zu betrügen, zu bestechen und - vor allem - die Staatsgewalt für eigene Zwecke zu mißbrauchen". Die von Röpke vor allem geforderten Tugenden sind "Selbstdisziplin, Gerechtigkeit, Ehrlichkeit, Fairneß, Ritterlichkeit, Maßhalten, Gemeinsinn" (hier zitiert nach Herz 1995).

C. Ausprägungen des Ökonomismus in der Sicht eines freiheitlichen Sozialisten

Gerhard W e i s s e r hat etwa zur gleichen Zeit wie Röpke und Müller-Armack - mindestens aber seit dem Jahre 1953 - das Phänomen des Ökonomismus auf der Grundlage der kritizistischen Philosophie Kants und seiner Nachfolger Fries und Nelson einer genaueren Analyse unterzogen, die leider heute weithin in Vergessenheit geraten ist (vgl. Weisser, 1978, S. 542 ff. u. 573 ff.; dazu auch Katterle, 1964, S.36 ff.; Engelhardt; 1976, 1980, 1981, 1991 u. 1992; Rich, 1990, S.15 ff.). Er unterschied dabei groben, unbewußten, bewußten und verfeinerten Ökonomismus. Die beiden letztgenannten Ausprägungen, die nicht zuletzt von der Wissenschaft gefördert würden, verstand er als eine Art Ersatzethik wirtschaftlicher Art, auf die der Ökonomismus schließlich hinauslaufe. Dabei werde mehr oder weniger deutlich angenommen, daß soziale und allgemeinkulturelle Ziele uno actu mit ökonomischen gelöst werden können.

"Heute begegnen uns die groben Formen des Ökonomismus eigentlich nur noch bei den Praktikern (...), beispielsweise, wenn wir noch immer hier und da von der angeblichen Moralinfreiheit der Wirtschaft hören, in der es für 'sentimentale' sittliche Erwägungen nicht Raum gebe. Wir begegnen diesen groben Formen auch, wenn wir noch immer hier und da Praktiker ganz allgemein von sog. 'wirtschaftlichen Gesichtspunkten' sprechen hören - als verstände es sich von selbst, was mit den angeblich wirtschaftlichen Gesichtspunkten gemeint sei, als wäre es bei Berufung auf sie eindeutig klar, worauf es bei der betreffenden Frage des wirtschaftlichen oder wirtschaftspolitischen Disponierens eigentlich ankommt" (Weisser, 1978, S. 574 f.).

Diese Form von Ökonomismus ist meist zugleich auch unbewußter Ökonomismus, der z.B. die Produktion nur ihrer selbst und ihrer Steigerung halber propagiert. Sie findet ihren Ausdruck unter anderem im naiven Glauben vom Nutzen eines maximalen Sozialprodukts, obwohl eine solche statistische Größe keine Antwort z.B. auf die Fragen gebe, welche unmittelbaren Interessen der Menschen eines Gebiets bzw. einer Volkswirtschaft bedient oder verletzt werden, oder ob das Sozialprodukt die richtige Zusammensetzung für die Erfüllung der wohlverstandenen Interessen nicht nur der lebenden sondern auch der künftigen Generationen hat.

Zur besseren Fundierung der These, daß es der Sinn der Gesellschaftswirtschaft sei, das Sozialprodukt zu maximieren, wurden dann die höheren Formen des bewußten und verfeinerten Ökonomismus entwickelt. Bewußter Ökonomismus unterstellt dabei in Modellanalysen der Rationaltheorie den Marktteilnehmern bereits Eigenschaften des homo oeconomicus. Es werde angenommen, sie seien nur an der Maximierung von Gewinn bzw. Nutzen interessiert und wären zudem von deren gleichmäßiger Meßbarkeit mittels kardinaler, zumindest aber ordinaler Skalen überzeugt - gleichgültig, was andere Disziplinen und insbesondere die Psychologie und Sozialpsychologie dazu zu sagen haben. Weisser erinnert auch an die Lehren, in denen im Zusammenhang der Betriebswirtschaftslehre - im besonderen aber der praktischen betrieblichen Sozialpolitik - der Versuch unternommen werde, den Wert eines guten Betriebsklimas aus dem Gewinninteresse des Unternehmens oder daraus abzuleiten, daß es den Bestand des Unternehmens sichere, wenn die sozialen Spannungen im Betrieb so gering wie möglich sind (Weisser, 1978, S.575). Dies ist jedoch nach seiner Ansicht schon aus logischen Gründen nicht möglich, da alle wirtschaftlichen Interessen an Ertragssteigerungen oder Kostensenkungen als sog. "mittelbare" Interessen angeblich immer irgendwelche "unmittelbaren" Interessen zur Voraussetzung haben, seien diese nun kultureller - einschließlich sittlicher und religiöser - oder auch sinnlicher bzw. materieller Art (Weisser 1978, S.551 ff.).

Verfeinerter Ökonomismus bemüht sich ausdrücklich um eine Ersatzethik und geht aus diesem Anlaß von der Allgemeingültigkeit der an Gewinnmaximierung orientierten Wirtschaftsgebilde aus. Das verstehe sich freilich nicht von selbst, denn: "Man kann es in einem nationalökonomisch-theoretischen Modell mit viel Nutzen an Erkenntnis unterstellen; aber sobald wir in den Raum des aktiven Gestaltens des sozialen Lebens treten, ist zunächst alles völlig offen, da müssen wir uns entscheiden; und es ist ein reines Dogma, wenn man es als keiner Begründung bedürftig betrachtet, daß Wirtschaftsgebilde an der Gewinnmaximierung und vielleicht gar ausschließlich daran orientiert sein sollen. Hier handelt es sich vielmehr um offene Fragen, die der Erörterung bedürfen. Wenn man sie von vornherein für den Wirtschaftler als geklärt unterstellt, dann ist man mitten im Ökonomismus; denn sie können nur auf Grund von ausserökonomischen Entscheidungen über den letzten Sinn der ökonomischen Bemühungen aufgeklärt werden. Eine verfeinerte Form von Ökonomismus ist es auch, wenn manche Nationalökonomen, darunter äusserst beachtliche und fruchtbare, der Meinung sind, es gäbe eine besondere wirtschaftliche Gerechtigkeit, die sich irgendwo von der Gerechtigkeit, die sonst für das soziale Leben gilt, unterscheidet. Hier wird dem Wirtschaftsinteresse offenbar die Rolle eines Interesses zugewiesen, das unser Handeln unmittelbar und aus sich heraus bestimmt. Hier wird nicht bewußt, daß es sich bei dieser 'wirtschaftlichen Gerechtigkeit' um ein Postulat handelt, das auf einer Vorentscheidung zugunsten einer bestimmten, historisch bedingten Wirtschaftsordnung beruht. Es liegt also bereits ein abgeleitetes Postulat vor, das sich keineswegs auf der gleichen logischen Ebene wie etwa unser sittliches Interesse an Gerechtigkeit befindet" (Weisser, 1978, S.575 f.; und zur kritischen Würdigung Engelhardt, 1974, S. 559 ff.).

D. Wichtige Befunde der deutschen verstehenden Soziologie

Es muß hier natürlich auch darauf hingewiesen werden, daß schon seit Max W e b e r s vor bald hundert Jahren, nämlich zuerst 1904/05 veröffentlichtem grundlegenden Werk "Die protestantische Ethik und der Geist des Kapitalismus" (zuletzt 1988) und den in etwa gleichzeitigen Schriften Sombarts über den modernen Kapitalismus und dessen "bourgoisen" Trägern (vgl. vor allem 1913 u. 1955) der geistes- und realgeschichtliche Hintergrund dieser Ersatzethik als näher geklärt anzusehen ist. Genau genommen handelt es sich sogar jedenfalls zunächst keineswegs um eine Ersatzethik, sondern um eine durchaus religiös fundierte Ethik, die aus verschiedenen christlichen Protestantismen und insbesondere dem Kalvinismus bzw. Puritanismus und ausserdem diversen sektiererischen Richtungen, wie z.B. dem Pietismus und dem Quäkertum, hervorgewachsen ist. Erst später entwickelte sich daraus im Zuge fortschreitender Säkularisierung eine rein weltliche "ökonomische Perspektive" , wie sie in ihrer semantischen Struktur und ihrer ontologisch-ideologisch hypostasierenden Bedeutung in der Zeit nach dem zweiten Weltkriege besonders von Hans A l b e r t in frühen Aufsätzen herausgearbeitet worden ist (vgl. vor allem Albert, 1967, S.75 ff.).

"Die innerweltliche protestantische Askese" - so faßte Weber seine Untersuchungen zusammen - "wirkte (...) mit voller Wucht gegen den unbefangenen Genuß des Besitzes, sie schnürte die Konsumtion, speziell die Luxuskonsumtion, ein. Dagegen entlastete sie im psychologischen Effekt den Gütererwerb von den Hemmungen der traditionalistischen Ethik, sie sprengt die Fesseln des Gewinnstrebens, indem sie es nicht nur legalisierte, sondern (...) direkt als gottgewollt ansah". "Da steht der Satz der Askese: 'Entsagen sollst du, sollst entsagen', ins Positiv-kapitalistische gewendet: 'Erwerben sollst du, sollst erwerben' in seiner Irrationalität schlicht und rein als eine Art kategorischer Imperativ vor uns. Nur Gottes Ruhm und die eigene Pflicht, nicht die Eitelkeit des Menschen, ist hier bei den Puritanern das Motiv, und heute: nur die Pflicht gegen den 'Beruf' ". "Und halten wir nun noch jene Einschnürung der Konsumtion mit dieser Enfesselung des Erwerbsstrebens zusammen, so ist das äussere Ergebnis naheliegend: Kapitalbildung durch asketischen Sparzwang" (Weber, 1988, S.190 u.192; vgl. auch ebd. S. 166 ff. u. 175 ff.).

Der Autor schloß: "Indem die Askese die Welt umzubauen und in der Welt sich auszuwirken unternahm, gewannen die äusseren Güter dieser Welt zunehmende und schließlich unentrinnbare Macht über den Menschen, wie niemals zuvor in der Geschichte. Heute ist ihr Geist - ob endgültig, wer weiß es - aus diesem Gehäuse entwichen. Der siegreiche Kapitalismus jedenfalls bedarf, seit er auf mechanischer Grundlage ruht, dieser Stütze nicht mehr. Auch die rosige Stimmung ihrer lachenden Erbin: der Aufklärung, scheint endgültig im Verbleichen und als ein Gespenst ehemals religiöser Glaubensinhalte geht der Gedanke der 'Berufspflicht' in unserem Leben um. (...) Niemand weiß noch, wer künftig in diesem Gehäuse wohnen wird und ob am Ende dieser ungeheuren Entwicklung ganz neue Propheten oder eine mächtige Wiedergeburt alter Gedanken und Ideale stehen werden, oder aber - wenn keins von beiden - mechanisierte Versteinerung mit einer Art von krampfartigem Sich-wichtig-nehmen verbrämt. Dann allerdings könnte für die 'letzten Menschen' dieser Kulturentwicklung das Wort zur Wahrheit werden: 'Fachmenschen ohne Geist, Genußmenschen ohne Herz: dies Nichts bildet sich ein, eine nie vorher erreichte Stufe des Menschentums erstiegen zu haben" (Weber, 1988, S.203 f. und zur kritischen Würdigung der Weberschen Leistungen z.B. Koslowski 1988, S.66 ff. u. 1991, S. 18 ff. Zur Dialektik von Tugend und Korruption seit den Anfängen des bürgerlichen Humanismus siehe auch Pocock, 1993, besond. S.. 176 ff.; zum Ökonomismus als Ersatzreligion vgl. neuerdings Adam, 1994, S.103 u. 136 ff.).

E. Psychoanalytische und sozialpsychologische Beiträge

Natürlich hat die Ökonomismusinterpretation und -kritik weitere Wurzeln, die unter den Stich- und Schlagworten der "Entfremdung" und "Verdinglichung" bis auf Hegel und Marx zurückreichen und in der jüngeren Vergangenheit z.B. von H. Marcuse sowie unter psychoanalytischen und charakterologischen Aspekten im Anschluß an Freud insbesondere von Fromm aufgenommen und weiterentwickelt worden sind (vgl. dazu im Überblick z.B. Israel 1972). Diese Konzeptionen sollten auch dann nicht gering geachtet werden, wenn die eher links- oder rechtsradikalen, nicht- oder gar antimarktwirtschaftlichen Lehren dieser und damit verwandter weiterer Autoren aus verschiedenen Gründen heute nicht mehr im Mittelpunkt der Debatten stehen. Wie jüngst Watrin in diesem Zusammenhange in seiner oben zitierten Abhandlung gemeint hat - und zwar mit kritischem Tenor - knüpft beispielsweise selbst alle "verhaltenere" Geldkritik, die der Geldrechnung vorwerfe, "die gesellschaftlichen Beziehungen zu beeinträchtigen und sie zur Eindimensionalität verkommen zu lassen, gewollt oder ungewollt an die Marxsche Radikalkritik an. Diese Kritik erhebe dabei den Vorwurf, "daß der sogenannte Kapitalismus das Geld zum Maßstab aller Dinge erhebt". "Geld" und der "Maßstab des Geldes" seien aber nur eine Metapher für eine viel weitergehende Auseinandersetzung mit der Marktwirtschaft (Watrin, 1994, S.167 f.,170 ff. u. 174, gestützt u.a. auf G. Simmel 1989, S. 602 ff.).

Beziehen wir uns hier nur auf Erich F r o m m , der besonders in seinen wichtigen Abhandlungen "Die Furcht vor der Freiheit" und "Haben oder Sein" diesen Strang der Ökonomismusinterpretation und -kritik im Anschluß an Marx und Freud ins Charakterologische weitergeführt hat, aber auch Erhebliches zu einer positiven Wendung des Problems im Sinne einer "mächtigen Wiedergeburt alter Gedanken und Ideale" beitrug. Nach der nicht unumstritten gebliebenen Lehrmeinung des

Autors, besonders in dem zweitgenannten Werk, entstand "hinter der christlichen Fassade" eine "neue geheime Religion - die 'industrielle Religion' - die in der Charakterstruktur der modernen Gesellschaft wurzelt, aber nicht als Religion anerkannt ist". Die industrielle Religion sei mit "echtem Christentum" sogar unvereinbar. "Sie reduziert die Menschen zu Dienern der Wirtschaft und der Maschinen, die sie mit ihren eigenen Händen gebaut haben. Die industrielle Religion stützt sich auf einen neuen sozialen Charakter, dessen Kern aus folgenden Elementen besteht: "Angst vor mächtiger männlicher Autorität und Unterwerfung unter diese; Heranzüchtung von Schuldgefühlen bei Ungehorsam; Auflösung der Bande menschlicher Solidarität durch die Vorherrschaft des Eigennutzes und des gegenseitigen Antagonismus" (Fromm, 1980, Bd.II, S.373).

In der früheren Abhandlung von der Furcht vor der Freiheit beschäftigte sich Fromm bereits mit der "neuen Charakterstruktur", die sich seiner Ansicht nach aus den wirtschaftlichen und gesellschaftlichen Veränderungen seit Beginn des Protestantismus ergab und die durch die religiösen Doktrinen intensiviert wurde. "Die in dieser Charakterstruktur begründeten Eigenschaften waren ein Zwang zur Arbeit, ein leidenschaftlicher Sparsinn, die Bereitschaft, sein ganzes Leben einer ausserpersönlichen Macht zu weihen, Askese und ein zwanghaftes Pflichtgefühl". Es handele sich um Charakterzüge, welche in der kapitalistischen Gesellschaft zu "produktiven Kräften" wurden (Fromm, 1980, Bd. I, S. 276). "Heilig" seien, heißt es entsprechend in der späteren Studie, "in der industriellen Religion die Arbeit, das Eigentum, der Profit und die Macht, obwohl sie - in den Grenzen ihrer allgemeinen Prinzipien - auch den Individualismus und die persönliche Freiheit förderten" (Fromm, 1980, Bd.II, S.373), in letzterer Beziehung allerdings eher die negative als eine die Spontaneität schätzende positive Freiheit (vgl. dazu Fromm, 1980, Bd.I, 295 f. u. 367 ff.). Der soziale Charakter ist bei allem für Fromm zwar das "Ergebnis der Interaktion zwischen individueller psychischer Struktur und sozioökonomischer Struktur". In den Bahnen eines bereits von Marx und Engels, zuvor aber auch bereits von Owen vorbereiteten milieutheoretischen Denkens (vgl. zu letzterem Engelhardt, 1972 u. 1973) meint er jedoch: "Die sozioökonomische Struktur einer Gesellschaft formt den gesellschaftlichen Charakter ihrer Mitglieder dergestalt, daß sie tun wollen, was sie tun sollen" (Fromm, 1980, Bd. I, S. 278 ff. sowie Bd. II, S.320 ff.).

Freilich kennt der Autor nicht nur den ökonomismusgeprägten und heute wohl verbreitet anzutreffenden charakterologischen "Haben -Typus", sondern daneben den bereits von dem Mystiker Meister Ekkehart und anderen christlichen und weltlichen Autoren in wacher Utopistik vorweggenommenen "Sein -Typus", dem für die Zukunft Fromms ganze Hoffnung galt. Dieser Gegentyp ist für ihn wichtig, weil die Haben-Orientierung für ihn eine solche ist, "in der ich jedermann und alles, mich selbst eingeschlossen, zu meinem Besitz machen will". Eine Überdimensionierung bestimmter einzelmenschlicher Eigenschaften - wie Geiz, Gier, Habsucht, aber auch ein überdurchschnittliches Maß an Ordnungsliebe, Pünktlichkeit und Trotz - ist für diese Orientierung maßgebend. Im Verlauf des jetzt ablaufenden Jahrhunderts habe sich dabei zusätzlich noch eine Veränderung von einer bloß hortenden zu einer marketing-beeinflußten Charakterprägung des Habenwollens ergeben. Bei dieser Prägung sei entscheidend geworden, daß sich der einzelne nunmehr selbst als "Ware" und den eigenen Wert nicht so sehr als "Gebrauchswert", vielmehr als ständig wechselnden "Tauschwert" erlebe. Für den Seinsmodus sei hingegen das Vorhandensein von positiver Freiheit , d.h. von spontaner Aktivität "nicht im Sinne von Geschäftigkeit, sondern im Sinne innerer Aktivität, dem produktiven Gebrauch menschlicher Fähigkeiten", maßgebend. "Sein" bedeute hier letztlich gläubige Lebendigkeit, "sich selbst zu erneuern, zu wachsen (...), das Gefängnis des eigenen isolierten Ichs zu transzendieren, sich zu interessieren" (Fromm, 1980, Bd. II, S. 320 ff. u. 332 ff. und dazu Engelhardt, 1981).

F. Personenbezogene Moral und Ethik versus ontologische und ideologische Positionen

In der vorliegenden Abhandlung soll es sich - wie in Anbetracht der in den bisherigen Darlegungen zweifellos angeschnittenen Wertprobleme nunmehr klarzustellen ist - soweit nicht bloß empirisch und logisch bzw. erfahrungswissenschaftlich und entscheidungslogisch argumentiert wird, lediglich um Darlegungen von höchstpersönlichen Überzeugungen handeln, die freilich nicht völlig beliebigen subjektiven Wertungen gleichzusetzen sind. Jedenfalls sind allgemeine Werturteile, oder - anders gesagt - die zentralen wertenden Aussagen beispielsweise von Ontologien und Ideologien, nach der hier geäusserten Lehrmeinung nicht mehr zu akzeptieren. Diese Lehrmeinung folgt dabei hauptsächlich der Wissenschaftstheorie des von M. Weber, Popper und Albert begründeten kritischen Rationalismus (vgl. zur Einführung Albert, 1972 u. Albert/Topitsch, 1971), bezieht aber auch Lehren des älteren Kritizismus im Sinne von Kant, Fries und Weisser ein, wenn also das Postulat vertreten wird, jedenfalls innerhalb der Wissenschaften allgemeine Werturteile nicht mehr zu vertreten (vgl. dazu zuletzt näherungsweise auch Homann/Blome-Drees, 1992, S.189; K. Rothschild, 1992, S.20 f. und in Auseinandersetzung mit diesen drei Autoren Engelhardt 1994, S.129-135).

Deshalb ist auch Watrin darin zuzustimmen, wenn er Marx in seiner bereits zitierten Abhandlung vorwirft, daß in dessen entwicklungsgesetzlicher Analyse "Sach- und Wertaussagen höchst raffiniert und nach dem üblichen Verständnis der wissenschaftlichen Methodologie völlig unzulässig miteinander verbunden" werden. Im "Blick auf den Versuch einer theoretischen Fundierung seiner moralischen Kritik" sei zu beachten, "daß Marx die Akteure im sozialen Raum quasi als Gefangene ihrer Institutionen sieht, die aufgrund unausweichlicher objektiver ökonomischer Bedingungen handeln". Unter kapitalistischen Bedingungen setze - so gesehen - ein moralischer Erosionsprozeß ein, der zwingend schließlich in einer Art Hobbesschen Naturzustandes ende. Es sei aber die Frage, ob nicht doch die Ökonomen an ihrem Ansatz jedenfalls heuristisch festhalten dürften, daß die durch die Märkte bedingte Geldrechnung "nicht jene moralzerstörenden Folgen hat, wie ihre Kritiker behaupten". Watrin vertritt deshalb die Ansicht, daß die Regeln des Wettbewerbs nicht zwingend in ein Gefangenendilemma hineinführen müssen, bei dem bekanntlich die Struktur einer Situation die Realisierung gemeinsamer Interessen verhindert (Watrin, 1994, S.168, 170, 172, 174 u. 178; zum Gefangenendilemma vgl. z.B. Axelrod, 1988, S.7 ff.).

Allerdings dürfte die Watrinsche Argumentation insoweit ergänzungsbedürftig sein, als der Autor vorschnell beklagt, daß die Kapitalismuskritik eine Antwort auf die Frage schuldig bleibe, "was denn die lebensfähige Alternative zu einer sich ständig ausweitenden Geld- und Marktwirtschaft sei" (Watrin, 1994, S.174). Realmögliche und auch tatsächlich vorhandene Institutionen, die den Ökonomismus innerhalb von Marktwirtschaften bekämpfen und ohne Beeinträchtigung des Wettbewerbs- und Marktmechanismus zu gemischten Wirtschaftsordnungen hinführen - sie wurden in Übereinstimmung mit den hier bislang herausgehobenen Konzeptionen vor allem seit dem deutschen Historismus und dem amerikanischen Institutionalismus sowie den an diese (und an damit verwandte) Richtungen anknüpfenden Lehren und Praktiken der Sozial- und Wirtschaftspolitik, aber auch in solchen der Betriebswirtschaftslehre debattiert und faktisch eingeführt (vgl. dazu früh Weisser, 1954, Katterle, 1964 und zuletzt Backhaus Hrsg., 1993; Reuter, 1994; Katterle, 1995) - bekommt er damit nicht in den Blick. Oder er verliert sie vorschnell wieder aus dem Blickfeld, wenn er zwar einerseits gewichtige heutige Beispiele für ökonomistische Verabsolutierungen - wie "die Kalkulation des Wertes des menschlichen Lebens oder einzelner Körperglieder, die Organ- und Blutspende mit Bezahlung, der Handel von Leichenteilen für experimentelle oder andere Zwecke, die monetäre Gewichtung von Unfall- oder Todeswahrsacheinlichkeiten beim Straßenbau, die Sicht der Ehe unter Nutzen- und Kostengesichtspunkten, das Zeugen von Kindern unter Konsum- und Investitionskriterien und die Tirage von Massenunfällen" - aufzählt, andererseits aber Geld vorschnell als "keine politisch kontrollierbare und beherrschbare Größe" rubriziert (Watrin,1994, S. 173 u.175; zum Ökonomismus im Gesundheitsbereich vgl. z.B. auch Etscheit, 1987). Immerhin aber räumt der Autor ein, daß die Begriffe der Entfremdung und Entpersönlichung "reale Zustände" mittels Wirkungshypothesen analysieren helfen können. Dies ungeachtet seiner Vermutung, daß die der Geldwirtschaft angelasteten Konsequenzen im Hinblick auf soziale Bindungen - sofern sie überhaupt bestünden - "gering" seien. Als Gegenargument wird u.a. angeführt, daß zwischen "marktmäßigem" und "nichtmarktmäßigem" sozialen Tausch (letzteres i. S. von Homans und Blau) nach wie vor wesentliche Unterschiede bestünden und diese Differenzen auch in fortgeschrittenen Marktwirtschaften ihre Bedeutung behielten. "Nicht zuletzt" aber "stelle die Beobachtung, daß Menschen ihresgleichen nicht allein oder auch nur vorrangig nach dem Maßstab des Geldes, also den erzielten Einkommen beurteilen,(...) die Argumente der Sozialkritik infrage" (Watrin,1994, S. 176 ff.). Hier läßt sich freilich entgegnen, daß der Autor die heutigen Erscheinungsformen des Ökonomismus (vgl. dazu auch bereits Analysen korrupten und andersartigen wirtschaftskriminellen Tuns bei A. Zybon, 1972; in neuerer Zeit z.B. bei See/Schenk, 1992 u.v.a.) möglicherweise doch allzu sehr bagatellisiert und zugleich den sozialen Tausch in seiner tatsächlichen Bedeutung überbewertet. Der vielberufene "ökonomische Ansatz" mehr oder weniger neoklassischer Prägung erweist sich heute wohl - anders als Watrin seine tatsächliche Bedeutung herabsetzend meint - als mehr als ein bloß "nützliches Hilfsmittel" heuristischen Charakters "zur Erklärung gesellschaftlicher Phänomene". In ihm kommt vielmehr über ein wertfreies rationales Werkzeug der Hypothesenbildung weit hinausreichend nichts weniger als selbst ein fundamentales Werturteil zum Ausdruck, jedenfalls in vielen Ausprägungen des Ansatzes, wie sie von führenden Ökonomen vielfach vertreten wurden und werden (vgl. dazu kritisch z.B. schon Boulding, 1969 und in konstruktiver Wendung -wenn auch selbst zu rechtfertigenden umfassenden Forderungen neigend - Etzioni 1994, besond. S. 201).

G. Sozialpolitik und Genossenschaftswesen als dämpfende und moderierende Institutionen

Zur Behebung eines Übermaßes von Ökonomismus - der als komplexes Phänomen freilich kaum mehr weltweit oder gar nur in einem Lande völlig zu beseitigen sein dürfte (vgl. dazu Engelhardt 1991, S.89 ff.) - sind nach meiner Ansicht erstens sowohl staatliche Institutionen der Sozialpolitik als auch und besonders nichtstaatliche Institutionen der Sozialpolitik und des Genossenschaftswesens grundsätzlich geeignet. Dies sogar dann, wenn die Sozialpolitik und die Genossenschaften selbst in den Strudel ökonomistischer Entwicklungen geraten, wie es z.B. in Deutschland in der Sozialpolitik im Zeichen der "Monetarisierung von Sozialleistungen" teilweise bereits geschehen ist (vgl. dazu schon Achinger, 1958). Die heutige und die künftige Sozialpolitik sowie auch die Betriebspolitik der Genossenschaften sollten also - dies ist die hier vertretene persönliche Überzeugung des Verfassers - selbst auf das individualistische Menschenbild der Aufklärung gestützt sein, obwohl es selbst bei ihnen immer wieder einmal zu Transformationen kommt und sich auf dieses Leitbild notwendigerweise auch die "drei unheiligen Schwestern des Individualismus" (G.Himmelmann) , nämlich Eigennutz, Neid und Vorurteil, zu berufen pflegen (Engelhardt 1988 u. 1995 b).
Die Sozialpolitik muß heute zweifellos das seit langem eingeführte ökonomische Paradigma seiner materiellen Leistungsfähigkeit wegen anerkennen - ungeachtet der Ökonomismusgefahren und der mit den zugrundeliegenden wirtschaftswissenschaftliche Konzeptionen verbundenen Ergänzungsbedürftigkeiten des methodologischen Individualismus im allgemeinen und der rationalistischen Gemeinwohlkonzeption im besonderen (vgl. Katterle, 1991; Engelhardt, 1995c u. 1995d). Gleichwohl ist nach meiner Überzeugung - sie dürfte zumindest gegenwärtig von den meisten deutschen Fachkollegen der Sozialpolitiklehre geteilt werden - aber auch umgekehrt das sich seit über hundert Jahren speziell in Deutschland herausgebildete eigenständige Paradigma der Sozialpolitik und Sozialpolitiklehre von der Wirtschaftspolitik bzw. deren Lehre weiterhin zu berücksichtigen, sollen nicht neue Schübe ökonomistischer Entwicklungen ausgelöst oder ältere Tendenzen weiter verstärkt werden (dazu grundlegend Kleinhenz, 1993 und zahlreiche Beiträge in Kleinhenz Hrsg., 1995b). Die Sozialpolitik gehört zweifellos zu den dämpfenden und moderierenden Institutionen im Sinne von Röpke, wie Weisser, aber z.B. auch Müller-Armack bekräftigt haben. Dieser Politikzweig dürfte künftig freilich eher im Sinne einer Verstärkung von Charakteristiken der Bürger- und Wohlfahrtsgesellschaft als des Sozial- und Wohlfahrtsstaats gefragt sein (vgl. dazu Matzner, 1982, aber auch Alber, 1989, Koch, 1995 und in grundsätzlicher Perspektive bereits vorher z.B. Walzer, 1992).

H. Staatliche und halbstaatliche Behörden sowie auch öffentliche Unternehmen als Institutionen einer dauerhaft funktionsfähigen Gesellschaftswirtschaft

Zur Behebung eines Übermaßes von Ökonomismus sind aber zweitens staatliche Aufsichtsbehörden und Kontrollinstitutionen - einschliesslich halbstaatlicher verbändeartiger Organisationen - sowie weiterhin auch staatliche und kommunale Betriebe bzw. Unternehmen grundsätzlich geeignet und nach wie vor unentbehrlich (vgl. dazu in prinzipieller Hinsicht zuletzt Brede Hrsg., 1988; Eichhorn/Engelhardt

Hrsg., 1994; Engelhardt, 1995d). Auch wenn Unternehmen und Organisationen jeder Art - sie können bekanntlich in den verschiedensten Rechtsformen errichtet werden - in Marktwirtschaften zweifellos ständig selbst im Wettbewerb stehen, sind sie doch zugleich auch Institutionen jenseits von Angebot und Nachfrage. "Sie alle finden sich auf dem Markt zurecht, auch wenn ihr Ursprung ausserhalb des Marktes liegt" (so in Übereinstimmung mit Weisser u.v.a. europäischen Autoren der amerikanische Kommunitarist Walzer, 1992, S.84). Der Staat - dies ist jenseits einer obrigkeitsorientierten Ideologie der von uns allen gemeinsam gebildete demokratische Rechts- und Verfassungsstaat (vgl. Engelhardt, 1995c) - sollte nach meiner persönlichen Überzeugung durch Deregulierungsmaßnahmen jeder Art nicht in dem Ausmaß und Tempo weiter abgebaut werden, wie dies z.B. in Deutschland seit einigen Jahrzehnten geschieht - nicht zuletzt in den Bereichen der Kredit- und Versicherungswirtschaft (siehe z.B. Meyer, 1990), aber z.B. auch in der Werbewirtschaft, beim Rundfunk und Fernsehen und in anderen Bereichen. Denn: "Unregulierter Wettbewerb zerstört sich selbst" (Etzioni, 1994, S.454 u. ähnlich auch Adam 1994, S.132 ff. u. 189 ff.).

Allerdings können wiederum auch staatliche bzw. kommunale und selbst überstaatliche Unternehmen (wie z.B. die Weltbank) sowie die verschiedenen staatlichen und halbstaatlichen Aufsichts- bzw. Kontrollinstanzen (wie etwa Aufsichtsbehörden für das Kredit-, Versicherungs- und Gesundheitswesen) ökonomistisch entarten.Sie sind es heute wohl nicht selten schon, wie sich an vielen Beispielen ablesen läßt. Man denke etwa an das Beispiel der betriebswirtschaftlich nur bedingt und begrenzt zu rechtfertigenden Verbreitung von Finanzierungsderivaten zu Spekulationszwecken, z.B. bei den u.s.amerikanischen Sparkassen - denen bekanntlich bis in die Gegenwart viele andere sowohl in diesem Lande, in Japan als auch bei uns gefolgt sind, selbst im Genossenschaftsbereich (z.B. bei der DG-Bank). Auch die Vorbereitung und Beteiligung an Gewinnspielen in mehreren u.s.amerikanischen Einzelstaaten kann hier angeführt werden. Leider sind inzwischen selbst die Kirchen und deren Organisationen bereits in Mitleidenschaft gezogen, besonders wiederum in den USA, aber ansatzweise auch in Europa (vgl. zur Ohnmacht des Staates und zur Entfesselung des Marktes auch Adam, 1994 u. Koch, 1995, hingegen eher verständnisvoll und rechtfertigend oder nach Möglichkeiten der Prophylaxe suchend z.B. Verband der Vereine Creditreform, 1973; Hankel, 1995).

"Mit den Kapitalliberalisierungen wurde der Geist aus der Flasche eines weltweit mit gewaltigen Finanzmitteln operierenden Kapitalismus bewußt freigesetzt", hat der frühere Landesbankpräsident Wilhelm Nölling zu diesen Entwicklungen und derem kapital- und finanzierungspolitischem Hintergrund bereits vor einigen Jahren erklärt (speziell zur Schweiz als tatsächlicher oder angeblicher "Finanzdrehscheibe des internationalen Verbrechens" vgl. Ziegler, 1990). "Ohne Kapitalzuflüsse aus dem Ausland wären aber auch die Exzesse der öffentlichen Verschuldung in den Vereinigten Staaten oder in Deutschland nicht finanzierbar. Nun wird verstärkt gefragt, ob man den Geist gegebenenfalls zurückdrängen und die Flasche wieder verstöpseln kann. Ich stimme denen zu, die sagen: 'Das geht nicht mehr'. Aber man darf die negativen Auswirkungen und die Gefahren für die Entwicklung der Wirtschaft und die Wirksamkeit der Geldpolitik, für die Stabilität einzelner Länder und der Weltwirtschaft nicht herunterreden und so tun, als lasse sich der Geist aus der Flasche weder lenken noch zähmen" (Nölling, 1993).

Ähnliche Beurteilungen gibt es in jüngerer Zeit von dem Vorsitzenden der Frankfurter Europabank-Instituts Lamfalussy, dem Sparkassenpräsidenten Horst Köhler und auch vom früheren Bundeskanzler Helmut Schmidt . Letzterem scheinen heute speziell zur Eindämmung der Spekulation mit Derivaten drei Schritte des demokratischen Rechtsstaates und der zuständigen Behörden notwendig zu sein, wenn er anführt: "Erstens: Die Parlamente, auch der Bundestag, müssen durch spezielle öffentliche Hearings und Enqueten sich und der Öffentlichkeit Durchblick verschaffen, um gegebenenfalls die bestehenden Kreditwesen-Gesetze auszubauen. Zweitens: Die Bankenaufsichtsbehörden müssen in jedem Einzelfall einschreiten, in dem ihnen in einer Bank die internen Kontrollsysteme als unzureichend erscheinen. Drittens: Allen Nicht-Banken ist die Beteiligung an abstrakten financial derivatives-Geschäften gesetzlich zu verbieten". Dies sei kein Alarmruf, aber eine Mahnung zu rechtzeitigem, vorsorglichem Handeln (Schmidt, 1995).

I. Zum Zusammenhang von Ökonomismus und negativer Freiheit

"Der indirekte, d.h. über das Dazwischentreten von Geld vermittelte Tausch, dient" - wie Christian W a t r i n in seiner Abhandlung zurecht ausgeführt hat - "nicht mehr der unmittelbaren Befriedigung menschlicher Bedürfnisse, sondern dem Erzielen von Profiten und der Akkumulation von Kapital(...). Marx verbindet diesen Wandel - anders als z.B. Simmel, der in dieser Entwicklung einen entscheidenden Schritt zur Freiheit des Einzelnen sieht, mit seiner Entfremdungslehre" (Watrin, 1994, S. 169). Aber Georg S i m m e l betont ebenfalls - wie hier abschließend hervorgehoben sei - stark den negativen Charakter der erlangten Freiheit, was Watrin zu erwähnen unterläßt: Der große Soziologe und Sozialphilosoph schätzte nämlich am Schluß einer Selbstanzeige seiner "Philosophe des Geldes" aus dem Jahre 19o1 die Situation, die er einerseits durchaus hoffnungsvoll sieht und begrüßt, insgesamt doch folgendermaßen ein:

"Andererseits ist der negative Charakter der Freiheit, die das Geld gibt, von größter geschichtlicher Bedeutung. In den Verboten der Regierungen im 18. und 19. Jahrhundert, den Bauern 'auszukaufen', scheint ein Gefühl mitzuwirken, daß diesem ein Unrecht geschieht, wenn man ihm sein Land selbst gegen volle Entschädigung in Geld abnimmt. Denn er gewinnt damit zwar eine momentane Freiheit; aber er verliert, was der Freiheit erst ihren Wert gibt: das zuverlässige Objekt persönlicher Betätigung.(...) Er gewann Freiheit von etwas, aber nicht Freiheit zu etwas. Daß es eine bloß negative Freiheit ist, die der Geldbesitz gegenüber jedem anderen - der uns immer von den Bedingungen seiner Erhaltung und Nutzung abhängig macht - verleiht, ist nicht ohne Belang für das Verständnis unserer Zeit. Seit es überhaupt Geld gibt, ist, im großen und ganzen, jedermann geneigter zu verkaufen als zu kaufen. Mit steigender Geldwirtschaft wird diese Geneigtheit immer stärker(...). Indem alles (...) immer kürzere Zeit in einer Hand bleibt, die Persönlichkeit immer schneller und öfter aus der spezifischen Bedingtheit solchen Besitzes heraustritt, wird freilich ein ausserordentliches Gesamtmaß von Freiheit verwirklicht; allein weil nur das Geld mit seiner Unbestimmtheit und inneren Direktionslosigkeit die nächste Seite dieser Befreiungsvorgänge ist, so bleiben sie bei der Tatsache der Entwurzelung stehen und leiten oft genug zu keinem neuen Wurzelschlagen über. Ja, indem jene Besitze bei sehr rapidem Geldverkehr unter der Kategorie eines definitiven Lebensinhaltes angesehen werden, so kommt es von vornherein nicht zu jener innerlichen Bindung, Verschmelzung, Hingabe, die der Persönlichkeit zwar eindeutig determinierende Grenzen, aber zugleich Halt und Inhalt gibt. So erklärt es sich, daß unsere Zeit, die, als Ganzes betrachtet, trotz allem, was noch zu wünschen bleibt, sicher mehr Freiheit besitzt als irgend eine frühere, dieser Freiheit doch so wenig froh wird" (Simmel, 1989, S. 722 f. und zur Abhilfediskussion unter ökonomischem, ökologischem und sozialem Aspekt z.B. Beckenbach/Diefenbacher Hrsg., 1994 u. van Dieren Hrsg., 1995).

Literatur

Achinger, Hans, Sozialpolitik als Gesellschaftspolitik, Hamburg 1958.

Adam, Konrad, Die Ohnmacht der Macht. Wie man den Staat ausbeutet, betrügt und verspielt, Berlin 1994.

Alber, Jens, Der Sozialstaat in der Bundesrepublik 1950-1983, Frankfurt/M. u. New York 1989.

Albert, Hans, Die Problematik der ökonomischen Perspektive (1961), in: Ders., Marktsoziologie und Entscheidungslogik, Neuwied/Rh. u. Berlin 1967, S.37-74.

- Theorie und Realität, 2. Aufl., Tübingen 1972.

- /Topitsch, Ernst (Hrsg.), Werturteilsstreit, Darmstadt 1971.

Axelrod, Robert, Die Evolution der Kooperation, München 1988.

Backhaus, Jürgen G. (Hrsg.), Gustav von Schmoller und die Probleme von heute, Berlin 1993.

Beckenbach, Frank/Diefenbacher, Hans (Hrsg.), Zwischen Entropie und Selbstorganisation. Perspektiven einer ökologischen Ökonomie, Marburg 1994.

Boulding, Kenneth E., Economics as a Moral Science, in: AER, Vol. XIX, pp. 1-12.

Brede, Helmut (Hrsg.), Privatisierung und die Zukunft der öffentlichen Wirtschaft, Baden-Baden 1988.

van Dieren, Wouter (Hrsg.), Mit der Natur rechnen. Der neue Club-of-Rome-Bericht, Basel/Boston/Berlin 1995.

Eichhorn, Peter/Engelhardt, Werner Wilhelm (Hrsg.), Standortbestimmung öffentlicher Unternehmen in der sozialen Marktwirtschaft, Baden-Baden 1994.

Engelhardt, Werner Wilhelm, Robert Owen und die sozialen Reformbestrebungen seit Beginn der Industrialisierung, Bonn 1972.

- Robert Owen als früher freiheitlicher Sozialist, in: Flohr, Heiner/Lompe, Klaus/Neumann, Lothar F. (Hrsg.), Bonn-Bad Godesberg 1973, S.3-20.

- Möglichkeiten einer Wissenschaft von der Sozialpolitik, in: ZfdgSt., 130.Bd., 1974, S.545-564.

- Grundsätzliche Bemerkungen zur Ökonomisierung und zum Ökonomismus, in: Wisu, 5. Jg.,1976, S.13-17 u. 61-65.

- Sozialpolitik, Theorie der, in: Glastetter, Werner/Mändle, Eduard/Müller, Udo/Rettig, Rolf (Hrsg.), Handwörterbuch der Volkswirtschaft (1978), 2.Aufl., Wiesbaden 1980.

- Die Frage der Auswirkungen von Ökonomisierungs- und Ökonomismustendenzen auf die Sozialisation und zu den Voraussetzungen der Gegensteuerung mittels Sozialpolitik, Sozialpädagogik und Kooperation, in: Sozialer Fortschritt, 3o. Jahrgang 1981, S.10-18 u. 41-44.

- Zu einer morphologischen Theorie des Wandels der Genossenschaften, in: Ders./Thiemeyer, Theo (Hrsg.), Genossenschaft - quo vadis? Eine neue Anthologie, Baden-Baden 1988, S. 1-25.

- Einleitung in eine "Entwicklungstheorie" der Sozialpolitik, in: Thiemeyer, Theo (Hrsg.), Theoretische Grundlagen der Sozialpolitik II, Berlin 1991, S.9-122.

- Einige Grundfragen einer "Sozialpolitik für mündige Bürger", in: Jahrb. f. Nationalök. u. Stat., 1992, Bd.(Vol.) 209/3-4, S.343-355.

- von Thünen und die soziale Frage, Regensburg 1993a.

- Johann Heinrich von Thünen (1783-1850) im Fremd- und Selbstbild, in: Jahrb.f.Nationalök. u. Stat., 1993b, Bd. (Vol.) 211/5-6, S. 459-476.

- Rezensionen von K.Homann/F. Blome-Drees, Wirtschafts= und Unternehmensethik, Göttingen 1992 und von K.W. Rothschild, Ethik und Wirtschaftstheorie, Tübingen 1992, in: ZögU, Bd. 17, 1994, S.129-135.

- Soziale und genossenschaftliche, politische und pädagogische Aspekte in der Arbeit J.H.von Thünens, in: ZfgG, Bd. 45, 1995a, S. 83-105.

- Grundsätzliche und aktuelle Aspekte der Sicherung, Subsidiarität und Sozialpolitik, in: Kleinhenz, Gerhard (Hrsg.), Soziale Ausgestaltung der Sozialpolitik. Festschrift für Heinz Lampert, Berlin 1995b, S.3-28.

- Grundprobleme einer personalen Anthropologie und kritizistischen Gemeinwohlkonzeption, in: Neumann, Lothar F./Schulz-Nieswandt, Frank (Hrsg.), Sozialpolitik und öffentliche Wirtschaft. In memoriam Theo Thiemeyer, Berlin 1995c, S.75-113.

- Zur Vergangenheit, Gegenwart und Zukunft gemeinwirtschaftlicher Unternehmen und anderer gemeinwohlorientierter Organisationen, in: Verbands-Management, 20. Jg., H.1-3/1995d.

Etscheit, Jost, Wirtschaftskriminalität im Gesundheitswesen, Köln 1987.

Etzioni, Amitai, Jenseits des Egoismus-Prinzips (1988), Stuttgart 1994.

Fromm, Erich, Die Furcht vor der Freiheit (1941), in: Ders., Analytische Sozialpsychologie, GA, Bd. I, Stuttgart 1980, S.217-392.

- Haben oder Sein. Die seelischen Grundlagen einer neuen Gesellschaft (1976), in: Ders., Analytische Charaktertheorie, GA, Bd. II, Stuttgart 1980, S. 269-414.

Hankel, Wilhelm, Das große Geld-Theater, Stuttgart 1995.

Herz, Wilfried, Ein Abgrund an Landesbetrug, in: Die Zeit Nr. 30, v. 21.7.1995.

Homann, Karl/Blome-Drees, Franz, Wirtschafts- und Unternehmensethik, Göttingen 1992.

Israel, Joachim, Der Begriff Entfremdung, Reinbek 1972.

Katterle, Siegfried, Normative und explikative Betriebswirtschaftslehre, Göttingen 1964.

- Methodologischer Individualismus and Beyond, in: Biervert, Bernd/Held, Martin (Hrsg.), Das Menschenbild der ökonomischen Theorie, Frankfurt/M. u. New York 1991, S. 132-152.

- Markt und Regulierung in der gemischten Wirtschaft, in: Neumann, Lothar F./Schulz-Nieswandt, Frank (Hrsg.), Sozialpolitik und öffentliche Wirtschaft, Berlin 1995c, S.115-137.

Kleinhenz, Gerhard, Ökonomisches Paradigma und Sozialpolitik, in: Glatzel, Norbert/Kleindienst, E. (Hrsg.), Die personale Struktur des gesellschaftlichen Lebens. Festschrift für Anton Rauscher, Berlin 1993, S. 381-399.

- (Hrsg.), Soziale Ausgestaltung der Marktwirtschaft. Festschrift für Heinz Lampert, Berlin 1995b.

Koch, Claus, Die Gier des Marktes, München 1995.

Koslowski, Peter, Prinzipien der Ethischen Ökonomie, Tübingen 1988.

- (mit einem Kommentar von Buchanan, James M.), Ethik des Kapitalismus, Tübingen 1991.

Meyer, Hans Dieter, Das Versicherungs(un)wesen, München 1990.

Matzner, Egon u.a., Der Wohlfahrtsstaat von morgen, Frankfurt/M. u. New York 1982.

Müller-Armack, Alfred, Gedanken zu einer sozialwissenschaftlichen Anthropologie, in: Albert, Hans/Karrenberg, Friedrich (Hrsg.), Sozialwissenschaft und Gesellschaftsgestaltung. Festschrift für Gerhard Weisser, Berlin 1963, S.3-16.

- Der Moralist und der Ökonom (1969), in: Ders., Genealogie der sozialen Marktwirtschaft, Bern 1974, S.219-233.

Nölling, Wilhelm, Die Finanzwelt vor sich selber schützen, in: Die Zeit vom 5.11.1993.

Pocock, John G.A., Die andere Bürgergesellschaft. Zur Dialektik von Tugend und Korruption, mit einem Vorwort von Werner Sewing, Frankfurt/M. u. New York 1993.

Reuter, Norbert, Der Institutionalismus, Marburg 1994.

Rich, Arthur, Wirtschaftsethik, Bd. II, Marktwirtschaft, Planwirtschaft, Weltwirtschaft aus sozialethischer Sicht, Gütersloh 1990.

Röpke, Wilhelm, Jenseits von Angebot und Nachfrage, 3., veränd. Aufl., Erlenbach-Zürich u. Stuttgart 1961.

Rothschild, Kurt W., Ethik und Wirtschaftstheorie, Tübingen 1992.

Saage, Richard, Eigentum, Staat und Gesellschaft bei Immanuel Kant. Mit einem Vorwort von Franco Zotta, 2. akt. Aufl., Baden-Baden 1994.

Schmidt, Helmut, Wildes Wetten um jeden Preis, in: Die Zeit v.3.3.1995.

Schumacher, Hermann, Johann Heinrich von Thünen. Ein Forscherleben, 2. Aufl., Rostock u. Ludwigslust 1883.

See, Hans/Schenk, Dieter (Hrsg.), Wirtschaftsverbrechen. Der innere Feind der freien Marktwirtschaft, Köln 1992.

Simmel, Georg, Philosophie des Geldes(1901), GA, Bd.6, Frankfurt/M. 1989.

Sombart, Werner, Der Bourgeois, München u. Leipzig 1913.

- Der moderne Kapitalismus (ab 1902), 3 Bde., Neudruck Berlin 1955.

von Thünen, Johann Heinrich, Der isolierte Staat in Beziehung auf Landwirtschaft und Nationalökonomie, hrsg. u. unter Benutzg. unveröff. Manuskripte komment. v. H. Lehmann in Zusammenarbt. m. L.Werner, Berlin 1990.

Verband der Vereine Creditreform (Hrsg.), Wirtschaftskriminalität. Möglichkeit der Prophylaxe, mit Beiträgen von Rödl, Helmut, Benninghaus, Michael M., Zybon, Adolf u. von zur Mühlen, Rainer A.H., Würzburg 1973.

Walzer, Michael, Zivile Gesellschaft und amerikanische Demokratie (1980), Berlin 1992.

Watrin, Christian, Geld - Maßstab für alles? In: Hesse, Helmut/Issing, Otmar (Hrsg.), Geld und Moral, München 1994 ,S.167-178.

Weber, Max, Die protestantische Ethik und der Geist des Kapitalismus (1904/05), in: Ders., Gesammelte Aufsätze zur Religionssoziologie I, Taschenbuchausg., 9. Aufl., Tübingen 1988, S. 1-206.

- Die protestantischen Sekten und der Geist des Kapitalismus, in: ebd., S. 207-236.

Weisser, Gerhard, Für oder gegen Marktwirtschaft - eine falsche Frage (1953), 2.Aufl., Göttingen 1954.

- Über die Unbestimmtheit des Postulats der Maximierung des Sozialprodukts (1953), in: Ders., Beiträge zur Gesellschaftspolitik, Göttingen 1978, S.542-572.

- Die Überwindung des Ökonomismus in der Wirtschaftswissenschaft, (1953), in: ebd., S. 573-601.

Ziegler, Jean, Die Schweiz wäscht weisser, 5. Aufl., München 1990.

Zybon, Adolf, Wirtschaftskriminalität als gesamtwirtschaftliches Problem, München 1972.

UTA MARIA FESER

Schule als Betrieb

Die Betrachtung des Erfahrungsgegenstandes Betrieb unter verschiedenen Kriterien führt zur Klasseneinteilung und ist Grundlage jeder Typologie, wobei die Typenbildung vom Zweck des Betrachters abhängt. Chmilewicz sieht in Schulen einen öffentlichen Verwaltungsbetrieb und bildet drei verschiedene Betriebstypen (Chmielewicz, 1971, S. 583f.).

Hahn unterteilt den Verwaltungsbetrieb zusätzlich in den öffentlichen und in den privaten Typ. Als Beispiele nennt er Verbände, Schulen, Kammern und Vereine. Kriterium für seine Differenzierung ist die Trägerschaft. Im Gegensatz zum öffentlichen Verwaltungsbetrieb (Potthoff, 1994, S. 47), der kollektiven Bedarf deckt, erstellt der Verwaltungsbetrieb[1] aus ökonomischer Sicht Wirtschaftssubjekte, „die auf der Grundlage öffentlichen Einkommens mit Hilfe öffentlicher Abgaben Allgemeinbedürfnisse decken“ (Eichhorn, 1992, S. 49).

Die private wie öffentliche Unternehmung stellt als Produktionsbetrieb Sachgüter und Dienstleistungen zur individuellen Fremdbedarfsdeckung einzelner Nachfrager her. Private Haushalte dagegen werden als Konsumtionsbetriebe für die individuelle Deckung des eigenen Bedarfs charakterisiert (Dubberke, 1958).

Nach Sachzielen unterscheidet Oettle den sog. Ausführungsbetrieb, der vorwiegend für konkrete Gesamtleistungen zuständig ist und primär apperativ arbeitet (Oettle, 1974). Hierunter ordnen wir die Schule als Betrieb ein (Hahn, 1994, S. 42) und konzentrieren uns nachfolgend weitgehend auf den öffentlich-rechtlichen Typus.

A. Zielsystem der Schule

Ausgangsüberlegung ist, daß Schule in erster Linie eine Veranstaltung im Interesse der Schüler ist (Gutenberg, 1983, S. 123ff.). Primäres Sachziel von Schule muß daher sein, bei der Gesamtheit der Schüler durch fachliche und persönlichkeitsbezogene Bildung entsprechend ihrer Fähigkeiten möglichst gute Voraussetzungen für die persönliche Entwicklung zu schaffen (Piel, 1995). Hieran knüpfen sekundäre Zielvorstellungen wie Vermittlung bestimmter Grundwerte und sozialer Verhal-

---

[1] Eichhorn bezeichnet ihn als private Institution von öffentlichem Interesse. Im angelsächsischen Schrifttum werden seine Erscheinungsformen als Nonprofit Organization zusammengefaßt (Eichhorn, 1992, S. 49f.)

tensweisen, Sicherheit der Qualität des Arbeitskräftepotentials usw. an (Gutachten Kienbaum, 1991).

Diese Schülerzentrierung ist Basis dieser Überlegungen und führt zum Formalziel der optimalen Faktorallokation im Schulbereich. Die Produktionfaktoren (Schulen, Klassenräume, Lehrer), die für den Unterricht benötigt werden, sind so zu verteilen, daß bei Verwirklichung allgemeiner Optimierungsprinzipien insgesamt das beste Ergebnis für die Gesamtheit Schüler erzielt wird. Dies bedeutet, daß ein entsprechender Ausgleich zwischen Schulformen, Schulstufen und Regionen angestrebt werden muß.

Dabei muß die Deckung des Basisunterrichtsbedarfs (Erreichung des Regelstundenplans, Minimierung des Ausfalls) für alle eine höhere Priorität als die Schaffung besonders günstigen Lernumfelds und zusätzlicher Angebote für den Einzelnen haben[2].

I. Auswirkungen der Formalziele auf die Unterrichtsverteilung

Die optimale Faktorallokoation kann effizient und ineffizient eingesetzt werden. Von hoher Bedeutung ist deshalb eine möglichst gute Ausrichtung der Produktionsfaktoren im Sinne der Erreichung der eigentlichen Zielfunktion (schülerorientiert). Alle für die Zielfunktion nicht relevanten Elemente können hier zurücktreten und ggf. in anderem Zusammenhang aufgegriffen werden (Reimann, 1995).

Durch Inflexibilitäten der Produktionsfaktoren und die mangelnde Nutzung von Steuerungspotentialen werden Ressourcen, die zur Optimierung der Unterrichtsversorgung eingesetzt werden können, ineffizient genutzt.

Nicht möglich ist es, Auffälligkeitsanalysen und Verbesserungsansätze ohne Berücksichtigung der finanzwirtschaftlichen Komponente zu diskutieren. Die Finanzknappheit sowohl der Länder wie auch auf Schulträgerebene muß für die zu treffenden Überlegungen wesentliche Bedeutung haben (Kostenminimierumg als Wirtschaftlichkeitsprinzip, Schäfer, 1980, S. 221ff.).

II. Input- und Output-Relationen

Die landläufige und gebräuchliche Annahme, daß die Leistungen der Schüler grundsätzlich um so besser sind, je besser die Schüler-Lehrer-Relation ist, ist grundsätzlich nicht richtig, da es sich bei der Schüler-Lehrer-Relation lediglich um eine Input-Relation und nicht um eine Output-Relation handelt.

---

2 Die Bezahlung der Leistungserstellung des öffentlichen Verwaltungsbetriebs Schule erfolgt durch Kollektivabgaben über den Etat des Schulträgers und somit über die Steuereinnahmen der öffentlichen Hand (Hahn, 1994, S.31).
Wenn Schulen aus marketingpolitischen Aspekten 'vorne' Geld ausgeben, um mehr Schüler reinzuholen, holt sich der Staat 'hinten' über Steuereinnahmen die Mittel für diese Zwecke wieder herein (Eichhorn, 1996, S.13).

Ein Mehreinsatz an Lehrkräften bedeutet dabei keineswegs notwendigerweise, daß den Schülern eine Mehrleistung geboten wird. Es kann durchaus sein, daß Lehrer aus systemfremden Gründen, für Zwecke des Systemmanagements und/oder wegen vermehrter Anerkennung sozialer Gründe dem Schüler nicht zur Verfügung stehen, obwohl sie in der Schüler-Lehrer-Relation eingerechnet sind.
Die Schüler-Lehrer-Relation muß daher sich an der Basisunterrichtsbedarfsplanung ausrichten. (Donges/Engels/Hamm/Möschel/Neumann/Sievert, 1993)

III. Analyse des Unterrichtsbedarfs

Der Vergleich von Unterrichtsbedarfsziffern im Ländervergleich der Bundesrepublik Deutschland fällt zunächst schwer, da hier sehr unterschiedliche Schulsysteme miteinander verglichen werden.
Grundsätzlich führt die Bevölkerungsentwicklung dazu, daß sich der Lehrerbedarf in den kommenden Jahren nach oben entwicklen wird. Dies wird deutlich aus der folgenden Analyse der Schülerzahlprognosen des Kultusministeriums (Gutachten Kienbaum, 1996)[3].

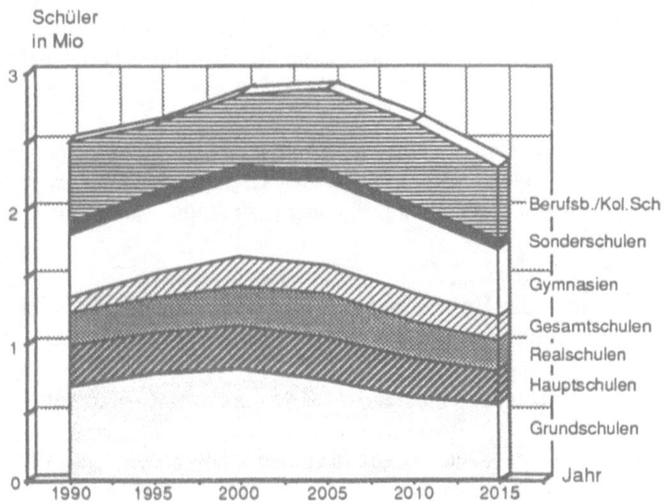

[3] „Ein System der Lehrerbedarfsermittlung muß grundsätzlich zwei Forderungen erfüllen:
1. Eine über die Zeitachse zutreffende Abbildung der Lehrernachfrage und
2. Möglichkeiten für ein effektives Management des Schulsystems bieten."
(Gutachten Kienbaum, 1991, S.138)

Dabei sind die verstärkt zu erwartenden Zuwanderugsbewegungen mit ihren qualitativen und quantitativen Effekten noch nicht berücksichtigt.

Kurz- und mittelfristig ist dabei von einer Steigerung der Schülerzahlen auszugehen, langfristig jedoch ist eine (zuwanderungsneutrale) tendenzielle Reduktion der Schülerzahlen entlang dem generativen Zyklus zu erwarten (Zykluszeit ca. 20 bis 25 Jahre).

Bei einer faktischen Beschäftigungszeit eines Lehrers von rund 35 Jahren ist deshalb grundsätzlich davon auszugehen, daß eine bedarfskongruente Beschäftigungspolitik nicht möglich ist.

Das vorhandene System der Stellenbewirtschaftung ist nicht in der Lage, mit dem auftretendem Mehrbedarf fertig zu werden.

Somit muß eine erhebliche Flexibilisierung der Personalbeschaffung - auch unter Veränderung der Haushaltsstruktur (qualifizierte Sperrvermerke für Stellen bzw. Mittel zur Beschäftigung von Aushilfen oder entsprechende Zeitverträge) - gesichert werden.

B. Grundsanierung des Systems als Handlungsansatz

Wie oben dargestellt, ist das derzeitige Schulsystem nicht in der Lage eine geeignete Unterrichtsbedarfsplanung mit geeigneten Schüler-Lehrer-Relationen vorzulegen und damit das Ziel der Deckung des Basisunterrichtsbedarfs der Schüler zu erreichen.

Die Folge davon ist eine zunehmend schlechtere Abdeckung des steigenden Anspruchsniveaus bei gleichzeitig wachsender Unzufriedenheit aller Systembeteiligten. Unterrichtsausfälle erheblich steigendem Umfanges sind somit im System vorprogrammiert.

Bevor Maßnahmen der Vermeidung von Unterrichtsausfällen greifen, muß deshalb langfristig eine Grundsanierung des System erfolgen. Dies bedeutet:

(1) Sicherung zusätzlicher Einnahmen, die dem Schulsystem zufließen.

(2) Durchführung der oben vorgeschlagenen Maßnahmen zur Veränderung der Haushaltsstruktur und Flexibilisierung der Personalbeschaffung.

(3) Reduktion des Lehrerbedarfs durch effektives Management und Anhebung der tatsächlichen Klassen- und Kursfrequenzen bis zur Höhe der derzeitigen Richtwerte.

(4) Kostenreduktion bei den Kosten pro Unterrichtseinheit.

(5) Rückführung der des Leistungsangebots in den Schulen auf ein Maß, das die Schüler-Lehrer-Relation wieder zum Ausgleich bringt.[4]

(6) Zukünftige Sicherung einer angemessenen finanz- und stellenmäßigen Deckung jeder Verbesserung von Relationparametern oder zusätzlichen Leistungsangeboten.

Erst so wird sichergestellt, daß Unterrichtsbedarf und Lehrerangebot wieder langfristig im Gleichgewicht sind und die „Schülerzentrierung" im Mittelpunkt der Bildungspolitik steht (Zehetmair, 1996).

Die Sanierung allerdings bringt den Ländern zunächst entsprechende Mehrkosten für den zusätzlichen Lehrerbedarf , aber nur so ist der Leistungsstand der Schüler und somit das Bidungsniveau der Bundesrepublk Deutschland zu halten.
Dies gehört zu einer sinnvollen Bildungspolitik, die unumgänglich sein wird, um die zukünftigen Herausforderungen zu meistern (Glaser, 1995).

In einer Situation knapper Haushalte können Maßnahmen im Bereich des Systemverbrauches, die auf Zeit angelegt sind, eingesetzt werden:

(1) Zeitweilige Reduktion des Fortbildungsaufwandes der Lehrkräfte.

(2) Zeitweilige Reduktion von Aufwendungen für die Curriculumentwicklung.

(3) Zeitweilige Überlastquote für die Fachlehrer.

In einer kurz- bis mittelfristigen Zeitrelation müssen alle diese Maßnahmen tragbar sein ohne gravierende Systemverschlechterungen.

Diese Konzept ist im Hinblick auf die Zielerreichung weniger schädlich als Kürzungen im Stundenplan und Unterrichtsausfall (Gutachten Kienbaum, 1996).

C. Veränderung der Zuständigkeiten als Mittel zur verbesserten Unterrichtsbedarfdeckung

Im Rahmen dieser Ausführungen ist die Fragestellung zu behandeln, inwieweit eine Veränderung der Zuständigkeiten zu einer verbesserten Unterrichtsbedarfsdeckung führen kann.

I. Derzeitige Situation und Auffälligkeiten

Der kommunalen Schulverwaltung obliegt die Wahrnehmung der äußeren Schulangelegenheiten, während die staatliche Schulaufsicht die Kompetenz für die inneren Schulangelegenheiten hat. Dabei sind Lehrkräfte Landesbeamte. In be-

---

4 Zusatzleistungen müssen außerhalb der Kollektivabgeltung stehen. Also z.B. durch Spenden, Sponsorengelder oder private Unterstützungsfonds finanziert werden (Hermanns, 1989, S. 1ff.).

stimmten Fällen beteiligt sich das Land an den dem Schulträger entstehenden Kosten, wie z.B. im Bereich des Schulbaus. Diese Konstruktion ist in allen Bundesländern ähnlich. Kommunale Lehrer bzw. staatliche Schulträgerschaft sind in gewissem Umfang nur in Bayern üblich.

Die Abstimmungsverfahren zwischen Land und Kommunen mit der Schulentwicklungsplanung, der Einrichtung und Schließung von Schulen und der Festlegung von Weiterentwicklungen ist in weiten Teilen ungeregelt und verbesserungswürdig. Dies führt derzeit in erheblichem Maße dazu, daß schulorganisatorische Maßnahmen der Kommune zu einem unwirtschaftlihen Einsatz der Ressource 'Lehrer' führen.[5]
Da eine hohe Zahl an Lehrerstellen allein durch das Phänomen 'Klassenbildung unterhalb der Richtwerte' verbraucht werden, muß ein Hinwirken auf eine wirtschaftliche Schulorganisation ein Kernanliegen des Landes in der Diskussion mit den Kommunen sein.

Im Bereich der sachlichen Ausstattung der Schulen[6] bestehen zum Teil erhebliche Defizite, die zugleich produktivitätshemmend sind und indirekt 'Lehrerzeit' kosten. In diesem Zusammenhang sollte auf die Vorgabe von Ausstattungsstandards für Schulen unter Kosten- und Qualitätsaspekten bestanden werden (Eckart, 1996).

II. Problemlösungsansätze

Im Hinblick auf den Lehrerbedarf kosteneffektiveren Gestaltung schulorganisatorischer Maßnahmen wäre eine Beteiligung der kommunalen Schulträger an den Personalkosten der Lehrer anzustreben.

Dieses Modell könnte zugleich ohne Veränderung der organisatorischen Zuordnungsformen durch verbesserte Befugnisse und Abläufe der Schulverwaltung und eine konsequente Ausnutzung geltenden Rechts erreicht werden. Allerdings beansprucht eine wirksame Kommunalisierung der Personalbewirtschaftung die Verwaltungskraft der Kommunen stark. (Gutachten Kienbaum, 1991, S., 254ff.)

Kommunalisierung bringt damit kurzfristig vor allem eine Verschiebung der Verantwortlichkeiten. Mittel- und langfristig sind aber intelligente integrative Ansätze im Sinne der 'erweiterten Schulträgerschaft' und horizontale sowie vertikale Kooperation zwischen Kommunen bzw. Kommunen und Land im Rahmen der Schulentwicklungsplanung anzustreben, um aus der 'Schule' einen 'Betrieb' zu machen.

---

5 Die Kommunen können derzeit nur mit sehr hohem Aufwand dazu veranlaßt werden, eine wirtschaftliche Schulorganisation sicherzustellen. Ihr aus Landessicht systemwidriges Verhalten geht dahin, ein Höchstmaß an Schulangebot, auch unter Weiterführung unwirtschaftlich kleiner Klassen, aufrechtzuerhalten. Dies betrifft insbesondere größere Kommunen, die in nicht akzeptabler Weise insbesondere kleine Hauptschulen und Gymnasien (vgl. Sigena-Gymnasium Nürnberg) erhalten, obwohl im Gemeindegebiet noch weitere Schulen der gleichen Schulform liegen.

6 Z. B. in der EDV. Ausstattung aller Schulen mit EDV für allgemeine Verwaltungsaufgaben, Stundenplanerstellung und Stundenplanmanagement.

Teure Fehlentwicklungen und Doppelgleisigkeiten müssen vermieden werden und die Planung langfristig erfolgen. Dies ist vor allem während der derzeitig noch steigenden, langfristig aber wieder zurückgehenden Schülerzahlen wichtig.

Literatur

Chmielewicz, K., Überlegungen zu einer Betriebswirtschaftslehre der öffentlichen Verwaltung, in: ZfB 1971, S. 583 - 606

Eichhorn, Peter, Öffentliche Betriebswirtschaftslehre, in WiSt 1992, S. 49 -51

Eichhorn, Peter, Marktwirtschaft und Gerechtigkeit, in: Evangelische Aspekte, 1996, S. 11 - 13

Donges, Jürgen/ Engels, Wolfram/ Hamm, Walter/ Möschel, Wernhard/ Neumann, Manfred / Sievert, Olaf (Kronberger Kreis), Zur Reform der Hochschulen, Frankfurter Institut 1995

Dubberke, H.-A., Betriebwirtschaftliche Theorie der privaten Haushalte, Berlin 1958

Eckart, Wolfgang, Qualitätsdiskussion an Schulen, in: Nürnberger Nachrichten vom 12.02.1996, S. 10

Glaser, Horst Norbert, Notoperation am Abitur. Ein Reformvorschlag des Deutschen Philologenverbandes. In: Forschung und Lehre. Mitteilungen des Deutschen Hochschulverbandes 1995

Gutenberg, Erich, Die Produktion, 24.Aufl., Berlin-Heidelberg-New York 1983

Hahn, Oswald, Allgemeine Betriebswirtschaftslehre, 2. Aufl., München 1994

Hermanns, A., Sponsoring - Zukunftsorientiertes Instrument der Marktkommunikation, in: derselbe (Hrsg.), Sport- und Kultursponsoring, München 1989, S. 1 - 14

Kienbaum Unternehmensberatung GmbH, Organisationsuntersuchung im Schulbereich für das Land Nordrhein-Westfalen, Düsseldorf 1991

Kienbaum Unternehmensberatungs GmbH, Organisationsuntersuchung im Schulbereich für den Freistaat Bayern, München 1996

Oettle,Karl, Einzelleistungs- und Gewährleistungsbetriebe, in: Kommunale Gemeinschaftsstelle für Verwaltungseinrichtungen, 1974

Piel, Edgar, Über das Unbehagen an unserem Bildungssystem. Ergebnisse einer Umfrage des Instituts für Demoskopie Allensbach. In: Forschung und Lehre. Mitteilungen des Deutschen Hochschulverbandes 1995

Potthoff, E., Controlling im Hochschulbereich, in. Die Wirtschaftsprüfung 1994, S. 47 - 49

Reimann, Günter, Bildungstempel mit Giebel, aber ohne Säulen. Die Qualität hessischer Schulen und Lehrer. In: FAZ vom 04.02.1995

Schäfer, Erich, Die Unternehmung, 10 Aufl., Wiesbaden 1980

Zehetmair, Hans, Wie über den Schülerberg? In: Nürnberger Nachrichten vom 20.03.1996

OSWALD HAHN

Deserteure

Die Thematik "Deserteure" beinhaltet zweifellos ökonomische Ansatzpunkte. Diese sollen indes in der vorliegenden Betrachtung bewußt ausgeklammert werden. Dem Verfasser geht es - nach kurzer Einführung in die Problematik - um die Widerlegung der Vorstellung, der "Deserteur" stelle eine homogene, weil einheitlich motivierte Personengruppe mit eindeutig negativer Einschätzung dar. Wir versuchen im besonderen die Heranziehung der verschiedenen Motive zur Fahnenflucht mit dem Ziel einer Bildung von fünf Typen von Deserteuren, die zur Wahrung einer objektiven Einschätzung beitragen soll.
Das Thema dürfte Carl Zimmerer in doppelter Weise interessieren: einmal mußte er - gleich dem Verfasser - als Kriegsteilnehmer erleben, wie gegen Kriegsende verschiedene prominente Persönlichkeiten, darunter auch so mancher Vorgesetzter, entgegen vorher beschworener Parolen im entscheidenden Augenblick die Truppe verließen. Zum andern gehört gerade er zu den Personen, die sowohl ständig zu differenzieren versuchen als auch jede einseitige und subjektive Wertung ablehnen.

A. Einführung in die Problematik

Es geht zunächst darum, den Begriff "Deserteur" herauszuarbeiten. Anschließend sei auf die Aktualität des Themas hingewiesen, und die Einführung wird beschlossen mit der Forderung, Objektivität bei der Betrachtung an den Tag zu legen.

I. Der Begriff des "Deserteurs"

Deserteure sind Fahnenflüchtige. Fahnenflucht ist eine der vier Straftaten gegen die Pflicht zur militärischen Dienstleistung. Hierzu gehören erstens die eigenmächtige Abwesenheit von der Truppe an drei aufeinanderfolgenden Tagen, ohne die feste Absicht, ihr auf Dauer fern zu bleiben. Zweites Delikt ist die Fahnenflucht: die eigenmächtige Abwesenheit, um sich dem Dienst auf Dauer oder für die Zeit des bewaffneten Einsatzes oder für die Zeit der Wehrpflicht zu entziehen. Das dritte ist die Selbstverstümmelung und schließlich viertens - das wohl häufigste Delikt der heutigen Tage - die Dienstentziehung durch Täuschung. Gerade hier wundert man sich, wie viele junge Leute nach der Ausmusterung enorme körperliche Leistungsfähigkeit an den Tag legen, wobei nicht nur die spätere Zugehörigkeit zu den Spitzensportlern anzusprechen wäre.
Auf die Details dieser vier Straftaten soll hier nicht weiter eingegangen werden. Wir beschäftigen uns allein mit der Fahnenflucht, die zeitneutral und international

einen Straftatbestand darstellt (Blundell, 1993, S. 754 ff.)[1]. Es handelt sich also um einen eindeutig militärischen Tatbestand, der sich in einen rechtlichen und einen moralischen Teil aufspalten läßt: manches, was sich als Entfernung von der Truppe darstellt, entspricht nicht dem strafrechtlichen Tatbestand. Zum andern wird nicht der Begriff, wohl aber der materielle Inhalt auch auf das gesellschaftliche Verhalten generell übertragen: man versteht darunter im weitesten Sinn die Abkehr von einer Position, einer Gruppe oder einer Person zu einem Zeitpunkt, zu dem die Aufrechterhaltung der Bindung Nachteile mit sich bringt. Diese Art ziviler Fahnenflucht äußert sich in dem Slogan "Die Ratten verlassen das sinkende Schiff" - im Gegensatz zum "Immer bei der Stange bleiben", wobei das Wort "Stange" für "Fahnenstange" und dies für die "Fahne" im speziellen und die bisherige Gesinnung im allgemeinen steht. Bereits diese beiden Sprichwörter tragen - ebenso wie die "Fahnenflucht" - ein negatives Gepräge, das sich auch auf den Fahnenflüchtigen oder Deserteur überträgt und ebenso eine differenzierte und objektive Betrachtung verlangt.

II. Die Aktualität des Themas

Die Auseinandersetzung mit der Problematik "Fahnenflucht" und "Deserteure" hat in dreifacher Hinsicht eine aktuelle Bedeutung.

a) Die Diskussion über die generelle Rehabilitierung der "Deserteure"

Im Anschluß an die Ansprache des Bundeskanzlers am 20. Juli 1986 wurde erstmals von der Partei der "Grünen" eine Würdigung der 16.000 hingerichteten Deserteure gefordert, die sich dann in Bremen in einem "Denkmal für Deserteure" niederschlug (von Altenbockum, 1987, S. 5). Damit wurde der Deserteur generell und der Hingerichtete speziell zum Helden deklariert - ungeachtet seiner Motive. Das Bremer Beispiel fand ebenso Nachahmer in Deutschland und Österreich wie auch eine eindeutige Ablehnung in weiten Kreisen (Schreiber, 1992, S. 30 f.; Gürtner, 1994, S. 82). Neun Jahr später wurde von der Bundestagsfraktion Bündnis 90/Grüne die Forderung aufgestellt, sämtliche Urteile wegen Fahnenflucht während des Dritten Reichs generell zu annullieren (Fromme, 1995) - mit dem Tenor "Deserteure waren nicht im Unrecht" (Däubler-Gmelin, 1995). Kurz zuvor wurden

---

[1] Vgl. dazu Wehrstrafgesetz (WStG) vom 24. Mai 1974, §16:

(1) Wer eigenmächtig seine Truppe oder Dienststelle verläßt oder ihr fernbleibt, um sich der Verpflichtung zum Wehrdienst dauernd oder für die Zeit eines bewaffneten Einsatzes zu entziehen oder die Beendigung des Wehrdienstverhältnisses zu erreichen, wird mit Freiheitsstrafe bis zu fünf Jahren bestraft.

(2) Der Versuch ist strafbar.

(3) Stellt sich der Täter innerhalb eines Monats und ist er bereit, der Verpflichtung zum Wehrdienst nachzukommen, so ist die Strafe Freiheitsstrafe bis zu drei Jahren.

(4) Die Vorschriften über den Versuch der Beteiligung nach § 30 Abs. 1 des Strafgesetzbuches gelten für Straftaten nach Absatz 1 entsprechend.

Ähnlich Militärstrafgesetzbuch v. 16.6.1926 §§ 69 ff., österreichisches MilStrG § 9

auch in Rußland Stimmen laut, die eine Rehabilitierung der kollaborierenden Kriegsgefangenen forderten (Der Spiegel, 1994). Dabei werden - von Befürwortern und Gegnern - nur die im Krieg und nach der Kapitulation verurteilten Fahnenflüchtigen angesprochen, nicht indes das Heer der Personen, die während des Zusammenbruchs im Jahre 1945 die ihnen anvertraute Truppe verließen. In diesem Zusammenhang tat sich auch ein Meinungsstreit über die Zahl der erfaßten, verurteilten und hingerichteten Wehrmachts-Deserteure auf, der hier nur erwähnt werden soll (Dismer, 1995, S. 209 f.).

b) Die Aufforderung zur Fahnenflucht

Die Diskussion um das Denkmal löste recht bald auf verschiedenen Seiten eine generelle Glorifizierung der Fahnenflucht und vereinzelt sogar die Aufforderung zur Desertion im Kriegsfall aus (Wenzel, 1989). Zu Beginn des Golfkrieges wurden von verschiedenen Gruppen Aufrufe an US-Soldaten zum Verlassen der Truppe verbreitet und Anlaufstellen für Deserteure errichtet, die dann auch die deutschen Gerichte beschäftigten (Seidler, 1993, S. 441 ff.). Die Einseitigkeit der Diskussion ergibt sich bereits daraus, daß zugleich westliche Institutionen irakische Soldaten zum Überlaufen überredeten und im Gefolge des Balkankonfliktes die Fahnenflucht von Serben als "positive" Erscheinung gewertet wurde (Meier, 1992) - dem andererseits verschiedentliche Vorstellungen der deutschen Justiz gegenüberstanden, daß Desertion kein Grund für politisches Asyl sei (Spiegel 1991, S. 68).

c) Die Auseinandersetzung mit dem NKFD

Dritter Ansatzpunkt ist die im Zusammenhang mit dem 50. Jahrestag des 20. Juli 1944 erneut einsetzende Auseinandersetzung über die Beurteilung der Angehörigen des 1943 gegründeten "Nationalkomitee Freies Deutschland" und dem mit ihm verbundenen "Bund Deutscher Offiziere", die sich aus deutschen Kriegsgefangenen in der Sowjetunion rekrutierten (Fischer, 1993; Schreiber, 1994, S. 55). Hier geht es zwar weniger um die Erörterung der Fahnenflucht als um die Frage, ob die Zugehörigkeit zu beiden Gruppen dem Widerstande zuzuordnen sei. Für Befürworter wie Gegner war jedoch die Einordnung unter "Fahnenflucht" klar, und damit wurde das Problem "Deserteure" erneut zur Diskussion gestellt.

III. Das Gebot der Objektivität

Bereits die bisherigen Feststellungen offenbaren fehlende Objektivität. Diese verlangt zweierlei: einheitlichen Maßstab und Bemühen um Differenzierung.

a) Das Erfordernis eines gleichen Maßstabes

Gravierender Fehler zahlreicher Auseinandersetzungen um Erscheinungen politischer wie militärischer Art ist das Arbeiten mit zweierlei Maß. Das gilt zunächst für Deserteure: sowohl Andrej Wlassow als auch Walther von Seydlitz waren faktisch Deserteure oder Überläufer. Die bundesdeutsche Literatur glorifiziert Wlassow und verurteilt Seydlitz, die Literatur der Sowjetunion und der DDR äußerte sich umgekehrt. Das gilt im übrigen aber auch für Partisanen: die deutsche Seite stellte bis 1945 Albert Leo Schlageter und die Werwölfe als Helden heraus, Tito demgegenüber als Verbrecher. Analoges finden wir in der Einschätzung der sowjetischen und antisowjetischen Partisanen in der Literatur der Sowjetunion (von Frankenberg, 1987, S. 161). Durchhalteparolen schließlich gelten für den Sieger als bewunderungswürdig, für den Verlierer als Verbrechen (Fernau, 1971, S. 68). Der Wissenschaftler hat indes diese Art von Wertung zu unterlassen.

b) Das Erfordernis der Differenzierung

Ebenfalls unstatthaft erscheint es, die Fahnenflucht und damit den Deserteur als homogene Erscheinung anzusehen und beiden eine einheitliche Motivation zu unterstellen. In der bisherigen Literatur spielen die Motive nur eine sehr untergeordnete Rolle (Seidler, 1993, S. 37 f., 278 ff., 311 ff., 402 ff.) - Ausnahmen bestätigen die Regel (Ruby, 1975). Nur ganz am Rande finden sich Zahlen, die sich auf minimale Erhebungsmassen beziehen (Seidler, 1993, S. 316). Die zahlreichen Motive zur Fahnenflucht sollen indes im Mittelpunkt unserer Betrachtung stehen.

B. Der Versuch einer Typologisierung des Deserteurs

Wir haben versucht, fünf Typen von Fahnenflüchtigen zu bilden. Es wird ausgegangen von einem ersten, durch individuelle Gründe motivierten Typ, dem "klassischen" Deserteur, der im Mittelpunkt derer steht, die den Fahnenflüchtigen verurteilen.

Der zweite Typ entspricht den "Ratten, die das sinkende Schiff verlassen": es handelt sich um den opportunistischen, vielfach unerkannt gebliebenen Deserteur, der sich im allgemeinen an die Fahnenflucht später nicht mehr erinnern möchte.

Als "nationalbewußten Deserteur" - den dritten Typ - bezeichnen wir denjenigen, der in zwei Vaterländern lebt und damit bereits in gewisser Hinsicht ideologisch ausgerichtet ist.

Der "Deserteur aus Überzeugung" als vierter Typ ist politisch motiviert: Ihm allein ist das oben angesprochene "Denkmal für Deserteure" gewidmet.

Als fünfter Typ des Fahnenflüchtigen sei der "organisierte Deserteur" angesprochen: er kann dabei einerseits aus Überzeugung handeln, andererseits durch entsprechende Druckausübung persönlich motiviert werden. Dieser Typ rekrutiert sich aus Überläufern und Kriegsgefangenen und schlägt sich in der Zielsetzung einer Freiwilligen-Armee des Gegners gegen das eigene Vaterland nieder.

Es darf in diesem Zusammenhang der Hinweis stehen, daß Fahnenflucht in der Bundeswehr ein nahezu unbekanntes Delikt ist - zumindest bisher (denn der Bundeswehr ist die große Bewährungsprobe glücklicherweise erspart geblieben (Kießling, 1993)). Im Hinblick auf die leichten Möglichkeiten kann der Grund nur darin gesucht werden, daß für Wehrpflichtige kein Anlaß zur Desertion besteht, nachdem das Recht auf Kriegsdienstverweigerung gegeben ist, Simulationen im Hinblick auf die Schwierigkeit ihrer Erkennung nicht nachgegangenen wird und im übrigen in keiner Armee der Welt Schikanen einen so geringen Platz einnehmen wie in der Bundeswehr.

I. Der klassische Deserteur

Dieser erste Typ des Fahnenflüchtigen ist nicht organisiert, hat eigentlich nur egoistische Motive und gibt diese auch zu. Aber auch hier kann man mehrere Varianten ausmachen.

a) Der enttäuschte oder gepreßte "Söldner"

Diese erste Erscheinungsform ist charakteristisch für die stehenden Heere des 17. bis 19. Jahrhunderts ohne allgemeine Wehrpflicht. Aktuelles Beispiel sind die Deserteure der französischen Fremdenlegion: Hier stehen Kurzschlußhandlungen beim Eintritt, schlechte Behandlung und Enttäuschung als Motive für die Fahnenflucht an erster Stelle (Hornung, 1981) - mit der besonderen Situation deutscher Legionäre im zweiten Weltkrieg, denen der Fronteinsatz versagt blieb und die deswegen fahnenflüchtig wurden (Rosenthal, 1981).

b) Der schlecht behandelte Wehrpflichtige

Ebenfalls Egoismus unterstellt wird dem Wehrpflichtigen, der die Truppe wegen schlechter Behandlung verläät. Dabei gehen die Kritiker von demjenigen Soldaten aus, der den harten Dienst nicht erträgt. Ein totales Ignorieren erfährt jedoch demgegenüber derjenige, der Fahnenflucht aufgrund des "Mobbing" begeht, das sich bei der Armee in der Kameradenmißhandlung niederschlägt. Immerhin 16 Prozent der in der Schweiz befragten Wehrmachtdeserteure gaben das als Grund an (Seidler, 1993, S. 316), und es ist unverständlich, warum diese Gründe für Fahnenflucht nicht beseitigt wurden. Moderne Vertreter dieser Kategorie waren die Deserteure aus der Sowjetarmee zwischen 1989 und 1994 in den östlichen Bundesländern und der afghanischen Regierungsarmee zwischen 1979 und 1991. Auch hier fehlen Reaktionen gegen diejenigen, die eine Fahnenflucht auslösten. Es bleibt zu hoffen, daß zumindest für die Bundeswehr auch hier die Grenzen des militärischen Gehorsams erkannt worden sind (Kießling, 1995).

c) Der Wehrdienstumgeher

Unter die Deserteure fallen aber auch solche Wehrpflichtige, die sich der Einberufung entziehen, primär durch die Flucht ins Ausland. Prominentester Deserteur dieser Gruppe - der dies indes mit ideologischen und politischen Motiven begründet hat - war Adolf Hitler vor dem ersten Weltkrieg. Zwischen 1935 und 1938 desertierten aus ähnlichen Gründen Österreicher, die dann der "Österreichischen Legion" in Bayern beitraten. Auch ihnen muß man politische Motive unterstellen. Moderne Beispiele eines "echten" Wehrdienstumgehers finden wir in den USA zur Zeit des Vietnam-Krieges (Flucht nach Kanada) und in der Bundesrepublik Deutschland bis 1991 (Flucht nach Westberlin; Renfordt, 1969) mit einer Gesamtzahl von insgesamt rund 100.000 Personen. Die zwar sehr aufwendige, aber legale Alternative bestand und besteht nach wie vor in der Sitzverlagerung nach außerhalb der Bundesrepublik Deutschland vor Musterung bis Ende des Einberufungsalters.

d) Der Fahnenflüchtige im Krieg

Vielfach wird der Deserteur mit den Soldaten identifiziert, die im Krieg ihre Kameraden im Stich lassen: zu allen Zeiten, letztmals bei den US-Streitkräften im Vietnam-Krieg und beim Golf-Konflikt (Seidler, 1993). Es handelt sich hierbei um bereits der Armee angehörige Soldaten im Gegensatz zu den eben angesprochenen Gestellungsflüchtigen. Man pflegt sie als "Feiglinge" zu bezeichnen. Eher wird ihnen indes die Einschätzung eines Bundeswehr- und Wehrmachtoffiziers gerecht: "Die Masse der Deserteure waren bedauernswerte Menschen, die den ungeheuren nervlichen und körperlichen Belastungen des Krieges nicht gewachsen waren." (von Stülpnagel, 1987).
Ein Teil dieser Deserteure läßt sich bereits dem zweiten Haupttyp ("Opportunisten") zuordnen, wenn man an die massenhaften Entfernungen von der Truppe 1918 in Belgien und 1945 in Berlin denkt.

e) Der Kriminelle als Fahnenflüchtiger

Furcht vor Strafe wird ebenfalls als Motiv zur Fahnenflucht angesehen. Eine Statistik über den Anteil der Kriminellen an den Fahnenflüchtigen der Wehrmacht liegt nicht vor. Es wird aber immer wieder auf Urteile der Wehrmachtsgerichtsbarkeit aus dem zweiten Weltkrieg verwiesen (Seidler, 1993, S. 283 ff.; S. 311 ff.). Die wenigen Bundeswehrangehörigen, die in die DDR desertierten, mußten indes ausnahmslos Delikte oder Überschuldung als Grund für die Fahnenflucht zugeben und umgekehrt unterstellte die NVA ihren Deserteuren ausnahmslos kriminelle Handlungen als Fluchtmotiv.

II. Der Deserteur aus Opportunismus

Es kann naturgemäß nicht ausgeschlossen werden, daß auch die drei folgenden Haupttypen opportunistisch angehaucht sind. Der zweite Typ bekennt sich aber nicht zur Fahnenflucht: er umschreibt, beschönigt, bestreitet. Es ist das die "Fahnenflucht aus dem sinkenden Schiff" - nicht selten begangen auch von militärischen Führern. Diesen Deserteur hat es schon immer gegeben. Aus der Geschichte seien nur drei Beispiele herausgegriffen: Italien 1943, Deutschland 1945 und Indochina 1974/75. Dabei ist zwar der juristische Tatbestand der Fahnenflucht nicht immer gegeben, wohl aber liegt regelmäßig eine moralische Handlung vor, die sich in einem Imstichlassen der Kameraden, primär der Untergebenen zeigt. Als hochrangigste Fahnenflüchtige wurden dabei Napoleon I. und Wilhelm II. bezeichnet, wiewohl der moralische Tatbestand auf beide nur bedingt zutrifft, am wenigsten auf Wilhelm II. (gegenteilige Ansicht: Kurt Tucholsky, 1995, Bd. 4, S. 174, 298; Bd. 5, S. 239, 363, 453 ff.)[2].

---

2 Keine Deserteure waren die Matrosen der Reichsmarine, die 1917 und 1918 Schlagzeilen machten: die Meuterer, die Revolutionäre. Auch nicht als Deserteure anzusehen sind die 4.997 Offiziere der gleichen kaiserlichen Marine, die im November 1918 versagten, als man von ihnen verlangte, das zu tun, was sie unzählige Male beschworen hatten: für Kaiser, für Reich und für die Flagge ihr Leben einzusetzen. Nur drei taten dies: ein fünfzigjähriger Kapitän zur See, ein vierzigjähriger Korvettenkapitän und ein

a) Das Verhalten der italienischen militärischen Führung 1943

Nach der Bekanntgabe der Kapitulation am 8. September 1943 verließ die Mehrheit der italienischen Generalität (Oberbefehlshaber, Kommandierende Generale, Divisionskommandeure) ihre Befehlsstände und floh entweder - teilweise in Zivil - zusammen mit Regierung und König auf dem Seeweg nach Bari oder tauchte unter. Die etwa 1,2 Mio. italienische Soldaten waren damit weitgehend führerlos geworden und konnten von 50.000 deutschen Soldaten entwaffnet werden (Davis, 1975, S. 432 ff., 453 ff.)
Diese Fahnenflucht der italienischen Führung löste die Besetzung Italiens durch die Wehrmacht aus und ist mitverantwortlich für das Schicksal der Masse entwaffneter italienischer Soldaten (Kuby, 1982, S. 295 ff.) und der italienischen Zivilbevölkerung (Andrae, 1995). Demgegenüber stand die in dieser Hinsicht vorbildliche Haltung der französischen Generalität und des höheren Offizierkorps im Jahre 1940 (im Gegensatz zu manchen hohen belgischen Militärs).

b) Schlechte Beispiele beim deutschen Zusammenbruch 1945

Es ist bezeichnend, daß die meisten derer, die Front gegen die Deserteure beziehen, die opportunistische Kategorie ignorieren oder möglicherweise nicht kennen. Wir wiederholen: Formal lassen sich nicht alle hier Aufgeführten unter die Deserteure in rechtlicher Hinsicht einordnen. Eine Fahnenflucht - nämlich ein Verlassen der Truppe - lag indes in jedem Fall vor. Wir greifen drei Gruppen von Persönlichkeiten heraus, denen in den letzten Wochen des Krieges ein Verlassen der ihnen unterstellten Truppe vorgeworfen werden muß. Als Vorbild mag dabei dem einen oder anderen das Verhalten von Adolf Hitler am 9. November 1923 gedient haben: "Hitler, zunächst an der Spitze des Zuges marschierend, verdrückte sich (bei Eröffnung des Feuers durch die bayerische Landespolizei, O. H.) geschwind in die letzten Reihen, floh und wurde zwei Tage später verhaftet." (von Plehwe, 1990, S. 84). Es ist dabei erschütternd, daß diese Personen nahezu ausnahmslos unbehelligt blieben, während auf der anderen Seite nach der deutschen Kapitulation Todesurteile gegen fahnenflüchtige einfache Soldaten gefällt und noch vollstreckt wurden.
1. An erster Stelle unrühmlicher Beispiele rangiert die Hälfte der Gauleiter, die als Gauvolkssturmführer Kombattantenstatus hatten. Von 42 Personen dieser Spezies sind zwei gefallen (Paul Gerland - Kurhessen - und Karl Holz - Franken), sechs verübten Selbstmord[3], elf ergaben sich den Alliierten, aber 23 verließen ihren Gau kampflos (ermittelt aus: Höffkes, 1986): Am bekanntesten wie skandalösesten war dabei die Haltung der Personen Albert Forster, Artur Greiser, Karl Hanke, Erich Koch und Baldur von Schirach. Es muß dabei Verwunderung erregen, mit welcher

---

zwanzigjähriger Leutnant (von Plehwe, 1990, S. 397). Die übrigen: keine Deserteure, aber unrühmliche Vorgänger des kapitulierenden Establishments von 1968.

3 Dieser läßt sich - ebenso wie der von Hitler - der eingangs erwähnten dritten Straftat gegen die Pflicht zur militärischen Dienstleistung (Selbstverstümmelung) unterordnen. Völlig anders einzuordnen ist der Freitod von Generalfeldmarschall Walter Model: Er löste zuvor seine Heeresgruppe auf und entließ seine Stabsangehörigen. (Görlitz, 1975, S. 262 ff.)

Naivität einiger dieser Leute ihr Verhalten nach dem Krieg umschrieben (Jordan, 1971, S. 272 f.; Lauterbacher, 1984, S. 319 ff.).
Zu fragen ist in diesem Zusammenhang auch nach dem Verhalten des damaligen Reichsjugendführers Artur Axmann, der im Februar 1945 die "Panzervernichtungsbrigade Hitlerjugend" aufstellte, deren Führung vor Ort einem Stellvertreter überließ (Gellermann, 1990, S. 41 ff.) und dessen Befehl am 30.4.1945 aus dem Führerbunker heraus an diese Brigade sinnlose Opfer forderte (Kaufmann, 1995, S. 84 f.). Die Frage stellt sich, warum er zu diesem Zeitpunkt sich nicht an die Spitze seines Verbands setzte, zumal keinerlei Gesamtführungsfunktionen mehr bestanden und er sich dann am 1.5.1945 absetzte, ohne das Schicksal seiner Hitlerjungen zu teilen. Seinem Beispiel folgten zumindest einige Obergebiets- und Bannführer in- und außerhalb Berlins.
2. Aufzuführen wären in diesem Zusammenhang sodann Persönlichkeiten, die sowohl im Dritten Reich als Exponenten galten wie auch teilweise nach dem Kriege von bestimmten Kreisen als vorbildliche Soldaten gepriesen wurden. Zum Tod verurteilt und füsiliert wurde wegen Fahnenflucht der SS-Gruppenführer und Generalleutnant der Waffen-SS Hermann Fegelein (O'Donnell/ Bahnsen, 1975, S. 202 ff.). Überliefert ist sodann die Fahnenflucht des später in Jugoslawien hingerichteten SS-Obergruppenführers und Generals der Waffen-SS Erwin Rösener (von Lützow, 1988). Wie schließlich das Verhalten des Heros der Waffen-SS, Oberstgruppenführer und Generaloberst der Waffen-SS Josef Dietrich im Mai 1945 zu werten ist, bleibe dem Leser überlassen: "Viel ärger als alles andere hat uns der moralische Zusammenbruch geschlagen ... Sepp Dietrich war gestern (10.5.1945 O. H.) ... an uns vorbeigefahren, schon in Zivil... Es hieß, seine resolute Frau habe ihn einfach nach Hause geholt." (Kern, O. J., S. 9; vgl. auch Koller, 1985, S. 173 ff.). Biographen klammern dies jedoch bewußt aus (Fraschka, 1977, S. 176 ff.). Genannt werden kann hier aber auch der Reichsführer SS Heinrich Himmler - ungeachtet seiner Absetzung durch den letzten Reichspräsidenten[4].
Generalfeldmarschall Ferdinand Schörner - bekannt geworden durch seine rigorosen Maßnahmen zur Aufrechterhaltung der Disziplin - setzte sich am 9.5.1945 in Zivilkleidung von seiner gegen die Sowjetarmeen kämpfenden Heeresgruppe ab und stellte sich angeblich am 15.5.1945 den Amerikanern. Die Begründung hierfür durch seinen Biographen ist an Naivität nicht zu überbieten (Kern, 1978, S. 229 ff.; Fraschka, 1977, S. 273 f.). Auch wird über das Auftreten des letzten Chefs Personal und NS-Führung der Luftwaffe Generaloberst Bruno Loerzer berichtet, der sich außerhalb seines Stabes beim Zusammenbruch in Zivil aufhielt (Koller, 1985, S. 83; Herrmann, 1986, S. 406 ff.). Schließlich sei das Verhalten von Generalmajor Ernst-Otto Remer erwähnt, der sich von seiner eingeschlossenen Division in Zivil absetzte (Georgi, 1990, S. 222). Diese Ausnahmen sind zwar nicht erschöpfend, ihnen steht jedoch die Masse der deutschen Generalität gegenüber, die auch beim Zusammenbruch ihrer Truppe gegenüber ein Vorbild abgab. Als leuchtende Beispiele sei der Verzicht auf zugesicherte US-amerikanische Kriegsgefangenschaft

4 Es steht noch aus eine Analyse über das Verhalten derjenigen Angehörigen der Waffen-SS, die mit Konzentrationslagern zu tun hatten. Angaben gibt es nur über einige Führer: Alois Brunner, Adolf Eichmann, Josef Mengele. Auch die Personen Ernst Kaltenbrunner, Heinrich Müller und Oswald Pohl fielen weder noch ergaben sie sich: sie wurden als Zivilisten aufgegriffen.

und der freiwillige Opfergang in östlichen Gewahrsam genannt, die mit dem Namen Erich Hartmann, Hajo Hermann und Alexander Löhr verbunden sind.
3. Nicht vergessen werden dürfen in diesem Zusammenhang Politiker der Nachkriegszeit, die in ihrer Position Soldatentum verteidigten, indes bei Kriegsende als Soldaten nicht unbedingt eine vorbildliche Haltung an den Tag legten. Es ist die Rede davon, sich "selbst aus der Wehrmacht entlassen zu haben", da man nicht gegen die Russen, sondern "nur" gegen die Amerikaner habe kämpfen müssen. Auch sei auf die "Fahnenflucht als politische Weltanschauung" verwiesen, die einem der höchsten Repräsentanten der Bundesrepublik Deutschland vorgeworfen wurde (Salm, 1990).
Vielfach finden sich Vorstellungen, daß bei einem als verlorenen erscheinenden Krieg und dessen Ende der Fahneneid nicht mehr gelte oder unabhängig davon ein "Untertauchen" statthaft sei. Es bleibt indes in jedem Fall der moralische Aspekt, der auch in einer solchen Situation ein Bekenntnis zur Fahne verlangt - unabhängig von dem Befehl des letzten Obersten Befehlshabers der Wehrmacht an alle Soldaten, sich in alliierte Gefangenschaft zu begeben.

c) Indochina 1974/75

Das dritte moderne Beispiel liefern Vietnam und Kambodscha 1975: die Vorbilder zur Fahnenflucht (sprich Zivilisierung und versuchtes Absetzen ins Ausland) nahmen mit steigendem Dienstgrad zu, wobei beide Länder zugleich Paradebeispiel dafür sind, wie grausam die Folgen opportunistischer Fahnenflucht nicht nur für das Land, sondern auch für die Deserteure selbst sein können.

III. Der nationalbewußte Deserteur

Dieser Typ tritt immer dann auf, wenn Angehörige einer Nation auf zwei Lager verteilt sind - mit wiederum drei Varianten: zwei Vaterländer, Kapitulationen und Bürgerkrieg.

a) Deserteure zwischen zwei Vaterländern

Dieser Typ des Fahnenflüchtigen erscheint eigentlich erst mit dem Aufkommen des Nationalismus. Klassischer Vertreter war der Preuße David Yorck von Wartenburg mit der Aktion in Tauroggen, zugleich aber auch der Deserteur, der sofort voll rehabilitiert wurde. Sodann hätte dieser Typ des Deserteurs 1866 erste Chancen gehabt - beim preußisch-österreichischen Krieg. Er trat damals kaum auf. Deserteure finden wir aber auch, als sich nach dem ersten Weltkrieg die deutschen Truppen aus dem Baltikum zurückziehen mußten: sie verließen die Truppe und traten in weißrussische Dienste, um weiter gegen den Bolschewismus kämpfen zu können (Klein, 1992, S. 58). Bedeutsam hätte dieser Typ werden können in den beiden chinesischen, koreanischen und deutschen Staaten. Die hermetische Abschließung der Grenzen erschwerte jedoch den Weg von Ost nach West.
Während des Bestehens der NVA sind etwa 5.000 Soldaten in die Bundesrepublik Deutschland desertiert - mit spektakulären Rücksiedlern, den beiden Stabsoffizieren Rauschenbach (1981) und Mann (1987). Die NVA-Deserteure der Jahre 1989/90 sind jedoch mehr dem opportunistischen Lager zuzuordnen, insbesondere die, denen als Motiv der Eintritt in die Bundeswehr vorschwebte. Für Angehörige

der Bundeswehr wäre die Desertion in die DDR sehr leicht möglich gewesen, sie war indes wenig attraktiv, da Deserteure der Bundeswehr nirgendwo so schlecht behandelt wurden wie im Osten. Von insgesamt 200 seit Bestehen der Bundeswehr in die DDR übergelaufenen Soldaten sind fast alle wieder zurückgekommen. Auch hier gab es zwei spektakuläre Fälle: die Majore Winzer (1970) und Krause (1971), die ihren Übertritt zwar politisch motivierten, die aber primär wegen persönlicher Schwierigkeiten die Bundeswehr verließen.

b) Deserteure bei Waffenstillstand/Kapitulation

Voraussetzung ist hier, daß die Nation ebenfalls in zwei Lager zerfällt: in die Waffenstillstand schließende Regierung und eine weiterkämpfende Exilregierung, die dabei auf einen Verbündeten angewiesen ist. Es seien hier stellvertretend zwei Namen aus dem zweiten Weltkrieg genannt: erstens der damalige französische Oberst Charles de Gaulle (1940), der in Großbritannien bis zum deutschen Verrat an Frankreich Ende 1942 nur sehr wenig Resonanz hatte. Zweiter Vertreter ist der italienische Marschall Rodolfo Graziani, der 1943 auf die deutsche Seite übertrat und dabei etwas stärkere Resonanz aus den deutschen Gefangenenlagern hatte: einem Reservoir, über das de Gaulle nicht verfügte.

c) Der Deserteur im Bürgerkrieg

Klassischer Deserteur ist der Römer Gnäus Marcius Coriolaneus - 491 v. Chr. -, der mit einem fremden Heer gegen seine Heimatstadt zog (Mommsen, 1878). Auch Albrecht von Wallenstein könnte hierunter gerechnet werden. Ein dritter Bürgerkriegs-Deserteur mit hoher Position war Francois Dumouriez, der Sieger von Valmy, der 1792 den König retten wollte und dann zu den Österreichern überlief, als seine Armee ihn dabei nicht unterstützte (von Unruh, 1941).

Auch die Vereinigten Staaten kannten diesen Typ: 1860 desertierte ein Großteil der US-amerikanischen Offiziere zum Süden mit der bedeutendsten Persönlichkeit Robert Lee, der zusammen mit Moltke als größtes strategisches Genie des 19. Jahrhunderts gelten kann[5]. Die Südstaaten verloren den Krieg, aber "der Krieg der Soldaten endete in einer Stimmung gegenseitiger Achtung und Versöhnlichkeit, die für einen Bürgerkrieg einzigartig sein dürfte." (Junkelmann, 1992, S. 224). Eine völlig umgekehrte Situation ergab sich beim spanischen Bürgerkrieg: 1936 liefen 80 Prozent der spanischen Offiziere zu den Aufständischen (Francisco Franco) über. Die Republik unterlag, die Aufständischen siegten und übten schreckliche Rache an den loyal gebliebenen Offizieren.

---

5 Der Hinweis auf die Tragik in der Person von Robert Lee basiert naturgemäß auf Spekulationen. Hätte er das Angebot von Abraham Lincoln angenommen, Oberkommandierender der Armee der Vereinigten Staaten zu werden, dann wäre
- der Krieg in wenigen Monaten zugunsten des Nordens entschieden worden und
- auch bei längerer Kriegsdauer nach dem Sieg des Nordens die Ausplünderung und Entrechtung der Südstaaten unterblieben,
- sicher beiden kriegerischen Parteien eine wesentlich geringere Zahl an Opfern abverlangt worden.

(Der Spiegel, 1975)

Vietnam und Afghanistan sind schlechte Beispiele hierfür: in Vietnam dominierte Typ 2 (Opportunisten), in Afghanistan Typ 1 (klassischer Deserteur: schlechte Behandlung).
Der nationalbewußte Deserteur ist der Typ, der von breiten Kreisen geachtet wird, allerdings nur im "anderen" Teil des Landes. Wir in Deutschland achten Yorck von Wartenburg und Franco, die Amerikaner im Süden Robert Lee, die Franzosen schwören auf de Gaulle, und die Neofaschisten auf Graziani. Hier fehlt die Objektivität.

IV. Der ideologisch inspirierte Deserteur

Diesen Typ gibt es eigentlich erst seit dem ersten, vermehrt dann seit dem zweiten Weltkrieg: er ist das Produkt von Bolschewismus und Nationalsozialismus. Dem deutschen Deserteur dieses Typs ist das Bremer Denkmal gewidmet, und auch der solcherart motivierte Fahnenflüchtige verdient allgemeine Hochachtung.
Wir greifen drei bedeutsame Beispiele heraus.

a) Die Emigranten

Eigentlich keine Deserteure sind die Emigranten. An erster Stelle stehen dabei die Deutschen, die nach der Flucht aus Deutschland nach 1933 in ausländischen Militärdienst traten, denn Hitler hatte sie ausgebürgert[6]. Die bekanntesten Vertreter dieses Typs sind der Ungar und spätere deutsche Patriot Hans Habe (ders., 1947) und der zweite Verteidigungsminister der DDR Armeegeneral Heinz Hoffmann (ders., 1981).

b) Deserteure des Widerstands

Wir haben diesen Typ bereits im Rahmen der Wehrdienstumgeher angesprochen mit Adolf Hitler vor dem ersten Weltkrieg als dem bekanntesten Vertreter: einerseits "Gestellungsflucht" gegenüber der k. u. k.-Armee, andererseits Freiwilligmeldung zur bayerischen Armee bei Kriegsausbruch (Maser, 1972, S. 116 ff.).
Eine kleine Gruppe deutscher Soldaten mit kommunistischer Grundeinstellung fällt unter diesen Typ, die während der Siegesperiode der Wehrmacht zur sowjetischen Armee überliefen. Dies beginnt bereits vor dem 22. Juni 1941 mit Überläufern, die den künftigen Gegner über den bevorstehenden Angriff informierten (Fischer, 1991). Die bekanntesten Überläufer sind der dritte Verteidigungsminister der DDR, Armeegeneral Heinz Keßler (Juli 1941) und Max Emmendörfer (Januar 1942; vgl. ders., 1984).

6 Es gibt tatsächlich ehemalige Nationalsozialisten, die noch heute diesem Personenkreis - zu dem nicht wenige Deutsche jüdischen Glaubens gehörten - allen Ernstes die Emigration und den alliierten Kriegsdienst vorwerfen und von ihnen offenbar erwarteten, sich statt dessen in Konzentrationslager einweisen zu lassen!

c) Deserteure der Befreiung

Den zahlenmäßig bedeutendsten Typ der der ideologisch inspirierten Deserteure repräsentierten die Überläufer der Roten Armee in den ersten Kriegswochen des Jahres 1941. Schätzungsweise 40 Prozent der Kriegsgefangenen - etwa zwei Millionen Soldaten - entfielen auf diese Gruppe, die sich von Deutschland eine Befreiung vom Sowjetsystem erhofften und großenteils zum Kampf auf deutscher Seite bereit waren. Die durch Hitler angeordnete und von der Wehrmachtführung nur geringfügig milderbare Behandlung (Streim, 1982; Streit, 1978) brachte Deutschland um die Chance, mit den als Freiwilligen-Verbände einsetzbaren Soldaten den Krieg gegen die Sowjetunion zu gewinnen (Dallin, 1958). Aus diesem dritten Untertyp hätte sich rechtzeitig der fünfte Typ entwickeln können.

V. Der Deserteur der organisierten Fahnenflucht

Hierbei handelt es sich um Kriegsgefangene, aus denen eine Freiwilligen-Armee gegen das eigene Land gebildet wird - stets unter der Zielsetzung, die Gewahrsamsmacht bei der "Befreiung" des Vaterlandes zu unterstützen.
Die Geschichte kennt drei wesentliche Versuche dieser Art, von denen allerdings nur der zweite erfolgreich war: Bemühungen Friedrichs des Großen um die sächsischen Kriegsgefangenen im Siebenjährigen Krieg, die tschechischen Legionen des ersten Weltkrieges und die Versuche auf deutscher und sowjetischer Seite im zweiten Weltkrieg, Kriegsgefangene für ihre Zwecke einzusetzen.

a) Die Verpflichtung der sächsischen Kriegsgefangenen im Siebenjährigen Krieg

Im Oktober 1756 kapitulierte die gesamte sächsische Armee gegenüber den siegreichen Preußen. Die Offiziere wurden gegen Ehrenwort entlassen, die Mannschaften zum Kriegsdienst unter preußischen Offizieren mehr oder weniger gezwungen. Dieser Zwang einerseits und die wesentlich härtere Behandlung seitens der preußischen Vorgesetzten führte jedoch zu Massendesertionen und bedeutete daher nur einen geringfügigen "Gewinn" für die preußische Armee (Kugler, o. J., S. 266 f.).

b) Die tschechischen Legionen des ersten Weltkriegs

Unmittelbar nach Kriegsausbruch wurden auf Bitten von in Rußland lebenden Tschechen durch die russische Heeresleitung Freiwilligen-Verbände aufgestellt, in denen ab Dezember 1914 auch übergelaufene tschechische Kriegsgefangene Einstellung fanden. Begleitet von Mißtrauen der russischen Militärs gliederte man diese Truppenteile bis zur Revolution voll der russischen Armee ein, die dort im übrigen nur in sehr geringem Umfang Fronteinsätze erfuhren. Nach der Revolution erfolgte die Verselbständigung, und nach relativ kurzem Einsatz in den Reihen der weißen Armee wurden diese Legionen nach Frankreich und - nach dem Zusammenbruch Österreich-Ungarns - nach der neu errichteten Tschechoslowakei überführt, wo sie den Kern der neuen dortigen Armee bildeten (Raschhofer, 1953, S. 63 ff.).

c) Die russischen und deutschen Kollaborateure aus den Kriegsgefangenenlagern des zweiten Weltkriegs

Sowohl Deutschland als auch die Sowjetunion versuchten im zweiten Weltkrieg, Kriegsgefangene zum Übertritt auf die eigene Seite zu veranlassen: in beiden Fällen einmal durch Versprechen, zum andern durch die Verbesserung der sehr schlechten Versorgung innerhalb des Kriegsgefangenenstatus. Beide Seiten begannen mit einer intensiven Aktivität bei sich verschlechternder Kriegslage bzw. stoppten die Aktivitäten bei zunehmendem Erfolg, wobei die Situation gegenläufig war: die offizielle deutsche Aktivierung begann erst 1942 und verstärkt 1944 nach Rückschlügen, die sowjetischen Aktivitäten setzten 1943 im Augenblick der Kriegswende ein und wurden mit siegreichem Ende des zweiten Weltkrieges eingestellt.
1. Die für die deutsche Sache gewonnenen sowjetischen Kriegsgefangenen lassen sich in drei Kategorien einteilen: in die (bereits 1941 von der Truppe inoffiziell organisierten) illegalen Hilfstruppen (ca. 1 Mio. Soldaten), die Freiwilligen der Flak (ab 1942 mit ca. 500.000 Soldaten) und die - nach langen erfolgreichen Versuchen im November 1944 realisierte - russische Befreiungsarmee (ROA) des Generals Wlassow (50.000 Soldaten): letztere hätte - bereits 1941 aufgestellt - eine Stärke von ein bis zwei Millionen Mann haben können (Joachim Hoffmann, 1984). Mit abnehmenden Siegesaussichten wuchs die Akzeptanz und stiegen auch die politischen Zusagen (Thorwald, 1952). Nach der deutschen Kapitulation wurde ein Großteil der Freiwilligen auf Anordnung der angelsächsischen Regierungen an die Sowjetunion ausgeliefert, von denen nur wenige überlebten: bei der Aufspürung wirkten zum Teil deutsche Offiziere mit, und andererseits versuchten manche angelsächsische Offiziere, die Befehle zu umgehen (Tolstoy, 1977).
2. Das deutsche Pendant war das 1943 gegründete "Nationalkomitee Freies Deutschland" (NKFD) und der "Bund Deutscher Offiziere" (BDO). Im Gegensatz zur deutschen, auf Freiwilligkeit basierenden Praxis gegenüber den sowjetischen Kriegsgefangenen wurde von der sowjetischen Gewahrsamsmacht physischer und psychischer Druck ausgeübt. Wiederum im Gegensatz zur deutschen Praxis fand nicht der versprochene Kampfeinsatz zur Befreiung Deutschlands vom Nationalsozialismus statt, sondern beide Organisationen dienten primär der Aufforderung zum Überlaufen oder zur Kapitulation mit Hilfe sogenannter "Frontbeauftragter". Im Gegensatz zur Wlassow-Armee erhielten also die Mitglieder von NKFD und BDO nicht ihre Freiheit, sondern blieben weiter unter strenger Bewachung. Russischerseits überwog das Mißtrauen die Überlegung, daß ein entsprechender Einsatz neben militärischen gegebenenfalls auch politische Chancen bot. Verantwortlich für die sowjetische Haltung war die Tatsache, daß in großem Umfange Kriegsgefangene erst mit rückläufigen deutschen Erfolgen auftraten und insofern sich auf der sowjetischen Seite ähnliche Verhältnisse fanden wie auf der deutschen Seite 1941. Während die Wlassow-Armee nach ihrer Gründung als Nebeneffekt selbst 1945 noch Überläufer der Roten Armee animierte, war die Resonanz der beiden deutschen Gruppen gegenüber der Wehrmacht an der Ostfront minimal. Bei Kriegsende wurden NKFD und BDO aufgelöst - es gab keine "Armee Freies Deutschland" (Scheurig, 1984). Allerdings erfuhren zahlreiche Mitglieder eine bevorzugte Übernahme in die Kader der DDR im allgemeinen und in deren bewaffneten Organe im besonderen (z. B. Welz, 1985; von Frankenberg, 1987; Dengler, 1989). Mitglieder, die sich indes der kommunistischen Ideologie entzogen, wurden nach Kriegsende verfolgt (von Seydlitz, 1977, S. 350 ff.).

3. Die russischen und deutschen Kriegsgefangenen, die den entsprechenden Organisationen beitraten, waren nicht nur Kollaborateure, sondern auch Fahnenflüchtige. Eine entsprechende Verurteilung erfolgte durchaus zu Recht (Seydlitz, 1944 in absentia, Wlassow 1946). Auf die unterschiedliche Beurteilung in beiden Lagern haben wir bereits hingewiesen: Heroisierung von Wlassow und Verurteilung von Seydlitz im Westen, das Umgekehrte im Osten (Fischer, 1993). Schlechte Behandlung der Kriegsgefangenen und das Bemühen, dem zu entgehen, spielten sicherlich bei vielen eine Rolle für die Entscheidung zur Fahnenflucht. Auch Opportunismus ist nicht auszuschließen. Kriegsgefangenen auf beiden Seiten darf jedoch objektiv nicht die Zielvorstellung versagt bleiben, durch ihr Handeln dem eigenen Lande einen Dienst zu erweisen: einmal Beseitigung der bolschewistischen Schreckensherrschaft, zum andern Beseitigung des NS-Regimes. Die kollaborierenden Kriegsgefangenen wurden von beiden Gewahrsamsmächten mißbraucht und enttäuscht. Zur Wertung soll abschließend die Feststellung eines deutschen Generals in sowjetischer Kriegsgefangenschaft stehen, der standhaft geblieben war: "Es kann jedem Gefangenen das Unglück begegnen, daß er auf Sirenentöne des Feindes hereinfällt, zumal, wenn sein Urteilsvermögen durch Aufregung, Haß, Angst, körperliche Schwäche, schlechtes Beispiel älterer Kameraden, die bisher als Autorität galten, getrübt ist. Einmal aber wird jeder erkennen, daß er mißbraucht wird. Wer in diesem Augenblick nicht alle Dienste aufsagt, gleichgültig, was auch kommen möge, wird zum Verräter. Wer umkehrt, sollte im Kreis der Mitgefangenen Verzeihung erlangen nach einer Zeit der Bewährung. Denn wenn man Menschen, die reuig und guten Willens sind, zurückstieße, lägen sie zwischen den Fronten. Dies zu verschulden hat niemand des Recht..." (Volckamer von Kirchensittenbach, 1984, S. 37). Die Ablehnung einer Verfemung erlaubt jedoch nicht, die Deserteure dieser Gruppe mit dem inländischen Widerstand gleichzusetzen (von Boeselager, 1989).

C. Thesen zur abschließenden Würdigung

Unsere Betrachtungen beenden wir mit fünf Thesen, die das Ergebnis festhalten.

1. Fahnenflucht ist ein Delikt unabhängig von seinen Motiven.
2. Ihre moralische Wertung bedarf indes der Beachtung gerade dieser Motive. Eine generelle moralische Verurteilung aller Deserteure ist dabei ebenso abzulehnen wie die generelle Glorizifizierung.
3. Es gibt objektive Beurteilungskriterien unter ethischem Aspekt: diese verschaffen der Mehrheit des klassischen Deserteurs und vor allem des Deserteurs aus Opportunismus eine generelle negative Einschätzung. Demgegenüber darf man dem nationalbewußten und ideologisch inspirierten Deserteur die Achtung nicht verweigern: hier kann Fahnenflucht durchaus Vorbild sein.
4. Am problematischsten erweist sich die Einschätzung des Deserteurs der organisierten Fahnenflucht: des in Kriegsgefangenschaft geratenen Kollaborateurs. Hier dominiert das Messen mit zweierlei Maß einmal aus der Perspektive des eigenen Lagers und zum andern anhand der Zielerreichung. In jedem Fall rangiert diese Gruppe von Deserteuren weit über dem Opportunisten, allerdings zugleich auch weit hinter dem nationalbewußten und ideologisch inspirierten Deserteur, der die Fahnenflucht gewissermaßen in Freiheit beging. In keinem

Fall darf jedoch der Deserteur dieses letzten Typs dem Widerstand zugeordnet werden.

5. Die Frage der rechtlichen Würdigung stellt sich in praxi nur den Besiegten nach dem verlorenen Krieg. Hierbei verbietet sich die generelle rückwirkende Aufhebung der Urteile. Wohl ergibt sich hier wie auch bei Siegernationen die Pflicht, die Motive zu würdigen und darauf basierend Revisionen durchzuführen. Gleichzeitig erwächst der Justiz die Pflicht, ggf. gegen diejenigen Personen vorzugehen, deren Verhalten die Fahnenflucht auslöste (mißhandelnde Vorgesetzte und Kameraden). Das nicht getan zu haben, bleibt die Schuld der damaligen Gerichte auf beiden Seiten.

Literatur

Altenbockum, Jasper von, Streit um ein Denkmal zu Ehren von Deserteuren, in: FAZ 10.3.1987

Andrae, Friedrich, Auch gegen Frauen und Kinder. Der Krieg der deutschen Wehrmacht gegen die Zivilbevölkerung in Italien 1943-1945, München 1995

Bergh, Hendrik van, Deserteure, Pfaffenhofen 1970

Blundell, James D., Desertion, in: Trevor N. Dupuy et al. (Hrsg.), International Military and Defense Encyclopedia, Vol. 2, Washington-New York 1993, S. 754 f.

Boeselager, Philipp Freiherr von, Widerstand oder nicht, in: FAZ 29.9.1989

Däubler-Gmelin, Herta, Deserteure waren nicht im Unrecht, in: FAZ 22.9.1995

Dallin, Alexander, Deutsche Herrschaft in Rußland 1941-1945, Düsseldorf 1958

Davis, Metlon S., Söhne der Wölfin: Rom 1943 (Stuttgart 1975)

Dengler, Gerhard, Zwei Leben in einem, Berlin-Ost 1989

Dismer, Hans-Joachim, Die Fahnenflüchtigen der Wehrmacht. Eine traurige Zahlenspielerei der Medien, in: Soldat im Volk 9/1995, S. 209 f.

Emmendörfer, Max, Rückkehr an die Front. Erlebnisse eines deutschen Antifaschisten, 3. A., Berlin 1984

Fernau, Joachim, Cäsar läßt grüßen, München-Berlin 1971

Fischer, Alexander: Stalin mißachtete die Warnungen, in: FAZ 22.6.1991

Fischer, Alexander, Widerstand hinter Stacheldraht. Das Nationalkomitee "Freies Deutschland" und der Bund Deutscher Offiziere in der Sowjetunion, in: FAZ 10.7.1993

Frankenberg, Egbert von, Tradition im Kreuzverhör, 3. A., Berlin-Ost 1987

Fraschka, Günter, Mit Schwertern und Brillanten. Die Träger der höchsten deutschen Tapferkeitsauszeichnung, 8. A., Wiesbaden-München 1977

Fromme, Friedrich-Karl, Vom Unrechtscharakter der Militärgerichtsbarkeit im Dritten Reich. Verfassungsrichterin Jäger erinnert aus Anlaß einer Ausstellung in Stuttgart an einen politischen Streit, in: FAZ 18.9.1995

Gellermann, Günther W., Die Armee Wenk - Hitlers letzte Hoffnung, Koblenz 1990

Georgi, Friedrich, "Wir haben das Letzte gewagt...". General Olbricht und die Verschwörung gegen Hitler, Freiburg i. B. 1990

Görlitz, Walter, Model. Strategie der Defensive, Wiesbaden 1975

Gürtner, Fritz, Deserteure bleiben Deserteure, in: Soldat im Volk, Juni 1994, S. 82

Haase, Norbert/Paul, Gerhard (Hrsg.), Die anderen Soldaten. Wehrkraftzersetzung, Gehorsamsverweigerung und Fahnenflucht im Zweiten Weltkrieg, Frankfurt/Main 1995

Habe, Hans, Ob tausend fallen, Stuttgart-Hamburg 1947

Herrmann, Hajo, Bewegtes Leben, 2. A., Stuttgart 1986

Höffkes, Karl, Hitlers politische Generale, Tübingen 1986

Hoffmann, Heinz, Mannheim - Madrid - Moskau, Berlin 1981

Hoffmann, Joachim, Die Geschichte der Wlassow-Armee, Freiburg i. B. 1984

Hornung, Peter, Die Legion, Wien-München 1981

Jordan, Rudolf, Erlebt und Erlitten, Leoni 1971

Junkelmann, Markus, Der amerikanische Bürgerkrieg 1861-1865, Augsburg 1992

Kaufmann, Günter, Das letzte Aufgebot. Wurde die Jugend im Zweiten Weltkrieg zynisch geopfert?, in: Soldat im Volk, April 1995, S. 83 ff.

Kern, Erich, Generalfeldmarschall Ferdinand Schörner. Ein deutsches Soldatenschicksal, 2. A., Oldendorf 1978

Derselbe, Herz im Stacheldraht, Salzburg-Wien o. J.

Kießling, Günter, Seminar Betriebswirtschaftslehre der Streitkräfte, Nürnberg SS 1993

Derselbe, Körperliche Anwesenheitsverweigerer. über die Grenzen des militärischen Gehorsams, in: FAZ 13.9.1995

Klein, Markus, Ernst von Salomon (1902-1972), in: Criticon 130, März/April 1992, S. 57 ff.

Koller, Karl, Der letzte Monat, 2. A., München 1985

Kuby, Erich, Verrat auf deutsch. Wie das Dritte Reich Italien ruinierte, Hamburg 1982

Kugler, Franz, Geschichte Friedrich des Großen, Hundert-Jahr-Ausgabe, Leipzig o.J.

Lauterbacher, Hartmann, Erlebt und mitgestaltet, Preußisch Oldendorf 1984

Lützow von, Oberst a. D., Interview Bonn 19.11.1988

Maser, Werner, Adolf Hitler-Legende, Mythos, Wirklichkeit, 4. A., München-Esslingen 1972

Meier, Victor, Ein Volk der Deserteure, in: FAZ 10.1.1992

Mommsen, Theodor, Die Erzählung von Gnäus Marcius Coriolaneus, Leipzig 1878

NN, Das Land, aus dem die Träume sind: Der lukrative Bürgerkrieg, in: Der Spiegel 46/1975

NN, Flüchtlinge: besser hier sterben, in: Der Spiegel 49/1991

NN, Grausame Rache, in: Der Spiegel 39/1994

O'Donnell, James P./Bahnsen, Uwe: Die Katakombe. Das Ende in der Reichskanzlei, Stuttgart 1975

Plehwe, Friedrich-Karl von; Reichskanzler Kurt von Schleicher. Weimars letzte Chance gegen Hitler, Frankfurt/Main-Berlin 1990

Plivier, Theodor, Des Kaisers Kulis, Berlin 1930

Raschhofer, Hermann, Die Sudetenfrage, München 1953

Renfordt, Karlheinz, Die Fahnenflüchtigen und der Stalin von West-Berlin, in: FAZ 4.8.1969

Rosenthal, Philipp, Einmal Legionär, Hamburg 1981

Ruby, M. M. C., Die Ursachen und Bedingungen der Desertion, der unerlaubten Abwesenheit und der Nichtbefolgung des Einberufungsbefehls beim Österreichischen Bundesheer, Diss. Salzburg 1975

Salm, Karl, Fahnenflucht als politische Weltanschauung? Eine zeitgeschichtlich-politische Studie zum Fall Richard Freiherr von Weizsäcker, 2. A., Tübingen, Zürich-Paris 1990

Scheurig, Bodo, Freies Deutschland. Das Nationalkomitee und der Bund Deutscher Offiziere in der Sowjetunion 1943-1945, Köln 1984

Schreiber, Jürgen, "Heldenhafte" Deserteure?, in: Soldat im Volk, März 1992, S. 30 f.

Schreiber, Jürgen, Nationalkomitee Freies Deutschland und Bund Deutscher Offiziere, in: Soldat im Volk , April 1994

Seidler, Franz W., Fahnenflucht. Der Soldat zwischen Eid und Gewissen, München-Berlin 1993

Seydlitz, Walther von, Stalingrad. Konflikt und Konsequenz, Erinnerungen, Oldenburg-Hamburg 1977

Strauß, Franz Josef, Die Erinnerungen, Berlin 1989

Streim, Alfred, Sowjetische Kriegsgefangene in Hitlers Vernichtungskrieg, Heidelberg 1982

Streit, Christian, Keine Kameraden. Die Wehrmacht und die sowjetischen Kriegsgefangenen 1941-1945, Stuttgart 1978

Stülpnagel, Joachim von, Vom Widerstand, Leserbrief, Die Welt 16.4.1987

Thorwald, Jürgen, Wen sie verderben wollen, Stuttgart 1952

Tolstoy, Nikolai, Die Verratenen von Jalta. Englands Schuld vor der Geschichte, München-Wien 1977

Tucholsky, Kurt, Gesammelte Werke, Bd. 4 und 5, Hamburg 1975

Unruh, Friedrich von, Der Verräter, 1941

Volckamer von Kirchensittenbach, Friedrich Jobst, Ohne Zorn und Eifer. Bericht einer Gefangenschaft 1945 bis 1955, München 1984

Welz, Helmut, In letzter Stunde. Die Entscheidung des Generals Arno von Lenski, 5. A., Berlin-Ost 1985

Wenzel, Rolf, Protestbrief an "Monitor", in: Bundeswehr 8/1989

GÜNTER KIEßLING

Soldatsein in der modernen Industriegesellschaft
(Vom inneren Gefüge künftiger deutscher Streitkräfte)

A. Einleitung: Der Jubilar

Wohl nie zuvor hat eine Generation im Verlauf ihres Lebens einen derartigen Wandel in ihren Lebensverhältnissen erfahren wie die heute Siebzigjährigen, zu denen der Jubilar zählt. Gehört Carl Zimmerer nach Neigung und Werdegang auch unbestritten zu den Repräsentanten der Marktwirtschaft, so hat er sich dennoch nicht nur den Blick für die Zusammenhänge des staatlichen Gemeinwesens bewahrt, sondern sich auch stets dafür engagiert. Deshalb erscheint es gerechtfertigt, ihm zu Ehren ein Problem zu erörtern, das zwar in der Öffentlichkeit wenig Interesse findet, gleichwohl für unsere Sicherheit an Bedeutung gewinnen wird, nämlich das Bild des Soldaten in der modernen Industriegesellschaft. Wie diese Industriegesellschaft aussieht, das darf hier vorausgesetzt werden und bedarf nur da der Erläuterung, wo dies von besonderer Bedeutung für die Stellung des Soldaten in dieser Gesellschaft ist. Ein Wesensmerkmal der modernen Industriegesellschaft besteht in ihrer Distanz zu allen gemeinschaftlichen Bindungen, nicht zuletzt in ihrem Spannungsverhältnis zum Nationalstaat. Doch gerade der ist - entgegen vielfachen Beteuerungen - für das soldatische Selbstverständnis immer noch unverzichtbar. Wird doch der Soldat darauf verpflichtet, „Recht und Freiheit des deutschen Volkes tapfer zu verteidigen". Deshalb kann man ein Bild vom künftigen deutschen Soldaten nur dann entwerfen, wenn zuvor unsere nationalen Interessen deutlich sind, zu deren Schutz er, der Soldat, aufgeboten ist.

B. Wehrstruktur und personeller Bedarf

I. Die Definition nationaler Interessen

Trotz der umwälzenden Veränderungen, die uns das 20. Jahrhundert beschert hat, trotz NATO und Europäischer Union, leben wir immer noch im Zeitalter der Nationalstaaten - wenn auch viele das nicht wahrhaben wollen. Aber der moderne Nationalstaat ist nicht mehr der des 19. Jahrhunderts. Nicht nur die fortschreitende wirtschaftliche Verflechtung hat zu einer Interdependenz der europäischen Staaten geführt, die nahezu alle Lebensbereiche tangiert. Auch die äußere Sicherheit ist nur noch im Verbund mit anderen Staaten zu erreichen. Doch gerade dann, wenn es um Fragen von Leben und Tod geht, ist der Wille zu gemeinsamen Handeln geboten. Die Deutschen scheinen bereit, so ziemlich alle Opfer für die europäische Integration zu erbringen; doch auch sie schrecken zurück, wenn es um den Einsatz deutscher Soldaten für andere Aufgaben als zur Verteidigung des eigenen Landes geht. Keine andere Nation tut sich so schwer mit der Definition ihrer Interessen wie die deutsche. Einig sind sich die Deutschen von heute wohl nur in einem: Sie wollen weiter so leben wie bisher, in Frieden und in Wohlstand. Und „wenn fern in der Türkei die Völker aufeinanderschlagen", dann möchten sie dabei sein, aber bitte nur als Zuschauer! Das ist es wohl im wesentlichen, was die meisten Deutschen unter Freiheit verstehen. Darüber darf man sich eigentlich nicht wundern, denn Freiheit wurde ihnen vornehmlich im Zusammenhang mit dem Wirtschaftswunder nahegebracht. Nach der Ära Adenauer hat es in diesem Staat immer an geistiger Führung gefehlt! Die verantwortlichen Politiker - soweit sie überhaupt die Herausforderungen der Sicherheitspolitik erkennen und sich ihnen stellen - tun sich schwer genug damit, dieser Gesellschaft klarzumachen, daß der begehrte Wohlstand in Frieden nicht zum Null-Tarif zu haben ist. Schon gar nicht vermögen sie davon zu überzeugen, daß wir zu unserer Sicherheit eine Bundeswehr brauchen, also eine nationale Streitmacht, wenn auch - aus gutem Grund - in das westliche Bündnis integriert. Denn viele unserer Politiker wollen dies ja selbst nicht wahrhaben. Sie müssen also erst einmal selbst davon überzeugt werden, daß wir so lange auf den Schutz der NATO angewiesen sein werden, bis sich eines Tages die vielbeschworene Europäische Union zu einer gemeinsamen Außen- und Sicherheitspolitik zusammenfindet. Aber dies liegt offensichtlich in weiter Ferne. Hier und heute gilt es darüber nachdenken, wie wir Deutschen selbst am besten für unsere äußere Sicherheit sorgen können. Das führt zu der Frage, wie groß und welcher Art die deutsche Bundeswehr sein muß.

II. Die Zeit der Massenheere ist vorbei

Ausgangspunkt solcher Überlegungen ist die Frage nach der Bedrohung. Damit tun wir uns nach dem Ende des Ost-West-Konflikts so schwer. Auf einen Nenner gebracht lautet das Problem: An die Stelle der einst konkreten Bedrohung sind ungewisse Gefahren getreten. Diese zu analysieren und zu interpretieren, ist die vornehmste Aufgabe der für die äußere Sicherheit verantwortlichen Politiker und Militärs. Im Rahmen unserer Themenstellung mag es genügen, diese auf einen Punkt zu bringen: Die Zeit der Massenheere ist vorbei! Die früher gängige Forderung nach mehr Soldaten wird abgelöst durch die nach höherer Qualität der Streitkräfte. Eigentlich hat diese Entwicklung schon mit dem Ende des Zweiten Weltkrieges eingesetzt. Unterhielt Deutschland damals über zehn Millionen Soldaten, so war der Verteidigungs-Umfang der Bundeswehr zur Zeit des Ost-West-Konflikts schon auf 1,3 Millionen abgesunken. Darin wird der Wandel deutlich, den das Kriegsbild aufgrund der revolutionären Waffenentwicklung erfahren hat, insbesondere durch das Aufkommen der Massenvernichtungsmittel. Man könnte sagen, diese drastische Reduzierung der Mannschaftsstärken in den Streitkräften sei nichts anderes als eine Form der Rationalisierung im Kriegswesen. Am eindrucksvollsten kam das zum Ausdruck, als Ende der fünfziger Jahre die atomare Ausrüstung der angloamerikanischen Landstreitkräfte unter dem Slogan „More bang for a buck“ (Mehr Feuerzauber pro Dollar) forciert wurde.

Der Personalumfang der Bundeswehr dürfte weiter absinken; denn die derzeit 340.000 Mann sind kaum zu begründen - vor allem fehlt es am politischen Willen, eine personalstarke Streitmacht zu unterhalten.

Mit den immer weiter absinkenden Umfangszahlen stellt sich unvermeidbar die Frage der allgemeinen Wehrpflicht, auf die weiter unten eingegangen wird (vgl. D. I). Selbst unter den Bedingungen der allgemeinen Wehrpflicht darf man sich nicht darüber hinwegtäuschen, daß die Personalkosten zu einem dominierenden Faktor im Verteidigungshaushalt angewachsen sind. Auch der Wehrpflichtige ist nicht umsonst zu haben. Nicht nur der stark angestiegene Wehrsold (wenn auch weit entfernt von einer marktgerechten „Entlohnung“, so doch wesentlich höher als in anderen Wehrpflichtarmeen) macht den Wehrpflichtigen „kostbar“. Dazu kommen die Aufwendungen für Unterhaltungssicherung, Heilfürsorge, Entlassungsgeld und nicht zuletzt die Kosten für den umfangreichen Apparat des Wehrersatzwesens.

III. Das Bild vom künftigen Soldaten

Natürlich sind die Personalkosten für die Freiwilligen, die schon jetzt mehr als 50% des Personalumfangs der Bundeswehr ausmachen, wesentlich größer als die für die Wehrpflichtigen; allein schon, weil sich unter dieser Gruppe die höher dotierten Offiziere und Unteroffiziere befinden. Je mehr wir uns einer Freiwilligen-Armee nähern, um so stärker werden die Personalkosten anwachsen. Alles spricht dafür, daß wir in Zukunft noch mehr als bisher, wenn nicht gar ausschließlich, auf Freiwillige angewiesen sein werden. Und die können wir nur auf dem Arbeitsmarkt gewinnen - in Konkurrenz zu anderen Nachfragern. Bevor wir uns im folgenden Kapitel der Frage zuwenden, was man potentiellen Bewerbern für die Streitkräfte bieten könnte oder müßte, sollten wir erst einmal überlegen, was das für Soldaten sein sollen; mit anderen Worten, ein Bild vom künftigen Soldaten entwerfen (Kießling, 1995)

Rückblickend möchten wir uns damit begnügen daran zu erinnern, daß sich mit dem Wandel vom einstigen Ständestaat über die bürgerlich-liberale Epoche des 20. Jahrhunderts zur künftigen Industrie- und Informationsgesellschaft die innere Bindung der Menschen an ihre Berufe immer mehr gelockert hat. Soweit man nicht ohnehin nur auf „Jobs" bedacht ist, sondern noch das Ansehen zu wählender Berufe ins Gewicht fällt, wird dieses vorwiegend durch materielle Erfolge bestimmt. Dazu gehört nicht nur das nominelle Einkommen, sondern auch die Sicherheit des Arbeitsplatzes. Letzteres macht heute ganz wesentlich die Attraktivität des Beamten und des Berufssoldaten aus. Doch gerade damit sollte die Bundeswehr nicht werben. Denn der im Soldatengesetze verankerte Status eine „Berufssoldaten" (der in der Regel bis zum 60. Lebensjahr dienen soll) widerspricht dem hier zu entwickelnden Bild vom künftigen Soldaten. Aber wie soll der Soldat der Zukunft aussehen? Kein Zweifel: Auch sein Bild hat sich geändert, nicht nur das seiner Uniform. Doch wäre es töricht, aus der politischen Zielsetzung von Friedenssicherung abzuleiten, der Soldat würde „sozusagen zum bewaffneten Sozialhelfer in globaler Mission werden" (von Bredow, 1995, S. 21).

Das Zeitlose bleibt der Waffenträger, der Kämpfer, der aktiv in die Gefahr hinein handeln muß. Das ist es, was ihn von anderen, selbst von ihm verwandten Berufen unterscheidet, wie den des Polizisten, der in Grenzfällen auch sein Leben einsetzen muß. Der Soldat ist eben kein Beruf wie jeder andere. Was ihn ganz wesentlich von anderen unterscheidet, das ist die ihm eigentümliche Fähigkeit und Bereitschaft zum Kämpfen und damit unvermeidbar auch zum Töten - nicht zum „Morden" - wie böswillige oder völlig unkundige Kritiker es dem Soldaten anhängen. Von dieser Grundforderung her sind für den Soldaten zwei Eigenschaften unverzichtbar: physische und psychische Leistungsfähigkeit und die innere Bindung an die Gemeinschaft, zu deren Schutz die Streitkräfte verpflichtet sind. Letzteres ist immer noch die Nation. Doch sei schon an dieser Stelle gesagt, daß die internationale Verflechtung der Sicherheitspolitik, die ihren Ausdruck in unserer Zugehörigkeit zu Bündnissen findet, auch die Verpflichtung zum Einsatz für andere Nationen einschließt, weil dies möglicherweise im Interesse der eigenen Nation liegt.

Gerade in unserer Zeit, in der die Erkenntnis vorherrscht, daß Krieg nicht mehr Mittel der Politik sein sollte, kommt es darauf an , die Fähigkeit und Bereitschaft des Soldaten zum Kämpfen zu betonen. Junge Menschen für diese Aufgabe zu motivieren, zugleich aber die politische Überzeugung zu vermitteln., daß Krieg nur die ultima ratio sein darf , wird zu einer immer größeren Herausforderung der Ausbildung und Erziehung in den Streitkräften.

Die Rolle des Soldaten als Kämpfer ist nicht neu, wir haben sie nur verdrängt. Neu dagegen ist das gesellschaftspolitische Umfeld dieser westlichen Industrienationen.. Zwar wollen die meisten Menschen (noch) nicht vom Nationalstaat abschiednehmen (die Deutschen schon eher, aber die anderen Völker kaum), aber ihre innere Bindung an diesen Staat ist so weit gelockert, daß die meisten schwerlich bereit wären, zu seiner Verteidigung ihr Leben einzusetzen. Das heißt aber keineswegs, sie würden dies für supra-nationale Institutionen mit größerer Begeisterung tun - weder für die EU noch für die NATO, schon gar nicht für die UNO. Im Gegenteil! Für die erst recht nicht! Nein, die Menschen von heute wollen gar keiner sie verpflichtenden Gemeinschaft angehören, sie fühlen sich als Teil einer unverbindlichen Gesellschaft. Sie sind keine Staatsbürger mehr im wirklichen Sinne dieses Wortes, sondern sind zu „Interessenten am Staat" herabgesunken, wie der Finanzwissenschafter Günter Schmölders es einmal in bezug auf den Steuerzahler zutreffend formuliert hat. Die heutigen Staatsbürger sind letztlich das Produkt eines tiefgreifenden „Wertewandels", der nach dem Zweiten Weltkrieg einsetzte und der auf Wohlstand, Unabhängigkeit, Freizeit und Genuß orientiert ist. (Wiesendahl, 1990). Doch spüren auch diese Wohlstandsbürger, daß ihre Wertvorstellungen nur dann zu realisieren sind, wenn darüber eine Ordnung wacht. Diese Aufgabe trauen sie allerdings nach wie vor keinem anderen zu als dem sonst so wenig geliebten Nationalstaat. Ihm schieben sie die Verantwortung dafür zu; möge er nur zusehen, wie er das hinbekommt. Äußerstenfalls sind sie sogar bereit, dafür höhere Steuern zu zahlen; wie eine Art Versicherungsprämie. Nicht gern, sondern nur, wenn es denn gar nicht anders geht. Gerade hier werden die Verfechter der allgemeinen Wehrpflicht argumentieren: Nur mit dem erzwungenen Wehrdienst könne man diese Gesellschaft noch zur Vernunft bringen. In diesem Zusammenhang gilt es daran zu erinnern, daß in der leidenschaftlich geführten Diskussion um die Wiederbewaffnung Anfang der fünfziger Jahre gerade die damalige SPD-Opposition eine Wehrpflicht forderte. Die heutigen Verfechter der Wehrpflicht übersehen geflissentlich, daß sich die politischen Rahmenbedingungen verändert haben. Schon gar nicht bedenken sie, welche Rückwirkungen ein nur noch mühsam erzwungener Dienst - mit der Folge rasch wachsender Zahlen der Verweigerer - auf das innere Gefüge der Streitkräfte haben muß. Ganz und gar verdrängen sie , daß der Bundeswehr - und damit der Wehrpflicht-Armee unserer Zeit - bisher die große Bewährungsprobe erspart geblieben ist.

Unser Thema erlaubt keine eingehende Auseinandersetzung mit den Vor- und Nachteilen der Wehrpflicht. Dazu sei auf die ebenso umfassenden wie knappen Darlegungen von Oswald Hahn verwiesen. Begnügen wir uns deshalb mit der Feststellung: Im heutigen Deutschland ist die Wehrpflicht nur mit dem zahlenmäßigen Bedarf zu begründen - und der ist immer weniger gegeben. Nach dem Willen der herrschenden politischen Kräfte soll die Wehrpflicht nicht die Schule der Nation sein. Die Absage an diese einstige Aufgabe der Streitkräfte hat am krassesten der damalige Bundeskanzler Willy Brandt zum Ausdruck gebracht, als er 1970 im Deutschen Bundestag: sagte „Die Schule der Nation ist die Schule!" Und das unter dem Beifall des ganzen Hauses. Folglich müssen wir die Erziehung der jungen Menschen zu Staatsbürgern der Schule überantworten - und dürfen nicht die Bundeswehr zur Hilfsschule der Nation degradieren! Ob die Schule dieser großen Aufgabe gerecht werden kann, ist eine andere Frage, die sorgfältiger Prüfung bedarf. Bisher jedenfalls hat sie das nicht fertiggebracht!

Ob uns diese Gesellschaft gefällt oder nicht, nur aus ihr können wir die Soldaten rekrutieren, die wir für unsere Streitkräfte benötigen. Woher sonst sollten sie auch kommen? Die theoretisch - denkbare Alternative, unseren personellen Bedarf aus uns fremden, noch auf das Kriegshandwerk fixierten Völkern zu gewinnen, wie es z.B. die Briten recht erfolgreich mit den Ghourkas praktiziert haben - und die Franzosen mit ihrer Fremdenlegion, dürfte für uns kaum in Betracht kommen. Weder verfügen wir über die dafür notwendigen politischen Bande zu Völkern der dritten Welt, schon gar nicht über unverzichtbare Erfahrungen solcher Praktiken. Wir Deutsche werden also weiterhin darauf angewiesen sein, unsere Rekruten aus unserer recht gemeinschaftsfeindlichen Gesellschaft zu gewinnen, für einen Dienst an der Gemeinschaft.. Angesichts der geschilderten Lage sind die Aussichten für eine erfolgreiche Rekrutierung recht trübe. Doch dürfen wir auf die Erfahrung setzen, daß es auch in einer Ich-bezogenen Gesellschaft immer gemeinschaftsorientierte Menschen gibt - und geben wird, die gewissermaßen gegen den Strom schwimmen. Überzeugender Beweis dafür sind die vielfältigen sozialen Dienste, die sich trotz der unverkennbaren Absage der Mehrheit an alles Gemeinschaftliche behaupten können. Allerdings kann eine sich auf diese Weise rekrutierende Armee eines bestimmt nicht sein: ein Spiegelbild der Gesellschaft! Und sie dürfte es auch nicht sein; denn dann könnte sie ihrer Aufgabe nicht gerecht werden. Das aber bedeutet Abschiednehmen von der großen Illusion. eines wehrhaften Volkes und Hinwendung zu einer kleinen Armee von Freiwilligen.

Zwangsläufig kommen für die zuvor skizzierten Aufgaben des künftigen Soldaten nur junge Männer (im begrenzten Umfang künftig sicher auch junge Frauen) im Alter von etwa 18 bis 30 Jahren in Betracht. Für Ältere besteht nur ein sehr geringer Bedarf, vornehmlich für wenige Führungspositionen und für einige Spezialisten. Somit wird deutlich, daß es sich um ein typisches Berufsfeld für eine auf rund zwölf Jahre begrenzte Dienstzeit handelt, und das im dritten Lebensjahrzehnt. Den Bewerbern wird somit abverlangt, daß sie bei ihrer Verpflichtung als Soldaten auf Zeit zunächst einmal bewußt auf die Wahl eines auf Lebenszeit angelegten Berufes und auf einen für ihr Berufsleben sicheren Arbeitsplatz verzichten. Überdies müssen sie das Risiko auf sich nehmen, nach ihrem Ausscheiden aus den Streitkräften, und das im besten Mannesalter (in den meisten Fällen mit der Verantwortung für eine junge Familie), neu zu beginnen, sich einen neuen Beruf zu suchen. Die Redlichkeit gebietet, dieses von den Bewerbern erwartete Opfer nicht zu verschweigen und nicht zu beschönigen. Vielmehr gilt es, derart attraktive Angebote zu unterbreiten, die potentielle Bewerber bewegen, sich trotz der aufgezeigten Nachteile für den zeitlich begrenzten Soldatenberuf zu entscheiden. Diese Attraktion muß sich auf zwei Aspekte erstrecken: Zum einen auf den (zeitlich begrenzten) Dienst des Soldaten in seiner Gestaltung und in seiner Dotierung; zum anderen auf den Übergang in einen anderen Beruf nach dem Ende seiner Militärdienstzeit.

IV. Die Streitkräfte als Nachfrager auf dem Arbeitsmarkt

Wird also die Bundeswehr künftig darauf angewiesen sein, um qualifizierte Bewerber für ihren Dienst auf dem Arbeitsmarkt der Industriegesellschaft zu werben, so muß sie zweierlei bieten: einen attraktiven Dienst und hinreichende Chancen für den Abgang aus dem Wehrdienst. Beginnen wir mit letzterem.

a) Der Übergang in einen zivilen Beruf

Hier bietet sich ein weites Feld im öffentlichen Dienst. Das kann aber nur dann genutzt werden, wenn wir zu einer „Einheit des öffentlichen Dienstes" finden - zum Wohle seiner Bediensteten und zum Vorteil des Steuerzahlers. Das bisher vorherrschende Neben-, gar Gegeneinander, nicht nur von Bund, Ländern und Gemeinden, sondern auch zwischen den Geschäftsbereichen der Ministerien, die sich eifersüchtig gegeneinander abschotten, bewirkt geradezu das Gegenteil einer sinnvollen Nutzung menschlicher Fähigkeiten in unserem Gemeinwesen. Und sie ist unvereinbar mit der Verpflichtung dieser Institutionen auf das Ganze! Wir müssen endlich Vorkehrungen schaffen, daß wir die Bediensteten in den Jahren ihrer höchsten körperlichen Leistungsfähigkeit in jenen Bereichen verwenden, die darauf angewiesen sind - wie Militär und Polizei. Danach müssen ihnen jene Dienstposten in jenen Bereichen der Verwaltung vorbehalten bleiben, in den sie ihre erworbenen Erfahrungen am besten einbringen können. In diesem Zusammenhang wäre an den in früheren Zeiten bewährten „Zivilversorgungsschein" zu erinnern, der nach zwöfjähriger Militärdienstzeit erteilt wurde. Erst mit der Übernahme in die zivile Verwaltung sollte eine Anstellung auf Lebenszeit oder die Ernennung zu Berufsbeamten erfolgen. Andrerseits muß auch immer die Möglichkeit offen bleiben, mit einer entsprechenden finanziellen Abfindung eine eigene Existenz zu begründen.

b) Leistungsgerechte Besoldung

Wir dürfen nicht der Illusion nachhängen, man könne künftig einen Typ des Soldaten schaffen , der während seiner Dienstzeit allem Materiellen entsagt; also einem Mönch gleich selbstlos seine Pflichten erfüllt. Unserer marktwirtschaftlichen Ordnung entspricht die Forderung nach leistungsgerechter Vergütung. Doch schon kommen Einschränkungen: In unserer bewußt als "sozial" orientierten Marktwirtschaft dürfen und müssen logischerweise Abstriche an dieser Forderung gemacht und hingenommen werden. Dies trifft insbesondere für den öffentlichen Dienst zu. Gewährt dieser doch seinen Bediensteten ein ungewöhnlich hohes Maß an Fürsorge und Sicherheit, die eben durch eine geringere Vergütung ausgeglichen werden müssen. Bei Beamten, Richtern und Soldaten gar handelt es sich vorwiegend um Aufgaben, die sich überhaupt nicht oder nur sehr begrenzt mit dem Arbeitsmarkt vergleichen lassen. Das darf nicht dazu führen., den Gesichtspunkt leistungsgerechter Besoldung völlig abzutun. Insbesondere für den zeitlich begrenzt dienenden Soldaten gewinnen Dotierung und Besoldung eine höhere Bedeutung als für den „Berufssoldaten". Die ist in der bisherigen Struktur der Streitkräfte zu kurz gekommen. Diejenigen, die die wesentliche Last und Verantwortung tragen, das sind insbesondere die Kompanie- und Zugführer und die Kompaniefeldwebel, werden derzeit eher unterbezahlt. Sind sie dann später Oberstleutnant oder Oberstabsfeldwebel, so nehmen sie zwangsläufig Aufgaben geringerer Bedeutung wahr (geringerer, nicht etwa geringer!), aber sie werden dann relativ hoch dotiert und besoldet. Das darf nicht diesen Männern zur Last gelegt werden, wird doch auf diese Weise ihre frühere Unterbesoldung kompensiert. Dabei ist zu bedenken, daß nur ein kleiner Teil der Soldaten derart unterbezahlte Aufgaben wahrnimmt. Diese ungerechte Lösung beeinträchtigt die Effizienz der Streitkräfte und sollte in einer künftigen Struktur besser gelöst werden. Das ist vornehmlich durch eine leistungsgerechtere Dotierung zu erreichen. Wir müssen endlich dahin kommen, daß die Kompanien durch Majore geführt werden, die Züge durch Hauptleute/Oberleutnante, die Gruppen durch Feldwebel/Oberfeldwebel. Dabei wäre auch die Einführung von Stellenzulagen zu bedenken, um solche herausragende Leistungen zu honorieren, die von nur von wenigen und nur für eine begrenzte Zeit gefordert und erbracht werden. Damit stellte sich die Frage nach der künftigen Laufbahngestaltung.

c) Laufbahnstruktur

Für jede Neugestaltung der Laufbahnstruktur sind Daten vorgegeben, die durch historische Entwicklung und internationale Vergleichbarkeit als unverrückbar gelten. Das ist zunächst einmal die Einteilung der Soldaten in Laufbahngruppen der Offiziere, Unteroffiziere und Mannschaften. Die Effizienz der Streitkräfte erlaubt keine Einheitslaufbahn. Zum einen würde sie gut qualifizierte Bewerber abschrekken, zum anderen zu einem nicht akzeptablen hohen Durchschnittsalter bei den in der Menschenführung eingesetzten Offizieren und Unteroffizieren führen. Folglich muß man von vornherein zwischen Bewerbern für die Laufbahnen der Offiziere, Unteroffiziere und Mannschaften differenzieren. Unterschiedliche Eingangsvoraussetzungen (im wesentlichen Bildungsabschlüsse, aber auch berufliche Vorbildung) erlauben und erfordern eine differenzierte Grundausbildung. Die Ausbildung zum Offizier und zum Unteroffizier sollte auf das für die unmittelbar folgenden Aufgaben (Zug- und Gruppenführer) unbedingt Notwendige beschränkt werden. Nur so kann die zeitlich eng begrenzte Dienstzeit sinnvoll genutzt werden. Alles, was erst für nachfolgende Verwendungen nützlich ist (oder gar für die anschließende Berufsförderung) gehört auf später verschoben, womöglich an das Ende der Dienstzeit.

d) Hochschulstudium erst später

Konsequenterweise sollte auf ein generelles Hochschulstudium für die Offiziere zu Beginn ihrer Dienstzeit verzichtet werden. Für meisten Verwendungen junger Offiziere ist es auch nicht notwendig. Nur Offiziere in Spezialverwendungen, für die ein Studium erforderlich ist, müßten diese Ausbildung frühzeitig erhalten. Für sie müßte dann die Dauer der Dienstzeit verlängert werden, um ein angemessenes Kosten/Nutzen-Verhältnis zu erreichen. Die Kritik an dem bisherigen Ausbildungsgang zielt nicht auf ein Abgehen von der akademischen Ausbildung der Offiziere schlechthin; vielmehr geht es um den optimalen Zeitpunkt für dieses Studium (Hahn, Bundeswehrhochschulen, 1992, S. 82ff; derselbe, Kurskorrekturen, S. 11). Da dieses für die Aufgaben der jungen Offiziere in der Regel nicht vonnöten ist, kommt der damit verbundenen Zeitaufwand einer Vergeudung gleich. In der Zeit ihrer höchsten körperlichen Leistungsfähigkeit gehören die jungen Offiziere in die Truppe und nicht auf die Schulbank! Danach, etwa um das 30. Lebensjahr, dürfte der optimale Zeitraum für ihre akademische Ausbildung liegen. Für die meisten Offiziere, die dann in einen zivilen Beruf überwechseln, dürfte das später angelegte Studium dann auch von größtem Nutzen für sie selbst sein. Aber auch für die wenigen Berufsoffiziere kann ihr weiterer militärischer Werdegang und die dafür geeignete Studienrichtung erst nach etwa zehnjähriger Dienstzeit bestimmt werden. So wichtig, ja unverzichtbar all diese Fragen auch für eine erfolgreiche Nachwuchswerbung sein mögen, wir können und dürfen uns damit nicht begnügen. Wir sollten vor allem mit dem werben, was den Dienst das Soldaten ausmacht - und das ist die soldatische Gemeinschaft.

C. Auch künftig unverzichtbar: Der Geist der Armee

I. Von der soldatischen Gemeinschaft zum Geist der Armee

Auch das ist nichts Neues, im Gegenteil. Früher war es vornehmlich „das Regiment“, in den meisten Fällen ein ganz bestimmtes Regiment, das die Bewerber anzog. Heute wird weitgehend verdrängt, daß die von aller Welt anerkannten Leistungen der deutschen Wehrmacht im Zweiten Weltkrieg, vor allem ihr Weiterkämpfen in aussichtslosen Lagen, im wesentlichen auf das Zusammengehörigkeitsgefühl der überschaubaren Kampfgemeinschaften - nämlich der Regimenter - zurückzuführen sind. Nur truppenfremde Generalstabsoffiziere, die leider in viel zu starkem Maße den Aufbau der Bundeswehr bestimmten, konnten sich davon lossagen und der Illusion nachhängen, es genüge die Verpflichtung des einzelnen Soldaten auf das Grundgesetz (Lücken, 1995). Die Briten dagegen halten bis heute - mit großen Erfolg - am „Regimental System“ fest. Niemand käme dort auf die Idee, die Bindung des Soldaten an sein Regiment könnte seine Treue zur Nation beeinträchtigen. Es ist also ein Problem des Sowohl-als-auch, nämlich der Verpflichtung auf die übergeordneten politischen Zielsetzungen wie das Zusammengehörigkeitsgefühl der soldatischen Kampfgemeinschaft. Diese Geborgenheit des Soldaten in der überschaubaren Gemeinschaft ist unabdingbare Voraussetzung, um das zu erreichen, was man etwas anspruchsvoll, als den Geist der Armee bezeichnet. Dieser Begriff stammt von Clausewitz (Stübing, 1971, S. 14). Mag er heutzutage auch etwas pathetisch klingen, so bezeichnet er doch genau das, um was es geht; zutreffender jedenfalls als der umstrittene Begriff der Inneren Führung. Machen wir uns also zunächst einmal bewußt, was es mit der Inneren Führung auf sich hat und prüfen wir, ob dieses Konzept auch künftig gelten kann und soll. Als es Anfang der fünfziger Jahre um die damals von großen Teile der Öffentlichkeit abgelehnte Wiederaufrüstung der Bundesrepublik ging, kam es ganz entschieden darauf an, Vorstellungen vom inneren Gefüge dieser neuen Bundeswehr - die erst später diesen Namen enthielt - zu vermitteln. Die lieferte Wolf Graf von Baudissin, einer der maßgebenden Mitarbeiter in dem mit der Vorbereitung der Wiederaufrüstung beauftragten "Amt Blank" - genannt nach dem Unionspolitiker Theodor Blank, später der erste Bundesminister für Verteidigung. Damals sprach man noch nicht von Innerer Führung, sondern - zutreffender - -vom Inneren Gefüge. Mit dem Baudissinschen Konzept erhielt das krampfhaft gesuchte neue Bild vom Soldaten nicht nur seine Konturen. Anknüpfend an die preußischen Heeresreformen zur Zeit Scharnhorsts, gab Baudissin diesem neuen deutschen Soldaten auch einen Namen: **Staatsbürger in Uniform!**

Kaum ein anderer Begriff hat wegen mangelnder Präzision so viel Verwirrung bewirkt hat wie der der Inneren Führung, für die es bis heute keine verbindliche Definition gibt (Preusker, 1986). Das ist um so erstaunlicher, da die Bundeswehr ihre Soldaten, vor allem ihre Offiziere und Unteroffiziere, immer wieder auf die Innere Führung verpflichtet. Verständlicherweise sehen die meisten Menschen, die mit diesem Begriff konfrontiert werden, dahinter einen Kontrast zu einer "äußeren" Führung, worunter sie dann die herkömmliche Truppenführung verstehen. Also vermuten sie hinter der Inneren Führung so eine Art Politruk. Bredow ist einem fatalen Irrtum erlegen, wenn er behauptet, man habe eine „äußere" und eine „innere" Führung getrennt voneinander konzipiert (von Bredow, 1995, S. 64). Gerade das wollten ihre Schöpfer nicht! Verstanden sie doch Innere Führung als zeitgemäße Menschenführung unter den konkreten Bedingungen der deutschen Bundeswehr; nämlich der Wiederaufrüstung nach einer totalen Niederlage vielfältigen Mißbrauchs des soldatischen Gehorsams; aber auch der Einordnung der neuen Bundeswehr in den demokratischen Rechtsstaat. Dennoch wollten die Reformer an dem herkömmlichen deutschen Führungsgrundsatz der **Einheit der Führung** festhalten. Deshalb sollte es keinen "Inneren Führungs"-Offizier geben. Vielmehr sollten alle militärischen Vorgesetzten, vom Unteroffizier bis zum höchsten General, nach diesen Grundsätzen der Inneren Führung handeln. Dabei geht es im wesentlichen darum, daß auch der Soldat seine staatsbürgerlichen Rechte behält, also **Staatsbürger auch in Uniform** bleibt, soweit nicht die Besonderheiten des militärischen Dienstes Einschränkungen erfordern, die gesetzlich zu regeln sind (§ 6 SG). Sowohl die Grundpflicht des Soldaten (§ 7 SG), Recht und Freiheit des Deutschen Volkes tapfer zu verteidigen, als auch die sich daraus ergebenden Pflichten und Rechte des Soldaten wurden im Soldatengesetz verankert. Sie reichen von den besonderen Pflichten des Vorgesetzen (§ 10 SG) über den Gehorsam bis hin zur Kameradschaft (§ 12 SG) (Handbuch).

Dies ist nicht der Platz, sich mit der recht wechselvollen Geschichte der Inneren Führung auseinanderzusetzen. Hier sei nur so viel gesagt: Sie hat sich behauptet, aber sie wurde keineswegs jene Erfolgsstory, als die man sie heute mitunter überschwenglich preist. Dazu klaffen Anspruch und Wirklichkeit zu weit auseinander. Vor allem fehlte der Inneren Führung die Kürze und Klarheit der deutschen militärischen Sprache. Die Tendenz zur Weitschweifigkeit wird in der 1993 erlassenen Zentralen Dienstvorschrift 10/1 „Innere Führung" offenkundig.

Unbestritten bleibt dennoch, daß das Konzept der Inneren Führung ganz wesentlich dazu beitrug, die damals weit verbreiteten Vorbehalte der deutschen Öffentlichkeit gegen die Wiederaufrüstung auszuräumen. Das konnte nur gelingen, weil die Innere Führung überzeugende Lösungen für zwei Probleme bot: für die Einordnung der Streitkräfte in Staat und Gesellschaft wie für die Gestaltung der soldatischen Ordnung. Die hier bewußt kurz gefaßte Skizzierung des Baudissinschen Konzeptes mag deutlich machen, wie wichtig, ja geradezu unverzichtbar ein auf die Zukunft gerichtetes Bild von Soldaten ist. Nur so können militärische Erfordernisse mit den gesellschaftspolitischen Entwicklungen in Einklang gebracht werden. Nur so kann es gelingen, die für die Streitkräfte benötigten Soldaten zu gewinnen.

II. Festhalten an der Inneren Führung?

Die heute so oft gepriesene Erfolg der Bundeswehr im hinter uns liegenden Kalten Krieg darf uns nicht darüber hinwegtäuschen: Die große Bewährungsprobe blieb uns erspart! Ohne Krieg brach der sowjetische Koloß zusammen. Sicher gehörte die Bundeswehr zum Besten, was das westliche Bündnis aufzuweisen hatte. Aber diese Aussage könnte man auch anders interpretieren: Wie schlecht (oder etwas freundlicher formuliert: wie wenig gut) waren dann wohl die uns verbündeten Streitkräfte? Machen wir uns aber nichts vor: Spitze waren wir alle bei weitem nicht! Sicher war die Bundeswehr vorbildlich organisiert und ausgerüstet, doch in der Ausbildung haperte es gewaltig. Und wer würde zu behaupten wagen, diese Armee sei von einem guten Geist beseelt gewesen? Haben wir doch verlernt, in solchen Kategorien zu denken!

Keiner von uns kann mit Sicherheit sagen, wie es gewesen wäre, hätte die Bundeswehr je in einen Krieg ziehen müssen! Man darf ernste Zweifel hegen, ob uns auch nur der Aufmarsch gelungen wäre. Mit anderen Worten: Hätten wir eine Situation short of war gemeistert? Solche Fragen mögen heute recht ketzerisch klingen. Aber machen wir uns nichts vor: Diese westdeutsche Gesellschaft, die ja nicht mehr ein Volk sein will, war auf einen Krieg überhaupt nicht vorbereitet. In einer Spannungszeit wäre so unvermeidbar die ganze Fülle von ungelösten Problemen - von der Umstellung auf kriegswirtschaftliche Erfordernisse über den Schutz der Zivilbevölkerung bis hin zur verdrängten Gefahr des Todes - über uns hereingebrochen. Hätte dann noch die andere Seite - also der sowjetische Angreifer - psychologisch geschickt operiert, so wären ihm durchaus Chancen erwachsen, uns zur Aufgabe, gar zur Kapitulation zu zwingen. Auf diese Weise hätten die Sowjets ihr vornehmstes Ziel erreichen können: Sieg ohne Krieg! Daß es nicht so gekommen ist, verdanken wir ohne Zweifel der erfolgreichen Strategie der Abschreckung. Hinzu kommt ein weiteres, das weitgehend verkannt wird: Die Sowjets waren risikoscheu! Auch sie wollten keinen Krieg! Aber sie wollten den **Sieg ohne Krieg!** Doch der ist **uns** zugefallen. Mit seinem Buch-Titel „Nie wieder Sieg“ (Baudissin) scheint Baudissin keine glückliche Wahl getroffen zu haben.

Unser Thema gebietet in bezug auf die Innere Führung zu fragen: **Weitermachen so?** Das wäre zu verneinen. Denn Mängel dieses Konzeptes sind unverkennbar. Darauf wurde vorstehend verwiesen. Vor allem aber gilt es zu bedenken, daß dieses Konzept auf eine Situation abhob, in der es darum ging, den westdeutschen Kernstaat gegen die sowjetische Bedrohung zu behaupten. Heute leben wir in einer völlig veränderten sicherheitspolitischen Situation. Doch rechtfertigt das nicht etwa, alles über Bord zu werfen, was wir unter Innerer Führung verstehen. Vielmehr müssen wir uns fragen, was sich bewährt hat und was es deshalb zu bewahren gilt. Da ist zunächst einmal die im Soldatengesetz definierte **Grundpflicht des Soldaten**. Um so mehr sollten wir uns darauf besinnen, daß da vom „Deutschen Volk“ die Rede ist, dessen Recht und Freiheit es zu verteidigen gilt - und nicht etwa von einer multi-kulturellen Gesellschaft, für die wohl kaum jemand sein Leben einsetzen dürfte. Sodann geht es um die Einordnung des Militärs in das rechtsstaatlich-demokratische Gefüge unseres Staates. Die hat sich im allgemeinen bewährt. Der Korrektur bedürfen lediglich jene Auswüchse, die sich unter der falschen Interpretation des civil control eingeschlichen haben. Genauer: Der unbestrittene Primat der Politik darf nicht länger zu einem Primat des Zivilen verfälscht werden. Johannes Gerber hat wiederholt - leider vergeblich - auf den verhängnisvollen Übersetzungsfehler des „civil control" verwiesen, das tatsächlich „politische Kontrolle" bedeutet (Gerber). Ein konkretes Beispiel für die Auswirkungen dieser falschen Interpretation liefert die Unterstellung des Generalinspekteurs unter einem beamteten Staatssekretär. Gerecht und sinnvoll wäre es dagegen,: den obersten Soldaten der Bundeswehr - den Generalinspekteur - dem beamteten Staatssekretär gleichzustellen, nur der politisch verantwortliche Verteidigungsminister darf ihm vorgesetzt sein. Festzuhalten ist auch an der rechtlichen Begrenzung von Befehl und Gehorsam Nur solche Befehle sind rechtens, die zu dienstlichen Zwecken erteilt werden, und nicht gegen Strafgesetze oder gegen die Menschenwürde verstoßen.

Sicher mag damit schon deutlich geworden sein, daß die grundlegenden Forderungen der Inneren Führung auch künftig unverändert gelten sollten. Um so mehr kommt es darauf an, Irrungen zu erkennen und zu korrigieren, die letztlich das ganze Konzept der Inneren Führung in Verruf und das Innere Gefüge der Bundeswehr ins Wanken gebracht haben. Diese gipfeln in der törichten These, es käme darauf an, die Bundeswehr in die Gesellschaft zu integrieren. Als wäre hier eine Kolonialarmee nach jahrzehntelanger Abwesenheit in die Heimtat zurückgekehrt und müsse nun behutsam an das ihr nicht mehr vertraute Leben dieser Gesellschaft herangeführt werden. In der Tat hat sich diese Bundeswehr voll und ganz aus der deutschen Gesellschaft rekrutiert. Mehr noch gilt es darauf hinzuweisen, daß ja wohl das Ziel der Wiederbewaffnung nicht die Integration in die Gesellschaft war, sondern die Abwehr einer drohenden Gefahr für das Leben unseres Volkes.

III. Das Spannungsverhältnis von Militär und Gesellschaft

Je mehr die konkrete Bedrohung schwindet, um so schwächer wird der Rückhalt der Bundeswehr in der Gesellschaft.. Die sehr unterschiedlichen Wertvorstellungen der modernen Industriegesellschaft und die unverzichtbaren Positionen der Streitkräfte sind vor allem am Problem der Nachwuchswerbung deutlich geworden. Streitkräfte und Gesellschaft können sich nicht isolieren, sie sind aufeinander angewiesen. Die Soldaten leben in dieser Gesellschaft - und diese Gesellschaft bedarf ihrer. Dennoch müssen und werden beide eine gewisse Distanz wahren: Die Gesellschaft wird peinlichst darüber wachen, nicht „militarisiert" zu werden. Und das Militär muß darauf bedacht sein, daß seine Soldaten nicht Wertvorstellungen dieser Gesellschaft erliegen, die ihrer spezifischen Aufgabe der Verteidigung entgegenstehen. So wünschenswert es erscheinen mag, daß die Soldaten mit ihrer gemeinschaftsbezogenen Haltung einen positiven Einfluß auf die individualistisch bestimmte Gesellschaft ausüben, so wenig darf es Sache des Militärs sein, das Volk an seinem egoistischen Irrweg zu hindern. Die politische Führung dagegen darf solche Entwicklung nicht gleichgültig lassen. Ihr obliegt die Aufgabe geistiger Führung mit dem Ziel, den Willen zur Verteidigung des Gemeinwesens zu stärken. In diesem Bestreben sollte für beide - für Militär und Gesellschaft - der Grundsatz gelten: So viel Freiheit wie möglich - so viel Bindung wie nötig. Doch besteht das Wesen des Soldaten in einer starken Bindung an die Gemeinschaft.

Derzeit ist eine Abkehr der Gesellschaft vom Militär bis hin zu den Erfordernissen der Landesverteidigung unverkennbar. Als einen Indikator dafür könnte man den allwöchentlich in der FAZ-Beilage erscheinenden „Fragebogen" werten. Da werden uns „namhaft und berühmte Zeitgenossen" vorgestellt, indem sie ihre „Selbsteinschätzungen und Selbststilisierungen" offenbaren (Hensel). Wenn man ihre Antworten auf die Frage „Welche militärischen Leistungen bewundern Sie am meisten?" betrachtet, so wird da nicht nur eine Gemeinschaftsfeindlichkeit ohnegleichen offenkundig, sondern auch eine erschreckende Niveaulosigkeit. Lautet die Antwort nicht von vornherein „Keine!", so wimmelt es von „Kapitulation" und „Rückzug". Wird überhaupt eine militärische Leistung genannt, dann die der „Verteidigung Leningrads", der Befreiung Deutschlands durch die Rote Armee, oder die Invasion der Alliierten von 1944. An fünf Fingern läßt sich zählen, wann über zehn Jahre hinweg einmal eine Leistung der deutschen Wehrmacht für nennenswert erachtet wurde. Schlimmer noch ist, daß diese Antworten erkennen lassen: Unsere „neuen Eliten" haben offenbar überhaupt keine Vorstellungen davon, was eine „militärische Leistung" ist; und somit auch nicht vom „Primat der Politik", für den sie sich ansonsten so gern ins Zeug werfen.

Angesichts dieses Dilemmas sehen nicht wenige in der Wehrpflicht die letzte Barriere, um einer weiteren Aufweichung der Verteidigungsbereitschaft der Nation Einhalt zu gebieten. Wenden wir uns deshalb der Frage zu, ob die Wehrpflicht mit den Erfordernissen künftiger Sicherheitspolitik in Deutschland vereinbar ist.

D. Wehrsystem und Motivation

I. Abschied von der Wehrpflicht - Hinwendung zur allgemeinen Dienstpflicht

Kein Zweifel besteht darüber, daß wir künftig weniger Soldaten brauchen als zur Zeit der Ost-West-Spannung. So stellt sich die Frage nach dem personellen Umfang der Bundeswehr. Der dürfte sich auf 200.000 Mann zu bewegen. Das heißt Abschiednehmen von der Allgemeinen Wehrpflicht; denn diese ist bei uns nur mit dem Bedarf zu begründen, der nicht mehr gegeben ist. Die andere Alternative der Begründung, nämlich die "Schule der Nation", findet in Deutschland nicht einmal mehr die Unterstützung durch eine politische Minderheit. Allerdings scheint sich eine Art Schule der Nation mit umgekehrtem Vorzeichen einzuschleichen, wenn da etwa das Festhalten an der Wehrpflicht damit begründet wird, nur so können man die (wohl als nicht ganz zuverlässig eingestuften?) Offiziere und Unteroffiziere kontrollieren. Wie müßte es um diesen Staat bestellt sein, wenn er der Wehrpflichtigen bedarf, um seine Armee unter Kontrolle zu halten! Mehr noch, was müßte das für eine Bundeswehr sein! Lassen wir einmal derart realitätsfremde Vorstellungen beiseite und fragen besser nach Sinn und Zweck der Wehrpflicht einst und jetzt.

Seit Einführung der Allgemeinen Wehrpflicht in Deutschland während der Freiheitskriege ist diese immer stärker zum Symbol patriotischer Einstellung geworden. Aber die Zeiten haben sich geändert und damit das Kriegsbild: die ständig gesteigerte Waffenwirkung hat die Bedeutung des Einzelkämpfers zurückgedrängt, ihn nicht etwa überflüssig gemacht. Gerade unter den veränderten Bedingungen erlebt er eine Renaissance. Noch in beiden Weltkriegen hat die Wehrpflicht Triumphe gefeiert. Wir Deutsche haben überwiegend aus Wehrpflichtigen bestehende Massenheere von derartiger Qualität hingestellt, daß sie den Berufsarmeen in nichts nachstanden. Doch darf auch die Kehrseite solcher Handhabung der Wehrpflicht nicht verkannt werden. Hat sie doch dazu verleitet, das verfügbare Potential an Menschen nicht immer sinnvoll, d.h. nicht wirtschaftlich zu nutzen. Viele dieser zum Wehrdienst Eingezogenen hätten der Gesamtkriegführung weitaus mehr genutzt, wären sie ihrer Vorbildung entsprechend in der Wirtschaft und in anderen zivilen Verwendungen eingesetzt worden. Lediglich im Sanitätswesen haben wir uns strikt daran gehalten, die Wehrpflichtigen entsprechend ihrer zivilen Vorbildung zu nutzen.

Trotz ihrer Stärke von rund 500.000 Mann darf man auch die alte Bundeswehr - vor 1990 - nicht als ein Massenheer bezeichnen. Dennoch war dieser personelle Umfang nur mit Hilfe der Wehrpflicht zu erreichen. Was ihren Ausbildungsstand betraf, so wurde sicher nicht das Optimum erreicht. Denn die Politiker haben sich um militärische Forderungen nach der Dauer des Grundwehrdienstes wenig geschert. Sie waren - verständlicherweise - in erster Linie auf Wehrgerechtigkeit bedacht. Da wurde der Grundwehrdienst von 18 auf 15 Monate gekürzt, dann auf zwölf und schließlich gar auf zehn Monate. Dabei übersah man geflissentlich, daß parallel dazu eine erhebliche Reduzierung der wöchentlichen Ausbildungsstunden einherging. Niemand durfte die Augen vor dem damit unvermeidbaren Absinken des Ausbildungsstandes verschließen - aber man nahm es hin. Hatte der Gesetzgeber anfangs den "Ersatzdienst" für Wehrdienstverweigerer zutreffend bezeichnet, so erkannte er mit der Umbenennung in "Zivildienst" eine Gleichstellung an, die mit dem Sinn der Allgemeinen Wehrpflicht kaum vereinbar ist. Abgesehen davon, daß es bei der sonst geradezu leidenschaftlich verfochtenen Gleichstellung der Frauen in Staat und Gesellschaft immer weniger verständlich ist, nur die jungen Männer durch einen Wehrdienst zu belasten. Nicht nur von daher erscheint es geboten, eine allgemeine Dienstpflicht einzuführen

Sollte aber künftig die Wehrpflicht nicht mehr durchzusetzen sein und die Bundeswehr in eine Freiwilligen-Armee umgewandelt werden, dann steht sie unvermeidbar vor dem Problem der Nachwuchswerbung. Die Freiwilligen sollten mindestens vier, in der Regel wohl zwölf Jahre dienen. Dennoch müßte die Bundeswehr darüber hinaus an einem Zustrom von Kurzdienern interessiert sein. Aus zweierlei Gründen: Einmal, um daraus längerdienende Freiwillige (vor allem für den Nachwuchs an Unteroffizieren) zu rekrutieren. Zum anderen, um auf diese Weise ein hinreichendes Potential für den (wenn auch unwahrscheinlichen) Fall einer Mobilmachung zur Landesverteidigung aufzubauen. Solche Kurzdiener könnten am besten auf dem Wege über "freiwillig Wehrdienstleistende" gewonnen werden.

Deshalb kann man sich nicht mit einer Abschaffung der Wehrpflicht begnügen, sondern muß deren **Umwandlung in eine allgemeine Dienstpflicht** anstreben. Ohne Zweifel hat dieser Staat einen großen Bedarf an zivilen Dienstleistungen. Deshalb wäre es naheliegend, im Rahmen einer Dienstpflicht die Möglichkeit zu eröffnen, deren Ableistung wahlweise auch für den Wehrdienst zu ermöglichen. So würde die Bundeswehr ein beachtliches Potential der diesen Dienst wählenden jungen Männer (womöglich auch Frauen) gewinnen.

Erinnern wir uns noch einmal an das natürliche Spannungsverhältnis von Militär und Gesellschaft und an die gefährlichen Tendenzen einer Abkehr der Gesellschaft von der Landesverteidigung. Da dürfte eine allgemeine Dienstpflicht die Chance zur Förderung des Gemeinschaftsbewußtseins eröffnen.

II. Wehrmotiv und Kampfmotiv

Fünfzig Jahre nach dem für uns Deutsche so schrecklichen Ende des Zweiten Weltkrieges, das uns eine bis dahin unvorstellbare militärische wie moralische Niederlage brachte, stehen wir vor schwerwiegenden Entscheidungen unserer Außen- und Sicherheitspolitik. Da wir zur Wahrung unserer äußeren Sicherheit auf das Bündnis angewiesen sind, vor allem auf den Schutz einer nuklearen Macht, und das sind die USA, können und dürfen wir den Einsatz der Bundeswehr nicht auf den unwahrscheinlichen Fall der eigenen Landesverteidigung begrenzen. So müssen wir uns darauf einstellen, unsere Streitkräfte im Rahmen des Bündnisses auch außerhalb Deutschlands zur Verfügung zu stellen. Da stellt sich unvermeidbar die Frage nach dem Wofür (Kießling, 1995). Die im Soldatengesetz geradezu klassische formulierte Grundpflicht des Soldaten, „Recht und Freiheit des Deutschen Volkes tapfer zu verteidigen“, bedarf der Interpretation für diesen konkreten Fall. Dabei gilt es zwischen dem Wehrmotiv und dem Kampfmotiv zu unterscheiden. Ersteres wird durch die politischen Zielsetzungen bestimmt, letzteres durch das innere Gefüge der Truppe. Zur Wehrhaftigkeit muß die politische Führung motivieren, zum Kampf die militärische.

Deutsche Soldaten außer Landes in Feld zu schicken setzt voraus, daß ein solcher Einsatz im nationalen Interesse geboten ist. Diese Bedingung macht offenkundig, daß wir - entgegen allen europäischen Bekenntnissen - immer noch im Zeitalter der Nationalstaaten leben. Nach wie vor beharren die europäischen Nationen auf ihrer Souveränität. Das wird vor allem dann deutlich, wenn es um Fragen von Krieg und Frieden geht. Darüber zu entscheiden, wollen sie keinem anderen überlassen. Beharren sie also auf ihrer Wehrhoheit, so obliegt ihnen folglich auch die Verantwortung für die Motivation ihrer Soldaten. Die dürfte immer noch am ehesten gelingen, indem man an das Wohl der Nation appelliert. Für uns Deutsche findet dies seinen zutreffendsten Ausdruck im Begriff des Vaterlandes. Wir können es nicht entbehren, mag es noch so geschmäht werden. Um so mehr sind wir aufgerufen, diesen verfemten Begriff dahingehend zu interpretieren, daß Vaterland der Inbegriff von Recht und Freiheit ist. Mehr noch gilt es davon zu überzeugen, daß Volk, Nation und Vaterland nicht im Widerspruch zum Ziel der europäischen Einigung stehen, sondern uns den Weg zu einem „Europa der Vaterländer“ bereiten. Ein Vaterland Europa wird das nicht sein! Die Frage nach dem Wehrmotiv ist weniger an die Soldaten gerichtet ist als an das ganze deutsche Volk. Hier gilt es auf das zu verweisen, was zuvor zur Frage der Verteidigungsbereitschaft gesagt wurde.

So wichtig, ja unverzichtbar die Frage nach dem Wehrmotiv auch ist, auch eine befriedigende Antwort darauf reicht noch nicht aus , um den Soldaten für seinen Einsatz zu motivieren. Dazu bedarf es vielmehr der Ergänzung durch ein überzeugendes Kampfmotiv. Wenn wir auch allen Grund haben, Gott dafür zu danken, daß es seit mehr als fünfzig Jahren keinen Kampfeinsatz deutscher Soldaten mehr gegeben hat, so hat dieses unverdiente Glück dennoch eine Kehrseite: Wir sind den konkreten Bedingungen des militärischen Einsatzes entfremdet. Auf diese müssen wir uns wieder besinnen, vor allem: die Politiker und die Soldaten. Dazu gehört auch zu erkennen, daß im soldatischen Alltag - insbesondere auf dem Gefechtsfeld - eine andere Sprache herrscht als im intellektuellen Streitgespräch. Da wird kaum vom Vaterland gesprochen, schon gar nicht von den demokratischen Grundwerten. Soldaten im Einsatz - vor allem dann, wenn sie dem Tod ins Auge schauen - reagieren geradezu allergisch gegen große Worte, die bei der Definition des Wehrmotivs geboten und wohl unverzichtbar sind. Daraus darf nicht etwa gefolgert werden, daß den Soldaten das Wehrmotiv gleichgültig sei oder sie sich gar davon lossagen würden Im Gegenteil: Ein überzeugendes Wehrmotiv ist unerläßlich, und die Soldaten müssen sich zu diesen Zielen bekennen. Aber auf dem Gefechtsfeld tritt es in den Hintergrund. Da dominiert das Kampfmotiv!. Was es damit auf sich hat, ist sehr viel schwieriger zu erklären, als das intellektuell bestimmte Wehrmotiv.

Beim Kampfmotiv geht es um das innere Gefüge der Truppe, um ihr Zusammengehörigkeitsgefühl. Dieses wird weitgehend durch das Vertrauen in die eigenen Waffen, in die Führungsfähigkeit der unmittelbaren Vorgesetzen, durch die Kameradschaft bestimmt. Selbst dieses Wort kommt den Soldaten gar nicht so leicht über die Lippen. Sodann schwingt beim Kampfmotiv auch der Stolz auf den eigenen Truppenteil mit; der aber zuvor gewachsen sein muß. Schließlich gehört zur Motivation der Soldaten im Kampf auch ein Traditionsverständnis, das zu entwikkeln sich die Bundeswehr so schwer tut. Einig ist man sich wenigstens darüber, daß Tradition nicht Geschichte ist, sondern Auswahl aus der Geschichte. Dabei gilt es, das Gute zu bewahren und das Schlechte zu verwerfen. Allerdings kommt man nicht um die Entscheidung herum: was denn nun traditionswürdig ist! Statt dessen wollen manche lieber „eigene" Traditionen begründen. Da wird dann gar die Bildungsreform der Bundeswehr als traditionswürdig hochstilisiert! Solche truppenfremde Gedankenspiele werden wie ein Kartenhaus zusammenbrechen, sollte es einmal um Leben oder Tod gehen. Dann zählen nur solche Überlieferungen aus der Vergangenheit, die hilfreich für das Bestehen in der konkreten Situation des Einsatzes sind. Mancher wird sich dann an die Generation der Groß- und Urgroßväter erinnern, die in beiden Weltkriegen weltweit anerkannte militärische Leistungen vollbracht haben. Sollten Soldaten der Bundeswehr tatsächlich der verleumderischen These verfallen sein, die Wehrmacht sei eine Organisation von Gangstern gewesen, so könnten sie von ihren alliierten Kameraden andere Einschätzungen zu hören bekommen. Dann dürfte sich zeigen, wie unhaltbar jene verhängnisvolle Aussage ist, zu der sich der oberste Soldat der Bundeswehr im Zusammenhang mit dem fünfzigsten Jahrestag des Kriegsendes von 1945 verstiegen hat: „Eine Gleichsetzung von Bundeswehr und Wehrmacht darf es auch nicht einmal andeutungsweise geben" (Naumann). Warum nur konnte er sich nicht mit der nüchternen Aussage begnügen: Bundeswehr und Wehrmacht sind nicht gleich? Warum nur dieser absolute Trennungsstrich durch das „nicht einmal andeutungsweise"? Weder die Universitäten noch das Auswärtige Amt, nicht Bahn noch Post, schon gar nicht die Kirchen würden sich derart radikal von ihren Vorgängern distanzieren.

Gerade die Soldaten der Bundeswehr sollten bedenken, daß ihre im Zweiten Weltkrieg als Soldaten der Wehrmacht kämpfenden Väter und Großväter viel stärker durch das Kampfmotiv bestimmt waren als durch das zwangsläufig politisch definierte Wehrmotiv; obwohl die meisten von ihnen davon überzeugt waren, für das Vaterland zu streiten. Mögen die heutige und künftige Soldatengeneration aus der tragischen Verschickung ihrer Vorgänger die Lehre beherzigen, daß der Soldat immer auch für das Wehrmotiv zur Rechenschaft gezogen werden kann. Nach menschlichem Ermessen dürften die künftig ins Feld ziehenden Soldaten der Bundeswehr niemals derart überfordert werden wie ihre Vorgänger im Zweiten Weltkrieg, weder in ihrer Leistungs- noch in ihrer Leidensfähigkeit, schon gar nicht moralisch. Doch ändert eine noch so gewissenhafte Einsatzplanung mit allen Vorkehrungen für Versorgung und Betreuung nichts daran, daß auch von den Soldaten unserer Zeit der Einsatz ihres Lebens gefordert werden muß und wird. Niemand sollte der Illusion verfallen, man könne alle diese Fragen durch ein rechtlich hieb- und stichfestes Wehrmotiv lösen. Wer sich um das Kampfmotiv nicht sorgen will, der entwertet das Wehrmotiv und nimmt der Politik die Option, sich des militärischen Instruments zu bedienen. Eine breit angelegt Diskussion um die Motivation der Soldaten ändert nichts an dem Primat der Politik und nichts an dem für das Militär unverzichtbaren Prinzip von Befehl und Gehorsam. Den Soldaten steht keine Kritik zu: Weder an den politischen Entscheidungen noch an der Zweckmäßigkeit militärischer Aufträge. Damit wird ihnen nicht etwa bedingungsloser Gehorsam abverlangt. Vielmehr müssen und dürfen sie darauf vertrauen, daß die ihnen erteilten Aufträge rechtens und sinnvoll sind. Dieses Vertrauen immer wieder zu stärken, das ist vornehmste Aufgabe der verantwortlichen Politiker und der führenden Soldaten.

Literatur

Baudissin, Wolf Graf von, Nie wieder Sieg, München 1982

Bigler, Rolf R., Der einsame Soldat, Frauenfeld, 1963;

Bredow, Wilfried von, Die Zukunft der Bundeswehr, Opladen 1995;

Gerber, Johannes, Laudatio in: Festschrift herausgegeben von Oswald Hahn, Regensburg 1989; S. XI. ff;

Hahn, Oswald, Bundeswehrhochschulen, in: Europäische Wehrkunde Nr. 2/1975; Wehrpflichtstreitkräfte oder Freiwilligenarmee, in: Veröffentl. StBank FAU Nr. 69, Nürnberg 1992;

Handbuch für Innere Führung, herausgegeben vom Führungsstab der Bundeswehr, Bonn 1957;

Hensel, Georg (Herausgeber), Indiskrete Antworten, Stuttgart 1985;

Kießling, Günter, Das künftige Bild vom Soldaten, in: Festschrift für Gerhard Ritter, Würzburg 1995;

Lücken, Claus-Joachim, Die Deutsche Frage im Selbstverständnis der Bundeswehr, Frankfurt am Main, 1995;

Naumann, Klaus, Erinnern, lernen - nichts kopieren, in: Die ZEIT vom 12.05.1995;

Preusker, Helmut, Bundeswehr und Innere Führung, im Selbstverlag, Siegburg 1986;

Stübing, Heinz, Armee und Nation, Frankfurt am Main, 1971;

Wiesendahl, Elmar, Wertewandel und motivationale Kriegsunfähigkeit von Streitkräften, in: Sicherheit und Frieden, Heft 1, 1990;

REINHOLD KREILE

Multimedia und die Vielfalt der Rechtewahrnehmung

Vorspruch:

Der Jubilar, mit der geradezu nach ihm benannten Carl Zimmererschen Neugier auf alles wirklich Neue und Vorwärtsweisende im Bereich der Betriebswirtschaft, der Unternehmensführung, aber auch der Technik, stets also "cupidus rerum novarum", verliert diese seine höchst schätzenswerte Eigenschaft, wenn es um das Neue, oder irgend etwas Neues, in Operninszenierungen geht. Und aus mangelnder Neugier auf moderne Operninszenierungen wird geradezu eine ebenso liebenswerte wie militante Abneigung, wenn es um neuartige Operninszenierungen der Werke von Richard Wagner geht. Hier erinnere ich mich noch gerne an die lebendig geführten Auseinandersetzungen, in welchen der dabei immer streitbarer werdende fränkische Musengeist die Fahne des Klassisch-Schönen und Erhabenen aufrichtete, und besonders erzürnt bei dem Gedanken wurde, daß das, was er eben auf der Bühne gesehen hatte, was seine kundigen Wagner -Augen und -Ohren gekränkt hatte, nicht mit der einen abendlichen Aufführung vorbei sei, sondern diese Aufführung, dieser Stil, dieser Gesang für alle Nachwelt auf den elektronischen Medien, festgehalten bleiben würde. Wenn er sich das vorstellte, so war der Untergang des Abendlandes für ihn nicht mehr weit, ja, er war dann bereits vollzogen.

Aber genau hier setzten unsere ersten Unterhaltungen über die Möglichkeiten, Chancen und Gefahren der elektronischen Medien und ihre Nutzung ein. Und da der wirtschaftliche Spürsinn des Jubilars sehr frühzeitig erkannt hatte, daß sich zum Ende dieses Jahrhunderts oder Jahrtausends ein "digitales Zeitalter" auftun wird, war ihm auch klar, daß manche Art der Theaterproduktion, auch wenn er sie persönlich nicht mochte, auf diese Weise ihren Weg ins digitalisierte Jahrhundert finden werde. Und er mag sich, wenn eine von ihm nicht geschätzte Wagner-Interpretation oder Verdi-Aufführung sich nunmehr auf CD-ROM finden wird, über INTERNET gejagt wird, die Grundlage für sinnvolle Verwendung von Kabel und Satellit sein kann, gesagt haben, daß dann das Gespräch über solche Aufführungen neu beginnen wird. Und da er mit Sicherheit immer wußte, daß seine künstlerische Auffassung von vielen geteilt wird, so wird er es begrüßen, daß seinem Urteil über "Werk und Wiedergabe", dann durch die neuen Medien im multimedialen Zeitalter, viele beipflichten können.

A. Technologischer Fortschritt und neue Begriffe

I. Neue "catchwords"

Der technologische Fortschritt auf dem Gebiet der Medien in den vergangenen Jahren, der immer rasanter voranschreitet und deshalb meist unreflektiert auch als "revolutionär" bezeichnet wird, hat die Medienwelt um eine Reihe von Begriffen - meist Anglizismen - bereichert. Fast täglich berichten unsere Print- oder elektronischen Medien über neue technische Entwicklungen und damit verbundene wirtschaftliche Hoffnungen, aber auch über psychologische und gesellschaftspolitische Folgerungen und Ängste. Nirgendwo, so scheint es, hat das Schlagwort von der "neuen Unübersichtlichkeit" mehr Geltung, als in der Medienlandschaft und in der Medienpolitik. Wer früher Experte war, wird, wenn er nicht "am Ball bleibt", schnell zum Laien.

Die Begriffswelt ist so bunt, wie die Medien selbst. Die neuen Begriffe bezeichen in der Regel aber nicht mehr nur die neuen Techniken, sondern sie umschreiben in meist schlagwortartigen Kürzeln auch gleichzeitig die neuen Produkte oder Angebote, die bereits auf dem Medienmarkt vorhanden sind, oder die die neu entstehende Wirtschaftsbranche "Informations- und Kommunikationsindustrie" über kurz oder lang anbieten wird.

Einige der sog. neuen "catchwords" lauten: Digitalisierung, Vernetzung, interaktive Kommunikation, Multimedia, pay-TV, pay-per-view, pay-per-channel, Video-/Music-on-demand, interaktives Fernsehen, Spartenfernsehen, elektronischer Kiosk, individuelle Tageszeitung oder auch "The Daily Me", elektronische Post oder auch "E-Mail", Teleshopping, Telebanking etc.

II. Der technologische Quantensprung

Schlüssel, für das, was auf dem Gebiet der Medien bereits Realität ist oder sich noch in der Planungs- bzw. Wunschtraumphase befindet, ist der technische Quantensprung, den die Einführung der digitalen Technologie auf materiellem Träger mit der Einführung der CD (Compact Disc) auf dem Gebiet der Musik schon im Jahre 1982/83 ausgelöst und der nunmehr auch die digitalen Netzwerke erreicht hat.

Die digitale Technologie ermöglicht die Umwandlung von geschützten Werken und Leistungen in ein und dasselbe Datenformat, unabhängig davon, zu welcher der bislang unterscheidbaren Werkarten sie gehören und unabhängig davon, in welchem der bislang und deutlich voneinander abgrenzbaren Speichermedien sie verkörpert sind. Texte, Bilder, Bildfolgen und Klang können ebenso digitalisiert werden, wie ganz allgemein Daten und sonstige Informationen. Alle Arten von Werken können auf ein und demselben materiellen Datenträger gespeichert, über ein und diesselbe Verteilerstruktur (Kommunikationsnetze) verbreitet und von ein und demselben Gerät wieder in ihre ursprüngliche, für den Menschen wahrnehmbare Form umgewandelt werden. Zugleich lassen sich Werke in bisher getrennten Medien frei miteinander kombinieren und schließlich vom Werknutzer in nahezu beliebiger Weise verändern.

III. Materielle Träger und Superhighways

Die neuen Formen der Informationsvermittlung und Informationspräsentation werden auch unter dem Begriff "Multimedia" zusammengefaßt.

Der Stand der gegenwärtigen digitalen technischen Entwicklung auf dem Gebiet der Medien ist gekennzeichnet durch eine noch nicht zum Abschluß gekommene, sondern immer weiter voranschreitende Entwicklung von Standards und Techniken der Kompression großer Datenmengen zu Zwecken sowohl der Speicherung als auch der Übertragung.

Auf dem Medienmarkt angeboten werden die in digitaler Form gespeicherten Werke und Leistungen auf materiellen Datenträgern wie insbesondere CD (Compact Disc), CD-ROM (Disk-Read-only-Memory), CD-I (Interaktiv), CD-plus, auf digitalem Audioband (DAT), Laserdisc mit digitalem Ton, digitaler Compact-Cassette (DCC) und der laserabgetasteten, bespielbaren Mini-Disc (MD) in Zukunft auch auf wiederbespielbarer CD-R und CD-Video. Neben der Verbreitung auf diesen sog. "off-line-Medien" findet die Verbreitung "on-line" über digitale Netze statt, die inzwischen als digitale "Superhighways" oder digitale "Datenautobahnen" bekannt geworden sind und neue, große Perspektiven für die Informations- und Kommunikationsindustrie in Aussicht stellen und damit die Phantasien der Verantwortlichen in Politik und Wirtschaft national, international und auch auf der Ebene der EU beflügeln.

Die digitale Wunderwelt erschließt sich dem Individualnutzer jedoch nur dann voll und ganz, wenn er die entsprechende Hardware besitzt: Das digitale Entertainment-Center, bzw. die sog. digitale "Plattform" der Zukunft ist der über ISDN, Glasfaserkabel, mit Text-, Klang- und Bilddatenbanken aber auch mit anderen individuellen Teilnehmern vernetzte Computer, d.h. der PC, der mit einem CD-ROM-Laufwerk sowie mit einer Antenne zum Empfang digitalen Rundfunks sowie anderen technischen Spielereien wie Videokamera, Bildtelefon, Scanner etc. ausgestattet ist. Das Fernsehgerät alter Art gilt bereits als tot, es lebe das Entertainment-Center.

Eine erste Bilanz des gegenwärtigen Entwicklungsstandes der digitalen Technologie und ihrer praktischen Nutzanwendung läßt sich wie folgt zusammenfassen: Bei der Verbreitung, bzw. Übertragung, gibt es zwei Systeme: die materiellen Träger und die als Datenautobahnen oder Superhighways bezeichneten Netzwerkstrukturen. Auf beiden ist ein Nebeneinander von analoger und von digitaler Werkverwertung möglich und derzeit wohl auch noch die Regel.

Von der Vervielfachung der Übertragungskapazitäten, durch die auch die Verbreitungskosten erheblich gesenkt werden können, wird ein "Medienwandel" erwartet, der durch einen Funktionswandel der herkömmlichen elektronischen Massenmedien gekennzeichnet sein wird. Die Massenmedien werden zu publikumsorientierten, höchst wandlungsfähigen "Zielgruppenmedien" mutieren, die sich ihr Publikum von Fall zu Fall suchen oder die Interessen bestimmter gesellschaftlicher Institutionen verfolgen.

Expansion und Diversifikation sind die neuen Zauberformeln im Medienbereich. Hinter ihnen verbergen sich neue Generationen von Fernseh- und Rundfunkprogrammen sowie ein "audiovisueller Marktplatz" für Waren und Dienstleistungen. Neben Fernsehen im Abonnement (pay-TV) oder als Einzelsendung (pay-per-view) soll in der Zukunft das sog. "Special Interest-Fernsehen" so selbstverständlich sein, wie heute die "Special Interest-Zeitschrift". Dies alles neben den derzeitigen nationalen und auch regionalen öffentlich-rechtlichen Vollprogrammen.

Der "audiovisuelle Marktplatz" steht offen für sog. Tele- oder Home-Shopping bzw. -Banking. Daneben wird ihm eine große Zukunft für die Vermarktung von Spielen vorausgesagt. Experten glauben, daß mit Rückkanal, d.h. interaktiv, ausgestattete Spielkanäle, den Durchbruch für ein massenattraktives Interaktiv-Fernsehen am ehesten schaffen.

B. Wirtschaftliche und politische Herausforderungen

I. Die "digitale" Euphorie

Für Wirtschaft und Politik, so scheint es, regiert über die Welt von Multimediaprodukten und Datenbanken König Midas: Alles, was der digitale Zauberstab berührt, soll zu Gold werden - so hofft man jedenfalls. In den USA bezeichnet Vizepräsident *Al Gore* die Integration aller Kommunikationszweige als den wichtigsten Markt des 21. Jahrhunderts. Eine vom Weißen Haus initiierte "White House Information Infrastructure Task Force" hat Visionen im Hinblick auf eine sog. "National Information Infrastructure (NII)" erarbeitet und hat dazu einen umfangreichen Report vorgelegt. Die Medien prognostizieren, daß das digitale Zeitalter die dritte große soziale Revolution der Menschheitsgeschichte auslösen und Leben und Arbeitswelt total verändern wird.

Diese Euphorie hat auch europäische Politiker erfaßt, die stets von dem Trauma erfüllt sind, Europa könne bei der digitalen Entwicklung wieder einmal den Anschluß an die USA und Japan verpassen und damit Wettbewerbsnachteile erleiden. Deshalb ist auch für die Europäische Kommission die sog. Informationsgesellschaft "das Kernstück des Entwicklungsmodells des 21. Jahrhunderts", mit der Europa steht und fällt.

II. Europäische und amerikanische Initiativen

Die Europäische Kommission hat schon 1993 ein sog. "Weißbuch" zum Thema "Wachstum, Wettbewerbsfähigkeit, Beschäftigung - Herausforderungen der Gegenwart und Wege ins 21. Jahrhundert" vorgestellt. Dieses Weißbuch versteht die Kommission als Reflexionsgrundlage und Wegweisung für Entscheidungen, die auf nationaler und Gemeinschaftsebene zu treffen sind, um in Europa im 21. Jahrhundert eine tragfähige Basis für die Entwicklung der Volkswirtschaften der Mitgliedstaaten zu schaffen, damit diese für den internationalen Wettbewerb gerüstet sind, und um Millionen von neuen Arbeitsplätzen, die Kommission denkt an 15 Millionen bis zum Ende des Jahrhunderts, zu verwirklichen.

Darüber hinaus hat eine sog. "High-Level Group" unter der Führung von Kommissar Martin *Bangemann* dem Europäischen Gipfel, der am 24. und 25. Juni 1994 in Korfu getagt hat, Empfehlungen zum Thema "Europa und die globale Informationsgesellschaft" vorgelegt. Neben speziellen Empfehlungen hat die Gruppe, die sich aus hochrangigen Persönlichkeiten aus Politik und Wirtschaft zusammengesetzt hat, in der jedoch ein Vertreter von Rechteinhabern fehlte, einen Aktionsplan mit konkreten Maßnahmen vorgeschlagen, der von der Kommission angenommen wurde.

Es gibt Anzeichen dafür, daß in Politik und Wirtschaft im gegenwärtigen Urheberrecht ein Hemmschuh für die Durchsetzung und für den Erfolg der großangelegten digitalen Pläne gesehen wird. Es gehört deshalb zu den Aufgaben derjenigen Organisationen, die sich als Schutzorganisationen für die schöpferischen Menschen verstehen, und dazu gehören die Verwertungsgesellschaften, den Regierungen sowie den Wirtschaftskreisen in Europa, USA und Japan das Gefühl und die Überzeugung zu vermitteln, daß die schöpferischen Menschen die digitale Herausforderung aufgenommen haben und sie als große Chance für die Nutzung ihrer Werke verstehen. Wirtschaftsvertreter, Politiker und Beamte müssen deshalb nachhaltig davon überzeugt werden, daß das gegenwärtige System zum Schutz des geistigen Eigentums die Zukunftspläne für die globale Informationsgesellschaft nicht behindert, sondern ganz im Gegenteil: der Schutz des geistigen Eigentums ist die Voraussetzung jeglicher Kreativität, auch die der neuen Technologien. In diesem Zusammenhang ist darauf hinzuweisen, daß die deutsche Bundesregierung ausdrücklich erklärt hat, sich dafür einzusetzen, daß die ausschließlichen Verbreitungsrechte der Urheber im Zeitalter der digitalen Technologie klargestellt und bekräftigt werden.

Am 19. Juli 1995 hat die Generaldirektion XV der Europäischen Kommission ein Grünbuch zum Thema "Urheberrecht und verwandte Schutzrechte in der Informationsgesellschaft" vorgelegt. Dieses Grünbuch bezieht sich hauptsächlich auf Fragen zum Urheberrecht und zu den verwandten Schutzrechten, die den Inhalt der neuen Dienstleistungen und Erzeugnisse der Informationsgesellschaft berühren, einschließlich bestimmter rechtlicher und technischer Aspekte, die für eine wirksame Ausübung der Rechte wesentlich sind. Da die Kommission in ihren früheren Berichten und Aktionsplänen zur Informationsgesellschaft bereits weitgehende Überlegungen zu den industriellen Perspektiven der Industriegesellschaft, sowie der Rolle des Verbrauchers, angestellt hat, widmet sie sich in dem neuen Grünbuch vorrangig Fragen zum Schutz der Inhaber von Urheber- und verwandten Schutzrechten. Die Kommission versteht das Grünbuch als Bestandteil eines Konsultationsprozesses, in dessen Rahmen die interessierten Kreise, und dazu gehören insbesondere auch die europäischen Verwertungsgesellschaften, Organisationen und Staaten aufgefordert sind, ihre Positionen zu den in diesem Grünbuch aufgeworfenen Fragen darzulegen.

III. Pläne und Strategien der Medienwirtschaft

Im Bereich der Wirtschaft hat der Wettlauf um den sog. "Multimedia-Markt" bereits begonnen. Der Kampf um die besten Startpositionen wird öffentlich ausgetragen. Fernmelde- und Kabelgesellschaften, Software- und Unterhaltungselektronik-

Unternehmen, Filmstudios, Verlage, Rundfunk- und Fernsehanbieter und Versandhäuser etc. verbünden sich, um den Anschluß an die scheinbar glänzende Zukunft nicht zu verpassen. Natürlich sind die bereits investierten Milliarden derzeit noch nichts anderes als ungelöste Wechsel auf die Zukunft. Denn trotz vielversprechender Prognosen weiß natürlich niemand, ob und in welchem Umfang der Verbraucher die schöne neue Medienwelt überhaupt annehmen wird. Der bisher recht unübersichtliche Markt der Multimedia-Produzenten hat sich nunmehr organisiert. Der Deutsche Multimedia Verband (DMMV) fördert deren berufsständische Interessen. Sein Ziel ist u.a. die Schaffung eines Multimedia-Pools für Multimedia-Produzenten und die Förderung von Aus- und Weiterbildung. Auftraggeber und Industrie sollen ein besser strukturiertes Dienstleistungsangebot nutzen können.

Als die wirklichen Gewinner werden jedoch diejenigen angesehen, die die Superhighways kontrollieren. Die Kernfrage lautet: Wer bestimmt künftig darüber, welche Angebote zu welchen Konditionen künftig via Satellit und Kabel verbreitet werden?

Mark *Wössner*, der Vorstandsvorsitzende des Mediagiganten Bertelsmann, sieht die Entwicklung von Multimedia in drei aufeinanderfolgenden Phasen:

Heute dominieren off-line-Angebote den Multimediabereich. Ihr Träger ist zu 80 % die CD-ROM-Technologie. Das Marktpotential der CD-ROM wird im Jahr 2000 nach seinen Schätzungen bei einem Umsatz von DM 70 Mrd. liegen. Davon werden DM 30 Mrd. im Consumer-Bereich und DM 40 Mrd. im Professional-Sektor umgesetzt. In der zweiten Hälfte der 90er Jahre soll der sog. on-line-Markt entstehen, der Unterhaltungs-, Bildungs- und Informationsangebote körperlos zum Kunden bringen soll. Bertelsmann hat zu diesem Zweck mit dem derzeit erfolgreichsten Anbieter von Consumer-on-line-Diensten, America-on-line, eine Joint-venture gegründet. Bis zum Ende des Jahres will Bertelsmann einen Dienst mit speziellen Angeboten für Deutschland, Frankreich und Großbritannien vorstellen. Ziel ist ein zunächst europaweiter, langfristig aber globaler on-line-Service mit Kommunikationsdiensten, Informationsangeboten und elektronischen Dienstleistungen.

Sehr viel später wird nach Auffassung von Mark *Wössner* mit der interaktiven Kommunikation die dritte Phase, nämlich die eigentliche Multimedia-Welt, eintreten. Erst dann wird es möglich sein, über Netzwerke Text, Bild, Film, Musik etc. individuell abzurufen und durch einen Rückkanal mit dem Anbieter in Verbindung zu treten.

IV. Die "Versippung" der Medien

Nach dem Motto "Nobody can go alone" werden zwischen Medienindustrie, Computerindustrie und Telekommunikationsbranche Allianzen geschmiedet. Denn nur mit vereinten Kräften läßt sich nach Auffassung der Industrie das Know-how für den Aufbau und die Gestaltung der neuen Informationsmärkte entwickeln.

Die großen Zusammenschlüsse auf dem amerikanischen, europäischen und auch auf dem deutschen "Medienmarkt" werden auch von den Urhebern mit Skepsis betrachtet. Denn gegenüber wirtschaftlicher Macht ist der auf sich gestellte Urheber in einer schwachen Position. Auf dem Gebiet der Musik - aber das gilt auch für andere Medien - wird mehr und mehr deutlich, daß sowohl die großen Rechteinhaber, d.h. die multinationalen Musikverlage, deren Rechte die Verwertungsgesellschaften vertreten, wie auch die Verhandlungsgegenseite, nämlich die multinationalen Musiknutzer, den gleichen internationalen Konzernunternehmen angehören. Die Konzentration bzw. die "Versippung" auf dem Gebiet der Medien geht im digitalen Zeitalter noch erheblich weiter: Nicht nur die Ton- und Bildtonträgerproduzenten, und dann auch die traditionellen Rundfunk- und Fernsehunternehmen, sondern auch die neuen auf dem Musikmarkt auftretenden Anbieter von pay-TV oder pay-Radio und bald auch die Anbieter von on-demand-services, gehören ein und demselben multinationalen (Holding-) Unternehmen an. Bei der Verhandlung um Rechte führt dies zu schwierigen, manchmal geradezu zu schizophrenen Situationen. Während z.B. die Verwertungsgesellschaften von den großen Rechteinhabern ganz zurecht zu Vergütungssätzen auf höchstem Niveau gedrängt werden, denn sie vertreten letztlich die berechtigten Ansprüche des geistigen Eigentums aller Rechteinhaber, setzt die Konzernschwester auf der Nutzerseite alles daran, die Vergütungssätze möglichst niedrig zu halten. Wären die Verwertungsgesellschaften, wie z.B. die GEMA, allein Inkassounternehmen für die großen Musikverlage, dann könnten sie sich mit Hinweis, die Konzerntöchter möchten sich doch bitte erst einmal untereinander einigen, abwartend zurücklehnen. Aber die Verwertungsgesellschaften sind mehr. Sie vertreten das Recht des geistigen Eigentums aller Rechteinhaber, deren Interessen nicht zwischen die Mühlsteine von Konzernauseinandersetzungen geraten und dort zerrieben werden dürfen.

Erst der Zusammenschluß zu starken und effizienten Verwertungsgesellschaften macht aus der Vielzahl von Urhebern einen ernstzunehmenden und adäquaten Verhandlungspartner für die Nutzer-Giganten, der auch im digitalen Zeitalter in der Lage ist, die rechtlichen und wirtschaftlichen Interessen der Urheber auch gegenüber dem wirtschaftlich Stärkeren zu vertreten und durchzusetzen. Die Bedeutung von Verwertungsgesellschaften wird deshalb im digitalen Zeitalter weiter zunehmen, wenn man nur an die Fülle der neuen Anbieter, d.h. Nutzer von Musik, denkt, denen die Verwertungsgesellschaften das Weltrepertoire der Musik schnell, zuverlässig, unbürokratisch und zu berechenbaren Kosten aus "einer Hand" anbieten und liefern können. Beim Aufbau der neuen digitalen Dienste und damit der Schaffung von neuen Arbeitsplätzen müssen und wollen die europäischen Verwertungsgesellschaften deshalb aktive Hilfestellung leisten.

In Zukunft wird es jedoch immer schwerer fallen, zwischen den einzelnen Tätigkeiten der Medienunternehmen zu unterscheiden. Jeder Anbieter am Markt, ob Buchverlag, Tonträger- oder Filmproduzent, Sendeunternehmen etc. strebt in die bisherige "domaine réservée" des anderen. Alle drängen in den Markt der digitalen Werkverwertung, und selbst diejenigen, die bisher nur Software- oder Hardwarehersteller, Kabelunternehmen oder Telefongesellschaft waren, wechseln auf die Anbieterseite. Die Karten auf dem großen Medienmarkt werden neu gemischt, wobei die "Konvergenz der Tätigkeiten" neue Berufsbilder und Tätigkeitsfelder hervorbringt und alte verblassen läßt. Auf den rechtlichen Rahmen, namentlich Rundfunkrecht oder Urheberrecht, in dem sich sämtliche Anbieter bei ihren unterschiedlichen Tätigkeiten bewegen, hat dies keinen Einfluß. Die Magna Charta für den Rechteerwerb, auch wenn sich dieser im digitalen Zeitalter schneller, einfacher und unbürokratischer vollziehen muß, bleibt jedoch das geltende Urheberrecht, in dessen Rahmen auch die Probleme gelöst werden müssen, die die digitale Technologie und die Verbreitung von Werken und Leistungen auf den Datenautobahnen mit sich bringt.

V. Der evolutionäre Charakter der digitalen Technologie

Aus der Sicht der Urheber sind die digitalen Errungenschaften keine Revolution, sondern eine Evolution des bereits Bekannten dar. Bekannt ist die Digitaltechnik, worauf bereits hingewiesen wurde, seit langem durch die Computerprogramme und die seit über zehn Jahren auf dem Musikmarkt vertretene Compact Disc (CD), auf der Musik in digitaler Form gespeichert ist. Auch für die Vernetzung miteinander kommunizierender Teilnehmer gibt es mit der drahtlosen Funkübermittlung und dem drahtgebundenen Telefon, sowie später dem Kabel, längst bekannte Beispiele. Nicht neu ist auch die Kombination unterschiedlicher Werkarten zu einem neuen Gesamtwerk, der Film ist hierfür das beste Beispiel. Neu ist lediglich, daß die digitale Technologie es ermöglicht, den früher in Zeitschriften und Büchern enthaltenen Text, den auf Schallplatte fixierten Klang, sowie Grafiken, Fotografien und Filme in ein und demselben technischen Format, z.B. CD-ROM, darzustellen und speichern zu können. Den schöpferischen Menschen eröffnen sich schon in naher Zukunft neue Wirkungsräume von zur Zeit noch nicht abschätzbarem Ausmaß. Die Erfahrung zeigt, daß ein erweitertes Wirkungsfeld auch schöpferische Kräfte freisetzt. Deshalb darf davon ausgegangen werden, daß sich die Urheber grundsätzlich der digitalen Herausforderung stellen und, wie bereits in der Vergangenheit, die neuen technischen Entwicklungen und Möglichkeiten nutzen und daraus Früchte ziehen.

VI. Mögliche Gefährdungen für den Urheber

Der mit der Digitalisierung erreichte technische Fortschritt bei Aufnahme, Übertragung und Wiedergabe von Musik und anderen Programmen ist gewaltig. Mit der Übernahme der Digitaltechnik durch andere Medien, wie Rundfunk, Fernsehen, Abrufdienste etc., erhöht sich aber auch die Gefahr des unkontrollierten bzw. des unkontrollierbaren Zugangs zu Musik, Filmen, Zeitschriften, Büchern etc. und anderen Programmen.

Was den Urhebern Sorge bereitet, ist die Auswirkung der technischen Revolution, aufgrund derer es in absehbarer Zeit weniger auf den Verkauf von körperlichen Trägern ankommt, als auf die unkörperliche Kabel- und Satelliten-Lieferung z.B. von Musik, Filmen, Büchern, Zeitschriften etc. Darüber hinaus ermöglichen digitaler Rundfunk und digitale Kabelnetze den digitalen Mitschnitt von Werken mittels DAT, DCC, MD und demnächst auch wiederbespielbarer CD. Die Piraterie wird damit zum Kinderspiel. Digitale Übertragung durch traditionellen Rundfunk und herkömmliche Kabelnetze, erleichterte Zugriffsmöglichkeiten mit Hilfe interaktiver Servicenetze, rasche, kostengünstige Kopiermöglichkeit ohne Qualitätsverlust und nicht zuletzt die erleichterte Möglichkeit eines Eingriffs in das geschaffene Werk stellen zugleich Chancen und Gefahren dar. Auch die konkret absehbar gewordenen Gefahren für das Urheberpersönlichkeitsrecht wecken beim Urheber zurecht Befürchtungen im Hinblick auf die Integrität seines Werkes und um die Zukunft seiner wirtschaftlichen Existenz. Denn das deutsche und das kontinentaleuropäische Urheberrecht legen besonderes Gewicht auf die Beziehungen zwischen dem Urheber und seinem Werk. Neben den materiellen Interessen sind deshalb auch immer die ideellen Interessen der Urheber zu beachten.

VII. Auswirkungen auf die Lizenzvergabe

Der digitale Boom wird, so wird vermutet und gehofft, eine ungeahnte Steigerung der Nachfrage nach Rechten an Programminhalten zur Folge haben. Ob es sich um vorbestehende Werke oder Werkelemente handelt oder um Neuproduktionen, ob die Verbreitung von urheberrechtlich geschützten Werken und Leistungen in digitalisierter Form auf materiellem Träger wie CD-ROM oder aber über spezielle Netzwerke wie Datenautobahnen erfolgen soll, Voraussetzung ist immer der Erwerb der urheberrechtlichen Nutzungsbefugnisse. Das digitale Zeitalter hat nichts daran geändert, daß die Rechte z.B. für die Herstellung einer CD-ROM oder einer Filmproduktion zur Verbreitung on-line, sei es im Rahmen herkömmlichen Rundfunks oder über on-demand-services, jeweils beim Rechteinhaber erworben werden müssen. Dies mag umständlich und zeitraubend sein, es ändert jedoch nichts an dem rechtlichen Grundsatz.

Die Rechteinhaber ihrerseits müssen sich aber überlegen, wie sie die Rechte den potentiellen Nutzern schnell, zuverlässig und unbürokratisch einräumen. Das liegt auch in ihrem Sinne, da auch sie von dem digitalen Boom Nutzen ziehen wollen. Die Rechteinhaber müssen sich schon bald darüber klarwerden, ob und inwieweit die individuelle Rechtevergabe noch zeitgemäß ist, oder ob sich in bestimmten Fällen eine vermehrte kollektive oder zentrale Rechteverwaltung und Rechtevergabe aus praktischen Gründen empfiehlt. Insoweit sind bei den Verwertungsgesellschaften mittlerweile Tendenzen zur Entwicklung eines Systems einer einheitlichen Rechtevergabe im Rahmen eines sog. one-stop-shops erkennbar. Es wird aber immer Bereiche geben, wie z.B. die Bühnenrechte an musikalisch-dramatischen Werken, das Verlegen belletristischer Literatur oder die Lizenzierung von Filmen, bei denen sich stets die individuelle Rechtevergabe empfiehlt.

Das geltende Urheberrecht macht im Hinblick auf die Vergütungsansprüche des Urhebers keinen Unterschied, ob sein Werk körperlich auf einem Träger festgehalten und genutzt, oder ob es unkörperlich verbreitet und genutzt wird. Die Unterscheidung der Verwertung in körperlicher Form von der Verwertung in unkörperlicher Form bedeutet für den Urheber lediglich, daß er für jede Nutzungsart separat einen Anspruch auf Vergütung hat. Der Vertrieb eines Werkes in digitaler Form auf CD, CD-ROM, CD-I oder einem anderen digitalen Träger oder "on-line" oder per Satellit hat im Hinblick auf den Vergütungsanspruch des Urhebers keine Auswirkungen.

C. Der Rechteerwerb für Multimedia-Programme

Eine Multimediaproduktion ist durch drei wesentliche Elemente geprägt: Zum einen die Digitaltechnik, sie schafft die Möglichkeit, eine Vielzahl von Medien wie z.B. Musik, Foto, Film, Text, Sprache etc. in einen einheitlichen Datencode umzuwandeln. Zweitens die dadurch ermöglichte Integration dieser verschiedenen Medien auf einer gemeinsamen Benutzerplattform, die z.B. per PC hörbar und sichtbar gemacht werden kann. Hinzu tritt drittens, daß der Nutzer noch zusätzlich "interaktiv" ins Mediengeschehen eingreifen kann, indem er den Inhalt oder den Programmablauf beeinflußt.

Es gehört zu den Errungenschaften des kontinental-europäischen Urheberrechts, daß für jedes einzelne geschützte Werk, das z.B. im Rahmen eines Multimedia-Programms Verwendung finden soll, der Produzent vom jeweiligen Rechteinhaber eine ganze Reihe von Rechten erwerben muß. Wenn nur ein einziges Recht fehlt, hängt über dem gesamten Produkt das Damoklesschwert urheberrechtlicher Unterlassungs-, Schadensersatz- und Vernichtungsansprüche der betroffenen Rechteinhaber.

Es reicht jedoch nicht aus, zu wissen, welche Rechte im einzelnen gebraucht werden, entscheidend ist vielmehr die Frage, wer Inhaber dieser Rechte ist und dafür eine Lizenz erteilen kann. Dabei kommen in Frage: der Urheber selbst, seine Erben, sein Verlag oder eine Verwertungsgesellschaft.

Differenziert nach Werkformen sind die digitalen Nutzungsrechte derzeit im einzelnen wie folgt einzuholen:

I. Verwertung von Musikwerken

Soll Musik im Rahmen einer Multimediaproduktion genutzt werden, sind dafür die Nutzungsrechte am Vervielfältigungs- und Verbreitungsrecht der jeweils berechtigten Komponisten, Textdichter und Musikverleger zu erwerben. Ferner bedarf es, da es sich in der Regel um audiovisuelle Produkte handelt, in einigen europäischen Rechtsordnungen der Einwilligung des Berechtigten an dem Musikwerk zur Verbindung von Musik mit anderen Medien z.B. Wort und Bild (das sog. Synchronisationsrecht). Zuständig für die Vergabe von Rechten zur Nutzung von Kompositionen und Liedtexten ist in allen europäischen Ländern in der Regel die musikalische Verwertungsgesellschaft, in Deutschland die GEMA.

Sofern vorbestehende Tonaufnahmen, wie etwa CDs und Rundfunkmitschnitte, verwendet werden, müssen die Leistungsschutzrechte ebenfalls erworben werden. Das Leistungsschutzrecht des Tonträgerherstellers ist grundsätzlich bei diesem zu erwerben. Regelmäßig vergibt der Tonträgerhersteller aber auch diejenigen Leistungsschutzrechte der Künstler an ihren Darbietungen, die dieser dem Tonträgerhersteller übertragen hat. Die in Deutschland tätige Verwertungsgesellschaft zur Verwertung von Leistungsschutzrechten, GVL, nimmt nunmehr aber auch erstmalig das Recht wahr, die unkörperliche Verbreitung von Bild- oder Tonträgern, insbesondere in digitaler Form, gegen Entgelt zu gestatten.

II. Textrechte

Rechteinhaber bei Textrechten ist grundsätzlich der Urheber, dessen Rechtsnachfolger oder sein Verleger. Die deutsche Verwertungsgesellschaft WORT kann Textrechte derzeit nicht vergeben, da ihr solche, mit ganz wenigen Ausnahmen, von den Rechteinhabern nicht übertragen worden sind.

III. Nutzungsrechte an Fotografien und Werken der bildenden Kunst

Die Nutzungsrechte an Bilddokumenten liegen grundsätzlich bei den Urhebern. Fotografen und Grafik-Designer haben vielfach im Rahmen von Nutzungsverträgen mit kommerziellen Verwertern wie Bildagenturen, Verlagen etc. einfache oder ausschließliche Nutzungsrechte an Dritte abgegeben. In vielen Fällen, insbesondere im Fotobereich, sind die Werke wegen kurzer Schutzfristen inzwischen gemeinfrei geworden. Sie unterliegen aber dennoch der tatsächlichen Verfügungsgewalt entweder der Rechteinhaber oder der Eigentümer. Bildende Künstler treten ihre Rechte in der Regel nicht an Agenturen oder Museen ab. Diese werden in Deutschland von der Verwertungsgesellschaft Bild-Kunst verwaltet, die in bestimmten Bereichen der wissenschaftlichen Nutzung auch Rechte von Fotografen und Bildagenturen wahrnimmt, die aber auch Filmverwertungsgesellschaft ist. Nunmehr wird von der Verwertungsgesellschaft Bild-Kunst auch verwaltet: Das Recht zur Einspeicherung von Kunstwerken in elektronische Datenbanken, die Datenübermittlung sowie die Herstellung digitaler Träger wie CD-ROM und CD-I.

IV. Filme und Videos

Sollen im Rahmen von Multimedia-Produkten Filme und Videos bzw. Film- und Videoausschnitte genutzt werden, so muß sich der Multimedia-Produzent an den Filmproduzenten wenden, der in der Regel das ausschließliche Recht hat, das Filmwerk zu nutzen. Bei älteren Filmen ist es zumindest theoretisch möglich, daß, weil die sog. "digitalen Rechte" bei der Produktion nicht übertragen wurden, diese nur von jedem einzelnen der beteiligten Urheber (Drehbuchautor, Regisseur, Kameramann etc.) und der darstellenden Künstler eingeholt werden können.
Die in Deutschland neben der VG Bild-Kunst bestehenden vier Filmverwertungsgesellschaften, GWFF (Gesellschaft zur Wahrnehmung von Film- und Fernsehrechten mbH), VFF (Verwertungsgesellschaft der Film- und Fernsehproduzenten mbH), VGF (Verwertungsgesellschaft für Nutzungsrechte an Filmwerken mbH) und GÜFA (Gesellschaft zur Überwachung von Filmaufführungsrechten) nehmen nach derzeitiger Rechtslage keine Erstverwertungs-, sondern nur Zweitverwertungsrechte wahr.

Die Wahrnehmung von Rechten an geistigem Eigentum ist in Europa geprägt durch individuelle und kollektive Verwaltung dieser Rechte.

Der Hersteller eines Multimediaproduktes, der bereits bestehende Werke verwenden will, muß von jedem einzelnen Rechteinhaber eine Genehmigung erhalten. Nach der derzeitigen Rechtslage ist es durchaus möglich, und hierfür gibt es Beispiele, daß zur Produktion wie z.B. einer CD-ROM über den deutschen Komponisten Carl Orff, die vom deutschen Schott-Musikverlag anläßlich des 100. Geburtstags des Komponisten produziert wurde, leicht mehrere hundert Rechte an Kompositionen, musikalischen, tänzerischen oder schauspielerischen Darbietungen, Fotografiern, Werken der bildenden Kunst, Literatur etc. eingeholt werden müssen. Man kann sich vorstellen, daß damit die Lizenzabteilung selbst eines gut ausgestatteten Verlages oder Produzenten schnell überfordert ist.

In Anbetracht der aufgezeigten Schwierigkeiten werden insbesondere aus Wirtschaft und Politik, die sich vom multimedialen Zeitalter einen neuen wirtschaftlichen Boom versprechen, Stimmen laut, die den Schutz des geistigen Eigentums, d.h. das Urheberrecht, als Hinderungsgrund für eine schnelle und erfolgreiche Entwicklung des Multimediabereichs ansehen. Es überrascht nicht, daß in diesem Kreis der Ruf nach Einführung von Zwangslizenzen in der Europäischen Gemeinschaft laut wird.

In ihrem oben genannten Grünbuch zum "Urheberrecht und verwandten Schutzrechten in der Informationsgesellschaft" schließt sich die Europäische Kommission, namentlich die das Urheberrecht vertretende GD XV, dieser Forderung nicht an und erklärt unzweideutig, daß es falsch wäre, "das Urheberrecht und die verwandten Schutzrechte als Hindernis für die Schaffung von Multimediaprodukten zu erachten". Es dürfe nicht zugelassen werden, daß Hersteller und Verleger bestimmte Schwierigkeiten bei der Verwertung von Multimediawerken als Vorwand dafür nutzten, etwaige Rechtserwerbe zu umgehen. "Dieses würde nicht nur die Rentabilität von Investitionen in Frage stellen, sondern langfristig sämtliches Werkschaffen zum Erliegen bringen". Hier hat die Europäische Kommission in vollem Umfang recht.

Gleichzeitig fordert jedoch die Europäische Kommission, hier namentlich vertreten durch die der Industrie näherstehende GD XIII, auch neue und effiziente Mechanismen für die Einräumung von Urheberrechten für Multimediaproduktionen, sei es off-line, sei es on-line. Eine drastische Vereinfachung der Rechtevergabe wird angemahnt.

Die Europäische Kommission plant im gegenwärtigen Stadium wohl noch keine eigene Initiative zugunsten neuer, pragmatischer Wege zur vereinfachten Rechtevergabe bei Multimedia-Produkten. Sie setzt, und das wird im Grünbuch ganz deutlich, darauf, daß sich die Rechteinhaber auf das multimediale Zeitalter einstellen und sich die europäischen Verwertungsgesellschaften den neuen Gegebenheiten anpassen.

Nach Auffassung der Europäischen Kommission sollten "die Verwertungsgesellschaften und andere Verwalter solcher Rechte angeregt werden, gemeinsame Organisationen zu schaffen, die eine Vereinfachung der Verwaltung der Rechte erlauben". Die Kommission setzt derzeit noch ganz auf den Erfindungsreichtum von Rechteinhabern und Verwertungsgesellschaften. Sollte die Kommission hier enttäuscht werden, so steht außer Frage, daß sie dem Druck der Wirtschaft und dem damit verbundenen Ruf nach Zwangslizenzen kaum widerstehen kann. Die Regierungen der Mitgliedstaaten, die die wirtschaftliche Zukunft ebenfalls im digitalen-multimedialen Zeitalter sehen, werden nicht zögern, sich an die Seite der Kommission zu stellen.

Die Kommission ist der Ansicht, daß die Verwertungsgesellschaften und bestimmte individuelle Rechteinhaber sog. "zentrale Anlaufstellen" bilden sollten, die mit den Verzeichnissen und Datenbanken der Verwertungsgesellschaften und großen Rechteinhabern, insbesondere Verlagen, die Urheberschaft der unterschiedlichsten Werke feststellen können. Darüber hinaus könnte eine zentrale Anlaufstelle den

Multimedia-Produzenten auch andere Informationen bieten, z.B. zu Lizenzgebühren oder aber auch über abgetretene Rechte. Eine "Neuordnung von Informationen" entspricht nach Auffassung der Kommission den Erfordernissen des Werkschaffens im Multimedia-Zeitalter. Die Kommission ist der Meinung, "daß mit zentralen Systemen der freiwilligen Wahrnehmung von Rechten angemessen auf die Informationsgesellschaft reagiert wird". Der Aufbau zentraler Systeme soll jedoch den beteiligten Kreisen, namentlich den Verwertungsgesellschaften, obliegen. Die Kommission will derzeit nicht, "daß die Kollektivierung der Wahrnehmung von Rechten zur Regel würde", lediglich die Verwaltung von Einzelrechten sollte zentralisiert werden.

D. Initiativen von Verwertungsgesellschaften

Aus der Sicht der deutschen, französischen und niederländischen Verwertungsgesellschaften liegt die Zukunft derzeit in einem Mischsystem aus zentraler, kollektiver und individueller Rechtevergabe. Dabei darf jedoch das Mißtrauen bestimmter Rechteinhaber, namentlich der Verleger im Print-Bereich, gegenüber zentraler bzw. kollektiver Vergabe von Erstverwertungsrechten nicht unterbewertet werden. Diese Rechteinhaber stoßen sich in erster Linie an den nach ihrer Auffassung niedrigen Vergütungssätzen, die unter staatlicher und gerichtlicher Aufsicht von Verwertungsgesellschaften in den Mitgliedsstaaten der EU praktiziert werden. Es verwundert nicht, daß die Inhaber von Musikrechten, die mit der kollektiven Rechtewahrnehmung seit über hundert Jahren vertraut sind, hier eine weniger skeptische Haltung einnehmen.

Auf der internationalen Musikmesse MIDEM in Cannes im Frühjahr 1995 haben die französischen Verwertungsgesellschaften beschlossen, mit Gründung der zentralen Anlaufstelle "SESAM" auf die Bedürfnisse von Multimedia-Produzenten zu antworten. Die neue Gesellschaft SESAM soll das Mandat erhalten, im Namen der Mitgliedsgesellschaften Rechte für Multimedia-Programme zu vergeben.

Die deutschen Verwertungsgesellschaften haben auf die spezifischen Bedürfnisse des Multimedia-Marktes mit der Bildung einer Arbeitsgruppe "Multimedia" reagiert. Die Gründung einer gemeinsamen Gesellschaft soll, wenn überhaupt, erst am Ende von sehr sorgfältigen Überlegungen und Analysen stehen, die auf die Entwicklung eines Systems des sog. "One-stop-shop" gerichtet sind. Eine erste Stufe wäre die Einrichtung einer "Clearing-Stelle", die Europäische Kommission spricht von "Clearing Houses", zur Rechteaufklärung bzw. Rechtevergabe. Die Aufgabe einer "Clearing-Stelle Multimedia" (CMM) läge darin, Multimedia-Produzenten die umständliche, zeitaufwendige und oft auch erfolglose Suche nach den Rechteinhabern musikalischer, literarischer, künstlerischer und sonstiger Werke abzunehmen.

Was die on-line Nutzung von Musikwerken angeht, hat die GEMA erstmalig im Rahmen eines Pilotprojektes ein Lizenzierungsmodell entwickelt. Hiernach können Werke des GEMA-Repertoires, die vom Anbieter in seiner Datenbank installiert worden sind, gegen Vergütungszahlungen genutzt werden. Der Anbieter ist auskunftspflichtig bezüglich der Zugriffsanzahl.

E. Das CMM-Lizenzierungsmodell

Die Erteilung einer Lizenz bzw. die Weitergabe von Informationen zur Herstellung und Verbreitung eines Multimedia-Produktes könnte nach dem deutschen CMM-Modell wie folgt aussehen:

Die CMM wird in ihrer ersten Entwicklungsphase als Informationsvermittlungsstelle tätig. In der zweiten Entwicklungsphase könnte sie, wenn von den Rechteinhabern gewünscht, auch als Lizenzvergabestelle im Namen Dritter, d.h. der Rechteinhaber bzw. deren Verwertungsgesellschaften, tätig werden. Ob in einer dritten Entwicklungsphase die CMM auch selbst als lizenzerteilende Verwertungsgesellschaft nach dem Vorbild derzeitig bestehender Verwertungsgesellschaften wie z.B. der GEMA, tätig werden kann, müssen auf der Grundlage praktischer Erfahrungen die Rechteinhaber in Zukunft prüfen und entscheiden.

Die Erteilung von Informationen durch die CMM bzw. die Vermittlung von Lizenzen könnte idealerweise in folgenden Schritten ablaufen:

1. Schritt:
Der Multimedia-Nutzer hat eine bestimmtes Multimedia-Produkt geplant. Er weiß, welche Werke (Schrift-, Bild- und Musikwerke) er nutzen möchte. Er wendet sich mit einer Anfrage entweder in Papierform oder on-line an die CMM. Der Inhalt dieser Anfrage kann verschieden sein. So kann er einerseits lediglich um Informationen etwa betreffend Rechteinhaber oder Tarife bitten. Zum anderen kann er aber auch gleichzeitig einen Lizenzvertrag über die Nutzung des entsprechenden Werkes abschließen wollen.

2. Schritt:
Die CMM prüft im Vorfeld, welche Verwertungsgesellschaft hierfür zuständig ist und leitet die Anfrage an diese weiter. Für musikalische Werke z.B. an die GEMA, für literarische Werke an die Verwertungsgesellschaft WORT, für Fotografien an die Verwertungsgesellschaft Bild-Kunst, für Film- oder Videoaufnahmen an eine der Filmverwertungsgesellschaften, für den Erwerb von Leistungsschutzrechten an die GVL etc.

3. Schritt:
Die jeweils zuständige Verwertungsgesellschaft gibt der CMM Antwort auf ihre Informationsanfrage, bzw. sie nimmt das Angebot des Nutzers zum Abschluß eines entsprechenden Lizenzvertrages unter gleichzeitiger Rechnungsstellung an. Hierbei handelt die Verwertungsgesellschaft entweder im Rahmen ihrer eigenen Wahrnehmungs- bzw. Berechtigungsverträge (wie z.B. die GEMA) oder von Mandatsverträgen oder als Vermittlerin.

4. Schritt:
Die CMM leitet die Angaben der Verwertungsgesellschaft an den Multimedia-Nutzer weiter.

5. Schritt:
Der Nutzer zahlt die Vergütung an die CMM als Inkassostelle. Der Vergütungssatz wäre in der Anfangsphase des CMM-Lizenzierungsmodells wohl kein einheitlicher Vergütungssatz, er würde vielmehr gebildet aus der Addition der von den verschiedenen Rechteinhabern verlangten Vergütungssätze.

6. Schritt:
Die CMM zieht von den eingenommenen Vergütungen ihre Verwaltungskosten ab und verteilt die Vergütungen auf die jeweiligen Verwertungsgesellschaften. Erteilt die CMM lediglich eine Information, so muß sie vom anfragenden MM-Nutzer selbstverständlich eine "Bearbeitung- und Informationsgebühr" einheben.

7. Schritt:
Die Verwertungsgesellschaften verteilen die auf sie entfallenden Beträge nach ihren Verteilungsplänen, aufgrund entsprechender Mandate oder aufgrund individueller Vereinbarungen auf die Rechteinhaber.

Daneben besteht selbstverständlich jederzeit die Möglichkeit, daß sich die Nutzer in direkte Verhandlungen mit den individuellen Rechteinhabern begeben ohne Inanspruchnahme der CMM.
Zur Frage der Vergütung weist die Europäische Kommission in ihrem Grünbuch bereits jetzt schon warnend darauf hin, daß kumulierte Gebühren für Lizenzen, die für jedes einzelne Werk und jede Leistung jeweils unabhängig voneinander erworben werden müssen, zusammen die Kosten für ein Multimedia-Produkt derart in die Höhe treiben können, daß sie insgesamt als zu hoch bewertet werden.

Hier wäre die Europäische Kommission besser beraten gewesen, sie hätte auf eine solche Bemerkung in ihrem Grünbuch verzichtet, weil von solchen Signalen keine Ermutigungen für eine zentrale Rechtevergabe ausgehen können. Angebrachter wäre es gewesen, die Kommission hätte den Multimedia-Produzenten entgegengehalten, daß auch im digitalen Zeitalter die Rechte der schöpferischen Menschen nicht zu Billig- oder Nulltarifen erlangt werden können. Die Vergangenheit hat gezeigt, daß auch bei gewandelter Technik Rechteinhaber und Nutzer stets in der Lage waren, sich auf angemessene Vergütungen zu einigen. Jede Art von Druck oder Intervention wäre hier fehl am Platz.

Mit der Schaffung von zentralen Mechanismen der Rechtevergabe oder Rechtevermittlung wollen die europäischen Verwertungsgesellschaften eine Antwort auf die Bedürfnisse des Marktes geben. Kein Rechteinhaber soll gezwungen werden, einem solchen System beizutreten. Über Sinn und Notwendigkeit solch neuer Strukturen muß die Praxis entscheiden. Wenn sie sich bewähren, werden auch diejenigen Rechteinhaber, die heute noch zögern, sich solch neuen Mechanismen anschließen.

Es ist jedoch angezeigt, daß sich die betreffenden Verwertungsgesellschaften europaweit über einheitliche Strukturen verständigen, die die Einheitlichkeit der Rechteeinräumung und Rechtevermittlung sowie die dafür zu zahlenden Vergütungen garantieren. Einmal mehr ist die europaweite Zusammenarbeit der Verwertungsgesellschaften angezeigt. Die Verwertungsgesellschaften haben darin eine lange

Tradition und werden deshalb auch insoweit, davon bin ich überzeugt, die Herausforderungen des Multimedia-Zeitalters bestehen.

F. Prognose

Multimedia macht Verwertungsgesellschaften nicht überflüssig. Im Gegenteil, die Entstehungsgeschichte der Verwertungsgesellschaften auf dem Gebiet der Musik hat gezeigt, daß ihre "raison d'être" darin liegt, überall dort tätig zu werden, wo eine individuelle Rechtewahrnehmung und Rechtevergabe Rechteinhabern sowie Rechtenutzern nicht mehr möglich ist oder nicht mehr zugemutet werden kann.

Mit dem Aufkommen von Multimedia und der von mir geschilderten Schwierigkeiten bei der Rechtevergabe werden auch denjenigen Verwertungsgesellschaften neue Aufgaben zuwachsen, die heute lediglich sog. "Zweitverwertungsrechte" verwalten. Die bereits jetzt schon bestehende Arbeitsteilung zwischen den verschiedenen auf den Gebieten Musik, Literatur, Fotografie, Kunst, Film etc. spezialisierten Verwertungsgesellschaften macht eine Neugründung von großen, zentralen Verwertungsgesellschaften zur Verwertung sämtlicher Arten von Werken überflüssig. Angezeigt ist vielmehr die Kooperation aller bestehender Verwertungsgesellschaften auf nationaler, europäischer und internationaler Ebene, die bis zur Vernetzung ihrer Dokumentations-Datenbanken gehen kann, und zwar in der Weise, daß dem Multimedia-Nutzer die von ihm benötigten Rechte schnell, zuverlässig, unbürokratisch und zu überschaubaren Kosten eingeräumt werden können. Gäbe es noch keine Verwertungsgesellschaften, es wäre also an der Zeit, sie zu gründen.

ULRICH PAGENSTECHER

Das Unbehagen an der Gerechtigkeit

Als Väter, Lehrer, Vorgesetzte erscheint es uns als eine selbstverständliche Pflicht, die uns Anvertrauten gerecht zu behandeln. Wir wissen auch, daß das eine schwere Pflicht ist, an der wir manchmal schier verzweifeln. Und das nicht nur, weil sie auf unseren Egoismus prallt. Unbehagen macht uns schon, daß wir oft nicht wissen, was denn das Gerechte eigentlich sei, wie wir es im Einzelfall praktizieren können, wie es sich mit anderen Pflichten verträgt und, wie wir uns dann aus der Bredouille ziehen können. Wenn ich "wir" sage, meine ich natürlich "ich", freilich mit dem Hintergedanken, daß einige andere ebenso denken. Ob der Jubilar zu ihren gehört, mag sich zeigen. Jedenfalls wird er, als kinderreicher Vater wie ich, die Problematik durchlitten haben.

Ist es schon im kleinen schwer, Gerechtigkeit zu üben, hat es dann Sinn, daß die Politik nach ihr strebt? Schaut man auf deren Sachwalter, so findet man heute kaum einen Politiker, der ohne vehemente Bekenntnisse zur sozialen Gerechtigkeit glaubt auskommen zu können. Die gleichen Politiker sind indessen auch immer wieder geneigt, die Gerechtigkeit zugunsten "realpolitischer Erfordernisse" hintan zu stellen. Es kommt wohl auch nicht ganz selten vor, daß sie Gerechtigkeit sagen und nur ihre Wiederwahl meinen. Wir sind dann schnell mit moralischen Verdikten bei der Hand.

Indes: auch in der Politik ist Gerechtigkeitsstreben kein leichtes Geschäft. Das wird schon, vor jedem Einzelargument, daran deutlich, daß es jahrtausendelangem philosophischem Bemühen bisher nicht gelang, eine "Theorie" oder besser, ein kohärentes System öffentlicher Gerechtigkeit zu entwickeln, das für unsere gesellchaftspolitischen Tagesprobleme ähnlich akzeptable Lösungsmechanismen parat hielte, wie sie unser Justizwesen immerhin für Teile des Gemeinschaftslebens bietet.

Die Offenheit des Begriffs

Seit Aristoteles ist uns das - von Thomas von Aquin so benannte - Begriffspaar der justitia commutativa und der justitia distributiva geläufig (Nikomachische Ethik, 1994, V, 1130 - 1132). Hier geht es vor allem um die distributive, die "austeilende" Gerechtigkeit. Die kommutative Gerechtigkeit will die Rechte und Pflichten der Individuen gegeneinander regeln. Als "Tauschgerechtigkeit" verlangt sie den Ausgleich der Leistungen, die wir von anderen erhalten, entsprechend ihrem Wert. In neuzeitlichen Großgesellschaften wird dieser Ausgleich vorwiegend von unpersönlichen Marktkräften bestimmt. Der Staat kann auf ihn in der Regel nur indirekt einwirken: durch Setzung von Rahmenbedingungen, in denen sich der Austausch vollzieht. Die distributive Gerechtigkeit - in engeren Grenzen auch "soziale" Gerechtigkeit genannt - will hingegen Rechte und Pflichten zwischen Individuen und Gemeinschaft regeln. In der Realität sind diese beiden Gerechtigkeitsbereiche nicht immer klar voneinander trennbar. Die Rahmenbedingungen der Marktwirtschaft werden auch von distributiven Erwägungen bestimmt, und zwischen Individuen und Staat schieben sich intermediäre Kräfte mit staatsähnlichen Funktionen.

Die distributive Gerechtigkeit kann sich, nach heutigem Verständnis, auf ein zweifaches "Austeilen" beziehen: Einerseits kann der Staat den Bürgern Belohnungen oder Wohltaten zuteilen, andererseits kann er ihnen Pflichten auferlegen, die sie als Nachteile oder Strafen empfinden mögen. Vielfach stehen positive und negative Sanktionen in unmittelbarem Zusammenhang. Wenn der Staat jemandem Sozialleistungen zuwendet, muß er andere (oder den jetzt Begünstigten zu anderer Zeit) zu deren Aufbringung verpflichten. Wenn es bei politischen "Säuberungen" als gerecht erscheint, einen Belasteten aus seinem Amt zu entfernen, kann ein anderer aufrücken.

Was aber soll der Staat dem einzelnen zuteilen oder auferlegen und unter welchen Bedingungen? Übereinstimmung besteht, daß die distributive Gerechtigkeit nach generellen Kriterien zu praktizieren ist, also nicht willkürlich oder nach persönlichen Vorlieben oder Abneigungen. Sie verlangt insofern Gleichbehandlung. Gleichbehandlung scheint zu involvieren, daß niemand, gemessen an solchen Kriterien, Vorrechte genießen oder Nachteile erleiden soll. Die soziale Gerechtigkeit verlangte dann auch, bestehende Ungleichheiten auszugleichen (siehe z.B. Ross, 1991, S. 257). Gemäß einer gängigen Formel sollen demzufolge Ungleiche ungleich und Gleiche gleich behandelt werden.

Eine so verstandene Norm ist keine Leerformel. Sie steht aber vielen Ausdeutungen offen. Schon der genannte Begriffskern entspricht, historisch gesehen, vorwiegend neueren Auffassungen. Die inhaltlichen Gerechtigkeitsvorstellungen der Antike waren von ihnen oft weit entfernt. Auch das frühe und mittelalterliche Christentum verwies nicht auf sozialen Ausgleich, sondern auf Nächstenliebe und Barmherzigkeit. Adam Smith sah ein - zugleich positiv und normativ - natürliches Streben der Menschen eher in der "Sympathie", dem Mitgefühl mit anderen, zumal mit uns Nahestehenden. Wie der neuzeitliche Ausgleichsgedanke konkret zu fassen ist, bleibt weithin unklar und interpersonell strittig. Moralphilosophen helfen sich gern mit dem Hinweis, darüber sei nach den besonderen Umständen von Zeit und Raum zu befinden.

Ist sich der einzelne nicht klar, was die Idee der Gerechtigkeit jeweils von ihm verlangt, so ist sein Gerechtigkeitsstreben blockiert. Ebenso wird eine Politik sozialer Gerechtigkeit fragwürdig, wenn in der Gesellschaft kein Konsens über deren Inhalt und Rang erzielbar ist.

Woran aber liegt es, wenn vielfach zweifelhaft bleibt, was im Namen der Gerechtigkeit zu tun ist? Und: gibt es eherne Grenzen für Klarheit und Konsens oder lassen sie sich im rationalen Diskurs hinausschieben? Anscheinend sind es vor allem drei Gründe, die uns den Umgang mit der Gerechtigkeit so schwer machen: sie ist ein mehrdimensionales Postulat; ihre Dimensionen sind oft schwer beobachtbar; das relative Gewicht der Dimensionen untereinander und der Gerechtigkeit gegenüber anderen gesellschaftlichen Werten ist problematisch.

Die Mehrdimensionalität der Gerechtigkeit

Das, was wir im Alltag als (un)gerecht ansehen, hat fast immer mehrere Dimensionen (Perelman, 1967, S. 46). Ob zwei Personen in relevanter Weise gleich oder ungleich sind (und demzufolge auch gleich oder ungleich zu behandeln sind), kann dann mit mehreren Maßstäben "gemessen" werden. Oft ergibt sich das Gesamturteil erst aus einer "Verrechnung" der Einzelbefunde. Dabei ist häufig schon unklar oder strittig, welche Dimensionen überhaupt in Betracht zu ziehen sind.

So hört man mitunter von Wohlfahrtstheoretikern, für die Beurteilung der Lage einer Person oder Personenmehrheit komme es nicht allein auf deren Ausstattung mit (oder auf die Verfügbarkeit von) Gütern an. Ebenso wichtig sei die relative Genußfähigkeit, das Vermögen, aus den Gütern Nutzen ziehen zu können. Das klingt recht vernünftig. Warum sollte es ungerecht sein, einem wachen Geist mehr intellektuelle Vergnügungen verfügbar zu machen als dem stumpfen? Indes: ist es gerecht, dem offensichtlich nur zum Akademikerstatus strebenden Brotstudenten die Schmankerln der Grenznutzenesoterik schlechthin vorzuenthalten? Er könnte ja noch auf den Geschmack kommen.

Das Dimensionenproblem wird nicht selten durch synthetisierende Formeln verdeckt: es komme beispielsweise darauf an, Ungleichheiten in den Lebenslagen oder den Wohlfahrtsniveaus der Menschen abzubauen, besonders die damit verknüpfte soziale Schwäche. Bei näherer Betrachtung zeigt sich jedoch schnell, daß man nur amalgamierende Ausdrücke vor sich hat für in concreto schwer faßbare Resultanten einer Vielzahl von Dimensionen.

Ist die Lebenslage eines Studenten schon deshalb besonders schlecht und also ausgleichsbedürftig, weil er mit dem schmalen Wechsel seiner mäßig verdienenden Eltern auskommen muß oder ist sie nicht sogar besonders gut, weil er privilegiert ist, viel Wichtiges und Interessantes zu lernen und seinen Tagesrhythmus selbst zu bestimmen? Geläufig sind auch die Kontroversen um die Reichweite der vom Grundgesetz geforderten "Angleichung der Lebensverhältnisse" in den verschiedenen Regionen. Sollen nicht nur Lebensstandard, Steuerkraft oder Schulverhältnisse einander angeglichen werden, sondern sind auch die Friesen für den Verzicht auf den Anblick schneebedeckter Gipfel und die Gebirgler für Jodmangel zu kompensieren? Gleichwohl sind nicht wenige bereit, sich speziell für die Angleichung der Einkommensunterschiede zu engagieren, wie verschieden auch die sonstigen Lebenslagemerkmale sein mögen.

Die "Einkommensgerechtigkeit" hat indes ihrerseits vielfältige Dimensionen. Welches etwa ist die relevante Bezugsperiode? Ist das karge Monatssalär des besagten Studiosus überhaupt eine Einkommensbenachteiligung? In bezug auf die Lebenseinkommen wird er vermutlich zu den "Besserverdienenden" gehören. Andererseits: sind der Beamte und der Gewerbetreibende wegen ihres (unterstellt) gleichen Lebenseinkommens als gleich anzusehen, wenn der eine stets gleichmäßig viel verdient und der andere mal sehr viel und mal sehr wenig? Wenn "mal sehr wenig" bedeutet: "im Alter" oder "am Existenzminimum", ist es dann nicht Zynismus, auf das früher hohe Einkommen zu verweisen? Die intertemporale Verteilung ist bekanntlich ein Hauptproblem der sozialen Sicherung. Ist die Bemessungsgrundlage das zuletzt bezogene Gehalt (wie bei Beamten), so erscheint es vielen als ungerecht, daß Auf(Ab-)steiger cet. par. einen größeren (kleineren) Prozentsatz ihrer marktökonomischen Lebensleistung als Ruhegeld erhalten als die übrigen. Wird die Rente nach dem lebensdurchschnittlichen Arbeitseinkommen bemessen (wie in der Rentenversicherung), so erscheint es als ungerecht, daß jemand im Alter nur deshalb einen finanziellen Abstieg hinnehmen soll, weil er während seines Berufslebens steigende Leistungen erbracht hat.

Weitere Gerechtigkeitsdimensionen beziehen sich auf die Quellen der Einkünfte. Vielfach gilt "arbeitsloses" Einkommen per se als unverdient. Bei gleichem Gesamteinkommen wären demnach diejenigen bevorzugt und ausgleichspflichtig, deren Einkommen zum Teil aus Zins- oder Mieteinnahmen besteht. Sie werden ja auch in der Tat - durch die Vermögenssteuer - besonders belastet. Ob das gerecht ist, wird, zumindest von den Betroffenen, bezweifelt. Und wie steht es um die Gerechtigkeit von "Leistungseinkommen", deren Quellen Lobbyismus - man denke an Landwirtschaft und Bergbau -, das Mundwerk eines Fernsehentertainers oder "die Beine von Dolores" sind?

Selbst die Arbeitsleistung ist ein mehrdeutiger Maßstab. Ökonomen achten vor allem auf den Marktwert des erarbeiteten Produkts, obschon sie vielfältige Arten von "Leistungslöhnen" ersonnen haben. Juristen neigen eher dazu, die Arbeitsschwierigkeit, die aufgewendete Mühe und ähnliches zu berücksichtigen. So wird denn auch die Forderung "gleicher Lohn für gleiche Arbeit" von den einen als Bezahlung nach dem Wert des Grenzprodukts, von den anderen als Entlohnung nach Maßgabe von Arbeitsbewertungsverfahren verstanden. Die unendliche Debatte um die richtige "Anforderungsgerechtigkeit" des Arbeitswertlohns ist ein Musterbeispiel für die Problematik multidimensionaler Konzepte. Sie dürfte hinlänglich bekannt sein.

Eine populäre, doch gleichfalls umstrittene Konkurrentin der Leistungsgerechtigkeit ist die "Bedarfsgerechtigkeit". An die mittelalterliche Idee der "standesgemäßen Nahrung" ist hier ebenso zu denken wie an Marxens "jedem nach seinen Bedürfnissen" oder an frühere Debatten über einen von der Gerechtigkeit geforderten "Familienlohn". Heute wird mehr darüber räsonniert, was dem eventuell ausgleichsfähigen Bedarf zuzurechnen sei: die Aufwendungen für Kinderhorte oder nur für Kindergärten, für (Mütter-)Erholungsreisen, für außergewöhnliche Körpergröße, etc. Dabei spielt auch die Spannung zwischen subjektiven Bedürfnissen und objektivem Bedarf mit, etwa bei der Kostenübernahme für Kuraufenthalte, bei der Gewährung von Wohngeldern und -beihilfen für selbstausgewählte (Teenager-) Wohnungen, bei der Abzugsfähigkeit der Fahrtkosten zur Arbeitsstätte von der dicht dabei oder im Grünen gewählten Wohnung.

In der Geschichte galt es immer wieder für gerecht, Einkommen und andere Vorteile nach dem präsumtiven Verdienst um die Gesellschaft zuzuteilen. Bei Aristoteles ist die distributive Gerechtigkeit darauf gerichtet, Bürgern öffentliche Güter und Ehren nach Würdigkeit zukommen zu lassen. Später bekamen verdienstvolle Dichter, wie Walther von der Vogelweide, ihr Lehen, siegreiche Feldmarschälle ihre Dotation. Im Kommunismus erhielt die Nomenklatura Westwaren und andere Vergünstigungen. Für die DDR hat man deren Wert auf 20 % des jeweiligen Geldeinkommens geschätzt (Hauser und Wagner, 1994, Tab. 1). Umgekehrt galt es bei politischen Säuberungen nach dem 2. Weltkrieg als Gebot der Gerechtigkeit, Förderern und Nutznießern des NS-Regimes wenigstens Gehalt oder Pension zu kürzen. Dabei blieb freilich strittig, wer überhaupt oder stärker zu strafen sei: prominente Mitläufer, die "weitermachten wie bisher" oder "Schlimmeres verhüten wollten", "bürgerlich anständige" alte Kämpfer, Komponisten verführender Kampflieder, anordnende "Schreibtischtäter", kleine (Scharf-)Macher und KZ-Schergen, Denunzianten, karrierebedachte Opportunisten. Dahinter stand zum Teil die grundsätzlichere Frage, ob falsche Gesinnung oder leidbringendes Tun verwerflicher seien.

Diese Liste ließe sich leicht verlängern. Mitunter hängt die Akzeptanz oder Zurückweisung einer Gerechtigkeitsdimension schon von der Optik ab. Ein aktuelles Beispiel: soll oder darf eine Gemeinde ihre Kindergartengebühren nach dem Einkommen der Eltern staffeln? Die einen betrachten die Gebühr als Preis, der, wie andere Preise, für alle Konsumenten gleich sein sollte. Sie können unter anderem auf die weithin begrüßte Vereinheitlichung der Preise für (Privat-) Arztleistungen verweisen, die seit den siebziger Jahren die angelegentliche Erkundigung nach dem Beruf des Patienten verstummen ließ. Die Befürworter von Staffelbeiträgen sehen in den Kindergartengebühren nicht Preise, sondern sozial gerechtfertigte Subventionen. Sie können geltend machen, daß Sozial-(hilfe)Leistungen schon immer nach Bedürftigkeit abgestuft werden und auch die als besonders fortschrittlich gepriesene "negative Einkommensteuer" mit dem Einkommen abnehmende Subventionen vorsieht. So mag man schon deshalb zu divergierenden Gerechtigkeitsvorstellungen kommen, weil man unterschiedliche Kategorisierungsgewohnheiten hat.

Wie erkennt man Gleichheit oder Ungleichheit?

Der Streit um die Gerechtigkeitsdimensionen mag diejenigen bestärken, die nicht an ein einheitliches, der Menschennatur eingepflanztes Gerechtigkeitsempfinden glauben. Es könnte freilich auch sein, daß die Divergenzen weniger normativer als vielmehr kognitiger Art sind. Denn was im Einzelfall gerecht oder ungerecht ist, kann nur durch Anwendung der Gerechtigkeitskriterien auf eine reale Situation erkannt werden. Dazu sind Sachfeststellungen nötig, die umso komplizierter werden, je mehr Dimensionen zu berücksichtigen sind. Viele Dimensionen sind zudem empirisch schwer faßbar.

Mitunter scheitern wir schon an philosophischen Aporien. Ich denke etwa an den noch immer unentschiedenen Streit um die (Un-)Möglichkeit interpersoneller Nutzenvergleiche (Möller, 1993). In anderen Fällen stoßen wir auf Grenzen unseres theoretischen Wissens. Wer zum Beispiel für eine leistungsgerechte Einkommensdifferenzierung unter der Nebenbedingung gleicher Startchancen eintritt und diese Klausel ernst nimmt, müßte in der Lage sein, die Ergebnisse der genetischen Ausstattung und der individuellen Erfahrung der Menschen zu erschließen. Ähnliches gilt für jene, die es für ungerecht halten, Straffällige mit anscheinend ungünstigem familiärem Hintergrund nicht oder milder zu bestrafen als "voll Verantwortliche" (zum Theoriedefizit der Sozialwissenschaften generell: Pagenstecher, 1990, S. 84 - 103).

Bei anderen Dimensionen scheitern wir an Faktenproblemen. Manche weisen weit in die individuelle Lebensgeschichte zurück. Wer erinnert sich nicht der unsäglichen Nachweismühen, mit denen nach dem Krieg viele Rentenantragsteller ihren Berufsweg belegen mußten. Und das war noch ein Kinderspiel gegenüber den Ermittlungen zur wechselvollen Haltung politisch Verdächtigter, die bei der Entnazifizierung und ähnlichen Säuberungen angestellt wurden oder besser: unter Gerechtigkeitsaspekten hätten angestellt werden müssen.

Viele Gerechtigkeitsdimensionen widersetzen sich der Messung wegen mangelnder Operationalisierbarkeit. Ich erinnere nur an psychische Tatsachen wie die oben erwähnte Genußfähigkeit, an die für die Gerechtigkeit des Sozialstaats höchst wichtigen Tatbestände der (nicht nur somatischen) Krankheit oder der (un)freiwilligen Arbeitslosigkeit, an die für § 1 des Kündigungsschutzgesetzes relevante Frage, wie die Werkverbundenheit oder Abkehrwilligkeit des Arbeitnehmers im Rahmen der "sozialen Gesichtspunkte" einzuschätzen ist oder, aus dem Bereich politischer Säuberung, mit welcher Intensität jemand die Ziele des vergangenen Regimes gefördert oder ihnen widerstanden hat. Besonders im letzten Beispiel wäre oft ein kriminalistischer Spürsinn erforderlich, wie er selbst bei der Beurteilung "normaler" Kapitalverbrechen nicht immer anzutreffen ist.

Der Rang der Gerechtigkeit

Ist die "Tatbestandsaufnahme" unkontrovers, steht noch das Rangordnungsproblem an. Gerechtigkeit ist, wie wohl alle Werte, nicht umsonst zu haben. Wie wichtig ist sie uns oder, um es ökonomisch zu sagen, welches sind ihre Opportunitätskosten?

Manche halten gerechte Verhältnisse für so geringwertig oder ihre negativen Nebenwirkungen für so gewichtig, daß sie die Gerechtigkeit lieber hintanstellen. Von Papst Anaklet II. (1130 - 1138) wird kolportiert: "Gerechtigkeit ist nur in der Hölle; im Himmel ist die Gnade, und auf Erden ist das Kreuz". Der amerikanische Arbeitspsychologe Lawler glaubt herausgefunden zu haben, daß Arbeiter in der Regel jener Dimension der (Lohn-)Gerechtigkeit den Vorzug geben, in der sie persönlich am besten abschneiden (Lawler, 1977, S. 165), was darauf hindeuten könnte, daß ihnen an (Lohn-)Gerechtigkeit nichts liegt.

Von Hayek sieht im Streben nach sozialer Gerechtigkeit vor allem eine Gefahr für die persönliche Freiheit. Weil es den Grundsätzen einer spontanen Ordnung widerstreite, könne es nur mit Zwang durchgesetzt werden, was ein zu hoher Preis sei (v. Hayek, 1981, S. 99, 137, 141 ff.). Utilitaristen und Ökonomisten sorgen sich mehr um den wirtschaftlichen Wohlstand. So hat der Sachverständigenrat, für Volkswirte charakteristisch, wiederholt gefordert, die Regeln der Verteilung des Wohlstands dürften dessen Entstehung nicht behindern (Jahresgutachten 1986/87, Ziff. 308 und 1987/88, Ziff. 292). Ähnliches meint der bekannte Slogan "eine gute Wirtschaftspolitik ist die beste Sozialpolitik".

Mehr Gewicht hat die Gerechtigkeit bei John Rawls. Seine berühmte "Maximin-Regel" verlangt die Maximierung der Wohlfahrt der am schlechtesten Gestellten (Rawls, 1979, S. 99). Sie weist damit dem Wohlfahrtsniveau der Schwachen absoluten Vorrang vor der Gleichmäßigkeit der Wohlfahrtsverteilung zu. Man hat denn auch kritisiert, dieses Prinzip lasse es zu, eine absolute Verbesserung der Lebenslage Schwacher mit deren relativer Verschlechterung, also einer Zunahme gesellschaftlicher Ungleichheit zu erkaufen (Arrow, 1973, S. 258).

Wieweit solche Maximen dem Gerechtigkeitsempfinden breiter Bevölkerungsschichten entsprechen, bleibt offen. Nach der "Wende" hat es nur wenige Westdeutsche verwundert, daß die Ostdeutschen ihre relativ egalitäre Einkommensverteilung (siehe Hauser und Wagner, 1994, S. 19 und Tab. 5) anscheinend nur zu gern gegen den höheren, aber vermeintlich ungerechter verteilten Wohlstand der alten Bundesrepublik eintauschten. Bei politischen Säuberungen geht es vielen mehr um präventive Sicherung der neuen Wertordnung als um Unrecht ausgleichende Vergangenheitsbewältigung. Es gibt aber auch Beispiele für einen hohen Rang der Gerechtigkeit. Der Jubilar wird es beruflich erlebt haben, wie sich Erben mehr wegen präsumtiver Ungerechtigkeit verfeinden als wegen der anstehenden Werte. Die Älteren werden sich erinnern, daß sich der "Normalverbraucher" in der Kriegs- und Nachkriegszeit mehr über die Ungerechtigkeiten der Bewirtschaftung als über die Kärglichkeit der Zuteilungen entrüstet hat (z.B. Meldungen aus dem Reich, Bd. 1, S. 25). Schon den Griechen war der hohe Rang der - wie immer definierten - Gerechtigkeit selbstverständlich. "Über erlittenes Unrecht, so scheint es, empören sich die Menschen mehr als über Gewalttat" (Thukydides, I, 77). Vermutlich waren denn auch (partielle) Gerechtigkeitsbedürfnisse nicht unwesentlich an folgenschweren historischen Vorgängen beteiligt, z.B. an der Herausbildung von Rechtsstaat und moderner Demokratie durch Abbau ständischer Privilegien, an der Emanzipation der Bauern und der Frauen, an der Entstehung neuzeitlicher Sozialpolitik, am anfänglichen Erfolg der Propaganda von Nazis und Faschisten zugunsten der bei der Aufteilung der Welt angeblich zu kurz gekommenen "Habenichtse", an Entkolonialisierung und Entwicklungshilfe.

Das Rangproblem stellt sich auch für die einzelnen Dimensionen der Gerechtigkeit; sie werden oft nicht als Alternativen, sondern als unterschiedlich bedeutsame Komplemente betrachtet (Perelman, 1967, S. 49 f.). Die ungerechten Effekte von Inflation und Arbeitslosigkeit sind unkontrovers. Es ist aber höchst strittig, welcher schwerer wiegt. Ich erinnere an die viel kritisierte Äusserung des seinerzeitigen Bundeskanzlers Helmut Schmidt, 5 % Inflation seien ihm lieber als 5 % Arbeitslosigkeit. Geläufig ist auch die Debatte, ob es in Rezessionszeiten gerechter ist, das "Doppelverdienertum" zu erschweren oder die weibliche Selbstverwirklichung im Beruf zu ermutigen. Ähnliche Divergenzen findet man zwischen der Leistungs- und der Bedarfsgerechtigkeit. Den einen erscheint es unerträglich, wenn bedarfsbestimmte Sozial(hilfe)leistungen an die Leistungseinkommen heranreichen oder sie gar übertreffen. Sie fordern deshalb einen deutlichen Abstand der Sozialleistungen zu den niedrigsten Löhnen. Den anderen ist es unverständlich, daß selbst unverschuldet Arme nur deshalb darben sollen, weil gewisse Löhne aufgrund von Produktivitätsschwächen oder Zufälligkeiten des Marktgeschehens besonders niedrig sind. In der Arbeitswelt streitet man mitunter über die Vorzugswürdigkeit leistungsgerechter Barlöhne gegenüber dem eher bedarfsgerecht zugeteilten (und von den Belegschaften oft präferierten) "sozialen Klimbim".

Rangdivergenzen sind schon deshalb schwer auflösbar, weil es bislang noch nicht einmal ein handhabbares gedankliches Werkzeug gibt, mit dem sie sich präzise ausdrücken ließen (wenn man von Fällen des absoluten Vor- und Nachrangs absieht). Die Ökonomen haben zwar ihr Indifferenzkurvenkonzept, konnten aber noch nicht zeigen, wie es sich in concreto anwenden ließe.

Das Rangproblem und die Schwierigkeit der Sachverhaltsfeststellung stehen zueinander in Wechselbeziehung. Die normative Frage nach dem Vor- oder Nachrang einer Gerechtigkeitsdimension kann nur adäquat beantwortet werden, wenn zuvor theoretisch-empirisch geklärt ist, wieweit die gleichzeitige Verwirklichung mehrerer Dimensionen faktisch möglich ist und wann der Unvereinbarkeitsbereich anfängt. Gerade diese kognitive Frage ist aber dann schlecht zu beantworten, wenn Dimensionen schwer operationalisierbar sind. Denn dann läßt sich kaum näher bestimmen, wieweit man mit einem für die Dimension B schädlichen Mitteleinsatz positiv auf der Dimension A kommt. Viele, zumal Volkswirte, behelfen sich dann gern mit der Scheinlösung, eine kognitiv allein mögliche Richtungsprognose (z.B. der beschäftigungsmindernden Tendenz höherer Sozialabgaben) in eine kategorische Warnung (z.B. vor der Pflegeversicherung) umzumünzen.

Folgen unbewältigten Gerechtigkeitsstrebens

Die Schwierigkeiten mit der Gerechtigkeit - oder ihre Unterschätzung - können leicht fatale Folgen haben. Der Versuch, ihr zum Sieg zu verhelfen, wird nicht selten mit neuer, vielleicht größerer Ungerechtigkeit erkauft (Heuß, 1987, S. 6). Im heutigen Sozialstaat fließt der Umverteilungsstrom weithin von den Nicht-ganz-Reichen zu den Nicht-ganz-Armen (Bernhard Külp). Das soziale Mietrecht schützt die Mieter vor Mieterhöhungen und erschwert dem Vermieter die Erzielung angemessener Einnahmen, obwohl die Mieter- oder Vermietereigenschaft als solche nicht gerechtigkeitsrelevant ist. Soweit dahinter das Prinzip steht, wirtschaftlich Schwache zu schützen, wird in der Regel nicht überprüft, wer von den beiden der Schwächere ist. Vielleicht ist der Mieter ein gut verdienender mehrfacher Wohnungseigentümer, der nur um der Vorteile des Sozialstaats teilhaftig zu werden Sozialmieter bleibt, und der Vermieter die vielberufene "arme alte Witwe", die bei ihren Kindern Unterschlupf findet, weil sie sich mit ihrer schmalen Rente das

Hausgeld für die Selbstnutzung der ihr verbliebenen Eigentumswohnung nicht leisten kann. Der als sozial geltende Familienlastenausgleich subventioniert unter anderem freiwillig kinderreiche Wohlhabende zum Teil auf Kosten unfreiwillig kinderloser Geringverdiener. Das neue Scheidungsrecht nötigt unter Umständen den kleinen Angestellten zu lebenslangen Unterhaltszahlungen an seine geschiedene Frau, die mit dem Direktor durchgegangen ist und Arbeitsunfähigkeit simuliert. Bei politischen Säuberungen müssen regelmäßig die beim Umbruch mehr oder weniger zufällig Aufgegriffenen drakonische Strafen erleiden, während erst einmal Untergetauchte später unter eine Amnestie fallen.

Grobschlächtiges Gerechtigkeitsstreben kann neben ungerechten Nahfolgen auch ihm widerstreitende Fernwirkungen auslösen. Verteilungspolitisch motivierte Lohnsteigerungen rufen unter gewissen Bedingungen Arbeitslosigkeit hervor; der Kündigungsschutz für die Älteren beeinträchtigt die Beschäftigungs- und Aufstiegschancen Jüngerer; der Abbau von Bildungsprivilegien erhöht das Angebot und dann auch die Nachfrage nach immer qualifizierteren Arbeitskräften, wobei dann immer mehr Minderbegabte auf der Strecke bleiben.

Weitere kontraproduktive Effekte strahlen als Nebenwirkungen auf andere politische Zielfelder aus. Wie in den vorangehenden Beispielen werden auch sie vielfach durch Marktmechanismen hervorgerufen. Das Hochhieven von "Quotenfrauen" kann die Produktivität von Betrieben, Verwaltungen und Parteien mindern; der Verbesserung von Sozialleistungen wird oft ein ungünstiger Einfluß auf Arbeitsantrieb und internationale Konkurrenzfähigkeit nachgesagt; juristische Gralshüter der Gerechtigkeit setzten nach der Wiedervereinigung zunächst den Vorrang der "Restitution" vor der "Entschädigung" durch. Dies hat sicher die Investitionstätigkeit behindert und damit das Wirtschaftswachstum und dann auch die gerechtigkeitsrelevante Angleichung der Lebensverhältnisse verzögert. In vielen Fällen werden solche Zielkonflikte freilich nicht auf Kosten des Wohlstands, sondern zu Lasten der Gerechtigkeit gelöst. Wenn sich nach dem Zusammenbruch von Diktaturen herausstellt, daß viele Führungskräfte politisch verstrickt waren, verzichtet man oft lieber auf die für gerecht erachtete Säuberung als den wirtschaftlichen Wiederaufbau zu gefährden.

Führt demnach politisches Gerechtigkeitsstreben unweigerlich in eine Sackgasse oder gibt es Auswege? Häufig begnügen sich Politiker mit einer "summarischen" Gerechtigkeit. Man verzichtet dann darauf, im Einzelfall genauer nachzuprüfen, ob tatsächlich alle Merkmale vorliegen, auf die es zufolge der einschlägigen Gerechtigkeitskriterien ankommt. Stattdessen verläßt man sich auf Pauschalierungen und "Schnellinfos": hinter der erwähnten Mietbindung steht z.B. die wohl zutreffende Vermutung, daß immerhin ein großer Teil der Vermieter wohlhabender ist als viele Mieter; bei der Entnazifizierung ließ man es weithin anstelle von komplizierten Moralprüfungen mit "Persilscheinen" für "Mitläuferfabriken" (Niethammer, 1982) bewenden.

Die Fragwürdigkeit dieses Auswegs ist offensichtlich. Streng genommen wäre nur eine Lösung gerecht, die dem Grundsatz der "Einzelfallgerechtigkeit" entspricht, bei der also alle relevanten Merkmale in der vorgegebenen Rangordnung bei jedem

Betroffenen berücksichtigt werden. Bei summarischem Vorgehen bleibt offen, wie groß das Verhältnis zwischen der damit beseitigten und der neu erzeugten Ungerechtigkeit ist. Man kann dann kaum rational abwägen, ob der Verzicht auf Einzelfallgerechtigkeit gerechtfertigt ist.

Summarisches Vorgehen wird oft bevorzugt, weil es der öffentlichen Meinung mehr entgegenkommt als skrupulöse und deshalb aufwendige Detailarbeit. Ähnliches gilt für eine Praxis politischer Abrechnung, die man "Surrogatgerechtigkeit" nennen könnte: Politiker und Militärs des alten Regimes werden für Taten auf populären Nebenkriegsschauplätzen belangt (z.B. Wahlfälschung, Korruption, Exekution von mehr Geiseln als "völkerrechtlich gestattet"), weil das eigentlich inkriminierte Handeln rechtlich schwer faßbar ist oder zu weit verbreitet war. Die Frage, wieweit die Herrschenden auf ihre Popularität Rücksicht nehmen sollen oder dürfen, muß hier an die Demokratietheorie verwiesen werden.

Zurückhaltung gegenüber solchen Versuchungen empfiehlt sich noch aus einem weiteren Grund. Die Bequemlichkeit und Attraktivität einer simplen Lösung ist leicht mit "Erfordernissen der Staatsräson" plausibel zu machen. Nach der 1989er Wende schien es vielen Politikern mit Rücksicht auf den inneren Frieden geraten, die politische Säuberung auf die Stasi-Minderheit zu beschränken. Ethischen Rigoristen gilt die Berufung auf eine ominöse Staatsräson als unmoralisch: sie bedeute die Aufgabe eines moralischen Prinzips zugunsten des Pseudointeresses eines Kollektivs. Dahinter verberge sich nicht selten pures Selbstinteresse.

Dennoch mag der Rückzug auf den staatspolitischen Common Sense mitunter situationsadäquat und sogar moralisch vertretbar sein. Denn auch für das Gerechtigkeitspostulat gilt - wie für alle normativen Prinzipien - : Sollen impliziert Können oder, negativ formuliert, Nicht-Können impliziert Nicht-Sollen. Es müßte freilich noch näher bedacht werden, wie pragmatische Lösungen aussehen könnten, die mit unseren Moralvorstellungen einigermaßen verträglich sind.

Literatur

Aristoteles: Nikomachische Ethik, übersetzt von Franz Dirlemeier, Reclam, Stuttgart 1994

Arrow, Kenneth E.: Some Ordinalist-Utilitarian Notes on Rawls Theory of Justice, The Journ. of Philos., Vol. 76 (1973), S. 245-263

Hauser, Richard und Gert Wagner: Die Einkommensverteilung in Ostdeutschland, Mskr. f.d. Sitzung d. soz. pol. Ausschusses d. Vereins f. Soc.pol. am 22./23.9.1994 in Augsburg

v. Hayek, Friedrich August: Law, Legislation and Liberty, Vol. 2: The Mirage of Social Justice, Chicago, 1976; dt.: Recht, Gesetzgebung und Freiheit, Bd. 2: Die Illusion der sozialen Gerechtigkeit, Landsberg 1981

Heuß, Ernst: Gerechtigkeit und Marktwirtschaft, Ordo, Bd. 3 (1987), S. 3-19

Lawler, Edward E.: Reward Systems; in: J.R. Hackman and J.L. Suttle (Eds.): Improving Life at Work, Sta. Monica, CA, 1977

Meldungen aus dem Reich 1939 - 1944. Die geheimen Lageberichte des Sicherheitsdienstes der SS (Hrsg. Heinz Boberach), Herrsching 1984

Möller, Rudolf: Interpersonelle Nutzenvergleiche. Wissenschaftliche Möglichkeit und politische Bedeutung, Göttingen 1983

Niethammer, Lutz: Die Mitläuferfabrik, Berlin 1982

Pagenstecher, Ulrich: Aufgaben und theoretische Grundlagen wissenschaftlicher Sozialpolitik; in: Theo Thiemeyer (Hrsg.): Theoretische Grundlagen der Sozialpolitik, Schr.d.Ver.f. Soc.pol. Bd. 193, Berlin 1990, S. 73-117

Perelman, Chaim: Über die Gerechtigkeit, München 1967

Rawls, John: A Theory of Justice, Harvard 1971; dt.: Eine Theorie der Gerechtigkeit, Frankfurt/M. 1979

Ross, David: Ein Katalog von Prima-facie-Pflichten (Auszug aus: ders., The Right and the Good, Oxford 1930), in: Dieter Birnbacher und Norbert Hoerster (Hg.): Texte zur Ethik, 8. Aufl., München 1991, S. 253-269

Sachverständigenrat zur Begutachtung der gesamtwirtschaftlichen Entwicklung: Jahresgutachten 1986/87 und 1987/88

Thukydides: Der Peloponnesische Krieg, übersetzt von Helmuth Vretska, Reclam, Stuttgart, 1981

JÜRGEN SINGER

Absatzpolitik einer öffentlichen Schule

Erst Änderungen im Umfeld eines Betriebs veranlassen dessen Leitung, sich anzupassen. Die Führungen zahlreicher Unternehmen bequemten sich erst dann zu Umorganisationen, zur Einführung des Marketings oder zur Umsetzung des Qualitätsgedankens durch Qualitätsmanagement bzw. der Quality circle-Idee, als ihr Unternehmen hohe und langandauernde Verluste erzielte. Wenn der Leidensdruck hoch ist, wagen sich angestellte Führungskräfte oder Unternehmer i. d. R. an unbequeme Maßnahmen heran. Ähnlich ist die Situation im öffentlichen Schulwesen: Nur verschlechterte Bedingungen erzwingen im Schulbereich die Einsicht, daß Umstrukturierungen unvermeidlich sind. Beispiele für derartige Veränderungen sind die Einführung des bereits in Schulen der USA praktizierten Prämienlohnsystems, die Nutzung des Leasing für Schulgeräte und -gebäude oder die Anwendung des Lean Management-Konzepts in öffentlichen Schulen. Der gravierendste Schwachpunkt liegt m. E. im Fehlen des Marketing und in der Außerachtlassung des absatzpolitischen Instrumentariums. Die Ursachen dürften in der Charakterisierung der Schule als Verwaltungsbetrieb und in der von Oswald Hahn häufig kritisierten Einengung des Erkenntnisobjekts der Betriebswirtschaftslehre auf Unternehmungen zu suchen sein (Hahn, 1990, S. 8 f.).

A. Der Gedanke des Marketings für den Betrieb Schule

Wissenschaftler in den USA erkannten als erste die Möglichkeit und die Notwendigkeit, die Marketingidee auf Non-Profit-Organisationen zu übertragen und prägten dafür den Begriff Non-Profit-Marketing (Beschorner/Peemöller, 1995, S. 293). Auch Verwaltungsbetriebe sehen sich in Zeiten steigender Ansprüche ihrer Abnehmer mit dem Problem konfrontiert, sich kundenorientierter verhalten zu müssen, eventuell sogar erst das Bewußtsein dafür im Betrieb und bei den Mitarbeitern wecken zu müssen. Desgleichen steigt für die öffentlichen Schulen in Zeiten sinkender Schülerzahlen, überhöhter Schulkapazitäten und begrenzter Schulbudgets der Zwang, sich erstens von konkurrierenden Anbietern[1] von Wissens- und Erziehungsleistungen abzuheben sowie zweitens sich im Bewußtsein der Budgetbewilligenden Entscheidungsträger und der Eltern bzw. der Schüler besser zu positionieren. Grundbedingung ist die Erkenntnis, daß der Schüler nicht als Lästigkeitsfaktor, sondern als externer Objektfaktor (Hahn, 1990, S. 93) und als zukünftiger Engpaßfaktor (Gutenberg, 1983, S. 123 ff.) angesehen werden muß: Ohne ihn

[1] Bereits mehr als 5% der Jugendlichen streben den Hauptschulabschluß, die mittlere Reife oder das Abitur nicht mehr in staatlichen oder kommunalen, sondern in privaten Schulen an. (Vgl. Hans-Peter Kastenhuber, Die Schule für alle, in: Nürnberger Nachrichten vom 12.09.1995, S. 2)

kann die Dienstleistungsproduktion der Schule nicht vollzogen werden (Kastenhuber, 1995).

B. Das absatzpolitische Instrumentarium des Wirtschaftsbetriebs Schule

Um sich Präferenzen im Meinungsbild der Abnehmer sowie der Eltern zu verschaffen, muß der Betrieb Schule Präferenzen aufbauen, weshalb Wöhe diese Vorgehensweise als Präferenzpolitik bezeichnet (Wöhe, 1986, S. 598). Durch das von einer Schule praktizierte Schulmarketing lassen sich strategische Vorteile im Wettbewerb (Simon, 1988, S. 1 f.) um den Einsatzfaktor Schüler generell und um leistungswillige wie -fähige Schüler im speziellen erzielen. Ansonsten läuft eine öffentliche Schule Gefahr, Schüler an andere öffentliche oder private Schulen zu verlieren und eventuell sogar geschlossen zu werden, wenn sich die Schulkapazität in Kommunen als zu groß erweist und die Schulträger sich mit Haushaltsengpässen konfrontiert sehen.

I. Die Distributionspolitik der Schule

Die Einsatzmöglichkeiten des distributionspolitischen Instruments sind sehr gering: Die Absatzmethode als Direktabsatz am politisch festgelegten und von der Schule nicht veränderbaren Standort ist vorgegeben.

Der Schulleitung verbleiben allerdings mehrere Gestaltungsspielräume. Erstens kann sie die Erreichbarkeit des Schulstandorts verbessern durch die Anlage von Parkplätzen für Schüler, die bereits den Führerschein und ein eigenes Auto besitzen, sowie für Eltern, die ihre Kinder zur Schule fahren und auch von dort abholen. Eine zweite Maßnahme stellen die Einrichtung sicherer und geschützter Fahrradabstellplätze und die Einflußnahme auf politische Entscheidungsträger dar, Fahrpläne des öffentlichen Personennahverkehrs mit den Schulzeiten abzustimmen, Sondertarife für Fahrschüler zu unterstützen, eventuell Schulbus-Linien einzurichten sowie separate Bushaltestellen im Schulbereich zu befürworten. Priorität sollte der Sicherheit des Schulwegs zukommen. Der dritte Ansatzpunkt liegt in der Umkehrung des bisherigen zentralen Unterrichtsorts: Nicht Schüler aus einem weiten Einzugsgebiet fahren zu dem zentralen Schulstandort, sondern die Lehrer kommen zu den Schülern an dezentralen Unterrichtsstätten. Als vierte Vorgehensweise ist die Nutzung der Telearbeit für den Schulbetrieb zu nennen: Das Zukunftsmodell könnte die Vernetzung zwischen Lehrer und Schüler sein. Wenn Unternehmen versuchen, Teleworking einzuführen, sollten aufgeschlossene Schulleitungen frühzeitig ähnliche Versuche initiieren. Eine fünfte Maßnahme könnte in der speziellen Betreuung erkrankter Schüler durch Lehrer bzw. durch Tutoren aus dem Schülerbereich bestehen: Auf diese Weise ließen sich durch das zeitlich begrenzte Aufsuchen des Schülers an dessen Wohnort das Zurückbleiben im Lernprozeß verhindern und damit ansonsten entstehende gesamtwirtschaftliche Kosten wegen des Wiederholens der Klasse mit der Folge späteren Berufseintritts mindern. Als sechsten Ansatzpunkt muß man die Unterrichtszeit in Erwägung ziehen: Wenn im Einzelhandel Pro und Contra längerer Öffnungszeiten sowie generell die Flexibilisierung der Arbeitszeit diskutiert werden, dann sollte auch der öffentliche Verwaltungsbetrieb Schule analysieren, ob die reguläre Unterrichtszeit nicht um den Nachmittag erweiterbar ist: Der Nachmittagsunterricht in Verbindung mit einer Schulmensa würde nicht nur den Bedarf an Schulräumen vermindern. Dem Einwand, für die zeitliche Verlängerung wäre doch zusätzliches Personal nötig, läßt sich entgegenhalten, daß die bisherigen vom Kultusministerium des Landes Nordrhein-Westfalen in Auftrag gegebenen Untersuchungen der Schulen durch Unternehmensberatungen erhebliche Differenzen zwischen der geforderten und der geleisteten Lehrverpflichtung ergaben. Eine Schule würde attraktiver für berufstätige Eltern und könnte auch das Risiko mindern, daß unbeaufsichtigte Jugendliche in Randgruppen der Gesellschaft abgleiten könnten.

II. Die Entgeltpolitik der Schule

Die Bezahlung der Leistungserstellung des öffentlichen Verwaltungsbetriebs Schule erfolgt durch Kollektivabgeltung über den Etat des Schulträgers und somit über die Steuereinnahmen der öffentlichen Hand (Hahn, 1990, S. 31). Damit ist die Einzelvergütung der in Anspruch genommenen Hauptleistung Schulunterricht durch den Abnehmer bzw. deren Eltern im Gegensatz zu privaten Lehranstalten nicht möglich.

Häufig bieten Schulen jedoch Zusatzleistungen an. Vor allem Fort- und Ausbildungsangebote der Schule, die über den staatlichen Lehrplan hinausgehen, sollten auf der Einzelabgeltung basieren. Beispiele sind Vermittlung spezieller Fremdsprachen, Rhetorik- oder Kommunikationstraining bzw. sogar die Ausbildung in einem Beruf, was manche Internate anbieten. Denkbar ist die Finanzierung derartiger Leistungen aus Spenden oder Sponsorengelder (Hermanns, 1989, S. 1 ff.). Um den Vorwurf der Diskriminierung zu vermeiden, sollten öffentliche Schulen selbstverantwortlich geführte Unterstützungsfonds zugunsten Kinder einkommensschwacher Eltern aufbauen bzw. durch erlaubte Preisdifferenzierung (Hahn, 1990, S. 251 f.) auch solchen Schülern die Teilnahme an entgeltpflichtigen Schulveranstaltungen ermöglichen. Voraussetzung dafür ist die Einräumung entsprechender Entscheidungsspielräume und damit die Erlangung von Kompetenzen zu Lasten der Kultusbürokratie[2] .

III. Produkt- und Sortimentspolitik der Schule

Der Umfang des Lehrangebots in öffentlichen Schulen wird vom zuständigen Ministerium vorgegeben. Der Schwerpunkt der Produktpolitik muß deshalb auf der Verbesserung der Produktqualität liegen (Hahn, 1990, S. 227). Geeignete Maßnahmen sind der Aufbau des schuleigenen Qualitätsmanagements, die Installierung von Qualitätszirkeln und die Nutzung der Benchmarking-Idee (Beschorner/ Peemöller, 1995, S. 292). Vor allem durch den ständigen Vergleich mit anderen Schulen und deren Lösungen von Prozessen sowie durch die Übernahme besserer Vorgehensweisen ließe sich die Qualität des Hauptprodukts Wissensvermittlung und Erziehung verbessern. Auch sollte die Qualitätsüberprüfung nicht ausschließlich auf der Schulhierarchie Schulleiter, Schulrat und Kultusministerium basieren, sondern ebenso selbstverständlich in festen Zeitabständen durch die Schüler erfol-

---

2 In Bayern scheint die von der bayerischen Staatsregierung kreierte Politik, Zuschüsse zu Privatschulen und Anträge zur Genehmigung neuer Privatschulen äußerst restriktiv zu behandeln, zu scheitern. (Vgl. Hans-Peter Kastenhuber, a.a.O.)

gen. Vor allem die Publizierung eines Lehrer-Rankings würde zur Qualitätsverbesserung beitragen.

Die Bereitstellung hochwertiger Lehrmittel und Lehreinrichtungen mit den Beispielen Sprachlabor, Chemieübungsraum oder moderne Sporthallen reichen nicht aus. Unumgänglich sind die Vermittlung moderner Kommunikationsformen, das Abhalten von Rhetorikkursen oder von Moderatorentraining und insbesondere das Lehren des Teamverhaltens, da die Teamfähigkeit eine Schlüsselqualifikation im späteren Berufsleben geworden ist. Neue Lernformen wie Simulationsverfahren, Planspiele, Rollenspiele und Fallstudien motivieren die Schüler und dienen der Vermittlung von Schlüsselqualifikationen.

Das schulische Leistungsprogramm kann durch zusätzliche Angebote wie weitere Fremdsprachen, EDV-Kurse oder sogar eine berufliche Grundausbildung ausgeweitet und eventuell ergänzt werden. Als erstes Beispiel ist die Innovationsförderung in einer bayerischen Oberschule zu nennen: Verschiedene Prämierungen für die Entwicklung neuer Produkte wurden von Schülern, die durch einen engagierten Lehrer gefördert und angeleitet worden sind, erworben. Auch stieg der Bekanntheitsgrad der Schule an, insbesondere durch die Berichterstattung in den Medien. Politiker und Unternehmen verlangen von dem Faktor menschliche Arbeit die Fähigkeit zur Innovationsentwicklung. Die o. a. Schule lehrt diese Fertigkeit und hebt sich somit ab von den lediglich immense Stoffülle anbietenden Schulen: Da die Verfallzeit des Wissens kontinuierlich sinkt, darf der Schwerpunkt nicht mehr auf dem Abprüfen von Fakten, sondern muß auf der Vermittlung von Fähigkeiten liegen. Der Wissensballast sollte fortlaufend auf Verringerbarkeit analysiert werden. Ein zweiter Ansatzpunkt scheint die Europäisierung der Schule zu sein. Mit der Errichtung des Europäischen Binnenmarkts und der geplanten Währungsunion ändert sich der Bedarf an Wissen wie auch an Fertigkeiten. Deshalb könnte eine Schule sich abheben, indem ihr Angebot solche Inhalte berücksichtigt.

Das Sortiment kann ferner durch Freizeitbetreuung nach Unterrichtsende verbreitert werden. Berufstätige Eltern wie auch Alleinerziehende würden es sicherlich befürworten, wenn sie ihr Kind bzw. ihre Kinder angesichts der zunehmenden Gewalt unter Jugendlichen nachmittags in sicherer Obhut wüßten. Denkbare Angebote wären beispielsweise Hausaufgabenbetreuung, Sportneigungs-, Musik- und Theatergruppen sowie Arbeitskreise, Schulzeitung oder Filmgruppe. Des weiteren kann durch eingespielte und intensivierte Austauschprogramme sowohl auf Lehrer- wie auch auf Schülerebene die Vermittlung der Schlüsselqualifikation Fremdsprachenfertigkeit verbessert werden.

Die Probleme einer attraktiveren Produkt- und Sortimentsgestaltung liegen erstens in der damit verbundenen Kostenbelastung. Angesichts der begrenzten Möglichkeiten öffentlicher Schulen, sich selbständig Geld zu beschaffen, und der zunehmenden Haushaltsengpässe der öffentlichen Hand erscheint eine expansive Sortimentspolitik auf den ersten Blick nicht durchführbar. Zweitens dürfen die Zwänge der Schulhierarchie nicht außer Acht gelassen werden. Insbesondere die Vielzahl bürokratischer Bestimmungen engt die Entscheidungs- und Gestaltungsspielräume ein und tötet die Motivation engagementbereiter Lehrkräfte. Drittens sind solche pädagogische Leistungen kaum meßbar, da deren Erfolg oft erst viel später sichtbar wird und er ferner der Schule eventuell nicht zuordenbar ist. Als vierte Einschränkung müssen die Überfrachtung der Lehrpläne und die Fremdbestimmung durch die Schulbürokratie angesehen werden: Der zeitliche Gestaltungsrahmen sinkt, die Gefahr von Maßregelungen wegen der Verfehlung vorgegebener Lernziele steigt.

Die genannten Probleme erscheinen aber lösbar. Der Wettbewerb um den Engpaßfaktor Schüler und die Angst vor dem Abbau oder sogar der Schließung der Schule erhöhen die Anpassungswilligkeit der betroffenen Lehrer. Verantwortungsbereite und durchsetzungsfähige Leiter können diesen Prozeß erfolgreich steuern. Die scheinbare Barriere Schul- und Kultusbürokratie verliert durch Lean Administration und Kompetenzverlagerung auf Schulen ihren oft Frust verursachenden Einfluß. Ein echter Engpaß ist lediglich in den knappen personellen wie auch monetären Ressourcen zu sehen. Dem ersten Engpaß läßt sich durch ehrenamtlichen Einsatz schulexterner Personen begegnen: Motivierte und auch dazu fachlich befähigte Eltern, an der Fortentwicklung der Schule interessierte Personen mit speziellen, für das ausgeweitete Sortiment wichtigen Kenntnissen oder ehemalige Schüler mit Fähigkeiten aus ihrem Hauptberuf stellen ein aktivierbares und kostengünstiges Potential dar. Damit ließe sich die Forderung nach anwendungs- und berufsbezogenem Lernen und nach der Einbeziehung von Betriebserkundungen, Betriebspraktikas, Expertengesprächen, Projekten und Exkursionen flexibel erfüllen. Einnahmen wären durch Sponsoren aus dem Elternkreis und aus der lokalen Unternehmerschaft sowie durch Entgelte erzielbar.

IV. Kommunikationspolitik der öffentlichen Schule

Die klassischen informations- und kommunikationspolitischen Instrumente sind Werbung und Öffentlichkeitsarbeit (Hahn, 1990, S. 258 ff.). Die Beziehungspolitik als drittes Instrument gewinnt steigende Bedeutung auch für Verwaltungsbetriebe.

a) Derzeit setzen vor allem private Schulen die Werbung gezielt ein, um den externen Objektfaktor Schüler zu gewinnen, mit dem im Produktionsprozeß die schulische Leistung erstellt wird. Auch öffentliche Schulen könnten durch Bandenwerbung auf Sportplätzen oder durch Werbung im Vorspann eines Kinofilms Aufmerksamkeit bei potentiellen Schülern und deren Eltern wecken. Zielgruppe sind aber nicht nur die einzuschulenden Jahrgänge, sondern auch ältere Schüler, die konkurrierende Schulen besuchen. Durch deren Schulwechsel ließen sich neue „Kunden" gewinnen. Ferner sind die Schule und der Unterricht selbst werbeträchtige Informationsträger: Der Ruf einer Schule und die eingeschätzte Qualität des Unterrichts sprechen sich unter den Schülern und den Eltern von Schulanfängern herum. Somit kann auch eine Schule ein eigenes Markenimage aufbauen als Anbieter von Wissen mit permanent überdurchschnittlichen Abschlußergebnissen oder als Schmiede herausragender Naturwissenschaftler, Sportler oder Künstler. Das im Verhältnis zu anderen Schulen bessere Image erhöht die Chancen ihrer Schulabgänger, Ausbildungsplätze zu finden.

b) Im Gegensatz zur Werbung zielt die Öffentlichkeitsarbeit nicht nur auf den potentiellen Kunden Schüler, sondern auf das gesamte Umfeld der Schule. Das sind neben den Eltern insbesondere Lokal- und Regionalpolitiker, Verwaltungseinrichtungen der Kommune, potentielle Sponsoren und Betriebe, die als Partner für Praktika und Betriebserkundungen in Betracht kommen. Öffentlichkeitsarbeit bedeutet Pflege des Ansehens der Schule und Informierung der Öffentlichkeit über die Schule und schulische Aktivitäten. Die Imagepflege des öffentlichen Verwaltungsbetriebs Schule ist deswegen von größter Bedeutung, da der Ruf des Betriebs eng mit der Bewertung des Produkts Erziehung und Wissensvermittlung verbunden ist. Als Möglichkeiten schulischer Öffentlichkeitsarbeit lassen sich nennen Informationsveranstaltungen über die Schule („Tag der offenen Tür"), öffentlichkeitswirksame kulturelle Veranstaltungen (Schulkonzerte, Auftritte der Theatergruppe, Ausstellungen von Bildern und Zeichnungen oder Vorführungen selbstproduzierter Filme), soziale Veranstaltungen (Weihnachtsbasar zugunsten sozialer Einrichtungen, Sammlungen für Opfer von Bürgerkriegen).

Unumgänglich ist die Imagepflege in den Medien: Nur durch Zeitungsberichte über schulische Aktivitäten wie Theaterfahrten, Betriebserkundungen, Schüleraustausche, Sportereignisse oder gute Abschlußergebnisse läßt sich die Öffentlichkeit erreichen und ansprechen. Einem dafür verantwortlichen Mitglied des Lehrerkollegiums obliegt die Aufgabe, gute Verbindungen zu lokalen Medien (Zeitungen, lokale Rundfunk- und Fernsehanbieter) aufzubauen und zu sichern: Viele Medienmitarbeiter sind erfreut, wenn ihnen aufbereitetes druck- bzw. sendefertiges Material zur Verfügung gestellt wird.

c) Ferner darf das absatzpolitische Instrument Beziehungspolitik nicht unberücksichtigt bleiben (Hahn, 1990, S. 263 f.). Gerade durch laufende Kommunikationsprozesse mit Eltern, Meinungsbildnern, aber auch mit den ehemaligen Schülern und Schülerinnen lassen sich Vorteile für die jeweilige Schule erzielen. Als Vorbild sind Schulen der USA zu nennen: Dort werden systematisch Beziehungen zu den Ehemaligen aufgebaut und deren Leistungen im späteren Berufsleben durch Berichte in den Schulzeitungen gewürdigt. Das Ziel einer Beziehungspolitik der Schule muß sein, eine Corporate Identity der Schule unter Einschluß der Schulabgänger aufzubauen, ein Netzwerk mit den Ehemaligen zu installieren und potentielle Sponsoren, aber auch ehrenamtliche Lehrkräfte für freiwillige Veranstaltungen zu gewinnen.

C. Ergebnis

Der Gedanke des Schulmarketings wird auf vielfältige inner- wie außerbetriebliche Hemmnisse stoßen. Bis Schulmarketing von der Kultusbürokratie vorgeschrieben wird, kann eine Schule, deren Leitung wie auch Lehrerkollegium ein solches Konzept selbst entwickelt, Wettbewerbsvorteile erzielen.

Literatur

Beschorner, Dieter/Peemöller, Volker H., Allgemeine Betriebswirtschaftslehre. Grundlagen und Konzepte - Eine Einführung in die Allgemeine Betriebswirtschaftslehre unter Berücksichtigung von Ökologie und EDV, Herne/Berlin 1995

Gutenberg, Erich, Die Produktion, 24. A., Berlin-Heidelberg-New York 1983

Hahn, Oswald, Allgemeine Betriebswirtschaftslehre, München-Wien 1990

Hermanns, A., Sponsoring - Zukunftsorientiertes Instrument der Marktkommunikation, in: derselbe (Hrsg.), Sport- und Kultursponsoring, München 1989, S. 1-14

Kastenhuber, Hans-Peter, Die Schule für alle, in: Nürnberger Nachrichten vom 12.09.1995, S. 2

Simon, H., Management strategischer Wettbewerbsvorteile, in: derselbe (Hrsg.), Wettbewerbsvorteile und Wettbewerbsfähigkeit, Stuttgart 1988, S. 1-17

Wöhe, Günter, Einführung in die Allgemeine Betriebswirtschaftslehre, München 1986

ERWIN K. SCHEUCH

Sozialer Wandel in der heutigen Sozialforschung
Momentaufnahme der sozial-wissenschaftlichen Diskussion

Die Aufgabenstellung des Programmausschusses "Momentaufnahme der aktuellen sozialwissenschaftlichen Diskussion" drückt nicht wirklich aus, was eigentlich gemeint war. Gemeint war eine Frage an die Sozialwissenschaftler, wo denn ihr Beitrag zur Erklärung der Dynamik des Wandels, insbesondere ihre Fähigkeit zur Früherkennung gesellschaftlicher Veränderung bleibe. Man habe den Eindruck - so hieß es in einem vorbereitenden Brief -, daß die Stimme der Sozialwissenschaftler bei diesen Erörterungen verstummt sei.

A.

Als erste Reaktion kamen mir drei Dinge in den Sinn. Da erinnerte ich mich einmal, daß wir tatsächlich als empirische Sozialforscher angekündigt wurden mit dem Versprechen, von jetzt ab werde die Gesellschaft in ihrer politischen Entwicklung überraschungsfrei leben. Erich Peter Neumann hatte das auf dem ersten Kongreß für empirische Sozialforschung nach dem Zweiten Weltkrieg in Weinheim so behauptet. Er erinnerte damals an das explosionsartige Anwachsen der Nationalsozialisten in den Wahlen 1930: Mit Meinungsforschung könne sich das in Zukunft nicht mehr wiederholen, versprach er. Inzwischen wissen wir, daß dieses Versprechen zu pauschal war. Auch Umfragen unmittelbar vor den Wahlen hatten Mitte der sechziger Jahre nicht prognostiziert, daß es die Erfolge der NPD geben würde. "Der Spiegel" erschien unmittelbar vor dem Ausbruch der achtundsechziger Bewegung mit einem Umfragetitel über die angeblich angepaßten Studenten. Ende der achziger Jahre waren die Republikaner so wenig vorausgesehen worden, daß bei den Formularen für die Hochrechnung in Berlin für sie keine Kategorie vorgesehen war. Dagegen ist allerdings allgemein zu halten: Das Leben ist tatsächlich politisch überraschungsfreier geworden. Insbesondere aber ist es mit der Umfrageforschung heute möglich, die wohl kaum vermeidbaren Verzerrungen des Bildes der öffentlichen Meinung in den Medien schnell zu korrigieren. Die Irreführung der Öffentlichkeit durch die Propaganda gegen die UNO-Aktion im Golf ist dafür ein Beispiel.

Als zweites kam mir in den Sinn, daß ein Teil der Sozialwissenschaftler unablässig Gesellschaftsdiagnosen entwirft - derjenige Teil nämlich, der sich mit der Bezeichnung "kritisch" schmückt. Die Produkte gelangen zwar immer wieder in die Feuilletons, aber durchweg hat dieses Mühen um die Erkenntnis, wie der Kapitalismus zugrunde gehe, doch seit Ende der siebziger Jahre nur sektenhaften Charakter. Das war anläßlich des Frankfurter Soziologentages 1968 noch ganz anders. Damals war auf Wunsch Adornos der Titel "Spätkapitalismus oder Industriegesellschaft" gewählt worden. Das geschah aus der Erwartung der Vertreter dieser Art von Sozialwissenschaften, von nun werde ihr Paradigma des Spätkapitalismus das Deutungsschema, nämlich daß der Spätkapitalismus an seinen inneren Widersprüchen notwendig zusammenbrechen werde.

Daß diese Sozialwissenschaftler das Siechtum des Kommunismus nicht sahen, versteht sich von selbst. Aber andere Sozialwissenschaftler haben das durchaus getan. Ein Teil der so von Gegnern etikettierten bürgerlichen Sozialwissenschaftler hat schon 20 Jahre vor dem Zusammenbruch des Kommunismus dort eine im Sinne des historischen Materialismus vorrevolutionäre Situation diagnostiziert - allerdings ohne nennenswerten publizistischen Erfolg.

Es ist in Führungsgruppen verbreitet, bei diesem oder jenem Fehlschlag den Medien die Schuld zu geben. Nicht die Sache, die vertreten wurde, war falsch, sondern deren Erscheinungsbild. So hört es sich an, wenn ich jetzt - und das ist der dritte Gedanke, der mir nach Empfang des Briefes in den Sinn kam - behaupte, daß selbstverständlich viele Sozialwissenschaftler sozialen Wandel diagnostizieren und ursächlich zu erklären versuchen. Lediglich bis in die frühen sechziger Jahre hinein fanden jedoch diese Entwürfe ein allgemeines Publikum. Für den deutschen Sprachbereich ist hier zu erinnern an Schelsky, der mit zwei Diagnosen einflußreich wurde - mit der Aussage über ein Verblassen der Klassengegensätze in der von ihm so genannten "nivellierten Mittelstandsgesellschaft", und mit der Kennzeichnung der Jugend als "skeptischer Generation". Dahrendorf war wenig später zumindest unter Intellektuellen mit seiner These erfolgreich, daß die Deutschen unmoderne Menschen in einer modernen Gesellschaft seien - in einer Gesellschaft, die ihre Modernität nicht zuletzt den Nationalsozialisten mit ihrer Schocktherapie zu danken hätten.

Aber es ist auch wahr, daß die Zeitdiagnosen, die in den folgenden Jahrzehnten die intellektuelle Öffentlichkeit erregten - mit einigen amerikanischen Ausnahmen - nicht von den Sozialwissenschaftlern kamen. Verwiesen sei hier auf die Arbeiten des Club of Rome, die Prophetien der sogenannten Megatrends von Naisbit und die Kulturkritik von Neil Postman. Alle diese Diagnosen sind aus sozialwissenschaftlicher Sicht äußerst kritikwürdig, ja in den Grundannahmen im direkten Widerspruch zu dem, was in den Sozialwissenschaften als einigermaßen konsensuell geglaubt wird. Der Soziologentag 1990 in Frankfurt stand unter dem Titel "Die Modernisierung moderner Gesellschaften", aber offensichtlich interessierte das nicht sonderlich. Wenigstens war davon selbst im Feuilleton der FAZ nur wenig zu lesen.

Ist es die Belanglosigkeit oder das offensichtliche Fehlschlagen sozialwissenschaftlicher Diagnosen, die selbst Nachbardisziplinen zur Vermutung veranlaßten, uns Soziologen als dem zentralen Fach in den Sozialwissenschaften sei der gesellschaftliche Wandel als Thema abhanden gekommen? Für eine Minderheit ist er das in der Tat - einer grünen Minderheit von Sozialwissenschaftlern, deren Aufmerksamkeit dem Klein-Klein des Alltags gilt, wo vor lauter persönlicher Betroffenheit und Verliebtheit ins biographische Detail die Gesellschaft als Ganzes aus dem Blick entschwindet. Für die Sozialwissenschaften allgemein aber gilt das nicht. Darüber will ich kurz referieren.

Auf das Referieren des Schrifttums - notwendig selektiv - folgen einige Aussagen aufgrund empirischer Sozialforschung. Diese Gegenüberstellung war Folge der Einsicht, daß die empirische Sozialforschung beim Aufzeigen einzelner Sachverhalte erfolgreicher ist als bei der Prognose, bei der Prognose einzelner Sachverhalte aber viel erfolgreicher ist als bei gesamtgesellschaftlichen Entwürfen.

Warum das so ist - darauf soll abschließend im Zusammenhang mit dem Aufgehen der DDR in die Bundesrepublik eingegangen werden. Was bei diesem Vorgang zu lernen war, das war charakteristischerweise eine Mischung zwischen Unerwartetem und dem zu Erwartenden. Ich werde dann enden mit Aussagen zur Entwicklung der Sozialforschung angesichts dieser Bewährung und den Grenzen derselben seit nunmehr über 45 Jahren Nachkriegsforschung.

B.

Gesellschaftlicher Wandel war das zentrale Thema der Sozialwissenschaften in ihrer Klassiker-Phase um die Jahrhundertwende. Ihre großen Entwürfe waren ein beherrschendes Thema der intellektuellen Diskussion in dieser Zeit, ja erreichten darüber hinaus auch ein allgemeines Publikum. Beispiel hierfür ist in den USA das Wirken von Ross. Seine Vorlesungen in Yale wurden in der New York Times besprochen, sein Buch "Social Control" erlebte eine Auflage von über einer Viertel Million. Vergleichbar war in Europa das Wirken von Herbert Spencer, von Emile Durkheim und von Ferdinand Thönnies. Dessen "Gemeinschaft und Gesellschaft" wurde mit der 12. Auflage unmittelbar vor dem Ausbruch des Ersten Weltkrieges ein Bestseller.

Der Zeitgeist war den Sozialwissenschaften günstig. Die bedeutenden Soziologen der Zeit waren sich einig, daß ihre Gegenwart ein Durchgangsstadium war, daß es so, wie es war, nicht bleiben konnte. Und das war auch die Stimmung in weiten Kreisen der Bevölkerung - soweit sich diese aus der Trivialkultur erschließen läßt. Die großen Soziologen waren zudem beides: politische Ideologen und Sozialreformer. Letzteres war keineswegs gleichbedeutend mit Sozialismus, ja war in den Personen Spencer, Ross, Durkheim oder Schäffle verbunden mit sehr konservativen Grundhaltungen. Aus der Gleichzeitigkeit des verbreiteten Mutmaßens über die Zukunft, dem Engagement bedeutender Sozialwissenschaftler an dem, was in Deutschland die soziale Frage genannt wurde, und der Attraktivität des neuen Gebiets für vielseitige große Gelehrte dürfte zu erklären sein, daß Sozialwissenschaftler einen seither nie wieder erreichten Einfluß als Deuter der Zeiten und Seher des gesellschaftlichen Wandels erhielten.

Die beiden Leitmotive der "klassischen Zeit" sind bis heute im Fach bestimmend für die Auseinandersetzung mit gesellschaftlichem Wandel geblieben: einmal Wandel als Auflösung von Bindungen und zweitens als gesellschaftliche Differenzierung.

Die Auflösung der vertrauten Einbindung von Menschen in vorgegebene Kollektive war seit Beginn des 19. Jahrhunderts für die Zeitgenossen die vielleicht auffälligste Veränderung im sozialen Gefüge. An die Stelle der Einbindung in gewohnte mediatisierende Instanzen traten selbst eingegangene Bindungen wie Arbeitsverträge, Mietverträge, Mitgliedschaften. Schon Herbert Spencer sah dies als eine Veränderung von eher gemeinschaftlichen zu vertraglichen Beziehungen zwischen Menschen und Menschen, Menschen und Institutionen sowie Institutionen und Institutionen. Dann brachte Ferdinand Thönnies diese allgemeine Diagnose auf seinen Begriff: Die Entwicklung zur Moderne sei das Ersetzen von Gemeinschaft durch Gesellschaft. Gemeinschaft sei gekennzeichnet durch "Wesenswillen", also durch Selbstverständlichkeit der gegenseitigen Beziehungen, Gesellschaft dagegen durch den "Kürwillen", der sich in einem Wahlakt ausdrücke.

Wie schon angedeutet, war Tönnies nicht der einzige, der die Veränderung von gemeinschaftlichen hin zu gesellschaftlichen Verhältnissen als den entscheidenden Wandel ansah. Max Weber benutzte zeitweise einen ähnlichen Begriffsgegensatz wie Tönnies, und Albion Small in den USA wie auch Cooley verstanden den Prozeß der Modernisierung traditionaler Gesellschaften in gleicher Weise; sie hatten lediglich dafür andere Termini. Dies war mithin die dominante Deutung der Entwicklungsrichtung bis hin zu Talcott Parsons.

In seiner Untersuchung über den Arztberuf sah sich Parsons gezwungen, die Typologie des Gegensatzpaares Gemeinschaft - Gesellschaft in vier, gelegentlich fünf Dimensionen aufzulösen. Die daraus abgeleiteten berühmten Pattern Variables - Gegensätze der Handlungsorientierung - konnten in unterschiedlicher Kombination dann kennzeichnen, daß eine Rolle wie die des Arztes sowohl Elemente eines gemeinschftsorientierten wie auch eines gesellschaftlich orientierten Handelns aufweist. Eine Typologie wie Gemeinschaft - Gesellschaft, die in Vatiationen von den meisten Klassikern benutzt wurde, ist per Implikation eine theoretische Aussage, daß Variablen nur zusammen vorkommen. Das verspricht aber nur Erfolg bei Systemen, die aus einem Guß sind. Für Gesellschaften wie die unsrige pflegen Typologien Vergewaltigungen der Wirklichkeit zu sein. Die pattern Variables von Talcott Pearsons sind eine ganz andere Art, Wirklichkeit zu erfassen, nämlich in einem multidimensionalen Eigenschaftsraum. Und damit werden sie zur Kennzeichnung eines Zustandes geeignet, der Elemente von mehreren Prinzipien der Bindungen zwischen Menschen enthält.

Die Gegenwart erweist sich nicht als Ablösung von Gemeinschaft durch Gesellschaft, sondern als eine Kombination von Arten der Bindungen und Differenzierungen. Wahrscheinlich wird uns die Sozialgeschichte als historische Sozialforschung weitere Belege dafür liefern, daß auch die Vergangenheit nicht gar so gemeinschaftlich war, wie sie in der romantisierenden Schauweise des vorigen Jahrhunderts erschien.

Das zweite Leitmotiv der sozialwissenschftlichen Betrachtung gesellschaftlichen Wandels im 19. Jahrhundert bis hin zur Moderne heute war das Ausleuchten einer immer weiteren Spezialisierung von Institutionen und Beziehungen. Nirgendwo war dieser Prozess auffälliger als beim wirtschaftlichen Verhalten. Modernisierung wurde von vielen Betrachtern gleichgesetzt mit dieser Differenzierung, wobei sich die Frage stellte, was denn ein so ausdifferenziertes System von Institutionen und Beziehungen noch zusammenhält.

Bei der Diagnose waren sich die Sozialwissenschaftler bis hin zu und einschließlich des damals dominierenden Herbert Spencer einig, wenngleich sie unterschiedliche Typologien für diesen Prozess vorschlugen. Bestimmend bis heute für die Soziologie war dann der Entwurf von Emile Durkheim. Er ging hinaus über die Beliebigkeit der meisten Typologien, weil er mit seiner Konzeption eine Antwort auf die Frage nach den Bindekräften zu geben vermochte.

Nach Durkheim sind traditionelle Gesellschaften - also Gemeinschaften - gekennzeichnet durch eine geringe Differenzierung. Soll aus der Gleichheit ein soziales Ganzes entstehen, dann muß dieser Zusammenhalt auf der Gleichheit der Vorstellungen und der damit verbundenen Verhaltensweisen beruhen. Durkheim nennt diesen Zustand "mechanische Solidarität".

Die im Prozeß der Differenzierung entstehenden Sozialgebilde vermitteln diese Übereinstimmung nicht, eben weil die Mitglieder eines solchen Verbandes untereinander verschieden leben, insbesondere beruflich Verschiedenes tun. Bei einer solchen Verschiedenheit der Lebensführung muß es auch - um einen modernen Ausdruck zu gebrauchen - zu einer Pluralisierung der Überzeugungen und Verhaltensweisen kommen. Eine solche Gesellschaft wäre dann nur zusammengehalten - so Durkheim - durch die Einsicht in die gegenseitige Abhängigkeit, die aus der Spezialisierung insbesondere im Wirtschaftlichen folgt. Etwas irreführenderweise wählte Durkheim hierfür die Bezeichnung "organische Solidarität". Diese organische Solidarität als eine bloße Einsicht in Notwendigkeiten könne aber für den Zusammenhalt der Gesellschaft auf Dauer nicht ausreichen. Durkheim folgerte daraus die Notwendigkeit einer Art von Ständestaat, und bis in die dreißiger Jahre unseres Jahrhunderts hinein war das auch die Antwort vieler Beobachter, Sozialwissenschaftler und Sozialreformer auf die Frage nach den Bindekräften. Die katholische Kirche hatte da im Ansatz keine andere Lösung für diese Art von "sozialer Frage" wie die Vertreter eines Rätekommunismus oder die Theorie der italienischen Faschisten.

Von heute aus gesehen griff diese einflußreiche Diagnose Durkheims, die eine verbreitete Ansicht auf einen besonders gut faßbaren Begriff brachte, aber in einem entscheidenden Element zu kurz. Seit einiger Zeit erscheinen Arbeiten, die nicht wie bisher Differenzierungsvorgänge analysieren, sondern auch Entdifferenzierung zum Thema machen. Bei den näheren Analysen auch einzelner institutioneller Bereiche wird heute deutlich, daß die Perspektive der gesellschaftlichen Differenzierung als Leitmotiv der modernen Gesellschaft ergänzungsbedürftig ist. Sie trifft am ehesten zu im Bereich des Wirtschaftens, und unverkennbar ist die Theorie der gesellschaftlichen Differenzierung eine Weiterführung der Lehren der klassischen Nationalökonomie über die Wirkungen einer zunehmenden Arbeitsteilung. Zur Differenzierung korrespondieren aber auch Prozesse der Entdifferenzierung.

Wir haben keine Dienstboten mehr, sondern sind unsere eigenen Kutscher, Schreiber, Köche, Gärtner und für einfachere Probleme auch Handwerker. Der Nachhilfeunterricht durch Eltern, das emotionale Abstützen des Kindes zu Hause, ist ein Musterfall dafür, daß sich weiter komplizierende Institutionen wie Bildungseinrichtungen für ihren Erfolg die Unterstützung durch Entdifferenzierung erfordern. Das System der professionellen Medizin bei uns würde zusammenbrechen, würden nicht über 75 Prozent aller Beschwerden von Laien selbst behandelt.

Nein, Modernität im Sinne heutiger technisch-wirtschaftlich entwickelter Gesellschaften bedeutet ein Nebeneinander verschiedener Prinzipien. Noch vor 20 Jahren galt die deutsche Gesellschaft als nur begrenzt modern, weil in ihr vormoderne Institutionsformen weiterleben. Heute bescheinigen uns amerikanische Beobachter Vorbildlichkeit, eben weil korporatistische Gesellungsformen überlebten.

C.

Diese Entwicklung der Deutung gesellschaftlichen Wandels beginnt erst jetzt in der Profession bekannter zu werden. Insbesondere im deutschen Sprachbereich herrscht ein anderes Paradigma vor: Sozialer Wandel als Modernisierung, und Modernisierung als Einlösen der Ziele der Aufklärung. Aufklärung bedeutet dabei die Ideologie der französischen Enzyklopädisten, wogegen doch die Sozialwissenschaften ihren eigentlichen Ursprung auf das Weltbild der schottischen Moralphilosophen zurückführen müssten. Diese Modernisierungsdiskussion insbesondere in Deutschland ist in ihren Voraussetzungen anti-sozialwissenschaftlich, wird aber von Sozialwissenschaftlern in sozialwissenschaftlicher Sprache geführt.

Der Frankfurter Soziologentag 1968 war im Kern eine Auseinandersetzung zwischen diesen beiden Paradigmen: dem der französischen Aufklärung, in deren Tradition auch die verschiedenen Marxismen gehören, und dem der schottischen Moralphilosophen, deren heutige intellektuelle Erben die Strukturfunktionalisten sind. Mit "Spätkapitalismus oder Industriegesellschaft" wollte dagegen Adorno diese Vorstellung von der Gegenwart als einer unvollkommenen Modernen zum Weltbild in der kulturellen Öffentlichkeit machen.

Bei der Entscheidung zwischen den beiden Begriffen - so Adorno - gehe es um das Urteil, "ob noch das kapitalistische System nach seinem wie immer auch modifizierten Modell herrsche, oder ob die industrielle Entwicklung den Begriff des Kapitalismus selbst, den Unterschied zwischen kapitalistischen und nicht kapitalistischen Staaten, gar die Kritik am Kapitalismus hinfällig gemacht habe". Dagegen Adorno: "Die Macht der Produktionsverhältnisse, die nicht umgewälzt wurden, ist größer als je, aber zugleich sind sie, als objektiv anachronistisch, allerorten erkrankt, beschädigt, durchlöchert". Daß beim Vorliegen eines objektiv revolutionären Widerspruchs zwischen Produktionskräften und Produktionsverhältnissen die beschädigten Produktionsverhältnisse nicht gesprengt wurden, begründet die Larmoyanz, mit dem der Vortrag endet: "Der Schein wäre auf die Formel zu bringen, daß alles gesellschaftlich Daseiende heute so vollständig in sich vermittelt ist, daß eben das Moment der Vermittlung durch seine Totalität verstellt wird".

Das Paradigma: Analyse der Gegenwart aus der Perspektive "unvollkommene Aufklärung" beherrscht seither die Makrosoziologie in Deutschland. Und mit Adorno ist dieser Zugang auch gegen Fakten, wie sie insbesondere die Umfrageforschung erbringt, ziemlich lange immunisiert. Bei dem Zustand der Gesellschaft geht es den Neomarxisten um eine Totalität, die durch sogenanntes Fliegenbeinzählen nicht zu fassen ist. Ob die marxistische oder die neomarxistische Deutung richtig ist, erweist sich im Selbstverständnis irgendwann einmal durch "Praxis" als Totalität.

In dieser Tradition stehen die Versuche von Habermas, der uns in den achtziger Jahren zur Besinnung auf das Erbe des okzidentalen Rationalismus aufrief. Allerdings beruft er sich in erster Linie auf Hegel, dem er zuschreibt, die erste entwikkelte Geschichtsphilosophie der Moderne geliefert zu haben: "Hegel ist der erste, der den Prozeß der Ablösung der Moderne von der außerhalb ihrer liegenden Normsuggestion der Vergangenheit zum philosophischen Problem erhebt". Ob Hegel wirklich in die Ahnenreihe dieser Aufklärungstradition gehört, das sei dem Diskurs derjenigen überlassen, die Nutzen aus dem Lesen von Hegel ziehen. In diesem Zusammenhang ist vor allem die Feststellung relevant, daß Habermas im deutschen Sprachbereich in exemplarischer Weise den ideengeschichtlichen Ansatz der Versuche eines Verständnisses der Moderne repräsentiert.

Das gilt ebenso exemplarisch für ein Buch, das von anderen geistigen Voraussetzungen ausgeht, nämlich von Richard Münchs "Die Kultur der Moderne". An diesem großen Werk der Geisteswissenschaft ist besonders interessant ein Vergleich der Entwicklung der Aufklärung in den USA, England, Frankreich und Deutschland mit der Schlußfolgerung, daß bei aller Verschiedenheit doch für alle Kulturen vier Elemente bestimmend für das Moderne an ihnen sind: Rationalismus, Aktivismus, Individualismus und Universalismus.

Der Bezug zur Aufklärung als Maßstab für die Gegenwart sich modern verstehender Gesellschaften ist bereits der Leitgedanke des geisteswissenschaftlichen Ansatzes bei Ralf Dahrendorfs "Gesellschaft und Demokratie in Deutschland". Es ist eines der wenigen Bücher von Soziologen gewesen, das über die Sozialwissenschaftler hinaus das allgemeine intellektuelle Raisonnement der Zeit beeinflußte. Solche Erfolge in der kulturellen Öffentlichkeit setzen voraus, daß Leitmotive dieses intellektuellen Raisonnements in soziologischer Verfremdung an diese intellektuelle Öffentlichkeit zurück gegeben werden. Nur so scheint soziologie als "interessant" zu wirken - um den Preis einer externen Steuerung.

D.

Die daneben verlaufende, vornehmlich struktur-funktionalistische Erörterung des gesellschaftlichen Wandels erwies sich für die kulturelle Öffentlichkeit so lange als belanglos, wie sie nicht mit dem Komplex Wertewandel verbunden war. Die kulturelle Öffentlichkeit dieses Landes ist eben an der Gegenwartsgesellschaft als Lebenswelt der großen Mehrheit nicht interessiert. Und eine über das Publikum der Feuilletons hinaus gehende Öffentlichkeit bezog ihre Zeitdeutungen schon seit den zwanziger Jahren aus Randfiguren des Wissenschaftsbetriebes, und schon gar nicht aus empirischer Sozialforschung und darauf beruhenden Gesamtschauen.

Zwei Deutungen aus der Zwischenkriegszeit sind heute noch in Erinnerung: die des damaligen Lehrers Oswald Spengler vom "Untergang des Abendlandes" und die des Kulturphilosophen Ortega y Gasset vom "Aufstand der Massen". In der Nachkriegszeit drang aus den USA die hierzulange kulturpessimistisch gedeutete Schilderung des Juristen David Riesman von der "Einsamen Masse" sogenannter außengeleiteter Persönlichkeiten zu uns; später dann die bereits erwähnten Megatrends von Naisbit. Besonders leichte Erfolge hatten Bücher über die gesellschaftsgefährdende Wirkung von Massenmedien, wie zunächst das Erfolgsbuch des kanadischen Pädagogen Marshall McLuhan, und zuletzt bei uns Neil Postman "Wir amüsieren uns zu Tode".

In diesem Zusammenhang ist auch zu beachten, daß zwei der heute erfolgreichsten sozialwissenschaftlichen Autoren, nämlich Niklas Luhmann als gelernter Verwaltungsbeamter und Jürgen Habermas als gelernter Philosoph, als Sozialwissenschaftler Autodidakten sind. Gerade dies macht sie zu Verbindungsgliedern zur kulturellen Öffentlichkeit, die sich eben für das, was Sozialwissenschaft und insbesondere Soziologie von anderen Perspektiven unterscheidet, nicht wirklich interessiert.

Diese Noxe gilt auch für Ulrich Beck und Norbert Elias, den beiden Nebenstars der achtziger Jahre. Der Grundgedanke von Elias, der erst in hohem Alter erfolgreich wurde, ist einfach - eine Voraussetzung für feuilletonistische Aufmerksamkeit. Nach Elias wird unsere gesellschaftliche Entwicklung bestimmt durch die Zähmung der Affekte, insbesondere zunächst durch die kulturelle Verfeinerung in der Befriedigung elementarer körperlicher Bedürfnisse. Diese Behauptung wird im Werk von Elias mit sehr vielen und für sich, also auch ohne Verbindung zu einer einigenden Theorie, interessanten Details belegt. Elias ist als Botaniker der Sozialgeschichte interessant, nicht als Sozialwissenschaftler.

Diesem Szenario scheint der Erfolg von Beck zu widersprechen. Beck ist Fachsoziologe und verwendet Ergebnisse der quantifizierenden Sozialforschung. Dies verbindet er allerdings mit einem Grundgedanken, für dessen Richtigkeit ein Soziologe keine fachliche Kompetenz besitzt. Die vertrauten sozialen Trennungslinien - so Beck - wie soziale Schicht oder Stadt-Land, oder Ideologien verlieren an Bedeutung, und insoweit gibt er nur verstärkt wieder, was aus der Umfrageforschung allgemein abzulesen ist. Nach Beck verblassen diese Unterschiede angesichts der Kollektivrisiken, so wie sie von den Grünen erschaut werden. Ob die so groß wie behauptet sind, und vor allem, ob Kollektivrisiken das Leben der Menschen, die ihrer gewahr werden, mehr bedrohen als früher, ist von einem Soziologen aus eigener fachlicher Kompetenz nicht zu entscheiden.

Sicherlich ist für den Erfolg Becks sogar im Feuilleton der FAZ, das sonst Sozialwissenschaftler mit Zahlen nicht so gern hat - Noelle-Neumann erscheint durchweg in Verantwortung des Ressorts Politik - noch ein anderes von Bedeutung. Beck vertritt in seiner Beurteilung traditioneller Institutionen kulturkritische Ansätze. Sein besonderer Unwillen gilt der Kleinfamilie, und hier beschuldigt er die Soziologie, zu deren Weiterbestehen beizutragen, weil sie die alternativen Lebensformen nicht ernst nähme. Überhaupt habe die Soziologie zu wenig Aufmerksamkeit für Alternatives. Auch dieser Aspekt der Schriften von Beck bekräftigt die Deutung, daß an seinen Schriften das am wenigsten interessiert, was in einem fachlichen Sinne Soziologie ist.

E.

Dem Informationszentrum für Sozialwissenschaften werden jährlich um die 2.500 Forschungsprojekte gemeldet, die gemeinnützig finanziert werden. Um die 900 pro Jahr erzeugen Daten, die in maschinenlesbarer Form vorliegen. Bei einer kürzlichen Auswertung der Bestände des IZ ermittelte Best 29.000 Projekte, die in Realzeit zugänglich sind. An sozialwissenschaftlichen Schriften, einschließlich der Grauen Literatur, zählt das Informationszentrum in Bonn jährlich um die 1.500. Soziologentage führen inzwischen alle zwei Jahre mehr als 3.000 Besucher zusammen. Quantitativ ist die Soziologie, sind darüber hinaus die Sozialwissenschaften, große Veranstaltungen, die außerhalb des Faches so unbekannt sind, wie mir dies aus der vorbereitenden Korrespondenz für diese Tagung wieder deutlich wurde.

Die Unterschiedlichkeit der Sozialforschung, so wie sie in der Methodenliteratur vorgestellt wird, so wie sie sich in wissenschaftlichen Zeitschriften lesen läßt und schließlich, wie sie als Dienstleistung für praktische Zwecke abrufbar ist - diese Unterschiedlichkeit wird größer.

Die als Dienstleistung abrufbare Sozialforschung ist ein Ausschnitt aus den insgesamt verfügbaren Techniken. Das gilt für Versuchsanordnung, Art der Datensammlung und nicht zuletzt für die Art der Auswertung. Charakteristischerweise wird dabei in der Sozialforschung als Dienstleistung nur eine Verfahrensweise verwandt.

Eine Analyse der Zeitschriftenliteratur zeigt über die letzten 20 Jahre einen beachtlichen Wandel. Heute werden in viel größerem Ausmaß statistische Maßzahlen benutzt, wenn gleich die deutschsprachigen Zeitschriften sich hier erst auf einem Niveau der quantitativen Analyse befinden wie dem in den amerikanischen Zeitschriften von über 20 Jahren. Immer noch selten sind die Verwendung von Maßzahlen aufgrund der Wahrscheinlichkeitstheorie und noch seltener Verfahren faktorenanalytischer Art.

Lehrbücher und darauf beruhende Ausbildungen an Universitäten machen nun routinemäßig immer kompliziertere Auswertungsverfahren zum Standard. Das ist insbesondere durch die Statistikpakete bei gleichzeitiger Verbreitung von PCs technisch möglich geworden. Allerdings werden die materiellen Voraussetzungen für die Anwendbarkeit der Algorithmen nur selten gelehrt. Wenig behandelt werden Probleme des Forschungsdesigns und praktisch nie die Kombination mehrerer Techniken.

In der Frühzeit der Sozialforschung war die Kombination aller verfügbaren Vorgehensweisen die Regel. Beispiele sind im deutschsprachigen Bereich die Arbeitslosen von Marienthal oder die Erhebungen des Vereins für Socialpolitik über die Anpassung der Industriearbeiterschaft. Klassisch sind die Erhebungen von Booth über Armut in London und der Pittsfield Survey. Das war praktisch nur möglich durch die Beschränkung auf eine Gemeinde. Gemeindestudien sind aus der Mode gekommen. Als Standard gilt heute Repräsentativität für den Bereich eines Nationalstaates. Mit dem Hineinwachsen der früheren DDR in die Bundesrepublik und dem Zusammenwachsen Westeuropas wird jedoch offenbar etwas zum Problem, das wir bisher beim Deuten von Antworten als Grundbedingung nicht zu hinterfragen hatten. Jetzt aber stellt sich als Frage: Ist der Nationalstaat der angemessene Sampling-Frame, also das Kollektiv für die zu erhebende Vielfalt der Antworten? Das war allerdings in Wahrheit bei international vergleichenden Untersuchungen in Europa auch schon bisher durchaus eine Frage, die in der methodischen Literatur des internationalen Vergleichs als eine Variante des sogenannten Galton's Problems zu deuten ist.

Im Fall Westeuropas war immer schon nicht nur die teilweise Gemeinsamkeit des historischen Hintergrunds zu bedenken, sondern zudem der Prozeß der Diffusion. Wenn wir heute in Deutschland unsere Eßgewohnheiten zum Teil geändert haben, wenn die Hauptmahlzeit inzwischen nicht mehr durchweg das Mittagessen ist, sondern dieses vielmehr zum Lunch wird, dann ist dies Folge einer Diffusion von Verhaltensweisen. Nicht das Kollektiv Deutschland kann hierfür als Deutungseinheit herangezogen werden.

Vielleicht ist es gegenwärtig für Europa noch nicht allgemein notwendig, bei Untersuchungen zu reflektieren, ob denn nun die Region oder eine Kategorie wie Beruf oder der Nationalstaat der richtige Sampling Frame ist, das relevante Kollektiv bei der Deutung eines Ergebnisses. Hier ist Grundlagenforschung notwendig und dringlich, die uns sagt, zu welchem Ausmaß das Kollektiv Nationalkultur jeweils als verhaltensbestimmend gelten kann. Wir selbst haben dies mit den Mitteln der Korrespondenzanalyse einmal für Westeuropa zu ermitteln versucht. Als Folge ergaben sich sehr unterschiedliche Distanzen zwischen den einzelnen Ländern, wobei die zwischen Deutschland, den Niederlanden und Dänemark besonders gering waren.

Zu den Voraussetzungen, die wir in der Routine unserer Befragungsforschung nicht bedenken, gehört die Orientierung an der Mehrheit. Die Stichprobenformel, die wir zu Schätzung des Auswahlfehlers benutzen, mißt am besten, wenn zu entscheiden ist, welche Ausprägung bei einer dichotomen Verteilung einer Eigenschaft die häufigere ist. Solange wir es zu tun haben mit Eigenschaften, die häufig sind - sagen wir etwa einmal als Faustwert: die häufiger als 25 % vorkommen - brauchen wir hierüber nicht länger nachzudenken. Haben wir es aber zu tun mit selteneren Eigenschaften, dann erweisen sich unsere Stichprobenpläne oft als unzureichend.

Von der Individualisierung des Lebens spricht Beck, und Esser meint, daß insofern das Programm von Durkheim verfallen sei, als das Handeln nicht aus Strukturbedingungen folge.

Für viele Bereiche des Lebens ist eine größere Zahl von Verhaltensweisen mit den gleichen Voraussetzungen vereinbar. Daraus folgt, daß tendentiell die Zahl der auf einen Stimulus gleich Antwortenden geringer wird. Wir haben es also öfters mit kleineren Personenzahlen zu tun, als in den Algorithmen für die statistischen Fehler per Implikation unterstellt wird. Es ist zwar umständlich, hierauf durch Schichtung zu reagieren, aber für kleinere Gruppen ziemlich unerläßlich. Jedoch ist selbst für die mit öffentlichen Mitteln finanzierte Sozialforschung nicht abzusehen, daß die aus diesen Beobachtungen abzuleitenden komplizierteren Forschungsdesigns bezahlbar würden.

F.

Die an Hochschulen betriebene und die von privatwirtschaftlichen Instituten durchgeführte Sozialforschung hat - nicht nur hierzulande - weniger Berührung miteinander, als beiden gut täte. Dies ist ein wichtiger Umstand dafür, daß die empirische Sozialforschung nicht annähernd in dem Maße irrige Zeitdiagnosen korrigieren kann, wie das aufgrund der Ermittlungen möglich wäre. Als die Freizeit zu einem Massengut wurde, so etwa gegen Ende der fünfziger/Anfang der sechziger Jahre, da sorgte sich die kulturelle Öffentlichkeit sehr, ob denn die Massen mit der Freizeit etwas anfangen könnten oder ob nicht vielmehr die zusätzliche Freizeit zu einer massenhaften Gefährdung würde. Es half nicht viel, wenn Sozialforscher diese Furcht für einen unbegründeten Hochmut der "gebildeten Stände" erklärten. Bis heute hält sich die Vermutung, die viele Freizeit werde den Menschen sinnentleert zur Bürde.

Ähnlich war das Schicksal von Dementies, wie sich die Medien auswirken würden. Bei jedem neuen Massenmedien werden die Befürchtungen reaktiviert, die sich bis dahin mit einem anderen Medium verbanden. Noch in den fünfziger Jahren wurde über das Radio so geschrieben, wie später über das Fernsehen. Tatsächlich gab es nach der Einführung eines neuen Mediums zu Beginn auch die Massenphänomene, deren Anwachsen ins Unendliche dann für die Zukunft befürchtet wurde. Das galt für die "gelbe Presse" mit ihren Extrablättern in den zwanziger Jahren, den Film in den zwanziger und dreißiger Jahren und schließlich für das Radio. Dem Fernsehen wurde dann eine überwältigende Wucht beigemessen. Aus dieser Furcht heraus wählten sich Entscheidungsträger dieses Landes solche Professoren zu Zeugen, die ihre Befürchtungen wissenschaftlich begründeten, als es um mehr Fernsehkanäle ging. Tatsächlich besteht in der Dauer des Fernsehens zwischen Haushalten, in denen drei bis vier Programme empfangen werden können, und Kabelhaushalten mit mindestens 24 Programmen ein Unterschied der Sehdauer von 9 Minuten. Nach amerikanischen Erfahrungen täuscht auch dieser Wert über die tatsächliche Trivialisierung hinweg, wenn viele Kanäle vorhanden sind. Mit Fernbedienung setzt sich in den USA durch, was anschaulich "grasing" genannt wird: ein Flippen von Kanal zu Kanal, womit TV zum Bildchen-Gucken wird. So haben das Kinder schon immer gehalten, und jetzt machen es die Eltern nach. Inzwischen gibt es eine Renaissance des totgesagten Kinos, weil dieses auch soziale Bedürfnisse befriedigt und eben nicht bloßes Bildchen-Gucken ist. Wer solches zu früh als Sozialwissenschaftler sagte, der schädigte sich selbst. Bei Veränderungen in Bereichen, die für

Alltagskultur relevant sind, gilt in der kulturellen Öffentlichkeit als gute Botschaft der Sozialforscher die schlechte Botschaft.

Das war auch der Mechanismus, der in den achtziger Jahren ein Thema der Sozialforschung zu einem allgemeinen Erfolg in der kulturellen Öffentlichkeit und weit darüber hinaus werden ließ: Wertewandel. Denn tatsächlich ging es in der Öffentlichkeit nicht um Wertewandel in einem neutralen, die Schlußfolgerungen offen lassenden Sinne; für die Öffentlichkeit ging es um Werteverfall. Bis heute ist im Fach selbst strittig, ob es einen Wandel gab, der begrifflich als Wertewandel zu fassen ist - und falls es ihn gibt, wie er zu werten sei. Jedoch hatte die Profession von Anbeginn an keinerlei Kontrolle über die Diskussion des Wertewandels.

G.

Wertewandel als Verfall wurde in der Bundesrepublik insbesondere von Elisabeth Noelle-Neumann und Helmut Klages geschildert. Schon früher hatte Noelle-Neumann in einer Schrift "Werden wir alle Proletarier?" den Verfall der Arbeitsethik skizziert. Parallel hierzu sei auch die Achtung vor fremdem Eigentum gesunken, was sich unter anderem in der Bereitschaft ausdrücke, an einer Arbeitsstätte Kleingegenstände zu stehlen. Helmut Klages beschrieb in einer umfangreichen Expertise für Lothar Späth einen zweifachen Wertewandel: Einmal - und hier stimmt er mit Noelle-Neumann überein - sieht er allgemein einen Verfall derjenigen Tugenden, die durch Pflicht motiviert werden. "Verfall der Pflichtwerte" ist für Klages ein Leitmotiv der jetzt erfolgenden Veränderungen. Parallel hierzu und wahrscheinlich ursächlich dafür schreitet nach Klages der Bedeutungsverlust der Religion rasch weiter fort.

Was in der deutschen Erörterung überwiegend als ein Verfall von erwünschten Werten vorgestellt wurde, das erscheint bei einigen anderen Protagonisten dieser Diskussion, insbesondere in den USA, als ein Gewinn. Der wichtigste Vertreter dieser Orientierung ist Ronald Inglehard, der schon seit den siebziger Jahren das Heraufkommen einer postmateriellen Gesellschaft mit postmateriellen Persönlichkeiten behauptete. Charakteristisch für diese Postmaterialisten sei die Selbstverwirklichung als zentrales Lebensziel. Das könne insbesondere jetzt schon bei der akademischen Jugend nachgewiesen werden. In Deutschland deutete Burkhard Strümpel, der mit Noelle-Neumann Mitte der achtziger Jahre gemeinsam eine international vergleichende Untersuchung zum Thema Wertewandel leitete, die Ergebnisse dieser Erhebung auch als einen Gewinn: Der Wunsch und die Fähigkeit zum autonomen Leben seien gewachsen.

Zweifelsfrei gibt es Veränderungen in den Verhaltensweisen und auch in der Rangfolge von Lebenszielen, aber die sind nach empirischen Erhebungen keinesfalls so flächendeckend, daß von einem gesamtgesellschaftlichen Wandel gesprochen werden kann. Eher lassen sich die vielen Befunde auf die Formel bringen: "Die Lebensorientierungen werden pluraler". Nach wie vor gibt es einen nennenswerten Prozentsatz von Menschen, welche die Erwerbstätigkeit als Karriere verstehen und in ihrem Beruf aufgehen. Daneben ist aber zweifelsfrei, daß einfache

Arbeiten, die ohne Interesse für den Arbeitnehmer sind und keine Belohnung mit sich bringen, mit Nachlässigkeit ausgeführt werden. So wird man sich in der Wirtschaft darauf einstellen müssen, mit Menschen ganz unterschiedlicher Orientierung zur Berufsarbeit im gleichen Betrieb zurecht kommen zu müssen.

Es gibt keinen Beleg, daß allgemein postmaterielle Persönlichkeiten an die Stelle anders motivierter Menschen treten würden. Der Anteil der nach den Tests von Inglehard als postmateriell einzustufenden Jugendlichen beträgt in den letzten 20 Jahren ziemlich konstant 18 bis 20 Prozent. Zudem lassen die bisher erwähnten Befunde offen, ob die beobachteten Veränderungen lediglich eine Anpassung an angenehmere Rahmenbedingungen für die Erwerbstätigkeit und für das Gewinnen des Lebensunterhaltes sind; bei ungünstigeren Bedingungen käme es zu einer Wiederbelebung der uns früher vertrauten Arbeitsorientierungen. Handeln ist eben nicht nur zu erklären aus der Motivation der Menschen, sondern auch zu deuten hinsichtlich der Rahmenbedingungen für das Handeln: In der Fachsprache der Soziologie ist Handeln "kontingent".

Daneben gibt es zweifelsfrei in der Gesellschaft auch verbreitete Veränderungen. Die beiden wichtigsten sind die Veränderungen zwischen den Geschlechtern und der Prozeß der Entkirchlichung, der oft als Verlust an religiöser Motivierung verstanden wird.

Die grundlegenden Veränderungen in den Orientierungen der Frauen lassen sich in der Formel zusammenfassen: In den meisten Lebensäußerungen werden die Frauen den Männern ähnlicher. Allerdings gibt es auch Bereiche - wie denen der Hygiene und den Anforderungen an die Erscheinung -, in denen Männer eher weibliche Standards übernehmen. Jedenfalls gibt es eine generelle Tendenz, die Standardisierung des Verhaltens nach Geschlecht zu überwinden. Da bisher die Strukturierung des Verhaltens insbesondere nach Geschlecht eines der universalen Gliederungsprinzipes für menschliche Gesellschaften war, ist dieses Verblassen einer Trennungslinie von schwer abzuschätzender, sicherlich aber hoher Bedeutung.

Ohne Zweifel geht in Westeuropa die Beteiligung an den Formen der Ausübung von Religion zurück, die von den Kirchen angeboten werden. Dieser Pozeß findet übrigens keine Parallele in den USA, kann somit nicht allgemein der Industriegesellschaft zugerechnet werden. Eine Verringerung der Teilnahme an kirchlichen Veranstaltungen ist aber nicht gleichzusetzen mit einem Bedeutungsverlust religiöser Bedürfnisse. Der erwähnte Prozeß ist eher als eine Entkirchlichung zu kennzeichnen, ein Auswandern der religiösen Bedürfnisse aus den Institutionen der Kirchen. Das ist aber nun keinesfalls zureichend zu fassen als "Säkularisierung", sondern eher als ein Heimatloswerden religiöser Bedürfnisse.

Dies ist der Grund für das Gedeihen aller Arten von Religionsersatz, und das ist Voraussetzung für die überall sprießenden Bewegungen von fundamentalistischer Unduldsamkeit. Es wird zu klären sein, wie sich diese Entkirchlichung und die Allgegenwart von Bewegungen mit endzeitlicher Stimmung auswirken kann auf die Möglichkeit einer Integration pluralistischer Lebensziele in der Gesellschaft.

Wenn diesen Veränderungen durchweg mit der Vermutung der Krise begegnet wird, so muß doch bedacht werden, daß die Zufriedenheit der Menschen mit ihrer unmittelbaren "Lebenswelt" heute ungewöhnlich hoch ist. Diese Zufriedenheit im Nahbereich ist allerdings begleitet von der Vermutung negativer Entwicklungen im Fernbereich der Gesellschaft allgemein. Noelle-Neumann führt dies auf die Wirkung der Medien zurück, die uns die Gesellschaft als in dauernder Krisenhaftigkeit befindlich vorführen. Das Auseinanderklaffen von positiven Urteilen über die Welt, über die wir aus eigener Anschauung urteilen, und der fernen Welt, über die wir aus den Medien unsere Ansichten beziehen, wird die "Medienschere" genannt. Ist dies Grund zur Sorge, daß verängstigte Menschen zum leicht lenkbaren Fußvolk für allerlei Bewegungen werden?

H.

Nun soll hier nicht suggeriert werden, die empirischen Sozialwissenschaften befriedigten in ihrer Fähigkeit zur Analyse und sogar Prognose. Der Prozess des Zerbröselns der SED-Macht und das Hineinwachsen der DDR in die Bundesrepublik können als ungeplantes Experiment benutzt werden, aus dem die Fragestellung abzuleiten ist: Was daran war mit den Sozialwissenschaften unschwer zu erklären, was dagegen überraschte? Meine Frau und ich haben versucht, diese Entwicklung in elf Thesen zusammenzufassen:

1. Noch im Sommer 1989 erschien die DDR als ein Monolith mit unerheblichen Dissidenten-Tupfern. Dann zerbröselte die Macht schrittweise, und alle Mühen der Politik vermochten den Gang der Ereignisse nicht anzuhalten, erst recht nicht zu wenden. Wie anders redete Gorbatschow erst im Herbst 1989 und dann im Juli 1990 von der deutschen Vereinigung und der Nato! Was bedeuteten die Zielerklärungen von de Maizière und anderen Erhaltern einer eigenständigen DDR! Vor allem: wie hilflos war der gewaltige Zwangsapparat vor einer Entwicklung, bei der seine Macht als ungeeignet zur Anwendung bloß scheibchenweise beschnitten wurde. Nicht die Konfrontation, sondern letztlich das Abstimmen mit den Füßen zwang die SED zur schrittweisen Übergabe der Macht.

2. Peter Glotz hat zwar unrecht mit seiner These vom "Postnationalismus", aber Recht mit seiner Beobachtung, daß es den autonomen Nationalstaat in Europa nicht mehr gibt. Die Handlungen der SED-Führung mit und ohne Verkleidung in fremdem Gewande zeigt die Abhängigkeit der Führung von der Großwetterlage. Eine "Chinesische Lösung" war nur dann mit Sicherheit erfolgreich, wenn die Sowjets ihre Zwangsmittel ausliehen, aber dies paßte nun gar nicht zu deren damaliger internationaler Politik. In der gegenwärtigen Lage kann kein Staat in Europa mal eben zehntausend Menschen erschießen, auch wenn dafür die Mittel überreichlich vorhanden sind.

3. Die DDR sollte ein zentral gelenkter Staat mit perfekter Planwirtschaft sein. Jetzt entlarvte er sich als ein Chaos, verdeckt durch bürokratische Abläufe. Jede Institution war fortwährend berichtspflichtig - und doch war auch die Füh-

rung über die wirklichen Zustände nicht informiert. Zwang bewirkte als Ausweichen davor das Beschönigen, das gegenseititge Belügen als Systemgemeinschaft. Ein Regime, das sich gegenüber marktgesteuerten Systemen selbst die Fähigkeit zur Voraussicht zuspricht, war uninformiert und unfähig zur Voraussagen.

4. Für einen Deutschen war es großartig anzuschauen, wie diese Menschen in der DDR rasch an Selbstvertrauen gewannen. Während gelegentlicher Besuche erschien vieles an der damaligen DDR eine direkte Fortsetzung der autoritären Traditionen, die uns nicht zu Unrecht von unseren Nachbarn nachgesagt werden. Der Kasernenhofton und die Schulmeisterei der Kleinfunktionäre waren für einen Westdeutschen entnervend. Auffällig war auch ein Duckmäusertum, eine einem Westdeutschen übergroß erscheinende Vorsicht im Reden. Als dann aber ein Damm gebrochen war, als dann die Menschen sich gegenseitig Mut machten, da zeigte sich unter dem angepaßten Bürger der DDR ein selbstbewußter Mitmensch, bereit und fähig zum Widerspruch und zur freien Zusammenarbeit.

5. Jahre hatte das Regime versucht, "allseitig gebildete sozialistische Persönlichkeiten" heranzuziehen. Eine kleinmaschige Zensur beschränkte die Außeneinflüsse, und der eigene Propaganda-Apparat sollte überwältigen. Es waren aber Deutsche, die sich begegneten, nachdem Ungarn die Grenzen öffnete. Manche Worte waren verschieden, eine ganze Reihe von Erfahrungen waren unterschiedlich, aber es bleiben doch Deutsche diesseits und jenseits der Mauer.

6. Die zerfließende Ordnung in der DDR war auch ein Test für Führungsgruppen aus der Bundesrepublik. Für westliche Politiker bot sich Gelegenheit, den Eindruck Lügen zu strafen, sie wehten mit dem Zeitgeist und seien Bauchredner, die fremde Texte täuschend selbst sprechen. Einige bestanden den Test - vor allem Helmut Kohl und Willy Brandt, die Mehrzahl der sich Äußernden nicht. Personalentscheidungen erwiesen sich als katastrophal. In Sachentscheidungen wurde das Fehlen ordnungspolitischer Vorstellungen offenbar.
Für die Wirtschaftsführer war das Durcheinander insbesondere zwischen dem 18. März und dem 3. Oktober 1990 eine große Chance und eine erhebliche Versuchung. Durch ein Eingehen auf die Machenschaften des ostdeutschen Führungspersonals konnten westliche Firmen zu raschen Gewinnen gelangen - auf Kosten der Belegschaften und der Bevölkerung der DDR. Was bisher sichtbar wurde, zwingt zu dem Schluß: Die Korruption, die Vorteilnahme in der Politik sind wohl milder als bisher zu werten - wir würden sonst gegenüber unserer wirtschaftlichen Führungsschicht mit zweierlei Maß messen.

7. Mit größerer Transparenz für die Arten der Kooperation vieler Berufsgruppen und Institutionen mit dem SED-Regime wird auch der NS-Staat zwischen 1935 und 1939 verständlicher. Kritiker des DDR-Regimes irrten, wenn sie einen schroffen Gegensatz zwischen einer kleinen Clique der Herrschenden und einem unterdrückten Volk zu sehen vermeinten. Einen qualifizierteren Beruf vermochte nur auszuüben, wer sein Arrangement mit dem Regime fand. Die SED band die Spitzen der evangelischen Kirche als loyale Kritiker der konkre-

ten Handlungen des Regimes de facto in das Regime ein, ließ die Kritisierenden zu Pfeilern des Systems werden. Vielleicht 10 bis 15 % der Bürger konnten durch Brosamen-Privilegien als Stützen der Herrschaft gewonnen werden. Bis zu einer massenhaften Herausforderung reichte das, die Herrschaft zu stabilisieren, den alltäglichen Terror als Instrument zu ersetzen durch gezielte Einschüchterung.

8. Es wurden Grenzen der Medien deutlich und zugleich deren Möglichkeiten, den Gang der Ereignisse zu beeinflussen. Die Berichterstattung mit Beginn massenhafter Botschaftsbesetzungen verstärkte als Bericht die Ereignisse selbst - ein Mechanismus, der zuerst an der Life-Übertragung von Ghetto-Unruhen in den USA der sechziger Jahre deutlich wurde. Mit Life-Berichterstattungen werden die Gesellschaften nervöser. Zugleich wurden Grenzen der Medien sichtbar: Selbst bei dichter Berichterstattung über ein Land erstaunt der anschließende Augenschein. In den Sozialwissenschaften wird unterschieden zwischen Ereignisgeschichte und Sozialgeschichte: Die Medien leuchten den ereignisgeschichtlichen Teil der Vorgänge aus. Und auch davon nur einen Teil; denn die DDR zeigt wieder einmal, daß Konspirationen und Cliquenwesen als verdeckter Teil der Ereignisgeschichte ein wirksamer Teil der Wirklichkeit sind.

9. Für einen Sozialwissenschaftler ist es besonders faszinierend zu sehen, wie entscheidend heute, nämlich bei forwährendem sozialen Wandel, die Rückmeldesysteme für eine Gesellschaft sind. Insofern ist das Gleichsetzen von Kommunikation und Gesellschaft bei Habermas und anderen zwar immer noch abwegig, aber verständlicher. Vor allem bleiben nach der Anschauung DDR-Gesellschaft Rückmeldesysteme nur leistungsfähig, wenn sie teilweise gegeneinander reden - also Fachpresse gegen Fernsehen, Fernsehen gegen persönliche Kommunikation, diese gegenüber Märkten, usw.

10. An den Schwierigkeiten, die DDR umzubauen zu einer offenen Gesellschaft, wird die zentrale Bedeutung der mittleren Ebene der Gesellschaft anschaulich. Das ist einmal nachzuweisen an den Grenzen des Versuchs, aus diesem Teil Deutschlands eine kommunistische Gesellschaft in Kopie der in der UdSSR angestrebten Gesellschaft zu machen. Und dies wird umgekehrt jetzt deutlich bei den Versuchen, den Sozialismus rückzubauen. Bereits bei den Bemühungen um Entnazifizierung nach 1945 bestätigte sich das Diktum von Max Weber: Eine jede Berufsvereinigung ist eine Verschwörung gegen die Öffentlichkeit. In einer jeden Institution überwiegt das Beharrungsvermögen. Besonders ein doch relativ kleines Land wie die DDR ist dann bereits auf mittleren Ebenen, und erst recht an der Spitze, ein Gewebe an gegenseititgen Verpflichtungen. Einem von außen kommenden Säuberer werden dann Kettenbriefe von Persilscheinen entgegen gereckt. Letztlich eint auch Gegner in mittleren Positionen von Verantwortlichkeit die Weltsicht: Wer die Ordnungselemente des Alltags beschädigt, der bewirkt das Chaos.

11. Der Ablauf der Ereignisse in der DDR bekräftigt, daß die Vorstellung einer Gesellschaft als komplizierter Maschine, deren Teile im Verhältnis 1 : 1 aufeinander reagieren, vollkommen unangemessen ist. Ein eher organizistisches Bild,

wie es auch den Erklärungen von Talcott Parsons unterliegt, ist angemessener. Das besagt, daß Gesellschaft "reaktiv" ist, daß ein Druck hier Gegendruck erzeugt, daß der Verlust eines Gleichgewichts in einer Ordnung Versuche zum Wiedergewinnen des Gleichgewichts ("Equilibrium") auslöst.

Gesellschaften sind über- und unterdeterminiert zugleich. Will heißen: bei allen Veränderungen im einzelnen, bei allen Krisenerscheinungen oder deren Gegenteil scheint sich zunächst nichts zu bewegen; ist dann ein Schwellenwert erreicht, dann ist kein Halten mehr. Wird dann eine Zerfallserscheinung aufgehalten, dann fließt die Entwicklung darum herum und reißt anschließend auch diesen fixen Punkt mit all den anderen weiter mit im Strom der Veränderung. Das gilt im kleinen wie bei Prozessen individueller Verwahrlosung, wie im großen für ganze Gesellschaften - die DDR ist hier exemplarisch.

Fazit: Nachdem einmal die politische Ordnung verfiel, was als Ereignis nicht vorauszusagen war, aber im nachhinein erklärbar ist, waren die meisten sich anschließenden Abläufe von Soziologen der strukturell-funktionalen Art gut vorauszusehen - besser als von den Politikern.

I.

Vielleicht kann die ungenügende Beachtung der empirischen Sozialwissenschaften heute durch einen besseren Zugang zu Ergebnissen korrigiert werden. Der Versuch, diese abrufbar zu machen, muß unternommen werden, wollen die Sozialwissenschaften ihrer Selbstverpflichtung entsprechen, die Gesellschaft über sich selbst zu informieren - insbesondere über den Wandel. In ihrem Kernanliegen einer Deutung der Vorgänge des Wandels ist Soziologie jedoch so verschieden von den Interessen einer kulturellen und politischen Öffentlichkeit heute, daß es weiter dabei bleiben dürfte: Diese Öffentlichkeiten bedienen sich bei Autoren, die nicht-Fachliches berichten, dabei aber verbindlich sagen, ob ja-oder-nein Grund zur Sorge besteht.

Prof. Dr. Carl Zimmerer

Biographische Angaben:

Persönliche Daten:	geboren am 4.12.1926 in Bad Berneck Schulbesuch in Bayreuth und Kulmbach 22.4.1954 Eheschliessung mit Dipl.-Volksw. Ruth Hoffmann 5 Kinder: Sabine, Xaver, Carola, Maximilian, Rudolf
Ausbildung und Studium:	Studium der Staatswissenschaften an den Universitäten Erlangen, Frankfurt und Genf Dipl.-Volkswirt in Frankfurt, Diplom-Arbeit bei Prof. Wilhelm Gerloff über „Die Politik der Bank of England" Promotion zum Dr. ès. sc. pol. an der Universität Genf bei Prof. Wilhelm Röpke Dissertation über „La libération des échanges" Assistentenzeit am Institut für Wirtschaftspolitik der Wirtschaftshochschule Mannheim und am Bankseminar der Universität Köln
Berufliche Tätigkeiten:	Eintritt in die Commerzbank-Gruppe 1956 Direktor der Hauptniederlassung in Düsseldorf 1958 Gründung der Interfinanz GmbH in Düsseldorf, zusammen mit Walter Scheel und Gerhard Kienbaum Mit Aufnahme der Geschäftstätigkeit 1959 geschäftsführender Gesellschafter der Interfinanz GmbH Mitwirkung in Beiräten, Aufsichtsräten und Fachgremien

Mitgliedschaften in wissenschaftlichen Vereinigungen und Berufsorganisationen:	Schmalenbach-Gesellschaft - Deutsche Gesellschaft für Betriebswirtschaftslehre e.V. Gesellschaft für Wirtschafts- und Sozialwissenschaften - Verein für Socialpolitik Ludwig-Erhard-Stiftung Wilhelm-Vershofen-Gesellschaft e.V. Gutenberg-Arbeitsgemeinschaft Wirtschafts- und Steuerrechtliche Vereinigung e.V. Deutsche Schutzvereinigung für Wertpapierbesitz e.V.
Veröffentlichungen:	Zahlreiche Veröffentlichungen über betriebswirtschaftliche und wirtschaftspolitische Themen, vor allem zu Fragen des Rechnungswesens der Banken, der Bilanztheorie und Bilanzpolitik (siehe nachfolgende Aufstellung)

Verzeichnis der Veröffentlichungen von Prof. Dr. C. Zimmerer

Bücher und Monographien

1. Zwischenbilanz der Liberalisierung, mit einem Vorwort von Bundeswirtschaftsminister Prof. Dr. Erhard, Fritz Knapp Verlag, Frankfurt, 1953

2. Kommt die 40-Stunden-Woche? Fritz Knapp Verlag, Frankfurt, 1955

3. Kompendium der Betriebswirtschaftslehre, 1., 2., 3. Auflage, Müller-Albrechts Verlag, Düsseldorf, 1955-58, 4. Auflage, Fritz Knapp Verlag, Frankfurt, 1971, auch in Farsi, Elite Press, Kabul, 1970

4. Wie liest man Industriebilanzen? Müller-Albrechts Verlag, Düsseldorf, 1956, später unter dem Titel: Industriebilanzen lesen und beurteilen, Verlag Moderne Industrie, München, 1. - 6. Auflage 1967-1978, 7. Auflage 1991

5. Bankkostenrechnung, Fritz Knapp Verlag, Frankfurt, 1956

6. Bankbetriebslehre, Sozialwissenschaftlicher Verlag, Essen, 1956

7. Kompendium der Wirtschafts- und Sozialpolitik, Müller-Albrechts Verlag, Düsseldorf, 1959

8. Kompendium der Volkswirtschaftslehre, Müller-Albrechts Verlag, Düsseldorf, 1960

9. Auf der Suche nach der Bilanzwahrheit, Betriebswirtschaftlicher Verlag Dr. Th. Gabler, Wiesbaden, 1963, später im gleichen Verlag unter dem Titel: Bilanzwahrheit, Wunsch und Wirklichkeit, 1. und 2. Auflage 1970, 1972, später unter dem Titel: Die Bilanzwahrheit und die Bilanzlüge, 1. und 2. Auflage 1980, 1981

10. Hammer sein - nicht Amboss, Dr. Seewald Verlag, Stuttgart und Herborn, 1. und 2. Auflage 1985, 3. Auflage 1986

11. zusammen mit Prof. Dr. Herbert Schönle: Kurzkommentar zum Kreditwesengesetz, Betriebswirtschaftlicher Verlag Dr. Th. Gabler, Wiesbaden, 1962

12. Handbuches der Vermögensanlage, Hrsg. Fritz Knapp Verlag, Frankfurt, 1.- 4. Auflage 1966 - 1969 (auch in Einzelheften)

13. zusammen mit Arno Sölter: Handbuch der Unternehmenszusammenschlüsse, (Hrsg.), Verlag Moderne Industrie, München, 1972

Aufsätze und Beiträge in Sammelwerken (Auszug)

1954
- Die geldschöpfende Gewalt, Österreichisches Bankarchiv (künftig ÖBA), April

1955
- Studentendarlehenskassen - aber wie? Liberale Studentenzeitung, Mai
- Kostenplanung im Bankbetrieb - Zeitschrift für Betriebswirtschaft (künftig ZfB), Juni
- Die Preisbildung für ärztliche Leistungen, Ärztliche Mitteilungen, 11. September
- Zusammenhänge zwischen Bankbuchhaltung und Bankkostenrechnung, ÖBA, September
- Grenzen der Bankkostenrechnung, FAZ, 22. November

1956
- Was sind Liquiditätskosten? ZfB, Januar
- Bessere Erfolgskontrolle in Kreditinstituten, Blätter für das Genossenschaftswesen (künftig BlfG), 10. April
- Vom Nutzen der Bankkostenrechnung, Zeitschrift für das gesamte Kreditwesen (künftig ZfK), 1. Mai
- Der Umsatz als Kreditunterlage, ÖBA, Juli
- Effektenlombardkredit und Konjunktur, ZfB, August
- Fragen der Kreditwürdigkeitsprüfung, BlfG, 25. August
- Bilanz und Erfolgsrechnung nach IdW-Vorschlägen, ZfB, Oktober

1957
- Darlehen für Studenten, Frankfurter Allgemeine Zeitung (künftig FAZ), 8. Januar
- Wertstellung und Wertstellungsgewinne, Betr. Forschung und Praxis (künftig BFuP), April
- Kreditwürdigkeitspürfung durch Branchenvergleich, BlfG, 10. Juni
- Der Markt für Bankleistungen, Wirtschaft und Wettbewerb, Juni
- Unzureichende Paragraphen im Aktienrecht, Der Volkswirt Nr. 26 (künftig VW)
- Lohnt sich eine Anlage in Auslandseffekten? VW, 28. September
- Die formelle und materielle Geltung der Goldenen Bankregel, ZfB, Dezember

1958
- Rationalisierung im Zahlungsverkehr, Der Bankkaufmann (künftig BK), April
- Die Problematik der Zinsspannenrechnung, BK, August
- Methoden der Zinsabrechnung, BK, September
- Aktienrechtsreform, in: Bankkaufmann-Taschenbuch 1959

1959
- Das fehlende Stichtagsprinzip, BK, Mai
- Forderungen und Verbindlichkeiten im Bilanzschema des Referentenentwurfs eines Aktiengesetzes, ZfB, Juli
- Das à-forfait-Geschäft, BK, August

1960
- Zum Problem: Mehr Phantasie am Rentenmarkt, Der langfristige Kredit (künftig LK), Nr. 15/60
- Aktiengesellschaften für Entwicklungsländer? Industriekurier (künftig IK), 9. Juni
- Warum keine Goldaufwertung? Handelsblatt (künftig HBl), 28./29. Oktober
- Probleme des neuen Kreditwesengesetzes, ZfB, Nr. 10
- Kapitalmarktpolitik aus der Sicht der Außenwirtschaft, LK, Nr. 21/22/60
- Handel mit Unternehmungen, VW, Nr. 43

1961
- Einige Aspekte der praktischen Durchführung von Unternehmensbewertungen, ZfB, Nr. 3
- Aktivierungspflicht für Goodwill? ZfB, Nr. 5
- Die Anwendung der Zinsspannenrechnung, ZfB, Nr. 11
- Finanzierungsprobleme der Entwicklungshilfe, Sonderveröffentlichung der Deutschen Gesellschaft für Betriebswirtschaft
- Die Auswirkungen des Kreditwesengesetzes, in: Deutsche Gesellschaft für Betriebswirtschaft: Wirtschaft, Finanzen und Finanzierung
- Wenn man seinen Betrieb verkauft, HBl, 10. März
- Wurde der Unternehmer müde? IK, 27. Mai
- Warum kein Börsentermingeschäft?, IK, 18. Juli
- Auf der Suche nach der Bilanzwahrheit, IK, 28. November

1962
- Anschaffungswerte in der Bilanz, ZfB, Februar
- Die neue Erfolgsrechnung für Aktiengesellschaften, BK, März
- Plankostenrechnung im Bankbetrieb, BK, September
- Ausverkauf des Mittelstandes? HBl, 19. Oktober
- Eine Solidaritätskasse des deutschen Bankgewerbes? LK, Dezember

1963
- Die Problematik moderner Vermögensanlage, IK, 22. Januar
- Die neue Wettbewerbsenquête im Kreditwesen, Kartell- und Preisdienst 1. Januar (Nachdruck, Die Sparkasse, Nr. 18/63)
- Bill-Broking, Börsenzeitung, 6. Februar
- Der Handel mit Unternehmungen, ZfK, 15. April
- Meditationen über die Bilanzwahrheit, ZfB, S. 301ff.
- Die Bilanzwahrheit und die veröffentlichten Jahresabschlüsse der Banken, Neue Betriebswirtschaft (künftig NB) S. 70ff.

- Leasing - eine Möglichkeit der Rationalisierung bei der Finanzierung von Anlageinvestitionen, Die Rationalisierung, 1. Oktober
- Finanzmakler, BK, Nr. 12

1964
- Das Zinsproblem heute und morgen, Sonderdruck Deutsche Gesellschaft für Betriebswirtschaft
- Vermögensanlage in Unternehmen und Beteiligungen, in: Handbuch der Vermögensanlage, S. 131ff.
- Direktbeteiligung - Direktdarlehen, IK, 15. Dezember

1965
- Das Zinsgefüge, NB, Nr. 3
- Zur Theorie der Vermögensanlage, ZfK, 1. Juni
- Unternehmerisches Verhalten bei schlecht funktionierender Justiz, NB, Nr. 4
- Rationalisierung der Judikatur? NB, Nr. 10/11
- Die Konzentration schreitet fort, IK, 14. Dezember

1966
- Die Kontrolle der Substanzerhaltung, Deutsche Gesellschaft für Betriebswirtschaft, Wirtschaftlichkeit/Wettbewerb/Werterhaltung
- Anlagen kaufen oder neu bauen? Planen und Beraten, Nr. 2
- Die Organe der AG und die Stellung des Wirtschaftsprüfers, NB, Nr. 2
- Gibt es einen einheitlichen Vermögensertrag? ÖBA, April
- Die Risiken des Maklers, ZfB, S. 403
- Die Zukunft der Familienunternehmen in Deutschland, BlfG, 5. September
- Die Fakultativklausel - ein Hindernis für den Überweisungsverkehr, VW, Nr.39
- Eigentumswechsel von Unternehmen - Möglichkeiten und Grenzen der Finanzierung, LK 21/22

1967
- Finanzierungsvermeidung, IK 30. März
- Das Personal als Aktivum und Passivum in der Bilanz, NB, Nr. 2
- Was kann man aus abgewendeten Konkursen lernen? Blick durch die Wirtschaft (künftig BdW), 12. April
- Öfter mal in den Liquiditätsspiegel gucken! BdW, 22. Juni
- Liquidität ist gemünzte Freiheit, BdW, 26. Juni
- Über die Mobilisierbarkeit gewerblicher Unternehmungen, ZfB, S. 471ff.
- Vermögensverwaltung als Beruf, IK, 21. Dezember
- Führungswechsel tut not, IK, 30. Dezember

1968
- Ist der Führungswechsel eingetreten? IK, 31. Dezember

1969
- Die Abfindungen sind Verpflichtungen, FAZ, 1. August
- Die Ermittlung des Firmenwertes einer Unternehmung, Betriebswirtschaftsmagazin Nr. 19
- Ein Ekligkeiten-Schlußgesetz fehlt noch, IK, 30. Dezember

1970
- Weil er uns sonst niederhaut, darum preisen wir ihn laut - Zur Lage der Zulieferindustrie, IK, 12. Februar
- Viele mittelgroße Firmen sterben, Schweizerische Finanzzeitung, 4. März
- Unternehmerlücke nicht ohne Folgen, IK, 7. April
- Fusionen, in: Management-Enzyklopädie
- Der Nulltarif im bargeldlosen Zahlungsverkehr, ÖBA, S. 494ff.

1971
- Umweltschutz per Gewerbesteuer, Wirtschaftswoche 1929
- Die Beteiligungsfinanzierung der nicht emissionsfähigen Unternehmen, in: Handbuch der Finanzierung, Herausgeber Prof. Dr. Oswald Hahn
- Der Aufsichtsrat als Funktionsträger, Monatsblätter für freiheitliche Wirtschaftspolitik, S. 221ff., künftig MfW
- Kontraktverpflichtungen in der Bilanz, Bilanz und Buchhaltungspraxis, S. 155ff.
- Wechselkursrisiken in der Bilanz, BdW, 13. Mai
- Unternehmungslust - ein vergessener Produktionsfaktor, MfW S. 447ff.
- Vorsicht bei der Vermögenssteuerreform! BdW, 6. September
- Erfolgshonorar für Anwälte? Der Volks- und Betriebswirt 9/10
- Unternehmungshandel, in: Management-Enzyklopädie
- Unternehmungsmarkt, in: Management-Enzyklopädie
- Strafrechtsreform und Strafvollzugsreform, Criticon S. 209

1972
- Publizisten, Politiker, Unternehmer, Criticon, Nr. 1/2
- Die Bewertung von Unternehmen sowie Eigenkapitalverstärkung durch Änderung der Rechtsreform, in: Finanzierungshandbuch, Verlag moderne Industrie
- Die Suche nach dem Partner / Die Auswahl des Partners / Übertragung des Vermögens einer oHG auf eine GmbH, in: Handbuch für Unternehmenszusammenschlüsse im Verlag moderne Industrie
- Aktivum Belegschaft bestimmt den Wert des Unternehmens, HBl, 18. Juli
- Thema: Mittelstandspolitik, Junge Wirtschaft, Nr. 7, Der Arbeitnehmer wird ständig bevormundet, 15. September

1973
- Der Wert eines Unternehmens, Creditreform, Nr. 4
- Die Aktienbilanz, in: Ergänzungsband zur Management-Enzyklopädie
- Bestimmungsfaktoren, Möglichkeiten, Durchführung der Konzentration, in: Handbuch des kaufmännischen Geschäftsführers

1974
- Analyse der Unternehmung zur Bestimmung der künftigen Ertragskraft, in: Handbuch der Wertpapieranalyse
- Erkenntniswert der Bilanzen von Kreditnehmern, Bank-Information, Nr. 4
- Die Banken haben zu wenig Eigenkapital, FAZ, 3. August
- Die Vorleistung für die Zukunft wird bezahlt, BdW, 22. August
- Die aktuellen Finanzierungssorgen, ÖBA, Nr. 8
- Die Kunst zu überleben, Manager-Magazin, Nr. 12

1975
- Strukturwandel - Kommt die Große Krise? Der Arbeitgeber, Nr. 5
- Wo die Zwerge herrschen, Manager-Magazin, Mai
- Der Geschäftswert - Bankinformationen für Volks- und Raiffeisenbanken, Mai
- Die Qual der Wahl - Nachfolgeprobleme des Mittelstandes, Manager-Magazin, August
- Die Krise ist die Chance der Kleinen und Wendigen, BdW, 18. August
- Allzu schöne Bilanzen, Manager-Magazin, Nr. 11
- Unternehmensführung in Branchenkrisen, Volks- und Betriebswirt, Nr. 1
- Die Vorleistung für die Zukunft wird bezahlt, in: Sammelband Max Kruk: Unternehmungsführung in der Inflation
- Finanzwirtschaftliche Führungsmaßnahmen in der Bauwirtschaft, in: Sammelband Baumarkt und Bauunternehmung im Wandel
- Rechtsform der Unternehmung und Finanzierungsmöglichkeiten, in: Handbuch Controlling und Finanzmanagement
- Kreditwürdig durch Bilanzmanipulation? in: Taschenbuch des Bilanzbuchhalters

1976
- Vor den schwebenden Verbindlichkeiten schließen alle die Augen, FAZ, 8. März
- Die Diskriminierung der Selbständigen, Der freie Beruf, März

1977
- Wege zum neuen Programm, BdW, 3. März
- Nur Ausländer kaufen, Industriemagazin (zukünftig IM), Nr. 10
- Rückzug als Marktchance, Schweizerische Handelszeitung , 25. September

1978
- Kapitalanlagen aus meiner Sicht, Finanz und Wirtschaft, 4. April
- Strategien zur Überwindung der Finanzierungskrise, BFuP, Nr. 3
- Unternehmenshandel international - Ost-West-Journal, Nr. 2
- Ist die Konkursrate zu klein? IM, Juli
- Gegen das System der Wieselmarktwirtschaftler, HBl, 9. August
- Verschleierte deutsche Bilanzen, Bilanz- und Buchhaltungspraxis, Nr. 8
- Gesucht: Ideen, Mut und Willenskraft, Commerce in Germany, Nr. 3
- Unternehmensführung in Branchenkrisen, in: Jahrbuch der Betriebswirte
- Nobody likes to work for the Americans, Christian Science Monitor, 12. Dezember und American Banker 12. Dezember

- Unternehmer und Öffentlichkeit, Der Arbeitgeber S. 1334
- Risiken der Bilanzanalyse, in: Sammelband (Haberland): Der Kaufmännische Geschäftsführer

1979
- Unternehmenserwerb in den Vereinigten Staaten, in: Sammelband der Dresdner Bank: Investitionen in den USA
- Finanzierungskraft durch Finanzierungsvermeidung, CW TEAM, 20. Juni
- Unternehmenshandel zwischen Deutschland und der Schweiz, IHK Zeitschrift Deutschland - Schweiz, S. 386ff.
- Bilanzmanipulationen, Die Betriebswirtschaft, S. 459ff.
- Der Handel mit Unternehmen als Ganzes, ÖBA, Dezember

1980
- Der Preis für den sozialen Frieden, Wertpapier, S. 227
- Zum Thema: Die optimale Unternehmensgröße, Orientierungen Nr. 3
- Der Fetisch Wachstum, Wertpapier, Nr. 10
- Alte Jungfern und künftige Erträge, FAZ, 30. Juni
- Die Umverteilung der Arbeit, Wertpapier, 1. August
- Ökonomie und Ökologie, S. 896
- Vermittlung von Unternehmen und Beteiligungen, in: Sammelband Obst/Hintner: Geld, Bank, Börsen

1981
- Weil Du klein bist, mußt Du früher sterben, Süddeutsche Zeitung, 28. Januar
- Chancen und Risiken bei der Übernahme notleidender Unternehmen, HBl, 20. März
- Auswege aus der Finanzkrise, Schimmelpfeng, Review, Nr. 27
- Die Faszination durch Karl Marx, Monatsblätter für freiheitliche Wirtschaftspolitik
- Die Beteiligung an mittelständischen Unternehmen als Kapitalanlage aus der Sicht des Anlegers, BFuP, Nr. 3
- Hymne auf den Nachkriegsunternehmer, Festschrift für Reinhard Mohn
- Wirtschaftsförderung - Chancen der Zeit nutzen, Der Arbeitgeber, S. 697ff.
- Aufwendungen und Erträge aus kriminellen Handlungen, in: Jahrbuch für Betriebswirte
- Wirtschaftskriminalität, in: Enzyklopädie der Betriebswirtschaftslehre
- Zwischen Schein und Sein unterscheiden (Scheingewinne), BdW, 22. Dezember

1982
- 30 Jahre Leasing in Deutschland, Die Welt, 15. April
- Mehr Qualität für die deutschen Aufsichtsräte, HBl, 23. März

1983
- Der Deutschen Gesellschaft für Betriebswirtschaft zum Gedächtnis, in: Sammelband Deutsche Gesellschaft für Betriebswirtschaft

- Auslandsbeteiligungen an deutschen Unternehmen und ihr Einfluß auf die Wettbewerbsfähigkeit der deutschen Wirtschaft, Die Betriebswirtschaft, Heft 4

1984
- Belastungen der Betriebe durch Abfindungen, Soziale Sicherung, Heft 7
- Der herbeigezauberte Bilanzgewinn, Schimmelpfeng, Review Nr. 4
- Leasing - Die Gründe des Erfolgs, FL-Schriftenreihe Nr. 7
- Die Zukunft der mittelständischen Unternehmen in der BRD
- Das Erfrischungsgetränk, 12. Dezember

1985
- Zinsbestandteile, ZfK, S. 21ff
- Grundzüge der Betriebsveräußerungen unter steuerlichen Gesichtspunkten, in: Sammelband Schöck/Transki: Handbuch der Steuervorteile bei unternehmerischen Entscheidungen
- Investir à l'Etranger, Le Temps Stratégique, Nr. 14
- Zur Frage der Berichtspflicht im Bilanzanhang, Festschrift für Prof. Blohm, S. 251ff.

1986
- Bankkostenrechnung 1956/1986, ZfK, S. 404 f.

1988
- Management by out, Festschrift für Prof. O. Hahn
- Unternehmensvermittlungen 1963/1988, ZfK, S. 216ff.
- Bewertung von Unternehmen und Unternehmensanteilen, in: Finanzierungshandbuch, Herausgeber Dr. Christians, 2. Aufl.

1989
- Was nicht in der Bilanz steht, in: Handbuch des kaufmännischen Geschäftsführers, Nachlief. 5/89
- Jahresabschlüsse, geeignet für die Unternehmensanalyse, in: H.H. Schulte: Aktienanalyse und neues Bilanzrecht, Köln
- Raiders in Deutschland, Wirtschaft und Wettbewerb, September
- Die von der Unternehmensbewertung abgeleitete Bilanz, in: Die Betriebswirtschaft 1989, S. 796ff.
- Die Rolle des Maklers bei Unternehmenstransaktionen, Siegwart, Mergers & Acquisitions, Basel 1990, S. 435ff.

1990
- Finanzregeln und Unternehmenswert, in: Die Betriebswirtschaft, S. 557ff.
- Die von der Unternehmensbewertung abgeleitete Bilanz, in: Die Betriebswirtschaft, S. 796ff.

1991
- Bewertung bei Unternehmensakquisitionen, in: Baetge: Unternehmensbewertung

- Frankreich als Industriestandort, in: Deutsche Gruppe der Internationalen Handelskammer, Deutsche Unternehmen in Frankreich

1992
- Die Entwicklung des Marktes für den Handel mit Unternehmen in der Bundesrepublik Deutschland, in: Rudolph: Die unternehmerische Finanzierung
- Latente Verpflichtungen, in: Informationen der internationalen Treuhand, Basel, November, S. 992ff.
- Bei Durchsicht der Bilanzen 1991/92, Sonderdruck der Zeitschrift "Das Wertpapier"

1993
- Lean Management, ZfK, S. 127ff.
- Mergers & Acquisitions in Deutschland, ZfK, S. 158ff.
- Politiker in Unternehmen, Technologie und Management 1/93

1994
- Betriebswirtschaftliche Schrumpfungsstrategien und militärischer Rückzug, in: Prof. O. Hahn: Strukturwandel der Bundeswehr
- Aufwendungen, die das Vermögen mehren, Aufwendungen, die zu niedrig bilanziert werden, Festschrift für Prof. H. Havermann

1996
- Sanierungsfinanzierung, in: Enzyklopädisches Lexikon des Geld-, Bank- und Börsenwesens, Knapp-Verlag Frankfurt

- regelmäßiger Glossenverfasser in der "Zeitschrift für das gesamte Kreditwesen" seit 1955, Kolumnist im "Blick durch die Wirtschaft" seit 1981 und zeitweilig für "Wirtschaftswoche" und "Wertpapier".
- zahlreiche Buchbesprechungen
- große Vortragstätigkeit vor wirtschaftlichen Gremien im In- und Ausland

Autorenverzeichnis

Klaus G. Adam
Vorstandsvorsitzender der Landesbank Rheinland-Pfalz, Girozentrale

Prof. Dr. Dr. h.c. mult. Horst Albach
Lehrstuhl für Unternehmenstheorie und Unternehmenspolitik, Humboldt Universität Berlin, Honorarprofessor an der Otto-Beisheim- Hochschule Koblenz

Prof. Dr. Hans-Joachim Arndt
em. Ordinarius für Politische Wissenschaft, Universität Heidelberg

Werner Averkamp
Geschäftsführer der RTG Unternehmensberater GmbH, Wuppertal

Prof. Dr. Jörg Baetge
Direktor des Instituts für Revisionswesen, Westfälische Wilhelms-Universität Münster, Honorarprofessor der Universität Wien

Dieter Balkhausen
Wirtschaftsredakteur mit besonderen Aufgaben des ZDF

Matthias Bank
Wissenschaftlicher Mitarbeiter des Lehrstuhls für Bank- und Börsenwesen, Friedrich-Alexander-Universität Erlangen-Nürnberg

Prof. Dr. Bernhard Bellinger
em. Universitätsprofessor und Steuerberater, Berlin

Hans A. Bernecker
Herausgeber des Börsenbriefes „Die Actien-Börse“

Prof. Dr. Dr. Oskar Betsch
Lehrstuhl für Allg. Betriebswirtschaftslehre, Finanzierung und Bankbetriebslehre, Technische Hochschule Darmstadt

Prof. Dr. Hans R. Blohm
em. Universitätsprofessor für Industriebetriebslehre, Technische Universität Berlin

Prof. Dr. Hans E. Büschgen
Direktor des Seminars für Allg. Betriebswirtschaftslehre und Bankbetriebslehre, Universität zu Köln

Dr. Siegfried C. Cassier
ehem. Chefvolkswirt und Generalbevollmächtigter der IKB Deutsche Industriebank AG, Düsseldorf

Prof. Dr. Casten P. Claussen
Honorarprofessor der Universität Hamburg und Rechtsanwalt, Düsseldorf

Prof. Dr. Georg Crezelius
Inhaber des Lehrstuhls für Steuerrecht, Universität Bamberg

Prof. Dr. Hans Einhorn
ehem. Lehrstuhlinhaber für Militärökonomie an der Hochschule für Ökonomie Berlin-Karlhorst, Direktor des Forschungsinstituits für Militärökonomie und angewandte Konversion der Gesellschaft für Militärökonomie e.V., Oberst a.D. (NVA)

Prof. Dr. Werner W. Engelhardt
em. Universitätsprofessor für Sozialpolitik und für Genossenschaftswesen, Universität zu Köln

Dr. Uta Maria Feser
Leiterin der Betriebswirtschaftlichen Abteilung und Strategisches Contolling der Europäischen Klinikmanagement und Treuhand AG, Nürnberg-Henfenfeld/Bay.

Dr. Günter Flohr
Vorstandsmitglied der Hösch AG, Dortmund, verstorben am 13.01.1996

Generalmajor a.D. Dr. Johannes Gerber
ehem. stv. Kommandierender General des III. Korps, Koblenz

Prof. Dr. Wolfgang Gerke
Inhaber des Lehrstuhls für Bank- und Börsenwesen, Friedrich-Alexander-Universität Erlangen-Nürnberg

Dr. Fritz Werner Grüber
Wirtschaftsprüfer und Steuerberater, Wuppertal

Prof. Dr. Dr. h.c. Oswald Hahn
em. Ordinarius für Betriebswirtschaftlehre, Friedrich-Alexander-Universität Erlangen-Nürnberg, Oberst d. Res.

Gottfried Heller
Gf. Gesellschafter der FIDUKA Depotverwaltung, München

Walter Hirt
Publizist, Zürich

Prof. Dr. Peter Hommelhoff
Inhaber des Lehrstuhls für Bürgerliches Recht, Handels-, Gesellschafts- und Wirtschaftsrecht, Universität Heidelberg

General a.D. Dr. Günter Kießling
Lehrbeauftragter für Betriebswirtschaftslehre der Streitkräfte an der Friedrich-Alexander-Universität Erlangen-Nürnberg

Prof. Dr. Dr. h.c. Helmut Koch
em. Ordinarius für Betriebswirtschaftlehre, Westfälische Wilhelms-Universität Münster

Prof. Dr. Dr. h.c. mult. Willy Kraus
Inhaber des Lehrstuhls Wirtschaft Ostasiens und Entwicklungspolitik, Ruhr-Universität Bochum

Prof. Dr. Reinhold Kreile
Rechtsanwalt, Vorstand und Generaldirektor der GEMA, Präsident des Vorstands des BIEM, München

Olivier Lavédrine
Geschäftsführender Gesellschafter des Wertpapierhauses Oddo & Cie., Paris

Prof. Dr. Hans Otto Lenel
em. Professor, Inhaber eines Lehrstuhls für Volkswirtschaftslehre, Universität Mainz

Dr. Josi. J. Meier
alt Präsidentin des Schweizerischen Ständerates und Rechtanwältin, Luzern

Prof. Dr. Wernhard Möschel
Inhaber des Lehrstuhls für Bürgerliches Recht, Handels- und Wirtschaftsrecht, Universität Tübingen

Prof. Josef Mohren
Mitglied des Vorstandes der Landesbank Berlin, Girozentrale

Prof. Dr. Heiner Müller-Merbach
Inhaber des Lehrstuhls für Operations Research, Universität Kaiserslautern

Prof. Dr. Peter Oberender
Inhaber des Lehrstuhls für Volkswirtschaftslehre,insbes. Wirtschaftstheorie, Universität Bayreuth

Stefan Okruch
Wissenschaftlicher Mitarbeiter am Lehrstuhl für Volkswirtschaftlehre, insbes. Wirtschaftstheorie, Universität Bayreuth

Prof. Dr. Ulrich Pagenstecher
em. Ordinarius für Sozialpolitik, Friedrich-Alexander-Universität Erlangen-Nürnberg

Prof. Dr. Ehrenfried Pausenberger
Universitätsprofessor Betriebswirtschaftslehre VII, Internationale Unternehmungen und Unternehmenszusammenschlüsse, Justus-Liebig-Universität Giessen

Dr. Martin Peltzer
Rechtsanwalt und Notar, Frankfurt am Main

Heinz C. Pütz
Gerling-Konzern Speziale Kreditversicherungs-AG, Köln

Günter Reimann
ehem. Leiter der Internationalen Research-Abteilung des International Statistical Bureau Inc., Herausg. und Chefredakteur von International Reports on Finance and Currencies, New York

Dr. Harald Rinke
Wirtschaftprüfer und Steuerberater, Geschäftsführer der Rinke Treuhand GmbH, Wuppertal

Prof. Dr. Günter Rohrmoser
Inhaber des Lehrstuhls Sozialphilosophie am Institut für Kulturwissenschaften der Universität Hohenheim, Stuttgart

Prof. Dr. Dr. Jürgen Singer
Professur Bankwesen Universität Leipzig

Dr. Bernhard Schareck
stv. Aufsichtsratsvorsitzender der Agrippina Rückversicherung AG, Köln

Prof. Dr. Erwin K. Scheuch
em. Professor für Soziologie, Universität zu Köln, Vorsitzender der Kölner Gesellschaft für Sozialforschung

Prof. Dr. Otto Schlecht
Staatssekretär a.D., Vorsitzender der Ludwig-Erhard-Stiftung e.V., Bonn

Martin Schwab
Wissenschaftlicher Mitarbeiter des Lehrstuhls für Bürgerliches Recht, Handels-, Gesellschafts- und Wirtschaftsrecht, Universität Heidelberg

Prof. Dr. Dr. h.c. Joachim Starbatty
Inhaber des Lehrstuhls für Volkswirtschaftslehere, insbes. Wirtschaftspolitik, Eberhard-Karls-Universität Tübingen, Vorsitzender der Aktionsgemeinschaft Soziale Marktwirtschaft

Dr. Volker Triebel
Rechtsanwalt und Barrister (of Inner Temple, London), Partner der Anwaltssozietät Droste, Düsseldorf

Dr. Paul-Robert Wagner
Mitglied des Aufsichtsrates im Gerling-Konzern, Köln

Prof. Dr. Christian Watrin
Inhaber des Lehrstuhls für Volkswirtschaftslehre, Ruhr-Universität Bochum, Angehöriger des Wissenschaftlichen Beirats beim Bundesministerium für Wirtschaft und stv. Vorsitzender der Ludwig-Erhard-Stiftung, Bonn

Prof. Hans-Ludwig Zachert
Präsident des Bundeskriminalamtes a.D., Honorarprofessor der Universität Trier

Dr. Maximilian Zimmerer
stv. Direktor der Allianz Lebensversicherungs-AG Darlehen, Stuttgart

www.ingramcontent.com/pod-product-compliance
Lightning Source LLC
LaVergne TN
LVHW092119300926
849161LV00002B/180